333教育综合
真题汇编与高频题库

高频真题库　　主编　徐影

编委会（按姓氏首字母排序）

陈阳　陈子茂　李霞　刘硕　吴月
徐金月　张维辉　庄旭旺

北京理工大学出版社
BEIJING INSTITUTE OF TECHNOLOGY PRESS

版权专有　侵权必究

图书在版编目（CIP）数据

333教育综合真题汇编与高频题库. 高频真题库/徐影主编. —北京：北京理工大学出版社，2023.3

ISBN 978-7-5763-2150-0

Ⅰ.①3… Ⅱ.①徐… Ⅲ.①教育学-研究生-入学考试-习题集 Ⅳ.①G40-44

中国国家版本馆CIP数据核字（2023）第030856号

出版发行 / 北京理工大学出版社有限责任公司
社　　址 / 北京市海淀区中关村南大街5号
邮　　编 / 100081
电　　话 / （010）68914775（总编室）
　　　　　（010）82562903（教材售后服务热线）
　　　　　（010）68944723（其他图书服务热线）
网　　址 / http://www.bitpress.com.cn
经　　销 / 全国各地新华书店
印　　刷 / 三河市鑫鑫科达彩色印刷包装有限公司
开　　本 / 889毫米×1194毫米　1/16
印　　张 / 27
字　　数 / 672千字
版　　次 / 2023年3月第1版　2023年3月第1次印刷
定　　价 / 158.90元（全2册）

责任编辑 / 高　芳
文案编辑 / 胡　莹
责任校对 / 刘亚男
责任印制 / 李志强

图书出现印装质量问题，请拨打售后服务热线，本社负责调换

前言

亲爱的考研学子：

感谢您选择凯程教研室出品的《333教育综合真题汇编与高频题库》（简称《真题与题库》），本书是凯程教研团队为帮助大家应对2024年333教育综合统考大纲的新变动，并能够有针对性地进行备考，而研发和编写的。它由《高频真题库》与《各院校333真题汇编》两册组成，是巩固基础和拔高进阶必备的宝藏级资料，作为《333教育综合应试解析》（简称《解析》）的姊妹篇，强烈建议大家把《真题与题库》与《解析》配合使用。

《真题与题库》是针对往年出品的《333教育综合真题汇编》与《333教育综合应试题库》两套资料过厚、部分题目重合等问题，并在了解部分学员的学习需求后，进行整合与优化后的一套升级版资料。它以各院校历年真题为基础，以学科命题与考生学习规律为依据，以2024年333教育综合统考考纲预测为中心，以考生高效备考为主线，以考生顺利上岸为目标，对真题进行了梳理、归类、汇总、整合，力求贴近333考试大纲并归纳出命题规律，让教育学考研科目变得好学、好背。

这本书的特点：

1. 院校考题齐全，题目完善

《各院校333真题汇编》汇集了45所院校2010—2023年及38所院校2021—2023年的333教育综合真题，共覆盖83所院校，714套真题。凯程根据各院校公布的历年真题以及众多考生考后回忆的题目，整理出了这本内容齐全、题目完整的真题集。考生在复习自己目标院校的真题时，可参考其他院校真题，如教育部直属六所师范大学、省级师范院校等院校真题，具有很大的参考价值。

2. 重视高频知识点，突出基础性

所谓基础性题目，就是出题频率高，只要考生加强记忆，就可以掌握的题目。其考试方式也很基础，一般表现为背什么答什么。《高频真题库》分为【基础性题库篇】（简称基础篇）和【拔高性题库篇】（简称拔高篇）两部分。基础篇以历年真题考题考频（＞5次）与考点重要程度为依据，以科目—章节—题型为顺序进行题目的总结与编排，高频知识点一目了然。

3. 总结拔高性试题，突出开放性

所谓拔高性题目，就是出题灵活多样，联系教育热点，无法单纯用教材中背过的知识来作答，需要考生自建答题逻辑，依据自己的理解，谈论自己的观点的题目，这样的题目也叫作开放性分析题。拔高篇题库以科目考题规律为依据，汇总历年综合性、灵活性、开放性、难度都较大的真题题目，以科目—题类—专题为顺序进行题目的分类与编排，主要是对各科目开放灵活的论述题与材料分析题两种题型进行类别划分，如"教原"分为关系分析题、名言题、专题分类题、国际教育比较题、其他题等类别，其中专题分类题按科目考查规律分为"教育本质、教育与人和社会的关系、德育＋立德树人、教学案例分析、'双减'政策"等多个专题模块，帮助大家从根本上分析真题的命题特点，深化知识体系，巩固重要考点。

4. 加强总结归纳，面向333统考

关于【基础性题库篇】，如果你面对的是2024年333统考，你可以把基础篇的试题作为基础知识学习的范围，因为往年各院校的重点真题也是统考的重点知识，最多换个题型和问法。如果你面对的是自主命题考试，基础篇里的题目大概率就是你直接遇到的试题。

关于【拔高性题库篇】，如果你想了解各院校近两年考过哪些灵活的分析题，喜欢在哪些教育热点上出题，命题角度有哪些共同趋势等，拔高篇将给你最好的学习体验与总结归纳。考生不必自己费心总结，充分利用拔高篇即可。

最后为考生作三点说明：

(1) 适用院校说明：所有 333 统考以及自主命题专硕院校，甚至自主命题学硕考生都可以使用本书，311 考生如果想完整了解常见教育考试主题以及试题，本书同样适用。

(2) 答案说明：各院校题目的答案，一部分题目指向《高频真题库》且附有对应页码，如"见基础篇 P4"，学生可根据对应页码找到真题答案学习，同时对相关知识进行迁移学习、理解与应用；另一部分未标注指向的真题，是各院校考查频率较低，考查点较偏的题目，我们进行了汇总，可以在《真题汇编》院校题目开始处扫描二维码获取本院校剩余真题解析。

(3) 特别提醒：与基础知识理解记忆搭配进行。凯程帮助大家总结的这本《真题与题库》，不代表考试只记忆此书题目，不再背《333 教育综合应试解析》了，二者应同步进行。考生切记不可忽略对知识的系统性复习。建议大家以专题的形式记忆知识要点，在头脑中搭建知识框架，牢固地掌握知识，在总结中思考，在记忆中体会，学懂、学透、学好 333 教育综合。

为了方便与教育硕士考生沟通交流，凯程教育会定期举行教育类专业考研免费直播活动，考生可以关注微信公众号"徐影老师"或关注新浪微博＠教育学徐影，获取直播入口，欢迎大家参与！这是教育类专业考研人共同交流的平台，老师会在这里为各位考生答疑解惑，为各位考生顺利考研保驾护航。就让我们相约直播，不见不散！

本书若存在不足之处，欢迎广大考生给出宝贵意见和建议，以便我们不断进行修改和完善，未来能更好地为大家提供更优质的资料。

主编　徐影老师

目录

基础性题库篇

第一部分 中国教育史 ... 2

- 第一章 夏商与西周时期的教育 ... 2
- 第二章 春秋战国时期的教育 ... 4
- 第三章 秦汉时期的教育 ... 14
- 第四章 魏晋南北朝与隋唐时期的教育 ... 16
- 第五章 宋元时期的教育 ... 22
- 第六章 明清时期的教育 ... 27
- 第七章 中国教育的近代转折 ... 29
- 第八章 近代教育体系的建立 ... 32
- 第九章 近代教育体制的变革 ... 34
- 第十章 南京国民政府时期的教育 ... 39
- 第十一章 中国共产党领导下的革命根据地教育 ... 40
- 第十二章 现代教育家的教育理论与实践 ... 41

第二部分 外国教育史 ... 47

- 第一章 古希腊的教育 ... 47
- 第二章 古罗马的教育 ... 52
- 第三章 西欧中世纪的教育 ... 53
- 第四章 拜占廷与阿拉伯的教育 ... 54
- 第五章 文艺复兴时期的教育 ... 55
- 第六章 宗教改革时期的教育 ... 56
- 第七章 近现代各国的教育制度 ... 57
- 第八章 近现代主要的教育家 ... 63
- 第九章 近现代超级重量级教育家 ... 68
- 第十章 近现代教育思潮 ... 85

第三部分 教育心理学 ... 93

- 第一章 教育心理学概述 ... 93
- 第二章 心理发展与教育 ... 94
- 第三章 学习及其理论 ... 103
- 第四章 学习动机 ... 113

第五章	知识的学习	119
第六章	技能的形成	122
第七章	学习策略及其教学	124
第八章	问题解决能力与创造性的培养	129
第九章	社会规范学习与品德发展	136
第十章	心理健康及其教育	140

第四部分 教育学原理 142

第一章	教育学概述	142
第二章	教育的概念	145
第三章	教育与人的发展	149
第四章	教育与社会发展	155
第五章	教育目的	163
第六章	教育制度	170
第七章	课程	174
第八章	教学（上）	183
第九章	教学（下）	191
第十章	德育	201
第十一章	教师与学生	209
第十二章	班主任	216
第十三章	学校管理	219

拔高性题库篇

第一部分 中外教育史 224

第二部分 教育心理学 275

第三部分 教育学原理 310

基础性
题库篇

第一部分 中国教育史

第一章 夏商与西周时期的教育

名词解释

1. 学在官府

答 (1) 简介：学在官府是西周文化教育的重要特征。奴隶主贵族为了管理的需要，制定法纪规章，用文字记录，汇集成书，由当官者来掌握。这种现象，历史上称之为"学术官守"，并由此造成"学在官府"。

(2) 原因：客观原因是"惟官有学，而民无学；惟官有器，而民无器；惟官有书，而民无书"；根本原因是受到了当时的生产力发展水平和社会制度结构状况的制约。

(3) 特点：政教一体，官师合一。

2. "六艺"/"六艺"教育

答 (1) 简介："六艺"是指礼、乐、射、御、书、数，是夏、商、西周时期主要的教育内容。礼，即道德规范和礼仪；乐，即艺术教育，包括诗歌、音乐等；射，即射箭的技术训练；御，即驾驭马拉战车的技术训练；书，即文字读写；数，即算法。其中礼、乐教育是"六艺"教育的中心。

(2) 特点："六艺"教育既重视思想道德，也重视文化知识；既重视传统文化，也重视实用技能；既重视文事，也重视武备；既要求符合礼仪规范，也要求内心情感修养，体现了文武兼备、诸育兼顾的特点。

(3) 发展：孔子继承了以"六艺"为核心的课程遗产，并根据现实需要进行了创造性的改造，形成了新的六艺课程体系。他赋予"六艺"新的内涵，即"六经"，这是孔子对古代课程的一次重要改革，把以分科为特征的课程改变为以文献为特征的课程。

简答题/论述题

1. 简论① "六艺"教育(内涵、特征、发展)及其历史价值(当今教育改革的启示)。

答 (1) 简介："六艺"教育即夏、商、西周时期教育的六项基本内容——礼、乐、射、御、书、数。其中礼、乐是"六艺"的中心，是大学的教学内容；书、数是小学主要的教学内容。

(2) 内容。

①礼：凡政治、伦理、道德、礼仪都包括在内，西周礼的教育不仅在于养成礼仪规范，而且具有深刻的政治作用，即通过礼制表明尊卑、上下的关系，强化宗法制度和君臣等级制度。

②乐：包括诗歌、舞蹈和音乐，是当时的艺术教育，包含德育、智育、体育、美育的要求。乐教的作用是陶冶人的感情，使强制性的礼转化为人们内在的道德和精神的需求。

③射：指射箭的技术训练。

④御：指驾驭马拉战车的技术训练。

---

① 简论 表示此考题是简答题和论述题都会考查的形式。其答案解析是按考点内容分条阐述，且是根据论述题的形式进行全面阐述的。答题时可结合具体题目进行拆分、组合，考生需全部理解记忆。

⑤**书**:指文字读写。文字教学可采取多种方法,其中之一是按汉字构成的方法,以"六书"分类施教。

⑥**数**:指算法。数学知识到西周有更多的积累,为系统的教学创造了条件。

(3) 特征:"六艺"教育既重视思想道德,也重视文化知识;既重视传统文化,也重视实用技能;既重视文事,也重视武备;既要求符合礼仪规范,也要求加强内心修养,体现了文武兼备、诸育兼顾的特点,反映了早期中华文明发展的辉煌。

(4) 发展:孔子继承了以"六艺"为核心的课程遗产,并根据现实需要进行了创造性的改造,形成了新的六艺课程体系。他赋予"六艺"新的内涵,即"六经",这是孔子对古代课程的一次重要改革,把以分科为特征的课程改变为以文献为特征的课程。

(5) 历史价值 / 对当今教育改革的启示。

①**在学校教育制度的完善上,创建综合、全面的教育体系,落实素质教育。**"六艺"教育是一种兼容并蓄、兼采众长的教育,从语文、数学、天文、体育等多个层面创立了一种综合的教育,在重视礼、乐的同时兼顾其他多个方面的发展。这启发我们的现代教育改革朝着综合、全面的方向发展。

②**在教学目标的设置上,强调"知行合一",既要重视知识能力与实用技能,又要重视道德修养水平。**在"六艺"教育中,书、数的教育过程就是知识的掌握过程,此外,还要求掌握实用的射、御方面的知识。在学习知识的同时,还重视礼、乐的教育。以道德教育为先导,以艺术教育、体育教育为途径,以人的全面成长为目的。

③**在教育功能的实现上,秉承"文化育人"。**通过传统文化来哺育具有内在气质的人格,使受教者具有文化担当的责任意识。当今教育要培育完善的人格,可以通过文化熏陶的方式,使受教育者形成发自内心、由内向外的文化自觉、文化认同、文化担当。

凯程提示

(1) 名词解释:书名、关键词、人物,一般答简介 + 内容 + 实践(仅人物有,书名与关键词无) + 评价。

(2) 简答题 / 论述题:

①【简论】表示此考题是简答题和论述题都会考查的形式。其答案解析是按考点内容分条阐述,且是根据论述题的形式进行全面阐述的。答题时可结合具体题目进行拆分、组合,考生需全部理解记忆。

②画波浪线的内容为评价和启示,一般是论述题需答此内容。评价内容,简答题只答标题句,论述题需答标题句加阐述内容。启示内容,简答题题目中有要求只答标题句即可,没有要求则无需答此内容。后题均做此处理,不再赘述。

第二章 春秋战国时期的教育

名词解释

1. 稷下学宫

答 (1) 简介：稷下学宫是战国时期齐国的齐桓公在都城临淄的稷门附近地区创办的一所著名学府。它是百家争鸣的中心与缩影，是闻名于各国的文化、教育和学术中心，也是养士之风制度化的终极表现。

(2) 性质：①官家操办，私家主持；②集讲学、著述、育才、咨政议政于一体的高等学府。

(3) 特点：①学术自由。②尊师重道，待遇优厚。③"不治而议论"。④管理规范，制定了我国第一个比较完备的学生守则——《弟子职》。

(4) 意义：①促进了战国时期思想和学术的发展。②彰显了中国古代知识分子的独立性和创造精神；③是我国历史上出色的教育典范。

2. 有教无类

答 (1) 含义：孔子关于教育对象的基本主张是"有教无类"。其本意是在教育对象上，不分贫富贵贱与种族，人人都可以入学接受教育。

(2) 实践：孔子躬亲实践"有教无类"的办学方针，广收弟子，他的弟子来自各个诸侯国，成分复杂，且大多数出身平民。只要本人有学习的愿望，行束脩礼，就可以成为其弟子。

(3) 意义：①"有教无类"把受教育的对象扩大到了平民，这是历史性的进步。②"有教无类"满足了平民入学接受教育的愿望，适应了社会发展的需要。③"有教无类"有利于进一步促进文化、教育的下移，对战国时期文化的繁荣和百家争鸣的出现起到了促进作用。

3. 性善论

答 (1) 简介：战国时期人们对人性问题的认识逐渐深入，并有过热烈的争论。孟子的"性善论"从理论高度对人的本质加以认识和阐述，并形成了论证政治必先论证教育、论证教育必先论证人性的思维习惯。

(2) 含义：①"性善论"说明了人性是人类所独有的、区别于动物的本质属性。②人性在本质上具有平等性。③孟子肯定人性本善，"人性"表现为"四心"，即恻隐之心、羞恶之心、恭敬之心、是非之心。

(3) 教育作用与"性善论"紧密联系。①教育对个人的作用：教育是扩充"善端"的过程。一方面，教育要"存心养性"，把人天赋的"善端"发扬光大。另一方面，孟子提出"求放心"。②教育对社会的作用：教育是"行仁政，得民心"最有效的手段。

4. 素丝说

答 (1) 简介：墨子提出了"素丝说"，他以素丝和染丝为喻，来说明人性及其在教育下的改变和形成。

(2) 含义：人性不是先天所成的，生来的人性不过如同待染的素丝，下什么颜色的染缸，就成什么颜色的丝，即有什么样的环境与教育就造就什么样的人。

(3) 评价：墨子的"素丝说"从人性平等的立场去认识和阐述教育的作用，较孔子的人性观具有明显的进步性。

5.《大学》/"三纲领八条目"

答 (1) 简介：《大学》是儒家思孟学派的作品，主要内容由"三纲领"和"八条目"构成。

(2) 内容：①"三纲领"——"大学之道，在明明德，在亲民，在止于至善。"这是儒家对大学教育目的和为学做人目标的纲领性表述。②"八条目"——格物、致知、诚意、正心、修身、齐家、治国、平天下。"八条目"前后相续,逐个递进而又逐个包含,体现了阶段与过程的统一,是实现"三纲领"的具体步骤。

(3) 评价:①表现出较强的逻辑性和可行性。②具有极强的伦理性和人文色彩。③对后世有深远影响。

6.《学记》

【答】(1) 简介:《学记》是《礼记》中的一篇,是先秦时期儒家教育和教育活动的理论总结。相传是战国后期乐正克所作。

(2) 内容:①教育作用与目的。对社会来讲,"建国君民,教学为先";对个人来讲,"玉不琢,不成器;人不学,不知道"。②教育制度与学校管理。建立了从中央到地方,按行政体制建学的学制;把大学教育分为两段、五级、九年,是古代年级制的萌芽;学校管理上,周天子定期视察学宫,体现国家对教育的重视;考试方面,每隔一年考查一次,考查内容包括学业成绩和道德品行,形成德智并重的考试制度。③教学原则。提出及时施教、循序渐进等原则。④教学方法。提出讲解法、问答法和练习法。⑤教师观。强调尊师重教与"教学相长"。

(3) 评价:《学记》是世界上最早专门论述教育教学问题的论著,被誉为"教育学的雏形",它有丰富的古代课程思想、教学思想、教育管理思想,是对先秦教育教学思想与经验的完善总结,为中国后世教育传统奠定了基础。

简答题/论述题

1. 【简论】先秦时期私学兴起(产生)的原因及其历史意义(作用/影响/对教育发展的贡献)。

【答】(1) 私人讲学兴起的原因。

①**生产力的发展**。春秋时期,封建私有制逐渐代替了井田制,促进了奴隶制的解体。"经济下移"与"政治下移"使私学建立在土地私有的个体经济基础上,这是私学产生的物质基础。

②**官学衰落,学术下移**。大多数贵族子弟凭身份入学,他们并不专心学问,这就导致官学衰落;周天子的腐败无能造成"天子失官,学在四夷"的局面,知识分子为了谋生,依靠"六艺"知识教书,还把藏于官府中的典籍文物、礼器、乐器等学习器具带到民间,这就出现了"学术下移"的现象。

③**士阶层的出现**。士阶层是奴隶制度下贵族的下层,在封建制度兴起时转化为平民阶级的上层。各诸侯国为了扩张其势力,争相养士,搜罗人才,所以大批自由民想成为士阶层,于是出现了培养士的私学机构,私学随之兴盛。

(2) 私学兴起的表现。

①**养士之风盛行**。由于各国执政者竞相养士,平民通过学习上升成为士成了社会风气,这就促进了私学的大发展。士的聚散关乎一国的强弱与兴衰,因此执政者迫于政治需要不得不"礼贤下士"。

②**百家争鸣**。"百家"是虚指,乃是形容学派之多。各学派之间因立场和解决社会问题方法的不同,相互斗争和相互批评,相互影响又相互吸取,推动中国的文化学术思想达到空前繁荣,形成"百家争鸣"的局面。

③**私学发展**。养士之风盛行和百家争鸣促进了私学的大发展。可以说,有多少家学派就有多少家私学。在各家之中,儒、墨、道、法四家影响最大。在这四家之中,儒、墨两家更是被称为"显学"。

(3) 私人讲学兴起的意义/作用/影响/贡献。

①私学打破了"学在官府"的教育垄断局面。私学使政教分设、官师分离,教师逐步成为独立的职业。

②私学更新了教育内容和方式。a. 私学的教育内容不局限于"六艺",而是培养各类人才。b. 教学场所不固定,人才培养与学术研究相结合。

③私学扩大了教育对象的范围。私学使学校向平民开放,进一步促进了"学术下移"。

④私学促进了"百家争鸣"。各家各派在教育理论和教育经验方面都有辉煌的成就。

⑤私学讲求自由原则,发展了教育事业,开辟了教育史新纪元。这主要表现为自由办学、自由讲学、自由竞争、自由游学、自由就学。

2.【简论】稷下学宫(性质、特点)及影响(历史意义)。

答 (1) 性质。

①稷下学宫是一所由官家操办而由私家主持的特殊形式的学校。从主办者和办学目的来看,稷下学宫是官学;同时,稷下学宫的教学与学术活动由各家各派自主进行,官方不多加干预,这又体现了私学的性质。

②稷下学宫是一所集讲学、著述、育才活动为一体并兼有咨政议政作用的高等学府。

(2) 特点。

①**学术自由**。这是稷下学宫的基本特点,具体表现为:a. 容纳百家是学术自由的一种表现,来者不拒、包容百家是稷下学宫的办学方针。b. 各家各派学术地位平等,不因统治者的喜好而加以扬抑。c. 欢迎游学,来去自由,学者可自由择师,且学无常师。d. 相互争鸣与吸取是学术自由的又一大表现,促进了学术的繁荣。e. 学者既不担任具体职务,也不加入官僚系统,却可以对国事发表批评性的言论。

②**待遇优厚**。a. 政治待遇:"不治而议论"。学者们在地位上与君主不是君臣关系,而是师友关系,拥有更多的自由和独立。b. 物质待遇:学者们的待遇相当于上大夫的俸禄,可以专心学问。这也是稷下学宫兴盛的原因之一。

③**管理规范**。制定了我国第一个比较完备的学生守则——《弟子职》。

(3) 影响。

①稷下学宫促进了战国时期思想和学术的发展。它是各派思想的聚集地,各派学者云集、争鸣于此,极大地促进了学术思想的繁荣。

②稷下学宫显示了中国古代知识分子的独立性和创造精神。当时的学者敢于与王公大人抗衡,能在学术和政治领域内纵横思想,无所顾忌,最大限度地发挥了知识分子阶层作为整体的独立性和创造精神,创造出了辉煌的稷下时代和战国文化。

③稷下学宫创造了一个出色的教育典范。它所独创的官方举办、私家主持的办学形式,集讲学、著述、育才与咨政为一体的职能模式,自由讲学和自由听讲的教学方式,学术自由和鼓励争鸣的办学方针,以及尊重、优待知识分子的政策,都显示出了它的成功。

3.【简论】孔子"有教无类"的思想。

答 (1) 简介:孔子提倡将"有教无类"作为办学方针。该方针对孔子私学的教育对象作了原则性的规定,指导着他的教育实践活动,是他教育思想的组成部分。

(2) 内容:孔子对教育对象的基本主张是"有教无类"。其本意是:在教育对象上,不分贫富贵贱与种族,人人都可以入学接受教育。孔子躬亲实践"有教无类"的办学方针,广收弟子。"自行束脩以上,吾未尝无诲焉"最能体现孔子的收徒思想,即只要学生有学习的愿望,行束脩礼,就可以成为其弟子。

(3) 评价:①孔子"有教无类"的思想是针对奴隶主阶级垄断学校教育而言的,它打破了"礼不下庶人"的等级制度,把受教育的对象扩大到平民,这是历史性的进步。②它满足了平民入学接受教育的愿望,适应了社会发展的需要。③它有利于进一步促进文化、教育下移,对战国时期文化的繁荣和百家争鸣的出现起到了促进作用。

(4) 当代价值(启示)。

①**在理论方面**,对"有教无类"当代价值的思考是对当今教育发展的反思,是对"有教无类"之平等、正义价值理念的挖掘与追求,是对"在教育面前人人平等"的价值理念基于平等而又高于平等道德情操的崇尚与追求。

②**在实践方面**,创办"公平而有质量的教育",为"有教无类"提供保障。我国未来的政策导向是一手抓教育公平,一手抓教育质量,两手都要抓,两手都要硬。人民迫切需要政府解决教育公平和教育质量问题。这关系到整个国家的社会公平和人民幸福生活水准的提升。

4. [简论] 孔子的教学方法及其启示(现实意义)。

[答] **(1) 教学方法。**

①**因材施教**。因材施教是指根据学生的个性特点和个别差异采取不同的教学方法,主要解决教学中统一要求与个别差异的矛盾。孔子是我国历史上首位倡导因材施教的教育家,他认为只有承认学生间的个别差异,了解学生特点,才能对他们做出准确的评价,并且根据具体情况,有针对性地进行教育。

②**启发诱导**。孔子是世界上最早提出启发式教学的教育家。孔子认为无论是培养道德还是学习知识,都要建立在学生自觉需要的基础上,充分发挥学生的积极主动性,反对机械学习,提倡启发式教学。

③**学、思、行并重**。"学而知之"是孔子进行教学的主导思想,学是求知的途径,也是求知的唯一手段。孔子还强调学习知识要"学以致用",学是手段,不是目的,行才是终极目的,行比学更重要。由学到思进而行,是孔子探究和总结的学习过程,也就是教育过程,这基本符合人的一般认识过程。

④**训练学生思考能力的方法**。a."由博返约":博学以获得较多的具体知识,"返约"则是在对具体事物分析的基础上进行综合、归纳,形成基本的原理、原则和观点。b."叩其两端":从事物的正反两方面思考问题,进而解决问题。这种思考方法注意到了事物的对立面,合乎辩证法。

(2) 启示(现实意义)。

①**在教学过程中,教师要做到因材施教**。在现代教学中,存在忽视学生个性差异,教学方法一刀切,死记硬背,机械练习,只模仿不创新、不创造等现象。但是学生是具有差异性的个体,这就要求教师要针对不同学生的差异性进行指导,做到充分了解学生,因材施教。

②**在教学过程中,教师要做到启发诱导**。在教学过程中教师不要轻易地把答案告诉学生,也不要过多地替学生思考,而是应充分调动学生的能动性。在学生努力想懂而懂不了时再开导他,以便他能充分思考;在学生努力想说而说不出时再加以引导,使学生用适当的方式表达自己的想法。

③**在教学过程中,教师要注重学、思、行并重**。一是要注重学与思的关系,不能只思考不学习,也不能只学习不思考。二是在教学实践中处理好学与行的关系,必须坚持理论联系实际的原则,注意知识在实际应用中的变通,培养学生灵活地、创造性地解决其他问题。

④**在教学过程中,教师要教会学生一定的学习方法**。学生在学习的过程中,需要掌握一定的学习方法,在对具体事物分析的基础上进行综合、归纳,形成基本的原理、原则和观点,在思考问题时也要学会从事物的正反两方面进行思考。

5. [简论] 孔子的道德教育思想(德育原则)及其当代价值(现实意义),并列出反映其思想的四条至理名言。

[答] 孔子的教育目的是培养从政的君子,而成为君子的主要条件是具有道德品质修养。所以,在他的私学教育中,道德教育居首要的地位。

(1) 孔子的德育论。

①道德教育的内容。

a. "礼"和"仁"是孔子道德教育的主要内容。"礼"为道德规范,其中最重要的两项是忠与孝;"仁"为最高道德准则,可分为忠与恕,即积极与消极两方面。

b. "礼"和"仁"的关系是形式和内容的关系。"礼"为"仁"的形式,"仁"为"礼"的内容。第一,有了"仁"的精神,"礼"才能真正充实;第二,以"仁"的精神来对待不同的伦理关系时,就有不同的具体的"礼"。

②道德教育的原则和方法(包括道德教育的至理名言)。

a. 立志:"三军可夺帅也,匹夫不可夺志也。"孔子教育学生要有志向,并坚持自己的志向,不能过多地计较物质生活,要为社会尽义务。

b. 克己:"君子求诸己,小人求诸人。"在处理人际关系时,孔子主张重在严格要求自己,约束和克制自己的言行,使之合乎道德规范。

c. 力行:"言必信,行必果。"孔子提倡言行一致,重视行,即重视道德实践。

d. 中庸:"中庸者,不偏不倚,无过不及,而平常之理也。"孔子认为待人处事要中庸,防止发生偏向,一切行为都要中道而行,做得恰到好处。

e. 内省:"见贤思齐焉,见不贤而内自省也。"内省就是对日常所做的事自觉进行反思。

f. 改过:"君子之过也,如日月之食焉,过也,人皆见之,更也,人皆仰之。"孔子认为人要敢于正视自己的错误,勇于改正。

(2) 孔子德育论的当代价值。

①孔子的德育论是以"君子"为目标的理想信念教育。孔子主张培养"修身""齐家""治国""平天下"的"圣人"和"君子",他为整个中华民族定格了理想人格。当前,我国教育应该通过培养人人所景仰的人格典范,引导人们追求崇高的道德境界,激励个人完善自我。

②孔子的德育论是以"仁"为核心内容的和谐精神教育。"仁"是君子的核心精神表现,也是人际交往的重要前提。如今,"仁"与"礼"依然是处理人际关系的重要核心思想,"仁"的精神将会被传承,以符合当今时代"礼"的形式予以表达。

③孔子的德育论是以"德性优先"为原则的道德自律思想。孔子主张身体力行,学、思、行并重,立志,自省等德育原则和方法。面对多元文化社会的时代背景,我们应认识到孔子思想中培养道德主体人格的重要性,树立现代德育观,尊重主体,由灌输走向对话,由限制个性走向发展个性。

④孔子的德育论是以"下学而上达""学、思、行并重"为方法的德育活动。孔子尤其注意"下学","能下学,自然上达"。今天的道德教育应进行改革,不仅要学习书本的知识,而且要走与实践相结合的道路,使受教育者得到全面的锻炼和发展,做到言行一致、多做实事,从而将德育落到实处。

6. 简论 孔子的教师思想(教师观)及其启示(现实意义)。/ 孔子树立教师典范的教育思想。

答 (1) 孔子的教师思想。

①学而不厌。教师应该重视自身的学习修养,掌握丰富的知识,具备高尚的道德品质。

②诲人不倦。教师要以教为乐,同时要用耐心说服的态度去教育学生,给予学生高度的爱和责任。

③温故知新。a. 教师既要掌握过去的政治历史知识,又要借鉴有益的历史经验来认识当代的社会问题,知道解决问题的办法。b. 新旧知识之间有联系,温习旧知识时能积极思考、联想、深化知识,从而获得新知识。

④以身作则。孔子强调言传身教,认为身教比言传更重要,身教对学生有重大的感化作用。

⑤**爱护学生**。孔子提倡客观、公正地对待学生,不仅要爱护学生,更要尊重学生,这样才会得到学生的爱戴。

⑥**教学相长**。教学过程中教师对学生不是单方面的知识传授,而是教学相长的。经常进行学问切磋,不但教育了学生,也提高了自己。

(2) 启示。

①**教师要不断学习,充实自身**。现代教师不仅要有本体性知识,还要有条件性知识,做到努力积累实践知识。同时教师要具有良好的教学能力以及良好的身心素质。教师只有具备多方面的教学知识与能力,才能胜任自己所承担的多种角色,塑造好完善的职业形象。

②**教师要尊重与爱护学生**。教师要主动接近学生,研究学生,信任学生;让学生做课堂的主人,做教育教学的主人;民主、公正地对待学生;尊重和理解学生,主动与学生沟通,教师要做到"移情体验"。

③**要建立良好的师生关系**。教师要重视现代师生关系具有的民主平等性、互惠互利性和合作对话性的特点,只有这样,才能使学生在一个轻松活泼的课堂中学习,教师也能够从教学中得到长进,实现师生之间的教学相长。

7. 简论 **孔子的教育思想(教学内容、教学方法和教育对象)与教育实践及其意义(历史影响)。**

[答] 孔子是中国古代伟大的思想家、教育家,儒家学派的创始人,也是私学的创始人之一。《论语》成书于战国时期,是专门记录孔子及其弟子言行的著作。

(1) 教育思想。

①**教育作用:** 对社会发展的作用——"庶、富、教";对人发展的作用——"性相近也,习相远也"。

②**教育对象:** "有教无类",即不分贫富贵贱与种族,人人都可以入学接受教育。这一思想把受教育的对象扩大到平民,满足了平民入学接受教育的愿望,有利于进一步促进文化、教育的下移,对百家争鸣的出现也起到了促进作用。

③**教育目的:** "学而优则仕"。它确定了培养统治人才这一教育目的,反映了封建制度兴起时的社会需要,成为当时知识分子学习的动力,也为封建官僚制度的建立准备了条件,同时也适应了当时社会发展的要求。

④**教学内容:** "六经"。a. 特点:偏重社会人事与文事,轻视科技与生产劳动。b. 意义:在实现孔子提出的培养目标方面大有作用;"六经"开启了以文献为教材的时代,引领了后世封建社会各朝各代的教材风格。

⑤**教学方法:** a. 因材施教。b. 启发诱导,训练学生思考能力的方法有"由博返约"和"叩其两端"。c. 学、思、行结合。

⑥**道德教育:** "礼"与"仁"是孔子道德教育的主要内容。"礼"和"仁"是形式和内容的关系。道德教育的原则和方法有立志、克己、力行、中庸、内省、改过。

⑦**教师应具备的品格:** 学而不厌、诲人不倦、温故知新、以身作则、爱护学生、教学相长。

综上,孔子是"百家争鸣"的先驱;他促进了文化、教育的下移;他提出了"学而优则仕"的教育目的;他编订了"六经",有利于文化的保存,促进了教育发展;他总结了教学实践经验,提出了教学方法;他重视道德教育,确立了我国整个古代社会的道德规范和德育思想;他提出了自己独到的教师观,树立了理想教师的典型形象。

(2) 教育实践。①

①**编订"六经":**《诗》《书》《礼》《易》《乐》《春秋》。孔子整理和保存了我国古代文化典籍,奠定了儒

---

① 孔子的教育实践可根据题目要求进行阐述,题目"论述孔子的教育思想及其意义",将教育实践放在教育思想中阐述;题目"论述孔子的教育思想与教育实践及其意义",则将教育实践单独进行阐述。

家教学内容的基础。

②**开创私人讲学之风**。孔子创办的私学在春秋时期是规模最大、持续时间最长、影响最深远的学校。

(3) 影响。

①**社会方面**：孔子的思想学说深刻地影响着中国封建时代的政治、经济、文化。在不同历史阶段起到了不同的作用。当封建社会处于上升时期，它被用来巩固封建制度，对社会发展起积极作用；当封建社会到了没落时期，它被用来维护封建制度，对社会发展起消极作用。

②**文化方面**：孔子的教育思想是中华民族珍贵文化遗产的一部分。孔子重视古代文化的继承和整理，进行了教材建设，奠定了后世儒家经典教育体系的基础。

③**国际方面**：《论语》被称为"东方的《圣经》"。孔子的教育思想早在一千多年前就已经走出国门，所提出的因材施教、有教无类、启发诱导、尊师爱生等思想对西方一些国家产生了深远的影响。到目前为止，很多西方国家开设孔子学院，就是为了学习孔子的思想。因而，孔子的教育思想所具有的时代价值仍在不断发扬光大，对当代世界文明的发展具有深远的影响。

8. 简论 孟子的教育思想（教学原则和方法）及其对现代教育改革的影响。

答 孟子与孔子的孙子子思对儒学有着共同的见解，在儒学分化的过程中形成了"思孟学派"，成为儒学派别中最有影响力的学派，被后来的封建统治者看作儒学正统，称为"孔孟之道"。

(1) 教育思想。

①**教育作用**：性善论。性善论说明了人性是人类所独有的、区别于动物的本质属性。人性是一个类范畴，相对于其他的类绝不相同，而同类之中却相似。

②**教育目的**：明人伦。"人伦"具体表现为五对关系："父子有亲，君臣有义，夫妇有别，长幼有序，朋友有信。"

③**"大丈夫"的理想人格**。孟子对"大丈夫"的理想人格作了描绘："富贵不能淫，贫贱不能移，威武不能屈。"道德品性和精神境界是人最宝贵的精神财富，远远高于物质财富。

④**教学方法**。

a. **因材施教**。孟子十分强调对不同情形的学生采取不同的教法，这就是"教亦多术"。

b. **深造自得**。学习必须经过自己主动自觉地学习和钻研，有了自己的收获和见解，才能形成稳固的智慧。

c. **盈科而进**。教学是一个自然有序的过程，绝不能用"揠苗"的方法去助长。

d. **专心致志**。人们学习上的差异取决于其在学习过程中是否专心致志，而不是其天资的高低。

(2) 简评：孟子的教育思想表现出对人的问题的注重和对人的价值的肯定。他的"性善论"，开创了中国教育史上强调个体理性自觉的"内发论"。他对教育作用的阐发，对"大丈夫"理想人格的议论，对教学过程的表述，无不体现了对人的主观作用的提倡。孟子的教育思想对后世中华民族气节、民主精神的激发，崇高精神境界的形成有着极其重要的启蒙作用。

(3) 对现代教育改革的影响。

①**教学要因材施教**。在现代教育中，存在忽视学生个性差异，教学方法一刀切，死记硬背，机械练习，只模仿不创新、不创造等现象。学生是具有差异性的个体，每个学生都是独特的，这就要求教师要针对不同学生的差异性进行指导，即要做到充分了解学生，因材施教。

②**教学要循序渐进**。现在学校教育中存在教与学脱节的现象，教师只管教，不管学生学，注入或满堂灌，这些弊端大大影响了教学质量的提高与人才的培养。因此教师必须认真研究，注意学生的接受能力，坚持先易后难、由浅入深的原则。

③**要独立自主进行学习**。孟子强调在教学中发挥学生独立自主的学习精神,教师在教学过程中也要有意识地引导学生养成独立学习的习惯,将"要我学"变成"我要学",教导学生要深入学习和钻研,独立思考和独自见解,不轻信、不盲从。

9. [简论] **墨家教育思想及其借鉴意义(当代启示)**。

[答] (1) **教育思想**。

①**教育实践**:"农与工肆之人"的代表。墨子同情下层人民,其学说代表"农与工肆之人"的利益,重视实用,强调下层人民的利益。

②**教育作用**:提出了"素丝说"。墨子以素丝和染丝为喻,来说明人性及其在教育下的改变和形成,人性不是先天所成的,有什么样的环境与教育就造就什么样的人。

③**教育目的**:"兼士"或"贤士"。作为兼士或贤士,必须具备三个条件:"厚乎德行""辩乎言谈""博乎道术"。"兼士"与儒家的"君子"有很大的不同,表现出了完全不同的人格追求,反映了小生产者的平等理想,后演变为中国的侠义精神。

④**教育内容**:墨子的教育内容最有特色的是科技教育和思维训练,它们突破了儒家"六艺"教育的范畴,堪称伟大的创造。

⑤**教育方法**:a. 主动。墨子主张"虽不叩必鸣"的"强人说"精神;b. 创造。墨子认为对于古代好的东西既要继承也要创新;c. 实践。墨子在实践中主张"合其志功",即动机与效果统一;d. 量力。墨子是中国历史上第一个提出"量力"教育方法的人。

(2) **借鉴意义/当代启示**。

①**重视启发式教学**。墨子的教学方法带有很强的主动性和启发性的特点。在当今时代,教师在教学中也要采用启发式教学,课堂教学中可采用多种手段,对学生进行启发,使学生获得终身学习的能力和独立分析问题、解决问题的能力。

②**理论联系实际,注重实践性教学**。在教学的过程中,墨子十分重视诱导学生从认知走向实践,极力反对空谈,注重实践的作用。在当今时代,我们的教学也要强调理论和实践相结合,做到学以致用。

③**因材施教,各尽所能**。墨子十分注重诱导,注重发展学生的特长,各尽所能,为社会培养了各类人才。在当今时代,教师也要根据学生的知识基础、能力、特长等具体情况而对学生提出不同的要求,实施不同的教育,使每个学生都能得到良好的发展。

10. [简答]① **简述《大学》的"三纲领"和"八条目"**。

[答] (1) **简介**:《大学》出自《礼记》,是儒家思孟学派的作品,主要内容由"三纲领"和"八条目"构成。

(2) **"三纲领"**:儒家对大学教育目的和为学做人目标的纲领性表述。

①**"明明德"**。将天生的善性发扬光大,这是每个人为学做人的第一步。

②**"亲民"**。推己及人,从事治民,治民要爱民。

③**"止于至善"**。每个人在其不同身份时都要努力做到尽善尽美,这是儒家封建伦理道德的至善境界,也是大学教育的终极目标。

(3) **"八条目"**:实现"三纲领"的具体步骤。

①**"格物""致知"**。这是"八条目"的基础,被视为"大学始教"的内容。"格物"指穷尽事物之理,即学习儒家的经典;"致知"是在"格物"基础上的提高,旨在借着综合而得最后的启迪。

---

① [简答] 表示在各院校历年考题中本知识点只以简答题形式考查。同时,简答题出题汇总了此知识点的考点组合,答题时可结合具体题目进行拆分或组合,如简述《大学》中的"八条目"。下同,不再赘述。

②"诚意""正心"。"诚意"就是要不自欺,人的意念和动机要纯正;"正心"就是不受各种情绪的左右,始终保持认识的中正。"诚意"和"正心"是行为发生前的心理活动,局限于自我。

③"修身"。这是人的一种综合修养过程,是人的品质的全面养成,是中心环节。

④"齐家""治国""平天下"。这是个人完善的最高境界。"齐家"是从"修身"自然引出的,是一个施教过程,即成为家庭与家族的楷模,为人效法;"治国"是"齐家"的扩大和深化;"平天下"是"治国"的扩大。

(4) 评价:《大学》表现出较强的逻辑性和可行性,"三纲领"和"八条目"极易为人理解、接受和实行;《大学》具有极强的伦理性和人文色彩,"三纲领"和"八条目"都着眼于人伦,表现出儒家以教化为手段的仁政、德治思想;对后世有极大的影响。

11. 简答 简述《中庸》的基本教育思想(学习过程和学习内容)。

答 (1) 简介:《中庸》是《礼记》中的一篇,是"四书"之一,是儒家思孟学派的作品。它主要阐述了先秦儒家的人生哲学和修养问题,提出了"中庸之道",具有较强的理论色彩和思辨性,后世儒学尤其是理学的许多概念命题乃至信条和方法论都出于此。

(2) 内容:①性与教。"天命之谓性,率性之谓道,修道之谓教"。②中庸。中庸是最高的道德准则。中庸即"两端执其中"和"中和",就是说在政治和道德实践中,杜绝一切过激行为,以恰到好处为处事原则。③人自我完善的两条途径。a."自诚明"或"尊德性"。发掘人的内在天性,进而达到对外部世界的体认。b."自明诚"或"道问学"。通过向外部世界求知,以达到人的内在本性的发扬。人无非是通过向外求知以完善本性和向内省察以助于求知来完善自身的。④学习过程。"博学之,审问之,慎思之,明辨之,笃行之"。

(3) 评价:①中庸既是世界观也是方法论,是一种道德修养、为人处世的准则与方法。②《中庸》提出了对后世更有影响力的为学顺序,后成为《白鹿洞书院揭示》的重要规定。③《中庸》的基本精神与《大学》是一致的,都阐发人性向善,由己推人,乃至最后推行到全天下。《中庸》所表现的性与教的关系,与《大学》的"三纲领"异曲同工。④局限:中庸的思想具有保守性和缺乏锐气的弊端,对中国人的民族性格影响巨大。

12. 简论 《学记》的教育思想及其现实意义(对我国教育的启示)。

答 《学记》是《礼记》中的一篇,是世界上最早专门论述教育教学问题的专著,被誉为"教育学的雏形",是先秦时期儒家教育和教学活动的理论总结。相传是战国后期孟子的学生乐正克所作。

(1) 《学记》的教育思想。

①**教育作用与目的:**教育对社会来讲,"建国君民,教学为先""化民成俗",教化人民,来养成良好习俗;教育对个人来讲,"玉不琢,不成器;人不学,不知道。"

②**教育制度与学校管理:**a. 学制。从中央到地方按行政体制建学,"古之教者,家有塾,党有庠,术有序,国有学"。b. 学年。两段、五级、九年,这是古代年级制的萌芽。c. 重视视学与考试。

③**教学原则:**预防性原则、及时施教原则、循序渐进原则、学习观摩原则、长善救失原则、启发诱导原则、藏息相辅原则。

④**教学方法:**讲解法、问答法和练习法。

⑤**教师观:**尊师重教与"教学相长"。

(2) 《学记》教育思想的评价/地位与贡献。

①**《学记》有丰富的古代课程思想。**《学记》中有关大学课程的论述,可视为先秦课程思想的初步总结,可将其看成中国教育史上第一个"大学"的课程标准。

②**《学记》有丰富的古代教学思想。**《学记》结合当时儒家教育教学的现状,系统地总结了先秦时期的教育经验,提出了教学相长、长善救失等教学原则和方法,成为记录先秦时期教学思想的重要典籍。

③《学记》是对先秦教育教学思想与经验的完善总结。《学记》对先秦的教与学作了系统、完整的论述,是先秦时期最重要的教育论文。

④《学记》为中国后世教育传统奠定了基础。《学记》为中国教育理论的发展树立了典范,其历史意义和理论价值十分显著。它意味着中国古代教育思想专门化的形成,是中国教育理论发展的良好开端。

(3)《学记》对我国当今教育的启示。

①**在学制建设方面,应依据时代的需要,不断完善按行政区域建制建学的教育制度。**《学记》设计了一个从中央到地方、从城市到农村、从初级学校到高等学校的统一的教育体制,对后世具有借鉴意义。

②**在学校管理方面,应继承和发扬德智并重的考试制度,以符合当今发展素质教育的要求。**在教学目标与评价目标的设置上,要以"立德树人"为根本任务,让学生成为德智并重的时代新人。

③**在教学思想方面,应继承《学记》的教学原则和方法,尤其提倡启发式教学方法。**深入挖掘并解码《学记》中所蕴含的教师育人能力以及如何培育这种能力的先贤智慧,助力新时代教师教学效能的提升。

④**在师生关系方面,应继承和发展"教学相长"的态度,努力构建和谐平等的师生关系。**在教学活动中,教师作为教的主体,要充分发挥自己在教学过程中的作用,以身作则,不断提升教学专业水平。

第三章 秦汉时期的教育

名词解释

1. 太学

答 (1) 简介：太学是汉武帝时期在董仲舒的建议下，为推行"独尊儒术"的文教政策而创立的中央官学。为五经博士置弟子标志着太学正式成立，也标志着以经学教育为基本内容的中国封建教育制度正式确立。

(2) 特点：①太学以为国家培养"经明行修"的官吏作为教育宗旨；②在教学内容上，制定统一的教材，主要学习"五经"；③太学中有个别、小组教学、"大都授"集体上课以及次第相传的教学形式；④太学以"设科射策"的形式进行考试；⑤太学把教师称作博士，把学生称作"博士弟子"或"太学生"。

(3) 评价：太学是我国第一所有完备规划、史实详尽可考的学校；太学最早利用学校教育来强化官方意识形态；太学掀开了反抗宦官政治的中国学生运动史上的第一页。但由于太学在教学中存在排除异己学说、空谈义理的现象，严重束缚了教育思想和学术研究的发展。

2. 鸿都门学

答 (1) 简介：鸿都门学是东汉灵帝在洛阳办的官学，是有别于儒家官学的另一种官学形式。

(2) 特点：①其创办目的是东汉宦官集团为了与太学生支持的官僚集团做斗争，利用教育培养拥护自己的知识分子。②在性质上，鸿都门学属于一种研究文学艺术的专门学校。③学校专以尺牍、辞赋、字画作为教学和研究的内容。

(3) 评价：①鸿都门学打破了儒家独尊的教育传统，以诗、赋、书画作为教育内容，这是教育史上的一大变革，促进了学校的多样化。②鸿都门学是一种专门学校，作为一种新的办学形式，为后来专门学校的发展提供了经验。③鸿都门学是世界上最早的文学艺术专门学校。

简答题/论述题

1. 简答 简述（汉武帝/董仲舒/汉代）"独尊儒术"（三大）文教政策。

答 (1) 简介：汉武帝在董仲舒的建议下，实行"独尊儒术"的文教政策。董仲舒提出的"独尊儒术"等三大建议，称为汉代三大文教政策。

(2) 含义：国家政策和文化教育皆以儒术为本，儒学成为统一的指导思想，以儒家经典为教育内容，用严格的师法代替自由讲学，书本知识在教学中占主要地位，长句古训代替了对现实问题的探讨。

(3) 三大文教政策。

①**"推明孔氏，抑黜百家"**。这是文教政策的总纲领。董仲舒论证了儒学在封建统治中独一无二的地位，汉代虽主张其他各家学说也可以发展，但其他学说处于从属地位，不可取代儒学的官方地位。

②**兴太学以养士**。为了保证封建国家在统治思想上的高度统一，也为了改变统治人才短缺的局面，董仲舒提出"兴太学以养士"的建议。实际上，通过兴办太学，政府直接操纵教育大权，决定人才的培养目标，这是落实"独尊儒术"教育政策的重要手段之一。

③**重视选举，任贤使能**。针对汉初人才选拔和使用中的弊病，董仲舒提出加强选举，合理任用人才的主张。他提出"量材而授官，录德而定位"的用人思想。这些主张对促进儒学取得独尊地位有重要作用。

(4) 评价： 总的来看，"独尊儒术"使儒学在社会政治和社会生活中的地位空前提高，使儒学在教育观念和教育实施方面都处于主导和支配地位，基本上符合儒家构建的模式，并以此全方位地影响着社会政治和文化的发展走向，其作用是极其深远的。

第四章　魏晋南北朝与隋唐时期的教育

名词解释

1. 科举制

答：(1) **简介**：科举制度是中国古代从隋朝开始逐渐形成的一种自愿报名、分级考试、以成绩选拔官员的选士制度。

(2) **发展**：科举制度自隋朝产生，发展于唐宋，成为取士正途。元朝的科举制度处于中落时期，明朝和清朝的科举制度虽人数较多，但是由于开创了八股取士，科举考试的内容逐步走向了僵化。步入近代，为了促进新式学堂的发展，维新派废除了八股，改试经济特科。清末新政时期，由于科举制度不再顺应时代的要求，被正式废除，标志着封建旧教育的正式结束。

(3) **评价**：科举制度在中国存在了1 300年，其积极意义在于加强了中央集权；使取士与育士相结合；使人才选拔较为公正客观。其消极影响在于使学校教育完全沦为科举的附庸；带有一定的欺骗性；束缚思想，败坏学风。

2.《颜氏家训》/颜之推

答：(1) **简介**：《颜氏家训》是南朝梁颜之推所著，是我国封建社会第一部系统完整的家庭教育教科书。

(2) **内容**：①士大夫教育。书中提出士大夫必须重视教育，教育目标在于培养治国人才，主要的教育内容是"德"与"艺"。②家庭教育。书中主张及早施教，因为儿童可塑性强、记忆力好，是学习的最佳期。同时，提出家庭教育的重要原则：严慈相济不溺爱，树立威严，可体罚；切忌偏宠；使用规范的通用语言；道德教育重风化，示范孝悌和立志；勤学切磋重交流，读书实践靠眼学；及早施教，重视环境；端正学习态度等。

(3) **评价**：这本书既揭露了士大夫教育的腐朽，又总结了治学治家的经验，是我国封建社会家庭教育思想的结晶。

简答题／论述题

1. 简论 隋唐时期学校教育制度的特点。

答：(1) **学校体系的形成。** 唐代官学以私学为基础，吸纳私学输送优秀学生。私学与官学并存，私学承担基础教育与专业教育两层次教育任务。在教育行政上官学是教育的主干，私学是官学的重要补充。这一古代学校教育体系的形成，对中国封建社会后期的教育产生了重要影响。

(2) **教育行政体制分级管理的确立。** 国家实行分级管理的教育行政体制，中央官学由国子监祭酒负责管理，地方官学由州县长官负责管理。而专科性学校则归对口的行政部门管理，以利于专业教育的实施。简而言之，中央和地方分级管理；统一管理与对口管理并举，以统一管理为主。

(3) **学校内部教学管理制度及法规的完善。** 隋唐时期对过去学校教学的规定和惯例加以梳理，按现实的需要，做了新的规定与修订，使入学资格、学校礼仪、专业教学、成绩考核、违规惩罚、休假处理等方面都纳入法制轨道，此后可依法制对学校教学进行管理。

(4) **专业教育的重视。** 由于统一的中央集权国家需要大量人才，才能满足行政管理和事业发展的需要，所以在国子监添设算学专科，以培养算学的专门人才，在太医署附设医药专科，以培养医药专门人才，还有其他一些专科教育。从教育制度发展过程来考察，这是实科教育的首创。

(5) **学校教育与行政机构及事务部门的结合。**一些事务部门,如司天台、太医署、太仆寺等,负起双重任务,既为政府进行专业服务,又担负起培养专业人才的任务,事务部门提供培养这类人才所需要的师资、设备、实习的场所,学生在这种条件下学习,可以更好地把专业知识学习与专业实践密切结合起来。

(6) **学校制度表现出明显的等级性。**唐代政府明文规定了各级各类学校招生的身份标准,将教育的等级以法令形式加以制度化。如中央官学中的"六学一馆"实行较严格的等级入学制度,由学生出身门第的高低、父祖辈官位的品级决定进入相应的学校。

2. 【简论】**科举制产生的原因、演变及特点。**

【答】(1) **简介:**科举制度产生于隋朝,发展于唐宋,是我国封建社会中持续时间最长、影响范围最广的选士制度。科举制度是隋朝的一大创举,经唐、宋、明、清各朝代的发展逐渐完备,到清末1905年废除,共存在了1 300年,对封建社会产生了重大的影响。隋朝进士科的设置,标志着科举制度的正式产生。

(2) **产生原因。**

①隋朝统一封建国家后,为了巩固政权,迫切需要大量德才兼备的人充任官吏。

②在改朝换代的过程中,豪门士族的势力日益衰落,庶族地主希望参与政治、分享权力,科举制度为此提供了通道。

③九品中正制仅凭门第取士,不适应隋朝社会发展的要求,淘汰九品中正制势在必行。

④西魏时已经有了不全凭门第的考试选士方法,隋朝时将此方法加以改造并扩大其规模,逐步向科举制度迈进,科举制度应运而生。

(3) **演变。**

①科举制产生于隋朝,在唐朝得到了进一步的发展。

②宋朝的科举制:基本沿袭了唐制,但是也根据实际情况做了改革,如科举地位提高,考试规模扩大,考试内容改革。

③元代的科举制:进入中落时期,但开创了以"四书"试士的先例。

④明清的科举制:进入鼎盛时期,确立八股取士,也标志着封建社会开始走向衰落。科举制的弊病日益显现,徇私舞弊现象严重,科举考试日益僵化、衰落。

⑤清末新政时期,废除了科举制。

(4) **特点。**

①设立科目,分科举人。

②严格考校,择优录取。

③士人自由报名,不论出身、地位、家业,不必由官员举荐。唐代参加科举考试的考生主要有两个来源:一是生徒;二是乡贡。

④有严格的考试程序:乡试—尚书省礼部举办的省试—吏部试。

⑤有固定的考试内容:帖经、墨义、口试、策问、诗赋。

3. 【简论】**科举制的影响/作用/积极意义与局限性。**

【答】(1) **积极影响:**科举制度是我国封建社会中持续时间最长、影响范围最广的选士制度,在历史上存在了1 300年,对我国后世产生了深远的影响,其存在有一定合理性。

①**有利于加强中央集权。**a. 中央政府掌握选士大权,有利于加强中央集权;b. 官吏经考试选拔,提高了文化修养,有利于国家长治久安;c. 士子通过科举获得参政机会,扩大了统治基础;d. 科举制度统一思想,笼络人心,有助于缓和阶级矛盾,维护了国家的稳定与发展。

②使选士与育士紧密结合。a. 促使社会形成良好的学习风气；b. 促进人们的思想统一于儒学，结束思想混乱的局面；c. 刺激学校教育的发展，有利于教育的普及；d. 扭转了人们重文轻武的思想。

③使选拔人才较为公正客观。a. 重视人的知识才能，而非门第；b. 考核策问与诗赋有利于检验人的能力；c. 我国是世界上最早实行文官考试制的国家。

(2) **消极影响**：从整个发展历程看，科举制度从隋唐到宋朝，积极影响大于消极影响；到了明清时期，消极影响日趋明显，最终被社会所淘汰。

①**国家只重科举取士，忽略了学校教育**。学校成为科举考试的预备机构，逐渐沦为科举的附庸。

②**科举制度具有很大的欺骗性**。a. 评分具有主观性；b. 考官受贿和考试作弊现象严重；c. 诱骗知识分子为功名利禄学习，大部分考生将终生时间浪费在科场上。

③**科举制度束缚思想，败坏学风**。a. 导致学校形成教条主义、形式主义的学习风气；b. 影响中国知识分子的性格，使其重权威轻创新、重经书轻科学、重书本轻实践、重记忆轻思考，形成了依赖性强的性格特征；c. 形成了功利色彩浓重的畸形读书观、学习观，如"万般皆下品，唯有读书高""书中自有黄金屋，书中自有颜如玉"等，这些思想长期束缚人心。

4. 简论 科举制度的价值／启示（对当今考试制度／高考改革的启示）。

答 (1) **历史价值**。

①**扩大了统治基础，有利于加强中央集权**。通过科举考试升迁，平民及中小地主阶层的士子获得了参政的机会，打破了门阀士族地主垄断统治权力的局面，扩大了封建政治的统治基础。同时通过科举考试，选士大权从地方官吏手中收归于中央政府，强化了中央集权的统治。

②**标准统一，制度健全，选拔人才较为客观公正**。隋唐科举考试在发展的过程中，逐步建立了较为完备的考试制度，如考试内容较为确定，考试方法逐步固定、统一，实行分级考试，保证考试的客观公正；同时逐步建立了一系列的考试防范措施，加强考试的管理。这使得科举考试比两汉的察举制及魏晋南北朝的九品中正制更为客观、公正、科学。

③**政教合一，促进了学校教育的发展**。由于没有门第、阶层的限制，科举考试成为许多读书士子改变社会地位和经济地位的途径。这激发了广大学子的求学愿望，在社会上形成了"万般皆下品，唯有读书高"的风气，在客观上有利于推动学校教育及封建教育事业的发展。

(2) **当代价值**：科举制度对当代考试制度的建立和完善（高考改革）有一定借鉴价值。

①**考试注重公平取材，选拔高素质人才**。采用公开考试、择优录取的公平竞争方式，以考试成绩作为选拔依据，即分数面前人人平等。当今高考的公平竞争性，同样在素来讲究人情与关系的中国社会起到了制约人情关系的作用，能有效地选拔高素质人才。

②**构建统一严密的考试程序，建立法律保障系统**。古代的科举考试构建了统一严密的考试程序，如明代科举考试实行编号、闭卷、密封、监考、回避、入闱、复查等办法。当今各项考试制度也需构建统一严密的考试程序，以法律形式对考试的相关事宜作出规定，建立法律保障体系。

③**了解考试的双刃性，创建多样化的考试体系，促进人才全面发展**。古代的科举考试调动了民间士子学习的积极性，推动了古代文化教育的普及，但也束缚了士子的思想，压抑了人的个性。当代的考试激发了广大青少年儿童学习的积极性，促进了中国的文教发展。但同时，我们也要积极引导社会大众的考试心理向正确的方向发展，建立多样化的考试体系，促进人才全面发展。

④**积极研究与改革考试内容与方法**。当今的考试制度要借鉴古代科举考试的经验教训，在关注考试效率的同时，我们也应重视考试的多元性，尝试转变考试组织形式、考试内容、考试方法、考试层次和考试时

间,变单一的考试为多元性的考试,从而真正发挥考试选拔人才的功能。

5. 简论 论述科举制度与学校教育的关系。/ 科举制对学校教育的影响。

〔答〕科举制度是选拔人才的制度,学校教育是培养人才的方式。在科举制度产生以前,选士制度和育士制度基本上是脱节的,科举制度的产生将二者紧密地结合在一起。

(1) 科举制度促进学校教育的发展。

①科举制度刺激了人们学习的积极性,促进了学校教育的发展。学校根据科举考试的要求来组织教学活动,科举考试又是学生做官的必由之路。

②学校教育培育人才参加科举选拔,促进了科举制度的发展。

(2) 科举制度与学校教育也相互制约彼此的发展。

①学校教育的兴衰直接影响科举取士的质量和数量。

②科举取士的标准和方法影响着学校教育的培养目标、教学内容和教学方法以及学校的地位等。

a. 科举考试影响着学校教育的培养目标。读书做官成为士人的普遍追求,办学者为了适应学生的需要,也必然以科举考试为办学的重要目标,以学生能登科及第为办学成功的标准。

b. 科举考试影响学校的教学内容和方法。为了适应科举考试的需要,科举考什么学校就教什么,科举考试的出题习惯和方式影响着学校的教学方法。除唐代算学科外,科举考试基本排斥了所有自然科学方面的知识,这导致人们轻视科学知识,阻碍了社会的发展。

c. 科举考试影响着学校的地位。封建社会后期,学校教育逐渐成为科举制度的附庸。在科举制度的影响下,学校成为"声利之场",逐渐丧失其作为教育机构的独立性。

(3) 学校教育成为科举制度附庸的真实原因。 决定封建学校教育发展的终极因素是封建社会的政治、经济、文化,科举制度只是一个辅助因素,并非科举制度的产生导致学校教育的衰落。当统治者偏重科举制度时,就用科举制度来操纵学校教育的发展,使学校成为科举制度的附庸。当统治者将二者并重,采用合理的方式去平衡二者,则二者相互促进,共同巩固封建统治。

> **凯程提示**
>
> 2~5题关于科举制度的题目会结合考查,如论述科举制度的演变历程及其影响(2+3答案组合),又如论述科举制度的影响及其对当今高考改革的启示等(3+4答案组合)。

6. 简论 颜之推的家庭教育思想 / 儿童教育思想 /《颜氏家训》中关于儿童发展的教育原则。

〔答〕颜之推是南朝梁教育思想家,写出了我国封建社会第一部系统完整的家庭教科书——《颜氏家训》。

(1) 士大夫教育。

①**重视教育**:a. 在教育作用上,颜之推提出"性三品"说,认为性的品级与教育有直接关系。b. 接受教育是维护士大夫原有社会地位的必要手段。c. 接受教育也是人民谋生的手段。

②**教育目标**:培养对国家有实际效用的各方面的统治人才。

③**教育内容**:"德"与"艺"。

(2) 儿童教育。

①**重视儿童早期教育的原因**:a. 儿童年幼,心理纯净,各种思想观念还未形成,可塑性大,容易受教育和环境的影响。b. 儿童年幼,受外界干扰少,精神专注,记忆力好。

②原则与方法。①

a. 严慈相济不溺爱,树立威严可体罚。颜之推认为父母应当严肃地对待儿童教育,树立威严,严加督训,只有严格的教育,子女才能成器。

b. 切忌偏宠不偏爱,同样爱护与标准。颜之推认为父母偏宠儿童,只能导致儿童狂妄自大。不论子女聪慧与否,都应以同样的爱护与教育标准来对待。

c. 通用语言不方言,语言教育有规范。语言是社会交往的工具,颜之推认为语言的学习应成为儿童教育的一项重要内容,对儿童进行的语言教育应注意规范,重视通用语言,而不应强调方言。

d. 道德教育重风化,示范孝悌和立志。颜之推认为对儿童进行道德教育应该通过长辈道德行为的示范,使儿童受到潜移默化的影响,从而形成所要求的德行。

e. 勤学切磋重交流,读书实践靠眼学。颜之推认为学习成绩如何主要取决于自己,要依靠自己的勤勉努力才能学有所得。并且他非常重视切磋交流在学习中的作用,提倡良师益友之间的相互切磋。"眼学"主要强调亲自阅读和亲自实践。

f. 及早施教重环境,家庭教育不可少。颜之推非常重视儿童教育,尤其注重儿童的早期教育。他认为应该及早对幼儿进行教育,而且越早越好。

g. 学习态度要端正,不为做官和阔论。颜之推认为学习主要是为了识见广博、开启心扉、修身利行,不是为了谈说、取官。所以,他要求学习者必须端正学习动机。

(3) 评价。

①**意义:**颜之推的教育思想是当时社会现实的反映与他自己治学治家经验的结晶。他揭露了士大夫教育的腐朽,强调培养对国家有实际效用的各方面的专门人才。在家庭教育上提出了许多有益的思想,如高度重视早期教育的重要意义,爱子与教子相结合的思想,直到今天仍有一定的借鉴意义。

②**局限:**颜之推不放弃棍棒教育的主张,使其家庭教育理论具有明显的封建专制主义的色彩,体现了其历史局限性。

7. 简论 韩愈的师道观(《师说》的教育思想)在历史中的理论意义及其现实价值。

[答]唐代韩愈的教育思想主要体现在他的《师说》中,这是我国古代第一篇集中论述教师问题的文章。在该文中,他提倡尊师重道。

(1) 韩愈对师道观的见解。

①**尊师原因:**尊师即卫道,"道"是封建道德的最高境界。

②**教师的任务:**传道、授业、解惑。

③**教师的标准:**以"道"为求师的标准,主张"学无常师"。"道之所存,师之所存。"韩愈提出的学无常师、有道为师的观点对促进思想文化的交流有积极意义。

④**师生关系:**建立合理的师生关系。韩愈强调师生关系在"道"和"业"面前是一种平等关系,师生关系可以互相转化,这是对维护教师绝对权威的师道尊严思想的一种否定。这种含有辩证法因素和民主色彩的师生观,对我国古代教育理论的丰富具有重要的历史意义。

(2) 历史价值(在历史中的理论意义)。

①韩愈在阐述教师的任务、教师的标准及师生关系的问题中,看到了道与师、道与业、师与生之间的既矛盾又统一的关系,包含了朴素教学辩证法的因素。

---

① 考查颜之推的家庭教育/儿童教育思想,简要答标题句即可;考查儿童发展的教育原则,需要答标题句+阐述内容。

②韩愈这些卓越的见解,极大地丰富了我国古代的教育理论,对正确理解教师的职责,正确处理政治与业务、德育与智育、教书与育人、教师与学生之间的关系,具有一定的参考价值。

(3) 现实价值。

①**坚持"传道授业解惑"的教学任务观。**韩愈提出的教学目的与任务,时至今日,教学仍没有脱离这三方面,不过是由于时代不同,所传之道、所授之业、所解之惑的具体内容不同而已。

②**坚持"尊师重教"的社会风气观。**任何时代,要传承文化知识,就要尊师重教,时至今日,我们更要做好尊师重教,依靠教育培育新人,促进社会发展,我们切不可耻于为师,轻师灭教。

③**坚持"精于传道"的教师观。**韩愈的教师观对当今教育仍然具有重大的指导意义。教师不可只局限于传递知识,更要传递知识背后的逻辑、义理、思维、观念、方法和道德。因为最终而言,教师传递的是文明,教师是社会文明的使者。

④**坚持"师生平等,相互转化"的师生观。**韩愈强调的是一种相互学习、相互促进的民主、平等、互动开放的师生关系,他极力主张"尊师重道",却没有走向过分强调师道尊严和教师权威的极端,这对我们今天处理师生关系仍有很强的借鉴意义。

⑤**坚持"从师问道"的学习观。**韩愈肯定了教学是一种双向、互动的活动,这在当时是非常了不起的思想解放。同时,《师说》又提出"圣人无常师"。在韩愈看来,学习是没有年龄界限的,年轻时要学习,年老时也要学习,人的一生不可能只有一个固定的老师。当今社会呼唤终身教育,与韩愈所提倡的"圣人无常师"的终身学习思想是一致的。

第五章 宋元时期的教育

名词解释

1. "三舍法"

答 (1) 简介:"三舍法"是王安石在"熙宁兴学"期间创立的一种改革太学的措施。

(2) 内容:将太学分为外舍、内舍、上舍三个程度不同且依次递升的等级。新生先入外舍,学习一年后,考试和平时行艺合格者可依次升入内舍。内舍生学习两年后,考试和平时行艺合格者可依次升入上舍。上舍生按其成绩分为三个等级:上等者直接授官,中等者直接参加殿试,下等者直接参加礼部试。

(3) 评价:"三舍法"有利于调动学生学习的积极性,提高了太学的教学质量和地位,是我国古代大学管理制度上的创新。

2. "苏湖教学法"/"分斋教学法"

答 (1) 简介:"苏湖教学法"也叫"分斋教学法",是北宋胡瑗在主持湖州州学时创立的一种新的教学制度,在"庆历兴学"时被用于太学的教学。

(2) 主要内容:在学校内设立经义斋和治事斋,创行"分斋教学"制度。经义斋主要学习儒家经义,属于"明体"之学,以培养高级统治人才为目标;治事斋又称治道斋,分为治兵、治民、水利、算数等科,属于"达用"之学,旨在培养具有专长技术和管理才能的人才。"苏湖教学法"采用讲习解经和联系实际的教学方法,旨在培养经世致用的人才。

(3) 评价:苏湖教学法是我国历史上最早的分科教学制度,还开创了主修和辅修的先河。

3. 书院

答 (1) 简介:书院是自唐末以后,中国古代高等私学的组织形式,它以私人创办和组织为主,将图书收藏、教学、研究合为一体,是相对独立于官学之外的民间性学术研究和教育机构。

(2) 发展:书院萌芽于唐朝,南宋时期书院走向制度化,元明清时期逐步走向官学化。

(3) 典型书院:宋朝的书院以白鹿洞书院为代表,朱熹制定了《白鹿洞书院揭示》,标志着书院走向制度化;明朝的书院以东林书院为代表,形成了讲会制度,将学术研究和政治相结合;清朝的书院大部分为八股取士服务,除了诂经精舍和学海堂追求学问,不问科举之外,漳南书院也是讲求经世致用的书院的代表。

(4) 评价:书院是我国具有深远影响的高级私学,它促进了理学的发展,弥补了官学的不足,成为推动教育和学术研究的重要动力,最重要的是其体现了教育的自治与自由,是中国封建社会中后期重要的教育组织形式。

4. 朱子读书法

答 (1) 简介:南宋朱熹酷爱读书,他的弟子门人将其有关读书的经验和见解整理归纳,成为"朱子读书法",在教育史上具有重要影响。

(2) 内容:①循序渐进;②熟读精思;③虚心涵泳;④切己体察;⑤着紧用力;⑥居敬持志。

(3) 评价:朱子读书法比较集中地反映了我国古代对读书方法研究的成果;反映了读书学习的基本规律和要求,在今天仍具有一定的参考价值。但是,朱熹提倡读的书是宣扬封建伦理道德的"圣贤之书",主要强调如何学习书本知识,未曾注意到知识与实际之间的联系。造成了"万般皆下品,唯有读书高"和"两耳不闻窗外事,一心只读圣贤书"的不良学风。

5. 四书五经

答 (1) "四书"：南宋朱熹将《大学》《论语》《孟子》《中庸》四部著作合称为"四书"，并写了《四书章句集注》。"四书"最初是作为教材在民间流传，后来成为学者治学需要攻读的课程，之后得到官方认定并加以推广，让"四书"升格而跻身于经学必学课程与选士必考内容。

(2) "五经"："五经"指儒家的五部经典，即孔子编订的《诗》《书》《礼》《易》《春秋》。汉代将"五经"确立为国家课程和国家教材，并形成了经学教育体系，自此"五经"成为中国封建社会长期使用的教科书。

(3) 二者的关系：朱熹认为"五经"较为深奥，需先学宋代学者名句汇集的《近思录》，而后再读"四书"，最后再读"五经"，方能更好地理解。所以，"四书"是为学习"五经"搭建的知识基础和阶梯。

(4) 评价："四书五经"是中国传统文化的重要组成部分，是儒家思想的核心载体，更是中国历史文化古籍中的宝典。儒家经典"四书五经"在世界文化史、思想史上具有极高的地位。

简答题 / 论述题

1. 简论 北宋的三次兴学。

答 北宋历史上先后出现了三次兴学运动，意在改革科举，强化学校教育。

(1) **第一次兴学**：由范仲淹在宋仁宗庆历四年主持，史称"庆历兴学"。

①**中央官学**：创建太学，引入"苏湖教学法"。

②**地方官学**：普遍设立。

③**改革科举**：停帖经、墨义，着重策论、诗赋、经学；明法科试断案，重视实践能力。

(2) **第二次兴学**：由王安石在宋神宗熙宁年间主持，史称"熙宁兴学"。

①**中央官学**：改革太学，创立"三舍法"。

②**地方官学**：恢复和发展州县地方学校；增学田、设学官。

③**改革科举**：编撰《三经新义》(《诗经》《尚书》《周礼》)，作为统一教材。

④**专门学校**：恢复与创立武学(创举)、律学、医学等专门学校。

(3) **第三次兴学**：由蔡京在宋徽宗崇宁年间主持，史称"崇宁兴学"。

①**中央官学**：新建辟雍，发展太学；实行"三舍法"、积分法。

②**地方官学**：普遍设立。

③**改革科举**：罢科举，改由学校取士。

④**专门学校**：恢复医学，创立算学、书学、画学(创举)等专科学校。

⑤**学制体系**：县学、州学、太学三级相联系的学制系统。

(4) **评价**：以上三次兴学运动，虽然前两次均未取得预期的效果，但都不同程度地将宋朝的教育事业向前推进了一大步。第三次兴学对北宋教育事业发展的促进作用更是超过前两次，这三次兴学都是对北宋文教政策最直接、最重要的体现。

2. 简论 书院产生的原因及发展过程。

答 (1) 书院产生的原因。

①**社会动荡，官学衰落，士人失学。**当时社会战争不断，严重危害了学校教育事业的发展，造成官学日趋衰落，士人大量失学。于是，一些好学之士便在山林建屋藏书，读书求学，进而聚徒讲学。

②**我国有源远流长的私学讲学传统**。早在春秋战国时期,私学就是一种重要的教育组织形式。秦朝时期,私学禁而不止。汉朝以后,私学一直与封建官学并行发展,成为培养人才的另一条重要渠道。

③**佛教禅林制度的影响**。佛教徒在山林名胜之处建立禅林精舍,从事于坐禅和讲授佛经。书院大多也设立于名胜之处,显然是受到禅林的影响。

④**印刷术的发展,书籍大量增加**。书院之所以勃兴于北宋初年,其直接原因即受到雕版印刷术发展的影响,使书籍大量增加。

(2) 书院的发展过程。

①**唐朝末期出现了书院**。唐朝书院以私人创办和组织为主,将图书收藏、教学、研究合为一体,是相对独立于官学之外的民间性学术研究和教育机构。

②**宋朝书院制度化**。书院作为一种教育制度形成和兴盛于宋朝。北宋初期,书院开始兴起,其规模和数量大幅度扩展,成为宋初教育的重要组成部分。南宋时期,书院作为一种教育制度得以确立,并达到极盛。书院促进了南宋理学的发展和学术文化的繁荣,但官学化倾向已经出现。宋朝形成了六所著名书院:白鹿洞书院、岳麓书院、应天府书院、嵩阳书院、石鼓书院、茅山书院。

③**元朝书院遭到政府控制**。元朝书院比前朝在数量上大大增加,元朝政府鼓励民众创办书院。但元朝书院的官学化倾向已经很明显,政府对书院的管控力度很大,许多书院成为科举的附庸。

④**明朝书院讽刺朝政**。明朝书院经历了一段时间的沉寂后兴盛起来,明朝以东林书院最有名气。东林书院讽刺朝政,议论学术,形成讲会制度。但明朝也有不少书院以科举考试为宗旨,造成书院的官学化。

⑤**清朝书院官学化倾向严重**。清朝鼓励民间创办书院,但同时又加强对书院的管控,导致书院官学化的倾向更加严重,书院几乎完全沦为科举的附庸。

3. **简论** 中国古代书院教育的特点和意义。

答 (1) 中国古代书院教育的特点。

①**书院精神**:自由讲学。书院注重讨论,学术风气浓厚,开辟了新的学风,推动了教育和学术的发展。

②**书院功能**:育才功能、研究功能、藏书功能。

③**书院组织**:有私办、公办和私办公助等多种形式。

④**书院教学**:a. 教学与研究相结合;b. 教学形式多样;c. 讲会制度盛行,百家争鸣,促进学术交流;d. 实行门户开放的制度;e. 一些书院注重讲明义理,躬亲实践,采用问难论辩式,启发思维,重视学生兴趣。

⑤**学生学习**:学生以个人钻研为主,重视对学生自学的指导,引导学生研究、讨论。

⑥**书院制度**:书院作为一种教育制度得以确立,在教育目标、教学方法、教学顺序等方面用学规的形式加以阐明,最著名的是《白鹿洞书院揭示》。

⑦**师生关系**:师生关系融洽,以道相交,感情深厚。

⑧**书院发展倾向**:自南宋起,书院已经出现了官学化的倾向,到了明清,政府加强了对书院的控制,书院官学化的倾向日益严重,成为科举考试的附庸。

(2) 中国古代书院教育的意义。

①书院促进了理学的发展和学术文化的繁荣。

②书院的出现丰富了中国古代学校教育的类型,弥补了官学的不足。

③书院提倡自由讲学,成为推动教育和学术发展的重要动力,是中国封建社会中后期一种重要的教育组织形式。

④书院是中国独有的教育机构,其浓厚的学术氛围和深厚的师生情谊都值得后世学习,是我国教育史上一笔宝贵的遗产。

4. 简答 简述白鹿洞书院。

答 (1) **简介**:南宋时期朱熹修复白鹿洞书院,并制定《白鹿洞书院揭示》作为书院的学规和教育宗旨,是中国书院发展史上第一个纲领性学规,标志着书院的制度化。

(2) **宗旨**:《白鹿洞书院揭示》作为书院的学规和教育宗旨,明确了教育目的,阐明了教育、教学过程,提出修身、处事、接物等基本要求,其内容有:①"父子有亲,君臣有义,夫妇有别,长幼有序,朋友有信"为教育目的。②"博学之,审问之,慎思之,明辨之,笃行之"为治学顺序。③"言忠信,行笃敬,惩忿窒欲,迁善改过"为修身之要。④"正其义,不谋其利,明其道,不计其功"为处事之要。⑤"己所不欲,勿施于人,行有不得,反求诸己"为接物之要。

(3) **意义**:①《白鹿洞书院揭示》将儒家经典汇集起来,并用学规的形式固定下来,形成较完整的书院教育理论体系,成为后世一般学校的学规范本和办学准则。②《白鹿洞书院揭示》集中体现了书院的精神,不仅对当时及以后的书院教育,而且对官学教育都产生了重大的影响,其贡献不可低估。

凯程提示

2、3题关于书院的题目会结合考查,如论述书院的演变历程及其特点,论述书院的产生原因及其意义。

5. 简答 简述蒙学教材(种类、特点和意义)。

答 (1) **分类**:宋元时期的蒙学教材,按内容的不同侧重点大致分为以下五类:

①**识字教学类**。如南宋王应麟的《三字经》、宋初的《百家姓》、南朝梁周兴嗣的《千字文》等,主要目的是教儿童识字、掌握文字工具,同时也综合介绍一些基础知识。"三、百、千"流传最广。

②**伦理道德类**。如吕本中的《童蒙训》、吕祖谦的《少仪外传》、程端蒙的《性理字训》、朱熹的《小学》《童蒙须知》等,主要传授伦理道德知识以及为人处世、待人接物的准则。

③**历史教材类**。如王令的《十七史蒙求》、胡寅的《叙古千文》、黄继善的《史学提要》、吴化龙的《左氏蒙求》等,既传授历史知识,又对其进行思想教育。

④**诗歌教学类**。如《千家诗》《唐诗三百首》、朱熹的《训蒙诗》、陈淳的《小学诗礼》(也属于伦理道德类)等,对儿童进行文辞和美感教育。

⑤**名物制度和自然常识类**。如方逢辰的《名物蒙求》等。

(2) **特点**。

①**宋元时期的蒙学教材开始出现按专题分类编写的现象。蒙学教材在内容和形式上呈现多样化的特点。**

②**注重儿童的心理特点**。采用韵语形式,文字简练,通俗易懂,多用故事,配有插图,穿插常识和做人做事的道理。

③**一些学者亲自编写教材,提高了蒙学教材的质量。**

④**注意与日常生活的联系。**

⑤**重视汉字的特点**。传统启蒙教材编写的最为成功之处就是符合中国语言文字的规律和儿童、少年学习本国语言文字的规律,文字浅显通俗、字句讲究韵律、内容生动丰富,包含多种教育功能,儿童易读、易诵、易记。

⑥**力求将识字教育、基本知识教育和伦理道德教育有机结合起来。**

(3) 意义。

①宋元时期的蒙学教材开始按专题分类编写,使蒙学教材在内容和形式上呈现多样化的特点。

②一些著名学者,如朱熹、吕祖谦、王应麟等人亲自编撰蒙学教材,对提高蒙学教材的质量起到了重要作用。

③蒙学教材注重儿童的心理特点,采用韵语形式,文字简练,通俗易懂,并力求将识字教育、基本知识教育和伦理道德教育有机地结合起来,这些经验是值得我们认真研究的。

6. 简论 简述朱子读书法。

〖答〗(1) 简介:朱熹的弟子门人将其有关读书的经验和见解整理归纳,成为"朱子读书法"。

(2) 内容。

①**循序渐进**:读书要按照首尾篇章,不要颠倒;根据自己的实际情况和能力,量力而行,不要急于求成。

②**熟读精思**:读书要熟读成诵,精思要旨。

③**虚心涵泳**:"虚心"指读书要虚怀若谷静心思虑;"涵泳"指读书时要反复咀嚼、细心玩味。

④**切己体察**:读书不能仅仅停留在书本上,而要见之于具体行动。

⑤**着紧用力**:读书学习一定要抓紧时间,精神抖擞。

⑥**居敬持志**:读书的关键还在于学者的志向及良好的心态,"居敬"指读书时要精神专一;"持志"指读书要有毅力坚持下去。

(3) 评价:朱子读书法比较集中地反映了我国古代对读书方法研究的成果,反映了读书学习的基本规律和要求,在今天仍具有一定的参考价值。但其局限体现在朱熹提倡读的书主要是宣扬封建伦理道德的"圣贤之书";他的读书法主要强调如何学习书本知识,未曾注意到知识与实际之间的联系。这不仅使读书的范围受到限制,而且还造成了不良学风。

(4) 启示:朱子读书法体现了量力性、实践性、积极性等教学原则,值得我们借鉴,对现代教学仍有重要启示。

①**要循序渐进**。学习是一个由简单到复杂的循序渐进的过程,教师在教学过程中要正确认识这一点,使教学内容和学生的知识背景相吻合,让学生易于理解和接受。

②**要熟读更要精思**。在读书过程中,机械识记是记忆的必要基础,而通过积极思考的理解记忆更为重要,效果也更好。

③**要将书本上学到的知识应用于个人实践活动当中**。直接经验与间接经验相结合不仅能提高学习者读书的积极性,还能使书本知识具体化,从而使学习者对书本知识的认识进一步丰富和深入。

④**要有坚强的意志**。读书必须抓紧时间、精神抖擞、积极奋发,同时,坚强的意志在读书过程中也十分重要,它使学习者能自觉地确定目标,并根据目标来支配、调节自己在此过程中的认识活动和情绪状态。

第六章 明清时期的教育

名词解释

1. 监生历事

答 (1) **性质**："监生历事"又称"历练政事"或"实习历事"，是明朝国子监生的实习制度。

(2) **内容**："历事"指到监外历练政事，规定国子监生学习到一定年限，分拨于在京各衙门，历练事务，锻炼和考察其政务才能。有时监生也被送到县州清理粮田或兴修水利。"历事"后进行考核，上等者送吏部附选，可授予官职，中等者再令历练，下等者送回国子监读书。

(3) **影响**："监生历事"是中国古代大学里最早的教学实习制度，对后世的大学教育有深刻的启发意义；该制度使学校培养人才与业务部门使用人才直接挂钩，有利于促进学校的教学，提高人才素质。

简答题／论述题

1. 简论 简述王守仁的儿童教育思想及其意义。

答 王守仁在《训蒙大意示教读刘伯颂等》一文中，集中阐发了自己的儿童教育思想。

(1) 内容。

①**揭露和批判传统儿童教育不顾及儿童的身心特点。**他认为把儿童当作"小大人"是传统儿童教育致命的弱点，它压抑了儿童的个性发展，视儿童为囚犯，视学校为监狱。

②**主张儿童教育应顺应儿童的性情。**教育应该适应儿童的年龄特征，尊重儿童的兴趣，使他们"趋向鼓舞"。对待儿童就应该像对待小树苗一样，给予他们春风细雨般的呵护。

③**教育方法：**采用"诱""导""讽"的"栽培涵养之方"，即以诱导、启发、讽劝的方法代替传统的"督""责""罚"的方法。

④**教育内容：**发挥各门课程多方面的作用，"歌诗""读书""习礼"都有各自独特的作用，应该加以综合运用。

⑤**教育程序：**主张动静搭配、体脑并用，要精心安排课程，使儿童既得到道德熏陶，又能学到知识、锻炼身体。

⑥**教育原则：**"随人分限所及"，教学应量力而行，盈科而进，因材施教。

(2) 意义。

①**历史意义：**尽管王守仁进行儿童教育的目的是灌输封建伦理道德，但是他开始主张顺应儿童的性情，依据儿童的接受能力，使儿童在德、智、体、美方面都得到发展，反映了他的教育思想的自然主义倾向。在那个时候就有这样的思想是难能可贵的。

②**现实意义。**

a. **教育应根据儿童的身心发展特点，顺应儿童性情，促进其自然发展。**如教育目标要求的高低、教学内容的多少与深浅、教学方法的选择等，都要根据儿童的身心发展水平和性情来确定。

b. **教师要学会激发儿童的学习兴趣，使学生寓学于乐。**倘若学生把学习当作一件快乐的事并努力去完成，他们就更有连续不断地取得进步的可能性。这就要求教师要学会激发儿童的学习兴趣，让儿童带着快乐的心态去学习，这样学习效率就会成倍地提升。

c. 教师和家长要尊重儿童独立的人格。 与成年人相比,儿童各方面的能力有限,但他们也是具有独立人格和尊严的人,所以在教育活动中,教师和家长都要尊重儿童的人格,尊重其对于兴趣的选择权利,如此才能充分调动儿童学习的积极性和主动性。

2. 简论 颜元的教育思想。

答 (1) 颜元的教育思想。

①**教育实践**:颜元创办了漳南书院,该书院是清朝著名的经世致用的书院;他批判了程朱理学教育中的义利对立观严重脱离实际,抨击了八股取士。

②**教育目标**:培养"实德实才之士",即品德高尚、有真才实学的"经世致用"之才,包括通才和专门人才。

③**教育内容**:"真学""实学"。颜元曾按自己的教育思想规划漳南书院,陈设"六斋",实行"分斋教学",并规定了各斋的具体教育内容,这是对"真学""实学"内容最明确也是最有力的说明。

④**教学方法**:"习行"。颜元反对传统的"静坐"和空谈义理,认为"习行"是培养"经世致用"人才的主要途径和教学方法,"习行"符合学习规律,有利于道德的修养,有利于学生的身体健康。

(2) **评价**:颜元的教育思想十分丰富、全面、系统。他敢于冲破封建专制思想的束缚,向统治思想的理学宣战,提出了与之相对立的唯物主义教育理论和主张,在中国古代教育思想史上具有重大意义并产生过深远的影响。

①**教育实践**:带有一些近代教育的特征。颜元的教育实践及其设想体现了对传统教育"仕即其学,学即其仕"的批判,流露出按知识类别制定学校课程的思想萌芽,其思想已带有一些近代教育的特征。

②**教育作用**:经世致用的人才观。对个人来说,改变了传统教育只重道德的弊端,注重全人培养;对社会来说,较为完善的人才观,有近代化的倾向。

③**教育内容**:文武兼备的内容观。虽然借"六艺"托古改制,但是实际已经超越了"六艺",包括自然科学、军事知识、经史礼乐等方面的内容,具有近代课程设置的萌芽。

④**教育方法**:颜元反对脱离实际的、注入式的、背诵教条的教学方法,可以说是教学方法在理论和实践上的一次重大革新。

第七章 中国教育的近代转折

名词解释

1. 京师同文馆

答：(1) **简介**：京师同文馆是近代中国被动开放的产物，是我国第一所洋务学堂，同时也是我国最早的官办新式学校。初创时只有英文馆，以外语教学为主，后来成为兼习各门西学的综合性学校。1900年停办，1902年并入京师大学堂。

(2) **特点**：①在培养目标上，专门培养洋务人才，不再培养科举考试人才，注重学以致用；②在课程设置上，外语居于首位，侧重"西学"与"西艺"，汉文经学贯穿始终；③在教学组织形式上，最早开始了中国的班级授课制和分年课程；④在教学方法上，由浅入深，循序渐进，在一定程度上改变了死记硬背的学风，强调理论与实际相结合。

(3) **意义**：京师同文馆是洋务学堂的开端，也是中国近代新教育的开端。

2. 中体西用 /《劝学篇》

答：(1) **简介**：1898年，张之洞在《劝学篇》中全面阐述了"中体西用"的教育观点，成为洋务运动和新政时期教育改革的理论依据和指导思想。

(2) **内容**：①"中学"也称"旧学"，"四书五经、中国史事、政书、地图为旧学"。②"西学"也称"新学"，"西政、西艺、西史为新学"。③二者关系："旧学为体，新学为用，不使偏废"。④《劝学篇》还提出了教育改革的具体措施，如改革科举的设想、倡导留学教育、制定学制等。

(3) **评价**：《劝学篇》完整地阐述了"中体西用"思想，成为晚清政府推行教育改革的纲领性文件。这是洋务运动和新政时期的指导思想。但后来遭到资产阶级改良派和革命派的痛批，因为这一思想没有克服中西学矛盾，直接嫁接必然引起排异性反应，所以"中体西用"也并不能真正得以实现。

简答题 / 论述题

1. 简论 洋务学堂（兴起背景 / 类型 / 特点 / 在近代教育中的作用）。

答：(1) **兴起背景**：经过两次鸦片战争的失败，以及太平天国运动的打击，清朝统治集团内外交困，不得不寻找巩固统治的出路，其中，洋务派举办了一系列"自强""求富"的洋务事业，史称"洋务运动"。洋务学堂是洋务运动的重要组成部分，是中国最早的官办新式学堂，其目的在于培养洋务运动所需要的翻译、外交、工程技术、水陆、军事等多方面的专门人才，教学内容以"西文"与"西艺"为主。

(2) **类型**：19世纪60—90年代，洋务派创办的洋务学堂有30余所，它们是随着洋务运动的展开而逐渐开办的，大致可以分为外国语（"方言"）学堂、军事（"武备"）学堂和技术实业学堂三类。

①**外国语（"方言"）学堂**：如京师同文馆、上海广方言馆、广州同文馆、新疆俄文馆等。

②**军事（"武备"）学堂**：如福建船政学堂、上海江南制造局操炮学堂、广东实学馆、广东水陆师学堂等。

③**技术实业学堂**：如福州电报学堂、天津电报学堂、天津西医学堂、山海关铁路学堂等。

(3) **特点**：洋务学堂具有"新旧杂糅"的特点。

①**新特点**：a. 在培养目标上，造就各项洋务事业需要的人才；b. 在办学性质上，专科性学校，属于部门办学，直接根据本部门的需要培养人才；c. 在教学内容上，以学习"西文"与"西艺"为主；d. 在教学方法上，按

照知识的接受规律由浅入深、循序渐进地安排教学内容,重视理解,强调理论与实际相结合;e. 在教学组织形式上,制定分年课程计划和学制年限,采用班级授课制。

②旧因素:a. 洋务大臣各自为政,缺乏全国性的整体规划的学制系统;b. 不放弃"四书五经"的学习;c. 在管理上有封建官僚习气,效率低下,关键管理环节受洋人挟制,影响正常办学。

(4) 在近代教育中的作用:洋务学堂拉开了中国教育近代化的序幕。它以西方近代科技文化作为主要课程,在形式上引入了资本主义因素,初步具备近代教育的特征。它产生之初,虽然并未有意与以科举制度为核心的旧教育相对抗,但产生之后,逐渐动摇和瓦解了旧教育体系,实际上启动了近代中国教育改革的进程,历史意义重大。

2. 简论 张之洞"中体西用"的思想及其历史意义、现实意义和局限性。

答 (1) **张之洞的"中体西用"的教育思想**:张之洞著成的《劝学篇》分为内篇和外篇,"内篇务本,以正人心;外篇务通,以开风气",通篇主旨归于"中学为体,西学为用"。①"中学"也称"旧学","四书五经、中国史事、政书、地图为旧学"。②"西学"也称"新学","西政、西艺、西史为新学"。③"中学"与"西学"的关系:"旧学为体,新学为用,不使偏废"。④《劝学篇》还提出了教育改革的具体措施,如改革科举的设想、倡导留学教育、制定学制、进行职业教育和培训师资等。

(2) 历史意义。

①**从整体上看**:"中学为体,西学为用"的思想推动了中国社会发展的近代化进程。它将"西学"作为一个整体予以认可,给僵化的封建教育体制打开了一个缺口,使"西学"在中国的发展成为可能,为中国近代的变革注入了新的物质力量和精神力量,加速了封建制度的解体,推动了近代化的步伐。

②**在教育方面**:a. 启动了中国近代教育改革的步伐,促进了新式教育的产生。"中体西用"思想的推动者在民间兴办了一批新式学堂,教育内容增加了自然科学知识,开展了留美教育等,打破了旧学形式一统天下的传统教育格局。b. 比较切实地引进了西方近代科学、课程及制度。这对清末教育改革既有思想层面的启发,又有实践层面的推动。洋务运动通过教育首先引进了西方物质文明层面的内容,虽然没有深入到精神文明层面,但为后续维新派、资产阶级革命派的改革奠定了基础。c. 极大地冲击了传统教育的价值观。"中体西用"理论对"西学"教育的合理性进行了有效的论证,促进了资本主义文化在中国的传播,为新式教育的进一步推广扫清了障碍。

(3) 现实意义。

①**把握"中体西用"思想的精髓,坚持走自己的现代化发展道路**。西方发达国家在现代化过程中积累的经验、先进技术和文化都是我们需要学习的。但是,任何"全盘西化"都不能解决中国的问题,要解决中国的问题,必须实现中国现实问题和历史发展趋势的结合。

②**把握"中体西用"思想的精髓,科学对待西方文化和中国传统文化**。我们不应该质疑传统文化的有益性和存在性,而应把重点放在如何将传统文化与当今的现代文化相融合;也不应该质疑西方文化存在的积极性,而应该当把重点放在如何使西方文化能够与中国现实结合,进而发挥改造中国现实的力量上。

③**把握"中体西用"思想的精髓,坚持中国文化的个性**。中国文化必须在总结百余年来古今中西的冲突与融合的经验教训的基础上,强化民族意识,谋求多元文化之间对话的对等地位,重新梳理世界文化新秩序,重新确立自己在世界文化中的地位。

(4) 局限性。

①**在教育方面**:"中体西用"的根本目的是维护封建统治,这是逆行倒流。由于"中体西用"的根本目的是维护封建统治,使新式教育一直受到"忠君、尊孔"的封建信条的支配,阻碍了新式教育的发展进程。尤其

是阻碍了维新思想更广泛地传播,不利于近代刚刚开始的思想启蒙运动的发展。

②**在文化理论方面**:中学与西学直接嫁接必然引起二者之间的排异性反应。"中体西用"作为中西文化接触后的初期结合方式,有其历史的合理性。但是作为文化的整合方案和教育宗旨又是粗糙的,它是在没有克服中学和西学之间固有的内在矛盾的情况下的直接嫁接,必然会引起二者之间的排异性反应。

第八章 近代教育体系的建立

名词解释

1. 京师大学堂

答 (1) 简介：维新派在百日维新时期建立了中国近代的高等学府——京师大学堂。康有为、梁启超、孙家鼐等人作出了贡献。民国初年，京师大学堂改为北京大学。

(2) 内容：①在办学性质上，不仅是全国最高学府，也是全国最高教育行政机关。②在办学宗旨上，"中学为体，西学为用"。③在课程设置上，西学比重高于中学。④封建等级性非常浓厚。

(3) 评价：维新派创办的京师大学堂是维新变法失败后唯一保留下来的一项措施。它标志着中国近代国立高等教育的开端。

2. 癸卯学制

答 (1) 简介：1903年，张百熙、张之洞、荣庆拟定了《奏定学堂章程》，这是中国近代由中央政府颁布并首次得到施行的全国性法定学制系统。1904年1月颁布执行。

(2) 内容：癸卯学制仿照日本，把整个学程纵向分为三段七级。年限为20～21年。规定了5年强迫教育阶段，并将幼儿教育机构纳入学制系统，幼儿教育进入到全国规划发展的新阶段。此外，横向方面除主系各学堂外，学制兼重实业教育和师范教育。

(3) 评价：癸卯学制具有半资本主义和半封建性。半资本主义表现为：学制规定了义务教育；提出德、智、体并重；重视实业教育和师范教育；实行班级授课制；尊重儿童个性，禁止体罚；西学占主导等。半封建性表现为：中体西用为指导思想；读经讲经比重大；具有等级性；排斥女性；毕业生奖励科举出身等。

3. 庚款兴学

答 (1) 简介：留日高峰的形成引起了美国朝野的注目，认为这将不利于他们在华的长远利益。因此从1909年开始，美国将所得"庚子赔款"中的一部分以"先赔后退"的方式退还给中国，并和中国政府达成默契，将这笔钱用来发展留美教育，史称"庚款兴学"或"退款兴学"。

(2) 措施：为了实施庚款留美计划，中国政府专门拟定了《派遣留美学生办法大纲》，规定在华盛顿设立"游美学生监督处"作为管理中国留美学生的机构，并在北京设立"游美学务处"负责留美学生的考选派遣事宜。同时，着手筹建留美预备学校——清华学堂，民国成立后改称为清华学校。

(3) 影响：美国把中国留学潮引向美国，中国留学生的流向从此发生了变化。

简答题/论述题

1. 简答 简述"百日维新"中的教育改革。

答 (1) 改革措施。

①**创办京师大学堂**。1898年光绪在《明定国是诏》中宣布设立京师大学堂，各省大学堂均属京师大学堂管辖。《京师大学堂章程》的主要内容有：a. 京师大学堂不仅是全国最高学府，也是全国最高教育行政机关。b. 办学宗旨是"中学为体，西学为用"。c. 在课程设置方面，西学比重高于中学。d. 封建等级性非常浓厚。

②**废除八股考试，改革科举制度**。1898年6月，光绪皇帝下诏废除八股，催立经济特科，议设法律、财政、外交等专门之课科，以选拔维新人才，并宣布以后的取士以"实学实政"为主，这样科举考试和现实的联

系更加紧密了。即便百日维新失败后，恢复了八股取士，罢经济特科，但经此改革之后，人们开始向往富有朝气的新式教育，科举应试人数大大减少。

③**实力讲求西学，普遍建立新式学堂**。维新派主张各地大小书院一律改为兼习中学、西学的新式学堂，还计划设立铁路、茶务、桑蚕等实业学堂，广派人员出国游学，设立译书局与编译学堂，奖励开设报馆，开放言论，书籍、报纸实行免税，等等。

(2) **评价**：百日维新中的教育改革措施反映了资产阶级维新派的教育主张和愿望，对封建传统教育产生了强大冲击，但因为时间短且触及一些封建官僚的切身利益，因此很多措施还未实施就被守旧派宣布废止。不过，百日维新中那种"人人谈时务，家家言西学"的局面确实激荡起一股思想解放的潮流。

> **凯程提示**
> 如果此题问维新派的改革措施，就应该分为百日维新前和百日维新时的改革措施两块内容。

2. 简答 简述新政时期的教育改革措施。

答 19世纪末，美国抛出"门户开放"政策，列强将中国视为可瓜分的稳定市场。1900年，八国联军攻陷北京，慈禧携光绪西逃，震惊了中国朝野。清政府被迫实行"新政"，改革图强，教育是其中的一部分。

(1) **颁布"壬寅学制"和"癸卯学制"**。①壬寅学制是中国近代第一个以中央政府名义制定的全国性学制系统。②癸卯学制是中国近代由中央政府颁布并首次得到施行的全国性法定学制系统。

(2) **废科举，兴学堂**。科举制烦琐空疏，摧残人才，使学校沦为附庸，败坏学习风气。1905年，科举考试终告废止，促使兴办新式学校浪潮的出现，为资产阶级革命派的教育改革减少了阻力，也标志着封建旧教育的结束。

(3) **建立教育行政体制**。形成了一套新的从中央到地方的教育行政系统。在中央，1905年，清廷成立学部，作为统辖全国教育的中央教育行政机关。在地方，1906年，各省设提学使司，专管全省教育事务。

(4) **制定教育宗旨**。1906年，学部确定教育宗旨为"忠君、尊孔、尚公、尚武、尚实"。这个宗旨体现了"中体西用"的思想，是中国近代第一次正式宣布的教育宗旨。

(5) **留学教育**。新政的实施，使留学教育再掀热潮。①留日教育。清末留日归国学生充实了新式学堂的师资，形成了以留日学生为骨干的资产阶级革命派群体，对中国近代社会的变革产生了重大影响。②留美教育。通过"庚款兴学"，美国把中国的留学潮引向美国，中国留学生的流向从此发生了变化。

3. 简答 简述严复的"三育论"。

答 (1) **简介**：严复是维新运动时期的重要代表人物之一，为了实现教育救国的理想，他在教育作用上提出"三育论"。

(2) **内容**：严复将教育作用概括为"鼓民力、开民智、新民德"，其中"鼓民力"是体育，从禁鸦片和废缠足开始，提高中国国民的体质；"开民智"是智育，从废八股、改科举开始，引导国民学习西方的科学技术和政治思想；"新民德"是德育，主张学习西方民主、自由、平等的精神，严复认为这是三育中最难实现的。

(3) **发展**：在此之前，中国教育一直主张"德智并重"，严复是中国近代从体育、智育、德育构建教育目标的第一人。在此之后，中国近代教育的育人观逐步完善，发展为王国维的"四育论"和蔡元培的"五育"并举。

(4) **评价**：严复的"三育论"十分准确地指出了维新运动时期国人发展不健全的问题，并提出了循序渐进、切实可行的计划。这一观点对中国近代教育和今天的全面发展教育观都有重要的启示意义。

第九章 近代教育体制的变革

名词解释

1. 1922年"新学制"/壬戌学制/六三三学制

答 (1) **简介**：1922年"新学制"是新文化运动时期公布的学制。因之前的学制存在如小学过长、中学过短，不能兼顾就业和升学等很多问题而再次制定的学制。

(2) **七项标准**：①适应社会进化之需要；②发扬平民教育精神；③谋个性之发展；④注意国民经济力；⑤注意生活教育；⑥使教育易于普及；⑦多留各地伸缩余地。

(3) **特点**：①第一次依据我国学龄儿童的身心发展规律划分教育阶段，采用美国的"六三三"学制。②初等教育将幼稚园纳入初等教育；缩短小学年限，4年义务教育，更加务实合理，利于普及。③中等教育是改制的核心，延长年限至6年，并分为初、高两级，实行分科制和选科制。④高等教育缩短年限，取消大学预科；明确大学进行专门教育和科研的职能。⑤兼顾职业教育和师范教育。

(4) **评价**：1922年"新学制"的颁布，标志中国近代学制体系建设的基本完成，是中国近代学制发展史上的里程碑。但其在实施过程中也存在如缺乏师资、教材等很多问题，表现出一定的局限性。

2. "五育"并举教育方针

答 (1) **简介**：蔡元培于1912年发表的《对于教育方针之意见》一文中，从"养成共和国民健全之人格"的观点出发，提出"五育"并举的教育方针。

(2) **内容**：①军国民教育。主要目的是强健体魄；②实利主义教育。加强教育与国民经济生活的关系，加强职业技能的培训；③公民道德教育。传统文化和资产阶级思想并重；④世界观教育。蔡元培独创的思想，是教育的最高境界，旨在培养人们既能立足于现象世界，又能超脱现象世界而贴近实体世界的观念和精神境界。⑤美感教育。提出"以美育代宗教"的口号，利用美感去陶冶、净化人的心灵，是世界观教育的主要途径。

(3) **相互关系**：蔡元培强调"五育"不可偏废。"五育"尽管各自的作用不同，但都是"养成共和国民健全之人格"所必需的，是统一整体中不可分割的有机部分。

简答题/论述题

1. 简论 述评"壬戌学制"/1922年"新学制"。

答 "壬戌学制"是受新文化运动的影响以及社会发展的需要而颁布的学制，是中国近代史上实施时间最长、影响最大的学制。

(1) **七项标准**：①适应社会进化之需要；②发扬平民教育精神；③谋个性之发展；④注意国民经济力；⑤注意生活教育；⑥使教育易于普及；⑦多留各地伸缩余地。

(2) **特点**。

①**第一次根据我国学龄儿童的身心发展规律划分教育阶段，采用美国的"六三三"学制。**

②**初等教育阶段趋于合理，更加务实。**缩短小学年限，利于初等教育的普及。幼稚园纳入初等教育阶段，使幼小教育与小学教育得以衔接，确立了幼儿教育在中国教育史上的地位。

③**中等教育是改制的核心。**具体表现为：a. 延长中学年限，利于与大学衔接；b. 中学分为初、高两级，增加地方办学收缩余地和学生的选择余地；c. 中学实行分科制和选科制，适应不同发展水平学生的需要。

④高等教育缩短年限,取消大学预科。这有利于大学进行专门教育和科学研究。

⑤建立比较完善的职业教育系统,兼顾升学与就业。

⑥改革师范教育制度,高级中学设师范科,并将旧制高等师范学校升格为师范大学。这突破了师范教育自成体系的框架,使师范教育种类增多、程度提高、设置灵活。

(3) 评价:①体现出实用主义色彩。②适应当时资本主义工商业发展的实际情况。③内容具有先进性和合理性。④具有灵活性。⑤是我国学制史上的里程碑,标志着中国近代学制体系建设的基本完成。⑥局限性:此学制在具体的实施过程中存在不少问题,如缺乏师资、教材、设备等,故不得不通过对其后所创办的综合中学增开大量的选科等做法进行调整。

(4) 对我国现行学制的启示:①加强实用主义和生活化倾向,体现科学与民主的精神。学生所学知识就是学生所用知识,既为了学生的未来生活,又为了学生的当下生活。②坚持"六三三"学制,适度发展学前教育,完全普及义务教育,继续调整中等教育结构,大力发展高等教育。③注意国家经济实力,依据国家经济水平的不断提升,快速实现义务教育的全面普及。④依据学生身心发展的规律来制定学制,在教育阶段的划分和衔接上,要让学习内容能够适应学生的发展和需要。

2. 简答 简述蔡元培的教育独立思想。

答 (1) 社会背景:当时军阀混战、经济萧条,北洋政府无暇顾及教育,国家预算中的教育经费极低,还经常被挪用。为了维持教育的正常进行,教育界发起了向北洋政府争取教育经费独立的斗争,进而形成了内容广泛的教育独立思潮。

(2) 主要内容:1922 年,蔡元培在《新教育》上发表《教育独立议》一文,阐明教育独立的基本观点和方法,成为教育独立思潮的重要篇章。①教育经费独立:要求政府划出教育经费,不能移用。②教育学术和内容独立:能自由编辑、出版、选用教科书。③教育行政独立:专管教育的机构不能附设于政府部门之下,要由懂得教育的人担任,不因政局的变动而变化。④教育脱离宗教而独立:不必依存某种信仰或观念。

(3) 影响。

①积极影响:a. 反对帝国主义国家的文化侵略,推动了收回教育权运动。b. 摆脱军阀政府对教育的控制,维持教育基本生存状态有其合理性。

②消极影响:a. 教育独立在理论上行不通。因为教育的独立性是相对的,教育由政治经济制度和生产力所决定。教育不可能完全脱离社会发展的大环境。b. 教育独立在实践上行不通。政府与统治阶级也不答应教育可以独立,文化、经济与教育发展客观上存在千丝万缕的联系,教育也做不到绝对独立。

3. 简论 蔡元培改革北大的措施和意义(对我国现代大学发展的意义)。

答 (1) 改革北大的措施。

①**抱定宗旨、改变校风**。a. 改变学生观念,对学生有三点要求,即抱定宗旨,砥砺德行,敬爱师长;b. 整顿教师队伍,延聘积学热心的教员;c. 发展研究所,广积图书,引导师生的研究兴趣;d. 砥砺德行,培养正当兴趣。

②**贯彻"思想自由、兼容并包"的办学原则**。a. "大学者,'囊括大典,网罗众家'之学府也";b. 在教师聘任上,以学术造诣为主罗各类学术人才;c. 开创我国公立大学招收女生之先河;d. 开创了旁听生制度。

③**教授治校,民主管理**。为贯彻这一原则,蔡元培在北大建立了全校最高立法和权力机构,还把治理大学的任务交给了教授,让真正懂学术的人管理教育。

④**学科与教学体制的改革**。a. 扩充文理,改变"轻学而重术"的思想,加强基础学科学术研究的比重;

b. 沟通文理，废科设系；c. 改年级制为选科制(学分制)，目的是让学生"尚自然，展个性"。

(2) 评价。

①**从教育制度和学校管理上看**，促进了高等教育民主化发展，加强了高等教育办学的自主性。

②**从教育宗旨上看**，奠定了高等教育进行学术研究的职能。

③**从办学原则上看**，奠定了大学学术自由的氛围，加强了高等教育的包容度，促进高等教育为社会服务。

④**从学科与教学体制改革上看**，促使高等教育更加重视人的个性与差异，当今大学的分科制以及必修、选修制度都深受蔡元培改革北大教学体制的影响。

⑤**总体上看**，蔡元培改革北大影响深远，远远超出了教育领域。蔡元培的改革让北大焕然一新，成为中国首屈一指的著名学府，是高等教育近代化发展过程中的里程碑。此外，北大改革中"思想自由，兼容并包"的办学原则，不仅包容了资产阶级的思想，也包容了早期共产主义思想，促进了马克思主义在中国的传播。北大也因此成为了五四运动的发源地和新文化运动时期思想启蒙的重要阵地。

(3) 对我国现代大学发展的意义。

①**在教育观念上**，注重大学的研究性职能。大学应当以研究学问为第一要义，教师和学生都应当热爱学问，培养自己的学者风范，可见北大改革"抱定宗旨，改变校风"的影响。

②**在办学理念上**，重视人的个性与差异。蔡元培也曾提出了"尚自然，展个性"。

③**在培养目标上**，注重培养全面发展的人。帮助学生发展能力、完善人格，在人类文化上尽一份责任的同时也兼顾学生的技能和道德教育。蔡元培提出"五育"并举的教育思想，就是主张培养健全之人格。

④**在办学原则上**，崇尚自由。这也是受蔡元培办学原则的影响。

⑤**在教学体制上**，坚持分科制以及必修、选修制度。这也是深受蔡元培改革北大时教学改革的影响。

⑥**在教育管理上**，内部管理要倾听教职工的意见。管理者、办学者要审视大学的意义、角色，做好正确的定位，真正把教育办好，把学校办活。这也体现了"教授治校，民主管理"思想的影响。

⑦**在大学职能上**，注重大学为社会服务的职能。大学代表着一个社会的最高层次群体与一个国家的精神面貌，应担起带领社会风气的责任。这与当时蔡元培的教育救国理念也是一脉相承的。

4. 简论 蔡元培的教育思想、教育实践对中国近代教育的贡献和影响。

[答] 蔡元培是我国近代著名的资产阶级革命家和民主主义教育家。

(1) 教育思想。

①**"五育"并举思想。** 他提出了包括军国民教育、实利主义教育、公民道德教育、世界观教育和美感教育的"五育"并举思想，这一思想后来被改造为民国时期重要的教育方针。

②**北大改革。** 北大的改革不仅使自己改变了面貌，也是我国高等教育发展史上的里程碑。主要改革措施有：提倡抱定宗旨、改变校风；贯彻"思想自由、兼容并包"的办学原则；提出教授治校，民主管理；进行学科与教学体制的改革。

③**教育独立思想。** 他要求教育经费独立、教育学术和内容独立、教育行政独立和教育脱离宗教而独立。这一改革措施促成了收回教育权运动。

④**大学院和大学区制。** 他主张学术领导行政，使教育行政学术化，但理想过高，最终导致学术机关官僚化，效率低下。

⑤**主张"尚自然，展个性"。** 他提出"教育者，与其守成法，毋宁尚自然，与其求划一，毋宁展个性。"

(2) 教育实践。

①**辛亥革命前：** 蔡元培等人建立中国教育会，暗中宣传革命派，建立革命性质的爱国学社和爱国女学。

②**辛亥革命后**:蔡元培任民国第一任教育总长,确立教育方针,奠定民国教育的基本规模;推动留法勤工俭学运动;他最大的贡献是改革北大,革新中国高等教育的局面,并参与收回教育权运动。

③**南京国民政府成立后**:蔡元培被任命为国民政府大学院院长,提出大学院与大学区制,但这是一项失败的改革。

(3) 影响和贡献。

①蔡元培引领和确立了民国的教育方针,为制定民国新学制确立了蓝本和方向。

②蔡元培的高等教育思想直接革新了中国高等教育的局面,引领中国高等教育走向现代化。

③蔡元培的教育独立思想有利于维持军阀统治下的教育基本生存状态并阻止外国势力侵犯中国教育主权。

④蔡元培引进西方自然主义教育思想,有利于培育资产阶级新国民的"健全之人格"。

⑤蔡元培开放包容的办学主张,推动了新文化运动与马克思主义思想在中国的传播,其影响远超教育领域,深入文化领域。

5. 【简论】蔡元培"五育"并举的教育方针。

【答】**(1) 内容。**

①**军国民教育,即体育。**主张将军事教育引入到学校和社会教育之中,在学校教育中,强调学生生活的军事化,特别是体育的军事化,希望改变重文轻武的教育传统,强体强兵。

②**实利主义教育,即智育。**以人民生计为普通教育之中坚,密切教育与国民经济生活的关系,加强职业技能的培训,使教育发挥改善人民生活和提高国家经济能力的作用。

③**公民道德教育,即德育。**基本内容是自由、平等、博爱。主张尊重与继承中国传统文化,汲取有利于资产阶级道德建设的养分,将二者结合起来,培养国民的道德感。

④**世界观教育。**旨在培养人们立足于现象世界,但又能超脱现象世界而贴近实体世界的观念和精神境界。

⑤**美感教育。**与世界观教育紧密联系。要引导人们具有实体世界的观念,最有效的方式就是利用美感教育去陶冶、净化人的心灵。

(2) "五育"的关系:"五育"不可偏废,尽管各自目的不同,但都是"养成共和国民健全之人格"所必需的,是统一整体中不可分割的有机部分。应以公民道德教育为根本,美感教育可以辅助德育,世界观教育将德育、智育、体育合而为一,是教育的最高境界。

(3) 评价:蔡元培"五育"并举的思想,是以公民道德教育为中心的德、智、体、美诸育和谐发展的思想。这在中国近代教育史上是首创的,是对中国的半殖民地半封建教育宗旨的否定。它顺应了当时中国社会的变革,以及世界发展的潮流。

(4) 启示。

①**在教育理念上,要坚持"五育"融合。**当今强调的"五育"融合是对蔡元培"五育"并举思想的继承、发展与创新。要以培养全面发展的个体为目标,依托现有的国家课程,通过学科内、学科间以及跨学科"五育"资源的开发、协调与统整,强化课程的综合性、实践性和融通性,实现课程的全面育人价值。

②**在教育目标上,要促进人的和谐、自由发展。**蔡元培的"五育"并举教育思想是中国近代教育史上第一个充分体现人的自由、和谐发展的教育思想。其启示我们要注重构建受教育者的精神家园,促进人的全面、和谐、自由发展,培养完全人格。

③**在教育体制上,要重视职业教育的发展。**蔡元培强调重视世界观教育与审美教育,并通过美感教育

来实现世界观教育。这启示我们在掌握科学技术的同时,要培养和树立使用科学技术的正确观念,要重视职业教育的发展。

6. 简论 蔡元培为北京大学确立的"思想自由,兼容并包"的办学原则、教学实践及影响。

答(1)"思想自由,兼容并包"的办学原则。

①**在高校研究方面**,"大学者,'囊括大典,网罗众家'之学府也"。大学的宗旨是研究高深学问,但它不是研究某一家、某一派的学问,更不是研究被某些人指定的学问。各种学问在大学都应该被自由地研究和讲授,这也是各国大学的共同准则,这样大学才能对学术的发展起促进作用。

②**在教师的聘任方面**,蔡元培以"学诣"为主,罗致各类学术人才,使北大教师队伍一时出现流派纷呈的局面。

③**在教育对象方面**,北大开创了我国公立大学招收女生的先例。

④**在高等教育服务社会方面**,北大实行旁听生制度,让教学和学术活动向社会公开,还开办了不少平民学校和夜校等,努力服务于社会。这些都有利于提升我国大学的开放性和平民化程度。

(2)**教学实践**。(同题4"蔡元培的教育实践")

(3)**影响**。(同题4"贡献和影响")

7. 简论 新文化运动对教育改革的影响。

答(1)**简介**:新文化运动动摇了封建思想的统治地位,使人们的思想得到空前解放,同时对教育观念的变革产生了深刻的影响。

(2)**新文化运动促进教育观念的变革**。

①**教育的个性化**。新文化运动强调在教育上"使个人享有自由平等之机会""以儿童为中心"。尊重个性意味着不以单调划一的模型塑造个人,让社会淹没个性,学校教育尤忌"随便教育"。

②**教育的平民化**。让平民大众都能享有教育。

③**教育的实用化**。一方面,教育要培养个人的生活能力和实际应用能力;另一方面,教育强调从社会生活和学生的生活实际出发,要求课程内容和教学组织形式须适应生产和生活发展的需要。

④**教育的科学化**。用科学的方法、内容进行教育和研究教育。

(3)**新文化运动促进教育实践的变革**。

①**废除读经**。恢复了"养成健全人格,发展共个精神"的国民教育宗旨。

②**教育普及有所发展**。在民主思想的推动下,平民教育呼声强烈,义务教育得到提倡。

③**学校教学内容的改革**。a. 学校教育中推行白话文和国语教学,教育部也正式公布注音字母,供各地推广使用;b. 中等教育开始注意科学和实用,使中等教育更为贴近中国民族资本主义工商业发展的趋势。

④**师范教育和大学的改革**。a. 在师范教育方面,教育部调整全国师范教育布局,每区设立一所高等师范学校。b. 在大学改革方面,开大学改革风气之先的是北京大学,它以其不可代替的影响力,推动了新文化运动时期全国教育改革的进程。

(4)**意义**。

①新文化运动所促发的中国现代教育观念的转变是划时代的,表明中国人对教育传统、教育现状的反思和对西方先进教育的学习已进入到思想文化层面和自觉主动阶段。

②新文化运动所提倡的民主与科学思想在全社会尤其是教育领域引起了巨大反响,促进了这一时期的教育改革。

8. 简论 新文化运动影响下的教育思潮和运动。

答 20世纪二三十年代正是我国新文化运动时期,此时出现了很多教育思潮和运动。

(1) 概述教育思潮和运动。

①**平民教育思潮**:目的在于让普通平民百姓享有教育权利,获得文化知识,改变生存状况。平民教育思潮在一定范围内普及了教育,后融入乡村教育运动。

②**职业教育思潮**:以黄炎培为代表成立了中华职业教育社,产生了系统的、有中国特色的职业教育理论,且促进了中国职业教育事业的发展。职业教育思潮对1922年"新学制"影响甚大。

③**实用主义教育思潮**:实用主义的"教育即生活、教育即生长、学校即社会、从做中学"等观点,促进了中国教育观念的转变。

④**科学教育思潮**:以"科学的教育化"和"教育的科学化"为内涵,使以科学的方法研究教育蔚然成风,各种新教学方法的试验广泛开展,高校中开始设置培养教育学科专门人才的学科和专业。

⑤**国家主义教育思潮**:以教育为国家的工具,教育是国家的任务,国家对教育不能采取放任态度,促成了国家收回教育权运动。

⑥**勤工俭学运动**:以造就新社会、新国民为目的,主张勤于工作,俭于求学,以进劳动者之智识。

⑦**工读主义教育思潮**:工读主义强调做工与读书相结合,也有人希望通过工读主义达到建设国家,改造社会的目的。勤工俭学运动和工读主义教育思潮让人们认识到了教育与生产劳动相结合的必要性。

(2) 评价:我国20世纪二三十年代的教育思潮和运动促进了中国近代教育的个性化、平民化、实用化和科学化发展。有些教育思潮和运动之间存在相互交叉、相互渗透的现象,并且有一个明显的共同特点,就是非常重视教育的社会功能,注重教育与政治、经济之间的内在关系,把教育视为社会改造的工具与前提。

第十章 南京国民政府时期的教育

(无)

第十一章 中国共产党领导下的革命根据地教育

名词解释

(无)

简答题 / 论述题

1. 简论 中共领导下的革命根据地教育的基本经验及现代价值。

答 (1) 基本经验。

①**教育为政治服务**。动员千百万人民群众投入、支援革命战争并最大限度地提高人民军队干部战士的觉悟,是中国共产党面临的中心任务。革命根据地的教育正是围绕这一中心任务展开的,教育功能得到了最大限度的发挥。

②**教育与生产劳动相结合**。a. 在教育内容上,紧密联系当时当地的生产和生活实际,进行劳动习惯和观点、劳动知识和技能的教育。b. 在教育教学的组织形式和时间安排上,注意适应生产需要,根据地的教学根据对象季节而作灵活处理。c. 在教育对象上,要求学生参加实际的生产劳动。

③**依靠群众办教育**。解放区的人民需要教育,但是政府能力有限,不可能包办教育,办教育需要走群众路线。群众办学就是从群众的需要出发,群众自愿办学,教学内容也和群众息息相关,教学方式因地制宜。这是中国共产党人在根据地教育实践中总结出来的重要办学教育经验。

④**新型的教育体制**。新型的教育体制包括干部教育、群众教育、儿童教育三部分。三个部分有主次之分,群众教育重于儿童教育,干部教育又重于群众教育,而当时的干部教育重于未来的干部教育。

⑤**教学制度和方式的改革**。a. 缩短学制。b. 教学内容紧密联系实际。c. 注重实效的教学方法,特别是在干部教育中,多以自学为主,启发、研究、讨论和实际考察相结合。

(2) 现代价值。

①**教育与生产劳动相结合**。教育要紧密联系生产和生活实际,进行劳动习惯和观点、劳动知识和技能的教育,促进学生劳动能力的发展。

②**开展多种形式的办学途径**。公办教育与民办教育都是重要的办学形式,要促进民办教育的发展,提高民办教育的办学质量。

③**促进教育制度和方式的改革**。教育制度要适应不同民众的需要,保障基础学段的教育平等。教师要打破传统的教学方式,注重自主、合作、探究等方式的学习。

第十二章 现代教育家的教育理论与实践

名词解释

1. 全人生指导

答 (1) **含义**：对青年进行全面关心、教育和引导。即不仅关心他们的文化知识学习，同时对青年可能面对的各种实际问题给予正确的指导，使其成为一个"完成的人"，以适应社会改进之所用。

(2) **途径与内容**：①人生观指导。指导青年树立正确的人生观是杨贤江青年教育思想的核心，通过对人类有所贡献来促进人生的幸福。②学习观指导。青年必须学习，学习是青年的权利与义务。③政治观指导。青年要干预政治，投身革命，他认为这是当时中国社会的出路，也是青年的出路。④生活观指导。青年要有强健的体魄和精神，要有工作的知识和技能，要有服务人群的理想和才干，要有丰富的风尚和习惯。对应的四种生活有：健康生活、劳动生活、公民生活、文化生活。

(3) **评价**："全人生指导"思想的核心是教育青年树立正确的人生观，并引导他们走上革命道路。"全人生指导"最重要的原则是提倡自动自律，培养青年的主动精神，让青年做自己的主人，教育只是居于指导地位，不应包办和强制。

2. 教学做合一

答 (1) **含义**："教学做合一"是指教的方法根据学的方法，学的方法根据做的方法。事怎么做便怎么学，怎么学便怎么教，教与学都以做为中心。

(2) **原则**：①"教学做合一"要求"在劳力上劳心"。②"教学做合一"是因为"行是知之始"。③"教学做合一"要求"有教先学"和"有学有教"。④"教学做合一"是对注入式教学法的否定。

(3) **评价**：在"教学做合一"的方法论原则下，陶行知对课程提出了改造意见，即以培植学生的"生活力"为追求，遵循学生的需要和可能，由此破除以学科知识为原则的课程传统。

3. 小先生制

答 (1) **简介**：为了解决普及教育中师资缺乏、经费匮乏、女子教育困难等问题，陶行知提出儿童是中国实现普及教育的重要力量，所以提出"小先生制"。

(2) **内容**："小先生制"即"即知即传"，人人将自己所识的字和所学的文化随时随地教给别人，儿童是这一过程的主要承担者。"小先生"不仅教别人识字学文化，还教自己的学生做"小先生"，由此知识不断得到推广。

(3) **意义**："小先生制"是穷国普及教育最重要的钥匙。

4. 生活教育

答 (1) **简介**："生活教育"是陶行知教育思想的核心，陶行知在晓庄学校开展了生活教育理论的实践。

(2) **观点**：生活教育理论包含三个命题，即"生活即教育""社会即学校""教学做合一"。①"生活即教育"：生活含有教育的意义；实际生活是教育的中心；生活决定教育，教育改造生活。②"社会即学校"："社会含有学校的意味"和"学校含有社会的意味"。③"教学做合一"：要求"在劳力上劳心""行是知之始"，否定注入式的教学法，要求"有教先学"和"有学有教"。

(3) **评价**：生活教育理论虽继承了杜威的实用主义教育思想，但又结合中国国情进行了改造。生活教育理论更符合中国落后、普及教育困难重重的国情，生活教育理论为我国教育的革新作出了重要贡献。

5. "活教育"

答 (1) **简介**: "活教育"是我国近代学前儿童教育理论和实践的开创者、"幼儿教育之父"陈鹤琴提出的幼儿教育思想。

(2) **思想体系**: ①"活教育"的目的论——"做人,做中国人,做现代中国人"。②"活教育"的课程论——"大自然、大社会都是活教材"。③"活教育"的教学论——"做中教,做中学,做中求进步"。

(3) **影响**: "活教育"思想继承了杜威的实用主义教育思想,但又结合中国国情进行了改造。相较于传统教育,这一思想彰显了中国新文化运动时期教育的实用化、生活化、民主化的倾向,这也是我国第一个中国化的幼儿教育理论。

简答题/论述题

1. 简论 杨贤江的"全人生指导"的教育思想。

答 杨贤江的教育研究大都是关于青年问题的,他曾撰写大量专论文章、书信回复和答问,对青年的理想、修养、健康、求学等各方面都给予悉心指导,他把对青年的这种全方位的教育谓之"全人生指导"。

(1) **含义**: 对青年进行全面关心、教育和引导。即不仅关心他们的文化知识学习,同时对青年可能面对的各种实际问题给予正确的指导,使其成为一个"完成的人",以适应社会改进之所用。

(2) **途径与内容**。

①**人生观指导**。指导青年树立正确的人生观是杨贤江青年教育思想的核心,通过对人类有所贡献来促进人生的幸福。

②**学习观指导**。青年必须学习,学习是青年的权利与义务。

③**政治观指导**。青年要干预政治,投身革命,他认为这在当时是中国社会的出路,也是青年的出路。

④**生活观指导**。青年要有强健的体魄和精神,要有工作的知识和技能,要有服务人群的理想和才干,要有丰富的风尚和习惯。对应的四种生活: a. 健康生活(体育生活)是个人生活的资本。主要包括对体育锻炼和卫生健康的指导。b. 劳动生活(职业生活)是维持生命和促进文明的要素,是幸福的源泉。主要包括对劳动和职业进行指导。c. 公民生活(社会生活)是懂得一个人不能离开社会和人群而存在,要处理好团体纪律与个人自由的关系。主要包括对社交和婚恋的指导。d. 文化生活(学艺生活)是可增添人生情趣,促进社会进步。主要包括对求学和文化生活的指导。

(3) **评价**。

①**"全人生指导"思想对当时青年的影响**: 使青年的品德得到净化;使青年的良知得到唤醒;使青年的思想得到引领;使青年的生活得到指导。

②**"全人生指导"思想对当下教育的启示**: 对教师而言,只有开启"全人生指导"才是真正的教育;对学生而言,只有追求"全人生发展"才是真正的成长。

2. 简论 黄炎培的职业教育思想及其现代意义。

答 黄炎培是我国近代职业教育现代化的重要奠基人和思想家,被誉为我国"职业教育之父"。

(1) **黄炎培的职业教育思想**。

①**职业教育的作用**: a. 就其理论价值而言,"谋个性之发展;为个人谋生之准备;为个人服务社会之准备;为国家及世界增进生产力之准备"。b. 就其对中国社会的现实作用而言,职业教育有助于解决中国最大、最急需解决的人民生计问题。

②**职业教育的地位**：一贯的、整个的、正统的。

③**职业教育的目的**："使无业者有业，使有业者乐业。"帮助社会解决生计问题和失业问题，引导人们热爱所职，从而解决社会问题。

④**职业教育的方针**：a. 在社会化方面，黄炎培将社会化视为"职业教育机关唯一的生命"。b. 在科学化方面，"用科学来解决职业教育问题"。

⑤**职业教育的教学原则**：手脑并用；做学合一；理论与实际并行；知识与技能并重。

⑥**职业道德教育**：敬业乐群。不仅热爱所业，而且具有高尚的情操和群体合作的精神。

(2) 评价：①对普通教育来说，黄炎培的职业教育有利于解决当时中学教育"偏重升学，忽视就业"的弊端；②对国计民生来说，黄炎培的职业教育有利于发展实业技术，解决中国人民的生计问题；③对颁布学制来说，黄炎培的职业教育对1922年"新学制"的内容产生了影响；④对职业教育来说，黄炎培开创了中国化的职业教育体系，至今仍有重大借鉴意义。

(3) 意义(启示)。

①**职业教育要实现促进个人发展和推动社会进步的双重目的**。黄炎培的职业教育目的观体现了社会本位与个人本位的统一，这一点是我们现在应该继续发扬的。

②**职业教育要实现学生的个性发展与全面发展的统一**。黄炎培在他的职业教育目的观上把"谋个性之发展"放在职业教育目的的第一位，这是现代职业教育值得继承和学习的。

③**职业教育要实现"谋生"与"乐生"的结合**。职业教育应该把受教育者看作具有完整精神和独立人格的真正的人来对待，不仅要关怀他的物质所需，更要通过对其心灵的呵护，提升其探寻生活意义的能力。

综上，黄炎培的职业教育理论体系开创、推动了中国职业教育的发展，丰富了中国职业教育的理论，推动着中国职业教育向平民化、实用化、科学化的方向发展，至今仍有现实意义。

3. 简答 晏阳初的"四大教育"与"三大方式"/ 晏阳初的乡村教育思想。

答 (1) 简介：晏阳初是我国乡村建设家和平民教育家，他早期在河北定县开展平民教育运动时，认为中国的大患是民众的愚、贫、弱、私"四大病"，主张通过办平民学校对民众，首先是农民进行教育，先教识字，再施以"四大教育"，并通过"三大方式"贯通学校教育、社会教育和家庭教育。

(2) 四大教育：①以文艺教育攻愚，使人民认识基本文字，培养知识力；②以生计教育攻穷，提高生产，发展农村经济，培养生产力；③以卫生教育攻弱，建立医疗保健体系，培养强健力；④以公民教育攻私，使农民有基本的公民常识、政治道德，培养团结力。

(3) 三大方式：包括以青少年为主要对象的学校式教育，面向一般群众及有组织的农民团体实施的社会式教育和将各家庭中不同地位的成员用横向联系的方法组织起来的家庭式教育。

(4) "化农民"与"农民化"：这是晏阳初进行乡村建设试验的目标和途径。"农民化"指知识分子与村民一起劳动和生活，时人称为"博士下乡"。"化农民"指实实在在地进行乡村改造，教化农民。

(5) 评价。

①**积极影响**。

a. 平民教育和乡村改造理论颇有中国特色，确实给实验区农民带来了一定的实惠。促进了乡村经济的发展，尤其在扫除文盲上作用突出。

b. "四大教育""三大方式"打破了狭隘的教育观念，使乡村教育与乡村经济、卫生、文化、道德等方面的建设共同进行，使学校、家庭和社会相互促进，成为一个系统工程。这在中国是一种创新，至今仍有现实意义。

②**局限性**:晏阳初没有认识到帝国主义的侵略与封建残余的剥削才是造成中国"愚、贫、弱、私"的原因。所以,其理论不能解决旧中国农村的根本问题,无法达到复兴农村、拯救国家的根本目的。

4. 简论 **梁漱溟乡村教育建设理论(乡农学校原则和内容)。**

答 (1) 简介:乡村教育是梁漱溟乡村建设理论的重要组成部分。所谓乡村建设,是一种力图在保存既有社会关系的基础上,通过乡村教育的方法,由乡村建设引发社会工商业发展,实现经济改造和社会改造的手段。

(2) 乡村教育建设理论。

①**中国问题的症结**:文化的失调。

②**如何解决中国的问题**:乡村建设。乡村建设是乡村被破坏而激起的乡村自救运动,是重建我国民族和社会的新组织构造的运动。

③**乡村建设与乡村教育**。乡村建设与乡村教育是一个问题的两个方面。乡村建设以乡村教育为方法,而乡村教育以乡村建设为目标。

④**乡村教育的实施**。

a. **乡农学校的设立**:乡农学校分村学和乡学两级。乡农学校的组织结构按农村自然村落及其行政级别形成。组织原则:"政教养卫合一""以教统政";学校式教育与社会式教育"融合归一"。

b. **乡农学校的教育内容**:强调服务于乡村建设,密切贴合农村生产、生活的需要。课程分两大类:一类是各校共有的课程,包括识字、唱歌等普通课程和精神讲话,尤重后者;另一类是各校根据自身生活环境需要而设置的课程。

(3) **评价**:乡村建设理论和乡村教育思想本质上是一种中国知识分子通过改造中国农村来改良中国社会的理想,是在探索拯救中国的"第三条道路"。可取之处在于其认识到中国的问题是农村的问题,立足于文化传统来思考中国社会的改造,对农村教育的提高有一定的贡献。但乡村教育理论否认阶级斗争,体现出其消极的一面。

5. 简论 **试分析论述陶行知的生活教育思想及其当代价值。**

答 (1) "生活教育"思想:"生活教育"是陶行知教育思想的核心。受实用主义教育思想和进步教育运动的影响,陶行知针对中国的现实,提出了生活教育理论。生活教育理论的内涵包括"生活即教育""社会即学校""教学做合一"。

①**"生活即教育"是生活教育理论的核心**。a. 生活含有教育的意义。生活每时每刻都含有教育的意义,过什么样的生活就有什么样的教育;b. 实际生活是教育的中心。教育联系生活,教育内容、方法都根据生活的需要来确定;c. 生活决定教育,教育改造生活。一方面,生活决定教育,表现为教育的目的、原则、内容和方法都由生活决定;另一方面,教育又能改造生活,推动生活进步。

②**"社会即学校",这是"生活即教育"的具体化**。a. 社会含有学校的意味或者说"以社会为学校";b. 学校含有社会的意味。学校是雏形社会。

③**"教学做合一",这是生活教育理论的方法论**。a. 要求"在劳力上劳心";b. 要求"行是知之始";c. 要求"有教先学"和"有学有教";d. 是对注入式教学法的否定,即教育要与实践相结合。

(2) 评价。

①**强调了教育的生活性**。体现在教育与生活相联系,学校与社会相联系,学生的做与学相结合。

②**强调了教育的实用性**。体现在教、学、做的结合上,要求学生所学贵在实用。

③**强调了教育的大众性**。体现在为平民百姓办学的实践活动中,他的教育思想是奉献给劳苦大众的。

④**强调了教育的民主性**。体现在他尊重儿童的主体性,他的课程与教学都充分强调儿童的兴趣与需要。

⑤**强调了教育的创造性。**体现在对杜威的教育理论的中国化改造上,他立足于国情,批判传统教育造成了书本与实际的脱离,学校与社会的割裂。

⑥**强调了教育的探索性。**陶行知在自己的教育实践中,探索了中国早期的活动课程和综合课程,并形成了很多经典教学案例。

(3) 当代价值。

①**在创新教育上,重视儿童创造力的培养。**他的创造教育思想及实践至今仍不失其宝贵价值。当今社会,迫切需要培养创造型人才,陶行知的创造教育思想无疑值得借鉴。

②**在教育发展上,提倡普及教育。**包括教育立法,教育机会平等,教育经费以及控制人口等问题。他的普及教育思想是从中国的实际出发的,具有超前性,对我国普及教育的实践具有重要意义。

③**在课程与教学上,提倡"教学做合一",否定注入式教学法。**这一思想启发我们要将学习的主动权还给学生,真正实现了学校教学对学生的重视。

④**在素质教育上,倡导生活教育。**表现在建立起生活、学校、社会的联动,学校结合地区与学校本身的特色,开设了丰富多彩的地方课程、校本课程、选修课程、综合实践活动课程等,满足了学生全面发展的需求。

综上,陶行知的生活教育理论是一种大众的、为人民大众服务的教育理论。生活教育理论是在教育观念的改变方面颇有建树的理论,显示出强烈的时代气息,至今都富有启示。

6. 简论 陶行知的"生活即教育"及其现实意义。

答 (1) **简介:** 受裴斯泰洛齐和杜威教育思想的影响,陶行知在实验的基础上,将杜威的"教育即生活""学校即社会"进行改造,形成了自己的生活教育理论。"生活即教育"是生活教育理论的核心。

(2) **内容。**

①**生活含有教育的意义。**"教育的根本意义是生活之变化。生活无时不变即生活无时不含有教育的意义。"所以他主张人们积极投入生活中,在生活的矛盾和斗争中向前、向上。从生活的横向展开来看,过什么生活便是在受什么教育;从生活的纵向展开来看,生活伴随人生始终。

②**实际生活是教育的中心。**生活和教育是同一回事,是同一个过程,教育不能脱离生活。教育要通过生活来进行,教育方法和内容都要根据生活的需要来确定。

③**生活决定教育,教育改造生活。**一方面,生活决定教育,表现为教育的目的、原则、内容和方法都由生活决定;另一方面,教育又能改造生活,推动生活进步。

(3) **现实意义。**(同题5"评价")

7. 简论 陈鹤琴的教育思想以及当代价值。

答 陈鹤琴是我国近代学前儿童教育理论和实践的开创者,被称为"幼儿教育之父"。

(1) 陈鹤琴的教育思想。

①**"活教育"的目的论:**"做人,做中国人,做现代中国人。"a. 做一个人,要热爱人类,热爱真理;b. 做一个中国人,要热爱自己的祖国;c. 做一个现代中国人,要具备健全的身体,要有建设的能力,要有创造的能力,要有合作的态度,要有服务的精神。

②**"活教育"的课程论:**"大自然、大社会都是活教材"。a. 教材:陈鹤琴以大自然、大社会为出发点,让学生直接对它们进行学习,获取直接经验。但是陈鹤琴并非反对书本,而是反对将书本作为唯一的知识来源;b. 活动课程:打破惯常的学科中心体系,采取符合儿童身心发展和生活特点的活动中心和活动单元体系——"五指活动",即儿童健康活动、儿童社会活动、儿童科学活动、儿童文学活动、儿童艺术活动。

③**"活教育"的教学论:**"做中教,做中学,做中求进步。"a. 教育应当以儿童的"做"为基础,重视儿童在

学习中的主体地位;b.儿童的"做"带有盲目性,需要教师积极正确地引导;c."活教育"教学的四个步骤:实验观察、阅读思考、创作发表、批评研讨。

(2) 当代价值。

①**在教育目的方面,**陈鹤琴"活教育"的目的论从"做人"开始使教育目标逐步具体,表达了他对人的发展、教育与社会变革的追求。当前的教育目的也应该将人的发展和社会的发展结合起来,教育不是为了培养"应试型"的人,而是培养全面发展的人。陈鹤琴的教育思想对培养学生亲自动手的意识、自觉的合作意识、懂得服务的意识等都具有十分重要的现实意义。

②**在课程方面,**陈鹤琴尽管主张从自然和社会中直接获得知识,但并未绝对否定书本。他追求的是要让自然、社会、学生生活和学校教育内容形成一个有机联系的整体,当前学校的教材要反映学生的身心特点,贴近学生生活,同时,课程也不应局限于书本和课堂,要落实开展综合实践活动课,让学生获得更多的直接经验和更广泛的认知。

③**在教学方面,**陈鹤琴认为"做"是学生学习的基础,强调学生在学习过程中的主体地位。在当前的教学活动中,我们同样要避免"灌输式"的教学方法,应该重视发挥学生的主体性和能动性,让学生在实践中找到乐趣,引发思考,提升能力。教师要对学生的实践过程进行有效指导,注重从各个方面去调动学生的积极性。

第二部分 外国教育史

第一章 古希腊的教育

名词解释

1. 智者 / 智者学派

答 (1) **定义**：所谓"智者"，专指以收费授徒为职业的巡回教师。

(2) **思想特征**：相对主义、个人主义、感觉主义和怀疑主义。

(3) **教育目的**：培养人们从事政治活动、处理个人社会事务的能力，即训练公民和政治家。

(4) **贡献**：①云游讲学，推动文化传播，扩大了教育对象的范围，促进了社会的流动。②扩大了教育内容的范围。"七艺"中的"前三艺"（文法、修辞学、辩证法）就是由智者首先确定下来的。③出于培养政治家的教育目的，智者提供了一种新型的教育——政治家或者统治者的预备教育。④智者重视道德教育与政治教育。⑤智者的出现标志着教育工作已经开始职业化。⑥智者丰富了古希腊教育思想。

(5) **评价**：智者们的教育思想已经包含了全部的古希腊教育思想发展的基本线索和方向。

2. 苏格拉底法

答 (1) **简介**："苏格拉底法"又称"问答法""产婆术"，是西方最早的启发式教学法，由讥讽、助产术、归纳和定义四个步骤组成。

(2) **内容**：①讥讽是不断追问，迫使对方承认自己的无知。②助产术是帮助对方自己得到问题的答案。③归纳是从具体事物中找到事物的共性和本质。④定义是得到关于事物的普遍概念。

(3) **评价**：①其优点体现在该方法不是将现成的结论灌输或强加给对方，而是通过探讨和提问的方式，启发对方思考，尊重学生的主体性。②其局限体现在受教育者必须有追求真理的愿望和热情并就所讨论的问题积累了一定的知识，谈话的对象是已经有一定知识基础和推理能力的成年人，这种方法不能机械地套用于幼年儿童。

3. 学园

答 (1) **简介**：古希腊时期，柏拉图创立的西方最早的高等教育机构，存在了900多年，最终并入雅典大学。

(2) **特点**：①培养各类人才，尤其是哲学和自然科学领域的学术研究人才。②科目众多，尤其重视哲学、天文、音乐、数学等。③在教学方法上将讲解、讨论、思辨相结合，苏格拉底法被普遍采用。

(3) **评价**：学园是古希腊世界的科学与哲学中心，推动了古希腊科学和文化的发展；学园对中世纪大学的形成与发展产生了重要影响。

4. 柏拉图 /《理想国》

答 (1) **简介**：《理想国》是古希腊时期柏拉图所著，是西方三大里程碑式的教育著作之一。全书以苏格拉底与年轻人的对话为主要体裁，讲述了柏拉图心中的理想国度，当中的教育观是教育学者们最关心的内容。

(2) **教育观**：①教育的最高目的是培养哲学王，最终目的是促进"灵魂转向"。②理论基础为"学习即回忆"。③对个人而言，教育的作用是促进知识的学习。对社会而言，教育的作用是促进社会稳定。④教育内容为"七艺"，柏拉图提出后"四艺"。⑤教育阶段划分为学前教育、普通教育和高等教育，实施自由教育。

⑥女子应当和男子接受同样的教育,从事同样的职业。

(3) **实践**①:学园是柏拉图于公元前387年创立的西方最早的高等教育机构。

(4) **评价**:柏拉图提出了西方最早的平等教育思想、普及教育思想、公共教育思想、和谐教育思想,重视早期教育,归纳了西方经典的"七艺"教育体系;但他过于强调统一,忽视个性,拒绝变革。

5. 七艺

答 (1) **简介**:"七艺"是指自由人应该具有的学识和应该学习的七门学科,是相对于专业的、职业的和技术性的课程而言的,即七种人文学科:文法、修辞学、辩证法、算术、几何、天文和音乐。前"三艺"由智者派提出,后"四艺"由柏拉图提出。

(2) **自由教育与七艺的关系**:自由教育最早是由古希腊哲学家亚里士多德提出的,又叫作文雅教育。其教育内容为不受任何功利目的影响的自由知识,也称为自由学科,即"七艺"。

(3) **评价**:"七艺"是古希腊时期经典的教育内容,是学者们推崇的古典学科,一直流传到中世纪,甚至在文艺复兴时期,还有很多学者崇尚恢复古希腊"七艺"学科,托古改制,反而助推了人文主义教育思想的发展,现代西方大学的文科设置也都受到了"七艺"的影响。

6. 自由教育/博雅教育/文雅教育

答 (1) **简介**:自由教育最早是由古希腊哲学家亚里士多德提出的,又叫作文雅教育、博雅教育。

(2) **含义**:它是指对自由公民所施行的,强调通过自由技艺的学习进行非功利的思辨和求知,从而免除无知、愚昧,获得各种能力全面完美的发展,以及身心和谐自由状态的教育。

(3) **内容**:不受任何功利目的影响的自由知识,也称为自由学科("七艺"),包括音乐、文法、修辞学、几何、算术、天文、辩证法。

(4) **评价**:自由教育成为西方经典的教育模式之一,对西方教育传统的形成具有重要作用。

简答题/论述题

1. 简答 简述斯巴达教育。/简述斯巴达教育的特点。

答 (1) **教育目的**:培养英勇果敢、保家卫国的战士。

(2) **教育内容**:重视军事体育和道德训练,不重视文化科学知识的学习。

(3) **教育方法**:野蛮训练和体罚鞭笞。

(4) **教育体制**:教育完全被国家控制,并被视为国家的事业,具有阶级性。

(5) **重视女子教育**:斯巴达人认为女子也要接受军事教育,当男子外出打仗时,女子也可以保护家园。

总之,斯巴达人只重视军事体育和道德训练,不重视文化科学知识的学习,生活方式狭隘,除了军事作战,不知其他。这种教育很片面,忽视了个人的发展。

2. 简论 "苏格拉底法"(产婆术)及在实践中的应用/启示。

答 (1) **简介**:"苏格拉底法"又称"问答法""产婆术",是西方最早的启发式教学法,由讥讽、助产术、归纳和定义四个步骤组成。

(2) **内容**。(同本章的名词解释)

(3) **评价**。(同本章的名词解释)

---

① 题目若问柏拉图,四个维度都需要回答;若问《理想国》,无实践这一维度。

(4) 在实践中的应用。

①**有利于建立民主、平等、和谐的师生关系。** 在实施教学管理的过程中,要把学生当成完成工作任务的合作者,注意发挥教师和学生的主观能动性,这样更能提高管理效率。

②**有利于开发学生的潜能,调动学生的主动性和积极性。** 教师在教学过程中不应该将现成的结论强加于学生,而应与学生共同讨论,激发学生的兴趣,调动学生的积极性。

③**有利于推动学生思考。** 教师可以采用开放式的问题向学生提问,引起学生的思考、探究,促进学生创造性思维的发展。

④**有利于帮助学生走向归纳和定义。** 体现教学的科学性、精准性,促使教学走向更高的总结程度,走向深度学习。

3. [简论] 柏拉图的教育思想。/《理想国》中的教育思想、积极因素和局限性。

[答] **(1) 简介:** 柏拉图是西方教育史上伟大的教育家,其《理想国》与卢梭的《爱弥儿》、杜威的《民主主义与教育》并称为教育史上三个里程碑式的著作。

(2)《理想国》中的教育思想。

①**教育目的:** 最高目的是培养哲学王;最终目的是促使"灵魂转向",发展人的善性和理性。

②**理论基础:** "学习即回忆"。

③**教育作用:** a. 对个人来说,促进知识学习,学习即回忆;b. 对社会来说,促进社会稳定、繁荣昌盛,教育与政治结合。

④**教育内容:** "七艺"——算术、几何、天文、音乐、修辞学、文法、辩证法。

⑤**教育制度:** a. 在总体上,公养公育、男女平等受教育;国家管理教育;强制性教育。b. 在阶段上,他把哲学王的培养过程分为学前教育、普通教育、高等教育三个阶段。

(3) 积极影响。

①柏拉图的教育思想是西方最早的教育平等和全民教育的思想萌芽。柏拉图认为女子应和男子受同样的教育,从事同样的职业,还主张年满7岁的有公民身份的男女儿童必须上学。

②柏拉图的教育思想是西方最早的早期教育和游戏教育思想。柏拉图重视儿童的早期教育,是"寓学习于游戏"的最早提倡者。他要求不强迫儿童学习,营造有益于儿童身心健康发展的生活和学习环境。

③柏拉图是西方最早的和谐教育思想的完善者之一。柏拉图强调人的音、体、智、德等方面的全面发展,促进人的身心协调发展。

④与政治结合,对儿童进行公养公育,第一次提出以考试作为选拔人才的手段之一。

⑤柏拉图的教育思想是西方最早的终身教育的思想萌芽。柏拉图主张儿童从出生起就被送入国立养育院接受教育,直到50岁成为哲学王,其提倡的针对哲学家的教育贯穿人的一生。

⑥柏拉图是西方经典教育"七艺"的完善者。柏拉图将算术、几何、天文、音乐四门课程(后来的"四艺")列入教学科目,完善了"七艺"教育。

⑦柏拉图是西方教育史上第一个建立完整教育理论的教育家,是最早运用苏格拉底法阐述自己学说的教育家。

(4) 局限性: ①忽视个性,重视共性。柏拉图《理想国》中的教育过于强调一致性,用一个刻板的模子塑造人,忽视个性的发展。②拒绝变革,不让体育和音乐翻新。柏拉图认为音乐的翻新会给国家带来危害,这一思想不利于创新意识的培养,阻碍了社会的发展。

综上所述,柏拉图作为古希腊最伟大的哲学家、思想家和教育家之一,他的教育思想中包含了很多弥足珍贵的见解。美国教育史学家孟禄曾评价说,柏拉图的教育思想"对后世产生了深远的历史影响,具有永恒的价值"。

4. 简论 简述亚里士多德的教育思想。

答 (1) 简介:亚里士多德是古希腊百科全书式的学者,对西方的教育思想有着深远的影响。

(2) 教育思想。

①**理论基础**:人的灵魂由三个部分构成,即营养的灵魂、感觉的灵魂和理性的灵魂。

②**教育作用**:教育的最终目的在于发展人的理性,但教育在人的形成中不是万能的。

③**德育论**:伦理思想是亚里士多德进行道德教育的理论基础,其特别强调实践道德的重要性。

④**和谐教育论**:亚里士多德提出的和谐教育是指德、智、体、美和谐发展。

⑤**自然教育与年龄分期论**:亚里士多德从灵魂论出发,根据人的身心发展的特征,首次提出并论述了教育效法自然的原理,在教育史上第一次提出按照年龄划分教育阶段的思想。

⑥**自由教育**:最早是由亚里士多德提出的,又叫作博雅教育。其教育内容为不受任何功利目的影响的自由知识,也被称为自由学科,即"七艺"。

(3) 积极影响。

①**重视教育与政治的关系,认为教育应该是国家的事业**。亚里士多德认为所有人都应该受到同一的教育,教育事业应该是公共的,提出了教育立法,认为"教育应由法律规定",对后世国家管理教育影响深远。

②**重视教育对人的作用,认为教育应该培育人的理性**。亚里士多德认为发展人的理性是教育,特别是德育的任务。教育要发展人的理性,使人超越动物的水平,上升为真正的人。

③**论证了和谐教育,提出了自由教育的理念**。亚里士多德提出的和谐教育是指德、智、体、美和谐发展的教育,对西方的教育理论和实践都具有重要的指导意义。

④**最早提出教育效法自然的思想,并提出年龄分期论**。亚里士多德提出教育效法自然的思想,并应用于教育的年龄分期论和人的身心和谐发展的教育理论中,是西方自然主义教育思想的开端。

⑤**最早提出实践德育论,认为中道是最高境界的道德宗旨**。亚里士多德发展了苏格拉底的德育论思想,强调动机与效果的统一、知与行的统一、主观与客观的统一。同时主张美德就是适度,恰到好处。

(4) 局限性。

①**亚里士多德只重视理性教育,轻视实用教育**。亚里士多德对社会生产实践存在着严重的偏见,反对劳动教育,轻视职业化教育。这种只重精神、脱离实际的教育是一种片面的教育。

②**否认奴隶和妇女的受教育权利**。亚里士多德代表奴隶主的利益,他的教育目的是站在奴隶主贵族的立场上,培养公民而不是社会所需要的人,因而否定了奴隶和妇女受教育的权利。

综上所述,亚里士多德是苏格拉底和柏拉图哲学思想与教育思想的传承者、发扬者。亚里士多德在传承先辈思想的同时,结合他所生活的具体时代背景和社会需求,形成和发展了自己的教育理论,将其推向了古希腊教育思想的高峰。

凯程提示

(1) 名词解释:书名与人物,一般答简介+内容+实践(仅人物有,书名无)+评价。

(2) 简答题/论述题:

①【简论】表示此考题是简答题和论述题都会考查的形式。其答案解析是按考点内容分条阐述,且是根据论述题的形式进行全面阐述的。答题时可结合具体题目进行拆分、组合,考生需全部理解记忆。

②画波浪线的内容为评价和启示,一般是论述题需答此内容。评价内容,简答题只答标题句,论述题需答标题句加阐述内容。启示内容,简答题题目中有要求只答标题句即可,简答题题目中没有要求则无需答此内容。后题均做此处理,不再赘述。

第二章 古罗马的教育

名词解释

(无)

简答题/论述题

简论 昆体良的教育思想。

答（1）**简介**：昆体良是古罗马著名的教育家、演说家，是教育史上大力发展、完善教育方法和思想的先驱。

（2）**教育思想**。

①**教育观**。a. 教育目的：培养善良而精于雄辩术的人。b. 教育作用：遵循学生的天性，充分肯定教育的巨大作用。c. 教育任务：德行是雄辩家的首要品质，学校教育优于家庭教育，此外要特别重视学前教育。

②**教学观**。a. 教学组织形式：提出了分班教学的思想，这是班级授课制的萌芽。b. 课程设置：专业教育应该建立在广博的普通知识基础上，雄辩家应学习广博的知识。c. 教学方法：提倡启发诱导和提问解答的方法。d. 教学原则：重视量力性原则、劳逸结合原则，提出了因材施教的观点。

③**教师观**。昆体良高度重视教师的作用。a. 教师应当德才兼备。b. 教师对学生应宽严相济。c. 教师对学生既不能吝啬表扬，也不能滥用惩罚。d. 教师应当懂得教学艺术，教学要简明扼要、明白易懂、深入浅出。e. 教师要注意儿童的个体差异，做到因材施教。

（3）**评价**：昆体良是古罗马时期最为重要的教育家，也是第一位教学理论家和教学法专家。他的教育思想涉及学前教育、初等教育和中高等教育各个阶段，他所论述的教育教学的原理、原则和方法，在1—5世纪为整个罗马帝国的学校和教师所重视和效法，并在文艺复兴时期对人文主义教育家乃至其后西方教育的发展产生了深远影响。总之，昆体良是无愧于古希腊、古罗马教育思想集大成者之称谓的。

第三章 西欧中世纪的教育

名词解释

1. 骑士教育

答（1）**简介**：骑士教育是中世纪西欧封建社会的一种特殊形式的家庭教育，它是与等级鲜明的欧洲中世纪封建制结构相适应的一种世俗教育。

（2）**内容**：①教育目的是培养英勇善战、忠君敬主的骑士精神和技能。②教育内容主要是"骑士七技"，即骑马、游泳、投枪、击剑、打猎、弈棋和吟诗。③教育阶段分为家庭教育、礼文教育和侍从教育三个阶段。

（3）**评价**：其优点表现在骑士教育培养了当时社会所需要的实际应用人才，形成了中世纪的骑士文化。其局限性表现在骑士教育是一种典型的武夫教育，重在灌输服从与效忠的思想观念，训练勇猛作战的诸种本领，使其成为封建统治阶级的保卫者。骑士教育对文化知识的传授并不重视。

2. 中世纪大学

答（1）**简介**：新兴市民阶层成为社会发展的主要推动力量后，追求新学问成为一种时尚，于是中世纪大学应运而生。

（2）**特点**：①办学的总体特征是自治和自由。②教育目的是进行职业训练，培养社会所需的专业人才。③教育体制按领导体制可分为"学生"大学与"先生"大学。④课程设置分为文、法、神、医四科。⑤学位制度包括"硕士""博士"学位。⑥教学方法有讲演和辩论。

（3）**评价**：①在权利上，中世纪大学保留了高等教育自由、自治的优良传统。它打破了教会对教育的垄断，促进了教育的普及。②在思想上，动摇了人们盲目的宗教信仰，讲求实效和理解力，突破死记硬背等教学方法。③在制度上，是现代大学的雏形。④在局限性上，宗教色彩浓厚。

3. 城市学校

答（1）**简介**：城市学校是随着新兴市民阶层的需要而产生的，它不是一所学校的名称，而是为新兴市民子弟开办的学校的总称，其种类有行会学校、商会学校（基尔特学校）。

（2）**特点**：①在领导权上，领导权大多属于行会和商会。②在教育内容上，其内容以读、写、算的基础知识及与商业、手工业相关的世俗知识为主，用本民族语教学。③在教育目的上，主要是培养从事手工业、商业的职业人才。④在学校性质上，城市学校多为世俗性质的初等学校，具有职业训练的性质，并与教会有着千丝万缕的联系，但是基本上属于世俗性质。

（3）**评价**：满足了新兴市民阶层的利益需要，促进了资本主义生产方式的发展。

简答题/论述题

1. 简论 **中世纪大学的产生背景、兴起原因、特征（主要成就）和意义/影响。**

答（1）**产生背景**：新兴市民阶层成为社会发展的主要推动力量后，追求新学问成为一种时尚，于是中世纪大学应运而生。最初的中世纪大学是一种自治的教授和学习中心，形成类似于行会的团体进行教学和知识交易。当时著名的中世纪大学有波隆那大学、萨莱诺大学、巴黎大学等。

（2）**兴起原因**。

①**在经济政治方面**，西欧封建制度进入发展的鼎盛时期之后，社会趋于稳定，人们生活的物质基础越

来越好。

②**在文化交流方面**，新兴的市民阶层提出了新的文化要求，十字军东征复兴了古希腊、古罗马文化，追求新学问成为一种时尚。

③**在传统教育自身方面**，以上两方面原因导致传统的宫廷学校和骑士教育已不能满足现实需要，新的教育机构和教育形式开始出现。

（3）**特点**。（同本章的名词解释）

（4）**意义／影响**。

①**在权利上**，中世纪大学保留了高等教育自由、自治的优良传统。它打破了教会对教育的垄断，促进了教育的普及，大学也成了一些著名学者的舞台及育才基地。

②**在思想上**，动摇了人们盲目的宗教信仰，讲求实效和理解力，对传统的死记硬背等教学方法有了突破，促进了社会思想和科学的发展。

③**在制度上**，现代大学的一系列组织结构和制度建设都与欧洲中世纪大学有着直接的历史渊源，中世纪大学是现代大学的雏形，并为后世高等教育的办学方式提供了典范作用。

④**在局限性上**，中世纪大学由于身处中世纪浓厚的宗教氛围之中，因而带有较为浓厚的神学色彩。同时，作为现代大学的雏形，中世纪大学的发展无论是在制度上还是在思想上都不够完善。

第四章　拜占廷与阿拉伯的教育

（无）

第五章 文艺复兴时期的教育

名词解释

（无）

简答题 / 论述题

简论 文艺复兴时期人文主义教育的特点、影响及贡献。

答 (1) 简介：文艺复兴运动是14—17世纪欧洲在意识形态领域向封建主义和基督教神学体系发动的一场伟大的文化革命运动。文艺复兴运动最重要的成就就是人文主义文化。所谓人文主义，是指文艺复兴时代不同国家、不同领域、不同时期的人文主义者所共有的世界观。代表人物有弗吉里奥、维多里诺、莫尔、伊拉斯谟、蒙田和拉伯雷等。

(2) 特点。

①**人本主义**。人文主义教育在培养目标上注重个性发展，在教育教学方法上反对禁欲主义，尊重儿童天性，坚信通过教育这种后天的力量可以重塑个人、改造社会和自然。

②**古典主义**。人文主义教育思想吸收了许多古人的见解，人文主义教育实践尤其是课程设置亦具有古典性质，但非纯粹"复古"，而是古为今用，在当时是一种进步。

③**世俗性**。不论是从教育目的还是从课程设置等方面看，人文主义教育充溢着浓厚的世俗精神，关注人道而非神道，教育更关注今生而非来世，与中世纪教育有着根本区别。

④**宗教性**。人文主义教育虽然抨击天主教会的弊端，但是他们希望以世俗和人文精神改造中世纪陈腐专横的宗教性，以造就一种更富世俗色彩和人性色彩的宗教性。

⑤**贵族性**。这是由文艺复兴运动的性质决定的，人文主义教育的对象主要是上层子弟；教育的形式多为宫廷教育和家庭教育，而非大众教育；教育的目的主要是培养上层人物，如君主、侍臣、绅士等。

(3) 影响和贡献。

①**在教育思想上**。

a. **教育价值观发生变化**。重新发现人，确立了人的地位，复兴了古希腊的个人主义价值观。

b. **教育目的发生变化**。形成了全面和谐发展的完人的教育观念，从中世纪培养教士的目标转向文艺复兴培养绅士的目标。

c. **复兴了自由教育的传统**。复兴了古希腊的自由教育，推崇理性的发展。

d. **兴起了自然主义教育思想**。按照人的需求和本性设置课程，尊重受教育者的兴趣、爱好、欲望和天性，出现了直观、游戏、野外活动等新的教育方法。

e. **出现了新道德教育观**。人道主义等新的道德观在人文主义的学校中开始取代天主教会的道德观。尊重儿童，反对体罚已成为某些教育家的强烈要求。

②**在教育实践上**。

a. **教育内容发生变化**。对古希腊和古罗马的热情使其知识和学科成为教学的主要内容，引发了美育和体育的复兴，促使人们关注自然知识的学习。

b. **教育职能发生变化**。从训练束缚自己服从上帝到使人更好地欣赏和履行上帝赋予人的职责。

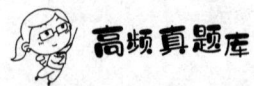

c. 建立了新型的人文主义教育机构。 如快乐之家的建立,体现了"全人"教育理念的落实。

d. 促进了大学的改造和发展。 使教育理论不断丰富,推动了教育世俗化的历史进程。

第六章 宗教改革时期的教育

(无)

第七章 近现代各国的教育制度

名词解释

1. 公学

答 (1) **简介**：公学是17—18世纪在英国发展起来的由公众团体集资兴办，培养一般公职人员，学生在公开场所接受教育的中等私立学校。如伊顿、温彻斯特、圣保罗等九大公学。

(2) **特点**：①教育对象是贵族子弟。②教育目的是培养学生升入学术型大学。③师资和设施条件比一般的文法学校更好。④教育经费主要是私人捐助和收取的高昂学费。⑤教育内容主要是古典语言、古典知识、上层社会礼仪、体育和军事训练。⑥管理权主要由贵族与教会掌握，不受国家教育行政部门干涉。⑦修业年限一般为5年。

(3) **评价**：公学是"英国绅士的摇篮"，培育了很多人才精英，但公学只满足贵族子弟的需要，不向平民开放，是英国教育不平等的产物。

2. 贝尔－兰卡斯特制／导生制

答 (1) **简介**：19世纪上半叶，英国初等教育质量低下，师资极为短缺。于是，导生制盛行起来。教会人士贝尔和兰卡斯特在印度、伦敦分别创立了"导生制"学校，也称"相互教学制"。

(2) **内容**：导生制的具体实施方法是教师在学生中选择一些年龄较大、学习成绩较好的学生充任导生，教师先对导生进行教学，然后由他们去教其他学生。

(3) **评价**：这种方法可使学生的数量大大增加，因而一度广受欢迎，但因其难以保证教育质量，而最终被人们抛弃。

3. 费里法案

答 (1) **简介**：1881年和1882年，费里提出两项教育法案，合称《费里法案》。该法案确立了国民教育义务、免费、世俗化三项原则。

(2) **内容**：①义务原则是指6～13岁为法定义务教育年龄，接受家庭教育的儿童必须自第三年起，每年到学校接受一次考试检查，对不送儿童入学的家长处以罚款。②免费原则是指免除公立幼儿园及初等学校的学杂费，免除师范学校的学费、膳食费与住宿费。③世俗化原则是指取消教会监督学校及牧师担任教师的特权，取消公立学校的宗教课，改设道德与公民教育课。

(3) **评价**：《费里法案》的颁布与实施，为这一时期初等教育的发展提供了必要的法律保障，指明了进一步努力的方向，标志着法国初等教育步入一个新的历史发展阶段。

4. 实科中学

答 (1) **简介**：17世纪，随着工业革命的发展，赫克在柏林创办了德国第一所真正意义上的实科学校——"经济、数学实科学校"，得到政府认可，面向平民子弟开放。

(2) **性质**：既具有普通教育性质，又具有职业教育性质。

(3) **内容**：反对古典主义，主张学习实用的自然科学知识，用现代语教学，加强了科学与教育的联系。

(4) **评价**：刺激资本主义发展，培养实用人才，实际上开创了职业教育的先河；教育与科学关系紧密；但实科中学的社会地位比文科中学低得多，实科中学的学生不能升入大学，大多只能进入职业领域。

5. 赠地学院／《莫雷尔法案》

答 (1) **简介**：1862年，林肯总统批准了议员莫雷尔提议的《莫雷尔法案》。

(2) 内容：联邦政府按各州在国会的议员人数，拨给每位议员三万英亩土地，各州应将赠地收入用于开办或资助农业和机械工艺学院，又称赠地学院。赠地学院主要是进行农业与机械工艺教育，此外还有军事训练和家政教育等。康奈尔等大学就是在这一法案的影响下创办或壮大起来的。

(3) 评价：①在农工知识方面，确立了农业与工艺学科及与之相关的应用科学研究在美国高等学校中的地位。②在高等教育方面，促进了美国高等教育的民主化和大众化。③在教育管理方面，打破了美国联邦政府不过问教育的传统，使高等学校与联邦政府的关系进入了一个新时期。

6. 公立学校运动

答 (1) 背景：19世纪初，由于美国不断扩张领土和工业革命的推动，普及初等教育成为美国迫切需要解决的问题，贺拉斯·曼是公立学校运动的主要推动者。

(2) 内容：公立学校运动主要是指依靠公共税收维持，由公共教育机关管理，面向所有公众的、免费的义务教育运动。

(3) 特点：①建立地方税收制度，兴办公立小学。②颁布义务教育法，实行强迫入学。③采用免费教育的手段促进普及义务教育的开展。

(4) 评价：公立学校运动促使美国各州均通过义务教育法，实施免费的教育制度，以促进低收入阶层的子弟入校学习。同时，随着学校的普及，师范教育也得到了很大发展。

7.《国防教育法》

答 (1) 简介：20世纪50年代以后，随着国际形势的发展，美国教育被批评的焦点是质量差。1957年，苏联卫星上天后，美国改革教育的呼声更为强烈。1958年，美国国会颁布《国防教育法》。

(2) 内容：①加强普通学校的自然科学、数学和现代外语（"新三艺"）的教学。②加强职业技术教育。③强调"天才教育"。④增拨大量教育经费。

(3) 评价：《国防教育法》旨在改变美国教育水平的落后状况，使美国教育能够适应现代科学技术的发展并满足国际竞争的需要。它的颁布有利于美国教育的发展，有利于教育质量的提高，有利于科技人才的培养。

简答题/论述题

1. 简论《1944年教育法》/《巴特勒教育法》。

答 (1) 简介："二战"期间，"人人受中等教育"的观念深入人心，英国政府颁布了《1944年教育法》（又称《巴特勒教育法》）。此法案由英国教育委员会主席巴特勒提出。

(2) 内容。

①加强国家对教育的控制和领导，设立教育部，统一领导全国的教育。

②加强地方教育行政管理权限，设立由初等教育、中等教育和继续教育组成的公共教育系统。

③实施5~15岁的义务教育，同时地方教育当局应向义务教育超龄者提供全日制教育和业余教育。

④法案还提出了宗教教育、师范教育和高等教育改革等要求。

(3) 评价。

①《1944年教育法》形成了初等、中等和继续教育相互衔接的公共教育制度，基本形成了现代英国国民教育制度。结束了"二战"前英国教育制度发展不平衡的状况，是英国现代教育制度发展史上一个极其重要的法令。

②进一步确立和完善了中央与地方在教育行政管理体制上合作伙伴的关系。该法案一方面完善了地方教育管理体制,另一方面也加强了国家对教育的控制。

③向所有学生提供免费的中等教育。该法案颁布后,基本实现了普及10年义务教育的发展目标。

总之,该法案对英国"二战"后教育发展的基本方针和政策产生了重要的影响。

2. 简论 《1988年教育改革法》及启示。

答 (1) 简介:1988年,英国教育大臣贝克提交了教育改革法案,即《1988年教育改革法》。该法案对英国的教育体制进行了全面改革,这是英国自第二次世界大战结束以来规模最大的一次教育改革。

(2) 内容。

①实施国家统一的课程,确定在5～16岁的义务教育阶段开设三类课程(核心课程、基础课程和附加课程)。

②实施全国统一考试,规定在义务教育阶段,学生要参加四次全国性考试(7岁、11岁、14岁、16岁各一次)。

③改革学校管理体制,实施"摆脱选择"政策。

④赋予学生家长为子女自由选择学校的权利。

⑤规定建立一种新型的城市技术学校。

⑥废除了高等教育的"双重性",也实行摆脱政策。

(3) 评价。

①成效。

a. **关于统一课程:** 加强集权,统一价值观,缩小各校差距,实现了教育均等,提高了教育质量。

b. **关于统一考试:** 英国历史上第一次实行统一考试,维护了教育公平,要求各校排名,加强学校竞争,方便高校录取,提高教育质量。

c. **关于摆脱政策:** 中央直接拨款,提高行政效率,狠抓教育质量,增强了教育活力,促进各校竞争。

d. **关于高等教育:** 扩大高校自主权,统一大学管理,满足更多人接受高等教育的需要。

e. **关于教育管理:** 加强集权,提高了教育质量,促进基础教育多样化发展。

②争议。

a. **关于统一课程:** 加重师生负担,剥夺教师自主权,压抑学生的创造性。

b. **关于统一考试:** 加重应试教育色彩,学生学习负担越来越重。

c. **关于摆脱政策与自由择校:** 学校差距拉大,好学校人满为患,差学校门庭冷落,反而人们的上学选择余地越来越小。

③总影响。

a. **对英国:** 教育改革历史上的里程碑。一方面,巩固了国家权威;触动教育管理传统,加强中央集权;顺应自由竞争。另一方面,拉开各级教育全面改革的序幕,激活市场竞争,实现多个教育创举。

b. **对世界:** 该法案是各国教育改革效仿和参考的典范法案。

(4) 启示:《1988年教育改革法》在当时英国的轰动效应可与今天中国"双减"政策改革的轰动性相比,虽然二者改革内容截然不同,但在如何推动一项改革上依然有很多正面和反面的启示。

①正面启示。

a. **认清方向,果断执行。** 当今中国要认清我们的改革方向是"坚决减负,校内外双减,教育不得与资本挂钩",就要加大力度,切不可因听到一些反对的声音就停滞不前,每种改革都有反对的声音,关键在于认清楚多数人的利益和以人为本的精神。

b. 及时修改,不断完善。 当今中国围绕"双减"政策,又出台了多个管理校外培训和加强校内管理的文件,同时也要听取民意,防止"一刀切"。

c. 两手都要抓,两手都要硬。 当今中国的"双减"一手抓校内,有所作为,提升教学质量,一手抓校外,严控不合理的培训,做到双管齐下,互为补充。

②**反面启示:** 防止"一刀切"。我国"双减"政策需不断调节,毕竟部分学业薄弱的学生有补习需求,如何满足教育形式和需求多样化,还需一并考虑,且政府应多加强新政策的宣传,防止人们不理解,政府曲高和寡。

3. [简论] 洪堡教育改革(柏林大学)的办学理念、内容、评价以及对欧美高等教育的影响。

[答] (1) **简介:** 在19世纪德国高等教育的发展中,最有影响力的是1810年洪堡创建的柏林大学。柏林大学是在民族丧失独立、经济十分困难的情况下创办的,可以说一开始人们就对其寄予了民族振兴的期望。

(2) **宗旨:** 教学与研究相结合,创办研究型大学。洪堡认为,国家应从长远利益考虑,使大学在学术研究水平上不断提高,从而为国家发展创造更广阔的前景。

(3) **办学思路。**

①**提倡纯科学研究,排斥职业性和功利性学科。** 柏林大学注重纯粹的科学,包括哲学和人文科学。此外,柏林大学非常重视哲学的地位,认为哲学是一切学科的总学问。

②**鼓励学习自由和教学自由。**"学习自由"即学生在学习内容和大学生活方面的自由选择。"教学自由"即教师的教学和科学研究活动不受干涉,能自由地传授和研究知识,探索真理。

③**教学与研究相结合,培养研究型人才。** 为落实这种理念,柏林大学借鉴了哥廷根大学的哲学"习明纳"这种师生共同参与、融教学与研究活动于一体的组织形式,并建立了众多研究所,主要培养学生的研究能力。

④**聘请既有学术造诣又有高超教学技能的教授。** 聘请一批学术造诣深厚、教学艺术精湛的教授到校任教,切实提高柏林大学的教学质量和学术声望。

(4) **评价。**

①**柏林大学是世界上第一个建立了现代大学制度的高等学府,是世界高等教育的典范。** 它对美国、英国、法国、日本、俄国,甚至中国都有深远影响,蔡元培的北大改革就深受柏林大学的启发。

②**柏林大学是德国科学和艺术的中心,振兴了德国经济,推动了德国民族独立的实现。** 柏林大学初始建校的宏愿就是促进德国的发展和统一,为德国工业革命储备了一批人才。

③**孕育了现代大学的精神,拉开了高等教育现代化的帷幕。**

(5) **对欧美高等教育的影响。**

①**对美国高等教育的影响:** a. 美国青年赴德国学习,回国后大都成为美国高等教育学校教学和科研的骨干,也出现了以德国大学为榜样的高等教育改革运动的领导者。b. 美国效仿柏林大学,创建了约翰·霍普金斯大学,并且成为了美国高等教育改革的引领者。c. 美国大学的教学制度和原则等方面在柏林大学的影响下也逐渐完善成熟。

②**对英国高等教育的影响:** a. 大批英国学生赴德国学习,使得后期科学研究之风盛行于英国的大学。b. 影响了英国教育家们的思想,使得他们致力于学习德国大学特色并将其运用在英国大学的创办中。如赫胥黎呼吁英国的大学要学习德国大学的经验,拓展大学的职能。

③**对法国高等教育的影响:** a. 改变了法国高等教育只学习功利主义内容、培养社会所需要的专门人才

的理念。b. 使得法国的高等教育开始进行科学研究,并建设多类型大学。

4. 简论 简述美国"返回基础"教育运动及其对现代教育改革的启示。

答 (1) **简介**:20 世纪 70 年代,由于公众对公立学校的教育质量普遍不满,美国掀起了"返回基础"教育运动,主要是针对中小学校基础知识教学和基本技能训练薄弱的问题而言的。

(2) **内容**。

①**小学阶段**:强调阅读、写作和算术教学,学校教育应将精力集中于这些方面的基本技能训练上。

②**中学阶段**:主要应把精力集中于英语、自然科学、数学和历史等科目的教学上。

③**教师作用**:教师应当在教学过程中起主导作用。

④**教学方法**:教学方法应当涵盖练习、背诵、日常家庭作业以及经常性测验等。

⑤**考试制度**:经过考试证明学生确已掌握所要求的基本知识和技能后,方可升级或毕业,取消只凭学满课程所要求的时间就予以毕业或升级的做法。

⑥**课程设置**:取消选修课,增加必修课。

⑦**班级管理**:严明纪律等。

(3) **评价**:"返回基础"教育运动曾在美国教育界引起一场激烈的争论。提倡者和赞同者甚至把这场运动视为拯救美国基础教育的"灵丹妙药",但也有许多人对其严厉指责。这场运动从实质上讲是一种恢复传统教育的思潮。

(4) **启示**。

①**警惕"轻视知识"教育思潮**。"返回基础"教育运动是强调基础知识,重视教育质量的基础教育课程改革运动。其中,"基础"指的是"基础知识",包括学生日常学习和生活所需的基本的知识及技能,"返回基础"就是把学生日常学习的重心放在基础知识及技能的学习和掌握上,由此可知,"返回基础"教育运动是对知识的追求和保障。

②**发挥教师主导性作用**。"返回基础"教育运动告诉我们,过度自由带来的是学风涣散、学习混乱。因此,我们必须厘清教学过程中教师和学生的关系,使其各司其职,完成各自的任务。

③**完善课程评价体系**。"返回基础"教育运动在课程评价方面主要依赖最低能力测试制度,通过能力标准测试来衡量学生的学业水平。作为衡量学生成绩(知识和技能的表现)的标准化测试,我国幅员辽阔,各地区、省市经济发展水平、文化背景差异大,学习内容也不尽相同,课程评价体系问题凸显,所以,完善课程评价体系十分重要。

5. 论述 论述《国家处在危险之中:教育改革势在必行》。

答 (1) **简介**:20 世纪 80 年代初期,美国中小学教育质量问题成为社会关注的中心。1983 年,美国中小学教育质量调查委员会提出题为《国家处在危险之中:教育改革势在必行》的报告,这个报告也是"二战"后美国第三次课程改革的开端。

(2) **内容**:①改课程。加强中学五门"新基础课"的教学,中学必须开设数学、英语、自然科学、社会科学、计算机课程,这些课程构成了现代课程的核心。②改课标。提高教育标准和要求,对学生的成绩和行为表现采取更严格的和可测量的标准。③改教师。改进对教师的培养,提高教师的专业训练标准、地位和待遇。④改管理。各级政府加强对教育改革的领导和实施,必须增加必要的财政资助。

(3) **评价**。

①**积极影响**:a. 在教育质量方面,该报告是引领美国 20 世纪 80 年代教育改革的纲领性文件,提高了美国的教育质量。b. 在课程设置方面,加强了课程结构的统一性,恢复与确立了学术性学科在中学课程结构中的

主体地位。c. 在学生方面,对学生提高要求和标准。d. 在教育管理方面,加强联邦政府对教育的管理,即加强集权。e. 在公众方面,增强了公众对美国教育的信心,重新激发了公众对教育的关注和资助的热情。

②**消极影响**:a. 因过分强调标准化测试,导致忽视学生的个性培养。b. 因过分追求统一的教学标准,导致教学缺乏灵活性。c. 因过分提高教育标准和要求,导致潜在辍学人数迅速增加。

6. [简论] 明治维新时期的教育改革。

[答] (1) **简介**:1868年倒幕派推翻德川幕府统治,建立了资产阶级联合执政的明治政府。这个政府为抵御外患、富国强兵,实施了一系列改革,史称"明治维新"。其指导思想是"文明开化"和"和魂洋才"。

(2) **改革的主要内容**。

①**在教育管理方面**,建立中央集权式教育管理体制。1871年明治政府在中央设立文部省,统一管理全国的文化教育事业。1872年颁布《学制令》,建立全国的学校教育体制,规定全国实行中央集权式的大学区制。

②**在初等教育方面**,政府开始重视初等义务教育的普及。规定了义务教育年限,在课程的设置上,小学一般开设修身、国语、作文等课程。高等小学除这些常设科目之外,加设一至两门外国语课程。

③**在中等教育方面**,《学制令》的颁布催生了日本近代中等学校。中学分为寻常中学和高等中学两类,分别承担就业和升学的任务。

④**在高等教育方面**,努力发展高等教育,培养人才。1877年,日本建立东京大学,成为日本新大学的开端。之后,明治政府又分别建立了另外几所帝国大学。这一批大学为日本工业化的发展培养了大批科技人才和管理人才。

⑤**在师范教育方面**,建立了完善的师范教育体制,大力培养师资。师范学校分为寻常师范学校与高等师范学校两类。1874年,在东京设立女子师范学校。之后,各地县、府又设立师范养成所,用短期速成的办法培养小学师资。

(3) **评价**:总的来说,日本通过改革,使得其封建教育向近代资本主义教育转变,建立并完善了学制,普及了初等义务教育,发展了中等和高等教育,提高了日本国民文化水平,为日本的发展作出了贡献。但明治维新时期,日本教育也表现出了浓厚的军国主义色彩。

第八章　近现代主要的教育家

名词解释

1. 绅士教育 /《教育漫话》/ 洛克

答 (1) **简介**：英国教育家洛克在其代表作《教育漫话》中提出了自己的绅士教育理论，这是一种资产阶级贵族化的家庭教育，在教育内容和方法上有许多新特点。

(2) **内容**：①在理论基础上，"白板说"说明外界教育和环境对人的发展影响重大。②在教育方式上，洛克提倡家庭教育。③在教育目的上，提出培养绅士，绅士指品德高尚、富有智慧、身体健康的实干家。④在教育内容上，他提出体育、德育、智育三方面的教育，德育是根本。

(3) **评价**：洛克的教育思想以其世俗化、功利性为显著特点，推动了实科教育的发展，体现了资产阶级家庭教育的性质，但他的思想局限于绅士教育，缺乏民主性。

2. 白板说

答 (1) **简介**："白板说"是英国教育家洛克提出的教育理论，也是其教育思想的主要理论基础。他在"白板说"的基础上提出了绅士教育，认为人们要积极地通过德、智、体三方面的教育培养绅士。

(2) **内容**：洛克反对"天赋观念论"，提出了"白板说"和经验主义的观念论。他认为人出生后心灵如同一块白板，一切知识都是建立在由外部而来的感官经验之上的。他认为"人的发展十分之九都是由他的教育决定的"。

(3) **评价**："白板说"是典型的外铄论观点，高度评价教育在人的形成中的巨大作用，认为人之好坏，或有用或无用都是由他的教育决定，充分肯定教育的作用。

3. 平行教育原则

答 (1) **简介**：马卡连柯是苏联早期著名的教育理论家和实践家，他创立了一套行之有效的集体教育的原则和方法，集体教育的核心思想是"通过集体、在集体中、为了集体"，集体教育的其中一个原则是平行教育影响原则。

(2) **内容**：教育个人与教育集体的活动应同时进行，每一项针对集体开展的教育活动，应收到既教育集体又教育个人的效果。也就是说以集体为教育对象，通过集体来教育个体。教育者对集体和集体中的每个成员的教育影响是同时的、平行的。

(3) **评价**：充分发挥了集体的教育作用，主张通过集体影响每个个体的发展；充分证明集体对个体的影响，抓住个体成长的共同性，培养共同价值观；但集体教育不能完全照顾到个体的自由与个性。

4. 贺拉斯·曼

答 (1) **简介**：贺拉斯·曼是19世纪美国杰出的教育家，终生投身于美国的公立教育事业，被誉为"美国公立学校之父"。

(2) **教育思想**：①教育的作用是培养理想的国家公民的途径；教育是维持现存社会安定的重要工具，是使人民摆脱贫困的重要手段。②教育目的是培养社会需要的各类专业工作者。③教育内容包括体育、智育、政治教育、德育以及宗教教育。④认为师范教育是提高公立学校教育质量的重要手段。

(3) **评价**：贺拉斯·曼为推动美国公立学校的发展作出了杰出贡献。他的普及教育、师范教育思想不仅对美国的教育理论和实践影响深远，在国际教育界也产生了巨大影响。

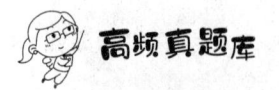

简答题/论述题

1. 简论 洛克的教育思想/绅士教育思想。

答 英国教育家洛克在其代表作《教育漫话》中提出了自己的绅士教育理论,这是一种资产阶级贵族化的家庭教育,在教育内容和方法上有许多新特点。

(1) **认识论基础**:"白板说"。洛克反对流行的"天赋观念论",提倡"白板说",认为人出生后心灵如同一块白板,一切知识都建立在经验的基础上。

(2) **作用和意义**。

①**作用**:从"白板说"出发,洛克高度评价教育在人的形成中的巨大作用,认为人之好坏,或有用或无用,"十分之九都是由他们的教育所决定的"。

②**意义**:教育的社会意义则在于它关系到国家的幸福与繁荣。不过洛克更注重的是教育对个人幸福、事业、前途的影响,显示出鲜明的功利主义和个人主义色彩。

(3) **目的与途径**:教育的目的是培养绅士。他注重贵族子弟的教育,主张把他们培养成为身体强健,举止优雅,有德行、智慧和实际才干的事业家。绅士教育的培养途径是家庭教育。

(4) **内容和方法**。

①**体育**:洛克认为"健康的精神寓于健康的身体中",体育是全部教育的前提,健康的身体是绅士事业成功、生活幸福的首要条件。在西方教育思想史上,洛克是第一个提出并制订健康教育计划的教育家。

②**德育**:洛克认为道德观念来自教育和生活环境,他把德行放在比知识更重要的位置。洛克把听从理性的指导、克制自己的欲望看成一切道德与价值的重要标准及基础。

③**智育**:洛克尤其强调两点,一是德行重于学问。洛克更多的是从获得个人的利益与幸福的角度来看待智力教育的。二是学问的内容必须是实际有用的广泛知识。所以,洛克提出了一个以实用科目为基础的广泛的课程内容体系,包括阅读、书写、绘画、外语等。

(5) **评价**:洛克在《教育漫话》中提出的包括体育、德育、智育在内的绅士教育体系,旨在满足英国新兴工商业阶层的实际需要,同时也反映了科学技术进步的时代潮流对教育的迫切要求,体现出鲜明的实用性、功利化的特征。其思想成为17世纪英国文实中学的理论支柱,是18世纪法国启蒙思想的先导,也是19世纪斯宾塞实科教育思想的前驱。但他的教育思想局限于绅士教育,缺乏夸美纽斯的民主性。

2. 简论 斯宾塞科学教育思想的主要观点及其影响(价值意义)。/斯宾塞的课程论思想。

答 (1) **简介**:斯宾塞是19世纪英国著名的哲学家、社会学家和教育家,其代表作是《教育论》。他提出了"教育准备生活说""科学知识最有价值"等一系列著名论断。

(2) **教育目的论**:教育准备生活说。斯宾塞提出教育的目的是"为完满生活做准备",呼吁教育应从古典主义的传统束缚中解放出来,适应社会生活、生产的需要,应当教授有价值的知识。

(3) **知识价值论**:科学知识最有价值。斯宾塞认为科学知识最有价值。由于时间有限,我们应该力求把我们的时间拿去做最有意义的事情。他把人类生活分为五种主要活动,并与五类课程相互对应。

(4) **课程设置**:根据教育准备生活说和知识价值论,斯宾塞提出学校应该开设以下五种类型的课程:①直接保全自己的知识:生理学、解剖学等。②间接保全自己的知识:力学、数学、逻辑等。③履行父母职责的知识:心理学、教育学等。④调节自身行为的知识:历史、政治等。⑤供自己娱乐的知识:艺术、文学等。

(5) **教学原则与方法**(课程论思想可以不答这一点):①教学应符合儿童心智发展的自然顺序,具体表现为从简单到复杂、从不准确到准确、从具体到抽象。②儿童所接受的教育必须在方式和安排上同历史上的人类教育一致。③教学的每个部分都应该从实验到推理。④引导儿童自己进行探讨和推论。⑤重视学生的学习兴趣。⑥重视实物教学。

(6) 评价： 斯宾塞反对传统教育照本宣科、死记硬背等忽视学生身心健康的教学方法，主张重视学生心理规律、兴趣和实验等，表现出鲜明的历史进步性。斯宾塞的科学教育主张是教育发展史上的一次大变革，斯宾塞和其他提倡科学教育的思想家们不仅直接冲击了英国古典教育传统，他们的影响还扩展到其他国家，推动了世界科学教育的发展。

(7) 价值意义。

①建构彰显人文价值的科学课程价值观。 斯宾塞的科学课程价值观启示我们，要提炼和挖掘科学课程的人文价值，使之彰显在课堂教学之中，让学生接受它的洗礼，获取科学课程的人文关怀，重建蕴含人文价值的科学课程价值观。

②促进学生的全面发展。 科学课程的真正内核是它所蕴含的人文意义和人文价值，它凝聚了人的智力、道德、审美和信仰等精神力量，是充满温馨情感和完美人性的课程。从根本上讲，科学教育的意义是相对于学生而言的，是对学生智力、道德、审美和信仰全面发展的终极关怀。

3. 简论 马卡连柯的集体主义教育思想观点及现实意义。

答 (1) 简介： 马卡连柯是苏联教育改革的主要设计师之一，是著名的教育实践家和富有创造精神的教育理论家。集体教育理论是其主要的教育思想观点。

(2) 内容。

①教育宗旨与目的。 以"在集体中、通过集体、为了集体"为教育宗旨，要把年轻一代培养成有教养的劳动者。

②教育方法。 主张防止"抹杀个性特点"，防止"消极跟随个体"的方法。

③教育原则。 主张尊重与严格要求相结合、平行教育、前景教育、优良的作风和传统、纪律教育等。

④劳动教育。 强调集体教育里要将劳动教育与道德思想教育同时进行，要安排复杂的劳动任务，并非单纯消耗体力，劳动教育是集体教育中不可缺少的手段。

⑤家庭教育。 强调建立一个完整和团结一致的家庭集体；进行家庭教育时要注意掌握分寸，既要亲近又不能溺爱子女，要正确指导儿童参与家庭经济管理；马卡连柯一再提醒家长注重对子女的教育。

(3) 评价。

①教育理论： a. 教育目的体现了人道主义和全面发展的思想。b. 集体教育理论成为教育科学的一个专门的、独立的教育范畴。c. 劳动教育与集体教育、思想道德教育相结合的观点对现代社会来说也同样具有实用性。

②教育实践： a. 他把数以千计的流浪儿童和违法青少年再教育成真正的新人，教育效果极其卓越。b. 他的多本著作被翻译到各个国家广泛流传。

③局限性： a. 马卡连柯阐释集体作用时把社会政治概念搬用至教育领域，具有教条主义倾向。b. 过于强调"平行影响原则"，会导致有滥用集体教育力量的倾向。c. 马卡连柯在教育中提倡集体利益至上的原则，不利于学生的个性化教育。d. 在他的家庭教育思想理论中，马卡连柯对资本主义家庭教育全面否定，片面夸大独生子女教育的难度。

综上，马卡连柯的教育思想反映了当时的认识水平，我们应从实际情况出发，因地制宜地灵活运用，才能真正体现其教育价值。

(4) 现实意义。

①**要坚持以人为本的教育理念**。我们要相信每一个学生都有追求自我实现的积极品质,贯彻"尊重"与"要求"相统一的原则,注重学生个性的差异,通过因材施教促进他们的全面发展。同时要关注特殊群体,从心理教育和制度建设两方面着手,帮助其解决遇到的问题,走出所处的困境。

②**必须重视班集体的建设**。在建设一个优秀的班集体的过程中,一方面,要平衡"个体"与"集体"的关系,发挥班主任的引导作用;另一方面,要加强纪律教育,组织性和纪律性是维持和巩固集体的基本条件,纪律教育必须要有相应的惩罚制度和策略。此外,还应注重在班集体中营造积极正确的良好风气,通过正确的舆论引导促进班集体的良性发展。

4. 简论 赞科夫发展性教学理论、影响及其现实意义(赞科夫的教育思想/教学原则)。

答 (1) **简介**：赞科夫认为"教学要在学生的一般发展上取得尽可能大的效果",目的是促进学生"理想的一般发展",这就是发展性教学的思想。一般发展包括智力的发展、道德情感的发展、意志的发展、身体的发育等各个方面。其理论基础是最近发展区。

(2) **教学原则。**

①**以高难度进行教学的原则**。旨在引起学生的思考,促进学生特殊的心理活动过程的发展,并不在于无限度的难。"难度的分寸"限于"最近发展区"。

②**以高速度进行教学的原则**。他要求教学不断引导学生向前运动,不断用各方面的内容丰富学生的智慧,高速度指根据能否促进学生的一般发展来决定速度。

③**理论知识起主导作用原则**。他要求高难度必须体现在提高理论知识的比重上,而不是追求一般抽象的难度标准。

④**使学生理解学习过程的原则**。让学生通过自己的智力活动去探索获得知识的方法和途径,掌握学习过程的特点和规律。

⑤**使班上全体学生(包括最差的学生)都得到一般发展的原则**。这条原则是前面四条原则的总结,是大面积提高教学质量的有力保证。

(3) **评价**：①明确了一般发展的内涵和教育目的。②提升学困生的学习信心和求知欲,加强学困生的学习水平。③为苏联学制的制定提出建设性意见。④但是他的研究工作和理论成果仍有较大的局限性,这表现在他的研究主要是从儿童心理的角度出发,很少考虑建立教学过程的社会政治与道德要求。

(4) **现实意义。**

①**在教学目标上,将学生的发展作为教学的首要任务**。教学要把"发展"作为首要任务,充分挖掘各科教学的综合训练价值,对学生身心系统产生全面的影响。

②**在教学策略上,重视学生的学习过程**。学习一门学科不仅是学会什么,更重要的是知道怎么处理,即学会如何学习。这也需要教师对课堂上的气氛变化作出快速的反应,引导学生发现知识之间的联系。

③**在教学内容上,将所学知识定位于学生的"最近发展区"**。教学要注重知识的系统性,扩大学生的知识面,使学生形成系统的知识体系,从而促进学生学习能力的提升。

④**在教学方法上,树立学生的主体地位**。当今我国的课堂教学中,广泛存在着学生被教师"牵着走"的现象。让学生主动参与到学习的过程,激发学生学习的"内部需要",学生才能得到更好的发展。

⑤**在教学评价上,全面、整体地评价教学**。教学评价标准作出相应的改变,将创造与竞争意识、开拓与应变能力等加入其中,对学生进行真正和全面的评价,促进学生的"一般发展"。

5. 简论 苏霍姆林斯基的个性全面和谐发展教育观(苏霍姆林斯基的五育/苏霍姆林斯基的著作及其教育思想)。

答 苏霍姆林斯基是"二战"后苏联最有影响力的教育家,其最著名的是个性全面和谐发展的教育理论。其代表作有《给教师的100条建议》《把整个心灵献给孩子》《帕夫雷什中学》《公民的诞生》《失去的一天》《学生的精神世界》《致女儿的信》《妈妈,我不是最弱小的》。

(1) **内涵**:苏霍姆林斯基认为,个性全面和谐发展教育由体育、德育、智育、劳动教育和美育组成。

①**体育**:苏霍姆林斯基十分重视身体健康发展在个性全面和谐发展中的作用。他把体育看作健康的重要因素、生活活力的源泉。

②**德育**:苏霍姆林斯基指出,全面和谐发展的核心是高尚的道德,因此,在个性全面和谐发展教育中,德育应当居于首位且应当及早开始。

③**智育**:智育包括获取知识,形成科学世界观,发展认识和创造能力,养成脑力劳动的技能,培养对脑力劳动的兴趣和要求,以及对不断充实科学知识和运用科学知识于实践的兴趣和要求。

④**劳动教育**:劳动教育的任务就是要让劳动渗入学生的精神生活中去,使学生在少年时期和青少年早期就对劳动产生兴趣并热爱它。

⑤**美育**:感知美、认识美和创造美的能力是个性全面和谐发展中不可或缺的组成部分,因此,美育也成为个性全面和谐发展教育的有机组成部分。

(2) **评价**。

①个性全面和谐发展理论是苏霍姆林斯基教育理论的核心问题。苏霍姆林斯基终生潜心探索的主题和中心问题是人的全面发展问题,他的全部理论正是围绕着这一主题和中心问题而展开阐释论证的。

②个性全面和谐发展理论是苏霍姆林斯基对教育的培养目标的概括表述。个性全面和谐发展的人,是苏霍姆林斯基所要培养的理想的人。

③个性全面和谐发展理论影响深远。苏霍姆林斯基对个性全面和谐发展的理解是非常深刻的,使全面发展的理论更具有现实的实践的价值和深远的理论意义。

(3) **启示**。

①**当今教育也要倡导"五育"全面发展**。苏霍姆林斯基倡导的体育、德育、智育、劳动教育和美育与我们今天要培养的全面发展的人的内涵一致,这启示我们今天的"五育"也要全面、和谐、统一,任何一育有偏废,都不能培养出全面发展的人。

②**当今教育要以立德树人为教育的根本任务**。苏霍姆林斯基强调个性全面和谐发展的核心是高尚的道德,德育应当居于首位,这与我们今天所强调的立德树人的根本任务是一致的。因此,当今教育也要将立德树人融入教育的各个环节、各个阶段。

③**当今教育也要注重个性的和谐发展**。我们今天所倡导的培养各方面和谐发展的人,其实就是指德、智、体、美、劳和谐发展,只有"五育"并举,和谐发展,才能形成完整的人格。

第九章 近现代超级重量级教育家

名词解释

1. 夸美纽斯/《大教学论》

答(1) **简介**：夸美纽斯是捷克近代著名的教育理论家和教育改革家，其著作《大教学论》是西方近代第一本教育学著作。

(2) **观点**：①他在继承前人经验的基础上，提出了系统的教育思想。他论述了教育的作用，呼吁开展普及教育，试图让所有人都能接受教育。②他主张建立全国统一学制，提出了一套比较系统、完整、有独创性的教育与教育管理思想，还系统地论述了班级授课制并制定了学年制度。③他是教育史上第一位系统地总结了教学原则的教育家，阐述了教学的基本原则和方法等。④他详细论述了德育和健康教育。

(3) **实践**①：夸美纽斯是一位多产的教育著作家，其著作有《大教学论》《母育学校》《世界图解》《泛智学校》等。夸美纽斯终身在教学岗位中实践校长的职责并编订教材。

(4) **评价**：夸美纽斯的教育思想中具有明显的民主主义、人文主义色彩，他对世界教育的发展做出了巨大的贡献，在世界教育史上占有特别重要的地位；同时他的教育思想具有浓厚的宗教色彩，其方法论不够具有科学性。

2. 泛智教育

答(1) **简介**：捷克教育家夸美纽斯提出了"泛智教育"的观点，这是他教育理论的核心，也是他从事教育实践和研究教育理论的出发点和归宿。

(2) **内容**："把一切事物教给一切人，一切儿童都可以教育成人"。它包含着两个方面的内容：①教育对象普及化，指学校向全体人民敞开大门，不论富贵贫贱，"所有男女儿童都应该上学"。②教育内容泛智化，指掌握对于人类来说必需的一切知识。他认为人们所受的教育应当是周全的，要"学会一切现世与来生所必需的事项"。

(3) **实践**：开办泛智学校。在泛智学校里，采用班级授课制，实行学年制，编写统一的"泛智"教材。

(4) **评价**：泛智教育具有民主色彩，关心平民的受教育情况，主张百科全书式的受教育方式，是对西方自由教育思想的传承。

3.《爱弥儿》/卢梭

答(1) **简介**：18世纪法国教育家卢梭撰写了《爱弥儿》，提出了自然主义教育思想。卢梭的《爱弥儿》与柏拉图的《理想国》、杜威的《民主主义与教育》被称为教育史上三个里程碑式的著作。

(2) **内容**：①自然教育的核心是"回归自然"，即教育必须遵循自然，顺应人的自然本性。人所受的教育包括自然的教育、人为的教育和事物的教育，事物的教育和人为的教育要服从于自然的教育。②目的：培养"自然人"，即完全自由成长、身心调和发达、能自食其力、不受传统束缚、能够适应社会生活的一代新人。③方法原则：正确看待儿童；给儿童以充分的自由；教育要符合儿童发展的年龄特征。④实施阶段：婴儿期（0～2岁），主要进行体育；儿童期（2～12岁），主要进行感官教育和身体发育；青年期（12～15岁），主要进行智育和劳动教育；青春期（15～20岁），主要进行道德教育。

(3) **评价**：卢梭因《爱弥儿》中的自然教育而闻名，他的回归自然的教育主张被称为教育史上"哥白尼式的革命"。

---
① 题目若问夸美纽斯，四个维度都需要回答；若问《大教学论》，无实践这一维度。

4. 赫尔巴特/《普通教育学》

答 (1) **简介**：赫尔巴特是19世纪西方最著名的教育家，被誉为"现代教育学之父"，其著作《普通教育学》标志着教育学成为一门独立形态的学科，杜威等后来的学者认为他是传统教育学的主要代表人物。

(2) **观点**：①理论基础是统觉论和"伦理五德"。②教育目的：a."必要的目的"，指要养成"伦理五德"；b."可能的目的"，指要发展人多方面的兴趣，进而促使人的各种能力和谐发展。③德育论：教育性教学原则。④课程论：课程编制要有四个依据（兴趣、经验、统觉、儿童发展）。⑤教学论：形式阶段论。

(3) **实践**[①]：开创了赫尔巴特学派，传播了教育心理学和教育学学科，撰写科学性的教育学著作，开设培训教师的机构，建立教育学研究院，创办教育学杂志，并在大学讲授教育学。

(4) **评价**：强调以教师、课程、教材为中心，教育学和心理学相结合，加强了德育和教学的关系，为编制课程提供了可行的依据，为世界贡献了可行的针对班级授课制的教学模式，但是后人在实践其思想时忽视了学生的直接经验、兴趣，促使教学变成压抑儿童个性的活动，被杜威等现代教育学的代表人物批判。

5. 教育性教学原则

答 (1) **简介**：赫尔巴特重视教学的作用，并提出了一个非常重要的原则，即教育性教学原则。

(2) **含义**：教育（道德教育）是通过，而且只有通过教学才能真正产生实际作用，教学是道德教育的基本途径。

(3) **通过教学进行道德教育**：其一，要求教学的目的与整个道德教育的最高目的保持一致，即养成德行；其二，为实现这个目的，要设立一个近期的、较为直接的目的，即培养"多方面的兴趣"。

(4) **评价**：在赫尔巴特提出这一理论之前，教育家往往把教学和德育分开进行研究，规定各自不同的任务和目的。赫尔巴特的突出贡献在于，运用心理学的研究成果具体阐明了教育和教学之间的内在的本质联系，使德育获得了坚实的基础。但是他把教学完全从属于教育，将二者等同，具有机械论的倾向。

6. 四段教学法

答 (1) **简介**：赫尔巴特在教学模式上创造了世界流行的形式阶段论，主张教学由明了、联想、系统、方法四个连续的阶段构成。

(2) **内容**：①明了是指学习者关注到一个新知识。此时学生的兴趣阶段是注意，教师的教学方法是叙述。②联想是指新旧知识开始结合，新知识唤起了已有经验。此时学生的兴趣处在期待阶段，教师的教学方法是交流。③系统是指新旧知识完全结合，形成统觉团，此时学生的兴趣活动处在要求阶段，教师的教学方法是综合的方法。④方法是指将所获得的新知识用于实际，此时学生的兴趣在于进行学习活动，教师的教学方法是让学生做作业等。

(3) **评价**：教学形式阶段理论不仅反映了人类对教学过程和教学活动本质认识的发展，而且具有广泛的实践意义，帮助儿童循序渐进、系统地认识自然和世界。但教学形式阶段论具有机械论倾向，使它不断受到来自各方的批评。

7. 恩物

答 (1) **简介**：福禄培尔创造的一套教学用具，也是一种重要的儿童游戏用具。恩物是仿照大自然的性质、形状及法则，制造的简易物件。类似于积木，由颜色不同、大小不同的球体、立方体和圆柱体等组成。

(2) **恩物应该满足的三个条件**：①帮助儿童理解周围世界和表达对客观世界的认识。②每种恩物既包含前面的恩物，又要预示后继的恩物。③恩物体现完整的、有秩序的、统一的观念，即整体与部分的关系。

[①] 题目若问赫尔巴特，四个维度都需要回答；若问《普通教育学》，无实践这一维度。

(3) **评价**：帮助儿童循序渐进地认识自然及其内在规律，满足儿童的求知欲和表达对世界的认识。

8. 杜威/《民主主义与教育》

〔答〕(1) **简介**：杜威是20世纪上半叶世界著名教育家。其代表作《民主主义与教育》与柏拉图的《理想国》、卢梭的《爱弥儿》一起被称为教育史上三个里程碑式的著作。

(2) **观点**：杜威的实用主义教育理论介绍了"教育即生长""教育即生活""教育即经验的改造"的教育本质论，以及教育目的论、课程与教学论、德育论、反省思维理论等。

(3) **实践**[①]：杜威在芝加哥实验学校实践新式教学法，后在哥伦比亚大学任教，使哥伦比亚大学师范学院成为进步教育运动的阵地。杜威对新式教育起到了极大的推动作用。

(4) **评价**：杜威创立了教育的新三中心论，以学生、活动、经验为中心的实用主义教育思想，推动进步教育运动，解放学生，尊重学生，具有鲜明的进步性，但是也导致在教育实践中忽视教师的作用，夸大学生的自由，使教育质量下滑。

简答题/论述题

1. 简论 教育适应自然的原则及对我国基础教育的启示。

〔答〕(1) **简介**：教育适应自然的原则是夸美纽斯整个教育理论体系的一条根本的指导性原则，它贯穿于《大教学论》的始终。

(2) **主要内容**。

①教育适应自然原则的中心思想是教育应当服从"普遍秩序"，即教育必须遵循自然界的普遍规律（客观规律）。这包含两层意思：一是教育工作有规律可循，教育者应当遵循；二是教育者在教育过程中应当探求教育的规律。

②根据人的自然本性和年龄特征进行教育是教育适应自然原则的另一个重要内容。夸美纽斯认为各级学校要根据学生的年龄以及已有的知识循序渐进地教学。

(3) **评价**：①其优点体现在把教育理论研究从神学束缚中解放出来，迈向科学的道路，实现了教育理论的突破性进展。②其局限性体现在他引证自然，采用与自然或社会现象类比的方法来论述教育问题，存在片面性。

(4) **启示**。

①**反对过度教育，尊重学生的身心发展规律和年龄特点**。人的身心发展规律有顺序性、阶段性、差异性、不平衡性等，这些规律具有重要的意义，教师必须依据这些规律和年龄特点进行教育。

②**反对灌输教育，尊重学生的兴趣与需要**。"兴趣是最好的老师"，教学过程中，教师要充分尊重学生的兴趣与需要，同时也要掌握教学方法，引起学生的学习兴趣。

③**反对封闭教育，尊重学生与大自然和社会生活的联系**。学生在大自然和社会生活中也可以学习到很多知识，增长直接经验，教师应注重学生直接经验的积累。

④**反对权威教育，尊重学生的个性、自由与主体性**。每个学生都是独一无二的，都具有自己的特点，教师要尊重学生，根据不同的学生特点提供不同的教学方法，因材施教。

2. 简论 夸美纽斯普及教育/泛智学校/泛智思想以及意义。

〔答〕(1) **简介**：泛智思想是夸美纽斯教育体系的又一指导原则，也是其教育理论的核心，是他从事教育实践和研究教育理论的出发点和归宿。所谓"泛智"，用夸美纽斯的话来说，就是"把一切事物教给一切人"，并且

---
① 题目若问杜威，四个维度都需要回答；若问《民主主义与教育》，无实践这一维度。

认为"一切儿童都可以教育成人"。

(2) 内容。

①**教育内容泛智化**。掌握对于人类来说必需的一切知识。夸美纽斯认为人们所受的教育应当是周全的,要"学会一切现世与来生所必需的事项"。

②**教育对象普及化**。夸美纽斯指责当时的学校只是为富人、贵人设立的,穷人等被排斥在校门之外。他要求学校向全体人民敞开大门,不论富贵贫贱,"所有男女儿童都应该上学"。

(3) **实践**:泛智学校是实行泛智思想的场所,也是面向所有人实行的一种百科全书式的教育。在泛智学校里,采用班级授课制,实行学年制,编写统一的"泛智"教材。

(4) 意义。

①**夸美纽斯首次提出普及教育和泛智教育思想,理论体系比较完整**。"泛智论"贯穿于夸美纽斯的教育理论和实践中,是他从事教育活动的一项重要指导思想。在"泛智论"的指导下,他高度评价了教育在社会和个体发展中的作用,提出了教育适应自然的原则,倡导普及教育,提出了统一的学制,制定了泛智主义的百科全书式的课程,创建了一所"泛智学校",并实验着泛智教育思想。

②**关心贫民子弟**。夸美纽斯的普及教育思想闪烁着民主的光芒,所有人不论贫富均可接受教育。

③**教育内容丰富**。夸美纽斯在教育内容上提出泛智思想,主张学习内容广泛而丰富。

④**具有宗教色彩**。由于夸美纽斯在认识上的局限性,导致其对普及教育中一些重要问题的认识仍有不足,并且带有宗教色彩。

总之,这一思想表达了重视普及教育、普及知识的民主精神。这一思想部分被付诸实施,许多观点和措施成为近代教育理论的重要组成部分。

3. [简论] 夸美纽斯的班级授课制及其意义。

[答] (1) **简介**:为了实现普及教育,提高教学效率,夸美纽斯提出并全面系统地论述了班级授课制。他认为班级授课制是最有效率的教学组织形式,要求用班级授课制来代替个别教学。

(2) **具体做法**:把全校的学生按照年龄和知识水平分成多个班级,以班级作为教学的组织单元。每个班级有一个教室,以免妨碍别的班级。每个班级有一个教师同时对全班学生进行教学,以代替传统的个别施教。每个班级又分成许多小组,每组 10 人,选出一名学习好的学生为组长,帮助教师管理小组同学,考查同学的学业。

(3) 意义。

①**积极意义**:a. 夸美纽斯提出的班级授课制彻底改变了过去混乱的学校制度,并为彻底改革个别教学提供了理论基础,促进了教育理论向现代化的转化,在实践中对普及教育的发展起到了很大的推动作用。b. 班级授课制有利于保证教学制度化、规范化;有利于学生获得系统的科学知识,提高教学效率与教学质量;有利于充分发挥教师的主导作用。

②**消极意义**:a. 难以照顾学生的个别差异与个性发展;b. 学生的主体地位或独立性受到一定的限制;c. 实践性不强,容易脱离实际;d. 学生主要接受现成的知识结果,探索性、创造性不易发挥;e. 无意识地出现教育不平等现象。

4. [简论] 夸美纽斯的教育思想及其在西方教育史上的贡献/地位(及对当今教育实践的作用)。

[答] (1) **夸美纽斯的教育思想**。

①**教育目的与教育作用**。宗教性的教育目的是为人来世的生活做好准备;现实性的教育目的是培养具有"学问、德行、虔信"的人。教育的作用是改造社会、建设国家以及发展人的天赋。

②**教育适应自然原则。**一方面,教育应当服从大自然的"普遍秩序",即客观规律;另一方面,教育要根据人的自然本性和年龄特征进行。

③**泛智教育、普及教育。**泛智思想要求"把一切事物教给一切人",并且认为"一切儿童都可以教育成人"。夸美纽斯建立了普及教育理论体系,主张广设泛智学校,由国家普及教育。

④**在宏观上,统一学制和统一管理。**统一学制指建立全国统一的、既分段又相连的学校制度。统一管理指国家应该重视教育,采用制度化的手段来管理学校。

⑤**在中观上,建立学年制和班级授课制。**所有公立学校统一招生时间,同时开学与放假,通过考试同时升级。班级授课制,就是把不同年龄、不同知识水平的儿童,分成不同班级,按班级进行教学。

⑥**在微观上,对学生进行德育、智育和体育三方面的教育。**在智育上,夸美纽斯是首个把教学原则进行归纳总结的人。在德育上,他认为德育比智育更重要。在体育上,他重视健康和提高生命质量。

(2) 夸美纽斯教育思想的历史地位与影响。

①**在理论上,夸美纽斯为近代资产阶级教育理论的发展奠定了基础。**夸美纽斯是一位具有民主主义思想的教育理论家;夸美纽斯是一位探索国家建制建学的教育实践家;夸美纽斯是一位多产的教育著作家。

②**在实践上,夸美纽斯致力于教育普及和使教育为现实生活服务。**夸美纽斯开设了泛智学校并编写统一的泛智教材,践行教育适应自然原则、泛智教育和普及教育思想;夸美纽斯创立了西方教育史上第一个从学前教育到大学教育的单轨学制,系统地论述了班级授课制和学年制,并在学校中倡导与实践;夸美纽斯提出了教学原则、道德教育、健康教育、学校制度等方面的设想,并努力应用于教育实践。

③**在传播上,夸美纽斯是对人类做出伟大贡献的世界级教育家。**夸美纽斯的建制建学教育思想成为国际通行的学校教育制度的基本结构,为后来欧美乃至世界各国的教育发展提供了理论支持。他力图探讨教学工作的规律,提出了改革旧教育课程体系及教学工作的原则和方法,奠定了近代教学理论的基础。

④**局限性:**a. 夸美纽斯的教育思想具有浓厚的宗教色彩。其宗教思想时刻体现在他的教育著作中。b. 方法论有局限性。夸美纽斯引证自然,采用与自然或社会现象类比的方法论述教育问题,不免存在片面、呆板的问题,一些结论显得有些牵强附会。

综上所述谈地位:夸美纽斯是奠定欧洲近代教育理论体系基础的伟大教育家。他所著的《大教学论》享誉世界,他对世界教育的发展做出了巨大的贡献,在世界教育史上占有特别重要的地位。

5. [简论] 卢梭的自然教育理论及其影响。

[答] (1) 卢梭的自然主义教育思想的内容。

①**理论基础:**a. 性善论,卢梭认为在人的善良天性中,包括自爱心、怜悯心,还有良心。b. 感觉论,卢梭不仅认为人性本善,而且深信人的心灵中存在着认识世界的巨大能量,人生来就具有学习能力,那就是人的感觉。

②**基本含义:**教育应遵循自然天性;儿童受到自然的教育、人为的教育、事物的教育三方面的影响;发挥儿童在自身成长中的主动性,主张"消极教育"与"自然后果法"。

③**培养目标:**培养"自然人",即完全自由成长、身心调和发达、能自食其力、不受传统束缚、能够适应社会生活的一代新人。

④**方法原则:**正确看待儿童;给儿童以充分的自由;教育要符合儿童发展的年龄特征。

⑤**实施阶段:**根据年龄阶段的分期,卢梭将人的发展分为婴儿期(0～2岁)、儿童期(2～12岁)、青年期(12～15岁)、青春期(15～20岁)。

(2) 卢梭的自然教育理论的影响。

①积极影响。

a. 理论价值： 自然主义教育思想丰富了教育理论的发展，为西方近代教育理论的科学化奠定了基础。

b. 教育对象： 自然主义教育思想重视儿童的研究，确立了儿童在教育中的主体地位，主张解放儿童的天性，具有划时代的意义。

c. 教育实践： 自然主义所提出的适应自然的教育原则、直观教学方法等丰富了近代教学理论和实践。

d. 历史影响： 自然主义教育家反对和控诉封建专制制度对儿童个性和自由的摧残与压制，反对经院主义教育强迫儿童死记硬背、学习宗教教义的各种劣行，具有反宗教、反封建的历史影响，促进了教育近代化的发展，对后来的新教育、进步教育以及杜威的教育思想都有一定的影响。

②局限性。

a. 理论缺陷： 自然主义教育的核心——"自然"的概念界定不清晰，缺乏严谨性。

b. 实践弊病： 一些自然主义教育家用自然现象类比教育现象，缺乏一定的科学依据，使自然教育理论简单化和理想化。于是，在实践中过度放纵儿童，可行性弱。

c. 价值取向： 自然主义忽视了教育的社会属性。

d. 研究方法： 一些自然主义教育家运用类比论证、思辨演绎、经验推理、天才设想等方法论述儿童教育和教育方法，缺乏科学依据。

总之，卢梭在教育界发动了一场"哥白尼式的革命"，他倡导的自然主义和儿童本位主义的教育观，是现代教育思想的重要来源。

6. 简论 卢梭的教育思想及影响。

答（1）卢梭的教育思想。

①自然教育理论。 教育应遵循自然天性；儿童受到自然的教育、人为的教育、事物的教育三方面的影响；发挥儿童在自身成长中的主动性，主张"消极教育"与"自然后果法"。根据年龄阶段的分期，卢梭提出教育者要按照学生的不同年龄特点进行教育。

②公民教育理论。 主张国家应该管理教育，实现人人平等的普及教育制度；理想国家的教育目的是培养忠诚的爱国公民；国家负责管理和任用教师；体育是教育里最重要的部分，还应德智并重，尽早施教；通过消极教育和自然后果法实施教育。

（2）卢梭教育思想的历史地位和影响。

①在理论上， 卢梭倡导自然教育和儿童本位的教育观，其教育思想在西方教育史上被视为新旧教育的分水岭。他提出的研究学生、研究儿童的号召，已经成为教育研究的永恒课题。

②在实践上， 卢梭的教育思想促使德国巴西多开办了自然主义性质的泛爱学校。

③在传播上， a. 在当时，卢梭的自然主义教育思想从教育界到政治界到文化界均产生了反封建、反宗教的划时代意义。b. 对后世，卢梭的自然主义思想走向全世界，奠定了自然主义教育思潮、实用主义哲学和进步教育的理论基础；影响了近代巴西多、裴斯泰洛齐、杜威等人的思想；还对后来的新教育运动、进步教育运动产生了一定的影响。

④局限性： 卢梭对儿童天性的看法过于理想化，过于强调儿童在活动中的自然成长，忽视社会的影响和人类文化传统的教育作用，过高估计儿童直接经验的作用，忽视系统的学习书本知识。

综上所述，卢梭是18世纪法国启蒙运动中最激进的伟大思想家，被视为法国大革命的导师和旗手，他在教育思想和实践中带来了"哥白尼式的变革"。

7. 简论 **裴斯泰洛齐的"教育心理学化"思想(提出背景)及其现实意义。**

答 (1) **简介**：裴斯泰洛齐是瑞士著名教育家，是西方教育史上第一个明确提出"教育心理学化"口号的教育家，他赞同卢梭关于有效的教育应是自然的教育、人的教育和事物的教育三者协调的观点，但不满足于一般的所谓教育顺应自然，而是期望"教育心理学化"。

(2) **提出背景**：裴斯泰洛齐所生活的时代正是从封建主义向资本主义过渡的时期。他指出，专制主义和经院主义教育的弊端和危害，首先就在于它"忽视了所有的心理学因素"，违背儿童的本性，采用不适合儿童发展的教育教学方法，所以达不到最终的教学目的。教育心理学化就是要找到根除这种教育弊病的"教学机制"。

(3) **教育心理学化的内容**。

①**教育目的的心理学化**。教育要适应儿童心理的发展，将教育的目的和教育的理论指导置于儿童本性发展的自然法则的基础上。

②**教学内容的心理学化**。教学内容的编制要符合儿童学习的心理逻辑，教学内容的选择要适合儿童的学习心理规律，为此，他提出了要素教育理论。

③**教学原则和教学方法的心理学化**。教学要遵循自然规律，教学程序、教学原则和教学方法要和学生的认识过程相协调，并把直观性和循序渐进看作心理学化的基本原则。

④**教育者要适应儿童的心理，让儿童成为他自己的教育者**。教育者要调动儿童学习的主动性，培养儿童独立思考和自我教育的能力。

(4) **评价**：他的教育心理学化的思想，是他关于人的和谐发展论、要素教育论、简化的教学方法和初等学校各科教学法的重要理论基础，而且对19世纪教育心理学化在欧洲一些国家逐渐发展为一种思潮或一种运动，产生了重大影响。

(5) **现实意义**。

①**教育方法应符合人的认知规律**。在教育教学过程中，教师需要运用符合人的认知规律的教育方法，由具象到抽象，由感性到理性，由现象到本质逐步深入来达到教学的最优化。

②**教师应恪守循序渐进的原则**。在教育教学过程中，教师应遵循自然发展逻辑顺序，由简及繁、由易到难，层层递进，依照教育目标和内容完成教学任务，这样才会取得良好的教育教学效果。

8. 简答 **裴斯泰洛齐的要素教育论。**

答 (1) **简介**：要素教育论是裴斯泰洛齐基于教育心理学化理论对初等教育内容和方法的重要论述，也是他为初等教育革新所从事的开创性实践的结晶。

(2) **含义**：任何事物都是由最基本的要素构成的，儿童掌握了这些要素就能够很到位地学习。教育也应从最基本、最简单的要素开始，由易到难，循序渐进，适应儿童的接受能力。

(3) **内容**。

①**智育**：裴斯泰洛齐把数目、形状和语言确定为教学的基本要素，通过掌握这三个要素可以实现智育的目的。培养这三种能力的学科是算术、几何与语文。

②**体育**：体力的萌芽在于儿童身体各关节的活动，因而关节活动是体育最基本的要素。劳动与身体运动是分不开的，通过这些动作训练也可以锻炼儿童的劳动技能。

③**德育**：道德教育最基本的要素是爱，而儿童的爱最初表现为对母亲的爱，即对母亲的深厚感情。然后由爱母亲扩展到爱父亲、爱家人、爱周围的人，乃至爱全人类。德育是裴斯泰洛齐整个教育思想的核心。

(4) **评价**：裴斯泰洛齐的要素教育论为初等学校各科教学法打下了基础，被誉为"现代初等教育各科教学法的奠基人",对后来的教育产生了深远的影响。

9. 简论 裴斯泰洛齐的教育思想。

答 (1) 裴斯泰洛齐的教育思想。

①**教育目的论:**每个人生来都有天赋的潜能,都要求并尽可能得到发展;人的发展必须通过教育;教育意味着完整的人的发展;通过教育完美地发展人的能力,提高人民的素质。

②**和谐教育论:**裴斯泰洛齐认为人人都应该受教育;教育适应自然;教育必须培养完整的人性,教育应尽可能使学生的德、智、体等方面获得和谐发展;教育应该适应不同个体的需要。

③**教育心理学化论:**教育目的心理学化;教学内容心理学化;教学原则和教学方法心理学化;教育者要适应儿童的心理,让儿童成为他自己的教育者。

④**要素教育论:**a. 智育。教育应从教学的基本要素开始,使教学过程心理学化。b. 体育。体力的萌芽在于儿童身体各关节的活动,因而关节活动是体育最基本的要素。c. 德育。道德教育最基本的要素是爱,而儿童的爱最初表现为对母亲的爱,即对母亲的深厚感情。

⑤**建立初等学校各科教学法:**a. 语言教学法。语言教学最基本的要素是词,而词最基本要素是发音。b. 算术教学法。在教学中,首先要让儿童对数目形成感觉印象,数字"1"是最基本的要素。c. 测量教学法。测量教学的基本要素是直线。

⑥**教育与生产劳动相结合:**教育与劳动要相互结合;学习为主,劳动为辅;学习和手工劳动能够结合之前,二者必须分别打好基础。

(2) 裴斯泰洛齐教育思想的历史地位与影响。

①**在理论上,**裴斯泰洛齐的教育理论具有鲜明的民主性和科学性,反映了时代的要求和教育自身的规律。如他的教育目的观、顺应自然观、教育对象论具有民主性;教育学与心理学相结合、课程编制与教学过程都体现科学性。

②**在实践上,**裴斯泰洛齐一生都在不断进行教育实践的探索。如他在新庄建立"贫儿之家"时期,进行教育与生产劳动相结合的初步实验;在斯坦兹孤儿院时期,开始了初等教育新方法的研究与实验,成功将教育与生产劳动相结合等。

③**在传播上,**裴斯泰洛齐教育改革的精神及其理论,在19世纪产生了国际性的影响。19世纪初,欧洲一些国家不仅设立了"裴斯泰洛齐式"的学校,甚至形成了一种"裴斯泰洛齐运动";19世纪上半叶,许多教育家如赫尔巴特、福禄培尔等都深受裴斯泰洛齐的影响;19世纪中期,在美国学习和推广裴斯泰洛齐的教育理论甚至一度蔚然成风。

④**局限性:**裴斯泰洛齐关于教育目的和作用的观点带有浓厚的理想主义色彩,在当时的社会条件下是不现实的;他对人的心理的理解和解释基本上是感性的,尚未清晰地揭示心理学的基本规律,并不科学;在论述要素教育和初等学校各科教学法时,又表现出一些机械主义和形式主义。

综上所述,裴斯泰洛齐被公认为国民教育的先驱者,是在世界教育史上第一个明确提出"教育心理学化"口号的教育家。

10. 简论 赫尔巴特的教育心理学的思想。

答 (1) **理论基础:**赫尔巴特的心理学基础为统觉论。

①**统觉理论的基本含义:**当新的刺激发生作用时,感觉表象就通过感官的大门进入意识阈中;如果它有足够的强度能唤起意识阈下已有的相似观念,并与之联合,那么由此获得的力量就将驱逐此前在意识中占统治地位的观念,成为意识的中心,新的感觉表象与已有观念的结合,形成统觉团(即认识活动的结果);如

果与新的表象相似的观念已经在意识阈上,那么,二者的联合就进一步巩固了它的地位。

②**兴趣是统觉理论的条件**:赫尔巴特指出统觉的条件是兴趣。只有当个体对外界刺激产生兴趣时,统觉过程才能发生。

(2) **具体体现**。

①**教育目的心理学化**。多方面的兴趣立足于社会,是可能的目的或选择性目的,也是间接目的或意向目的,培养道德需要立足于学生的兴趣。

②**教育过程心理学化**。教育过程以统觉论为基础,以兴趣为起点,激发学生主动追求知识的内在动力,是接受新知识,形成新观念的基本条件。

③**教育内容心理学化**。课程编制上,依据兴趣的分类编制学科课程,并且以统觉论为根基体现知识的系统性。教学内容上,教师教学所呈现的新知识要与学生已有经验紧密联系,不脱离儿童的感觉与观念。

④**教育方法心理学化**。教学形式阶段论是以学生兴趣和统觉为前提的。

⑤**教育管理心理学化**。赫尔巴特的管理措施体现为权威和爱,具体表现在儿童管理方面,这是其教育心理学化思想的重要内容。

(3) **评价**:赫尔巴特通常被认为是现代教育心理学的创始人。他的这一理论真正体现了教育心理学化的科学化程度,正是因为他把心理学作为教育学的理论基础,才促使教育学的研究更突显科学化。

11. 简论 **赫尔巴特的道德教育理论。/ 教育性教学原则以及现实意义。**

答 (1) **道德教育理论**。

①**教育目的**:在赫尔巴特看来,教育目的可以分为两种,即"可能的目的"与"必要的目的"。"可能的目的"是指培养和发展儿童多方面的能力和兴趣,使人的各种能力得到和谐发展,以便将来选择职业。"必要的目的"是指教育所要达到的最高和最为基本的目的,即道德。

②**教育性教学原则**:教育(即道德教育)是通过,而且只有通过教学才能产生实际作用,教学是道德教育的基本途径。

③**教育方法**:儿童管理和训育。儿童管理是要防止恶行,训育是要形成美德。

(2) **评价**。

①**积极方面**:a. 将教育、教学、德育紧密结合。赫尔巴特运用心理学的研究成果具体阐明了教育和教学之间的内在本质联系,使德育获得了坚实的基础。b. 保持最高教育目的的统一性。教育要使人达到内心自由、完善、仁慈、正义与公平。c. 重视兴趣的作用。重视培养学生多方面的兴趣,使人的各种能力得到和谐发展。d. 使道德可教在实践中得到落实。教育性教学成为道德教育落实的重要途径,肯定了教学的作用。

②**消极方面**:赫尔巴特把教育、德育和教学的概念等同起来,没有找到它们的区别与界限。他认为教学完全从属于教育,将二者等同,具有机械论的倾向。他还把德育的学习途径缩小到只有通过教学才能获得道德,这就否定了各种间接德育的途径,具有局限性。

(3) **现实意义**:教育与教学之间存在内在的本质联系,学校应该发挥其优势,做好学科育人。

①**思政课程**。学校应做好思想政治理论课程的教学,它是落实立德树人根本任务和实现铸魂育人的关键课程,体现着我国的教育性质、办学方向和目标任务。

②**课程思政**。学校应在各学科中进行思想政治教育,形成各类课程与思政课程协同育人的效果,为社会输送更多具备优秀道德品质和高尚思想境界的人才。

12. 简论 赫尔巴特的课程论。

答 (1) **简介**：赫尔巴特是19世纪德国的心理学家和教育家，他以心理学为依据，提出了较为完整的课程理论，并且十分重视兴趣和经验在课程设计中的作用。

(2) **内容**。

①**兴趣与课程**：赫尔巴特认为兴趣存在于经验之中，因此，只有与儿童经验相联系的内容，才能引起儿童的兴趣，并且主张按照兴趣的分类设置相应的课程。

②**经验与课程**：赫尔巴特认为儿童在日常生活中获得的经验是教学活动赖以进行的基础，要依据学生的经验设计教材，保证在教学中使用直观教材。

③**统觉与课程**：赫尔巴特认为新的观念是以原有观念和知识为基础产生的，课程的安排应当使儿童能够不断地从熟悉的材料逐步过渡到密切相关但还不熟悉的材料，并据此提出了课程设计原则。

④**儿童发展与课程**：儿童个性和认识的发展重复了种族发展的过程，因此课程内容的设置应该符合儿童各个阶段的特征和接受水平，并依据儿童的年龄特征设置对应课程。

(3) **评价**。

①**积极方面**：a. 赫尔巴特提出了近代教育史上最完善最系统的课程理论。赫尔巴特继承了前人的合理思想，使之融合到一个有机联系的整体中，形成了系统完善的理论课程。b. 赫尔巴特提出了课程编制的重要依据。赫尔巴特赋予课程理论以严格和广泛的心理学基础，从而使课程的设置与编制有了明确的依据，这就避免了课程设置中的盲目性和随意性，克服了课程设计的散乱现象。

②**消极方面**：在实践中课程编制过分重视知识体系，反而弱化了学生生活和兴趣的需要，走向机械论，最终并未真正解决欧美近代学校的课程问题。

13. 简论 赫尔巴特教学形式阶段论所包含的四个阶段的基本含义及影响。

答 (1) **简介**：赫尔巴特认为兴趣活动可以分为四个阶段——注意、期待、要求、行动。在此基础上，他提出了教学形式阶段理论。他认为教师应采取符合学生心理活动规律的教学程序，有计划、有步骤地进行教学。

(2) **阶段**。

①**明了**：指教师讲解新教材，把教材分解为许多部分，提示给学生，方便学生领悟和掌握。这时，学生的心理处于静止状态，学生的思维处于专心状态。其兴趣阶段是注意，教师适合用叙述的方法传授知识。

②**联想**：指通过师生谈话把新旧观念结合起来，但又没有出现最后的结果。这时，学生的心理处于动态状态，学生的思维还是处于专心状态。其兴趣阶段发展到期待新的知识，教师的任务是与学生交流，自由交谈是联想的最好方法。

③**系统**：指在教师的指导下寻找结论和规则，使观念系统化，形成概念。这时，学生的心理处于静止状态，学生的思维处于审思状态，其兴趣活动处于要求阶段，教师要运用综合的方法，使知识系统化，从而使学生获得新知识。

④**方法**：指通过练习把所学的新知识应用于实际，以检查学生对新知识的理解是否正确。这时，学生的心理处于动态状态，学生的思维处于审思状态。其兴趣点在于进行学习行动，教学方法主要是让学生做作业、写文章与修改等，对知识进行运用。

(3) **影响**。

①**积极影响**：a. 重视知识的系统性。教师通过运用直观教具和讲解的方法，向学生系统地讲授知识，使学生可以清楚地感知教材，理解知识。b. 重视心理学与兴趣理论的指导。根据儿童心理活动规律而建立教学程序，使教学有明确的理论指导，因而也具有广泛的实践意义。c. 重视教师的主导作用。在班级中，由教

师有计划、有步骤地进行教学,体现了教师的主导作用,提高了教学质量。

②**消极影响**:在教学过程中容易忽视学生的差异性和主体性。同时,教学形式阶段理论的机械论倾向,也使它不断受到来自各方面的批评。

14. 简论 赫尔巴特的教育思想及其影响(分析其优点和局限性)。

答(1)赫尔巴特的教育思想。

①**著作方面**:赫尔巴特的《普通教育学》是教育理论发展史上的里程碑,是近代教育理论走向科学化的开山祖和奠基石,赫尔巴特把教育学建成一门独立学科,并提出了完整的教育理论体系。因此,赫尔巴特被誉为"现代教育学之父"。

②**理论基础**:教育学的理论基础体现了科学化。赫尔巴特提出教育学的两大理论基础——伦理学和心理学,其中,统觉论的提出促进了教育学的科学化。

③**德育论的思想**:赫尔巴特对道德非常重视,提出了教育性教学原则。这一原则成为德育存在于一切教学之中的理论基础,虽然这一说法也有弊端,但是其理论价值不可低估。赫尔巴特提到的很多德育方法都是有效的。

④**课程论思想**:赫尔巴特提出了完整的课程理论。在课程设置上,务必要与儿童的经验、兴趣相吻合,也要求课程中包含统觉的成分,体现儿童的发展过程。赫尔巴特为课程编制做出了卓越贡献。

⑤**教学论思想**:赫尔巴特提出了较完整的教学理论。教学进程理论和教学形式阶段理论对教学理论和实践的发展做出了贡献,其中教学形式阶段理论包括明了、联想、系统和方法四个步骤。

(2)赫尔巴特教育思想的影响。

①**在理论上,赫尔巴特建立了较为完整严密和科学的教育思想体系**。a. 赫尔巴特建立了19世纪科学性突出的德育论、课程论与教学论。b. 赫尔巴特既是近代教育科学的开拓者,也是近代教育心理学化最重要的代表人物之一。c. 作为传统教育的代表人物,赫尔巴特强调课堂、书本、教师三中心,并使其成为19世纪世界上最主流的教育理论。

②**在实践上,赫尔巴特致力于将理论成果运用到教育过程中**。他讲授哲学和教育学课程,编写《教育学讲授纲要》《科学心理学》等一系列教育著作,创办教育学杂志,传播科学教育学思想。他还创办了教育科学研究所、实验学校和培训教师的机构,并把心理学的研究成果应用于教育过程中。

③**在传播上,赫尔巴特对欧美、亚洲乃至全世界都有广泛的影响力**。a. 在德国,成立了科学教育学协会,致力于赫尔巴特教育理论的研究和传播。b. 在美国,成立了全国赫尔巴特协会,其目的在于促进赫尔巴特思想的传播和它在美国学校的运用。c. 在中国,最早且有系统地引进的西方教育学说就是赫尔巴特及其信徒的理论,对当时废科举、兴学堂和发展近代师范教育起了积极的推动作用。

④**局限性**:赫尔巴特的教育理论也有不足之处,其教育体系中充满了思辨色彩,许多论述也带有一定程度的机械性和片面性。

综上所述,赫尔巴特被誉为"现代教育学之父""科学教育学的奠基人"。他的《普通教育学》标志着教育学成为一门独立形态的学科。

15. 简论 述评福禄培尔教育思想的影响。

答(1)福禄培尔的教育思想。

①**万物有神论**:表现为四个基本教育原则,即统一的原则、顺应自然的原则、发展的原则和创造的原则。

②**幼儿园教育理论**。

a. **意义和任务**:强调幼儿园是家庭生活的继续和扩展;幼儿园通过各种游戏和活动,培养儿童的社会性及道德。

b. 教育方法：幼儿园教育方法的基本原理是自我活动或自动性,自我活动帮助个体认识自然,认识人类,最终认识上帝。

c. 课程：福禄培尔依据感性直观、自我活动与社会参与的思想,建立起一个以活动与游戏为主要特征的幼儿园课程体系,包括游戏与歌谣、恩物、作业、运动游戏、自然研究等。

d. 幼儿园到学校的过渡：福禄培尔认为,儿童在离开幼儿园进入普通学校前应有所准备。介于幼儿园和普通学校之间的"中间学校"的任务包括两个方面:第一,环境的过渡,即幼儿进入小学教育的一个环境过渡;第二,思维的过渡,即帮助儿童顺利实现从感觉直观到抽象思维的转换。

(2) 福禄培尔的教育思想的影响。

①**在理论上,福禄培尔建立了近代幼儿教育理论体系**。他首创"没有书本的学校"——幼儿园,并在长期的幼儿教育实践中摸索、总结出一套幼儿教育的新方法,建立起近代学前教育的理论体系。

②**在实践上,福禄培尔广泛传播学前教育理论和建立幼儿园,并在培训幼儿师资方面做出杰出贡献**。他积极宣传公共的学前教育思想,广泛拓展幼儿园以及培训幼教师资。

③**在传播上,福禄培尔的幼儿教育思想和创立的幼儿园传播到了世界各地**。19世纪后半期乃至20世纪初期,他的幼儿教育方法一直深刻地影响着欧美各国、日本和其他国家的幼儿教育。

④**局限性**：福禄培尔的教育思想学说中有着浓厚的神秘主义色彩,把宇宙万物包括人在内都看成上帝精神的象征和揭示,这是有时代局限性的。

综上所述,福禄培尔是幼儿园的创立者,近代学前教育理论的奠基人,是当之无愧的"幼儿教育之父"。

16. 简论 蒙台梭利的教育思想。

答 (1) 蒙台梭利的教育思想。

①**儿童心理发展与遗传、环境的关系**：蒙台梭利强调成人要为儿童提供一个"有准备的环境",来促进儿童潜能的自由发展。

②**论幼儿的发展**：蒙台梭利认为儿童具有独特的心理胚胎期;儿童心理具有吸收力;儿童发展具有敏感期;儿童发展具有阶段性。

③**自由、纪律和工作**：这是蒙台梭利为儿童营造良好教育的三根主要支柱。蒙台梭利认为教育既要给儿童自由,也要让儿童守纪律,真正的纪律是建立在自由活动的基础上,主动地遵守纪律。并且,蒙台梭利反对福禄培尔的游戏能发展儿童的创造力和想象力,她更强调儿童的工作。

④**幼儿教育的内容**：a. 感官教育。主要包括视觉、听觉、嗅觉、味觉及触觉等感觉器官的训练,其中以触觉训练为主。b. 初步的知识教育。即读、写、算的练习,必须遵循从简单到复杂的循序渐进的程序。c. 实际生活训练。主要包括日常生活技能的练习、园艺活动、手工作业、体操和节奏动作。

(2) 蒙台梭利教育思想的历史地位与影响。

①**在理论上,蒙台梭利批判继承福禄培尔,并建立了与福禄培尔不同的幼儿教育理论体系。**

②**在实践上,蒙台梭利建立了"儿童之家"并推广了"蒙氏教学法"**,主张儿童有选择活动的自由,有自我教育的能力。

③**在国际传播上,蒙台梭利的教育思想成为新教育运动的理论基础之一**,"儿童之家"在20世纪上半叶传播到欧美和亚洲,推动了20世纪初蓬勃兴起的新教育运动的发展。

④**局限性**：蒙台梭利把现实的活动同想象的活动对立起来。蒙台梭利反对儿童游戏,特别是批评福禄培尔鼓励儿童想象的游戏,认为其不利于儿童想象力的发展。儿童只有从事真实的活动,才能产生活动的目的性、责任感和其他社会性的品质。

综上所述,蒙台梭利被誉为"儿童世纪的代表"。在幼儿教育上,是自福禄培尔以来影响最大的一个人,是20世纪赢得欧洲和世界承认的最伟大的、科学的和进步的教育家之一。

17. 简论 杜威的教育本质论、影响及启示。

答 (1) 简介:杜威批判赫尔巴特以教师为中心、以课堂为中心、以教材为中心的学习方式,认为这样的教育没有真正解放儿童。于是,他提出了自己的新的教育本质观。

(2) 内容。

①**教育即生长**。儿童的心理发展基本上是以本能为核心的情绪、冲动、智慧等天生机能不断开展和生长的过程。教育的目的就是促进这种内在本能的生长。杜威批评传统教育无视儿童内部的本能与倾向,只是从外部强迫他们学习成人的经验,教育成为一种"外来的压力",他明确提出了以儿童为中心的教育主张。

②**教育即生活**。在杜威看来,一切事物的存在都是由人与环境相互作用而产生的,人不能脱离环境,学校也不能脱离眼前的生活。因此,教育即生活本身,而不是为未来的生活做准备。根据"教育即生活",杜威又提出了一个基本教育原则——"学校即社会",明确提出应把学校创造成一个小型的社会,使学校生活成为一种经过选择的、净化的、理想的社会生活,使学校成为一个合乎儿童发展的雏形社会。

③**教育即经验的改造**。"经验"是杜威实用主义哲学和实用主义教育体系中的核心概念。他把教育视为从已知经验到未知经验的连续过程,这种过程不是教给儿童既有的科学知识,而是让他们在活动中不断增加经验。经验的获得离不开儿童的亲身活动,由此杜威又提出了另一个基本教育原则——"做中学",他认为这是教学的中心原则。

(3) 影响:杜威反对把抽象的、成体系的知识作为教育的中心,认为这是学生学不懂的主要原因,他重视直接经验的价值,并把直接经验置于教育的中心,催生了新式的课程类型、课程理论和教学理论。但在教学中,教育实践又走向了另一个极端,由于只重视直接经验而忽视知识体系,因此造成了教育质量下降的现象。

(4) 启示。

①**对教育目的的启示**:在教育改革中,要坚持教育的本体功能,即教育促进人内在的生长。协调好教育的派生功能,即教育对政治、经济、文化发展的作用。教育的社会功能固然重要,但要建立在人才培养的基础上,决不能把教育混同于政治、经济来谈教育社会功能的发挥,否则教育将偏离其本质。

②**对课程设置的启示**:课程内容的设置应适应儿童的生活,是儿童感兴趣的和需要的,而不是远离儿童的,与学校和社会脱节的内容,要使教育既要适应儿童当下的生活,也要为未来的生活做预备。

③**对教学方式的启示**:改变传统单一的教学模式,开发多样的、生动的教学组织形式,激发学生的学习兴趣。不仅要让学生学习间接的知识,还要设置课程,让学生自己探索知识,以加深学生对所学内容的理解和记忆。

18. 简论 杜威的教育目的论。/ 论述杜威的"教育无目的"思想,并谈谈对当代教育的启示。

答 (1) 简介:杜威批判传统教育无视儿童天性,消极对待儿童,不考虑儿童的需要和兴趣,以成人的标准要求儿童,让儿童为遥不可及的未来生活做准备,他也批判卢梭极端的不顾社会需要的个人本位论思想。

(2) 内容。

①**教育的目的是促进人的内在生长**。杜威提出教育的内在目的论,也叫教育无目的论,认为由儿童的本能、冲动、兴趣所决定的具体教育过程,即"生长",就是教育的目的,而由社会、政治需要决定的教育目标则是一种外在的、僵化的目的。

②**教育的另一目的是教育要适应儿童当下的生活**。教育应关注儿童当下的生活,以当下的生活为起点

进行教育,这样才有可能不知不觉地照顾到学生的未来。

③教育的社会性目的是为民主社会进步服务,为民主制度完善服务。杜威认为,教育过程以内的目的并不否定教育的社会作用和社会目的。相反,教育是社会进步和改革的基本方法,学校是社会进步和改革的最基本、最有效的工具。

(3) 评价。

①积极方面: a. 用全新的角度诠释了教育目的论。杜威不是一般的教育无目的论者,他反对那种普遍性的终极目的,而强调教育过程中教育者与受教育者心中的具体目的。b. 包含为社会服务的思想。杜威试图调和社会本位论和个人本位论的分歧,包含着强烈的以民主主义改造社会的思想。c. 尊重学生的生活性。杜威认为教育要适应以及体现儿童当下的生活,是尊重学生、以学生为中心的表现。

②消极方面: 只强调教育过程而抛开社会影响来讲教育目的,很难把教育的内在目的与教育的社会性目的统一起来,是片面的,可行性不强,且过于抽象,无法实践。

(4) 启示。

①教育目的要把当下生活和未来生活统一起来。只有将二者统一起来,才能培养全面发展的人。将符合现实需要和具备长远利益的知识教学转化为儿童的需要和兴趣,使儿童的现实生活有未来指向,也使教育教学具有吸引力和生动性。

②在当代教育改革,既要坚持教育的本体功能,即教育促进人内在的生长。也要协调好教育的派生功能,即教育对政治、经济、文化发展的作用。平衡教育的个人本位论和社会本位论的分歧,将二者结合。教育的社会功能固然重要,但要建立在人才培养的基础上,决不能把教育混同于政治、经济来谈教育社会功能的发挥,否则教育将偏离其本质。

19. 论述 论述杜威关于课程与教材的理论/做中学的思想/课程论思想及其现实意义。

答 (1) **简介:** 杜威反对课程与教材以既有的知识体系为中心。他还批判传统教育中分门别类的学科课程肢解了儿童认识世界的整体性和统一性,认为旧教材的知识内容缺乏现代的社会精神。所以,他认为新教材应该与儿童充满活力的经验相联系,主张"从做中学"和"教材心理化"。

(2) 内容。

①课程编制的核心应以直接经验为中心。如果说教育的中心是"直接经验",那么课程与教材就要充分呈现学生的直接经验。杜威希望直接经验成为学生认识知识的一座桥梁。

②学校应该以活动课程为主要课程类型。学生应该通过活动寻找和联结自己的直接经验,从而主动地学会知识,甚至发现知识。这种活动性、经验性课程的范围很广,在杜威看来,这些活动既能满足儿童的心理需要,又能满足社会性需要,还能使儿童对事物的认识具有统一性和完整性。

③教材应引导学生"做中学"。学生应该主动地从经验中学,从活动中学。杜威要求学生以活动性、经验性的主动作业来取代传统书本式教材的统治,能引领学生参与活动和突出经验的教材就是好教材。

④编写教材要做到"教材心理化"。所谓"教材心理化",就是把各门学科的教材或知识各部分恢复到原来的经验,恢复到它所被抽象出来的原来的经验。其要求就是教材的编制要依据学生的心理逻辑以及教材的直接经验化。

(3) 评价。

①积极方面: a. 使课程编制更具有科学依据。教材心理化进一步将教育和心理学相结合,使课程编制更科学合理。b. 强调直接经验的作用。杜威的"从做中学"强调直接经验,对比传统的静坐学习有进步意

义。c. 有利于培养学生分析解决问题的能力。教师引导学生在活动中总结知识,将经验上升到理论层面,能够培养学生分析问题解决问题的能力。

②消极方面:a. 过于强调儿童的直接经验,忽视系统学科知识的价值。对于儿童来说,有些东西的理解是需要系统知识与先前经验参与的。b. 并非所有的系统知识都可以还原为直接经验。系统知识具有很强的概括能力和包容性,但有些系统知识无法还原为儿童个人的直接经验。c. 组织原则的贯彻存在困难。怎样将学生的个人直接经验"组织"成较为系统的知识,有一定的实施难度。

(4) 现实意义。

①**对教育与儿童的启示。**启发我们对教材和课程编制的思考,促进"教材的心理化",打破原有教材编辑的逻辑缺陷,使得教材和课程的编制更加符合学生的心理逻辑,更易于学生的理解。

②**对教育与生活的启示。**在内容的选择上,不止局限于人类传承下来的永恒的经验和经典内容,更加突出内容的生活性和社会性,要求关注学生当下的生活,使教材内容更符合学生学习的兴趣。

③**对理论与实践的启示。**启发我们在课程设置上除了传统的讲授法外,还可以运用多种多样的教学组织形式,如直观教学、活动课程等,打破课程就是教室中静坐听讲的局限性。促进学生探索的主动性和积极性,启发学生从自身参与的活动中获得经验,促进讲授法和直观教学的结合。

20. [简论] 杜威关于思维与教学方法的理论(反省思维活动的五个阶段/五步探究教学法)。

[答] (1) 简介:杜威批判传统教育的教学方式不能调动学生的主动性,认为应变教师讲、学生听的教学方式为师生共同活动、共同经验的教学方式,将书本降到次要位置,强调思维在经验中的重要作用,认为凡是"有意义的经验"都是在思维的活动中进行的,于是形成了反省思维教学方法。

(2) 内容。

①含义:所谓反省思维,指对某个经验情境中的问题进行反复的、严肃的、持续不断的思考,其功能在于求得一个新情境,解决困难、排除疑虑、解答问题。

②步骤。

a. **要有一个真实的经验的情境。**教师要创设一个学生感兴趣的、与学生实际生活相联系的情境。

b. **在情境中产生一个真实的问题。**教师要引导学生在情境中发现必须要解决的问题,这个问题是很实际、很真实的,这个问题将是学生接下来思考的思维刺激物。

c. **提出解决问题的种种假设。**关于如何解决这个问题,教师可以请学生开动脑筋想出种种假设。

d. **推断哪个假设能够解决这个问题。**学生可以通过活动和操作排除不相干的假设,推翻不能解决问题的假设,并找到可以解决问题的方法或假设。

e. **验证这个假设。**学生需要通过检验的方法,验证解决问题的结论或假设,使这个结论变得明确、有意义,这是由学生自己探索知识、得出结论的过程,学生会从中感受到学习的意义。

(3) 评价。

①积极方面:杜威的五步教学法,更多的是一种探究式、发现式的教学方法。这种教学方法与杜威的课程和教材理论相适应,在激发学生更多的求知欲和主动性的同时,促进了学生积极的思考,鼓励了学生创新的精神,对于打破传统教育静听式的知识授受关系有着巨大的意义。

②消极方面:杜威忽视了系统知识的传授,降低了知识的地位,过于重视活动,泛化了问题意识,简化了认知的途径,影响了教育质量。同时,这种方法在一定程度上对于教育设施、教育管理者和教师等都提出了更高的要求,在应用中也需要更多的教育智慧,实施起来比较困难。

21. 简论 杜威的教育思想、影响及对我国学校教育改革的启示。/结合我国基础教育改革背景,论述杜威的教育观及其现实意义。

答 (1) 杜威的教育思想。

①**论教育的本质**:教育即生活,教育即生长,教育即经验的改造。

②**论教育的目的**:促进人的内在生长(教育无目的论);教育要适应儿童当下的生活;为民主社会进步服务,为民主制度完善服务。

③**论课程与教材**:a. 强烈反对传统教育的课程内容;批判传统教材与实际生活相脱离,枯燥乏味;批判传统教育中分门别类的学科课程肢解了儿童认识世界的整体性与统一性;批判旧教材的知识内容缺乏现代的社会精神。b. 课程编制的核心应以直接经验为中心;教材应引导学生"从做中学";学校应该以活动课程为主要课程类型;编写教材要做到"教材心理化"。

④**论思维与教学方法**:a. 批判传统教育的教学方式不能调动学生的主动性。b. 创立反省思维五步法。

⑤**论道德教育**:a. 杜威反对灌输外界道德,反对毫无约束的个人主义的道德观。b. 杜威认为德育基础是新个人主义;德育目的是培养民主社会所需要的公民;德育途径是"学校德育之三位一体";德育方法是将道德教育的原理分为社会方面和心理方面,主要抓德育的问题情境的创设和学生的感情反应。

(2) 杜威的教育思想的历史地位与影响。

①**在理论上,杜威建立了系统全面、论证精微的实用主义教育学理论体系**。a. 提出了新的教育本质观。b. 提出充分尊重儿童愿望和要求的教育目的。c. 创新了课程编制、教学方法和德育方法。d. 建立以活动、经验、学生为中心的"新三中心论"。

②**在实践上,杜威对美国乃至于世界的教育实践的变革有重大影响**。a. 杜威曾在多所大学任教并建设学校,推广实用主义教育学。b. 杜威的实用主义教育学对进步教育运动有指导性意义。

③**在传播上,杜威的实用主义教育思想在全世界广为传播**。杜威的教育思想是世界性的,其教育理论对20世纪的东西方社会都具有深远的影响,他到过中国、日本、土耳其、墨西哥和苏联等国访问,他的不少教育著作被翻译成多种文字广为流传,其实用主义精神传遍世界。

④**局限性**:一方面,对教育抱有过高的期望。杜威企图通过教育改变每个人的心智,从而达到变革社会的目的。另一方面,教学成效不高。杜威希望教学以直接经验为中心,高估了活动的意义以及教师和学生的能力,教学成效不高。

综上所述,杜威是世界教育思想上的巨人,西方现代教育派的理论代表、新教育的思想旗手。杜威对传统教育的整个理论体系进行了挑战,奠定了现代教育理论大厦的基石。他的教育思想对现代教育产生了广泛而深远的影响。

(3) 启示(现实意义)。

①**教育目的要把当下生活和未来生活统一起来**。只有将二者统一起来,才能培养全面发展的人。将符合现实需要和具备长远利益的知识教学转化为儿童的需要和兴趣,使儿童的现实生活有未来指向,也使教育教学具有吸引力和生动性。

②**教育改革中要重视教育与生活的紧密联系**。学习必须"从做中学",只有把教育与生活紧密联系起来,才有利于儿童的健康成长。如今,我们的课程设置在类型和内容上,都要想办法让学校生活和儿童生活、校内外生活相吻合。

③**教育改革中要重视儿童的兴趣和需要,了解儿童的生活特点**。当我们设置的学校生活和教育内容符

合儿童的生活世界时,儿童就愿意学习,千万不可以把儿童当作小大人,所以,了解儿童和研究儿童是进行教育改革的一个基础。

④教育过程中要注重教师的主导作用以及知识的逻辑性和系统性。杜威倡导的教育改革由于过分注重以学生为中心,忽视了教师的主导性、知识的逻辑性和系统性,导致教育质量严重下滑。在我国的教育改革中必须避免这种极端的做法,以免产生严重的后果。

第十章 近现代教育思潮

名词解释

1. 教育适应自然

答（1）**简介**：近代以来，欧洲许多学者提出教育适应自然思想，代表人物主要有夸美纽斯、卢梭、裴斯泰洛齐等，其中卢梭的《爱弥儿》使自然主义教育形成了完整的理论体系。

（2）**内涵**：①教育目的是培养人的自然本性，反对压制、束缚儿童和封建教育的强制性，主张尊重人的自然天性和自由、尊重人的身心发展的规律与兴趣等。②主张依据人的身心发展特点将儿童的发展划分为婴儿期、儿童期、少年期、青年期。③主张泛智课程论，包括广泛性、丰富性的知识。④教育教学的原则与方法都要体现教育适应自然，包括顺应自然、直观性、循序渐进、量力、连续性原则等。

（3）**评价**：①在理论上，自然主义教育思想丰富了教育理论的发展，使理论达到了新高度。②在实践上，巴西多等人围绕自然主义教育带来了泛爱运动等实践活动。③在观念上，自然主义革新了人们的教育观，建立了以学生为中心、尊重学生的新观念。④充分尊重儿童，在影响力上达到了反封建反宗教反古典的目的。⑤"自然"的概念较为笼统，缺乏严谨性，且过于放纵学生的自由，导致可行性薄弱，教育质量无法保证。

2. 欧洲新教育运动

答（1）**简介**：19世纪末20世纪初，欧洲针对传统教育不尊重学生的主体性，教学呆板无趣的现象而兴起新教育运动，以英国雷迪的阿博茨霍尔姆学校的建立拉开了欧洲新教育运动的序幕。

（2）**内容**：①在教育地点上，欧洲新学校大多设在乡村或大城市的郊区，采用家庭式教育管理方式。②在教育目的上，新学校培养儿童的自由精神、各种能力和独创精神。③在教学内容上，重视现代人文科学与自然科学课程。④在教学方法上，反对体罚，重视儿童兴趣与思维能力的发展。⑤在道德教育上，向儿童灌输资产阶级民主、合作的观念，培养儿童的责任心和进取心。

（3）**评价**：新教育运动成功引起世人对新教育的关注和对传统教育的反思，创办了新式学校，提供了新的教育模式，建立起各国新学校之间的紧密联系。但新教育运动所办学校收费昂贵，学校规模小，关注的是精英教育并且独立于国家教育制度之外，未能产生大规模的教育影响。

3. 进步教育运动/进步主义教育

答（1）**简介**：19世纪末20世纪初，美国开始了进步教育运动，进步教育协会的建立标志着进步教育的成型。20世纪50年代，美国进步教育衰落，《进步教育》杂志的停办标志着进步教育运动落下帷幕。

（2）**内容**：①在教育地点上，进步教育学校大多在城市的公立学校进行改革；②在教育目的上，要求培养学生的自由精神、观察能力、审美能力和独创精神；③在教学内容上，重视学生直接经验，以活动课程为主，要求学生在做中学；④在教学方法上，反对体罚，重视儿童兴趣、需要和生活，在自学中促进思维能力的发展；⑤在道德教育上，向儿童灌输民主、合作的观念，培养儿童的责任心和进取心。

（3）**评价**：①优点。批判传统教育对儿童思想与创造性的禁锢；呼吁解放儿童，促进儿童天性与自由的发展，重视儿童个性差异；尊重学生的主体性，强调教育与生活实际相联系。②局限。较为极端化的主张以儿童为中心，放纵儿童，轻视知识体系和教师的作用，导致教育质量降低，最终退出历史舞台。

4. 昆西教学法

答（1）**简介**：昆西教学法的创始人是美国进步教育运动的先驱——帕克，其主要代表作是《关于教育学的谈话》。帕克的教育改革措施被称为"昆西制度"或"昆西教学法"。

(2) **特点**：①强调儿童应处于学校教育的中心；②重视学校的社会功能；③学校课程应与实际相联系；④强调培养儿童自我探索和创造的精神。

(3) **评价**：①优点。尊重学生的个性、自由、兴趣与需要，强调学生的主体性；加强教育与生活的联系；培养学生的天性与创造性。②缺点。忽视教师的地位；忽视知识的系统性；给予学生过度的自由。

5. 道尔顿制

答 (1) **简介**：道尔顿制是美国进步主义教育家帕克赫斯特创立的。

(2) **特点**：①学校废除课堂教学、课程表和年级制，代之"公约"或"合同式"的学习。②将教室改为作业室或实验室，供学生学习之用。③用"表格法"来了解学生进度，增强学生学习的动力，亦可使学生的管理简单化。④两个原则：自由与合作。

(3) **评价**：①优点。流传比较广泛，尊重了学生学习的主体性。②局限性。过于强调个体差异，对教师要求过高，实施时易导致放任自流，将教室完全改为实验室也不切实际。

6. 设计教学法

答 (1) **简介**：美国教育家克伯屈是"设计教学法之父"，他认为培养品格是最终目的，强调有目的的活动是教学法的核心，儿童自动、自发的学习是设计教学法的本质。

(2) **特点**：①克伯屈将设计教学法定义为在社会环境中进行的有目的的活动，重视教学活动的社会和道德因素。②在课程设计上，放弃固定的课程体制，取消分科教学和现有的教科书，将设计教学法分为四种类型：生产者设计、消费者设计、问题设计、练习设计。③设计教学法的步骤：决定目的、制订计划、实施计划、评判结果。④在师生关系上，强调教师的指导和决定作用，但实际上则是以学生为主。

(3) **评价**：①优点。充分发挥了儿童的主动性和积极性，使儿童成为学习的主人；力求使教学符合儿童的心理发展规律，以提高学习效率；注重培养儿童的合作精神，加强教学与儿童实际生活的联系。②局限性。设计教学法由于过多强调儿童的经验组织教学，必然会削弱系统知识的学习。

7. 要素主义教育

答 (1) **代表人物**：巴格莱、科南特。

(2) **观点**：①学校教育的核心是人类文化遗产的共同要素。强调"新三艺"（数学、自然科学、外语）。②教学过程必须是一个严格训练智慧的过程。③强调学生在学习上必须努力和专心。④强调教师在教育和教学中的核心地位。⑤强调按逻辑系统编写教材和进行教学。

(3) **评价**：①优点。要素主义教育针对美国教育实际中存在的问题和弊病，寻求解决问题和克服弊病的出路。其提出的一些教育主张和观点被采纳为国家教育政策。②局限性。忽视学生的兴趣、个别差异，片面强调系统的知识学习，所编教材脱离实际，从20世纪70年代起逐渐失去优势地位。

8. 永恒主义教育

答 (1) **代表人物**：赫钦斯、阿德勒、利文斯通和阿兰。

(2) **观点**：①教育的性质永恒不变。②教育的主要目的是培养人永恒的理性。③永恒的古典学科占据学校课程的中心，阅读古典名著是培养理性的途径。④提倡通过教师的教学进行学习。⑤倡导实施全民的自由教育。

(3) **评价**：①优点。永恒主义教育强调人的理性，强调阅读经典名著，突出复古主义倾向。②局限性。在教育实践领域影响不大。主要限于大学和上层知识界中的少数人，把学生的学习限于古典著作，遭到许多人的批判。

9. 结构主义教育

答（1）**代表人物**：皮亚杰、布鲁纳。

（2）**观点**：①强调教育和教学应重视学生的智能发展。②注重教授各门学科的基本结构。③主张尽早学习各学科的基础知识。④提倡"发现学习法"。⑤教师是结构主义教学中的主要辅助者。

（3）**评价**：①优点。该理论重视系统知识的结构化教学,把心理学和教育学紧密结合起来,推动了美国20世纪60年代的课程改革,影响很大。②局限性。过分强调认知结构对儿童发展的作用,课程过于理论化和抽象化,教材改革难度很大,引起了人们的争议。

简答题 / 论述题

1. 论述 论述自然主义教育思潮。

答（1）**简介**：自然主义教育思潮源于古希腊,酝酿于欧洲文艺复兴时期,形成于18世纪,是近代西欧资产阶级重要的教育理论和教育思潮之一。其主要代表人物包括亚里士多德、夸美纽斯、维多里诺、巴西多、卢梭、裴斯泰洛齐和福禄培尔等。

（2）**基本观点**。

①**教育目的是培养人的自然本性**。以人的自然本性为基础,保护人的善良天性,反对封建教育的强制性;以人的自然发展为内容,重视人的生存教育和素质教育;重视人身心的和谐发展,促进人的全面发展;改良社会,增进人类幸福。

②**主张儿童发展分期论**。自然主义教育家都主张依据人的身心发展特点对儿童的发展划分阶段,一般为婴儿期、儿童期、少年期和青年期;都主张先发展儿童的身体和感官,后发展儿童的理性和抽象思维。总之,不同的年龄阶段有不同的教育目标。

③**主张泛智课程论**。不同自然主义教育家对课程有不同论述,其中包括"泛智"课程、家庭教育、无系统的课程、以心理和社会的标准选择课程等,凡是增进人能力的知识都属于泛智课程。

④**教育教学的原则与方法都要体现教育适应自然**。自然主义教育家们提出一系列原则和方法,包括自然适应性原则、顺应自然原则、直观性和连续性原则等。

（3）**影响**。

①**积极影响**。

a. 理论价值：自然主义教育思想丰富了教育理论,为西方近代教育理论的科学化奠定了必要基础。

b. 教育对象：自然主义教育家重视儿童的研究,确立了儿童在教育中的主体地位,主张解放儿童的天性,具有划时代的意义。

c. 教育实践：自然主义教育家所提出的适应自然的教育原则、直观教学方法等丰富了近代教学理论和实践。

d. 历史影响：自然主义教育家反对和控诉封建专制制度对儿童个性和自由的摧残与压制,反对经院主义教育强迫儿童死记硬背、学习宗教教义的各种劣行,具有反宗教、反封建的历史影响,促进了教育近代化的发展,对后来的新教育、进步教育以及杜威的教育思想都有一定的影响。

②**局限性**。

a. 理论缺陷：自然主义教育的核心——"自然"的概念界定不清晰,缺乏严谨性。

b. 实践弊病：一些自然主义教育家用自然现象类比教育现象,在实践中过度放纵儿童,缺乏一定的科学依据,使之简单化和理想化,可行性弱。

c. 价值取向: 忽视了教育的社会属性。

d. 研究方法: 一些自然主义教育家运用类比论证、思辨演绎、经验推理、天才设想等方法论述儿童教育和教育方法,缺乏科学依据。

2. [简论] **美国进步教育运动及其实验。**

[答] (1) **简介:** 是19世纪末至20世纪50年代在美国出现的以进步主义教育协会为组织中心、以改革美国学校教育为宗旨的教育革新理论和实践活动。

(2) **教育实验。**

①**帕克的昆西教学法。** 主要特点:a. 强调儿童应处于学校教育的中心。b. 重视学校的社会功能。c. 学校课程应与实际相联系。d. 强调培养儿童的自我探索和创造精神。

②**约翰逊的有机教育学校。** 主要特点:a. 教育方法是"有机的"。b. 学校的目的是为儿童提供每阶段必需的作业和活动。c. 课程计划以活动为主。d. 重视社会意识培养。e. 反对放纵儿童,重视纪律。

③**沃特的葛雷制。** 主要特点:a. 以杜威的教育思想准则为依据。b. 以具有社会性质的作业为学校基本课程。c. 以独特的教学制度而闻名,在教学中采用二重编法。

④**帕克赫斯特的道尔顿制。** 主要特点:a. 废除课堂教学、课程表和年级制,代之以"公约"或"合同式"学习。b. 教室改为作业室或实验室。c. 用"表格法"了解学习进度。d. 两个原则为自由与合作。

⑤**华虚朋的文纳特卡计划。** 主要特点:a. 重视使学校的功课适应儿童的个别差异。b. 将个别学习和小组学习结合,使个性发展与社会意识培养相联系。c. 将课程分为共同知识或技能和创造性的、社会性的作业。

⑥**克伯屈的设计教学法。** 主要特点:a. 重视教学活动的社会和道德因素。b. 四种类型:生产者设计、消费者设计、问题设计、练习设计。c. 四个步骤:决定目的、制订计划、实施计划、评判结果。d. 在师生关系上,强调教师发挥指导和决定作用,以学生为主。

(3) **评价:** ①对美国的意义。a. 促进了美国教育现代化的转变,制约了现代美国教育发展的方向和格局。b. 对美国学校特征的形成产生了深远的影响,从根本上改变了美国学校和教室的气氛。c. 促进了美国教育理论研究的发展和教育理论研究的美国化。②对世界的意义。a. 对世界产生了广泛影响,并且成为中国、苏联、日本、印度等国现代教育历史上的重要篇章。b. 进步教育运动和西欧新教育运动一起,共同构成了西方现代教育的重要开端。

3. [简论] **要素主义教育思想及其在当代的意义。**

[答] (1) **简介:** 1938年,巴格莱等要素主义教育家组织了"要素主义者促进美国教育委员会"。在成立大会上,通过了由巴格莱起草的《要素主义者促进美国教育的纲领》,标志着要素主义教育的形成。要素主义教育的主要代表人物是巴格莱、科南特和里科弗。

(2) **主要观点。**

①**把人类文化遗产的共同要素作为学校教育的核心。** "要素"是指在人类的文化遗产中存在着永恒不变的、共同的、超时空的事物,是种族文化和民族文化的基础,包括学术、艺术、道德以及技术与习惯等。中小学里最能体现人类文化共同要素的基础知识是"新三艺"(数学、自然科学、外语)。

②**教学过程是一个训练智慧的过程。** 要素主义认为,训练心智是教育的最高目的,这种训练应以人类的共同文化要素为基本素材,教学应当传授整个人生的重要知识。

③**强调学生在学习上必须努力和专心。** 要素主义认为在教育教学过程中,不能把学生的自由当作手段,应当通过训练养成学生刻苦学习和遵守纪律的习惯,增进学生的知识学习。

④**强调教师在教育和教学中的核心地位**。要素主义反对并指责发挥教师的作用就是在压抑儿童自由的观点,主张教师在教育教学过程中的权威地位,认为教师的管束是正当的。

⑤**强调按逻辑系统编写教材和进行教学**。学生所学教材应当按照学科知识的逻辑进行编排,让学生学到系统的知识。

(3) 评价。

①**优点**:要素主义教育针对美国教育实际中存在的问题和弊病,寻求解决问题和克服弊病的出路。其提出的一些教育主张和观点被采纳为国家的教育政策。

②**局限性**:忽视学生的兴趣、个别差异,片面强调系统的知识学习,所编教材脱离实际,从20世纪70年代起逐渐失去优势地位。

(4) 在当代的意义。

①**利用"共同要素"来连接传统文化和现代文明,保持民族特点**。我国的教育改革在学习西方先进思想时,更应该在汲取传统文化精华的基础上,而不是一味地求新创异,因为教育本身也有着一些共同的要素,将这些传统的共同要素与先进思想进行融合并加以改造创新以适应现实状况才是上上之选。

②**尊重关爱学生,提升教师素养,创建和谐师生关系**。我们应该借鉴要素主义对教师的能力的要求,提高教师的整体素质。教师的素质决定着学生的素质,我们必须重视和加强教师队伍建设,使得教师在教育过程中能处理好自己与学生的关系,做到既发挥教师的主导作用,又充分发挥学生的积极性、主动性和创造性,真正地形成尊师爱生的民主平等的师生关系。

4. 简论 永恒主义教育思想及对当代教育的影响(永恒主义教育思想的原则)。

[答] (1) 简介:永恒主义教育也称新古典主义教育,是现代欧美国家一种强调理性训练以及人的理性和教育基本原则的永恒性的教育思潮。代表人物有美国的赫钦斯、阿德勒,英国的利文斯通和法国的阿兰等。

(2) 主要观点。

①**教育的性质永恒不变**。理性是人性中共同的、最主要的、永恒不变的特性,建立在这种永恒不变的人性基础上并为表现和发展这种人性的教育在本质上也是不变的。

②**教育的主要目的是要培养永恒的理性**。培养人的理性是人类永恒的主题,在任何时代,"理性的培养对一切社会的一切人都同样是适用的"。

③**永恒的古典学科(古典名著)应该在学校课程中占有中心地位**。永恒主义者认为应该组织一些永恒课程来传授永恒的真理,这些永恒课程应由世界名著构成,这样的课程应当成为普通教育的核心。永恒主义者尤其认为古典名著是培养理性的途径。

④**提倡通过教师的教学进行学习**。为了培养永恒的理性,应当通过教师的教学来激发学生的思维活动和理智训练。尤其在学习古典名著时,更需要教师的指导。

⑤**倡导实施全民的自由教育**。永恒主义认为自由教育是使人本性得到充分发展的教育,具有促进思想交流和传递文化的价值,并且倡导实施全民的自由教育,而非少数人所享的自由教育。

(3) 评价:永恒主义教育强调人的理性,强调阅读经典名著,有着较突出的复古主义倾向。其在教育实践领域的影响不大,主要限于大学和上层知识界中的少数人,特别是永恒主义教育的复古态度把学生的学习限于古典著作,遭到许多人的批判。

(4) 对当代教育的影响。

①**在教育目的方面,追求人的理性精神和价值**。教育的目的不仅要培养适应社会生活的人,而且要发现和发掘人的"理性能力",在此基础上去培养和造就改造社会生活的人,也是具有实践意识和实践能力,能

超越现实世界、现实社会的人。

②**在教育内容方面,利用古典名著的价值。**我国五千年的灿烂文明给我们留下了宝贵的文化遗产和精神财富。为此,教育必须挖掘优秀的文化遗产和传统思想,赋予其新意,加以改造和利用,以此来推动当今文明的建设。

③**在师生关系方面,强调教师引领的作用和价值。**永恒主义强调树立"教师威严",这种观点在一定程度上不利于师生关系的融洽。在实际的教育教学中,教师要加强和学生间的情感交流,增加师生间的相互了解,拉近师生间的情感距离,发挥教师的主导作用。

5. 简论 结构主义教育的主要观点及其影响。

答 (1) **简介:** 结构主义教育是以瑞士心理学家皮亚杰的认知心理学为基础的一种现代教育思潮。20世纪60年代,布鲁纳把儿童认知结构发展理论应用到教学和课程改革上,创立了结构主义教育理论。

(2) **主要观点。**

①**强调教育和教学应重视学生的智能发展。**结构主义教育家认为,教育教学的最终目的是促进学生认知的发展,这也是完善智慧的过程。这一过程需要教育者引导学生不断地实现知识向能力的转化。

②**注重教授各门学科的基本结构。**所谓学科的基本结构,指一门学科的基本概念、定义、原理、原则和方法,掌握学科的基本结构有助于理解和把握整个学科的内容。

③**主张学科基础的早期学习。**结构主义教育家十分注重儿童早期的学习,儿童认知发展的每个阶段都有认识和理解世界的独特方式,任何一门学科的基础知识都能以一定的形式教给任何阶段的任何儿童。

④**提倡"发现学习法"。**对学生来说,最重要的是要学会学习,使用发现法就是由学生自主去探究知识,发现知识的过程。

⑤**教师是结构教学中的主要辅助者。**学生是在教师的引导下进而发现知识的。

(3) **评价。**

①**优点:** 结构主义教育把认知发展与教育统一起来,为心理学研究和教育研究的互相协作提供了一个范例,并提出了一些值得研究的问题,对西方课程论影响很大。结构主义还成为美国20世纪60年代课程改革的指导思想。

②**局限性:** 过分强调认知结构对儿童发展的作用,课程过于理论化和抽象化,教材改革难度很大,引起了人们的争议。

(4) **启示。**

①**在教育目的上,要关注学生智能发展。**所谓的智能发展,不是让学生会背多少知识,掌握多少原理,而是让学生有一套自己的学习方法,促进学生良好心智的开发和养成。

②**在教育内容上,应重视学科的基本结构。**教师在教学时要给学生搭建一个合理的知识结构,培养学生的逻辑思维能力。

③**在教育过程上,应该发挥学生的主观能动性。**教师要引导学生去主动收集相关资料,独立思考,激发学生的能动性。

④**注重学生的早期学习。**教师可以遵循学生的认知发展和身心发展规律,让学生提早接触某些学科的基本内容和框架,有的放矢地进行教育。

6. 简论 终身教育思潮的基本观点、影响。/ 联系我国实际加以举例阐述。

答 (1) **简介:** 终身教育思想的代表人物是保罗·朗格朗。终身教育是人一生各阶段所受各种教育的总和。它既包括纵向的一个人从婴儿期到老年期在各个不同发展阶段所受到的各级各类教育,也包括横向的从学校、家庭、社会各个不同领域受到的教育，其最终目的在于"维持和改善个人社会生活的质量"。

(2) 基本观点。

①**缘由**：能够使人在各方面做好迎接社会新挑战的准备。

②**含义**：人的一生所接受的各种各样教育的总和。

③**目标和任务**：终极目标为"实现更美好的生活"；任务是学会学习。

④**内容和方法**：内容和方法不固定，要求广泛学习和学会学习。

⑤**原则**：建立终身教育制度和学习型社会，教育机会均等，加强知识的连续性与更新。

⑥**战略**：终身教育是未来教育发展的战略。

(3) 影响。

①**终身教育改变了传统的教育理念。**教育的对象不再仅是儿童和青少年，而是针对所有的社会成员；终身教育不只限定于学校教育，社会教育结构的多样化和教育制度的连贯性成为教育改革的主要方面。

②**终身教育改变了教育的目的和功能。**终身教育的目的是发展学生的学习能力和生存能力，促进自我的发展；注重教育的筛选功能，终身教育背景下注重让学生各个方面的素质都得到发展。

③**终身教育改变了教育的内容和方法。**终身教育的教育内容包括知、情、意、行的培养，从整体上培养学生；以注重每个阶段的学生身心发展的特点来代替传统教育中把学生当作"成人"来教育的方式。

④**终身教育改变了教育的阶段和教育组织。**学习阶段扩大到人的一生，学校教育必须主动地纳入终身教育体系，改变学校的专属性和封闭性也就成为教育改革的必然选择。

(4) 我国推动终身教育的现状：我国虽然在1995年就确立了终身学习作为整体教育体制的目标，并在《教育法》中以法律形式确定了终身教育的作用和地位，但对终身教育和终身学习的宣传推广力度仍然不够，熟悉、了解并遵守《教育法》的人并不多，终身教育的理念还没有转变为人们的自觉意识和自觉行动。所以，在我国推广终身教育和终身学习，仍然任重道远，这需要全社会的共同努力和共同行动。建立舆论支持系统，加强终身教育思想的普及和宣传，破除传统的教育理念，在全社会普遍形成终身学习的氛围，使终身学习思想深入每一个公民心中，是我国发展终身教育对策的必然选择。

7. 简论 20世纪60—70年代现代人文主义教育家的教育思想。

答（1）**简介**：现代人本主义教育思潮是20世纪60—70年代在美国盛行的一种以人本主义心理学为理论基础的现代教育思潮。现代人本主义教育思潮试图通过挖掘人类理智与情感诸多方面的整体潜力来确立人的价值。其代表人物是美国的马斯洛、罗杰斯。

(2) **主要观点。**

①**强调教育的目的是培养自我实现的人。**人本主义教育家认为，教育的目的就是人的自我实现、完美人性的形成以及人的潜能的充分发展。

②**主张课程人本化。**他们提出"一体化"课程，主张课程内容应建立在学生需要、生长的自然模式和个性特征的基础上，体现思维、情感和行动之间的相互渗透和相互作用。

③**学校应该创造自由的心理气氛。**在学校中影响学校气氛的因素有三个：教师和管理者；人与人之间的关系；学习过程。在学习过程中应提倡以人为中心的教学、非指导性教学、自由学习、自我学习。

(3) **评价。**

①**优点**：a. 注重人的整体发展，重视自由的学习气氛，革新了教育观念；b. 围绕培养自我实现这一教育目标，阐明在教育本质、内容和方法方面的立场，对当时美国和世界的教育实践产生了积极影响；c. 将教育看作发展人的价值、理想、真善美等高级心理品质的内在学习过程，而非单纯的塑造人；d. 在人本主义心理

学的基础上提出"自我实现"的教育目标,试图通过教育来实现人的潜能发展和价值;e. 提出课程设置要注重学生的身心特点,必须考虑学生的情感发展和认知发展相统一。

②**不足**:a. 把立足点放在人性的内部力量上,过分夸大了人的自然素质的作用;b. 简单地把个体的潜能实现与个体的社会价值画上等号,从而忽视了社会环境和学校教育对个体发展的影响;c. 在实践中易于偏向情感一端,难以真正实现认识和情感的有机统一。

(4) 现实意义。

①**教师应以学生为中心**。学生是学习的主体,教师在教育教学中应充分尊重学生的主体地位,尊重学生的兴趣、需要、情感,发展学生的个性,激发学生学习的主动性和创造性。

②**注重知识之外的社会经验和生活能力的培养**。教育的内容不但要有书本知识,还应培养学生的实践能力,发现问题、分析问题和解决问题的能力,使学生能够适应社会生活。

③**营造良好的育人环境**。环境对学生的成长有重要影响,家庭、学校、社会需要互相配合,共同为学生提供宽松、自由的良好学习氛围,促进学生的健康成长。

第三部分 教育心理学

第一章 教育心理学概述

名词解释

教育心理学

答 (1) **含义**：教育心理学是一门通过科学方法研究学与教相互作用的基本规律的科学，是应用心理学的一个分支。教育心理学的知识正是围绕学与教的相互作用过程而组织的，包括学生心理、学习心理、教学心理和教师心理四大部分内容。

(2) **研究对象**：①学习心理；②教学心理；③学生心理和教师心理。

(3) **研究任务**：①理论探索任务；②实践指导任务。

第二章　心理发展与教育

名词解释

1. 心理发展

答 (1) **含义**：心理发展是指个体从出生、成熟、衰老一直到死亡的整个生命过程中所发生的持续而稳定的内在心理变化过程。包括认知发展、人格发展和社会性发展。

(2) **内容**。

①认知发展是指个体在心理上表征世界、思考世界的方式的发展。

②人格是指人所具有的独特而稳定的思维方式和行为风格，也指一个人整体的精神面貌，是具有一定倾向性和比较稳定的心理特征的总和。如思想、情感、动机、价值观等。

③社会性发展是指个体在与社会生活环境相互作用的过程中，掌握社会规范，发展社会行为，适应社会环境。

(3) **代表性理论**：关于人的心理发展所遵循的规律，不同心理学家有不同的看法。其中比较有代表性的理论有皮亚杰的认知发展阶段理论、维果茨基的文化历史发展理论、埃里克森的心理社会发展理论和科尔伯格的道德认知发展阶段理论等。

2. 社会性发展

答 (1) **内涵**：社会性发展是指个体在其生物特性的基础上，在与社会生活环境相互作用的过程中，掌握社会规范，形成社会技能，学习社会角色，获得社会性需要、态度、价值，发展社会行为，从而更好地适应社会环境。社会性发展的实质就是个体由自然人成长为社会人。社会性发展包含自我意识、情绪情感、社会行为和社会道德四个方面。

(2) **一般规律**：①在整体上，个体从生物人发展为文化人，从自然人发展为社会人；②在自我意识上，个体从无意识发展到有意识，再发展到可控制的自我意识；③在情绪情感上，个体从习得外在情绪发展到情绪情感的社会成分不断增多，再发展到表达和控制自己的情绪情感；④在社会行为上，个体从模仿性的行为发展到自主自动的社会行为；⑤在社会道德上，个体从无律发展到他律，再发展到自律的道德行为。

(3) **社会性发展与教育的关系**：①教育工作者必须按照社会性发展的规律来进行教育；②教育也能促进人的社会性发展。

3. 图式

答 (1) **简介**：图式是皮亚杰在其认知发展阶段理论中提出的概念。

(2) **含义**：儿童与环境进行适应而形成的有组织的、可重复的行为或思维模式。如形成了对"狗"的基本理解，包括狗的一般体型特征、生活习性、典型行为等，即形成了关于狗的"图式"。

(3) **变化**：随着个体与环境相互作用，个体的图式也在通过同化和顺应不断发生变化。皮亚杰认为，个体的认知发展就是在先天性遗传图式的基础上不断地与环境进行同化、顺应，进而达到平衡的过程。

4. 同化

答 (1) **简介**：同化是皮亚杰在其认知发展阶段理论中提出的概念。

(2) **含义**：同化是指个体把新的刺激纳入已经形成的图式中的认知过程。同化是图式发生量变的过程，它不能引起图式的质变，但影响图式的生长。

(3) **同化与顺应：**与同化相对应的是顺应,顺应是指个体改变已有图式或形成新图式来适应新刺激的认知过程。皮亚杰认为,个体的认知发展就是在先天性遗传图式的基础上不断地与环境进行同化、顺应,进而达到平衡的过程。

5. 顺应

[答] (1) **简介：**顺应是皮亚杰在其认知发展阶段理论中提出的概念。

(2) **含义：**顺应是儿童改变已有的图式或形成新图式来适应新刺激的认知过程。顺应是图式发生质变的过程,通过顺应,儿童的认知能力达到新的水平。

(3) **同化与顺应：**与顺应相对应的是同化,同化是个体把新的刺激纳入已经形成的图式中的认知过程。皮亚杰认为,个体的认知发展就是在先天性遗传图式的基础上不断地与环境进行同化、顺应,进而达到平衡的过程。

6. 最近发展区

[答] (1) **简介：**最近发展区是维果茨基根据其文化历史发展理论提出的有关于教学与发展关系的理论。

(2) **含义：**最近发展区指实际的发展水平和潜在的发展水平之间的差距。前者指学生现有的独立解决问题的能力,后者指在成人的指导下或与更有能力的同伴合作时,能够获得的新的解决问题的能力。

(3) **启示：**①教学应当走在发展的前面;②教学应该考虑儿童现有的发展水平;③学习存在最佳期;④教学在创造最近发展区。

7. 学习风格 / 认知类型 / 认知方式 / 认知风格

[答] (1) **含义：**学习风格(认知类型 / 认知方式 / 认知风格)指学生在加工信息时所习惯采用的不同方式,即个体在认知活动中所显示出来的独特而稳定的认知风格,是个体所偏爱的信息加工方式。

(2) **学习风格的差异：**学生的认知存在着差异,这种差异体现在知觉方式、记忆方式、思维方式、认知反应方式等。如场依存型和场独立型的学生,在知觉时受到外界环境的影响程度不同。

(3) **教学启示：**教学中教师应该了解学生的认知风格,匹配学生擅长的认知风格进行教学。但是也要注意使用学生缺乏的认知风格的教学,帮助学生扬长避短。

8. 亲社会行为

[答] (1) **含义：**亲社会行为又叫积极的社会行为,指个体有益于他人和社会的行为,包括助人行为、安慰、分享、合作等,个体亲社会行为发展的过程就是他们提高道德认知水平、丰富道德情感的过程。

(2) **发展阶段：**艾森伯格提出儿童亲社会行为的发展要经历五种水平。①享乐主义、自我关注取向;②他人需求取向;③赞许和人际关系取向;④自我投射的、移情的取向;⑤内化的法律、规范和价值观取向。

(3) **亲社会行为的影响因素：**①外部影响因素有移情、文化、榜样;②内部影响因素有认知因素的影响、个体的情绪状态、个体的人格特征。

(4) **亲社会行为的习得途径：**①移情反应的条件化;②直接训练;③观察学习。

简答题 / 论述题

1. [简论]① **皮亚杰的认知发展阶段理论 / 心理发展理论 / 认知发展机制及影响因素,对教育的启示。**

[答] 皮亚杰认为个体的认知发展就是在先天性遗传图式的基础上不断地与环境进行同化、顺应,进而达到平衡的过程。

---
① [简论] 表示此考题是简答题和论述题都会考查的形式。其答案解析是按考点内容分条阐述,且是根据论述题的形式进行全面阐述的。答题时可结合具体题目进行拆分、组合,考生需全部理解记忆。

(1) 皮亚杰的认知发展阶段理论：这一发展过程分为四个阶段。

①**感知运动阶段(0～2岁)**：通过探索感知觉与运动之间的关系来获得动作经验；不能用语言、抽象符号命名事物；但是已经获得了客体永久性。

②**前运算阶段(2～7岁)**：能用语言、抽象符号命名事物，但不能很好地掌握概念的概括性和一般性；具有自我中心主义和泛灵论；思维具有不可逆性、刻板性；尚未获得物体守恒的概念。

③**具体运算阶段(7～11岁)**：具有逻辑思维，可以进行群集运算，但仍需要具体事物的支持；社会中心，表现为刻板的遵守规则；思维具有了守恒性、去集中化等特点。

④**形式运算阶段(11岁至成年)**：这一阶段儿童的思维是以命题形式进行的，并能发现命题之间的关系；能够根据逻辑推理、归纳或演绎的方式来解决问题；能理解符号的意义，其思维发展水平已接近成人；青春期自我中心。

四阶段的总体特点：第一，所有儿童的认知发展都会依次经历这四个阶段，是一个连续建构的过程；第二，每一阶段都有独特的结构，前一阶段是后一阶段的基础。

(2) 影响认知发展的因素。

①**成熟**：指机体的成长，特别是神经系统和内分泌系统的成熟。成熟不是智力发展的决定条件，是机体发展的物质基础与前提条件。

②**练习与经验**：指个体对物体施加动作过程中的练习和习得的经验的作用。

③**社会性经验**：指在社会环境中人与人之间的相互作用和社会文化的传递。如规则、法律、道德、价值、习俗和语言系统等方面的知识。

④**平衡化**：指个体在自身不断成熟的内部组织与环境相互作用过程中的自我调节。个体追寻平衡化是智力发展的内在动力。

(3) 评价。

①**贡献**：皮亚杰揭示了个体心理发展的某些规律，提出了认知发展阶段论。他对各阶段认知发展的特点的阐述，对预测儿童发展和实施正确的教育具有很大的启发性。

②**局限**：a. 有人认为，皮亚杰的认知发展阶段的划分与特征描述都有错误之处。多数人认为皮亚杰对儿童认知发展水平的估计不足，对各年龄阶段的划分也有绝对化的倾向。b. 在研究方法上，仅凭观察和记录几个孩子的情况就得出上述结论，其结论的代表性令人怀疑。

(4) 对教育的启示。

①**教育要促进学生积极主动地建构图式**。在皮亚杰看来，学习并不是个体获得越来越多外部信息的过程，而是学到越来越多有关自身认识事物的程序，即学生积极主动地建构了新的认知图式。

②**教育内容应适合学生当前的发展阶段**。教师创设或提供的教学情境应该既能引起学生的认知不平衡，又不过分超越学生已有的认知水平和知识经验。

③**学生在认知发展过程中存在个体差异**。在教学中，教师要确定不同学生的认知发展水平，以保证所实施的教学与学生的认知水平相匹配。

2. 简论 皮亚杰关于认知发展与教学的关系。/如何促进学生认识发展？

答 (1) 皮亚杰的认知发展阶段论。(同题1"皮亚杰的认知发展阶段理论")

(2) 认知发展与教学的关系。/促进学生认识发展的途径。

①**提供活动**。为了增进学生的活动经验，教师应该为他们提供丰富的、真实环境中发生的活动，让学生自发地与环境进行相互作用，去自主地发现知识。

②**创设最佳的难度**。根据皮亚杰的观点，认知发展是通过不平衡来促进的。因此，教师要在教学过程中经常制造一些使学生产生认知不平衡的问题，以促使他们的认知发展。

③**关注儿童的思维过程**。在教学中，教师必须认识到儿童思考问题的方式与成人不同，并根据儿童当前的认知机能水平提供适宜的学习活动，只有这样，才能真正促进儿童的认知发展。

④**认识儿童认知发展水平的有限性**。教师需要认识各年龄阶段儿童认知发展所达到的水平，遵循儿童认知发展顺序来设计课程，这样在教学中就会更加主动。

⑤**让儿童多参与社会活动**。年幼儿童的自我中心主义表现为在活动中不能考虑他人的观点，只从自己的立场出发考虑问题，随着儿童参与的社会活动的增多，他们逐渐能够认识到他人的观点与自己的不同。

3. [简论] **维果茨基的最近发展区。/ 举例说明什么是最近发展区，教育启示及教学与最近发展区的关系。**

[答] (1) **简介**：最近发展区是维果茨基根据其文化历史发展理论提出的有关于教学与发展关系的理论。

(2) **含义**：最近发展区指实际的发展水平和潜在的发展水平之间的差距。前者指学生现有的独立解决问题的能力，后者指在成人的指导下或与更有能力的同伴合作时，能够获得的新的解决问题的能力。

(3) **举例**：某儿童独自能点数到10，而在成人的帮助下能够点数到20，那该儿童的最近发展区就是指这两个点数水平的差距，即10～20之间的差距。

(4) **教学与发展 / 最近发展区的关系。**

①**教学应当走在发展的前面**。维果茨基认为教学决定着智力的发展，这种决定作用既表现在智力发展的内容、水平和智力活动的特点上，也表现在智力发展的速度上。

②**教学应该考虑儿童现有的发展水平**。教学要落在最近发展区内，带动学生发展。一方面，教学决定着儿童发展的内容、速度和水平等，使最近发展区变为现实；另一方面，教学也创造着新的最近发展区。

③**学习存在最佳期**。维果茨基认为，儿童在学习任何内容时，都有一个最佳期。教师在开始教学时要处于儿童的最佳期内。

④**教学在创造最近发展区**。儿童的两种水平之间的差距是动态的。教学要不断地创造新的最近发展区，促进学生获得新发展。

(5) **教育启示。**

①**对学生而言**：最近发展区为学生提供了发展的可能性。维果茨基认为，学生很少能够从他们已经能够独立完成的任务中得到收获，相反，学生的发展主要是通过尝试那些只有在他人的协助和支持下才能完成的任务（即最近发展区中的任务）来实现的。

②**对教师而言**：最近发展区也为教师提供了教学的作用范围。a. 教师应该为学生布置那些只有在别人的帮助下才能被他们成功完成的任务。b. 这种帮助必须来自具备更高技能的个体，比如成人或高年级学生。c. 能力相当的学生之间的合作也能够使困难的任务得到解决。d. 教学还需要给具有不同最近发展区的学生安排不同的任务，以使所有学生都能够受到最有利于自身认知发展的挑战。

③**对教学而言**：教学需要注重学生的最近发展区，把学生潜在的发展水平变成实际的发展水平，同时不断创造新的最近发展区。

4. [论述] **试论述维果茨基的社会文化历史发展理论 / 认知发展理论，及其对教育教学的启示。**

[答] (1) **文化历史发展理论 / 认知发展理论的内容。**

①**文化历史发展理论的主要观点。**

a. **活动论**：个体的心理发展起源于个体所参与的社会文化活动。

b. **两种工具理论（即符号中介论）**：人的心理活动与劳动活动都是以工具为中介的。各种语言和符号系统从根本上改变了人的心理结构,形成了高级心理机能。

c. 两种心理机能理论:低级心理机能是动物进化的结果;高级心理机能是历史发展的结果。

d. 内化论:内化是指个体将外部实践活动转化为内部心理活动的过程。

②**心理发展的实质**。

维果茨基认为,心理发展是指一个人的心理(从出生到成年)在环境与教育影响下,由低级心理机能逐渐向高级心理机能转化的过程。

③**教学与认知发展的关系——最近发展区**。

a. 最近发展区的含义:实际的发展水平与潜在的发展水平之间的差距。前者由个体独立解决问题的能力而定,后者指在成人的指导下或与更有能力的同伴合作时解决问题的能力。

b. 教学与认知发展的关系:第一,教学应当走在发展的前面;第二,教学应该考虑儿童现有的发展水平;第三,学习存在最佳期;第四,教学在创造最近发展区。

(2) 启示。

①**教学在学生"最近发展区"开展最有效**。教学要走在学生发展的前面,要创造最近发展区,以促进学生的发展。教学还需要给具有不同最近发展区的学生安排不同的任务,以使得所有学生都能够接受到最有利于自身认知发展的挑战。

②**教学内容应适应教育对象的认知发展水平**。每个学生的认知发展水平和已有知识经验都有很大差异,教师要通过观察学生在解决问题时的表现,来确定每个学生的认知发展水平,以保证所实施的教学与学生的认知发展水平相匹配。

③**教学应充分发挥学生主动性和能动性**。教育者应该树立新的知识观、学习观和教学观,为学生提供适宜的环境,精心选择和组织教育内容,引导学生积极主动地探索,促进其认知发展。

④**根据维果斯基的认知发展理论**,可采取支架式教学、交互式教学、情境式教学、合作学习等方式开展教学。

5. 简论 埃里克森的心理社会发展的八个阶段及教育意义。

答 (1) **简介**:埃里克森把人格的发展看作一个经过一系列阶段的过程,根据每个阶段不同的危机和任务,把人的心理发展分为八个阶段。

(2) **内容**。

①**信任对怀疑(0～1.5岁)**。如果婴儿得到了良好的抚养和亲子关系,婴儿就会对周围世界产生信任和乐观,否则婴儿会对周围世界产生怀疑和不安,这种不信任感甚至会伴随孩子终生。

②**自主对羞怯(1.5～3岁)**。如果父母允许儿童自由探索,婴儿就会自主和自信。如果父母一味地严格要求和限制,就会使婴儿对自己的能力产生怀疑,有可能导致其一生都对自己的能力缺乏信心。

③**主动感对内疚感(3～6、7岁)**。如果父母允许幼儿做一些活动并积极鼓励,幼儿就会获得自信和责任感。如果父母过多地干涉可能会造成幼儿形成缺乏尝试和主动的性格,感到内疚和自卑。

④**勤奋感对自卑感(6、7～12岁)**。如果父母帮助儿童体验到了学习和活动中的胜任感,儿童就会变得勤奋。如果儿童遭遇到挫折和困难,或父母和教师没有让儿童获得胜任感,儿童就会感到自卑并退缩。

⑤**角色同一性对角色混乱(12～18岁)**。如果父母帮助个体获得角色同一性,个体对未来就会充满自信和憧憬。如果个体没有获得角色同一性,获得了角色混乱,那么个体就会对未来心生迷茫。

⑥**友爱亲密对孤独(18～30岁)**。如果个体愿意与他人真诚交往和分享,个体与他人就能形成一种亲密感。如果个体害怕被他人占有和不愿与人分享,便会陷入孤独和疏离感。

⑦**繁殖对停滞(30~60岁)**。本阶段个体面临抚养下一代的任务,并把下一代看作自己能力的延伸。发展顺利的个体表现为关爱家庭和富有创造力。反之则陷入感情冷漠,甚至颓废消极。

⑧**完美无憾对悲观绝望(60岁以后)**。如果个体在之前阶段都能顺利发展,个体会完全接受自我,且内心满足。如果个体之前的阶段没有顺利发展,个体往往会陷入绝望,甚至害怕死亡。

(3) 教育意义。

①从理论总体上看,埃里克森的理论揭示了人格发展的连续性和阶段性,教师应当依据学生人格发展的规律施加恰当的教育,帮助学生解决发展过程中的危机,形成积极人格。

②对于小学生,教师要帮助其适应勤奋对自卑危机。这就要求教师给予学生适当难度的任务,让学生体验成功,获得胜任感。同时注意防止消极评价给学生带来的消极影响。

③对于中学生,教师要帮助其适应角色同一性,渡过角色混乱危机。如果学生出现角色混乱,教师要通过提供榜样、宽容对待、提供反馈等方式处理危机。在这个过程中应当注意:不把学生当作"孩子"看待;不在其他同伴或其他有关的人面前轻视学生;给学生明确的指示,让学生独立完成任务;注意同伴之间的影响。

6. 简论 科尔伯格的道德发展阶段理论及其教育应用。

答 (1) 简介:科尔伯格通过运用"道德两难"故事法来推断儿童的道德发展水平,提出了"三水平六阶段"道德发展理论。

(2) "三水平六阶段"的内涵。

①**前习俗水平**。这一时期大约出现在幼儿园和小学低中年级阶段。该时期的特征是儿童的道德观念是纯外在的,儿童是为了免受惩罚或获得奖励而顺从权威人物规定的行为准则。这一时期又分为两个阶段:

a. **惩罚和服从的定向阶段**。这一阶段的儿童缺乏是非善恶观念,他们服从规范,只是因为恐惧惩罚而要避免它。儿童认为免受惩罚的行为都是好的,受到指责的行为都是坏的。

b. **工具性的相对主义定向阶段**。这一阶段的儿童对自己行为的评判标准是对自己有利就好,对自己不利就是不好。

②**习俗水平**。这一时期指小学中年级以上到青年、成年期。这个时期的特征是个人逐渐认识到团体的行为规范,进而接受并付诸实践。该时期又可分为两个阶段:

a. **人际协调的定向阶段("好孩子"定向阶段)**。这一阶段的儿童按照人们所称"好孩子"的要求去做,以得到别人的赞许。儿童会认为,别人称赞的,就应该去做,别人不称赞的,就不应该去做。

b. **维护权威或秩序的定向阶段**。这一阶段的儿童服从团体规范,要尽本分,要尊重法律权威,个体判断是非已有了法制观念。判断某一行为的好坏,要看它是否符合维护社会秩序和法律的要求。

③**后习俗水平**。这个阶段已经发展到超越现实道德规范的约束,达到完全自律(自己支配)的境界。至少是青春期人格成熟的人,才能达到这个境界,成人也只有少数人才能达到。这一时期分为两个阶段:

a. **社会契约定向阶段**。这一阶段的道德推理具有灵活性,有强烈的责任心与义务感,尊重法制,但相信它是人制定的,不适应社会时理应修正。

b. **普遍道德原则的定向阶段**。这一阶段的个体对是非善恶有其独立的价值标准,不受现实规范的限制,更多地考虑道德的本质,而非具体的原则。

(3) 启示。

①**要遵循儿童道德发展规律,加强德育的针对性和实效性**。儿童道德发展的顺序是一定的、不可颠倒的,这与儿童的思维发展有关。但具体到每个人,时间有早有迟,这与文化背景、交往等有关。

②为儿童创设道德情境。要促进儿童的道德发展,必须让他不断地接触道德环境和道德两难问题,以便展开讨论和道德推理练习,进而提高儿童的道德敏感度和道德推理能力。

③创造了新的德育方式,用道德两难故事和公正团体法进行德育训练。利用公正的机制在创设公正团体中培养学生的公正观念,达到更高的道德发展水平。

④说明了人类道德发展的两大规律。由他律到自律和循序渐进,并且提出道德教育必须配合儿童心理的发展。

7. 简论 阐述认知差异与教育。

答 认知差异主要表现在认知水平的差异和认知方式的差异两个方面。

(1) **认知水平的差异**:主要表现为智力水平的差异,也称智能差异。

①**智力类型上的差异**:是指人在观察力、记忆力、思维能力等方面的差异。

②**智力发展水平上的差异**:智力发展水平的高低是通过智力测验所得到的智商来体现的。

③**智力发展速度的差异**:智力的发展有早晚的差异。有的人天生聪慧,有的人则大器晚成。

④**智力发展有性别上的差异,但无高低之分。**

(2) **认知方式的差异**:认知方式也叫作认知风格,是指学生在加工信息时所习惯采用的不同方式,即个体在认知活动中所显示的独特而稳定的认知风格,是个体所偏爱的信息加工方式,具有持久性和一致性的特点。

①**知觉方式差异**:a. 根据知觉时分析和综合所占的比重,知觉方式可以分为分析型、综合型与分析综合型;b. 根据知觉受外界环境影响的程度,知觉方式可以分为场依存型与场独立型。

②**记忆方式差异**:a. 根据记忆过程中的知觉偏好,记忆方式可以分为视觉型、听觉型、动觉型与混合型;b. 依据对信息进行加工的深度的不同,记忆方式可分为深层加工与表层加工。

③**思维方式差异**:a. 根据思维的概括性,思维方式可分为艺术型、思维型与中间型;b. 根据学习策略的差异,思维方式可分为整体性策略与系列性策略。

④**认知反应方式差异**:根据认知速度和情绪反应的差异,认知反应方式可分为反思型和冲动型。

(3) **认知差异的教育意义。**

①**针对认知水平差异**:a. 按能力分组,因材施教。教师必须针对学生在智力上的个别差异因材施教,解决这个问题的方法之一就是能力分组。b. 设置不同的教育目标。针对智力超常的学生,教育目标是进行多元智能的充分开发,对其进行高学历教育和个性优化教育。针对智力落后的学生,其教育目标是根据智力落后的类型来确定的:对于轻度智力落后学生,其教育目标是通过训练使其能够掌握较高的生活能力,较好地适应社会生活;对于中度智力落后学生,其教育目标是通过训练使其能够掌握一些简单的生活技能和社交能力;对于重度智力落后学生,其教育目标是通过训练使其掌握一些简单的生活技能。c. 选择不同的教育方式。针对不同智力类型的学生要采用不同的教育方式,要做到因材施教。

②**针对认知方式差异**:a. 教师应该帮助学生识别自己的认知方式。不同的认知方式具有不同的学习特点。b. 教师要明确适应认知方式的两类教学策略。一类是匹配策略,即采用与学习风格一致的教学策略;另一类是失配策略,即采取学生缺乏的认知风格进行教学,这是一种弥补性的教学策略。c. 教师要调整自己的教学风格,提供多模式教学。

8. 简论 人格差异与教育的关系,如何根据学生的气质特征采取有效的教育方法/教育策略?

答 人格差异是指个人在稳定的心理特征方面的差异。具体表现在性格和气质上。

(1) **性格差异与教育。**

在教学活动中根据学生的性格差异,主要分为内向型和外向型。教师要根据学生的性格类型的特征寻找相应的教育对策。

①**外向型**:教师要支持他们广泛地参与社会活动,同时,教师要在活动中提醒学生细致、沉稳、三思而后行等,或者直接交给学生那些需要细心、精加工的任务。

②**内向型**:教师在平时的生活、学习中要积极鼓励他们参与集体活动,交给他们那些需要慎思、稳重的任务,使他们正确认识到自己的价值。同时,鼓励他们与别的学生交往。

(2) 气质类型/特征与教育。

气质主要指人的心理活动动力特征的总和,它是人们典型的、稳定的心理特征。气质类型主要有四种,即胆汁质、多血质、黏液质、抑郁质,由于气质特点不同,采取的教育方式也应有所不同。

①**对于胆汁质的学生**,应鼓励积极方面,如勇于进取、爽朗、敢为等品质;同时严格要求,帮助他们养成遵守纪律、约束自己任性和粗暴行为的习惯,生活上给予需要耐心的任务,学习上布置有难度的学习任务。

②**对于多血质的学生**,要引导他们积极参与各项活动,给予需要耐力和持久性的任务,给予及时反馈和奖励,培养专一、坚持、踏实和耐劳的品质。

③**对于黏液质的学生**,要放手让他们参与班级的管理工作,培养集体荣誉感和助人为乐的品质;学习上给他们充分考虑的时间;教学上鼓励一题多解,拓宽思路,培养思维的灵活性和创造性。

④**对于抑郁质的学生**,要鼓励他们积极参与学校和班级的活动,增强他们情绪的稳定性和自信心;生活中注意保护他们的自尊心,给予足够的耐心;学习上帮助他们制订合理的学习计划,激发他们的学习动机。

(3) 人格差异的教育意义。

①**教师应具备心理学的知识,以培养学生完整健康的人格。** 心理学研究人格差异,就是为了在教育和心理治疗方面为教师提供心理依据。培养学生良好的健全人格,是学校教育义不容辞的责任。

②**在活动中培养良好的人格。** 学校应该开展丰富的活动,在活动中发挥每个学生的性格优势,促使大家做好优势互补和相互观摩,彼此塑造良好的人格。

③**在集体中形成良好的人格。** 良好的集体氛围能够陶冶学生的情操,优秀的集体成员具备非常显著的榜样作用,二者都能在无形和有形中使学生形成良好的人格。

④**提高学生的自我教育能力。** 要培养学生形成良好的人格,学生自身的作用是必不可少的。提高学生的自我教育能力,主要包括四个方面的内容:a. 提高学生的认知水平及道德判断和推理能力;b. 自我体验的深化;c. 自我控制的监督;d. 进行主体内省。

⑤**依据学生人格类型的不同,做到因材施教。** 学生的人格类型存在很大的差异。因此,教师要充分了解学生的人格类型,根据学生的人格类型,因材施教。

9. 简述个体人格发展的一般规律。

答 (1) **含义**:人格是指人所具有的与他人相区别的独特而稳定的思维方式和行为风格,也指一个人整体的精神面貌,是具有一定倾向性的和比较稳定的心理特征的总和。人格体现在一个人的思想、情感、情绪、性格、意志力、需要、动机、兴趣、价值观、世界观等方面。

(2) **一般规律。**

①**人格发展具有顺序性和连续性。** 人格发展同认知发展一样,会呈现一定的顺序和方向,并促使这种顺序产生连续性的发展。

②**人格发展具有阶段性和针对性。** 人格发展具有阶段性,且这些阶段各有任务,促使教育具有针对性。

③**人格发展具有共同性和差异性。** 人格发展同认知发展一样,既有人类共同的人格发展规律,又有个

体间的人格差异,共性中有个性,个性中又有共性。

④**人格发展具有整体性和关联性**。人格是由多种成分构成的一个有机整体,具有内在统一的一致性,这说明人格的各个方面是相互关联的。

⑤**人格发展具有稳定性和可变性**。人格发展的稳定性是指一个人经常性地表现出某些固定的心理特点或品质,在不同场合、不同情境、不同时候都表现出某些共同的特点。

⑥**人格发展具有社会性**。人格发展同认知发展一样,也离不开一定社会环境的影响。

第三章 学习及其理论

名词解释

1. 学习

答 (1) **含义**：个体在特定情境下由于练习或反复经验而产生的行为或行为潜能的比较持久的变化。

(2) **实质**：①学习的发生是由经验引起的。②学习导致行为或行为潜能的变化。③行为的变化不等同于学习的存在，行为变化也可能由本能、疲劳、适应和成熟等引起。④学习不等同于表现，学习所带来的变化往往通过行为表现，但个体的表现不仅由学习引起，还会由其他方面引起。⑤学习是一个广义的概念，它不仅是人类普遍具有的，也是动物所具有的，不仅包括知识、技能、策略等学习，也包括态度、行为、规则等的学习。

(3) **作用**：①学习是机体和环境取得平衡的条件；②学习是可以影响个体成熟的；③学习能激发人脑智力的潜力，从而促进个体心理的发展。

2. 内隐学习

答 (1) **简介**：根据学习时意识水平的不同，可将学习分为内隐学习和外显学习。内隐学习最早由美国心理学家雷伯提出。

(2) **含义**：有机体在与环境接触的过程中不知不觉地获得了一些经验并因此改变其事后某些行为的学习，是一种产生抽象知识、平行于外显学习方式的无意识学习。

(3) **举例**：人们能辨别哪些语句符合语法，却不一定能说出这些语法规则是什么。

(4) **特点**：自动性、概括性、理解性。

3. 强化

答 (1) **简介**：强化是行为主义学习流派代表人物斯金纳理论的重要部分和基础。斯金纳认为，学习的本质是一种反应概率的变化，而强化是增强反应概率的手段。

(2) **含义**：强化是指通过某一事件或刺激增强某种行为的过程，分为正强化和负强化。其中，正强化是指通过呈现愉快刺激的方式增强反应概率的手段，如给予表扬；负强化是指通过消除厌恶刺激的方式增强反应概率的手段，如免做家务。

(3) **应用**：强化作为促进学生学习的重要方法，对学生的行为塑造、行为矫正都可以起到积极作用。但是强化只能有助于形成促进学习的外部动机，教学当中要防止滥用强化使学生形成对强化物的依赖，而要更多地激发学生学习的内在动机，促进外部动机的内化。

4. 负强化

答 (1) **简介**：强化是行为主义学习流派代表人物斯金纳理论的重要部分和基础。斯金纳认为，学习的本质是一种反应概率的变化，而强化是增强反应概率的手段，强化可分为正强化和负强化。

(2) **含义**：负强化也称消极强化，指当厌恶刺激或不愉快情境出现时，若有机体做出某种反应，从而避免了厌恶刺激或不愉快情境（负强化物的移去或取消），则该反应在以后的类似情境中发生的概率增加，如免做家务。

(3) **作用**：无论是正强化还是负强化，都是促进学生学习的重要方法，对学生的行为塑造、行为矫正都可以起到积极作用。但是强化只能有助于形成促进学习的外部动机，教学当中要防止滥用强化而使学生形成对强化物的依赖,要更多地激发学生学习的内在动机,促进外部动机的内化。

5. 观察学习

答 (1) **含义**:观察学习是班杜拉通过赏罚控制实验得出的一种学习方法。指学习者通过对榜样人物的行为及其结果的观察而进行的学习。这种学习不需要学习者亲身经历刺激—反应联结,是一种从别人的学习经验中学习的方式。

(2) **本质**:儿童可以通过观察习得行为,而榜样行为的后果是决定儿童是否表现榜样行为的关键性因素。

(3) **过程**:观察学习需要经历注意、保持、复制和动机四个过程。在这个过程中,行为特征、榜样特征、观察者特征等均会影响儿童对于行为的习得及表现。此外,在动机过程中,外部强化、替代强化、自我强化等强化方式也是影响学生行为是否表现的关键性因素。

6. 发现学习 / 发现法

答 (1) **含义**:发现学习 / 发现法是布鲁纳在其认知—发现理论中提出的教学方式。指学习者用自己的头脑亲自探索和获得知识的一切形式。

(2) **教学步骤**:提出问题;做出假设;验证假设;形成结论。

(3) **评价**:①优点。发现学习有利于发展学生的智力,激发学生学习的内在动机,帮助学生形成学习方法与学习策略,提高学生信息的检索和保持能力,等等。②局限性。完全放弃了知识的系统讲授,夸大了学生的能力,对学生、学科、教师要求较高,学习效率低。因此,发现学习在教学中应当根据学习的内容灵活安排。

7. 有意义学习的实质 / 有意义学习

答 (1) **简介**:在奥苏伯尔和罗杰斯的学习理论中,都有有意义学习的概念。

(2) **含义 / 实质**:①奥苏伯尔属于认知主义学习流派,认为有意义学习就是将符号所代表的新知识与学习者认知结构中已有的适当观念建立实质性的(非字面的)和非人为的(非任意的)联系。②罗杰斯的有意义学习不仅仅是增长知识,而且是一种与每个人各部分经验都融合在一起的学习,是能使个体行为、态度,以及在未来选择行动方针时发生重大变化的学习。

(3) **区别**:二者的内涵是不同的。对于罗杰斯来说,奥苏伯尔的有意义学习只发生在"颈部以上",只涉及理智,不涉及个人意义,是一种认知学习;而罗杰斯的有意义学习是一种个人参与、自我发动、全面发展、自我评价的学习,是一种经验学习。

8. 接受学习

答 (1) **简介**:接受学习是奥苏伯尔在有意义接受说中提出的一种学习方式。

(2) **含义**:接受学习也叫讲授学习,指教师直接呈现要传授的知识及其意义,学生通过新旧知识之间的相互作用获得新知识。

(3) **特点**:①师生之间要有大量互动;②大量利用例证;③运用演绎的思维方式;④有序列,先行组织者在先。

(4) **相关理论**:奥苏伯尔提倡有意义的接受学习,即符号所代表的新知识与学习者认知结构中已有的适当观念需要建立非人为的、实质性的联系。

9. 先行组织者

答 (1) **简介**:奥苏伯尔认为影响接受学习的关键因素是认知结构中起固定作用的观念。为此,他提出了先行组织者的教学策略。

(2) **含义**：先行组织者是指先于学习任务本身呈现的一种引导性材料。它的抽象、概括和综合水平高于学习任务，并且与认知结构中原有的观念和新的学习任务相关联。

(3) **目的**：为新的学习任务和旧知识之间搭建一座桥梁，为新的学习任务提供观念上的固着点，增加新旧知识之间的可辨别性，以促进类属性的学习。

(4) **分类**：①陈述性组织者的目的在于为新知识提供最适当的类属；②比较性组织者的目的在于比较新材料和已有认知结构中相类似的材料，从而增强新旧知识之间的可辨别性。

10. 探究性学习

答 (1) **含义**：探究性学习是指学习者通过探究性的活动去发现问题和解决问题，从而建构新知识的过程。

(2) **环节**：提出驱动性问题—形成具体探究问题和探究计划—实施探究过程—形成和交流探究结果—反思评价。

(3) **意义**：提高灵活应用知识的能力；形成有效的问题解决和推理策略；发展自主学习能力。

(4) **举例**：在"三角形的面积公式"这节课中，教师让学生准备两个一模一样的三角形，让学生自己去拼各种图形，发现规律，从而自己推导出三角形的面积公式。

简答题/论述题

1. 简答 简述加涅的学习结果分类。

答 加涅认为，学习结果就是各种习得的能力或性情倾向，可以分为五种类型。

(1) **言语信息的学习**。解决"是什么"的问题。言语信息是指有关事物的名称等方面的事实性信息。学习者掌握的是以言语信息传递（通过言语交往或印刷物的形式）的内容，或者学习者的学习结果是以言语信息表达出来的。学习者得到的不仅是个别的事实、概念等信息，还是对信息赋予意义、组织成系统的知识。

(2) **智慧技能的学习**。解决"怎么做"的问题。智慧技能是指个体运用符号或概念与环境交互作用的能力。按学习中所包含的心理运算的复杂程度，智慧技能由低到高依次是辨别—概念—规则—解决问题。

(3) **认知策略的学习**。认知策略是指个体调控自己的注意、学习、记忆和思维等内部心理过程的技能。简单地说，认知策略就是学习者用来管理自己的学习过程的方式。

(4) **态度的学习**。态度影响个人对人、事和物采取行动的内部状态。加涅提出了三类态度：①对家庭和其他社会关系的认识；②对某种活动所表现出来的积极的、喜爱的情感；③有关个人的品德方面，如爱国等。

(5) **动作技能的学习**。动作技能又称操作技能、运动技能，指个体通过身体动作的质量（敏捷、准确、有力和连贯等）不断改善而形成的整体动作模式。

2. 简论 学生学习的特点。

答 (1) **接受学习是学习的主要形式**。学生学习是在教师的指导下，有目的、有组织地在短时间里接受前人所积累的文化科学知识，并以此来促进自己发展和完善的过程。接受学习是学生学习的主要途径。

(2) **学习过程是主动构建的过程**。教师必须重视学生学习动机、学习兴趣的培养，教会学生学会学习，促进学生主动构建知识。

(3) **学习内容的间接性**。在经验传递系统中，学生主要是接受前人的经验，而不是亲自去发现经验，因此，所获得的经验具有间接性。

(4) **学习的连续性**。学生的学习是一个连续的过程，这表现在前后学习相互关联。当前的学习与过去的学习有关，同时也将影响以后的学习。

（5）**学习目标的全面性**。学生的学习不但要掌握知识经验和技能，还要发展智能，以及形成行为习惯、培养道德品质、促进人格发展。

（6）**学习过程的互动性**。学生的学习是相互作用的过程。师与生、生与生之间的互动质量对学习质量有十分明显的影响。重视教学中的社会互动，倡导合作学习、交互教学是当前教学改革的重要趋势。

3. 简论 **班杜拉观察学习理论/社会学习理论及应用价值/启示。**

答 （1）观察学习理论/社会学习理论的内容。

①**含义**：观察学习/社会学习是指学习者通过对榜样人物的行为及其结果的观察而进行的学习。这种学习不需要学习者亲身经历刺激—反应的联结，是一种从别人的学习经验中学习的方式。观察学习理论/社会学习理论是班杜拉通过赏罚控制实验得出的结果。

②**学习的实质**：a. 儿童可以通过观察习得行为；b. 榜样行为的后果是决定儿童是否表现榜样行为的关键性因素。

③**观察学习的过程**。

a. **注意过程**：观察学习的首要阶段。在这一阶段，榜样行为的特征、榜样的特征、观察者的特征等因素均会影响学生是否注意到需要学习的新行为。

b. **保持过程**：是学生将观察的行为以符号的形式表征的阶段，需要教师进行准确地讲解和示范。

c. **复制过程**：也叫动作再现过程，是学生将上一阶段在头脑中形成的符号表征转化为外显的行为表现出来的过程。行为的准确复制需要学生进行自我观察，教师给予矫正反馈。

d. **动机过程**：学生是否有动机，决定习得的行为是否表现。激发学生动机的强化方式包括直接强化、替代强化、自我强化三种方式。

（2）应用价值/启示。

①**教师要将所期望的行为、技能、态度和情感以明确外显的方式示范出来**。学生通过观察教师的示范，就会习得这种行为、技能、态度和情感，向教师期望的方向发展。

②**教师要充分发挥替代强化的作用，为学生提供理想的榜样，并对学生的模仿予以强化**。教师应为学生提供良好并且贴合个体成长的榜样，让学生在学习榜样的氛围中实现自主成长。

③**教师要充分发挥自我强化的作用，激发学生学习的能动性**。学生在学习中应充分发挥主观能动作用，能够自发地预测自己行为的结果，并依靠信息反馈进行自我评价和调节。

④**教师要注意发挥自身的榜样作用**。教师本身也可作为如何解决问题、如何进行逻辑思维的榜样，这些行为可引导学生形成相同的品质。

⑤**教师要消除社会环境中的不良榜样行为**。社会环境中的不良榜样行为会对学生产生不良影响，教师要尽量消除这些不良榜样行为，为学生提供良好的榜样示范。

⑥**教师要利用好去抑制效应、抑制效应和社会促进效应去监控学生习得行为的表现**。去抑制效应指个体看到榜样因做出自己原来抑制的行为而受到奖励时，加强这种反应的倾向。

4. 简论 **布鲁纳的认知—发现说/认知学习观/结构教学观/教学过程思想/发现学习理论/评价/启示。**

答 （1）布鲁纳的认知—发现说/教学过程思想。

①**认知学习观**。

a. 学习的实质是主动地形成认知结构，不是被动地形成刺激—反应的联结。所谓认知结构，就是编码系统，其主要组成部分是"一套感知的类目"。b. 学会编码系统就会获得认知结构。c. 学习的过程：对于任何一门学科的学习总是由一系列片段组成的,而每一片段(或一个事件)总是涉及获得、转换和评价三个过程。

②**结构教学观**。

a. 结构教学观的观点:教学目的在于促进学生理解学科的基本结构。学科的基本结构指一门学科的基本概念、基本原理及其基本的态度和方法。掌握知识结构是促进学习的准备性工作,有利于培养直觉思维,激发学习动机,促进学生掌握知识结构。b. 掌握学科基本结构的教学原则:动机原则、结构原则、序列原则、强化原则。

③**发现学习**。

发现学习指学习者用自己的头脑探索,亲自获得知识的一切形式。教学步骤:提出问题、做出假设、验证假设、形成结论。其优点在于发现学习有利于发展学生的智力,激发学生学习的内在动机,帮助学生形成学习方法与学习策略,提高学生信息的检索和保持能力,等等。其局限性在于布鲁纳的发现学习完全放弃了知识的系统讲授,夸大了学生的能力,对学生、学科、教师要求较高,学习效率低。因此,发现学习在教学中应当根据学习的内容灵活安排。

(2) 评价。

①**进步之处**。a. 转变学习理论的研究方向。布鲁纳克服了以往学习理论根据动物实验的结果而推演到人的学习的种种缺陷,把研究的重点放在学生获得知识的内部认知结构和教师如何组织课堂以促进学生"发现"知识上。b. 强调学生学习的主动性。该理论强调学习的认知过程,重视学生的知识结构、内在动机、独立性与积极性在学习中的作用。

②**局限性**。a. 布鲁纳的学习与教学理论完全放弃了知识的系统讲授,而以发现法教学来代替,夸大了学生的学习能力。b. 布鲁纳认为"任何科目都可以按照某种方式教给任何年龄的任何儿童",这是无法实现的。c. 对学生、学科、教师要求较高,学习效率低。

(3) 启示。

①**在课程内容上**,关注课程内容的整体性与综合性,注重基础学科知识结构的教学,帮助学生在头脑中形成良好的认知结构。

②**在课程实施上**,重视学生的主体性和探究性。学生是学习的主体,反对传统教学的接受学习与机械训练,倡导学生主动参与,勤于探究、思考,主动获取新的信息。

③**在课程目标上**,做到掌握知识与提高能力并重。布鲁纳提出注重发展学生的思维,在实际课程目标设计上,不能以单纯的知识学习为主,还要关注学生思维与能力的培养。

④**在学习方式上**,要关注每个学生的特点,做到因材施教,以恰当的方式教育学生,促进个体的发展。

⑤**在课程评价上**,树立发展评价观,注重激发学生的学习动机,做到促进学生发展,改进教学实践。

5. [简论] **奥苏伯尔的有意义学习(实质与条件)及其在教学中的运用。**

[答] **(1) 有意义学习的实质**:在学习知识的过程中,将符号所代表的新知识与学习者认知结构中已有的适当观念建立实质性的和非人为的联系。其中,实质性的联系是指联系是内在的、非表面的;非人为的联系是指联系是合理的、客观存在的。

(2) 有意义学习的条件。

①**客观条件**:a. 学习材料本身必须具备逻辑意义;b. 学习材料在学生的学习能力范围之内。

②**主观条件**:a. 学习者原有的认知结构中必须有能同化新知识的适当观念;b. 学习者必须具备有意义学习的心向或态度;c. 学习者能够积极主动地建立联系。

(3) 有意义学习理论在教学中的运用。

①在课程编制中需要促进学生认知结构的完善,教学是学生逐渐实现知识结构转化为认知结构的过程。

②开拓了教师对讲授法的认识。在学习方式的改革中,我们要坚持以有意义接受学习为主,积极与自主学习、探究性学习(发现学习)、合作学习等学习方式相结合。

③教学要根据学生的特点、学习内容的特点等正确使用发现法和讲授法,促进学生的有意义学习。

④合理利用先行组织者策略。有意义学习的重点在某种意义上就是寻找学习者头脑中的固着点。先行组织者实际上就是学习者认知结构中"原有观念"的具体体现。

6. 简答 简述奥苏伯尔的认知同化理论。

答 **(1) 含义**:当学生把教学内容与自己的认知结构联系起来时,有意义学习便发生了。学生接受知识的心理过程就是概念同化的过程。具体的同化过程有:

①在认知结构中找到能同化新知识的有关观念,这些观念能够对新知识起到挂钩(固定点)的作用。

②找到新知识与起固定作用的观念的相同点。

③找到新旧知识的不同点,使新概念与原有概念之间有清晰的区别。

④在积极的思维活动中融会贯通,使知识不断系统化。

(2) 影响因素。

①**固着观念**:认知结构中对新知识起固定作用的适当观念。

②**可辨别性**:新材料与原有观念之间区别的程度。

③**清晰稳定性**:认知结构中的固着观念是否清晰、稳定也影响着学生能否对新旧观念作出区分。

(3) 认知同化过程。

根据新旧观念的概括水平及其联系方式的不同,奥苏伯尔提出了三种认知同化过程。

①**下位学习**:也叫类属学习,指将概括程度或包容范围较低的新概念或命题,归属到认知结构中原有的概括程度或包容面较广的适当概念或命题之下,从而获得新概念或新命题的意义。

②**上位学习**:指新概念、新命题具有较广的包容面或较高的概括水平,将一系列已有观念包含于其下而获得的意义。

③**组合学习**:也叫并列学习,新旧知识既无上位关系,又无下位关系,这时发生的学习就是组合学习。

7. 简论 加涅的学习过程阶段,信息加工学习理论及对课堂教学的启示。

答 **(1) 信息加工理论。** 加涅的学习模式是依据电子计算机工作的原理,结合人对信息加工的特点而提出的信息的三级加工系统,包括瞬时记忆、短时记忆和长时记忆。

①**瞬时记忆**。来自环境的各种刺激首先到达我们的感受器,感受器将其转化为神经信息,进入感觉登记器。这一阶段是对信息非常短暂的记忆贮存,也是对信息最初和最简单的加工,只需百分之几秒。

②**短时记忆**。短时记忆的信息可以持续二三十秒钟。但短时记忆容量有限,一般只能贮存七个左右的信息组块,新信息的进入会挤走原有的信息,因此,要想使某种信息得到保持就需要采用复述策略。

③**长时记忆**。经过复述、精细加工和组织等编码,信息便能够进入第三级加工,即长时记忆。长时记忆被认为是一个永久性的信息储存库,其信息的容量是非常巨大的,信息进入长时记忆后,就发生了关键性的转变,即信息经过了编码的过程。

此外,在三级信息加工之外,还有预期和执行控制两个部分,预期相当于学习动机,执行控制相当于已有的策略性经验。

(2) 学习过程阶段。

加涅认为学习的过程就是一个信息加工的过程,学习是学生与环境之间相互作用的结果。加涅把学习过程分为八个阶段,根据这些阶段进行相应的教学设计,安排相应的教学事件。

①**动机阶段**。a. 含义:学生被告知学习目标,形成对学习结果的期望,激起学习兴趣。b. 教学事件:教师要引起学生的学习兴趣,激发学生的学习动机。

②**领会阶段**。a. 含义:依据其动机和预期对外在信息进行选择,只注意那些与学习目标有关的刺激。b. 教学事件:教师要采取各种手段引起学生注意,如改变说话声调。

③**习得阶段**。a. 含义:对新获得的刺激进行直接编码后将其储存在短时记忆里,然后对它们进行进一步编码加工,将它们转入长时记忆中。b. 教学事件:教师要给学生提供各种编码程序,鼓励学生选择最佳的编码方式。

④**保持阶段**。a. 含义:学生习得的信息经过复述、强化后,以语义编码的形式进入长时记忆的储存阶段。b. 教学事件:教师要避免相似的刺激同时出现,以减少产生干扰的可能性。

⑤**回忆阶段**。a. 含义:根据线索对信息进行检索和回忆。b. 教学事件:教师要利用各种方式帮助学生提取线索,最重要的是指导学生自己提取线索,使其成为独立的学习者。

⑥**概括阶段**。a. 含义:在变化的情境或现实生活中利用所学知识,对知识进行概括,将知识迁移到新的情境中。b. 教学事件:教师要让学生在不同的情境中进行学习,同时要引导学生掌握和概括其中的原理。

⑦**操作阶段**。a. 含义:利用所学知识,对各种形式的作业进行反应。b. 教学事件:教师布置合理的作业。

⑧**反馈阶段**。a. 含义:通过操作活动的结果,认识到学习是否达到了预定目标,从而在内心得到强化。b. 教学事件:教师要给予适当的反馈,强化学生的学习动机。

(3) 对课堂教学的启示。

①**教师的教学活动要能够吸引学生的注意力**。在呈现重要的教学内容之前,教师应设计具备吸引力的教学活动并强调教学内容的重要性,让学生停止手头上的活动,把注意力转移过来。

②**教师应该突出教学的重点**。在重要的地方做强调,以便于学生对信息的选择编码。

③**教师应该引导学生理解和巩固学习内容**。引导学生用原有的知识来理解和解释这些内容,帮助学生进行深层加工,并及时进行知识点的复习,布置合理的作业,增强学生对知识的记忆。

④**教师要对学生的学习效果进行及时反馈**。反馈是给予强化的过程,教师要及时地给予学生反馈,让学生了解自己的学习状况,以便更好地开展下一步的学习。

⑤**教师需要教给学生一些学习策略,帮助学生高效地完成学习**。教师可以教给学生精细加工策略、计划策略、监控策略等,帮助学生顺利记忆并高效学习。

⑥**教师要激发学生学习动机**。教师可以通过设置明确的教学目标、合理的奖惩、精心设计的教学活动等途径激发学生的学习动机。

8. 简论 罗杰斯的自由学习观。

答(1) **知情统一的教学目标。**

罗杰斯认为,教育应该培养"躯体、心智、情感、精神、心力融汇一体"的人,也就是既用情感的方式也用认知的方式行事的知情合一的人。他称这种知情融为一体的人为"全人",这样的人也是能够适应变化和知道如何学习的人。

(2) 罗杰斯关于学习的分类。

罗杰斯认为学生的学习主要有两种类型:认知学习和经验学习。其学习方式也有两种:无意义学习和有意义学习。认知学习就是无意义学习,经验学习就是有意义学习。

①**认知学习(无意义学习)**:只涉及心智,而不涉及感情或个人意义,是一种"在颈部以上发生的学习",与"全人"无关。

②**经验学习(有意义学习)**:以学生的经验生长为中心,以学生的自发性和主动性为学习动力,把学习与学生的愿望、兴趣和需要有机地结合起来,促进个体的发展。

(3) 有意义学习。

罗杰斯的有意义学习是一种与个人各部分经验都融合在一起,使个体的行为、态度、个性,以及在未来选择行动方针时发生重大变化的学习。它不仅仅是增长知识,更要引起整个人的变化,对个人的生存和发展有价值。其特征体现在四方面,即个人参与、自我发动、全面发展、自我评价。

(4) **原则**:罗杰斯所倡导的学习原则的核心就是让学生自由学习。自由学习指教师要信任学生,信任学生的学习潜能,为学生提供学习资源和氛围,让学生自己决定如何学习,使学生在交往中形成适应自己风格的、促进学习的最佳方法。

9. 简论 试论罗杰斯以学生为中心的教学观 / 人本主义的学习理论内容、评价和对教学的启示。

答 (1) **人本主义学习理论 / 教学观的内容。**

①**学习观:有意义学习。**

罗杰斯提出有意义学习。罗杰斯的有意义学习是一种与个人各部分经验都融合在一起,使个体的行为、态度、个性,以及在未来选择行动方针时发生重大变化的学习。它不仅仅是增长知识,更要引起整个人的变化,对个人的生存和发展有价值。其特征体现在四方面,即个人参与、自我发动、全面发展、自我评价。

②**教学观:非指导性教学。**

a. **批判传统的教学方式。** 罗杰斯认为传统教育中,将教师看作知识的拥有者,将学生看成信息的被动接受者,不能称之为真正的教学,在他看来教师的任务是为学生提供各种学习的资源,提供一种促进学习的氛围,让学生自己决定如何学习,教师的角色是"学习的促进者"。

b. **基于有意义的自由学习,罗杰斯提出了非指导性教学。** 非指导性教学是不再具体指导知识教学的过程,而是另一种指导,即指导学生学习的心理氛围,"非指导"不等于不指导,它强调指导的间接性、非命令性。非指导教学的关键在于促进形成学习的良好心理氛围。良好的心理氛围包括真诚一致、无条件积极关注、同理心三个因素。

(2) **人本主义学习理论的应用 / 启示 / 贡献。**

①**强调人在学习中的自主地位。** 罗杰斯强调学习中的情感因素,并试图将情感和认知因素在学习中结合起来。在教学过程中,要让学生保持和产生好奇心,以自己的兴趣为导向去探究任何未知领域,意识到一切事物都是变化的、发展的。

②**重视教师的促进作用,教师要对学生持积极乐观的态度。** 作为促进者的教师,其首要任务不是"教"而是"促",要允许学生自由学习和满足学生的好奇心。

③**重视有意义学习、自由学习和过程学习。** 在人才培养的过程中,要注重有意义学习、自由学习和过程学习,最大限度地调动学生学习的积极主动性,培养积极乐观、适应时代变化且心理健康的人。

④**重视师生友好关系以及课堂良好心理氛围的建立。** 教师必须同学生建立起一种良好的人际关系,创造出一种良好的学习气氛,经常组织师生、生生之间的交流对话。以学习者为中心,构建和谐的师生关系是

培养创造型人才的关键。

(3) 评价/局限性。

这一理论充分考虑了学生的自主地位,有利于激发学生学习的主动性,培养良好的师生关系。但是这一理论也过分夸大了教学过程中学生的情感因素,过分强调学生的自主选择性,在教育实践中难以实施。

10. 简论 建构主义学习理论的基本观点(教学观、学生观、知识观、学习观)及评价、教学启示。

答 (1) 知识观。

①**知识的动态性**。知识具有不确定性,是不断发展的,旧的知识会被新的知识不断地推翻和取代。

②**知识的情境性**。建构主义认为人在面临现实问题时,需要针对具体情境中的具体问题,对已有的知识进行改组、重组甚至创造才能更好地解决问题。

③**知识学习的主动建构性**。学生在学习知识时,是利用已有经验,积极主动地进行意义建构的过程。

(2) 学生观。

①**学生的经验世界的丰富性**。学生不是空着脑袋进入教室的,他们在日常生活、学习中形成了丰富的经验。

②**学生的经验世界的差异性**。教师不能无视学生的经验,应当帮助学生从原有经验中"生长"出新知识。

(3) 学习观。

①**主动建构性**。学习是积极主动地利用先前经验,建构起自己对新知识的理解。学习是个体建构自己知识的过程,这意味着学习是主动的,要对外部信息做出主动的选择和加工。

②**社会互动性**。学习任务是在真实的实践活动中通过各成员的沟通交流和共同分享学习资源完成的。这一过程常常需要通过一个学习共同体的合作互动来完成。

③**活动情境性**。学习应该与情境化的社会实践活动结合起来。知识存在于具体的、情境性的、可感知的活动中。它不能脱离活动情境抽象地存在,只有通过实际情境中的应用活动才能真正被人理解。

(4) 教学观。

①**教学要促进学生的知识建构活动**。教师应尽可能地激发学生原有的相关知识经验,促进知识经验的"生长"。

②**教学要为学生创设理想的学习情境**。教学要激发学生的推理、分析、鉴别等高级的思维活动,同时给学生提供丰富的信息资源、处理信息的工具、适当的帮助和支持,促进他们自身建构意义以及解决问题的活动。

总之,建构主义强调教学要帮助学生从现有的知识经验出发,在真实情境中,通过操作、对话、协作等方式进行意义的建构和问题的解决。

(5) 教学启示/应用。

①**探究性学习**:指学生通过探究性的活动发现问题和解决问题,从而建构新知识的过程。通过探究性学习可以提高学习者灵活应用知识的能力;形成有效的问题解决和推理策略;发展学生自主学习能力。

②**随机通达教学**:指对同一内容,学生要在不同的时间、在重新安排的情境中、带着不同的目的以及从不同的角度进行多次交叉反复的学习,以把握概念的复杂性并促进知识迁移,是促进高级知识获得的教学原则。

③**抛锚式教学**:属于一种情境性教学模式,将学习活动与某种有意义的大情境挂钩,让学生在真实的问题情境中进行学习。

④**认知学徒制**:指知识经验较少的学生在专家的指导下参与某种真实的活动,从而获得与该活动有关的知识技能。这种模式与一些行业中师父带徒弟的实践活动方式非常相似。

⑤**情境式教学**:指让学习者在一定情境的活动中完成学习。

⑥**支架式教学**:教学支架实际上就是教学者在最近发展区内给学生提供的适当的指导和支持,以帮助学生理解知识。随着学生对知识的领悟越来越多,教师的指导成分要逐渐减少,最终要使学生达到独立发现知识的程度。

⑦**合作学习**:指同一小组的学生通过合作共事,共同完成小组的学习目标。合作学习的目的不仅是培养学生主动求知的能力,还包括发展学生在合作过程中的人际交往能力。

⑧**交互式教学**:交互式教学体现了最近发展区内的相互作用。这种相互作用的实质是教师和学生共同协作的认知活动,使学生和教师的认知结构得到精细加工和重新构建。

(6) 评价。

①建构主义对学习和教学进行了新的解释,对传统的教学方法提出挑战。建构主义注重以学生为中心的、情境性的、协商与合作的学习,有助于创新教学模式,帮助学生建构、理解知识,重视学习过程,避免一味重视学习结果的倾向。

②建构主义认为知识是一个主动解释并建构个体知识表征的过程,但是建构主义必须防止自己陷入另一个极端——主观主义、经验主义。一些极端的建构主义者夸大了主观的作用,难免走入唯心主义、唯我主义、不可知论的泥坑。

第四章 学习动机

名词解释

1. 学习动机

答 (1) 含义：学习动机是指激励并维持学生朝向某一目的的学习行为的动力倾向。学习动机与学习兴趣、学习需要、个人价值观、态度、志向水平、外来鼓励、学习后果等都有密切联系。

(2) 作用：引发作用、维持作用、定向作用、调节作用。

(3) 理论：不同理论从不同角度阐述了学习动机的培养与激发。①强化理论提倡使用强化和惩罚作为教育手段；②需要层次理论指出缺失性需要未得到满足的学生没有学习动机；③归因理论提倡使用归因训练，引导学生合理归因来激发其学习动机；④自我效能感理论认为学生的效能期望低是缺乏学习动机的原因之一；⑤成就动机理论提出为力求成功者和避免失败者制定不同的评分标准；⑥自我价值理论则揭示了学生努力学习是为了维护积极的、有能力的自我形象。

2. 成就动机理论（期望—价值理论）

答 (1) 观点：默里认为，成就动机是一种成就需要，指个体对重要成就、技能掌握、控制或高标准的渴望。麦克里兰认为，成就动机就是追求卓越、获得成功的动机，分为力求成功的倾向与避免失败的倾向。阿特金森对成就动机进行了量化形式的描述，认为趋向成功的倾向(T_s) = 需要(M_s) × 期望(P_s) × 诱因(I_s)，他认为个体趋向成就的动机由成就需要、期望水平和诱因价值三者共同决定。

(2) 应用：①力求成功者。他们敢于冒险，倾向于选择成功概率为50%的学习任务，因此教师要设置有难度的任务，营造竞争的环境，严格评定分数。②避免失败者。他们倾向于选择非常容易或非常难的任务，从而避免失败带来的消极情绪，因此教师要注意表扬和激励作用，营造竞争性弱的环境，较为宽松地评分。③教师要适当掌握评分标准，使学生感觉获得好成绩是有可能的，但又不是轻而易举的。

3. 自我效能感

答 (1) 含义：自我效能感是班杜拉提出的学习动机理论。它指个体对自己是否能够成功地进行某一成就行为的主观判断。

(2) 影响因素：直接经验、替代经验、言语说服、情绪唤醒。

(3) 作用功能：①影响新行为的习得及是否表现；②影响个体对活动的选择与坚持；③影响个体活动时的情绪；④影响个体面对困难时的态度。

(4) 教学应用：教学时教师应通过让学生体验成功、设置榜样、言语说服、情绪唤醒等方式提高学生的自我效能感，激发学生的学习动机。

简答题/论述题

1. 简论 学习动机的实质及其作用。

答 (1) 实质：学习动机是激励并维持学生朝向某一目的的学习行为的动力倾向。学习动机与学习兴趣、学习需要、个人价值观、态度、志向水平、外来鼓励、学习后果等都有密切联系。学习动机是直接推动学习行为的原因和内部动力。

(2) 作用。

①**引发作用**。当学生对某些知识或技能产生迫切的学习需要时,就会引发学习内驱力,最终产生学习行为。

②**定向作用**。学习动机以学习需要和学习期待为出发点,使学生的学习行为在初始状态就指向一定的学习目标,并为达成目标而努力学习。

③**维持作用**。学生的学习是认真还是马虎,是持之以恒还是半途而废,在很大程度上取决于学习动机的水平。

④**调节作用**。学习动机调节学习行为的强度、时间和方向。如果行为活动未达到既定目标,动机还将驱使学生转换行为活动方向以达成既定目标。

2. 简论 学习动机和学习/学习效率/学习效果的关系。

答 (1) 学习动机是影响学习效果/效率的一个重要因素,但不是唯一因素。

(2) 学习动机与学习效果的关系并不是直接的,它们之间往往以学习行为为中介。学习行为不仅受到学习动机的影响,也会受到一系列主、客观因素的影响。所以,只有把学习动机、学习行为、学习效果三者放在一起,才能看出学习动机与学习效果之间的关系。

(3) 学习动机强度和学习效率并不完全成正比,根据耶克斯-多德森定律来看学习动机与学习效率的关系,可以得知:

①**学习动机存在一个最佳水平**。在最佳水平范围内,学习效果随着学习动机的增强而提高;超出最佳水平后,学习效果随着学习动机的增强而降低。

②**学习动机的强度与学习效果的关系会因学习者的个性、课题性质或课题材料的难度不同而变化**。

③**不同难度的任务,动机的最佳水平不同**。对于较为困难的任务,较低的学习动机,学习效率最高;对于难度适中的任务,具有中等水平的学习动机,学习效率最高;对于较为简单的任务,较高的学习动机,学习效率最高。

④**学习动机强度与学习效率之间不是一种线性关系,而是一种倒 U 型曲线关系**。中等强度的动机,最有利于任务的完成,一旦动机强度高于这个水平,就会对行为具有阻碍作用。如过分强烈的学习动机往往使学生处于一种紧张的情绪状态,这会降低学习效率。

3. 简论 马斯洛的需要层次理论及对教育的启示。

答 (1) **内涵**:美国心理学家马斯洛提出了人本主义学派最具代表性的动机理论——需要层次理论。他认为人类的学习动机与各种切身需要紧密相关,这些需要,从低级到高级可分为以下七个层次。

①**生理的需要**:维持生存和延续种族的需要。

②**安全的需要**:受保护与免遭威胁、获得安全感的需要。

③**归属与爱的需要**:被人接纳、爱护、关注、鼓励、支持的需要。

④**尊重的需要**:希望被人认可、关爱、赞许等维护个人自尊心的需要。

⑤**求知与理解的需要**:通过探索、试验、阅读询问等,了解自己不理解的东西的需要。

⑥**审美的需要**:欣赏、享受美好事物的需要。

⑦**自我实现的需要**:个人理想全部实现的需要。

(2) 特点。

①**层次化**:七种基本需要不仅有高低层次之分,还有先后顺序之别。只有满足了低层次的需要才会产生高层次的需要。

②**分类化**：前四种属于缺失需要，一旦缺失需要得到满足，对其需要的强度就会降；后三种属于成长需要，它们很少能得到完全满足。

③缺失需要和成长需要相互制约，相互影响。

④只有少数人可以达到自我实现的境界。

(3) 应用/启示。

①在某种程度上，学生缺乏学习动机可能是由于某种缺失需要没有得到充分满足而引起的。所以，教师要关心学生的学习、生活和情感，排除影响学习的一切干扰因素。

②学校里最重要的缺失需要是爱与尊重。只有民主、公正、理解、尊重、爱护学生的教师，才有可能使学生产生学习的热情、克服困难的意志和创造的欲望。

③教师要引导学生追求成长需要。在实际教学中，最重要的是让学生的学习行为转化为内部动机，使学习成为学生一种稳定而持久的需要，高层次的成长需要才能使学生更好地生活。

4. 简论 归因理论/韦纳的成败归因理论及其教育指导。/该理论如何培养和激发学生学习动机。

答 (1) **含义**：归因理论是学习动机的理论之一，是人们对自己或他人活动及其结果的原因所作出的解释和评价。

(2) **归因理论**：在前人的基础上，韦纳对行为结果的归因进行了系统探讨，将人们对活动成败的归因总结为三个维度、六个因素。三个维度：内部归因和外部归因、稳定归因和不稳定归因、可控归因和不可控归因。六个因素：能力高低、努力程度、任务难度、运气好坏、身心状态、外界环境。其中能力高低、努力程度、任务难度、运气好坏是四个最主要的归因。

(3) **影响因素**：①他人操作的有关信息；②先前的观念；③自我知觉；④教师或权威人物对学生行为的期待与奖惩、学生的性格类型、教育训练等都可以作为学生的归因。

(4) **归因与动机的关系**：一个人解释自己行为结果的原因会反过来激发他的动机，影响他的行为、期望和情感反应。

①把成功归结为内部原因，会使学生感到满意、自豪；反之，会使学生产生侥幸心理。把失败归结为内部原因，会使学生产生羞愧和无助感；反之，会使学生感到气愤和产生敌意。

②把成功归因于稳定因素，会提高学生学习的积极性；反之，会使学生产生侥幸心理。把失败归因于稳定因素，会降低学生学习的积极性；反之，会使学生感到生气。

③把成功归结为可控因素，会提升学生学习的信心；反之，会导致学生学习的信心下降。把失败归结为可控因素，会使学生感到很内疚，认为自己可以通过努力改变失败现状；反之，会使学生产生沮丧的，甚至是绝望的心情。

④韦纳倾向于强调内部的、稳定的、可控的归因。

(5) **教育指导/培养和激发学生动机的途径**。

①**教师要引导学生正确归因**。a. 韦纳倾向于引导学生进行内部的、稳定的、可控维度的归因。b. 无论成败，归因于努力相比归因于能力，都会引发更强烈的情绪体验。努力而成功，体验到愉快；不努力而失败，体验到羞愧；努力而失败，也应受到鼓励。c. 在付出同样的努力时，能力低的，应得到更多的奖励。d. 能力低而努力的人受到最高评价，能力高而不努力的人，则受到最低评价。

②**教师要引导学生建立积极的自我概念**。自我概念指个体对自身存在的体验，它包括一个人通过经验、反省和他人的反馈，逐步加深对自身的了解。正确归因是帮助学生获得自我概念的方式之一。

③**一般情况下，引导学生将成败归因于努力，但不能将一切均归因于努力**。如果学生已经很努力但还

是没有成功时,要帮助学生找到真正的原因,避免学生产生习得性无助。

5. 简论 **自我效能感理论的含义、来源、影响因素、培养途径和功能。/ 该理论对学习活动的意义。**

答 **(1) 含义：**自我效能感是班杜拉提出的学习动机理论。它指个体对自己是否能够成功地进行某一成就行为的主观判断。

(2) 形成自我效能感的分析：人的行为受行为的结果因素与先行因素的影响。

①**行为的结果因素是强化。**强化能激发和维持行为的动机,以控制和调节人的行为。但是行为的出现不是由于随后的强化,而是由于人认识了行为与强化之间的依赖关系后建立了对下一步强化的期望。

②**行为的先行因素是"期望"。**班杜拉认为除了结果期望,还有一种效能期望。结果期望指人对自己某种行为会导致某一结果(强化)的推测,是传统的期望。效能期望指人对自己能否做出某种行为的能力的推测,即自我效能感。

(3) 影响自我效能感的因素与培育途径。

①**直接经验。**学习者的亲身经验对自我效能感的影响最大,成功的经验会提高自我效能感,反之,多次失败的经验会降低自我效能感。

②**替代经验。**学习者通过观察榜样的行为而获得的间接经验也会影响自我效能感。因此,要对其模仿榜样的行为进行积极强化。

③**言语说服。**他人的建议、劝告和解释以及自我引导也有助于改变个体的自我效能感,但依靠这种方法形成的自我效能感不持久。

④**情绪唤醒。**情绪和生理状态也会影响自我效能感。如高度的情绪唤起、紧张的生理状态会妨碍行为操作,降低个体对成功的预期水准。

(4) 自我效能感的功能 / 对学习活动的意义。

①**自我效能感影响新行为的习得和习得行为的表现。**自我效能感高者表现自如;自我效能感低者则缩手缩脚。

②**自我效能感影响个体对活动的选择及坚持。**人倾向于选择并做完自认为能胜任的工作,而回避自认为不能胜任的工作。

③**自我效能感影响个体活动时的情绪。**自我效能感高者能够承受压力,情绪饱满、轻松;自我效能感低者则感到紧张、焦虑。

④**自我效能感影响个体面对困难时的态度。**自我效能感高者有信心克服困难,更加努力;自我效能感低者则信心不足,甚至放弃努力。

6. 论述 **试阐释三种学习动机理论,并结合实际分析如何在这些理论的指导下激发学生的学习动机。**

答 **(1) 根据成败归因理论激发学生的学习动机。**

韦纳在前人的基础上,对行为结果的归因进行了系统探讨,将人们对活动成败的归因总结为三个维度、六个因素。激发学生学习动机的方法：①教师要引导学生正确归因。②教师要引导学生建立积极的自我概念。③教师要引导学生将成败归因于努力,但不能极端地将一切均归因于努力。

举例：甲同学对自己的成绩反思为"别人都很强,我可能不是块学习的料"。据此,教师要鼓励甲同学树立自信心,重视努力的重要性。

(2) 根据需要层次理论激发学生的学习动机。

马斯洛认为人类的学习动机与各种切身需要紧密相关,这些需要从低级到高级可分为七个层次。激发学生学习动机的方法：①教师要关心学生的学习、生活和情感,排除影响学生学习的一切干扰因素。②教师要民主、公正、理解、尊重、爱护学生,让学生产生学习的热情、克服困难的意志和创造的欲望。③教师要引导学生追求成长需要。

举例:一些平时不受老师重视的学生在课堂上爱做小动作,做鬼脸。这部分学生缺失归属与爱的需要、尊重的需要。对此,教师应该积极鼓励他们,不可对他们置之不理;教师要发动班级其他学生帮助他们,让他们感受到集体的温暖。

(3) 根据自我效能感理论激发学生的学习动机。

自我效能感是班杜拉提出的学习动机理论。自我效能感指个体对自己能否成功进行某一成就行为的主观判断。激发学习动机的方法:通过让学生体验成功、设置榜样、言语说服、情绪唤醒等方式提高学生的自我效能感,激发学生的学习动机。

举例:在体育教学中,教师可以通过把握各个学生的特点,从学生的实际发展水平出发,制定恰当的教学目标。把练习目标多级分解,如把排球垫球目标设定为自垫、对墙垫、对垫、隔网垫四个目标,层层递增。

7. 简论 影响学生学习动机的因素/内部因素/外部因素。

答 **(1) 内部因素。**

①**学生的自身兴趣、需要和目标结构。** 每个人的兴趣和需要不同,所产生的动机不同。每个人的目标结构也不同,有的属于掌握型目标(以掌握知识为学习目的,属于内部归因倾向),有的属于成绩型目标(以获得好成绩为学习目的,属于外部归因倾向),学习动机自然不同。

②**学生的身心发展规律和年龄特点。** 年幼儿童更注重外部动机,随着年龄的增长,逐渐转变为内部动机。年幼儿童更注重需要层次理论中的缺失需要,随着年龄的增长,逐渐向成长性需要倾斜。

③**学生具有差异性。** 学生的兴趣和好奇心各有不同,产生动机的领域也各不相同,维持动机的意志力也会不同。

④**学生的价值观与志向水平。** 学生的世界观、人生观、价值观的境界各不相同,对事物产生的动机的持续性和强烈程度各有不同。志向和理想越高远,往往动机水平越强烈。

⑤**焦虑。** 焦虑可能是导致学生学习失败的原因,也可能是失败造成的结果。

(2) 外部因素。

①**学校与教师。** 民主的环境和氛围更能激发学生的学习动机;教师本人要树立积极学习的良好榜样;利用教师期望效应,将学生看成有能力的个体;教师要沟通好社会、学校、家庭之间的关系。

②**家庭教育。** 家庭是孩子的第一所学校,父母的文化背景、言行举止、价值观、生活习惯等都影响着孩子的心境与动机。父母的教育方式也极大地影响着孩子的学习动机。

③**社会教育。** 社会要求和社会舆论会通过家庭教育间接影响学生的学习动机。

8. 简论 分析什么是学习动机以及如何培养和激发学习动机。

答 **(1) 含义:** 学习动机是指激励并维持学生朝向某一目的的学习行为的动力倾向。在实际过程中,学习动机与学习兴趣、学习需要、个人价值观、态度、志向水平、外来鼓励、学习后果等都有密切联系。

(2) 动机的培养。

①**成就动机的培养:** 采用直接训练和间接训练两种形式。

②**成败归因训练:** 关键是引导学生把成败归因为努力和学习方法,其目的是增强学生的学习信心。

③**自我效能感的培养:** 可以通过直接经验培训、间接经验培训、说服教育、情绪唤醒等方式开展。

(3) 学习动机的激发。

①**外部学习动机的激发。**

a. 教师为学生设置明确、具体、适当的学习目标。

b. 教师的反馈与评价。学习结果要及时反馈，并与评价结合使用，除了要善于利用表扬，还要引导学生进行自我评价。

c. 教师给予合理奖励和惩罚。一般表扬和奖励比批评和指责更能激发学习动机，但不能滥用外在奖励，奖励时要充分考虑学生的个别差异。

②内部学习动机的激发。

a. 教学吸引。教师可以通过灵活的教学方式、新颖的教学内容、给予课堂练习以及创设问题情境来吸引学生的注意力。

b. 兴趣激发。利用教师的期望效应、已有的动机和兴趣，课外活动指导来发展学生的学习兴趣。

c. 建立合理的动机信念。帮助学生建立正确的归因模式和积极的自我概念，树立较高的成就动机水平，以及引导学生设置合理的目标定向。

d. 竞争与合作。努力给学生创设一种既有竞争又有合作的学习环境，这不仅能让学生提高学习兴趣，增强克服困难的毅力，还能使学生产生成功经验及内部学习动机，使学生努力追求目标。

e. 学习动机的迁移。分析现有动机，找出共同之处，强化共同之处，导向新的学习。

③外部学习动机和内部学习动机的相互交替、转化并强化。

a. 当学生没有学习动机时，创设外部条件，激发学习动机。

b. 当学生有一定的外部学习动机时，应有目的、有计划地培养其内部学习动机。

c. 当学生有强烈而持久的内部学习动机后，仍要不断激发其外部学习动机，使内外学习动机共同推进学习活动。

第五章 知识的学习

名词解释

1. 知识

答 对于知识的含义,学术界没有统一的定论。

(1) **从认识论的本质上讲**,人与外界相互作用的实践活动中,获得来自客体的各种信息,用一定的方式对这些信息进行加工和组织,形成对事物的理解,从而形成知识。

(2) **从学校教育的过程上讲**,教育者不应把知识作为定论教给学生,而应把知识当作一种解释和看法,让学生理解、分析和鉴别。

(3) **从含义界定的广义和狭义上讲**,广义的知识指人们所获得的经验(包括心智技能和认知策略);狭义的知识指个体获得的各种主观表征。

2. 程序性知识

答 (1) **简介**:根据知识的状态和表现方式,知识可分为陈述性知识与程序性知识。

(2) **内涵**:程序性知识主要反映活动的具体过程和操作步骤,说明"做什么"和"怎么做",是一种实践性知识,主要用于实践操作,因此也称操作性知识。

(3) **建构机制**:程序性知识建构的基本机制是产生式。

(4) **与陈述性知识的关系**:①程序性知识的执行需要用陈述性知识判断;②学生的学习常常从陈述性知识开始,再与具体任务目标相联系,逐步形成程序性知识。

3. 陈述性知识

答 (1) **简介**:根据知识的状态和表现方式,知识可分为陈述性知识与程序性知识。

(2) **内涵**:陈述性知识主要反映事物的状态、内容及事物发展变化的时间、原因,主要指"是什么""怎么样"的知识,也称描述性知识,一般可以用口头或书面语言清楚明白地表述。

(3) **建构机制**:陈述性知识建构的基本机制是同化和顺应。

(4) **与程序性知识的关系**:①程序性知识的执行需要用陈述性知识判断;②学生的学习常常从陈述性知识开始,再与具体任务目标相联系,逐步形成程序性知识。

4. 知识的迁移/学习迁移

答 (1) **含义**:迁移指一种学习对另一种学习的影响,指已经获得的知识、技能、方法、态度对于新知识、技能的影响,这种影响可以是积极的,也可以是消极的。

(2) **理论解释**:不同的理论对迁移的原因有着不同的解释。如形式训练说认为迁移是官能的迁移;共同要素说认为迁移的原因是不同的情境中存在相同成分;概括化理论认为迁移的关键在于概括出两组活动中的共同原理,概括水平越高,迁移效果越好。

(3) **为迁移而教**:为了促进迁移,教师应该整合学科内容、加强知识练习、重视学习策略、强调概括总结、培养迁移意识。

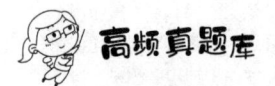

简答题 / 论述题

1. 简论 举例说明影响知识理解的因素。

[答] 知识的理解是学生运用已有经验、知识去认识事物的联系、关系,直至认识本质、规律的一种逐步深入的思维活动,是掌握知识的中心环节。影响知识理解的因素有:

(1) 客观因素。

①**学习材料的内容。**学习材料的意义、学习材料内容的具体程度、相对复杂性和难度等都会影响学习者对知识的理解。

②**学习材料的形式。**学习材料在表达形式上的直观性,如是否采用实物、模型、言语等一般来说也会影响到学习者对知识的理解。

③**老师的言语提示和指导对学生的学习有直接影响。**

(2) 主观因素。

①**学习者原有的知识经验背景。**这种知识经验背景有着丰富而广泛的含义,它包括不同的来源、以不同表征方式存在的知识经验,是一个动态的、整合的认知结构。

②**学习者有主动理解的意识和方法。**学生要有主动理解的意识倾向和主动理解的策略和方法。

③**学习者的认知结构特征。**如认知结构中有没有适当的、起固着作用的观念,以及起固着作用观念的稳定性和清晰性。

④**学习者的能力水平。**如学生的认知发展水平、语言能力等也会影响知识的理解程度。

2. 简答 促进知识整合 / 升华的措施。

[答] 知识的整合 / 升华实际上是运用记忆规律促进知识保持的过程,其措施有:

(1) 提高对知识的加工水平。学生要利用知识的特点,特别地做一些有趣、有逻辑的加工,能促使学生理解和掌握相关知识。

(2) 多重编码。学生对要求掌握的知识进行多种方式的编码,如除了找到知识的逻辑,还可以编口诀,使用当时学习这个知识的环境印象等,学生对知识的编码方式越特殊,或多重编码,记忆越牢。

(3) 联系记忆法。依据布鲁纳的结构主义理论,将知识梳理为逻辑图,把新旧知识联系起来,将知识结构化,更有利于理解和记忆。

(4) 过度学习与试图回忆相结合。过度学习指学生达到掌握水平后,继续进行过度的学习,有助于增强记忆效果,但过度学习时最好加强对知识的回忆,使用回忆法提取知识,效果最佳。

(5) 及时且多重复习。学习新知识后,要想达到整合知识的效果,应该及时复习。复习次数较少时,往往容易遗忘,应依据艾宾浩斯遗忘曲线,增加复习的次数,这样才会记忆犹新。

3. 简论 根据记忆遗忘规律谈谈促进记忆和保持知识的方法。

[答] **(1) 遗忘的规律 / 特点。**

依据艾宾浩斯遗忘曲线,记忆的保持随时间的流逝而逐渐消退,呈现先快后慢的特征。

①**保持量的减少。**保持量随时间、测量方法、学习程度、材料性质等因素的变化而有所不同。

②**保持量的增加。**儿童在学习后的两三天测得的保持量会比学习后立即测得的保持量要多,这种现象叫作记忆的恢复。

③**记忆内容变化。**保存在头脑中的图形不是原封不动的,也不只是模糊化,而是进一步被加工并发生变化。

④**复习与记忆**。不复习和不合理的复习都不能起到保持记忆的最好效果,只有合理复习才能尽可能保证好的记忆效果。

(2) **促进记忆和保持知识的方法**。(同题 2 "促进知识整合 / 升华的措施")

4. 简论 联系实际,谈谈促进知识迁移的措施 / 说明如何引导正迁移 / "为迁移而教"。

答 (1) **迁移的含义**:指一种学习对另一种学习的影响,指已经获得知识、技能、方法、态度对于新知识、新技能的影响。这种影响可以是积极的,也可以是消极的。而正迁移则是一种学习对另一种学习的积极影响。

(2) **促进知识迁移的措施**。

①**整合学科内容**。教师要注意把各个独立的教学内容整合起来,注意各门学科的横向联系,鼓励学生把在某一门学科中学到的知识运用到其他学科中去。例如,教师要鼓励学生关注历史与地理、化学与生物、数学与物理等学科之间的关系。若有必要,教师可做这方面的示范,这就是横向迁移。

②**加强知识联系**。教师要重视加强新旧知识技能之间的联系,促使学生把已学过的内容迁移到新的学习内容中去。教师可进行提问或简单的提示,这样有利于学生利用已有知识,从而比较容易地学习新的、较复杂的内容,即所谓纵向迁移。

③**强调概括总结**。教师在教学中要注意启发学生对所学内容进行概括总结。一方面,在教学中,教师要引导学生自己对原理进行概括,培养和提高其概括总结的能力,充分利用原理的迁移;另一方面,在讲解原理时,教师要在最大范围内列举各种变式,使学生正确把握其内涵和外延。教师还需要结合原理的具体运用情境进行教学。

④**重视学习策略**。教师应有意识地教学生学会如何学习,帮他们掌握概括化的认知策略和元认知策略。教师在教学中有意识地教学生一些认知策略和元认知策略将有助于学生学会如何学习,从而促进学习的迁移。

⑤**培养迁移意识**。教师可以通过反馈和归因控制等方式使学生形成关于学习和学校的积极态度,鼓励学生大胆地进行迁移,将知识灵活应用。如当学生主动应用其他学科知识解决问题时,应及时给予表扬和鼓励。此外,教师还要结合学生的年龄特点,创设和改造学校的环境和氛围,增加学校对学生的吸引力。

第六章 技能的形成

名词解释

1. 技能

[答] (1) 含义：技能是通过练习而形成的合乎规则或程序的身体或认知活动方式。按其本身的性质和特点分为心智技能和操作技能。

(2) 特点：①技能是通过练习形成的，不同于本能行为；②合乎规则或程序是技能形成的前提；③技能表现为身体动作或认知动作。

(3) 作用：①技能可以调节和控制动作的进行；②技能的掌握有助于提高学习效率；③技能的形成有助于知识的掌握；④技能的形成有利于智力和能力的发展。

2. 操作技能

[答] 按照技能的性质和特点，技能可以分为心智技能和操作技能。

(1) 含义：操作技能指由一系列外部动作以合理的程序组成的操作活动方式。

(2) 特点：①动作对象具有客观性。操作活动的对象是物质性客体或肌肉。②动作执行具有外显性。操作动作的执行是通过外显性肌肉运动进行实现的。③动作结构展开性。操作活动的每个动作不可合并。

(3) 与心智技能的关系：操作技能和心智技能是相辅相成、相互制约、相互促进的；操作技能是心智技能形成的最初依据和外部体现的标志；心智技能是操作技能的调节者和必要的组成部分。

3. 心智技能

[答] 按照技能的性质和特点，技能可以分为心智技能和操作技能。

(1) 含义：指借助于内部语言在人脑中进行的认知活动方式。

(2) 特点：①动作对象具有观念性。它是客观事物在人脑中的主观映象。②动作执行具有内潜性。一般是人脑中的内潜思维。③动作结构具有简缩性。内部言语是可以合并、省略及简化的。

(3) 与操作技能的关系：操作技能和心智技能是相辅相成、相互制约、相互促进的；操作技能是心智技能形成的最初依据和外部体现的标志；心智技能是操作技能的调节者和必要的组成部分。

4. 练习的高原期/高原现象

[答] (1) 含义：在学生动作技能的形成中，练习到一定阶段往往会出现进步暂停的现象，称为高原现象或高原期。它表现为练习曲线保持在一定的水平而不再上升，甚至有所下降。但是在高原期后，练习曲线又会上升，即练习成绩又有进步。

(2) 原因。

①当练习成绩达到一定水平时，继续进步需要改变现有的活动结构和完成活动的方式方法，而代之以新的活动结构和完成活动的新的方式方法。

②经过较长时间的练习，学生的练习兴趣有所下降，甚至产生厌倦情绪，或因身体疲劳等原因而导致练习成绩出现暂停的现象。

简答题 / 论述题

1. 简论 举例说明加里培林的心智技能形成阶段理论。

答 心智技能是指借助于内部语言在人脑中进行的认知活动方式。加里培林将心智技能的形成总结为五个阶段。

(1) **活动定向阶段**。活动定向是让学生在头脑中形成对活动程序和活动结果的映象。教师需要根据学生的基础水平,将活动分解成学生能够理解,并且能够做到的操作程序,建立起学生对活动原型的定向预期。例如,教师在演示加法运算时,要让学生明了加法运算的目的在于求几个数的和,知道运算的操作程序和方法,由此在头脑中形成完备的定向映像。

(2) **物质活动或物质化活动阶段**。物质活动指运用实物的教学活动;物质化活动指利用实物的模拟品进行的教学活动。在这一阶段,教师要将动作展开,经常变化动作对象,指导学生通过省略或合并操作程序、简化动作方式。例如,在加法运算中,教师可以让学生用小木棍进行演算活动。

(3) **有声的外部言语活动阶段**。有声的外部言语活动指不直接依赖实物或模拟品,而是借助出声的外部言语活动来完成各个操作步骤。这是活动从外部形式向内部形式转化的开始。例如,在加法运算中,学生能根据加法运算的题目出声地说出"3+2=5"。

(4) **无声的外部言语活动阶段**。无声的外部言语活动以词的声音表象、动觉表象为中介,进行智力活动。这种不出声的外部言语活动貌似只是言语减去了声音,实则是动作向智力转向的开始。例如,在加法运算中,原本有声的言语活动转变为在心中默念。

(5) **内部言语活动阶段**。内部言语活动是凭借简化了的内部言语,似乎不需要多少意识的参与就能自动化进行的智力活动。这是外部动作转化为内在智力的最后阶段。其特点是简缩、自动化。例如,学生演算进位加法时,已经不再需要默念公式和法则,而是在头脑中出现几个关键词,随之而来的就是自动化的操作。

2. 简论 心智技能的培养方法。

答 心智技能以陈述性知识为基础,是陈述性知识的运用。因此,对心智技能的培养应同知识教学结合起来。

(1) **帮助学生形成条件化知识**。心智技能形成的关键是把所学知识与该知识的应用触发条件结合起来,形成条件化知识,即在头脑中储存大量的"如果……那么……"的产生式。

(2) **促进产生式知识的自动化**。为使头脑中的产生式知识进一步熟练并达到自动化程度,学生应对其进一步进行深加工和协调,并加强变式练习,才能使其变成心智技能。

(3) **加强学生的言语表达训练**。研究表明,言语活动有利于减少学生思维的盲目性,帮助学生寻找新的思路,引发执行的控制加工过程,使注意力集中于问题的突出方面或关键因素,导致问题解决的成功率更高。言语表达水平可以相当程度地体现内部思维水平,提高解决问题的速度和迁移水平,促使心智活动内化。

(4) **运用正例与反例**。由于学生在学校中学习心智技能主要是学习概念和规则,正例传递了最有利于概括的信息,反例则传递了最有利于辨别的信息。通过大量正例、反例的分析和比较,模式识别的概括化和分化,概念和规则就能被正确地运用到相应的问题情境中。

(5) **科学地进行练习**。练习要适合学生认知发展水平,从易到难,从简单到复杂地进行。只有当学生通过练习对基本知识达到熟练掌握的程度,获得成功的喜悦和价值感后,学生练习难题的条件才真正成熟,有信心且更加喜爱练习。

(6) **分阶段进行培养**。由于心智技能是按一定的阶段逐步形成的,同时,由于一种心智技能往往是由多种心智动作构成的。如果在某种心智技能中,有些动作成分是学生已经掌握了的,有些是尚未掌握的,就应该针对那些新的动作成分进行分阶段练习,并注意做好新旧动作间的组合关系的指导。

第七章　学习策略及其教学

名词解释

1. 学习策略

答 (1) **含义**：学习策略是指学习者为了提高学习效果和效率,有目的、有意识地制定的有关学习过程的复杂方案。

(2) **特点**：学习策略具有主动性、有效性、过程性和程序性的特点。

(3) **结构**：学习策略包括认知策略、元认知策略和资源管理策略。其中认知策略是指学习者加工信息的方法和技术,能使信息有效地从记忆中提取出来;元认知策略是指对信息加工流程进行控制的策略;资源管理策略是指辅助学生管理可用环境和资源的策略。

2. 认知策略

答 (1) **内涵**：认知策略是学习者加工信息的方法和技术,能使信息有效地从记忆中提取出来。

(2) **分类**：认知策略可以分为注意策略、复述策略、精细加工策略、编码与组织策略。

①**注意策略**：指对学习材料保持高度觉醒和警觉状态的学习策略。

②**复述策略**：指在工作记忆中为了保持信息,运用内部言语在大脑中重现学习材料或刺激,以便将注意力维持在学习材料上的策略。

③**精细加工策略**：指通过把所学的新信息和已有的知识联系起来,以此来增加新信息意义的策略。

④**编码与组织策略**：指整合所学新知识之间、新旧知识之间的内在联系,形成新的知识结构的策略。

3. 精细加工策略

答 (1) **含义**：精细加工策略是学习策略中的一种认知策略。指通过把所学的新信息和已有的知识联系起来以增加新信息意义的策略。一个信息与其他信息联系得越多,提取的线索就越多。

(2) **常用策略**：精细加工策略包括简单的精细加工策略和复杂的精细加工策略。

①简单的精细加工策略包括位置记忆法、首字联词法、限定词法(谐音联想法)、关键词法、视觉想象、琴栓—单词法等。

②复杂的精细加工策略包括意义识记、主动应用、利用背景知识等。

4. 复述策略

答 (1) **含义**：复述策略是在工作记忆中为了保持信息,运用内部言语在大脑中重现学习材料或刺激,以便将注意力维持在学习材料之上的策略。

(2) **常用策略**。

①**利用记忆规律**。避免干扰,考虑抑制和促进的作用,利用首因效应和近因效应。

②**合理复习**。及时复习;集中复习和分散复习;整体学习和部分学习;自问自答或尝试背诵;过度学习。

③**自动化**。自动化意味着完成任务所需要的注意力越来越少,主要是通过操练和练习获得的。

④**亲自参与**。个体亲自参与这个知识的实践应用更有助于巩固知识。

⑤**情境相似性和情绪生理状态相似性**。相似的情境更有助于回忆。

⑥**心理倾向、态度和兴趣**。感兴趣的事或持积极态度的事会记得牢固一些。

5. 编码组织策略

答 (1) **含义**:编码与组织策略指整合所学新知识之间、新旧知识之间的内在联系,形成新的知识结构的策略。编码与组织是学习新信息的重要手段,其方法是学习者将学习材料分成一些小的单元,并把这些小的单元置于适当的类别中,从而使每项信息和其他信息联系在一起。

(2) **常用策略**。

①**列提纲**。以简要的语言来描述新知识的内在层次,体现出知识的组织结构,促进学习者的理解和记忆。

②**做图解**。运用图解的方式来说明信息之间的内在关系,用连线和箭头等符号形象地显示组织结构。

③**做表格**。对于复杂的信息,采用各种形式的表格,可以对信息起到组织的作用,有利于形成信息的视觉化,能促进对信息的记忆和理解。

6. 元认知

答 (1) **含义**:元认知是对认知的认知,具体地说,是关于个人自己认知过程的知识以及调节这些过程的能力。

(2) **成分**。

①**元认知知识**:是对认知过程的知识和观念(存储在长时记忆中)。它包括有关个人作为学习者的知识、有关任务的知识、有关学习策略及其使用的知识。

②**元认知体验**:是个体对自己的认知的心得或教训的情绪感受。

③**元认知控制**:是对认知行为的调节和控制(存储在工作记忆中)。它包括元认知计划、元认知监察和元认知调节。

(3) **作用**:元认知可以提高认知活动的效率和效果;元认知的发展可以促进个体智力的发展;元认知的发展有助于主体性的发挥。

7. 元认知策略

答 (1) **含义**:元认知策略是学习策略的一种,是对信息加工流程进行控制的策略。

(2) **内容**:元认知策略包括计划策略、监察策略和调节策略。

①**计划策略**:指根据认知活动的特定目标,在一项认知活动之前计划各种活动,预计结果、选择策略,想出各种解决问题的方法,并预估其有效性。

②**监察策略**:指在认知活动的实际过程中,根据认知目标及时评价、反馈自己认知活动的结果与不足,正确估计自己达到认知目标的程度、水平,根据有效性标准评价各种认知行动、策略的效果。

③**调节策略**:指根据对认知活动结果的检查,如发现问题,则采用相应的补救措施;根据对认知策略效果的检查,及时修正、调整认知策略。

8. 资源管理策略

答 (1) **含义**:资源管理策略是辅助学生管理可用环境和资源的策略。它有助于学生适应环境和调节环境以适应自己的需要,对学生的学习动机起着重要作用。

(2) **内容**。

①**时间管理策略**:是通过一定的方法合理安排时间、有效利用学习资源的策略。

②**努力管理策略**:是为了维持或促进意志努力,而对自己的学习兴趣、态度、情绪状态等心理因素进行约束和调整,实现学习目标的策略。

③**环境管理策略**:是指善于选择安静、干扰较小的地点学习,充分利用学习情境的相似性等的策略。

④**学业求助策略**:是指学生在学习过程中遇到困难向他人寻求帮助以克服学习困难,提高学习效率的策略。

简答题/论述题

1. 简论 迈克尔等人关于学习策略的结构和内容的基本主张/层次分类、教学条件及其意义。

答 (1) 基本主张/层次分类。

学习策略是指学习者为了提高学习的效果和效率,有目的、有意识地制定的有关学习过程的复杂的方案。迈克尔等人提出的学习策略结构如下:

①**认知策略是学习者加工信息的方法和技术,能使信息有效地从记忆中提取出来**。认知策略可分为注意策略、复述策略、精细加工策略、编码与组织策略。a. 注意策略,如设置教学目标、标记重点等;b. 复述策略,如重复、抄写、画线、做记录等;c. 精细加工策略,如想象、口述、总结、类比、答疑等;d. 编码与组织策略,如组块、选择要点、列提纲、画图等。

②**元认知策略是对信息加工流程进行控制的策略**。元认知策略可分为计划策略、监察策略、调节策略。a. 计划策略,如设置目标、浏览、设疑等;b. 监察策略,如自我检查、集中注意力、监视领会等;c. 调节策略,如调整阅读速度、重新阅读、复查等。

③**资源管理策略是辅助学生管理可用环境和资源的策略**。资源管理策略可分为时间管理策略、环境管理策略、努力管理策略、学业求助策略。a. 时间管理策略,如建立时间表、设置目标等;b. 环境管理策略,如寻找固定地方、安静地方、有组织的地方等;c. 努力管理策略,如归因于努力、调整心境等、自我谈话等;d. 学业求助策略,如寻求教师帮助、伙伴帮助,使用伙伴小组学习,获得个别指导等。

(2) 教学条件。

①学生方面。

a. 学生的年龄特征。b. 学生原有的知识背景。c. 学习动机:只有具备较强的学习动机,学习者才会积极探索、吸收能够提高学习效率的策略。d. 学习归因方式:学生应能够恰当归因,以促进学生对学习策略的掌握和运用。e. 自我效能感:如果学生使用某些学习策略确实提高了他们的学习成绩,则他们可能受到激励,继续应用这些策略。

②教师方面。

a. 善于选择适合的学习策略。b. 善于不断寻求新的学习策略。c. 能将学习策略明确地、有意识地教给学生。d. 能提高学生掌握学习策略的意识水平,教师的策略教学经验能够有效地促进学生对学习策略的获得和运用。

(3) 意义。

①**掌握学习策略是学会学习的必然要求**。学习策略有助于提高学习质量和学习效率,因此,现代教学应该将学习策略作为教学的重要内容,达到"教是为了不教"的目的。

②**掌握学习策略是主体性教学的要求**。学生只有主动地学习,主动地对学习内容进行认识,主动地接受教师的指导和帮助,才能实现自己的发展。

③**学习策略的掌握能够有效提高学习的质量**。学习活动和认知活动都涉及相应的效率问题,而学习策略能够使得学习的效率提高,从而提高学习效果。

2. 简论 精细加工策略的主要内容及其教学要求。

答 (1) 含义:精细加工策略是学习策略中的一种认知策略。指通过把所学的信息和已有的知识联系起来以增加新信息意义的策略。一个信息与其他信息联系得越多,提取的线索就越多。

(2) 精细加工策略的内容。

①简单的精细加工策略。

记忆术是一种常用的简单的精细加工策略。比较流行的精细加工策略主要有位置记忆法、首字联词法、限定词法、关键词法、琴栓—单词法、视觉想象等。

②复杂的精细加工策略：灵活处理信息。

复杂的精细加工主要有以下几个方法：a. 意义识记。在学习时，不要孤立地去记东西，而要找出事物之间的关系，这样即使部分所学信息被遗忘了，也可以利用信息之间的关系将其推导出来。b. 主动应用。学习者不仅要记住某个信息，而且要知道如何以及何时使用所拥有的信息。教师不仅要帮助学生理解信息的意义，而且要帮助学生在课堂以外的环境中应用信息。c. 利用背景知识。教师要帮助学生把新的学习内容和他们已有的背景知识联系起来。学习者如果非常了解某一课题，那么他就有更丰富的图式融合新的知识。

(3) 教学要求。

①作为教师要善于运用精细加工策略，这可以提高教师的个体专业化水平。同时，教师要把自己精细加工的知识告诉学生。

②教师所教授的知识应经过各种精细加工，再呈现给学生，帮助学生理解和记忆知识。这样可以提高教学效率，更好地帮助学生同化和顺应知识。

③教师还应该把精细加工策略教给学生，让学生可以自己对知识进行精细加工。

④教师应该主动地创设一些问题情境，这些问题情境可以帮助学生对知识进行精细加工。

3. 简论 元认知策略及其教学／举例说明元认知对学习的促进作用。

答 (1) 元认知策略的含义： 元认知策略是对信息加工流程进行控制的策略。元认知策略分为计划策略、监察策略、调节策略。

(2) 元认知对学习的促进作用。

元认知策略包括计划策略、监察策略和调节策略。通过这些元认知策略的运用可以提高认知活动的效率和效果、促进个体智力的发展、帮助个体发挥主体性。

①计划策略： 是指根据认知活动的特定目标，在一项认知活动之前计划各种活动，预计结果、选择策略，想出各种解决问题的方法，并预估其有效性。比如学生在进行期末复习时，先做好每个科目需要复习的内容、时间等相关计划，以保证期末考试之前能完成所有的复习。

②监察策略： 是指在认知活动的实际过程中，根据认知目标及时评价、反馈自己认知活动的结果与不足，正确估计自己达到认知目标的程度、水平，根据有效性标准评价各种认知行动、策略的效果。例如，当为了应考而学习时，你会向自己提出问题，并且会意识到某些章节你并不懂，你的阅读和记笔记的方法对这些章节行不通，需要尝试其他的学习策略。

③调节策略： 是指根据对认知活动结果的检查，如发现问题，则采用相应的补救措施；根据对认知策略效果的检查，及时修正、调整认知策略。例如，当学习者意识到他不理解课文的某一部分时，他们就会退回去阅读困难的段落，在阅读困难或不熟的段落时放慢速度。

(3) 元认知策略的教学。

①教给学生元认知知识。 教师应结合学科知识教学向学生传授元认知知识，有意识地帮助学生分析怎样根据自身和学习任务的特点，科学选择学习策略和方法，引导学生把元认知知识应用到自己的学习中去。

②丰富学生的元认知体验。 对元认知体验的培养，既要重"境"，即要在具体的认知活动中进行；又要重"情"，即要重视情感的激发和培养。

③**经常给学生提供反馈的机会**。教师必须向学生提供运用知识的机会。例如：让学生在实践中运用他们已学过的知识；代替教师向其他学生提供信息；向他人表达自己的理解等。

④**指导学生调节和监控自己的学习过程**。教师在教学实践中可以开设自我监控指导课、构建学科教学与自我监控指导有效结合的教学模式。同时，还可以根据学生的特点引导他们进行自我监控的训练。

第八章 问题解决能力与创造性的培养

名词解释

1. 流体智力

答 按照智力功能,卡特尔将智力分为流体智力和晶体智力。

(1) **含义**:流体智力指基本与文化无关的、非语言的心智能力。

(2) **特点**:①30岁左右达到高峰后,随着时间的推移而不断减弱。②不大依赖文化和知识背景,受遗传影响较大。如注意力、思维敏捷性、记忆力等。

(3) **流体智力和晶体智力的关系**:人在解决问题时投入流体智力发展晶体智力;一些任务需要同时使用流体智力与晶体智力。

(4) **贡献**:流体智力和晶体智力理论区分了与生俱来的素质和后天通过学习而获得的东西,说明了指导教育要适应学生的个体差异。

2. 晶体智力

答 按照智力功能,卡特尔将智力分为流体智力和晶体智力。

(1) **含义**:晶体智力指应用从社会文化中习得的解决问题的方法的能力,是在实践中形成的能力。

(2) **特点**:①随着年龄增长而不断增长。②属于后天习得的能力,与文化知识、经验累积相关。如常识、判断力等。

(3) **流体智力和晶体智力的关系**:人在解决问题时投入流体智力发展晶体智力,一些任务需要同时使用流体智力与晶体智力。

(4) **贡献**:流体智力和晶体智力理论区分了与生俱来的素质和通过后天学习而获得的东西,说明了指导教育要适应学生的个体差异。

3. 成功智力理论

答 (1) **含义**:斯腾伯格提出了成功智力理论。成功智力是为了完成个人的以及自己群体的或者文化的目标而去适应环境、改变环境和选择环境,即智力是适应、选择和塑造环境背景所需的心理能力。

(2) **理论基础**:人的智力是由分析能力、创造能力、实践能力三种能力组成的。分析能力用于解决问题和判定思维成果的质量;创造能力帮助个体从一开始就形成好的问题和想法;实践能力将思想及其分析结果以一种行之有效的方法加以实施。

(3) **教学启示**:①教师要关注每种学习行为对发展智力的三个方面的作用。②教师要帮助学生认识、利用并发挥自己的智力优势。

4. 多元智能理论

答 (1) **代表人物**:美国学者霍华德·加德纳。

(2) **理论观点**:①智力是在某一特定文化情境或社群中所展现出来的解决问题或制作生产的能力。②人类至少有八种智能,主要包括语言智能、逻辑－数学智能、空间智能、音乐智能、肢体－动觉智能、人际智能、内省智能、自然观察智能。③每一种智能代表着一种区别于其他智能的独特的思考模式,但这些智能之间的关系是相互依赖、相互补充的。④这八种智能在人身上的不同组合使每个人的智力都有独特性和差异性。

(3) **评价**:①改变了传统的教育观,教育应满足人发展的独特性和差异性。②改变了教育评价观,揭露标准化的纸笔测验对人的智力评价的片面性,主张建立多元化的评价观。③改变了教师的教学观,多元智能指导教师从多种途径增进学生对学科内容的理解。④改变了课程编制观,多元智能指导课程编制应从多种角度展示,防止学生学习途径和方式的单一性。

5. 问题解决

【答】**(1) 含义:** 问题解决是指个体在面临问题情境而没有现成方法可以利用时,将已知情境转化为目标情境的认知过程。

(2) 特点: ①需要解决的问题是新的问题;②在问题解决中,个体要把所掌握的规则重新组合形成高级规则,以适用于当前问题;③问题一旦解决,个体的能力或倾向随之发生变化。

(3) 过程: ①理解和表征问题阶段;②寻求解答阶段;③执行计划或尝试解答阶段;④评价阶段。

(4) 影响因素: ①有关的知识经验;②个体的智能和动机;③问题情境和表征方式;④思维定势与功能固着;⑤原型启发与酝酿效应。

6. 思维定势

【答】**(1) 含义:** 思维定势是影响问题解决的一个重要因素,是指由先前活动所形成的并影响后继活动趋势的一种心理准备状态。

(2) 思维定势对问题解决的影响: 当问题情境不变时,思维定势对问题解决有积极作用;当问题情境发生改变时,思维定势对问题解决有消极作用。

(3) 教学启示: 教学中应当注重学生已有经验的形成,但是也要注意培养学生思维的敏捷性。

7. 功能固着

【答】**(1) 含义:** 功能固着是影响问题解决的一个重要因素,是指个体看到某个制品有一种惯常的用途后,很难看出它的其他新用途。

(2) 对问题解决的影响: 功能固着影响人的思维,不利于新假设的提出和问题的解决。

(3) 教学启示: 教学中应当注重学生已有经验的形成,但是也要注意培养学生思维的敏捷性。

8. 创造性/创造力

【答】**(1) 含义:** 创造性是指根据一定目的和任务,运用一切已知信息,开展能动的思维活动,产生出某种新颖、独特、具有社会和个人价值的产品的品质。

(2) 基本结构: 创造性包括创造性认知品质、创造性人格品质、创造性适应品质。

(3) 影响因素: ①个人因素。包括个人的智力因素、知识基础、认知风格、人格特征、动机等。②环境因素。包括家庭环境、学校环境、社会文化环境等。

(4) 培育方法: ①营造鼓励创造的环境;②培养创造型的教师队伍;③培育创造意识,激发创造动机;④开设创造课程,教授创造技法;⑤发展和培养创造性思维;⑥塑造创造性人格。

9. 创造性思维

【答】**(1) 含义:** 创造性思维是指用超常规方法,重新组织已有知识经验,产生新方案和新成果的心理过程。创造性思维是创造性的核心。

(2) 主要特点。

①**流畅性:** 指在限定时间内产生观念数量的多少。在短时间内产生的观念多,思维流畅性大;反之,思维缺乏流畅性。

②**灵活性:** 指摈弃以往的习惯思维,开创不同思维方向的能力。

③**综合性:** 指创造性思维是各种思维的综合,是抽象思维与形象思维、发散思维与聚合思维、逻辑思维与非逻辑思维相互作用而出现的整体思维功能。

④**突发性**：指创造性思维往往在时间上以一种豁然开朗标志着某一突破的获得，主要表现形式是灵感和顿悟。

⑤**独创性**：指能突破常人的思维，创造出与众不同的解决方法。

简答题 / 论述题

1. 简论 加德纳的多元智能理论及其对教育工作的启示。

答 (1) **含义 / 观点**：智力是在某一特定文化情境或社群中所展现出来的解决问题或制作生产的能力。人类至少有八种智能，主要包括语言智能、逻辑—数学智能、空间智能、音乐智能、肢体—动觉智能、人际智能、内省智能、自然观察智能。这八种智能相互依赖，相互补充。在人体身上的不同组合使每个人的智能都有独特的表现方式和特点。

(2) **启示**。

①**在教育观上，教育应满足人发展的独特性和差异性**。加德纳提出了一种新的教育观——"以个人为中心的教育"。每个学生都具备这八种智能，但所擅长的智能各不相同。教育要以学生的智能为基础，同时要培养学生的特长。

②**在评价观上，揭露标准化的纸笔测验对人的智力评价的片面性，主张建立多元化的评价观**。加德纳指出，单纯依靠使用纸笔的标准化考试实际上过分强调了语言智能和逻辑—数学智能，否定了其他同样为社会所需要的智能，造成他们当中相当数量的人在学校找不到自己的优势。

③**在教学观上，多元智能指导教师从多种智能途径增进学生对学科内容的理解**。教师可以采用八种智能视角开展教学活动，帮助学生利用各自擅长的智能来理解所学内容。

④**在课程编制观上，多元智能指导课程编制应从多种角度展示，防止学生学习途径和方式的单一性**。例如：我国当下主张中学开展选修课程和校本课程，促进学生按照自己的兴趣进行选课。再如我国的教材编制，教材不仅说明这个知识是什么，还明确提示教师可以开展哪些活动，制作哪些作品，进行哪些探究，播放哪些配套视频等，来促进学生利用不同智能加强对课程内容的理解。

2. 简论 问题解决的含义、心理过程(过程)、措施及各阶段的主要策略。

答 (1) **含义**：问题解决是指个体在面临问题情境而没有现成方法可以利用时，将已知情境转化为目标情境的认知过程。

(2) **问题解决的心理过程 / 措施 / 策略**。

①**理解和表征问题阶段**。这个阶段包括：识别有效信息、理解信息含义、对问题进行整体表征、给问题归类。

②**寻求解答阶段**。这一过程可用的方法有算法式和启发式。

a. **算法式**：是指为了达到某一个目标或解决某个问题而采取的一步一步的程序。算法式就是严格执行算法程序来获得问题的解答。

b. **启发式**：是指根据目标的指引，试图不断地将问题状态转换成与目标状态相近的状态，只试探那些对成功趋向目标状态有价值的操作。主要有手段—目的分析法、爬山法、逆向反推法等。

③**执行计划或尝试某种解答阶段**。当表征某个问题并选好某种解决方案后，下一步就是执行计划、尝试解答。如果解决方案主要涉及某些算法的使用，就要注意避免在使用算法的过程中产生错误。

④**评价阶段**。当选择并完成某个解决方案后，还应对结果进行评价，以确定对问题的分析是否正确、选

择的策略是否合适、问题是否得到解决等。

3. 简论 影响学生问题解决的因素(包括主观因素),举例说明。

答 问题解决是指个体在面临问题情境而没有现成方法可以利用时,将已知情境转化为目标情境的认知过程。其影响因素有:

(1) 有关的知识经验。

有关的知识经验是影响问题解决的个人因素。如果个体有与问题相关的背景知识,则可以促进问题的表征。只有依据有关的知识才能为问题的解决确定方向、选择途径和方法。例如:学习完乘法之后再学习除法会变得比较容易。

(2) 个体的智能与动机。

①**智能**:个体的智力水平是影响问题解决的极其重要的因素。因为智力中的推理能力、理解能力、记忆能力、信息加工能力和分析能力等成分都影响着问题解决。如逻辑—数学智能比较好的学生能够更好地解决数学问题。

②**动机**:动机是促使问题解决的动力因素,对问题解决的思维活动有重要影响。动机的性质和强度会影响问题解决的进程。如内部动机比外部动机作用更持久,动机强度适中时问题解决效率最高。

(3) 问题情境与表征方式。

①**问题情境**:指呈现问题的客观情境(刺激模式),也就是问题呈现的知觉方式,是个体面临的刺激模式与其已有知识结构所形成的差异。如物体的平面图要相比横截面图更容易辨认。

②**表征方式**:个体对问题进行加工后在头脑中的表现形式也会影响问题的解决。例如:在解应用题时,学生往往可以采用画图的方法,便于自己理解问题、表征问题,形成问题空间。

(4) 思维定势与功能固着。

①**思维定势**:指由先前的活动所形成的并影响后继活动趋势的一种心理准备状态。如将10盆花排成5排,每排放4个,大部分人习惯于正方形连法,而不能得出结果,但采用五角星连法就可以轻松解决。

②**功能固着**:指个体看到某个制品有一种惯常的用途后,很难看出它的其他新用途。初次看到的制品的用途越重要,就越难看出它的其他用途。它使人难以发现事物功能的新异之处,从而妨碍以新的方式来解决问题。例如:对于电吹风,一般人认为它只是吹头发用的,其实它还有多种功能,比如可以做衣服的烘干器。

(5) 原型启发与酝酿效应。

①**原型启发**:指在其他事物或现象中获得的信息对解决当前问题的启发。其中,对解决问题具有启发作用的事物或现象叫作原型。例如:人类受到飞鸟和鱼的启发发明了飞机和轮船;受蒲公英随风飞行的启发发明了降落伞。

②**酝酿效应**:又称直觉思维,指当一个人长期致力于某一问题而又百思不得其解的时候,如果他暂时停下对这个问题的思考去做别的事情,几个小时、几天或几周之后,他可能会忽然想到解决这一问题的办法。例如:做不出来的数学题在几个小时后突然有了思路。

4. 简论 问题是什么,影响问题解决的因素及如何在教学实践中提高学生的问题解决能力/问题解决能力的培养措施。

答 (1) **问题的内涵**:问题是这样一种情景,个体想做某件事,但不能马上知道完成这件事所需采取的一系列行动。

(2) **问题的分类**:问题一般分为结构良好问题和结构不良问题。a. 结构良好问题是具有明确的初始状态、目标状态和解决方法的问题。如求三角形的面积公式。b. 结构不良问题是没有明确的初始状态、目标状态和解决方法的问题，即没有明确的结构和解决途径。如针对当地的环境污染问题写一篇论文。

(3) **影响因素**。(同题 3 "影响学生问题解决的因素")

(4) **培养措施**。

①**充分利用已有经验，形成知识结构的体系**。培养学生问题解决的能力首先要促使学生尽快熟练掌握专业知识，完善学生的知识结构。

②**分析问题的构成，把握问题解决规律**。问题解决需要一个过程，掌握问题解决的基本程序有利于问题解决。在教学中教给学生一些通用的问题解决的方法和思维策略，会有效地提高他们的问题解决能力。

③**开展研究性学习，发挥学生的主动性**。研究性学习是指学生在教师的指导下，以类似于科研的方式，主动选择学习，并对社会生活中的某些问题加以研究的一种学习方式。

④**教授问题解决策略，灵活变换问题**。帮助学生习得多种解决问题的策略，是培养学生问题解决能力的有效方式。教师还需要在不同的情境下灵活地变换问题。

⑤**允许学生大胆猜想，鼓励实践验证**。教师应让学生打开思路，从多种角度提出问题解决的策略，并鼓励学生进行积极的尝试和实践，在实践中验证自己的猜想。

5. [简论] 创造性思维内容、特征及其培养方法。

[答] (1) **含义**：指用超常规方法，重新组织已有知识经验，产生新方案和新成果的心理过程。创造性思维是创造性的核心。

(2) **主要特征**。

①**流畅性**：指在限定时间内产生观念数量的多少。在短时间内产生的观念多，思维流畅性大；反之，思维缺乏流畅性。

②**灵活性**：指摈弃以往的习惯思维，开创不同思维方向的能力。

③**综合性**：指创造性思维是各种思维的综合，是抽象思维与形象思维、发散思维与聚合思维、逻辑思维与非逻辑思维相互作用而出现的整体思维功能。

④**突发性**：指创造性思维往往在时间上以一种豁然开朗标志着某一突破的获得，主要表现形式是灵感和顿悟。

⑤**独创性**：指能突破常人的思维，创造出与众不同的解决方法。

(3) **培养方法**。

①加大思维的"前进跨度"，培养思维的跳跃能力。

②加大思维的"联想跨度"，使学生敢于把习惯上认为毫不相干的、表面上看来微不足道的问题联系起来或进行移植。

③加大思维的"转换跨度"，引导学生敢于否定原来的设想，善于打破固有的思路。

④给学生大胆探索与推测的机会。

6. [简论] 创造性发展的影响因素及如何培养学生的创造性。/ 结合现实，试述中小学生的创造性及其培养。

[答] (1) **创造性发展的影响因素**。

①**个人因素**：a. 智力因素。智力是创造力的必要条件，但不是充分条件。b. 知识基础。知识也是影响创造力的因素之一，个体的知识储备是创造的前提和基础。c. 认知风格。已有研究发现，系统型认知风格会对个体创造力产生负面影响，而直觉型认知风格对个体创造性的作用不显著，场域独立性和创造性之间存在显著的正相关关系。d. 人格特征。人格特征虽然对创造活动不具有直接决定作用，但是为创造活动提

供了心理状态和背景,而个体在创造活动时的心理状态和背景是否良好又对创造活动起着重要作用。e. 动机。动机是个体进行创造活动的驱动力,创造活动离不开动机的维持和激发。

②**环境因素**:a. 家庭。家庭环境、父母的教养方式、父母的榜样行为等对个体的创造力发展起着重要的作用。b. 学校。学校教育对个体的创造力发展也起着至关重要的作用。教师的态度、课堂气氛、课程设置、教学模式、学校环境等都对学生的创造性有着深刻的影响。c. 社会文化环境。民主型开放环境更能推动创造性的发展。个体的创造性发展必然会受到科技与学术环境的影响。

(2) 创造性的培养。

①**营造鼓励创造的环境**。环境主要包括社会环境、学校教育教学环境和家庭环境。营造有利于学生创造性发展的学校环境是促进儿童、青少年创造性发展的必要条件。学校应倡导民主式的教育与管理;改革考试制度;增加自主选择课程的机会和有针对性的课程设计;为学生提供创造性的人物榜样。

②**培养创造型的教师队伍**。a. 教学观念。更新教师的教学观念,使教师能够理解并鼓励学生创造。b. 创造技法和思维。教师需要提高自身的创造技法和思维策略。c. 学习心理学知识。教师应不断学习关于创造性的心理学知识,用心理学的理论指导自己的实践。

③**培养创造意识,激发创造动机**。a. 增强学生创造性的内部动机,培养创造兴趣。b. 引导学生养成自觉创造的思维习惯。c. 经常鼓励和引导学生的创造活动。例如,当某个学生在某个方面有独到见解时,教师应当及时肯定、鼓励。

④**开展创造课程,教授创造技法**。教给学生一些创造性的技能和方法。如头脑风暴法(智力激励法)、分合法、联想类比法等。

⑤**发展和培养创造性思维**。创造性思维是创造性的核心。a. 加大思维的"前进跨度",培养思维的跳跃能力。b. 加大思维的"联想跨度",使学生敢于把习惯上认为毫不相干的、表面看来微不足道的问题联系起来或进行移植。c. 加大思维的"转换跨度",引导学生敢于否定原来的设想,善于打破固有的思路。d. 给学生大胆探索与推测的机会。

⑥**塑造创造性人格**。a. 保护好奇心。好奇心是创造性的原动力,教师需要珍惜学生的好奇心并合理地引导学生的好奇心指向学习。b. 消除学生对错误的恐惧心理。培养冒险精神和挑战精神,不怕犯错。c. 鼓励独创性与多样性。发展学生的独立自主精神,重视与众不同的观点。

7. 简论 简述创造性的心理结构及培养途径。

答 (1) 创造性的心理结构。

①**创造性认知品质**:指创造性心理结构中与认知加工有关的部分,它是创造心理活动的核心。构成如下:

a. **创造性想象**:指在人脑中对已有表象进行选择、加工和改组,形成独特的新形象的心理过程。

b. **创造性思维**:指用超常规方法,重新组织已有知识经验,产生新方案和新成果的心理过程。它具有流畅性、灵活性、独创性、综合性、突发性的特点。

c. **创造性认知策略**:指有效进行创造性思维和想象的方法和操作程序。

②**创造性人格品质**:指具有创造性的人所具有的个性品质,对创造性发挥着极其重要的推动作用。构成如下:

a. **创造性动力特征**:主要表现为创造动机。根据对创造活动的影响不同,创造动机可分为外部动机和内部动机。

b. **创造性情意特征**:主要包括创造性情感和创造性意志两个方面。

c. 创造性人格特质：好奇心强、想象力丰富；具有挑战精神；独立；自制力强；富有幽默感。

③**创造性适应品质：**指个体在其创造性认知品质和创造性人格品质的基础上，对外可以对社会环境进行创造性的操作应对，对内可以对创造过程进行调适的创造性行为倾向。表现如下：

a. 创造的行为习惯：创造性适应品质发展较好的个体总是具有较高水平的发散思维策略，他们面对问题常常能想出多种多样、与众不同的观念。

b. 创造策略和创造技法的掌握运用：主要包括头脑风暴法、开放式提问法、类比推理法、等效替代法等。

(2) 创造性培养途径。（同题 6 "创造性的培养"）

第九章 社会规范学习与品德发展

名词解释

1. 社会规范学习

答 (1) **内涵**：社会规范学习指的是个体接受社会规范，内化社会价值，将外在的行为内化为主体内在的行为需要，从而建构主体内部的社会行为调节机制的过程。

(2) **特点**：情感性、约束性、延迟性。

(3) **过程**：遵从—认同—内化。遵从阶段指行为主体对他人或团体提出的某种要求既不违背，也不反抗，遵照执行的一种现象，是社会规范学习的初级接受水平；认同指行为主体在认识、情感与行为上和社会规范趋于一致，从而自愿接受社会规范的现象，是社会规范的一种较高接受水平；内化是指主体随着对规范认识的概括化与系统化，以及对规范体验的逐步累积与深化，最终形成一种价值信念作为个体规范行为的驱动力，内化是社会规范接受的高级水平。

2. 品德

答 (1) **含义**：品德作为个体社会行为的内在调节机制，是合乎社会规范要求的稳定的心理特性，是道德行为产生的内因，又称德性。品德的心理结构包括道德认知、道德情感和道德行为。

(2) **实质**：品德发展的实质是个体对社会生活(规范)的适应。

(3) **表现**：品德发展是个体的品德心理结构不断完善和协调发展的过程；品德发展表现出阶段性特点；品德发展是个体对社会规范的学习和内化过程；品德发展过程是个体不断社会化的过程。

3. 道德情感

答 (1) **含义**：道德情感是伴随着道德认知产生的，是人的道德需要是否得到实现所产生的情感体验。它既可以表现为个体根据道德观念来评价他人或自己的行为时产生的情感体验，也可表现为在道德观念的支配下采取行动时所产生的情感体验。

(2) **作用**：道德情感是道德认识转化为道德行为的内在动力，是加深道德认识、形成道德信念、坚定道德意志和巩固道德行为习惯的催化剂。道德情感与品德结构中的知、情、意、行等因素，各有自己的特点，四者相互联系、相互制约、相互促进，共同推动品德的发展。

4. 品德不良

答 (1) **内涵**：品德不良指学生经常违反道德要求或犯有较为严重的道德过错。他们最初的表现往往只是一般的过错行为，如果不及时加以矫正，就会沉积为严重的道德过错，从而形成不良品德，甚至走上违法道路。

(2) **类型**：①作弊行为；②诚信缺失及文明礼仪缺失；③责任意识淡薄。

(3) **品德不良学生的转换过程**：①醒悟阶段；②转变阶段；③自新阶段。

简答题 / 论述题

1. 简论 举例论述社会规范学习的心理过程及其条件。

答 社会规范学习指个体接受社会规范，内化社会价值，将外在的行为内化为主体内在的行为需要，从而建构主体内部的社会行为调节机制的过程，包括社会规范的遵从、认同和内化三个过程。各自条件为：

(1) 社会规范的遵从。

①**含义**：社会规范的遵从一般指行为主体对别人或团体提出的某种要求既不违背，也不反抗，遵照执行的一种现象。遵从是社会规范学习的初级接受水平，也是规范认同和内化的基础。

②**条件**：a. 群体特征的影响。一个群体的规范越标准、越明确，群体成员对社会规范的认同感就越强。群体规范还以舆论的形式对人的行为产生影响。b. 外界压力的影响。外界压力越强，个体越容易服从外界权威。c. 个体特征的影响。缺乏主见、独立性差、场依存型认知方式的人，更容易表现出遵从。不同国籍和种族的人遵从性也不同。

③**举例**：如一些纪律习惯不好的学生，在他们感受到严肃的集体氛围或者遇到严厉的教师时，会被迫遵守纪律。

(2) 社会规范的认同。

①**含义**：社会规范的认同指行为主体在认识、情感与行为上和社会规范趋于一致，从而自愿接受社会规范的现象。社会规范的认同是社会规范的一种较高接受水平。

②**条件**：a. 榜样特点的影响。如榜样的性别、性格、角色、行为等符合学习者的需要。b. 规范本身特点的影响。规范本身要具体、有实践意义、使用频率高。c. 强化方式的影响。外部强化、自我强化、替代强化等不同的强化方式都会影响个体对社会规范的认同。

③**举例**：如一些学习成绩不好的学生，看到学习好的学生认真学习，以他们为榜样，也努力学习。

(3) 社会规范的内化。

①**含义**：社会规范的内化是指主体随着对规范认识的概括化与系统化，以及对规范体验的逐步累积与深化，最终形成一种价值信念作为个体规范行为的驱动力。社会规范的内化是社会规范接受的高级水平，是品德形成的最高阶段。

②**条件**：a. 对规范价值的认识。b. 对规范价值的情感体验是主体对规范价值的社会意义和作用的一种唤醒或激活状态的反馈感受，这种感受是主体规范学习的内部动力。

③**举例**：如学生从内心认为学生的任务就是好好学习，因此严格要求自己认真学习。

2. 简论 品德培育的基本方法。

[答] 品德指个人根据一定的道德行为准则，在行动时所形成和表现出来的某些稳固的特征。品德的心理结构主要包括道德认知、道德情感和道德行为三个成分。

(1) 道德认知的培养。

①**含义**：道德认知是对道德行为准则及其执行意义的认识，是社会的道德要求转化为个人内在品质的首要环节，是道德品质形成的基础和前提。

②**培养方法**：a. 小组道德讨论。让学生在小组中就某个有关道德的典型事件进行讨论。b. 认知冲突法。教师和处于不同认知发展水平的学生共同参与对道德故事的讨论。c. 短期训练法。短期训练法对学生道德认知的影响是短暂的，但能够有效改变学生的道德判断定向。d. 言语说服。教师经常要通过言语讲解和说服来使学生理解和接受一定的道德观念与道德准则。

(2) 道德情感的培养。

①**含义**：道德情感是伴随着道德认知产生的，是人的道德需要是否得到实现所产生的情感体验。

②**培养方法**：a. 通过道德知识来引发道德情感。b. 通过实践活动来引发道德情感。c. 通过培养羞愧感来增强道德情感。d. 通过培养移情能力来增强道德情感。e. 通过自我调节来调控道德情感。

(3) 道德行为的培养。

①含义：道德行为是道德认知和道德情感的集中体现，是个体面对一定的道德情境时，充分调动自己的道德认知，并产生强烈的道德情感，经过内心冲突及外部情况的影响而产生的行为。

②培养方法：a. 创设良好的情境，潜移默化地进行熏陶。b. 树立道德榜样，规避不良道德行为。c. 养成良好的道德习惯，践行道德行为。d. 制定集体公约，促使学生形成积极的态度。e. 使用角色扮演法，培养自我教育的能力。

3. 简论 **影响品德形成的因素/内部因素及培养学生道德品质的方式。**

答 (1) 影响因素。

①外部因素。

a. 家庭环境。 家庭经济状况、居住条件、父母感情、家长职业类型、家长的品德、家长对子女的教养态度和期望等均会影响学生品德的发展。

b. 学校集体。

第一，班集体的影响。 班集体的信念对集体成员的品德形成起作用；班集体情感对集体成员的道德情感有很大影响；班集体坚定的意志行动可以提高集体成员克服困难的自觉性；班集体的行为习惯水平会对集体成员的品德形成产生影响。

第二，学校德育的影响。 学校的学科教学、校园文化、活动安排等。如果学校只看重升学率，就容易导致学生的品德不良。

第三，学校集体中其他因素的影响。 教师的领导方式、集体舆论、校风和班风。

第四，校园文化的影响。 各种场所的设备、卫生、装饰等也会对学生的精神面貌和行为方式产生影响。

c. 社会化。 个体正是在和社会环境相互作用的过程中，学会适应环境进而形成相应的人格特征的。

②内部因素。

a. 道德认识。 人的行动总是被人的认识支配，人的道德行为也不例外地受到人的道德认识的制约。

b. 个性品质。 个性对品德发展的作用主要体现为个性倾向性和个性心理特征对品德发展的影响。

c. 适应能力。 适应能力有两大方面：一是自我教育能力；二是社会生活和工作能力。由于人与人之间存在差异，因而人的适应能力各不相同，其品德表现也各不相同。

(2) 培养学生道德品质的方式。（同题2"品德培育的基本方法"）

4. 简论 **学生品德不良的含义、类型、产生的原因和矫正方法。**

答 (1) 含义：品德不良是指学生经常违反道德要求或犯有较为严重的道德过错。他们最初的表现是一般的过错行为，这些过错行为虽然在其严重性和稳定性上还没有达到违法的程度，但是如不及时加以矫正，就会沉积为严重的道德过错，从而酿成不良品德，甚至走上违法道路。

(2) 类型：①作弊行为。考试作弊属于学习领域最普遍的品德不良的表现之一。②诚信缺失及文明礼仪缺失。这是青少年在社会生活领域中品德不良的主要表现。③责任意识淡薄。责任在整个道德规范体系中居于最高层次。一个人能否形成一定的责任意识，能否勇于承担一定的社会责任，关键要看青少年阶段所受教育的情况。

(3) 产生原因。

①客观原因。

a. 家庭方面。 第一，养而不教，重养轻教；第二，宠严失度，方法不当；第三，要求不一致，互相抵消；第四，家长生活作风不良，缺乏表率作用；第五，家庭结构剧变。

b. 学校方面。 第一,只抓升学率,忽视了对学生思想品德的教育;第二,有的教师对学生不能一视同仁;第三,少数教师的不良品德直接对学生的品德产生了不良影响。

c. 社会方面。 第一,不良风气和错误思想会误导学生;第二,社会中存在各种恶习的人对青少年产生不良影响。

②**主观原因。** a. 错误的道德认知;b. 异常的道德情感;c. 薄弱的道德意志;d. 不良的道德习惯。

(4) 矫正方法。

①**提高道德认知,消除意义障碍。** 转变以灌输为主的道德认知模式,以事实为基础,开展开放式民主辩论活动,澄清模糊认识,消除错误观念。通过认知疗法和道德辩论,消除不正确的道德认知,提高道德判断能力。

②**注重移情体验,消除情感障碍。** 通过移情训练增强个体的移情能力。基于正确的教育观将违规学生身上所有向善的可能性激发出来,再通过集体活动激发其自身的自尊心与道德自尊感。

③**锻炼意志力,消除习惯惰性障碍。** 通过劳动教育,磨炼顽强意志;通过军训,学会用纪律约束自己;通过合理愿望教育,学会区分并克制自己的不合理愿望;通过妙用精神鼓励和延迟奖励,培养远大理想以及为他人的快乐而克制私欲的情操。

④**关注情感需求,杜绝简单粗暴的教育行为。** 教师对有违规行为的学生不能歧视、打击,应给予其特殊的关爱,经常了解这类学生的所需所想,建立师生间的合作、依赖关系,沟通内心世界。

⑤**关注学生个别差异,杜绝整齐划一的道德教育。** 每个学生都有自己的生活环境、成长经历、个性特点和精神世界,因而对于他们的教育必须区别对待、有的放矢,采用不同的内容和方法来教育。

第十章 心理健康及其教育

名词解释

心理健康

答 (1) 含义：广义的心理健康指个体一种良好而持续的心理状态，表现为个体具有生命的活力、积极的内心体验、良好的社会适应，并能有效地发挥个体的身心潜能和积极的社会功能。狭义的心理健康指个体生活、适应上所表现的和谐状态，或者说是指一个人没有困扰以妨碍其心理效能和心理发展的状态。

(2) 判断一个人的心理健康的标准：①自知、自尊和自我接纳；②人格结构的稳定与协调；③对现实的有效知觉；④自我调控能力；⑤与人建立亲密关系的能力；⑥生活热情与工作高效率。

简答题／论述题

1. 简答 简述心理健康标准。

答 (1) 心理健康的定义：①广义的心理健康是个体一种良好而持续的心理状态，表现为个体具有生命的活力、积极的内心体验、良好的社会适应，并能有效地发挥个体的身心潜能和积极的社会功能；②狭义的心理健康是指个体在生活、适应上所表现的和谐状态，或者说是指一个人没有困扰以妨碍其心理效能和心理发展的状态。

(2) 心理健康的标准。

①**自知、自尊和自我接纳**。对自己有正确的认识，并能接纳自己；在对事尽力、对人尽心的过程中体验自我价值；不过于掩饰自己，不刻意取悦别人，以保持自己适度的自尊。

②**人格结构的稳定与协调**。各项心理机能健全并有较高的整合水平，如人格结构中本我、自我、超我处于动态平衡，理想自我与现实自我差距适度，认识与情感协调，行动、手段与目标相适应；由于形成了稳定的内部调节机制，故个人具有独立的抉择能力，行动上表现出自主性。

③**对现实的有效知觉**。在认识与解释周围的事物时，能持客观态度，重视证据；对他人内心活动有较敏锐的觉察力，不会总是误解他人的言行；很少有错误的知觉。

④**自我调控能力**。有控制自己行为的能力，能承担个人责任和社会责任，对自己的抉择和行动负责；必要时能遏制自己的非理性冲动；有调节自己心理冲突的能力；有成长的意愿，能有效地调动自己的身心力量，在有关领域实现较高水平的目标。

⑤**与人建立亲密关系的能力**。有正确的人际交往态度和有效的人际沟通技能，关心他人，善于合作；不为满足自己的需要而苛求于人；人际关系适宜，有知心朋友，有亲密家人。

⑥**生活热情与工作高效率**。热爱生活，乐于工作；有从经验中学习的能力、创造性地解决问题的能力，工作有成效；有独立谋生的能力与意愿；能在学习、工作、娱乐活动的协调中追求生活的充实和人生的意义。

2. 简论 中小学生主要存在的心理健康问题以及如何开展心理健康教育。

答 (1) 主要问题。

①**学习问题**。包括厌恶学习、逃学、学习效率低、阅读障碍、考试焦虑、学校恐惧症、注意缺陷及多动障碍等。

②**人际关系问题**。包括亲子关系、师生关系、同伴关系等，如社交恐惧、人际冲突等。

③**学校生活适应问题**。包括生活自理困难、对学校集体生活不适应、对高学段学习生活不适应等。

④**自我概念问题**。包括缺乏自知、自信，自我膨胀，沉湎于自我分析，理想自我与现实自我的差距过大，自贬的思维方式等。

⑤**与青春期性心理有关的问题**。包括青春期发育引起的各种情绪困扰，以及异性交往中的问题，如性困惑、性恐慌、性梦幻、性身份识别障碍等。

(2) 开展心理健康教育方法。

①**认知法**。这种方法主要靠调动学生的感知、记忆、想象、思维等心理过程来达到教学目标。它可以派生出阅读、听、讲故事，观看幻灯片、图片、录像，案例分析、判断和评价等多种形式。

②**游戏法**。竞赛性游戏能够调动学生参与活动的积极性，培养学生的竞争意识和团结合作精神；非竞赛性游戏可缓解学生的紧张和焦虑情绪，再现原有的生活体验，使学生获得新的体会与认识。

③**测验法**。通过智力、性格、态度、兴趣和适应性等各种问卷测验，帮助学生自我反省、自我分析，了解自己某方面心理素质的发展现状，形成正确的自我认识和自我评价。

④**交流法**。通过学生间的交流活动，让学生各自介绍自己的心理优势或个体经验，促进其他学生对训练策略的认识、领悟和掌握。

⑤**讨论法**。通过师生、生生之间广泛、深入的思想交流，引导学生积极思考，步步深入，提高认识，转变思维方式和看问题的角度，掌握科学的行动步骤。

⑥**角色扮演法**。教师提供一定的主题情境并讲明表演要求，让学生扮演某种人物角色，演绎某种行为方式、方法与态度，达到深化学生的认识感受和评价"剧中人"的内心活动和情感的目的。

⑦**行为改变法**。通过奖惩等强化手段帮助学生建立某种良好的行为，或消除、矫正其不良行为。此法可分为代币法、契约法、自我控制法等多种形式。

⑧**实践操作法**。让学生亲自动手，完成某种操作任务。常用于验证某种心理效应，以达到加深学生体验和增强其认同感的目的。

第四部分 教育学原理

第一章 教育学概述

名词解释

1. 教育学

答 (1) **含义**：教育学就是关于"教育"的学问，即通过对教育现象和教育问题的研究，科学地解释教育现象和教育问题，揭示教育规律，沟通教育理论与教育实践，探讨教育艺术和教育价值的一门科学。

(2) **研究对象**：教育学以有价值的、能够引起社会普遍关注的教育问题和教育现象为研究对象。

(3) **研究任务**：科学地解释教育现象与教育问题，揭示教育规律，沟通教育理论与教育实践，探讨教育价值观念与教育艺术。

(4) **教育学的价值**：教育学是教育实践的高度概括和科学抽象，是在人类长期的教学实践活动中形成并发展起来的一门科学。它既是理论科学，又是实践科学。

2. 教育规律

答 (1) **简介**：教育学的研究任务主要是科学地解释教育现象与教育问题，揭示教育规律，沟通教育理论与教育实践，探讨教育价值观念与教育艺术。

(2) **含义**：教育规律是指教育内部诸因素之间、教育与其他事物之间本质性的联系，以及教育发展变化过程的规律性。

(3) **反映**：我国古代《学记》提出"道而弗牵，强而弗抑，开而弗达"的宝贵经验就是教育规律性的反映。

3. 实验教育学

答 (1) **代表人物**：梅伊曼、拉伊。

(2) **观点**：①反对以赫尔巴特为代表的强调思辨的教育学。②提倡把实验心理学的研究成果和方法应用于教育研究中。③将教育实验划分为提出假设、制订实验计划并进行实验、验证结论三个基本阶段。④认为教育实验与心理实验有差别，心理实验要在实验室里进行，而教育实验要在真实的学校环境和教学实践活动中进行。⑤主张用实验、统计和比较的方法研究教育，用实验数据作为改革学制、课程和教学方法的依据。

(3) **评价**：实验教育学提倡定量的研究方法，使定量研究成为20世纪教育学研究的一个基本范式，极大地推进了教育科学的发展。但当实验教育学及其后继者把定量方法夸大为教育研究的唯一方法时，就走上"唯科学主义"的迷途。

简答题/论述题

1. 简答 简述教育学作为一门学科的主要任务及研究对象。

答 (1) **教育学的主要任务**：科学地解释教育现象与教育问题，揭示教育规律，沟通教育理论与教育实践，探讨教育价值观念与教育艺术。

①**教育规律**：教育内部诸因素之间、教育与其他事物之间本质性的联系，以及教育发展变化过程的规律性。

②**沟通教育理论与教育实践**：教育学的任务不仅是为了促进教育理论知识的发展，也是为了更好地开展教育实践。教育学充当两者的"桥梁"，沟通着教育理论与教育实践。

③**教育价值观念**：人们在建构和参与教育活动时，会自觉或不自觉地把自己对生活的理解与态度，以及对人生意义与社会理想的选择和追求作为出发点，形成教育价值观念，引领和规范人的发展和教育的发展。因此，以教育为研究对象的教育学又是一门探讨教育价值观念或教育应然状态的学科。

④**教育艺术**：教育者有自己的经历、人生体验、教育风格，受教育者也是社会中活生生的人，他们在教育活动中不仅有自己的现实基础和主观意愿，而且他们的成长还要经过自身的建构和努力。这样，教育活动就可能是而且也应该是充满灵性、情感、自由创造的活动。在这一意义上，可以说教育是一门艺术。

(2) **教育学的研究对象**：教育学是以有价值的、能够引起社会普遍关注的教育问题和教育现象为研究对象的。

①教育学的研究对象是人的教育活动，其中既包括个人的教育活动，也包括人类社会中的各种教育现象和教育问题，这些教育现象和教育问题实际上是人类群体的教育活动在社会生活中的具体表现形式。

②并不是任何一个教育问题或教育现象都值得我们去研究，只有人类普遍关注的、有一定研究价值和意义的问题才可以进入教育研究领域。

2. **简论**[①] 实用主义教育学。

答 (1) **代表人物及著作**：杜威《民主主义与教育》《经验与教育》、克伯屈《设计教学法》等。

(2) **观点**：①教育即生活，教育要与当前的实际生活紧密联系。②教育即经验，课程组织要以学生的经验为中心，而不是以学科知识体系为中心。③学校即社会，学生要学习现实社会中所要求的基本态度、技能和知识。④教育即生长，教育的目的只是促进人本身的生长，教学过程应该重视学生自己的独立发现、表现和体验，尊重学生的差异性。⑤教育要以学生为中心，教师只是学生成长的帮助者，而不是领导者。⑥主张做中学，即在经验中学习，在操作中学习。

(3) **优点**：以美国实用主义文化为基础，是美国文化精神的反映，对以赫尔巴特为代表的传统教育理念进行了深刻的批判，推动了教育学的发展。

(4) **局限**：在一定程度上忽略了系统知识的学习，弱化了教师的主导作用，模糊了学校的特质。

3. **简论** 教育学的价值。/ 教育学对教育实践的价值。/ 作为一名教师，你如何理解学习教育学的价值和意义？

答 (1) **教育学的理论价值**。

①**反思日常教育经验**。人们关于教育的认识，大致有两种基本形式：一种是习俗的形式，即人们在日常教育生活中对教育问题自然形成的一些态度、看法、评价或信念，它们构成了日常教育经验；另一种是科学的形式，就是我们所说的"教育学"理论。从现实来看，这两种教育形式都是存在的，它们共同构成了教育生活的认识论基础。

②**科学解释教育现象与教育问题**。教育学是对教育现象与教育问题的"科学解释"，这就意味着：

a. 教育学是以教育现象与教育问题为逻辑起点和对象的，教育学研究的主要任务就是对教育问题提供超越日常习俗认识和传统理论认识的新解释。

---

① **简论** 表示此考题是简答题和论述题都会考查的形式。其答案解析是按考点内容分条阐述，且是根据论述题的形式进行全面阐述的。答题时可结合具体题目进行拆分、组合，考生需全部理解记忆。

b. 教育学作为对教育现象与教育问题的科学解释，必须使用专门的语言、概念或符号，而不能局限于日常的语言、概念或符号，否则会影响到教育学的可传播性和可理解性，从而不能很好地被教育知识共同体所领会和接纳。

c. 教育学作为对教育现象与教育问题的科学解释，其解释是有理论视角、根据或预设的，而不是直接建立在感性经验与判断基础上的，我们需要的是一种理性的解释。因此，从事教育学研究的一个基本任务就是要促进教育知识的增长，提供对教育问题新的、更有效的解释。

(2) 教育学的实践价值。

①启发教育实践工作者的教育自觉，使他们不断领悟教育的真谛。

②获得大量的教育理论知识，拓展教育工作的理论视野。

③养成正确的教育态度，培植坚定的教育信念。

④提高教育实践工作者的自我反思和发展能力。

⑤培养研究型的教师，教师只有成为研究者，才能更好地适应教育改革的需要和挑战。

第二章 教育的概念

名词解释

1. 广义的教育

答 (1) **含义**：广义的教育是指凡是有目的地增进人的知识和技能，影响人的思想品德，提高人的认识能力，增强人的体质，陶冶人的审美，增强人的劳动能力，完善人的个性的一切活动。不论是有组织还是无组织的，有计划还是无计划的，系统还是零散的，都叫作教育。

(2) **与其他现象的区别**：教育是一种有目的地培养人的社会活动。这是教育区别于其他现象的基本特征，是教育的质的特点。

(3) **分类**：包括家庭教育、学校教育和社会教育，也包含了所有的制度化教育与非制度化教育。

(4) **意义**：拓展教育学研究的视野，了解教育现象普遍存在的价值，对了解人的个性形成有重要作用。

2. 狭义的教育

答 (1) **含义**：狭义的教育指教育者专门组织的不断趋向规范化、制度化和体系化的教育，主要指学校教育。具体描述为依据社会要求和学生的身心发展规律，有目的、有计划、有组织、系统地向学生传授知识技能，培养学生的思想品德，发展学生的体力与美感，增进学生的劳动能力并发扬其个性的社会实践活动，通过这种活动把受教育者培养成一定社会所需要的人才。

(2) **特点**：具有规范化、标准化、制度化和体系化等特点。

(3) **评价**：普及性高、管理有序、组织有效，教育质量有保障，以知识为中心进行教学，对人的发展起到主导作用；但高度组织化的狭义教育容易僵化、一刀切，忽视学生的差异性和个性成长，遭到一些学者的反对。

(4) **趋势**：目前我国正在调整和规范非正规教育，如义务教育的学科类培训；也正在不断加强正规教育，提高学校教育质量，并改变学校教育难以照顾学生的差异性和个性的弊端。

3. 学校教育

答 (1) **含义**：学校教育是指以学校为单位进行的教育活动，即学校有目的、有计划、有组织地由专门人员对受教育者施加影响，以使受教育者产生变化的活动。

(2) **作用**：学校教育在人的身心发展中起主导作用。教育的主导作用不是万能的，教育既不能超越它所依存的社会条件，也不能违背学生身心发展的客观规律；学校教育必须与社会教育、家庭教育有力配合，才能发挥其主导作用。

(3) **学校教育主导作用的表现**：个体个性化与个体社会化。

4. 教育

答 (1) **广义的教育**：凡是有目的地增进人的知识技能，影响人的思想品德，提高人的认识能力，增强人的体质，陶冶人的审美，增强人的劳动能力，完善人的个性的一切活动。不论是有组织还是无组织的，有计划还是无计划的，系统还是零散的，都叫作教育。它包括家庭教育、学校教育和社会教育，也包含了所有的制度化教育与非制度化教育。

(2) **狭义的教育**：指教育者专门组织的不断趋向规范化、制度化和体系化的教育，主要指学校教育。具体描述为依据社会要求和学生的身心发展规律，有目的、有计划、有组织、系统地向学生传授知识技能，培养学生的思想品德，发展学生的体力与美感，增进其劳动能力并发扬其个性的社会实践活动，通过这种活动把受教育者培养成一定社会所需要的人才。

(3) **总结**：教育是一种有目的地培养人的社会活动。这是教育区别于其他现象的基本特征，是教育的质的特点。

5. 教育的基本要素

答 (1) **内涵与构成**：教育活动的基本要素是指一个教育活动的必须构成要素，主要有教育者、受教育者、教育内容、教育活动方式，即教育活动的四要素。

(2) **各要素的地位**：教育者是整个教育活动的主导者，受教育者是学习的主体，教育内容是师生传承的精神客体，也是师生共同操作的对象和学习资源。教育活动方式主要指教育手段、教育方法、教育组织形式等。教育内容和教育活动方式都是沟通教育者与受教育者的中介桥梁。

(3) **总结**：教育活动的四个要素既相互独立、又相互联系、缺一不可，共同构成了完整的教育活动。教育者借助教育内容和教育活动方式作用于受教育者，其结果是影响受教育者的身心发展。

6. 教育者

答 (1) **含义**：教育者是指参与教育活动，与受教育者在教学或教导上互动，对受教育者全面发展产生影响的专业人员，主要指教师。

(2) **地位**：教育者是整个教育活动的主导者。体现在：教育者是知识文化的传播者；教育者是人类文明的传授者；教育者是教育活动的组织者、设计者、实施者；教育者是受教育者的指导者、引领者。

(3) **作用**：教育者有计划、有目的地用系统的文化知识来促进受教育者德、智、体、美、劳等全面发展，使其成为社会需要的人。

7. 受教育者

答 (1) **含义**：受教育者是指参与教育活动，在教育者指导下，自身积极主动地吸收经验、促进自我发展的个体，主要指学生。

(2) **地位**：受教育者是学习的主体。体现在：受教育者是积极主动的求知者；受教育者具有独立性、能动性、选择性和创造性；受教育者缺乏技能，也不成熟，所以具有可塑性。

(3) **作用**：受教育者积极发挥自主作用，吸收知识和思想。

8. 教育内容

答 (1) **含义**：教育内容是指教育者引导受教育者在教育活动中学习的前人积累的经验，主要指课程、教育材料或教科书。

(2) **地位**：教育内容是师生传承的精神客体，也是师生共同操作的对象和学习资源。

(3) **作用**：教育内容在教育活动过程中具有重要意义，它是师生教学互动共同操作的对象，是引导学生学习与发展成人的精神资源。

简答题 / 论述题

1. 简论 教育的质的规定性／教育的质的特点。

答 教育的质的规定性指教育是一种有目的地培养人的社会活动。主要体现在以下三个方面：

(1) **教育是有目的地培养人的社会活动，这是教育与其他社会活动的根本区别，是教育的本质特点。**

①**教育具有目的性**。教育不是盲目的、自发的活动，而是一种自觉的、有目的的活动。教育的目的性表现在教育是有目的地选择教学目标、组织教学内容及教学活动方式来培养人、促进人的发展。教育的目的性区别了教育活动与其他社会活动，体现了人的有意识性。

②**教育具有双向耦合性。** 教育促进个体个性化与个体社会化的交融,尊重个体的差异性和独特性,同时又使每个个体融入社会,遵守社会的规则,这体现了教育的双向耦合性。

③**教育具有社会性、历史性和文化性。** 教育和道德、知识、政治相联系,延续和继承历史发展的特点,具有深厚的文化底蕴。

④**教育具有积极向上的方向性。** 我国的教育目的是培养德、智、体、美、劳全面发展的社会主义建设者和接班人,追求真善美。每个个体都求真、求善、求美,也就有利于整个社会的积极健康发展。

(2) 教育是教育者引导受教育者学习、传承、践行人类经验的互动活动。

①**教育具有引导性。** 学生需要由有经验的父母、年长一代,或学有专长的教师有目的地进行引导,才能有效地发展他们的智能和品行,把他们培养成为既能适应又能促进社会发展需要的人和各种专门人才。

②**教育具有社会互动性,即实践性。** 教育需要家庭、社会、学校共同配合,将实际生活与知识学习紧密结合起来,重智且重能。

③**教育需要直接经验与间接经验相结合。** 教育要求直接经验与间接经验有机结合,全面关心学生的学习和生活,促进知识与实践的融合。

(3) 教育是激励与教导受教育者自觉学习和自我教育的活动。

①**教育需要学生发挥学习的主动性与自觉性。** 一切教育本质上都是自我教育。只要提高了学生的学习与自我要求的积极性,那么即使在生活交往中学生也能时时刻刻自觉地进行自我教育和自我建构。

②**教育要求教育者要正确理解受教育者,树立当代学生观。** 秉持符合身心发展规律的理念进行教育,才能更好促进受教育者健康活泼发展。

2. 简论 **教育的基本要素及其在教育活动中的作用和各要素之间的相互关系。结合教育三大要素谈谈智能时代的教育发展。**

答 **(1) 教育的基本要素。**

教育活动的基本要素是指一个教育活动的必须构成要素,主要有教育者、受教育者、教育内容、教育活动方式,即教育活动的四要素。(教育内容和教育活动方式合称为教育中介系统,因此也可称三要素)

①**教育者**是指参与教育活动,与受教育者在教学或教导上互动,对受教育者全面发展产生影响的专业人员,主要指教师。

②**受教育者**是指参与教育活动,在教育者引导下,自身积极主动地吸收经验、促进自我发展的个体,主要指学生。

③**教育内容**是指教育者引导受教育者在教育活动中学习的前人积累的经验,主要指课程、教育材料或教科书。

④**教育活动方式**是指教育者引导受教育者学习教育内容所选用的交互活动方式,主要指教育手段、教育方法、教育组织形式等。

(2) 教育的基本要素在教育活动中的作用。

①**教育者。** 教育者有计划、有目的地用系统的文化知识来促进学生德、智、体、美、劳等全面发展,使其成为社会需要的人。

②**受教育者。** 随着学习自觉性、能力的提高和知识的不断增长,受教育者的能动性在教育活动中所起的作用将日益加大,逐步趋向自觉、自动、自主与自律。

③**教育内容。** 教育内容在教育活动过程中具有重要意义,它是师生教学互动共同操作的对象,是引导学生学习与发展成人的精神资源。

④**教育活动方式**。教育活动方式是沟通教育者与受教育者的中介桥梁,直接影响着学生学习的主动性和理解程度,也影响着学生的发展水平。

(3) **各要素之间的相互关系。**

①教育活动的四个要素既相互独立,又相互联系,缺一不可,共同构成了完整的教育活动。

②教育者是教育内容和受教育者之间的纽带;受教育者是教育者选择和施加教育影响的对象;教育内容和教育活动方式是教育者对受教育者作用的桥梁,是教育者和受教育者相互作用的中介。

(4) **智能时代教育发展的主要体现。**

①**教育者职能的变革**:认知领域"识记""理解"等低阶目标的教学可以交给机器,"应用""分析""评价"与"创造"等高阶认知能力的提升,仍需教师的帮助,教师将有更多的时间从事其他领域的教学。

②**受教育者学习特点的变革**:自主适应学习将成为这一时代学生学习最重要的特点。学生在校在家都可以学习,还可以在私人学习助理的帮助下,根据学科的逻辑与自身学习的认知特点更高效地学习。

③**教学内容的变革**:信息化的课程在学校课程中的比例将逐渐增加,但对历史、哲学与民族文化等学科的学习依然值得重视。

④**教育活动方式的变革**:教育活动方式由单一变得多样,智能机器将为教师教学提供更灵活的技术支持与更广阔的发展平台,学生接受教育的途径将更加多样与便捷。

3. 简论 现代教育的特点。在这些特征中,你能看出当前中国教育有哪些亟待改革和发展的方面?试提出解决的对策。/ 现代教育的发展趋势。

答 (1) **现代教育的特点。**

①**学校教育逐步普及**。20世纪,先进资本主义国家和发展中国家都在教育发展上取得了巨大的成绩。教育既对社会发展有着不可估量的作用,又满足了人的发展需要,促进了人的解放。

②**教育的公共性日益突出**。随着大工业生产发展的需要,工人阶级和其他劳动人民对教育权的争取,现代社会管理方式的转变,教育逐渐成为社会的公共事业和共同话题,也成为政治家们优先考虑的社会问题。

③**教育的生产性不断增强**。许多国家都加大对教育的投入,积极发展教育事业,努力提高教育质量。同时,许多国家的经验也证明,优先发展教育,是发展科学技术、推动经济发展的有力保证。

④**教育制度逐步完善**。学校制度、课程设置、考试制度等措施顺应现代教育的形势而产生,促使现代教育向制度化的方向发展。目前,各国的教育正向着终身教育的方向迈进。

(2) **亟待改革和发展的方面及解决对策 / 现代教育的发展趋势。**

当前我国教育中存在幼儿入园难、义务教育质量不高、部分人口大省高考难、职业教育受歧视、高等教育发展缓慢、终身教育理念淡薄等问题,解决对策如下:

①**基本普及学前教育**。随着我国义务教育和高中阶段教育的逐渐普及,我国的学前教育也将逐步普及,破除幼儿入园难的问题。

②**均衡发展义务教育**。在实现免费普及教育的基础上,实行"公平而有质量的教育"。努力普及高中阶段教育。高中阶段学制多样化,扩大普通高中在高中阶段所占的比例,职业教育多样化。

③**职业教育与普通教育综合化**。职业教育普通化和普通教育职业化,使普通教育和职业教育朝着综合统一的方向发展。

④**大力发展高等教育**。促进高等教育多层次、多类型发展,向在职人员开放,注重"双一流"院校的建设。

⑤**建构终身教育体系**。通过革新教育观念、完善教育目标和教育制度、创设教育环境、建立民主的师生关系、拓宽教育途径、推动教育立法等方面,促进终身教育理念的实践。

第三章 教育与人的发展

名词解释

1. 人的发展/个体发展

答 (1) **含义**：①广义的个体发展是指个体从胚胎到死亡的变化过程，其发展持续于人的一生。②狭义的个体发展是指个体从出生到成人的变化过程，主要是指儿童的发展过程。儿童的发展过程也就是儿童的成人过程。

(2) **内容**：①生理发展，如神经、运动、生殖等。②心理发展，如感觉、知觉、兴趣等。③社会性发展，如道德、社会规范、法律等。

(3) **特点**：未完成性和能动性。

(4) **规律**：顺序性、阶段性、差异性、不平衡性和整体性。

2. 外铄论

答 (1) **代表人物**：中国的荀子、英国的洛克和美国的华生等。

(2) **基本观点**：人的发展主要依靠外在的力量，如环境的刺激和要求、他人的影响和学校的教育等。

(3) **优点**：外铄论者都强调外部力量的意义，故一般都看重教育的价值。

(4) **缺点**：外铄论的观点是片面的，但是外铄论者研究了内发论者没有关注的问题，在一定程度上强调了外部因素对人的发展的作用，还为深入研究外部作用如何才能被作用对象接受并内化提供了认识材料。

3. 环境决定论

答 (1) **含义**：持有环境决定论观点的学者认为，人是被动的个体，人的发展是由其所处的环境决定的。

(2) **评价**：环境决定论的观点是片面的，只关注了环境对人的发展的作用，没有关注其他因素对人的身心发展的影响。

(3) **注意**：我们不能过分地夸大环境的作用，环境虽然重要，但不是决定人发展的根本因素，决定人的发展的根本因素是个体的主观能动性。

简答题/论述题

1. 简论 人的发展的含义、特点、规律性及其教育启示。/举例说明，教师应该如何对照人的发展规律进行教育工作。/学生心理发展的一般规律。

答 (1) **人的发展的含义**：广义的个体发展是指个体从胚胎到死亡的变化过程，其发展持续于人的一生。狭义的个体发展是指个体从出生到成人的变化过程，主要是指儿童的发展过程。大致分为生理发展、心理发展、社会性发展三个方面。

(2) **人的发展的特点。**

①**未完成性**。儿童发展的未完成性、未成熟性，蕴含着人的发展的不确定性、可选择性、开放性和可塑性，潜藏着巨大的生命活力和发展可能性，预示着人的需教育性和人的可教育性。

②**能动性**。人在发展过程中表现出的能动性，是人的生长发展与自然界发展变化及动物的生长发展最重要的不同点，这也是人的教育与人改造自然的实践活动以及动物训练等活动之间最根本的区别。

(3) 人的发展的规律性。

①**顺序性**。身心发展的整体过程表现出一定的顺序性，身心发展的个别过程也是如此。例如，人的认知的发展总是从无意注意到有意注意，从具体形象思维到抽象逻辑思维。

②**阶段性**。在个体发展的不同阶段，会表现出不同的年龄特征及主要矛盾，面临着不同的发展任务。

③**差异性**。主要表现在两个方面：一是不同个体身心发展的速度不同；二是不同个体身心发展的质量也可能不同。

④**不平衡性**。主要表现在两个方面：一是在不同的年龄阶段，其身心发展是不均衡的；二是在同一时期，青少年身心不同方面的发展也是不均衡的。

⑤**整体性**。教育面对的是一个个活生生的、整体的人，他们既具有个体的独特性，又表现出生物性和社会性。

(4) 人的发展规律性的教育启示。

①**顺序性，教育要循序渐进，量力而行，不要拔苗助长**。表现为：a. 在教材编写方面，按照学生身心发展的顺序编写教材，由浅入深，由易到难地学习。b. 在教学方面，确立循序渐进原则、量力性原则。c. 在知识学习方面，2018年国家严格禁止幼儿园学习小学的知识。d. 在学制方面，反对文学家莫言提出的缩短学制，学生需要慢慢成长。

②**阶段性，要求教育要有针对性**。表现为：a. 在婴儿期，注重感官训练和身体的养护；在幼儿期，注重游戏的作用；在小学，开始系统学习科学知识。b. 科尔伯格的"三水平六阶段"和皮亚杰的四大认知发展阶段，都揭示儿童在不同阶段具有不同的发展特征，这都是教学需要关注的。

③**差异性，要求教育要因材施教**。表现为：a. 新课程改革，提倡教师采用多样化的教学方法。b. 多样化的教学组织形式，包括小队教学、小组教学、分组教学、分层教学、翻转课堂、兴趣小组、小组合作、个别辅导等。c. 基础教育独立价值和理念的变化，要求教学要促进学生个性发展。

④**不平衡性，要求教育要抓关键期**。表现为：a. 在婴儿期和小学低年级，要加强人脑的发展。b. 在青春期，要注意不失时机地加强两性教育。

⑤**整体性，要求教育做到全面、共同发展**。表现为：a. 在全面发展方面，要做到素质教育和"五育"并举。b. 在共同发展方面，儿童的生理、心理、社会性发展要同步。c. 在课程方面，智育课程、心理健康课程、活动课程、综合课程并重。

2. [简论] 遗传在人的发展中的作用。/ 有人说"一两遗传胜过万吨黄金"，这种说法对吗？说明你的道理。

[答] (1) **遗传的含义**：遗传是指人从上代继承下来的生命机体及其解剖上的特点，如机体的结构、形态、感官和神经系统的特点及本能、天赋倾向等。这些遗传的生理特点也叫作遗传素质。

(2) 遗传素质的作用。

①**遗传素质是人的身心发展的物质基础和生理前提，为人的身心发展提供了可能性**。遗传是人的发展的自然的或生理的前提条件。如果没有这些生理条件，人的发展就无法实现。

②**遗传素质的成熟程度制约着人的身心发展过程及年龄特征**。遗传素质本身有一个发展和成熟的过程，主要表现为人的身体的各种器官的形态、结构及其机能的发展变化与完善的过程。

③**遗传素质的差异性对人的身心发展有一定的影响**。人的遗传素质的差异性不仅表现在体态和感觉器官的功能上，也表现在神经活动的类型上。

④**遗传素质具有可塑性**。遗传素质为人的发展提供了生理上的可能性，但人成长为什么样的人，并不取决于人的遗传素质，人的发展具有可塑性。

(3) **总结**：遗传素质对人的发展有重要作用，但也不能因为遗传素质为人的发展提供了物质基础和可能性，就夸大遗传素质的作用；遗传素质在个体发展的每个阶段的作用大小是不一样的，随着个体不断地发展，遗传素质的作用也日益减弱。

因此"一两遗传胜过万吨黄金"的说法是错误的，决定人发展的根本因素是个人的主观能动性。

3. **简论** 环境在人的发展中的作用。/ 试评环境决定论。/ 有人认为"近墨者黑"，有人认为"近墨者未必黑"，请联系相关理论和个体实践谈谈你对这个问题的看法。

答（1）**含义**：环境泛指个体存在于其中的，在个体的活动交往中，与个体相互作用并影响个体发展的外部世界。环境包括自然环境和社会环境两个方面，社会环境对人的发展的影响比自然环境大。

(2) **环境在人的身心发展中的作用。**

①**环境是人的发展的外部条件，为个体的发展提供了可能性和限制。**

婴儿从呱呱坠地时起，就生活在特定的环境中。在环境的影响下，儿童发展着身心，获得一定的生活经验、知识和语言能力，形成各种思想意识和行为习惯。在不同历史时期、不同地域、不同民族、不同社会阶级和阶层中生活的人，他们的思想意识、道德品质、知识才能和行为习惯都会有明显的差别。

举例："孟母三迁"的故事说明，环境是人发展的外部条件，为个体的发展提供可能性。良好的生活环境促进了孟子的成长及其品格的养成。一个人的身心能否得到发展和发展到什么程度，都与他所处的社会环境分不开。因此，我们要重视环境对人的发展的影响。（当题目要求结合实际作答时就需要举例）

②**环境对个体身心发展的影响既取决于环境的给定性，又取决于主体的选择性。**

a. 环境的给定性指的是由自然与社会、历史遗产与他人为儿童个体所创设的生存环境。它们对于儿童来说是客观的、先在的、给定的。儿童只能在客观的、先在的、给定的环境中生活，无法抗拒或摆脱环境的影响和限制，只有适应环境，以获得自身的生存与发展。

b. 主体的选择性是指客观的、复杂多变的环境究竟能在人的发展中起多大作用，起什么性质的作用，这在很大程度上取决于个人对待环境的态度及其与环境的互动情况。

举例：环境的给定性不但不会限制人的选择性，正因为有环境的给定性，反而激发了人的能动性、创造性。匡衡"凿壁偷光"和勾践"卧薪尝胆"的故事说明，既定的、恶劣的环境会限制人的发展，但客观的、复杂多变的环境在人的发展中起的作用，很大程度上取决于个人对待环境的态度及其与环境的互动情况。匡衡和勾践在艰苦的环境中反而使自己的能力得到了发展。（当题目要求结合实际作答时就需要举例）

(3) **总结**：我们不能过分地夸大环境的作用，环境不是决定人发展的根本因素，决定人发展的根本因素是个体的主观能动性。因此，"环境决定论"与"近墨者黑"的说法都是错误的。

4. **简论** 个体的能动性（包括个体活动）在人的发展中的作用。

答（1）**含义**：个体的能动性主要指个体在后天生活中形成的人生态度、价值理想、道德品质、知识结构、身体素质、个性特征等，其核心是人生态度和价值理想。

(2) **个体因素在人的身心发展中的作用。**

①**个体的主观能动性在个体发展中起着最终的决定作用。**

个体的主观能动性是在人的发展的活动中产生和表现出来的。学校、环境和遗传素质只是为个体提供了发展条件，这些条件能否发挥作用以及能在多大程度上发挥作用，最终完全取决于个体自己。

②**个体的主观能动性制约着环境影响的内化与主体的自我建构。**

人在同环境的相互作用中，改造着环境，也在改造环境的过程中提升了个人的能力与素质，这是主体的自我建构过程。在这个过程中，不同主体对同一个环境的内化是不同的，如同样是一个班、同一个老师的学

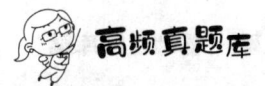

生,有的学生上课认真,学习成绩优异,有的学生学习困难,有的学生则完全对教学环境视而不见。可见,每个学生的发展特点和成就主要取决于他的态度和主观能动性的发挥状况。

③**个体通过能动的活动选择,建构着自我的发展。**

人在发展中,自我意识和自我控制能力逐渐发展,个体能够逐渐有目的地、自觉地影响自己的发展。这意味着人不仅能把握自己与外部世界的关系,而且能把自身的发展当作自己认识和自觉实践的对象,从而能够进行自我设计和自我奋斗。

(3) **总结**:个体的能动性是决定人发展的根本因素,因此,在教学过程中教师必须要充分调动学生的能动性,促进学生充分吸收知识。

5. 简论 知识对人的发展的价值。

[答] 教育主要是通过文化知识的传递来培养人,文化知识是滋养人成长的最重要的社会因素与资源,学校也总是弥漫着文化知识的气息。文化知识之所以对人的发展至关重要,主要是因为文化知识蕴含着有利于人的发展的多方面价值,主要体现在:

(1) **知识的认识价值**。人们常说认识是思维对信息的加工、建构、重组,知识就是这些信息的重要形态。学生认识的发展依赖于对知识资料、资源的思维加工,由不知转化为已知,由旧知通向新知,在头脑里构思和想象现实中尚不存在的东西。

(2) **知识的能力价值**。知识是心理操作与行为操作的认识结晶。学生学习知识的过程要经历知识的展开过程和知识的发现过程,学生要对知识进行心理操作和行为操作。这种操作方式的定型和积淀过程,就是学生心理认识能力和行为操作技能的形成过程。

(3) **知识的陶冶价值(精神价值)**。知识蕴含着科学精神和人文精神,而科学精神和人文精神正是构成人生智慧的基本要素。科学精神引导人尊重事实、实事求是、追求真理;人文精神引导人追求人生意义与尊严,坚持自由、权益和社会平等。学生经过科学精神和人文精神的陶冶,才能真正形成人生智慧,具有人生理想,担当起社会责任。

(4) **知识的实践价值**。知识具有社会实践的有用性或有效性。学生通过学习获取知识,认识事物特性,也就获得了通过社会实践改造事物的可能性。对学生来说,大体上是一个将外在知识转化为内在素质,又由内在素质外显为社会实践的过程。人们常说学习的目的在于运用,其实在很大程度上就是强调知识的实践价值。

6. 简论 结合实际,谈谈学校教育在人的发展中的重要作用(学校的职能)及如何发挥其作用(学校教育起主导作用的条件)。

[答] (1) **学校教育的重要作用(学校的职能)**。

①**学校教育在人的发展中起着引领作用(主导作用)**。学校教育有意识地引领年轻一代由生物人发展成为社会人,以促进社会的发展。

②**学校教育主要通过文化知识的传递来培养人**。文化知识之所以对人的发展至关重要,主要是因为文化知识蕴含着有利于人的发展的多方面价值,包括认识价值、能力价值、陶冶价值、实践价值。

③**学校教育对提高人的现代性有显著的作用**。人的现代化是社会现代化的重要基础和前提条件。我们应当自觉地优先发展教育,高度重视并充分发挥教育对人的现代化的促进作用。

(2) **如何发挥学校教育的作用(学校教育起主导作用的条件)**。

①**学校内部**。

a. 学校教育要尊重受教育者的主观能动性与身心发展规律。随着教育改革的不断深入,学校教育要更关注每位学生的成长,培养学生的兴趣爱好,尊重学生的个体差异,鼓励学生积极参与各项活动。

b. 学校教育需要具有一定的办学条件。 随着科技的发展,学校教育要主动引进各项先进教学技术,维护基础设施建设,努力营造全面发展个性教育的学习氛围,为学生学习营造良好的环境。

c. 学校教育要重视教师的素质。 教师素养是制约教育作用的重要因素。教育改革要求教师也要勤于学习,不断更新自己的知识、技能与教学理念;充分钻研教材教法;开展团队合作,共享成果、共同发展。

d. 学校教育的课程设置的合理性、教学方法的有效性等都制约着学校教育主导作用的发挥。 "双减"政策推行后,学校要合理设置课程,更新教学方法,提升学校课后服务水平,满足学生多样化的需求。

②**学校外部。**

a. 家庭教育、社会教育及社会发展的稳定性要与学校教育积极配合。 我国提倡学校、家庭、社会协同育人,搭建合作育人平台。例如:学校举办家庭教育知识讲座;居委会举办"红领巾在社区"等活动。

b. 科技、信息技术要对学校教育进行升级与改造。 创新教学模式和教学方法,同时加强依托网络的优质资源共享,实现教师教学水平和学生学业水平的提升。如"一块屏"联通近远端的学校,共享教育资源。

7. 简论 什么是个性?教育的个体发展功能(本体功能)(教育促进人的个性发展主要表现在哪些方面)。

答 (1) **个性的含义:** 个性是个体在实践活动中形成的独特性和差异性,它是个体个性化的结果。

(2) **教育的个体发展功能(本体功能)(教育促进人的个性发展的主要表现):** 个体个性化功能与个体社会化功能。

①**个体个性化功能。**

a. 教育促进人的主体意识的形成和主体能力的发展。 现代教育是一种主体教育,它以培养学生的主体性为目的,以学生为主体,通过自主、合作、探究等活动发挥学生的主体性,培养学生的主体意识、主体品质。

b. 教育促进个性差异的充分发展,形成人的独特性。 教育作为有目的的活动,必须根据学生的不同心理发展特征,选择适合他的发展道路、设计适合他的教育,创造个性化的教育。

c. 教育开发人的创造性,促进个体价值的实现。 人在创造活动中所表现出来的创造性不仅是个体独特的自我意识的体现,同时也符合社会价值的要求,具有社会性。

②**个体社会化功能。**

a. 教育促进个体思想意识的社会化。 教育传播社会中的主流文化和价值观念,受到影响的学生易于形成与主流社会文化一致的思想意识。而且教育所传播的文化价值观念的系统性和深刻性,教育活动组织的计划性和严密性、教育形式的活泼性和多样性,易使学生接受这种价值观念,并形成完整的思想观念体系。

b. 教育促进个体行为的社会化。 教育的重要职责就是促进社会规范的内化,使人们认识和掌握社会规范的意义和内容,对个体的行为作出社会性规范引导,实现个体行为的政治化和道德化。

c. 教育促进人的角色和职业的社会化。 职业角色是成年期人生最重要的角色,青少年应该为从事一定的职业角色做好准备。这就要求青少年接受教育,掌握生产、生活的技能。

③**二者关系。**

无论是教育的个体个性化功能,还是个体社会化功能,都不能割裂二者的关系,必须以二者的统一为基点。一方面,个性化必须建立在社会化的基础上;另一方面,只有以丰富的个性为基础的社会化,才是民主社会的社会化,才是健全意义上的社会化。人的社会性和个性的统一,决定了教育必须在促进二者统一的基础上,平衡二者的关系。

8. 简论 影响人发展的基本因素及其各自的地位、作用。/影响个体身心发展规律的因素。

答 影响人身心发展的因素有遗传素质、环境、教育和个体的主观能动性。

(1) 遗传素质及其在人身心发展中的作用： 遗传是指人从上代继承下来的生命机体及其解剖上的特点，如机体的结构、形态和神经系统的特点及本能、天赋倾向等，这些遗传的生理特点也叫遗传素质。其在人身心发展中的作用表现为：

①遗传素质是人的身心发展的物质基础和生理前提，为人的身心发展提供了可能性。

②遗传素质的成熟程度制约着人的身心发展过程及年龄特征。

③遗传素质的差异性对人的身心发展有一定的影响。

④遗传素质具有可塑性。

(2) 环境及其在人的身心发展中的作用： 环境泛指个体存在于其中的，在个体的活动交往中，与个体相互作用并影响个体发展的外部世界。环境包括自然环境和社会环境两个方面，社会环境对人的发展的影响比自然环境大。其在人的身心发展中的作用表现为：

①环境是人的发展的外部条件，为个体的发展提供了可能性和限制，在环境的影响下，儿童发展着身心，获得一定的经验、知识和语言能力，形成各种思想意识和行为习惯。

②环境对个体身心发展的影响既取决于环境的给定性，又取决于主体的选择性。

③我们不能过分地夸大环境的作用，环境虽然重要，但不是决定人发展的根本因素。

(3) 个体的主观能动性及其在人的身心发展中的作用： 个体的主观能动性主要指个体在后天生活中形成的人生态度、价值理想、道德品质、知识结构、身体素质、个性特征等，其核心是人生态度和价值理想。其在人身心发展中的作用表现为：

①个体的主观能动性在个体发展中起着最终的决定作用。学校、环境和遗传素质只是为个体提供了发展条件，这些条件能否发挥作用以及能在多大程度上发挥作用，最终完全取决于个体自己。

②个体的主观能动性制约着环境影响的内化与主体的自我建构。人在同环境的相互作用中，改造着环境，也在改造环境的过程中提升了个人的能力与素质。

③个体通过能动的活动选择，建构着自我的发展。人在发展中，自我意识和自我控制能力逐渐发展，个体能够逐渐有目的地、自觉地影响自己的发展。

(4) 学校教育在人的身心发展中的作用： 学校教育在人的身心发展中起主导作用。学校教育的主导作用不是万能的，学校教育必须与社会教育、家庭教育有力配合，才能发挥主导作用。其作用表现为：

①教育的个体个性化功能：所谓个性化，是指个体在社会活动中形成自主性和独特性的过程。教育作为促进个体个性发展的重要途径，其功能主要体现在对个体自主性和独特性的培养上。

②教育的个体社会化功能：所谓社会化，是指个体接受文化规范、学习其所处社会的行为模式，由一个自然的人转化为社会的人的过程。

第四章 教育与社会发展

名词解释

1. 教育的社会变迁功能

答（1）**含义**：教育的社会变迁功能指教育通过开发人的潜能、提高人的素质、引导人的社会化、影响人的社会实践，不仅使人能适应社会的发展，而且能够推动社会的改革与发展。

（2）**表现**：①教育的经济功能。②教育的政治功能。③教育的文化功能。④教育的生态功能。

（3）**注意**：教育的社会变迁功能随着社会的发展而变化，在现代社会，人们意识到单纯的经济发展并不能带来人类的幸福和崇高。要高科技与高人文并行、要与自然和谐发展、要社会全面进步，其核心均在于人的合理生存与人的全面发展。因此，社会进步越来越要求充分认识和全面发挥教育的多种社会变迁功能。

2. 教育的社会流动功能

答（1）**含义**：教育的社会流动功能是指社会成员通过教育的培养、筛选与提高，能够在不同的社会区域、社会层次、职业岗位、科层组织之间转换、调整与变动，以充分发挥其个性特长，展现其智慧才能，实现其人生价值。

（2）**意义**：①教育已成为现代社会中个人社会流动的基础。②教育是现代社会流动的主要通道。③教育深刻影响着社会公平。

（3）**注意**：教育的社会流动功能关乎人的发展权利的教育资源分配问题。这是一种关乎自我实现的教育资源获得与利用的问题。由此，也就产生了教育公平的问题。当今世界，如果连优质的义务教育也未能得到，一个人是很难生存的，更不要说通过教育流动以实现人生价值了。

3. 教育的相对独立性

答（1）**含义**：教育的相对独立性是指教育作为社会的一个子系统，它对社会其他系统有能动作用，并且教育具有自身的特点与规律性，它的历史发展也有其连续性与继承性。

（2）**表现**：①教育是有目的地培养人的社会活动，主要通过所培养的人作用于社会。②教育具有自身的活动特点、规律与原理。③教育与政治、经济、文化发展不同步，教育往往具有滞后性和长效性。④教育具有自身发展的传统与连续性。

（3）**注意**：我们不能说教育具有绝对独立性。①教育的发展由政治经济制度和生产力最终决定，"超经济""超文化""超政治"的教育是不存在的。②如果错误地认为教育具有绝对独立性，那么将会丧失教育发展的社会基础和动力。

简答题/论述题

1. 简论 结合实际谈谈生产力对教育的制约。

答（1）**生产力的发展水平制约着人才培养的规格。** 教育的根本问题是培养什么样的人的问题。社会生产力的水平、方式制约着劳动力的规格，进而也制约着教育所培养的人的规格，尤其是人的知识、技能和态度的规格。例如：封建社会学校教育培养的是统治人才，工业社会学校教育培养的是有一定知识水平的劳动力，而当今社会，学校教育要培养的是德、智、体、美、劳全面发展的社会主义建设者和接班人。

（2）**生产力的发展水平制约着教育事业发展的速度、规模和教育结构。** 社会生产力的发展水平制约了社会对教育事业的需求程度,也制约着社会对劳动力的需求水平,进而制约着教育事业发展的速度与规模。并且,在现代社会,义务教育的普及与延长、职业教育的大力发展、高等教育大众化等教育结构的变化都是由生产力决定的。例如:生产力发展水平高,国家划拨的教育经费也会较为充足,教育经费可以用于建设校舍、配备仪器设备等方面。

(3) **生产力的发展水平制约着课程的设置和教育内容的沿革**。生产力的发展一方面促进科学技术的发展,另一方面又对学校教育内容提出要求,要求学校培养的人必须掌握与生产力发展水平相适应的科学技术知识和生产技能。因此,学校教育内容总是随着社会生产力的发展而不断充实和更新的。例如:自然科学方面的课程,将会受制于生产力的发展。

(4) **生产力的发展促进了教学组织形式、教育教学手段和方法的沿革**。学校的物资设备、教学实验仪器、组织管理所使用的某些工具和技术手段,都随着社会生产力发展水平的提高而逐步地获得改善和提高。例如:当今社会生产力高度发展,现代化的教育手段,如多媒体、电视等被引入教学领域,超越时间和空间的限制,从而使教学组织形式、教学手段、方法向多元化发展。

2. **简论** 社会政治经济制度对教育的制约。

答 (1) **政治经济制度的性质制约着教育的性质**。教育具有什么样的性质是由社会的政治经济制度的性质决定的,并且教育的发展变革也受制于社会政治经济制度的发展变革。

(2) **政治经济制度制约着教育目的**。教育目的是一个社会的政治经济制度对教育所提出的主观要求和集中体现,它直接反映着统治阶级的利益和需要。

(3) **政治经济制度制约着教育的领导权**。统治阶级利用国家政权的力量,通过审批、调拨教育经费等办法来掌握教育领导权。统治阶级还利用意识形态的优势,通过编写教材、审定教科书、发行各种读物等途径来决定教育工作的发展方向。

(4) **政治经济制度制约着受教育权**。受教育权是判断一个国家和社会教育性质的重要标志,它是由社会政治经济制度决定的。谁有受教育的权利,谁没有受教育的权利,谁有受什么样的教育的权利,都是由社会的政治经济制度决定的。

(5) **政治经济制度制约着教育内容、教育结构和教育管理体制**。统治阶级会利用手中的特权来规定学校的课程和内容。特定社会的教育结构也是由该社会的社会结构、经济结构决定的。教育的管理体制更是直接受制于社会政治经济制度。例如:在政治经济制度上实行中央集权制的国家,在教育管理体制上多强调集中统一;而实行分权制的国家,在教育管理体制上多强调地方自主。

总之,教育的性质、目的、领导权和受教育权,乃至教育内容、结构和管理体制都受到社会政治经济制度的制约。因此,在阶级社会里,"超阶级"或"超政治"的教育是根本不存在的。

3. **简论** 文化对教育的制约和影响。

答 文化对教育发展的制约和影响具有广泛性、基础性、深刻性和持久性的特点。

(1) **文化知识制约教育的内容和水平**。教育内容集中反映在课程上,课程本身就是文化的载体,文化知识始终是教育的主要资源,文化知识的发展特性与水平制约着教育的发展特性与水平。

(2) **文化模式制约教育背景和教育模式**。文化模式为教育提供了特定的背景,每个社会成员都无法逃避它的影响。例如:受东西方两种不同文化模式影响的教育模式,在教育目的、内容与方式等各个方面也有明显的差异。

(3) **文化传统制约教育的传统和变革**。文化传统越悠久,对教育传统变革的制约性就越大。如美国的教育注意培养适应"民主社会"要求的理想公民,有浓厚的实用主义色彩。当今我国在教育改革上遇到的阻力,追根溯源,与文化传统中的消极因素有一定关系。正确认识文化传统对教育传统的制约关系,对今天的教育改革有重大作用。

4. 简论 教育的社会制约性。

答 (1) **生产力水平对教育的制约。**(同题1"结合实际谈谈生产力对教育的制约")

(2) **政治经济制度对教育的制约。**(同题2"社会政治经济制度对教育的制约")

(3) **文化对教育的制约。**(同题3"文化对教育的制约和影响")

5. 简论 教育的经济功能。

答 (1) **教育是使可能的劳动力转化为现实的劳动力的基本途径(转化)。**普通教育传授一般的文化知识,提高人的文化素质,为经济发展提供良好的人力资源;职业教育传授专门的知识和技能,提高人的劳动能力,使其能够在生产中直接运用高科技,并且进行技术创新。

(2) **现代教育是生产科学技术、促进经济发展的重要途径(增长)。**教育传播科学文化知识和技术,实现科学文化知识和技术的再生产;教育也会生产新的科学文化知识;教育还培养创新人才和科技人才,促进科技的发展。

(3) **教育是提高劳动者素质和生产率的重要因素(素质、效率)。**教育能提高生产者对生产过程的理解程度和对劳动技能的熟练程度,从而提高工作效率;教育也能帮助人合理操作、使用工具和机器,使其注意对工具的保养和维护,减少工具的损坏率;教育还能提高人的创新意识和创造力。

(4) **教育能够产生经济效益,是经济发展的新的增长点(增长)。**人力资本理论和其他多项研究表明,教育对经济增长的贡献率在30%以上,现代教育与经济增长之间呈显著正相关。这说明教育发展对经济增长具有明显的促进作用,教育投资越来越成为经济发展的新的增长点。

6. 简论 教育的政治功能。

答 (1) **教育通过传播一定社会的政治意识形态,完成年轻一代的政治社会化。**人的社会化是人的发展的重要方面,而政治化又是人的社会化的重要方面。政治社会化是指引导人们接受一定社会的政治意识形态,形成适用于一定社会政治制度的思想态度和认同感,以及积极参与政治、监督政治的能力与习性的过程。这一过程对年轻一代尤为重要,因为这是确保把他们培养成国家公民的过程。

(2) **教育通过造就政治管理人才,促进政治体制的变革与完善。**现代社会强调法治,使得教育更重视培养政治管理人才。社会越发展,对政治管理人才的素质要求越高,通过教育选拔、培养政治管理人才就越重要。

(3) **教育通过提高全民文化素质,推动国家的民主政治建设。**一个国家的政治是否民主与国民的文化素质密切相关。一个国家普及教育的程度越高,国民就越能认识到民主的价值,就越能在政治生活和社会生活中履行民主的权利。

(4) **教育是形成社会舆论、影响政治时局的重要力量。**学校是知识分子和青少年的聚集地,向教育者和受教育者宣传一定的思想,造就一定的舆论,借以影响群众,从而为一定的政治、经济服务。

7. 简论 教育的文化功能。

答 (1) **教育的文化传承功能(传递、保存)。**教育传递着文化,它使年轻一代能迅捷、经济、高效地占有人类创造的精神文化财富的精华,迅速成长为具有摄取、鉴赏、创造文化能力的"文化人"。与此同时,教育将人类的精神文化财富内化为个体的精神财富,教育也就有了保存文化的功能。

(2) **教育的文化融合功能(传播、交流与丰富)。**文化的传播与交流是向自身灌注生命力和新鲜血液的过程。教育作为传播、交流文化的重要手段和途径,是最积极、最有效的,因此,教育也就有了丰富文化的功能。

(3) 教育的文化选择功能(选择、提升)。 教育对文化的选择意味着价值的取舍与认知意向的转变,并且它是以促进文化自身的发展与进步为目的的。首先,教育选择文化精华;其次,按照统治阶级需要选择主流文化;再次,按照学生需要选择系统的、科学的、基本的文化;最后,再对这些文化进行教育学意义的改造。

(4) 教育的文化创新功能(创造、更新)。 教育通过创造新的思想与观念,发展社会科学技术并培养有创新精神的人,对社会文化进行创造与更新。首先,教育对文化进行选择、批判和融合;其次,教育直接生产新的文化;最后,教育创造文化最根本的途径就是创造性人才的培养。

8. 简论 教育的生态功能。

答 **(1) 含义:** 教育的生态功能是指教育对保护自然环境、促进可持续发展和建设生态文明所起的积极作用。

(2) 发展生态功能的必要性: 自然环境是人生存的家园。自然环境遭到破坏会危及人的生存,就谈不上社会的发展。人对自然的过度开发致使环境污染、生态危机成为当代社会发展的最大问题。

(3) 具体表现。

①**树立建设生态文明的理念。** 学校和社会要加强生态文明的教育与宣传,培养学生从小就有爱护自然、爱护生命、节约资源、保护生态环境的信念,从而逐步在全社会牢固树立建设生态文明的理念。

②**普及生态文明知识,提高民族素质。** 造成生态灾害与失衡的原因很多,但大多与人的素质不高有关,如对自然开发的无序与过度,运用科技的不当或失误,不懂得珍爱生命和节约资源,等等。因此,我们应当有计划地普及生态文明知识,引导学生保护生态环境。

③**引导建设生态文明的社会活动。** 学校的生态文明教育不应仅局限于校内,还要组织学生参加社区的生态文明建设,如组织学生到社会上进行环境保护的宣传,参与社区清除环境污染的活动等,让学生在社会实践中加深、提高认识,经受熏陶与锻炼,培养生态文明建设的兴趣与信念。

9. 简论 教育与社会的关系。(教育与生产力的关系、教育与政治经济制度的关系、教育与文化的关系)

答 **(1) 教育与生产力的关系。**

①**生产力水平对教育的制约。** 体现在:a. 生产力的发展水平制约着人才培养的规格。b. 生产力的发展水平制约着教育事业发展的速度、规模和教育结构。c. 生产力的发展水平制约着课程的设置和教育内容的沿革。d. 生产力的发展促进了教学组织形式、教育教学手段和方法的沿革。

②**教育的经济功能。** 体现在:a. 教育是使可能的劳动力转化为现实的劳动力的基本途径。b. 现代教育是生产科学技术、促进经济发展的重要途径。c. 教育是提高劳动者素质和生产率的重要因素。d. 教育能够产生经济效益,是经济发展的新的增长点。

(2) 教育与政治经济制度的关系。

①**政治经济制度对教育的制约。** 体现在:a. 政治经济制度的性质制约着教育的性质。b. 政治经济制度制约着教育目的。c. 政治经济制度制约着教育的领导权。d. 政治经济制度制约着受教育权。e. 政治经济制度制约着教育内容、教育结构和教育管理体制。

②**教育的政治功能。** 体现在:a. 教育通过传播一定社会的政治意识形态,完成年轻一代的政治社会化。b. 教育通过造就政治管理人才,促进政治体制的变革与完善。c. 教育通过提高全民文化素质,推动国家的民主政治建设。d. 教育是形成社会舆论、影响政治时局的重要力量。

(3) 教育与文化的关系。

①**文化对教育的制约。** 文化对教育发展的制约和影响具有广泛性、基础性、深刻性和持久性的特点。体现在:a. 文化知识制约教育的内容和水平。b. 文化模式制约教育背景和教育模式。c. 文化传统制约教育

的传统和变革。

②**教育的文化功能**。体现在：a. 教育的文化传承功能（传递、保存）。b. 教育的文化融合功能（传播、交流与丰富）。c. 教育的文化选择功能（选择、提升）。d. 教育的文化创新功能（创造、更新）。

10. 简论 教育的社会流动功能，教育怎样体现其社会流动功能及其当代意义。

【答】（1）**含义**：教育的社会流动功能是指社会成员通过教育的培养、筛选与提高，能够在不同的社会区域、社会层次、职业岗位、科层组织之间转换、调整与变动，以充分发挥其个性特长，展现其智慧才能，实现其人生价值。

（2）**体现**。

①教育的社会横向流动功能指社会成员因受到教育和训练而提高了能力，可以根据社会需要，结合个人意愿与可能，更换其工作地点、单位等，做水平的流动，改变其环境而不提升其在社会阶层或科层结构中的地位。

②教育的社会纵向流动功能指社会成员因受教育的培养与筛选，能够在社会阶层、科层结构中做纵向的提升，包括职称晋升、职务升迁、薪酬提级等，以提高其社会地位及作用。

（3）**意义**。

①**教育已成为现代社会中个人社会流动的基础**。我们必须认识到"基础教育"是必不可少的"走向生活的通行证"，它使享受教育的人能够选择自己将要从事的职业，参与建设集体的未来并继续学习。

②**教育是现代社会流动的主要通道**。在中国工业化、信息化、城市化建设的进程中，高等教育大众化的加速，正充分展现出教育主要的社会流动功能，保证了人口与人才的调整、转换与供应。

③**教育深刻影响着社会公平**。世界各国纷纷实行普及义务教育制度，注重教育公平，这是教育发展的趋向。当今世界，如果连优质的义务教育也未能得到，一个人是很难生存的，更不要说通过教育流动以实现人生价值了。

11. 简论 教育的相对独立性（内涵、表现），认识相对独立性有何意义。

【答】（1）**教育的相对独立性**。

①**含义**：教育的相对独立性是指教育作为社会的一个子系统，可以对社会其他系统做出能动的反作用，如教育具有政治功能、经济功能和文化功能等，它对社会的能动作用具有自身的特点与规律性，它的发展也有其连续性与继承性。

②**表现**。

a. 教育是有目的地培养人的活动，主要通过所培养的人作用于社会。教育，尤其是学校教育，是一种有意识地影响人、培育人、塑造人的社会活动。通过培养人来适应并推进社会向前发展是教育特有的重要的社会功能。

b. 教育具有自身的活动特点、规律与原理。教育是培养人的活动，而人具有天赋的能动性、可塑性和创造潜能等特点，并具有特殊的身心发展和成熟的规律。教育教学及其相关活动，必须认识、遵循和创造性地运用这些基本特点与规律，才能有效地培养人才。

c. 教育与政治、经济、文化发展不同步，教育往往具有滞后性和长效性。教育发展的滞后性和长效性说明强调办教育要立竿见影，这是不符合教育社会功能的特点的。

d. 教育具有自身发展的传统与连续性。我们无论是办学校、发展教育事业，还是进行教育改革，都要重视与借鉴教育的历史经验，都应在原有的基础上积极改进、稳步向前，切不可轻率地否定教育的连续性而企图另搞一套。

(2) 认识相对独立性的意义。

①我们说教育的相对独立性,并不是说其绝对独立,"超经济""超文化""超政治"的教育是不存在的。如果错误地认为教育具有绝对独立性,那么将会丧失教育发展的社会基础和动力。

②教育具有滞后性,即教育对经济、政治、文化、科技等的作用不是立竿见影的,总是要经过一段较长的时间才能体现出来,这就是蔡元培所说的"教育是求远功的"。这种长效性作用强大,所以各国都重视教育,要求教育优先发展。

③教育具有自身发展的特点和规律。教育是培养人的活动,而人具有天生的能动性、可塑性和创造潜能等特点,并具有特殊的身心发展和成熟的规律。教育教学及其相关活动,必须认识、遵循和创造性地运用这些基本特点与规律,才能有效地培养人才。

④教育具有自身发展的传统与连续性。我们无论是办学校、发展教育事业,还是进行教育改革,都要重视与借鉴教育的历史经验,都应在原有的基础上积极改进、稳步向前。

12. **简论** 联系实际,论述教育的社会功能和个体功能。

答 (1) 社会功能。

①**内涵**:教育的社会功能就是教育作为社会子系统对社会政治、经济、文化、人口、生态等子系统所产生的影响和作用,也正是通过这种影响,维系着社会的运行,促进着社会的稳定与发展。

②**表现**。

a. 教育的经济功能。(同题5"教育的经济功能")

b. 教育的政治功能。(同题6"教育的政治功能")

c. 教育的文化功能。(同题7"教育的文化功能")

d. 教育的生态功能。(同题8"教育的生态功能")

③**实质**:教育是一种社会现象,但不能混同于政治、经济。教育的本质是培养人,离开了人的培养,就偏离了教育的本质,教育就不称为教育。教育社会功能的发挥,必须通过培养人来实现。因此,教育的社会功能是教育的派生功能。

(2) 个体功能。

①**内涵**:个体功能是教育对个体的生存和发展所产生的作用和影响。具体表现为:个体个性化功能、个体社会化功能。

②**实质**:教育的个体功能,尤其是个体发展的功能,是教育的本体功能。离开了这一功能,教育就失去了本质。虽然不同时期人才培养的质量与规格有所不同,但教育促进个体发展的功能永远不会改变。促进个体发展的功能是教育固有的功能,因此也被称为教育的本体功能。

(3) **关系**:教育的个体功能和社会功能是教育功能相互联系的两个方面,它们共同构成了完整的教育功能。教育的个人本位论和社会本位论,把教育的个体功能与社会功能对立起来,形成"本体论"和"工具论"的功能观,都是对教育功能完整性的割裂。教育功能是个完整的系统,必须确保教育的个体功能和社会功能的统一。

13. **简论** 为什么要把教育摆在优先发展的战略地位。/ 为什么说"百年大计,教育为本"。/ 对"教育的发展应先于经济的发展""教育先行"的观点进行分析。

答 (1) **发展战略**:我国的教育战略是教育先行。教育先行是一种发展战略,即教育发展先于其他行业或者经济发展的现有状态而超前发展。教育优先发展并不代表教育的盲目发展,优先发展必须适度。教育投资要依据一个国家经济的发展水平来确定,过度的教育投资反而会造成浪费。

(2) "百年大计，教育为本"的含义：指教育对整个国家的发展来讲，有持久而深远的影响，它的重要性是不容置疑的，对整个国家和社会来说，教育占有基础性、先导性、全局性的地位。

(3) 原因：教育在我国社会主义现代化建设中具有基础性、先导性、全局性的意义。落实科学发展观，实现科教兴国战略和人才兴国战略，就必然要求把教育摆在优先发展的战略地位。

①**教育的基础性实质上是人的素质在社会主义现代化建设中的基础性**。教育对人的素质全面发展的促进，既是个人为人立世的基础，也是社会稳定和发展的基础。因此，优先发展教育是一个必然的战略性举措。

②**教育的先导性指教育的发展对社会主义现代化建设具有引领作用**。我国要改变经济增长方式，使经济社会可持续发展，关键在于知识创新，这要依靠教育来传播最新知识技术，培养创新型人才才能实现。

③**教育的全局性指教育的发展关乎社会主义现代化建设的各个方面，具有全局性的影响**。教育使人的价值提升，这对我国社会结构的良性演变，对社会公平的实现，对和谐社会的建设和完善起到积极作用。

(4) "百年大计，教育为本"发展过程中的两大难题。

①**增进教育公平中面临的问题**：a. 在城乡差异上，城乡学校差距大。b. 在同一城市里，校校差距大。

②**提高教育质量中面临的问题**：a. 在应试教育背景下，学生学业负担重。b. 在教育目的上，过于重视智育中的考试内容，背离全面发展观。

(5) 实现"百年大计，教育为本"的两大路径。

①**采用宏观调控，继续推进教育公平**。a. 在城乡差异上，进一步推动教育扶贫，努力建设一支稳定的、专业的、高水平的乡村教师队伍。b. 在同一城市里，进一步实行公民同招，电脑随机分派入学，限制超级中学，试行"教师流动制"。

②**采用"双减"政策，继续提高教育质量**。a. 采用"双减"政策扭转学业压力大的应试教育，要求校内外同时减负，实现全面发展。b. 加强德育、体育、美育、劳动教育，调整智育，努力回归"全面发展观"。

综上所述，采用教育先行的战略，办"公平而有质量的教育"，努力做好教育事业的方方面面，体现"百年大计，教育为本"的深刻道理。

14. 论述 论述国兴教育面临的问题及解决策略。/ 论述现在国兴教育面临的问题及其怎样办好让人民满意的教育。

答 (1) 国兴教育面临的问题。

①**教育经费投入严重不足**。虽然国家在逐渐加大教育投入，但还是不能满足实际需要。长期以来，教育经费投入的不足导致我国人才培养滞后，影响到我国现代化建设的进程。

②**教育公平面临严峻挑战**。

a. **城乡之间、地区之间存在明显差距的问题**。教育经费和设备配置的差异、师资力量与教学水平的差异、城乡学校的教育条件与教学水平的差距和教育投入的差距，都在深刻影响教育的公平。

b. **农民工子女受教育需要妥善解决的问题**。包括"留守儿童教育"问题和"农民工子女上学难"的问题。农民工子女教育问题不妥善解决，不仅影响社会主义现代化建设，而且影响社会的和谐与稳定。

c. **优质教育资源短缺引发的教育机会不公平问题**。能否享受优质的基础教育和高等教育，不仅决定着每个孩子的未来发展和前程，而且事关每个家庭的生活变迁与幸福。

(2) 解决策略 / 怎样办好让人民满意的教育。

①**落实教育公平**。

a. **在城乡差异上**，进一步推动教育扶贫，努力建设一支稳定的、专业的、高水平的乡村教师队伍。教师群体素质的高低，直接影响着育人的质量、办学的效益，要提高农村教学质量，没有一支高素质的乡村教师队伍是根本不可能的。因此,提高乡村教师素质是提高农村教学质量的关键。

　　b. **在东西地区里,** 加大西部地区教育投入,挖掘各个区的教育资源。政府需要从战略上重视落后地区,需要从政策上扶持落后地区,需要从策略上挖掘落后地区的教育资源。

　　c. **在同一城市里,** 进一步实行公民同招,电脑随机分派入学,限制超级中学,试行"教师流动制"。

　　②提高教育质量。

　　a. **在政策上,** 采用"双减"政策扭转学业压力大的应试教育,要求校内外同时减负,实现全面发展。

　　b. **在教育方针上,** 加强德育、体育、美育、劳动教育,调整智育,努力回归"全面发展观"。

　　c. **在新课改上,** 深化新课程改革的理念和思路。要求课程目标、课程内容、课程实施、课程评价、课程管理、课程结构上综合改革,提升教育质量。

　　d. **在教育环境上,** 落实学习化社会和终身教育思想。放活教育机制,促使正规教育与非正规教育相结合,家庭、学校和社会教育相结合。利用信息技术促进泛在教育的实现,满足人们终身受教育的愿望。

15. 〖论述〗中国当前的教育不公平主要表现在哪几个方面?请你选择某一方面并分析其产生的原因,尝试提出解决的对策。

〖答〗(1) **中国当前教育不公平的表现。**

①城乡之间的教育不公平;②区域之间的教育不公平;③性别之间的教育不公平;④学校之间的教育不公平;⑤群体之间的教育不公平。下面,就区域之间的教育不公平来详细论述。

(2) **区域之间教育不公平的原因。**

①**地区发展的不平衡。** 改革开放以来,由于我国的经济发展采取的是差异性政策,东部地区率先发展起来,中部和西部地区相对落后的经济和文化条件制约了当地教育的发展。

②**教育政策的不公平。** 重点学校制度加剧了教育领域内部资源配置的失衡,入学机会不公平。各省之间采取分省定额划线录取的办法,录取分数高低不一。

③**校长和教师素质的影响。** 多数高校毕业生优先选择去大城市,导致农村基层地区的教育不公平现象很普遍。

(3) **解决区域之间教育不公平的对策。**

①**加大农村义务教育经费投入。** 健全义务教育经费保障机制,加强乡村小规模学校和乡镇寄宿制学校建设,确保乡镇学校经费投入。同时,在中小学校舍维修、运动场地改造等方面优先安排农村学校。

②**加快推进教育信息化建设。** 提升教育城域网服务能力,提升学生信息技术应用水平和创新能力,在农村学校建成一批创客实践室,提升教师信息化素养和学生信息技术应用水平。

③**继续试行教师流动制。** 采取交流、支教等多种形式,努力提高城区教师参与轮岗的积极性。通过加强经费保障、严格规范操作、加强日常考核等举措,全面推进教师交流工作常态化和制度化。

④**不断提高农村教师的地位待遇。** 统筹全区中小学教师绩效工资标准,逐步缩减区域内中小学教师工资福利差距,教师奖励性绩效工资向一线教师倾斜。按照要求落实各项保障待遇。职称评定向农村教师倾斜。

⑤**保证生源平衡分配各校。** 我国试行电脑随机分配入学政策,确保学生就近入学,反对按照家庭情况和生源分数的掐尖录取。积极创建义务教育优质均衡,切实提高义务教育保障水平,推进城乡义务教育一体化高质量发展,让每个孩子都享有更加公平、更高质量的义务教育。

第五章 教育目的

名词解释

1. 教育目的

答 (1) **广义的教育目的**：指教育培养人的质量规格，亦指教育要达到的预期结果，反映教育在人的培养规格标准、努力方向和社会倾向性等方面的要求。

(2) **狭义的教育目的**：一般指国家对培养人才要达到什么样的质量和规格的总要求，是各级各类学校都必须遵守的总要求。教育目的是教育活动的方向和目标，也是教育活动的出发点和归宿。

(3) **内容结构**："培养什么样的人"和"为谁培养人"。

(4) **层次结构**：从宏观到微观依次是教育目的、培养目标、课程目标、教学目标。

(5) **教育目的的作用**：定向、调控与评价。

(6) **我国现阶段的教育目的**：培养德、智、体、美、劳全面发展的社会主义建设者和接班人。

2. 培养目标

答 (1) **含义**：培养目标是指各级各类学校依据国家教育目的和不同类型教育的性质、任务，对受教育者的身心发展所提出的具体标准和要求。

(2) **依据**：①社会对教学的要求。②人的方面：教师的教学经验，学生的需要、兴趣和身心发展规律。③教育内部方面：教育目的。

(3) **演变**：从"四有新人"到"四有公民"；从片面发展到全面发展；从培养"劳动者"到培养"建设者和接班人"。

(4) **教育目的与培养目标的关系**：一般与特殊的关系。教育目的是制定培养目标的依据，培养目标是教育目的的具体化，即培养目标不能脱离教育目的，教育目的要体现、落实在培养目标之中。

3. 社会本位论

答 (1) **代表人物**：柏拉图、凯兴斯泰纳、涂尔干、赫尔巴特、孔德等。

(2) **主要观点**：①教育目的的制定应该由社会的需要决定，与人的潜能和个性的需要无关。②个人的一切发展有赖于社会，社会价值高于个人价值。③教育的最高目的在于使个人成为国家的合格公民。④教育的效果以社会功能的发挥程度来衡量。

(3) **评价**：社会本位论将对教育目的的考察角度从宗教神学转移到国家和社会事业上来，这是一个很大的进步。在当代有助于动员国家和社会资源来发展教育事业，但是其忽视了个体的价值，完全将受教育者当成是等待被加工的"原料"，违背了教育的人道主义原则。

(4) **对待社会本位论和个人本位论的正确态度**：要认识到社会需要与个人发展的辩证关系，从而把两种理论辩证地统一起来，二者的统一在价值取向上最终要落在人的发展上。

4. 个人本位论

答 (1) **代表人物**：卢梭、裴斯泰洛齐、洛克、福禄培尔、康德、萨特等。

(2) **主要观点**：①教育目的的制定应当由受教育者的需要、潜能和个性决定，至于社会的要求是无关紧要的。②充分重视人的价值、个性发展和需要，个人价值高于社会价值。③教育的目的在于帮助人们充分地实现他们的自然潜能。④教育的效果以人的个性自由的发展程度来衡量。

(3) **评价**:个人本位论充分倡导人的自由与个性,提升人的价值与地位,这也是对人性的一种解放作用。但它将"自然性"与"社会性"及"个性"与"共性"对立起来;将个人利益凌驾于社会利益和国家利益之上,最终毁坏了教育的社会基础或前提。

(4) **对待个人本位论和社会本位论的正确态度**:要认识到社会需要与个人发展的辩证关系,从而把两种理论辩证地统一起来,二者的统一在价值取向上最终要落在人的发展上。

5. 人的全面发展教育

答 (1) **含义**:全面发展教育是我国当前教育的主题词。全面发展教育是指教育者依据社会的政治经济需要与个体身心发展的规律和特点,有目的、有计划、有组织、有系统地对受教育者施加旨在促进人的素质结构全面、和谐、充分发展的系统教育。

(2) **构成**:全面发展教育由德、智、体、美、劳五育构成,德育是人的发展方向的保证,智育是人的认识基础的保证,体育是人的发展的物质机体的保证,美育和劳动教育是实施德、智、体育的主要途径。我们主张"五育"并举,任何一育都不可偏废。

(3) **问题**:现实教育中,我国更突出对学生的智育评价,促使教育实践重智轻德,忽视了美育、体育和劳动教育,这是应试教育导致的,不能培养身心和谐发展的人。

(4) **改革**:我国主张通过素质教育,正确理解和把握全面发展教育,在加强智育的基础上,加强德育、美育、体育和劳动教育,纵使改革困难重重,但一定要坚持全面发展教育的方向。

简答题 / 论述题

1. 简论 教育目的的价值取向(个人本位论和社会本位论)的观点并进行比较、评价,论述二者的分歧和调和原则,谈谈确立价值取向时需要考虑的主要问题。

答 教育目的的价值取向是指教育目的的提出者或从事教育活动的主体依据自身的需要对教育价值做出选择时所持有的一种倾向。主要分为社会本位论和个人本位论。

(1) **社会本位论**:社会本位论也称国家本位论,主张教育目的要依据社会的需要确定。代表人物有柏拉图、凯兴斯泰纳、涂尔干、赫尔巴特、孔德等。

①**主要观点**:a. 教育目的的制定应该由社会的需要决定,与人的潜能和个性的需要无关。b. 个人的一切发展有赖于社会,社会价值高于个人价值。c. 教育的最高目的在于使个人成为国家的合格公民。d. 教育的效果以社会功能的发挥程度来衡量。

②**评价**:社会本位论将对教育目的的考察角度从宗教神学转移到国家和社会事业上来,这是一个很大的进步。但社会本位论忽视了个体的价值,完全将受教育者当成是等待被加工的"原料",违背了教育的人道主义原则。

(2) **个人本位论**:个人本位论主张教育目的要依据个人的需要确定。代表人物有卢梭、裴斯泰洛齐、洛克、福禄培尔、康德、萨特等。

①**主要观点**:a. 教育目的的制定应当由受教育者的需要、潜能和个性决定,至于社会的要求是无关紧要的。b. 重视人的价值、个性发展和需要,个人价值高于社会价值。c. 教育的目的在于帮助人们充分地实现他们的自然潜能。d. 教育的效果以人的自由发展程度来衡量。

②**评价**:个人本位论充分倡导人的自由与个性,提升人的价值与地位,这也是对人性的一种解放作用。但个人本位论将"自然性"与"社会性"及"个性"与"共性"对立起来;将个人利益凌驾于社会利益和国家

利益之上，最终毁坏了教育的社会基础或前提。

(3) 个人本位论与社会本位论的分歧与调和原则。

①个人本位论与社会本位论的分歧。

在一定意义上，个人本位论一般是针对社会现实损害了个人发展而强调人自身的发展需要；社会本位论是针对个人发展脱离或违背了社会规范而强调社会的发展需要。

②个人本位论与社会本位论的调和原则。

要认识到社会需要与个人发展的辩证关系，从而把个人本位论与社会本位论辩证地统一起来，二者的统一在价值取向上最终要落在人的发展上。

(4) 确立价值取向时需要考虑的主要问题。

我们在确立教育目的价值取向时应考虑相关的理论，主要是社会本位论和个人本位论。

①社会本位论确立中应注意的问题。

a. 以可持续发展的理念为指导。 当代社会教育目的的选择、确立，必须赋予社会全面发展、协调发展和可持续发展的理念，才能使社会的全面、协调、可持续发展获得强有力的内在把握和坚实的基础。

b. 适应与超越问题。 教育目的的社会价值取向要坚持适应性与超越性的统一；要注意在适应中超越，使教育对现实的适应面向未来；同时也要注意在超越中适应，即在超越现实的同时去适应新的现实要求。

c. 功利价值与人文价值问题。 教育作为培养人的社会活动，必然要反映和满足社会物质和经济发展方面及社会精神文化方面的要求。教育目的的选择、确立要坚持功利价值与人文价值的有机结合。

d. 民族性与世界性问题。 坚持民族性和世界性相结合的价值取向，在实践上需要对民族性和世界性予以很好的理解和把握。

②个人本位论确立中应注意的问题。

a. 人的社会化与个性化问题。 人的发展与完善，就在于其社会化和个性化的和谐与统一。人的社会化，应是个性化了的社会化；人的个性化，也应是社会化了的个性化。

b. 人的理性与非理性问题。 当代教育目的的选择和确立，在价值取向上首先要避免陷入理性和非理性二者对立的误区。要充分认识理性与非理性各有的长处与局限性，避免对二者的盲目性。

c. 科技素质与人文素质问题。 一是要认清和摆脱科学主义和人文主义哲学观的片面性；二是要充分认识和理解科学精神与人文精神的统一性；三是要充分认识科技素质与人文素质有机培养的时代性要求。

2. 简论 马克思主义关于人的全面发展学说的主要内容及现实意义。

〔答〕(1) 马克思主义关于人的全面发展学说的科学含义。

①**人的全面发展是指人的劳动能力的全面发展。** 在马克思看来，人的全面发展，就其最基本的意义而言，指人能够适应不同的劳动需求。没有劳动，社会和个人都不可能存在，更谈不上发展。

②**人的全面发展是指个人智力和体力的全面发展。** 马克思指出劳动者智力与体力相分离的片面发展的问题。全面发展的人将是体力劳动与智力劳动相结合、在体力与智力上得到协调发展的人。

③**人的全面发展是人的先天和后天的各种才能、志趣、道德和审美能力的充分发展，即人的个性的自由发展。**

(2) 马克思主义关于人的全面发展所必须具备的社会条件。

①**人的片面发展的根源。** 工场手工业的分工加剧了工人的片面发展。人的发展不是由人的意志和愿望决定的，也不是由人性的自我发展决定的，人的发展是由整个社会的发展所决定的。

②**生产力高速发展的大工业社会为人的全面发展提供了物质基础。** 市场的扩大和普遍的交往为人的

全面发展提供了可能性;大工业的发展使社会内部的分工不断变化,劳动变换加速,对工人素质的要求提高,这要求人必须全面发展。

③**实现人的全面发展的根本途径是教育与生产劳动相结合。**一个全面发展的人的基本特征是体力和智力都得到充分的、自由的发展。

(3) 马克思主义关于人的全面发展学说在教育学上的重要意义。

①**确立了科学的人的发展观。**全面发展学说把人的发展历史归结为生产方式的发展历史,确定了科学发展观,从而为人的发展问题提供了一种全新的方法论的指导。

②**指明了人的全面发展的历史必然。**全面发展学说所揭示的人的发展方向,是一种建立在生产发展普遍规律基础之上的自然历史过程。

③**为我国教育目的的制定奠定了理论基础。**马克思主义强调人的全面发展,我国的教育目的正是依据马克思主义的全面发展学说而建立,提出了培养德、智、体、美、劳全面发展的社会主义建设者与接班人。

3. [简论] 我国教育目的的含义、基本要求和基本精神及其实现对策,谈谈目前中小学教育实践存在的主要问题,并说说应如何改革。

[答] (1) 我国的教育目的:我国的教育目的是培养德、智、体、美、劳全面发展的社会主义建设者和接班人。

(2) 我国教育目的的基本要求和基本精神。

①**培养"劳动者"或"社会主义建设人才"是社会主义教育目的的总要求。**教育目的中最根本的问题是"培养什么人"。社会主义社会的教育培养每一个社会成员都成为劳动者,这是社会主义教育同一切剥削阶级教育的本质区别。

②**坚持教育目的的社会主义方向,是我国教育目的的根本性质。**教育目的的方向性是教育性质的根本体现。我国社会主义的教育目的明确规定我们培养的是社会主义建设者和接班人,是新型的劳动者。

③**坚持全面发展是社会主义的教育质量标准。**教育目的的另一构成部分是培养规格问题,即人才的素质结构和质量标准。我国教育方针在人才规格上提出德、智、体、美、劳的全面发展正是在于说明这一全面要求。

④**以提高全民素质为宗旨。**社会主义要求人人都应成为劳动者,成为国家的主人。社会主义的劳动者应该是一种新型的劳动者,即脑力劳动与体力劳动相结合的劳动者。

⑤**培养独立个性。**培养受教育者的独立个性,是马克思主义关于人的全面发展学说的基本内涵和根本目的。我国的教育目的注重培养人的独立个性,注重发挥、调动人的主体性。

(3) 实现对策。

①**要以素质发展为核心。**素质教育追求对人的发展的有效引领和促进。在这里,发展的内涵是指:a. 人的发展的全面性与和谐性。b. 人的发展的差异性与多元性,重视和鼓励人的个性发展的多样性。

②**要确立和体现全面发展的教育观。**教育目的的实现,不仅要在人实际程度和水平的发展上关注素质教育,而且要在内容上关注人的全面发展教育。

(4) 目前中小学教育实践存在的主要问题。

①**从社会主义性质的角度出发,**目前我国中小学教育的问题是教育公平、教育质量亟需提升和过度政治化。

②**从促进学生全面发展的角度出发,**目前我国中小学教育的问题是应试教育下背离全面发展的思想,"五育"发展不平衡。当前教育过程中,德育、美育、劳动教育被忽视,难以做到真正的全面发展。

③**从培养劳动者的角度出发,**目前我国中小学教育轻视劳动教育,出现了异化现象。学生缺乏劳动相

关的基本知识和技能,缺乏吃苦耐劳的品质,原因是劳动教育在教育过程中没有得到重视和实施。

④**从促进学生个性发展的角度出发,**目前我国中小学教育的问题是过于注重共性,忽视学生的个性。在课余生活中参加大量的教育培训阻碍了学生的个性发展。

⑤**从提高全民素养的角度出发,**目前我国中小学教育的问题是轻视道德建设。思想道德建设集中体现着精神文明建设的性质和方向。学校思想教育中过度偏向于智育,道德建设则易被忽略或轻视。

(5) **当下中小学教育改革措施。**

①**从社会主义性质的角度出发,**教育改革的措施为:a. 要办公平而有质量的教育。教育要做到因材施教。落实全面发展教育与素质教育,全面落实新课程改革。b. 要加强教育的生活性,避免机械的政治化倾向。

②**从促进学生全面发展的角度出发,**教育改革的措施是坚持"五育"并举,处理好德、智、体、美、劳之间的关系,使其相辅相成,防止和克服顾此失彼的片面性,坚持全面发展的教育质量观。

③**从培养劳动者的角度出发,**教育改革的措施为:a. 学校要认识到劳动教育的价值,同时沟通家庭教育,形成合力。b. 开设劳动教育必修课,并在各学科各专业中进行有机渗透。c. 可以给学生安排劳动实践。

④**从促进学生个性发展的角度出发,**教育改革的措施为:a. 学校要加强对"双减"政策的落实。b. 教师要运用教育艺术,灵活运用教学方法,了解、关心学生,营造良好的学习氛围,因材施教。

⑤**从提高全民素养的角度出发,**教育改革的措施是采取普及与延长义务教育、大力发展职业教育、使高等教育大众化等措施,提高全民素养。

4. [简论] 全面发展教育的组成部分(普通中小学教育的构成)及各育的关系并联系实际探讨该关系理论的实践指导意义,谈谈你对"五育"融合的理解。

[答] (1) **全面发展教育的含义:**指教育者根据社会的政治经济需要和人的身心发展的规律和特点,有目的、有计划、有组织、系统地对受教育者实施的旨在促进人的素质结构全面、和谐、充分发展的系统教育。

(2) **全面发展教育的组成部分。**全面发展教育由德育、智育、体育、美育、劳动教育等部分组成。

①**德育:**广义的德育指关于人生活的意义和规范的各种教育活动的总和。它涉及人成长生活的各种品质内容,如思想教育、政治教育、法治教育、心理健康教育、道德教育,甚至包括生命教育、公民教育和人格教育等。狭义的德育指"育德",即道德教育。

②**智育:**智育是传授给学生系统的科学文化知识和技能,培养和发展学习学识素养和智慧才能的教育。

③**体育:**体育是授予学生健身知识和技能,发展他们的体力,增强他们的体质的教育。增强学生的体质是学校体育的根本任务。

④**美育:**美育是培养学生健康的审美观,发展他们感受美、鉴赏美、表现美、创造美的能力,培养他们的高尚情操和文明素质的教育。

⑤**劳动教育:**劳动教育是引导学生掌握现代劳动的知识与技能,养成良好的劳动习惯和正确的劳动态度,培育学生科学的劳动价值观的教育。

(3) **各育的关系。**

①**"五育"相对独立的,缺一不可,不能互相替代。**全面发展教育的五个组成部分各有自己的特点、规律和功能,每一育的社会价值和满足个体发展的价值都是不同的。

②**它们又是相互联系、互为目的和手段的,在实践中,共同组成统一的教育过程。**a. 德育处于思想引领的地位,在"五育"中起着保证方向和动力的作用。b. 智育为其他各育提供了认识基础。c. 体育是实施其

他各育的生理基础。d. 美育和劳动教育具有启智、育德、健体的作用,是实施德育、智育、体育的途径。要坚持"五育"并举,处理好它们的关系,使其相辅相成,发挥教育的整体功能。

(4) 实践指导意义。

我们要从"五育"并举,走向"五育"融合,推进综合性人才的培养。

①**树立五育融通式教学基本理念。**a. 在国家层面进行全方位统筹。要制定相应的行动指南、实施标准和原则、管理和监督机制以及相应的配套措施。b. 在地方层面进行全方位部署。充分发挥地方或区域层面的教育组织、机构和部门的桥梁作用及上传下达沟通协调的纽带作用。c. 在学校层面进行全方位推进。

②**构建五育融通式课程结构体系。**以培养德智体美劳全面发展的个体为目标,依托现有国家课程,通过学科内、学科间以及跨学科"五育"资源的开发、协调与统整,强化课程的综合性、实践性和融通性,实现课程的融合育人价值。

③**营造五育融通式教学生态环境。**在融合教学过程中,充分开发和利用对其活动开展和主体成长起制约和调控作用的主客观条件和力量,发展教育生态环境的内核,以及学生全面个性化成长的内生土壤,从而维护教育生态系统的平衡与良性循环。

④**发展多元主体的融合育人能力。**要发展好多元主体的融合育人能力,尤其是学校管理者、教师和学生等直接涉及教学活动开展的关键主体。学校管理者要建构适应"五育"融合的新型管理方式以及制度体系、课程体系、教学体系和评价体系等。要着重培养学生的社会与情感能力。

5. 简论 结合我国近年来对应试教育和素质教育的讨论,谈谈你对素质教育的认识和理解。/ 结合今天我国基础教育的实际,论述你对素质教育的看法。/ 分析"素质教育倡而不兴,应试教育批而不立"的原因。

答 (1) **应试教育。**

①**含义:**以选拔性考试为目的的尖子生教育,忽视学生的全面发展,唯分数指标论人的才能,是严重违背教育规律的一种教育。

②**危害:**a. 束缚学生的视野;b. 弱化学生的能力;c. 影响教育公平;d. 加重学生的负担;e. 局限学生的思维;f. 导致学生的片面发展;g. 加重教师的负担;h. 造成教育的内卷。

(2) 素质教育的基本内涵。

①素质教育是面向全体学生的教育。②素质教育是促进学生全面发展的、生动活泼的、可持续发展的教育。③素质教育是重在培养学生社会责任感、创新精神和实践能力的教育。④素质教育是促进学生个性发展的教育。⑤素质教育以提高全体国民素质为目的。

(3) "素质教育倡而不兴,应试教育批而不立"的原因。

①**应试教育是一种相对公平公正的教育模式。**

我国地域辽阔,教育资源分布不均衡。素质教育比拼教师素质、学校硬件等,实际是比拼教育资源,最终结果是贫困地区更贫困。应试教育虽然存在一些弊端,但是选拔性的考试能让贫困地区的学生有机会接受良好的高等教育,是相对公平公正的教育模式。

②**目前没有更好的办法来代替中考、高考。**

素质教育要求全面考查学生,这需要投入大量的人力资源,且具有很大的主观性。而应试教育只需要根据学生的考试成绩筛选符合要求的学生录取即可,选拔过程与结果更客观公正,暂时无可替代。

③**应试教育有利于学生全面系统地学习基础知识。**

应试教育虽然死板、枯燥,但却显示出教学最基础的特点,即以接受的方式学习书本知识,可以让学生更快速、高效地掌握系统的科学文化知识。

④**素质教育本身具有一些缺陷。**

a. 对"素质"的界定不够清晰、明确；b. 素质教育理论基础来源于国外，在一定程度上不符合中国的国情；c. 缺乏能够较好地实施素质教育的师资；d. 大多数学校并没有切实执行素质教育改革的一些要求。

综上所述，素质教育与应试教育并不是对立的，二者都有其合理性，也都具有一定的局限性，应该把二者结合起来，促使考试制度更加科学化。

(4) 应对措施。

①**素质教育的落实。**素质教育促进学生全面发展、生动活泼、可持续发展。

②**核心素养教育的落实。**大力发展学生核心素养，提高学生的学习和生活水平。

③**减负政策与当今的"双减"政策。**相关政策的出台切实减轻学生负担，把时间还给学生。

④**中考与高考制度的改革。**考试制度的改革促进学校教育的改革，推进教育公平，更新教师、学生、家长的教育观念。

⑤**2022年新课程方案和课程标准。**新课程改革为了学生的终身发展，为了每位学生的发展，为了学生的全面发展，为了学生的个性发展，都是在力图解决应试教育的顽疾。

6. 简论 **论述全面发展和独立个性的关系。/ 如何认识"全面发展"与"个性发展"的关系？**

答 (1) **全面发展的含义：**人的全面发展是指个体在德、智、体、美、劳诸方面的全面发展，也指人的先天和后天的各种才能、志趣、道德和审美能力的充分发展，即人的个性的自由发展。

(2) **个性发展的含义：**个性发展是指每个人按照自己的素质特点，自己的优点和不足，按照自己的独特性而发展，形成自己独特的素质结构和个性特点。德、智、体、美、劳等各种素质在受教育者个体身上的特殊组合，不可一律化。

(3) **二者的关系。**

①**辩证统一。**没有全面和谐的发展，也不会带来个性的丰富性和完美性，也不会有个性的良好发展。德、智、体、美、劳等各种素质在个体身上的和谐发展，正是个性完美发展的表现。

②**相辅相成。**在全面发展的基础上促进个性发展，个性发展是全面发展的核心。在教育实践中，注重培养人的独立个性，注重发挥、调动人的主体性，应当在基本素质全面发展的基础上发展个性，同时以个性的和谐发展推动人的全面发展。

第六章 教育制度

名词解释

1. 教育制度

〔答〕**(1) 含义**：教育制度是一个国家各级各类教育机构、组织体系以及管理规则的总称。它包含两个基本方面：①各级各类教育机构与组织。②教育机构与组织赖以存在和运行的规则，如各种相关的教育法律、规则、条例等。

(2) 内容：教育机构与组织体系又包括教育的施教机构与组织和教育的各种管理机构与组织。学制是教育制度的核心。

(3) 特点：客观性、规范性、历史性和强制性。

(4) 趋势：从原始社会无教育制度，到古代出现了简单的教育制度，再到现代社会的丰富多样的教育制度，教育制度未来正在向终身教育的方向发展。

2. 学校教育制度/学制

〔答〕**(1) 含义**：学校教育制度简称学制，是指一个国家各级各类学校、组织体系以及管理规则的总称。它规定着各级各类学校的性质、任务、入学条件、修业年限以及它们之间的关系。

(2) 地位：学制是教育制度的核心。

(3) 趋势：学制最终向着终身教育的方向发展，各国正在构建终身教育的学制体系。

(4) 类型：单轨学制、双轨学制和分支型学制，双轨学制在向分支型学制和单轨学制方向发展。

3. 双轨学制

〔答〕**(1) 简介**：18—19世纪的西欧等国家，在特定的社会政治、经济发展及贵族文化传统的影响下，形成了双轨学制。

(2) 内容：一轨自上而下，针对贵族子弟，其结构是大学(后来也包括其他高等学校)、中学(包括中学预备班)；一轨自下而上，针对平民子弟，其结构是小学(后来是小学和初中)及其后的职业学校(先是与小学相连的初等职业教育，后发展为和初中相连的中等职业教育)。两轨封闭不流通。

(3) 特点：体现了教育不平等，剥夺了劳动者子女升入文法类中学和大学的机会。

(4) 趋势：①从学校系统分析，双轨学制在向分支型学制和单轨制方向发展。②从学校阶段来看，每个阶段都发生了重大变化。

4. 义务教育制度

〔答〕**(1) 内涵**：义务教育制度是根据法律规定，适龄儿童和青少年都必须接受，国家、社会、家庭必须予以保证的国民教育。其实质是国家依照法律的规定对适龄儿童和青少年实施的一定年限的强迫教育的制度。

(2) 特点：强制性、免费性、普及性。

(3) 问题：我国义务教育目前面临两大问题，城乡之间、地区之间、同城市之间学校教育质量发展不均衡和教育公平问题还有待解决。

(4) 发展趋势：目前，世界义务教育的发展趋势是向两端延长年限，我国义务教育法规定的义务教育年限为九年，这一规定符合我国的国情。我国也正致力于创办"公平而有质量"的义务教育。

5. 终身教育/终身学习

答 (1) **简介**：终身教育思想的代表人物是保罗·朗格朗，他在《终身教育引论》里提倡终身教育理念，之后联合国教科文组织发行《学会生存——教育世界的今天和明天》和《教育——财富蕴藏其中》向全社会推广终身教育的理念。

(2) **含义**：终身教育是"人一生各阶段当中所受各种教育的总和"，也是人所受的不同类型教育的统一综合。前者是从纵向上讲的，说明终身教育不仅仅是青少年的教育，而且涵盖了人的一生。后者是从横向上讲的，说明终身教育既包括正规教育，也包括非正规教育和非正式教育。

(3) **影响**：自20世纪60年代以来，终身教育思潮引起世界各国的注意，已为不同社会制度的国家普遍接受。联合国教科文组织把它作为教育领域活动的指导原则，很多国家把终身教育从原则和政策转向实际的应用。总之，各国教育制度均逐步向终身教育的方向发展。

简答题/论述题

1. 简答 简述现代学校教育制度的变革。

答 (1) **从学校系统来看**：双轨学制在向分支型学制和单轨学制方向发展。义务教育延长到哪里，双轨学制就要并轨到哪里，综合中学是双轨学制并轨的理想形式。此外单轨学制是机会均等的普及教育的好形式。

(2) **从学校阶段来看**：

①**幼儿教育阶段**：当代很多国家都把幼儿教育列入学制系统，幼儿教育的结束期有提前的趋势，同时加强了幼儿教育和小学的衔接。

②**小学教育阶段**：a. 小学已无初、高级之分；b. 小学入学年龄提前；c. 小学年限缩短；d. 小学和初中直接衔接，取消了升入初中的入学考试。

③**初中教育阶段**：a. 初中学制延长；b. 将初中阶段视作普通教育的中间阶段；c. 初中和小学衔接起来，统一进行文化科学基础知识教育。

④**高中教育阶段**：高中阶段教育结构的多样化，是现代学制的一个重要特点。

⑤**职业教育阶段**：发达国家基本上都是在高中阶段进行职业教育的。从总体上看，职业教育对文化科学技术基础的要求越来越高；职业教育的层次和类型更加多样。

⑥**高等教育阶段**：a. 多层次，专科、本科、研究生等多个层次；b. 多类型，现代高等学校的院校、科系、专业类型繁多。

2. 简论 学制确立的依据。

答 (1) **学制的定义**：学校教育制度简称学制，是指一个国家各级各类学校、组织体系以及管理规则的总称。它规定着各级各类学校的性质、任务、入学条件、修业年限以及它们之间的关系。

(2) **学制建立的依据**。

①**社会依据**。

a. **学制的确立受生产力发展水平与科技发展状况的制约**。经济的发展为教育制度提供了一定的物质基础，并向教育提出了一定的育人需求。

b. **学制体现了社会政治经济制度和国家教育方针政策的要求**。在阶级社会里，掌握着政权的统治阶级必然掌握着教育权，深刻地制约着不同社会背景下的学生享受教育的类型、程度和方式。

c. **一个国家的文化传统也制约着学制的确立**。任何教育活动都是在一定的社会文化背景下进行的，同时也承担着一定的文化功能。不同的民族传统和文化传统会对教育类型和学校教育制度产生一定的影响。

②人的依据。

a. 学制的确立受学生身心发展规律和年龄特征的制约。教育是培养人的活动,人的发展受制于其身心发展规律与年龄特征。

b. 学生的兴趣、需要、天性与自由也都影响着学制的确立。

③教育内部的依据。

a. 学制的确立要参照教育目的。教育目的是教育活动的方向和目标,也是教育活动的出发点和归宿。教育目的是教育制度的指针,学制的确立要参照教育目的。

b. 学制的确立既要受国内学制发展历史的影响,也要合理地参照国外学制的经验。任何一个国家的学制,都有它确立和发展的过程,既不能脱离本国学制发展的历史,也不能忽视外国学制中的有益经验。

3. [简论] 学校教育制度的概念及我国现行学校教育制度改革的方向。

[答] (1) **学校教育制度的概念**:学校教育制度简称学制,是指一个国家各级各类学校、组织体系以及管理规则的总称。它规定着各级各类学校的性质、任务、入学条件、修业年限以及它们之间的关系。

(2) 我国现行学校教育制度改革的方向。

①**基本普及学前教育**。现代学前教育的发展十分迅速,我国的学前教育也将逐步普及。普及学前教育的举措:a. 公立与私立幼儿园共同发展;b. 设立普惠性幼儿园;c. 建立幼托体系。

②**均衡发展义务教育**。目前我国实现了免费的普及义务教育,但仍存在着发展不平衡,尤其是城乡不平衡的问题,因此,我国正在倡导实行"公平而有质量的教育"。义务教育的发展趋势:a. 义务教育年限延长;b. 以立法形式推行义务教育是现代教育制度的重要标志之一。

③**努力普及高中阶段教育**。普及高中阶段教育是教育发展的重要趋势。普及高中阶段教育的举措:a. 高中多样化。普通高中、职业高中、中等专业学校、技工学校和综合中学。b. 高中特色化。校本化,理念、管理、培养模式特色化。c. 促进高中与大学的衔接。通过新高考改革等加强衔接。

④**职业教育与普通教育综合化**。普通教育是以升学为主要目标,以基础知识为主要内容的教育。职业教育是以就业为主要目标,以从事某种现代职业所需的知识和技能为主要内容的教育。职业教育普通化和普通教育职业化,使普通教育和职业教育朝着综合统一的方向发展。

⑤**大力发展高等教育**。目前我国高等教育已进入普及化阶段。发展高等教育的举措:a. 多层次。包括专科、本科、研究生。b. 多类型。包括综合类大学、专业类大学、学院、短期大学。c. 向在职人员开放。d. 注重"双一流"院校建设。

⑥**终身教育体系的建构**。终身教育是未来教育发展的趋势与理念,是建设学习型社会的理论基础。终身教育不仅要给学生传授走向社会所需的知识和技能,而且要培养他们继续学习的自学本领,以便学生走出校门后能够获得新的知识和技能,适应不同工作的要求。

4. [简论] 结合我国社会发展需要,试论述基础教育对终身教育发展趋势的应对与变革。

[答] (1) **终身教育的含义**:终身教育思想的代表人物是保罗·朗格朗。终身教育是"人一生各阶段所受各种教育的总和"。它既包括纵向的一个人从婴儿期到老年期在各个不同发展阶段所受到的各级各类教育,也包括横向的从学校、家庭、社会各个不同领域受到的教育,其最终目的在于"维持和改善个人社会生活的质量"。

(2) **基础教育的应对与变革**。

①**在教育观念上**,终身教育革新了教育观念,改变了走出校门不学习的谬论,更符合新时代经济发展对

人才的要求。

②**在教育目的上**，终身教育已经成为当今社会重要的教育目的之一，我国已经将培养终身学习的意识和能力作为教育目标。

③**在教育制度上**，我国正在建立和完善自幼儿到老年人的一体化教育制度，为终身学习创造条件。

④**在教育环境上**，正规教育与非正规教育相结合，努力创设学习型社会。一些国家提出了"回归教育""继续教育"的构想，并且正在实施。

⑤**在教育内容与方法上**，终身教育要求中小学教学不断丰富教育内容，锻炼学生的自学能力，培养学生合作学习、自主学习、探究学习的品质，这些都有利于未来帮助学生落实终身教育。

⑥**在师生观上**，建立民主、平等的师生关系，既有利于教师做到终身学习，成为学生的榜样，又有利于学生做到敢于质疑、敢于批判、敢于创新，这些都是终身学习者必备的品质。

⑦**在教育途径上**，利用互联网等多种途径满足人们对终身教育的需求。世界上许多国家的开放大学、老年大学、多种形式的业余大学以及利用无线电、电视、电子计算机网络进行的远距离教学，都是实施终身教育的有效形式。

⑧**在教育立法上**，以立法形式推动终身教育的发展。法国于1971年制定了"使终身教育成为一项全国性的义务"的法案。其他国家也竞相仿效，制定终身教育的法令，着手建立终身教育制度。

5. 简论 终身教育理论的内容、基本性质和现实意义、实现途径。/ 为什么终身教育会成为现代教育制度的发展方向，怎样才能朝着终身教育的方向发展？

答 (1) **终身教育的含义**：终身教育思想的代表人物是保罗·朗格朗。终身教育是"人一生各阶段所受各种教育的总和"。它既包括纵向的一个人从婴儿期到老年期在各个不同发展阶段所受到的各级各类教育，也包括横向的从学校、家庭、社会各个不同领域受到的教育，其最终目的在于"维持和改善个人社会生活的质量"。

(2) **终身教育的基本性质。**

①**终身性**。这是终身教育最大的特征。终身教育把教育看成是个人一生中连续不断的学习过程。

②**全民性**。终身教育的全民性是指接受终身教育的人，包括了所有的人。

③**广泛性**。终身教育包括人的各个阶段，是一切时间、一切地点、一切场合和一切方面的教育。

④**实用性**。表现在任何需要学习的人可以随时随地接受任何形式的教育。

(3) **终身教育的现实意义。/ 为什么终身教育会成为现代教育制度的发展方向？**

①**终身教育能够促进社会高速发展**。终身教育作为与"二战"后革新时代经济、科技、文化、社会的迅速变化相适应的现代教育思想，能够推动社会持续高速地发展。经济社会的发展与进步是技术发展、技术创新的过程，终身教育可以为此提供知识与技能储备。

②**终身教育能够保证人的真正个性的发展和自我实现**。终身教育要求人的一生都变成接受教育的过程，整个社会变成有体系的教育场所。助力人们摒弃唯学历的教育观念，转变毕业就可以停止学习的传统观念，把学历、文凭仅仅视为就业、从业的依据之一而不是唯一。鼓励发展个人的个性和兴趣，实现自我价值。

③**终身教育能够真正地实现教育机会均等**。首先，终身教育考虑到了受教育者的体质、智力等各方面，充分发挥人的潜能。其次，终身教育重新设计和整合了教育系统，使人们的一生中都有获得教育的机会。最后，终身教育摒弃了传统教育的人才观，避免了教育不平等现象。

(4) **终身教育的实现途径。/ 怎样才能朝着终身教育的方向发展？** （同题4"结合我国社会发展需要，试论述基础教育对终身教育发展趋势的应对与变革"）

第七章 课程

名词解释

1. 课程

答 (1) 含义:由于不同的教育主张对课程的理解不同,至今没有一个关于课程概念的定论,学界大致有以下四种说法:①课程即教学科目;②课程即学习经验;③课程即文化再生产;④课程即社会改造的过程。

(2) 总结:①课程是由一定的育人目标、特定知识经验和预期的学习活动方式构成的一套计划和设定。②从育人目标看,课程是一种培养人的蓝图。③从课程内容看,课程是一种适合学生身心发展规律的、连接学生直接经验与间接经验的、引导学生全面发展的知识体系与获取途径。

(3) 课程的三种表现文本:课程计划、课程标准和教材。

2. 课程标准

答 (1) 含义:课程标准是指在一定课程理论的指导下,依据培养目标和课程方案,每门学科以纲要的形式编制的有关课程性质与价值、目标与内容、教学实施建议、课程资源开发等方面的纲领性文件。

(2) 结构:说明部分(或前言)、课程目标部分、课程内容标准部分、课程实施建议部分。

(3) 意义:教材编写、教师教学、考试评估、国家管理与评价课程的基础。编写课程标准是课程开发的重要步骤。

3. 课程计划/课程方案

答 (1) 含义:课程计划也称课程方案,是课程设置的整体规划,即国家在教育目的和方针的指导下,为实现各级基础教育的目标,由国家教育主管部门制定的有关课程设置、课程顺序、学时分配以及课程管理等方面的政策性文件。

(2) 地位:指导性的文件。课程计划体现国家对学校的统一要求,是组织学校活动的基本纲领和重要依据。

(3) 基本内容:学校的培养目标、学科的设置(课程计划的核心问题)、学科顺序、课时分配、学年编制和周学时安排等。

4. 教材/教科书

答 (1) 含义:教科书是指根据课程计划、课程标准和学生的接受能力编写的教学用书。

(2) 意义:教科书是课程标准的具体化,是学生学习的主要材料,是教师进行教学的主要依据。

(3) 编写原则:①科学性与思想性;②衔接性;③生活性;④逻辑性;⑤实用性。

(4) 注意:必须反对把课程内容与教学局限于教科书的范围内和书本知识的偏向,也要防止出现一味追求超越教科书,广泛开发与利用其他各种课程资源,反而忽视了教科书的基础与指导作用的偏向。正确的做法是在编好和用好教科书的基础上,开发和利用其他课程资源,以充实课程内容和提高教学质量。

5. 学科课程/分科课程

答 (1) 含义:学科课程是指根据各级各类学校培养目标和学生的发展水平,分门别类地从各学科中选择知识,并按照学科的逻辑组织学科内容的课程。学科课程具有结构性、系统性、简约性等特点。

(2) 优点:①注重知识的逻辑性和体系性(间接经验),有利于学生掌握各门学科的原理和规律;②易于编写教材,易于教师教学和学生学习,易于对学习效果进行评价;③易于发挥教师的主导作用;④学生可以在短时间内高效地学习到系统的知识;⑤保证教育质量。

(3) **缺点**:①容易忽视学生的个性、兴趣、需要、生活和年龄特点,导致忽视学生的主体性;②忽视了知识的实用性,容易导致理论与实践的脱离,使学生不能学以致用;③容易忽视学生的直接经验与实践,导致教学与学习的枯燥;④分科越来越细,使知识割裂。

6. 活动课程

答 (1) **含义**:活动课程是打破学科逻辑系统的界限,以学生的兴趣、需要、经验和能力为基础,通过引导学生自己组织有目的的活动而编制的课程。活动课程具有生活性、实用性、开放性等特点。活动课程种类繁多,包括探索学习、实地考察、社会实践、社会服务等,我国新课改中也开始了对活动课程的探索,如开设综合实践活动课程。

(2) **优点**:①尊重学生的主体性,表现为尊重学生的兴趣、需要、能力、阅历、心理逻辑;②重视知识实用性;③重视直接经验与实践;④重视学习的乐趣与创造性的培养。

(3) **缺点**:①忽视知识体系性;②不易编写教材、不易于教师教学和学生学习;③放纵学生,削弱了教师的主导作用;④浪费时间,效率低下;⑤教育质量难以保证。

7. 综合课程

答 (1) **含义**:综合课程也叫"广域课程""统合课程"或"合成课程",是打破传统的学科课程的知识领域,组合相邻领域的学科构成一门学科的课程,其根本目的是克服学科课程分科过细的问题。

(2) **优点**:①坚持知识统一性的观点,符合学生认识世界的特点,有利于学生整体把握客观世界;②有利于促进知识的迁移;③可以弥合知识间的割裂性,培养学生综合分析、解决问题的能力;④学习综合课程是学生未来就业的需要;⑤贴近社会现实和生活实际。

(3) **缺点**:①忽视每门学科自身的逻辑结构;②教材编写困难;③培养综合课程师资也是一大困难。

(4) **解决对策**:①采用"协同教学"的方式;②开设综合课程专业来培养综合课程的教师。

8. 隐性课程

答 (1) **含义**:国家没有正式实施,但是在学校环境中伴随着显性课程的实施与评价而产生的实际存在的课程。

(2) **表现形式**:①观念性隐性课程,如校风、学风、教育观念、教学理念等;②物质性隐性课程,如校园环境、学校建筑、教室的设置等;③制度性隐性课程,如学生守则、班级管理方式等;④心理性隐性课程,如人际关系、师生观等。

(3) **特点**:内隐性、无意识性、伴随显性课程出现、可转化为显性课程。

9. 校本课程

答 (1) **含义**:校本课程是以学校为课程编制主体,自主研发与实施的一种课程,是相对于国家课程和地方课程而言的。校本课程并不局限于本校教师编制的课程,还包括其他学校教师为某校编制的课程,或学校之间教师合作编制的课程,甚至包括某些地区的所有学校共同联合编制的课程。

(2) **开发流程**:成立团队—环境分析—目标制定—方案拟订—组织与实施—评价与修订。

(3) **意义**:有利于适应本校学生的需要,提高教师的专业发展水平,提高学校的办学水平,也体现了国家课程管理的灵活性,做到因地制宜。

10. 课程设计

答 (1) **含义**:课程设计是以一定的课程观为指导,制定课程标准、选择和组织课程内容、预设学习活动方式的活动,是对课程目标、教育经验和预设学习活动方式的具体化过程。

(2) **步骤**:按照泰勒原理,课程设计的步骤是设计课程目标,选择课程内容,组织课程内容和进行课程评价。

(3) **基本方式**:课程设计主要有直线式与螺旋式、心理逻辑和学科逻辑、横向组织与纵向组织三种组织方式。

11. 课程目标

〖答〗(1) **含义**:课程本身要实现的具体目标和意图。它规定了某一教育阶段的学生通过课程学习以后,在发展德、智、体等方面期望实现的程度,它是确定课程内容、教学目标和教学方法的基础。课程目标是指导整个课程编制过程最为关键的准则。

(2) **课程目标制定的依据**:①社会的依据。依据社会政治、经济、文化、科技、生产力的需要等;②人的依据。学生的身心发展规律和年龄特点、兴趣、需要、生活、个性与自由等;③教育内部的依据。教育目的和各级各类学校的培养目标,以及学科的逻辑、学科专家的建议等方面。

(3) **类型**:结果性目标、表现性目标、体验性目标。

(4) **基本问题**:具体化与抽象化问题、层次与结构问题。

12. 综合实践活动

〖答〗(1) **含义**:综合实践活动是从学生的真实生活和发展需要出发,从生活情境中发现问题,转化为活动主题,通过探究、服务、制作、体验等方式,培养学生综合素质的跨学科实践性课程。目前包括研究性学习、社区服务与社会实践,从小学一年级开始实行。

(2) **特点**:综合性、实践性、开放性、生成性、自主性。

(3) **意义**:①有利于帮助学生获得参与和探索的经验;②有利于培养学生解决问题的能力;③有利于学生形成合作与分享意识;④有利于培养学生科学的态度和道德;⑤有利于提升学生综合能力。

简答题 / 论述题

1. 简论 泰勒课程原理。

〖答〗(1) **简介**:在《课程与教学的基本原理》中,泰勒指出开发任何课程和教学计划都必须回答四个基本问题,这四个基本问题构成著名的"泰勒原理"。

(2) **基本内容**:

①**确定教育目标**。学校应该试图达到哪些教育目标?泰勒原理的实质是以目标为中心的课程组织模式,因此又被称为"目标模式"。确定教育目标既是课程开发的出发点,也是课程开发的归宿,目标因素构成课程开发的核心。

②**选择教育经验**。选择什么样的教育经验最有可能达到这些目标?

③**组织教育经验**。怎样有效组织这些教育经验?选择教育经验和组织教育经验是主体环节,指向教育目标的实现。

④**评价教育计划**。如何确定这些目标正在得以实现?评价教育计划是整个系统运行的基本保证。

注意:编制课程者应该考虑学生的心理发展逻辑、知识的逻辑和社会的要求。

(3) **影响**。

①**积极影响**:a. 泰勒原理是课程开发的经典原理,它确定了课程开发与研究的基本思路和模式,提供了一个课程分析的可行思路,具有逻辑严密的课程编制程序,有较强的引导性和调控性,各程序层次分明,一直被作为课程开发的基本框架。b. 泰勒原理突出了知识的连续性与系统性。c. 强调目标的作用。d. 适用

范围广,任何学科均可使用。e. 突出教师的主导性。

②**消极影响**:a. 泰勒原理是课程开发的一个非常理性的框架,它不可避免地带有那个时代"科学至上"的印记。b. 它对课程编制与实际使用的认识有简单化、机械化倾向,并具有较大的主观性。c. 预先确定严格的行为目标与手段,不利于发挥教师教学的灵活性,忽视了学生的情感与社会性。

2. 简论 学科课程(分科课程)、活动课程(经验课程) 的内涵(基本观点)、特点、优缺点,及学科课程与活动课程的区别与联系。

答 (1) 学科课程(分科课程)。

①**内涵(基本观点)**:学科课程是根据各级各类学校培养目标和学生的发展水平,分门别类地从各学科中选择知识,并按照学科的逻辑组织学科内容的课程。

②**特点**:结构性、系统性、简约性等。

③**优点**:a. 注重知识的逻辑性和体系性(间接经验),有利于学生掌握各门学科的原理和规律;b. 易于编写教材,易于教师教学和学生学习,易于对学习效果进行评价;c. 易于发挥教师的主导作用;d. 学生可以在短时间内高效地学习到系统的知识;e. 保证教育质量。

④**缺点**:a. 容易忽视学生的个性、兴趣、需要、生活和年龄特点,导致忽视学生的主体性;b. 忽视了知识的实用性,容易导致理论与实践的脱离,使学生不能学以致用;c. 容易忽视学生的直接经验与实践,导致教学与学习的枯燥;d. 分科越来越细,使知识割裂。

(2) 活动课程(经验课程)。

①**内涵(基本观点)**:活动课程是打破学科逻辑系统的界限,以学生的兴趣、需要、经验和能力为基础,通过引导学生自己组织有目的的活动而编制的课程。

②**特点**:生活性、实用性、开放性等。

③**优点**:a. 尊重学生的主体性,表现为尊重学生的兴趣、需要、能力、阅历和心理逻辑;b. 重视知识实用性;c. 重视直接经验与实践;d. 重视学习的乐趣与创造性的培养。

④**缺点**:a. 忽视知识的体系性;b. 不易编写教材、不易于教师的教学和学生的学习;c. 放纵学生,削弱了教师作用;d. 浪费时间,效率低下;e. 教育质量难以保证。

(3) 学科课程与活动课程的区别与联系。

①**区别**:a. 从课程目的看,学科课程侧重知识体系的丰富,活动课程侧重直接经验的积累;b. 从课程组织看,学科课程侧重知识的逻辑,活动课程侧重心理的逻辑;c. 从教学方式看,学科课程更突出教师主导的认识活动,活动课程更突出学生自主的实践活动;d. 从教学评价看,学科课程侧重终结性评价,活动课程侧重过程性评价。

②**联系**:学科课程与活动课程在总体上都服从于整体的课程目标,二者都是学校课程结构中不可缺少的要素。

3. 论述 综合课程的含义、分类、特点并联系实际分析优缺点。

答 (1) **含义**:综合课程也叫"广域课程""统合课程"或"合成课程",是打破传统的学科课程的知识领域,组合相邻领域的学科构成一门学科的课程,其根本目的是克服学科课程分科过细的问题。

(2) 分类。

①**相关课程("联络课程")**。这是由具有科际联系的各学科组成的课程,它同时保持原来学科的划分。组成的各相邻学科。既保持原有学科之间的界限,又在各科课程标准中确定了相关科目的科际联系点,使各科教材之间保持密切的横向联系。

②**融合课程**("合科课程")。这是由若干相关学科组合成的新学科,例如:动物学、植物学、微生物学、遗传学融合为生物学。融合课程比相关课程更进一步,它把相关学科内容融合为一门学科。

③**广域课程**。这是将各科教材依照性质归到各个领域,再将同一领域的各科教材加以组织和排列,进行系统教学的课程,与相关课程、融合课程相比,其综合范围更加广泛。

④**核心课程**("问题课程")。这是以问题为核心,将几门学科结合起来,由一个教师或教师小组连续教学的课程。它旨在把独立的学科知识综合起来,并谋求与生活实际的紧密结合。

(3) **特点**:①综合相关学科,重建学生认知结构,培养学生能力。②压缩了课时,减轻了学生负担。③在组织教学过程中利弊参半。

(4) **优点**:①坚持知识统一性的观点,符合学生认识世界的特点,有利于学生整体把握客观世界。②有利于促进知识的迁移。③可以弥合知识间的割裂性,培养学生综合分析、解决问题的能力。④学习综合课程是学生未来就业的需要。⑤贴近社会现实和生活实际。

(5) **缺点**:①忽视每门学科自身的逻辑结构。②教材编写困难。怎样把各门学科的知识综合在一起,这是一个需要研究的难题。通晓各门学科的人才较少,聘请各科优秀的教师来合作编写综合课程的教材也困难重重。③师资问题。能够很好地驾驭综合课程的教师很少,培养综合课程的师资也是一大困难。

4. 〖论述〗谈谈当前我国教育实践中学科课程、活动课程、综合课程的现状。

〖答〗(1) **学科课程、活动课程、综合课程的内涵。**

①**学科课程**:学科课程是根据各级各类学校培养目标和学生的发展水平,分门别类地从各学科中选择知识,并按照学科的逻辑组织学科内容的课程。学科课程具有结构性、系统性、简约性等特点。

②**活动课程**:活动课程是打破学科逻辑系统的界限,以学生的兴趣、需要、经验和能力为基础,通过引导学生自己组织有目的的活动而编制的课程。

③**综合课程**:综合课程是打破传统的学科课程的知识领域,组合相邻领域的学科构成一门学科的课程,其根本目的是克服学科课程分科过细的问题。

(2) **学科课程、活动课程、综合课程的现状。**

①**学科课程的现状**。大量中小学学科课程依然是主要课程类型,被看作是很经典的学科类型,具有很强的合理性。

②**活动课程的现状**。新课改要求从小学到高中都要有活动课程,表现为综合实践活动课程。但在应试教育下,一些学校忽视活动课程。

③**综合课程的现状**。目前新课改要求包含相关课程、融合课程、广域课程、核心课程,但由于这样的课程师资力量不足,教材很难编写,导致综合课程更多只是流于形式,如"拼盘课"。

(3) **思考**:我们倡导多种课程类型在学校中交互使用、共同出现,促进学生全面发展,虽然综合课程难以实施,但还是要坚持研究、开发,并将三种课程优势互补,统一于学校教育中。

①**学科课程**。以学科课程作为主要课程,但还应该关注其他类型课程,取长补短;还要注重学科课程自身的改造。

②**活动课程**。应用于实践,丰富学生的直接经验,锻炼学生的分析思维,解决问题的能力;要确保活动课程的实施时间和有效性。

③**综合课程**。整体、综合地认识世界,我们要加强研究,通过STEM教育、基于问题的学习等方式实施综合课程。

总之,三种课程应共同存在,推动素质教育的发展。

5. 论述 联系实际论述分科课程和综合课程的关系,及其对我国基础教育课程改革的启示。

答 (1) **分科课程:** 分科课程也叫学科课程,是指根据各级各类学校培养目标和学生的发展水平,分门别类地从各学科中选择知识,并按照学科的逻辑组织学科内容的课程。

(2) **综合课程:** 综合课程是打破传统的学科课程的知识领域、组合相邻领域的学科构成一门学科的课程,其根本目的是克服学科课程分科过细的特点。

(3) **两种课程的关系:** 当下新课程改革既需要综合课程,也需要分科课程,将两种课程类型相结合才能培养全面发展的人。目前,问题教学模式、项目探究教学模式、STEM教学模式等方式都是实现综合课程的具体模式,综合课程正处于不断地探索和实践之中。

(4) **两种课程类型对我国基础教育课程改革的启示。**

①**课程内容需要整合。**课程内容的多元化需要在课程中进行文化整合。课程内容的整合应体现综合性、生活性、现实性、实践性、探究性、建构性的特点,使中小学学生学会处理与自然世界、社会世界、主观世界之间的关系。

②**课程学习活动方式需要整合。**理解、体验、反思探究和创造是学生学习的基本方式,新课程重视学生的体验和感悟,新课程在学习活动方式的设计上给予学生体验和感悟的空间,引导学生思考、感悟。

③**课程观需要整合。**知识或学术理性主义课程观,经验或自我实现课程观,生活经验重构或批判课程观,这三种课程观是可以相互统一的。在新课程中,三种课程观都在不同程度、不同阶段地被运用着。

④**分科课程具有其他课程不可替代的合理性。**体现在:突出知识体系性;容易编写、教学和学习;发挥教师作用;短时间内高效率学习;保证教育质量等。

总之,当下新课程改革既需要分科课程,也需要综合课程,将两种课程类型相结合才能培养全面发展的人。

6. 论述 论述校本课程并谈谈其对我国校本课程的开发与思考。

答 (1) **含义:** 校本课程是以学校为课程编制主体,自主研发与实施的一种课程,是相对于国家课程和地方课程而言的。校本课程并不局限于本校教师编制的课程,还包括其他学校教师为某校编制的课程,或学校之间教师合作编制的课程,甚至包括某些地区的所有学校共同联合编制的课程。

(2) **开发流程:** 成立团队—环境分析—目标制定—方案拟订—组织与实施—评价与修订。

(3) **意义:** 有利于适应本校学生的需要,提高教师的专业发展水平,提高学校的办学水平,也体现了国家课程管理的灵活性,做到因地制宜。

(4) **问题:** ①拉大学校办学水平的差距。②缺乏核心团队,缺乏理论(专家)的指导。③没有突出办学理念,只是教师个人的专场表演。④缺乏强有力的领导者,无长远规划,无评价与修正步骤。⑤浪费资源,没有显著的校本成果。

(5) **对我国校本课程开发困难的思考。**

①**从外部因素来看,最大的阻力来自各级评价和考试制度。**学校开设的课程中,除了国家、地方规定的课程外,校本课程与高考、中考几乎没有直接联系,这就影响了学校开发校本课程的积极性。

②**从内部因素来看,最大的困难来自学校开发校本课程的能力有限或不足。**学校内,校长及行政人员没有多少时间和精力去研究校本课程,教师缺乏课程开发的积极性,课程开发的能力也不容乐观。

7. 简论 组织课程内容时应该处理好哪些关系?

答 组织课程内容我们应着手处理好以下三种关系:

(1) **直线式与螺旋式:** 直线式是指把课程内容组织成一条在学科知识逻辑上前后联系的"直线",前后内容基本不重复。螺旋式是指在不同单元或阶段乃至不同课程门类中,使课程内容重复出现、螺旋上升,逐渐扩大知识面,加深知识难度。对一些理论性或操作性要求相对较低的内容,直线式较适合;对理论性要求较强、学生不易理解和掌握的内容,尤其对低年级的学生来说,则螺旋式较适合。其实,即使在同一课程的内容体系中,直线式和螺旋式都是必不可少的。

(2) **逻辑顺序与心理顺序**:逻辑顺序是指根据学科本身的体系和知识的内在联系来组织课程内容。心理顺序是指按照学生心理发展的特点来组织课程内容。逻辑顺序与心理顺序的统一,实质是在课程观上把学生与课程统一起来,在学生观方面,体现为把学生的"未来生活世界"与"现实生活世界"统一起来。

(3) **纵向组织与横向组织**:纵向组织是指按照学科知识的逻辑序列,从已知到未知、从具体到抽象等先后顺序来组织编排课程内容。横向组织是指打破学科的知识界限和传统的知识体系,按照学生发展的阶段,以学生心理发展阶段需要探索的、社会最为关心的问题为依据来组织课程内容,构成一个一个相对独立的专题。比较地看,纵向组织注重课程内容的独立性和知识的深度,而横向组织强调课程内容的综合性和知识的广度。这是两种适合于不同性质的知识经验的课程内容组织形式。

总之,直线式与螺旋式、逻辑顺序与心理顺序、纵向组织与横向组织都是适合于不同性质的知识经验的课程内容组织形式,都不可偏废。在组织编写课程内容时究竟应当采取何种形式,应依据不同学科内容的特点和学生心理发展的需求而定。

8. 简论 世界各国课程改革的发展趋势。

答 (1) **课程目标方面**:整体性、完整性。现代社会,世界各国的课程目标都强调社会协同、经济振兴和个人发展方面的目标,并对个人而言,尽可能促进学生的全面发展。

(2) **课程内容方面**。

①**基础性、生活性**。各科课程标准强调从学生的已有经验出发,密切课程内容与日常生活的关系。

②**综合性**。弥合知识间的割裂性,培养学生综合分析、解决问题的能力。

③**时代性**。调整课程内容,吸纳新出现的学科领域,体现课程与当下时代前沿的紧密联系。

(3) **课程结构方面**。

①**综合性**。课程结构从内容本位转向内容本位与能力本位的多样化结合。

②**校本化**。课程结构结合本校实际情况,趋向校本化。

③**多样性与统一性**。国家对课程结构有统一要求,但具体落实要因地制宜、因时制宜、因材施教。

(4) **课程评价方面**。

①**过程性**。过去注重终结性评价,现在"目标取向的课程评价"正在被"过程取向的评价"所替代。

②**发展性**。现代社会越来越看重人的发展性,追求发展性评价,关注发展中的人。

(5) **学习方式方面**。

①**主动性、探究性**。充分尊重学生的独立性,鼓励学生主动学习,通过探究学习获得直接经验。

②**多样性、实用性**。各国的课程改革均重视学生的自主学习、研究性学习和合作学习。

(6) **课程管理方面**:集权、分权的相互转化。进入21世纪,一方面,分权管理的国家试图加强国家集权。另一方面,原先集权统一的国家试图加强地方分权。越来越重视宏观调控和地方民主管理的互补和融合。

(7) **学生能力方面**:除关注学生学习成绩之外,着重培养学生的思维力、创造力、探索精神。

(8) **课程实施方面**:课程实施的"忠实取向"正在被"相互适应取向"与"课程创生取向"所替代。

9. 简论 新课程倡导的三种学习方式。

答 新课程改革倡导的三种学习方式分别是:自主学习、研究性学习、合作学习。

(1) **自主学习**。自主学习指学习者在学习活动中具有主体意识和自主意识,不断激发自己的学习动机或积极性,发挥自我能动性和创造性的一种学习方式。自立、自为、自律是自主学习的三大支柱。

(2) **研究性学习**。研究性学习是一种探究性学习,指学习者以问题解决为主要内容,以发展研究能力为主要目的的一种新型学习方式。它有三种组织形式:个人独立研究、小组合作研究和个人研究与集体讨论相结合。学习程序是:进入问题情境阶段—实践体验阶段—表达、交流阶段。

(3) **合作学习**。合作学习指促进学生在异质小组中彼此互助,共同完成学习任务,并以小组总体表现为奖励依据的教学理论和策略体系。这种学习方式有利于激发学生的学习动机,有利于学生经验的分享和知识的生成,有利于增强学生之间的互动性,有利于合作和尊重的人际关系的生长,有利于增强信心和提高能力。合作学习应该注意引导学生积极地相互协作,强调个人责任制,在合作中培养学生的社会能力。

(4) **三者关系**:三种学习方式各有侧重点。高品质的合作学习与探究学习一定是自主学习。并不是所有的学习领域与学习主题都要通过合作学习与探究学习来进行。自主学习需要探究和合作,探究学习需要自主和合作,合作学习需要自主和探究。

(5) **新学习方式的目标与意义**:①有利于学生获得参与和探索的经验;②有利于培养学生发现、探索和解决问题的能力;③有利于学生形成合作与分享的意识;④有利于培养学生科学的态度和道德;⑤有利于培养学生对社会、自然的责任感;⑥有利于培养学生搜集、处理信息和综合运用知识的能力。

10. 论述 研究性学习 / 中小学研究性学习的目标。

答 (1) **含义**。

①研究性学习是新课程改革倡导的三大学习方式之一,它是一种探究性学习,指学习者以问题解决为主要内容,以发展研究能力为主要目的的一种新型学习方式。

②研究性学习是综合实践活动的主要内容之一,指在教师指导下,学生基于自身兴趣,从自然、社会和学生自身生活中选择和确定研究专题,主动地获取知识、应用知识、解决问题的学习活动。

(2) **目标**。

①**获得亲自参与研究探索的积极体验**。研究性学习关注的重点是学生的实际研究、操作与创造过程,是学生在研究过程中由于亲身经历或心理移情而获得的内在感受。

②**提高发现问题、探究问题、解决问题和进行创作的能力**。研究性学习让学生在研究中学习研究,逐步形成勤于思考,爱好发现、解决问题的心理品质,逐步提高解决问题或进行创作、制作和发明创造的能力。

③**学会协作,形成合作与分享的意识**。研究性学习要求学生既能积极主动地参与活动,独立思考问题,又能与同伴互帮互助,主动与同伴交流沟通、共享活动成果。

④**培养尊重科学、认真实践、努力钻研的科学态度和科学精神**。学生在进行研究性学习的过程中,既要认真对待和正确评价自我研究的过程与结果,又要尊重他人的思想、方法与研究成果。

⑤**培养对社会和自然的责任感**。通过进行社会调查与研究活动,让学生增强社会责任心和自然责任感,逐步学会关心社会现状,思考人类发展的有关问题,形成积极的人生观与价值观。

11. 简论 我国基础教育课程改革的具体目标、理念。

答 (1) **总体目标**:教育要面向现代化、面向世界、面向未来。

(2) **具体目标**。

①**在课程目标方面,树立三维目标观**。教师要改变传统课程过于注重知识传授的倾向,强调形成积极主动的学习态度,使学生在获得基础知识和基本技能的同时学会学习和形成正确价值观。

②**在课程结构方面,树立综合课程观**。教师要改变传统课程结构过于注重学科本位、科目过多和缺乏

整合的现状,整体设置九年一贯的课程门类和课时比例,体现课程结构的均衡性、综合性和选择性。

③**在课程内容方面,树立学生生活观。**教师要改变传统课程内容"繁、难、偏、旧"和过于注重书本知识的现状,加强课程内容与学生生活、现代社会和现代技术发展的联系,关注学生的学习兴趣和经验,精选终身学习必备的基础知识和技能。

④**在课程实施方面,树立自主学习观。**教师要改变传统课程实施过于强调接受学习、死记硬背和机械训练的现状,倡导学生主动参与、勤于动手,培养学生收集和处理信息的能力、获取新知识的能力、分析和解决问题的能力及交流与合作的能力。

⑤**在课程评价方面,树立发展评价观。**教师要改变传统课程评价过于强调甄别与选拔的功能,发挥课程评价促进学生发展、教师发展和改进教学实践的功能。课程评价要从终结性评价转变为与发展性评价、形成性评价相结合。

⑥**在课程管理方面,树立校本发展观。**教师要改变传统课程管理权限过于集中的弊端,实行国家、地方和学校三级课程管理,增强课程对地方、学校及学生的适应性,继续推进校本课程的研发与实施。

(3) 理念。

①**核心理念:** "以人为本"和"以学生发展为本"。具体表现为为了学生的终身发展;为了每位学生的发展;为了学生的全面发展;为了学生的个性发展。

②**基本理念:** 一是倡导个性化的知识生成方式;二是增强课程内容的生活化和综合性。

12. 简论 依据你所掌握的教育理论和自身的教育实践,简述新一轮基础教育课程改革对教师的要求。/ 在实施新课程时教师应该有哪些理念?

答 (1) 新一轮基础教育课程改革对教师的要求具体表现。(同题11"我国基础教育课程改革的具体目标、理念")

(2) 教师应该具备的理念。(同题11"我国基础教育课程改革的具体目标、理念")

第八章 教学(上)

名词解释

1. 教学

答 (1) **含义**：教学是由教师的教和学生的学共同组成的一种双边互动的教育活动。通过教学，学生在教师有计划、有步骤地引导下，积极主动地掌握系统的科学文化知识和技能，发展智力、体力，陶冶品德，养成全面发展的个性。

(2) **作用**：①教学是提高教育质量和效率的重要手段；②教学是促进学生身心全面发展的最有效形式；③教学是实现培养目标的基本途径，是学校的主要工作。

(3) **任务**：①引导学生掌握科学文化基础知识、基本技能和技巧；②发展学生的智力、体力、能力和创造才能；③培养学生正确的价值观、情感和态度。

2. 教学过程

答 (1) **含义**：我国多数学者认为，教学过程是一种特殊的认识过程，即教师有目的地引导学生学习掌握人类积累起来的科学文化知识的过程。实质上就是学生能动地认识世界、提高自我的过程。

(2) **特点**：①间接性；②引导性；③简捷性。

(3) **教学过程中应处理好的几种关系**：间接经验与直接经验的关系；掌握知识与培养品德的关系；掌握知识与提高智力的关系；智力活动与非智力活动的关系；教师主导作用与学生主体性的关系。

3. 教学模式

答 (1) **含义**：教学模式是指在某一教学思想或教学理论指导下，为实现教学目标而形成的相对稳定的、规范化的教学程序(阶段、步骤)与操作体系。

(2) **特点**：①简约性；②针对性；③操作性；④中介性；⑤稳定性；⑥完整性。

(3) **结构**：①理论依据；②教学目标；③教学程序；④实现条件；⑤教学评价。

4. 教学设计

答 (1) **含义**：教学设计是在分析学习者的特点、教学目标、教学内容、教学条件以及教学系统组成部分特点的基础上统筹全局，提出教学的具体方案，包括一节课的教学结构、教学方法、教学方式、知识来源与板书设计等。

(2) **过程**：①教学目标设计；②教学内容设计；③学习者设计；④教学方法和媒体设计；⑤教学结构设计；⑥教学评价设计。

(3) **特点**：①指导性；②统合性；③操作性；④预演性。

简答题/论述题

1. 简答 简述教学与教育、智育的关系。

答 (1) **含义**。

①**教学**。教学是教师的教和学生的学共同组成的一种双边互动的教育活动。通过教学，学生在教师有计划、有步骤地引导下，积极主动地掌握系统的科学文化知识和技能，发展智力、体力，陶冶品德，养成全面发展的个性。

②**教育**。广义的教育指凡是有目的地增长人的知识和技能,影响人的思想品德,提高人的认识能力,增强人的体质,陶冶人的审美,增强人的劳动能力,完善人的个性的一切活动。狭义的教育指教育者专门组织的不断趋向规范化、制度化和体系化的教育,主要指学校教育。

③**智育**。智育是传授学生系统的科学文化知识和技能,培养和发展学生学识素养和智慧才能的教育。

(2) 关系。

①**教育、教学和智育的关系**:智育是学校教育的重要组成部分,主要通过教学这条途径来实施。

②**教学与教育的关系**:部分与整体。教育包括教学,教学只是学校进行全面教育的一个基本途径。除教学外,学校还通过课外活动、生产劳动、社会活动等途径对学生进行教育。

③**教学与智育的关系**:既有联系,又有区别。智育是发展学生的智力,主要通过教学来完成,但也需要通过课外活动等途经才能全面实现;教学不等于智育,教学也是进行德育、美育、体育、劳动技术教育的途径。

2. 【简论】教学的任务和过程。

【答】(1) 教学的任务。

①**引导学生掌握科学文化基础知识、基本技能和技巧**。教学的基础性任务是引导学生能动地学习、运用和掌握科学文化基础知识和基本技能。知识、技能、技巧三者相互制约、相互促进,教学要注重这三方面的结合。

②**发展学生的智力、体力、能力和创造才能**。发展学生的体力、智力、能力和创造才能是培养全面而自由发展的新人的要求。今天,技术革新和社会改革推动教学愈加注重实践能力和创造能力的培养。

③**培养学生正确的价值观、情感和态度**。学生个人的价值观、情感和态度构成他个人的灵魂与个性的核心,对学生的发展起着定向、组织、调节和引导的作用,教学要注重培养学生的价值观、情感和态度。

(2) 教学的过程。

①**教学过程是一种特殊的认识过程**。教学过程是教师有目的地引导学生学习、掌握人类积累起来的科学文化知识的过程。实质上就是学生能动地认识世界、提高自我的过程。

②**教学过程是以交往为背景和手段的认识过程**。教学是以交往为背景的过程,以师生交往、沟通、交流为重要手段和方法。强调师生平等对话,倡导自由民主、相互理解和关爱的人际关系。

③**教学过程是一个促进学生身心发展、追寻与实现价值目标的过程**。教学过程是教师引导学生掌握知识、进行交往、认识世界,以促进学生的身心发展,并追寻与实现价值增值目标的过程。

④**教学过程是一种促进学生身心全面发展的过程**。教学过程的根本目的在于培养人,促进学生德、智、体、美、劳等方面的全面发展。

⑤**教学过程是一种教师教与学生学的双边活动过程,是教学相长的过程**。人们将教学相长引申为教学过程中教与学双方互相促进、共同提高。

3. 【简论】教学过程的性质(特点)。/ 为什么说教学过程是一种特殊的认识过程? / 举例说明教学过程中,获得知识和发展能力是如何协调统一的。(同题 2 "教学的过程")

4. 【简论】学生掌握知识的基本模式(传授—接受教学与问题—探究教学模式)及其阶段、优点与局限。/ 请自主选择一个命题,阐述传授—接受式教学模式学生掌握知识的基本阶段。

【答】学生掌握知识的基本模式:一种是以师生授受知识为特征的传授—接受教学;另一种是在教师引导下以学生主动探究知识为特征的问题—探究教学。

(1) 传授—接受教学。

①**含义**：传授—接受教学是指教师主要通过语言传授、演示与示范使学生掌握基础知识、基本技能，并通过知识授受向他们进行思想情趣熏陶的教学，亦称接受学习。

②**基本阶段**：a. 引起学习动机；b. 感知教材；c. 理解教材；d. 巩固知识；e. 运用知识；f. 检查知识、技能和技巧。

③**优点**：这种教学模式注重书本知识的传授，能够充分发挥教师的主导作用，体现学科的逻辑系统，能够较好地调动学生学习的积极性，使他们掌握系统的科学文化知识与技能。

④**缺点**：由于该模式以书本知识为主，容易脱离社会生活实际，使学生感到抽象死板，难以理解，容易出现注入式教学，不易体现学生的主体性和差异性，也不太利于培养学生的创造能力和独立思考能力。

(2) 问题—探究教学。

①**含义**：问题—探究教学是指在教师引导下，学生主要通过积极参与对问题的分析、探索，主动发现或建构新知，并掌握其方法与程序，培养他们的科研能力、科学态度和品行的教学。简言之，它是一种引导学生通过探究获得真知与个性发展的教学，亦称探究学习、发现学习。

②**基本阶段**：问题—探究教学是一种极具创造性、灵活性的教学，并无固定的模式。但学生获取知识仍要经历下述基本阶段：a. 明确问题；b. 深入探究；c. 做出结论。

③**优点**：a. 问题—探究教学注重引导学生对问题的探究，强调学生的学习主体地位，注重激发学生的求知欲，调动学生的主动性和积极性，注重让学生历经探究的艰难困苦，体验获取新知的乐趣和克服困难、获得成功的兴奋与喜悦。b. 不仅能使学生所学的知识和能力更切实、深刻、实用、牢固，还能让他们逐步掌握思维和研究的方法，养成科学精神。

④**缺点**：a. 探究教学的工作量大，耗时耗力，学生获取的书本知识量相对较小。b. 在没有高水平教师引导的情况下，学生的主动性很难发挥出来，容易出现自发与盲目探究的倾向，从而影响教学质量。

(3) 以传授—接受式教学举例：《圆的认识》教学设计。

①**引起学习动机**。由生活中的现象引发学生的思考。通过提问的方式让学生讨论生活中见过的圆，由此引出本节课的主题。例如："对于圆，同学们一定不会感到陌生吧？生活中，你们在哪儿见过圆形？今天这节课，就让我们一起走进圆的世界，去探寻其中的奥秘。"

②**感知教材**。a. 动手操作，自己尝试用圆规画圆。b. 同桌两人交流，说说画圆的基本方法。c. 全班交流，让学生说一说用圆规画圆的方法并到黑板上把圆画出来。d. 根据学生的回答，概括用圆规画圆的基本方法。

③**理解教材**。a. 分组自学，认识有关圆的基本概念。b. 分组汇报自学成果。c. 及时练习，巩固对概念的理解。d. 再次操作，发现规律。

④**巩固知识**。指导与发展学生的记忆。a. 提出记忆的任务，培养记忆的兴趣。b. 让学生在理解的基础上记忆。c. 让学生记重点，并学会通过联想、推论来回忆所学过的知识。

⑤**运用知识**。运用刚刚所学的知识解决问题："大家会用圆规画圆，而生活中很多时候都无法用圆规画圆，比如学校要建一个直径为10米的圆形花坛，该怎么办呢？"

⑥**检查知识、技能和技巧**。先提问学生在这节课中有什么收获，从获得的知识和获得知识的过程方面给予自己评价，随后通过做题进行课堂检测。

5. 简论 直接经验和间接经验的关系。/ 结合实际，谈谈教学过程中如何处理好直接经验与间接经验的关系。

答 (1) 直接经验和间接经验的关系。

①学生认识的主要任务是学习间接经验。在教学过程中,坚持以掌握间接经验为主,可以减少学生认识过程的盲目性,节省时间和精力,从而大大提高认识效率,使学生尽快获得大量的科学文化知识。

②学习间接经验必须以学生个人的直接经验为基础。学生要把他人的认识成果、间接经验转化为自己能理解的知识,就需要以个人以往积累的或现时获得的感性经验为基础。因此,我们应该关心学生除学习书本知识以外的其他生活,把知识融合在各种实践活动之中。

③**防止只重书本知识传授或直接经验积累的偏向**。传统教学中,我们只重视书本知识,在实用主义教育观的影响下,我们又只偏向于学生的个人经验,这都违反了教学的规律,割裂了间接经验和直接经验的内在联系,影响了教学质量的提高。

(2)**教学启示**:在实际教学中,我们必须以间接经验为主,使直接经验与间接经验有机结合起来,全面关心学生的学习和生活,促进知识与实践的融合。

6. 简论 掌握知识和发展智力的关系。

答 (1)**掌握知识与发展智力互为基础、互为条件,相互依存、相互促进。**

一方面,掌握知识是发展智力的基础。没有知识,根本无法提升学生的智力,甚至无法使他们获得创造力。另一方面,知识的掌握又依赖于学生智力的发展。只有智力好的学生,他们的接受能力才强,学习效率才高。

(2)**生动活泼地理解和创造性地应用知识才能使其有效地发展智力。**

教学中要促成掌握知识与发展智力相互转化的内在机制。学生掌握知识的多少并不完全代表其智力发展水平的高低。所以,在教学中教师要引导学生生动活泼地理解知识,创造性地应用知识,才能使学生的智力获得较高水平的发展。

(3)**防止重知轻能或轻知重能的倾向。**

教学过程中既要重视知识的传授,又要重视智力的发展,并将二者辩证地统一于教学活动中。教师要探索二者相互转化的过程与条件,在引导学生掌握知识的同时,有效地发展他们的智力和能力。

7. 简论 举例说明教师主导作用与学生主体作用的关系。/ 为什么要坚持教师主导与学生主体相结合?

答 如何处理师生的地位与关系问题,是教学中的一个重要问题。二者的关系如下:

(1)**发挥教师的主导作用是保证学生主体作用的必要条件。**

教师主导作用是针对能否引起学生积极学习而言的。其一,教师要以身作则,要有威望和亲和力,令学生愿意听从教导。其二,在教学上,教师要善于启发诱导,以便使学生积极而高效地掌握知识,提高自身的才能与修养。如教师主导课堂教学方向的同时,也要留给学生讨论的时间和发表自己看法的机会。

(2)**调动学生学习的主动性是教师有效教学的重要保障。**

要调动学生的主动性,不仅要解决教师和学生之间的认知关系,还要解决师生之间的人际关系。尊重学生的主体性并非放纵学生,而是加重教师教学的责任感和工作量。如学生对教师提出的问题积极思考,和同学交流自己的看法,提高自己认识水平的同时也为教师教学提供有效的反馈。

(3)**防止忽视学生主体性和忽视教师主导作用的偏向。**

以教师为主导,以学生为主体可谓是教学中师生关系的规律性联系,是各种各样师生关系理论的抽象概括,任何强调一方而忽视另一方的做法都是不合适的,应予以纠正。如忽视学生主体性,可能会导致"填鸭式"教学;忽视教师主导作用,则有可能导致教学偏离方向,教学质量下降。

8. 简论 教学过程中智力活动和非智力活动的关系。

答 智力活动主要指感知、记忆、思维、想象等认知心理因素的活动。非智力活动主要指兴趣、动机、需要、情感、意志和性格等个性心理因素的活动。二者是密切联系的。

(1) 智力活动和非智力活动相互依存、相互作用。

智力因素是非智力因素的基础,非智力活动依赖于智力活动,并积极作用于智力活动。学生的非智力因素是在认识事物、掌握知识的过程中产生和发展的,离开掌握知识的智力活动,非智力活动就很难发展。从某种意义上说,智力水平大致相同的学生,在知识和能力上存在差异的原因就在于非智力因素的不同。

(2) 按教学需要调节学生的非智力活动,才能有效地进行智力活动,完成教学任务。

在教学中,一方面要通过改进教学本身,使教学内容和过程富有趣味性、启发性、知识性,适合学生的年龄特征,以便引起学生的求知欲。另一方面,要提高学生的自我教育能力,使其能自觉地按教学要求调节自己的非智力活动,积极地进行智力活动,以提高学习效率。

(3) 防止忽视智力活动或非智力活动的偏向。

在教学中,教师通过富有知识性、趣味性的教学,激发学生的非智力因素和调动学生的智力因素,二者缺一不可。

9. [简论] 教学过程中应处理好的几对关系。

[答] (1) **间接经验与直接经验的关系。**(同题5"直接经验和间接经验的关系。/ 结合实际,谈谈教学过程中如何处理好直接经验与间接经验的关系")

(2) **掌握知识与进行教育的关系(掌握知识与培养品德的关系)。**

①**学生思想品德的提高以掌握知识为基础。**

赫尔巴特在教育性教学原则中深刻揭示了知识教学与思想品德之间的内在联系,学生掌握知识的终极目的是促进其思想品德的提高。所以,教师应该注重掌握知识对思想品德提高的重要意义。

②**学生思想的提高又推动他们积极地学习知识。**

当一个学生的思想品德不断提高,就会越来越意识到掌握知识的重要性,学生就会有更强的主观能动性促进自身积极地吸收和掌握知识。

③**引导学生对所学知识产生积极的态度,才能使他们的思想得到提高。**

在实际教学中,绝不是学习了知识,就能促进思想品德的提高。只有使学生深刻地理解知识,引起学生思想情感深处的共鸣,并使其在态度和价值追求上产生积极的变化,学生的思想才能转变为高尚的思想品德,所有说教和灌输品德都是无效的教学。

④**防止单纯传授知识、忽视思想教育,或脱离知识传授而另搞一套思想教育的偏向。**

以教材为例,专家在编写教材时应该注意科学性与思想性的统一。教师教学也不能只顾着传授知识,忽视挖掘教材中的思想性。当然,教师也不应该只顾着传授道德,而忽视系统知识的学习。目前,我国主要的问题是教师普遍重知轻德,为了应试教学无暇顾及培养学生的思想品德,这是不可取的。

(3) **掌握知识与发展智力(发展能力)的关系。**(同题6"掌握知识和发展智力的关系")

(4) **智力活动与非智力活动的关系。**(同题8"教学过程中智力活动和非智力活动的关系")

(5) **教师主导作用与学生主动性的关系。**(同题7"举例说明教师主导作用与学生主体作用的关系。/ 为什么要坚持教师主导与学生主体相结合?")

10. [简论] 教学工作的基本环节及各自的意义。

[答] 从教师授课方面分析,备课、上课、课后的教导工作和教学评价构成教师教学工作的基本环节。

(1) 备课。

备课是上好课的先决条件。教师要备好课,就必须做好以下工作:①认真钻研教材;②深入了解学生;

③合理选择教学方法,设计教学。

(2) 上课。

上课是教学工作的中心环节,提高教学质量的关键是上好课。教师上好课的基本要求:

①明确教学目的。②保证教学的科学性与思想性。③调动学生的学习积极性。④注重解惑纠错,解决学生的疑难。⑤组织好教学活动,教学效果要好。⑥布置好课外作业。

(3) 课后的教导工作。

课后教导工作的目的是让学生个人消化、运用和巩固课堂所学的知识技能,以发展他们的智能,为学习下一节新课做好准备。所以,课后的教导工作十分重要。主要有以下方面:

①**做好学生的思想教育工作。**对性格、学习成绩等方面存在差异的学生,教师要针对性地做好思想教育工作,避免学生产生抵触心理。

②**做好学生的学习辅导工作。**教师应充分了解学生的身心状态和学习水平,指导学生健康发展。帮助学生查漏补缺、答疑解难,巩固所学知识,取得良好的学习效果。

③**课外辅导中应注意这几点。**应深入了解学生,因材施教;应指导学生独立思考、钻研;应发挥集体优势,组织学生开展互帮互学活动。

(4) 教学评价。

教学评价可通过书面考试(开卷与闭卷)、口试、实验操作考试等多种形式来实施。考试是对学生水平的检测,主要用于评定学生的学业成绩。

教学评价的基本要求:①按时检查。②认真批改。③仔细评定。④及时反馈。⑤重点辅导。

11. 简论 如何上好一堂课?

答 上课是教学工作的中心环节,提高教学质量的关键是上好课。教师上好课的基本要求:

(1) 明确教学目的。明确的教学目的是上好一堂课的重要前提,教师要根据这一指引,设计自己的教学过程,选择合理的教学方法,达到教学目标,最终收获良好的教学效果。

(2) 保证教学的科学性与思想性。教师要坚持科学性与思想性相统一的教学原则。保证教学的科学性;发掘教材的思想性,注意在教学中对学生进行德育;要重视补充有价值的资料、事例和录像;不断提高自己的专业水平和思想修养。

(3) 调动学生的学习积极性。教师要采用多种教学方法,引起学生的学习兴趣,调动学生参与的积极性,使学生能够主动思考,积极参与并与教师互动,激发其创造力。

(4) 注重解惑纠错,解决学生的疑难。教师要关注学生在学习上存在着的疑惑、偏差与错误,并切实加以解决,帮助学生获得正确的新知识、新技能。

(5) 组织好教学活动,教学效果要好。教师自始至终注重做好组织教学工作,使课堂气氛始终处于紧张、热烈而又愉快、活跃之中,讲求效率。同时,防止分散注意、破坏课堂纪律的不良现象发生。对突发事件要冷静、机智处理。

(6) 布置好课外作业。教师应当有针对性地布置作业,重视作业的多样性、趣味性、开放性,保证作业的数量、难度适中,注重课外作业与学生生活的联系。

总之,一节好课的标准是目的明确、内容正确、积极性高、方法恰当、组织有效、作业合理。

12. 简论 教学设计过程(基本内容与方法)、基本特征、依据。

答 **(1) 教学设计的含义:**教学设计不是形式化拟定教案或简单地排定教学内容的过程。教学设计是一项系统设计,它需要遵循一些必需的程序,运用科学的方法,使教学设计理性化、科学化。

(2) 教学设计的过程(基本内容与方法)。

完整的教学设计应该包括下列过程及相关方法:

①教学目标设计。 科学合理地确定教学目标,是进行教学设计时必须正确处理的首要问题。在教学目标的选定上应确立综合发展的要求,自觉坚持教学目标多元化、具体化的原则。

②教学内容设计。 教学内容的设计过程也就是教学设计者认真钻研课程标准和教科书,从中选择、组织教学内容的过程。科学的教学设计可以帮助学习者意识到所学内容的内在顺序、各部分内容与整体的关系,从而全面地理解所学的内容。

③学习者设计。 学生是教学的起点,任何一种教学设计的基本前提都是为了学习者的学习。因此,对学习者进行分析在教学设计中非常重要。

④教学方法和媒体设计。 在教学方法的选择上,既要考虑如何教给学习者已经概括了的社会基本经验,又要考虑教给学习者有效地获得这些经验的方法。在选择教学媒介时,设计者需要综合考虑这几方面的因素:学习情境的特征、媒体的物质属性、学习本身的特色、学习者的实际。

⑤教学结构设计。 教学结构是为了完成一定的教学目标,将各种因素在时间和空间上的"排列"和"组合"。这需要设计者对教学做出整体的安排。

⑥教学评价设计。 教学评价的一个主要功能是验证教学是否达到目标。教学评价另一个同样重要的功能是教学功能。学习者通过教学评价来审视自己,对后续的学习活动做出相应的调整。

上述各程序并不是线性、直线式的,而是彼此间相互联系、相互制约,组成的一个有机的教学系统。

(3) 教学设计的基本特征。

①指导性。 教学设计是教师为组织和指导教学活动而精心设计的施教蓝图,是教师有关下一步教学活动的一切设想,如将要达到的目标、所要完成的任务、将要采取的各种教学措施等均应反映在教学设计中。

②统合性。 以系统、科学的方法指导教学设计,这是科学的教学设计与实际经验的教学设计的重大区别。从系统、科学的方法出发,就是要求对由诸多要素构成的教学活动进行综合的、整体的规划与安排。

③操作性。 各类教学目标被分解成具体、可操作的目标,教学设计者对教学内容的选择、教学方法的运用、教学时间的分配、教学环境的调适、教学评价手段的实施都作了具体明确的规定和安排。

④预演性。 教师进行教学设计的过程,实质上就是实际教学活动的每个环节、每个步骤在教师头脑中的预演过程。这一过程带有较强的预演性和生动的情境性,为教学活动的顺利进行提供可靠保证。

⑤凸显性。 教师在设计教学方案时,可以有目的、有重点地突出某一种或某几种教学要素,以达到特定的教学目标。

⑥易控性。 一是由于教学设计是对教学活动的预先规划和准备,教师有时间对教学过程进行计划、检查;二是教学设计要确定明确的教学目标,教学目标对教学活动的诸要素具有较强的控制作用。

⑦创造性。 教学设计的过程就是教师根据不同的教学目标和不同学生的特点,创造性地思考、设计教学实施方案的过程。而且每个教师设计的教学方案都会不同程度地带有个人风格与色彩。

(4) 教学设计的依据。

①现代教学理论。 现代教学理论是指导现代教学实践的基本依据。可以避免教师教学设计的盲目性,促使教师的教学设计由感性经验层次上升到理性科学层次,最大限度地保证教学设计的合理性与有效性。

②教育目的、培养目标和课程目标。 教育目的、培养目标和课程目标都为教学提出了要求,教学过程设计必须要考虑教育目的、培养目标和课程目标。

③教学的实际需要、教学条件与环境。 教学设计的全部意义就在于满足教学活动的实际需要,在于为

实现这种需要提供最优的行动方案。依据实际的教学条件与环境设计教学过程。

④**学生的需要、兴趣和身心发展规律。**教学设计的基本特征之一就是它既关心"教",又关心"学"。教是为了学,学是教的依据和出发点,教师的教必须通过学生积极主动的学才能起到有效作用。

⑤**教师的教学经验。**教师在教学设计中,只有将科学的理论和方法与好的教学经验结合起来,才能使教学设计既有共性,又有个性,并最终达到科学性和艺术性的有机统一。

⑥**社会对教学的要求。**教学不是闭门造车,不能只着眼于校内,要适应社会的发展与要求。

第九章 教学(下)

名词解释

1. 教学组织形式

答 (1) **含义**:教学组织形式是指为完成特定的教学任务,教师和学生按一定要求组合起来进行活动的结构。

(2) **常见的教学组织形式**:个别教学制、班级授课制、分组教学制等。其中教学的基本组织形式是班级授课制。

(3) **现代教学组织形式的改革**:目前教学组织形式有很多变式,如小组合作学习、走班制、翻转课堂、慕课等。总之,现代教学组织形式正朝着综合化、个性化、多元化、技术化的方向在发展。

2. 班级授课制

答 (1) **含义**:班级授课制是一种集体教学形式,它把一定数量的学生按年龄和掌握知识与能力的程度编成固定的班级,根据周课表和作息时间表安排教师有计划地向全班学生集体上课。班级授课制是最基本的教学组织形式。

(2) **特点**:学生固定、教师固定、时间固定、场所固定、内容固定。

(3) **评价**:①优点。提高了教学效率,保证了教学质量,是教学的基本组织形式。②缺点。教师容易忽视学生的个性和差异性。

3. 分组教学制

答 (1) **含义**:分组教学制是指按学生的能力或学习成绩把他们分为不同的组分别进行教学的一种教学组织形式。

(2) **类型**:①能力分组和作业分组。能力分组是根据学生的能力发展水平来分组教学,各组课程内容相同,学习年限不同;作业分组是根据学生的特点和意愿来分组教学,各组课程不同,学习年限相同。②内部分组和外部分组。内部分组是指在传统的按年龄编班的前提下,按学生的能力或学习成绩发展变化情况来分组教学;外部分组是指打乱传统的按年龄编班的做法,而按学生的能力或学习成绩的差别来分组教学。

(3) **评价**:①优点。更切合学生个人的水平和特点,便于因材施教,有利于人才的培养,便于学生的交流与合作。②缺点。使快班学生容易骄傲,使普通班、慢班学生的学习积极性普遍降低。

4. 教学方法

答 (1) **含义**:教学方法是指为完成教学任务而采用的方法。它包括教师"教"的方法和学生"学"的方法,是教师引导学生探讨与掌握知识技能、获得身心发展而共同活动的方法。教学方法具有双边性和目的性。

(2) **选择教学方法的主要依据**:①社会的依据;②学生的依据;③教育内部的依据。

(3) **常见的教学方法**:①讲授法;②谈话法;③讨论法;④实验法;⑤实习作业法;⑥演示法;⑦练习法;⑧研究法;⑨问题教学法;⑩读书指导法。

5. 教学原则

答 (1) **含义**:教学原则是有效进行教学必须遵循的基本要求。它是人们在长期的教学实践中对教学经验的总结和概括,反映了学生的身心发展特点和教学过程的规律性,体现了教学目的的要求,既指导教师的"教",也指导学生的"学",贯穿于教学过程的各个方面和始终。

(2) 常见的教学原则：①直观性原则；②启发性原则；③巩固性原则；④系统性原则；⑤量力性原则；⑥思想性和科学性统一的原则；⑦理论联系实际原则；⑧因材施教原则。

6. 启发性原则

答 **(1) 含义：** 启发性原则是指教师要对学生进行启发，而不是告诉学生现成的答案，这样有利于调动学生的主动性，促使学生在教师的引导下积极思考，自觉地掌握科学知识，提高分析问题和解决问题的能力。孔子提倡在教学中实行启发性原则，即"不愤不启，不悱不发"。

(2) 基本要求： ①调动学生学习的主动性。②启发学生独立思考或者善于提问激疑，引导教学步步深入。③注重通过解决实际问题启发学生获取知识。④引导学生反思学习过程。⑤发扬民主教学。

7. 因材施教原则

答 **(1) 含义：** 因材施教原则是指教师要从学生的实际情况和个性特点出发，有的放矢地进行有差别地教学，使每个学生都能扬长避短、长善救失，获得最佳发展。孔子提出因材施教原则，认为要对不同特点的学生采取不同的教育措施。

(2) 基本要求： ①针对学生的特点进行有区别的教学。教师应了解每个学生的特点，包括认知、情趣、价值取向与不足之处，以便有目的地因材施教。②采取灵活多样的有效措施，使有才能的学生得到充分发展。学校应注意培养有特殊才能的人，探索和采用一些特殊措施，以保证早出人才、快出人才。

8. 讲授法

答 **(1) 含义：** 讲授法是指教师通过语言系统连贯地向学生传授知识，促进学生智能和品德发展的方法，它又可分为讲读、讲述、讲解、讲演。

(2) 基本要求： ①精炼讲授内容。教学内容要有科学性、思想性、启发性、趣味性和系统性。②注意讲授的策略与方式。讲授应针对任务内容做深入具体的研究与决策。③注意启发性。教师在讲授过程中要注意对学生循循善诱。④讲究语言艺术。力求语言清晰、准确、简练、通俗易懂；讲授的音量、速度要适中，注意抑扬顿挫；以姿势助说话，提高语言的感染力。

9. 谈话法

答 **(1) 含义：** 谈话法又称问答法，是指教师根据学生已有的知识和经验，通过师生间的问答、对话而使学生获得知识、发展智力的教学方法。

(2) 基本要求： ①准备好谈话计划。善于引导学生从一个问题过渡到另一个问题，以实现教学目的。②善于提问。向学生提出的问题要明确，有趣味性和挑战性，能激活与深化学生的思考。③善于启发诱导。让学生探究问题或矛盾所在，循循善诱，一步一步获取新知。④做好归纳与小结。要纠正一些不正确的认识，帮助学生掌握正确的认识，力求简明科学。

10. 教学策略

答 **(1) 含义：** 教学策略是指为达成教学的目的与任务，组织与调控教学活动而进行的谋划。

(2) 特征： ①操作性。②指向性。③综合性。④调控性。⑤灵活性。⑥层次性。

(3) 制定和选择教学策略的依据： ①教学的具体目标与任务。②教学内容的特点。③学生的实际情况。④教师本身的素养。⑤教学时间和效率的要求。

(4) 教学策略的运用： ①要树立正确的教学指导思想。②要树立整体的观点。③要坚持以学生的自主学习为主。④要寻求教学策略的多样化配合和变通运用。

11. 诊断性评价

答 **(1) 含义：** 布卢姆提出三种教学评价，即诊断性评价、形成性评价和过程性评价。其中，诊断性评价一般是在教育、教学或学习计划实施前期开展的评价。

(2) **作用**：了解学生在初始阶段的学情，便于依据学生学情采取适合的教学方法。

(3) **实施时期**：一般在单元、学期、学年开始时进行。

(4) **评价方法**：主要通过摸底测试、问卷、访谈等质的或量的评价方式进行。

(5) **评价**：①优点。体现了布卢姆的全程性评价的新评价理念，评价不能只在教学后，要把教学过程和教学结果结合起来，体现教学评价的发展性功能。②缺点。比较繁琐，需要花费较多的时间，时效性较差。

12. 形成性评价

答(1) **含义**：布卢姆提出三种教学评价，即诊断性评价、形成性评价和过程性评价。其中，形成性评价是指在教学过程中，为了改进和完善教学活动而进行的对学生学习过程和教师教学过程的评价。

(2) **作用**：教学中学生学习和教师教学的信息反馈，用于激励学生及调控其学习进度，激励老师及调控其教学进度。

(3) **实施时期**：一般在教学开始过程中实施。

(4) **评价方法**：随堂性测试、随堂提问、观察、作业批改等，侧重质的评价方式。

(5) **评价**：①优点。能够及时了解教学活动进程的效果，及时反馈信息，以便及时改正、调节，主要用于改进工作。②缺点。不注重区分等级。

13. 相对性评价

答(1) **含义**：相对性评价是指依据学生个人的成绩在该班学生成绩序列中或常模中所处的位置来评价和决定其成绩优劣，而不考虑其是否达到教学目标的要求，因此，相对性评价也叫常模参照性评价。

(2) **评价**：①优点。容易了解学生在集体中的相对位置，一般用于学生分类、排队、编班和录取选材等方面。②缺点。容易忽视个人的努力状况及其进步程度，尤其对后进者的努力缺少适当评价。

14. 教学评价

答(1) **含义**：教学评价是指根据一定的客观标准，对教学活动及其结果进行测量、分析和评定的过程。它以参与教学活动的教师、学生、教学目标、内容、方法、教学设备、场地和时间等因素的有机组合的过程和结果为评价对象，是对教学活动的整体功能所作的评价。

(2) **作用**：教学评价从整体上调节、控制着教学活动的进行，保证着教学活动向预定的目标前进并最终达到该目标。

(3) **趋势**：①教学评价的功能不在于甄别，而在于促进学生的发展。②教学评价重在对教学过程的评价，并不仅仅是结果评价。③教学评价要求评价的对象多样化，评价指标多样化，评价更具有综合性。④教学评价要求质的评价与量的评价方式相结合。

15. 教育评价

答(1) **含义**：教育评价是指在一定教育价值观的指导下，依据确立的教育目标，通过使用一定的技术和方法，对所实施的各种教育活动、教育过程和教育结果进行科学判定的过程。

(2) **特点**：①评价对象的广泛性。包括评价主体的多元化、评价内容的多方面、评价手段的多样化。②评价目的的发展性。③评价标准的一致性。

(3) **类型**：①按教育评价的功能分成诊断性评价、形成性评价、总结性评价。②按教育评价的范围可以分成宏观教育评价、中观教育评价和微观教育评价。③按教育评价的主体可以分成自我评价和他人评价。

(4) **作用**：①导向作用。②诊断作用。③激励作用。

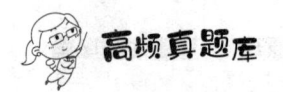

简答题/论述题

1. 简论 教学组织形式的类型。

答 (1) **教学组织形式的含义**：教学组织形式是指为完成特定的教学任务，教师和学生按一定要求组合起来进行活动的结构。

(2) **教学组织形式的类型。**

①**个别教学制**：个别教学制是指教师面对个别或少数学生进行教学的一种教学组织形式。在个别教学中，每位学生所学的内容和进度可以有所不同，教师对每位学生教的方法和要求也有所区别，所以每位学生学习的成效各不一样，甚至差距极大。

②**班级授课制**：班级授课制是一种集体教学形式，它把一定数量的学生依据年龄并按照掌握知识与能力发展的程度编成固定的班级，根据周课表和作息时间表安排教师有计划地向全班学生集体上课。班级授课制是最基本的教学组织形式。

③**分组教学制**：分组教学是指按学生的能力或学习成绩把他们分为不同的组分别进行教学的一种教学组织形式。常见的分组类型有：能力分组和作业分组；内部分组和外部分组。

④**小组合作学习**：小组合作学习是指在班级授课制背景下的一种教学方式，即在承认以课堂教学为基本教学组织形式的前提下，教师以学生学习小组为重要的教学组织形式。

⑤**分层教学法**：分层教学是指教师根据学生现有的知识、能力水平和潜力倾向把学生科学地分成水平相近的群体并进行有区别的教学。

⑥**走班制**：走班制又称"跑班制"，是指学科、教室和教师固定，学生根据自己的能力水平和兴趣愿望选择适合自身发展的班级上课，不同的班级，其教学内容和程度要求不同，作业和考试的难度也不同。

⑦**慕课**：慕课（MOOC）是大规模的网络开放课程，是为了增强知识传播而由具有分享和协作精神的个人或组织发布的、散布于互联网上的开放课程，是"互联网＋教育"的产物。

⑧**翻转课堂**：翻转课堂（Flipped Classroom）是指学生在家中或课外观看教师的视频讲解，自主学习，教师不再占用课堂的时间来讲授信息，在课堂上，师生有更多时间面对面互动交流、答疑解惑、合作探究、完成作业的教学组织形式。

⑨**泛在学习**：泛在学习是指利用信息技术为学生提供一个可以在任何地方、随时使用手边可以取得的科技工具来进行学习活动的学习。

⑩**混合教学**：广义的混合教学是把多种教学组织形式结合起来的一种新的教学组织形式。狭义的混合教学特指"线上＋线下"的教学，不涉及教学理论、教学策略、教学方法、教学组织形式等其他内容。混合教学将在线教学与传统教学各自的优势结合起来，通过两种教学组织形式的有机结合，可以把学习者的学习由浅到深地引向深度学习。

⑪**小队教学**：小队教学又称"协同教学"，是指由两个或两个以上的教师组成教学小队，在教学过程中，分工合作，充分利用各种教学资源，共同制定教学计划，开展教学活动并且进行教学评价的一种组织形式。

2. 论述 班级授课制的特点、优缺点、改革以及教学组织形式的现代改革方向。

答 (1) **内涵**：班级授课制是一种集体教学形式，它把一定数量的学生按年龄并按照掌握知识与能力的程度编成固定的班级，根据周课表和作息时间表安排教师有计划地向全班学生集体上课。

(2) **特点**：①教师固定。学校按照教师的专长和工作能力分配教学任务。②学生固定。同一个班的学生年龄和学习程度大致相同，并且人数固定。③内容固定。全班学生的学习内容与进度一致，采用多科并进、交错授课的方法。④场所固定。各班教室相对固定,连学生座位也是相对固定的。⑤时间固定。规定每一课在固定的单位时间内进行,这一单位时间称为"课时"。

(3) **优点**:①有利于促进教育普及和提高教学效率;②形成严格的制度保证教学制度化、规范化,有利于提高教学质量;③使学生获得系统的科学知识;④充分发挥教师的主导作用;⑤有利于促进学生的社会化和个性化。

(4) **缺点**:①难以照顾学生的个别差异与个性发展;②学生的主体地位或独立性受到一定的限制;③实践性不强,容易脱离实际;④学生主要接受现成的知识结果,其探索性、创造性不易发挥;⑤无意识地出现教育不平等现象。

(5) **班级授课制的改革。**

①**内部改革**:缩小班级;增加教师的数量;缩短教学时间;改变座位摆放方式。

②**外部改革**:开发其他教学组织形式,如个别化辅导、翻转课堂、泛在学习、慕课、分组教学等。

(6) **教学组织形式的现代改革方向。**

①**综合化**。我国应在教学组织形式的改革中重视各种教学组织形式的恰当结合,发挥各个教学组织形式的优点,弥补不足。

②**个性化**。教学组织形式在发展的过程中更趋向于注重学生身心发展规律和特点,呈现出更多个性化的教学组织形式。

③**多元化**。从基本的教学组织形式到其他传统的教学组织形式再到最新型的教学组织形式,教学组织形式的发展呈现出多样化、多元化的趋势。

④**技术化**。翻转课堂、慕课等新型教学组织形式的出现,可以看出未来教学组织形式的发展会更趋向于技术化、"互联网+教育"化。

3. **[简论]** 举例说明理论联系实际原则。

[答] (1) **含义**:理论联系实际原则是指教学要以学习基础知识为主导,从理论与实际的联系上理解知识,注意学以致用,发展动手能力,领悟知识的价值。

(2) **基本要求。**

①**书本知识的教学要注重联系实际**。教师要善于通过演示、举出具体事例、回忆生活体验,想方设法联系学生的生活实际,这样才能让他们生动活泼、主动地理解和掌握抽象、难懂的学科概念与原理。

②**重视引导学生运用知识**。第一,要重视教学中知识的应用,如解决实际问题的讨论、作业、实验等教学性实践。第二,要组织学生开展一些实际的学习活动。

③**逐步培养并使学生形成综合运用知识的能力**。在教学中坚持理论与实际相结合的原则,培养学生学以致用的能力,是学生综合运用知识的过程。

④**面对生活现实,培养学生解决实际问题的能力**。问题来源于生活。在教导学生学习书本知识时,还需要把学生的目光引向现实,培养其解决实际问题的能力。

(3) **举例**:数学老师在讲解除法的时候,给班上同学举了分苹果的例子。如果12个苹果每个人分3个,可以分给4个人;如果每个人分2个,可以分给6个人。老师通过把生活中的分苹果和课堂上的知识联系起来,使学生更易理解。

4. **[简论]** 启发性教学原则的含义、基本要求,并举例说明在教学中的应用。

[答] (1) **含义**:启发性教学原则是指教师要对学生进行启发,而不是告诉学生现成的答案,这样有利于调动学生的主动性,促使学生在教师的引导下积极思考,自觉地掌握科学知识,提高分析问题和解决问题的能

力。孔子提倡在教学中实行启发性原则，即"不愤不启，不悱不发"。

（2）基本要求。

①**调动学生学习的主动性。** 调动学生内在的学习主动性是启发的首要问题。教师要善于运用发人深思的提问、生动的讲述，充分显示教学内容的吸引力，以便激起学生的求知欲和积极性，使其投入学习。

②**启发学生独立思考或者提问激疑，引导教学步步深入。** 优秀的教师在教学中均善于提问激疑，使学生茅塞顿开，思想活跃起来。只要提问切中要害，发人深思，学生的思想一激活，课堂一下子便活跃起来。

③**注重通过解决实际问题启发学生获取知识。** 接触实际问题，对学生更具诱惑力、挑战性，会使他们更积极主动地进行学习和完成任务。

④**引导学生反思学习过程。** 教学要引导学生反思学习过程，了解学习过程的程序和方法，分析学习过程中的顺利与障碍、长处与缺点，寻找形成障碍与缺点的原因，注重积淀适合自己的学习方式。

⑤**发扬教学民主。** 要创造宽松、和谐、民主、平等、坦率、活跃的课堂教学氛围，这是启发教学的重要条件。只有这样，学生的心情才会感到放松，他们的聪明才智才能充分发挥出来。

（3）举例： 在讲授小学数学《平行四边形的面积》一课时，教师可以通过两块菜地的故事导入，激发学生学习兴趣，进而提出问题，如这两块菜地哪一个更大呢？学生通过数格子、剪一剪的方法，探索长方形和平行四边形的面积关系。探索出平行四边形面积公式的求导过程后，引导学生思考长方形面积和平行四边形面积是怎样进行转化的，通过总结巩固学生对知识的学习和吸收，最后提出问题：你觉得三角形的面积要怎么求呢？三角形的面积和哪个图形的面积有联系呢？引发学生课下思考，为下一节课的学习奠定基础。

5. [简论] **举例说明，循序渐进教学原则的含义和要求。**

[答] **（1）含义：** 循序渐进原则是指教学依据所传授的学科知识的内在逻辑结构、学生能力发展水平和掌握知识的顺序，循序渐进地进行。

（2）基本要求。

①**按教材的系统性进行教学。** 按课程标准和教科书的逻辑体系进行教学，要求教师深入领会教材的系统性，结合学生的认识特点和本班学生情况，编写一个讲授提纲或设计一个教学双边活动过程计划，以组织、指导教学的进程。

②**抓主要矛盾，解决好重点和难点。** 循序渐进并不意味着教学要面面俱到，平均使用力量，而是要求教师区分主次、分清难易、有详有略地教学。

③**由浅入深，由易到难，由简到繁。** 这是循序渐进应遵循的一般要求，是行之有效的宝贵经验。不能一味搞突击、求速成，欲速则不达。

④**将系统连贯性与灵活多样性结合起来。** 教学是一种复杂的艺术。为了使学生掌握系统而精确的学科知识，教师必须认真备课，吃透教材的重点和难点，确定教学的具体目的与任务，做好教学设计，以便系统而有效地进行教学。

（3）举例： 语文老师先教学生学习比喻手法，自己写片段作文，再布置作业，让学生摘抄精彩的词句，最后开始系统讲授写作方法，指导学生开始写作。

6. [简论] **科学性与思想性相统一原则。**

[答] **（1）含义：** 科学性与思想性相统一原则是指教学要以马克思主义为指导，授予学生以科学知识，并结合知识教学对学生进行社会主义品德和核心价值观教育。

（2）基本要求。

①**确保教学的科学性。** 在教学中，教师要以科学的观点和方法来分析教材，使选择和补充的教学内容

切合时代需要,反映学科的进步;力求传授给学生的知识、方法与过程都是准确无误的、富有教益的。

②**发掘教材的思想性,注意在教学中对学生进行品德教育**。人文社会学科、自然学科都蕴含着丰富的人文精神,在教学中教师要发掘教材的思想性,避免对学生空洞地说教。

③**要重视补充有价值的资料、事例和录像**。在教学中,教师要吃透教材,补充有价值的资料,包括生动的故事与实例、经典的格言、动人的录像,从而开启学生的心智,震撼学生的心灵,使他们获益匪浅。

④**教师要不断提高自己的专业水平和思想修养**。教学的科学性和思想性主要靠教师来保障,因此,教师要不断提高自己的专业水平和思想修养。

(3) **举例**:王老师在历史课上讲到爱国英雄岳飞时,从历史事实出发,高度赞扬了岳飞的爱国主义精神,使同学们受到了感染。

7. 简论 结合实际,谈谈因材施教原则。

答 (1) **简介**:因材施教最早是孔子提出的,是指教师从学生的实际情况和个性特点出发,有的放矢地进行有区别的教学,使每个学生都能扬长避短,获得最佳发展。

(2) **基本要求**:①针对学生的特点进行有区别的教学。②采取有效措施使学生的才能得到充分的发展。教师要创新教学形式,如利用合作学习的方式让每个小组成员在团队中发挥自己的才能,提高人际交往的能力。

(3) **策略**。

①**分组划分层次**。教师应了解同学的兴趣爱好、知识基础、智力因素和非智力因素等状况,把班上学生分层,并制订授课计划。要把集体教学、分组讨论与个别指导有机结合起来,最大限度地调动每个学生学习的积极主动性。

②**教师主导,学生主动**。要改变教育思想,改革课堂教学方法,明确"学生探索,教师引路"的教与学的关系,多让学生动脑、动手、动口去获得知识。

③**要精心设计教案,满足不同层次学生的要求**。教学内容的选择、教学要求的提出和教学过程的安排,要考虑班上大多数学生是否接受,要综合考虑班级里较少数的差生和优等生,平等对待每一位学生,使所有人都得到最大程度的发展。

(4) **举例**:英语测验结束后,李老师给口语薄弱的小明布置了每天练习口语的学习任务,要求写作能力不足的小红每天完成一篇小作文。过了一周小明的口语和小红的写作能力都有了提高。

8. 论述 教学过程中的教学原则有哪些?并说明每个原则的要求并举例说明如何应用。

答 (1) **思想性和科学性统一的原则**。(同题6"科学性与思想性相统一原则")

(2) **理论联系实际原则**。(同题3"举例说明理论联系实际原则")

(3) **直观性原则**。

①**含义**:直观性原则是指在教学中要通过引导学生观察所学事物或教师语言的形象描述,形成对所学事物、过程的清晰表象,丰富他们的感性认识,使他们能够正确理解书本知识并发展认识能力。

②**基本要求**:a. 正确选择直观教具和现代化教学手段。b. 直观要与讲解相结合。c. 重视运用语言直观。d. 防止直观的不当和滥用。

③**举例**:李老师通过多媒体动画的方式,播放钱塘江大潮的壮观景象,帮助同学们理解《观潮》一文的表达手法。

(4) **启发性原则**。(同题4"启发性教学原则的含义、基本要求,并举例说明在教学中的应用")

(5) **系统性原则(循序渐进原则)**。(同题5"举例说明,循序渐进教学原则的含义和要求")

(6) 巩固性原则。

①**含义**：巩固性原则是指教学要引导学生在理解的基础上牢固地掌握知识和技能，长久地将知识保持在记忆中，并能根据需要迅速再现出来，有效地运用。

②**基本要求**：a. 在理解的基础上巩固。b. 重视组织各种复习。c. 在扩充、改组和运用知识中积极巩固。d. 把握巩固的度。

③**举例**：完成当天知识的学习之后，李老师通过布置课后作业等方式，帮助学生巩固学习的知识。

(7) 量力性原则。

①**含义**：量力性原则是指教学的内容、方法和进度要适合学生的身心发展水平，是他们能够接受的，但又要有一定的难度，需要学生经过努力才能掌握，以促进学生的身心发展。

②**基本要求**：a. 了解学生的发展规律和水平，从实际出发进行教学。这是教学的基点与起点，也是学生知识的生长点。b. 考虑学生认识发展的时代特点。

③**举例**：在新学期开始的时候，李老师通过摸底考试，提前测试学生的知识储备情况，并据此安排新学期的教学。

(8) 因材施教原则。（同题 7 "结合实际，谈谈因材施教原则"）

9. 简论 中小学常用的教学方法（内涵和主要类型）并说明选择的依据。

答 (1) **内涵**：教学方法是指为完成教学任务而采用的方法。它包括教师"教"的方法和学生"学"的方法，是教师引导学生探讨与掌握知识技能、获得身心发展而共同活动的方法。教学方法具有双边性和目的性。

(2) **主要类型**。

①**讲授法**。教师通过语言系统连贯地向学生传授知识促进学生智能和品德发展的方法，它又可分为讲述、讲解、讲演。

②**谈话法**。教师根据学生已有知识和经验，通过师生间的问答、对话而使学生获得知识、发展智力的教学方法。

③**讨论法**。学生在教师指导下为解决特定问题而进行探讨，以辨明是非、获取知识、锻炼思维和独立思考能力的方法。

④**实验法**。学生在教师指导下，运用一定的仪器设备进行独立的实验作业，探求事物的规律，以获得知识或验证知识，培养操作能力和科学精神的方法。

⑤**实习作业法**。学生在教师指导下进行的学科实践活动，以培养学生专业操作能力的方法。

⑥**演示法**。教师向学生展示各种直观教具、实物，或让学生观察教师的示范实验，或让学生观看幻灯片、电影、录像等，从而使学生认识事物、获得知识或巩固知识的方法。

⑦**练习法**。学生在教师指导下运用知识反复完成一定的操作，以形成技能、技巧的方法。

⑧**研究法**。学生在教师的指导下通过独立的探索，创造性地解决问题、获取知识和发展科研能力的方法。

⑨**问题教学法**。教材的知识点以问题的形式呈现在学生的面前，让学生在寻求、探索解决问题的思维活动中，掌握知识、发展智力、培养技能，进而培养学生自己发现问题、解决问题的能力。

⑩**读书指导法**。教师指导学生通过阅读教科书、参考书以获取知识或巩固知识的方法。

(3) **选择教学方法的依据**。

①**社会的依据**。经济与信息发展对教学方法的要求。现代社会主张对信息技术的应用，采取促进学生自主学习的新式教学法，讨论法、探究法等新型教学方法更符合这个时代培育创新性人才的主流趋势。

②**学生的依据**。a. 依据学生的兴趣、可接受水平、智能的发展状况、学习态度、学风与习惯等选择教学方

法;b. 依据学生的积极性选择教学方法。学生参与教学过程中的答问、讨论、作业、评析的积极性与水平。

③**教育内部的依据**。a. 依据教学理论;b. 依据课题的教学目标与内容;c. 依据教师本身的条件;d. 依据师生关系与配合程度;e. 依据教学条件和时间;f. 对即将使用的教学方法的预测。

10. 简论 **什么是教学评价？教学评价有哪些类型？分析我国目前教学评价中存在的问题。/ 教学评价的种类、意义。**

答 (1) **含义**：教学评价是指依据一定的客观标准，对教学活动及其结果进行测量、分析和评定的过程。它包括教师教学评价、学生学业评价以及课程和教材评价。

(2) **分类**。

①根据评价在教学过程中的作用不同，可分为诊断性评价、形成性评价和终结性评价。

②根据评价所运用的方法和标准不同，可分为相对性评价和绝对性评价。

③根据评价的主体不同，可分为教师评价、学生自我评价。

(3) **意义**。

①**对学校来说**，可以记载和积累学生学习情况的资料，定期向家长报告其子女的成绩，并作为学生升级、留级和能否毕业的依据。

②**对教师来说**，可以及时了解学生的学习情况，获得教学效果的反馈信息，分析自己教学的优缺点，更好地提高教学水平。

③**对学生来说**，可以及时得到学习效果的反馈信息，明确自己学习中的长处与不足，从中受到激励与警示，扬长避短。

④**对学校领导来说**，可以了解每个教师、每个班的教学情况，便于及时发现问题与总结经验，改进教学。

⑤**对家长来说**，可以了解子女的学习情况及其变化，便于配合学校进行教育。

⑥**对教学活动来说**，教学评价最重要的作用在于运用它来探明、改善和提高教学活动本身的功能。同时，教学评价也是教学的一个手段，帮助改进和提高教师教学水平，为实现教学目标和促进学生发展服务。

(4) **存在的问题**。

①**教育评价的层次过于单一**。从评价方式分析，普遍的教育评价中，主要采用目标中心评价与终结性评价，其中鼓励性、诊断性及对策性的评价方式较少。

②**教育评价体系缺少针对性**。教育领域中，评价者在进行评价时，普遍忽视了评价的全面性及针对性，导致教育评价活动缺少客观性和重点性。

③**教育评价体系缺少权威性**。教育领域的评价环节中，缺少一定的权威性，教师及学校在进行教育评价时过分追求公平和民主，继而导致评价过程相对性不足。

④**教育评价体系不够健全**。我国教育评价中存在的最主要的问题就是教育评价体系不够健全，导致教师与学校在评价环节中面临很多困难。

11. 简答 **简述教学评价的原则和方法。**

答 (1) **教学评价的原则**。

①**客观性原则**。客观性是教学评价能否发挥其功能的基础，教学评价要客观公正、科学合理，切实反映教师的教学质量和学生的学业水平，不能掺杂个人情感，不能主观臆断，这样才能使人信服。

②**发展性原则**。教学评价应着眼于学生学习成绩的进步与能力的发展，其目的在于激励学生的积极性和创造性，而不是压抑和扭曲学生的发展。

③**指导性原则**。教学评价应在指出师生的长处与不足的基础上提出建设性意见，以便他们扬长避短，

不断前进。

④**计划性原则**。教学评价应当全面规划,使每门学科都能依据制度与教学进程的要求,有计划、规范地进行教学评价,以确保其效果和质量。

(2) 教学评价的方法。

①**观察法**。观察法是直接认知被评价者行为的最好方法。它适用于在教学中评价那些不易量化的行为表现(如兴趣、爱好、态度、习惯与性格)和技艺性的成绩(如唱歌、绘画、体育运动和手工制成品)。

②**测验法**。测验法主要以笔试方式进行,是考核、测定学生成绩的基本方法。它适用于对学生学习文化科学知识的成绩评定,但它难以测定学生的智力、能力和行为技能的水平。

③**调查法**。调查法是为了了解学生的学习情况进行学生成绩评定而搜集资料的一种方法。如果对学生的成绩有疑问,则需调查解决,特别是学生的学习态度、方法和习惯,更需要调查。调查一般通过问卷、访谈进行。

④**自我评价法**。在教学评价中,自我评价十分重要。它可以帮助学生更好地理解教学目标,正确地评价自己,从而自觉改进学习。自我评价的具体方法有运用标准答案、运用核对表,以及运用录音机、录像机等进行记录、比较。

12. 论述 **教学评价的改革及趋势。**

答 教学评价是指依据一定的客观标准,对教学活动及其结果进行测量、分析和评定的过程。它包括学业成绩评价、教师教育质量评价和课程评价。目前,现代社会中教学评价改革主要呈现以下几种趋势:

(1) 在评价功能上,从侧重评价的选拔性功能转向选拔性、发展性与激励性相结合的功能。

原先我国很重视鉴定质量、区别优劣、选拔淘汰,现在我们主张教育评价应转向重视诊断、反馈、激励、改进,即强调教学评价的发展性和激励性功能,强调通过评价促进学生主动、全面、可持续发展。

(2) 在评价内容上,从侧重学生的智育评价转向"五育"并举的评价。

原先我国更突出考核学生的智育评价,导致评价的指挥棒偏向智育,促使教育实践重智轻德,更忽视美育、体育和劳动教育。现在我们正加强关于学生的"五育"并举的评价,让综合性的评价观引导学校教育抓"五育",促进学生的全面发展。

(3) 在评价方法上,从侧重量化评价转向量化与质性评价相结合。

量化评价方法科学、客观,但不能测量许多难以量化的内容,如鉴赏力、创造力等。质性评价方法较好地弥补了量化评价方法的不足,是对量化评价方法的一种反思、批判和革新。从根本上讲,质性评价方法是为了更逼真地反映教育现实。

(4) 在评价主体上,从侧重一元性评价转向多元化评价。

原先我国评价对象较为单一,只评价学生,现在我们除了评价学生,还要评价教师教学、课程设置、学生学业成绩、学校管理等。原先我国侧重领导对学生的评价,现在我们也主张学生评价课程与教师教学,教师互评教学与课程,家长也可以评价学校教学与课程,展现出教育治理的新局面。

(5) 在评价时间上,从侧重终结性评价转向终结性评价与过程性评价相结合的评价。

我国惯用的终结性评价单纯以分数区分学生的发展水平,但终结性评价与过程性评价相结合能够全方位地评价学生的发展过程与发展结果。评价不是为了揭示学生在群体中的位置,而是为了让学生展示个性、追求卓越、谋求发展。评价的实质是"创造适合于儿童的教育"。

总之,教学评价是不断发展和完善的,并且朝着综合性、多元化、发展性方向发展,是辩证多样的综合过程。

第十章 德育

名词解释

1. 德育

答（1）**广义的德育**：指教育者根据一定社会的要求和受教育者身心发展的规律，有目的、有计划、有组织地在受教育者身上培养所期望的政治素质、思想素质、道德素质、法律素质等，以促使他们成为合格的社会成员的过程。

（2）**狭义的德育**：专指道德教育，即教育者根据一定历史时期社会的道德要求和个体的品德心理发展规律，有目的、有计划、有组织地在受教育者身上培养所期望的道德素质，不断提升他们道德境界的教育过程。

（3）**作用**：德育在全面发展教育中处于思想引领的地位，在"五育"并举中起着保证方向和动力的作用。

（4）**德育的途径**：德育有直接途径，即专门的德育课程；还有间接的途径，即通过非道德类课程、环境、管理、服务、指导、活动等育人方式进行。

2. 学校德育

答（1）**含义**：学校德育属于狭义的德育，指在学校中，由专业教师对学生有意识地施加的德育影响，把一定的道德规范、思想意识、政治观念转化为受教育者品德的一种教育活动。

（2）**内容**：道德教育、政治教育、思想教育、法治教育、心理健康教育等方面。

（3）**特点**：学生在学校里最能系统地接受到德育知识和思想。学校德育有明确的德育目标，有系统的德育课程和知识体系，有专业的教师负责施教，确保德育工作的落实。

（4）**现状**：应试教育环境存在重智轻德的教育局面，学校德育在该环境下实施得并不理想。此外，学校德育没有形成全方位德育之势，除了直接德育途径，没有很好地利用各种间接德育途径，还需进一步把道德教育和日常生活结合起来，取得实质进展。

（5）**趋势**：目前，我们要把"立德树人"作为学校德育的根本任务，提高德育的地位，丰富德育的内容，让直接的德育课程更生动，让间接的各种德育途径更多元，真正落实全方位育德，加强德育的实效性。

3. 德育过程

答（1）**定义**：德育过程即依据德育目标，在教师有目的、有计划地教导下，通过学生积极主动地进行道德认知和道德实践，将经过选择的德育内容内化为学生个体的品德素质结构，并使之发生所期望的整体性变化的过程。

（2）**规律**。

①德育过程是学生在教师引导下的个体品德的自主建构过程。

②德育过程是培养学生知、情、意、行整体和谐发展的过程。

③德育过程是提高学生自我教育能力的过程。

④德育是学生德育矛盾积极转化的过程。

（3）**途径**：通过直接的德育课程与间接的各种德育途径，做到全员育人、全过程育人和全方位育人，把育德润物细无声地渗透到各个方面。

4. 德育原则

答（1）**含义**：德育原则是指教育者在德育过程中必须遵守的基本要求。德育原则对于德育工作具有直接、具体的指导作用。

(2) **基本内容**:①在集体中进行教育原则。②理论与生活相结合原则。③疏导原则。④长善救失原则。⑤严格要求与尊重学生相结合原则。⑥因材施教原则。⑦教育影响的一致性原则。⑧教育影响连贯性原则。

(3) **注意**:德育原则是一个相对完整的体系,贯穿于整个思想品德教育的始终。但德育原则不是一成不变的,它将随着人们对德育过程规律认识的加深和教育实践的发展而日益丰富和发展。

5. 长善救失原则

答 (1) **含义**:长善救失原则是指德育要调动学生自我教育的积极性,依靠和发扬他们自身的积极因素去克服他们品德上的消极因素,促进他们的道德成长。长善救失原则是《学记》中提出的教学原则。

(2) **基本要求**:①"一分为二"地看待学生。对于学生,既要看到他积极的一面,也要看到他消极的一面;既要看到他过去的表现,也要看到他现时的表现和后来的变化;既要看到优秀学生的不足之处,也要看到后进生身上的闪光点。②发扬积极因素,克服消极因素。引导学生自觉地巩固和发扬自身的优点来抑制和克服自身的缺点。③引导学生自觉进行自我评价,勇于自我教育。引导学生学会自我教育,自觉发扬优点来克服缺点,自觉提高道德水平。

6. 榜样示范法／榜样

答 (1) **含义**:榜样示范法是指以他人的高尚品德、模范行为和卓越成就来影响学生品德的方法。

(2) **基本要求**:①榜样真实可信。选好榜样是学习的前提。②激起学生对榜样的积极情感。学生通过模仿榜样的言行举止来习得其中的道德价值和行为方式。③注重教师自身的示范作用。德育的教育效果在很大程度上取决于教师本人的以身作则。④为不同年龄阶段的学生树立不同的榜样。中小学时期长,跨度大,学生的道德发展也经过了多个不同的阶段,因而要为不同年龄阶段的学生树立不同的榜样。

7. 修养

答 (1) **含义**:修养也叫作自我修养法,是指在教师引导下,学生经过自觉学习、自我反思和自我改进,使自身品德不断完善的一种重要方法。

(2) **分类**:修养法包括立志、学习、反思、箴言、慎独等。其中,慎独是自我修养的最高境界,它要求一个人在无人监督的独处情况下,也能自觉地按道德规范严于律己。

(3) **基本要求**:①培养学生自我修养的兴趣与自觉性。②指导学生掌握修养的标准。③引导学生积极参加社会实践。

8. 情境陶冶法／陶冶

答 (1) **含义**:情境陶冶法是指通过创设良好的教育情境,对学生进行潜移默化的熏陶和感染,使其在耳濡目染中受到感化的方法。

(2) **分类**:人格感化、环境陶冶和艺术陶冶等。

(3) **基本要求**:①创设良好的情境。要有效地陶冶学生,行不言之教,必须创设良好的情境。②与启发引导相结合。教师需要有意识地引导和启发,使学生感受、认同、珍惜这种良好的情境,并在自己身上培养相应的良好品德与作风。③引导学生参与情境的创设。良好的情境不是固有的,需要人为地创设,也不能只靠教师去做,应当激励学生自己去创设、优化。

简答题／论述题

1. 简论 德育过程的定义、性质(特点、规律)。／结合实际,谈谈对德育过程的认识。

答 (1) **定义**:德育过程是指依据德育目标,在教师有目的、有计划地教导下,通过学生积极主动地进行道德认知和道德实践，将经过选择的德育内容，内化为学生个体的品德素质结构，并使之发生所期望的整体性变化的过程。

(2) 性质(特点、规律)。

①德育过程是学生在教师引导下的个体品德的自主建构过程。

a. **学生对环境影响的主动吸收。**学生在积极吸收社会影响和教育影响的活动中，不完全是被动的教育客体，也是能动地选择、吸收环境与教育影响的主体。外界的影响，只有通过学生自己的理解、选择、吸取与践行，才能内化成他们自己的观点、立场，成为他们的品德习性。

b. **教师对学生的积极引导。**教师的教导是学生品德健全发展必不可少的指针和动力。教师有目的地组织、引导学生积极参与丰富多彩的各种群体活动，是德育最有效的方式。

c. **外部活动与内部活动相互促进。**学生思想道德的形成，包含两种活动：一是学生的学习、研讨、劳动等外显的实践活动；二是学生在思想认识、情感、意志上展开的内隐心理活动。外显活动是可以直接观察的，内隐活动却不易察觉。而这两种活动是相互连接、相互促进的。

所以，在德育过程中，一方面我们要组织好各种外显的实践活动，来引导和激发学生的内隐心理活动；另一方面，当学生的内隐心理活动一旦发动起来，又会表现出巨大的能动力量，我们要把他们的能动性引导到道德实践活动中去，进一步推动学生思想品德的发展与提升。

②德育过程是培养学生知、情、意、行整体和谐发展的过程。

a. **思想道德发展具有整体性。**个体品德结构中的知、情、意、行等要素是相互制约、相互促进的，共同推动着个体思想品德的发展。教育者要注意四者各自的特点和作用，并将其统一起来，发挥品德结构的整体功能。教育过程中应该晓之以理、动之以情、持之以恒、导之以行，全面关心学生品德中知、情、意、行的培养，使他们全面而和谐地发展。

b. **德育过程具有多开端性。**强调知、情、意、行的整体和谐，并不是说进行德育活动必须严格按照知、情、意、行的固定程序来进行，恰恰相反，开展德育可以有多种开端，既可以从知或情的培养入手，也可以从行的锻炼开始。这就要求我们必须针对不同情况加以灵活处理，有的放矢，因材施教。

c. **德育实践具有针对性。**品德发展过程中知、情、意、行的发展往往是不平衡的，这就导致各因素间不协调或者严重脱节，如"言行不一"，所以教师要有的放矢，抓薄弱环节，有效地调节品德的结构。

③德育过程是提高学生自我教育能力的过程。

a. **培养自我教育能力的意义。**第一，自我教育能力是德育的一个重要条件。只有注重培养和提高学生的这种能力，德育才能进行得更顺利、更有效。第二，自我教育能力是德育的一个重要标志。德育的任务就在于把学生逐步培养成具有自我教育能力的、能独立自主地进行思想道德实践的主体。第三，自我教育能力体现学生的自主性、能动性和创造性。只有能够激发学生进行自我教育的教育，才是真正发挥了学生自主性、能动性和创造性的教育，这在学生的成长中意义重大。

b. **自我教育能力的构成因素。**包括自我期望能力、自我评价能力、自我调控能力。第一，自我期望能力是个体设定自我发展愿景的能力，它是自我教育的内在目的和动力。第二，自我评价能力是个体对自我发展现状与趋势的评判能力，它是进行自我教育的认识基础。第三，自我调控能力是在自我评价的基础上建立起来的自觉调节、控制自己思想和行为的能力，它是进行自我教育的重要机制。

c. **自我教育能力的发展应顺应德育发展的规律。**学生自我教育能力的发展是有规律的，大致是从自我中心发展到他律，又从他律发展到自律。教师应该依据这一规律，从实际出发，因势利导，有目的地培养学生的自我意识，提高学生的自我期望、自我调控和自我评价能力，形成和发展他们的自我教育能力。

④**德育过程是学生德育矛盾积极转化的过程。**

a. **理论基础**：科尔伯格的三水平六阶段理论。

b. **主要矛盾**：社会通过教师向学生提出的道德要求与学生已有的思想品德水平之间的矛盾。

c. **育德本质**：德育活动是外部道德要求积极转化为学生内在品德的过程。一方面，教育者的德育要求依存于学习者已有品德的发展水平和要求。另一方面，学习者一定品德发展水平和要求的形成，有赖于教育者提出的相应的德育要求及据此进行的德育活动。

2. 论述 结合实际，论述德育过程中在教师引导下学生能动的道德活动课程。（同题1中"德育过程是学生在教师引导下的个体品德的自主建构过程"）

3. 论述 结合实际，论述德育是培养学生知、情、意、行的过程。（同题1中"德育过程是培养学生知、情、意、行整体和谐发展的过程"）

4. 论述 结合实际，论述德育过程是提高学生自我教育能力的过程。（同题1中"德育过程是提高学生自我教育能力的过程"）

5. 简论 德育过程中的疏导原则及其要求。

答 (1) **含义**：正面引导与纪律约束相结合原则又称疏导原则，是指进行德育要循循善诱、以理服人，从提高学生认识入手，以正面引导说理教育为主，又辅之以纪律约束，调动学生的主动性，使他们积极向上。疏导原则也被称为循循善诱原则。

(2) **基本要求。**

①**讲明道理，疏通思想。** 对青少年进行德育，要注重摆事实、讲道理，做深入细致的思想工作，启发他们自觉认识问题，自觉履行道德规范。对学生的思想认识问题进行疏导，使学生心悦诚服，自觉改进，不宜压制。思想疏导有赖于对学生思想认识和心理状态的了解和理解，因此要求教师设身处地理解学生，以收到良好的疏导效果。

②**因势利导，循循善诱。** 青少年学生活泼爱动、精力旺盛。他们在课余生活中，唱唱跳跳、奔跑喊叫，积极参加自己喜爱的活动。这是学生身体和心理健康的表现，是很自然的事。因此德育要了解学生的性情，善于把学生的积极性和志趣引导到正确的方向上来。

③**以表扬、激励为主，坚持正面教育。** 在德育过程中，要坚持正面教育，对学生表现的积极性和微小的进步都要肯定，引导他们步步向前，以培养良好的品德。通过表扬奖励，树立正面典型，能够给学生积极向上的力量。批评与处分只能作为辅助的方法。即使批评，也要抱着积极正面的态度，坦诚相待。如果简单粗暴，不但达不到教育目的，还会挫伤学生的自尊心，使学生产生对立情绪。

6. 简论 举例说明长善救失的德育原则及其要求。

答 (1) **含义**：长善救失原则是指德育要调动学生自我教育的积极性，依靠和发扬他们自身的积极因素去克服他们品德上的消极因素，实现品德发展内部矛盾的转化。长善救失原则是《学记》中提出的原则。

(2) **基本要求。**

①**"一分为二"地看待学生。** 对于学生，既要看到他积极的一面，也要看到他消极的一面；既要看到他过去的表现，也要看到他当下的表现和后来的变化；既要看到优秀学生的不足之处，也要看到后进生身上的闪光点，以便长善救失，促进他们的转变。

②**发扬积极因素，克服消极因素。** 引导学生自觉地巩固和发扬自身的优点来抑制和克服自身的缺点。

③**引导学生自觉进行自我评价，勇于自我教育。** 引导学生学会自我教育，自觉发扬优点来克服缺点，自觉提高道德水平。

(3) **举例：**小强经常上课不认真听讲，但靠自己课外积累的航天知识赢得了航天知识比赛一等奖。班会上，小强说自己的志愿是成为一名飞行员。王老师说："保卫祖国领空是一件很伟大的事，不过想做到这一点需要付出很多努力，还要学习大量的知识。"听了老师的话，小强开始严格要求自己，各方面都有了很大进步。

7. 简论 德育中的严格要求与尊重学生相结合的原则。

答 (1) **含义：**严格要求与尊重学生相结合原则是指进行德育要把对学生的思想品行的严格要求与对他们个人的尊重和信任结合起来，使教育者的严格要求易于转化为学生主动的道德自律。

(2) **基本要求。**

①**爱护、尊重和信任学生。**每个青少年学生都有一颗自尊自爱、向善求善、希望得到社会理解和肯定的心。因此尊重、呵护与信赖学生是一个优秀教师必须具备的基本品德。爱护、尊重与信赖学生又是教好学生、获得良好德育效果的一个重要条件。皮格马利翁效应证明，让学生感受到教师的期望和教师对学生的关爱，学生就会产生源源不断的内在学习动机。

②**严格要求学生。**教师向学生提出的教育要求应当是正确的、简明的、有计划的、积极的和严格的。表现为：a."正确的"指的是提出的要求切合学生实际，符合学生年龄特征，令人信服，经过努力，可以做到；b."简明的"指的是提出的要求易被学生理解、掌握，便于记住和知道怎么履行；c."有计划的"指的是对学生的要求一次不能提得过多，要由易到难、有步骤地、循序渐进地提出；d."积极的"指的是提出的要求要给学生指明方向，激发学生向善、为善的自尊心、自信心，唤起学生对自己行为的责任感；e."严格的"指的是对学生的要求一旦提出，就要不折不扣、持之以恒地引导和督促学生做到。

(3) **总结：**严格要求应当与尊重、信赖学生很好地结合起来。只有当要求是出于关爱的、真诚的，有利于学生树立自尊心、自信心的，才能为学生乐意接受，积极履行，并逐渐从"他求"转向"自求"，从"他律"转向"自律"。

8. 简论 德育中教育影响一致性和连贯性原则的内涵及贯彻这一原则的基本要求。

答 (1) **教育影响的一致性原则。**

①**含义：**教育影响的一致性原则是指进行德育应当有目的、有计划地把来自各方面的对学生的教育影响加以组织、调节，使其互相配合、协调一致地进行，以保障学生的品德能按德育的目的发展。

②**基本要求。**

a. **组建教师集体，使校内对学生的教育影响一致。**首先，全校教职工应明确对学生进行德育的目的、任务和学生应遵守的行为准则与要求，使对学生的德育工作步调一致地展开。其次，应当分工协作、互通情况，定期研究，协同一致地解决学生的德育问题。

b. **发挥学校教育的引领作用，使学校、家庭和社会对学生的教育影响得到整合、优化。**学校、家庭、社会经常会产生激烈的矛盾与对立。有人形象地说，学校讲集体主义，家庭讲个人主义，社会讲实用主义。面对这种复杂的局面，我们必须做到整合和优化，否则就会给学生造成价值混乱，不利于培养人才。

c. **做好衔接工作，对学生的教育影响要保持一致性。**对学生的教育影响前后不连贯、不一致，时紧时松，时宽时严，不仅影响学生良好品德的形成，而且易使学生思想松弛。因此，要做好德育的衔接工作，对学生的教育影响要保持一致性。

(2) **教育影响的连贯性原则。**

①**含义：**教育影响的连贯性原则是指进行德育，除了要保持各方面对学生教育影响的一致性外，也要保持其连贯性，使教育在组织、调节中相互协调一致，前后连贯地进行，以保障学生的品德能按照教育目的的要求发展。

②基本要求。

a. 各级各类学校做好衔接工作，使对学生的教育影响前后连贯和连续。具体指做好小学与初中、初中与高中以及大学期间的思想教育衔接工作。

b. 学校、家庭和社会对学生的教育影响都要体现连贯性。学校德育要长期、持久地进行，同时，家庭和社会对学生的道德渗透也要长期、持久地进行。德育的连续性越强，教育效果越突出。

c. 任何德育内容都是长期连续地影响学生的，而不是一蹴而就的。任何德育都不是教一次就能够呈现完美的效果，而是长期的、连续性的教育才会对学生产生潜移默化的效果，所以我们要注重德育的连续性。

9. [简论] 结合实际，简述德育的基本原则。

[答] (1) 在集体中进行教育原则。

①含义：在集体中进行教育原则是指进行德育有赖于学生的社会交往、共同活动，注意依靠学生集体，通过学生集体活动进行教育，充分发挥学生集体在教育中的巨大作用。

②举例：李老师通过"学雷锋"的班会，教育学生要乐于助人。小明学习了雷锋同志的事迹后，决心要学习雷锋精神，某天他拾金不昧，把捡来的钱交给警察，派出所送来了奖状，班上同学表示要向他学习。

(2) 理论与生活相结合原则。

①含义：理论与生活相结合原则是指进行德育要注重引导学生把思想政治观念和社会道德规范的学习同参与生活实践结合起来，把提高道德认识与养成良好道德行为结合起来，做到心口如一、言行一致。

②举例：李老师在思政课上讲授爱国主义相关知识，假期组织学生前往西柏坡参观，学习"西柏坡"精神，以小组形式形成实践报告。

(3) 疏导原则。

①含义：疏导原则又称循循善诱原则，是指进行德育要循循善诱、以理服人，从提高学生的认识入手，调动学生的主动性，使他们积极向上。

②举例：小明是班上的卫生委员，在检查卫生时给自己班的卫生情况作弊打了高分。李老师知道后，告诉小明虽然维护班级荣誉的出发点是好的，但必须遵守校规，公平打分。小明认识到了自己的错误，表示之后会努力搞好班级卫生，带领班上同学拿一个真正的高分。

(4) 长善救失原则。

①含义：长善救失原则是指进行德育要调动学生自我教育的积极性，依靠和发扬他们自身的积极因素去克服他们品德上的消极因素，促进他们的道德成长。

②举例：小强热爱航天但不认真学习，李老师鼓励他既要发展自己的爱好，也要认真学习科学知识，才能实现自己的航天理想。在和老师沟通之后，小强决心要全面发展自己，争取在各方面都有进步。

(5) 严格要求与尊重学生相结合原则。

①含义：严格要求与尊重学生相结合原则是指进行德育要把对学生的思想品行的严格要求与对他们个人的尊重和信任结合起来，使教育者的严格要求易于转化为学生主动的道德自律。

②举例：小明的家长对小明的学习已经不抱希望，同学们也都嘲笑他。李老师和小明谈心，了解到他的学习困境后，帮助他制定学习计划，同时要求他不能在课上睡觉，要认真听讲，小明重燃了对学习的信心。

(6) 因材施教原则。

①含义：因材施教原则是指进行德育要从学生品德发展的实际出发，根据他们的年龄特征和个性差异进行不同的教育，使每个学生的品德都能得到最优的发展。

②举例：李老师根据小明和小红的性格特点，分别教给他们不同的做事方法。对性格急躁的小明，李老

师告诉他做事之前要三思而行;对性格犹豫不决的小红,李老师告诉她遇事要果断,不要错过机会。

(7) 教育影响一致性原则。

①**含义**:教育影响一致性原则是指进行德育应当有目的、有计划地把来自各方面的对学生的教育影响加以组织、调节,使其互相配合、协调一致地进行,以保障学生的品德能按德育的目的发展。

②**举例**:李老师定期和学生家长开展家庭教育知识的交流会,确保家长与学校在教育上的一致性。

(8) 教育影响的连贯性原则。

①**含义**:教育影响的连贯性原则是指进行德育,除了要保持各方面对学生教育影响的一致性外,也要保持其连贯性,使教育在组织、调节中相互协调一致,前后连贯地进行,以保障学生的品德能按照教育目的的要求发展。

②**举例**:李老师注意在不同的教育阶段,对学生的教育要保持连贯。在小学低年级,要求学生遵守班级纪律;在小学中高年级,要求学生在遵守班级纪律的基础上,做好自律。

10. 简论 举例说明学校实施德育的途径。

[答]德育的途径包括直接的道德教育和间接的道德教育两个方面。

(1) 直接的道德教育。 直接的道德教育即开设专门的德育课程(比如思想品德课和时事政治课)系统地向学生传授道德知识和道德理论。

(2) 间接的道德教育。 间接的道德教育是在学科教学、学校与课程管理、辅助性服务工作和学校集体生活等各个层面对学生进行道德渗透。学校间接的道德教育途径主要有:

①**教学育人**。道德课程以外的其他课程,如语文课等。

②**指导育人**。如班主任谈话与工作、职业指导、就业讲座、心理咨询等。

③**管理育人**。如校风建设、教学理念对学生的影响、学生守则等。

④**活动育人**。如课外活动、校外活动、少先队活动等。

⑤**环境育人**。如校园环境建设等。

⑥**协同育人**。协同育人指家庭、社会、学校三方面在德育上相互配合,形成合力。三方面在教育功能上互补,协调统一,延伸学校教育的有效性,更好实现德育影响的连续性和一致性。为学生创造和谐统一的德育环境,实现家、校、社共育,推动学生全面发展。

(3) 全方位德育。

德育应当普遍存在于学校的一切教育活动之中。每一个教师都应该是德育教师,教师以自己的教学活动与日常生活全方位地影响着学生的道德成长,教师的德育活动并不仅仅存在于课堂之中,更存在于日常生活中,即直接德育和间接德育相结合,全方位地促进学生品德发展。

11. 简论 谈谈我国中小学德育的不足并提出建议。/请你针对我国当前学校道德教育中存在的某个问题,谈谈你的看法。/中小学德育工作中存在哪五个方面的问题?/依据德育过程包含的基本规律,分析我国中小学德育中存在的主要问题及相应的工作要求。

[答](1) 当前我国学校德育存在的问题。

①**在德育观念上,应试教育智育为先,德育的观念边缘化**。在观念上对德育的重视还没有达到应有的程度,学校依然过分注重学生的学习成绩、学历和文凭,忽视学生的道德教育,重智育轻德育的做法在短时期内很难有太大的转变。

②**在德育内容上,重大节而轻小德,德育内容僵化**。德育内容显得陈旧、单薄,不足以解释当前复杂的社会现象,也不能解决学生的思想实际,于是德育就成了与现实生活和学生实际不相干的东西,既不能激发

学生的情感使其认同,也难以促使其内化。

③**在德育方法上,教师讲授太单一,生活实践弱化**。教师往往采用简单说教、严厉训斥的方式,教学效果不佳,学生不容易接受,学校开展的德育实践少,学生体验感不够。

④**在德育合作上,教师家庭相脱离,德育资源匮乏**。在德育合作上,家校合作边缘化,教师和家长沟通少,家长缺乏参与学校教育的意识,德育资源较少。

⑤**在德育途径上,课堂教学唯正途,德育途径单一化**。很多学校依然按照传统的以道德知识体系灌输为主,虽然在过去一段时间内发挥了极大的作用,但是其忽视了受教育者的主体作用,即学生参与情感态度培养的主观能动作用,德育途径过于单一,德育途径需多样化。

⑥**在德育评价上,学校教育唯分数论,育人评价淡化**。我国目前的德育评价没有受到应有的重视,学校过于把升学考试作为重要的评价指标,德育评价的指标体系缺乏科学性并且被淡化。

(2)德育问题的对策。

①**在德育观念上,把立德树人作为教育的根本任务**。立德树人揭示了道德发展与人的全面发展的辩证关系,强调德性成长是人的全面发展的根本保障,因此要把立德树人作为教育的根本任务。

②**在德育内容上,把生活育德作为德育的内容源本**。编写教材时,教材中要多体现生活中的事情,即教材贴近生活实际。可以运用体谅模式中大量的人际情境故事,或者认知发展模式中的道德两难故事。

③**在德育方法上,把探究实践作为德育的新型方法**。如校外劳动、参观学习、保护环境等。主要通过生活中的典型事例来引导学生,树立榜样,重在陶冶。

④**在德育合作上,把家校合作作为德育的广阔背景**。德育离不开学校和家长的密切配合,学校和家庭相互配合协调,将发挥最大的教育功能,因此需要采取多样化的联系方式加强家校合作。

⑤**在德育途径上,把间接育德作为德育的开发新途**。即不开设独立的道德学科,主张德育要潜移默化地进行渗透,避免直接的灌输,强调知行统一,注意行为习惯的培养。

⑥**在德育评价上,把改革德育评价作为德育的基本手段**。要完善德育评价,建构立体交互、多元参与的德育评价体系,充分发挥学生、教师、家长、社区等在德育评价中的角色功能。

第十一章 教师与学生

名词解释

1. 教师

答 **(1) 含义**：教师是履行教育教学职责的专业人员，承担着教书育人、培养社会建设者、提高民族素质的使命。广义的教师泛指传授知识、经验的人；狭义的教师专指在学校及其他教育机构中履行教育教学职责的专业人员。

(2) **分类**：①从专业化程度的角度来看，可以把教师分为新手教师、熟手教师、专家教师。②从教师的教学任务角度来看，可以把教师分为主任教师、科任教师、级任教师。

(3) **作用**：①教师不仅是人类文化的继承者与传递者，也是社会物质财富的创造者，还是社会发展与变革的重要力量。②教师不仅要传授知识，还要培养和发展学生的智力和能力，陶冶他们的情操，关怀和指导他们的学习和全面成长。

2. 教师个体专业发展/教师专业自我发展

答 **(1) 含义**：教师个体专业发展是指教师作为专业人员，从专业理想到专业知识、专业能力、专业心理品质等方面由不成熟到比较成熟的发展过程，即由一个专业新手发展成为专家型教师或教育家型教师的过程。

(2) **过程**：①理论一，由美国学者凯兹提出。求生期—强化期—求新期—成熟期。②理论二，由国内学者叶澜提出。将其分为"非关注""虚拟关注""生存关注""任务关注""自我更新关注"五个阶段。

(3) **途径**：先有观念意识→制定职业规划→积极参加培训→进行教学反思→参加课程开发与教育研究。

3. 教师专业发展/教师专业化

答 **(1) 含义**：教师专业发展是指教师以自身专业素质包括知识、技能和情意等方面的提高与完善为基础的专业成长、专业成熟过程，是教师由非专业人员转向专业人员的过程。

(2) **紧迫性**：①教师的分布与结构失衡。②教师的质量不均衡。③教师队伍不够稳定，师资流失严重。④不少教师缺乏现代教育的意识和能力。

(3) **途径**：①教师队伍专业化途径，即职前培养→入职教育→在职成长。②教师个体专业化途径，即先有观念意识→制定职业规划→积极参加培训→进行教学反思→参加课程开发与教育研究。

4. 师生关系

答 **(1) 含义**：师生关系是指教师和学生在教育过程中为完成一定的教育任务，以"教"和"学"为中介而形成的一种特殊的社会关系，是学校中最基本的人际关系。

(2) **特点**：互动性；平等性；相互影响性；主导主体性等。

(3) **良好师生关系的影响**：良好的师生关系不仅是顺利完成教学任务的必要手段，而且是师生在教育教学活动中的价值、生命意义的具体体现。

5. 教师期望效应/皮格马利翁效应/罗森塔尔效应

答 **(1) 简介**：教师期望效应也叫"皮格马利翁效应"或者"罗森塔尔效应"。其源于古希腊传说中皮格马利翁和美丽少女的故事。后来以美国哈佛大学教授罗森塔尔为首的许多心理学家进行了一系列实验，专门研究教师对学生期望的作用。

(2) **含义**：教师期望效应是指学生的智力发展与教师对其的关注程度呈正比关系，即教师如果对学生产生一定的期望，就会使该学生的学习成绩和行为表现发生符合这一期望的变化。它分为自我应验效应和维持性期望效应。

(3) 应用：①让学生感受到教师的期望和教师对学生的关爱，学生就会产生源源不断的内在学习动机。②教师的期望要适当，期望目标必须遵循适度性原则，即期望目标为学生的"最近发展区"。切不可期待过高，拔苗助长；也不可期待过低，打击学生的积极性。

简答题／论述题

1. 简论 结合实际，简述教师劳动的本质（特点）、价值。

答 (1) 教师劳动的本质（特点）。

①**复杂性**。a. 学生状况的复杂性决定着教师劳动的复杂性；b. 教师任务的多样性制约着教师劳动的复杂性；c. 影响学生发展因素的广泛性制约着教师劳动的复杂性。

②**创造性**。a. 表现在教育教学原则和方法的选用上；b. 表现在教学内容的处理和加工上；c. 表现在教育机智上。

③**示范性**。a. 知识技能的示范；b. 德行示范，成为榜样。

④**专业性**。a. 教师工作的领域主要是针对培养学生的教育教学领域；b. 教师需要专业化的教育学、心理学以及学科专业知识来培养学生；c. 教师需要专门的教学技能来授课和培养学生；d. 教师对教育工作要充满教育情怀，才能做好这份工作。

⑤**长期性和长效性**。a. 教师对学生的影响不是短时间内完成的，体现了长期性。b. 教师对学生的影响不是一时的，体现了长效性。

(2) 教师劳动的价值。

①**教师劳动的社会价值**。从宏观上看，教师劳动的社会价值最突出地表现在教师对延续和发展人类社会的巨大贡献上；从微观上看，教师的劳动关系到每一个人的发展和幸福。

②**教师劳动的个人价值**。a. 教师劳动的个人价值首先在于教师的劳动能够创造巨大的社会价值。因为个人价值的大小主要取决于他对社会的贡献。b. 教师劳动比一般劳动更具有自我实现的价值。教师在自己的劳动中能够充分发挥个人的才智，促进个人自身的完善和发展，满足个人较高层次的需求。c. 教师劳动还能享受到一般劳动所享受不到的乐趣。

③**正确认识和评价教师的劳动价值**。教师的劳动价值具有模糊性、滞后性、隐蔽性。我们要正确认识与对待教师劳动的价值，必须大幅度地改善教师的社会地位和经济待遇，才能激励教师全身心地投入到教育教学这一神圣而艰巨的工作之中。

2. 简答 简述教师的权利与义务。

答 (1) 教师的专业权利。

①**教育教学权**。教师有进行教育教学活动、开展教育教学改革和实验的教育教学权，这是教师为履行教育教学职责必须具备的基本权利。

②**学术研究权**。教师有从事教学研究、学术交流、参加专业的学术团体、在学术活动中发表意见的权利。

③**评价指导权**。教师有指导学生的学习和发展、评定学生的品行和学业成绩的评价指导权，这是教师在教学活动中居于主导地位的基本权利。

④**获取报酬待遇权**。教师享有按时获取工资报酬，享受国家规定的福利待遇以及寒暑假期的带薪休假的权利。

⑤**参与管理权**。教师有权对学校的教育教学工作、管理工作和教育行政部门的工作提出意见和建议,通过教职工代表大会或其他形式参与学校的民主管理。

⑥**自我发展权**。教师有参加进修培训、提升专业发展水平的权利。

⑦**惩戒权**。学校、教师基于教育目的,对违规违纪学生进行管理、训导或者以规定方式予以矫正,促使学生引以为戒,认识和改正错误的权利。

(2) 教师的专业义务。

①**遵守法律及职业道德的义务**。遵守宪法、法律和职业道德,为人师表。

②**履行教育教学职责的义务**。贯彻国家的教育方针,遵守规章制度,执行学校的教学计划,履行教师聘约,完成教育教学工作任务。

③**对学生进行各种有益教育的义务**。对学生进行宪法所确定的基本原则的教育和爱国主义、民族团结的教育,法制教育以及思想品德、文化、科学技术教育,组织、带领学生开展有益的社会活动。

④**关爱、尊重学生的义务**。关心、爱护全体学生,尊重学生人格,促进学生在品德、智力、体质等方面全面发展。

⑤**不断提高自身思想政治觉悟和教育教学业务水平的义务**。

⑥**保护学生合法权益、促进学生健康成长的义务**。制止有害于学生的行为或者其他侵犯学生合法权益的行为,批评和抵制有害于学生健康成长的现象。

3. 简答 简述教师职业的角色扮演。

答 教师的"角色丛"是指与教师特定的社会职业和地位相关的所有角色的集合。仅就教师与学生的关系而言,教师需要扮演多重角色。

(1) **"家长代理人"和"朋友、知己者"的角色**。低年级的学生倾向于把教师看作父母的化身,期待教师的呵护与关爱。高年级的学生往往视教师为朋友,希望得到教师的帮助与指导,并能分享自己的快乐、分担自己的痛苦。

(2) **"传道、授业、解惑者"的角色**。教师要担负起"传道、授业、解惑者"的角色,教师在教学中要渗透思想道德教育,将知识传授给学生,还要启发他们的智慧,解除他们的困惑,促进他们的发展。

(3) **"管理者"的角色**。教师作为管理者,要创造一种和谐、民主、进取的集体环境,要给予学生更多的自主权与责任,要激发学生的主体性,使学生能积极参与到班级管理当中。

(4) **"心理调节者"的角色**。教师要适应时代的要求,掌握基本的心理卫生知识,在日常工作中渗透心理健康教育,成为学生的心理健康顾问或心理咨询师等角色。

(5) **"研究者"的角色**。教师不能千篇一律、机械地进行教育,而是要不断反思、研究和改进自己的工作,教师应该成为教育的研究者和改革者,不断地提高自身的教育管理修养和教育教学质量。

4. 简论 在现代社会变迁中,教师角色体现出哪些发展趋势?

答 (1) **履行多种职能**。在教学过程中更多地履行多样化的职能,更多地承担组织教学的责任。

(2) **组织学生学习**。从一味强调知识的传授转向着重组织学生的学习。

(3) **注重学生差异**。注重学生的个性化,改进师生关系。

(4) **做好教师合作**。实现教师之间更为广泛的合作,改进教师与教师之间的关系。

(5) **利用信息技术**。更广泛地利用现代教育技术,掌握必需的知识与技能。

(6) **做好家校合作**。更密切地与家长和其他社区成员合作,经常参与社区生活。

(7) **积极参与活动**。更广泛地参加校内服务和课外活动。

(8) 削弱教师权威。 削弱加之于孩子身上，特别是大龄孩子及其家长身上的传统权威。

教师角色的这些转换，不仅意味着学校教育功能的某些变化，而且对教师的素养以及相应的师资培训问题也提出了更高的要求。

5. 简答 教师的角色冲突和解决办法。

答 **(1) 教师的角色冲突。**

①**社会"楷模"与"普通人"角色的冲突。** 社会对教师的期望值很高，希望教师是道德的楷模，实际上许多教师做不到，也不想当这样的角色。

②**"令人羡慕"的职业与教师地位低下的实况冲突。** 教师虽然有很多"令人羡慕"的桂冠，但社会地位仍然低，这使许多教师的心理及生活处于尖锐的矛盾冲突之中。

③**教育者与研究者角色的冲突。** 很多人认为教师就应该教书育人，教育研究是专家的事情。甚至很多一线教师也没有意识到自身是可以进行教育研究的，他们往往埋头苦干，缺乏思考，无暇顾及研究，这也是目前比较重要的一对矛盾。

④**教师角色与家庭角色的冲突。** 教师在学校工作辛苦，下班后还要继续工作，有时照顾了其他人的子女，却往往忽略了自己的子女，为此而引起家庭矛盾。

(2) 解决办法。

①**客观方面，国家和社会要提供支持。** a. 提高教师的社会地位与经济待遇，改善教师的生活和工作条件，解决教师的实际困难。b. 努力创造培养教师的条件，给教师提供进修、提高与发展的机会。c. 加强对教师的思想教育，增强其责任感与使命感等。

②**主观方面，教师的自身努力是关键因素。** a. 加强教师的自我意识。b. 教师要根据实际情况的需要，统筹兼顾多种角色。c. 教师应学会处理冲突的艺术，控制自己的情绪和行为。

6. 简论 一个合格教师的专业素养由哪些方面构成？

答 **(1) 高尚的师德。** ①热爱教育事业，富有献身精神和人文精神。热爱教育事业是搞好教育工作的基本前提。②热爱学生，诲人不倦。热爱学生是教师的天职，是教育好学生的重要条件。③热爱集体，团结协作。一个学生的成才是教师群体的智慧和共同劳动的结晶。④严于律己，为人师表。教师只有以身作则，才能树立威信，受到学生的尊敬。

(2) 宽厚的文化素养。 教师的主要任务是通过向学生传授科学文化知识，培养其能力，促进学生个性生动活泼地发展。教师要能够对自己所教的专业融会贯通，能从整体上系统把握，这样才能深入浅出、高瞻远瞩，达到运用自如的境界。同时，教师还应有比较深厚的文化修养。

(3) 专门的教育素养。 ①教育理论素养。主要指教师对教育科学基本理论知识的掌握，能恰当地运用教育学、心理学的基本概念、范畴、原理处理教育教学中的各种问题。②教育能力素养。主要指保证教师顺利完成教育、教学任务的基本操作能力。具体包括：课程开发能力、良好的语言表达能力、组织与引导教学的能力、机智的应变与创新能力。③教育研究素养。一线教师既有资格也有条件进行教育科学研究，尤其是他们从事的教育或教学研究，教师应富有问题意识、反思能力，善于总结工作中的经验与教训，创造性地、灵活地解决各种教育问题。

7. 简论 教师应如何提高自身的专业素养？/教师专业发展的过程及途径。/教师提高自身专业素养的方法。

答 **(1) 教师队伍专业化的主要途径。**

①**职前培养。**

a. **完善教师教育的培养体系。** 将师范院校培养教师与综合性院校培养教师相结合，打破培养教师的单一途径。加强师范院校与师范专业的课程建设，优化课程体系，侧重教学实际。建立职前、入职与职后培训的一体化培养模式，从整体上提高教师培养的质量。

b. 加强教师资格制度的建设。 教师资格制度是国家实行的一种法定的职业许可制度，是对准备进入教师队伍从事教育教学工作人员的基本要求。国家对教师任职不仅有规定的学历标准，还有必要的职业道德、教育能力、教育知识的要求。

②**入职教育。**

a. 加强新教师群体的入职辅导。 新教师进入学校后，通过入职辅导对学校的综合性教学任务有初步了解，尽快熟悉教学业务，减少入职困难。同时要为新教师提供更多的教学观摩、评课与教研活动。

b. 形成新教师与骨干教师之间以师徒结对为主的"青蓝工程"。 形成"以老带新"的帮扶活动，明确导师与徒弟的职责和相关要求，促进新教师的快速成长。

③**在职成长。**

a. 校本培训。 以学校为培训主体，以本校全体教师为培训对象，以解决本校教育教学中的实际问题为中心，采用经验交流、研讨讲座、教学观摩、教学竞赛、案例评析等多种方法，促进本校教师的专业成长。

b. 教师专业发展学校。 教师专业发展学校是大学与当地中小学建立合作伙伴关系，将教师在职进修与在职培训合为一体的学校形式。目的在于打破大学与中小学的隔阂，既促进教师专业成长，又满足大学与中小学在课程改革等方面的合作与交流。

c. 教师教育网络联盟。 该联盟是在教育行政部门的推动下，各高校与其他企事业单位共同提供优质的教师教育资源的网络平台，方便教师便捷地使用这些资源，促进教师专业发展。

(2) 教师个体专业化的主要途径。

①**教师自身加强专业发展的观念。** 教师入职后是否愿意更新知识、促进发展，这依赖于教师是否有自我发展的意识与观念，提升自我发展的观念是加强教师个体专业化发展最根本的事情。

②**制定职业生涯发展规划。** 教师要为自己的职业发展做好短期、中期与长期规划，审视发展机会、确定发展时间、制定行动策略并按目标逐步执行，以期自身专业水平的不断发展。

③**积极参加各种培训。** 教师要学习教师专业发展的一般理论，建立专业责任感。近几年，较有成效的教师专业发展的培训模式有职前师范教育、在职教师发展学校与校本培训。

④**进行经常化的教学反思。** 反思是教师专业发展的重要方式。教师开展经常化、系统化的教学反思，有利于教师对教学问题的深入思考并产生更多创造性的解决问题的方式，从而提升教师的专业化水平。

⑤**积极参与课程开发与教育研究。** 积极参与校本课程的开发，促使教师站在课程编制者的立场思考课程实施；进行教育研究，促使教师站在研究者的立场审视教育问题，这两种方式能提高教师思考问题的高度，是促进教师专业发展的有效途径。

> **凯程提示**
>
> 考生如遇到"简述教师个体专业发展的途径"或"简述教师队伍专业发展的途径"的题目，从上述题目的答案中进行针对性选择即可。

8. 简论 教师专业发展的内涵、现状、影响因素和培养途径。/ 针对教师专业发展的不同阶段，应该怎样帮助教师成长？

答 (1) 内涵： 教师专业发展指的是教师以自身专业素质包括知识、技能和情意等方面的提高与完善为基础的专业成长、专业成熟过程，是由非专业人员转向专业人员的过程。教师专业发展既有教师队伍的专业发展,也包括教师个体的专业发展。

(2)现状。

①**教师的分布与结构失衡**。由于城市教师的工作条件和待遇较好,农村教师的工作条件比较艰苦,所以城市中小学教师的数量较多,农村中小学教师的数量较少。

②**教师的质量不均衡**。我国相当一部分教师,尤其是农村中小学教师原有的基础较差;有的教师所学专业并非所教的专业,进而出现所学非所用、所用非所学的状况。

③**教师队伍不够稳定,师资流失严重**。师资流失的主要影响因素是教师的物质待遇。

④**不少教师缺乏现代教育的意识和能力**。由于受到传统教育思想和实践模式的影响,又缺乏接触与研习新的教育思想的机遇和参与教育改革实践的锻炼,许多教师仍持有传统的教育教学观和师生观。

(3)影响教师专业发展的因素。

①**教师自身寻求发展的心向**。教师要有寻求发展、渴望提高的心向,这是教师获得专业发展的前提。

②**学校环境及校长支持**。学校要为教师提供专业发展的环境和支持条件。

③**社会环境与生存状况**。关于教师资格的认证制度不能流于形式,不仅要考查申请者的教学知识储备,更要关注申请者的教学技能以及情感、态度、价值观。

(4)**培养途径**。(同问题 7 "教师应如何提高自身的专业素养?/教师专业发展的过程及途径。/教师提高自身专业素养的方法")

9. [简答] 简述理想师生关系的基本特征。/师生关系的特点。

[答](1)**师生关系的内涵**:师生关系是指教师和学生在教学过程中为完成一定的教育任务,以"教"和"学"为中介而形成的一种特殊的社会关系,是学校中最基本的人际关系。

(2)师生关系的特点。

①**互动性**。师生关系是在交互活动中形成的。在教学上,教师与学生互相需要对方及时而有效的反馈;在道德上,教师与学生在道德上相互审查、相互促进。

②**平等性**。教师和学生在人格上是平等的。教师要尊重并爱护学生,学生要尊敬并热爱教师,教育应以师生的互相尊重、互相理解、互相信任和平等交往为导向。

③**相互影响性**。教师与学生在社会道德和心理层面是相互影响的关系,这种相互影响体现在知识、思想、人格等方面。教师与学生在交往中平等协作、相互影响、共同发展。

④**主导主体性**。教师在教学实践和在学生发展的过程中起主导作用,学生是发展活动的主体。教师主导作用与学生主体地位的有机统一是良好师生关系的重要保障。

(3)理想师生关系的基本特征。

①**社会关系:民主平等,和谐亲密**。师生之间无论是在政治上还是在人格上都是平等的。教师尊重学生的人格,发扬教学民主,有助于教师发挥创造性和主导作用。民主平等是建立良好师生关系的基本要求。

②**人际关系:尊师爱生,相互配合**。师生之间彼此尊重、相互友爱,教学才会配合默契,这是建立良好师生关系的感情基础。

③**教育关系:教学相长,共享共创;教师主导,学生主体**。在教育教学过程中教师和学生相互促进、共同提高。这也是古人所讲的"教学相长""不耻下问"的体现。新时代我们强调教师的主导作用,学生具有主体地位,要将二者辩证统一于教育教学中。

④**心理关系:宽容理解**。教师能够对学生的不同特点有充分的认识,能够理解学生之间的差异,宽容学生的错误。

10. **论述** 新型师生关系及其策略。/ 论述师生关系的类型,并结合实际,说明良好师生关系的特征和建构策略。/ 有研究者根据教师的领导方式将教师分为强制专断型、仁慈专断型、放任自流型和民主型。假如你是一名教师,你会选择哪种领导方式对待学生?为什么?

答 (1) 师生关系的类型。

①学生中心论与教师中心论。

a. "学生中心论"是美国进步主义教育思想家杜威针对赫尔巴特的传统教育理论与思想而提出的。他把学生视为教育过程的中心,认为全部的教育教学都要从学生的兴趣、需要出发,教师只能处于辅助地位。

b. "教师中心论"是传统教育的集大成者赫尔巴特提出的,他强调教师的权威,主张教师在教育中处于绝对支配地位,学生绝对服从教师,处于被动地位。这是不平等的专制型师生关系,学生的价值与尊严得不到真正的尊重,个性发展也被严格限制。

②专制型、放任型和民主型。

a. 专制型: 在专制型师生关系中,教师作为专制者,管理学生的一切事务,学生完全处于被动接受的地位。专制型师生关系不仅压抑了学生的主动性、积极性,而且容易培养懦弱、两面三刀的人。

b. 放任型: 在放任型师生关系中,教师只管教书、完成教学任务,对学生不管不顾,学生处于放任状态。教师没有尽到自己的育人职责,不利于学生的发展,容易培养自我中心主义的、我行我素的人。

c. 民主型: 在民主型师生关系中,教师既尊重学生,又严格要求学生,在发挥学生主体性的同时又给予其合理的引导;教师与学生的关系是平等的、相互促进的,是一种比较理想的师生关系模式。民主型师生关系培养自主、自立、自强、自律的人。

(2) 良好师生关系的特征。(同题9 "简述理想师生关系的基本特征。/ 师生关系的特点")

(3) 良好师生关系的培养方法。

①**树立正确的教育观念是建立良好师生关系的根本。** 这是创建新型师生关系的前提,主要表现在:第一,教师要有正确的学生观;第二,教师要有平等的师生观;第三,教师要有正确的人才观。

②**尊重与理解是创建新型师生关系的重点。**

a. **主动接近学生,研究学生。** 教师要充分了解自己的教育对象,了解学生的性格特点、原有知识基础、兴趣爱好、家庭背景等。了解和研究学生是教师与学生建立良好关系的前提。

b. **充分信任学生,尊重学生主体性。** 教师要相信学生的潜能,赋予学生信任感,并引导学生学会自我教育,成为教育教学的主人。

c. **公正对待学生,尊重个体差异。** 教师要公平地对待学生,对所有学生一视同仁,教师也要尊重学生的差异与个性,做好因材施教,与学生建立民主、平等的师生关系。

d. **主动沟通学生,做到"移情体验"。** 教师要主动与学生沟通、交往,尤其是要注意和学生的心理交往,要经常换位思考,最大限度地理解学生。

③**努力提高自我修养,健全人格。** 教师的素质是影响师生关系的核心因素。教师的师德修养、知识能力、教育态度、个性品质都将对学生产生深刻的影响。

④**公平、公正地对待每个学生。** 教师要公平、公正地对待班上每一个学生,真诚关爱学生,不偏不倚。

⑤**做好教学工作,创造理想的教学效果。** 教学是教师的本职工作,教师要努力做好教学工作,提高学生水平,收获更佳的教学效果。

(4) **总结:** 我们提倡民主型师生关系。民主型师生关系是当今社会理想的且正在努力实践的师生关系类型,符合良好师生关系的标准。

第十二章 班主任

名词解释

非正式群体

答：(1) **含义**：非正式群体是指学生自发形成或组织起来的群体。它包括因志趣相同、感情融洽，或因邻居、亲友、老同学等关系以及其他需要而形成的学生群体。

(2) **特点**：①自愿结合，自发形成，容易变化；②有共同需要；③强者领头，活动频繁，有活力；④没有明确的目的与活动计划；⑤不稳定；⑥有积极的一面，也有消极的一面。

(3) **正确态度**：教育者应该公正、热情地对待非正式群体，真诚地帮助他们，尊重他们，引导他们向积极的方向发展。

简答题/论述题

1. 简论 结合实际，简述班主任素质的要求。

答：(1) **要有为人师表的风范**。班主任是学生的教育者、引路者，是学生学习的榜样，班主任应该严于律己，在一言一行、性情作风、为人处世等各方面均应为人师表，为学生做示范。例如：班主任张老师以身作则，为学生树立良好典范，使学生在学习和生活中都受到班主任的良好影响。

(2) **要相信教育的力量**。班主任只有相信教育的力量，树立坚定的教育信念，才能不畏困难、顽强而耐心地工作，收获教育的硕果。例如：班主任张老师十分关注学生的个性成长，认为每一个孩子都可以通过教育找到适合自己的路。

(3) **要有家长的情怀**。班主任要像家长一样，无微不至地关怀学生，真诚地爱护学生，与学生建立起深厚的情感。例如：在与学生实际相处的过程中，班主任张老师关心学生身体和心理健康，发现异常时主动询问并与学生进行沟通，帮助学生解决问题。

(4) **要有较强的组织能力**。班主任要善于与学生打交道，善于亲近学生，与学生打成一片。这样才便于组织学生开展活动，引导学生向正确的方向前行。例如：班主任张老师充满耐心，积极开展并鼓励学生参加手工、体育等多项活动，给予学生无私的帮助与支持，促进学生全面发展。

(5) **要能歌善舞，多才多艺**。一般来说，性格活泼开朗、兴趣广泛的班主任，与学生有较多的共同语言，易于与学生打成一片，便于开展教育工作。例如：班主任张老师尊重学生的想法，善于倾听学生的声音，利用自身特长，在校庆晚会上与班里学生合作表演节目，增进了班级的凝聚力。

(6) **要善于待人接物**。班主任在工作中，要与家长、任课教师、课外辅导员和有关社会人士进行联系协作，因此要善于交往、团结他人，才能更好地协调各方面教育力量，做好班主任的工作。例如：在与各界人士的沟通过程中，班主任张老师做到平易近人，协助各方保障学生身心健康，为班上学生学习和开展课外活动提供支持。

2. 简论 试论班主任工作的内容和方法，并结合实际谈谈如何创新班主任的管理工作。

答：(1) **班主任工作的内容和方法**。

①**了解和研究学生**。要教育好学生，必须先了解学生，并注意不断地研究学生。了解学生包括了解学生个人和集体两方面。了解学生的方法主要有观察、谈话、分析书面材料、调查研究。

②**教导学生学好功课**。一个班的学生平均成绩的高低与这个班的班主任是否注重抓学生的学习密切相关，越是低年级，相关程度越高，所以班主任要注意教导学生的学习目的和态度；要加强学生的学习纪律教育；指导学生改进学习方法和习惯。

③**组织班会活动**。开展班会活动是班主任的一项重要工作。班会的内容和形式应该多样化，并有计划性。班会的内容要能够吸引学生。如通过开展"学雷锋，我快乐"的主题班会，鼓励学生助人为乐。

④**组织课外活动、校外活动和指导课余生活**。班主任要负责动员和组织工作，进行必要的指导，但也要严格要求学生遵守学校制度和纪律，自觉抵制不良思想风气的侵蚀。

⑤**组织学生的劳动**。班主任在组织学生劳动时需要注意：a. 劳动前，做好准备工作；b. 劳动时，做好组织与教育工作；c. 劳动后，进行总结工作，展示和评价班级学生的劳动成果，促进学生的发展。

⑥**协调各方面对学生的要求**。包括统一校内教育者对学生的要求和统一学校与家庭对学生的要求。只有班主任将来自各方面的要求进行统一，形成教育合力，才会对学生起到作用。

⑦**评定学生操行**。操行评定是学校对学生进行教育的重要方法。班主任要注意积累学生思想品德表现的材料，写评语时要实事求是，抓主要问题，以反映学生思想品德发展的趋势和全面表现。

⑧**做好班主任工作的计划与总结**。班主任工作总结可以分为全面总结和专题总结，在总结中要不断提升自己，以便更好地胜任这份工作，获取教师职业更大的发展。

(2) 结合实际进行创新管理的方法。

①**成立教学管理共同体，即"班级组制度"**。具体做法是把所有的教师都纳入班级管理，使"教书"与"育人"紧密结合，构建全员参与的班级管理模式。例如：由两个班级(也可以是一个班级的全体科任教师)组成班级组，班级组集体对班级管理负责。班级组内部民主选举组长，按照要求实施组织自我考核、自主分工班级组的工作，使学校对班级组集体考核和组内对个人考核相结合。

②**利用大数据平台辅助班主任管理**。可以利用大数据平台建立每个学生的成长档案，并对每个学生的学习、健康情况进行追踪，利用信息技术对学生的成绩进行分析，从而减轻班主任的工作负担，促使班主任对学生的评价更加科学合理。

3. [简论] 结合班级管理实际谈谈班集体的发展阶段及其培养方法。/ 培养良好的班集体在班主任工作中有何作用？

[答] (1) 班集体的发展阶段。

①**组建阶段**：这一阶段班级从组织形式上建立起来了。学生互不了解，对班主任有很大的依赖性，需要班主任亲自指导和监督才能开展活动，如果班主任不严格要求，班级纪律就可能变得松弛、涣散。

②**核心初步形成阶段**：这一阶段师生、同学之间有了了解与信赖，班级内积极分子涌现，班级组织与功能较健全，班级的核心初步形成。班主任从直接领导、指挥班级的活动，逐步过渡到提出建议，让班干部来组织开展集体的工作与活动。

③**自主活动阶段**：这一阶段班级内积极分子队伍壮大，学生普遍关心、热爱班集体，能积极承担集体的工作，维护集体的荣誉，形成正确的舆论与良好的班风。此时班集体已形成，它已成为教育的主体。

(2) 班集体的培养方法。

①**确定集体的目标**。目标是集体的发展方向和动力。培养集体首先要使集体明确奋斗的目标。集体的目标应当是班主任同全班同学一道讨论确定的。

②**健全组织、培养干部以形成集体核心**。要做好班干部的选拔与培养工作。班主任对班干部不可偏爱，要教育他们谦虚谨慎，认真负责，以身作则，团结全班同学一道前进，充分发挥集体的核心作用。

③**有计划地开展集体活动**。班主任在确定班级的奋斗目标后,应制订集体活动计划,有计划地开展各种集体活动,使每个学生都能在活动中得到锻炼与提高,引导集体朝气蓬勃地向前发展。

④**培养正确的舆论和良好的班风**。只有在集体中形成了正确的舆论和良好的班风,集体才能识别是非、善恶、美丑,发扬集体的优点,抵制不良思想作风的侵蚀,发挥巨大的教育力量,成为教育的主体。

⑤**做好个别教育工作**。班主任对个别学生进行教育是为了更好地培养集体。个别教育的重心不是面向集体,而是直接面向个人。不仅要对后进生做个别教育,也要对一般生和优秀生做个别教育。

(3) 培养良好的班集体在班主任工作中的作用。

①**有助于促进学生成长**。班主任工作的重要作用就是帮助学生全面、健康完成学业。生活在什么样的集体里,对学生的成长至关重要,良好的班集体可以为学生的成长保驾护航,不使之偏离正确的方向。

例如:班主任李老师注意营造积极向上的班级氛围,使学生通过良好的班级氛围的熏陶,提高自身学习和生活的能力。

②**有助于开展集体教育**。良好的班集体是开展集体教育的重要基础,一个具有高度凝聚力、学生之间互相信任团结的集体,具有相互激励、相互影响的力量,有助于班主任开展集体活动,进行集体教育。

例如:在实际教学中,班主任李老师定期开展"夸夸我的好同学"的活动,帮助学生发现其他同学的闪光点。

③**有助于提高工作效率**。当一个班集体组织健全、学生积极向上、师生关系融洽、班级工作能够形成良好的运行机制时,班主任就可以从日常琐事中解脱出来,有更多的时间组织开展班级活动,创新班级管理。

例如:优秀班主任魏书生依靠科学民主的管理方法,调动和培养了学生自我教育、自我管理的自觉性和能力。

第十三章 学校管理

名词解释

1. 学校管理

答 (1) **内涵**：学校管理是指学校管理者在一定的社会历史条件下，通过一定的组织机构和制度，采用一定的方法和手段，带领和引导师生员工，充分发挥学校的人、财、物、时间、空间和信息等资源的最佳整体功能，卓有成效地实现学校工作目标的组织活动。

(2) **特点**：教育性、服务性、文化性、创造性。

(3) **总结**：学校管理是管理者通过一定的组织形式和工作方式实现学校教育目标的活动。

2. 校长负责制

答 (1) **内涵**：校长负责制是指校长受上级政府主管部门的委托，在党支部和教职工代表大会的监督下，对学校进行全面领导和负责的制度。

(2) **内容**：在这一领导体制中，校长是学校行政系统的最高决策者和指挥者，是学校的法人代表，他对外代表学校，对内全面领导和管理学校的教育教学、科研和行政工作。

(3) **应注意的问题**：①明确校长的权力与责任；②发挥党组织的监督保证作用；③建立以教师为主体的教职工代表大会制度，加强民主管理和监督。

简答题/论述题

1. 简论 学校管理包括哪些基本环节及其相互关系？

答 (1) **学校管理的基本环节。**

学校管理的过程是指学校管理者依据科学的管理原则，为实现学校管理的预定目标，对学校管理对象的诸多因素进行管理的客观程序。其基本环节主要有：

①**计划**：对学校工作目标的全面设计和统筹规划。它是学校管理过程的起始环节，在管理活动中起着指明方向、规划进程、统一步调、提高效率的作用。

②**实施**：将计划付诸行动，使学校的人、财、物、时间、空间和信息等资源产生最大的实际效益与社会价值。学校管理者要做好组织、指导、协调和激励工作。

③**检查**：对计划的执行情况进行考核，其目的在于发现问题和解决问题，检查具有监督、考评和激励的作用。

④**总结**：对学校管理过程的计划、实施、检查工作进行分析、评价等反思性活动。

(2) **四个环节的相互关系。**

学校管理过程的四个环节是一个互相联系、互相制约、循序渐进、首尾相连的有机整体。①计划统率着管理全过程。②实施是计划的执行。③检查是对组织实施过程的监督与检验。④总结则是对计划、实施、检查的总体分析与评价及其改进建议。总之，各环节之间都存在反馈回路，以便对工作进行反思，起到提高和促进作用。

2. 简论 联系实际，分析学校管理的发展趋势及实践启示。/ 对学校管理的认识。

答 (1) **学校管理的发展趋势。**

①学校管理法治化。

a. 内涵：学校管理法治化是指政府及教育行政部门依法管理学校；学校管理者依法管理学校。

b. 原因：依法治校是实施依法治国方略的必然要求；依法治校是适应市场经济发展的客观需要；依法治校是学校管理改革的需要。

c. 措施：第一，注重依法行政。第二，加强制度建设。第三，推进民主建设。第四，开展法制教育。第五，维护教师权益。第六，保护学生权益。

d. 在实际管理中：根据学校发展实际制定规章制度。加快学校内部规章制度的制定或修订，形成既与国家教育总体改革相配套衔接，又与学校内部各方面协调一致的内部管理制度体系。

②学校管理人性化。

a. 内涵：学校管理人性化是指学校管理工作要关注人的情感、满足人的需要、开发人的潜能、尊重人的主体人格和地位。

b. 措施：第一，一切从人的实际出发。第二，考虑人的个体差异。第三，要强调人的内在价值。第四，要努力建构尊重、理解和信任的人际环境。第五，发挥校园文化的管理和育人功能。第六，要转变管理观念，贯彻管理即育人、管理即服务的思想。

c. 在实际管理中：某校校长关爱师生身心健康，定期开展师生心理健康讲座；设立心理咨询室，通过平和静谧的氛围，缓解师生的焦虑情绪。

③学校管理校本化。

a. 内涵：学校管理校本化是指在教育方针与法规的指引下，根据自己的实际情况和需要来自主确定发展的目标与任务，进行管理工作。

b. 措施：第一，教育行政部门要简政放权。第二，倡导集体参与、共同决策。第三，开展校本研究，提高学校管理者的决策能力。

c. 在实际管理中：某校校长在服从教育行政管理部门管理的基础上，根据本校实际情况，开发校本课程，进行学生事务自治等。

④学校管理信息化。

a. 内涵：学校管理信息化包含两个方面，一方面是学校对信息技术的开发和使用，另一方面是学校管理方式和内容的信息化。

b. 措施：第一，办学条件信息化，加强硬件投入与软件开发，为学校管理信息化提供物质基础。第二，培训内容注重信息素养，提高学校教职员工的信息管理素养。第三，学校管理信息化，完善学校信息化管理的政策和规章制度。

c. 在实际管理中：学校依托信息管理平台对师生档案进行管理，做到"校务、政务公开"网络化。

⑤学校管理民主化。

a. 内涵：学校管理民主化是指学校管理要发扬民主，以对个体价值的肯定为基础，以个体才能的充分发挥和潜能挖掘为前提，吸引全员参与管理、集思广益、群策群力、共同参与，以取得最优的管理效益。

b. 措施：第一，学校领导者的民主精神是实行学校管理民主化的根本。第二，重视人人参与管理是实行学校管理民主化的基础。第三，营造民主公平的管理氛围是实行学校管理民主化的关键。第四，健全民主监督机制是实行学校管理民主化的保证。

c. 在实际管理中：某校校长充分尊重全校师生，开放"校长信箱"来收取师生意见，并根据师生所提意见改进食堂、校园卫生等工作。

(2) 学校管理的实践启示。

①**依法治校与以德治校相结合**。依法治校与以德治校是相辅相成、相互促进、缺一不可的有机统一体，坚持依法治校与以德治校相结合才能更好地推动学校教育健康快速地发展。

②**信息化管理与人性化管理相结合**。校务管理越来越依托信息化，但实际管理过程中要体现以人为本，加强服务意识，突出人性化管理。

③**国家、地方与校本管理相结合**。在实际情况下，学校管理应当将国家、地方、校本管理结合起来，引进先进的管理理念和方法，创新管理。

④**管理效率与管理公平相结合**。在管理中根据不同的情况，以公平为核心，以提高效率为目的，不以外界社会的看法而转移。

拔高性题库篇

第一部分 中外教育史

> **凯程说明**
> 通过整理历年真题,我们发现中外教育史简答题/论述题(包含材料分析题)中有几种常见的题型:评价/启示/影响题;异同比较题;发展综述题;材料分析题;古今联系题。其中评价/启示/影响题,中教史中孔子、《学记》、科举制、朱熹、王守仁、张之洞、蔡元培、1922年"新学制"、杨贤江、黄炎培、晏阳初、梁漱溟、陈鹤琴、陶行知等处最容易出题,外教史中希腊三哲、中世纪大学、《1944年教育法》《1988年教育改革法》、明治维新、柏林大学、国外五星级教育家等处最容易出题,这类题目详见基础篇,剩下的几种题型将在此部分详细论述。

异同比较题

(一) 中国教育史

1. 简论 孟子与荀子教育思想的异同。(简:14湖北,18石河子;论:12江西师大,14山东师大,15新疆师大,16中山,17海南师大,18中国海洋,19聊城,22曲阜师大)

〖答〗孟子和荀子都是我国古代儒家学派的著名代表人物,二者的教育思想既有共同之处,也存在很大的区别。

(1) 相同点。

①**教育实践**:都对传播和发展儒学起到了重要作用,二者的教育思想都是儒家思想理论体系的有机组成部分。

②**教育作用**:都肯定教育对个人和社会的作用,渗透教育与政治相结合的思想。不论是孟子提出的教育作用——扩充"善端"与"行仁政,得民心",还是荀子提出的教育作用——"化性起伪",都突出了教育在社会发展与个体成长中的作用。

③**教育目的**:都主张培养德才兼备的君子。不论是孟子提出的教育目的——"明人伦",还是荀子提出的教育目的——"大儒",其本质都是培养君子。

④**教育内容**:都学习儒经,强调道德教育是教育内容中的重要方面。孟子"明人伦"的教育目的决定了他的教育内容是以伦理道德教育为主体的,而荀子整理"六经"为教育内容,与孟子"孝悌"的教育内容更是一脉相承。

(2) 不同点。

①**时代背景**:a. 孟子是战国中期显赫于时代的儒家巨子,生逢百家争鸣高潮和兼并战争正炽的时期。b. 荀子生于战国末期,他所处的时代百家争鸣已趋于互相吸收和融合,儒家私学教育已近尾声。

②**教育实践**:a. 孟子周游列国,推行其政治主张。他一生大部分时间都在从事教育事业,在长期的教育实践过程中,他积累了丰富的教学经验,形成了系统的教育思想。b. 荀子的教学活动主要是在稷下学宫,先后接受墨、道、兵、名、农诸家思想的影响,取百家之长补自家之短。

③**教育作用**:a. 孟子主张内发论。从"性善论"出发,肯定人天赋的"善端",教育要"存心养性",把人天赋的"善端"发扬光大。b. 荀子主张外铄论。从"性恶论"出发,教育在人的发展中起着"化性起伪"的作用,需用仁义礼法改变人原始粗陋的本性。

④**教育目的**：a. 孟子主张"明人伦"和"大丈夫"，继承但不改造孔子的君子观。b. 荀子主张"大儒"，继承并改造了孔子的君子观。

⑤**教育方法**：a. 孟子强调"思"，主张深造自得、专心致志、存心养性、反求诸己的过程，唯心主义的倾向较重。b. 荀子强调"学"，主张学习过程包括闻见、知、行三个阶段，反映其唯物主义的倾向。

⑥**教师观**：a. 孟子强调尊重教师，但认为"尽信书，不如无书"，反对不假思索地"师云亦云"。b. 荀子最为提倡尊师，认为教师是"治国之本"，要求"师云亦云"，绝对服从教师。

⑦**教育影响**：虽然二人都是儒家学派的重要代表人物，但是在封建社会里，孔孟之道被看作儒学正统，一直以来地位都比荀子高。可以说，孟子的教育思想对封建社会产生的影响大于荀子。

综上所述，二者都有值得我们吸收、发扬的可贵之处，我们应该取长补短，借鉴吸收。

2. **简论** 比较孟子与荀子的人性观及他们对教育作用的认识。（简：10 苏州）

答（1）人性观。

①**孟子**：提出了"性善论"。认为人性本善，人人都先天具有仁、义、礼、智四个"善端"；认为"人皆可以为尧舜"，肯定了人性本质上的平等性。

②**荀子**：提出了"性恶论"。认为人与生俱来的本能是"性"，而后天习得的品质为"伪"，教育的作用是"化性起伪"，即通过教育的作用改变自己的恶性，化恶为善，成为高尚的人物。

③**不同点**：a. 侧重点不同。孟子强调个体自觉，形成"内发"的教育理论；荀子认为教育主要是从外部对人施加影响的过程，形成"外铄"的教育理论。b. 人性塑造方法不同。孟子的"性善论"是从正面激励人奋发向上的。他认为只要将这些"善端"发扬光大，平民百姓也可以成为圣人；荀子的"性恶说"是从反面激励人进取的。他认为只有矫正其自然倾向，才能形成社会生活所必需的道德品质。c. 道德认知方式不同。孟子认为道德是先验的、绝对的；荀子则认为道德是社会需要的产物，一切道德都是人制定的，目的是抑制人性的"恶"。

④**相同点**：孟子的"性善论"与荀子的"性恶论"殊途同归，目的都是教人从善，使人达到理想的道德境界。究其根本，都是对儒家精神的传承。

（2）对教育作用的认识。

①**教育的社会功能**：a. 孟子强调仁，教育的社会功能在于"行仁政，得民心"。在政治上主张"行仁政"，其中心是"民本"思想，认为民心向背是政治上成功与否的决定因素。b. 荀子强调礼，教育的社会作用在于"明礼法"。"礼论"是其政治思想的中心，也是荀子教育思想的出发点。荀子认为礼是一种实践可行的东西，主张以礼教为主，以法治为辅。

②**教育的个体功能**：a. 孟子从"性善论"出发，认为教育的作用在于找回散失的本性，保存和发扬天赋的善端。相反，如果不受教育，不肯学习就会成为与禽兽差不多的小人。b. 荀子从"性恶论"出发，认为教育的作用是"化性起伪"，任何人只要肯努力，经过长期的教育，就可以改变其原始粗陋的本性。

（3）**总结**：孟子以仁政思想标新，极具人情味与理想性，但面对礼崩乐坏的社会现实，却显得可望而不可及。荀子以礼治思想立异，根据时代需要丰富了礼的内容，带有一定的强制性，表现出强烈的现实性和实践性。同时，无论孟子的主性善、重尽性，还是荀子的主性恶、重化性，其目的都是教人自觉地遵从社会的道德规范，自觉为善。

3. **论述** 试比较儒、墨两家教育思想的异同。（11、15 湖南师大）

答（1）相同点。

①**时代背景**：都处于春秋战国私学兴起和养士之风盛行的时代，儒墨两派成为"显学"，学徒众多，影响力巨大。

②**教育作用**：都肯定教育对个人和社会的作用。不论是儒家学派代表人物孔子、孟子、荀子，还是墨家学派的代表人物墨子，都论述了教育对个人和社会的作用。

③**教育目的**："君子"和"兼士"都重视知识和道德。儒家主张培养"君子"，强调德才兼备，墨家主张培养"兼士"，强调厚乎德行、博乎道术。

④**教育内容**：都强调文史和政治的学习。儒家与墨家都传授文史知识，都坚持高尚的思想品质和坚定的政治信念。

⑤**教育方法**：都重视实践。儒家和墨家都注重道德和政治实践，也十分注重思想动机的统一。

⑥**教育对象**：都具有全社会性。儒家秉持"有教无类"的教育思想，并付诸实践；墨家是"农与工肆之人"的代表，但其倡导"兼爱"的核心教育思想，说明墨家的教育对象也具有全社会性。

(2) 不同点。

①**教育作用**：a. 对社会来说，儒家主张维护贵族阶级的利益，教育是治国治民最重要的统治手段，可收到"德礼为治"的效果。墨家强调下层人民的利益，是"农与工肆之人"的代表，重视生产生活实际和人的实利，教育通过使天下人"知义"，实现社会的完善。b. 对个人来说，儒家提出人性论。性善论和性恶论都强调教育有重大作用，教育可以使人向善。墨家提出"素丝说"。认为对人的教育是一种社会的兴利除弊，在人的发展上反对命定论，重视教育和环境的作用，体现了外铄论。

②**教育目的**：a. 儒家培养"君子"。君子需德才兼备，这是一种官本位的教育模式，教育为政治服务，为国家培养政治人才。b. 墨家培养"兼士"。除了道德和才智，墨家还重视"辩乎言谈"。兼士相比于君子表现出完全不同的人格追求，反映了小生产者的平等思想，后演变为中国的侠义精神。

③**教育内容**：a. 儒家教育内容为"六经"，偏重社会人事、文事，轻视生产劳动。b. 墨家重视科学与技术教育和思维训练，注重实用技术的传习，反感儒家繁琐的礼教和乐教。

④**教育方法**：a. 在教与学上，儒家主张"叩则鸣，不叩则不鸣"，强调学生主动求教。墨家主张"虽不叩则必鸣"，要求教者主动说教。b. 在传统问题上，儒家主张"述而不作"，强调继承。墨家主张"善述善作"，既肯定继承，更重视创造。c. 在教学实践上，儒家重视政治和道德实践，也重视思想动机的纯正。墨家不仅重视政治、道德，也重视科技、军事、生产劳动实践，强调"合其志功"，即动机与效果的统一。d. 在教学过程上，儒家主张"学而知之"，从学开始，由学而思进而行，强调直接经验；墨家主张学习间接获得的知识、推理所得的知识、经验所得的知识，并为检验人的理论和观点是否正确提出了有名的"三表法"。

⑤**道德教育**：a. 儒家教育中，道德教育居首要地位，需要通过文化知识的传授才能落实。b. 墨家把道德修养放在教育工作的第一位，进行道德教育时注重言传身教和感化。

⑥**教育影响**：儒家、墨家的教育思想虽然在先秦时期都产生了重要影响，但在后世发展来看，封建社会更重视儒学，把儒学与政治紧密结合，做到政治伦理化，教育儒学化。汉代后，对墨家不予认同，导致墨家教育思想销声匿迹。

(3) **总结**：从总体上看，先秦儒家是教育、道德、政治三位一体的教育体系，其中教育是基础。道德由学习培养得来，即把伦理教育化；治人属于政治范畴，由教育培养得来，又把政治教育化。墨家的品德教育、论辩教育和科学教育重视实践和联系实际，强调通过实际行动来教人。

4. 论述 与儒家相比，墨家教育方法的特点有哪些？（简：17 江苏师大；论：23 聊城）

答 (1) **简介**：儒家与墨家是春秋战国时期私学的代表，在各家学派中儒墨两家被称为"显学"，两家学派的创始人分别为孔子和墨子，皆为我国古代著名的教育家。

(2) 教育方法。

①**儒家：**"学而知之"是儒家进行教学的主导思想，学是求知的途径。从学开始，由学而思进而行。启发诱导、因材施教、学思行结合是儒家在进行教育时常用的教育方法。

②**墨家：**墨家强调必须掌握思维和论辩的法则。关于认识客观事物的方法与检查认识的正确性问题，提出了有名的"三表法"。墨家的教育方法有主动、创造、实践、量力。

(3) 与儒家相比墨家教育方法的特点（儒墨教育方法的不同点）。

①**在教与学上，**儒家主张"叩则鸣，不叩则不鸣"，强调学生主动求教；墨家主张"虽不叩则必鸣"，要求教者主动说教。与儒家相比，墨家强调教育者的主动和主导，但缺少了儒家教学中启发诱导的精神，也忽视了学习者必须具备的知识和心理上的准备。

②**在传统问题上，**儒家主张"述而不作"，强调继承；墨家主张"善述善作"，既肯定继承，更重视创造。与儒家相比，墨家认识到人类文化的创造、继承、发展有一个过程，每代人都应有所作为，这是很有创造精神的。

③**在教学实践上，**儒家重视政治和道德实践，也重视思想动机的纯正；墨家不仅重视政治、道德，也重视科技、军事、生产劳动实践，强调"合其志功"，即动机与效果的统一。与儒家相比，墨家重视实践、实用。墨子是第一个提出用"合其志功"作为评判他人道德行为的尺度的人，在古代伦理史上有着不可磨灭的地位。

④**在教学过程上，**儒家主张"学而知之"，从学开始，由学而思进而行，强调直接经验；墨家主张学习间接获得的知识、推理所得的知识、经验所得的知识，并为检验人的理论和观点是否正确提出了有名的"三表法"。与儒家相比，墨家注重思想方法训练，要求掌握和运用形式逻辑的思维、论辩法则去战胜论敌，推行自己的社会政治主张。

(4) 总结：作为儒家教育思想对立面出现的以墨子为代表的墨家教育思想，包含不少合理的主张，尤其是其对科学技术知识和技能技巧的专门教育。所有这一切，使墨家教育思想成为中国教育史上一份独特而有价值的遗产。理想主义、务实作风和主动精神是墨家教育思想值得后人汲取之处，但忽视人的内心情感，过分注重经验，则是其缺陷，应引以为戒。

5. 论述 试述道家、墨家、法家教育作用观的异同。(10 四川师大)

答 (1) 简介：①道家的创始人是老子，其代表作为《老子》。道家起于春秋末期而盛于战国，因其代表人物老子、庄子以"道"为学说中心而得名。②墨家的创始人是墨子，他同情下层人民，自称其学说代表"农与工肆之人"的利益，重视实用。③法家重刑法，提倡耕战。商鞅奠定法制理论的基础，使法家与儒家形成对立，韩非是法家理论的集大成者。

(2) 相同点：不论是道家、墨家，还是法家都处于春秋战国时期，他们都强调了教育的作用。并且，其理论对当时及后世都产生了重大影响。

(3) 不同点。

①**道家的教育作用观：**主张教育的作用在于培养"圣人"，以自然天道为教育内容，以使人通过教育回归自然本性。道家重视教育的个人功能，强调人是自然的人，看重人的个人价值，崇尚自然。道家注重个体的感受、体验与觉悟，甚至否定人的社会属性，从教育内容上看，道家的教育思想有反教育的倾向，但其实道家所反对的是儒、墨、法等学派倡导的教育，主张一种不同于世俗学习的自然教育。

②**墨家的教育作用观：**主张教育的作用在于培养"兼士"，提出"素丝说"。墨家认为教育对社会的作用：通过教育建设一个民众平等、互助的"兼爱"社会，把教育的作用提升到为天下兴利治乱的高度，充分地显示了墨子经世致用的教育思想。墨家认为教育对人的作用：提出了"素丝说"，说明教育对人的塑造作用。首先，人性不是先天所成的，生来的人性不过如同待染的素丝；其次，有什么样的环境与教育就造就什么样的人。

③**法家的教育作用观**：教育的作用在于培养安心农耕、骁勇善战又遵纪守法的民众。法家重视教育的社会功能，法家的教育作用是建立在荀子人性恶的理论基础之上的，提出了"人性利己说"，认为人的本性都是"为己""利己"的，这是一种绝对的"性恶论"。法家重视法制教育，提出了"以法为教""以吏为师"的教育管理模式。法家思想专制，排斥其他各学派思想。

6. 简论 简述隋唐时期的文教政策与汉代的三大文教政策。（20 内蒙古师大）

答 （1）**简介**：隋唐时期的文教政策可以归纳为"重振儒术，兼容佛道"。同时根据政治的需要和统治者的主观爱好，不断调整三者的关系，以达到巩固政治的目的；汉初时，汉武帝想把原本的"无为"政治转变为一种积极进取的政治，恰逢董仲舒向汉武帝献策，史称"对贤良策"。

（2）**相同点**。

①**推崇儒学**。隋唐时期有意重振儒术，先后采取了不少有效措施，如提高孔子和儒生的地位，推崇儒学，统一经学等；汉代施行独尊儒术的政策，其他学说则处于从属地位，不可取代儒学的官方地位。

②**改革选士制度**。隋唐时期，为了巩固政权，迫切需要大量德才兼备的人充任官吏，于是发展科举制度；汉代针对人才选拔和使用中的弊病，提出了察举制，重视选举，任贤使能。

③**完善学校制度**。汉唐时期是中国传统教育制度的建立与拓展时期。隋唐学校教育制度完备，学校类型多样，学校分布面广，且有多种科目供学生学习；汉代的官学和私学都得到空前的发展，学制系统已初具规模，学校教育也逐步正规化，为我国传统教育制度的发展奠定了基础。

（3）**不同点**。

①**背景不同**：汉代在经历了"黄老之学"的文教政策后，经过了长时间的休养生息，政治上安定，但各家并存，思想混乱，"无为而治"已不适应封建统治的需要，所以进行文教改革。隋唐是在统一封建国家后，为巩固政权，迫切需要大量德才兼备的人充任官吏而进行的教育改革，那时中国社会已经形成对儒学思想强大的认同性，且当时佛教与道教思想盛行，三教相互争鸣和融合，形成了儒、佛、道并重的局面。

②**教育思想不同**：隋唐时期虽有意重振儒术，但并不打压其他学派，统治者兼重儒、佛、道，不独尊一家，教育思想上出现了三者杂糅的特点；汉代主张"推明孔氏，抑黜百家"，其他学说都处于儒学的从属地位。

③**管理机构不同**：隋唐以前中央政府没有专门主管教育的机构和官员。隋文帝时为了适应教育事业发展的需要，加强了对教育的管理和领导，设立国子寺，内设国子祭酒一人，总管教育事业。

7. 简答 简述察举制与九品中正制的异同。（18 山东师大）

答 （1）**简介**。

①**察举制**：察举制在汉武帝时期得以确立，它是先经考察举荐，再经考试，最后根据考试成绩选拔人才的制度，是对太学养士选才的补充。

②**九品中正制**：九品中正制是魏晋南北朝时期的选士制度。魏晋南北朝时期是封建门阀高度发展的时期，士族地主把持朝政大权，为维持其特权，在地主阶级内部"严士庶之别"，选士制度保证士族优先做官的权利。

（2）**相同点**：都是封建统治阶级为维护自身统治和利益而设立的选士制度。

（3）**不同点**。

①**产生背景**：a. 察举制始于汉代，汉初统治者已经充分认识到人才的重要性，重视选拔和任用人才，汉武帝"令郡国举孝廉各一人"，标志着察举制真正得以确立。b. 九品中正制产生于魏晋南北朝时期，这时期战争频繁，许多士人因战乱流散到各地，对士人的德才行状均难稽考，九品中正制由此而生。

②**考生来源**：a. 察举制选士范围是所有人（除道德缺失、犯罪等人外），无论贫富贵贱；b. 九品中正制只

在士族地主内部取士,限制庶族。

③**考试程序**:a. 察举制的考试程序是由地方官根据朝廷所定科目和选拔标准,向朝廷举荐,经过考核,任以官职;b. 九品中正制考试程序是各州设大中正,各郡设小中正,依据所管辖区域内人物的品行,品评后分为九个等级,按择"上品"录用的原则,从中选择官吏。

④**考试科目/内容**:a. 察举制科目一是常科(岁举),如孝廉科;科目二是特举,如良方正科、明经科、童子科等。b. 九品中正制不设考试科目,由中正职官考察士人家世。

⑤**对学校教育的影响**:a. 察举制促进了汉代各类学校的兴盛,但它们之间还未建立起制度上的联系,更谈不上衔接关系,但有助于集权制官僚政治体制的巩固和发展。b. 九品中正制严重影响了学校教育的正常发展,士族世代为官,寒门入仕较少,士族子弟不屑去学校读书学习,寒门子弟学习积极性受到严重挫伤。

⑥**整体影响**:a. 察举制提高了人们的求学积极性,使孔子"举贤才"和"学而优则仕"的观念得到制度上的落实,使得儒家学者受到特别优待,开创了以儒术取士的局面;b. 九品中正制伤害了学者的学习积极性,中正官全部是由著姓大族所把持,形成了"上品无寒门,下品无势族"的局面。

8. 论述 对比分析我国古代稷下学宫教育与宋代及明清书院教育的异同点。(14 延安)

答 (1) **简介**:①稷下学宫是战国时期齐国齐桓公在其都城临淄稷门创办的高等学府,是战国百家争鸣的中心缩影,也是闻名于各国的文化、教育和学术中心。②书院在唐末出现,宋朝书院开始制度化,明清时期政府加强对书院的控制,致使书院官学化倾向严重。书院以私人创办和组织为主,将图书收藏、教学、研究合为一体,是相对独立于官学之外的民间性学术研究和教育机构。

(2) **相同点**。

①**由私人管理**。稷下学宫主要是由私人管理的学校;书院是私学,也是私人管理。稷下学宫和书院都出现了管理制度。

②**学术自由**。稷下学宫的基本特点就是学术自由;书院的主要精神就是自由讲学,而且有非常开放的讲会制度,促进了百家争鸣,学术交流。

(3) **不同点**。

①**时代背景不同**:稷下学宫的形成是在战国时期,随着养士之风制度化发展,齐国为培养政治人才、汇集力量所创;书院是在经济发达,私人讲学兴盛时期,由私人所创办的传播学问的地方。

②**办学性质不同**:稷下学宫是一所官家操办、私家主持的特殊形式的学校;书院则有私办、公办、私办公助等多种办学形式。

③**待遇不同**:稷下学宫中的学者在政治上既不担任具体职务,也不加入官僚系统,却可以对国事发表批评性言论,他们在学术地位上与君主不是君臣关系而是师友关系,在物质待遇上学者们有相当于上大夫的俸禄;书院的学者则没有稷下学宫中学者的待遇,甚至书院在后期还被政府打压禁毁。

④**发展不同**:稷下学宫在其存在期间并没有帮助齐国走向兴盛,其最终也走向了消亡;书院却被传承了下来,并且在之后的历史长河中不断完善发展,甚至在我国的国学发展中存留至今。

9. 简答 壬子癸丑学制与癸卯学制相比有哪些进步。(23 青海师大)

答 (1) **简介**:①癸卯学制,是 1904 年清末新政时期颁布的学制,是我国近代由中央政府颁布并首次得到实施的全国性法定学制,整个学程纵向分为三段七级,年限为 20～21 年,具有半资本主义和半封建性。②壬子癸丑学制,即 1912—1913 年学制,是中国近代第一个资产阶级性质的学制,主系列划分为三段四级,学制总年限为 17～18 年。

(2) 进步之处。

①**实现了封建性的学制向资产阶级性质的学制的转变**。如：取消对毕业生的奖励科举功名的制度,大学不设经科,消除教育中的封建等级性；课程取消忠君尊孔的内容,增加自然科学类实用课程。

②**加强了教育的民主性和平等性**。如：女子享有与男子平等的法定教育权,男女儿童都要接受义务教育,初等阶段教育男女可以同校,突破了封建礼教对女性的限制。

③**突出了学制在现实国情中落实的可行性和实用性**。如：学制总年限缩短了3年,易于普及教育,使普通教育向平民化发展；增加自然科学课程和生产技能的训练。

④**采用了西方先进的教学方法**。如：改进教学方法,反对体罚,使教育更加联系儿童实际,适合儿童身心发展。

⑤**加强基础教育和高等教育的衔接**。如：取消高等学堂,只设大学预科。

当然,壬子癸丑学制也有局限性：最突出的缺点是中学修业年限太短,且偏重于普通教育而轻视职业教育。

10. [论述] 分析论述晏阳初和梁漱溟所提出的乡村教育方案,并比较他们乡村教育理论的异同。(10 宁夏, 21 江苏师大, 23 渤海)

[答] (1) **晏阳初的乡村教育方案："四大教育"与"三大方式",化农民和农民化**。①"四大教育"：a. 以文艺教育攻愚,培养知识力；b. 以生计教育攻穷,培养生产力；c. 以卫生教育攻弱,培养强健力；d. 以公民教育攻私,培养团结力。②"三大方式"：a. 学校式教育；b. 社会式教育；c. 家庭式教育。③"化农民"与"农民化"是晏阳初进行乡村建设试验的目标和途径。"农民化"指知识分子与村民一起劳动和生活,时人称为"博士下乡"。"化农民"指实实在在地进行乡村改造,教化农民。

(2) **梁漱溟的乡村教育方案：提出建立行政系统与教育机构合一的乡农学校**。①学校由学众、教员、学董、学长组成,分村学和乡学两级,实行"政教养卫合一""以教统政",将教育机构和行政机构合一,将学校式教育与社会式教育合一。②教学方式：立足于传统道德文化的发扬,将社会的政治、经济、法律、风俗等问题都通过道德教育来实施,乡农学校则成了实施基地。③教育内容：各校共有课程包括识字、唱歌等普通课程和精神讲话；除此之外,各校还有根据自身生活环境需要而设置的课程。

(3) **二者的异同**。

①**相同点**：a. 时代背景相同。在帝国主义和封建主义的双重压迫下,中国农村经济萎缩,农业生产落后,农民生活极端贫困。在这种形势下,一些爱国教育家通过乡村教育与乡村建设,改善农村生活,促进社会发展。b. 改革措施有相同之处。晏阳初与梁漱溟均注重乡村教育在乡村建设中的作用,并将教育与乡村经济、文化、道德等方面结合起来共同建设,在方式上均注意学校教育与社会教育的结合。c. 实践目的相同。他们的乡村教育实践都有教育救国的意图,但都没有认清中国落后的根本原因。d. 影响结果相同。虽然都失败了,但是均将科学技术带入乡村,给农民带来一定实惠。

②**不同点**：a. 对中国问题的认识不同。晏阳初对中国农村问题的分析更多的是对中国"社会病"具体表象的归结；梁漱溟着力从中国文化寻找中国乡村问题的病因。b. 乡村教育的理论和方案设计的指导思想不同。晏阳初更注重乡村具体问题的解决,并引进现代民主意识和西方社会治理模式；梁漱溟主要借鉴中国古代乡村制度并加以改造,更注重弘扬传统道德。c. 教育措施不同。晏阳初通过"四大教育""三大方式"与"农民化""化农民"进行改革,还特别提出了家庭式教育；梁漱溟主要通过"政教养卫合一"的乡农学校进行改革。

11. 简答 简述陈鹤琴和王守仁的儿童教育思想。(14 贵州师大)

答 (1) 简介：①陈鹤琴是中国著名儿童教育家、儿童心理学家，中国现代幼儿教育的奠基人。他在总结自己以往教育实践和思想的基础上，明确提出"活教育"主张。②王守仁是明朝中期著名的教育家，提出了"心即理""致良知""知行合一"等命题。他在《训蒙大意示教读刘伯颂等》一文中，集中阐发了自己的儿童教育思想。

(2) 相同点。

①**主张教育顺应自然**。陈鹤琴的"活教育"课程论主张"大自然、大社会都是活教材"，反对单一的书本教学，提出应让儿童在与自然、社会的接触中，在亲身观察中获取经验和知识；王守仁也主张教育应该顺应儿童的性情，批判了传统教育不顾及儿童的身心特点。

②**强调学生的主动性**。陈鹤琴的教学强调以"做"为基础，认为学生是教学活动的主体，在教学中鼓励儿童自己去做、去思考、去发现；王守仁采用"诱""导""讽"的方法代替传统的"督""责""罚"，也体现了强调学生主动性的特点。

(3) 不同点。

①**时代背景不同**：陈鹤琴是中国近代儿童教育家，他受到杜威实用主义教育思想的影响，针对当时中国儿童教育的弊端提出"活教育"思想；王守仁是明朝中期著名的哲学家和教育家，其教育思想受到封建社会的影响。

②**教育目的不同**：陈鹤琴"活教育"的目的是"做人，做中国人，做现代中国人"，表达了陈鹤琴对人的发展、教育与社会变革的追求，较为突出教育的社会性价值；王守仁认为教育的作用在于"学以去其昏蔽"，重视教育对维护封建社会和个人发展的作用。

③**教学内容不同**：陈鹤琴提出"大自然、大社会都是活教材"，反对将书本作为唯一的教育资料，主张从自然中获取知识；王守仁认为儿童教育的内容是"歌诗""习礼"和"读书"。

④**教育影响不同**：二人的教育思想对后世教育都有价值，但产生的教育影响不同。王守仁的价值在于"早"，是中国的自然主义教育的萌芽，他在封建社会时期就看到了教育适应自然的价值，提倡尊重学生的性情，但学习内容仍在封建伦理思想内。陈鹤琴是现代中国学前教育之父，他的教育思想重在"科学性""实用性""幼儿教育思想的本土化"，其学前教育思想更具体明确，更有影响力。

12. 论述 陶行知"生活教育"和陈鹤琴的"活教育"思想及二者的共同特点。/陶行知"生活教育"和陈鹤琴教育思想内容和差别。(22 温州、吉林师大)

答 (1) 简介：①陶行知是中国人民教育家、思想家，伟大的民主主义战士和爱国者。他于1915年入读美国哥伦比亚大学，师从杜威攻读教育学博士，其"生活教育"思想则贯穿于其教育思想的始终。②陈鹤琴是中国著名儿童教育家、儿童心理学家，中国现代幼儿教育的奠基人。他在总结自己以往教育实践和思想的基础上，明确提出"活教育"主张。

(2) 相同点。

①**两种理论都是受杜威实用主义教育思想影响，并结合中国教育实际而形成的**。陶行知认为自己的理论是受到杜威实用主义思想的影响，但在实践中感到行不通，故将杜威的理论"翻了半个跟斗"；陈鹤琴也不讳言"活教育"受到杜威实用主义思想的影响，但更多是针对当时中国教育的实际情况而提出的，完全是一种新的试验。

②**两种理论都反对传统书本教育，但并不忽视书本的地位**。陶行知认为传统书本教育是以书本为教育重心，学生只是读书，教师只是教书，其结果是读死书、死读书、读书死。当然，在"生活即教育"的原则下，书

是有地位的,但书只不过是工具,过什么生活就用什么书。陈鹤琴认为传统的书本教育是把书本作为学校学习的唯一材料,把学校与社会、自然隔离了,培养的是五谷不分的书呆子。当然,如果将书恰当地作为参考材料,书还是有用的。

③**两种理论都反对课堂中心和学校中心,强调教育与社会生活和大自然的联系。**陶行知主张"生活即教育""社会即学校",认为教育应以生活为中心,以社会为学校,把学校的一切都伸张到大自然里去;陈鹤琴提出"大自然、大社会都是活教材",主张把大自然、大社会作为"活教育"课程的出发点,让学生直接走向大自然、大社会去学习。

④**两种理论都重视直接经验的价值,强调"做"在教学中的地位。**陶行知提出"教学做合一",主张事情应该怎样做就怎样学、怎样教,"教"与"学"都应以"做"为中心;陈鹤琴认为"做"是学生学习的基础,也是"活教育"教学论的出发点,主张"做中教,做中学,做中求进步"。

⑤**两种理论都批判传统教育忽视儿童的生活及其主体性,提倡相信儿童、解放儿童、发展儿童。**陶行知认为儿童生活是学校的中心,教育不能创造儿童,其任务只是帮助儿童发展,为此教育者应了解儿童、尊重儿童、解放儿童;陈鹤琴主张凡是儿童自己能够做的就应当教儿童自己做,凡是儿童自己能够想的就应当让他们自己想,鼓励儿童去发现自己的世界。

(3) 不同点。

①**在教学方法上:**陶行知的"教学做合一"要求"在劳力上劳心",指的是"手脑双挥",将传统教育下的劳力和劳心结合起来;陈鹤琴的"做"强调的是学生在教学活动中的主体性,强调教师在教学中鼓励儿童自己去做、去思考、去发现,主要目的在于激发儿童的主体性,而非体力劳动。

②**在教育目的上:**陶行知认为生活决定教育,教育改造生活,强调人们通过受教育能够最终改造生活,推动个人生活进步;陈鹤琴"活教育"的目的论是"做人,做中国人,做现代中国人",表达了陈鹤琴对人的发展、教育与社会变革的追求,较为突出教育的社会性价值。

③**对学校的理解不同:**陶行知的"社会即学校"扩大了学校教育的内涵和作用,认为社会含有学校的意味,学校也含有社会的意味,到处是生活,因此到处是教育,整个社会就像一个教育场所,通过学校与社会的结合,使学校和社会共同进步;陈鹤琴认为应在自然和社会中去汲取知识,但并没有社会与学校相互融合的思想。

(二) 外国教育史

1. 简论 简述斯巴达和雅典教育的异同。(简:13 贵州师大,14 吉林师大,17 中国海洋,18 江汉,22 宝鸡文理学院;论:16 海南师大,17 西北师大,19 东北师大、聊城,21 中央民族、石河子)

[答]斯巴达和雅典是古希腊著名的两个城邦,他们的教育体制有相同之处,也有各自的特色。

(1) **相同点:**①教育背景上都属于奴隶制城邦,教育都为奴隶主阶级服务,具有阶级性。②教育内容上都重视体育训练。③教育方法上都使用体罚。④教育体制上都实行国家管理的教育体制。

(2) 不同点。

①**时代背景:**在地理位置上,斯巴达处于内陆,自给自足的农业经济发达;雅典处于港口,工商业发达;在政治体制上,斯巴达在政治上采取军事寡头独裁,雅典实行奴隶主民主政体。二者在地理、经济和政治上的不同,导致二者的教育截然不同。

②**教育目的:**斯巴达的教育目的是培养英勇果敢、保家卫国的战士;雅典的教育目的是培养身心和谐发展的国家公民。

③**教育内容:**斯巴达的教育内容只注重军事体育和道德训练,不重视文化科学知识的学习;而雅典的教

育内容重视体、智、德、美和谐发展,既注重体育训练,也强调文化知识的学习及德育、美育。

④**教育方法**:斯巴达的教育方法是野蛮训练和体罚鞭笞;雅典的教育方法更加温和,具有民主色彩。

⑤**教育体制**:斯巴达的教育完全被国家控制,并被视为国家的事业,教育具有阶级性,重视女子教育;雅典既有公共教育,也有私人教育,重视国家教育和私人教育的发展,但忽视女子教育。

2. 论述 分析比较文艺复兴时期的人文主义教育、新教教育和天主教教育之间的联系、区别和影响。(20 宁波)

答 (1) 相同点/联系。

①**时代背景**:都是文艺复兴时期的教育,这三种教育势力交织在一起,相互间产生了错综复杂的关系。

②**世俗性**:内容中都包含世俗知识,所以都具有世俗性。

③**宗教性**:都信仰上帝,只是程度不同。人文主义教育具有宗教性,同时也带有异教因素;新教和天主教教育都是宗教教育,都反对人文主义教育中的异教因素,所以都具有宗教性。

④**人文主义**:都对于人性有一定解放作用,所以都具有人文主义性质。

⑤**古典主义**:各个教育都以古典人文学科作为课程的主干,所以都具有古典主义性质。

⑥**教学方法方面**:都取消体罚,重视身心和谐发展,出现并逐步完善班级授课制。

⑦**教育影响方面**:都在冲突和融合中共同奠定了近代西方教育的基本格局,都推动了教育的近代化(国家化、世俗化和普及化)的发展。

(2) 不同点/区别。

①**特点**:人文主义教育具有贵族性,新教教育具有较强的群众性和普及性。天主教教育也具有贵族性,但是是出于控制社会精英的政治目的而重视上层社会子女的教育,而人文主义者将古典知识作为贵族阶级自身的高级享受。

②**目的**:这三种教育的根本差异在于他们所服务的对象不同,人文主义教育为贵族服务,新教教育为新教服务,天主教教育为天主教服务。

(3) **人文主义教育、新教教育、天主教教育三种教育力量的影响**。

①尽管宗教改革是人文主义引发的,但是宗教改革对近代教育转折的历史意义远远高于人文主义。宗教改革运动结束后,西方教育的近代化历程便真正开始了。

②教育的总体发展产生了重大变化,这种转折标志着世俗性的近代教育从根本上取代了宗教性的中世纪教育,标志着教育迈向近代化。

3. 论述 比较夸美纽斯和卢梭的自然主义思想。(21 山西师大,22 浙江师大)

答 (1) 简介。

①夸美纽斯是 17 世纪捷克伟大的教育改革家和教育理论家,教育适应自然的教学原则是其整个教育理论体系的指导性原则,贯穿于其著作《大教学论》的始终。

②卢梭是 18 世纪法国启蒙运动中最激进的伟大思想家,被视为法国大革命的导师和旗手。他高度尊重儿童的天性,倡导的是自然主义和儿童本位的教育观,是现代教育思想的重要来源。

(2) **相同点**:夸美纽斯和卢梭都主张教育要顺应人的天性,对儿童的年龄阶段进行划分,根据儿童的年龄特征进行教育,各个阶段有相应的学习任务与要求。二者的自然主义思想都对后世产生了重要影响。

(3) 不同点。

①**时代背景不同**。夸美纽斯是 17 世纪捷克伟大的教育改革家和教育理论家,卢梭是 18 世纪法国启蒙运动中最激进的伟大思想家。

②**对适应自然的理解和总结不同**。a. 夸美纽斯认为宇宙万物和人的活动都存在着一种"规则",所以人

的各种活动包括教育活动也应遵循这些自然的、普遍的规则。夸美纽斯认为教育适应自然是他的教育思想中根本的指导性原则。b. 卢梭的教育适应自然的原则中的"自然"既指远离城市污染的大自然,也指教育要顺应儿童成长的自然规律,让儿童在自然状态下自发的成长,"自然"会帮助儿童成长为适应社会生活的一代新人。卢梭比夸美纽斯更完整、理论体系化地总结了自然主义教育思想,更有理论高度和体系性。

③**教学方法不同。**a. 夸美纽斯强调教学过程中的直观性原则、激发求知欲原则和巩固性原则等,要求学生通过感官获得对外界的认识,强调激发学生的兴趣,最后使学生牢记知识。b. 卢梭强调"消极教育"与"自然后果法",消除成人在儿童成长过程中的干预和灌输,让儿童遵循自然,率性发展。并让儿童体验到自己的选择产生的自然而然的后果,用直接的体验取代说教和惩罚。

④**对宗教的态度不同。**a. 夸美纽斯将教育理论研究从神学的束缚中初步解放出来,使教育理论研究在走向科学化的道路上跨出了一大步,实现了教育理论的突破性进展,但他依旧没有完全抛弃引证《圣经》的做法。b. 卢梭的自然主义思想反对和控诉封建专制制度对儿童个性和自由的摧残与压制,反对经院主义教育和学习宗教教义,具有反宗教、反封建的历史影响。

4. 论述 比较杜威与赫尔巴特的教育思想。/ 解读赫尔巴特和杜威的教育思想及影响,并在此基础上,结合现实对传统教育与现代教育进行对比分析。(10 宁波,22 广西师大)

答 (1) **赫尔巴特的教育思想及影响。**赫尔巴特的《普通教育学》是近代以来最系统的教育学著作。他以伦理学和心理学(统觉论)为理论基础,提出了教育性教学原则、完整的课程编制理论(务必重视儿童的经验、兴趣、统觉和儿童发展过程对课程编制的影响)和较完整的教学理论(教学形式阶段论,包括明了、联想、系统和方法)。赫尔巴特是传统教育的代表人物,强调课堂、书本、教师"三中心论",被誉为"现代教育学之父""科学教育学的奠基人"。

(2) **杜威的教育思想及影响。**杜威的教育本质是教育即生活,教育即生长,教育即经验的改造。在此基础上,杜威在教育目的上提出要促进人的内在生长(教育无目的论);适应儿童当下的生活;服务民主社会的发展和民主制度的建设。然后他提出了以经验为中心的课程论,创立了反省思维五步法和生活化的德育论。杜威是西方现代教育派的理论代表、新教育的思想旗手,他强调经验、学生、活动的"新三中心论"。他对传统教育的整个理论体系进行了挑战,奠定了现代教育理论大厦的基石。他的教育思想对现代教育产生了广泛而深远的影响。

(3) **相同点。**

①**课程组织:**都强调课程的组织要符合儿童的兴趣和经验。两人都把兴趣视为教学的基础,认为兴趣是学生主动学习的动力源泉。

②**教学方法:**都注重对学生思维的培养。两人提倡的教学方法包含着反思性、创造性等思维模式,都主张教学应以思维为主线,提高学生的思维能力。

③**师生关系:**都重视师生的地位,强调尊重和爱是核心。两人都认为良好的师生关系是教育发挥作用的基础,尊重与关爱的态度是教师与学生交往中不可缺少的元素。

④**教育影响:**对本国乃至世界教育的发展都产生了深远的影响。尽管两人的教育思想有很大的差异,但都对后世的教育理论和教育实践产生了深远影响。

(4) **不同点。**

①**时代背景:**赫尔巴特是 19 世纪德国教育家,传统教育学派的代表人物;杜威是 20 世纪上半叶美国教育家,现代教育学派的代表人物。

②**理论基础:**赫尔巴特以伦理学和心理学(统觉论)为理论基础;杜威以实用主义为理论基础。

③**教育宗旨**：赫尔巴特在19世纪建立了科学的课程观和教学观，提出"三中心论"，即课堂、书本、教师；杜威批判传统教育，提出"新三中心论"，即经验、学生、活动。

④**教育目的**：赫尔巴特强调通过学习系统知识获得道德，属于社会本位论；杜威强调通过直接经验促进学生内在生长，无价值取向。

⑤**德育论**：赫尔巴特提出教育性教学原则，体现知识对德育的重要性；杜威提出德育多途径、生活化，反对唯知识论。

⑥**课程论**：赫尔巴特认为课程编制应以间接经验为中心，学校应该以学科课程为主要课程类型；杜威认为课程编制应以直接经验为中心，学校应该以活动课程为主要课程类型。

⑦**教学论**：赫尔巴特围绕"讲授法"，提出教学形式阶段论，强调教师讲解的重要性；杜威提倡"从做中学"，提出反省思维五步法，强调探究教学的重要性。

⑧**师生观**：赫尔巴特强调以教师为中心；杜威强调以学生为中心。

⑨**教育影响**：赫尔巴特的教育思想虽然走向了机械和僵化，但具有合理性和实践性，提高了教育质量，引起赫尔巴特学派的教育运动；杜威批判传统教育，尊重学生主体性，倡导实用主义，虽导致教育质量下降，但思想具有先进性，引起进步教育运动和实用主义教育思想的传播。

	赫尔巴特	杜威
背景	1. 19世纪德国教育家。 2.《普通教育学》是近代以来最系统的教育学著作。 3. 认知主义。 4. 心理学初建时期，创建教学实践模式，推动班级授课制和知识讲授法	1. 20世纪上半叶美国教育家。 2.《民主主义与教育》是西方教育三大里程碑著作之一。 3. 实用主义。 4. 美国政治、经济、文化、心理学、教育学更成熟，批判赫尔巴特
宗旨	三中心（课堂、书本、教师）	新三中心（经验、学生、活动）
教育目的	通过学习系统知识获得道德，社会本位论	通过直接经验促进学生内在生长，调和论，无价值取向
德育论	教育性教学原则，体现知识对德育的重要性	德育多途径，生活化，反对唯知识论
课程论	1. 四依据：兴趣、经验、统觉论、发展分阶段。 2. 知识逻辑、学科课程、讲授法、学生被动	1. 五依据：学生的直接经验、兴趣与需要、个性与自由、身心发展规律、实际生活。 2. 心理逻辑、活动课程、做中学、学生主动
教学论	五段教学法，系统知识，间接经验	反省思维五步法，探究能力，直接经验
师生观	教师为中心	学生为中心，尊重学生五点
影响力	世界级教育家，思想具有合理性和实践性，提高了教育质量；但走向了机械和僵化。引起赫尔巴特学派的教育运动	世界级教育家，批判传统教育，尊重学生主体性，倡导实用主义，虽导致教育质量下降，但思想具有先进性。引起进步教育运动和实用主义教育思想的传播

5. [论述]试分析比较赫尔巴特与杜威的课程理论的异同。（简：14杭州师大，18四川师大；论：15东北师大，22四川师大、广西师大）

[答]（此题答案可以参考上述表格，从背景、宗旨、教育目的、教学组织形式、教学内容等角度回答。）

6. 论述 比较杜威和赫尔巴特的教学过程理论。/结合21世纪基础教育改革,分析评价杜威和赫尔巴特的教育阶段观点。(14华南师大,16陕西师大,18四川师大,20中央民族,22中国海洋大学)

答(此题答案可以参考上述表格,从背景、宗旨、教育目的、教学组织形式、教学内容等角度回答。)

> **凯程提示**
>
> 课程和教学联系紧密,都要探讨教育目的、内容、方法、组织形式、师生观等,所以这两道题的答案是一致的,可以参考上述表格,从背景、宗旨、教育目的、教学组织形式、教学内容、成效等角度回答。

7. 论述 试述杜威和赫尔巴特的教学思想,并比较二者的异同,以及对我国不同阶段的教育实践和教育思想的影响。(14杭州师大,18陕西师大,22宁夏)

答(1)不同点。(见拔高篇—异同比较题—外国教育史第4题)

(2)相同点。(见拔高篇—异同比较题—外国教育史第4题)

(3)对我国不同阶段的教育思想和教育实践的影响。

①**作为传统教育的代表人物**,赫尔巴特强调课堂、书本、教师"三中心",其教育理论反映了资本主义确立时期教育理论发展的水平。我国很长时间以来都在以赫尔巴特的"三中心论"作为教育的基本理论依据,重视书本知识的学习和学科课程的教学,奠定了我国教育的基调。

②**作为现代教育的代表人物**,杜威建立了以活动、经验、学生为中心的"新三中心论"。杜威认识到传统课程的弱点,主张重视学生的直接经验积累,教材的编写更要注重学生的心理水平。同时,杜威强调的"做中学"对于传统的静坐学习也有启发性和进步意义,这与我们新课改中所提倡的"综合实践活动"和"小组合作学习"的思想具有一致性。但他将传统的学科课程一概否定,仅仅满足于活动课程和个人的经验,这是不科学的。因此我们在实际的课程编制上,应该将教材的知识逻辑和儿童心理逻辑相结合。

③**启示**:赫尔巴特的课堂中心理论和杜威的活动中心理论,对教学来说都具有不可或缺的价值,只有将二者结合起来,才能促进学生的全面发展。

8. 论述 分析杜威和赫尔巴特的师生观,结合现代教育学,谈谈对教学过程中学生地位作用的认识。(20扬州)

答(1)杜威与赫尔巴特的师生观。

①**杜威的师生观**:杜威认为学生是教学的中心,学生占据绝对的主体地位。在教学过程中,教师是学生的引导者、帮助者,教师地位被大大弱化。

②**赫尔巴特的师生观**:赫尔巴特认为教师是教学的中心,学生应该服从教师的安排。

③**评价**:a.都重视学生的地位与作用,都强调教师要为学生着想,要重视学生个性、兴趣的培养和发展。b.都在重视学生地位的同时,不同程度地肯定了教师的重要地位和作用。c.都强调尊重和爱是构建良好师生关系的基础。

④**启示**:在教育教学上,学生的主体作用表现为"教师以学生为本",发挥学生的主观能动性,促进学生全面健康发展。教学过程中,要充分发挥教师的主导地位和学生的主体地位。教育要以学生为本,重视学生个性、兴趣的培养和发展,辩证地认识师生在教育、教学过程中的重要地位和作用,科学、合理地设计具体的教学方法,构建民主平等、和谐融洽的师生关系。

(2)**对学生地位的认识**:学生是积极的主体,是学习的主人,是具有丰富个性的人。教师应该树立积极正确的学生观。

①**尊重学生的主体性**。学生不是被动接受知识的容器,而是教育活动中的主体,教育要发挥教师的引导性,也要尊重学生的能动性,促使学生积极主动地参与学习。

②**尊重学生的独立性**。学生虽然未成年,但学生有自己的思想和看法,想有自己独立施展能力的机会与空间,教师要充分放权,让学生独立思考、独立操作,并及时激励学生。

③**尊重学生的差异性**。学生之间具有差异性,每个学生都是独特的,教师要做到充分了解学生,因材施教。

④**尊重学生的发展性**。学生是发展中的人,这种发展性还可以表现为学生具有巨大的发展潜能,教育的目的是要促进学生的发展,激发学生的潜能,教师要做到用发展的眼光看待学生。

⑤**尊重学生的个性自由**。学生在施展个性与自由时,教师要引导学生适当地规范自由,处理好自由和纪律的关系。

⑥**尊重学生身心发展的规律与年龄特点**。学生的发展周期很长,心理学一般会研究和揭示学生的身心发展规律,并按照其规律把人的身心发展过程分为不同的阶段,明确每个年龄阶段的学生特点,要求教育要按照学生的发展规律和年龄特点进行。

⑦**重视学生的生活经验和体验**。只有尊重学生的生活经验和体验,才能更加突出学生的主体性,展示学生的生活性,加强学生对知识体系的理解和掌握。

⑧**尊重学生的兴趣与需要**。教师要善于激发学生的求知欲,教学要联系学生的兴趣与需要,激发学生的学习动机,这样教学效果自然突出。

9. [论述]对比分析理性主义教育思想、自然主义教育思想、国家主义教育思想。(22 西安外国语)

[答] (1) **理性主义教育思想**。理性主义教育思想的代表人物是康德等人,主要观点是:①在人性论上,重视人的理性,肯定人的价值,教育的作用就是要以理性抑制人性中的野性,进而发展人的各种天赋,强调"人完全是教育的产物"。②在认识论上,强调了人的理性思维的重要作用,进而形成对教育过程中学生主体的认识。③在道德论上,强调"道德自律"和"道德义务"的作用。

(2) **自然主义教育思想**。自然主义教育思想的代表人物是卢梭等人,其主要观点是:①在人性论上,坚持"性善论"。②在认识论上,卢梭认为感觉是知识的来源,所有的一切都是通过人的感官进入人的头脑的。③自然教育的基本内容包括自然教育的核心、自然教育的目的、儿童年龄分期、教育教学的主要原则。自然教育的核心是"归于自然"。

(3) **国家主义教育思想**。国家主义教育思想的代表人物是爱尔维修、拉夏洛泰、狄德罗。其主要观点是:①由世俗政府管理学校,建立国民教育制度。②实施普及教育,以培养良好的公民。

(4) **对比**。

①**相同点**。都充分尊重儿童,肯定人的价值,强调教育的作用,具有反宗教、反封建的历史影响,促进了教育近代化的发展。

②**不同点**。a. 教育目的不相同。理性主义教育思想强调我们要培养客观知识,强调知识的客观性、科学性;自然主义教育思想的教育目的是培养人的自然本性;国家主义教育思想培养的是国家的公民。b. 教育功能不相同。理性主义教育思想强调抑制人的原始野性;自然主义教育思想强调教育是让人"归于自然";国家主义教育思想认为教育是要为国家服务的。c. 对待知识的态度不一样。理性主义教育思想认为知识是客观的、科学的;自然主义教育思想强调人本身的兴趣和经验;而国家主义教育思想的知识观是以培养优秀公民的知识为主。

10. 简论 比较新教育运动与进步教育运动。(简:11 安徽师大,15 重庆师大;论:11 南京师大,13 湖南师大)

答 (1) 相同点。

①**时代背景:** 二者都发生在 19 世纪末到 20 世纪上半叶,当时欧美国家经济发达、科技发展、义务教育普及,这些都促使人们开始关注教育质量。

②**改革目的:** 二者都是针对传统教育以教师为中心、忽视学生个性发展等弊端而进行的改革,都提出了新的教育目标、原则、方法,并且注重以儿童为中心,重视儿童的自由、个性和创造性、主体性等。

③**改革措施:** a. 二者都开办新式学校、采用新式教学法进行教育实验。如新教育运动中雷迪创办的阿博茨霍尔姆学校,进步教育运动中约翰逊创办的有机教育学校。b. 二者都成立协会、办杂志来宣传。如新教育运动中的"国际新学校局"和《新时期的教育》杂志,进步教育运动中的"美国进步教育协会"和《进步教育》杂志。

④**理论指导:** 二者都有理论指导,新教育运动的理论是梅伊曼、拉伊的实验教育学等;进步教育运动的思想来源于卢梭、裴斯泰洛齐和福禄培尔等人,并以杜威的实用主义理论为指导。

(2) 不同点。

①**在教育场所方面,** 新教育运动始于欧洲,主要在环境优美的乡村私立学校中进行一些教学改革和实验;进步教育运动在美国的城市公立学校中进行。

②**在改革力度方面,** 作为教育改革运动,新教育运动更温和、理性;进步教育运动则更激进、彻底,批判性更强。

③**在改革侧重点方面,** 新教育运动重视学校管理和自治;进步教育运动重视儿童需要、自由活动和个体经验,更关心民众的教育,更强调教育与社会的联系,更重视做中学,更注重教育民主化。

④**在学校持续时间方面,** 新教育运动的新学校持续时间更长;进步教育运动的实验学校在 20 世纪 50 年代后就陆续关闭了。

⑤**在理论基础方面,** 虽然两种运动都有理论指导,但是它们各自所依据的理论是不同的,新教育运动的理论基础是多样化的,主要以梅伊曼、拉伊的实验教育学和凯兴斯泰纳的公民教育理论为指导;进步教育运动则主要是以杜威的实用主义教育学为理论基础。

⑥**在影响力方面,** 新教育运动的影响力主要在欧洲;进步教育运动不仅对美国,而且对整个世界都产生了深远的影响。

(三) 中外教育史异同

1. 论述 评述"六艺"教育与"七艺"教育的异同。(13 中山)

答 (1) 内涵。

①"六艺"是指中国古代夏、商、西周时期学校中实施的六种科目,即礼、乐、射、御、书、数,这是西周教育的特征和标志,也是中国奴隶社会官学的主要教学内容。"六艺"起源于夏代,在商代有所发展,到了西周在继承的基础上,又加以发展和充实。

②"七艺"是西方古代主要的教学内容,由文法、修辞学、辩证法、算术、几何、天文、音乐构成。"七艺"起源于古希腊时期,其中前"三艺"由古希腊的智者提出,后"四艺"由柏拉图提出。

(2) 相同点。

①**时代背景相同。** 二者都产生于东方和西方的早期文明中,大致属于同一个时代。在奴隶制时期就已经确立主要的教育内容,是教育的巨大进步。

②**教育目的相同**。二者的教育目的都与政治相联系。在中国,教授"六艺"是为了培养统治阶级需要的人才。在西方,教授"七艺"是为了培养哲学王。

③**课程体系相同**。二者都是以学科为中心的课程体系,"六艺""七艺"各门课程都是独立的学科,具有自身的课程目标和学科内容,但又相互联系、相互配合,形成了复杂的课程体系,有着共同的终极目标。

④**侧重点相同**。二者都注重身心的全面、和谐的发展。"六艺"是文事武事兼备,以此体现和谐发展。"七艺"是通过七种学科知识,希望学生获得广博的知识,以此体现和谐发展。

⑤**对后世的影响相同**。二者都奠定了古代东西方文明的经典教育内容,都是东西方教育与课程后期演变的思想源头。

(3) 不同点。

①**理论基础不同**。"六艺"课程基于道德认识和价值判断而设置,注重对人性的启蒙,立足于个体的文化素质和道德修养,促使个体的发展符合礼仪规范。"七艺"根植于西方民主政治,自由民只能通过演说、辩论等参与城邦政治,由此产生了"三艺"。在西方民主政治社会中,古希腊将对民主的向往、人性自由发展的推崇渗透于社会生活、精神生活之中,从人的社会性出发,其发展是为了满足不同等级制度的需求。

②**教育内容不同**。"六艺"注重引导个体世界观、价值体系的确立。"礼乐"是为了满足精神发展的需要,"射御"是为了维护国家发展,"书数"是为了发展个体智力。"六艺"是文事武备,兼顾各育的教育,且更重视道德教育。古希腊的"七艺"更注重各科知识,七个学科都围绕不同知识类型组合而成,主要体现智育的不同知识范围。"三艺"注重人文科学知识,"四艺"重视自然科学知识,属于实际技能,因此"七艺"课程内容更突出理性精神。

2. 论述 比较苏格拉底与孔子关于启发式教学思想的异同及教学启发。(14 延安,17 四川师大,21 江南、中国海洋、西安外国语)

答 (1) **简介**:孔子和苏格拉底是东西方文明发展史上两位伟大的思想家和教育家,他们所提出的启发式教学法,存在着许多相同和不同之处。

(2) 相同之处。

①都产生于东方和西方的早期奴隶制文明中,是东西方古代最早最有智慧的教育思想家。②都主要采用问答的方式进行教学。③都重视营造和谐民主的教学气氛。④都重视激发学生的学习主动性。⑤都注重启发学生思考,发展其思维能力。⑥都对当时及后世产生了重大影响。

(3) 不同之处。

①**在对学生进行思维训练时,孔子重直观,苏格拉底重抽象**。孔子在教学中以经验性的类比推理把握对象事物及其联系,其思维带有一定的直观、感性的特点。苏格拉底通过严密的逻辑论证解释及把握对象事务及其联系,强调通过概括和抽象形成明确的概念。

②**在教学的侧重点上,孔子强调"学",苏格拉底侧重"思"**。孔子认为思要以学为基础,否则只能陷入冥思苦想。因此他强调在博学的基础上发挥思考的能力。苏格拉底认为教育的目的不在于把真理直接告诉学生,而是启发学生自己去思索、发现真理。

③**在对学生进行启发教学时,孔子采取的方式灵活多样,苏格拉底则形式单一**。教学中,孔子能根据学生的个性特点因材施教。苏格拉底惯用的问答法则有一个明显的缺陷,就是千篇一律、机械呆板。

④**孔子呈被动、苏格拉底呈主动的姿态进行教学**。孔子消极地对待他人"求学",而不积极主动地施教于人。苏格拉底则不然,是主动积极地"往教""不叩必鸣",并在教学中巧施妙计,使学生"就范",老老实实地承认自己的无知,心甘情愿地接受苏格拉底的教诲。

(4) 启示。

①**启发式教学的意义**：孔子和苏格拉底的启发式教学法反映了学生学习过程中的认识规律，要求教师对学生进行启发教学，而不是告诉学生现成的答案。启发式教学法的运用有利于调动学生的主动性，促使学生在教师的引导下积极思考，自觉地掌握科学知识，提高分析问题和解决问题的能力。

②**实践要求**。

a. 调动学生学习的主动性。教师要善于运用发人深思的提问、令人心动的讲述，充分展示教学内容的吸引力，以激起学生的求知欲和积极性。

b. 启发学生独立思考或善于提问激疑，引导教学步步深入。提问要切中要害，发人深思，学生的思想一激活，课堂一下子便活跃起来。

c. 注重通过解决实际问题启发学生获取知识。接触实际问题，对学生更具诱惑力、挑战性，会使他们更积极主动地进行学习和完成任务。

d. 引导学生反思学习过程。教师要引导学生反思学习过程，了解学习过程的程序和方法，分析自身长处与缺点，注重积淀适合于自己的良好的学习方式。

e. 发扬教学民主。教师要营造宽松、和谐、民主、平等的课堂教学氛围，只有使学生感到放松，他们的聪明才智才能充分发挥出来。

3. 论述 请分析古希腊苏格拉底教育思想与中国孔子教育思想的异同。(13 重庆师大)

答 (1) 相同点。

①**时代背景**。孔子与苏格拉底均生活在一个繁荣社会的末世，都目睹了社会从兴旺发达走向衰败，且都是轴心时代的重要思想家。他们也不约而同地看到了教育对于社会改变的重要作用，进而提出了自己的教育思想和教育主张。

②**教育思想**。a. 教育目的：二者都致力于教育为政治服务。孔子的教育目的是从平民中培养德才兼备的从政君子，苏格拉底的教育目的是培养治国人才。b. 教育内容：二者都倡导道德教育，强调道德的可教性。具体来看，二者都注重人的道德动机，都把德性普遍化，并且他们的思想尚无个人主义和集体主义的分野。c. 教学方法：二者都主要采用问答的方式进行教学，重视营造和谐民主的教学气氛。孔子采用"启发式教学"的方法，苏格拉底主要采用"产婆术"的方法。d. 师生观：二者都倡导尊重、爱护学生，表现出极具师德的教师人格形象。他们不仅把学生看作传授知识的对象，也把学生当作自己探求知识的伙伴。

③**教学实践**。a. 教学对象：二者都主张扩大教育对象。孔子认为在教育对象上，不分贫富贵贱与种族，人人都可以入学接受教育。苏格拉底一生都在追求真理并力求将知识传递给民众。b. 述而不作：孔子和苏格拉底都述而不作，由其弟子记录其言行。

④**教学影响**。孔子和苏格拉底的教学思想是世界古代教育史上的里程碑，他们是东西方理想教师人格的化身，都对后世产生了重大影响。

(2) 不同点。

①**时代背景**：孔子与苏格拉底所处的地理环境、社会环境、文化传统不同，个人的生活经历也不尽一致，这就决定了他们的思想各具特色，互有短长。如孔子在集权制下更希望维护西周旧秩序，在教育内容上更强调使用西周文献；苏格拉底生活在小城邦，更希望教育事业体现民主色彩。

②**教育思想**。

a. 教学内容：在智育上，孔子更注重文事知识和经学知识，如"六经"；苏格拉底更注重天文、算术、占卜等知识，更强调科学性。

b. 教学方法: 孔子的启发式教学主张从一般到特殊,以学生问老师答的形式为主,体现以"学"为主;苏格拉底的启发式教学主张从特殊到一般,更强调教师的追问,体现以"教"为主。

③**教学影响:** 二者的教学反映出东西方教育两种不同的文化传统。中国自孔子开始建立起延续2 000多年的世俗性的、非宗教的传统道德体系,而苏格拉底则促成了西方哲学史从自然科学向精神哲学的转变,建立起唯心主义体系。

4. 〖论述〗论述清朝洋务运动与日本明治维新实践指导思想和具体实施的差别。(20 江苏师大)

〖答〗(1) 简介。

①**洋务运动:** 洋务运动是19世纪兴起的一场引入西方资本主义先进科学技术,以兴办近代工矿业为中心,兼及军事、文化教育等多方面内容的大规模运动。

②**明治维新:** 1868年倒幕派推翻德川幕府统治,建立了资产阶级联合执政的明治政府,这个政府为抵御外患、富国强兵,实施了一系列改革,史称"明治维新"。

(2) 相同点。

①**指导思想相同:** 不论是洋务运动还是明治维新,其改革的重点都在于引进西方的先进科学技术,重视引进和兴办西方近代教育,同时又不希望丢掉本国传统文化的根本。

②**时代背景相同:** 不论是中国的洋务运动还是日本的明治维新改革,其时代背景都是在两国遭受列强欺侮、签订不平等条约的情况下进行的奋发图强的自救改革,都是在谋求自强。

③**改革措施相同:** 洋务运动和明治维新在进行教育改革时,都采取了向海外派遣留学生的措施,都聘请洋教员执教,其培养近代科学技术人才的方式,也都是靠兴办西式近代学校。

(3) 不同点。

①**指导思想不同:** 日本明治维新的指导思想为"文明开化"和"和魂洋才",主张学习西方以求自强,否定本国封建制度;而中国洋务运动的指导思想为"中体西用",更多的是强调本国文化,维护本国的封建制度。

②**教育管理不同:** 日本明治维新确立了以文部省为首的中央集权式的教育管理体制,通过政府动员全国力量进行改革,力量雄厚;中国的洋务运动中,兴办教育的主体是小部分具有危机和开放意识的洋务派官员,未能获得全国统一教育领导机构的有力支持,力量薄弱。

③**改革措施不同:** 日本明治维新使教育改革和社会改革同步进行,且对教育进行了全面而系统的改革,涉及各级各类的教育;洋务运动则未能使教育改革和社会改革同步,洋务教育也只是中国教育体系中的一小部分,且主要集中于专门教育。

④**领导人不同:** 日本明治维新的最高统治者明治天皇本人已经蜕变为具有资产阶级思想的领袖,进行了大刀阔斧的改革;而洋务运动只是热心的洋务官员在主导,其内心以维护封建统治为目的。

⑤**改革结果不同:** 日本明治维新成功实现了对封建教育的改造,使日本从一个落后的封建国家转变为新型的资本主义国家;洋务学堂拉开了中国教育近代化的序幕,逐渐动摇和瓦解了旧教育体系,但最终以失败告终。

5. 〖论述〗对比洪堡的高等教育改革与蔡元培的北京大学改革,指出其异同。(21 华中师大)

〖答〗(1) 简介:19世纪,对德国高等教育发展最有影响的是洪堡创建的柏林大学,而蔡元培担任校长进行改革的北京大学同样是中国的顶尖高等学府,两所大学都是其国家的文化中心。

(2) 相同点。

①**时代背景:** 不论是蔡元培的北大改革,还是洪堡的高等教育改革,都是在民族危亡、国家落后时进行的改革,都承担着振兴国家的希望,并且双方的改革都是在保守的氛围和官僚习气中进行的。

②**大学宗旨**：洪堡和蔡元培在高等教育改革中都认识到，大学不应该是功利性、职业性的，而应该是研究性、学术性的，要为国家的长远利益服务而不是为了眼前的目标服务。

③**大学职能**：大学不是单纯的传授知识的场所，还应承担起科学研究的任务。

④**办学理念**：都主张自由自治，学术自由。

⑤**改革措施**：洪堡在进行柏林大学改革时聘请了一批学术造诣深厚、教学艺术精湛的教授到校任教，切实提高了柏林大学的教学质量和学术声望；蔡元培在教师聘任上采取"学诣"第一的原则，推崇具有真才实学、教学热心、有研究兴趣的学者任教，并兴建各科研究院和图书馆。

⑥**大学管理**：都采取教授治校，突出自治，鼓励学习自由和教学自由。

(3) 不同点。

①**时代背景**：洪堡创建的柏林大学是在战败后创建，而北京大学是在此一百年后突破官僚主义和封建主义进行的改革，柏林大学是北大改革的典范和榜样。

②**"自由"的侧重点**：柏林大学鼓励学习自由和教学自由，教师的教学和科学研究活动不受干涉，能自由地传授和研究知识。北京大学的自由指兼容并包、思想自由，不仅包括教学自由和学习自由，还包括包容各种学派，包容女生和旁听生。

③**改革措施**：柏林大学认为哲学是最高的学问，一切职业性的专业被看低。北京大学改革所涉及的科学门类丰富完善，各专业地位平等；偏重文理，沟通文理两科，取消文理法三科的界限，实行选科制。

④**影响力**：柏林大学的改革是全世界高等教育改革的典范，建立了现代大学制度。北京大学的改革引领了中国高等教育的发展方向，借鉴了柏林大学的改革思路。

6. 论述 试述陶行知生活教育理论的基本内容及其与杜威的理论的关系与区别(异同)。(13、15 四川师大，14 延安，16 天津师大，18 宁夏，19 广西师大，20 鲁东，21 山西师大)

答 (1) 简介。

①**陶行知**：中国人民教育家、思想家，伟大的民主主义战士和爱国者。他于 1915 年入读美国哥伦比亚大学，师从杜威攻读教育学博士，其"生活教育"思想贯穿其生活教育理论的始终。

②**杜威**：美国著名哲学家、教育学家，一生从事教育活动及教育理论的研究，对美国乃至世界教育的发展都产生了深远的影响，其代表作是《民主主义与教育》。

(2) **相同点**：二者都主张教育与生活相结合，学校与社会相结合，做与学相结合，实行活动课程，突出学生的主体性，体现实用主义之风。

(3) 不同点。

①**核心不同点**：陶行知重视教师引导；杜威忽视教师的作用。

②**核心不同的原因**。

a. **时代背景不同**：陶行知所处的时代正是中国受日本侵略，百姓民不聊生，国家处于危难之际，他思考的是普及教育的问题；杜威所生活的时代是美国国富民强时期，他思考的是教育质量的问题。

b. **对生活的理解不同**：陶行知认为生活即教育，即生活是教育的中心，生活决定教育。这里的"教育"指社会生活中的教育，"生活"指学生的日常社会生活。杜威认为教育即生活，即教育是生活的过程，学校是社会的一种形式。这里的"教育"指学校教育，"生活"指学生的理想生活。

c. **对学校与社会联系的理解不同**：陶行知认为社会即学校，即学校具有社会的意味，社会也具有学校的意味，二者是双向的。杜威认为学校即社会，即学校有社会的意味，二者是单向的。

d. **对师生关系的理解不同**：陶行知强调学生主体性，但不唯学生中心论，强调教师作用。杜威主张学生中心论,弱化教师地位。

e. 对教育方法的理解不同: 陶行知提出教学做合一,强调知行统一。杜威提出从做中学,在实践中忽视知识与活动的结合。

	杜威	陶行知
背景	美国:列强,超级大国,国富民强,思考教育质量的问题(需要什么样的教育)	中国:贫穷、落后,战争,反帝反资本主义,思考教育数量(普及教育)的问题
教育与生活	教育即生活:教育是生活的过程,学校是社会的一种形式。 "教育"指学校教育。 "生活"指学生的理想生活	生活即教育:生活是教育的中心,生活决定教育。 "教育"指社会生活中的教育。 "生活"指学生的日常社会生活
学校与社会	学校即社会:学校有社会的意味——单向	社会即学校:学校具有社会的意味,社会也具有学校的意味——双向
师生观	学生中心论,弱化教师地位	学生主体性,不唯学生中心论,强调教师作用
教育目的	教育即生长,教育即生活,为民主社会服务	教育救国,为民族解放、国家独立事业服务
教育内容教育方法	同:强调直接经验和活动,要求开展活动课程。 异:从做中学,忽视知识与活动在实践中的结合	同:强调直接经验和活动,要求开展活动课程。 异:教学做合一,强调知行统一

7. 论述 美国教育家杜威提出"做中学"的教育信条,我国教育家陶行知倡导"教学做合一"的主张。请你在分析两种观点的基础上,结合实际论述它们对我国基础教育改革的理论价值和实际意义。(16安徽师大)

答 **(1) 简介。**

①**做中学:** 杜威在寻找什么形式的课程才能克服旧式课程之弊时,以其经验论为基础,要求从做中学、从经验中学,要求以活动性、经验性的主动作业来取代传统书本式教材的统治地位。

②**教学做合一:** 陶行知受裴斯泰洛齐、杜威教育思想的影响,在实验的基础上,将杜威的"教育即生活""学校即社会"进行改造,形成了自己的生活教育理论,并提出了"教学做合一"的方法论主张,要求怎么做便怎么学,怎么学便怎么教,教与学都以做为中心。

(2) 相同点。(见拔高篇—异同比较题—中外教育史异同第6题)

(3) 不同点。(见拔高篇—异同比较题—中外教育史异同第6题)

(4) 启示(意义): 二人的教育思想告诉我们,学校教育要做到四个结合。第一,教师教的主导性与学生学的主体性相结合。第二,书本知识与直接经验相结合。第三,教育与生活相结合。第四,学校与社会相结合。

> **凯程提示**
>
> 虽然题目是分析二者的教学方法,但是这些都是由时代背景、教育与生活的关系、学校与社会的关系、师生观等内容决定的,所以上述表格的维度都需要回答。其他题目,如有关陶行知和杜威的教育与生活的异同、学校与社会的异同等问题的答案也是如此,需要回答上述表格的所有维度,这样答案才更加完整。
>
> 当然,我们可以在答案逻辑上稍加调整,会更突出教学方法的比较。答题思路如下:
>
> (1) 两人教学方法的相同点:教育与生活相结合,学校与社会相结合,做与学相结合,实行活动课程,突出学生的主动性,体现实用主义之风。
>
> (2) 两人教学方法的不同点:
>
> ①核心不同点:一个忽视教师,一个重视教师引导。

②核心不同的原因:
 a.时代背景不同。
 b.对生活的理解不同。
 c.对学校与社会联系的理解不同。
 d.对师生关系的理解不同。
 e.对教育内容的理解不同。

发展综述题

(一) 中国教育史

1. 简答 简述中国古代选士和取士制度的沿革。(16 云南师大)

答 (1) **简介**:选士制度是指国家选拔士人用以补充官员队伍的制度,一般情况下是从尚属于平民百姓的"士人"中按一定的标准和程序来选拔候补官员。中国古代的选士最早源于西周,那时是通过乡里选士、诸侯贡士及学校选士等途径为周天子选拔官吏,并呈现出育士与选士相衔接的特征。其后在漫长的历史进程中,先后出现了两汉的察举制、魏晋南北朝的九品中正制和隋唐开始的科举制。

(2) **发展历史。**

①**先秦考试的萌芽**,西周时期已经形成了人才考核选拔制度。先秦考试中德行与道义并重、育才与选官结合的特点对后世产生了深远的影响。

②**汉代察举制**:察举制是我国汉代选拔官吏的制度,由地方官根据朝廷所定科目和选拔标准,向朝廷荐举,经过考核,任以官职。汉武帝时期,"令郡国举孝廉各一人",标志着汉代察举制的真正确立。

③**魏晋九品中正制**:九品中正制是魏晋南北朝时期一种重要的官吏选拔制度,创立之初,评议的标准是家世、道德、才能三者并重。到了南北朝后期,选拔人才主要看门第与家世。

④**科举制的发展**:科举制是通过考试选拔官吏的制度,隋朝设立进士科标志着科举制度的创立;到了唐代,科举制得到了快速发展,分为文科举和武科举,文科举又分常科和制科两种;到了宋代,科举的地位不断提高,考试规模不断扩大,并制定了一系列防止科举作弊的措施;明清时期,科举走向了鼎盛,但也逐步走向僵化;明朝时将八股文定为固定的考试文体,学校沦为科举的附庸;清末新政时期,废除科举,共实行1 300年的科举考试,终告废除。

(3) **中国古代选士制度的影响。**

①**对封建社会的影响。** a.扩大了统治基础,有利于加强中央集权。选官标准从家世门第到个人才学的转变,使平民及中小地主阶层的士子获得了参政的机会,打破了门阀士族地主垄断统治权力的局面,扩大了封建政治的统治基础。同时选士大权从地方官吏逐渐收归于中央政府,强化了中央集权的统治。b.标准统一,制度健全,选拔人才较为客观公正。选士制度在发展的过程中,逐步建立了较为完备的考试制度,如考试内容较为确定,考试方法逐步固定、统一;同时逐步建立了一系列的考试防范措施,加强考试的管理,使得选士制度更为客观、公正、科学。c.政教合一,促进了学校教育的发展。选士制度由于逐渐不受门第、阶层的限制,慢慢成为许多读书士子改变社会地位和经济地位的途径。这激发了广大学子的求学愿望,在社会上形成了"万般皆下品,唯有读书高"的风气,在客观上有利于推动学校教育及封建教育事业的发展。

②**对当代中国的影响。** a.方便国家选拔、培养德才兼备型人才。当代中国,"德才兼备"是选拔公职人

员的基本原则,具体体现在高度重视其思想政治素质、道德素质,同时还注重其知识水平、工作能力。b. 考试注重公平取材,选拔高素质人才。采用公开考试,择优录取的公平竞争方式,以考试成绩作为选拔依据,即分数面前人人平等。当今公职人员选拔的公平竞争性,同样在素来讲究人情与关系的中国社会起到了制约人情关系的作用,能有效地选拔高素质人才。c. 构建统一严密的考试程序,建立法律保障系统。古代的选士考试构建了统一严密的考试程序,如明代科举考试实行编号、闭卷、密封、监考、回避、入闱、复查等办法。当今各项考试制度也需构建统一严密的考试程序,以法律形式对考试的相关事宜作出规定,建立法律保障体系。

2. 简论 中国封建社会读经做官的教育模式(经学教育、儒家经学)是如何形成的?(22 浙江师大)

答(1)**形成。**

①**秦代:** 以法为教,以吏为师,培养知法、执法的封建官吏。

②**汉代:** a. 在教育管理上,"罢黜百家,独尊儒术"。b. 在育士制度上,官学和私学发展。c. 在选士制度上,察举的科目以孝廉为主,开创了以儒术取士的局面。

③**魏晋南北朝:** 开设"四馆",突破经学课程。学校制度颇多变革,表现出过渡性的特点,为后世学校的建设提供了经验。

④**隋唐:** "重振儒术,兼容佛道",隋唐封建教育的核心是经学教育体系。隋唐时期学校教育取得进一步发展,表现为统一的封建国家教育体制臻于完善。

⑤**宋代:** 北宋三次兴学,改革中央与地方官学,改革科举考试,恢复学校功能,书院兴起,理学形成。

⑥**明代:** 王守仁主张"六经皆史",希望拓展学习的范围。

⑦**清代前期:** 统治者标榜理学,强调学为圣贤;不断兴盛的实学思想家们则主张培养经世致用的实才实德之士。

(2)**评价。**

①**积极影响。** a. 从儒家经学的发展来看,儒学与政治联姻,既帮助国家重建了统治秩序,也赢得了自身发展的空间。儒经成为国编教材,儒家经典成为"国家课程",都体现了经学教育的不断发展与完善。b. 从教育思想的发展来看,代表人物的思想影响了中国人的道德和精神世界,也使儒家教育思想适应了专制政治。如董仲舒和朱熹,从人的内在精神世界寻找教育实现的依据。c. 从教育制度的发展来看,儒家教育服务于政权,儒经取得从观念到实践领域的主导地位。各朝各代形成了儒家经学教育为主体、其他各专门教育为从属的教育体系。d. 从选士制度的演变来看,汉代察举制度的建立使儒家的德才标准成为未来官员的培养和选拔标准,科举制度的建立使得读书入仕的教育模式走向成熟,对教育的普及有推进作用。

②**消极影响。** a. 导致形成教条主义、形式主义的学习风气。长此以往阻碍人的主观能动性的发展,造成人的死板僵硬、不知变通、墨守成规。b. 影响中国知识分子的性格。使他们重权威轻创新、重经书轻科学、重书本轻实践、重记忆轻思考,形成了独立性弱、依赖性强的性格特征。c. 形成了功利色彩浓重的畸形读书观、学习观。将许多知识分子的精力与研究都束缚在一个狭小的范围内,极大地抑制了读书人的创新精神,也大大抑制了中国自然科学的发展。

3. 论述 论述儒家教育思想的特点及对当今教育的影响。(22 淮北师大)

答(1)**特点。**

①**重视教育作用。** 儒家学派重视教育在社会发展中所起的作用,认为教育与经济、政治密切相关。孔子、孟子和荀子都阐述了教育对于个人的意义。

②**贤士人才观。** 儒家主张培养"君子"。孔子主张培养有道德、有才能的君子,实现贤人政治。孟子加

以发展,提出"大丈夫"的理想人格。荀子提出"大儒",进一步提高培养要求。

③**道德教育**。儒家思想的核心是"礼""仁"。孔子把道德教育放在首位,并提出许多行之有效的方法,如将慎言敏行、内省和外察结合等。孟子也提出"持志养气""反求诸己"等修养道德的方法。荀子认为"积善成德"的过程在于通过"自省"的方式达到道德修养的高度自觉。

④**科学的教学方法**。在教学方法上,孔子提出启发诱导、因材施教的方法;在学习方法上,孔子提出"学、思、行"结合等。孟子还提出"深造自得"。荀子提出"闻见、知、行"。而在此之后的儒家学者基本只在这些方法的基础上有所损益变化。

(2) 影响。

①**儒家教育思想对"德"的注重是当代社会道德发展与建设的根基**。儒家学派自开创以来就非常注重"修德",它是中华民族传统文化的重要组成部分,尤其是儒家思想体系中的"仁爱"思想更是对当代社会道德体系的构建具有不容忽视的关键作用。

②**儒家教育的核心思想"仁"是当代社会"以人为本"的重要体现**。"以人为本"的思想根源就是儒家的核心思想"仁"。儒家学派的开创人孔子坚定而明确地主张人格的独立与尊严是不容侵犯与剥夺的。

③**儒家教育的礼乐思想对当代人文与精神素质的提升具有重要的影响**。我们国家从古至今都非常看重礼仪,注重自身道德修养。对于个体,礼是其个体道德修养的外在表现;对于社会,礼是一个国家社会文明发展程度的直接显现。

④**儒家教育的"义利观"对于建设当代社会主义市场经济具有重要的作用**。不论是董仲舒的重义轻利观,还是颜元的义利统一观,其核心强调的都是诚信获利。诚信对于当代社会主义市场经济发展具有一定的规范作用,它是立业之本,是当代社会主义市场经济体制下不被淘汰的重要生存信条。

⑤**儒家教育思想对当代教育的改革创新与发展具有重要的影响**。时至今日,孔子的"有教无类"教育理念还被应用到当代教育中,强调教育的平等化与大众化的思想成功地开辟出一片教育的新天地,逐渐在整个社会推广,孔子的这种教育理念,对当代教育的改革创新与发展具有重要的影响。

⑥**儒家教育思想对当代整个世界文明的发展具有深远的影响**。儒家思想早在一千多年前就已经走出国门,并对西方一些国家产生深远的影响。我国儒家思想与当时意大利所提倡的文艺复兴思想相结合形成了对欧洲具有深远意义的启蒙思想。另外,东亚的一些国家也深受我国儒家思想的影响。到目前为止,很多西方国家开设了孔子学院,就是为了学习孔夫子的儒家思想。

4. 论述 论述我国传统价值取向中的消极因素对今天教育的影响。(10 宁夏)

答 我国重权威、重文事、重功名和重忠孝的价值取向对今天的教育有重要的影响。

(1) **重权威的价值取向**。消极因素体现在在中国古代教育"道统说""师道尊严"的影响下,教师处于主体地位,学生服从教师的权威。其影响有以下三方面。

①**在教育过程和师生关系方面**:a. 强调教师教的过程和作用,而忽视学生学的过程和作用。b. 教师倾向于按事先安排好的方案教学,而不习惯于根据学生的实际情况灵活地安排。c. 教师习惯于向学生提问,而不习惯于不断被学生提问。

②**在思想教育方面**:教师习惯于"教导",而不习惯于平等地与学生交流。

③**在班级管理方面**:教师习惯于发号施令和监督处罚,不习惯于引导学生的自我意识与自我管理。由于长期处于被动的地位,我国的学生多有自信心、主动性、独立性、自学性及进取性不足的弱点。而这些特点是当今时代非常需要的品质。

(2) **重文事的价值取向**。消极因素体现在形成了以道德理想主义为特征的人文主义教育传统。其影响是：在中国传统教育思想的影响下，教育内容以人文知识体系为主，自然科学知识的教育处于次要地位并从属于人文、道德的教育。由此出现了，在特定时期教育培养的人不能应对社会的发展，存在教育缺少实用性的现象。

(3) **重功名的价值取向**。消极因素体现在把能否培养出"当官的""出名的"人作为评判教育是否成功的标准，把考取高等院校人数的多少看作教育质量高低的标准。其影响有以下两点。

①**教育价值方面**，片面强调书本知识，忽视学生能力和创造力的培养，忽视对学生兴趣、情趣、意志、个性等非智力因素的培养。

②**教育质量方面**，片面强调对少数尖子生的培养，忽视对全体学生的培养与教育质量的普遍提高。

(4) **重忠孝的价值取向**。即不论孝还是忠，都表现出一种建立在血缘和等级基础上的服从关系。其影响是：在学生观方面，影响教师对学生的态度，影响学生观的形成。在多数教师和家长的眼中，顺从、听话、老实一直被看成是好学生的重要标志。

5. 论述 试述中国古代教育史的人性论及教育作用理论。(21 四川师大)

答 (1) **先秦："性善论""性恶论"与教育的作用**。

①**孔子**：提出了"性相近，习相远"的人性观并首次论述了教育与人的关系，他认为人的先天素质很接近，之所以在成长中有千差万别，是因为后天"习染"的结果。这一观点说明了教育的必要性和关键性。而教育在社会发展中的作用是"庶、富、教"。

②**孟子**：提出了"性善论"，认为人性本善，他提出了"人皆可以为尧舜"，肯定了人性本质上的平等性。孟子认为，教育对个人来说，是扩充"善端"的过程。对社会来说，教育是"行仁政，得民心"最有效的手段。

③**荀子**：提出了"性恶论"，即"性恶端说"。他认为教育的作用是"化性起伪"，即通过教育的作用改变自己的恶性，化恶为善，成为高尚的人物；此外，荀子也重视教育的社会作用，认为教育能够统一思想，统一行动，促使国富民强。

④**墨子**：提出了"素丝说"。他认为人性不是先天所成的，而是由环境和教育造就的，有什么样的环境与教育就造就什么样的人。墨家主张通过教育建设一个民众平等、互助的"兼爱"社会。

⑤**法家**：发展了荀子人性恶的理论，提出了"人性利己说"，韩非认为人的本性都是"为己""利已"的，是一种绝对的"性恶论"。基于这样的人性说，法家在教育上提倡法制教育，法家认为没有必要运用道德教育。无论是正面的引导还是负面的惩罚，都要依靠法律高压，而不是温情的道德说教。

(2) **汉唐："性三品说"与教育作用**。

①**董仲舒**：提出了"性三品说"，认为教育对"中民之性"的发展具有决定性作用。"中民之性"是绝大多数的普通人拥有的，通过教育才能发展善性，发展才能。

②**韩愈**：提出了"性三品说"，将人分为上品之人、中品之人与下品之人。他认为人性决定教育所起的作用，规定了教育的权利，决定了教育的主要内容。

③**王充**：认为人生来有善恶之分。他把人性分为三种：生来就善的人是中人以上的人；生来就恶的人是中人以下的人；无善无恶或善恶混杂的人是中人。但人性的善恶，并非受命于天，中人之性可以通过教育使之定型，生来就恶的人也可以通过教育使恶为善。

(3) **宋明清：超越"性三品说"，从理性的角度探讨人性与教育的作用**。

①**朱熹**：认为人和万物一样，是"理"与"气"结合而成的。他提出了"天命之性"与"气质之性"，"天命之性"纯然至善；"气质之性"有善有恶。教育的作用是"变化气质"，发挥"气质之性"中的善性。

②**王守仁**：从其主观唯心主义出发，提出教育的作用是"致良知"或者是"学以去其昏蔽"的过程。

③**王夫之**:认为人性不是一成不变的,而是处在不断地变化发展过程中,从而提出了"性者,生也,日生而日成之也"的人性论。基于此,王夫之十分重视教育对人发展的作用。这种教育作用主要表现在两个方面:继善成性,使之为善;改恶为善。

④**颜元**:提出了义利合一的人性观,认为教育的作用是培养"实才实德"之人。

(4) 总评:中国古代人性论与教育作用的总结与影响。人性论的善恶问题历来被众多思想家所争论,无论是性本善还是性本恶,教育家们的最终目的都是希望通过对人性的分析,找到一条发展人的理想道路。古代的很多思想道德教育学说都是针对人性问题而设的,由人性论出发,自然可以达到人性论与道德论的统一、道德论与政治论的统一。他们从人性论出发提出的思想道德教育,不仅有理论上的阐释和建构,而且有了许多行之有效的思想道德教育方法。它启示我们,思想道德教育应该重视理想信念教育,要重学力行,知行结合。同时,要用高尚的道德情操引导人们重视精神层面的追求,重视环境的习染和意志力的培养。

6. 〖论述〗论述中国古代教育家的教师观及其"尊师重道"的思想。/ 试论述孔子和韩愈的教师观。(10 沈阳师大、内蒙古师大,18 杭州师大)

〖答〗**(1) 中国古代教育家的教师观。**

①**孔子**:孔子提出了独到的教师观,树立了理想教师的典型形象。他认为作为教师要具备的品格是学而不厌、诲人不倦、温故知新、以身作则、爱护学生、教学相长。

②**荀子**:荀子将教师视为治国之本,把教师的地位提高到与天地、祖宗并列的地位。他强调学生对教师要无条件服从,主张"师云亦云",教师在教学过程中应处于绝对的主导地位。教师要有尊严和威信;有丰富的经验和崇高的信仰;能循序渐进,诵说而不凌不乱;见解精深且表述合理。

③**《学记》**:强调尊师。强调学识只是为师的条件,而非充分条件;只有懂得教育成败的原理才能为师;指出善于在分析达成学习目标的难易程度和学生素质高下的基础上,采用各种有针对性的教学方法,可以为师。

④**韩愈**:韩愈撰写了中国古代第一篇集中论述教师问题的文章《师说》,他认为教师的任务是"传道、授业、解惑";以"道"为求师的标准,主张"学无常师";提倡"相师",建立民主性的师生关系,也就是说,师生的关系是相对的,在一定条件下可以互相转化。

(2) 中国古代教师观的评价。

①**中国古代教育家特别注重教师的思想修养、品德修养以及人格的完善。**中国古代教育家都充分地认识到教育的社会价值和作用,他们都是将建立和传播封建伦理道德作为教育的主要宗旨,要达到这样的目的,作为施教者必须是道德的楷模、社会的典范。

②**中国古代教师观特别强调教育者对受教育者应有充分的认识,做到因材施教。**我国古代教育实践中对人的研究相当重视,从几千年前就开始注意到人的不同长处和不同生理阶段的不同心理特征。所以,教育家都会对学生的不同个性特点做深入的研究,并将因材施教的原则贯穿到他们的教育实践过程中。

③**中国古代教育家对教师素质提出的高要求总是与对教师崇高社会地位的认识相一致的。**中国古代教育家都十分强调社会应形成尊师重教的风气。正因为古代教育家将教育和教师的地位强调到一种神圣而崇高的程度,所以对教师的素质要求也就十分严格。

7. 〖论述〗试述中国古代教育家的道德修养方法,并谈谈对今天德育改革的启示。(14 杭州师大)

〖答〗**(1) 中国古代教育家的道德修养方法。**

①**孔子的道德修养方法。**在孔子的私学教育中,道德教育居首要的地位。道德教育的主要内容是"礼"

和"仁"。"礼"为道德规范,其中最重要的两项是忠与孝;"仁"为最高道德准则,仁德的实行可分为忠与恕。其道德教育的方法是立志、克己、力行、中庸、内省、改过。

②**孟子的道德修养方法**。a. 持志养气。指树立并坚持崇高的志向。b. 动心忍性。指意志的锻炼,尤其是要在逆境中得到磨炼。c. 存心养性。人人都有仁、义、礼、智的"善端",但要形成实实在在的善性善行,要靠存养和扩充,而存养的障碍来自人的耳目之欲。d. 反求诸己。凡事必须严于律己,时时反省。

③**荀子的道德修养方法**。a. 贤师良友。在他们的正面影响下,必然会提高道德素养。b. 积善成德。人为进行化而成善的人性改造,是一种渐进积善的过程。c. 注错习俗。个人所处的社会环境与日常生活的行为举止积习成俗,造成后来发展的不同。d. 治气养心。对于性情有所偏激缺憾的人,应该帮助其做救偏除弊的矫正工作。

④**董仲舒的道德修养方法**。在董仲舒的社会政治思想中,虽然主张教化与刑罚并用,但强调以道德教化为主。"三纲五常"是董仲舒伦理思想体系的核心,也是其道德教育的中心内容。其道德修养的方法有:确立重义轻利的人生理想;"以仁安人,以义正我";"必仁且智";"强勉行道"。

⑤**颜之推的道德修养方法**。在德育方面,颜之推承袭了儒家以孝悌仁义等道德规范为主要内容的传统,认为树立仁义的信念是德育的重要任务,而实践仁义则是德育的最终目的。其道德修养方法有:早期教育,养成习惯;长者示范,随风而化;与善人居,潜移暗化;读书学问,利于德行。

⑥**朱熹的道德修养方法**。朱熹十分重视道德教育,主张将道德教育放在教育工作的首位。他认为道德教育的根本任务是"明天理,灭人欲",基本内容是"三纲五常",这是他道德教育思想的重要特点。关于其道德教育的方法,可以概括为立志、居敬、存养、省察、力行。

(2) 对今天德育改革的启示。

①**从德育的观念看,要有正确的志向**。古代教育家注重立志,把教育学生树立正确的志向作为教育重点。现代德育也要引导学生树立正确且崇高的人生志向。

②**从德育的时间看,要全程育人**。古代教育家强调学生的德育培养要从幼儿时期到进校门再到毕业直至走进社会,思想政治教育都要贯穿始终。

③**从德育的主体看,要全员育人**。古代教育家既强调家庭长辈的德育榜样作用,又强调贤师良友的影响。所以,当代德育要形成学校、家庭、社会等全面的育人机制,整体提高学生的道德素质。

④**从德育的途径看,要环境育人**。古代教育家提倡与善人居,潜移暗化,在环境中耳濡目染,受到道德感化。现在德育既要注重环境育人,也要注重学科、活动、文化等对人潜移默化的作用。

⑤**从德育的过程看,要知情意行统一**。古代德育强调持志、克己、中庸、力行、内省、改过等。我们在对学生进行德育时也需要采取多种德育途径和方法,使学生知、情、意、行和谐发展。

8. 简答 简述清末的四次留学。(11 山东师大)

答 **(1) 清末的四次留学。**

①**幼童留美**。最早提出的人是容闳。拟计划 4 年选送 120 名年龄在 12～16 岁的幼童赴美留学,在国外学习英语、自然科学知识,也学习儒家经典。由于诸多矛盾,中途夭折,但它开创了中国留学教育的先河,为近代留学教育积累了宝贵的经验,培养了一批新型的知识分子。

②**派遣留欧**。始于船政大臣沈葆桢的建议,并以船政学堂的学生为主,主要学习造船和航海技术。留欧学生成为近代中国第一代海军的重要将领;推动了中国近代军舰制造技术的发展,为中国海军教育事业作出了贡献;在外交、实业等领域均有建树,是中国近代第一代实业人才。

③**留日高潮**。中日甲午战争的刺激,使中国士大夫开始认识到要学习日本,认为应将日本作为派遣留

学生的首选国。废除科举制后，士人为寻求新的出路，涌向日本，形成了留日高峰。留日学生充实了新式学堂的师资，壮大了人才的队伍，传播了资产阶级思想，形成了资产阶级革命派群体，促成了辛亥革命的爆发，对中国近代社会的变革产生了重大影响。

④"庚款兴学"与留美教育。美国决定从1909年开始，将中国"庚子赔款"中的一部分用先赔后退的方式退还给中国，并和中国政府达成默契，将这笔钱用来发展留美教育，史称"庚款兴学"。通过这次兴学，美国的确把中国的留学潮引向了美国，中国留学生的流向从此发生了变化。

(2) 清末留学的意义。

①**对科技**。引进了西方近代科学技术的内容，建立了中国近代科技体制，促进了近代科学精神的本土化。

②**对教育**。学习先进的教育、思想、制度等，学习领域广泛，学习层次和内容深入，促进了中国近代教育体系的改革和发展。

③**对政治**。较广泛地传播了资本主义思想观念。特别是以留日学生为骨干，形成了资产阶级革命派群体，促成了辛亥革命的爆发，对中国近代社会的变革产生了重大的影响。

④**对文化**。受到西方文化的熏陶与影响，由此也推动了中国思想文化意识的变革，促进了适合近代科技发展的文化土壤的形成。

9. [论述] 评述民国初至20世纪20年代末的学制改革。/论述近代三次学制改革的利弊得失。

[答] (1) 壬子癸丑学制，即1912—1913年学制。

① 1912—1913年，教育部在参照日本学制的基础上，结合中国的实际经验，制定了中国近代第一个资产阶级性质的学制，称为"壬子癸丑学制"，又称"1912—1913年学制"。壬子癸丑学制主系列划分为三段四级，仍保持以"小学—大学"教育为骨干，兼重师范教育和实业教育的整体结构。学制总年限为17～18年。小学前的蒙养园和大学本科后的大学院均不计入学制年限。此外，设立师范类和实业类学校。

②积极方面：a.学制总年限缩短了3年，易于普及教育；b.取消对毕业生科举出身的奖励，消除教育中的封建等级性；c.女子享有与男子平等的法定教育权，突破了封建礼教对女性的限制；d.高等教育设大学预科；e.课程内容和教学方法更加突出实用性，教育更加联系儿童实际，适合儿童身心发展。

③消极方面：中学修业年限太短，且偏重于普通教育而轻视职业教育。

(2) 壬戌学制，即1922年"新学制"。

① 1922年9月，教育部公布了《学校系统改革案》，又称1922年的"新学制"。由于该学制采用的是美国式的"六三三"分段法，又称"六三三"学制。新学制以儿童身心发展规律为依据，采用"六三三"分段标准，将学制划分为三段。纵向看，小学6年，其中初级小学4年（义务教育阶段）、高级小学2年；中学分为初、高中各3年；大学4～6年，小学之下有幼稚园，大学之上有大学院。横向看，与中学平行的有师范学校和职业学校。两项"附则"：注重天才教育；注重特种教育。

②积极方面：a.1922年"新学制"体现出实用主义色彩；b.1922年"新学制"适应当时资本主义工商业发展的实际情况；c.1922年"新学制"的内容具有先进性和合理性，比较彻底地摆脱了封建传统教育的束缚，具有适应社会和个人需要等新的时代特点；d.1922年"新学制"具有灵活性；e.1922年"新学制"是我国学制史上的里程碑，标志着中国近代以来国家学制体系建设的基本完成，一直沿用至中华人民共和国成立前夕。

③消极方面：此学制在具体实施过程中存在不少问题，如缺乏师资、教材、设备等，故不得不通过对其后所创办的综合中学增开大量的选科等做法进行调整。

(3) 戊辰学制,即 1928 年学制。

①该学制以 1922 年"新学制"为基础并略加修改,第一部分提出了七项原则:根据本国国情;适应民生需要;增高教育效率;提高学科标准;谋个性之发展;使教育易于普及;留地方伸缩之可能。第二部分为学校系统,基本框架与 1922 年"新学制"相比没有太大的变化。

②积极方面:a. 使占人口 80% 以上的不识字儿童和成年人受到一定的教育,较为重视义务教育和成人补习教育;b. 为提高民族文化程度,中等教育和高等教育的工作重心定为整理充实,求质量的提高;c. 适应 20 世纪 30 年代经济的增长,政府的教育决策明显倾向于职业教育,使职业教育得到一定发展。

③消极方面:新增"提高学科程度""增进教育效率"两条原则,取代了 1922 年"新学制"中"发挥平民教育精神""注意生活教育"两条标准,一定程度上体现出戊辰学制对教育规律、民主精神的缺失。

> **凯程提示**
> 在 333 专硕历年真题中,未统计到学制综述题目,但学制综述题目在学硕自命题院校中考过几次,凯程认为此考点也是必考点和预测考题,故补充此题。

10. [论述] 我国近代教育体制的变革表现在哪些方面?（10 湖北）

[答] **(1) 教育政策的变革。**

①**制定教育方针。** 民国第一任教育总长蔡元培主持了一系列教育改革措施,确立了公民道德教育、军国民教育、实利主义教育和美感教育的教育方针。

②**颁布壬子癸丑学制。** 在蔡元培的主持下,教育部陆续公布了一系列法令法规,形成了一个全面完整的学制系统,称为壬子癸丑学制。

③**颁布课程标准。** 1912 年 1 月,教育部颁布了《普通教育暂行课程之标准》,规定了初等小学、高等小学、中学和师范教育的课程,开设科目以及教学时数。规定的内容体现了:a. 废止了癸卯学制中的"读经讲经"课。b. 对中国传统文化采取了批判继承的态度。c. 注重课程的实用性、平民性和美感教育。

(2) 教育思想的变革。

①**新文化运动促进了中国教育观念的变化和教育思潮。** 教育的个性化、教育的平民化、教育的实用化、教育的科学化成为追求,在这个时期出现了平民教育思潮、工读主义教育思潮、职业教育思潮、勤工俭学运动、科学教育思潮和国家主义教育思潮。

②**新文化运动时期重要的教育思想。** 蔡元培提出"五育"并举的教育方针、改革北京大学的教育思想与实践、教育独立思想及对收回教育权运动的推进,尤其引领了中国高等教育走向现代化。杨贤江促进了马克思主义教育理论体系的建立,黄炎培的"大职业教育"思想促进了中国职业教育的起步,晏阳初与梁漱溟的教育思想促进了乡村教育与乡村建设,陈鹤琴的"活教育"思想开创了中国学前教育本土化的研究与发展,陶行知的生活教育理论突出了大众的、实用的、民主的教育。

(3) 学制体系的变革。 1922 年"新学制"。1922 年"新学制"的颁布,标志着中国近代学制体系建设的基本完成,是中国近代学制发展史上的里程碑。学制特点:①第一次依据人的身心发展规律划分六三三制的教育阶段。②初等教育:将幼稚园纳入初等教育;缩短小学年限,四年义务教育,利于普及。③中等教育:是改革的核心,延长年限至六年,并分为初、高两级,实行分科制和选科制。④高等教育:缩短年限,取消大学预科;明确大学教育进行专门教育和科研的职能。⑤兼顾职业教育和师范教育。

(4) 教育实践的变革。

①**收回教育权运动**。1922年3月，蔡元培在《新教育杂志》上发表了《教育独立议》一文，极力主张教育脱离政党与宗教而独立，率先举起反基督教教育的大旗。1925年，收回教育权运动在"五卅运动"中达到高潮。北洋政府迫于压力，颁布了《外人捐资设立学校请求认可办法》，这个文件的颁布与执行是收回教育权运动最大的实际性成果。

②**学校教学方法的改革与实验**。受五四新文化运动思想解放，以及实用主义教育、科学主义教育的影响，在学制、课程与教材改革的推动下，进行了改革和实验。a. 重视实验心理学研究；b. 普遍设立实验学校；c. 开展教学方法的试验；d. 实验课程趋于完备，各级各类学校都有专门的实验或观察课程。

11. 论述 论述民国时期的乡村教育的发展及对当代教育的启示。(23宁夏)

答 (1) 民国时期的乡村教育发展。民国时期的乡村改造和乡村建设运动，涌现了一批有知识、有情怀、有责任的教育学家和社会学家，如黄炎培、陶行知、晏阳初、梁漱溟等。他们既是乡村改造和建设运动的推动者，也是开展乡村平民教育、职业教育和生活教育的发起者。

①**黄炎培**作为我国近代职业教育的先驱者，从普及教育的角度论述了乡村教育的重要性，提出"划区试办乡村职业教育计划"，并选定农村改进试验区。

②**陶行知**以中华教育改进社的名义起草了《改造全国乡村教育宣言书》，之后陆续创办了晓庄中心小学、晓庄试验乡村师范学校、山海工学团、劳工幼儿团等，在农村开展普及教育运动。

③**晏阳初**是世界平民教育与乡村改造运动的倡导者，任中华平民教育促进会总干事，设立乡村平民教育试验区、乡村平民学校，有力地推动了乡村教育运动的发展。

④**梁漱溟**主持的山东乡村建设研究院于1931年在邹平设立乡村建设试验区，至此，乡村教育进入了试验阶段。随后，各学术团体和教育机构纷纷到乡村创办试验区，在全国掀起了乡村教育的热潮。

(2) 启示。

①**根据现实条件构建符合我国国情的乡村教育**。乡村振兴背景下，应结合各教育家的平民教育思想与我国现实情况，促进学校、家庭和社会教育的合作与交流，培养本土化特殊人才。

②**秉持"以人为本"的乡村教育理念**。新时代人才振兴要扩大农民教育的培养目标，使农民掌握知识、拥有技能，还要注意对农民"整个的人"的培养，实现农民物质和精神生活的双重满足。

③**建设专业人才队伍发展乡村职业教育**。乡村振兴最主要的就是人才振兴，人才振兴需要教育提供支持。乡村职业教育要加快构建专业人才队伍，不断提高农民素质和生活能力。

④**抱有"教育救国"的爱国情怀**。近代教育家的救国情怀为后世作出了良好示范，如今的我们应该继承近代教育家身上所具有的历史责任感与爱国精神，真正投身于教育事业，为社会发展作出应有的贡献。

⑤**重在乡村教育与乡村建设的结合**。乡村教育应该是为乡村发展服务的，是为满足农民需求服务的。所以，乡村教育不仅要重视社会教化，也要重视向乡村居民传递农业生产方面的知识。

12. 简答 20世纪20—30年代中国教育家进行的主要教育改革实验有哪些。(23合肥师范学院)

答 (1) **杨贤江的马克思主义教育理论**。杨贤江是中国最早的马克思主义教育理论家和青年教育家。他运用历史唯物主义阐明教育的本质，撰写了多部教育著作。他重视和关注青年问题，常与青年通信，对青年各方面的问题悉心指导，提出了"全人生指导"思想。

(2) **黄炎培的职业教育思想**。作为中国近现代职业教育的先行者，黄炎培及其职业教育思想开创和推动了中国的职业教育事业。他的职业教育思想有平民化、实用化、科学化和社会化的特征，丰富了中国的教育理论，并对中国20世纪二三十年代的教育改革产生了巨大影响，对当今职业教育也具有重大借鉴意义。

(3) **晏阳初的乡村教育实验**。晏阳初主张通过"四大教育"与"三大方式"来改变中国农民的愚、穷、弱、私"四大病",并提出了进行乡村建设实验的目标和途径,即"化农民"与"农民化"。其教育理论与实验给实验区农民带来了一定的实惠,但不能解决旧中国农村的根本问题。

(4) **梁漱溟的乡村教育建设**。梁漱溟认为中国落后的根源是文化失调,他立足于文化传统来思考中国社会的改造,将现代科学思想和方法带入落后的农村,设立乡农学校,进行乡村建设,为农村教育的提高作出了贡献。

(5) **陈鹤琴的"活教育"探索**。陈鹤琴是中国近代学前儿童教育理论和实践的开创者。他一生致力于从中国国情出发,学习和引进西方教育思想和方法,建设有民族特色的中国现代儿童教育。他倡导"活教育",为改革传统教育提出了极有价值的思路。

(6) **陶行知的"生活教育"思想与实践**。陶行知受裴斯泰洛齐、杜威教育思想的影响,进行了很多"生活教育"的实践,如晓庄学校、山海工学团,并在实验的基础上,形成了自己的生活教育理论,即生活即教育、社会即学校、教学做合一。其生活教育理论显示出强烈的时代气息,至今都富有启示。

(7) **蔡元培的高等教育思想与北大改革实践**。蔡元培是中国近代著名的资产阶级革命家和民主主义教育家。1917年赴任北京大学校长后,他对北京大学进行了卓有成效的改革:提倡抱定宗旨、改变校风,贯彻"思想自由、兼容并包"的办学原则,提出教授治校、民主管理等,为中国高等教育开辟了一片新天地。

总结:20世纪20—30年代,由于政府重视教育,提倡教育改革,在一定程度上允许教育理论的探讨,所以这些教育家出于提高民族科学、文化、教育水平,以使祖国振兴的强烈愿望,依据不同的理念,采取不同的方法,探索改造中国教育、改良中国社会之路,形成了多姿多彩的教育理论,使中国的教育理论整体上从简单模仿进入自我创造、初步民族化的阶段,为中国教育的发展提供了丰富而宝贵的思想财富,为中国教育的现代化奠定了基础。

13. 论述 试评述中国教育史上两位教育家的教育思想。(18 江西师大)

答 (此题答案可以选择中国教育史基础篇或拔高篇的异同比较类、发展综述类中的任意两位教育家进行论述即可。)

(二)外国教育史

1. 论述 试分析文艺复兴与大学变革的关系。(17 山西师大)

答 (1) **简介**:文艺复兴运动是14—17世纪欧洲在意识形态领域向封建主义和天主教神学体系发动的一场伟大的文化革命运动。文艺复兴对传统大学产生了巨大影响,冲击了中世纪大学中占垄断地位的经院主义课程,加快了大学世俗化的进程。

(2) **文艺复兴对大学变革的影响**。

①**课程内容发生变化**。中世纪大学中占垄断地位的经院主义课程受到了冲击,具有人文主义色彩的新课程在大学课程中的比例不断增加。

②**教育职能发生变化**。通过进行古典主义的教育,大学一直致力于寻求一种核心的普通教育,从而把许多专业化的课程统一起来,并从整体上服务于人类的需要。

③**教育价值观发生变化**。重新确立了人的地位,强调人性的高贵,复兴了古希腊的个人主义价值观。

④**教育目的发生变化**。形成了全面和谐发展的"完人"的教育观念,教学目标从中世纪培养教士转向文艺复兴培养绅士。

⑤**道德教育观发生变化**。人道主义、乐观、积极向上、热爱自由、追求平等和合理的享乐等新的道德观在人文主义的学校中开始取代天主教会的道德观。

⑥兴起了自然主义教育思想。文艺复兴将科学从千余年沦为神学"婢女"的地位中解放出来，促成了近代科学的诞生，为大学最终引入自然科学和确立科学研究的职能创造了条件。

⑦推动了教育世俗化的历史进程。人文主义新学科冲破了经院主义神学和哲学独霸大学讲堂的局面，虽然其影响主要局限于大学文学院，但正是大学文学院引领了欧洲大学的近代化运动，带动了整个大学的变革，后来哥廷根大学、柏林大学的改革都是从文学院（哲学院）开始突破的。

2. **简答** 简述启蒙运动的主要观点及其对教育的影响。（15 湖北）

答 （1）**主要观点：建构新式教育。**①理性主义教育观（康德）：教育要尊重人的理性，培养人的理性，教人学会思考。②自然主义教育观（卢梭）：性善论，教育要顺应人的天性与自由。③国家主义教育观（爱狄拉）：国家管理教育，兴办普及教育，促进教育世俗化，培养国家公民。④科学主义教育观（斯宾塞）：科学知识最有价值，实科教育兴起。⑤教育心理学化观（裴斯泰洛齐）：依据人的心理发展的规律和特点办教育。

（2）**对教育的影响。**

①**对政治：**启蒙运动时期的教育启迪了人们的思想，动摇了专制统治，使民主共和的观念深入人心，为欧洲资产阶级革命作了思想准备和舆论宣传，促进了资本主义政治制度的建立，使其同封建愚昧和宗教狂热作斗争，并联同各种力量最终废除了封建专制。

②**对科学革命：**启蒙运动时期的教育传播了科学知识和理性精神，进一步推动了科学革命的发展。

③**对教育改革。**

a. 启蒙运动时期的教育有利于推动国家掌握教育权。人们基于对知识的信仰，将人的智力看作国家力量之所在，开始强调教育的可能性与必要性，要求教育不仅为经济社会服务，更要为人服务，提出人的发展有必要受教育，人的发展和人的差异取决于教育等衍生观点。

b. 启蒙运动时期的教育大力促进了教育的近代化、世俗化。启蒙思想家大多极力主张发展教育，使广大民众都能受到教育、获得知识、发展理性，主张通过教育和知识传播来培养人并改造社会，以此促进教育的近代化、世俗化。

④**对社会思想观念：**启蒙运动时期的教育促进了启蒙新思想的发展。启蒙思想家将知识和理性作为解决一切社会问题的灵丹妙药，他们认为知识就是力量和财富，人们有了知识，就能认清自己的本性和使命，就能改正错误并走向真理，从而建立一个自由、平等的美好社会。这种观念通过教育被逐渐传播，使得自由、民主、平等、人权成为人们对生活的新追求。

3. **论述** 试述西方教育史上的自然主义教育的产生和发展。（21 四川师大）

答 自然主义教育源于古希腊，酝酿于欧洲文艺复兴时期，形成于 18 世纪，是近代西欧资产阶级重要的教育理论和教育思潮之一。其主要代表人物有夸美纽斯、维多里诺、卢梭、裴斯泰洛齐以及福禄培尔等。

（1）**产生背景：**①受到启蒙思想的影响。启蒙运动崇尚人的理性，尊重人的天性和自由，为自然主义教育思潮的产生提供了舆论氛围。②资本主义发展的客观需要。资产阶级要求推翻封建专制统治，这就需要借助教育的力量。③封建教会教育的没落。资产阶级新式教育的兴起冲击了传统的教会教育，使其开始没落。

（2）**发展阶段：**自然主义教育历经萌芽、形成、体系和发展 4 个阶段。

①**萌芽阶段：**自然主义教育最早萌芽于古希腊时期，亚里士多德在历史上首次提出了"教育遵循自然"的原则。他提出在教育过程中要注意儿童心理发展的自然特点，主张按照儿童心理发展的规律对儿童进行分阶段教育，提倡对儿童进行和谐、全面发展的教育。欧洲文艺复兴时期，维多里诺等人文主义者倡导"引证自然"，肯定人的尊严，强调教育要依据儿童的本性实施，主张儿童要到大自然中学习自然的一切知识。

②**形成阶段**:夸美纽斯明确提出了教育适应自然的原则,并将其作为贯穿整个教育体系的一条根本的指导性原则,这标志着自然主义教育思想的形成。

③**体系阶段**:卢梭是自然主义教育思想的典型代表,其教育思想的核心概念为自然教育,主张培养"自然人"。他指出教育来源于自然、人或事物。以自然的教育为中心,使事物的教育和人的教育服从于自然的教育。

④**发展阶段**:a. 裴斯泰洛齐受卢梭的教育思想影响,进一步将自然教育思想深化,在教育史上首次提出了"教育心理学化"的口号,使教育适应自然的理论有了新的内涵,开拓了西方教育心理学化运动。b. 福禄培尔也是自然主义教育思想的积极倡导者,他认为,教育必须遵循儿童的"内在"生长法则,使之获得自然和自由的发展。c. 第斯多惠使"教育的自然适应性"这一术语直接被教育心理学化所代替。他明确地提出把心理学作为教育学的基础,力图运用当时心理学的研究成果深入揭示人的自然本性及其发展规律,并提出了较为丰富的教育思想。

(3) 评价:自然主义教育思想确立了儿童在教育中的主体性地位,主张解放儿童的天性,其中适应自然的教育原则、直观教学方法等丰富了近代的教育理论和实践,为西方近代教育理论的科学化奠定了必要的基础,同时也促进了教育近代化的发展,对后来新教育、进步教育以及杜威的教育思想都有一定的影响。但是其对"自然"的概念界定并不清晰,缺乏严谨性,同时忽视了教育的社会属性,且一些儿童教育理论和教育方法缺乏科学依据,可行性弱。

4. [论述] 试论述西方教育史上教育与生产劳动相结合的主张。(20 四川师大)

[答] **(1) 教育与生产劳动相结合的思想概述。**

①莫尔等早期空想社会主义家提出了教育要与生产劳动相结合的教育主张,但他们未揭示教育与生产劳动相结合的客观规律。

②裴斯泰洛齐是西方教育史上第一位将教育与生产劳动相结合付诸实践的教育家。并在自己的实践活动"贫儿之家"和斯坦兹孤儿院中推动和发展了这一思想。他在一定程度上看到了教育与生产劳动相结合对人的和谐发展和社会改造的重要意义,并在理论认识上加以发展,为教育理论发展作出重要贡献。但由于时代限制,他未能真正找到教育与生产劳动相结合的内在联系,也就无法作出全面的历史分析。

③马克思、恩格斯第一次揭示了教育与生产劳动相结合的历史必然性。a. 大工业生产对多方面发展的工人的需要,客观上要求将生产劳动与教育结合起来。b. 大工业生产对科学技术的需要,要求将教育与生产劳动有机地结合。c. 综合技术教育也为教育与生产劳动相结合提供了重要的"纽带"。

④后继马克思主义教育家们,如凯洛夫、马卡连柯、苏霍姆林斯基等普遍重视教育与生产劳动相结合的重要性,并将理论付诸实践。

(2) 评价。①教育与生产劳动相结合是造就全面发展的人的唯一方法。②教育与生产劳动相结合是当代社会生产发展对教育的要求。培养知识与劳动相结合的人才是提高社会生产的一种强有力的手段。③教育与生产劳动相结合是提高教育质量、培养高水平人才的不二法门。④只有在合理的社会制度下,教育与生产劳动相结合的重大意义和作用才能得到充分的实现。随着社会生产力的高度发展,社会将对普遍生产劳动和普遍教育相结合提出越来越高的要求,同时也从劳动制度和教育制度上为其实现提供日益完善的条件,从而使社会与生产劳动相结合的重大意义和作用得到充分的实现。

5. [论述] 西方教育史上关于和谐教育的发展。(23 四川师大)

[答] **(1) 西方和谐教育思想的萌芽。**古希腊是西方教育思想的发祥地,产生了西方最早的和谐教育思想。古希腊"三哲"对和谐教育都有过深刻的论述。苏格拉底认为教育的目的在于培养德、智、体和谐发展的治

国人才;柏拉图强调人的音、体、智、德等方面的身心和谐发展;亚里士多德提出的和谐教育是指德、智、体、美和谐发展,他还特别强调音乐是和谐教育的核心部分。

(2) 西方和谐教育思想的形成。 文艺复兴时期的人文主义教育家提出了将人的身心或个性的全面发展作为教育的培养目标。维多里诺将自己创办的学校取名为"快乐之家",以学生人格的和谐发展为办学宗旨;拉伯雷在其著作《巨人传》中赞颂了人文主义和谐教育思想;蒙田也强调将儿童培养成身心两方面和谐发展的新人。

(3) 西方和谐教育思想的发展。 17、18世纪和谐教育思想开始勃兴,形成了和谐教育思想发展史上的高潮。夸美纽斯认为在宇宙万物和人的活动中存在着的"秩序"保证了宇宙万物和谐发展,因此提出了教育适应自然的原则;卢梭提出培养"自然人"的教育目的,强调儿童教育必须"顺应自然";洛克提出教育的最高目的就是培养绅士,绅士应该具备"德行、智慧、礼仪和学问"四种精神品质以及健康的身体素质。

(4) 西方和谐教育思想的多元变革。

①**民主主义和谐教育思想。** 裴斯泰洛齐提出教育的目的在于全面和谐发展人的一切天赋力量和才能,"和谐发展"是人作为一个社会成员所必须具备的要素。

②**实用主义和谐教育思想。** 杜威重视儿童本身的能力和主动精神在教育过程中的作用,提倡教育主客体的和谐性,提出了以儿童为中心的和谐教育主张。

③**人本主义和谐教育思想。** 马斯洛认为,人本化的教育目的是人的"自我实现",即完美人性的形成和达到人所能及的境界。罗杰斯认为,教育目标应是促进"整体的人的学习"与变化,培养独特而完整的人格特征,使之能充分发挥作用。

④**马克思主义和谐教育思想。** 马克思关于人的全面发展学说从个体如何更好地适应社会发展的角度阐述和谐教育,为和谐教育提供了哲学基础和科学指导思想。苏霍姆林斯基是马克思主义个性全面和谐发展教育思想的代表人物,他强调培养"个性全面和谐发展"的人,提出学校教育应把德育、智育、体育、美育以及劳动教育有机地结合在一起,使儿童的个性获得全面协调的发展。

综上所述,和谐教育思想源远流长,西方的思想家、教育家对和谐教育的探索一直没有停止过。他们都看到了和谐教育在培养和谐发展的人才中的重要作用,因而将其作为孜孜以求的教育理想境界。西方和谐教育思想对世界影响深远,对当代也具有重要的时代意蕴。和谐教育思想启示我们要设置全面和谐的课程,促使学生的基本素质和谐地发展;教育适应不同学生的发展需要,尊重学生的主体地位;教育营造安全自由的和谐课堂,构建民主、融洽、和谐的师生关系。

6. 论述 **谈谈20世纪初欧美综合中学运动的发展及其特征。(11 河南师大,22 云南师大)**

答 **(1) 简介:** 20世纪以来,在社会民主化和追求平等教育的趋势下,在初等教育和高等教育发展的双重推动下,欧美各国注重改革中等教育结构,综合中学也随之应运而生。它是面向所有民众招生,以普通课程与职业课程的综合性为特色,兼顾升学和就业,加强学生个性选择的中学类型。综合中学旨在反对造成教育不平等的双轨制,促使其在课程、招生对象、分组等方面更加综合、全面和平等,以便有效地改变中等教育机构的分类、选拔和分流等制度结构。

(2) 西方部分国家的综合中学运动发展。

①**美国:** 1918年颁布的《中等教育的基本原则》认为应该使"综合中学"成为美国中学的标准模式,指出中等教育应当在统一组织的包容所有课程的综合中学进行,肯定了综合中学的地位。

②**英国:** 1938年《斯宾斯报告》明确提出建立具有综合性质的多科性中学,这是关于综合中学最早的实践性建议。"二战"后英国工党主张设立综合中学,以体现教育机会均等。

③**法国**:1937年,法国出现了改革中等教育的新设想,即在中学一年级设立一批定向实验班,通往普通综合中学,但因"二战"开始而停滞。

(3) **特点**。

①**广泛性**:综合中学运动作为教育发展到一定阶段的必然趋势,是各个国家都必然经历的过程。其教育对象是全体国民,影响涉及西方发达国家和其他发展中国家。

②**综合性**:综合中学的课程编排和教育内容都体现了一种全面、综合、优化选择的特性,它把古典、现代、技术和职业等知识融合,向学生提供更加丰富的课程选择和教育内容。

③**平等性**:综合中学运动的根本目的体现的平等性,总体上是为了打破西方国家中等教育传统中的不平等的双轨制,通过消除中等教育机构之间的地位差别、建立新的平等教育机构以达到教育平等的目的。

④**科学性**:综合中学运动发展过程是建立在科学研究成果之上的,如对社会分层和流动与教育的关系的实证研究等,为综合中学运动提供了科学理论基础。

⑤**民主性**:综合中学运动体现了教育本身的民主性,也体现了社会民主性。

⑥**功利性**:综合中学的建立,是为了解决传统教育与社会经济发展所需要的人才之间的矛盾,进而达到社会和谐。

(4) **意义**:"二战"之后,在民主思想的推动下,西方各国反对造成教育不平等的双轨制,强力推进综合中学的实施,实现了中等教育的民主化。

7. 简论 论述欧美教育思潮。/ 列举五种欧美现代教育思潮。(简:12 浙江师大,13、16 中央民族;论:22 石河子)

答 (1) 19世纪的近代教育思潮。

①**自然主义教育思潮**。自然主义教育思潮源于古希腊,酝酿于欧洲文艺复兴时期,形成于18世纪,是近代西欧资产阶级重要的教育理论和教育思潮之一。其代表人物包括亚里士多德、夸美纽斯、维多里诺、巴西多、卢梭、裴斯泰洛齐和福禄培尔等。

②**教育心理学化教育思潮**。教育心理学化是18世纪初在欧洲兴起的一场旨在将教育建立在心理学基础上的教育思想革新运动,主要代表人物包括洛克、裴斯泰洛齐、赫尔巴特等。

③**科学教育思潮**。科学教育思潮产生于16世纪末17世纪初,兴盛于19世纪后期,是在欧美国家得到广泛传播的一种教育思潮。其主要代表人物包括培根、斯宾塞、弥尔顿等。

④**国家主义教育思潮**。18—19世纪,在法国启蒙运动中,国家主义教育思潮开始形成并广泛传播,主张国家应该重视和管理教育,应该普遍设学,并对学校教育进行管理,培养合格的国家公民。其主要代表人物有法国的拉夏洛泰、孔多塞,德国的费希特等。

(2) **新教育运动**。19世纪末20世纪初,欧洲针对传统教育不尊重学生的主体性,教学呆板无趣的问题而兴起新教育运动,英国雷迪的阿博茨霍尔姆学校的建立拉开了欧洲新教育运动的序幕。

①**内容**:a. 在教育地点上,欧洲新学校大多设在乡村或大城市的郊区,周围环境幽静,风景优美,设备优良,采用家庭式教育管理方式;b. 在教育目的上,重视体育、手工、园艺活动,以此培养学生的自由精神、观察能力、审美能力和独创精神;c. 在教学内容上,重视现代人文科学与自然科学课程;d. 在教学方法上,反对体罚,重视儿童兴趣与思维能力的发展;e. 在道德教育上,向儿童灌输资产阶级民主、合作的观念,培养儿童的责任心和进取心。

②**评价**:成功引起世人对新教育的关注和对传统教育的反思,使各国新学校之间建立起紧密联系,为新教育赢得了国际声誉,为国际交流开辟了道路。但是收费昂贵,以思想激进的上层社会和高收入阶层的少

数学龄儿童为对象,规模一般很小,并独立于国家教育制度之外,不能产生大规模化的教育影响。

(3) **进步教育运动**。19世纪末20世纪初,美国开始了进步教育运动,进步教育协会的建立标志着进步教育的成型。20世纪50年代,美国进步教育衰落,《进步教育》杂志的停办标志着进步教育运动落下帷幕。

①**内容**:a. 在教育地点上,进步教育大多在城市的公立学校进行改革;b. 在教育目的上,要求培养学生的自由精神、观察能力、审美能力和独创精神;c. 在教学内容上,重视学生直接经验,以活动课程为主,要求学生在做中学;d. 在教学方法上,反对体罚,重视儿童兴趣、需要和生活,在自学中促进思维能力的发展;e. 在道德教育上,向儿童灌输民主、合作的观念,培养儿童的责任心和进取心。

②**评价**:进步教育协会批判传统教育对儿童思想与创造性的禁锢;呼吁解放儿童,促进儿童天性与自由,尊重儿童的主体性,强调教育与生活实际相联系。但是其较为极端化地主张以儿童为中心,放纵儿童,轻视知识体系和教师的作用,导致教育质量降低,而最终退出历史舞台。

(4) **20世纪中后期的教育思潮**。

①**改造主义教育**。改造主义教育以改造社会为教育的主要目的,既批判继承了实用主义教育,又吸收了要素主义、永恒主义教育的一些思想。所以,改造主义无疑是具有折中主义性质的思想。

②**要素主义教育**。要素主义教育从产生起就是一个有组织、有纲领的运动,主要针对美国教育实际中存在的问题和弊病,寻求解决问题和克服弊病的出路。

③**永恒主义教育**。永恒主义教育是一种强调理性训练以及人的理性和教育基本原则的永恒性的教育思潮。永恒主义教育强调人的理性,强调阅读经典名著,有突出的复古主义倾向,在教育实践领域影响不大。

④**终身教育思潮**。终身教育思潮于20世纪60年代在国际上流行,其代表人物是保罗·朗格朗。终身教育是教育领域中正在进行的一场广泛而深刻的革命,很多国家将其作为教育改革和发展的战略重点。

⑤**现代人文主义教育思潮**。现代人文主义教育试图通过挖掘人类智与情感诸方面的整体潜力来确立人的价值,它主张学校应形成最佳的学习氛围,充分发挥和实现人的各种潜能。

⑥**评价**:这些教育思潮反映了现代科学技术以及心理学的发展,显然给教育科学的发展提供了不少启示。但由于社会观、历史观和哲学观的局限,有些教育思潮也带有一定的片面性和缺陷。

> **凯程提示**
>
> 考生在回答有关教育思潮的问题时,需要注意题目中的时期,根据不同的时期回答不同的教育思潮。如自然主义教育思潮、教育心理学化教育思潮等是19世纪近代欧美教育思潮;新教育运动、进步教育运动是19世纪末20世纪初欧美教育思潮;改造主义教育、要素主义教育等是20世纪中后期的现代欧美教育思潮。

8. **论述** 试论述1957年"人造卫星事件"与西方教育改革的关系。(13 江苏师大)

答 (1) **对西方教育政策的影响**。

①**对美国**:a. 颁布《国防教育法》,该法的目的是加强国防并鼓励和资助相关教育方案的扩充和改进,以满足国家的迫切需要。b. 进行课程改革,以布鲁纳的结构主义课程论为中心进行改革。c. 进行促进教育机会平等的改革,取消种族隔离,进行平等教育。d. 实行"生计教育"和"返回基础"教育政策。e. 颁布《国家处在危险之中:教育改革势在必行》,目的是改变美国教育质量不断下降的现状。

②**对英国**:a. 颁布《克劳瑟报告》,针对基础教育提出改革措施。b. 颁布《罗宾斯报告》,讨论高等教育的扩展问题,拉开20世纪60年代英国高等教育发展的序幕。c. 颁布《1988年教育改革法》,对英国的教育体制进行全面改革。

③**对法国**：a. 颁布《教育改革法》，使法国教育适应世界的文化和国内发展的需要。b. 颁布《高等教育方向指导法》，对高等教育进行调整。c. 颁布《法国学校体制现代化建议》，加强职业教育，也对中小学教育、幼儿教育提出建议。

④**对联邦德国**：a. 颁布《改组和统一公立普通学校教育的总纲计划》，对普通教育进行改革。b. 颁布《关于统一学校教育事业的修正协定》，进行教育改革。③提出"双元制职业教育"模式，为联邦德国培养了大批职业技术人员。

(2) 对西方教育的民间影响。

①**美国人民反对进步教育运动达到高潮**。进步教育运动不能与美国社会的不断变化始终保持同步，苏联人造卫星上天后，人们将矛头对准公共教育，对进步主义教育的"生活适应"质疑更加强烈。

②**欧洲人民促使新教育运动走向衰落**。苏联人造卫星上天后，人们更加质疑新教育运动是否能够提高教育质量，推动社会发展，由此加速新教育运动的衰落。

(3) 评价。

①**教育是世界局势的一面镜子，从教育这一角度反映苏美争霸的激烈程度**。教育能够推动科技进步与社会发展，国家实力的强盛也可以反映在教育中。

②**各国教育在竞争中相互启示、相互推动，构成世界教育改革的宏伟画面**。苏联发射了世界上第一颗人造卫星，在西方世界引起了巨大震动，各国在探索军事科技落后的原因时，将目光再次投向了教育，使得教育又朝着实际与基础的方向发展。

9. [论述] 试从教育发展的历史角度论述美国近现代教育发展的原因。(10 陕西师大)

[答] (1) 美国近现代教育发展的历史。

①**教育制度的发展**。17 世纪，美国教育主要由教会控制和垄断。18 世纪，"学区制"开始萌芽，尽管联邦政府无权直接干预地方教育，但必要时还是可以以法案或经济的手段参与教育决策。19 世纪，在教育管理体制上，实行地方分权制，颁布《莫雷尔法案》，促进了高等教育的民主化和大众化。20 世纪，改组"六三三"学制，进行课程改革和颁布一系列法案，如《史密斯—休斯法》《国防教育法》、20 世纪 60 年代课程改革、《教育改革势在必行》等促进职业教育、高等教育等各方面教育的发展。

②**教育思想的发展**。17 世纪，宗教是教育的主要出发点和归宿。18 世纪，学校课程的设置受到社会进步的影响，出现了测量、航海、商业、物理等课程，但古典教育和宗教教育仍占主导地位。19 世纪和 20 世纪进步教育思想以及一些教育思潮开始发展。

③**教育实践的发展**。17 世纪，美国各殖民地出现了一些公办的初等读写学校，也称乡镇学校。1635 年在波士顿设立的拉丁文法学校是最早的中等学校。1636 年开办了美洲第一所高等学府——哈佛学院。18 世纪初，北部和中部殖民地的城市私人教学开始兴盛，出现了文实中学、巡回学校，同时，北美殖民地大学迅速增加。19 世纪，美国教育在办学形式、学校类型、课程设置、教育规模等方面均发生了重大变化，进行了公立学校运动。20 世纪，美国教育迅速发展，出现了八年研究、初级学院运动、生计教育、返回基础教育等运动。

(2) 美国近现代教育发展的原因。

①**自由的文化氛围**。美国人口的组成主要是移民和移民后裔，种族较多。因此美国的人口成分复杂，其宗教信仰和文化背景也各不相同，在多重因素的促成下，使得美国形成了以自由、民主、平等的政治理念为核心的民族文化。在自由的文化氛围中，美国的教育得以迅速发展。

②**政治和经济发展的需要**。在各时期，美国各州颁布法律、法案对各级教育体系进行规范与完善。同

时,通过赠地等方式为各州教育发展提供经济支持。

③善于吸取先进经验,听取民众呼声。美国各个时期的教育改革特别关注民众的意向,重视批评较多的焦点,重视并进行相应的改革。如1957年苏联人造卫星上天后,美国改革基础教育,重视科技教育的发展。

④重视促进教育公平和提高教育质量。美国战后教育改革与发展的历史表明,当教育发展到一定程度,公平和高质量就成为教育改革与发展的最重要的主题,其他改革的主题无不都是为了促进教育公平和提高教育质量。

⑤重视教育民主化、民族化与大众化。在学校的培养目标、课程、教学方法、学校管理等方面充分体现了民主化思想;民族化特征得到强化,各州先后颁布法令要求移民儿童必须进入公立学校接受教育,并灌输忠于政府、遵守法律与社会秩序的思想以及进行美国式价值观的教育,从而促进公立中小学教育的进一步发展。建立社区学院制度,促进了高等教育大众化的发展,也为后来美国职业技术教育的发展奠定了坚实的基础。

⑥重视教育的实用性、多元化和注重个人需要发展的特点。美国在发展的各阶段进行教育改革,尤其是20世纪后教育改革特别重视教育的实用性,各主题教育进入中小学课程领域,突出了教育的多元化。同时,也注重学生个性发展,提供更多选择。

10. [论述] 论述战后美国教育改革的历程。(14 新疆师大)

[答] (1) 简介:20世纪50年代以后,随着国际形势的发展,美国教育被批评的焦点是质量差。1957年,苏联人造卫星上天后,改革教育的呼声更为强烈。

(2) 改革历程。

① 20世纪50年代的《国防教育法》。1958年由美国国会颁布,目的是改变美国教育质量差的现状。

② 20世纪60年代的《中小学教育法》。1965年由美国国会颁布,目的是解决教育机会不平等的问题。重申了黑人和白人学校合校教育政策,制定了对处境不利儿童的教育措施。

③ 20世纪70年代的"生计教育"和"返回基础"教育运动。"生计教育"的实质是以职业教育和劳动教育为核心的适应瞬息万变的社会的教育;"返回基础"教育运动主要是针对中小学校出现的知识教学和基本技能训练薄弱的问题而提出的。

④ 20世纪80年代的《国家处在危险之中:教育改革势在必行》。1983年,由美国中小学教育质量调查委员会提出,目的是提高美国中小学教育质量。

⑤ 20世纪90年代的《美国2000年教育战略》和《2000年目标:美国教育法》。前者为1991年制定的美国未来教育的蓝图,继续重视教育质量的提升。后者的颁布是为了提升教育质量,美国从国家到州建立了规范化的各种教育标准。

(3) 启示。

①美国重视教育,想通过教育来促进国家发展,启示中国要重视教育的作用。教育对个人、对社会都有着极其重要的作用,要把教育摆在优先发展的战略地位,通过教育促进人与社会的发展。

②美国的教育改革结合本国实际,启发我国要从本国实际出发进行教育改革。只有紧紧围绕本国的实际情况,才能使教育改革取得显著成效。

③美国重视知识的价值,启示中国的新课改不要走向轻视知识的方向。课程改革要精选适合学生发展和时代需要的课程内容,加强课程内容与学生生活、现代社会和现代技术发展的联系。

④美国重视教育质量,启示中国要注重教育质量,办好人民满意的教育。结合美国中小学教育改革,我

国要优化教育事业发展,普及和巩固义务教育,大力发展中等职业教育,大力提升高等教育质量。

⑤美国落实教育公平,倡导黑、白人合校,启示我国要着重落实教育公平。落实教育公平,可以从义务教育、乡村教育、教师队伍、教育机会均等、课堂教学改革、录取制度等方面推进。

11. [论述] 在外国近现代教育史上,你最喜欢哪一位教育家?并就此阐释喜欢的原因。(11苏州)

[答] (此题答案可以选择外国教育史基础篇中的任意一位教育家,论述其思想并进行评价。)

12. [论述] 请论述对我国教育改革具有启示意义的相关外国教育思想。(列举三个以上相关思想内容,可以结合卢梭、杜威、苏霍姆林斯基等人的思想进行论述)(11浙江师大)

[答] (此题答案可以选择外国教育史基础篇或拔高篇的异同比较题、发展综述题中的任意三位教育家进行论述即可。)

(三)中外教育史结合

1. [论述] 在欧美教育思想"六三三"制的影响下,分析我国教育制度改革的经验与不足,说说其对我国现代教育改革的启示。(16杭州师大)

[答] (1)简介:"壬戌学制"是受新文化运动的影响以及社会发展的需要颁布的学制,是中国近代史上实施时间最长、影响最大的学制。它受美国"六三三"学制的影响,采用"六三三"分段法。该学制是我国第一次依据人的身心发展规律划分"六三三"制的教育阶段,对初等教育、中等教育、高等教育、职业教育和师范教育都有所改革。

(2)经验与不足。

①经验:a.在指导思想上,注重教育和社会的联系,强调发展儿童个性,有民主气息和科学精神。b.在整体结构上,缩短了小学年限,延长了中学年限,中学分为两段,有利于普及初等教育,提高中等教育水平,兼顾学生升学和就业两种准备。c.在内容上,尽管受到进步主义教育思想和美国模式的影响,但因有其内在的先进性和合理性,比较彻底地摆脱了封建传统教育的束缚,具有时代性和合理性。

②局限性:此学制在具体的实施过程中存在不少问题,过度模仿美国学制,在一些方面脱离了当时中国的实际情况,如采用综合中学制、开设大量选修课,由于缺乏师资、教材、设备等,在实行中困难很大,不得不在后来进行改动;本欲加强的方面,如职业教育、师范教育反而被削弱,在1932年以后停止实施。

(3)启示。

①**加强实用主义和学生生活化倾向,体现科学与民主的精神。**学生所学的知识就是学生所用的知识,既为了学生的未来生活,又为了学生的当下生活。

②**坚持"六三三"学制。**适度发展学前教育,完全普及义务教育,继续调整中等教育结构,大力发展高等教育。

③**提升教育普及水平。**注意国家经济实力,依据国家经济水平的不断提升,快速实现义务教育的全面普及,注意义务教育的优质均衡。

④**依据儿童身心发展的规律来制定学制。**在教育阶段的划分和衔接上,要让学习内容能够适应学生的发展和需要。

2. [简述] 举例并简述20世纪前期国内外的教育思潮。/简述19世纪末20世纪初期的教育思潮和教育实验。(17苏州,20宁夏)

[答] (1)国内教育思潮。(见基础篇—中国教育史第九章—简答题/论述题第8题)

(2)国外教育思潮。

①**新教育运动。**(见拔高篇—发展综述题—外国教育史—第7题"(2)新教育运动。")

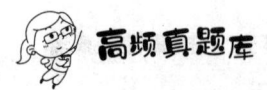

②进步教育运动。(见拔高篇—发展综述题—外国教育史—第7题"(3) 进步教育运动。")

3. 论述 试述西方教学理论在中国的传播。/ 论述五四新文化运动时期西方教学理论在中国的传播。(14 四川师大,20 福建师大)

答 新文化运动开始,西方教学理论在中国逐渐传播,促进了中国的教育改革。

(1) 赫尔巴特的教学法的传播。 输入最早的西方教学理论是赫尔巴特的教学法。

① 赫尔巴特的教学法以学生的心理过程为依据,强调教师的主导作用,注重课堂教学形式的组织和规范化。这较之传统私塾的个别教学和死记硬背更为优越,尤其是给教师以很大的便利,一时之间得到普遍应用。

② 影响:赫尔巴特的教学法对当时中国废科举、兴学堂和发展近代师范教育,起到了积极的推动作用。在一定程度上适应了清末教育教学实践改革的需要,满足了当时学堂的发展需求,促进了基础教育的正常稳定教学,缓解了当时从私塾到班级授课所出现的教师对课堂教学束手无策的尴尬局面,对当时新兴师范学堂的完善和发展有所帮助。

(2) 进步主义教育思想的传播。

① 20 世纪初兴起了进步主义教育运动,形成了"以儿童为中心""以活动为中心"的关注学生兴趣和个性发展的教学思想和教学方式。新文化运动所掀起的思想解放潮流,加速了中国教育界对进步主义教育思想与方法的引进。五四运动时期的中国教育是以反封建、反传统为主旨的,实用主义教育思潮恰好为中国批判封建传统教育提供了有力的理论武器。

② 杜威、孟禄、麦柯尔和推士等学者来华讲学。1919 年杜威来华讲学,掀起了中国教育界宣传、介绍并运用实用主义教育理论的高潮。1921 年,孟禄来华,作了《平民主义在教育上的应用》的讲演。1922 年,麦柯尔和推士来华,指导编制心理与教育测验,并指导学校搞实验。1927 年,克伯屈应中华教育改进社之邀来华,讲演"设计教学法",并参观晓庄师范学校附小的实验,出版了《克伯屈讲演集》。

③ 道尔顿制的传播。道尔顿制主张废除班级授课制,指导每个学生各自学习不同的教材,以发展其个性。1922 年,道尔顿制被介绍到中国。同年 10 月,舒新城率先在上海吴淞公学中学部试验。一些教育家纷纷著文、著书大力宣传,一些学校也纷纷仿行。而道尔顿制试验难以为继的原因颇为复杂,主要是理论本身的缺陷和师资、设备等方面的困难。20 世纪 20 年代后期,试验逐渐停止。

④ 影响:进步主义教育思想对中国教育制度的逐步完善、教育教学改革都起到了重要的推动作用。并且其中一些教育理论影响了中国一批教育学者,产生了许多教育实践家,为中国的教育改革奠定了理论基础,积累了宝贵经验。如陶行知创造性地发扬杜威"教育即生活"的原则,结合中国的教育实际,提出"生活即教育"的新主张,并广泛应用于现实。

材料分析题

(一) 中国教育史(名言、古文分析)

1. 孔子 针对语录"不愤不启,不悱不发,举一隅不以三隅反",结合实际,论述其教育教学思想。(15、21 集美,22 湖南师大,23 西华师大)

答 (1) 简介:孔子是世界上最早提出启发式教学的教育家。他提出"不愤不启,不悱不发,举一隅不以三隅反,则不复也"。教师的启发是在学生思考的基础上进行的,启发之后,应让学生再思考,以获得进一步的领会。这一方法主要解决的是发挥教师主导作用和调动学生积极性之间的矛盾。

(2) 具体方法。

①"**由博返约**"：博与约是辩证统一的，博学以获得较多的具体知识，返约则是在对具体事物分析的基础上进行综合、归纳，形成基本的原理、原则和观点。

②"**叩其两端**"：指从事物的正反两方面思考问题，进而解决问题。这种思考方法注意到了事物的对立面，合乎辩证法。

(3) 教学启示： 教学中倡导启发式教学原则，教师要激发学生的学习主动性，引导他们经过积极思考与探究，自觉地掌握科学知识，学会分析问题和解决问题，树立求真意识和人文情怀。要求如下：

①**调动学生学习的主动性。** 这是启发的首要问题。教师要善于运用发人深思的提问，激起学生的求知欲和积极性，使其全神贯注地投入学习。

②**善于提问激疑，引导教学步步深入。** 优秀的教师在教学中均善于提问激疑，使学生茅塞顿开、思想活跃起来。

③**注重通过解决实际问题，启发学生获取知识。** 启发式教学往往是教师组织和引导学生自行解决实际问题，这也是启发式教学的重要途径。

④**引导学生反思学习过程。** 教学要引导学生反思学习过程，了解学习的程序和方法，寻找形成障碍与缺点的原因并加以克服，使学生找到适合自己的学习方式。

⑤**发扬教学民主。** 要创造和谐、民主、平等、坦率、活跃的课堂教学氛围，这是启发式教学的重要条件。这样可使学生感到放松，聪明才智得以充分发挥。

2. 墨子 我国古代著名教育家墨子认为"染于苍则苍，染于黄则黄，所入者变，其色亦变"。请指出这种思想所代表的教育观念，并进行评述。（19 江苏师大）

答 (1) **素丝说。** 墨子以染丝为喻来说明人性及其在教育下的改变和形成。墨子认为，人性不是先天所成，生来的人性不过如同待染的素丝，下什么色的染缸，就成什么样的颜色，比喻什么样的环境与教育，就造就什么样的人。墨子的"素丝说"从人性平等的立场去认识和阐述教育作用，较孔子的人性观具有明显的进步性。

(2) **环境决定论。** 墨子认为在儿童的发展中真正起着绝对影响作用的力量是儿童的生活环境和后天所获得的教育引导。环境决定论虽然否定遗传生物因素在儿童发展中的决定性作用，但仍认为儿童的发展是受外在于儿童主观控制的某种因果关系的制约。"严师出高徒""棍棒底下出孝子"等谚语就反映了人们选择教育方式受环境决定论的影响。环境决定论在肯定了儿童发展的可塑性的同时，也将儿童个体在发展过程中的地位牢牢地固定在失去自主性的被塑造地位上。

(3) **评析：** 墨子认为人处在什么样的环境下就会成为什么样的人，此观点忽略了人的主观能动性对个体发展的决定影响。环境和教育是影响人身心发展的外部因素，其中学校教育对人的身心发展起主导作用，对人的身心发展具有重要的影响。个体在与环境的相互作用中所表现出来的个体主观能动性，是促进个体从潜在可能状态转向现实状态的决定性因素。

3. 《学记》 《学记》中的"道而弗牵，强而弗抑，开而弗达"的思想（"善喻"的教育意义）。（10 江苏师大，12 苏州，15 华东师大）

答 (1) **简介：** "道而弗牵，强而弗抑，开而弗达"出自《学记》，是《学记》中一条重要的教学原则，即启发性原则。

(2) **含义：** 教师要引导学生，不要生硬地牵制学生学习；教师要激励学生，但是不要压制学生；教师要启发学生思考，但不能直接告诉学生答案。

(3) **发展**：启发性原则来源于孔子的"不愤不启，不悱不发"。孔子也是世界上第一个论述这一思想的教育学家，这一思想对中国古代教育史上许多教育学家的思想都产生了重要影响，如王守仁的"诱之歌诗，导之以礼，讽之读书"；王充的"思考与求是"等都渗透着启发诱导的思想。

(4) **基本要求**。

①**调动学生学习的主动性**。调动学生内在的学习主动性是启发的首要问题。教师要善于进行发人深思的提问、令人心动的讲述，充分显示教学内容的吸引力，以便激起学生的求知欲和积极性，使学生全神贯注地投入学习。

②**启发学生独立思考或者善于提问激疑，引导教学步步深入**。优秀的教师在教学中善于提问激疑，使学生茅塞顿开、思想活跃起来。常言道"问则疑，疑则思"，一石激起千重浪，只要提问切中要害，发人深思，学生的思想一激活，课堂一下子便活跃起来。

③**注重通过解决实际问题启发学生获取知识**。组织和引导学生观察、操作、动手解决实际问题，也是启发教学的一个重要途径。让学生接触实际问题，会对学生更具诱惑力、挑战性，会使他们更积极主动地进行学习和完成任务。

④**引导学生反思学习过程**。教学要引导学生反思学习过程，了解学习过程的程序和方法，分析学习过程中的顺利与障碍、长处与缺点，寻找形成障碍与缺点的原因，注重积淀适合自己的良好的学习方式，在学习中学会学习。

⑤**发扬教学民主**。要创造宽松、和谐、民主、平等、坦率、活跃的课堂教学氛围，这是启发教学的重要条件。只有这样，学生的心情才会感到放松，他们的聪明才智才能充分发挥出来。

(5) **评价**：启发诱导的思想伴随着中国教育发展流传至今，从古至今一脉相传，是教育中的一条重要的教学原则，因此当今的教育改革也要求在教育中贯穿启发性教学原则。

4. **《学记》** 阅读以下材料，分析和评论其中的教育思想。(10 华东师大，11 四川师大)

材料：虽有嘉肴，弗食，不知其旨也；虽有至道，弗学，不知其善也。是故学然后知不足，教然后知困。知不足，然后能自反也；知困，然后能自强也。故曰：教学相长也。《兑命》曰："学学半。"其此之谓乎？

答 (1) **简介**：《学记》是《礼记》中的一篇，是世界上最早的专门论述教育、教学问题的论著，被称为"教育学的雏形"。它是先秦时期儒家教育和教学活动的理论总结，一般认为，其作者是思孟学派中孟子的学生乐正克。

(2) **含义**：这段话想表达的是"教学相长"。原文意思是即使有美味的菜，不去品尝，就不知道它的味道的甘美。即使有最好的道理，不去学习，就不知道它的好处。学习之后才知道自己的不足，教人之后才知道自己理解不了的地方。知道了自己的不足，然后才能自我反省；知道了自己不懂的地方，然后才能勉励自己。所以说：教和学是相互促进的。《兑命》里说："教人是学习的一半。"大概说的就是这个道理吧？

(3) **发展**：我国历史上不止一位教育家表达过"教学相长"的思想，如孔子、韩愈等。孔子认为，作为一名优秀的教师，所要具备的便是在教学中做到教学相长。教育过程中既要教育学生，也要从学生身上领会到自己的不足。韩愈则认为"道之所存，师之所存"，要求人们以道为师，在教学过程中不仅要完成教育的任务，同时看到学生身上的长处时，也要不耻相师，师生关系便发生了转换。

(4) **启示**：教学相长不仅在教学的过程中起到促进教师和学生双方发展的作用，同时也具备其他意义。现代良好师生关系要求教学相长，共享共创。不仅是为了要与学生相互学习，更是为了构建和谐民主的师生关系。教师只有与学生和谐共处，保持平等，才能在教学中达到教学相长。

(二) 外国教育史 (教育家的话语分析)

1. 洛克 英国教育思想家洛克认为,教师对儿童进行体罚,进行奴隶式的管制,只能养成儿童的奴性。请结合其绅士教育的思想,评析这一观点。(21 湖北)

答 **(1) 洛克的绅士教育思想。**

①**认识论基础:**白板说。洛克认为人出生后心灵如同一块白板,一切知识都建立在经验的基础上。

②**教育目的:**培养绅士,即身体强健,举止优雅,有德行、智慧和实际才干的事业家。绅士教育的培养途径是家庭教育。

③**内容和方法。**a. 体育:洛克认为"健康的精神寓于健康的身体中",体育是全部教育的前提,健康的身体是绅士事业成功、生活幸福的首要条件。在西方教育思想史上,洛克是第一个提出并制订健康教育计划的教育家。b. 德育:洛克认为道德观念来自教育和生活环境,他把德行放在比知识更重要的位置上。洛克把听从理性的指导、克制自己的欲望看作一切道德与价值的重要标准及基础。并且提出了德育的方法。c. 智育:洛克尤其强调两点,一是德行重于学问。所以,洛克更多的是从获得个人的利益与幸福的角度来看待智力教育。二是学问的内容必须是实际有用的广泛知识。所以,洛克提出了一个以实用科目为基础的广泛的课程内容体系,此外,他还强调要培养学生良好的学习态度。

(2) 洛克对体罚的看法。

①**洛克认为体罚不符合培养绅士的教育理念。**靠教鞭来折磨儿童的肉体,进行奴隶式的管制,只能养成儿童的奴性。

②**洛克认为体罚有可能带来严重的心理后果。**体罚儿童可能使他们养成执拗和怯弱的性格,不利于儿童心理健康发展。儿童因为避免受罚而服从,可能会形成虚伪的心理,无法养成良好的德行。

③**洛克并不完全杜绝体罚,而是说明体罚的适用情形。**洛克认为在"倔强与顽抗"的情况下,可以施行体罚,目的是用受到了体罚后而感到"耻辱"这种心情来制裁儿童的不道德的行为。但忽视了对儿童的爱与引导,具有一定的局限性。

(3) 启示:近几年我国也在不断完善教育惩戒,出台相关规则,明确了教育惩戒的概念、适用范围、实施原则、类型以及救济途径。但惩戒与体罚有区别:①教育惩戒是指学校、教师基于教育目的,对违规违纪学生进行管理、训导或者以规定方式予以矫治,促使学生引以为戒,认识和改正错误的教育行为。教育惩戒是手段与目的的结合,只有符合教育目的的惩罚才是教育惩戒,②体罚是指通过对身体的责罚,特别是对身体造成疼痛,给学生造成身体和心理伤害,这是一种不合理的惩罚。③教师要明确合理与不合理的边界,反对不符合教育目的的体罚,在惩戒权内实施教育惩戒,避免不作为或越界。

2. 洛克 材料:"……教育目标是什么,其关键是什么……调和看似矛盾的地方,觅得教育的真谛。"

——洛克《教育片论》

材料细节回忆:有时候,我们需要用严厉的方法约束儿童,要求儿童完成他应该完成的事情,制约儿童是一种有效的教育方法,但是,我们也不想看到儿童失去个性,没有自由,因为儿童受到管制就会变得怯懦、不自信。谁要是能调和这两种矛盾,他就可以觅得教育的真谛。

(1) 洛克认为教育的目标是什么?关键是什么?

(2) 看似矛盾的地方是什么?为什么洛克说调和了看似矛盾的地方就能觅得教育的真谛?

(3) 谈谈你如何看待这对矛盾。(20 北师大)

答 **(1) 教育目标与关键。**洛克认为教育目标就是发展人的理智,关键是用理智和原则来规范儿童的行为。

(2) 看似矛盾的地方。看似矛盾的地方是在对儿童的约束和放任之间很难找到平衡点,即发展学生的个性和约束儿童的行为之间的矛盾。发展儿童的个性和约束儿童的行为相结合能够促进儿童全面、自由地向更好的方向发展,因此洛克说调和了看似矛盾的地方就能觅得教育的真谛。

(3) **发展儿童的个性与约束儿童的行为是辩证统一的关系。**

①**教育要尊重儿童的个性**。儿童是一个正在发展的个体,儿童期不只是为成人期作准备,儿童具有其自身存在的价值,儿童不能只是为将来而活着,他们也为现在而生活,他们应当充分享受儿童期的生活,拥有快乐的童年。

②**儿童的发展离不开行为的约束**。儿童尚处于发展之中,他们在许多方面还不够成熟,如果过分强调个性化,一味强调无条件地尊重个体及其发展,那么人作为社会成员的意义将不能体现。

③**尊重儿童的个性发展要与约束儿童的行为相结合**。教师不仅要尊重儿童的个性,遵循儿童发展的规律,同时更要注重儿童的活动,树立一个既尊重儿童个性又不偏废人的社会性的儿童观。儿童既是"自然的人",也是"社会的人",教育既要尊重儿童的个性,也要约束儿童的行为,符合一定的社会规则。

④**关于现实生活中走向两种偏向的思考**。人们往往不知道何种情境应尊重个性或约束儿童行为。关系到道德与法律要求的是非对错时应该约束儿童;无关道德与法律要求的事情,应该尊重儿童的个性。

3. **卢梭** 材料:"现代化教育试图用规训的技术、规训的道德、规训的知识为人们装备上最具生产力的功能,教给人们获得各种利益的手段,但这些手段是无法燃起生命和精神之火的,只能像石头一样,砌成身体之间的墙。这墙无法为身体和精神开出一条可能性之路,仅仅是禁锢命、阻隔爱。规训的教育虽然教给人们获取各种利益的手段,但却把生命捆绑在铁笼里,把灵魂囚禁在洞穴里,它剪断了生命和精神自由飞翔的翅膀,无法为生活指引可能性的超越之路……"

结合卢梭的自然教育思想,分析上面一段话所揭示的教育问题。(19 新疆师大)

答 (1) **卢梭的自然主义教育思想的内容。**

①**理论基础**:a. 性善论。卢梭认为在人的善良天性中,包含自爱心、怜悯心,还有良心。b. 感觉论。卢梭不仅认为人性本善,而且深信人的心灵中存在着认识世界的巨大能量,人生来就具有学习能力,那就是人的感觉。

②**基本含义**:教育应遵循自然天性;儿童受到自然的教育、人为的教育、事物的教育三方面的影响;发挥儿童在自身成长中的主动性,主张"消极教育"与"自然后果法"。

③**培养目标**:培养"自然人",即完全自由成长、身心调和发达、能自食其力、不受传统束缚、能够适应社会生活的一代新人。

④**方法原则**:正确看待儿童;给儿童以充分的自由;教育要符合儿童发展的年龄特征。

⑤**实施阶段**:根据年龄阶段的分期,卢梭将人的发展分为婴儿期(0～2岁)、儿童期(2～12岁)、青年期(12～15岁)、青春期(15～20岁)。

(2) **材料体现了现代化规训教育存在的弊端。**

①**扼杀学生的个性及创造性**。教师任务、应试测试等,都是对受教育者身心的控制,这种对受教育者过分压制的教育,使学生丧失本身的天性与自由,磨平了个人的差异性,这种长期打磨的过程,更使受教育者逐渐丧失了创造性思维,精神越来越贫瘠,最终成为思想的被奴化者。

②**阻碍和谐师生关系的构建**。为把学生统一驯化为听话的体制内群体,而把教育者化为威权的代名词,把学生禁锢在固定的规则范围之内,使师生之间形成一种强制与被强制的关系,不利于和谐师生关系的构建。

(3) 启示。

①**尊重学生的天性,给学生以自由**。我们应该尊重学生的天性,根据学生身心成长的自然节律和每个学生的不同情况因材施教,给学生自由发展的空间,然后再给予学生合适的引导。

②**端正教育目的,培养和谐发展的人**。家长、学校和社会应该在自由的教育中不断引导学生正确认识自己,以及自己与大自然、社会的各种联系,发展学生的各种基本的能力,使之成为一个能够自由支配自己的体力和意志,面对社会时具有独立思考和理智判断,符合天性且身心和谐发展的人。

③**根据学生身心特点,选取合适的教学内容及方法**。家长、学校及社会应该坚持依据学生身心的发展特点,科学地开展与学生的每个年龄阶段相适应的课程及教学内容,应该着眼于学生的身心和谐的发展,而不是以功利的方式采取"拔苗助长"式的教育。

4. 卢梭 材料:"这种教育,我们或是受之自然,或是受之于人,或是受之于事物。我们的才能和器官的内在发展,是自然的教育;别人教我们如何利用这种发展,是人为的教育;我们从影响我们的事物获得良好的经验,是事物的教育。"

这段话出自卢梭的《爱弥儿》,请你根据卢梭的教育思想,结合自己的理解,谈谈你对教育的认识。(10 北师大)

答 (1) 材料反映的是卢梭的自然教育理论。

①**内容**:教育应遵循学生的自然天性;儿童受到自然的教育、人为的教育、事物的教育三方面的影响;发挥儿童在自身成长中的主动性,主张"消极教育"与"自然后果法"。根据年龄阶段的分期,卢梭提出教育者要按照学生的不同年龄特点进行教育。

②**积极影响**:自然主义教育思想丰富了教育理论的发展,为西方近代教育理论的科学化奠定了必要基础;确立了儿童在教育中的主体地位,主张解放儿童的天性,具有划时代的意义;提出的适应自然的教育原则、直观教学方法等丰富了近代教学理论和实践;促进了教育近代化的发展。

③**局限性**:对自然主义教育的核心概念"自然"界定不甚清晰,缺乏严谨性;在实践中过度放纵儿童,可行性弱;忽视了教育的社会属性;一些自然主义教育家运用类比论证、思辨演绎、经验推理、天才设想等论述儿童教育和教育方法,缺乏科学依据。

(2) 对教育的认识。

①**树立正确的儿童观**。卢梭关于儿童天性中包含主动、自由、理性和善良因素的结论,以及他呼吁保护儿童纯真的天性、让儿童个性充分发展的主张,适应了时代的潮流,促进了社会的进步。目前社会的竞争迫使越来越多的家长将孩子的童年牢牢地抓在手里,由此导致的童年悲剧层出不穷,树立正确的儿童观对家长和社会来说迫在眉睫。

②**运用正确的教育方法**。卢梭一直强调不能死读书,要在实践中学习知识。在实践教育中,卢梭认为应该让儿童直接面对自然这本书,根据亲身感受和直接观察来扩展知识范围。现在很大一部分孩子,长期娇生惯养,生活在狭小的空间中,书本中的大量知识很难转换成自己的语言和想法,也不能真正了解书中知识的含义。因此,应适当地让孩子回归自然,让他们自己到大自然中去学习和锻炼,去捕获他们所缺乏的知识。

5. 卢梭 材料:法国教育家卢梭曾写道:"问题不在于教他各种学问,而在于培养他有爱好学问的兴趣,而且在这种兴趣充分成长起来的时候,教他以研究学问的方法,毫无疑问,这是一切良好的教育的一个基本原则。"

请结合这段话评述卢梭的自然教育理论,并谈谈对目前教育改革的启示。(11 辽宁师大)

答 (1) 卢梭的自然教育理论。(见基础篇—外国教育史—第九章—简答/论述题第5题)

(2) 启示。

①**反对过度教育,尊重学生的身心发展规律和年龄特点。**我们不应把学生当作成人看,而是要按学生的接受能力、自然进程实施教育。学生成长到哪个阶段,就让他们做该阶段应做的事情,不要贪速求快,破坏学生成长的自然进程。

②**反对灌输教育,尊重学生的兴趣与需要。**教育要根据每个学生的不同性格特点、兴趣爱好进行。因此,真正的教育应该做到因材施教,根据学生的个性差异,引导每个个体发挥自身的特长,有针对性地引导他们得到最好的发展结果。

③**反对封闭教育,尊重学生与大自然和社会生活的联系。**学校可以开展各种课外活动和综合实践活动,让学生在实践性学习活动过程中感受和体验生活,同时发现和解决问题,从而发展学生的实践能力和创新能力。

④**反对权威教育,尊重学生的兴趣、自由与主体性。**教师在实施教学的过程中要切实做到"以人为本",关注学生的发展特点,尊重学生的主体地位,充分挖掘学生的潜能,最大程度地调动学生的积极性与主动性,让他们积极主动地投入到学习的过程中。

6. 卢梭 材料:"出自造物主之手的东西,都是好的,而一到了人的手里,就全变坏了。"

评述卢梭的自然教育理论,谈谈对现代教育改革趋势的影响。(16 辽宁师大)

〔答〕(1) 卢梭的自然教育理论。(见基础篇—外国教育史—第九章—简答 / 论述题第 5 题)

(2) 对现代教育改革趋势的影响。(见拔高篇—材料分析题—外国教育史第 5 题)

7. 杜威 材料一:杜威关于学校和社会关系的一句话,生活教育理论把它"翻了半个跟斗"。

材料二:杜威过度强调儿童直接经验,布鲁纳说这样"好事就成了坏事"。

材料一:(1) 材料体现了杜威的什么教育理论?

(2) 简述生活教育理论把它"翻了半个跟斗"的原因。

(3) 谈谈生活教育理论中体现的有关学校与社会关系的观点。

材料二:(1) 材料中"好事就成了坏事"指的是什么?

(2) 布鲁纳提出的结构主义理论是如何解决这一问题的?

(3) 杜威和布鲁纳的教育改革对我国的教育改革有何启示?请说明理由。(21 陕西师大)

〔答〕材料一:

(1) 材料一体现了杜威的"教育即生活、学校即社会"的实用主义教育理论。杜威明确提出应把学校和社会紧密联系起来,把学校创造成一个小型的社会,使学校生活成为一种经过选择的、净化的、理想的社会生活,使学校成为一个合乎儿童发展的雏形社会。

(2) **"翻了半个跟斗"的原因。**杜威的实用主义教育理论提出了"教育即生活,学校即社会"。陶行知提出的生活教育理论认为"生活即教育,社会即学校"。因此,可以说,生活教育理论把杜威的理论"翻了半个跟斗"。"翻了半个跟斗"的原因有三点。①国情不同:杜威所处的美国在当时是超级大国,而且教育已经发展到一定程度;而陶行知所处的中国当时还处于贫穷落后、教育不发达的情况之下。②教育发展需求不同:杜威在教育比较完善的情况下,关注的是教育质量的问题;陶行知在教育极其不发达,甚至教育未普及的情况下,关注的是教育的普及问题。③教育目的不同:杜威提出的"实用主义教育"的理论中教育所承担的任务是为民主社会服务、为培养在生活中学习的人才;陶行知提出的"生活即教育"的理论中教育所承担的任务是为民族解放、为国家独立事业而服务、为实现民主的普及教育。

(3) **生活教育理论中体现的学校与社会的关系。**①含义:陶行知在"社会即学校"中体现了学校与社会的关系,表现为两层含义。第一,"社会含有学校的意味"或者说"以社会为学校"。因为到处是生活,所以到处是教育,整个社会就像一个教育的场所。第二,"学校含有社会的意味"。学校通过与社会生活相结合,一方面"运用社会的力量,使学校进步";另一方面"动员学校的力量,帮助社会进步,使学校真正成为社会生活必不可少的组成部分"。陶行知认为"学校即社会"是半开门,"社会即学校"是拆除学校的围墙,在社会中创建学校。"不运用社会的力量,便是无能的教育;不了解社会的需求,便是盲目的教育。"②评价:"社会即学校"扩大了学校教育的内涵和作用,使传统的学校观、教育观有所改变,使劳苦大众能够受到起码的教育,体现了普及民众教育的良苦用心。

材料二:

(1)"好事就成了坏事"指的是杜威过于重视儿童的直接经验,导致教育质量下降。杜威注重直接经验的价值,强调经验中人的主动性,并把直接经验置于教育的中心,催生了新式的课程类型、新式的课程理论和新式的教学理论,这是好事。但在教学中只注重直接经验,忽视了间接经验,忽视了知识体系,忽视了教师的主导作用,造成了教育质量下降的现象,因此好事又变成了坏事。

(2)布鲁纳通过教学方法、教学内容设置以及教师地位三方面来解决上述片面重视直接经验而忽视间接经验导致教学效率低下的情况。①在教学方法上,提倡在教学中运用发现法让学生自主探究知识,发现知识。②在教学内容设置上,注重教授各门学科的基本结构。③在教师地位认识上,布鲁纳认为教师是结构教学中的主要辅助者,学生都是在教师的引导下进而发现知识的。

(3)启示。

①注重学生的直接经验与间接经验的结合。学生认识的主要任务是学习间接经验,学习间接经验必须以学生个人的直接经验为基础。

②注重教育内容与实际生活的结合。教育的特点决定了它与社会生活的各个方面都有联系,教育不能脱离生活。

③注重教师的引导性与学生的主体性的结合。发挥教师的主导作用是保证学生主体性的必要条件,调动学生的学习主动性是教师有效教学的重要保障。

④注重学科逻辑与心理逻辑的结合。学生心理发展有顺序性、不平衡性和差异性等特征,教学过程中要同时兼顾学科知识的逻辑顺序和受教育者学习的心理顺序。

⑤注重教学内容与教学方式的有效结合。教学方式是有效传递教学内容的基本保障,教学内容是教师个体确定教学方式的依据之一。

8. 杜威 以下是美国教育家杜威关于"教育"的论述,请你作出分析。(11 山西师大)

材料:一切教育都是通过个人参与人类的社会意识而进行的。这个过程几乎是在个人出生时就在无意识中开始了。它不断地发展个人的能力,熏染他的意识,形成他的习惯,锻炼他的思想,并激发他的感情和情绪。由于这种不知不觉的教育,个人便渐渐分享人类曾经积累起来的智慧和道德的财富。他就成了一个固有文化的继承者。世界上最形式的、最专门的教育确实不能离开这个普遍的过程。教育只能按照某种特定的方向,把这个过程组织起来或区分出来。

[答] (1) **简介:**这段话出自杜威的《我的教育信条》,是杜威关于"什么是教育"的论述,他认为教育即生活,教育即生长,教育即经验的改造。

(2) **教育的本质。**(见基础篇—外国教育史—第九章—简答/论述题第17题)

(3) **评价:**杜威的教育理论在当时学校课程严重脱离社会实际和儿童身心发展条件的情况下是有积极作用的,但是在实践过程中过于强调直接经验,忽视书本知识的学习,高估了学生和教师的能力,最终导致教育质量的下降。

9. 杜威 材料:"我们要提醒自己,教育本身并无目的。只是人,即家长和老师等才有目的;教育这个抽象概念并无目的。所以,他们的目的有无穷的变异,随着不同的儿童而不同,随着儿童的生长和教育者经验的增长而变化,即使能以文字表达的最正确的目的,如果我们没有认识到他们并不是目的,而是给教育者的建议,在解放和指导他们所遇到的具体环境的各种力量时,建议他们怎样观察,怎样展望未来和怎样选择,那么这种目的,作为文字,将是有害无益的。……牢记以上这些条件,我们将提出一切良好的教育目的所应具备的几个特征:①一个教育目的必须根据受教育者的特定个人的固有活动和需要。……②一个教育目的必须能转化为与受教育者的活动进行合作的方法,必须提出一种解放和组织他们的能力所需要的环境。……③教育者必须警惕所谓一般的和终极的目的。……"

摘录自《民主主义与教育》第八章"教育的目的"第118至122页

(1) 该材料作者及其基本情况。

(2) 该材料所包含的基本观点及其意义。

(3) 该作者其他主要的教育观念。(12 北师大)

答 (1) 这一思想是杜威提出的。杜威是美国著名的哲学家、教育学家、心理学家和社会学家。其教育学著作《民主主义与教育》,被西方教育家视为与柏拉图的《理想国》和卢梭的《爱弥儿》有着同等地位的教育著作,其代表作还有《我的教育信条》《学校与社会》等。

(2) 材料的观点是杜威的教育目的论。(见基础篇—外国教育史—第九章—简答/论述题第18题)

(3) 杜威的其他教育思想。(见基础篇—外国教育史—第九章—简答/论述题第21题)

10. 杜威 材料:"生长的目的是获得更多和更好的生长,教育的目的就是获得更多和更好的教育。教育并不在其本身之外附加什么目的,使教育成为这种外在目的的附属物。"

"传统教育里儿童坐在固定的座位上,静聆讲解和记诵课本,全然处于消极被动地位,单凭教师讲解去吸取与生活无干的教条,绝谈不到掌握知识,谈不到积极、自觉和爱好、兴趣,更不能自由探索和启发智慧,其结果是抑制儿童的活力和滞塞儿童的创造才能。"

"教学法的因素和思维的因素是相同的。在理想的教学过程中,教师应鼓舞儿童在活动时开动大脑,运用观察和推测、实验和分析、比较和判断,使他们手、足、耳、目和头脑等身体器官,成为智慧的源泉。"

上述名言皆出自哪位教育家?试根据材料分析他的教育思想。(13 北师大)

答 上述名言均是杜威的教育思想。

(1) 第一句名言是杜威的"教育无目的论"。杜威批判传统的依照成人的观点来培养儿童的教育目的,认为教育的过程在它自身以外无目的,它就是它自己的目的。教育的目的就是促进儿童的生长,要求教育要尊重儿童的愿望和要求,使儿童从教育本身、从生长过程中得到乐趣。

(2) 第二句名言是杜威的"儿童中心论"。杜威批判传统教育中不顾儿童的观念,把儿童当作被动的机器,没有把儿童看作有丰富心灵的个体。他主张儿童在教育过程中占主体地位,在教育中进行发现学习,发挥自己的主体意识。

(3) 第三句名言是杜威的"做中学"。杜威批判传统的教师灌输式的教学,主张儿童能够在接受教育的过程中发挥自己的能动思维,主动地去探索知识,从而让儿童的学习过程变得"动"起来,在各种观察与操作中获得最直接的教育体验感,进而增长学生的经验。

11. 杜威 材料:"我认为我们由于给儿童太突然地提供了许多与这种社会生活无关的专门科目,如读、写和地理等,而违背了儿童的天性,并且使最好的伦理效果变得困难了,因此,我认为学校科目相互联系的真正中心不是科学,不是文学,不是历史,不是地理,而是儿童本身的社会活动。"

这是《学校与社会·明日之学校》中的内容,试以这段话为例评述杜威的课程与教学思想。(10 辽宁师大)

答 杜威的课程论与教学论。(见基础篇—外国教育史—第九章—简答/论述题第 19、20 题)

12. 杜威 阅读下面一段材料,说明其反映的思想和启示。(材料大意,回忆版)**(21 辽宁师大)**

材料: "把教育看作为将来作预备,错误不在于强调未来的需要作预备,而在于把预备将来作为现在努力的主要动力。为不断发展的生活作预备的需要是巨大的,因此,应该把全副精力一心用于使现在的经验尽量丰富,尽量有意义,这是绝对重要的。于是,随着现在于不知不觉中进入未来,未来也就被照顾到了。"

——杜威《民主主义与教育》

答 材料反映的是杜威的教育目的论。(见基础篇—外国教育史—第九章—简答/论述题第 18 题)

古今联系题

1. 论述 习近平曾提出"四有"好老师的标准,孔子也曾对教师提出一些具体的要求,请将二者结合起来谈谈你的看法。(21 西华师大)

答 孔子对教师提出的要求体现在其教师观中,指的是教师要"学而不厌、诲人不倦、以身作则、爱护学生、温故知新";习近平提出的"四有"好老师标准是指"有理想信念、有道德情操、有扎实学识、有仁爱之心",这是对孔子教师观的继承和创新,同时,也富有时代性。

(1) 继承性。①在师德要求上:孔子提出教师要"以身作则","四有"好老师要求教师"有道德情操",习近平继承了孔子的师德观。②在知识要求上:孔子提出教师要"学而不厌、温故知新","四有"好老师强调教师要"有扎实学识",习近平继承了孔子对教师知识素养的重视。③在师生关系上:孔子强调教师要"爱护学生、诲人不倦","四有"好老师要求教师"有仁爱之心",习近平继承了孔子的教师关爱学生的思想。

(2) 创新性。①师德创新:"四有"好老师除了强调师德,更强调教师的理想信念,从教师私德到公德全面提升教师道德素养。②学识创新:"四有"好老师比孔子对教师的知识要求更宽泛,孔子强调教师对"六经"的学习,今天我们强调教师既要有学科知识,还要有广博的科学文化知识,还要有教育学、心理学的知识,要求教师知识面更加丰富。

(3) 时代性。①"四有"好老师更强调教师的理想与当今国家发展紧密相关,要求教师坚定地为社会主义培养建设者和接班人,相信教育的力量。②"四有"好老师更强调教学内容、教学方法与手段等都要具有时代性,能够适应现代化信息社会。

综上所述,"四有"好老师的标准相比孔子的教师观既具有继承性,又具有创新性与时代性。虽然在具体的教学内容和现代道德要求上有所不同,但整体的思想是一脉相承的。

2. 论述 朱子读书法的内容和要点是什么?当代社会快餐文化与朱子读书法二者之间有何关系?(19 陕西师大)

答 **(1) 简介:** 朱熹酷爱读书,他的弟子门人将其有关读书的经验和见解整理归纳,成为"朱子读书法"六条,在教育史上具有重要影响。

(2) 内容和要点。

①朱子读书法。

a. 循序渐进。其一,读书要按照首尾篇章顺序,不要颠倒。其二,要根据自己的实际情况和能力,量力而行,读书计划要切实遵守。其三,读书强调扎扎实实,一步一步前进,不可囫囵吞枣、急于求成。

b. 熟读精思。 读书必须反复阅读，不仅要能够背熟，而且要对书中的内容了如指掌，熟读是精思的基础，在此基础上，要进一步深刻理解文章的精义及其思想真谛。

　　c. 虚心涵泳。 "虚心"指读书要虚怀若谷，精心思虑，体会书中的意思，来不得半点主观臆断或随意发挥；"涵泳"指读书时要反复咀嚼，细心玩味。

　　d. 切己体察。 读书不能仅停留在书本上，而要见之于具体行动。

　　e. 着紧用力。 读书学习要抓紧时间，发愤忘食，必须精神抖擞、勇猛奋发，决不放松，反对松松垮垮。

　　f. 居敬持志。 读书的关键还在于学者的志向及良好的心态。"居敬"指读书时精神专一，注意力集中；"持志"指有坚定的志向，用顽强的毅力坚持下去。

　　②**"快餐文化"。** 快餐文化是指只求速度不求内涵的一种现象，比如看名著只看精简版，想学东西只报速成班。快餐文化是人们生活节奏加快的产物，是人们过多追逐名利的产物，是人们只求其名不求其实的表现。

　　(3) 二者关系： 当代"快餐文化"是对朱子读书法的倒退。

　　①**快餐文化学的浅、碎、窄，缺乏系统性、迁移性、美感性、思考性、创造性。**

　　a. 从知识学习的顺序上看：没有循序渐进，不符合身心发展规律。

　　b. 从知识学习的深度上看：没有精思要旨，无法形成理性认识。

　　c. 从知识学习的态度上看：不读原著，直接读书评，容易带有偏见。

　　d. 从知识学习的效果上看：缺乏与实际行动的联系。

　　e. 从知识学习的时间上看：急于求成，无法养成良好的读书习惯。

　　f. 从知识学习的专注度上看：与个人志向缺乏联系，难以专注。

　　②**当今时代，朱子读书法没有过时，且它依然是最能引导学生获得系统性、迁移性、美感性、思考性、创造性知识的读书方法。**

3. 论述 孟子的"性善论"及其对当今教育的意义。/ 可以推导出哪些教育观？（简：22 湖北；论：17 中南）

答 **(1) 简介：** 孟子是孔子之后儒家的主要代表人物，被封建统治者尊奉为仅次于孔子的"亚圣"。他提出了"性善论"的主张，说明人性是人类所独有的、区别于动物的本质属性。

　　(2) 内容。

　　①**"性善论"说明了人性是人类所独有的、区别于动物的本质属性。** 人性是一个类范畴，人相对其他的类绝不相同，而同类之中却相似。

　　②**人性本质上的平等性。** 孟子认为人们的道德境界、智能程度的差别不是先天决定的，而是后天个人主观努力程度不同的结果，所以"人皆可以为尧舜"。这样，孟子从人性论上肯定了每个人发展的可能性。

　　③**孟子肯定人性本善。** "人性"表现为"四心"，在"四心"之中，"恻隐之心"是最基本的，是人类发展"仁"的基础，教育要"顺性"因势利导。

　　④**教育作用与"性善论"。** a. 教育对个人的作用：教育是扩充"善端"的过程。一方面，教育要"存心养性"，把人天赋的"善端"发扬光大；另一方面，孟子提出"求放心"。"求放心"乃是寻求失落、放任的心灵，把丧失的"善端"找回来，发扬光大，从而成为道德上的"完人"。b. 教育对社会的作用：教育是"行仁政，得民心"最有效的手段。

　　(3) 意义。

　　①**教育对人的发展具有必要性。** 孟子主张人性本善，同时认为人需要教育才能发扬本身所具有的善性，原有的善为一种"善端"，通过教育方可使其发扬光大。

②**教育使人的发展具有可能性**。孟子认为人的道德境界和智力不是天生决定的,而是通过后天的努力造就的,所以通过教育,努力学习,"人皆可以为尧舜",肯定了每个人发展的可能。

③**教育要平等地对待所有人**。人人都有发展的可能,每个人在本性上天生是平等的,因此每个人都应享有接受教育的权利,使教育得到普及。

④**教育促进社会的发展**。教育的本质在育人,但除此之外教育还具有社会功能,通过教育来促进社会的政治、经济、文化等发展,是教育的一大作用。

(4) 推导出的教育观。

①**内发论**。依据影响人身心发展的动因是源于内部还是外部,可以分为内发论和外铄论,孟子的性善论是内发论的代表。内发论强调人的身心发展的力量主要源于人自身的内在需要,身心发展的顺序也是由身心成熟机制决定的。

②**个体发展功能与社会发展功能**。孟子肯定教育对个人和社会的作用,体现了教育的个体发展功能和社会发展功能。教育的个体发展功能表现为教育的个体个性化功能、个体社会化功能、谋生功能和享用功能。教育的社会发展功能具体表现为文化功能、经济功能和政治功能。

4. 论述 根据陶行知的生活教育思想,谈谈学校教育与学生生活的理想关系。(17 陕西师大)

答 **(1) 陶行知的生活教育思想。**

①**"生活即教育"**,这是生活教育理论的核心。a. 生活含有教育的意义。生活每时每刻都含有教育的意义,过什么样的生活就有什么样的教育。b. 实际生活是教育的中心。教育联系生活,教育目的、内容、方法都需要根据生活来确定。c. 生活决定教育,教育改造生活。第一,生活决定教育,表现为教育的目的、原则、内容和方法都由生活决定;第二,教育又能改造生活,推动生活进步。

②**"社会即学校"**,这是"生活即教育"在学校与社会关系问题上的具体化。a. 指"社会含有学校的意味"或"以社会为学校"。b. 指"学校含有社会的意味",学校是雏形社会。

③**"教学做合一"**,这是"生活即教育"在教学方法问题上的具体化。a. 要求"在劳力上劳心"。b. 要求"行是知之始"。c. 要求"有教先学"和"有学有教"。d. 是对注入式教学法的否定,即教育要与实践相结合。

(2) 学校教育与学生生活的理想关系。

①**在教育观念上,教育即解放**。主张从个体差异出发建立一个开放、多元的教育,塑造具有丰富个性特点的学生,使教育真正成为自主的教育,成为训练学生批判性思维和个性自由发展的解放过程。要解放学生,主张在有一定的纪律约束下把学生从课堂中解放出来。

②**在师生关系上,师生平等对话**。教师应成为"与学生共同的成长者",参与到学生的学习中来,不断更新自己的观念,在与学生的合作过程中共享共创,体验成长的快乐。教师要让课堂充满人文关怀,使师生之间形成一种对话、理解和共享的关系。

③**在课堂教学上,融入生活**。教师要时刻顾及学生多方面的发展,在设计教案、组织内容、选择方法等方面要灵活机智。同时让课堂融入生活,为了生活、在生活中、通过生活而教育,这也应是现代学校教育的基本理念。

④**在学校环境上,营造和谐多彩的学习与生活氛围**。学校教育应该在生活中进行并为生活而设计,丰富学校文化的展现方式和途径,为学生营造多彩的生活环境。

⑤**在教育时间安排上,把时间还给学生**。学生应该有权利支配自己的时间,在时间的自我管理过程中学会规划自己的人生。因此应该积极响应"双减"政策的号召,把时间还给学生,让学生合理利用时间,充分培养自己的课外兴趣,真正发现生活的美好。

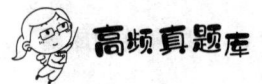

5. 论述 材料：人才是乡村振兴第一生产力。在全面推进乡村振兴的时代，必须破解人才瓶颈制约。要把人力资本开发放在首要位置，畅通智力技术，管理下乡通道，造就更多乡土人才，聚天下人才而用之。

请联系当前实际，论述晏阳初的乡村教育实验理论及其当代价值。（23 江苏师大、华中师大、中央民族）

答（1）晏阳初的乡村教育实验理论。（见基础篇—中国教育史第十二章—简答/论述题第3题）

（2）当代价值。（见拔高篇—发展综述题—中国教育史第11题启示部分）

第二部分 教育心理学

关系分析题

1. 简答 简述负强化和惩罚的区别。(22 云南师大)

答 (1) 含义。

①**负强化**:是强化的一种,指通过撤销某种厌恶刺激的方式,使机体某种行为反应概率增加。

②**惩罚**:是指当有机体做出某种反应后,呈现一个厌恶刺激或撤销愉快刺激,以消除或抑制此类反应的过程。

(2) 区别。

①**从刺激来看**,惩罚是呈现厌恶刺激或撤销愉快刺激,负强化是撤销厌恶刺激。

②**从效果来看**,负强化可以增加某种行为的反应概率,惩罚可以减少某种行为的反应概率。

③**从应用来看**,负强化通常用于保持某种良好行为,惩罚通常用于消除某种不良行为。

2. 简答 根据斯金纳的强化理论,说明"正强化、负强化、惩罚"的区别。(23 淮北师大)

答 (1) 含义。

①**正强化**:是指通过呈现愉快刺激的方式增强反应概率的过程,如给予表扬。

②**负强化**:是强化的一种,指通过撤销某种厌恶刺激的方式,使某种行为反应概率增加,如免做家务。

③**惩罚**:是指当有机体做出某种反应后,呈现一个厌恶刺激或撤销愉快刺激,以消除或抑制此类反应的过程。

(2) 区别。

①**从刺激来看**,是呈现厌恶刺激或撤销愉快刺激,正强化是呈现愉快刺激,负强化是撤销厌恶刺激。

②**从效果来看**,正强化和负强化可以增加某种行为的反应概率,惩罚可以减少某种行为的反应概率。

③**从应用来看**,正强化和负强化通常用于保持某种良好行为,惩罚通常用于消除某种不良行为。

3. 简论 试述接受学习与发现学习(探索学习)的异同,各有何特点,以及应当如何处理二者之间的关系。(12 江西师大,14 华中师大、杭州师大,20 青岛,21 湖南科技,22 上海师大,23 北师大)

答 (1) 发现学习。

①**含义**:发现学习是布鲁纳提出的学习方式,泛指用自己的头脑亲自获得知识的一切形式。

②**特点**:第一,灵活性和自发性较大。第二,要根据不同的学科和不同学生的特点来进行。第三,一般步骤为创设问题情境,做出假设,激发探究欲望,验证假设,形成结论。

(2) 接受学习。

①**含义**:接受学习是奥苏伯尔提出的学习方式,是指教师直接呈现要传授的知识及其意义,学生通过新旧知识之间的相互作用获得新知识。

②**特点**:第一,师生之间要有大量互动。第二,大量利用例证。第三,运用演绎的思维方式。第四,有序列,先行组织者在先。

(3) 不同点。

①**知识获得的方式不同**。发现学习是学生通过自己动手操作,进行探究得出结论;接受学习是教师先

呈现结论,再通过大量的例证让学生将新旧知识联系起来进而获得新知识。

②**教师的作用不同**。发现学习中,教师是学生探究过程的引导者,教师需要给学生提出问题,引导学生提出假设、验证假设,最终得出结论;接受学习中,教师是知识的传授者,需要通过师生互动的方式促进学生的理解。

③**课堂的逻辑不同**。发现学习是归纳;接受学习是演绎。

(4) 相同点。

①**理论基础相同**。都是认知主义学习流派,都认为学生的学习是主动获得认知结构的过程。

②**都可以发生有意义学习,也可能会发生机械学习**。教师引导学生发现时,要建立在学生已有知识的基础上发现;让学生接受时,不是死记硬背,而是在学生原有的知识基础上主动建构而成。

(5) 如何处理二者的关系?

①**两种学习方式都能促进学生问题解决能力的提高,但前提是发生有意义学习**。无论是接受学习还是发现学习,都可能发生有意义学习,也可能会发生机械学习。教师引导学生发现时,要建立在学生已有知识的基础上发现;让学生接受时,不是死记硬背,而是在学生原有的知识基础上主动建构而成。

②**灵活安排两种教学方式**。发现学习受到学科的特点、学生的能力、教师的能力等因素的影响,且发现学习效率较低,无法帮助学生在短时间内掌握大量的基础知识,而这些都是接受学习的优势,但接受学习存在着偏重对知识的掌握、忽视学生创造性等缺点。因此,在教学中应当根据实际情况灵活地安排两种教学方式。

4. [简答]经典性条件作用与操作性条件作用的区别。(22 新疆师大)

[答] (1) **经典性条件作用**:是巴甫洛夫通过狗分泌唾液的实验得出的一种学习形式。行为习得的方法是将条件刺激和无条件刺激同时或近乎同时地多次呈现。华生将经典性条件作用的学习本质总结为:学习是一种刺激替代另一种刺激,建立条件反射,形成习惯的过程。

(2) **操作性条件作用**:是斯金纳通过白鼠的操作性条件作用实验得出的一种学习形式。斯金纳将学习本质总结为:学习是一种反应概率的变化,而强化是增强反应概率的手段。操作性条件作用的最大贡献在于提出了强化和惩罚理论。强化是指通过某一事件或刺激增强某种行为的过程,包括正强化和负强化;惩罚是指当有机体做出某种反应后,呈现出一个厌恶刺激或不愉快刺激,以消除或抑制此类反应的过程,包括正惩罚和负惩罚。

(3) 不同点。

①**反应特征不同**。经典性条件作用引发的是应答性行为,操作性条件作用引发的是操作性行为。

②**形成过程不同**。在经典性条件作用的过程中,条件刺激(如铃声)往往需伴随着无条件刺激(如食物)而出现,或者与其同时出现;在操作性条件作用中,强化刺激(如食物)则需伴随或晚于反应出现。

③**刺激物的特点不同**。经典性条件作用引发的行为必须与特定刺激相联系,操作性条件作用引发的行为不需特定刺激,有机体可以自发产生。

④**消退条件不同**。在经典性条件作用中,行为的消退需要条件刺激多次单独出现;在操作性条件作用中,行为的消退需要去掉强化物。

(4) **相同点**:二者都是行为主义学习理论的观点,都只适用于一些简单行为的习得,忽略了个体头脑内部对于知识的加工。

5. [简答]简述参与性学习和替代性学习。(21 云南师大)

[答] (1) **简介**:社会认知学习理论把学习分为参与性学习和替代性学习。

(2) 含义。

①**参与性学习**：是指学习者通过行动并亲身体验行动后果而进行的学习，学习的后果为学习者提供信息和激励，影响学生的学习动机。

②**替代性学习**：是指学习者通过对榜样人物的行为及其结果的观察而进行的学习，亦称"观察学习"。在替代性学习过程中，学习者没有外显的行为。

(3) **二者的关系**：参与性学习与替代性学习二者相辅相成，缺一不可。

①我们倡导参与性学习，它可以给学生带来更加直接的经验和体验。例如，在新课改中，我们倡导在课堂上要建立自主、合作、探究式的学习，这种教学模式以学生为中心，鼓励学生积极参与学习过程，加强教师与学生之间、学生与学生之间的信息交流和反馈，使学生能深刻地领会和掌握所学的知识，并能将这种知识运用到实践中，从而在契合学生年龄特征及兴趣特点的基础上，促使不同层次的学生都能拥有参与和发展的机会。

②在教学中我们也应该提倡学生进行积极的替代性学习，它是参与性学习的一种有效补充，通过观察其他学生的行为及其后果来调整自己的行为，通过观察学习提升教学的效率。例如，马卡连柯的集体教育思想，通过个人影响集体，通过集体影响个人，正是替代性学习的体现。

6. 简答 什么是内部学习动机和外部学习动机？二者对学习的影响分别是什么？二者的关系如何？(13 湖北)

答 (1) **内部学习动机**。

①**含义**：内部学习动机是指人们由学习本身的兴趣所引起的动机。它不需要外界的诱因、奖惩来使行动指向目标，行动本身就是一种动力。

②**对学习的影响**：具有内部学习动机的学生可以积极地参与学习过程，并且在教师评估之前就能对自己的学业表现有所了解。他们具有好奇心，喜欢挑战，在解决问题时具有独立性。

(2) **外部学习动机**。

①**含义**：外部学习动机是指人们由外部诱因所引起的动机。学习者不是对学习本身感兴趣，而是对学习所带来的结果感兴趣。如有的学生是为了得到奖励、避免惩罚、取悦教师等。

②**对学习的影响**：具有外部学习动机的学生，一旦达到了目标，学习动机便会下降。另外为了达到目标，他们往往采取避免失败的做法，如选择没有挑战性的任务。然而他们一旦失败就一蹶不振。

(3) **二者的关系**。

①**二者可以共同存在**。两种动机在实际教学过程中并不是非此即彼的，有的学生可能同时受到两种动机的驱动而从事一项学习任务，如有的学生既对解数学题感兴趣，也想得到老师和同学们的称赞。

②**二者相互影响**。a. 外部学习动机使用不当会削弱内部学习动机。内部学习动机的获得是原有自主需要的满足。当个体对于从事的活动拥有一种自主选择感而非受到他人的控制，就会产生内在动机。如果行为由他人决定，则对内在动机有削弱作用。b. 外部学习动机可以转化为内部学习动机。如果满足了学生的基本心理需要，即自主需要、能力需要和关系需要，就可以促进外在动机的内化，形成内在动机。

7. 简答 简述陈述性知识和程序性知识的异同。(10、15 陕西师大，13、14 上海师大，18 安徽师大，23 新疆师大)

答 根据知识的不同状态和表述形式，可将知识分为陈述性知识与程序性知识。

(1) **陈述性知识**：主要反映事物的状态、内容及事物发展变化的时间、原因，主要指"是什么"和"怎么样"的知识，也称描述性知识，一般可以用口头或书面语言进行清楚明白的表述。

(2) **程序性知识**:主要反映活动的具体过程和操作步骤,主要指"做什么"和"怎么做"的知识,是一种实践性知识,主要用于实践操作。因此也称作操作性知识、策略性知识和方法性知识。

(3) **区别**:①陈述性知识是静态的,描述性的;程序性知识是动态的,包括许多具体过程。②陈述性知识较容易获得,但也容易遗忘;程序性知识较复杂,较难获得,但一旦获得便不容易遗忘。③陈述性知识建构的基本机制是同化和顺应;程序性知识建构的基本机制是产生式。

(4) **相同点**:①陈述性知识常常可以为执行某个实际操作程序提供必要的信息。反之,程序性知识的掌握也会促进陈述性知识的深化。②学生学习常常从陈述性知识的获得开始,然后把陈述性知识与具体的任务目标联系起来,去解决一个又一个问题,变成可以灵活、熟练应用的程序性知识。

8. **简答** 简述显性知识和隐性知识的关系。(22 集美)

【答】按照知识与言语的关系,可将知识分为显性知识和隐性知识。

(1) **显性知识**:是指用书面文字、图表和数学表述的知识,通常是用言语等人为方式通过表述来实现的,所以又称为言明的知识。如通过语言说明如何发射火箭。

(2) **隐性知识**:是指尚未被言语或其他形式表述的知识,是尚未言明,或者难以言传的知识。如教师怎样拥有教育机智,学生怎样才算有悟性。

(3) **二者关系**:显性知识和隐性知识的存在是相对而言的,二者能够相互转化。

①通过隐性知识社会化,我们分享别人的经历和经验,理解别人的思想和情感。

②通过隐性知识外化,我们用其他人能够理解的方式将隐性知识表达为显性知识。

③通过显性知识内化,我们将显性知识与自己原有的知识进行综合,转换成个人的隐性知识。

④通过显性知识综合化,我们将显性知识进行综合,转化成更复杂的显性知识。

9. **简答** 用知识论观点解释知识与技能的关系。(21 苏州科技)

【答】(1) **知识与技能的联系**。

①程序性知识的学习和技能的学习都是将有关事情、动作序列的规则转化为相应的活动方式。从技能学习角度来说,学习者必须通过合乎动作要领的实际练习,掌握相应的动作方式,获得活动的经验,才能掌握技能。学习者一旦能够表现出技能,反而可能忘记或不能明确说出动作步骤和要领。

②陈述性知识的学习不同于技能的学习,但却是技能学习的起点。陈述性知识的学习的目的在于形成比较宽泛的知识背景,它不一定能立刻被应用到解决问题中,而是对理解问题、分析问题起到帮助作用。而技能就是为了完成某种任务而学的,学习的结果不要求对整个知识的来龙去脉、相关概念有多么深刻的了解,而是要求熟练掌握技能。但是,在技能学习之初,学习者首先要理解并记忆活动所必需的诸如新概念和规则等陈述性知识,为应用相关的知识解决问题作准备。

(2) **知识与技能的区别**。

对知识与技能的学习要求不同。在常识中,人们往往用"知"与"会"来区分知识和技能。对知识的学习旨在理解并记住一些事实、概念和原理,涉及知道不知道、懂不懂的问题;对技能的学习旨在掌握完成某种活动所要求的动作来解决问题,涉及会不会、熟练不熟练的问题。

10. **简答** 熟练的技能和习惯有什么样的相同点和不同点?(20 首师大)

【答】(1) **含义**。

①**技能**:是指通过练习而形成的合乎规则或程序的身体或认知活动方式。

②**习惯**:是指为了满足某种需要,成为实现某种自动化动作系统的一种心理倾向。

(2) **相同点**:二者都是自动化了的系统,无需意识监控。

(3) 不同点。

①习惯是实现某种行动的需要,熟练的技能则无所谓需要。

②熟练的技能是在有目的、有计划的练习中形成的,而习惯却可以在无意中,通过简单重复养成。

③熟练的技能有高级和低级之分,但是没有好坏之分,而习惯可以根据其对个人和社会的意义称为好习惯和坏习惯。

11. 简答 简述心智技能与操作技能的关系。(20广西师大,21沈阳师大,23集美)

答 按照技能的性质和特点,技能可以分为心智技能和操作技能。

(1) 含义。

①**心智技能**:是指借助于内部语言在人脑中进行的认知活动方式。

②**操作技能**:是指一系列外部动作以合理的程序组成的操作活动方式。

(2) 区别。

①**活动的对象不同**。操作技能属于实际操作活动范畴,其对象是物质的、具体的;心智技能属于观念范畴,其对象是头脑中的,具有主观性和抽象性。

②**活动的表现不同**。操作技能是外显的,由一系列具体的、外显性的肌肉运动构成,要从实际出发,符合实际;心智技能是内隐的,借助于内部言语实现,有时难以觉察到其活动的全部过程。

③**活动的要求不同**。操作技能具有展开性,一般要求学习者的每个动作必须切实执行,不能合并、省略;心智技能具有简缩性,它不用像操作技能那样一一出现,内部语言可以合并、高度省略和高度简缩。

(3) 联系。

①操作技能一般是心智技能形成的最初依据和外部体现的标志;心智技能的形成常常是在操作技能的基础上,逐步脱离外部动作而借助内部言语实现的。

②心智技能往往是操作技能的调节者和必要组成部分;复杂的操作技能往往包含认知成分,需要学习者智力活动的参与,手脑并用才能完成。

③二者相辅相成、相互制约、相互促进。

12. 简答 简述元认知与学习策略的关系。(14首师大)

答 (1) 元认知的含义:元认知是指对认知的认知,具体地说,是关于个人自己认知过程的知识以及调节这些过程的能力,是对思维和学习活动的认知和控制。元认知的成分包括元认知知识、元认知体验、元认知控制。元认知可以提高认知活动的效率和效果,可以促进个体智力的发展,有助于个体主体性的发挥。

(2) 学习策略的含义:学习策略是指学习者为了提高学习效果和效率,有目的、有意识地制定的有关学习过程的复杂方案。学习策略包括认知策略、元认知策略和资源管理策略。

(3) 元认知与学习策略的关系。

①学习策略包括元认知策略,除此之外,还有认知策略和资源管理策略。其中元认知策略是指对信息加工流程进行控制的策略。

②学习策略作为元认知知识的一部分是存储在长时记忆中的。

③元认知是学习策略监控机制中最主要的动力系统。操作性和监控性是学习策略最基本的特性。其中,学习策略的监控性体现在内隐的认知操作之中,在这种监控机制中,元认知是最主要的动力系统。

13. 简论 简述流体智力与晶体智力的关系及其对教育的启示。(15上海师大,16、22河南,19河北)

答 (1) 简介:根据智力功能的不同,卡特尔将智力划分为流体智力和晶体智力。

(2) 流体智力。

①**含义**：流体智力是指人不依赖于文化和知识背景学习新事物的能力，即与基本心理过程有关的智力，如注意力、知识整合力、思维的敏捷性等。

②**特点**：流体智力受先天遗传因素的影响较大，在人的成年期达到高峰，之后会随着年龄的增长而逐步衰退，如人的记忆力在达到顶峰后，随着年龄的增长会不断下降。

(3) 晶体智力。

①**含义**：晶体智力是指人后天习得的能力，与文化知识、经验的积累有关，并且不随着年龄的增长而衰退，如知识的广度、判断力、常识等。

②**特点**：晶体智力是后天习得的能力，自成年后不但不衰退，反而会上升。在解决问题时，我们常常会投入流体智力，发展晶体智力。

(4) 二者关系。

①人通过在解决问题时投入流体智力而发展晶体智力。

②生活中的许多任务，都需要二者结合使用，如数学推理，同时需要晶体智力和流体智力。

(5) 教育启示。

①这一理论把人与生俱来的素质与后天学习而获得的能力区分开来。

②指导教育者要适应学生的个体差异。有些学生流体智力高，具备良好的学习基础，所以学习成绩好；有些学生流体智力不高，但经过后天的努力，不断积累晶体智力，一样获得了好的学习成绩。

14. 简答 比较分析算法式和启发式。(14 河北师大)

答 (1) **含义**。

①**算法式**：是指为了达到某个目标或解决某个问题而采取的一步一步的程序。算法就是严格执行算法程序来获得问题的解答。

②**启发式**：是指根据目标的指引，试图不断地将问题状态转换成与目标状态相近的状态，只试探那些对成功趋向目标状态有价值的操作。主要有手段—目的分析法、爬山法、逆向反推法等。

(2) **区别**。

①**算法式可以保证问题得到解决，但费时费力**。算法式需要逐个尝试解决问题的各种可能性，但并非所有问题都可以使用算法式。

②**启发式简单省事、效率高，但不能保证问题的解决**。启发式以一定的经验为基础，采用选择搜索方式解决问题。人类在解决问题时大多运用启发式策略，这类策略也是教学中要着力培养的重要思维策略。

15. 简答 简述创造力与智力的关系。(21 合肥师范学院)

答 (1) **含义**。

①**创造力**：是指根据一定的目的和任务，运用一切已知信息开展能动的思维活动，产生出新颖、独特、具有社会和个人价值的产品的品质。

②**智力**：是指一种从经验中学习的能力和适应周围环境的能力。

(2) **二者关系**。

①**智力是创造力的必要不充分条件**。有智力，不一定有创造力，创造力还受到知识、人格特征、动机等因素影响。

②**智力是创造力的前提**。低智力者，创造力一定低。

16. 简答 简述知识和创造性思维的关系。(21 阜阳师大)

答 (1) 含义。

①**创造性思维**:是指用超常规方法,重新组织已有知识经验,产生新方案和新成果的心理过程。它具有流畅性、灵活性、独创性、综合性、突发性的特点。创造性思维是创造性的核心。

②**知识**:a. 从认识论的本质上讲,人与外界相互作用的实践活动中,获得来自客体的各种信息,用一定的方式对这些信息进行加工和组织,形成对事物的理解,从而形成知识。b. 从学校教育的过程上讲,教育者不应把知识作为定论,应作为一种解释和看法,让学生理解、分析、鉴别。c. 从含义界定的广义和狭义上讲,广义的知识是人们所获得的经验(包括技能和策略);狭义的知识是个体获得的各种主观表征。

(2) 关系。

①**知识是创造性思维的必要不充分条件**。知识储备是进行创造性思维的前提和基础。没有一定的知识经验做基础,是无法进行创造性思维的。但是具有了知识也不一定就具有创造性思维,僵死、混乱的知识不仅不利于创造,反而会阻碍创造。

②**对待知识一定要灵活和善于变通,只有这样,才能有利于创造性思维的发挥**。

17. 论述 试比较新手教师和专家型教师的异同,并谈谈如何培养一名优秀的教师。(真题材料已丢失,凯程自编题,题目与真题相仿,供学生练习)(16、20 青岛)

答 (1) 异同比较。

①**新手教师**。指初入职 3～5 年、教学经验不够丰富、教学风格未形成,处于关注生存期的青年教师。

②**专家型教师**。斯腾伯格认为,专家型教师的特征体现在这几点:将更多的知识运用于教学问题的解决,解决教学问题效率高;富有洞察力,善于反思、改进、创新;情绪稳定,理智,注重实际;热爱教师职业,师生关系融洽。

③**相同点**:均属于教师发展的阶段。

④**不同点**:代表的教师专业化程度不同。

a. 对教材的研读程度不同。 专家型教师对教材的解读更加细致、深入,具有创造性。新手教师钻研教材的时间较少,研读相对浅显,也缺少创造性。

b. 对学情的把握不同。 专家型教师能更加准确地把握学情,新手教师常常对学情把握不准。

c. 对教学方法与组织形式的选择不同。 专家型教师能够灵活自如地搭配与运用各种教学方法与组织形式。新手教师的教学方法与组织形式相对单一。

d. 对教学过程的把握不同。 专家型教师能更好地组织教学顺利地开展,更准确地分配与把控教学时间,更能发挥教育机智,灵活处理教学过程中遇到的各类突发问题。新手教师在教学的组织、教学时间的把控及对突发事情的处理等问题上相对欠缺。

e. 问题表征的时间不同。 在表征常规问题时,专家型教师比新手教师花费时间短;在表征较困难的新问题时,专家型教师比新手教师花费时间长。

(2) 策略。

①**夯实专业基础,把握知识内核。** 无论是在师范教育还是在职后教育,都要注重对教师专业知识的培养,并能够与时俱进地更新培训知识。教师只有深入地了解专业知识,把握知识的核心,在教学中才能够引经据典、旁征博引,提高教学效果。

②**创设开放环境,鼓励教师研究。** 建立学习型学校,针对教师发展的不同阶段,学校要组织人员精心设计培养方案,为教师创设良好的发展氛围。开展教育研究是提高教师自身素质、促进教师专业发展的一条

有效途径,学校要为教师开展教育研究提供最大支持,帮助教师在研究过程中深入了解学生和学科特点,提高教学质量。

③**完善培训机制,推进经验交流**。学校和政府要多创设培训机会,如开拓校本培训和教师教育网络联盟等。同时,注重教师之间的交流,开设专家教师的经验分享讲座,并为新手教师创造与其他教师的交流机会。

④**关注教师规划,引导教师反思**。要引导教师为自身设置详细的职业规划,在工作中有明确的目标才有足够的热情。同时注意培养教师的反思能力,在教学和工作中让教师形成反思的习惯,不断积累教学经验并深入思考,以此产生更多创造性解决问题的方式。

18. 简答 简述青少年的身体发展、认知发展和人格发展的关系。(18宁波)

答 **(1) 含义:** 青少年的身体发展是指随时间的推移而发生的身体固有的、遗传的变化;认知发展是指个体出生后在适应环境的活动中,对事物的认知及面对问题情境时的思维方式与能力表现,随年龄增长而改变的历程;人格发展是指个体从出生到死亡的人格产生、发展的变化过程。其中,认知发展和人格发展是心理发展的两个方面。

(2) 关系: 青少年的发展是身体发展、认知发展和人格发展的协同发展,三者缺一不可。身体发展可以通过体育实现,是其他方面发展的基础保证,为认知发展和人格发展提供生理基础和保障;认知发展可以通过智育、美育等实现,为其他方面的发展提供认识基础;人格发展为其他方面的发展起着保证方向和保证动力的作用。

(3) 做法: 要坚持"五育"并举,处理好各方面发展的关系,使其相辅相成,发挥教育的整体功能。也就是说,随时都要注意引导学生在体、智、德、美、劳诸方面都得到发展,防止和克服重此轻彼、顾此失彼的片面性发展,坚持全面发展的教育质量观。

理论分析题

1. 论述 分析论述"讲授法会造成机械性学习"的观点。(20杭州师大)

答 这种观点是错误的。一种学习是机械的还是有意义的,主要取决于学习材料的性质和学习是如何进行的,也就是说,有意义学习的产生既受客观条件(学习材料的性质)的影响,也受主观条件(学习者自身的因素)的影响。

(1) 从客观条件来看,有意义学习的材料必须能够与学生认知结构中的有关知识建立实质性和非人为的联系。 也就是说:①材料必须具有逻辑意义,是学生可以理解的。②材料应该在学生学习的能力范围之内,符合学生的心理年龄特征和知识水平,是学生可以理解的。

(2) 从主观条件来看,主要包括三点。

①学习者要有有意义学习的意向或倾向,简单地说,学生必须通过理解新旧知识之间的相互作用获得这些知识,而不是靠死记硬背。

②学习者认知结构中必须具有适当的知识基础。

③学习者必须积极主动地使具有潜在意义的新知识与认知结构中有关的旧知识发生相互作用,从而加强对新知识的理解,使认知结构或旧知识得到改善,使新知识获得实际意义。这种相互作用越充分,就越有利于掌握新知识,使新知识获得实际意义,也就是使其具有个人的心理意义,从而把外在的知识变成学生自己的知识。

**(3) 具有启发性的讲授法是一种蕴含着人的高级心理变化的教学方法,只有学生有积极的思维活动才能使教学活动得以继续进行。因此,该教学方法适合复杂的人类认知情境,对蕴含复杂情境的创新精神和实践能力的培养具有一定的作用。

综上,只有机械的讲授法才会造成机械性的学习,而有意义的讲授法会让学生更好地理解知识,掌握知识。

2. **论述** 材料大意:有学者认为中小学应该摒弃传统课堂教学模式,大力提倡发现式学习方式。

(1) 结合布鲁纳和奥苏伯尔的学习理论,评析该学者的观点,并说明理由。

(2) 请结合建构主义学习理论,分析如何在当前新课程改革中实现传统课堂教学与发现式教学的有机结合。(21 浙江师大)

答 (1) **观点评析**。

发现学习是由布鲁纳提出的,是指学习者用自己的头脑亲自获得知识的一切形式。主要步骤为:提出问题—做出假设—检验假设—形成结论。

奥苏伯尔提出的接受学习,是指教师直接呈现要传授的知识及其意义,学生通过新旧知识之间的相互作用获得新知识。

奥苏伯尔的研究进一步指出,无论是发现学习还是接受学习,都能促进学生问题解决能力的提高。前提是教学中必须发生有意义学习。有意义学习是指将符号所代表的新知识和学习者认知结构中已有的适当观念建立非人为的和实质性的联系的过程。

一方面,无论是接受学习还是发现学习,都可能发生有意义学习,也可能会发生机械学习。教师引导学生发现时,要建立在学生已有知识的基础上去发现;让学生接受时,不是死记硬背,而是在学生原有知识的基础上主动建构而成。因此传统课堂教学模式如果能建立在学生已有知识的基础上,也是有意义的,不应该被摒弃。另一方面,发现学习并不适用于所有的课堂教学。发现学习受到学科的特点、学生的能力、教师的能力等因素的影响,且发现学习效率较低,无法帮助学生在短时间内掌握大量的基础知识,而这些都是接受学习的优势。因此,在教学中应当根据实际情况灵活地安排两种教学方式。

(2) **传统课堂教学与发现式教学的有机结合**。建构主义是科学的学习流派之一,其思想观点已经渗透到当今的教学实践中。

①**建构主义学习观或基本观点**。

a. **主动建构性**。学生的学习都是在自己原有经验基础上,通过主动意义构建而成。

b. **社会互动性**。学习需要在真实的实践活动中,通过各成员的沟通交流和共同分享学习资源来完成。

c. **情境性**。学习需要在实际的情境中进行。

建构主义强调帮助学生从现有知识经验出发,在真实情境中,通过操作、对话、协作等方式进行意义建构。

②**传统课堂教学模式和发现法的结合**。

a. **教学目的**:传统的教学目的往往指向知识的掌握、技能的提升,可以在此基础上进一步提出对学生知识加工能力的培养要求。根据建构主义理论,学生如果能掌握在原有知识基础上主动分析问题、解决问题的能力,就是有意义建构的过程。

b. **教学内容**:传统的课堂中应当积极地发掘适合让学生通过发现学习法进行自主探究的内容。具体教学中,可以结合生活实际向学生提出问题,学生通过提出假设、验证假设、得出结论的方式归纳出结论。

c. **教学方式**:发现学习可通过小组合作的方式进行。根据建构主义理论,学生的学习需在社会互动中进行,合作学习不仅是一种课堂中社会互动的方式,也是与真实情境中解决问题情境相符合的教学情境。

d. 教学评价: 传统课堂的评价往往只关注对学习结果的评价,可以在此基础上增加对学生发现过程的评价。如评价过程中学生的信息加工能力、收集资料能力、小组合作能力、问题解决能力等。

3. [论述] 结合成败归因理论和自我效能感来分析学生形成品德不良行为的原因,以及如何纠正学生的不良行为。(13 贵州师大)

[答] (1) 形成品德不良行为的原因。

①**成败归因理论认为,** 影响学生进行归因的维度有内部归因和外部归因、稳定归因和不稳定归因、可控归因和不可控归因。根据这三个维度,可以将影响归因的因素分为六种:能力高低、努力程度、任务难度、运气好坏、身心状态、外界环境。学生品德不良行为的产生一部分源于学生对自身行为造成的影响做出的不正确归因。产生品德不良行为的学生,更易于将成败归因于任务难度、运气好坏等外在的、不稳定的且不可控的因素,这就导致学生的自我效能感水平降低,怀疑自身进步成功的可能性,从而逐渐形成品德不良行为。

②**自我效能理论认为,** 基于不正确的归因,学生自我效能感水平会降低。班杜拉将自我效能感定义为人们对自身能否成功胜任某项任务作出的主观判断。自我效能感水平低的学生会对自己能否进行品德良好行为产生怀疑,从而做出品德不良行为,再经由反馈,增强了不愉快刺激使得学生自我效能感水平持续降低,陷入一种恶性循环。

(2) 对品德不良行为的纠正。

①**引导学生进行正确的成败归因。** 教师应引导学生进行内部的、稳定的、可控的维度的归因。将成败归因于努力而不是归因于能力,避免学生在失败的时候自暴自弃,出现极端行为来掩饰自己的失败和失落,也避免学生在成功的时候沾沾自喜,不思进取。

②**教师要引导学生建立积极的自我概念。** 自我概念是指个体对自身存在的体验,它包括一个人通过经验、反省和他人的反馈,逐步加深对自身的了解。教师应帮助学生明确正确的道德观念,提高明辨是非的能力,引导学生将自我概念建立在道德的基础之上。

③**提升学生的自我效能感。** 教师可以为出现品德不良行为的学生创造体验成功的机会,感受成功的乐趣,激发进步的动力;教师自身也应该以身作则,为学生树立良好的道德榜样;教师要时刻关心学生的行为和心态,给予品德不良学生真诚的建议和劝告,以充满信任的教育和关爱,消除其疑惧心理和对抗情绪。

④**关注情感需求,杜绝简单粗暴的教育行为。** 教师不能歧视、打击有违规行为的学生,应给予其特殊的关爱,经常了解这类学生的所需所想,建立师生间的合作、依赖关系,沟通内心世界。关注学生内心需求,建立合理的动机信念。

⑤**关注学生个别差异,杜绝整齐划一的道德教育。** 对于各个学生出现品德不良行为的原因,教师要进行合理的分析,对每个学生的教育必须区别对待、有的放矢,采用不同的内容和方法来教育。

4. [论述] 根据学习动机理论,论述线上教学如何激发学习动机。(23 中国海洋、山西)

[答] (1) **从学习动机的强化理论来看。** 产生学习动机是先前学习行为受到了强化,建立了稳固的联结。而不断地强化则可以使刺激与反应之间的联结得到加强和巩固。根据强化理论,教师可以:

在线上教学中增加学生参与机会,设置奖惩措施。教师在教学中,要给学生提供充足的参与机会,如在线上教学平台设置全员竞赛、开放区讨论等,对于表现突出的学生及时给予强化,而对于不积极的学生给予适当惩罚。

(2) **从需要层次理论来看。** 人的需要从低级到高级可分为七个层次,即生理的需要、安全的需要、归属与爱的需要、尊重的需要、求知与理解的需要、审美的需要和自我实现的需要。七种需要有高低层次之分,还有顺序。只有满足了低层次的需要才会产生高层次的需要。根据需要层次理论,教师可以:

①关注学生学习环境,给予适当支持。每个学生的家庭情况不同,创设的学习环境可能也存在不同,教师要及时了解学生在线上学习中遇到的困难,并给予适当的支持,排除干扰。

②**给每个学生分配任务和角色,满足学生需要**。线上教学缺乏互动,学生会感到被忽视。因此,教师可以为每个学生分配角色,如主持讨论、记录、汇报等,激发学生的责任感,满足学生归属与爱的需要和尊重的需要。

③**不断引导学生将行为转化为内部动机,追求成长性需要**。教师可以让学生明确学习科目的重要地位,并且创设具有吸引力的线上教学模式激发学生学习的内部动机。

(3) **从成就动机理论来看**。成就动机是指追求卓越、获得成功的动机,分为力求成功的倾向与避免失败的倾向。个体趋向成就的动机由成就需要、期望水平和诱因价值三者共同决定。因此,教师应做到:

①**让学生明确课程的重要性,增强成就需要**。教师要重点介绍该课程在整个学科中的重要地位、在学生专业培养和能力培养中的重要地位,增强学生的成就需要,激发学习动机。

②**设置多种挑战任务,满足学生多样需求**。力求成功者和避免失败者对任务的需求存在差异,教师可以设置不同难度的线上任务和作业,如初级、中级、高级等不同难度的任务,让不同需求的学生都获得充分练习的机会。

(4) **从自我效能感理论来看**。自我效能感是指人们对自己是否能够成功地进行某一成就行为的主观判断。影响因素有直接经验、替代性经验、言语说服、情绪的唤起。根据自我效能感理论,教师可以:

①**给予多次机会,让学生体验成功**。如可以允许学生多次提交作业,以分数最高的一次作为最终作业分数。或者教师允许学生在规定的时间内修改并再次上传,增加学生获得A档分数的机会。

②**展示优秀学生作品,为学生设立替代强化**。对于优秀的学生作品,教师要在线上平台展示并给予强化。

③**创设理想的互动环境,营造良好的学习氛围**。创建一个学生表达自己观点,分享和互动的理想环境。教师也应对学生进行适当的言语鼓励和评价。

(5) **从归因理论来看**。活动成败的原因归结为六个因素:能力高低、努力程度、任务难度、运气好坏、身心状态、外界环境。将这六个因素归为三个维度,即内部归因和外部归因、稳定归因和非稳定归因、可控归因和不可控归因。根据归因理论,教师应做到:

①**关注学生的变化并及时反馈,帮助学生正确归因**。教师要密切关注学生的学习状况,分析学生成绩变化的数据,对于学生的进步与退步,教师要帮助学生分析原因,引导学生建立内部的、稳定的、可控的归因。

②**增加学生积极体验,建立积极的自我概念**。教师在线上教学中思路要清晰、难度要适当,任务复杂时给出知识框架,制定标准时要沟通,给分要公正。增加学生线上学习的积极体验,建立积极的自我概念。

5. 论述 结合教育知识,分析判断下面这两段话正确与否,并给出理由。(14 贵州师大)

材料一:教师以民主而不是专制的方式管理学生,鼓励学生表达不同的意见,允许学生在自行探索中发现知识,那么这种教育方式有利于学生创造性的培养。

材料二:汉语拼音的学习产生的影响属于负迁移现象。

答 (1) **材料一的观点是正确的**。

教师以民主而不是专制的方式管理学生,鼓励学生表达不同的意见,允许学生在自行探索中发现知识,那么这种教育方式有利于学生创造性的培养。创造性的培养需要教师具有创新教育的理念,营造鼓励创造的环境,进行民主式的教育和管理,培养学生的创造性人格,保护学生的好奇心,鼓励学生表达自己的观点,解除学生对错误的恐惧心理,鼓励独创性与多样性。

(2) 材料二的观点是错误的。

汉语拼音的学习产生的影响属于负迁移现象这一观点是错误的。从迁移的影响效果看,迁移可以分为正迁移与负迁移。正迁移是指一种学习对另一种学习的积极影响;负迁移是指一种学习对另一种学习的消极影响。一般情况下,汉语拼音的学习对学习汉字有积极的影响,是正迁移,但对学习英语单词有消极的影响,是负迁移。汉语拼音的学习产生的影响有积极的也有消极的,故既有正迁移又有负迁移。

6. 论述 论述因材施教的教育心理学依据。(22 湖南科技)

答 (1) 含义: 因材施教是指教师从学生的实际情况和个别差异出发,有的放矢地进行有差别的教学,使每个学生都能扬长避短,获得最佳发展。

(2) 教育心理学依据。

①**认知水平的差异,主要表现在智力水平的差异。** 智力存在个体差异,主要表现在:智力类型上的差异(观察力、记忆力、思维能力等)、智力发展水平上的差异、智力发展速度上的差异、智力发展性别上的差异。针对认知水平差异,要求教育者在进行教育时要按能力分组,进行因材施教,设置不同的教育目标,选择不同的教育方式。

②**认知方式的差异,是指学生在加工信息时所习惯采用的不同方式,具有持久性和一致性的特点。** 表现在:知觉方式差异、记忆方式差异、思维方式差异、认知反应方式差异。教师应该因材施教,帮助学生识别自己的认知方式。

③**心理发展的性格差异。** 性格指人在现实的稳定态度和习惯化的行为方式中所表现出来的个性心理特征,在教学活动中根据学生的性格差异,主要分为内向型和外向型。在学习动机、学习习惯、学习方式上,内向型和外向型的学生均有不同之处,教师要根据不同类型的学生所能适应的教学方式,合理地采取教育措施。

④**心理发展的气质差异。** 气质指人的心理活动动力特征的总和,它是人们典型的、稳定的心理特征。气质类型主要有四种,即胆汁质、多血质、黏液质、抑郁质。由于气质特点不同,采取的教育方式也有所不同,这就要求教师在教学中做到对不同气质特点的学生因材施教。

⑤**加德纳的多元智能理论提出人类至少存在八种智能。** 包括语言智能、逻辑—数学智能、空间智能、肢体—动觉智能、音乐智能、人际智能、内省智能、自然观察智能。每个学生都具备这八种智能,但所擅长的智能各不相同。教育要以学生的智能为基础,培养学生的特长,开展"以个人为中心的教育",根据每个学生的智能类型因材施教。

7. 论述 如果学生在课堂上出现课堂不良行为,请结合实例说明应该如何有效干预此类行为。(23 云南师大)

答 在课堂上学生出现的课堂不良行为一般包括做小动作、四处张望、擅自起立等。这些不良行为并不是很严重,但为了保证学习的正常进行,这些行为必须被消除。在处理日常课堂行为问题时,教师要以最少干预为原则,就是要用最简短的干预纠正学生的行为,尽量做到既有效干预学生行为又不打断上课。教师可采取如下措施:

(1) 利用非言语线索。 这些非言语线索包括目光接触、手势、身体靠近和触摸等。如两个学生正在交头接耳,教师只需看看这两个学生或其中的一个学生就会有很好的效果。走向行为不良的学生也能制止其行为。

(2) 表扬与不良行为相反的行为。 教师要想减少学生的不良行为,就要从这些学生的正确行为入手,表扬他们所做出的与不良行为相反的行为。如果学生常擅自离开座位,教师就要在他们坐在座位上认真学习的时候表扬他们。

(3) 表扬其他做出良好行为的学生。 表扬其他学生的行为,常会使该学生也做出这一行为。例如,如果张某某正在做小动作,这时教师说:"我很高兴……看到这么多学生都在认真学习,李某某做得不错,王某某在专心致志……"当张某某最后也开始学习时,教师也应当表扬他,不计较他曾走过神,而是一如既往地说:"我看见赵某某、孙某某和张某某都在全神贯注地做功课。"

(4) 言语提示。 简单的言语提示可能会使学生重新回到学习上来。在学生犯规之后,教师要马上给予提示,延缓的提示是无效的,并且应当给予正面的提示以表达对其未来行为的期望。例如,说"张某某,请你自己做作业"就要比说"张某某,别抄李某某的作业"要好一些。

(5) 反复提示。 有时候,学生会拒绝听从简单的提示,有意无视教师的要求,或者向教师提出请求,想以此试探教师的意志。此时,教师应该反复地给出提示,如果学生认识到教师立场坚定,并且会采取适当的措施,这种试探将会慢慢消失。

(6) 应用后果。 当前面所有的步骤都不奏效时,最后一招就是应用后果,让学生做出选择:要么听从,要么后果自负。如把学生请出教室;让学生站几分钟;剥夺学生的某些权利;让学生放学后留下或者请学生家长等。

实践案例题

1. 论述 中学给学生做了心理测试,分了场独立型和场依存型人格,A老师建议给班主任也做测试来划分类型,同类老师、学生分到一个班级更合拍。请从个别差异和因材施教的角度来评价A老师的建议。(22 北师大)

答 **(1) 场独立型和场依存型人格的区别。** 根据个体知觉受外界环境影响的程度,可以分为场独立型和场依存型两种不同认知方式。

①场独立型的学生或教师,在对客观事物作出判断时,常常以自己内部为参照,不易受外来因素影响,习惯独立对事物作出判断。

②场依存型的学生或教师则更加倾向于以外部环境信息为依据,难以摆脱环境影响。

(2) 从学生和教师的个别差异上看。

①场独立型的学生更加擅长自然科学和数学,学习动机主要是自身的内在动机,偏爱无结构、不严密的教学方式。场独立型的教师在教学时较为重视知识的逻辑性,以任务为导向,偏向于较正规的教学方式。

②场依存型的学生更加擅长社会科学,学习动机主要来源于外部,需要外界反馈,喜欢有明确指导、讲解和讨论的教学方式。场依存型的教师在教学时喜欢与学生相互作用,喜欢采用讨论的教学方式。

因此,教师和学生如果认知方式匹配,教学会更加高效,学生的学习效果会更好。从这个角度分析,A老师的建议有一定合理性。

(3) 从因材施教的角度上看。 我们的培养目标是促进学生的全面发展,未来的社会也需要自然科学和社会科学相结合的综合型人才。因此,教师在教学过程中也要采用失配策略,帮助学生弥补非优势的不足。

①场独立型学生可以被指定去参加某些要求具有社会敏感性的任务,如主持一个委员会。

②场依存型学生也可以被指定去进行那些要求应用分析性技能单独完成的工作。

综上,学生的全面发展不仅需要匹配策略让教学更加高效,同时也需要失配策略促进学生全面发展。从这个角度上看,A老师的建议有一定的片面性。

2. 论述 有的家长在孩子取得高分时便给予金钱或物质的奖励,在孩子考得差的时候就责骂处罚,甚至棍棒加身。请分析这种做法的利弊,并提出合理化的建议。(15 湖北)

答 (1) 利弊分析。

在家庭教育中,不可避免地要对孩子进行表扬、批评、奖励等教育活动。这些活动对于培养孩子的责任感、自控能力、纪律性以及调动其学习、工作的积极性等方面起着不可替代的作用,是达到教育目的的手段。不管是奖励还是惩罚,都属于心理学中所说的强化理论的应用。

①奖励的利弊。

a. 利:其一,适当的奖励可以激发孩子的学习动机,可以促进孩子好好学习。其二,适当的奖励可以使孩子得到精神上的满足和愉悦。

b. 弊:其一,过度的物质会使孩子变得功利和势利。其二,过度奖励不利于良好习惯的养成。其三,用奖励来让孩子配合,孩子将体会不到一个好的行为给他带来的成就感。

②惩罚的利弊。

a. 利:其一,适当的惩罚可以让孩子树立规则意识。其二,适当的惩罚有助于孩子加深印象,改正错误。

b. 弊:其一,责骂、棍棒加身等过度的惩罚会使孩子产生叛逆心理。其二,责骂、棍棒加身等过度的惩罚会使孩子形成胆怯退缩的性格,不利于孩子健康成长。

(2) 建议。

①奖惩的客观性和公正性。客观、公正的奖惩标准才能达到教育的目标。奖惩要对事不对人,在评论具体的行为和事件时,不是简单、抽象或总体的肯定或否定,而是多讲小道理,少讲大道理。

②奖惩的力度、次数和时机。奖惩的力度要适当,应与孩子的努力程度、付出代价及行为结果相一致。过重的奖惩可能造成难以弥补的后果;过轻的奖惩可能使它失去作用,奖惩的次数或概率、时机也要适当。

③奖惩方式的选择。要多表扬、奖励,少批评、惩罚。批评时,可先表扬其优点或先讲一些孩子能接受的观点,对其提出较低的要求,使其有改正错误的信心和勇气,感到容易遵照执行,然后逐渐提高要求。

④奖惩方式多样化。对待孩子,奖惩方式也应因情况而异,尽量少用金钱奖励、打骂惩罚的方式。

3. 论述 如何看待教师"错一罚十""漏一补十"的做法,运用相关记忆规律分析此做法。(16 贵州师大、江西师大)

答 "错一罚十""漏一补十"的做法是不可取的,但却是教学中时有发生的现象。教师旨在通过惩罚的方式减少学生出错、遗漏的概率,这样的做法或许可以让少部分学生暂时因为害怕受惩罚,而一时的认真完成作业,但是从长远意义上来看,这种做法有诸多弊端。

(1) 弊端。

①从艾宾浩斯的遗忘规律来看,遗忘的进程很快,并且先快后慢;学习知识一天后,如不抓紧复习,就会忘掉一半以上的内容。因此,遗忘是学生学习必然会发生的事件,并不一定是学生不认真学习的结果。如果不考虑遗忘背后的原因,只是无差别地惩罚,可能会让原本已经很努力的学生认为自己的能力不足,丧失学习的信心。

②从记忆的信息加工流程来看,知识从环境中进入我们的瞬时记忆、短时记忆、长时记忆,是一个逐步加工的过程。这个过程需要引导学生运用恰当的学习策略,并激发学生的学习动机,才能促进知识的深入加工。如果一味地惩罚学生,不仅对学习策略的掌握无意义,也会让学生的学习动机降低,反倒不利于学生的记忆。

(2) 建议:教师的做法并不可取。为了解决学生学习出现错误、遗漏等问题,从记忆的规律上看,现提出如下建议:

①根据艾宾浩斯的遗忘规律,科学记忆方法的掌握和应用是提高记忆效果的重要途径之一,科学安排复习可以进行有效记忆。艾宾浩斯的实验研究表明,遗忘具有先快后慢的规律。根据这一规律,我们要及时地复习;采取多样化的方式进行复习;合理安排和分配复习时间;复习内容要系统化等,这样才能有效地组织复习。

②根据记忆的信息加工流程,提高记忆效果。其一,必须让学生掌握并主动应用学习策略。教师在教学中应当有意识地引导学生使用学习策略合理地加工信息,使信息与学生的已有知识建立联系,为信息提供更多的线索。其二,必须激发学生的学习动机。如采取情境性教学法激发学生的兴趣,让学生意识到学习的内容与自己的生活息息相关,增加对知识学习的专注度。其三,保持良好的精神状态也很重要。如注意力集中,保持充沛的精力,保持舒畅、愉快的心情,这些都是必要的,精神状态不佳、情绪状态不好将大大降低记忆的效果。

4. 论述 人们通常不会把"学生在写字时能熟练控制自己的手部运动"这件事称为动作技能的学习。请你对何时才会出现动作技能的学习做出确认,并逐一描述动作技能获得的阶段及其影响因素。(11 辽宁师大)

答 (1) **技能总是在人们完成的某种操作或动作中表现出来的**。动作技能形成的标志是熟练操作。熟练操作具有五个主要特征:①意识调控减弱,动作自动化。②能利用细微的线索。③动觉反馈作用增强。④形成运动程序的记忆图式。⑤在不利条件下能保持正常的操作水平。

(2) **形成过程。**

①**认知阶段**。学习与技能有关的知识,了解完成这种技能动作的基本要求,将组成动作技能的活动方式反映到头脑中,形成动作映象。

②**联系阶段**。对各个独立的步骤进行合并或者"组块",以形成一个连贯的初步动作系统。这一阶段练习者的视觉控制作用减弱,动觉控制作用逐渐提高,动作间的相互干扰减少,紧张度有所减弱,多余动作趋于消失。

③**自动化阶段**。动作技能的各个动作在时间和空间上已联合成一个完整的自动化的动作系统,多余动作和紧张状态已经消失,动作几乎不需要意识控制。

(3) **影响因素。**

①**知识经验和生理成熟**。学生掌握的动作技能是随着知识经验的增长而提高的。成熟的生理条件有助于学生动作技能的形成。

②**已有动作技能**。已有动作技能与目前将要学习的技能的关系有时为从属关系,有时为并列关系。作为从属关系,这些已有技能表现为现在要学习的技能的局部技能。

③**言语指导**。在动作技能形成的整个过程中,教师的言语指导能帮助学生区别技能之间的异同点,加速学生动作技能的形成,加深学生对动作技能形成的任务要求的认识。

④**示范**。在学生学习动作技能时,教师展现相关的模型、仪器、图片或亲自操作、演示,会有言语指导所无法企及的作用。

⑤**练习与反馈**。学生亲自参加练习是很重要的影响因素。给学生在练习过程中提供适当的反馈信息,让学生知道练习结果,是提高练习效果的上乘方法。

5. 论述 如果一个学生自暴自弃,放弃学习,教师应该怎么做?(15 东北师大,21 中央民族)

答 (1) **帮助学生找出原因**。学生自暴自弃、放弃学习是因为学生缺乏学习动机。教师首先要了解是什么原因导致了学生缺乏学习动机。影响学生学习动机的因素有以下两种:

①**内部因素**。学生的自身兴趣、需要和目标结构;学生的身心发展规律和年龄特点;学生的差异性;学生的价值观与志向水平;学生的焦虑等心理状态。

②**外部因素**。学校与教师;家庭教育;社会教育。

针对不同个性、不同生活背景下的学生,教师首先要去探究学生放弃学习的原因,进而才能对症下药。在了解原因时,教师可以采用灵活多样的方法。比如,可以和学生当面交谈或写信沟通,也可以通过与学生的父母、朋友交谈间接地了解学生的情况。

(2) 采取具体的策略激发学习动机。 在了解学生缺乏动机的原因后,教师要针对不同原因,采取相应的对策,对症下药。

①如果是父母不正确的教养方式导致的,教师可以与家长沟通,进而在教育观念上达成一致。

②如果是学习者自身对学习缺乏信心,教师可以给予学生更多的支持和鼓励,多与学生沟通。

③如果是学习者学习方式不当,教师要教给学生正确的学习策略、问题解决的措施等。

④如果学生缺乏良好的学习氛围,教师可通过与家长、学生进行沟通,为学生创设理想的学习环境。

⑤除此之外,教师还可通过以下方式激发学生的学习动机:

a. 外部学习动机的激发。第一,为学生设置明确、具体、适当的学习目标;第二,及时地进行反馈与评价;第三,给予合理的奖励和惩罚。

b. 内部学习动机的激发。第一,通过教学吸引激发学习动机;第二,激发学生学习兴趣;第三,建立合理的动机信念;第四,通过竞争与合作激发学生学习动机;第五,迁移现有的学习动机。

c. 外部学习动机和内部学习动机的相互交替、转化。第一,没有学习动机时,创设外部条件,激发学习动机;第二,有一定的外部学习动机时,应有目的、有计划地培养其内部学习动机;第三,有强烈而持久的内部学习动机时,使其内外的学习动机共同推进学习活动。

(3) 注重持续的积极评价与反馈。 厌学问题可能会反复在学生身上出现,为此,教师和家长都要做好心理准备。在学生出现厌学情绪时,要尽可能地体察学生的情绪与感受,做到因势利导,循循善诱。在平常的学习中给予其积极的评价与反馈,帮助学生感悟到学习的乐趣,进而建立起学习的信心。

材料分析题

1. **材料** 材料大意:由狼养大的印度女孩卡玛拉与正常人的习性不同,有明显的动物习性。

请用心理学的知识解释上述现象。(10 河南)

答 (1) 辩证唯物主义的心理观认为,**心理是大脑对客观事物的反映**。大脑具有产生心理活动的机能,但大脑自身却不能产生心理活动,只有当大脑接受刺激物的刺激时,才能产生心理活动,所以说,心理是大脑对客观事物的反映。人们所处的生活环境不同,心理活动的内容和水平就存在着差异。

材料中的狼孩与狼生活在一起,在动物生存环境的作用下,只能产生像动物一样的低级心理活动,没有获得人类活动的刺激,因此无法产生相应的心理活动。尽管狼孩的大脑的生理构造是正常的,但是其心理与行为却完全被环境所同化了,出现了狼的习性,并且无法转换成正常人的生活方式。

(2) **儿童发展具有关键期,如果错过很难弥补**。儿童的各种认知能力发展具有关键期,儿童的语言发展、社会性发展等都具有对应的关键期,在此期间,如果没有相应的锻炼,错过了关键期,日后是很难继续获得发展的。一般来说,生动的和社会性的刺激有益于儿童感知能力的发展,与成人的频繁交往有利于儿童语言能力的发展。如果早期失去了丰富的社会生活,则会造成严重的智力障碍。

材料中的狼孩在语言、社会性、思维等发展的关键期都没有获得良好的发展,因此,日后想练习的话,难度很大。

2. **材料** 材料:甲同学在上课时坐不住,经常会坐出位子或在椅子上乱动,要不就是碰碰坐在他旁边的小朋友,睡午觉前在床上又是跳又是丢枕头。而且还爱逗能,对老师的提问常常没听清楚就急着回答,常常答非所问。做事没耐心,常常是做作业做到一半就跑去玩了,那些古诗、儿歌、绕口令都是会读一半。很勇于表现自己,积极回答问题,即使自己有些不懂。集体荣誉感很强,但是有时他又很不讲理很霸道,有他喜欢的玩具,他会毫不犹豫地和你抢,抢不到他就咬人、打人。事后又很后悔,主动向小朋友道歉。

乙同学对光线、食物、环境的细微变化反应敏感,在与其他同学交往时也会特别在意别人的眼光,他能敏锐感知周围变化,很细心,观察能力很棒。但是他的心理承受力差,每次遇到挫折或者失败的时候总是表现出一种消极的态度。

分析甲、乙两人的气质类型,并提出相应的教育对策。(16 河北师大)

答 (1) 甲同学的气质类型为胆汁质。胆汁质学生的特点是直率热情,精力旺盛,好冲动,但暴躁易怒,脾气急,热情忽高忽低,喜欢新环境带来的刺激。

教育对策: 对胆汁质型的学生进行教育时,在教育方法上,要讲明道理,耐心说服,尤其注意态度不能简单粗暴。在教育中,要求教师应和蔼地教育他们遇事要沉着,做事要持之以恒,要学会自制,同时还要鼓励他们在学习、活动、交往中表现出主动热情的一面,培养他们富于理性的勇敢进取、大胆创新等。

(2) 乙同学的气质类型为抑郁质。抑郁质学生的特点是行为孤僻,不善交往,易多愁善感,反应迟缓,适应能力差,容易疲劳,性格具有明显的内倾性。

教育对策: 对抑郁质型的学生进行教育时,要注意多鼓励他们发挥自己善于思考的优势,多赞赏他们的优点,要有意地去放大他们的优点,缩小他们的缺点,并及时肯定他们的见解和有利的一面。要多给予他们关怀和帮助,绝不轻易在公开场合批评和指责他们。

3. **材料** 材料:一位老师学习了现代教学方法之后,决定运用于课堂中。于是她决定使用"成功教育"的方法,让每一个孩子带着成功坐下。答不对的同学,先站着,等下一个问题答对再坐下,但举手的同学越来越少了。(材料不全)

(1) 试通过强化理论分析这位教师运用的方法问题在哪里。

(2) 你如何帮她改进?请给出建议。(18 北师大)

答 (1) 问题。

①此教师的"成功教育"运用了强化理论中惩罚的策略。惩罚的目的是减少不良反应发生的概率。因此,教师这一做法不仅不会提高学生"带着成功坐下"的正确率,反而会使学生因为不想受到惩罚而不再举手,材料中教师的做法所带来的结果看似偶然,实则是滥用了惩罚而导致的。

②教师此举并不能从根本上解决学生答不对问题的情况。学生答不对问题,原因可能在于对知识掌握不牢固、情绪紧张等,仅仅对学生采取罚站的惩罚方式,不了解错误的原因,也不寻求解决措施,不仅不可能解决学生答不对问题的情况,反而会使学生由于自尊心受挫而感到焦虑和不安。

(2) 建议。

①了解学生回答不对问题的原因,再进行有针对性的教学。教学的目的不是甄别学生没掌握的知识,而应该是让学生学会知识。教师应了解学生学习的薄弱之处,知道学生哪个知识点掌握得欠佳。可以通过诊断性测验的方式进行评估,也可以通过课后作业的方式来发现学生学习的不足之处,或者在课堂上利用出声思维帮助学生找到思维方式上的问题。对于学生学习的不足之处,再进行有针对性地教学,以保证教学效果。

②将惩罚改成正强化。教师在教学过程中要慎用惩罚,可以将惩罚改成正强化,通过给学生呈现一个愉快刺激使学生某种行为发生的频率增强。如对回答正确的同学采取口头表扬、张贴光荣榜或给予适当的物质奖励等方式,进而提高学生的学习积极性,激发学生的学习兴趣,从而使学生正确地回答更多的问题,事半功倍。

4. **材料** 材料:2013年4月6日下午5时许,东海县10岁男孩李某顺,模仿《喜羊羊与灰太狼》剧情,将8岁的男孩李某冉、5岁的李某绑在树上,做"绑架烤羊"游戏,导致原告李某冉全身多处烧伤40%,李某全身多处烧伤80%。被烧伤男孩身体受到严重的伤害,家庭承受巨大的经济压力。连云港市法律援助律师受受害人的委托向法院正式提起了诉讼,将《喜羊羊与灰太狼》动画片制作方广东原创动力文化传播有限公司作为第二被告告上法庭。

该案虽然成功调解结案,但是留下的思考远没有结束。据了解,该案不仅引起了社会的广泛关注,更引起动画行业高度关注,案件开庭审理不久,国家广电总局下发加强国产动画片内容审查的紧急通知;央视动画有限责任公司等十大动画制作机构及中央电视台少儿频道等十大动画播出机构联合向全行业发出倡议,希望全国同行承诺绝不制作播出含有暴力、低俗、危险情节、不文明语言的动画片;《新闻联播》曾点名批评《喜羊羊与灰太狼》等动画片存在暴力失度、语言粗俗的问题。(原始材料缺失,凯程新编类似的材料)

请问从班杜拉的学习理论出发,怎样消除以上案例中的不良影响?（14 湖南师大）

答（1）**班杜拉观察学习理论对材料的解释。**

①班杜拉认为,儿童可以通过观察习得行为。外界环境中的行为能否被儿童注意到,取决于榜样的特点、榜样行为的特点和儿童自身的特点。材料中的儿童通过观看《喜羊羊与灰太狼》中"绑架烤羊"的游戏习得了这一行为,其原因是动画片中的榜样角色符合儿童的兴趣,榜样的行为具有刺激性,容易引起儿童关注,且儿童模仿能力强,是非辨别能力差。

②班杜拉的研究进一步表明,榜样行为所导致的后果是决定儿童是否表现榜样行为的关键性因素。材料中,儿童观察到"绑架烤羊"的行为并没有造成严重后果,反而最终小羊获救得到了认可。这容易让儿童误以为自己模仿该行为同样会获得认可,动画片对不良行为的演绎方式反而起到了替代强化的作用。

（2）**建议。**

①**去掉刺激物,让发展中的儿童远离不良刺激。**儿童辨识能力差,社会规范尚未形成,应当加强对影视剧等大众媒体节目的审查,避免儿童接触暴力内容。

②**如果儿童已经形成攻击行为,可以用以下方法:**a. 消退法。对儿童的攻击行为采取不加理睬的方法,使儿童的攻击行为因得不到强化而逐渐减少。b. 暂时隔离法。让儿童在一段时间内得不到强化或远离强化刺激。c. 榜样示范法。利用榜样示范法改变儿童的攻击行为有两种做法:其一,将有攻击行为的儿童置于无攻击行为的榜样当中,减少他们的攻击行为。其二,让有攻击行为的儿童观察其他儿童的攻击行为是如何受到禁止或处罚的。d. 角色扮演法。利用角色扮演法改变儿童的攻击行为时,要注意让他们扮演不同的角色。其一,让他们扮演攻击者的角色,并让他们说出自己扮演此角色的心理感受。其二,让他们扮演被攻击者的角色,同样让他们说出自己扮演此角色的心理感受。多次互换角色,能够提高他们自我控制冲动的能力。

5. **材料** 材料一:张富清是中国建设银行湖北省分行来凤支行离休干部。他在解放战争的枪林弹雨中九死一生,先后荣立一等功3次、二等功1次,被西北野战军记"特等功",两次获得"战斗英雄"荣誉称号。新中国建立后,他响应国家号召主动到偏僻的湖北来凤县工作,为贫困山区奉献一生。60多年来,张富清刻意尘封功绩,连儿女也不知情。2018年年底,在退役军人信息采集中,张富清的事迹被人们发现。2020年,他被评为"感动中国2019年度人物"。

材料二: "两优一先""两学一做"电视专题片《榜样》一经播出,在党员干部中引起热烈反响。专题片以"不忘初心、继续前进"为主题,通过访谈、讲述等形式,生动展示了一批优秀共产党员的感人形象,诠释了中国共产党人坚定理想信念、为民实干担当、勤勉敬业奉献的精神风采。也告诉了我们什么是榜样,榜样的精神是什么,榜样应该做的是什么。

(1) 论述班杜拉社会学习理论的应用价值。
(2) 中小学教育如何使榜样教育更有效?(20 河北师大)

【答】(1) 应用价值。

①**班杜拉的社会学习理论提出榜样具有替代性强化的作用。** 从班杜拉的实验中可以看到年幼儿童易于模仿地位高的人(如父母、教师、英雄模范人物等),所以教育者应该要求自己的行为举止合乎道德规范,不但要注意言传,更应该注意身教,为儿童提供良好并且贴合儿童成长的榜样人物。此外,敌对的攻击性行为也容易被儿童模仿,因此电视、电影中提供过多攻击性场面,是不利于儿童健康发展的。即使是好的影片,教师与家长也应该加强指导,以免儿童模仿与社会道德相悖的行为。

②**班杜拉的观察学习理论对我们有效地传授知识、培养技能也有启发作用。** 教师在教学中要认真做好示范,突出知识技能的主要特征,吸引学生的注意,提供详细的言语解释,使学生建立良好的表象系统和符号编码。在学生运用知识或具体操作过程中,教师要及时进行指导,纠正学生的错误并调动学生的自主性,使之通过自我调节来改进自己的学习。

(2) 中小学教育使榜样教育更有效的方法。

①**榜样必须是真实可信的。** 选好榜样是学习的前提。从古至今,人们都习惯拔高榜样,甚至编造一些美德故事来美化榜样,这是不可取的。尤其是当学生有了自己的判断能力之后,美化过的榜样只会令学生反感,适得其反。

②**激起学生对榜样的积极情感。** 学生是通过模仿榜样的言行举止来习得其中的道德价值和行为方式的,这种模仿的倾向有赖于学生对榜样的积极情感,如果没有这种积极情感,那么模仿的行为是不会发生的。因此,需要引导学生深入了解榜样,包括榜样的身世、奋斗的经历、卓越的成就,尤其是那些感人至深之处,能使他们在心灵深处对榜样产生惊叹、爱慕、敬佩等积极情感。

③**为不同年龄段的学生树立不同的榜样。** 中小学时期长达12年,跨度大,学生的道德发展也经过了多个不同阶段,因此要为学生树立不同的榜样。比如,小学低年级的学生,处于道德发展的他律阶段,模仿性较强,应该多树立师长一类的榜样;到了少年期,他们崇拜英雄人物、文艺明星、体育明星,应该多树立正面、积极的偶像性榜样;高中学生志向高远,可为他们树立历史伟人与当代名人的榜样。

④**要注重教师自身的示范作用。** 德育的教育效果,在很大程度上取决于教师本人的以身作则。尤其是低年级学生,视教师为说一不二的权威,这就更需要教师加强自身的修养,要求学生做到的,教师自己一定要先做到。

6. 材料 材料:让你的学生去观察自然的种种现象,不久以后就可使他变得非常好奇;不过,为了培养他的好奇心,就不能那么急急忙忙地去满足他的好奇心。你提出一些他能理解的问题,让他自己去解答。要做到:他所知道的东西,不是由于你的告诉而是由于他自己的理解。不要教他这样那样的问题,而要由他自己去发现那些问题。你一旦在他心中用权威代替了理智,他就不再运用他的理智了,他将被别人的见解所左右。

(原始材料缺失,凯程新编类似的材料)

——卢梭《爱弥儿》

(1)"不要教他这样那样的问题,而要由他自己去发现那些问题"体现了哪一个教学原则,并谈谈贯彻这一教学原则的要求。

(2)结合材料,论述布鲁纳发现学习的特点。(23 辽宁师大)

答 (1)体现了启发性原则。

①**含义**:启发性原则反映了学生的认识规律。教师要对学生进行启发,而不是告诉学生现成的答案,这样有利于调动学生的主动性,促使学生在教师的引导下积极思考,自觉地掌握科学知识,提高分析问题和解决问题的能力。

②**基本要求**:a. 调动学生学习的主动性。调动学生内在的学习主动性是启发的首要问题。教师要善于运用发人深思的提问、令人心动的讲述来充分显示教学内容的吸引力,以便激起学生的求知欲和积极性,全神贯注地投入学习。b. 启发学生独立思考或者善于提问激疑,引导教学步步深入。优秀的教师在教学中均善于提问激疑,使学生茅塞顿开,思想活跃起来。常言道"问则疑,疑则思",一石激起千重浪,只要提问切中要害,发人深思,学生的思想一激活,课堂一下子便活跃起来。c. 注重通过解决实际问题启发学生获取知识。组织和引导学生观察、操作、动手解决实际问题,也是启发教学的一个重要途径。接触实际问题,对学生更具诱惑力、挑战性,会使他们更积极主动地进行学习和完成任务。d. 引导学生反思学习过程。教学要引导学生反思学习过程,了解学习过程的程序和方法,分析学习过程中的顺利与障碍、长处与缺点,寻找形成障碍与缺点的原因,注重积淀适合自己的学习方式,在学习中学会学习。e. 发扬教学民主。要创造宽松、和谐、民主、平等、坦率、活跃的课堂教学氛围,这是启发教学的重要条件。只有这样,学生的心情才会感到放松,他们的聪明才智才能充分发挥出来。

(2)布鲁纳的发现学习。

①**含义**:发现学习是布鲁纳在其认知—发现理论中提出的教学方式。指学习者用自己的头脑亲自获得知识的一切形式。发现学习的教学步骤为:提出问题—做出假设—检验假设—形成结论。材料中卢梭让学生自己去发现问题、解决问题,正体现了卢梭对发现学习的倡导。

②**特点**:a. 强调学生学习的主动性。布鲁纳重视发展学生解决新问题、探索新情境、发现新事物的态度和能力。布鲁纳认为学生不是被动地接受知识的容器,而应该主动地探索知识,强调学生主动地学习。材料中,卢梭强调让学生自己去发现和解答问题,而非直接告知答案,体现了学习的主动性。b. 重视认知结构的形成。布鲁纳强调学习的认知过程,注重学习者的知识结构。布鲁纳认为发现是教育学生的主要手段,是学生掌握学科基本结构的最好方法。材料中,卢梭让学生自己去探索的过程,实际上也是让学生利用已有经验去学习新知识的过程,有助于学生认知结构的形成。c. 关注学生的内在动机。布鲁纳在发现学习中提倡激发学生对学习材料和内容本身的兴趣,而非外在的兴趣,关注学生内在的动机。这与材料中强调的培养学生好奇心是一致的,关注的都是学生内在的动机。d. 注重对学生的启发。布鲁纳提倡通过创设问题情境,使学生在情境中产生矛盾,提出问题并解决问题,体现了教学活动的启发性。材料中,卢梭的教学模式同样是不直接告诉学生原理,而是引导学生自己探索和发现,也体现了教学的启发性。

③**评价**。

a. 优点:发现学习有利于发展学生的智力,激发学生学习的内在动机,帮助学生形成学习方法与学习策略,提高学生信息的保持和检索能力等。卢梭提倡的教学同样具有这些优点。b. 局限性:布鲁纳的发现学习完全放弃了知识的系统讲授,夸大了学生的学习能力,对学生、学科、教师要求较高,学习效率低。因此,发现学习应当根据教材的性质和学习的特点来灵活安排。

7. 材料：班上来了个插班生，连"7+1"都不会算，在老师一遍又一遍的帮助下似乎学会了，但当遇到"8+1""9+1"的时候还是不会，老师越想越生气，不明白为什么。

试根据加涅的学习层次理论，就如何改善这位学生的数学学习情况，给该老师提出建议，并思考此教学案例带来的启示。（22 江苏师大）

答（1）加涅的学习层次理论。

加涅根据学习的复杂程度将学习分成由低到高的八个层级，并指出低一层级的学习是其上一层级的学习的前提基础，学习具有层级性或累积性。具体划分如下：

①**信号学习**：个体学习对某种信号做出某种反应，其过程是刺激—强化—反应（经典性条件作用）。

②**刺激—反应学习**：在一定情境下，个体做出反应，然后得到强化，其过程是情境—反应—强化（操作性条件作用）。

③**连锁学习**：一系列刺激—反应的联合。

④**言语联想学习**：由言语单位所联结的一系列刺激—反应的联合。

⑤**辨别学习**：个体学会识别多种刺激的异同，并对它们做出不同的反应。

⑥**概念学习**：个体对刺激进行分类时，学会对一类刺激做出同样的反应，也就是对事物的抽象特征的反应。

⑦**规则（原理）的学习**：规则指两个或两个以上概念的联合，规则学习即个体了解两个或两个以上概念之间的关系。

⑧**解决问题的学习**：又叫高级规则的学习，在各种情况下，个体使用所学规则解决问题。

（2）分析与建议。

①**学生学不会的原因分析**：当前学生出现了会计算"7+1"但不会计算"8+1""9+1"的情况，是因为学生并未真正掌握加法计算原理，所以不会解决类似的问题。

②**给这位教师的建议**：首先，教师备课时，要依据加涅的学习水平分类理论分析本节课的教学重心，如这节课是概念学习、规则学习还是其他层次的学习，明确本节课的教学方向。其次，教师教学时，如果为了突出规则或原理，要引导学生推导出做同一类题的规律。最后，教师要分析学生学不会的原因，或许是学生对"7、8、9、10"等数字的概念不清，导致概念学习受阻，无法理解规则；或许是教师的教学只有例子，没有总结概括规则，导致规则不清，学业受阻。只有分析清楚学生出现的问题，才能因材施教，最终达到好的教学效果。

（3）启示。

①**明确任务所需具备的前提知识、技能及其层级关系**。教师在进行教学时，并不是简单地针对所学内容进行教学，更不能简单地重复教学，而是要分析掌握此知识所需要具备的条件，将此部分内容都呈现给学生。

②**了解学生当前所处的水平，根据学生现有水平进行教学**。教师需因材施教，根据学生现有水平，选取适合学生的教学方案。

③**注重对规则原理的教学**。学生只有掌握了规则和原理，才能举一反三，灵活地解决问题。因此，教师主要关注的并不应该是学生是否会解决某个特定的问题，而要关注的是学生对该问题背后的原理是否已经完全掌握。

④**教师要对学生学习效果进行及时地反馈**。反馈是给予强化的过程，教师要及时地给予学生反馈，让学生了解自己的学习状况，以便更好地开展下一步的学习。

8. **材料** 材料：关于《雷雨》的教学安排，第一堂课，教师让学生自读，并且就最深刻的一点写100字左右的短评。第二堂课，学生分组，然后讨论自己要表演的具体角色，教师指导。第三、四堂课，小组表演，结束后大家一起讨论，教师适当点评，评出最佳演员等奖项，最后教师让学生写一个体会。

用建构主义的知识观、学习观、教学观来分析材料中教师的教学安排。（19 重庆师大）

答（1）知识观。

①**知识的动态性（相对性）**。知识具有不确定性，是不断发展的，旧的知识会被新的知识不断地推翻和取代。

②**知识的情境性**。建构主义强调知识应用的情境性，认为人在面临现实问题时，不可能仅靠提取已有的知识就能解决好问题，而是需要针对具体情境中的具体问题，对已有的知识进行改组、重组甚至创造才能更好地解决问题。

③**知识学习的主动建构性**。学生在学习知识时，是利用已有经验积极主动地进行意义建构的过程。

材料中，第一堂课，教师让学生自读并写短评，说明该教师注重知识学习的主动建构性。第二堂课，教师安排学生表演《雷雨》，让学生置身于情境中去学习，体现出教师注重知识的情境性。

（2）学习观。

①**主动建构性**。学习是积极主动地利用先前经验，建构起对新知识的理解。面对新信息、新概念和新命题，每个学生都在以自己原有的知识经验为基础建构自己的理解。学习是个体建构自己的知识的过程，这意味着学习是主动的，是要对外部信息做出主动的选择和加工。

②**社会互动性**。学习任务是在真实的实践活动中通过各成员的沟通交流和共同分享学习资源完成的。这一过程常常需要通过一个学习共同体的合作互动来完成。

③**活动情境性**。学习应该与情境化的社会实践活动结合起来。知识存在于具体的、情境性的、可感知的活动中。它不能脱离活动情境抽象地存在，而只有通过实际情境中的应用活动才能真正被人理解。

材料中，教师先让学生自读并写短评，是让学生积极主动的学习，建构自己对新知识的理解，然后让学生通过讨论的方式选择角色表演，最后再经过讨论评出奖项，体现出该教师注重学习中的主动建构性、社会互动性和活动情境性。

（3）教学观。

①**教学要促进学生的知识建构活动**。教师应尽可能地激发学生原有的相关知识经验，促进知识经验的"生长"。

②**教学要为学生创设理想的学习情境**。教学要激发学生的推理、分析、鉴别等高级的思维活动，同时给学生提供丰富的信息资源、处理信息的工具、适当的帮助和支持，促进他们自身建构意义以及解决问题的活动。

材料中，教师通过小组表演的方式创设情境，并在学生表演前进行指导，让学生在活动中进行，体现出该教师注重在教学时为学生创设理想的情境。

9. **材料** 材料：一只青蛙和一条鱼，青蛙出去看了牛，给鱼描述牛的特征，但鱼听完把自己的特征和牛的特征结合到一起了。

(1) 结合案例分析建构主义的学习理论。
(2) 结合案例阐述建构主义的教学观。（23 浙江师大）

答（1）建构主义的学习理论。

①建构主义认为个体的经验世界具有差异性。每个个体所处的环境并不相同,故所产生的经验背景是不同的,每个个体在接受新知识之前都有着丰富的经验世界。材料中鱼和青蛙的经验世界不同,因此鱼并不能完全理解青蛙所描述的内容。

②**建构主义认为知识学习具有主动建构性**。个体的知识是由人建构起来的。对事物的理解不仅取决于事物本身,还取决于个体原有的知识经验背景。由于不同的个体原有经验的不同,对同一种事物会有不同的理解。正如材料中鱼的经验背景是水中的世界与鱼的形态,它对于牛的特征的理解是建立在自己的经验基础之上的,因此才会在自身的形态基础之上加上牛的特征。

(2) 建构主义教学观。

①**学习者知识建构过程的特征**。建构主义认为,学习是学习者主动地赋予信息以意义,建构自己的知识经验的过程。学习者知识建构过程具有如下特征:a. 主动建构性。学习是积极主动地利用先前经验,建构起自己对新知识的理解。b. 社会互动性。学习是通过对某种社会文化的参与,内化相关知识和技能,掌握有关工具的过程,这一过程常常需要通过学习共同体的合作互动来完成。c. 活动情境性。学习应该与情境化的社会实践活动结合起来。

②**建构主义的教学观**。根据学习者建构知识的特征,建构主义认为教学应该利用好学生原有的知识经验,并为学生创设理想的学习情境。a. 教学要促进学生的知识建构活动。教师要尽可能地激发学生原有的相关知识经验,促进知识经验的"生长"。b. 教学要为学生创设理想的学习情境。教学要激发学生的推理、分析、鉴别等高级的思维活动,同时给学生提供丰富的信息资源、处理信息的工具、适当的帮助和支持,促进他们自身建构意义以及解决问题的活动。

总之,建构主义强调教学要帮助学生从现有的知识经验出发,在真实情境中,通过操作、对话、协作等方式进行意义建构。在教学中,如果忽视了学生原有的知识经验背景,学生就可能会像材料中的鱼一样,并不能真正的理解所学的内容,因此,教师在教学中应注意关注学生自身的经验,并为学生提供丰富的信息,让学生从多个角度理解所学内容,建构知识。

10. **材料** 材料:心理学家爱德华·德西在1969年进行了一次心理实验。他把随机选出的大学生分成两组,玩一种叫Soma的积木游戏。这种玩具可以拼组成不同形状,玩到复杂时非常具有挑战性。两组学生要花半个小时左右的时间按照规程玩这种玩具。第一组被告知,他们每按纸上的图案拼组成一个形状,就能挣一美元。按照1969年的物价,这对学生来说是一笔不小的钱。另一组学生则没有任何奖励。半个小时一到,主持实验的人告诉大家:"请等一下,我出去几分钟印出有关问卷,请各位填写。"但他出去后并非印制问卷,而是通过秘密观察孔看看屋里的动静。结果发现,能挣一块钱的学生,基本就不接着玩了。而那些没有挣到钱的学生,许多反而是欲罢不能地用这些积木堆造成许多意想不到的形状。德西把这些实验结果归结到一个问题:是什么能有效地驱动人们的行为?

(1) 请从内在动机和外在动机的角度分析材料中的现象。
(2) 谈谈在教学中如何运用奖励。(20 湖南师大)

答 (1) **内在动机和外在动机**。内在动机是人所固有的一种追求新奇和挑战、发展和锻炼自身能力、勇于探索和学习的先天倾向,如材料中学生对玩积木的兴趣。外在动机则不是出于对活动本身的兴趣,而是为了获得某种可分离的结果而去从事一项活动,如材料中的"一美元"。内在动机和外在动机可以共同存在,而且会相互影响。它们之间的关系是:

①**外在动机使用不当会削弱内在动机**。内在动机的获得源于自主需要的满足。当个体对于从事的活动拥有一种自主选择感而非受到他人的控制,就会产生内在动机。如果行为由他人决定,则对内在动机有

削弱作用。如材料所示，对于这种积木玩具，学生可能本身就是有兴趣的，但第一组学生因为物质奖励这种外在的控制，失去了行为的自主选择感，降低了对玩具的兴趣。

②外在动机也可能转化成内在动机。如果满足了学生的基本心理需要，一开始做事或许是外在动机，而后因为喜欢这件事，也会促进外在动机的内化，形成内在动机。

(2) 在教学中如何运用奖励。

①**防止内在动机的削弱**：教师的奖励要因人而异，因任务而异。在设置奖励物之前，应当充分调查学生对学习任务的态度。如果学习任务本身就是学生感兴趣的，教师就可以用任务驱动，不断设置适度的挑战性的任务，让学生获得"心流体验"，维持学生对任务的内在动机，此时绝不能滥用外在动机。

②**促进外在动机的转化**：外部奖励在必要时使用，能够提高学生的学习动机。但是在使用时应当注意以下几点：a. 引导树立内部目标。教师需要强调考试和评价是为了自我提高，引导学生关注知识或任务对个人成长的内在价值。b. 设置适度挑战任务。教师用适度的任务调动学生的积极性，在学生完成任务后进行奖励，以言语激励为主，让学生在胜任感中获得对学习本身的兴趣。c. 提供自主性支持。对于追求自由、渴望独立的青少年来说，自己能够主宰自己的行为，也是一种奖励。教师可以给学生提供独立工作和决策的机会，适当放宽对学生的管理，让学生学会自己作决定，自己承担责任。d. 呈现信息性的指导、规则、反馈、评价和奖励。向学生传达个体能够胜任所从事的活动，或者如何更好地胜任该活动，而不是要求个体必须遵守一定规则才能获得奖励。e. 营造和谐的人际关系氛围。对学生给予充分的鼓励和支持，帮助学生获得归属感。

11. **材料** 材料：张某是初二学生，最近他对学习不感兴趣，一提到学习就烦躁不安，下课不完成作业，对老师和家长有抵触情绪，还出现了逃学现象。

(1) 张某的表现属于哪种心理问题？

(2) 导致这种心理问题的原因是什么？

(3) 联系实际说明教师和家长应如何帮助学生避免这种心理问题的产生。(21 河北师大)

答 (1) 张某的心理问题：缺乏学习动机，因为学习产生的不愉快情境而出现了逃避条件作用，甚至出现逃学的现象。

(2) 原因分析。

①**根据马斯洛的需要层次论分析**，张某对家长和老师产生抵触情绪的原因是因为张某的低层次需要没有得到满足，如归属与爱的需要、尊重的需要，导致张某不会产生高层次的需要，如求知与理解的需要等。

②**根据科温顿的自我价值理论分析**，张某对学习不感兴趣，缺乏学习动机的原因是张某目前属于低趋低避型。这类学生不奢望成功，对失败也没有羞耻和恐惧感。他们对成功漠不关心，不接受任何有关能力的挑战。甚至因为在学校学习这个不愉快的情境，出现了逃避条件作用，所以张某出现了逃学现象。

(3) 策略。

①**家长和教师都要重视学生归属与爱的需要，学生缺乏学习动机可能是由于某种缺失需要没有得到充分满足而引起的**。例如，家长和教师可以多关心学生的校园体验、学习体验、人际交往等方面，让学生真正地感受到爱与温暖，而不是一味地追求成绩。

②**家长和教师要重视学生的尊重的需要**。学生在生活和学习当中感受不到他人的尊重，便会产生一些不愉快的情绪。例如，家长和教师要给学生自我表达的机会，尊重他们的想法，尤其是在生活和学习中维护他们的自尊心，给予学生积极地肯定。

③教师要重视引导学生追求成长需要。例如，先通过激发学生的外部学习动机，让学生先在学习中体验到成就感并收获愉快体验，再将学生的学习行为转化为内部动机，让学生有自我卷入的求知意识。

④教师和家长要消除学生学习的不愉快体验，消除学生的逃避条件作用。家长和教师要真正了解学生在学校学习不愉快的原因，帮助学生消除这种体验，让学生感受到同学、老师们对自己的爱与关心以及学习的快乐。

12. **材料** 材料：学生张海学习不好，老师了解到他自幼父母离异，一直跟着奶奶生活。基础知识薄弱，学习习惯不好，而且好高骛远，不做基础题，专挑附加题做，这样就有"不会做题"的借口而不做作业。

(1) 用学习动机的理论分析材料。
(2) 如何培养学习动机？（20 江苏师大）

答 (1) 可以从以下三个理论来分析张海的行为。

①**归因理论**。归因是指人们对自己或他人活动及其结果所做出的解释和评价。归因理论认为，学生对自己学业成败原因的推断，会影响后续学习的动机。

材料中，张海学习成绩不好的原因是多方面的。其一，张海的家庭没为他提供一个支持；其二，他自己学习习惯不好，不做基础题，只追求高难度的题。因此他成绩不好是内外因素共同造成的，而张海把不做作业的原因归结于不可控的外部因素，久而久之，这会使张海的学习积极性降低，对自己越来越没有信心。

②**自我效能感理论**。自我效能感指个人对自己能否成功进行某一成就行为的主观判断。该理论认为，自我效能感的高低会影响学习动机。

材料中，张海并不认为自己有能力做好基础题，张海在面对困难时，因为较低的自我效能感放弃了挑战。而他专挑难题做，也是为了有失败的借口。

③**成就动机理论**。成就动机就是追求卓越、获得成功的动机，分为力求成功的倾向与避免失败的倾向。成就动机理论认为个体趋向成就的动机由成就需要、期望水平和诱因价值三者共同决定。

根据成就动机理论，张海属于避免失败者。他选择非常难的任务，从而避免失败带来的消极情绪，也就避免了承认自己的无能。

(2) 学习动机的培养。

①**成就动机的培养**。成就动机的培养一般采用直接训练和间接训练两种形式。直接训练指学生直接接受研究者的训练；间接训练指教师先接受研究者的训练，然后再去训练学生。一般分为意识化、体验化、概念化、练习、迁移、内化六个阶段。

②**成败归因训练**。一个关键是引导学生把成败归因为努力，一般分为四个阶段：了解学生的归因倾向；创设情境；让学生对自己的成败进行归因；引导学生进行积极归因。另一个关键在于引导学生把成败归因为学习方法，其目的是增强学生的学习信心。

③**自我效能感的培养**。可以通过直接经验培训、间接经验培训、说服教育、情绪唤醒等方式进行。

13. **材料** 材料：单元考试后，语文老师让同学们对考试成绩进行反思，总结经验教训，写成作文上交，甲乙丙三位同学分别写道：

甲：我使尽了"洪荒之力"，一分耕耘，一分收获。

乙：考得好是因为背的全考到了，还没背的都没考。

丙：别人很强，我可能不是块学习的料。

(1) 论述韦纳归因理论内容。
(2) 依据甲、乙、丙同学的归因特点，分析其带来的情绪体验和学习动机的影响。

(3)作为老师,如何引导学生正确归因?(22温州)

答 (1)韦纳的归因理论。

①含义:人们对自己或他人活动及其结果所作出的解释和评价。

②韦纳将成功和失败的原因归结为三维度、六因素。其关系见下表:

维度因素	稳定性		内在性		可控性	
	稳定	不稳定	内在	外在	可控	不可控
能力高低	+		+			+
努力程度		+	+		+	
任务难度	+			+		+
运气好坏		+		+		+
身心状态		+	+			+
外界环境		+		+		+

③将成功或失败归结为不同维度的原因,会对动机产生不同的影响。如将成功或失败归结为努力,会激发学生的学习动机;如果归结为能力,则对学生的学习动机影响不大,甚至会让学生对学习产生绝望的情绪。

④影响归因的因素有以下几点:a.他人操作的有关信息。b.先前的观念。c.自我知觉。d.其他方面包括教师的权威或权威人物对学生行为的期待、奖惩;学生的性格类型、教育训练等都可以作为学生的归因。

(2)分析材料及影响。

①甲同学认为,一分耕耘一分收获。可见他将成败归因于努力因素。努力是内部、不稳定、可控性因素。这种归因会使他产生较强的学习动机。努力而成功,体验到愉快;不努力而失败,体验到羞愧;努力而失败,也应受到鼓励。这样的归因能促使学生不断努力学习以获得成功的体验,增强学习的自信心。

②乙同学认为考得好是背的全考了,没背的没考,属于运气。可见他将成败归因于运气。运气是外部、不稳定、不可控性因素。乙同学把成功看成是偶然的而不是必然的,这种情形下的成功不会增强其自信,他很可能会幻想下次考试运气也不错。这种归因体现在其行为上,就会缺乏个人进一步的意志和努力,完全期待运气的降临。

③丙同学认为考不好是因为自己不是学习的料,将失败归因于能力。能力是内部、稳定、不可控性因素。丙同学的归因会导致其羞愧、沮丧,缺乏取向成功的倾向,降低了学生对成功的期望,使其缺乏学习动机,长此以往,容易导致习得性无助感。

(3)引导学生正确归因。

①引导学生进行内部的、稳定的、可控的维度的归因。

②无论成败,归因于努力相比归因于能力,都会引发更强烈的情绪体验。努力而成功,体验到愉快;不努力而失败,体验到羞愧;努力而失败,也应受到鼓励。

③在付出同样的努力时,能力低的,应得到更多的奖励。

④能力低而努力的人受到最高评价,能力高而不努力的人则受到最低评价。

14. 材料 材料:一次作文考试结束后,大家拿着自己的试卷在相互讨论。小林说:"我这次考得不好,我不会写作文,特别是老师要求的那种作文。"小杨说:"我考得不好,要是早知道考不好,我该早点努力的。"小张说:"我运气太好了,我不会写作文,老师还给了我A,估计是他没认真看吧。"下课后,小张马上出去打篮球,而小杨则在座位上认真分析自己的试卷。

用归因理论分析材料中同学们的行为表现,并且对如何提升小张的动力水平提出建议。(19 重庆师大)

〖答〗**(1) 韦纳的成败归因理论认为**,影响学生进行归因的维度有内部归因和外部归因、稳定归因和不稳定归因、可控归因和不可控归因。根据这三个维度,可以将影响学生归因的因素分为六个:能力高低、努力程度、任务难度、运气好坏、身心状态、外界环境。

小林将失败归因为能力不足,如果学生将学习失败归因于缺乏学习能力等内在原因,会在无形中对他们的自尊产生消极影响,打击学习的积极性。他们在潜意识中认为即使加倍努力也无济于事,因此可能逐渐放弃学习。小杨将失败归因为努力不足,当遭遇失败时会认为是自己不努力或努力不够造成的不良后果,认为自己今后只要努力,也一定可以获得成功。小张将成功归因为运气太好。运气归因的实质是学生在学习过程中缺乏良好的学习方法,且不自信。

(2) 建议。

①**引导小张进行内部的、稳定的、可控的维度的归因**。如运用音像、演讲、报告会等形式介绍名人名家努力工作和刻苦学习取得的成就,使他认识到成功只会眷顾那些坚持不懈努力的人,这样会促使他尽早开始扎扎实实地学习。

②**在看到小张努力学习后及时给予他积极正面的评价,激发他的内在学习动机。**

③**引导小张建立积极的自我概念**。自我概念指个体对自身存在的体验,它包括一个人通过经验、反省和他人的反馈,逐步加深对自身的了解。

15. **材料** 材料:张某是个十分聪明的学生,但就是太贪玩,学习不用功。每次考试他都有侥幸心理,希望能够靠运气过关。这次期末考试他考得不理想,他认为是运气太差了。

(1) 他的这种归因是否正确? 这种归因对他以后的学习会产生怎样的影响?
(2) 如果不正确,那正确的归因是怎样的?
(3) 对教师来讲,正确掌握归因理论有何意义? (14 青岛, 23 江苏师大)

〖答〗**(1) 归因是否正确及产生的影响。**

张某的归因是不正确的。张某认为考试可以靠运气过关,考得不好也是因为运气,是将成败归因于运气,而运气是外部、不稳定与不可控性因素。这样的归因会对张某今后的学习产生消极的影响,导致张某不会用功学习,把成功看成是偶然。这种归因体现在其行为上,就会缺乏个人进一步的意志和努力,完全期待运气的降临。

(2) 正确的归因。

①**教师要引导学生正确归因**。a. 引导学生进行内部的、稳定的、可控的维度的归因。b. 无论成败,归因于努力相比归因于能力,会引发更强烈的情绪体验。努力而成功,体验到愉快;不努力而失败,体验到羞愧;努力而失败,也应受到鼓励。c. 在付出同样的努力时,能力低的,应得到更多的奖励。d. 能力低而努力的人受到最高评价,能力高而不努力的人则受到最低评价。

②**教师要引导学生建立积极的自我概念**。自我概念指个体对自身存在的体验,它包括一个人通过经验、反省和他人的反馈,逐步加深对自身的了解。正确归因是帮助学生获得自我概念的方式之一。

③**一般情况下,引导学生将成败归因于努力,但不能将一切均归因于努力**。如学生已经很努力但还是没有成功时,要帮助学生找到正确的原因,避免学生产生习得性无助。

(3) 掌握正确归因的意义。

①了解心理和行为的因果关系。归因理论显示,任何行为都有其原因,人们会将自己在某种活动中的成功或失败自觉或不自觉地归于某种原因,教师对这种因果关系的掌握有助于对学生心理与行为之间进行有效的把控。

②教师可以根据学生的归因倾向预测他们以后的动机。归因理论的一个重要价值就是使得教师可以根据学生当前的归因倾向预测学生未来在此方面的动机。

③通过归因训练,有助于教师帮助学生提高自我认识。让学生学会正确且积极归因是对学生进行心理教育的一项重要任务。学生学会归因的过程也就是提高自我认识的过程,通过归因训练可以帮助学生在了解和认识自己的过程中建立明确的自我观念。

16. **材料** 材料:一次期末考试,甲同学说我这次努力了,考好了。乙同学说我这次复习的都考了,我考好了。丙同学说我太笨了,学不会。丁同学说这次题太难了,我实在学不会。

根据韦纳归因理论分析上述同学的归因,并分析这几个同学未来发展的趋势。(14 河北师大)

答 (1) 韦纳的成败归因理论认为,影响学生进行归因的维度有内部归因和外部归因、稳定归因和不稳定归因、可控归因和不可控归因。根据这三个维度,可以将影响学生归因的因素分为六个:能力高低、努力程度、任务难度、运气好坏、身心状态、外界环境。

(2) 分析。

①甲同学把成功归因于自己的努力,是不稳定的内部可控因素。把成功归因于内部因素,使该同学感到满意和自豪,把成功归结为可控因素,学生学习的信心会提升,未来会继续努力学习。

②乙同学把成功归因于运气,是不稳定的外部不可控因素。把成功归因于外部原因,会使该同学产生惊奇和感激的心情;把成功归因于不稳定因素,未来该同学的学习积极性可能提高,也可能降低。

③丙同学把失败归因于自己的能力,是稳定的内部不可控因素。把失败归因于内部原因,会使该同学产生内疚和无助感;把失败归因于稳定因素,会降低学习的积极性。未来该同学如果不努力学习,他学习的积极性可能会降低,从而感到绝望。

④丁同学把失败归因于任务难度,是稳定的外部不可控因素。把失败归因于外部原因,会使该同学产生气愤和敌意;把失败归因于稳定因素,会降低学习的积极性。未来该同学如果不好好学习,他学习的积极性可能会降低,从而感到气愤。

17. **材料** 材料:小迪本来自信开朗,成绩优异。母亲去世后,学习成绩开始变差,一向拿手的数学科目在期末考试中才拿到了50分,数学老师在试卷上写了一个很大的"差"字。汤老师了解情况后鼓励、关心他,小迪考上博士后向老师表达了谢意。

用自我效能感理论分析材料,回答问题:根据材料你想到了什么?小迪的学习变化最主要受什么影响?(17 北师大)

答 自我效能感理论由班杜拉提出,是指个体对自己能否成功地进行某一成就行为的主观判断。

(1) 影响自我效能感的因素主要有:直接经验;替代经验;言语说服;情绪唤醒。从自我效能感的影响因素上可以看出:

①个体的身心状态会影响个体的效能期望。材料中小迪因为母亲去世,情绪低落,所以自我效能感降低,学习成绩开始变差。

②他人的评价会影响个体的效能期望。材料中老师给小迪试卷本上写了一个很大的"差"字,使得小迪的自我效能感进一步降低。但是后来当汤老师了解实情后,开始鼓励、关心小迪,小迪的学习开始好转并考

上博士。老师的鼓励和关心使得小迪的自我效能感增强。

(2) 自我效能感对个体的影响包括四点：

①影响个体对活动的选择及对该活动的坚持性。

②影响个体面对困难的态度。

③影响个体新行为的获得和习得行为的表现。

④影响个体在活动中的情绪状态。

材料中，一开始小迪的自我效能感低，情绪低落，所以对学习不再坚持，但是后来在老师的鼓励下自我效能感提高，重新努力学习并取得了成功，考上了博士。

18. 材料：小强上课时能认真听讲，并完成作业。课后爱看小说、摄影、踢足球，对功课关注不多，期末考试前几天才抓紧时间复习，所以考试成绩并不高，他十分苦恼。

请用艾宾浩斯的遗忘规律分析小强考试成绩不理想的原因，并用遗忘规律给出学习过程中的有效复习策略。（21 吉林师大）

答 **(1) 遗忘规律的内容。**

依据艾宾浩斯遗忘曲线，记忆的保持随时间的流逝而逐渐消退，呈现先快后慢的特征。

①**保持量的减少。**保持量随时间、测量方法、学习程度、材料性质等因素的变化而有所不同。

②**保持量的增加。**儿童在学习后的两三天测得的保持量会比学习后立即测得的保持量要多，这种现象叫作记忆的恢复。记忆的恢复现象，儿童较成人普遍，学习较难的材料比学习较易的材料更明显，在学习程度较低的情况下比学习程度纯熟的情况下更容易看到。

③**记忆内容变化。**保存在头脑中的图形不是原封不动的，也不只是模糊化，而是进一步被加工并发生变化；故事逐渐被缩短和省略，变得更有连贯性、合理化且符合习惯与价值观。

④**复习与记忆。**不复习和不合理地复习都不能起到保持记忆的最好效果，只有合理复习才能尽可能保证好的记忆效果。

材料中，小强没有根据遗忘规律正确地、合理地安排复习时间，只是上课时认真听讲、完成作业，考试前临阵磨枪，而平时没有有效地复习，使知识牢固化，才导致了他考试成绩不理想。

(2) 复习策略。

①**及时复习。**在艾宾浩斯遗忘曲线当中我们可以看到，遗忘的进程很快，记忆的内容 1 小时后已经降到 50% 以下，而且先快后慢，所以要及时复习，否则很快就会遗忘。

②**反复复习。**一次复习只能有大概 50% 的保持率，第 2 次复习达到 70% 的保持率，只有长期多次复习才可以保留到长时记忆。

③**过度学习与试图回忆相结合。**过度学习指学生达到掌握水平后，继续进行过度的学习，有助于增强记忆效果，但过度学习时最好加强对知识的回忆，使用回忆法提取知识，效果最佳。

19. 材料 材料大意：关于异分母分数加减法运算，一个老师总结了一道填空题，让学生通过填空来掌握运算方法，并且认为学会做这道填空题就能学会如何做这类运算。

结合程序性知识的获得和迁移理论进行分析。（18 哈师大）

答 **(1) 程序性知识的表征方式是产生式结构。产生式的特点为：**

①**自动激活，**一旦存在，满足了特定的条件，相应的行为就会发生，常常不需要明确的意识。产生式由条件和行动两部分组成，产生式的基本原则是"如果条件是 A，那么实施行动 B"，即当一个产生式的条件得到满足时，则执行该产生式规定的某个行动。

②产生式的提出为程序性知识的教学提供了便于操作的科学依据。程序性知识的学习本质是掌握一个程序,即在长时记忆中形成一个解决问题的产生式系统,以后遇到同一类型的问题,就按这个产生式系统行动。产生式的提出为程序性知识的教学提供了便于操作的科学依据。

在学习异分母分数加减法运算时,学生需要理解异分母分数加减法必须先通分的道理,这样才能掌握异分母分数加减法的计算方法,从而正确地计算。这是数学中的转化思想,当学生掌握了这个转化思想,也就相当于掌握了这个计算程序,形成解决此类问题的产生式系统,之后遇到同样的问题,就可以按这个产生式系统解决问题。

(2)**迁移**:是一种学习对另一种学习的影响,指已经获得的知识、技能,甚至方法和态度对新知识、新技能的影响。这种影响可能是积极的,也可能是消极的。

苛勒的关系理论认为,迁移的关键在于被试对情境中各种关系或完形的顿悟,如果两个问题具有相同的深层结构关系,那么对其中一个问题的训练将对另一个问题产生迁移。异分母的加减法运算中,只要学生掌握通分的方法,就能找出计算的规律,从而解决问题,这就是掌握了问题的深层结构关系。

20. 材料 **材料大意**:甲老师经常要求学生课前预习,了解上课内容,明确课程目的;乙老师注重教学内容的精心组织和教学方式的灵活多样。

试分析两位老师在组织教学时使用的有关的注意规律,说明两种教学组织策略的优劣,你认为如何根据注意的种类及特点,有效地组织教学?(10 河北师大)

答 (1)**使用的规律**:甲老师上课用有意注意的方法,时间长了会让学生感到很劳累,会降低学生掌握知识的效率。乙老师上课更关注学生的无意注意,长期使用会使学生精力无法集中,不易于学生对知识点的了解。

(2)**优劣势分析**。

①**运用无意注意的规律组织教学**。优势:优化教学环境(班级布置会影响组织教学);合理组织教学内容(加强趣味性);灵活多样的教学形式和教学方法;考虑学生的情绪状态(调动学生的积极情绪)。局限性:缺乏目的性;不需要意志努力;会导致学生上课分心;干扰正常的教学活动,产生消极影响。

②**运用有意注意的规律组织教学**。优势:能加深学生对学习目的、任务的理解;能够培养学生的间接兴趣;教师能合理组织教学活动;能加强学生的意志锻炼。局限性:有意注意的活动并非总是符合个体的兴趣和心理需要,有时会使个体产生厌倦和疲劳。

(3)**组织教学的策略**。

①**课前**:教师应采取措施,说明目的和任务,检查学生课前预习情况,把学生的精力转移到本节课上,唤起学生的有意注意。

②**课中**:教师可以通过生动形象的实例说明、灵活多样的教学方式、丰富的表情等使学生对教学内容产生无意注意。当讲授教学内容的重点、难点时,可通过重复或强调的方式让学生保持有意注意,充分理解和思考问题。随着教师由浅入深的分析,学生对所学内容逐步理解并产生兴趣,轻松愉快地学习,也就自然而然地转为有意注意。

③**课后**:教师要巩固新课,布置作业,提出明确的复习和预习要求,使学生保持有意注意。

21. 材料 **材料**:

科学课上,老师拿着一个杯子问同学们:"谁能告诉我杯子有什么用途呢?"同学们争先恐后地回答。

小明说:"杯子可以用来喝水、喝咖啡、喝奶茶。"小白说:"杯子可以当笔筒。"

根据创造性思维定义及其特点分析两位学生回答的优劣。(11 河南)

答 (1)**含义**:创造性思维指用超常规方法,重新组织已有知识经验,产生新方案和新成果的心理过程。创造性思维是创造性的核心。

(2) 主要特征。

①**流畅性**。在限定时间内产生观念数量的多少。在短时间内产生的观念越多,思维流畅性越大;反之,思维缺乏流畅性。

②**灵活性**。摒弃以往的习惯思维方法,开创不同思维方向的能力。

③**综合性**。创造性思维是各种思维的综合,是抽象思维与形象思维、发散思维与聚合思维、逻辑思维与非逻辑思维相互作用而出现的整体思维功能。

④**突发性**。创造性思维往往在时间上以一种豁然开朗标志着某一突破的获得,主要表现形式是灵感和顿悟。

⑤**独创性**。指产生不寻常的和非常规的反应的能力,此外还有重新定义或按新的方式对我们的所见所闻加以组织的能力。

(3) 材料分析。

材料中,两位同学的回答并没有优劣之分,小明说出了杯子的惯常用法,说明他的思维还不够发散。小白能够说出杯子除喝东西以外的用途,说明他的思维具有灵活性。老师上课时可以多注重学生创造性思维的培养,创造性思维的培养应注意以下几个方面:

①**加大思维的"前进跨度"**,培养思维的跳跃能力。

②**加大思维的"联想跨度"**,使学生敢于把习惯上认为毫不相干的、表面上看来微不足道的问题联系起来或进行移植。

③**加大思维的"转换跨度"**,引导学生敢于否定原来的设想,善于打破固有的思路。

④**给学生大胆探索与推测的机会。**

22. **材料** 材料:"对偶故事法"是皮亚杰研究道德判断时采用的一种方法。其中一个典型的"对偶故事"如下:

A. 一个叫约翰的小男孩正在他的房间里玩,妈妈叫他去吃饭。他走进餐厅时,门后有一把椅子,椅子上有一个盘子,盘子上有15个杯子。约翰推门时无意间碰到了盘子,打碎了15个杯子。

B. 有个叫亨利的小男孩。一天妈妈出去的时候,他想偷吃饭橱里的果酱。他爬到椅子上去拿果酱,但是够不着。他使劲够,结果碰掉一个杯子,打碎了。

皮亚杰提出两个问题:(1)约翰和马丁都感到内疚吗?(2)哪个孩子更不好?

根据回答发现,多数5~7岁的孩子都会认为约翰更不好,因为他碰倒了15只杯子;而9岁之后的孩子认为亨利更不好,因为他是想偷吃果酱。(原始材料缺失,凯程新编类似的材料)

(1) 上述两个发展阶段(两个回答)经历了皮亚杰认知发展阶段论中的哪些阶段,请分别说明特点。

(2) 从上述发展阶段来看皮亚杰发展阶段理论经历了什么趋势? (19 河北师大)

答(1) **阶段及特点。**

皮亚杰将儿童的认知发展过程分为四个阶段:感知运动阶段(0~2岁)、前运算阶段(2~7岁)、具体运算阶段(7~11岁)、形式运算阶段(11岁至成年)。材料中的儿童分别处于前运算阶段和具体运算阶段。

①**前运算阶段特点**:这个阶段的儿童能用语言、抽象符号命名事物,但不能很好掌握概念的概括性和一般性;具有自我中心主义和泛灵论;思维具有不可逆性、刻板性、不守恒性和一维性。

材料中5~7岁的儿童会觉得约翰不好,因为他碰倒的杯子数量更多,儿童在这一阶段只是通过行为的后果来判断问题,不能从多个角度去思考问题,体现了该阶段儿童思维的刻板性和不守恒性,在注意事物的某一方面时往往忽略其他方面,只注意到结果而忽略了约翰打碎杯子的动机。

②**具体运算阶段特点**:这个阶段的儿童具有逻辑思维,可以进行群集运算,但仍需要具体事物的支持;具有社会中心,表现为刻板地遵守规则;思维具有了守恒性;去集中化等特点。

在具体运算阶段,儿童的思维得到了发展,具备了一定的逻辑思维能力,能够从多个角度思考问题,因此在回答对偶故事答案的时候,会从行为结果和行为动机两个方面综合地考虑问题,从而最终判断亨利更不好。

(2) 经历的趋势。

①**儿童的思维由一维逐渐向多维发展**。随着儿童思维逐渐发展,儿童思考问题的角度逐渐增多。在前运算阶段,儿童会关注某一方面而忽视其他方面,而到了具体运算阶段和形式运算阶段时,儿童思考问题的角度逐渐增多,能从多个角度综合地思考问题。如材料中,儿童从单一的行为后果角度思考问题,到综合地从动机等多角度思考问题。

②**儿童的思维由具体思维逐渐发展到抽象思维**。在前运算阶段,儿童主要依靠现实存在的物质化的内容来分析问题,如材料中根据打破杯子的数量来判断问题。而到了具体运算阶段或者形式运算阶段,儿童会从道德法则、主观动机等抽象概念的角度思考问题,即从具体思维逐渐发展到抽象思维。

③**儿童逐渐从自我中心主义过渡到去自我中心化**。在儿童发展过程中,逐渐越来越以社会为中心,越来越能够意识到别人的看法。材料中,9岁以上的儿童会从约翰和亨利动机的角度来看待问题,而且会同社会规范等联系起来思考问题,体现了儿童的去自我中心化。

23. 材料 材料:学校心理健康教育出现了以下问题:
①和学习捆绑。②所有任务都推给心理老师。③把心理问题看成疾病。

根据心理健康教育的基本任务和基本特点,结合材料,分析材料中的问题并提出对策。(22 浙江师大)

答 心理健康教育是根据学生生理、心理发展的规律和特点,运用心理学的教育方法和手段,培养学生良好的心理素质,促进学生整体素质全面提高的教育。

(1) **基本任务**:提高全体学生的心理素质,充分激发他们的潜能,培养学生乐观、向上的心理品质,促进学生人格的健全发展。

(2) **基本特点**。

①**心理健康教育有特殊的教育目的**。它以心理保健、心理适应、心理素质的发展为己任,以达到维护学生的心理健康、优化学生心理素质、开发学生心理潜能之目的。

②**心理健康教育有特殊的教育内容和要求**。心理健康教育内容主要涉及学校心理教育的基本理论和方法,包括学生学习心理指导、智力和能力的培养和训练、情感教育、意志教育、个性教育等。

③**心理健康教育有特殊的教育途径和方法**。心理健康教育除借助课堂教育渠道向学生传授必要的心理常识外,更多地结合活动课、各科教学、心理测量、心理辅导、榜样示范等途径来实施。

④**心理健康教育有特殊的教育功能**。心理健康教育属于典型的以学生为中心的主体性教育,具有教育学生自知与知人、自爱与爱人、自助与助人以及培养学生耐挫、乐群、敬业等方面的育人功能。

(3) **问题及对策**。

①心理健康教育也是一种教育,是培养学生良好的心理素质,促进学生整体素质全面提高的教育,并不只是为学习成绩服务的。所以,学校要正确看待心理健康教育,通过拓宽心理健康教育的途径,丰富心理健康教育内容,加强心理教师师资队伍建设等一系列措施,完善学校的心理健康教育,培养学生良好的心理素质。

②心理健康教育的任务不能全部推给心理老师,学校应该完善心理健康教育体制。班主任、学校的危机干预组、学生等都可以作为心理健康教育的积极资源,学校要利用好这些资源,开展心理健康教育,不能让心理老师一个人唱"独角戏"。

③心理问题不等于心理疾病,心理问题持续发展到一定程度,达到一定的标准才能够被确诊为心理疾病。心理问题能够在一定程度上调节,但是心理疾病要看心理医生。所以,学校要重视并且上好心理健康教育课程,积极解决学生的心理问题,避免发展成心理疾病。

教学设计题

1. 教学设计 运用奥苏伯尔的先行组织者策略设计一节课。(22 河南师大)

[答] 先行组织者是奥苏伯尔在其有意义接受说中提出的一种教学策略。先行组织者是先于学习本身出现的一种引导性材料,其抽象、概括水平高于学习任务,并且与学生原有观念和学习任务均相关联。课程设计如下:

(1) 教学内容: 产生时差(高中地理)。

(2) 教学目标。

①**知识与技能:** 学生能够说明时差产生的原因,并能进行时间的相关换算。

②**过程与方法:** 通过情景导入,激发学生探究时差的兴趣,补充必要的初中地理知识和数轴知识,以小组为单位,探究时差的计算方法。

③**情感态度与价值观:** 进一步培养学生学习地理的兴趣,并培养学生热爱科学勇于探索的精神。

(3) 教学重难点。

①**重点:** 地方时与区时的区别;区时的计算;国际日期变更线。

②**难点:** 区时的计算。

(4) 教学方法。

讲述法、作图法、探究法。

(5) 教学过程。

①呈现先行组织者。

a. 复习:教师通过呈现经线与经度的示意图,复习已经学过的经纬线的相关知识。

b. 提问:地球上不同经度的地区时间是否相同呢?我们如何来计算不同地区的时间呢?

②呈现新知。

a. 呈现地方时的概念。

提问引发思考:第一,地方时相差1小时,经度相隔多少?第二,经度相差1°,地方时相差多少?

b. 呈现区时的概念。

请同学以小组为单位,讨论以下问题:第一,以小组为单位,绘制出全球的时区图,并总结出中央经线的计算方法。第二,东六区与东十一区、东二区、西三区相差几个小时?你有好的解决方法吗?

③巩固练习。

呈现练习题,学生自主完成。

(6) 反思总结。

教学中,首先以地理示意图的形式呈现先行组织者,激活学生已有的相关知识,为新知的学习提供基础。其次在教学过程中通过不断地设疑,引导学生探索问题,深入掌握知识点。最后利用作图的方式,对全球的时区有整体的掌握,确保对知识的完全理解。

在本节课中,经纬线的相关知识是学习时差知识点时必须掌握的前提知识点,教师在学习时差之前呈现经纬度的知识点属于呈现了陈述性组织者。先掌握经纬度的知识,然后再呈现与经纬度密切相关的时差概念,有利于激发学生已有的相应知识,为新知识的学习提供良好的基础,更好地掌握吸收新知识。

2. 教学设计 请简述支架式教学与最近发展区的关系,并且设计一个以支架式教学为核心的课堂教学活动。(本题来自非统考教育学学硕真题,专硕应重视。)

答 (1) 支架式教学与最近发展区的关系:

①**最近发展区**:是维果茨基根据其文化历史发展理论提出的有关教学与发展关系的理论。它指实际的发展水平和潜在的发展水平之间的差距。前者指学生现有的独立解决问题的能力,后者指在成人的指导下或与更有能力的同伴合作时解决问题的能力。

②**支架式教学**:是以维果茨基的最近发展区和建构主义学习理论为依据的一种教学法。教学支架实际上就是教学者在最近发展区内给学生提供适当的指导和支持,以帮助学生理解知识。随着学生对知识有越来越深的领悟,教师的指导成分逐渐减少,最终使学生达到独立发现知识的程度。

举例:语文教师在初次教文言文时要提供大量的注释,学生才能理解原文。经过一段时间的学习后,即使教师给学生的注释越来越少,学生也可以自己完成文言文阅读。

③**二者关系**:最近发展区是理论基础,支架式教学是其在教学中的应用。

(2) 支架式教学案例

(一) 课堂主题:学习周长(小学数学)

(二) 预测最近发展区

1. 学生已经认识了边长,知道如何测量线段的长度,并掌握了计算一般图形边长之和的方法。

2. 学生可能达到的潜在发展水平:学生能清晰地理解周长的概念;在和同伴的合作交流中,能够互相配合,掌握测量周长的方法;在独立操作的过程中,能够积极主动地学习,勤于动手、动脑,多方位地感知,更全面地认识周长的相关概念,熟练地掌握计算一般图形周长的方法。

(三) 支架式教学设计

1. 搭脚手架。

①妈妈在为小明做什么?什么是腰围?用手中的卷尺感受一下你的腰围。(初步感知"腰的周长"就是绕着腰一圈的长度)

②什么叫作足球场的周长?谁能学着老师的样子说一说什么叫作黑板的周长?(进一步感知周长的定义)

2. 进入情境、协作学习:自己准备一样东西,找它的一个面。告诉你的同桌你想研究什么的周长,先用手比划一下它的周长,再用一句话表述它的周长。

3. 独立探索:出示枫叶、荷叶和白玉兰叶图,用水彩笔描一描这幅图的周长,描好的同学用一句话说给同桌听,你描的是什么的周长。(多方位感知周长,对周长产生进一步的了解)

4. 协作学习:找一个合作伙伴,用卷尺互相量一量对方的腰围和头围,并在课堂练习本上记录数据。

5. 独立探索:出示三角形,提问"什么是三角形的周长?如何计算三角形的周长?"(由具体实物到抽象图形)

6. 效果评价:巩固练习,拿出学习单,用直尺量一量不同四边形的边,算一算它们的周长。

7. 总结:什么是四边形的周长?怎样计算图形的周长?

3. 教学设计 进入中学，学习内容增多，学生常常感觉到时间不够用。请你以"时间管理"为内容，拟定一节心理健康课的主题，并写出教学过程设计。（本题来自非统考教育学学硕真题，专硕应重视。）

[答] 主题：《我的时间我做主》

(1) 判断鉴别。

下发时间管理现状自测题，要求学生作答并自愿分享交流，题目如下：

①你是否想在一节课完成几个学科的作业，边听课边做别科作业？但似乎无法完成？

②你是否因顾虑其他的杂事而无法集中精力来做目前该做的事？

③如果你的学习计划被一些突发事件打断，你是否觉得可以原谅而不必找时间补？

④你是否经常一天下来觉得很累，却又好像没学到什么？

(2) 训练策略。

①实践操作法、认知法。

将昨天一天自己做的事情写在纸上，例如学习、睡眠、娱乐、锻炼、与家人共处、个人卫生、与朋友聊天、吃饭……并按照重要性和紧急性对事情进行排序。互相交流自己每天在"不紧急且不重要""紧急但不重要"的事情上花费的时间。

②交流法。

由同学推举班上自觉性较强的同学，分享自己时间管理的方法，其他同学听后可以补充，或者交流感受。

③反思体验。

教师最后作总结陈述："昨天的24小时匆匆而过，我们留下了很多遗憾，今天的24小时正在进行，未来的24小时即将到来，把握住我们的时间，把握住我们的命运。"

第三部分 教育学原理

关系分析题

1. 简答 何谓创新型教学？比较创新型教学与传统型教学的异同。开展创新型教学时需要注意哪些事项？（19 西南）

答 (1) **含义**：创新型教学指教师在教学过程中遵循创造活动的一般规律，引导学生以创造性的态度运用创造性思维，充分发挥自主力量和身心潜能来吸收和掌握已有文化成果以及探索某些未知问题。

(2) **异同**。

①相同点：都重视基础知识和基本技能的传授；都是为了促进学生的发展。

②不同点。

a. **教师角色不同**。在传统型教学中，教师占主导地位，是信息的唯一提供者；在创新型教学中，学生占主体地位，教师是课堂情景的设计者。

b. **教育目的不同**。传统型教学的目的是传授基本知识与技能；创新型教学虽也重视这些，但其最终目标是促进创新能力的发展。

c. **教学方法不同**。传统型教学注重知识的灌输，向学生提供现成的结论；创新型教学引导学生自己去发现、揣摩、探究，自己去获得知识的结论，从而培养学生分析问题和解决问题的能力。

(3) **注意事项**。

①**转变教学理念**。教师在教学中既要把知识传授给学生，也要引导学生成为学习的主体，从传统的只是一味地讲授知识的灌输型教学模式转变为与学生一起思考、一起学习的研究型教学模式。

②**转变教学方法**。教学方法应从以教师为中心的知识传授型向知识传授与探索相结合转变。例如，可以采用启发式的教学方法，启发学生的求知欲，让学生成为知识的发现者，提高学生的创新能力。

③**创设良好的课堂氛围**。在教学过程中，创设良好的氛围，让学生敢于发表不同的见解，敢于提出一些意料之外又在情理之中的问题，培养学生的独立思考能力与创新能力。

④**教师要培养自己的创新意识、创新精神和创新人格**。进行创新型教学，关键要有创新型教师。教师要转变教育教学观念，不断学习关于创造性的心理学知识并指导实践。保护学生的好奇心，鼓励独创性与多样性。

2. 论述 评析学科课程和活动课程的联系和区别，并谈谈你对中小学课程改革的理解。（21 南京信息工程）

答 (1) **简介**。

①学科课程指根据各级各类学校培养目标和学生的发展水平，分门别类地从各学科中选择知识，并按照学科的逻辑组织学科内容的课程。

②活动课程是打破学科逻辑系统的界限，以学生的兴趣、需要、经验和能力为基础，通过引导学生自己组织有目的的活动而编制的课程。

(2) **区别**。

①**从教学目的来看**，学科课程主要向学生传递人类长期创造和积累起来的种族经验的精华；而活动课程则主要让学生获得包括直接经验和直接感知的新信息在内的个体教育性经验。

②**从编排方式来看,**学科课程重视学科知识逻辑的系统性;而活动课程则强调各种有教育意义的学生活动的系统性。

③**从教学方式来看,**学科课程主要是以教师为主导去认识人类的种族经验;而活动课程则主要是以学生自主的实践交往为主导去获取直接经验。

④**从教学评价来看,**学科课程强调终结性评价,侧重考查学生学习的结果;而活动课程则重视过程性评价,侧重考查学生学习的过程。

(3) **联系:**两种课程各有优势,当下新课程改革既需要学科课程,也需要活动课程,将两种课程类型相结合才能培养全面发展的人。目前,基于问题解决的学习、基于项目的学习、STEAM教育等方式都是实现学科课程和活动课程相结合的具体模式,更多的其他的具体模式还处于不断的探索和实践之中。

(4) **对中小学课程改革的理解。**

①**在课程理念方面,"以人为本"和"以学生发展为本"。**具体表现为为了学生的终身发展,为了每位学生的发展,为了学生的全面发展,为了学生的个性发展。

②**在课程目标方面,树立三维目标观。**学生在获得基础知识和基本技能的同时学会学习和形成正确的价值观。

③**在课程结构方面,树立综合课程观。**体现课程的均衡性、综合性和选择性。

④**在课程内容方面,树立学生生活观。**加强课程内容与学生生活、现代社会和现代技术发展的联系,关注学生的学习兴趣和经验,精选终身学习必备的基础知识和技能。

⑤**在课程实施方面,树立自主学习观。**培养学生收集和处理信息的能力、获取新知识的能力、分析和解决问题的能力及交流与合作的能力。

⑥**在课程评价方面,树立发展评价观。**发挥课程评价促进学生发展、教师发展和改进教学实践的功能,在课程评价时注重将发展性评价与形成性评价相结合。

⑦**在课程管理方面,树立校本发展观。**实行国家、地方和学校三级课程管理,增强课程对地方、学校及学生的适应性。

3. [论述]**在实践中如何处理好教育价值取向和遵循教育规律之间的关系。(22 湖南科技)**

[答] (1) **简介:**教育价值取向与遵循教育规律二者既相互独立,又相互联系。

①**教育价值取向指教育具有满足个体或社会需要的意义。**教育价值取向包括个人本位论、社会本位论。

②**教育规律是指教育本身固有的客观性质。**教育规律包括教育内部诸因素、教育与其他事物间必然的本质性联系以及教育发展变化的必然趋势。

③**二者关系。**a. 各自特点:教育规律代表教育实践活动的客观必然性,是教育教学必然遵循的准则,具有一元性特点。教育价值取向代表教育实施主体的主观要求、目标与期待,具有多元化特点。b. 相互联系:教育价值取向要遵循客观的教育规律;教育规律不能决定教育价值取向的选择;教育规律并非一成不变,也会受经济政治制度以及教育价值取向的影响。c. 综上,在实践中,要辩证看待与理性处理二者之间的关系。

(2) **处理的策略。**任何教育活动与政策都既要考虑教育规律的问题,也要考虑教育价值的问题。

①**教育活动与政策要考虑教育规律的问题。**如要遵循社会建设发展规律,要遵循学生身心发展规律,要遵循教育教学规律等。

②**教育活动与政策要考虑教育价值的问题。**如要考虑教育的社会价值,要考虑教育的个体价值等。

4. 论述 有个校长说:"如果没有升学压力,我真想好好做德育。"请从学校教学和德育的关系分析这一看法。(18 北师大)

答 该校长虽然揭示了当前应试教育下学校的升学压力大,但没有正确认识到教学与德育的关系,没有落实教育工作者的育德之职。

(1) **学校教学与德育并不矛盾,而是相辅相成、相互促进的关系,二者在学校管理中缺一不可。**

①**德育与教学相互区别。**学校教学过程服务于学生的知识学习,增长学生智能。德育过程加强对学生的道德教育,注重对学生思想品德的培养。

②**德育与教学相辅相成。**a. 德育是教学过程中必不可少的教学目标。b. 教学过程既要重视知识的传授,又要重视道德的发展。学校德育搞得越好,教学质量也会越来越高。

综上,学校教学绝不能因为升学压力过大而仅以知识为重,忽视德育的重要性。要防止单纯传授知识、忽视思想教育的倾向,在教学中要德智并重。因此,该校长的说法不可取。

(2) **该校长的观念,实则反映了当前学校教学重智育轻德育的弊端。**受传统教育教学思想的影响,目前学校和社会仍然只抓升学率,唯分数论,忽视对学生思想品德的教育。家长更看重学生的成绩和班级排名,相比于普通学校,有能力的家庭更倾向于让孩子上升学率高的学校,国家和政府也会给办学优良的学校提供资金和政策上的支持,这样给学校施加了不少压力,导致学校将教学重心放在提高升学率上,而忽视了对学生道德的培养。

(3) **改进该校长的思想,要做到德智并重。**原因如下:①学生思想的提高以知识为基础。②引导学生对所学知识产生积极的态度,才能使他们的思想得到提高。③学生思想的提高又推动他们积极地学习知识。④防止单纯传授知识、忽视思想教育或脱离知识传授而另搞一套思想教育的倾向。

(4) **措施。**

①**树立正确的德育观念。**需要树立德智并重的目的观、生活德育的内容观、灵活多样的方法观、开发多种渠道的途径观、知情意行的统一观、学生能动学习的主体观、家校社相互配合的环境观、尊重实践的时代观、尊重学生发展的个性观和注重德育的实效观。

②**坚持全面发展的教育目标,加强素质教育,改变应试教育。**要做到思想道德素质、文化素质、科学素质和身体心理素质辩证统一、协调发展,教育的核心是人的全面发展。要让家长和学生形成正确的价值观念,不能将升学率作为衡量学校好坏的唯一标准,分数也不能成为衡量学生个人素质高低的唯一准绳。

③**重视德育教学的直接途径与间接途径。**学校应为学生创建一个校风良好的校园环境。要开设专门的道德课,如思想品德课和时事政治课,系统地向学生传授道德知识和道德理论。要在学科教学、学校与课程管理、学校集体生活等各个层面对学生进行道德渗透的教育,如课外活动、校外活动、共青团与少先队活动、劳动与社会实践等。

综上,教学与德育并不冲突,持有此种观点恰恰反映了当前德育教学的不良现状。不论大环境多么困难,校长自身不该被环境束缚,应该勇于创新和改革,改变德育困境,做好德智并重。

(说明:本题"措施"部分的答案还可以采用后文专题5"C.措施"的答案。)

5. 论述 试论述教师与人工智能的关系。(20 湖南师大)

答 (1) **含义:**人工智能是利用机器模拟、延伸和拓展人的智能,感知环境、获取知识并使用知识获得最佳结果的理论、方法、技术及应用系统。教师是从事教育教学工作的专业人员,教师职业具有复杂性、创造性、示范性、专业性、长期性和长效性的特点。

(2) 关系。

①相互区别：a. 本质属性不同。教师是从事教育教学工作的专业人员，其本质属性是人。人工智能是理论、方法、技术及应用系统，其本质属性是工具。b. 地位不同。教育教学过程本质上围绕教师与学生两者展开，教师是教育教学不可或缺也不可替代的主体。人工智能服务于教育教学过程，没有人工智能并不会导致教育过程无法开展，其只是帮助教学过程更好开展的辅助性角色。c. 作用不同。教师具有教书与育人的使命与职责，其中，教师培养学生的精神、道德与价值观念的育人使命尤为重要，也难以取代。人工智能则用来优化教师教学过程，主要处理繁琐机械的重复性工作，监测学生的知识掌握情况，难以进行学生素养、价值观念培养方面的工作。

②相辅相成：a. 人工智能是使教师教学更便捷的重要技术。人工智能的应用能够帮助教师从繁琐的工作中解放出来，使复杂的工作简化，帮助教师充实教学和获取更多的信息，高质高效地完成教学工作。可见，人工智能的使用服务于教师教学，作用于教学过程，是提高教师教学质量与效率的技术与方式。b. 人工智能促进了教师角色的转变。第一，在教育过程中，教师在道德价值和心理健康培育方面，凸显了塑造者与守护者角色。第二，在学习过程中，教师要做深度学习的合作者、课程教学的设计者、信息资源的整合者。第三，在社会服务中，教师要做服务的引领者。第四，在教育科研中，教师要做教育教学的研究者。c. 只有在教师合理地使用、控制与引导下，才能充分发挥人工智能的教育价值。教师只有承担人工智能技术的应用责任，了解人工智能的工作原理与使用范围，才能在适时的情境中正常使用，使其服务于教师教学过程。

综上所述，教师与人工智能的关系，其本质是人与技术的关系。要正视并处理好两者关系，共同实现育人目标。人与技术是相互依存的，教师应利用人工智能技术去解决那些传统教学中不易发现、不易解决的问题，要发挥人工智能的工具性价值，推动教师的专业发展。

6. 论述 如何处理关注目标与关注价值的关系？（22 湖南师大）

答 关注目标体现了对教育教学方向的宏观把控，利于在教育目标制定后，对教育实施成效进行反思与检查，是对教育的纵向实施的关注。关注价值体现了对育人成效的把握，是对教育服务于国家、社会还是服务于人的个性成长，以及如何进行价值整合的横向主体的关注。可见，教育的实施既离不开对目标的关注，也离不开对价值的关注，要将二者协调兼顾，共同达成育人的初衷。

(1) 课程设计：①知识的选择要兼顾不同主体的教育要求，符合社会发展需要与个人成长要求。课程知识在选择之初，既要符合国家、社会对人才培养的价值要求，又要服务于学生成长与成才的目标。②知识的组织与教学也是如此，既要以学生的素养生成为目标，也要充分挖掘其中的育人价值。注重在掌握知识的基础上，培养学生的情感与价值观。

(2) 教学实施：教学全过程既要遵循育人的价值，发挥育人效用，又要采用合适的方式方法进行显性教学，还应发挥环境的塑造作用，全方位渗透教学目标。

(3) 管理方面：校园管理与课堂建设要注意加强课堂与生活、经验相联系的价值，要打破传统教学将教学育人囿于课堂之上的弊端，要让学生的生活包含学生的学习与成长过程，同时在其中完成育人的目标。

(4) 教师自身：要树立榜样形象与人格。落实育人目标与价值，不能仅依靠日常教学过程，还需要教师完善自身人格，在教学活动、师生交往中间接地、潜移默化地影响与塑造学生。

7. 论述 论述教育公平与教育效率。（14 新疆师大）

答 教育公平与教育效率是人类在发展教育事业过程中的两个最基本的目标追求与价值选择。教育公平与教育效率的关系，存在相互促进关系、对立关系、对立统一关系与相互独立关系四种说法。正确认识与处理二者关系，坚持教育公平与教育效率并重，才能推动教育质量的提升。

(1)各有不同。

①**含义不同。**a.教育公平是用正义原则对教育资源分配过程和分配结果的价值判断,涵盖教育平等。b.教育效率指教育资源消耗与教育直接产出成果的比较,是教育投入与直接产出之比。在教育管理学视域下,教育的最后产出即为学生的学业成绩。

②**价值追求不同。**a.教育公平追求的是教育普及与规模,尽可能为每个人提供机会。b.教育效率追求的是集中优质教育资源,让一些有发展优势的受教育者优先使用,培养少数精英人才。

(2)相互联系。

①**二者具有同一性。**a.主体同一性。教育公平与教育效率的主体都是人,二者都是为了满足主体的愿望,为主体服务,实现也都离不开主体的努力。b.目标同一性。都要落实人的发展,注重教育质量。c.特征同一性。均具有复杂性、相对性、层次性、合理性与发展性的特征。

②**二者相互依存、相互促进。**a.教育效率必须以教育公平为前提。公平的不断扩大是效率不断提高的动力。b.教育公平也必须以教育效率为基础。

③**二者具有同等价值。**教育公平与教育效率不应该有主次轻重之分。没有公平的效率是不道德的,没有效率的公平是低水平的。现代社会所追求的是有效率的公平和有公平的效率即公平与效率的统一。教育公平和教育效率具有同等价值。

(3)处理方式:坚持教育公平与教育效率二者并重。

①**二者并重的深层价值:**二者兼顾是我国社会发展的强烈呼唤,是我国教育和谐发展的迫切要求,也是我国对国际教育发展共同经验的充分运用。

②**二者并重的实现策略:**a.构建以师生共同体为中心的教育公平机制。要注重教师这个角色在实现教育质量过程中的主导性作用,也要把学生作为教育质量关注的焦点。b.要建立短期教学效果与长期教育目标协调联动的教育效益增长机制。制定的教育目标要符合教育公平、提升教育效率的宗旨,要两者兼顾。短期的教育教学效果的衡量要以长期教育目标为基准。在教育实践活动中要以公平和效率的实现为纽带把短期教学效果和长期教育目标联系起来。c.构筑以政府为主导以及社会性机构共同参与为补充的教育质量评价机制。政府要制定相关的规章制度来保障机构的合法性和评价的自主性,要给予必要的引导,让机构有章可循,保证评价的方向性。

8. 论述 **教育教学是要遵循儿童的身心发展规律还是要尊重儿童的需要和兴趣?怎么协调二者的冲突?(17北师大)**

答 不顺应规律的兴趣就是不主张的兴趣。兴趣应该符合儿童的身心发展规律。

(1)尊重规律:身心发展规律指客观的,不以人的意志为转移的发展趋势与方向。目前,人们研究的身心发展规律的内容有阶段性、顺序性、差异性、不平衡性、整体性、能动性、未完成性等。身心发展规律对教育发展有制约性,教育要按照身心发展规律办事。实际上合理的兴趣与需要反映人身心发展的规律。

(2)尊重学生兴趣与需要:兴趣是学生在自身的成长中主观上对某个事物所产生的期望及希望去获得更深入的认知与探索的愿望。需要与兴趣不一定是同一件事,需要是学生在自己的主观上面对自身成长与生活,需要被满足的需求。教育需要充分的认识学生的兴趣与需要,也需要调动、维持、尊重学生的兴趣与需要。兴趣与需要具有主观性,往往分为合理与不合理。

①**合理的兴趣与需要表现为:**符合学生身心发展的成长,会让学生对求知充满热情,重视自身生活,满足自身探索的愿望。如在教师的引导下,学生非常想学会相关知识,想进行相关写作的需要。

②**不合理的兴趣与需要表现为:**不符合身心发展规律,学生会有低级的兴趣与需要。如不能满足学生

物质需要的时候,学生会撒娇耍赖,不配合学习。学生喜欢打游戏,除此之外,没有其他兴趣。所以兴趣和需要与儿童身心发展规律冲突时要首先尊重规律。

(3) 冲突如何协调。

当学生出现低级的兴趣和需要时,我们主要应用人的身心规律来引导学生。

①不要强制学生改掉低级兴趣和需要,因为从人的心理发展看,每个人都有自己的执拗,越是强制,越是把学生推得更远。

②设计情境,有技巧的让学生自己发现他的兴趣需要可以调整。这里特别需要尊重人的心理发展,我们可以是艺术性的说服,可以是所有学生的讨论,可以是观看影片,可以使用过度满足法,可以转移注意力,可以引入新游戏等,要让学生自己意识到,自己应该追求更有意义的事情。

③激励学生积极改变。每个学生都需要老师的激励,老师要及时看到学生的转变与进步,多鼓励多引导,多给予学生期望,逐渐使他们拥有合理的兴趣和需要。

9. 论述 有人强调依法治校,有人主张以德治校,你怎么看？（18 华东师大）

答 我认为现代学校管理既要坚持依法治校,也要坚持以德治校,即依法治校和以德治校并重。

(1) 依法治校: 即学校管理法治化,可以分为两个方面。一是政府及教育行政部门依法管理学校;二是学校管理者依法管理学校。依法治校是实施依法治国方略的必然要求,是适应市场经济发展的客观需要,是学校管理改革的需要。

(2) 以德治校: 就是以说服力和劝导力来规范师生的行为,提高其思想认识和道德觉悟,也就是要人们讲道德,如社会公德、伦理道德、职业道德、行为道德等。以德治校是学校管理过程的内在要求,有利于实施素质教育,有利于落实教育方针,有利于改进与完善学校制度。

(3) 二者关系: "依法治校"和"以德治校"相辅相成、相互促进。

①二者存在一定的区别:a. 二者范畴不同。法治是政治建设,属于政治文明。德治是思想建设,属于精神文明。b. 对行为的制约作用不同。道德是内在的自律,法律是外在的他律。

②二者存在一定的联系:"以德治校"是"依法治校"的前提和基础,"依法治校"为"以德治校"提供制度保障。在"依法治校"的同时,加强"以德治校"的力度,提升人们自身内在的道德素质和修养。

因此,从二者关系来看,依法治校与以德治校各有不同,但同样重要。

(4) 启示。

①要建立健全与新形势相适应的校园法律体系,并在校园内形成与之相适应的校园道德体系。要让学生学做人,更要学做有德之人、有为之人。

②在加强民主法制教育的同时,大力加强思想道德教育和实践。既要搞好法制教育,提高法律意识,增强法制观念,也要培养学生坚定的信念、高尚的情操和科学健康文明的生活方式。

10. 论述 联系实际论述马克思关于人的全面发展思想与审美教育的关系。（23 云南师大）

答 **(1) 含义。**

①**马克思关于人的全面发展思想:** 马克思认为,人的全面发展是指人的劳动能力的全面发展,是个人智力和体力的全面发展,是人的个性的自由发展。

②**审美教育:** 审美教育就是培养学生健康的审美观,发展他们感受美、鉴赏美、表现美、创造美的能力,培养他们的高尚情操和文明素质的教育。

(2) 关系。

①二者相互区别。a. 研究对象不同。马克思主义关于人的全面发展学说研究的是人的综合能力,聚

焦人的综合素养的培育;审美教育研究的是人的个项能力,聚焦人的部分素养的培育。b. 研究目的不同。马克思主义关于人的全面发展学说最终要实现人的个性自由发展;审美教育的主要目标是培养人的审美意识、审美能力、审美素养,最终实现人的个项素质的提升。

②**二者相互联系。**a. 人的智力、体力与劳动技术教育的发展离不开审美教育。人的其他能力的发展离不开审美意识的树立、审美能力的培育以及审美水平的提高。b. 人的审美能力培养离不开智力、体力与劳动能力的培养。生成审美素养必然依赖于广博丰厚的学识、健康的身心素质与健全的人格。c. 审美教育与智育、体育、劳动技术教育均为人的全面发展的重要组成部分。智育、体育、美育、劳动教育在地位上是平等的,在功能上是独特的,每个都有独立存在的价值。人的全面发展离不开德智体美劳各个方面的发展。

(3) **启示:** 在实际的教育教学中,既要重视人的智力、体力与劳动技能的发展,也要重视人的审美素养的培育。要重视德智体美劳五育融通式发展,进而培养健全的人格。这要求我们树立五育融通式教学基本理念,构建五育融通式课程结构体系,营造五育融通式教学生态环境,发展多元主体的融合育人能力,进而实现人的全面发展的目标。

11. 材料 **材料:** 唯一真正的教育是通过对儿童能力的刺激而来的,这种刺激是由儿童自己感觉所处社会环境的各种要求引起的。这些要求刺激他们,使他们以一个集体成员的身份来行动,从其原有行动和感情狭隘的范围中显现出来,从自己所属集体的利益来设想自身。通过别人对自己各种活动的反应,他们便知道这些活动用社会语言来说的意义,这些活动的价值又反映在社会语言中。比如儿童牙牙学语,通过别人的反应知道其意义,后转换为音节清晰的语言,他们便被吸引到由语言总结而成的统一丰富的观念和情绪中去。

现代教育许多方面的失败,是因为忽视了把学校作为社会生活的一种形式这一基本原则。现代教育把学校当作一个传授某些知识,学习某些课业或养成某些习惯的场所,这些东西的价值多半取决于遥远的将来,儿童之所以要学习这些事情,是为了将来学习别的东西,这些只是预备而已。因此,它们不成为儿童生活经验的一部分,并不真正具有教育作用。

学校课程的内容应注意从社会生活最初的不自觉的统一体中逐渐分化出来。我们太突然地给儿童提供了过多专门的科目,反而违反了他们的天性,甚至使最好的伦理效果也变得困难。因此学校科目相互联系的真正中心不是历史科学地理,而是儿童本身的社会活动。

(1) 以上三段材料体现了哪位教育家的观点?
(2) 根据你的理解,第二段材料中现代教育的问题在什么地方?
(3) 根据你对这位教育家思想的理解,阐述学校与社会的关系。(23 北师大)

答 **(1)** 材料体现了杜威的观点。具体包括杜威的"教育即生活""教育即生长"观点。

①**教育即生活:** 教育是生活的过程,教育是为学生当下的生活作准备的,学校生活应与儿童自己的生活相契合。如材料中提到的真正的教育来源于社会环境对儿童能力的刺激,儿童所学的事情并不是为了儿童将来生活的预备,正体现了这一点。

②**教育即生长:** 教育要摒弃压抑、阻碍儿童自由发展之物,促进儿童内在本能的生长,儿童的内在生长包含了社会化的过程。如材料中,杜威认为如果我们的课程内容是过多的专门的科目,这反而是违反儿童的天性的,并不适合儿童生长,教育要为儿童提供以社会活动为中心的课程才能促进学生发展。

(2) 杜威认为现代教育的失败,主要的问题如下。

①**在教育目的上:** 过分关注外在的教育目的。现代教育儿童所学的内容是为了将来生活作准备,这是"教育过程以外"的目的,而非教育过程自身的目的。这种外在的目的是一种虚伪的、僵化的目的。

②**在教育内容上:** 现代教育所学习的内容忽视儿童的直接经验,只传递间接经验,让学生学习抽象、理

性的知识体系。这些内容与儿童的现实生活是不相关的,并不能成为儿童生活经验的一部分,不能产生真正的教育作用。

③**在教育形式上**:现代教育形式单一、僵化。现代教育以讲授为主要的教育方式,学生在这个过程中是被动的接受者,杜威提倡学生应该主动地从经验中学,从活动中学,即教师教学要引导学生在动手操作和活动中总结知识。

(3) 学校与社会的关系。

杜威认为,"学校即社会"。杜威明确提出应把学校和社会紧密联系起来,把学校创造成一个小型的社会,使学校生活成为一种经过选择的、净化的、理想的社会生活,成为一个合乎儿童发展的雏形社会。

在我看来,学校确实应与社会应紧密联系,但杜威所提倡的把学校变成雏形的社会有些极端,学校的最终目的是让学生获得全面的发展,杜威所提倡的学校模式会影响教学的成效。我认为学校与社会的内容应该紧密相连,同时学校教育应教会学生如何适应社会。

①**学校教育的内容应联系社会实际**。学校教育的内容受到社会政治、经济、文化等的影响,学校教育的内容不能脱离社会生活的实际。学校的教育内容如果与学生所处的社会环境息息相关,也会激发学生的学习兴趣,达到更好的教学效果,因此在教学内容的选取上,要联系学生的生活实际。

②**学校教育需培养学生适应未来社会变化的关键能力**。现代社会瞬息万变,高速发展。一成不变的教育内容会僵化学生的思维。因此现代学校教育的关键是让学生学会适应社会,培养未来的创新型人才,注重对4C能力(沟通能力、创新能力、合作能力、批判思维与问题解决能力)的培养。同时,学校教育要培养学生终身学习的意识,教给学生终身学习的能力,适应社会变化。

名言题

1. 论述 结合实际,谈谈你对"让课堂焕发出生命活力"的理解。(21 重庆师大)

答 (1) **原因**:叶澜教授针对传统课堂的弊端,提出了"让课堂焕发出生命活力"的主张。她认为把丰富复杂的课堂教学过程简括为特殊的认识活动是传统教学观最根本的缺陷,它忽略了师生在课堂教学活动中多边多重的交互作用和创造能力,使课堂教学变得机械沉闷。为了改变传统教学的弊端,要求教育者从更高的层次——生命的层次,用动态生成的观念重新全面地认识课堂教学,让课堂焕发出生命活力。

(2) **含义**:"让课堂焕发出生命活力"意味着,一方面要使师生的生命活力在课堂上得到积极发挥;另一方面要使教学过程本身具有生成新因素的能力,具有自身的、由师生共同创造出的活力。

(3) **措施**。

①**改变角色观,做到"双边共时性",形成师生间的心灵互动**。教师要把学生的"学"作为教师"教"的基础,注重走进学生的心灵世界,在课堂上密切注视学生的表情,观察学生是否表现出把老师讲授的知识转化为自己能理解、能运用的东西的神情。

②**教给学生认知结构,构建"灵活结构性",教会学生学习**。在教学过程中教师要将认知结构教给学生,学生掌握了认知结构,就可以依靠"结构"这根拐杖去解决不熟悉领域中的新问题,并且能独立地策划学习活动。

③**遵循教育规律,注重"动态生成性",让师生的生命活力得到充分发挥**。教师要将学生当作独立的个体,注重课堂上的动态性、生成性。例如,在人文社科类的课堂上,不预设标准答案,而是鼓励学生各抒己见,大胆表达自己的看法,尊重学生独特的体验;同时,教师要根据学生的课堂反应随时调整自己的教学设计。

2. 论述 有人说"只有不会教的老师,没有教不好的学生",请谈谈你的看法。(10 西南,21 温州,22 宁夏)

答 (1) **从教师自我勉励的角度来看,这句话具有合理性。**

①**从学生观看,教师缺乏正确的学生观就会教不好学生。**

教师要相信任何学生都是可教的,是可以通过教育获得成长的。正如朱永新先生所言,"每个学生都是一个特殊的世界,如果找不到打开他的世界的钥匙,我们永远只能在他的世界之外徘徊。所以,教育的关键就是用心,就是锲而不舍,就是加倍努力"。

②**从师生观看,教师缺乏民主平等的师生观也会教不好学生。**

教师权威主义和教师放任主义都会使师生情绪形成对立的局面,没有融洽的教学气氛,何谈教学效果?只有师生关系和谐民主,学生心甘情愿跟随教师学习,愿意接受教师的指导,才能共享共创教学过程。

③**从教师观看,教师本身教学理念有误也是教不好学生的关键。**

教师教学没有进步,没有创新,没有艺术,平淡乏味,无法打造具有生命色彩的课堂,会让学生觉得枯燥。教师只有更新自己的教学方法,选择新颖的教学方式、打造艺术性的课堂,才会加强教学的实效性。

小结:"没有教不好的学生,只有教不好的老师"这句话的合理性就在于懂孩子的老师、爱孩子的老师、有引导方法的老师才会教好学生,否则我们的教学可能事倍功半。

(2) **从外部对教师的要求来看,这句话不具有合理性。**

①**教师并不是影响学生成长的唯一因素。**遗传、环境、教育以及学生自己的能动性的交互作用共同影响着学生的成长,如果学生学不好,我们就认为是教师没教好,这样的评价是不合理的。

②**在现实评价背景下,存在"教不好的学生"。**"教好"是相对的,不是绝对的。现在的中、高考都是选拔性考试,必然会有学生被淘汰,成为所谓的"教不好的学生"。

③**这句话是对教师苛刻的要求。**正如"没有看不好的病人,只有不会看病的医生","没有破不了的案子,只有不会破案的警察"。这样的评价,都是对职业的不合理要求。

(3) **当学生有学习的兴趣,但教师的教学能力和教学思想不能满足学生,甚至还淡化了学生的兴趣时,这句话才成立。**

综上,特级教师李镇西老师对这句话是这样评价的:如果这是教师的自励,我对这样的教师表达十二分的崇敬;如果有人以此苛求教师,我对这样的苛求者表示十二万分的鄙夷!

3. 论述 关于"给学生一杯水,教师要有一桶水"这个说法,论述教学是否就是知识的传授过程,为什么?(15 河南)

答 (1) "给学生一杯水,教师要有一桶水"比喻教师要教好学生,自己必须有比学生更丰富的知识。教学是教师的教和学生的学共同组成的一种双边互动的教育活动。通过教学,学生在教师有计划、有步骤的引导下,积极主动地掌握系统的科学文化知识和技能,发展智力、体力,陶冶品德,养成全面发展的个性。

(2) **教学并非简单的知识传授过程。**

①**教学要重视培养学生的能力。**教学的基础性任务是引导学生能动地学习、运用和掌握科学文化基础知识和基本技能。要发展学生的智力、体力、能力和创造才能,培养学生正确的价值观、情感和态度。避免传统的讲授、死记硬背、知识灌输的填鸭式教育方法,而是应当尊重学生的兴趣和需要,开发游戏、活动等,引导学生自主体验探索,尊重其主体性,调动学生学习的积极性,启发学生独立思考。

②**教学要注重联系实际。**这里包括两层含义:一是指学生的知识程度和接受水平;二是指适合学生学习的教学方法。学生的学决定教师的教;教学内容的选择和安排一定要根据学生的实际接受能力来确定;教学过程的快慢不取决于教师的主观意图和外界施加的压力,而应该取决于学生吸收的快慢。教师要转变

传统的教学方法和理念,提高学生的科学素养,倡导探究式教学,调动起学生的学习积极性,以学生为主体。

③**教学要重视思想互动。**教师有一桶水,这一桶水不一定只是知识,也有思想、观念、方法、师德等,我更愿意把这一桶水理解成教师的综合素质,而师生交流的过程,是教师用自己的教育观念和教育方法来引导学生的过程,是高质量的师生互动交流,是有效的互动交流,是打动学生心灵的交流,所以,教师应该拥有比学生更丰富的知识、观念和能力,是容纳多种物质的一桶水。

4. 论述 有人认为学校应该坚持"一切为了学生",有人认为学校应该坚持"以教师为本",说说你对这两种观点的看法。(21 三峡)

答 我认为这两个说法都不全面,学校应该既要注重学生的主体性,也要坚持教师的主导性,建立民主平等的师生关系。

(1) **发挥教师的主导作用是保证学生学习主动性的必要条件。**在生活中,教师要以身作则,拥有威望和亲和力,令学生愿意听从教导;在教学上,教师要善于启发、诱导,以便使学生积极而高效地掌握知识,提高自身的才能与修养。因此,学生的主动性、反思性、创造性发挥得怎么样,学习的效果怎么样,是衡量教师主导作用发挥得好坏的根本标志。

(2) **调动学生学习的主动性是教师有效教学的重要保障。**要调动学生的主动性,不仅要解决教师和学生之间的认知关系,还要解决师生之间的人际关系,即要求教师尊重学生的主体性,民主平等地对待学生,不以学生的成绩优劣和家庭贫富而区别对待,但尊重儿童的主体性并非任其盲目自发地发展,这提高了对教师教导的要求,加重了教师教学的责任感和工作量。

(3) **防止忽视学生主体性和忽视教师主导作用的偏向。**以赫尔巴特为代表的"传统教育"和以杜威为代表的"现代教育"是这两种偏向的典型表征。以教师为主导,以学生为主体可谓教学中良好的师生关系的表现,是各种各样师生关系理论的抽象概括,任何强调一方而忽视另一方的做法都是不合适的,应予以纠正。

5. 论述 (1) 谈谈你对"没有爱心就没有教育"的理解。

(2) 如何处理好"严格教育和充满关爱的关系"。(23 淮北师大)

答 (1) 我认为这句话是正确的。作为一名教师,首先要有爱心,没有爱心,就没有教育。

①**从教师观来看**,爱学生是教师的天职,是教育好学生的重要条件。教师只有爱学生,才能教育好学生,才能使教育发挥最大限度的作用,才能真正成为"天国引路人"。教师只有真心爱护学生,履行法律规定的权利与义务,扮演好教师的多重角色,才能赢得学生的爱戴,促进学生的充分发展。

②**从学生观来看**,教师是从关爱学生的角度出发,尊重学生的身心发展规律与年龄特点,重视学生的生活体验和经验等。学生也能够从日常的学习生活中感受到教师的爱,并积极反馈。有利于激发学生的积极性,促进学生主动发展。

③**从师生关系来看**,师生之间良好的社会关系、人际关系、教育关系和心理关系的建立,都是以爱为前提。教师只有真诚地关心、爱护、理解、鼓励学生,达到师生之间感情上的融洽,才能够加深师生之间的了解、缩短师生心理上的距离,从而建立起真诚的师生关系。

除此之外,教师还要热爱教育事业、热爱学生、热爱集体、严于律己,要有高尚的师德、宽厚的文化素养、专门的教育素养和健康的心理素质,教师的这些素养对于做好教育、做好育人工作同样重要。

(2) 严格教育和充满关爱的关系。

严格教育与充满关爱二者相互联系、相辅相成。应正确对待二者间的关系,将严格教育与充满关爱相结合、相统一,共同实现育人的目标。

①**充满关爱是严格教育的基础。**爱护、尊重与信赖学生是一个优秀教师必备的品德,也是教好学生、获

得良好德育效果的重要条件。对学生而言，教师的一次赞扬或一次推心置腹的谈话，都是一种关怀和爱护。

②**严格教育是充满关爱的必要保障。**教育只有爱是不完整的。教师应借助班规，养成积极向上的班风、学风。此外，严格要求也有利于教师在学生心中树立威信，进而营造秩序良好的课堂氛围。

③**严格教育和充满关爱是相互统一，相辅相成的关系。**教师在教育中要做到爱严相济，将二者有机结合起来。教师只爱不严，将会导致溺爱，对学生危害很大；只严不爱，则会引起学生的逆反和畏惧心理。只有做到爱严并济，既严格教育又充满关爱，才能达到预期的教育目的。

综上，严格教育与充满关爱同样重要，二者相辅相成。要辩证看待二者的关系，实现严格教育与充满关爱的统一，最终达成教育目标。

专题分类题

专题1：教育本质

第一部分　常见出题角度和答案

A. 教育的质的规定性

关于教育的本质说法很多，最常见的第一种说法是：教育是有目的地培养人的社会活动，这是教育区别于其他现象的基本特征，是教育的质的规定性。另一种常见的说法是：教育是促进个体个性化和个体社会化的实践活动。这两种说法都很有价值，他们体现了共同的一些特点，如下：

(1) **目的性。**目的性是教育与其他社会活动的区别，代表着人的意识性。目的性体现了人的有意识性，也体现了人与动物教育的区别。

(2) **教师的引导性与师生的互动性。**凡是教育活动都有教师充分发挥教育主导性的作用。教学的过程是互动的，若没有调动学生的学习能动性，教师的引导性就无法发挥。

(3) **促进个体个性化与个体社会化，体现双向耦合性。**促进学生的个性化，尊重差异，尊重独特性，使每个个体都能放飞自我，活出自己的生命价值和色彩。促进学生的社会化，学生的观念、职业角色、行为社会化。使每个个体融入社会，遵守整个社会的规则。双向耦合性，既要尊重社会发展，又要尊重个体发展。在当下的各个国家的教育目的中，都既注重学生个性化的发展也注重学生社会化的发展。

(4) **积极的、正向的方向性。**我们主要培养真善美的学生，整个社会和个人都需要求真求善求美，社会才会有秩序和有爱。

(5) **实践性。**不论家庭教育、社会教育，还是学校教育，都需要"通过生活，为了生活，在生活中"教育学生，脱离了实践性的教育是无效的学习。

(6) **尊重学生的主体性和主动性。**充分发挥学生的能动作用，启发学生思考，调动学生的学习积极性。正确理解学生，树立当代学生观。

(7) **社会性、文化性、历史性。**人是在一定的历史文化背景下成长起来的社会性的智能生命，教育也是人类进入文明史的重要标志之一，所以教育必然具有社会性、文化性和历史性。

B. 教育本质的代表性论述

(1) **卢梭提出的自然教育。**自然教育理论是卢梭教育思想的主体，自然教育的核心是"回归自然"。他认为善良的人性存在于纯洁的自然状态中，教育要顺应人的自然本性。儿童受到自然的教育、人为的教育、事物的教育三方面的影响。应该以自然的教育为中心，使事物的教育和人为的教育服从于自然的教育。只有这三方面教育相互配合并趋于自然的目标，才能使儿童享受到良好的教育。卢梭提倡要发挥儿童在自身成长中的主动性,主张"消极教育"与"自然后果法"。

(2) 杜威提出的新教育本质观。 杜威批判赫尔巴特的以教师为中心、以课堂为中心、以知识为中心的学习方式,认为这样的教育没有真正解放儿童。于是,他提出了自己的新的教育本质观——①教育即生长;②教育即生活;③教育即经验的改造。杜威看到了教育与生活的联系,学校与社会的联系,直接经验与间接经验的联系,并把直接经验置于教育的中心,他认为这样不是教给儿童既有的科学知识,而是让他们在活动中不断增加经验。

(3) 陶行知提出的生活教育理论。 从定义上说,生活教育就是给生活以教育,用生活来教育,为生活向前向上的需要而教育。从生活和教育的关系上说,是生活决定教育。从效力上说,教育要通过生活才能产生力量而成为真正的教育。实际上,陶行知的生活教育理论包含三个意思:生活即教育;社会即学校;教学做合一。

C. 教育的价值

(1) 对个体来说,教育的意义和价值在于涵养人的整体智慧,促进人的精神成长,提高人的精神境界。

①受教育是为了超越生存的层面,走向自我实现的意义。受教育能够超越技术技能的训练,走向人品格的陶冶与人格的塑造。

②受教育是为了超越传承的层面,走向创新精神和创新能力。受教育能够在传承的基础上批判反思,创新发展,形成创新思维与意识。

③受教育是为了超越日常生活的层面,走向追求兴趣、价值、美感和感受幸福。受教育能够丰富精神世界,安顿人的心灵,实现精神富足。

④受教育是为了超越个人领域的层面,走向为社会服务,为社会负责,进而提高个人的精神境界与生存价值。

(2) 对社会来说,教育意义和价值在于促进社会的发展和文明的构建。

①教育促进经济发展。教育使可能的劳动力转化为现实的劳动力,生产科学技术、促进经济增长。

②教育促进民主政治建设。教育能够推动国家的民主政治建设,是影响政治时局的重要力量。

③教育促进文化的传承与创新。教育具有重要的文化传承、融合、选择、创新等功能。

④教育促进科技进步。教育是科学知识再生产的重要手段,是直接生产科学技术的重要手段。

⑤教育促进人口优化。教育是控制人口增长、提高人口素质、促进人口迁移的重要因素。

⑥教育促进生态文明。教育能够树立建设生态文明的理念,引导建设生态文明的社会活动。

D. 教育与社会主义建设

(1) 教育先行。 教育先行是一种发展战略,即教育发展先于其他行业或者经济发展的现有状态而超前发展。教育在我国社会主义现代化建设中具有基础性、先导性、全局性意义。教育优先发展是一种适度发展,要依据一个国家经济的发展水平来确定教育投资,过多的教育投资反而会造成浪费。所以,我国采用教育的适度优先发展战略,它能更好地保证人才强国和科教兴国。

(2) 科教兴国与国兴科教。 当前,国兴教育面临着教育经费投入严重不足、教育公平面临严峻挑战等方面的问题。要解决这些问题,就要普及和巩固义务教育,大力发展中等职业教育,大力提升高等教育质量,努力办好人民满意的教育。

第二部分 历年真题之经典题

1. 论述 教育是什么?选一种观点论述。(20 东北师大)

答 (见本专题"A. 教育的质的规定性")

2. 论述 列举古今中外三种对教育的不同解释及其对教育本质的论述。(16、19河南师大)

答 (1) 列举不同解释。(见本专题"B. 教育本质的代表性论述")

(2) 对教育本质的论述。(见本专题"A. 教育的质的规定性")

综上所述,可以看出古今中外对教育有着不同的理解。如今,我们认为教育质的特点是教育是一种有目的地培养人的社会活动。这是教育与其他社会活动的本质区别,也是人类社会生活不可或缺的重要组成部分。教育看似是人人都会参与的大众平凡之事,其实是一种极其复杂、灵动的,与社会发展并进的育人活动,但教育有其相对稳定的质的特点。

3. 材料 材料:在民主观念放任的情况下,人们已经忘记教育为何物,人们理解的教育只是将青年人培养成有用之才。当某一科学被运用到经济之中时,这门科学马上身价百倍,人们为了获利,纷纷追求它,并在学校中推广这一学说。因此,科学和培养科学人才的重要性得到前所未有的强调……人们也因此愿意付出最大的物质代价。科学价值的评判与精神价值的评判不可同日而语。培养出来的科技人员只是服务于某些目的的专业工人,他们并没有收到真正的教育。因为技能的培训、专业技能的提高还不能算是人的陶冶,连科学思维方式的训练也谈不上,更何况理解的培养。

——雅斯贝尔斯《什么是教育》

结合以上材料,论述你对教育意义和价值的理解。(21北师大)

答 (1) 对个体的价值。(见本专题"C. 教育的价值")

材料中,"如果教育只是将青年人培养成有用的人才,只是为了培养服务于某些目的的专业工人,那么这样的教育就谈不上是真正的教育。"在雅斯贝尔斯看来,一味的专业技术训练只能将人制造成最有用的工具,而如果一个国家想要振兴,就要让教育的内涵超越实用的专业技术教育,上升到培育人的精神、安顿人的心灵的高度,以此接近教育的本质。

(2) 对社会的价值。(见本专题"C. 教育的价值")

材料中,"当某一科学被运用到经济之中时,这门科学马上身价百倍,人们为了获利,纷纷追求它,并在学校中推广这一学说。因此,科学和培养科学人才的重要性得到前所未有的强调……人们也因此愿意付出最大的物质代价。"在雅斯贝尔斯看来,教育具有经济功能,是能够提高劳动者素质和生产率的重要因素,产生经济效益,是经济发展的新的增长点。但达成这一目标的关键前提是将青年人培养成完整的人。

4. 材料 材料:某学生学习态度不认真,教师对其进行教育。他说:"我家房租收多少钱我都心里有数,那些钱够我吃三辈子了,我为什么还要上学?我只要会收房租就行了。"

分析这位学生的想法,并说明教师应如何引导。(19北师大)

答 (1) 该学生没有意识到上学的价值,把物质的满足等同于人活着的意义,是错误的。

教育具有重要的价值。(见本专题"C. 教育的价值")

(2) 教师应进行言语说服。

①每个人都是有用之才,发现自己的才能是什么,是对自己负责任。教育提供了发现自己才能的机会。如果不上学,在家依靠收房租度过一生,就不能发现自己潜在的才能,更不能对自己的人生负责,而作为年轻人,人生才刚刚开始。

②不管做什么,都需要相应的教育,而在当今社会,最基本的途径是通过上学获得教育。这世界上不存在凭空就能得到好工作的事情,任何工作都需要学习与付出,哪怕理想是收房租,也要学会识字和算术,也要上学接受教育。

③一个人上学不仅对自己的人生大有裨益,对国家乃至世界的未来也会产生重要影响。对个体而言,

上学接受了教育才有可能逐渐领悟到人活着不仅仅是追求物质的满足,不是依靠收房租来获取人生的意义;对国家和世界而言,上学学到的内容,在将来都有可能帮助我们的国家和世界变得更加美好和公平。

5. 论述 结合党的二十大,论述教育对全面建设社会主义现代化国家的地位与作用。(23 西华师大)

答 (1) **教育的地位**:我国采用教育的适度优先发展战略,始终把发展教育、培养人才放在党的事业的重要战略地位。

①**教育在我国社会主义现代化建设中具有基础性、先导性、全局性的意义**。主要体现在:a. 教育的基础性,实质上是人的素质在社会主义现代化建设中的基础性。b. 教育的先导性,是指教育的发展对社会主义现代化建设具有引领作用。c. 教育的全局性,是指教育的发展关乎社会主义现代化建设的方方面面,具有全局性的影响。

②**党的二十大报告中,教育、科技、人才是全面建设社会主义现代化国家的基础性、战略性支撑**。因此我们必须做到:a. 坚持科技是第一生产力、人才是第一资源、创新是第一动力,深入实施科教兴国战略、人才强国战略、创新驱动发展战略,开辟发展新领域新赛道,不断塑造发展新动能新优势。b. 坚持教育优先发展、科技自立自强、人才引领驱动,加快建设教育强国、科技强国、人才强国,坚持为党育人、为国育才,全面提高人才自主培养质量,着力造就拔尖创新人才,聚天下英才而用之。

(2) **教育的作用**:培养全面发展的人,促进社会发展。

①**个体功能**:培养全面发展的人。教育能够促进个体的德、智、体、美、劳全面发展,即培养学生的道德品质,发展学生的智力,解放学生的创造潜能,增强学生体质,培养学生的审美能力,加强劳动意识与劳动技能的培养。充分解读并深入理解其价值意蕴,有利于进一步深化素质教育。

②**社会流动功能与社会变迁功能**:促进社会的发展。a. 教育具有社会变迁功能,表现在促进经济、政治、文化与生态多方面的发展。b. 教育具有社会流动功能。社会成员通过教育的培养、筛选与提高,能够在不同的社会区域、社会层次、职业岗位、科层组织之间转换、调整与变动,以充分发挥其个性特长,展现其智慧才能,实现其人生价值。

专题2:教育与人和社会的发展

第一部分 常见出题角度与答案

A. 教育与人的发展

(1) 人的身心发展规律以及对教育的制约。

①顺序性。人的身心发展的整体过程与个别过程具有方向性、顺序性和不可逆性。②阶段性。身心的发展都呈现相对独立的前后衔接阶段,发展变化既体现出量的积累,又表现出质的飞跃,从而表现出发展的阶段性。③差异性。不同个体身心发展的速度不同,不同个体身心发展的质量也可能不同。④不平衡性。在不同的年龄阶段,人的身心发展是不均衡的;在同一时期,青少年身心不同方面的发展也是不均衡的。

(2) 影响人身心发展的因素及作用。

①**遗传素质及其在人身心发展中的作用**:遗传是指人从上代继承下来的生命机体及其解剖上的特点,如机体的结构、形态和神经系统的特点及本能、天赋倾向等。这些遗传的生理特点也叫遗传素质。

作用表现:遗传素质是人的身心发展的物质基础和生理前提。遗传素质的成熟程度制约着人的身心发展过程及年龄特征。遗传素质的差异性对人的身心发展有一定的影响作用。遗传素质具有可塑性。

②**环境及其在人的身心发展中的作用**:环境泛指个体存在于其中的,在个体的活动交往中,与个体相互作用并影响个体发展的外部世界。环境包括自然环境和社会环境两个方面,社会环境对人的身心发展的影响作用比自然环境大。

作用表现：环境是人的身心发展的外部条件，为个体的身心发展提供了可能性和限制；环境对个体身心发展的影响既取决于环境的给定性，又取决于主体的选择性；不能过分地夸大环境的作用。

③**个体的主观能动性及其在人的身心发展中的作用**：个体的主观能动性主要指个体在后天生活中形成的人生态度、价值理想、道德品质、知识结构、身体素质、个性特征等，其核心是人生态度和价值理想。

作用表现：个体的主观能动性在个体发展中起着最终的决定作用；个体的主观能动性制约着环境影响的内化与主体的自我建构；个体通过能动的活动选择，建构着自我的发展。

④**学校教育在人的身心发展中的作用**：学校教育在人的身心发展中起主导作用。但学校教育的主导作用不是万能的，学校教育必须与社会教育、家庭教育有力配合，才能发挥主导作用。

作用表现：教育的个体个性化功能和教育的个体社会化功能。

综上，人的发展是内外因交互作用的结果，我们作为教育工作者，既要看到教育的主导作用，但不能夸大教育的作用，同时还要激发学生的能动性，来实现更好的教育效果。

B. 教育与社会发展

(1) 教育的社会制约性。

①**生产力影响和制约教育**。生产力的发展水平制约人才培养的规格，教育事业发展的速度、规模和教育结构，课程的设置和教育内容的沿革以及教学组织形式、教育教学手段和方法的沿革。

②**政治经济制度影响和制约教育**。政治经济制度制约着教育的性质、教育目的、教育的领导权、受教育权以及教育内容、教育结构和教育管理体制。

③**文化影响和制约教育**。文化知识制约教育的内容和水平，文化模式制约教育背景和教育模式，文化传统制约教育的传统和变革。

(2) 教育具有社会功能，表现为变迁功能和流动功能。

①**变迁功能**。第一，经济功能。教育是使可能的劳动力转化为现实的劳动力的基本途径，是生产科学技术、促进经济发展的重要途径，是提高劳动者素质和生产率的重要因素，是经济发展的新的增长点。第二，政治功能。政治社会化、政治体制变革完善、民主政治建设、影响时局。第三，文化功能。文化传承、融合、选择、创新。第四，生态功能。生态文明的理念、知识与社会活动。

②**流动功能**。社会成员通过教育的培养、筛选与提高，能够在不同的社会区域、社会层次、职业岗位、科层组织之间转换、调整与变动，以充分发挥其个性特长，展现其智慧才能，实现其人生价值。

(3) 教育的相对独立性。

教育的相对独立性是指教育作为社会的一个子系统，可以对社会其他系统做出能动的反作用，如教育具有政治功能、经济功能和文化功能等，它对社会的能动作用具有自身的特点与规律性，它的发展也有其连续性与继承性。体现在：a. 教育是有目的地培养人的活动，主要通过所培养的人作用于社会。b. 教育具有自身的活动特点、规律与原理。c. 教育与政治、经济、文化发展不同步，教育往往具有滞后性和长效性。d. 教育具有自身发展的传统与连续性。

第二部分　历年真题之经典题

1. 论述 北京市政府发布不允许在幼儿园里教儿童拼音和汉字，也不允许教儿童20以上的加减乘除的相关规定。请你评价其做法。（18 湖南师大）

答 我认为这种做法是正确的。

(1) 幼儿教育应该尊重幼儿身心成长的规律。（见本专题"A. 教育与人的发展"中"人的身心发展规律以及对教育的制约"）

幼儿教育小学化不利于幼儿的身心成长,会增加幼儿的负担。幼儿园阶段应该着重培养幼儿行为习惯与生活自理能力,让幼儿健康快乐成长。

(2) 幼儿教育小学化会破坏幼儿的想象力和创造力。 幼儿时期是一个人天性最活泼的时期,其创造力和想象力也是无限的。这时给孩子强加灌输应试教育的所谓知识,让孩子学习单调的写字、算数等,会泯灭幼儿活泼好动的天性,剥夺了他们的快乐,让他们失去探索、创造的机会,即使是天才也会被扼杀在摇篮中。

(3) 幼儿教育小学化会危害幼儿的身体健康。 幼儿期机体和神经系统都还比较弱,强制幼儿长时间的集中注意力,大脑容易疲劳,会造成神经系统的伤害。长期规范地坐着学习也不利于孩子肌肉、骨骼的发育,会导致幼儿近视、驼背、消瘦等身体上的不良症状,这对身体健康是不利的。

(4) 幼儿教育小学化忽视了儿童的全面发展。 过多地向幼儿灌输应试教育的知识,难以实现多智能的全面开发,如音乐欣赏、人际交往、自我评价、空间想象、自然观察能力等。简单的应试教育知识只会让孩子丧失更多的潜力。

(开放性试题,言之有理即可。)

2. 材料 材料:"虎妈"对自己的两个女儿采取高压管理措施。大女儿被耶鲁大学录取,二女儿从 2 岁开始拉琴,"米爸"把二女儿拉琴的照片传到了网上,引起了大家讨论。网友 A:孩子有这方面的天赋特长,可以从小培养。网友 B:孩子心智不成熟,会给孩子带来生理上的压力。网友 C:有痛苦的童年才有成功的成年,加油!

用教育学原理分析"虎妈米爸"的教育方式及网友关于教育的观点。(17 西南)

答 **(1) 材料中"虎妈米爸"的教育方式是不恰当的,原因如下:**

①**从教育目的来看**,教育的目的是促进人的全面发展。人的全面发展是指受教育者必须在德、智、体、美、劳诸方面都得到发展。材料中的"虎妈米爸"对两个女儿采取高压管理措施,重视的是孩子的学习成绩是否优异,拉琴是否能够得到奖项,并未关注孩子的全面发展,这是对教育目的的异化。

②**从教育规律来看**,良好的教育要遵循人的身心发展的特点。(见本专题 A."教育与人的发展"中"人的身心发展规律以及对教育的制约")

"虎妈米爸"的教育方式违背了这一要求,用强迫的高压管理强制要求女儿刻苦学习,给孩子带来痛苦,甚至造成孩子厌学。"米爸"让两岁的女儿学习小提琴,违背了孩子的生长特点。孩子骨骼发育不完全,手部力量不足,理解能力不够,不适合练习弹琴的基本技能,强制练习可能对孩子的身体造成伤害。这一阶段应以激发孩子的兴趣为主。

(2) 网友 A 和网友 B 的观点有一定的合理性,网友 C 的观点则是不正确的,原因如下:

①**影响学习动机的因素既有学生自身兴趣、需要和目标结构等内部因素,也有家庭教育等外部因素。** 材料中"虎妈米爸"培养女儿学习小提琴的兴趣,除了女儿自身对此感兴趣,父母的教育也是重要的因素之一。对于孩子的兴趣,父母可以从小培养,给孩子营造一种氛围,如给孩子放一些演奏的视频,在家长的协助下让孩子拉一些简单的音符等,等孩子各方面发展符合要求时,再进行锻炼,切不可拔苗助长。

②**根据人的身心发展特点可知,对孩子的培养要符合孩子所处年龄阶段的特征,切不可超前教育,让孩子学不懂、学不会,给孩子带来学习的压力,在还没有爱上学习的时候就厌恶学习。**

③**"有痛苦的童年才有成功的成年"这种观点是错误的。** 童年期是为一生的学习活动奠定基础知识和学习能力的时期,是心理发展的一个重要阶段。如果童年时期过得很痛苦,则容易造成心理问题,未来难以成为一个身心全面发展的成年人。

(3) 总结:材料中的教育方式是对教育目的的异化,现代教育要纠正育人之偏,促进儿童德智体美劳全面发展,而不是追求智育而放弃其他素质的培养,更不是采取高压措施的强制教育,这些都会给孩子造成心理问题,也许学业上会取得成功,但却会造成心理发展的不完全。

3. 材料 材料:电影《海盗的女儿》讲述了这样一个故事。一个老渔民因为交不起渔霸的租税,渔霸竟残忍地将老渔民家刚出生不久的小女儿抢去做人质,逼迫老渔民交租。老渔民不甘受辱,一怒之下,带领一班穷渔民放火烧了渔霸家,抢回了"自己的女儿",谁知事有凑巧,渔霸家也有一个刚出生不久的女儿。老渔民慌乱中抢错了人,抢回了渔霸家的女儿,却把自己的女儿留在了渔霸家。老渔民带着"自己的女儿"逃到海上,父女俩从此开始了风雨漂泊的艰难生活。18年后,渔霸的女儿成了一个武艺高强的渔民起义领袖,老渔民的女儿却成了一个弱不禁风的娇小姐。

试用所学教育学原理分析其中的道理。(16 宁夏)

〖答〗(1)原理:渔霸的女儿在老渔民的培养下成了一个武艺高强的渔民起义领袖,老渔民的女儿在渔霸的教育下却成了一个弱不禁风的娇小姐,体现了遗传在人的身心发展中不起决定性作用,而教育、环境和个体的主观能动性在人的身心发展中起重要作用。

(2)影响人身心发展的因素。(见本专题"A. 教育与人的发展"中"影响人身心发展的因素及作用")

(3)总结。

①渔民和渔霸的女儿都有各自的遗传素质,但遗传素质在两个女儿的发展中并不是决定性因素,在成年后两个女儿和生父的生活状态已完全不同,且遗传素质的影响越来越小。

②环境对两个女儿的影响很大。渔霸养大的渔夫之女,从小娇生惯养,不用吃打鱼的苦,因此养成娇弱的性格;而渔夫养大的渔霸之女,从小劳作,干了许多体力活,因此身体素质好,性格坚强。

③教育对两个女儿起主导作用。渔夫对渔霸之女的教育是反对霸权压迫,打倒霸权统治,因此成了一个武艺高超的渔民起义领袖;而渔霸养大的渔夫之女没有接受这样的教育,没有形成反抗的思想。

④主观能动性起决定性作用。个体的主观能动性对外界教育进行有选择的吸收,如果个体学习没有发挥主观能动性,教育也难以进行。

4. 材料 材料:当爱因斯坦去世后,来自世界各地的18位研究者研究了爱因斯坦的大脑切片并发表相关研究,试图说明爱因斯坦大脑中某些部分的与众不同是如何转化为爱因斯坦惊人的思维能力。

你认为天才来自何处,从爱因斯坦的大脑中能找到天才的因子吗? 由此分析一个人的发展受哪些因素影响? 这些因素在人的发展中各起怎样的作用? 对上述材料的天才研究你作何评价? (17 青岛)

〖答〗(1)我认为天才是遗传、环境、教育以及个体的主观能动性共同作用的结果。从爱因斯坦的大脑中不能找到天才的因子。

(2)影响人身心发展的因素。(见本专题"A. 教育与人的发展"中"影响人身心发展的因素及作用")

(3)评价:材料中的天才研究我认为是不科学的。人的发展是遗传、环境、教育和个体的主观能动性等多方面的因素相互作用与建构而形成的结果。人们对这些因素有不同划分,其在人的发展中的作用也有不同认识与评估。

5. 论述 家长把孩子考上名校的功劳全归于自己,专家则认为孩子取得好的成绩,学校、教师才是最主要的原因,请用相关理论分析这个现象。

〖答〗该现象中家长与专家的观点均是片面的。

(1)影响人的身心发展因素。(见本专题"A. 教育与人的发展"中"影响人身心发展的因素及作用")

可见,尽管家长营造的家庭环境与学校教师的教育均在学生成长与成绩的获得中发挥不容忽视的作用,但最终起决定作用的是学生自身的主观能动性。应更多关注学生主动的内化与建构,建立积极的外部条件来支持学生的主动学习与发展。

(2) 从教育活动的存在范围看,对学生的教育包括家庭教育、学校教育和社会教育三方面。三方协同育人,彼此的教育作用缺一不可。

①**家庭教育利于发挥渗透性的教育作用。**家长在日常生活中营造的良好氛围、提供的良好环境以及家长自身的言行举止,均起到了潜移默化的作用。

②**学校教育利于发挥主导性的教育作用。**教师的教学对象为学生,学校教育对集体学生开放,因此带有主导性特点。

③**社会教育利于发挥全员性的育人作用。**构建学习型社会、发展终身教育,均表明了社会教育对象的全员性。

可见,三者各有侧重,各有不同,在学生成绩获得的过程中缺一不可。不可片面夸大其中一方的作用,忽视另一方的影响,应做到同频共振,同向育人。

6. 材料 材料:狼孩儿从小与狼为伍,所以其保持着狼的生活习性。狼孩儿被牧羊人收养后,学会了基本的觅食技能。但牧羊人去世之后,狼孩儿重新回到狼群中过着和狼相同的生活。当他后来又一次被人发现,被带入人类社会中生活时,人们却发现狼孩儿无法很好地适应人类生活。

(1) 根据影响人身心发展的因素及关键期分析狼孩的故事。
(2) 请提出一些措施帮助他。(18 陕西师大)

答 (1) **影响人身心发展的因素。**(见本专题"A. 教育与人的发展"中"影响人身心发展的因素及作用")

对于狼孩儿来说,环境和教育对其影响巨大,使其遗传素质和主观能动性都几乎没有显现。狼孩儿因为在狼群的环境中成长,接受狼群的教育,所以才成了"狼孩儿"。

(2) 措施。

①**家庭:**让狼孩找到人类里的母亲和父亲,逐渐脱离狼群,父母给予孩子爱和温暖,允许他依然保持狼性的特点,又逐渐教授狼孩人类的新的生活技能和语言,使其循序渐进地适应人类生活。

②**学校:**应潜移默化地引导狼孩适应人类社会生活。不主张一定要让狼孩达到人类正常的水平,而是通过日常生活的教育、周围环境的影响与塑造,使其不断适应环境,潜移默化地学习技能与方式。

③**社会:**让狼孩回归到人类社会,在他新的观察世界里感知人类社会的特点,渐渐帮助他融入新社会,也可建设相关的社区教育机构、服务机构,拓宽对狼孩的教育途径与照顾方式,多一份对狼孩的包容。

④**尽管如此,狼孩还能成为正常人的概率偏低,因为他错过了人的身心各方面发展的关键期。**

狼孩在较大年龄后回到人类社会,还能发展成正常的人的概率已经偏小,因为在孩子遗传最可塑的年龄里,他的狼群环境和接受的狼群的教育,已经根深蒂固,如遗传的关于人类语言方面的素质没有得到发展,错过了关键期,很难再发展起来。所以,狼孩成为正常人的概率不高了。

7. 材料 材料:1972 年,联合国教科文组织教育发展委员会主席埃德加·富尔发表了《学会生存——教育世界的今天和明天》的报告。他在报告中指出:"多少世纪以来,特别在发动产业革命的欧洲国家,教育的发展一般是在经济增长之后发生的。现在,教育在全世界的发展正倾向先于经济的发展,这在人类历史上大概还是第一次。"有人因此而提出疑问,在现代社会里,社会物质生产与教育的关系是不是已经颠倒过来?即由教育决定社会物质生产,而不是由社会物质生产决定教育?

请回答你对这个问题的看法,并用教育学的理论进行分析。(18 安徽师大)

答 (1) **教育对经济发展产生影响。**材料中讨论教育与经济发展速度实则是在讨论教育与经济的关系。

①**经济对教育的制约。**(见本专题"B. 教育与社会发展"中"教育的社会制约性")

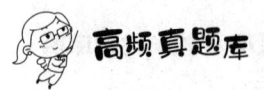

②教育的经济功能。(见本专题"B. 教育与社会发展"中"教育的变迁功能")

(2) 教育具有相对独立性。(见本专题"B. 教育与社会发展"中"教育的相对独立性")

(3) 如何突出教育的经济功能——教育先行和科教兴国。(见专题1"D. 教育与社会主义建设")

8. [材料] **材料：**有人说，过去要求教育"嫁"给政治是错误的，现在要求教育"嫁"给经济也是片面的。教育首先要"嫁"给人，人是教育的原点，教育是人的教育，不是社会的教育。有人则认为，人不是抽象的，教育是一种社会现象。这种提法否定了教育的社会性，教育也不可能发展成抽象的人。有人说，教育要以育人为中心。但也有人说，我国社会主义现代化建设的中心只有一个，那就是经济建设，不允许搞多中心。对此，你有何评论？

请自拟题目，写一篇800字左右的短评，阐述自己的观点，并对上述观点进行评论。(13南京师大)

[答] <center>教育的意义</center>

(1) 教育到底"嫁"给谁？

①**教育不能"嫁"给政治和经济。**教育具有社会制约性，受到政治、经济、文化与生态等多种因素的制约，政治、经济、文化与生态共同作用于教育，均不可或缺。因此不能只重视其中的某些因素，忽视另一些因素的影响与制约作用。

②**教育首先要"嫁"给人。**教育指凡是有目的地增长人的知识和技能，影响人的思想品德，提高人的认识能力，增强人的体质，陶冶人的审美，增强人的劳动能力，完善人的个性的一切活动。教育是一种有目的地培养人的社会活动，这是教育的本质特点。尽管教育具有个体功能与社会功能，但是促进人的全面发展是教育的首要目标。

(2) 教育到底有没有社会性？

①**教育的社会制约性。**(见本专题"B. 教育与社会发展"中"教育的社会制约性")

②**教育的相对独立性。**(见本专题"B. 教育与社会发展"中"教育的相对独立性")

③**教育必然有社会功能。**(见本专题"B. 教育与社会发展"中"教育具有社会功能，表现为变迁功能和流动功能")

因此，教育必然有社会性。

(3) 教育到底以谁为中心？

①**重视教育的本体功能。**教育的个体发展功能表现为教育的个体个性化功能、个体社会化功能、谋生功能和享用功能。

②**认识教育的衍生释放功能(派生功能)以及前提。**教育作为社会结构的子系统，通过培养人进而影响社会的存在与发展，是教育的本体功能在社会结构中的衍生，是教育的派生功能。具体表现为文化功能、经济功能和政治功能。

因此，教育应该以育人为中心，只要育人的作用发挥好了，就可以促进社会发展。

综上所述，教育必然以育人为中心，为基本价值，同时关注教育的派生功能，认可政治经济对教育一定的制约和影响，积极发挥教育的相对独立性，先重视教育的本体功能，再思考教育的派生功能，用马克思主义辩证法和唯物论分析教育与人的关系，教育与社会的关系，才会让我们避免极端地看待教育现象。

9. [论述] 结合自身教育经历或受教育经历，谈谈学校教育在个体发展中的独特价值。(23浙江)

[答] (1) **学校教育在人的发展中起着引领作用(主导作用)。**学校教育有意识地引领年轻一代由生物人发展成为社会人，最终促进社会的发展。我们在学校接受的教育是系统的，是由专门的教育人员来进行的教育，相比于在家庭和社会上零散的学习，在学校学习能接受到更全面的、更系统的教育内容。

(2) 学校教育主要通过文化知识的传递来培养人。 文化知识之所以对人的发展至关重要,主要是因为文化知识蕴含着有利于人的发展的多方面价值,包括认识价值、能力价值、陶冶价值、实践价值。如我在学校教育中通过学习数学培养了自身的逻辑思维能力,学习语文锻炼了自身的语言表达能力,学习政治提高了自身的思想政治素养等。因此,学校教育的内容不仅仅是知识的学习,更是对我自身能力的培养。

(3) 学校教育对提高人的现代性有显著的作用。 人的现代化是社会现代化的重要基础和前提条件。我们应当自觉地优先发展教育,高度重视并充分发挥教育对人的现代化的促进作用。学生的现代化发展包括观念上的现代化、能力上的现代化、生活方式上的现代化等。学校通过课程或其他活动让我了解了现代化的发展趋势,并提供现代化设备,教给我适应现代化的能力(如沟通能力、合作能力、问题解决能力等),加强了我的对现代化的认识,提高了我的现代性。

(4) 学校教育促进个体个性化与个体社会化。

①个体个性化是指个体在社会活动中形成自主性和独特性的过程。教育作为促进个体个性发展的重要途径,其功能主要体现在对个体自主性和独特性的培养上。学校教育让我能够认识自我,了解自身的兴趣爱好,选择自己喜欢的专业,在自己喜欢的领域实现自我价值。

②个体社会化是指个体接受文化规范,学习其所处社会的行为模式,由一个自然的人转化为社会的人的过程。通过学校教育,我了解了生活在社会中所需遵循的道德规范和法律法规,帮助我更好地适应社会生活。

专题3:教育目的

第一部分 常见出题角度和答案

A. 教育目的的价值取向

(1) 教育的个人本位论。 代表人物有卢梭、裴斯泰洛齐、洛克等,主张教育目的的制定应该依据个人需要。主要观点:①教育目的的制定应当由受教育者的需要、潜能和个性决定。②个人价值高于社会价值。③教育的目的在于帮助人们充分地实现他们的自然潜能。④教育的效果以人的个性自由发展的程度来衡量。

(2) 教育的社会本位论。 也称国家本位论,主要代表人物有柏拉图、凯兴斯泰纳、涂尔干、赫尔巴特、孔德等,主张教育目的要根据社会需要来决定。主要观点:①教育目的的制定应该由社会的需要来决定。②社会价值高于个人价值。③教育的最高目的在于使个人成为国家的合格公民。④教育的效果以社会功能的发挥程度来衡量。

(3) 既要坚持教育的个人本位论,又要坚持教育的社会本位论。 要认识到社会需要与个人发展的辩证关系,从而把两种理论辩证地统一起来,二者的统一在价值取向上最终要落在人的发展上。

B. 教育适应生活说与教育准备生活说

(1) 教育适应生活说评析。

①**内容:** a. 教育要摒弃压抑、阻碍儿童自由发展之物,反对传统的远离儿童需要和理解能力的抽象、遥远的目的。b. 教育的目的就是促进这种内在本能的生长,满足内在生长的各种需要。c. 儿童的内在生长包含了社会化的过程,是一个内部条件和外部条件相互作用的结果。d. 尊重儿童但不同意放纵儿童。

②**评价:**"教育即生长"是一种教育适应生活的观点。"教育即生长"肯定了教育与当下生活之间不可分割的关系,提倡要尊重儿童的生活,具有积极意义。但"教育即生长"只重视直接经验的学习,不重视间接经验的学习,儿童的经验缺乏广度、深度和系统性,这样也依然难以应对未来的生活。

(2) 教育准备生活说评析。

①**内容**：教育要为了儿童未来的完满的生活作准备。教育应从古典主义的传统束缚中解放出来，适应社会生活、生产的需要，应当教给学生有价值的知识。

②**评价**："教育是为未来生活作准备"是一种教育准备生活说的观点。这种观点认为教育的宗旨是为未来的社会发展服务，体现"面向未来"。但是为了未来就忘记当下生活的需要会让教育过程变得枯燥乏味，没有快乐。

综上，既要把握教育适应生活说，又要把握教育准备生活说。教育既要尊重儿童当下的生活，又要有长远的方向和展望，应将两种理论结合在一起，统一于教育实践活动中。

C. 教育与生活的关系

(1) 教育回归生活世界的必然性。

①**美好生活是教育的永恒主题**。人需要教育，不只是为了谋生或成为社会所期望的人，更是为了自身精神的追求，为了丰富自己的生活，过一种"美好的生活"。

②**基础教育改革的时代要求**。基础教育课程改革的具体目标之一是：改变课程内容"繁、难、偏、旧"和过于注重书本知识的现状，加强课程内容与学生生活以及现代社会和科技发展的联系，关注学生的学习兴趣和经验，精选终身学习必备的基础知识和技能。

③**提高师生生活质量的需要**。教育回归生活世界看起来是教育关注对象的转移，即从关注知识转向对人的生活意义的关注，其最终目的则是提升教师和学生的生活质量和生活品位。

(2) 教育回归生活世界的可能性。

①**理论上的可能性**。一方面，教育的目的在于过一种"美好的"生活，即"有意义的"生活。另一方面，教育本身即生活，过什么样的生活就是接受什么样的教育。

②**实践中的可能性**。对师生而言，他们进入学校后，在遵守学校规章制度的同时，也会带有自己本身的喜好、行为习惯等性格特征。这些特征会体现在师生的日常交往中，从而使学校教育回归生活成为可能。

(3) 教育回归生活世界的内容。

①**重建教育观念**。树立"教育即解放"的教育观，重视体验和发现的教材观，"学生共同成长者"的教师观，以学生为有尊严、发现和创造能力的生命个体的学生观，教学合作者的师生观，重视对话与交流的教学观以及丰富性、文化性的环境观。

②**让课堂焕发生命活力**。要解放儿童，要让课堂充满人文关怀，使师生之间形成一种对话、理解和共享的关系，要让课堂融入生活、为了生活、在生活中、通过生活而教育。

③**把时间还给学生**。应积极响应"双减"政策的号召，把时间还给学生，让学生合理利用学习和游戏的时间，充分培养自己的课外兴趣，真正发现生活的美好。

(4) 教育回归生活的意义。 教育起初源于生活，与生活合为一体。在教育回归生活的具体教学实践中，要选择性地回归，批判性地回归，要在生活教育当中引导人们走向更加美好的未来。

①**解放学生生活**。学生需要从生活中获得生活的意义、生活的信念、生活的动力；在生活中获得成长，从抽象的、繁杂的题海中回到简单快乐的生活。

②**肯定教师职业和生命意义**。教师教学的过程不仅是其工作的过程，也是其生活的过程，教师也需要从其中去体验生活，提高教师的职业价值与生命价值。

③**使教育充满活力**。师生回归生活，充满活力，进而使得教育充满活力，回归教育的本真意义。教育回归生活有利于弱化教材的权威性，促进师生间的平等对话，形成民主的师生关系，使得师生可以畅所欲言，

提升教育中的活力。

(5) 教育回归生活的策略。

①**明晰教育主体差异,寻找教育与生活的契合点。** 要充分考虑生活经验不同阶段的特点,要关注不同主体生活经验的地域性特点、时代性特点,同时,教学手段、教学方法、教学内容的选取要与时俱进。

②**创设生活育人环境,营造在生活中学习的氛围。** 学校要注重对生活育人环境的创设,营造在生活中学习的氛围。要开发校本课程,加强对学生的生活指导,丰富学生的课间或课后生活。

③**精心设计生活课例,选择适宜的教学内容。** 教师在教学中,要对教材的内容进行一定的筛选和安排,也应根据学生的生活实际、兴趣爱好等精心设计教学案例。教师在教学中应多加安排一些榜样事例,用"榜样"引领学生的发展。

④**推进教学实践,使学生在学习中创造生活。** 要注重与当代社会和科技发展的联系,教学实践中关注学生的不同特质,发掘学生的潜能。要注重科学评价学生,在实践中鼓励学生,激起学生的兴趣与动力。

D. 如何实现我国的教育目的

(1) 我国的教育目的是:培养德、智、体、美、劳全面发展的社会主义事业的建设者和接班人。 实现这一教育目的最好的方式是全面发展教育和素质教育,但是目前我国的应试教育形成了完整的发展链条,应试教育显得牢不可破,导致我国"去应试教育,求素质教育"的教育改革主题依然没有发生变化。

(2) 应试教育背景下我国全面发展教育目的的严重缺失。

①**片面追求升学率的危害。**

a. 加重学生学习负担。 片面追求升学率实质上是应试教育的体现。在这样的教育导向下,学校成了考试的工厂、教师成了考试的导师、学生成了考试的机器,为了提高考试分数,严格管理、拼命灌输、反复练习。这样的教学模式,学生空间越来越小,学习负担越来越重。

b. 抑制学生思维发展。 当前,在教育评价机制尚不完善的情况下,多数学校教学总体上还是以强化记忆和训练为主,这样的教学模式既让学生身心疲惫,又让学生形成了解决问题的经验主义,固化学生思维空间,不利于学生思维发展,长此以往会对学生创新能力发展形成阻碍。

c. 不利于学生综合素质提高。 片面追求升学率的一个表现是只重视考试学科的学习,对音乐、体育、美术等非统一考试学科,学校往往不够重视,这些学科甚至经常被占用,这就使学生身体素质、艺术素养、心理健康、实践能力等非智力因素得不到有效发展,不利于学生综合素质提高。

d. 不利于学生身心健康发展。 当前负重的智育让上课、作业、考试成为学生生活的主旋律,极大地压缩了学生参加体育运动、劳动锻炼,校园失去了应有的生气与活力,不利于学生身心健康发展。

②**片面追求升学率的形成原因。**

a. 教育观念的影响。 受我国封建社会科举制度的影响,教育还存在很多的功利性特征,社会上选人用人理念还存在"唯名校""唯学历"的倾向,使学校对学生评价"唯分数"论英雄,学校将升学作为教育的终极目的,把升学率作为考核教师的主要依据。

b. 评价导向的影响。 在教育评价体制尚不完善的今天,中考、高考还是我们了解学生学习情况,遴选学生进入高一级学校继续学习的最主要方式,在千军万马过独木桥的高考背景下,1分之差可以淘汰上万人,追求分数和升学率就成了学校、老师、学生的选择。

c. 常规管理的影响。 根据国家有关课程计划和课程标准,德、智、体、美、劳等方面都有相应学科课程安排和目标要求,由于常规管理督导不到位,学校在执行国家课程计划和标准的过程中缩水走样,统一考试学科受到特别关照,非统一考试学科受到冷落或成为牺牲品。

d. 教师素质的影响。一些教师教育情怀不深、教育思想不纯、功利之心较重;一些教师对学生身心成长规律认识不到位,对只追求升学率的危害认识不深;一些教师教育教学水平不高,课堂教学效益低下等。教师素质不高,不能从思想上和行动上自觉抵制片面追求升学率现象。

(3) 全面发展教育和素质教育是回归我国教育目的的法宝。教育应培养学生成为德、智、体、美、劳全面发展的,具备较强的综合素质的"完人"。

①有较强的思想品德素质。学生要养成道德品质、思想品质、心理品质,具备奉献精神、科学精神。教育教学要以德育为方向,坚持德育为先。应突出德育实效,立德树人。

②有扎实的社会文化素质。学生要有理性思考与内化所学知识的能力,内在自我的发展与社会适应能力。教育教学要以智育为前提,向学生系统传授科学文化基础知识,培养学生良好的品质和精神。

③有健康的身体与心理素质。学生应具备强健的体魄与健康的心理。体力和体质的发展是人的个性全面发展的生理基础。教育教学要以体育为基础,强化体育锻炼。

④有正确的审美素质与艺术素养。学生应具备正确的审美观,拥有鉴赏美、创造美的能力,以及高尚情操和文明素质。教育教学要增强美育熏陶。

⑤有较强的劳动素养。指学生要具备解决实际问题的实践经验和能力,具备劳动观念、劳动精神、劳动习惯与劳动品质。劳动素养是实现人的全面发展的必由之路。

⑥如何通过全面发展教育和素质教育来回归教育目的(即培养措施)。

a. 培养创新精神和创新能力。创新精神和创新能力是人才的核心要素,是时代对人才质量最主要的内涵要求。为适应建设创新型国家的战略要求,教育应把创新精神和能力的培养贯穿于各类人才的培养当中。

b. 注重终身学习意识和学习能力的培养。人才培养不仅要教给学生专而深的知识、培养学生的专业技能和职业能力,更重要的是要树立终身学习的意识,为学生终身教育、自我发展奠定牢固的基础。

c. 构建适应经济社会发展要求的人才培养体系。培养适应发展要求的、多样化的人才,是中国高等教育人才培养的根本使命。构建适应经济社会发展要求的人才培养体系,是学校人才培养面临的重要任务。

d. "双减"政策是我国最新最近的减负政策,其改革成效正被人们高度关注。减负政策是立足学业负担的系统减负、持续减负与源头减负,对于实现教育质量的提升至关重要。

第二部分 历年真题之经典题

1. **材料** 材料:夫教育目的不能仅在于个人。当日多在造成个人为圣为贤,而今教育之最要目的,在谋社会之进步,若不骂人、不偷、不怒、不谎、不得罪于人等事,先时多谓此道德很高,然而此为消极的,于今不能谓此为道德。盖彼者,不过无瑕而已,于社会虽有若无。今因社会进步上着想,吾等当另定道德标准,谓"凡人能于社会公共事业,尽力愈大者,其道德愈高。否则,无道德可言。易言之,即凡于社会上有效劳之能力者,则有道德。否则,无道德"。若斯数语,包含无限道理。愿诸生用为量人量己之尺,相染成风,使社会上渐渐均用此尺,度己亦用此尺。

——选自张伯苓《以社会进步为教育之目的》

(1) 从教育的社会功能角度,分析材料观点的合理性。

(2) 根据相关理论分析材料中教育目的的价值取向。(18 宁夏)

答 (1) 从教育的社会功能角度来看,材料观点具有一定的合理性。

①针对当时国弱民贫的严峻现实,以及满足于个人完善、培养圣贤的教育传统,论者更加强调发挥教育

的社会功能,通过培养人的社会意识和能力,服务社会公共事业,促进社会进步。这种主张切中时弊,具有历史进步意义。

②20世纪以来,教育对经济发展、文化变革、政治变革、道德进步的促进作用日益突出,论者在20世纪之初就洞察到教育的社会功能,颇具远见。(见专题2"B.教育与社会发展")

(2) 教育目的的价值取向。

①论者认为,教育目的不仅在于个人,更在于社会。当今教育最重要的目的不在于造就圣贤,而在于谋求社会的进步,培养具有效劳社会能力的新人。这表明论者在教育目的上具有鲜明的社会本位价值取向。

②我对教育目的价值取向的看法。(见本专题"A.教育目的的价值取向")

【说明:此题为311统考的2013年真题原题】

2. [简论] 杜威的"教育即生长"与斯宾塞的"教育是为未来生活做准备"存在不同,你认为哪个正确?你认为教育与生活的关系是怎样的? (20西北师大)

[答] (1) 我认为两种说法都不全面。教育应该既要尊重儿童当下的生活,又要有长远的方向和展望,应将两种理论结合在一起,统一于教育实践中。做到教育来源于生活,回归生活。(见本专题"B.教育适应生活说与教育准备生活说")

综上,教育既要尊重儿童当下的生活,又要有长远的方向和展望,应将两种理论结合在一起,统一于教育实践活动中。如果教育没有注重当下生活,教育就丧失乐趣;如果教育没有注重未来生活,教育就迷失方向。二者必须兼顾。

(2) 教育与生活的关系分析。(见本专题"C.教育与生活的关系")

3. [论述] 试述让教育回归生活。/教育如何回归生活。/谈谈你对教育与生活问题的看法。(12湖南师大,18新疆师大,20山西师大)

[答] (见本专题"C.教育与生活的关系")

4. [材料] 根据材料谈谈你对教学回归儿童生活世界的理解。(18苏州)

材料一:

教师问儿童:"雪融化了变成什么呢?"孩子说:"春天。"教师说:"正确答案是水。"

材料二:

教师问儿童:"树梢有5只鸟,开一枪还有几只?"儿童说:"3只。"儿童的理由是鸟爸爸死了,鸟妈妈难受地飞走了,就剩3只鸟宝宝。

[答] 两则材料都体现了儿童的课程内容是来源于生活的,儿童的身心发展特点决定了儿童教育必须寓于生活之中,教育教学回归儿童的生活世界有其必然性与可能性。(见本专题"C.教育与生活的关系")

5. [论述] 我国中小学教育中普遍存在片面追求升学率现象,试论述该现象的危害性,并分析其形成的原因。(15湖南)

[答] (见本专题"D.如何实现我国的教育目的(全面发展+素质教育)"中"应试教育背景下我国全面发展教育目的的严重缺失")

6. [材料] 结合材料,反思教育应该培养什么素质的人。(22重庆师大)

一位纳粹集中营的幸存者,当上了美国一所中学的校长。每当一位新老师来到学校,他就会交给那位老师一封信。信中写道:"亲爱的老师,我亲眼看到过人类不应当见到的情景。毒气室由学有专长的工程师建造;儿童被学识渊博的医生毒死;幼儿被训练有素的护士杀害。看到这一切,我怀疑教育究竟是为了什么?我请求你帮助学生成长为具有人性的人。只有在使我们的孩子具有人性的情况下,读、写、算的能力才有价值。"

【答】通过材料可见,一些学识渊博、学有专长的人,并不具备高尚的素养与品德,甚至成长为毫无人性的人。这启示我们,教育应落实其"育人"职能,促进人的素质结构全面、和谐、充分发展,加强对学生的综合素质教育。教育应培养学生成为德、智、体、美、劳全面发展的、具备较强的综合素质的"完人"。

(1) 教育首先要培养基本的人性——善良是核心。对人的智力培养无疑是重要的,但智力培养不能脱离善良德性的养成。让受教育者追求善,能够自由地、独立地面对生活的挑战尤其重要。材料中纳粹集中营的幸存者注重培养学生的人性,也证明了学生成长为具有人性的人才应是教育的首要目标。

(2) 教育要培养人的德性——立德树人是本质。道德品格、德性修养在教育目标中的优先性、全局性、根本性。材料中,纳粹集中营的护士杀害幼儿,工程师建造毒气室,医生毒死儿童,毫无人性与德性可言,无法为他人和社会的发展做贡献。

(3) 教育要培养人的全面发展性——全面发展是素养。教育要促进人的德、智、体、美、劳等方面全面发展,要培养健全的人。材料中,纳粹集中营的人尽管拥有渊博的学识,但是把学识当作伤害他人的手段,没有德行与人性,无法算作健全的人。这启示我们教育应培养全面发展的人,培养健全的人。

(4) 注意:教育不可以唯知识性——唯知识性是祸害。唯知识性的教育即去道德化与去价值化的教育,由此培养的人才无法在正确的价值观下进行价值判断与选择,严重者会如同纳粹集中营中的人一般危害他人的生命。因此,教育不可唯知识性,教会学生进行价值判断与选择尤为重要。

7. **材料** 请针对以下内容,结合当今的社会特点,论述教育所应培养的人才的基本要求。(11 湖南师大)

2007年,比尔·盖茨毕业了。他在母校毕业典礼上的讲话中这样说道:"人类最伟大的进步并不来自这些发现,而是来自那些有助于减少人类不平等的发现。不管通过何种手段,民主制度、健全的公共教育体系、高质量的医疗保健,还是广泛的经济机会,减少不平等始终是人类最大的成就。"

【答】**(1) 培养全面发展的人。**教育要根据个体的个性,扬长避短,使个体成为他自己。教育要促使人在道德、才智、体质等方面全面发展,在脑力和体力两方面协调发展。

(2) 每个人都能获得受教育权和全面发展权。一方面,每一名孩子从幼年就均享有从国家获得优质受教育的权利,进而促进个人成长,帮助个体谋生就业、过上美好生活。另一方面,所有人均能获得自由全面和谐发展的权利,拥有平等的发展机会,共享发展成果。

(3) 每个人都可以享受到适合自己的教育。学校一切教育活动都应该面向全体学生,面向每个学生的全能发展,面向全体学生的持续、健康发展,以学生为本、以每个学生全能发展为本,真正做到关注每个学生,尊重每个学生的差异。

8. **材料** 材料一:党的二十大报告指出,习近平总书记提出了关于教育的观点。(以立德树人为根本任务)

材料二:2021年的关于教育的法律第五条指出我国的教育方针。

根据上述材料,结合党的教育方针,在阐述我国教育目的的基本要求的基础上,进一步对全面发展教育以及构成要素的关系进行分析。(23 大理)

【答】我国的教育目的是:培养德、智、体、美、劳全面发展的社会主义事业的建设者和接班人。全面发展教育中,各育之间是相互联系、相互影响、辩证统一的。首先,各育之间不可分割;其次,各育之间不能互相替代。它们相互依存、相互促进、相互制约,构成一个有机整体,共同促进人的发展。

(1) 德育:广义的德育指关于人生活的意义和规范的整体教育活动的总和,狭义的德育指道德教育。德育在全面发展教育中处于思想引领的地位,在"五育"并举中起着保证方向和动力的作用。

(2) **智育**:智育是传授学生系统的科学文化知识和技能,培养和发展学生学识素养和智慧才能的教育。智育是全面发展教育的认识基础。智育帮助学生认识大千世界,学会知识和技能,开阔眼界,提升能力,能够培养学生的创造力和解决问题的能力,使其学会生存的本领。

(3) **体育**:体育是授予学生健身知识和技能,发展学生的体力,增强学生体质的教育。增强学生的体质是学校体育的根本任务。体育是人的个性全面发展的生理基础。人们进行生产劳动、社会活动、军事活动和幸福地生活都需要强健的体魄作为基础。

(4) **美育**:美育是培养学生正确的审美观,发展他们感受美、鉴赏美、表现美、创造美的能力,培养他们的高尚情操和文明素质的教育。美育具有启智、育德、健体的作用,美育也是实施德、智、体的途径。美育在净化学生心灵,激发学生热爱生活和追求美好生活,促进学生全面发展方面有重要作用。

(5) **劳动教育**:劳动教育是引导学生掌握现代劳动的知识与技能,养成良好的劳动习惯和正确的劳动态度,培育学生科学的劳动价值观的教育。劳动教育具有启智、育德、健体和育美的作用,劳动教育也是实施德、智、体的重要途径之一。

启示:在对待五育的关系上,既要坚持发展五育并举,五育并重,实现五育的整体配合,发挥五育的整体功能;又要注重因材施教充分发挥学生的个人兴趣、特长和爱好,将发展与个性发展有机的结合起来。

9. 论述 结合当代教育改革实践,谈谈你对素质教育内涵的理解。(23 浙江)

答 (见本专题"D. 如何实现我国的教育目的")

10. 论述 结合实际,从历史和现实两方面谈谈您对"五育融合"的认识。(23 杭州师大)

答 (1) 历史层面:"五育融合"概念的发展。

①**五育并举**:指基于人的全面发展的需要,同时发展德、智、体、美、劳五育。

②**五育融合**:五育融合就是在五育并举的基础上,以发展素质教育、实现学生完整生命为目标,将德育、智育、体育、美育和劳动教育融合,将五育中不同学科、不同领域、不同学段的内容、知识、思想、经验,以适合学生发展的方式有机融合为一体的实践过程。

③**五育融合的特点。**

a. 均衡性。"五育"在结构上处于相对平衡的状态。b. 平等性。在"育人"的目标上五育是平等的。"五育平等"包括发展机会的平等、发展过程的平等以及发展结果的平等。c. 关联性。"五育"之间是相互关联、五位一体的,共同服务于"立德树人"的根本目标。d. 整体性。"五育"是对个体成长的整体表述,分别指向"人"的道德侧面、智力侧面、体力侧面、审美侧面、劳动侧面"五维"。唯有全面发展,学生的个性发展才能走得更远。

(2) 现实层面:"五育融合"的重要价值。

①**学生层面的育人价值**。帮助学生建立完整的知识结构,提高解决问题和实践创新能力,丰富与提升学生的主动创造精神,塑造学生独特、鲜明的个性和品格,使学生成为自由自觉、全面发展的人。

②**学科层面的教学价值**。对于师生的教学与学习而言,师生的认知、情感和行为系统得到了和谐、全面、自由的发展,造就学生成才和教师专业发展的素质,满足社会对人才的需要。

③**社会层面的发展价值**。社会提供充足的客观条件、资源和环境保障,使学生了解社会规则,获得积极的社会态度并坚定信念,进而广泛提升社会的公正意识,成为满足社会发展需要的综合型人才。

(3) **启示。**

①**树立五育融通式教学基本理念**。一是在国家层面进行全方位统筹。制定相应的行动指南、实施标准

和原则、管理和监督机制以及相应的配套措施。二是在地方层面进行全方位部署。充分发挥地方或区域层面的教育组织、机构和部门的桥梁作用，以及上传下达沟通协调的纽带作用。三是在学校层面进行全方位推进。

②**构建五育融通式课程结构体系**。以培养德、智、体、美、劳全面发展的个体为目标，依托现有国家课程，通过学科内、学科间以及跨学科五育资源的开发、协调与统整，强化课程的综合性、实践性和融通性，实现课程的融合育人价值。

③**营造五育融通式教学生态环境**。在融合教学过程中，充分开发和利用对其活动开展和主体成长起制约和调控作用的主客观条件和力量，发展教育生态环境的内核，以及学生全面个性化成长的内生土壤，从而维护教育生态系统的平衡与良性循环。

④**发展多元主体的融合育人能力**。要发展好多元主体的融合育人能力，尤其是学校管理者、教师和学生等直接涉及教学活动开展的关键主体。学校管理者要建构适应"五育融合"的新型管理方式以及制度体系、课程体系、教学体系和评价体系等。要着重培养学生的社会与情感能力。

11. 材料 针对材料谈谈对当下教育目的的反思。（材料缺失）（23青海师大）

答 （见本专题"D. 如何实现我国的教育目的"）

12. 论述 不少于1 000字谈谈对体育纳入中考的看法。（23青岛）

答 **体育纳入中考之我见**

(1) **体育的含义和作用**：体育是授予学生健身知识和技能，发展学生的体力，增强学生体质的教育。增强学生的体质是学校体育的根本任务。体育是人的个性全面发展的生理基础。人们进行生产劳动、社会活动、军事活动和幸福的生活都需要强健的体魄作为基础。

(2) **体育的时代价值**：体育具有重要的育人功能，不仅可以育体、育德，还能育智、育心。①育体是指体育锻炼可以提高身体素质、增强体质健康，提升运动技能为学生未来发展打下良好的生理和心理基础。②育德是指体育在培养一个人的道德情操中具有独特的作用，隐含着天然的德育，能够锻炼学生的意志品质，培养良好的心态和习惯，提高耐挫折能力，锻炼坚韧不拔、顽强拼搏的精神品格。使人养成规则意识，培养团队合作能力。③育智是指体育还能激发多种感官协调发展，促进智力发育和身体机能。④育心是指体育运动可以让人释放压力，从而调节情绪，促进心理健康发展；在运动中理性面对成败得失，学会处理学习和生活中的各种冲突矛盾。

(3) **体育的教育价值**：体育纳入中考，是教育评价的内容从侧重学生的智育评价转向"五育"并举评价的表现。过去我国更突出对学生的智育评价，导致评价的指挥棒偏向智育，促使教育实践重智轻德，忽视了美育、体育和劳动教育。当下，我们正加强关于学生的"五育"并举的评价，让综合性的评价观引导学校教育抓"五育"，促进学生的全面发展。

(4) **评价**：应试教育背景下，全社会过度关注学生的文化课成绩，将学生的文化课成绩作为学生学业成就的主要评价方式，忽视了学生德智体美劳的全面发展。最终导致我国青少年体质持续下降，肥胖率、近视率持续上升，严重影响了青少年的身心健康。所以我认为，体育纳入中考是非常有效的提升学生身体素质的方法，其具体优点如下：

①**有利于素质教育的实施**。将体育纳入中考，可从根本上促进学生体育运动的全面展开，从而改变应试教育的局面，使学生真正动起来，使素质教育得到真正实施。

②**有利于学生的长远发展**。体育不仅是身体的锻炼，更是全面身心的锻炼，体育锻炼可使学生养成持之以恒、不怕吃苦、做事有计划、阳光开朗、活泼好动等良好素质，和书本学习、考试对人素质的培养形成互

补之势,有利于学生全面优秀素质的形成和一生的长远发展。

③**极大地促进体育运动的全民化**。我国群众体育的普及程度比较落后,群众的运动意识和健康水平总体较差。这不利于我国国民素质的提高与和谐社会的建设。体育纳入中考,从宏观和长远看,将非常有利于我国国民素质的全面提高,有利于和谐社会的建设。

综上,我们应积极倡导体育纳入中考,具体的做法体现在要完善体育课程建设,提高体育教师的专业素养,在日常教育教学中也要重视体育教学的有效实施。

专题4:课程与核心素养

第一部分 常见出题角度和答案

A. 核心素养的含义

核心素养是学生通过课程学习逐步形成的正确价值观、必备品格和关键能力,是课程育人价值的集中体现。

中国学生发展核心素养以培养"全面发展的人"为核心,分为文化基础、自主发展、社会参与三个方面,综合表现为人文底蕴、科学精神、学会学习、健康生活、责任担当、实践创新等六大素养。各学科核心素养指在核心素养的总领下,每个学科要结合各自学科的特点与任务,研发每个学科各自的核心素养,最终都是为了体现立德树人。

B. 核心素养的价值/影响

(1) **利于突出课程育人,把核心素养真正落实到各门课程的教学与评价中去**。通过核心素养,将培养目标与课程教学目标二者联系起来,使教师在课堂教学中有了明确的标准和方向。

(2) **利于突出学科整合,以培养素养为目标的课程内容需要各种学科知识的整合**。核心素养突出目标导向,打破传统的学科界限,精选培养学生品格所需的各种知识,推动课堂教学减负增效。

(3) **以核心素养为统领,能够促进课程内容结构化,全面提升课程系统性**。根据核心素养的要求,整合学科内容,加强知识之间的联系,重视一体化教材设计,打造系统化课程。

C. 核心素养的培养措施

(1) **核心素养的生成离不开学生自主的知识整合**。核心素养的生成需要学生在复杂情境中进行知识整合,也需要学生以内在心智运作为动力,整合多层次、多向度的认知图式。所以,核心素养的生成要求学生在自主的行动中整合知识系统,形成内在思维模型。

(2) **核心素养的生成离不开多元的课程综合**。目前我国用两种综合方式实现核心素养的生成,一来加强综合课程建设,完善综合课程科目设置。二来将学科课程部分内容综合化,每个学科都可以以本学科知识为基点,再联合其他学科相关内容进行学习。我国正在加大学科内的内容整合,进行以主题、任务、项目等为线索的课程内容的重组。

(3) **核心素养的生成离不开生活化的实践应用**。要以学科实践作为新的创生点与连接点,勾连学生的学习内容与方式,引导学生在参与学科实践的过程中使用学科知识,重建知识的情境特征,实现知识的实践意义,进而彰显知识的个人价值,最终以"做中学"回应并达成核心素养的育人目标。

第二部分 历年真题之经典题

1. 论述 结合实际论述核心素养对教育改革的影响。(17 陕西师大)

答 (1) 含义。(见本专题"A. 核心素养的含义")

(2) 影响。(见本专题"B. 核心素养的价值/影响")

2. 论述 我国学生发展核心素养包括哪些内容?并结合当时的教育现状论述培养学生核心素养的思路和举措。(19鲁东)

答 (1) 含义。(见本专题"A.核心素养的含义")

(2) 培养措施。(见本专题"C.核心素养的培养措施")

3. 作文 以"对于基础教育课程改革的认识与思考"为题写一篇作文,字数不少于800字。(13青岛)

对于基础教育课程改革的认识与思考

为了应对时代挑战,全面推进素质教育,优化人才培养模式,我国进行了新一轮课程改革。我国新一轮课程改革的核心理念是"以人为本"和"以学生发展为本"。具体表现为:为了学生的终身发展(本次课程改革的根本理念),为了每位学生的发展,为了学生的全面发展,为了学生的个性发展。

(1) 我国新一轮课程改革的具体目标。

①**在课程理念方面,"以人为本"和"以学生发展为本"。** 具体表现为为了学生的终身发展,为了每位学生的发展,为了学生的全面发展,为了学生的个性发展。

②**在课程目标方面,树立三维目标观。** 学生在获得基础知识和基本技能的过程中,同时学会学习和形成正确的价值观。

③**在课程结构方面,树立综合课程观。** 体现课程的均衡性、综合性和选择性。

④**在课程内容方面,树立学生生活观。** 加强课程内容与学生生活、现代社会和现代技术发展的联系,关注学生的学习兴趣和经验,精选终身学习必备的基础知识和技能。

⑤**在课程实施方面,树立自主学习观。** 培养学生收集和处理信息的能力、获取新知识的能力、分析和解决问题的能力及交流与合作的能力。

⑥**在课程评价方面,树立发展评价观。** 发挥课程评价促进学生发展、教师发展和改进教学实践的功能,将发展性评价与形成性评价相结合。

⑦**在课程管理方面,树立校本发展观。** 实行国家、地方和学校三级课程管理,增强课程对地方、学校及学生的适应性。

(2) 提高教师队伍的整体素质促进基础教育课程改革。

①**高尚的师德。** 教师作为塑造他人灵魂的人,首先自己要有高尚的灵魂。为此,教师必须不断加强自身的道德修养。

②**宽厚的文化素养。** 教师要能够对自己所教的专业融会贯通,能从整体上系统把握。同时,教师还应有比较深厚的文化修养。

③**专门的教育素养。** 包括教育理论素养、教育能力素养、教育研究素养。

④**健康的心理素质。** 健康的心理素质体现在心理活动的方方面面,概括起来主要指教师要有轻松愉快的心境、昂扬振奋的精神、乐观幽默的情绪以及坚韧不拔的毅力等。

⑤**现代人的素质。** 教师要能与时俱进,学习先进技术,提升自身的信息素养,及时抛弃头脑中陈腐落后的观念和思维方式,担当时代使命。

(3) 启动核心素养教育深化基础教育课程改革。 (见本专题"A.核心素养的含义""B.核心素养的价值/影响")

4. 材料 请针对以下现象,从课程改革、教师角色等方面进行分析。(11青岛)

材料:某校按照上级教育管理部门要求,号召教师开发校本课程,但他们认为课程开发是教育专家的工作,普通教师只要上好课就行了。

答 (1) 含义：校本课程是以学校为课程编制主体，自主研发与实施的一种课程，是相对于国家课程和地方课程而言的。校本课程并不局限于本校教师编制的课程，还包括其他学校教师为某校编制的课程，或学校之间教师合作编制的课程，甚至包括某些地区的所有学校共同联合编制的课程。

(2) 问题。

①**缺乏核心团队，缺乏理论（专家）的指导**。校本课程缺乏核心团队和专家的领导，会在一定程度上存在课程开发的盲目性和任意性。

②**缺乏强有力的领导者，无长远规划，无评价与修正步骤**。校本课程的开发还处于探索阶段，还没有成型的、可供借鉴的经验，并且缺乏强有力的领导者领导课程的开发，由于教师评价能力欠缺，多数学校还没有形成科学规范的评价指标和评价体系与修正步骤。

③**教师没有承担起研究者的角色**。

④**没有完全贯彻新课程改革的要求，对推进校本课程的研发与实施不够重视**。

(3) 措施。

①**学校方面**。

a. 落实新课程改革的要求，重视校本课程的研发和实施，提供资金、人力和物力的支持。b. 注意教师队伍成员的多样化。多样化包括专业多样化、能力多样化、年龄多样化、学历多样化等。只有吸纳了多样化、全方位的人才，才有可能对校本课程进行系统开发。c. 加强学校之间的交流。和其他学校展开合作，加强校本课程的交流，不仅有助于资源共享，实现校本课程的系统性，而且可以吸取其他学校的经验教训。d. 进行长远的系统规划。学校应对校本课程进行系统设计和长远规划。

②**教师方面**。

a. 扮演好"研究者"的角色。一线教师不能只着眼于"教育者"角色，要积极参与校本课程的研发，促使教师站在课程编制者的立场思考课程实施；也要进行教育研究，促使教师站在研究者的立场审视教育问题。b. 坚持全新的课程开发意识。教师要有正确的、全新的课程开发意识，使教育基本要求的统一性与人才的多样性有机结合，国家课程、地方课程、校本课程结合，相互补充，实现课程的"最原始愿望"。c. 培养教师卓越的课程开发能力。教师要不断探索课程资源开发与利用的有效方式方法。同样，空有课程设计理念，没有课程开发的能力，校本课程开发仍然无法进行。

5. **论述** 谈一谈我国新颁布的《义务教育课程改革方案和课程标准（2022年版）》的改革内容以及原则，结合你报考的科目论述这次改革的意义。（23 天津外国语）

答 (1)《义务教育课程改革方案和课程标准（2022年版）》的改革内容。

①在课程目标上，从三维目标走向核心素养。②在课程结构上，整体设置九年一贯的义务教育课程。③在课程内容上，包括：a. 强化课程育人导向。b. 优化课程内容结构。c. 研制学业质量标准。d. 增强指导性。e. 加强学段衔接。f. 注重加强学科实践和跨学科主题学习。④在课程实施上，倡导三大有效的学习方式，改革教师的教学方式。⑤在课程评价上，完善与改革评价机制。建立促进学生全面发展的评价体系；建立促进教师不断提高的评价体系；建立促进课程不断发展的评价体系。⑥在课程管理上，实现三级管理。实行国家、地方和学校的三级课程管理，继续推进校本课程的研发与实施。

(2)《义务教育课程改革方案和课程标准（2022年版）》的原则。

①**坚持全面发展，育人为本**。构建德、智、体、美、劳全面培养的课程体系。坚持德育为先，提升智育水平，加强体育美育，落实劳动教育。九年一贯设置课程，完善课程类别与结构，优化科目的课时比例。

②**面向全体学生，因材施教**。为每一位适龄儿童、少年提供适合的学习机会。把握学生身心发展的阶

段特征,注重各学段之间的衔接。打好共同基础,关注差异,适当增加课程选择性,提高课程适宜性。

③**聚焦核心素养,面向未来。** 明确育人主线,加强正确价值观引导,重视必备品格和关键能力培育。精选课程内容,注重培养学生的爱国情怀、社会责任感、创新精神和实践能力,奠基未来。

④**加强课程综合,注重关联。** 加强课程内容与学生经验、社会生活联系,统筹设计综合课程和跨学科主题学习。加强综合课程建设,完善综合课程科目设置。开展跨学科主题教学,强化课程协同育人功能。

⑤**变革育人方式,突出实践。** 加强课程与生产劳动、社会实践的结合。突出学科思想方法和探究方式的学习。优化综合实践活动实施方式与路径。积极探索学习环境与方式的变革。

(3) 改革的意义——以学科美术为例。

①**开阔学生的美术专业视野。** 在美术教学过程中,教师对美术作品进行深入讲解,对实物进行观察和描绘,利用绘画技巧将其表现在纸上,能够使学生加深对美术作品的认知、提高学生的协调运用能力和创造力,开阔美术专业视野。

②**提高学生对美的感受能力。** 新课改下,教师在讲课过程中应采取室内教学与室外教学相结合的教学方式。美术教师在教学过程中,应引导学生不必拘泥于对书本画作的模拟,而要以自然写生为主,通过对自然情境的感受和创作,再加上教师的引导,提高自身的审美感受能力、创新能力以及发散思维能力。

③**提高学生的综合认知能力。** 从不同角度观察,提高学生核心素养。学生在进行美术创作时,需要具有较强的想象力与创作能力。学生在观察和认知的基础上,充分发挥创造力、想象力、发散思维能力、构建能力。学生能够从不同角度认识事物,提高自我认识和创新水平。

④**促进学生健全心理的形成。** 由于美术作品色彩冲击力强,内容有趣,更容易吸引学生的注意力,从而缓解学生学习其他科目的压力,使学生能够放松情绪,舒缓精神,陶冶情操。在欣赏美术作品的过程中,学生能感受到作者绘画时的心态,有助于学生理解并应对多种心理问题,提高学生的心理健康水平。

6. [论述] 分析新课程方案和新课程标准强调核心素养导向的时代背景并阐明教学目标指向从"双基"走向"三维目标""核心素养"的意义。(23 湖南师大)

[答] (1) 强调核心素养的时代背景。

①**实现课程育人的需要。** 该需要是联合培养目标与课程教学目标、使教师在课堂教学中有明确的标准和方向的需要。

②**突出学科整合的需要。** 只有打破传统的学科界限,精选培养学生品格所需的各种知识,才能推动课堂教学减负增效。

③**以核心素养为统领,能够促进课程内容结构化,全面提升课程系统性。** 根据核心素养的要求,整合学科内容,加强知识之间的联系,重视一体化教材设计,打造系统化课程。

(2) 我国教学目标从"双基"到"三维目标"再到"核心素养"转变的意义。

"双基"是指注重学生的基本知识与基本技能的培养,"三维目标"从注重学生的知识与技能的基础上,扩展了过程与方法、情感态度与价值观方面的培养。"核心素养"以"人的全面发展"为核心,注重学生的正确价值观、必备品格和关键能力的培育。可见,从"双基"到"三维目标"再到"核心素养"的教学目标,一方面,在培养维度上实现了扩展;另一方面,在培养内容与方式上,实现了从分别培养到综合培养的转变。

(3) 结合时代背景与教学目标的变化,综述核心素养的意义。

①**有利于实现教学内容由相对封闭到开放的转向。** 知识以情境化、整体化特点呈现,更注重学科间的融合贯通,注重知识在学生头脑中进行转化、迁移、应用,进而内化为学生的素养。

②有利于实现教学模式由简单化、标准化到复杂化、个性化的转向。教学模式的选择更加体现学生参与及合作能力，体现学生的主动性和积极性，开发学生的个性思维，培养学生良好的心理。

③有利于实现教学方法由单一到多元的转向。采用自主、探究等多元学习方式，发展学生的能力，培养其品格、能力与价值观。

④有利于实现师生关系由权威到伙伴的转向。学生的主动性和个性化的思考得到忽视。学生的主体地位受到关注，教师从教学的控制者转变为学生学习的指导者和帮助者。

⑤有利于实现课堂形态由传授知识到构建知识的转向。利于发展"知识课堂""活动课堂"和"开放课堂"等多种课堂教学形态，在多种课堂形态中培养学生的学习能力。

7. 【论述】结合我国教育实际，谈谈怎么提升学生的核心素养。（23湖南）

【答】（见本专题"C.核心素养的培养措施"）

专题5：德育+立德树人

第一部分　常见出题角度和答案

A. 含义

国无德不兴，人无德不立。立德树人是我国教育目的的根本任务，是我国充分重视道德教育的体现。

（1）"树人"：①社会主义事业的建设者和接班人。②德、智、体、美、劳全面发展的人。③担当民族复兴大任的时代新人。

（2）"立德"：①立"人性"之德，即真善美之德。②立时代之德，即时代共同道德。

总之，"立育人之德"与"树有德之人"是有机统一的。"立德"才能"树人"，但思考"立什么德"时，首先要考虑"树什么人"。

B. 存在问题

（1）**德育工作位置摆放不准确，存在重智轻德现象。**部分学校对德育工作不够重视，对德育工作的认识不到位。尤其是在升学和应试压力下，教育教学过程中，存在重智育轻德育的现象。

（2）**德育工作方法简单，内容单一。**部分学校德育课的开展主要通过思想品德课及班会等对学生进行思想道德教育，内容和方法过于单一，效果也不理想，德育工作缺少必要的活动载体和阵地。

（3）**德育内容滞后，实效性不强。**德育内容稍显陈旧、单薄，不足以解释当前复杂的社会现象，所以不能激发学生情感，不能使其认同，更难促使其内化。

（4）**德育工作缺乏系统性。**在学校德育工作中，对学生的教育无明确的长远目标和与长远目标相结合的短期目标，导致德育缺乏系统性。

C. 措施

（1）**从德育的渗透性看，做好"三全育人"。**

"三全育人"，是"全员育人、全程育人、全方位育人"。①立足一个"全"字，构筑全方位全体系育人大格局。②把握一个"融"字，推进思政与学生的现实生活相融合。③突出一个"践"字，培育学生在学习实践中知行合一。加强学生与社会的联系，发挥实践活动在其"社会性"人格成长中不可替代的作用。

（2）**从德育的途径看，做好全方位育人。**

①**学科育人：**将道德教育渗透于各科教学中，从而实现各科教学与品德教育相融合的一种德育形式。

②**活动育人：**必须组织并开展主题明确、内容丰富、形式多样、吸引力强的教育活动。

③**管理育人：**管理也是一种教育，不同的管理方式蕴含不同的教育。

④**环境育人：**通过校园环境建设、校园活动、校园文化建设等方式，使学生在耳濡目染的环境中提高品

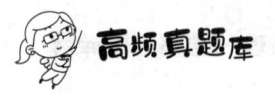

德修养。

⑤**指导育人**:通过班主任谈话与工作、职业指导、就业讲座、心理咨询等手段,培养学生的道德品质。

⑥**文化育人**:文化化人,文化立人,文化具有潜移默化的作用。

(3)从德育的协作看,发挥家、校、社协同育人的作用。

协同育人指家庭、社会、学校三方面在德育上相互配合,并形成合力。三方面在教育功能上互补,协调统一,延伸学校教育的有效性,更好实现德育影响的连续性和一致性。为学生创造和谐统一的德育环境,实现家、校、社共育,共同推动学生全面发展。

D. 构建德育隐性课程

(1)重视环境育人,加强校园环境建设。校园环境建设应包括两个方面,即物质环境和文化环境。良好的校园环境可以使学生产生舒适之感,引起学生对学校集体的认同感和归属感,进而使学生形成积极向上的生活态度,有助于学生形成正确的人生观。

(2)重视榜样育人,重视教师的人格形象塑造。要形成德育合力,重视提升全体教师的思想觉悟和道德水平,重视教师的形象塑造、人格示范,树立榜样形象。

(3)重视管理育人,加强学校制度建设。良好的学校制度对学生道德修养的养成同样具有重要作用。以师生关系为例,民主型的教师更有利于创设一个平等、友爱的班级,更有利于学生健全人格的形成,专制型的教师则与之相反。因而,重视学校制度建设是有效发挥德育隐性课程的有效途径。

(4)重视指导育人,建设优质的指导育人队伍。要将对学生进行道德渗透的教育作为所有教职员工的职责,内化于心、外化于行,立足于本职岗位。如班主任工作、学生职业生涯指导、就业讲座、心理咨询工作等,彼此相互合作,实现道德育人目标。

(5)重视活动育人,开展丰富多彩的系列主题活动。通过鼓励学生、带领学生积极参与劳动教育和各种社会实践、课外活动、校外活动、少先队活动等,在活动中潜移默化的影响学生,塑造学生的道德思想与观念,养成积极向上的价值观念。

(6)重视文化育人。要文化化人,文化立人,发挥文化具有的潜移默化的作用。

第二部分 历年真题之经典题

1. 论述 何谓立德树人?学校当前在立德树人方面有哪些偏差?你认为应该如何进一步提高学校立德树人工作的成效? **(19西南)**

[答] (1)**含义**。(见本专题"A. 含义")

(2)**存在问题**。(见本专题"B. 存在问题")

(3)**措施**。(见本专题"C. 措施")

2. 论述 结合中小学教育实际,谈谈如何更好地发挥德育隐性课程的作用。**(21杭州师大)**

[答] 德育的课程分为直接的德育课程和间接的德育课程。间接的道德教育即隐性的德育课程,是指在学科教学、学校与课程管理、辅助性服务工作和学校集体生活等各个层面对学生进行道德渗透的教育。德育隐性课程凸显了学生在道德学习中的主体性地位,有效地提高了学生参与道德学习的积极性,使学生将外在的道德要求自觉内化为内在的道德规范。(见本专题"D. 构建德育隐性课程")

3. 简答 道德教育如何与生活相联系? **(10南京师大)**

[答] 道德教育只有与生活相联系,不脱离生活实际,才能彰显其育人价值。具体言之,应通过以下途径与生活联系。

(1)在德育途径方面,尽量开拓更多间接的德育途径,如校外劳动、参观学习、保护环境等活动。这样的德育活动要在生活中进行,为了生活而进行,围绕生活内容而进行。

(2) **在德育方法方面**,主要通过生活中的典型事例来引导学生,树立榜样,重在陶冶。

(3) **在德育内容方面**,编写教材时,要更多地体现生活中的事情,即教材贴近实际生活。可以运用体谅模式中大量的人际情境故事,或者认知发展模式中的道德两难故事。

(4) **在德育原则方面**,以生活为教育的中心,让生活来决定教育,并且也让学生在德育中,真正理解充满社会精神的生活内涵,并努力打造这样的新生活。

(5) **在德育环境方面**,重视环境发挥的潜移默化的作用,重视环境生活化,加强品德陶冶与人格塑造。

4. [论述]苏霍姆林斯基在《给教师建议》中说:"我深信只有能够激发学生进行自我教育的教育才是真正的教育。"这段话体现了德育过程的哪一规律?并进行分析。(10 辽宁师大)

[答]苏霍姆林斯基的这段话体现了德育过程是个体进行自我教育的过程这一规律。

(1) 意义。

①自我教育能力是德育的一个重要条件,只有注重培养和提高学生的这种能力,德育才能进行得更顺利、更有效。

②学生的自我教育能力的形成,又是学生思想道德发展过程的一个重要标志。德育的任务就在于把学生逐步培养成具有自我教育能力的、能独立自主地进行思想道德实践的主体。

③只有能够激发学生进行自我教育的教育,才是真正发挥了学生自主性、能动性和创造性的教育,这在学生的成长过程中意义重大。

(2) 构成因素。

①自我期望能力,是个体设定自我发展愿景的能力,是自我教育的内在目的和动力。

②自我评价能力,是个体对自我发展现状趋势的评判能力,是自我教育的认识基础。

③自我调控能力,是个体在自我评价的基础上建立起来的自觉调节、控制自己思想和行为的能力,它是进行自我教育的重要机制。

(3) 启示: 学生自我教育能力的发展应顺应德育发展的规律。学生自我教育能力的发展是有规律的,大致是从自我中心发展到他律,又从他律发展到自律。教师应该依据这一规律,在实际中因势利导,有目的地培养学生的自我期望、自我评价和自我调控能力,以形成他们的自我教育能力。

5. [材料]从德育原则的角度分析下述教育过程中产生的问题。(23 湖北)

材料:张女士的儿子小明是小学三年级的学生,近期发现小明在家与在学校大为不同,班主任说小明在学校积极主动,乐于助人,受到同学和老师的赞美。张女士说小明在家从来不主动做家务,他们对小明的要求也只是专注学习。

[答](1) **出现的问题。**

①**没有遵循教育影响一致性原则。**小明在学校接受到的教育是倡导小明主动地帮助他人,积极地参加学校活动,而在家中,父母对小明的要求就是专注学习,二者之间存在分歧,导致小明在学校和在家接受的教育并不一致,从而出现了校内校外的两种状态。在这种教育下,家庭和学校并未相互配合,共同促进小明的发展。

②**没有遵循理论与生活相结合的原则。**小明在学校表现出的积极主动、乐于助人的良好品质,可见其形成了对道德的良好认知。然而其在家中未能落实形成良好的行为,在家中从不积极主动,未做到言行一致、知行统一。

(2) 启示。

①**发挥学校教育的引领作用。** 要引导家长与学校形成一致的教育理念,使学校、家庭对学生的教育影响得到整合、优化。避免再次给学生造成价值混乱。教师要注意跟张女士的沟通,及时跟张女士了解小明的情况,一起制定共同的教育目标,保证小明在家和在学校接受的教育理念是一致的。

②**要给学生提供连贯的教育影响。** 学校的德育要持久的、长期的进行,而家庭教育也要长期、持久的对学生进行不断的渗透,对学生产生潜移默化的影响。教师要注意让家长从根本上转变教育态度,认识到除了专注学习,小明其他方面发展也很重要。这样才能保证家长对小明产生的影响是长久的、持续的,而不是暂时性的。

③**家长要转变教育观。** 家长不能只注重学生的学业成绩,应注重德、智、体、美、劳综合发展、全面发展。应树立正确的教育观念,以孩子的全面发展、健康成长作为教育目的。

6. **材料** 结合材料,论述知情意行的统一和谐发展过程。(23温州)

材料:小时候,胡老师让我管理班费,但是我禁不住诱惑用班费买了零食。等到需要班费的时候,我只能拿出一点。胡老师问了我两次便不再问了,后面再也没有提过这件事。但是我捡了废品把钱赚回来还给老师,老师什么也没说,后来开心地笑了。一直到我长大,我处理钱都很谨慎,不再犯这种错误。

答 (1) **内容:** 德育过程是培养学生知、情、意、行整体和谐发展的过程。学生的品德包含知、情、意、行四个要素,所以德育过程也是培养学生知、情、意、行整体和谐发展的过程。

①**思想道德发展具有整体性。** 个体思想品德结构中的知、情、意、行等要素是相互制约、相互促进的,共同推动着个体思想品德的发展。

②**德育过程具有多开端性。** 开展德育可以有多种开端,既可以从知或情的培养入手,也可以从行的锻炼开始。强调知、情、意、行的整体和谐,并不是说进行德育活动必须严格按照固定程序来进行。

③**德育实践具有针对性。** 道德品质的知、情、意、行的培养应该根据知、情、意、行每一要素的特点,开展具有针对性的教育活动。

(2) 启示。

①**教育者要注意知、情、意、行各自的特点和作用,并将其统一起来,发挥品德结构的整体功能。** 教育过程中应该晓之以理,动之以情,导之以行,持之以恒,全面关心学生品德中知、情、意、行的培养,使他们全面而和谐地发展。材料中,胡老师在知道我挪用班费后,没有当场揭穿、严厉批评,而是让我在理解、自愿、情感认同后认识到错误,同时给我机会弥补班费亏空。胡老师的做法温和有力,使我牢记这件事,时刻警醒自己遵守纪律,不再犯此类错误。

②**教育者必须针对不同情况灵活处理,有的放矢,因材施教。** 材料中,胡老师进行道德教育时,从培养"知"入手,提高我的道德认知,使我认识到自己的错误。此后我通过捡废品赚钱来补上班费,并最终以此为戒,谨慎处理集体钱财。胡老师针对我的情况灵活处理,因材施教,引导我完成了关于集体钱财的道德教育。

③**教育者首先要通过学习直接经验、间接经验的方式培养学生的道德认识。** 其次要注重学生的道德情感培育。要关注自身发展的阶段性、把握情意感通机制、重视教育者的情意感召力和人格魅力的独特作用。最后要促进学生实现道德认知、道德情感向行为的转化。材料中,胡老师具有独特的人格魅力,她没有直接揭穿我,而是通过暗示督促我改正错误,深化了我道德情感的体验,使我在情感上深受震撼,得到内化和升华。

7. **材料** 材料:捧着一颗心来,不带半根草去。——陶行知

有一个男生用泥块砸自己班上的男生,被校长陶行知发现制止后,命令他放学时到校长室去。放学后,

陶行知来到校长室,男生早已等着挨训了。可是陶行知却笑着掏出一颗糖果送给他说:"这是奖给你的,因为你按时来到这里,而我却迟到了。"男生接过糖果。随后陶行知高兴地又掏出第二颗糖果放到他的手里,说:"这也是奖励你的,因为我不让你打人时,你立即住手了,这说明你很尊重我,我应该奖你。"男生惊讶地看着陶行知。这时陶行知又掏出第三颗糖果塞到男生手里说:"我调查过了,你用泥块砸那些男生,是因为他们欺负女生;你砸他们说明你很正直善良,且有跟坏人作斗争的勇气,应该奖励你啊!"男生感动极了,他流着眼泪后悔地喊道:"陶校长,我错了,我砸的不是坏人,而是同学……"陶行知满意地笑了,他随即掏出第四颗糖果递过来说:"为你正确地认识自己的错误,我再奖给你一块糖,我没有多的糖果了,我们的谈话也可以结束了。"

联系材料和实际生活,谈谈你对陶行知运用奖惩法的认识和理解。(23 安徽师大)

【答】**(1) 含义:** 奖惩法是对学生的思想和行为作出评价的一种方法,包括表扬、奖励和批评、处分两个方面。表扬、奖励是对学生的良好思想、行为作出的肯定评价,以引导和促进其品德积极发展的方法。批评、处分是对学生不良思想、行为作出的否定评价,以帮助他们改正缺点与错误的方法。

(2) 运用奖惩法的必要性。

①**理论支持:** 巴甫洛夫的"条件刺激理论",桑代克的"效果律"和斯金纳的"强化理论"等行为主义心理学理论。

②**现实困境:** 有的教师奖惩过度,对学生产生消极影响。有的教师对学生的反应缺乏必要的奖惩,导致学生的正确经验和行为得不到强化,错误的经验和行为也得不到纠正。

(3) 运用奖惩法需要注意的问题。

①**要公平公正,实事求是。** 在实际教学中运用奖惩法时,教师应客观公正地进行奖罚,对所有学生一视同仁,不能偏袒,还应慎重地进行奖罚。涉及奖惩的问题都要深入调查,掌握事情的来龙去脉,避免因为误会造成师生、同学之间关系紧张。材料中,陶行知校长没有简单粗暴地批评打架的学生,而是了解了打架的原因之后再和学生进行谈话。

②**要正确适度,合情合理。** 教师应合理适当地进行奖罚。从善良的动机和促进学生发展的愿望出发,通过平等的交流,使学生体会到教师对自己的殷切期望,引导学生认识到自己的错误并进行改正。不能过分奖励或过度惩罚,以免对学生产生负面影响。材料中,陶行知校长通过奖励学生四颗糖果,使学生感受到了信任和温暖,承认了错误。

③**要选择合理的奖惩方式。** 学生具有个体差异性,因此对学生的奖惩方式也应因人而异。教师要充分了解学生的性格特点,采取不同的奖惩方式。例如:对活泼开朗的学生,可以直截了当地进行奖励或惩罚;对安静内向的学生,则可以通过暗示,使其默默改正错误,保护学生的自尊心。

(4) 运用奖惩法的意义。

①**奖励有利于培养学生的优秀行为。** 奖励能够帮助受奖学生建立自信、自强、进取的信念,塑造优秀行为,为群体树立榜样,使其它同学积极向上。处于青少年时期的学生,心理都有一股积极向上的意识,奖励行为能激励大家努力学习,向受奖励者看齐,形成竞争的学习风气。此外,奖励也有益于培养学生的集体荣誉感。材料中,陶行知校长通过四颗糖果列出了学生的四点优秀品质,肯定了学生的优点,激励学生取长补短。

②**惩罚有利于提高学生的是非辨别力。** 惩罚能够降低不良行为发生的概率,有助于培养学生承受挫折的能力,塑造学生坚强的性格,还能培养学生的责任心和遵纪守法的意识等。有的学生虽然已经达到了成人的年龄,但道德发展还可能停留在较低的道德发展阶段,恰当地使用惩罚的教育方法常常会取得其他方法难以替代的重要作用。材料中,陶行知校长用一种另类的惩罚——奖励糖果,和学生进行平等的交流,只

字未提惩罚,却震撼了学生的心灵,使学生认识到了自己的错误。

③奖励和惩罚有利于提高学生的遵纪守法意识。奖励和惩罚的刺激都能使受教育者产生一定的条件反射,进而使他们的道德认知和行为等更规范化、社会化。材料中,陶行知校长通过"惩罚",使学生正确认识了自己的错误,了解了校长的良苦用心,增强了遵纪守法的意识。

8. **材料** 材料:明明是小学二年级学生,在刚刚的班干选举中当选"劳动委员"。虽然不是班长、学习委员的职位,但是明明还是很高兴,毕竟进入了班委会。班主任在家长会大加表扬明明认真负责,以身作则。无论是值日还是大扫除,都争着做脏活、累活……

妈妈虽然听着很高兴,但感到疑惑,明明在家从来不干活,叫他擦桌子,都一脸不情愿,怎么在学校像是变了一个人一样。

阅读下列材料,分析其中问题,结合德育原则或方法,就中小学开展劳动教育给出自己的建议。(23苏州)

[答] (1) **问题**:劳动委员明明在学校里热爱劳动,但是在家里却从来不干活。可能的原因:

①**教师方面**:教师给予积极强化。班主任在明明积极参加劳动,履行劳动委员职责的时候,及时给予正强化,激励明明保持良好的表现。

②**家长方面**:家长引导不到位。家长将劳动功利化,以强制性的命令语气,以"为什么在学校爱劳动,在家就露馅了"这样的话来命令孩子,导致明明在家不愿意做家务。

(2) 结合德育方法,中小学开展劳动教育的建议。

①**实践锻炼法**。实践锻炼法是有目的地组织学生进行一定的实践活动,以培养他们良好品德的方法。材料中,明明通过值日、大扫除等卫生活动,养成了热爱劳动的良好习惯。结合实践锻炼法,从以下三个方面提出建议:

a. **学校方面**:确保公益性社会服务活动具有实际意义。由学校组织学生每周固定时间参与社会公益服务活动或公益劳动,让学生参与实践、服务他人、奉献社会。

b. **家庭方面**:引导家庭重视生活技能养成。教育主管部门要制定家庭劳动教育标准和指导,明确家庭劳动教育目标和任务,培养学生的生活技能和自理能力。

c. **社会方面**:拓宽实施渠道。为学生在现代企业中参与劳动体验、实习实训搭建平台,积极引导学生参与劳动实践,形成齐抓共管、多方协同的劳动教育。

②**自我修养法**。修养是在教师引导下,学生经过自觉学习、自我反思和自我改进,使自身品德不断完善的一种重要方法。材料中,劳动委员明明自觉参与劳动,争着做脏活、累活,使自身品德得到了完善。结合自我修养法,从以下三个方面提出建议:

a. **学校方面**:彰显学生在校劳动活动的教育价值。让学生在劳动与分享的过程中,学会感恩,懂得回馈,珍惜劳动成果,尊重他人的付出。

b. **家长方面**:引导家长职责要归位,培养孩子从小树立劳动意识和观念,在心中早早种下"劳动最光荣"的理念,为成长打好基础。

c. **社会方面**:社会要积极宣扬劳模精神、劳动精神、工匠精神。激励学生学习劳模精神,在思想上崇尚劳动模范,使自身的精神境界得到提高。

③**情境陶冶法**。陶冶指通过创设良好的教育情境,对学生进行潜移默化的熏陶和感染,使其在耳濡目染中受到感化的方法。因此要求家庭、学校、社会协同,共同营造良好的劳动教育的情境,使学生积极参与劳动。结合情境陶冶法,从以下三个方面提出建议:

a. 学校方面：独立设课与学科渗透教学有机结合。打破学科间、课堂内外、校园内外的边界，创新课程形态，完善劳动教育课程体系，充分实现课程育人的功能。

b. 家长方面：营造温馨环境，鼓励孩子动手。家长要量力而行；家长要和孩子共同参与，保持耐心，经常鼓励孩子，注意孩子安全；家长要以身作则，给孩子树立劳动榜样。

c. 社会方面：引导社会舆论，弘扬劳动精神。社会应形成良好的舆论，形成尊重、热爱、崇尚劳动的良好社会风气。媒体应结合新时代的人才要求，宣传正确的教育观和成才观。

（答其他德育方法或德育原则，言之有理亦可得分）

专题6：教学案例分析

第一部分 常见出题角度和答案

A. 教学原则

（1）**直观性原则**。在教学中要引导学生观察所学事物或教师语言的形象描述，使学生能够正确理解书本知识并发展认识能力。

（2）**启发性原则**。教师要对学生进行启发，而不是告诉学生现成的答案，这样有利于调动学生的主动性，促使学生在教师的引导下积极思考，自觉地掌握科学知识，提高分析问题和解决问题的能力。

（3）**巩固性原则**。教学要引导学生在理解的基础上牢固地掌握知识和技能，并能根据需要迅速再现出来，卓有成效地运用。

（4）**系统性原则（循序渐进原则）**。教学依据学科知识的内在逻辑结构、学生能力发展水平和掌握知识的顺序，循序渐进地进行。

（5）**量力性原则（发展性原则）**。教学的内容、方法、分量和进度要适合学生的身心发展水平，需要学生经过努力才能掌握，以促进学生的身心发展。

（6）**思想性和科学性统一原则**。教学要以马克思主义为指导，授予学生科学知识，并结合知识教学对学生进行社会主义品德和正确人生观、核心价值观的教育。

（7）**理论联系实际原则**。教学要以学习基础知识为主导，从理论与实际的联系上去理解知识，注意学以致用，发展动手能力，领悟知识的价值。

（8）**因材施教原则**。教师要从学生的实际情况和个别差异出发，有的放矢地进行有差别的教学，使每个学生都能扬长避短获得最佳发展。

B. 教育观念

（1）**学生观**。①尊重学生的主体性。②尊重学生的独立性。③尊重学生的差异性。④尊重学生的发展性。⑤尊重学生的个性自由。⑥尊重学生身心发展的规律与年龄特点。⑦尊重学生的生活经验和体验。⑧尊重学生的兴趣与需要。⑨尊重学生对知识的自我建构性。⑩尊重儿童的童趣。

（2）**教师观**。教师是促进学生发展的指导者、塑造幼儿心灵的工程师、学生学习的支持者、沟通学生与社会的中介者、教育科学的研究者。应当具备高尚的师德、宽厚的文化素养、专门的教育素养和健康的心理素质。

（3）**师生观**。要构建良好的师生关系。

①**树立正确的教育观念是建立良好师生关系的根本**。这是创建新型师生关系的前提，主要表现在：第一，教师要有正确的学生观。第二，教师要有平等的师生观。第三，教师要有正确的人才观。

②**尊重与理解是建立良好师生关系的重点**。第一，了解与研究学生，主动接近学生。第二，充分信任学生，尊重学生主体性。第三，公正对待学生，尊重个体差异。第四，主动沟通学生，做到"移情体验"。

③教师加强自我修养与健全人格是建立良好师生关系的保障。教师的素质是影响师生关系的核心因素。教师的师德修养、知识能力、教育态度、个性品质都将对学生产生深刻的影响。

第二部分　历年真题之经典题

1. 材料 **材料**：苏格拉底使用产婆术引导学生达到对道德的认识。

   (1) 在教学过程中，教师常用的教学原则有哪些？

   (2) 上述案例中，苏格拉底采用的是什么教学原则？贯彻这一教学原则的基本要求有哪些？（16青岛）

   答 (1) 在教学过程中，教师常用的教学原则有以下几种：(见本专题"A. 教学原则")

   (2) 苏格拉底采用的是启发性教学原则。贯彻这一教学原则的基本要求有以下几点：

   ①调动学生学习的主动性。调动学生内在的主动性是启发的首要问题。教师要善于运用发人深思的提问、生动的讲述，来展示教学内容的吸引力，激起学生的求知欲和积极性。

   ②启发学生独立思考或者提问质疑。优秀的教师在教学中均善于提问激疑，使学生茅塞顿开，思想活跃起来。只要提问切中要害，激活学生的思想，课堂便可以活跃起来。

   ③让学生动手，培养学生独立解决问题的能力。接触实际问题，对学生更具诱惑力、挑战性，会使他们更积极主动地进行学习和完成任务。

   ④引导学生反思学习过程。教学要引导学生反思学习过程，了解学习过程的程序和方法，分析顺利与障碍、长处与缺点，寻找原因，找到适合自己的学习方式。

   ⑤开展教学民主。宽松、和谐、民主、平等、坦率、活跃的课堂教学氛围，是启发教学的重要条件。只有这样，学生的心情才会感到放松，他们的聪明才智才能充分地发挥出来。

2. 材料 **材料**：课堂上老师提问时，小明总是举手。但老师让他回答，他又支支吾吾答不上来。后来老师让小明遇到自己会答的问题就举左手，不会答的问题可以举右手。一段时间后，小明的学习成绩有了明显进步。（原材料无法复原，凯程新做材料）

   根据所给材料，评价老师的行为并阐述成为好老师的启示。（20青岛）

   答 (1) 材料评价。

   材料中老师的行为是恰当且值得提倡的。在小明举手但又回答不上来问题的时候，老师没有批评，没有打击小明的积极性，而是尊重他的个性自由，并且引导他积极回答自己能够答上来的问题。这既保护了小明的自尊心，维持了他学习的积极性，又通过"左右手"区分学生是否能回答问题，节省了课堂上的时间。

   (2) 成为好老师的启示。

   教师要拥有正确的教育观念，具体表现为师生观、学生观。(见本专题"B. 教育观念")

   材料中的老师以促进学生发展为目的，利用学生爱举手的特点订下了"左右手"的君子协定，促使学生学习进步。老师热爱学生且拥有较高的教育能力素养，不仅对学生起到积极的引导作用，而且具有机智的应变能力，保障了教学活动的顺利进行。老师从尊重学生入手，巧妙地采取"左右手"的方法，给学生在班上表现的机会，既保护了其自尊心，又提高了学生的学习自信心和学习兴趣。

3. 材料 **材料**：某高中将数学、物理、化学、外语四科分别分为A、B、C三个水平层次，由学生按自己的兴趣、教师的建议和学习成绩等，对上述四科分别选择不同水平的教学班进行学习。这就是近几年在教学实践上普遍探究的分层次教学。

   试分析这种做法所体现的教学意义及对教学管理可能带来的挑战。（10聊城）

   答 分层教学又称能力分组，教师根据学生现有的知识、能力水平和潜力倾向把学生科学地分成水平相近的

群体并区别对待。其带来的教学意义与挑战如下:

(1) 教学意义。

①**能够照顾到各个层次的学生。** 教师根据不同班组的实际水平进行教学,可以"量身定做"适合他们的知识内容,使每个学生得到良好的的发展。

②**使学科的学习成绩评价更加合理化。** 教师对不同层次学生可以采用不同的评价标准和评价工具,使学生感受到自己的进步,激发学习内驱力。

③**提高教师课堂教学效率。** 同一层次学生的知识结构、理解能力和各方面条件基本相同,教师可以根据同一层次内的学生准备相应教案,不必分散注意力考虑其他各个层次的学生。

④**促使学生向高一层次发展。** 学生的层次不是固定的,因此学生间可以你追我赶,低层次学生向高层次发展,高层次学生保持较高水平,形成良性竞争的风气。

⑤**尊重学生个别差异,使学生个性特长得到充分发挥。** 分层教学的目的是"人人都可以出成绩",促进全体学生共同提高,真正体现素质教育的要求。

(2) 可能的挑战。

①**部分学生缺乏归属感。** 分层教学虽然能够适应学生学习水平的差异,但容易使水平层次低的学生产生自卑心理,水平层次高的学生产生优越感。还会影响班级凝聚力。

②**家长的信任危机。** 家长不了解学校实行分层教学的作用和意义,可能会质疑分层的目的性,忧虑分层是否给孩子带来负面的影响等。

4. 材料 材料:在苏联著名教育家苏霍姆林斯基当校长时,曾发生过这样一个感人的故事,校园里开出了几朵很大的玫瑰花,每天都会吸引很多学生来看。一天早晨,苏霍姆林斯基看见一个小女孩摘下了一朵玫瑰花,他便问小女孩是什么原因让她摘花,小女孩羞愧地告诉他,奶奶病得很重,她不相信校园里有这么大的玫瑰花,摘下来是想让奶奶看看自己说的没错。听了小女孩的回答,苏霍姆林斯基立即摘下了两朵玫瑰花对小女孩说:"这一朵是奖给你的,因为你是一个懂得爱的孩子;这一朵是送给你奶奶的,感谢她养育了你这样好的孩子。"

在案例中苏霍姆林斯基面对这位摘花的小女孩不但没有粗暴地批评,而且另摘了两朵花送给她,为什么?如果是你,你会怎么做?请运用有关教育理论进行分析。(17 安徽师大)

答 (1) 材料评析: 苏霍姆林斯基用心去了解女孩行为背后的原因,理解她的孝心并奖励她。这是遵循因材施教原则、疏导原则和理论联系实际原则的体现。

①**是遵循因材施教原则的体现。** 材料中苏霍姆林斯基针对小女孩摘花这一不同于其他学生的行为,了解其中的原因,理解这一行为背后的特殊情况并奖励了小女孩,可见其遵循了因材施教的原则。

②**是遵循疏导原则的体现。** 针对小女孩的行为,苏霍姆林斯基展开了正面说理,以表扬、激励为主,奖励小女孩两朵花,因势利导,循循善诱,这是遵循疏导原则的体现。

③**是遵循理论联系实际原则的体现。** 苏霍姆利斯基借由小女孩摘花的行为,表扬了小女孩"懂得爱"的优良品质,这一过程也成了在实际中引导学生、培养学生懂得爱、学会关爱别人的教育过程,是理论联系实际原则的体现。

(2) 我的做法。

①**询问小女孩为什么摘花。** 教师的教育过程应以学生为本,要尊重学生的特点与需要,以引导者而非控制者、灌输者的角色教育学生。因此,我会及时询问小女孩这么做的原因,然后再决定下一步该采取怎样的教学方式进行指导。

②根据她的行为称赞她。正如苏霍姆林斯基遵循疏导原则,以正面表扬、鼓励为主,教师应以积极正向的方向呵护学生,不要打压学生主动探索与学习的积极性。

③同时,若其行为有不可取之处,会及时地、间接地引导她。我会注重采用委婉的方式,引导学生反思自己的行为,自我纠正。

5. **材料** 材料:老师在给学生讲人教版第七册"钓鳟鱼"的课文。老师提问:"仔细阅读课文,看看父亲是一位怎样的人?"

"为什么还没有到时间父亲就允许我钓鱼,而钓到鱼又让我放走?"生1说。老师脸带怒色地说:"你没有听清楚老师的问题,坐下。"生1很害羞地坐了下去,这一堂课就再也没有举手了。

"我觉得这位父亲对自己的孩子很严格。"生2说。老师说:"仅仅是严格吗?"生2也坐了下去,再也没有发言。老师说:"在没有人的情况下,父亲严格要求自己遵守规则,是一个品德高尚人。"

下课后老师向同事抱怨:"我给了他们机会,可是他们不珍惜,只好我自己报了答案,我也没有办法。"

(1) 这位教师的行为是否合适?为什么?

(2) 如果换作是你,你会怎么做? (14 南京师大)

答 (1) 评析:该教师的行为是不合适的。

①学生都是独立的个体,都有自己的思考和理解。

②教师要求学生必须回答出教师所设想的准确答案,对学生的疑惑没有给予合理的解释和引导,反倒对学生呵斥,导致学生害怕提问、害怕回答问题。长此以往,学生将会逐渐丧失信心。

(2) 做法。

①在生1提出疑惑后,我会称赞他思考问题的角度新颖且独特,并带领全班同学针对这个问题展开讨论、发表意见,最终解决该生的疑惑。

②对于生2的回答,我会先表扬他回答得很准确,再进一步追问:"父亲的严格体现在哪件事上?这件事你觉得有哪些值得我们学习的地方?"逐渐引导学生得出最终答案。然后再强调说:"好,我们接着思考最开始提的问题,我再来说一下问题是什么,大家这次独自思考之后再举手回答。"这样就不会使同学们因讲错或答错丧失在课堂的主动性,而是让同学们更愿意积极主动地回答问题,增强学生的自信心的同时,亦可拉近师生之间的关系。

6. **材料** 材料:

一名学生在日记里写道:我今天特别高兴,因为老师终于给了我回答问题的机会,这可是我进入这个班级以来获得的第一次机会啊!虽然这是老师不经意的一次提问,但我心里有说不出的喜悦。就在这一次,老师终于注意到我的存在,让我有了发表意见的机会。

请结合材料谈谈课堂提问应该如何把握正确方向。(15 贵州师大)

答 (1) 及时提问。教师提问要找到恰当的时机,及时提问有利于学生理解问题,开发学生智力,激发学生快速思考的能力。例如在讲新课前提问,可以引导学生复习、回忆旧知识,从而与新知识接轨,使新旧知识衔接,促使学生从整体上领会和把握知识结构。

(2) 表达清晰。教师提出的问题要清晰,措辞要精练、具体明了。条理清晰的问题能够使学生迅速、准确地理解。反之可能使学生摸不着头脑,导致理解偏差,浪费课堂时间,减弱提问的效果。

(3) 合理设计。教师要在教学目标范围内,针对学生年龄特征、知识水平和接受能力,设计不同层次、不同难度的问题。适当提问难度较高的问题,合理安排难度较高与较低问题的顺序,使不同水平和不同能力的学生都有问题可答。把每个学生都吸引到教学活动中来,调动全体学生的积极性。

(4) **机会均等**。教师提问应面向全体学生,保证每个学生有尽量多且均等的回答机会。避免出现只有少数理解能力强、反应快的学生与老师对话,绝大多数学生被冷落,成为"局外人"的情况。材料中"我"获得回答问题的机会,公开表达自己的意见,使"我"觉得受到老师关注,备受鼓舞。

(5) **积极反馈**。对于学生迅速坚定的正确回答,教师要表示肯定,必要时给予表扬,或对正确回答作进一步解释和追问;对于不正确的回答或不回答的情况,弄清原因,然后采取适当的措施;对于学生创造性的见解,教师要给予鼓励和赞扬。学生收到反馈,能够查漏补缺,改正错误,同时更有信心回答问题。

7. **材料**:中国青年报登载了一篇"弃北大读技校,自定别样人生"的文章,详细披露了北大学生周浩3年前退学北大、转学到北京工业技师学院的传奇经历。

2008年,周浩以660多分的成绩走进青海省理科前5名,听从父母意见报考了北大生命科学专业。但从小喜欢捣鼓东西的他,对这个专业没兴趣,反而觉得痛不欲生。早在上高中的时候,他就很喜欢读机械、工程有关的书籍,通过这些书籍,周浩在丰富了学识的同时,也有了自己未来的人生规划,而在他的规划中,考入和机械工程相关的专业,今后成为一名国家栋梁级别的工程师,便成为了他的理想。于是,经历一番激烈挣扎,2011年周浩做出了从北大转学到北京工业技师学院的决定。

2014年11月4日,在第六届全国数控技能大赛决赛开幕式上周浩代表参赛选手进行宣誓,他很好的证明——摘下名校光环,同样能活得精彩。

阅读上面的材料并回答问题。
(1) 周浩转校的原因是什么?转校对他来说是一种最佳选择?
(2) 周浩转校事件对学校教育有何启示?(15 河北师大)

答(1) **转学原因**。
①周浩转校的原因是它的内部学习动机非常强,内部动机是人对学习本身的兴趣所引起的动机。周浩对目前自己学习的专业没有兴趣,觉得学习起来很痛苦,而他真正感兴趣的是机械工程相关的专业。
②我认为转校对周浩来说是最佳选择。首先,学生是独立的个体,有自己的思想和看法,享有自己独立施展能力的机会与空间。教师要充分放权,让学生独立思考、独立操作,并及时激励学生。其次,应该尊重学生的兴趣与需要。教师要善于激发学生的求知欲,教学要联系学生的兴趣与需要,激发学生的学习动机,这样教学效果自然突出。最后,要尊重学生的差异性。学生之间具有差异性,因为每个学生都是独特的,教师要做到充分了解学生,要做到因材施教。

(2) **启示**。
①在教育过程中,要因材施教。教师要从学生的实际情况和个别差异出发,有的放矢地进行差别教学,使每个学生都能扬长避短,获得最佳发展。教师不仅要针对学生的特点进行差别教学,而且要采取有效措施使学生的才能得到充分的发展。
②在制定教育目的时,既要符合社会发展的需要,又要符合个体身心发展的特点和水平。

8. **材料** 结合材料,分析胡老师为什么有这样的困惑?(23 温州)

材料:胡老师是一个小学老师,但是随着互联网发展,现在的小学生获取信息渠道的很多,导致他们的提问五花八门,千奇百怪。胡老师有些问题能勉强答上来,有些问题根本就无法回答,他认为自己很累,甚至怀疑自己没有做老师的能力。

答(1) **胡老师的困惑**:胡老师无法较好地解决学生提出的问题,因此陷入迷茫,怀疑自己的能力。
(2) **胡老师产生困惑的原因**。
①**社会背景方面**。信息化社会拓展了学生的获取知识的范围,教育信息化迅猛发展,学生获取信息的

渠道越来越多。信息技术拓展了学习的时空,使得大量丰富的教育资源能为全体学习者共享,且取之不尽用之不竭。学习者可以利用信息技术快速获取自己需要的知识,而且知识是无限的,老师不可能无所不知。所以,学生提出了老师回答不了的问题是正常现象,老师不必对自己产生怀疑。

②**学生方面**。学生身心发展具有相应的规律和年龄特点,他们是正在迅速发展的人,对周围的事物充满想象和童趣,好奇心强。材料中,小学生向老师提出的问题五花八门,千奇百怪,正是他们有求知欲的表现。

③**教师方面**。

a. **教学观念过时**。只按照教材教学,不挖掘教学新意将导致教学走入穷巷。教师应坚持"相互适应取向"与"创生取向",基于学生立场进行课程资源开发。材料中,胡老师没有增强课堂教学创新意识,导致无法较好地解决学生的问题,影响教学质量和工作效果,产生自我怀疑。

b. **教学能力欠缺**。教师劳动具有多方面的特点,由于教育对象的特殊性和复杂性,要求教师具有创造性,具有教育机智,能够对新的、意外的情况正确而迅速地作出判断并巧妙地解决。材料中,胡老师缺乏教育机智,无法灵活地解决学生的问题。

c. **平等的师生观缺失**。学生正处在迅速发展中,具有无限的潜能。这要求教师要用发展的眼光看待学生,尊重学生的主体性、兴趣与需要,为学生长久发展打下良好基础。材料中,胡老师疲于应对学生的问题,缺乏精力去启发和引导学生,正是因为胡老师认为教师不该被学生的问题制约,认为学生是不可以超越老师的。如果胡老师有平等的师生观,她会非常开心学生问了更有趣的问题,从而跟学生共同探讨,这样胡老师就不会过度紧张,产生焦虑了。

(3) **启示**。

教师应当紧跟时代发展步伐,了解学生当下发展特点与知识掌握情况,更新教育理念、促进自身的专业化发展,应对教育新的变化与挑战。(见专题7"D. 教师专业化发展途径""E. 教师教育理念")

专题7:教师

第一部分 常见出题角度和答案

A. 教师素养

(1) **高尚的师德**。教师作为塑造他人灵魂的人,首先自己要有高尚的灵魂。为此,教师必须不断加强自身的道德修养。

(2) **宽厚的文化素养**。教师要能够对自己所教的专业融会贯通,能从整体上系统把握。同时,教师还应有比较深厚的文化修养。

(3) **专门的教育素养**。包括教育理论素养、教育能力素养、教育研究素养。

(4) **健康的心理素质**。健康的心理素质体现在心理活动的方方面面,主要指教师要有轻松愉快的心境、昂扬振奋的精神、乐观幽默的情绪以及坚韧不拔的毅力等。

(5) **现代人的素质**。教师要能与时俱进,学习先进技术,提升自身的信息素养,及时抛弃头脑中陈腐落后的观念和思维方式,担当时代使命。

B. 教师角色

(1) **教师要扮演"家长代理人"和"朋友、知己者"的角色**。学生渴望得到老师的关注和帮助。教师在学校应多与学生近距离接触,了解学生心理活动和学习情况,对学生进行指导,给予呵护和关爱,有利于更好地换位思考,增进自己对教师职业的理解。

(2) **教师要扮演"传道、授业、解惑者"的角色**。教师在教学中要渗透思想道德教育,传授知识,启发智慧,要树立专业理想,坚持正确的世界观、价值观、人生观。

(3) **教师要扮演知识体系的"组织者"角色。** 教师应认真学习专业知识,提升自己的理论素养,要拓宽知识面,在学习本专业知识之外多接触其他学科知识,例如,加强信息技术知识的学习。教师还应不断地锻炼自己设计教学的能力、表达能力和交往能力。

(4) **教师要扮演"心理调节者"的角色。** 教师要适应时代的要求,掌握基本的心理知识,成为学生的心理健康顾问或心理咨询师。

(5) **教师要扮演"研究者"的角色。** 现在要求教师应该成为教育的研究者和改革者,不断地提高自身的教育管理修养和教育教学质量。

(6) **教师要扮演"管理者"的角色。** 教师要创造一种和谐、民主、进取的集体环境。

(7) **教师要做不断发展的学习者。** 教师要不断发展,需要通过学习持续不断地更新和充实自己,树立终身学习观念,完善知识结构,磨砺思想品格,积淀人文底蕴、提升整体素质,以满足社会发展和自身发展的需要。

C. 教师专业化现状

(1) **不少教师缺乏现代教育的意识和能力。** 当前课程改革的观念尚需深化和更新,教师对课程改革的重大意义的认识还不到位。

(2) **教师的分布与结构失衡。** 教师师资力量分配失衡,专业支持受地域限制。综合实践活动课实施艰难,课程改革面临困难与挑战。

(3) **教师队伍不够稳定,师资流失严重。** 教师是不可或缺的育人资源。目前存在课程资源开发不全、师资分配不均的情况。

(4) **教师的质量不均衡。** 目前,我国还未建立起健全的课程监测评估体系,相应地,对教师的监测与评价尚未落实到位,面临着教师质量参差不齐的情况。

D. 教师专业化发展途径

(1) **教师队伍专业化的主要途径:** ①实施教师资格考察制度。②加强和改革师范教育。③加强对在职教师的培训。④形成公认的教师专业团体。

(2) **教师个体专业化的主要途径:** ①教师自身要有专业发展的观念和意识,寻求自我专业发展的途径。②制定自我生涯发展规划。③积极参与职前培训(师范教育)与在职培训。④新教师参加入职培训。⑤教师要进行经常化、系统化的教学反思。⑥在参与课程改革和课程开发中获得专业发展。⑦教师要进行教育研究。

E. 教师教育理念

(1) **具备未来教育观。** 教师应关注教育的"未来性""生命性"和"社会性",立足于未来,培养学生对未来的适应能力,充分开发每个学生的潜能,发展学生的健康个性,让学生生动活泼地全面发展。

(2) **具备学生主体观。** 教师应关注学生的"主动性""潜在性"和"差异性",充分认识到学生是学习活动中不可替代的主体,能积极主动参与教育活动,具有主观能动性。

(3) **具有生成性的教育活动观。** 教师应设计"双边共时性""灵活结构性""动态生成性"和"综合渗透性"的教学活动,明白其多方面特点,引导学生积极主动学习,培养学生自我教育的意识和能力。

(4) **具备教学交往观。** 师生间的交往活动应是以交流、对话、合作为基础进行文化传承和创新的特殊交往活动。通过交往,学生感受到学习过程是自己的成长过程,教师在这一过程中实现自身的价值与意义。

(5) **具备人本管理观。** 教师应具备人本管理观,在学生管理和教学管理方面贯彻人本主义思想,形成一个和谐、友善、亲切、融洽的教育共同体。

(6) **具备发展性教学评价观**。应凸显教学评价的开放性、诊断性、过程性与可控性的特点,评价过程应循序渐进、逐层深入,将评价贯穿于教学过程与教学活动始终,力求实现以评促教、以评促学。

F. 教师职业道德

(1) **热爱教育事业,富有献身精神和人文精神**。教师对学生"敬礼"的要求要尽到"教育"的责任,用礼貌的回应来完成文明礼仪的教育,而不是走过场。

(2) **热爱学生,诲人不倦**。热爱学生是教师的天职,是教育好学生的重要条件。只有热爱学生,教师才会热情的回应学生,保持对学生的教育热情,而不是冷漠对待。

(3) **热爱集体,团结协作**。教师、教职员工之间应相互尊重,团结协作,最大效度地发挥集体的教育力量。只靠个别教师的教育无法完全发挥教育的效果,教职工之间应相互配合,共同完成德育任务。

(4) **严于律己,为人师表**。凡是要求学生做到的,教师首先要做到;凡是要求学生不能做的,教师首先要自律。教师只有以身作则,才能树立威信,受到学生的尊敬。

第二部分 历年真题之经典题

1. [论述] 结合课程改革探讨教师专业素养的问题。(12 上海师大)

[答] (1) **含义**:教师以自身专业素质包括知识、技能和情意等方面的提高与完善为基础的专业成长、专业成熟过程,是教师由非专业人员转向专业人员的过程。

(见本专题"A. 教师素养")

(2) **提高教师专业素养的重要性**:课程改革成效的落实依赖于教师专业素养的提高。

①**基础教育是我国教育的基础点,教师是基础点的基础点**。基础教育阶段设置较多的综合课程,需要教师具备较强的知识整合能力、跨学科教学能力,以此才能推动基础课程的育人目标落实。

②**高等教育是我国教育的制高点,教师是制高点的制高点**。高等教育课程与教学要能培养学生的批判意识、思维能力,要履行高等教育教学、科研与社会服务的职能。教师只有具备较强的科研意识与社会服务精神,才能彰显高校育人职能。

③**职业教育是我国教育的创新点、经济增长点、保障点,教师是创新点、增长点、保障点的保障点**。教师的产学研能力是职业教育深入实施的保障。

④**师范教育是我国教育的生长点、育苗点、养成点,教师是生长点的生长点**。健全师范教育的课程与教学体系,能够为师资培养与教师队伍建设提供强有力的后备支撑。

⑤**立德树人是我国教育的根本点,教师就是根本点的根本点**。一方面,立德树人的目标只有依托教师的教学实践才能得以落实。另一方面,教师自身的榜样形象、示范形象也为立德树人的提出提供了潜在的可能。

(3) **现状与问题**。(见本专题"C. 教师专业化现状")

(4) **策略**。(见本专题"D. 教师专业化发展途径")

2. [论述] 依据教师的多重身份,说说为从事教师这一职业,在研究生期间需要做哪些准备。(22 深圳)

[答] 教师这一劳动具有复杂性、创造性、示范性、专业性、长期性、长效性的特点。在研究生期间我们可以从以下角色入手进行职业准备。

(见本专题"B. 教师角色")

在研究生期间,我们可以在日常学习中渗透心理健康教育,培养自己良好的身心素质,积极进行体育运动,养成科学的生活习惯,保持自我身心健康。我们可以利用资源进行教育教学研究,对教育教学理论和实践进行探索，培养自己发现问题、解决问题的能力。我们可以积极参与学校活动，培养自己团队协作能力和合作意识。作为一名教育学专业的研究生，做好职业准备，提升自己各方面的教育学素养，对之后从事教师职业是很有帮助的。

3. **材料** 材料：一位出色的科学家放弃现有的工作，成为一名教师，他的导师对此感到可惜。

请从教师专业的角度谈谈对这一案例的看法。（13湖南师大）

答 (1) 导师认识的错误之处。

①**没有认识到教师职业的应有价值。**该导师觉得可惜的原因就是认为相比从事教师，这位科学家从事科研工作可能会创造更多的价值。但是该导师的看法忽视了教师职业的价值。

a. 教师劳动的社会价值：教师劳动对延续和发展人类社会具有巨大贡献，也关系到每一个人的发展和幸福。b. 教师劳动的个人价值：教师的劳动能够创造巨大的社会价值，教师劳动比一般劳动更具有自我实现的价值。教师劳动还能享受到一般劳动所享受不到的乐趣。

一位出色的科学家成为一名人民教师，他的价值并未消失或减少，只是转移到了其他领域上，他将为学生的发展贡献力量，为未来社会的发展培养更多高水平人才，同时他也能在此过程中实现自我价值，享受工作的乐趣。

②**忽视了教师专业化发展对于教师职业的意义。**该导师并未完全理解教师这一职业的特征，没有明白教师专业发展对于教师的意义。现代教育不再需要只有某种专业知识的教书匠式的教师，而需要既有专业知识，又有教育理论和教育能力的教育家式的教师。该科学家虽然专业知识很扎实，但并不意味着一定能成为一位出色的教师。

(2) 教师的专业化发展。

①**含义：**教师专业化发展是指教师作为专业人员，在专业思想、专业知识、专业能力等方面不断发展和完善的过程，即是专业新手到专家型教师的过程。

②**教师应具备的素养：**教师作为一种职业，并非任何人都能胜任。该科学家是否能胜任教师这一职业，要看他是否具备作为一名教师应具备的素养。新时代教师必备的职业素质主要包括以下几个方面：（见本专题"A. 教师素养"）

③**教师专业化发展的途径。**（见本专题"D. 教师专业化发展途径"）

④**教师专业化发展的重要性：**a. 教师专业化发展是提高教育质量的关键。b. 教师专业化发展是教育改革的原动力。c. 教师专业化发展是提高学校凝聚力的核心要素。d. 教师专业化发展是学生发展的根本保障。只有大力促进教师的专业化发展，才能推动当今教师职业的多元化，顺应社会发展的大趋势，紧跟时代发展的步伐。

总之，做好老师，实现教师的专业化发展，需要教师有理想信念、道德情操、扎实学识、仁爱之心，把自己的温暖和情感倾注到每一个学生身上，用欣赏增强学生的信心，用信任树立学生的自尊。教师不能只做传授知识、灌输知识的"教书匠"，要成为塑造学生品格、品行、品味的"大先生"。

4. **材料** 材料：张校长鼓励院校教师有压力才有动力，学校教师积极响应号召，王老师占用学生课余时间为学生上课，导致教师内部关系不协调，教师内部产生竞争恶性循环的问题。

(1) 运用教师职业道德的相关理论对材料进行分析。

(2) 运用教育学原理，简述教师的竞争压力。（20宁夏）

答 (1) 材料分析。

①教师职业道德是教师在从事教育劳动中所遵循的行为准则和必备的道德品质。我国教师职业道德

内容是爱国守法、爱岗敬业、教书育人、关爱学生、为人师表、终身学习。爱与责任是师德的核心与灵魂。（见本专题"F. 教师职业道德"）

②材料中教师占用学生课余时间，学生无法获得充分的休息，不利于学生的学习，这并非关爱学生的表现。同时，教师以挤占教学时间，而非打磨自身教学水平、提高教学质量的方式施加竞争压力，偏离了竞争的初衷，容易形成不良的风气。

(2) 教师的竞争压力。

①**简介**：教师从事的是一项复杂的工作，他们是否有压力对教学效果的影响较大。学校追求升学率、教师要应付各种考试、考查、考评，这给教师带来了很大的竞争压力。

②**适度的教师竞争压力有利于教师自身专业化发展和教师自身的完善。** 竞争是教师激发自我、完善自我、提高自我的有效手段，能够充分调动教师的工作积极性和主动性。通过竞争教师可以实现自己的人生价值，发现自身存在的不足，从而不断地反思自己、提高自己、完善自己。学校在竞争中可以发现人才，培养名师，发挥示范作用，促进教师专业成长。

③**过度的教师竞争压力不利于学校教育管理。** 教师过度的竞争压力会让教师出现自卑、嫉妒、焦虑等心理问题，这些都不利于学校的发展和教育管理。所以学校管理者要关注教师个体的差异，结合教师的实际情况，尤其是已有水平和个性特点，根据教师状况确定教师工作的目标结构，提出适当的要求，而不要过分强调竞争。

综上，要辩证对待教师竞争压力，"双减"不仅要给学生减负，还要给教师减负。学校应当建立有利于学校整体发展、科学有序的竞争体系，健全有利于发挥教师群体效应的竞争机制，有利于教师个体发展的制度，教师之间的竞争是互相学习、取长补短、团结协作、共同提高的过程。学校各项竞争制度要以促进师生可持续发展为核心，辅之公开公平的评价方式，使学校的各项竞争制度具有良好的激励或惩罚作用。

5. 论述 试述教师应具备的教育理念。（10 河北师大）

答 （见本专题"E. 教师教育理念"）

6. 论述 "有的人没有学过教育学，有几十年的教学经验，也可以教学。""孔子没有学过教育学，也能教学。"你认同这些说法吗？体现了哪些教育学原理？（14 辽宁师大，21 青海师大）

答 题干中的说法忽视了教育理论的价值，我并不认同。

(1) 教育理论素养。 主要指教师对教育科学基本理论知识的掌握，能恰当地运用教育学、心理学的基本概念、范畴、原理去处理教育教学中的各种问题，能自觉、恰当地运用教育理论总结、概括自己的教育教学经验并使之升华，能清晰、准确地表达自己的教育思想和进行改革的设想。教育理论来自教育经验，是对教育经验的升华、总结和提炼。很多教师有丰富的教育经验，认为好像有了教育经验就胜过理论。其实，这些老师在总结他们自己的经验时，形成了补充的理论框架，只是他们自己不能上升到充分理论化的程度。可见，有些教师没学过教育学，也并不代表这些教师没有教育理论。初步总结教育经验对教师教学工作帮助很大，但如果能学到更深入系统的教学理论，那对教育工作的帮助就会更大。

(2) 教育理论对每一个教育工作者的意义都十分重大。 从理论上讲，有助于解释与指导教育实践，推动教育改革；从实践上讲，有助于树立科学的教育观，提高教育质量，总结教育经验，探索教育规律，还可以为学习其他相关学科提供坚实的理论根基。教育工作者应该在正确理论的指导下进行实践，只有这样才能避免盲目摸索，才能更有效地实现教育目的。

(3) 材料中，"孔子没有学过教育学，也能教学"的说法的荒谬之处。 由于时代的局限性，教育学在当时并未形成专门的领域，没有系统化的教育理论系统，但并不意味着孔子的教育是没有章法的。孔子没有学过教育学,但根据自己的教学经验,总结了丰富的古代教育理论,如"不愤不启,不悱不发""学而时习""温故知新""学而不思则罔,思而不学则殆"等,这些古代形成的教育理论至今还有价值,可以直接指导教育教学实践,对后世教学也产生了举足轻重的影响。从某种程度说,孔子非常重视总结教育理论,反思教育实践,他的教育理论不能与今日的科学教育学体系相比,但是已经算是古代较为完整、丰富的教育思想了。

因此,真正重视教育实践的人,是不应该也不会轻视教育理论的。

7. **论述** 结合实例说明教师应如何培养学生独立思考与逻辑思维的能力。(16 山西师大)

答 (1) 培养学生独立思考能力。

①**激发学生学习兴趣**。好奇心和学习兴趣使学生产生了极大的行为动机,使学生有施展才能的机会,能发挥学生独立思考的能力,发展他们学习的主动性。如让学生完成手工作业,可以让其选择自己感兴趣的领域,这样学生就会更容易独立完成。

②**启迪学生思维**。教师在教学的过程中,不应该只把知识原原本本地标示出来,而应启迪学生的思维,锻炼学生独立思考问题的能力。

③**提供丰富的工具教程**。其主要目的在于提高认知功能低下的学生对新事物进行独立思考的能力,为他们提供独立学习和问题解决所必需的工具、自信心和动机。如教师可以教会学生使用资料库、网页浏览等工具。

④**教给学生解题思路,而不是答案**。提倡进行解题思路总结,真正做到举一反三,促使学生独立思考。教给学生解题思路,使学生学会类推,无形中发展学生独立思考的能力。

举例:在学习一年级下册"100 以内的加减法"和"认识人民币"时,教师可以在阶段学习后设置实践课堂,将教室布置成一个小型商品超市,由学生扮演买卖双方,在实际情境中复习和巩固所学知识。这样不但深化学习了所学知识,还锻炼了学生的实际应用能力和语言交流能力,使学生养成良好的思考习惯。

(2) 培养学生逻辑思维能力。

①**引导学生说出解题思路**。教师可以引导学生在解题之前,说一说解题思路,对自己的数学习题求解过程加以语言表述,以此来使学生更好地实现对相关数学知识的消化与吸收,并让学生的学习感知变得丰富,思维变得具体。

②**为学生传授思维训练方法**。从逻辑思维养成的角度来看教师可以采取多种方法对学生的逻辑思维加以培养,如分析和综合法、比较和分类法、抽象和概括法、归纳和演绎法等,能够让学生的逻辑思维水平得到显著的提高。

③**规划教学内容,渗透思维训练**。教师必须对教学内容科学地规划以及合理地安排,通过认真研读教科书,总结过往教学过程当中的不足,来制订全新的教学策略。唯有这样,才能够让学生的逻辑思维水平得到进步。

④**引导学生自主思考,增进思维能力**。教师应当鼓励学生敢于提问,让学生能够真正参与到数学课堂的知识学习中,从而使学生的主体地位得到体现,并且能够让学生逐渐养成自主探究数学知识的良好意识。

⑤**利用多媒体辅助思维培养**。多媒体技术所表现出的直观性特点,能让学生的数学知识学习体验变得更加优质,并且可以实现对课堂有效教学时间最大程度的使用,达成课堂教学内容扩容的目的,使学生的思维能力得到充分发掘。

⑥**引导学生形成思考的习惯**。学生自制力较为薄弱,难以自行养成良好的思考习惯,教师应当给予学生耐心的指导和悉心的指引,以便能够让学生逐渐养成良好的思考习惯。

举例：教学《平移和旋转》的内容时，学生的抽象思维较薄弱，教师可以利用多媒体来演示平移和旋转，使学生通过多媒体的直观演示，在头脑中建立"平移"和"旋转"概念的表象，来深化对于平移和旋转的认识，提高抽象思维能力，进而提升学生的逻辑思维。

8. 论述 结合习近平总书记提出的相关要求阐述如何做一名新时代的优秀教师。（23 山西师大）

答 习近平总书记提出，要发展"四有"好老师，教师要做学生的引路人。这对教师的专业素养、自身角色的树立提出了很高的要求。因此，教师应注重自身角色的树立，不断提高自身素养，促进自身专业化发展。（见本专题"A. 教师素养""B. 教师角色""D. 教师专业化发展途径"和"E. 教师教育理念"）

9. 论述 结合"双减"政策论述义务教育教师角色冲突和应对。（23 扬州）

答（1）"双减"政策下教师的角色冲突。

①**职业理想与职业现实的冲突**。教师虽然有很多令人羡慕的美誉，但社会地位仍然低下，经济上捉襟见肘，现实状况不尽如人意。

"双减"政策带来新挑战。一方面，减少学生的作业负担但增加了教师的工作量，没有了课后作业的巩固与反馈，教师对学生的知识掌握情况难以掌控，这就需要教师改革课堂教学模式、改变学生的学习方式。另一方面，课后延时服务又延长了教师工作时间，来自学校、家长的压力加大，还要处理各种关系，"劳心又劳力"，使得许多教师的心理和生活都处于不平衡状态。

②**教育者与研究者的角色冲突**。要想教育好学生，首先需要研究学生。新课程改革要求教师做研究者、创造者，但有的教师认为教师的本职工作就是教书育人，研究是专家学者的事情，学校往往又以教学成绩和升学率作为评价教师的标准。

"双减"政策要求教师做研究者。但实际上教师除了忙于日常教学事务，还要参加各种培训、考核、比赛，完成一些非教学任务，使得教师没有足够时间去研究学生、研究课程、关注教育现象以及发现教育问题，致使教育者和研究者的角色产生冲突，容易产生职业倦怠感。

③**教师角色与家庭角色的冲突**。教师在学校被学生、家长视为家长代理人，要承担父母般温暖与关怀的角色，又要承担一般父母所不具备的管理者角色。而当前社会对教师角色的期望是"无私奉献"，意味着在冲突的情况下舍弃家庭也要坚守岗位。有时教师会忽略自己的子女，导致家庭矛盾。

"双减"政策要求教师结束白天的工作后还要课后服务、备课、家访等事务，挤占了教师作为家庭角色的时间，致使职业角色与家庭角色矛盾升级，教师在学校工作时间延长，在家庭中的时间缩短，加剧了这种角色冲突。

（2）"双减"政策下教师角色冲突的应对措施。

①**宏观层面，国家和社会要提供支持。**

a. 提升教师社会地位与经济待遇。改善教师的生活和工作条件，在"双减"政策下，除了保障教师基本工资外，还要保证教师课后服务经费充足。首先，对于在课后服务等方面表现优秀的教师，可设立相应的荣誉表彰以资鼓励。其次，积极安排教师的弹性上下班时间。最后，优化教师的工作环境，缓解教师工作焦虑。切实保障教师权益，调动教师工作的积极性、主动性和创造性，为学生减负提质增效提供保证。

b. 引导社会对教师角色的合理期望。需要引导社会换位思考，对教师角色提出合理的期待。首先，尊重教师的职业地位和教学劳动成果，为教师的职业威信营造轻松的社会氛围。其次，引导家长对教师角色和职能有更深入的了解。最后，学校应采取多维度的教学评价方式，依据教师在"双减"中扮演的多重角色而建立多元评价机制，打破"唯分数论""唯升学率"，提高教师教学积极性。

c. 家校社协同育人。"双减"政策要求"强化学校教育主阵地作用"，完善"家、校、社协同机制"，实现立德树人根本任务。《中华人民共和国家庭教育促进法》的正式实行标志着我国进入"依法带娃"的新时代,要实现立德树人的根本任务,需要依靠学校、家长的支持与配合,依靠社区开展教育活动,各方通力协作达成目标。理解并支持"双减"工作,减轻教师角色负担,缓解家校冲突,提升教育驱动力,推动基础教育高质量发展。

②微观层面,教师自身也需努力。

a. **教师要提高自身的专业素养。** 首先,积极参与学校组织的各种专业进修和专业培训工作,同时结合"双减"政策要求,不断更新调整教育教学理念与方法。其次,提高自身的信息素养,做利用教育技术促进学生思维发展的设计者,利用评估数据促进学生自我引导的分析者,利用学习网络追求自身专业发展的学习者。最后,积极进行研究,以教促研,教研结合,将教育理论与教育实践相结合促进自身专业发展。

b. **加强教师的自我意识,加强自身师德师风建设。** 教师要树立自尊、自信、自律、自强的自我意识,"双减"的最终目的是促进学生全面发展,实现立德树人根本任务,作为教师,在对自身角色有正确认知后,还要加强师德师风建设,强化师德意识,在教学中以德施教、以德育德,以"四有"好老师为指导思想,做好学生的"四个引路人"。教师要积极参与师德培训,提升个人品德,并以身作则,为学生树立好榜样。

10. 材料 **材料:** 习近平总书记在北京师范大学2014年的讲话,关于教师如何做学生的引路人。

(1) 如何理解"四有"和"四引"的关系?

(2) 从教师专业化角度谈谈,如何成为一名优秀的教师?(23鲁东)

【答】(1) 关系。

①**含义:** 中国特色社会主义进入新时代,对教师提出了新的更高要求。这集中体现在习近平总书记明确提出了成为一名党和人民满意的好老师要具有"四有"、要做"四个引路人"。

a. "四有":即广大教师要努力做有理想信念、有道德情操、有扎实学识、有仁爱之心的"四有"好老师。"四有"是新时代好老师的标准与要求。

b. "四引":即广大教师要努力做学生锤炼品格的引路人、学习知识的引路人、创新思维的引路人、奉献祖国的引路人。"四引"是新时代好老师的角色与作用。

②二者关系。

a. "四有"是基础,是"四引"的前提和条件。

b. "四引"是目标,是"四有"好老师的体现和具化。

c. 二者是相互联系、相辅相成的。只有成为"四有"好老师,才能成为"四个引路人";也只有成为了"四个引路人",才能称得上是"四有"好老师。从"四有"好老师到"四个引路人",一脉相承、有机联系,形成了新时代党和国家对广大教师各方面、全方位的要求。

(2) (见本专题"D. 教师专业化发展途径")

11. 论述 结合教师专业发展的知识,谈谈加强师德师风建设的措施和途径。(23深圳)

【答】(1) 师风师德体现的是教师职业道德。其主要表现如下:(见本专题"F. 教师职业道德")

(2) 措施。

①**加强教师的理想信念建设。** 要坚持不懈地用最新的思想成果、理论成果武装教师头脑,为师德教育提供坚实的思想基础。

②**提高教师的专业实践能力。** 要增强教师的现代意识、教育价值观,增强教师的自学能力、运用现代技术的能力、参与学术交流的能力,提高教师的业务素质。

③**培养教师的教育情怀与情感。** 要形成对教育事业的美好情感和情怀,包括崇高的家国情怀,深厚的职业信仰和强烈的社会责任感。

④**提高教师的自我教育意识。** 要引导教师在思想上真正做到自重、自省、自警、自励，在行动上做到慎权、慎欲、慎独、慎微，提高自身师德修养的自觉性。

(3) **途径。**

①**完善教师教育培训机制。** 学校要定期组织教师开展教育培训，加强政治理论学习，提高其政治觉悟，唤醒教师的责任意识，激发他们对教育事业的美好情怀。

②**完善师德师风建设管理。** 教师师德师风建设工作需要从"单一作战"转向"协同应对"，党委教师工作部牵头搭建教师师德师风协同推进平台，使教师师德师风建设与学生、党建、人事、教学、科研等工作协同与联合。

③**构建教师成长的良好环境。** 要营造榜样示范的舆论氛围，诚信治学的学术氛围，宽松和谐的人文氛围，形成助推师德师风建设的良好外部条件。

④**健全师德师风建设评价体系。** 要建立长期、动态、综合的师德师风评价体系，完善师德师风评价考核和激励举措。要充分运用师德师风考核评价的结果，发挥师德师风考核对教师行为的约束和提醒作用。

⑤**构建师德师风建设长效机制。** 要发挥师德制度的刚性约束作用，完善师德师风制度建设。要注重教师个体的差异性，提高师德师风建设工作的精准性和针对性。

12. 论述 结合《师说》材料分析教师的角色变化。(23 西北师大)

答 (1) 韩愈的《师说》中教师的角色主要是"传道、授业、解惑"，除此之外，他还提出尊师重道、学无常师、教学相长等教师观。

(2) 不同于《师说》中教师"知识的传授者"的角色，现代教师扮演着多重角色，具体如下：

①"家长代理人"和"朋友、知己者"的角色。②"传道、授业、解惑者"的角色。③"管理者"的角色。④"心理调节者"的角色。⑤"研究者"的角色。

(3) **教师角色的变化。**

①**从教师职业发展特点来看，** 教师角色从讲授者扩展为专家、研究者、反思者、创新者等。教师并非只从事教学活动，也逐渐侧重于课堂教学的反思研究等。教师的使命逐渐从熟练掌握传授知识的技术和方法，把客观的知识传授给学生，转变为在实践中寻求教学创新。教师角色从"知识代言人""传声筒"逐渐转变为反思性教育实践家。

②**从教师地位来看，** "古之学者必有师"将教师独尊地位演变为平等地位。我国的私塾可以体现传统的师生关系模式，孔子、朱熹等也一直强调"师道尊严"。随着教学研究和实践的不断发展，师生关系逐渐从教师主体过渡到教师主导、学生主体，由学生"尊师重道"转变为师生"相互尊重"，双方地位倾向平衡。可以看出，教师从"知识的搬运者"的角色逐渐转变为"引路人"和"同行者"的角色。

③**从师生关系看，** 《师说》中描述的相互转化的教师观在今天被继承下来，成为民主平等的师生关系。师生之间相互尊重、关爱、合作、包容、理解，彼此在人格上是平等的，在认识上是相互理解沟通的，在行为上是主动与协同的，形成了富有教育性、亦师亦友的师生关系。

可见，现代教师角色是对《师说》中的教师角色的继承和超越。《师说》中的教师角色在当今时代对于教师教学活动以及不断涌现的新型教学模式，仍然具有启示意义。教育的本质是促进学生的全面发展，从这个意义上说，教师传道、授业、解惑的职责不会改变。而在此过程中，教师得到的反馈也会进一步促进其专业发展。

综上，作为新时代的教师，应该跟上时代的发展，践行终身学习，努力使自己成为站在时代潮头、永葆匠心的进取者，使自己和学生与时俱进，共同成长。

专题8：师生关系

第一部分 常见出题角度与答案

A. 良好师生关系的标准(特点)

(1) **社会关系:民主平等,和谐亲密**。师生之间无论在政治上还是在人格上都是平等的。教师尊重学生的人格,发扬教学民主,有助于教师发挥创造性和主导作用。民主平等是建立良好师生关系的基本要求。

(2) **人际关系:尊师爱生,相互配合**。师生之间彼此尊重、相互友爱,教学才会配合默契,这是建立良好师生关系的感情基础。

(3) **教育关系:教学相长,共享共创;教师主导,学生主体**。在教育教学过程中教师和学生相互促进、共同提高。这也是古人所讲的"教学相长""不耻下问"的体现。新时代我们强调教师起主导作用,学生具有主体地位,要将二者辩证统一于教育教学中。

(4) **心理关系:宽容理解**。教师能够对学生的不同特点有充分的认识,能够理解学生之间的差异,宽容学生的错误。

B. 良好师生关系的价值

(1) **有利于学生顺利进行认知与学习**。良好的师生关系有利于形成优良的教风、学风,有利于营造民主、平等的学习氛围和课堂教学氛围,有利于激发师生的积极性和创造性。由此能够推动教学活动的顺利展开,使教学目标顺利达成,还有利于提高学生的学习成绩。

(2) **有利于培养学生积极的情绪情感**。建立良好的师生关系,教师的积极情绪和情感会起到言传身教、以身示范的榜样作用,会感染、鼓舞学生,关注到了学生的心理感受与情绪体验,有利于培养学生积极健康的情绪与情感,进而提高其学习的积极性与热情。

(3) **有利于培养学生良好的意志品质**。教师利用自身的人格魅力影响与感染学生,不仅有利于培养学生积极健康的情感与情绪,还有利于学生意志品质的形成。比如,引导学生独立思考、勇于探索,鼓励学生努力进取,均是有意识的引导与培养学生形成坚强的意志品质,进而有利于其取得良好的学习成绩。

(4) **有利于提升学生的人际交往能力**。人的发展不是孤立实现的,合作交际能力是必备能力。学生在与教师的交往过程中,能够锻炼自己的表达能力、沟通能力,提升与教师的知识、情感互动的能力,养成良好的合作能力。这些均有利于学生与他人的合作交流、共同成长,进而提高其学习成绩。

C. 促进良好师生关系建立的措施

(1) **转变教师的教育观念(转变传统的角色心理)**。教师要有正确的学生观,要有平等的师生观,要有正确的人才观。

(2) **尊重与理解学生**。①主动接近学生,了解与研究学生。教师要充分了解自己的教育对象,了解学生的性格特点、原有的知识基础、兴趣爱好、家庭背景等。②充分信任学生,尊重学生主体性。教师要相信学生的潜能,并引导学生学会自我教育,做教育教学的主人。③民主、公正地对待学生。教师要尊重学生的独特性与主动性,与学生建立民主、平等的师生关系。④主动与学生沟通,做到"移情体验"。教师要主动与学生沟通、交往,尤其是要注意和学生的心理交往,要经常换位思考,最大限度地理解学生。

(3) **努力提高自我修养,健全人格**。教师的素质是影响师生关系的核心因素。教师的师德修养、知识能力、教育态度、个性品质都将对学生产生深刻的影响。

(4) **在教学过程中要贯彻"教育性教学"原则,不仅要关注教学的知识传授,也要重视教学的育人功能**。帮助学生树立正确的学习观,需要将严格要求学生与尊重信任学生相结合。例如:制定课堂规则,培养学生自觉遵守纪律的行为和习惯。

(5) 树立正确的学生观。学生是发展中的个体，学生有巨大的发展潜能，学生之间的发展有差异性，因此，教师需要因材施教，树立多维评价观，形成积极向上的班风、学风。例如：不应该以学习成绩的好坏作为评价学生的唯一标准，而应该善于发现不同学生的闪光点，注重过程性评价。

(6) 灵活运用多种教学方法，充分激发学生的学习兴趣。传统的讲授式教学，难以激发大部分学生的学习兴趣，学生感觉枯燥乏味自然会做出格的行为来引起大家关注。教师应该充分发挥各种教学法的优势，让学生感受各学科世界的神奇与美妙，树立起老师"专业、博学"的形象，赢得学生的尊重。

第二部分　历年真题之经典题

1. 材料 材料：最近，某日报社记者收到一位家长的来信。信上说："编辑同志，我是一名小学生的家长，每天早晨我去送孩子上学，都看到值周学生站在校门口，看到老师进入，便会举手敬礼，齐声问好，可老师们却视而不见，从未见回敬还礼的，可如果有学生见到老师有不问好的，则会被批评扣分。"此后，记者走访了几所小学，发现了同样的问题，一位家长感慨地说："说到底，学校的老师没有把自己和学生放到平等的位置，才会无视学生的敬礼。"

根据教师职业道德素养理论，结合案例谈谈教师如何把对学生的热爱落到实处。（17宁夏）

答 上述材料反映了教师高高在上，与学生的关系是不平等的；教师不回应学生的问好，是教师对学生的不尊重、不礼貌；教师还要求学生必须问好，是教师的权威与命令的体现。现代教师角色的发展正渐渐削弱教师加之于学生及家长身上的传统权威，这是建立新型师生关系的条件，也是对教师职业道德素养的要求。

(1) 良好师生关系的标准。（见本专题"A. 良好师生关系的标准"）

(2) 教师的职业道德素养要求。（见专题7"A. 教师素养"）

(3) 建立良好师生关系的途径与方法。（见本专题"C. 促进良好师生关系建立的措施"）

2. 论述 结合一个具体案例，论述良好的师生关系有助于提升学生学习兴趣与学习成绩。（18首师大）

答 (1) **案例**：历史老师王老师对自己班上一名经常需要补考的学生采用了鼓励、表扬的方式，改变其对历史学习的态度。在学生学习时经常和其沟通，对于该生收获的成绩也不吝啬地在班上表扬。久而久之，该学生转变了学习态度，学习主动性大大提高。

(2) **良好师生关系具有重要意义，能够提高学生学习的兴趣，提升学生的学习成绩。**

通过案例可以看到，良好的师生关系具有重要的价值，进而实现了对学生的学习与成长的积极效益。

（见本专题"B. 良好师生关系的价值"）

(3) **启示**：良好的师生关系能够作用到学生的知、情、意、行各方面，进而促进学生的成长。因此，在日常教育教学中，要培养与建立良好的师生关系。（见本专题"C. 促进良好师生关系建立的措施"）

3. 材料 材料：李老师重视优秀生，轻视后进生，对后进生的学习情况不管不问。小明虽然学习成绩不好，但十分努力认真。在一次考试中，小明取得了全班第一的好成绩。对此，李老师持怀疑态度，在全班同学面前质疑小明成绩的真实性。（原材料无法复原，凯程新做材料。）

自选角度结合教育原理进行分析。（18苏州）

答 (1) 材料中李老师的做法是不正确的。主要表现在以下几个方面：

①**没有尊重学生的独立性**。材料中的李老师把学生放在附属地位，自己武断地下结论质疑学生的成绩。

②**没有尊重学生的发展性**。学生是有巨大发展潜能并处于发展中的人。材料中的李老师没有看到学生的发展潜能，忽视学生所做的努力，没有用发展的眼光去看待学生。

③**没有建立民主平等的师生关系**。材料中的李老师轻视后进生，对后进生的学习情况不管不问，在小明取得好成绩时怀疑他，没有对学生做到一视同仁。

④没有及时地进行教学反思。材料中的李老师服务意识不强,没有及时反思自己的教育教学行为并改正错误。看到后进生进步后,反而产生不合理的质疑。

⑤没有正确地评价学生。材料中的李老师没有对小明的学习过程进行正确评价,没有及时肯定学生的进步,给予表扬。反而公开质疑他,伤害了学生的自尊心。

(2) 李老师应及时转变自己对待后进生的态度,可以从以下几个方面入手:

①**不给学生贴"后进生"的标签。**作为教师,不能轻易给学生贴标签,要对每个学生充满信心。要从学生个性心理出发,关爱学生,培养友好真诚的师生关系。当师生关系不能改善时,就无法帮助学生改变自己。

②**帮助学生找到成绩不理想的原因。**只要存在考试就会有学生成绩不理想,而且这些学生更需要教师的帮助。如果教师能够对他们施以援手,帮助他们找到原因并取得进步。在师生关系上平等地对待他们,相信他们也会有所进步。

③**运用长善救失的原则。**以"一分为二"和发展的观点看待学生。既要看到学生积极的一面,也要看到学生消极的一面;既要看到他过去的表现,也要看到他现在的表现和后来的变化;既要看到优秀学生的不足之处,也要善于发现后进生身上的闪光点,以便长善救失。

④**做好个别教育工作。**针对后进生的特点和缺点,要有的放矢,因材施教。教师要有耐心、有信心、有毅力,进行长期、艰苦、创造性的工作,才能真正有所收获。

4. **材料** 材料:李南是一位刚刚走上教师岗位的年轻教师。上岗之前,他踌躇满志,想象着教师的那些工作——备课、上课、批改作业等是那样的简单。而且作为物理教师,教学生掌握应该学到的物理知识,不用操心思想工作之类,可省去许多麻烦。总之对于自己这个大学毕业的高材生来说,要驾驭教师工作是轻而易举的事。然而,上岗两个月后,李南没有了往日的潇洒,他沮丧到了极点。走进教室,他发现学生比想象中的差多了,有的简直不像学生,对老师没有礼貌,时不时抓住机会向他挑衅。且不说教学内容他们不想听,即使讲轶闻趣事,有些学生也在搞另一套。课堂上还经常出现互骂打架的事情,真叫李南不胜其烦。李南并不认为是他自己无能,而认为是学生太差。他觉得与其把时间花在这难见成效的工作上,还不如早点改行。他想辞职去做生意,但是仔细想想,就此离开教育工作,他多少又心有不甘。但如果继续干下去,出路又何在?

(1) 李南这名新教师出现这样的问题,原因是什么?并加以分析。

(2) 请向李南提出在教学和课堂管理方面的建议和方法。(15 贵州师大)

答 (1) 李南老师没有树立正确的教师观、教学观与学生观。

①李南老师对教师职业有所误解,教师承担着教学育人的责任,不仅仅有备课、上课等教学任务,还有培养学生思想品德、发展学生良好人格等育人的工作。

②李南老师没有树立正确的教学观,没有把学生放在主体的地位上。教师要根据学生的实际情况进行引导,发挥教师主导和学生主体的作用,促进共同进步。

③李南老师没有把学生看作发展中的人,只看到了他们的缺点,却没有看到学生有无限的发展潜能。教师要采取合理的教育教学方式,引导学生朝积极的方向发展。

(2) 建议与方法。(见本专题"C. 促进良好师生关系建立的措施")

5. **材料** 材料:有个学生叫包梦辰,有段时间她家里出事了,所以上课也不认真,老是睡觉,整天迷迷糊糊的。老师就当着全班学生的面嘲笑她,说:"上课天天睡觉,怪不得你叫梦辰呢!"

(1) **材料中老师的做法对吗?你认为应该怎么做?**

(2) **在教育教学过程中,教师应该怎样和学生交往?**(20 西北师大)

答 (1) 老师的做法。

教师的做法不对。教师当众嘲笑梦辰同学,会令梦辰对学习产生消极态度,不利于教育教学的进行,不利于梦辰的健康发展。

我认为,老师应该跟梦辰单独聊天、进行家访,进一步了解她上课迷迷糊糊的原因,并及时安慰她、鼓励她,尽可能地帮助她解决问题。

(2) 教师应该怎样和学生交往?(见本专题"C.促进良好师生关系建立的措施")

6. **材料** 材料:某班有个名叫张亮的9岁小男孩患有轻度小儿麻痹症,是全班捉弄的对象。他拉不开夹克衫拉链,课间休息在操场上做游戏动作不协调,诸如此类的事情常使他遭到同学的取笑。每当张亮遭到嘲笑和捉弄,就会非常伤心,甚至上课时也会哭泣。

有一天,张亮没来上学。班主任华老师抓住这个机会,要求全班学生讨论一下班级里存在的这个严重问题。学生们听到老师说这是一个"问题"时,都感到十分惊讶,但他们还是围在一起展开了讨论。

华老师解释说:"有的人得过某些病后,就不能像正常人那样行动自如。我不知道,如果你们自己做不了一些事情,还被其他小朋友取笑,你们会是什么样子?"

教室里一片安静。华老师说话的语气不温不火,充满了关爱。

有个女孩开始说话了:"小明和小刚取笑张亮的时候,我感到非常难过。"

小明马上应道:"我不是想伤害他呀。"

讨论继续进行着,几乎每个学生都发了言。有些学生站在张亮的立场上看问题。冬冬说:"如果有人那样取笑我,我会很生气,很难过。"丽丽提出了"公平"问题:"那不公平——就像我们做游戏时那样,故意跑得那么快,而张亮没有办法跑快,我们是在作弊。"

这是一场充满感情的讨论,但华老师没有做任何总结就结束了。第二天,张亮回到学校,有好几个学生主动上前帮他拉夹克拉链。课间休息时,张亮和大家玩游戏,竟然赢了三回。日子一天天过去,取笑人的现象再也没有发生。

评析案例中的教育内容、教育方法和师生关系。(16 新疆师大)

答 (1) **在此案例中,华老师组织了多方面的内容教育学生。**

例如,给学生讲解小儿麻痹症患者动作困难的原因,引导学生设身处地地感受残疾人的处境和心情,使学生改正取笑、捉弄残疾同伴的习惯,学会理解、同情、善待弱小。

(2) **华老师配合使用了多种方法教育学生。**

①**说理教育的方法**。华老师向学生具体解释了张亮动作笨拙的原因,但没有直接对学生采取道德劝诫,而是循循善诱。

②**移情理解的方法**。华老师鼓励和启发学生站在张亮的立场看问题。

③**课堂讨论的方法**。华老师让学生自由交流各自的看法和感受。

(3) **课堂中呈现出一种民主、平等的师生关系。**

这种关系主要体现在:华老师发现班级中存在的问题,并没有运用权威教训学生,纠正学生的错误行为,而是运用学生可以理解的知识启发学生,让学生通过独立思考和自由讨论解决问题。

【说明:此题是2009年311统考的真题原题】

7. **材料** 材料:某中学的王老师第一次当班主任,一位资深班主任对他说,初中孩子最难管,三天不打,上房揭瓦,所以你一定要压制住他们,绝不能给他们好脸色。

请判断这样的说法是否正确,并分析原因。假如你是这位班主任,你应该怎么做? (11青岛)

答 (1) 评价。

这位班主任前半句的说法是正确的,初中孩子确实很难管。但是后半句"三天不打,上房揭瓦,所以你一定要压制住他们,绝不能给他们好脸色"这句话是错误的。

(2) 原因。

①**没有正确认识到学生的特点**。人的身心发展有顺序性、阶段性、差异性、不平衡性和整体性的特点。这些特点也可以看作人的身心发展的规律,它们具有重要的教育学意义,教育工作者必须依据这些特点进行教育。

②**没有正确的认识师生关系**。师生之间无论在政治上还是在人格上都是平等的,教师应尊重学生的人格,发扬教学民主,能够对学生的不同特点有充分的认识,能够理解学生之间的差异,宽容学生的错误。教师在教育教学过程中应与学生相互促进、共同提高。

(3) 如果我是材料中的班主任,我会做到以下几方面:

①**要关心而不担心**。教师自己首先要对学生交往过程中将会出现的问题有清醒、正确的认识,有足够的预估。教师要学会运用罗森塔尔的"期待效应",对学生有良好的"期待",并为学生指出努力的方向、途径和方法,进而激发出学生喜悦、乐观、奋发图强、积极向上的情绪。

②**要指导而不指令**。要适时指导学生学习交往的原则和技巧,引导学生通过对典型案例的分析,或通过对交友故事、交友箴言的学习,或讲述自己与同学、家人乃至路人交往过程中的得失,去学习、领悟、建立同学友谊的原则和方法。

③**要多说而不啰唆**。在教育过程中,教师要特别注意说话的内容和语气。无论是个别谈话,还是课堂交流,必须让学生真切地感受到教师的评说和指导是客观的、新颖的,而且是真诚的。

④**要放手而不放任**。要创造学生交流交往、展示自我、锻炼提高的机会,引导学生在活动中学会协调同学之间的关系。课堂上多组织分组讨论、小组辩论;课外多组织文体活动,引导和鼓励每一个学生都参与进去,让他们在集体活动中沟通想法、交流意见,进而逐步学会正确地表达自己的意见,虚心地接纳他人的看法,客观地对待他人的评价。

8. 材料 材料:王老师是一名班主任,平时对学生十分严格,不许学生乱扔垃圾。但自己时不时就在课堂上说脏话,烟头也随手扔到讲桌底下。他经常教育学生要改掉那些坏习惯,可是学生一点也没有改变,王老师很无奈。

(1) 结合材料分析王老师所教的班级为什么会出现这种现象,试分析其原因。

(2) 作为班主任,如何才能达到好的教育效果? (18西北师大)

答 (1) 现象及原因。

①**现象**:材料中的王老师要求学生不扔垃圾,自己却没有做到。王老师没有以身作则,没有为学生树立好榜样。

②**原因**:"榜样的力量是无穷的",榜样可以为学生提供范例。作为班主任,应该为学生树立一个好的榜样。班主任与学生接触的时间最长,是学生能看见的好榜样。因此,要管理好学生,一个好的办法就是凡事要躬行,如果要求学生做到什么,班主任自己首先就要做到。

(2) 策略。

①**提高个人修养,做好学生的榜样**。"学高为师,身正为范",班主任对学生不仅要施"有言之教",更要"无言之教",所谓身教重于言教。作为班主任,要为学生树立良好的榜样,班主任只有在有能力约束自身行

为的时候,才能真正的为人师表。

②**真诚的对待学生,营造良好的班级氛围。**班主任在教育学生时,必须抱着关心、帮助、谅解、鼓励的态度,发扬民主,平等待人,善于倾听不同方面的意见和建议。但营造良好氛围并不意味着降低标准,而是要把严格要求和尊重信任结合起来。

③**班主任要循循善诱,以理服人。**班主任对学生进行教育要通过摆事实、讲道理的方法让学生明白自己的行为是不对的,应该如何去改正。用事实说话,用道理说话比苍白无力的说辞更具有说服力。

④**树立正确的学生观,采取适当的方式教育学生。**教育要尊重学生健康成长的规律,要以尊重学生、关爱学生为教育基准。平等的对待学生,教师和学生是平等的,绝对不能居高临下的体罚或侮辱学生。

⑤**班主任要具备创新能力,开展多样活动。**班主任要做到创新活动设计,使活动主题化、系列化;创新活动路径,使活动有意思、有意义。班主任要突破传统教学方式,用学生喜闻乐见的方式开展教学,达到事半功倍的效果。

⑥**协调各方面对学生的要求,形成教育合力。**班主任不仅要统一校内教育者对学生的要求,还要统一学校与家庭对学生的要求。只有班主任将来自各方面的要求进行统一,形成教育合力,才会对学生起到作用。

9. **材料** 材料:结合教育知识,分析下面三个片段的肯定之处与不足之处,以及体现的教育原理。并结合教师的作用分析教师应如何教学,与学生保持什么样的关系。(13贵州师大,11杭州师大,18江苏师大)

(1)有人说教师是人类灵魂的工程师,教师是路标,教师是梯子……

(2)有人说教师是辛勤的园丁,教师是孺子牛,教师是蜡烛……

(3)有人说给学生一碗水,教师要有一桶水,教师是水,不断更新,长流不断。

答 (1) 分析片段。

①**优点:**教师是引导者、帮助者、塑造者。**局限:**夸大了教师的作用。影响人身心发展的因素还有环境、遗传等。

②**优点:**突出教师的师德,教师的奉献性。**局限:**太强调教师的奉献以及高尚的师德,拉高了人们对教师的职业道德要求。应更关注教师在教育工作中感受到的快乐,教师的职业幸福感。

③**优点:**教师的知识素养要能够驾驭学生,不断更新自身知识体系,成为一名终身学习者。**局限:**信息社会里,学生获取知识的途径越来越多,教师应不耻下问,教学相长,师生之间相互学习。

(2) 教师应如何教学?

教师在教学过程中处于主导地位,发挥教师的主导作用是保证学生主动性的必要条件。

教师的主导作用是针对能否引起学生积极学习而言的。第一,教师要以身作则,拥有威望和亲和力,令学生愿意听从教导。第二,在教学上,教师要善于启发、诱导,以便使学生积极而高效地掌握知识,提高自身的才能与修养。因而,学生的主动性、反思性、创造性发挥得怎么样,学习的效果怎么样,是衡量教师主导作用发挥得好坏的根本标志。应当指出,教学中一切不民主的强迫灌输和独断专横的做法都有悖于教师的主导作用。

(3) 教师应与学生保持良好的师生关系。(见本专题"A. 良好师生关系的标准""C. 良好师生关系的措施")

专题9:学生观

第一部分 常见出题角度与答案

A. 当代学生观的具体内容

(1) 尊重学生的主体性。学生不是被动接受知识的容器,而是教育过程中的主体,教育要发挥教师的引导性,也要尊重学生的能动性,促使学生积极主动地参与学习。

(2) **尊重学生的独立性**。学生虽然未成年,但学生有自己的思想和看法,想有自己独立施展能力的机会与空间,教师要充分放权,让学生独立思考,独立操作,并及时激励学生。

(3) **尊重学生的差异性**。学生之间具有差异性,因为每个学生都是独特的,教师要做到充分了解学生,因材施教。

(4) **尊重学生的发展性**。学生是正在迅速发展的人,这种发展性还可以表现为学生具有潜能,教育的目的是要促进学生发展,激发学生潜能,教师要用发展的眼光看待学生。

(5) **尊重学生的个性自由**。每个学生都具有自己的个性,学生在施展个性与自由时,教师要引导学生适当地规范自由,处理好自由和纪律的关系。

(6) **尊重学生身心发展的规律与年龄特点**。学生的发展周期很长,教师应明确每个年龄阶段的学生特点,按照学生的身心发展规律和年龄特点进行教学。

(7) **重视学生的生活经验和体验**。只有尊重学生的生活经验和体验,才更能突出学生的主体性,展示学生的生活性,加强学生对知识体系的理解和掌握。

(8) **尊重学生的兴趣与需要**。教师要善于激发学生的求知欲,教学要联系学生的兴趣与需要,激发学生的学习动机,这样一来教学效果自然突出。

(9) **尊重学生对知识的自我建构性**。建构主义者认为,学生是自主地自我建构知识,教师应启发学生积极主动地吸收知识,并结合自己的已有经验去完善对知识的理解,建构自己的知识体系。

(10) **尊重儿童的童趣**。低年级的学生还处于儿童期,他们对周围事物充满想象和童趣,教师要充分尊重儿童的童趣,不可以认为儿童无知,更应该利用儿童的童趣,建立良好的师生关系,促进儿童发展。

B. 教师的做法

(1) **树立正确的学生观**。关注学生的全面和谐发展和个性发展,承认学生智能的差异性。平等公正地对待他们,尊重、理解、信任他们,使他们主动接受教育。

(2) **正确地评价学生**。不能因为学生某方面的智能较差,就认为学生很愚蠢,是差生。应该学会欣赏他们,"一分为二"地看待他们,找到教育的切入点,发现、引导、培育学生的优势智能。

(3) **用赞赏的眼光看待学生**。教师的赞赏,会给学生带来心灵上的共振,使他们大受鼓舞,在对的事情上做得更加认真,充满信心,也非常愿意去学习,在此基础上再对学生加以引导,便会事半功倍。

第二部分 历年真题之经典题

1. **材料** 材料:由蚂蚁引发的一段对话。一群学生在围观蚂蚁,一位教师怒问:"你们在干什么?"学生答:"我们在听蚂蚁唱歌。"教师大声斥责:"胡说,蚂蚁怎么会唱歌?"

用现代学生观分析该教师的行为。(16 贵州师大)

答 (1) 现代学生观。(见本专题"A. 学生观的具体内容")

(2) 教师行为评述。

①作为学生学习和发展的促进者与引导者,教师应在工作中遵循教育规律,实施素质教育,循循善诱,诲人不倦,因材施教,激发学生的创新精神,促进学生全面和个性发展。材料中的教师并没有充分发挥自身的引导性作用,践行教师的职业道德要求,更好地促进学生的全面发展,而是否定了学生的想象力。该教师并没有遵循教书育人的职业道德规范。

②每个学生都是独立于教师的头脑之外,不以教师的意志为转移的客观存在。学生是学习的主体,教师应调动学生学习的积极性和主动性。该教师的行为打击了学生的积极性和主动性,没有用发展的眼光看

待学生,应反思自己的教育行为。

2. 材料 **材料一**:一位老师下课后很沮丧地对办公室的老师抱怨班里的学生真是没法教了,反复讲了几遍就是不会,太笨了。

材料二:一位刚入学的小学生,每天放学回家都高兴地跟妈妈说当天的学习情况。今天回到家对妈妈说:"我今天上课又发言了。"妈妈担心地说:"你不怕说错吗?""不怕,老师说了,教室就是出错的地方。"

就以上材料谈谈你对教师教学观与学生观的看法。(13辽宁师大)

答 (1) 对材料的看法。

材料一中的教师没有树立正确的教学观与学生观,没有看到学生的发展潜能,直接对学生进行终结性评价,也没有反思自己的教学方法是否适合学生。

材料二中的教师把学生看作一个发展的个体,这体现了教师正确的学生观,允许学生在教室中犯错,让学生勇于表达,树立了正确的教学观。

(2) 教师应具备的学生观。(见本专题"A. 学生观的具体内容""B. 教师的做法")

(3) 教师应具备的教学观。

①在教学目标上,从重视传授知识向重视建构知识、能力培养转变。②在教学内容上,从重视认知向重视发展转变。③在教学实施上,从重视教法向重视学法转变。重视学法,创设情境,师生对话与交流,重视学生的经验与体验。④在教学主体上,从重视教师向重视学生转变。⑤在教学评价上,从重视结果向重视过程与方法转变。⑥在教学成果上,回归具有生活化、人文关怀和生命活力的课堂。⑦在教学改革上,从重视继承向重视创新转变。

3. 材料 **材料**:卡耐基小时候是个大家公认的非常淘气的坏男孩。在他9岁的时候,他父亲把继母娶进家门。当时他们是居住在维吉尼州乡下的贫苦人家,而继母则来自较好的家庭。他父亲一边向她介绍卡耐基,一边说:"亲爱的,希望你注意这个全郡最坏的男孩,他可让我头疼死了,说不定会在明天早晨以前就拿石头扔向你,或者做出别的什么坏事,总之让你防不胜防。"

出乎卡耐基意料的是,继母微笑着走到他面前,托起他的头看着他。接着又看着丈夫说:"你错了,他不是全郡最坏的男孩,而是最聪明、但还没有找到发泄热忱的地方的男孩。"继母说得卡耐基心里热乎乎的,眼泪几乎滚落下来。就是凭着她这一句话,他和继母开始建立友谊。也就是这一句话,而成为激励他的一种动力,使他日后创造了成功的28项黄金法则,帮助千千万万的普通人走上成功和致富的光明大道。因为在继母来之前没有一个人称赞过他聪明,他的父亲和邻居认定他就是坏男孩,但是继母只说了一句话,便改变了他的生命。

你如何理解"好孩子"和"坏孩子"?这个材料对你有什么启示?(17江西师大)

答 (1) 我对"好孩子"和"坏孩子"的理解。

每个人最初都是"性本善"的,每个孩子最初都具有与生俱来的灵气,每个学生都具有天才的潜能,作为教师,不能只看到事物的表面,就随便对学生下定论,这是过于主观的判断,也常常是最容易出错的判断。心理学家加德纳的多元智能理论中提到,人的智能是多元的,每个人都在不同程度上拥有着八种基本智能,只不过不同个体的优势智能是存在差别的。所以说不存在"好孩子""坏孩子",只存在有差异的学生,学生都是可教育的。

"坏孩子"是指那些不能达到基本教育要求,德、智、体全面发展水平较差或发展不平衡的学生。所谓"坏孩子"是成人以成人的眼光和标准定义了学生,恰恰是不理解学生的内心感受,不尊重学生的,没有给予学生期望与关爱,让他们以错误的方式来引起教师的注意。说到底,是教师不懂学生的内心需要,不会温暖他们和鼓励他们,甚至打压他们,原本有希望变好或很有潜力的学生,都被我们忽视了。

所谓"好孩子"也未必是真的好,或许他们表现出了成人需要的学业成绩和道德品质,但不代表他们没有进步的空间,没有性格的缺陷,没有其他值得我们去关注和改进的地方。面对"好孩子",教师也要张弛有度,过度的关注与赞美或许也让学生骄傲、虚伪,也可能带来了巨大的压力。

(2)启示。(见本专题"B.教师的做法")

①**要想教育效果显著,首先树立正确的学生观。**(见本专题"A.当代学生观的具体内容")

②**有信心改变所谓的"坏孩子"。**陶行知说:"爱是一种伟大的力量,没有爱就没有教育。"教师要怀着坚定的信心和无私的爱心,尊重学生,体谅、理解学生的需要,真诚相待、热情鼓励、耐心帮助,给予他们温暖。用师爱的温情去融化他们"心中的坚冰",让他们在愉快的情感体验中接受教育。

③**挖掘每个学生的闪光点。**冰心说:"世界上没有一朵鲜花不美丽,没有一个孩子不可爱。因为每一个孩子都有一个丰富美好的内心世界。"教师要善于挖掘学生的闪光点,发现学生的内心世界。从优点、长处入手,激发他们的进取心,使他们热爱学习,热爱生活,养成良好的学习和生活习惯,成长为全面发展的人。

4. **作文** 作文题:请以"学生差异之我见"为题写一篇文章。(11青岛)

学生差异之我见

任何一个正常学生的心理发展都会经历一些共同的基本阶段,但发展的速度、最终达到的水平以及发展的优势领域往往不尽相同,表现出个体之间的差异性。

(1) 差异性的具体表现以下几点。

①**不同个体身心发展的速度不同。**比如有的人早慧,有的人大器晚成。方仲永五岁可写诗,长大之后却泯然众人矣;曾国藩连考六次秀才都没有考上,却成为晚清名臣,受到后人的尊敬。

②**不同个体身心发展的质量可能不同。**心理学家加德纳的多元智能理论提到人的智能是多元的,个体身上可能存在至少八种智能,不同个体之间的优势智能是不同的。有些儿童的语言智能比较好,有些儿童的音乐智能占优势,有些儿童的人际智能突出。所以不存在所谓的"好学生""后进生",只是个体的优势智能有所差异而已。

(2) 学生之间存在差异性的原因。(见专题2"A.教育与人的发展")

(3) 作为教师,针对学生的差异性要采取以下措施。

①**树立正确的学生观。**学生是发展中的人,教师要正确认识学生智能的差异性。学生只是在德、智、体、美、劳等方面发展不够均衡,教师要做的就是帮助学生发展较弱的方面,促使学生全面发展。

②**公平公正地评价学生。**教师不能随意给学生贴标签,不能因为学生学习成绩差或者纪律表现不好就认为学生是差生,教师要看到学生的闪光点,着力培养学生优势智能的同时,帮助学生改变不良行为,促进学生全面发展。

③**根据学生的个体差异,因材施教。**教师要从实际出发,充分考虑到学生在不同年龄阶段的不同发展特征,采用多样化教学方法和教学组织形式。秉持基础教育独立价值、理念和要求,促进学生个性发展。

5. **材料** 材料:班集体中做游戏,有红花和绿叶两个角色,一个孩子演绿叶,爸爸无所谓,姥姥却想让孩子演红花,孩子也不愿演红花。

(1) 根据材料,你怎么看待红花和绿叶?

(2) 教师应该如何解决红花和绿叶这个问题?

(3) 如何与家长沟通?(17湖南师大)

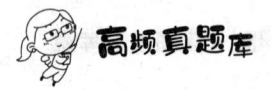

答 (1) 我的看法。

①在一棵树上,红花与绿叶如影随形,二者密切联系,谁也离不开谁。在教学活动中,每一个学生也是如此,学生有其身心发展的阶段性和顺序性,让教育有规律可循。同时,每一个学生都有其身心发展的差异性,兴趣爱好各方面也都有所不同。所以,不管是红花还是绿叶,都有其优点和作用。对于学生的成长,应该尊重他们的意愿,让他们选择自己感兴趣的东西,才能让学生更好的发展。

②学生身心发展尚未完全,具有很强的可塑性,作为学生成长路上的引导者,教师应该积极引导学生的兴趣发展,而不是胡乱地给学生贴上标签,打击学生的自尊心、自信心。

(2) 解决措施。

①教师应关注学生想扮演的角色,做到心中有数。材料中的学生想扮演绿叶,那教师可以尊重学生的意愿,让他扮演绿叶。同时,对于在游戏中处于被动地位的学生,要予以格外关注,帮助其按照自己的意愿选择适合的角色,如果有学生选不到自己想扮演的角色,教师也可以让学生轮流扮演自己喜欢的角色。

②让学生明确并真正理解自己的角色定位。教师可以告诉学生,红花和绿叶没有谁好谁坏,不同的角色在游戏中都有自己的意义和作用,每个角色都是不可或缺的。

(3) 沟通措施。

①沟通原则:尊重、理解家长与学生的想法,进行平等交流。

②沟通方法。

a. 先倾听家长的想法,理解家长。教师和家长沟通,了解家长的意愿,理解家长想让孩子饰演红花,让孩子成为游戏的主角的想法。

b. 倾听学生的想法,尊重学生。教师询问学生,了解学生想在游戏中饰演什么角色,尊重学生的选择,如果需要则给予相应的帮助。

c. 和家长沟通,理性分析学生饰演绿叶的利弊。教师从正反两方面向家长说明饰演绿叶这件事的利弊。学生饰演绿叶,可能一开始不被重视,但如果最终取得胜利则会让人眼前一亮。

d. 教师应适当安慰家长。"师者父母心",教师应体会家长心情,适当安慰、开解家长,使家长对饰演绿叶和红花的学生同样保持充分的信心和期待。

e. 引导家长尊重孩子的选择。孩子是发展中的人,是具有主体性的人,有独立的个性特点,我们应在尊重孩子选择的基础上给予鼓励与引导,让孩子成为更好的自己。

6. **材料** 材料:北京十一学校校长李希贵出版过《学生第二》和《学生第一》两本书。他认为,管理工作中的"学生第二""教师第一"是为了更好地实现校园里的"学生第一"。

(1) 怎样理解校园里的"学生第一"?

(2) 怎样理解管理工作中的"学生第二""教师第一"?

(3) 你对"教师第一"和"学生第二"的关系是怎样理解的?对李希贵校长的观点如何评价?(13 河北师大)

答 (1) 校园里的"学生第一"。

"学生第一"是指教学要以学生为本,调动学生的主动性,保证学生的主体性。学生是有能动性的人,他们不只是教学的对象,也是学习和发展的主体。要调动学生的主动性,不仅要解决教师和学生之间的认知关系,还要解决师生之间的人际关系,即要求教师尊重学生,民主平等地对待学生,又要求教师不以学生的成绩优劣和家庭贫富而区别对待。但尊重学生的主体性并非放纵学生,任其盲目自发地发展,也并非放弃教师的职责与主导作用,恰好相反,这正是提高了对教师教导的要求,加重了教师教学的责任感和工作量。

(2) 管理工作中的"学生第二""教师第一"。

管理中发挥教师的主导作用是保证学生主体性的必要条件。教师主导作用是针对能否引起学生积极学习而言的。首先，教师要以身作则，拥有威望和亲和力，令学生愿意听从教导。其次，在教学上，教师要善于启发、诱导，以便使学生积极而高效地掌握知识，提高自身的才能与修养。因而，学生的主动性、反思性、创造性发挥得怎么样，学习的效果怎么样，是衡量教师主导作用发挥得好坏的根本标志。应当指出，教学中一切不民主的强迫灌输和独断专横的做法都有悖教师的主导作用。

(3) 李希贵校长的观点体现了教师主导性与学生主体性相结合。"教师第一"和"学生第二"的关系就是教师主导作用与学生主体作用的关系。

①发挥教师的主导作用是保证学生主体性的必要条件。②调动学生的学习主动性是教师有效教学的重要保障。③要防止忽视学生主体性或忽视教师主导作用的偏向。以赫尔巴特为代表的"传统教育"和以杜威为代表的"现代教育"是这两种偏向的典型表征。以教师为主导，以学生为主体可谓是教学中师生关系的规律性联系，是各种各样师生关系理论的抽象概括，任何强调一方而忽视另一方的做法都是不合适的，应予以纠正。

专题10：公平而有质量的教育

第一部分　常见出题角度和答案

A. 教育公平的内涵、原因和措施

(1) 内涵。

教育公平是用正义原则对教育资源分配过程和结果的价值判断，涵盖教育平等。具体表现为：①同等对待相同的学生。教育机会均等，教育过程资源配置均等，教育结果平等。②区别对待不同的学生。因材施教就是教育公平的体现。③优待处境不利的学生。国家政策要帮助贫困儿童、特殊儿童等处境不利的学生。

(2) 原因。

①理论上，教育公平是社会公平的基础。

a. **有利于调整社会利益关系。**教育公平可以为处于不利地位者提供利益补偿和公平竞争、向上发展的机会，改善人们的生存环境与状态，从而平衡社会关系，促进社会公平。

b. **有利于维护社会活动准则，促进社会民主。**教育公平有利于使每个人都加强自己的民主理想和实践，都拥有必要的生存与发展手段，自觉地、积极地发挥每一个公民在民主社会中的作用。

c. **有利于缓和社会矛盾关系，促进社会稳定。**教育公平可以为人们提供公平的学习与成功机会，全面提高公民的知识能力、技术水平和文化涵养，养成进步和发展的心理习惯。

d. **有利于改善两极分化现象，减少客观差距。**实施教育公平与补偿政策，培养高素质人才，发挥教育的巨大潜力，将能有效地改变落后地区和个体的社会经济地位，改善和缩小两极分化现象。

②实践上，我国当下城乡、东西部等教育差距日益加剧，教育公平面临严峻考验。

a. **城乡教育差距大。**农村教育面临没人教，教不好，教不久等问题，也面临上学机会少，优质教育资源少，没钱上学等问题。总之，中国教育公平最大的难点在农村教育。

b. **区域教育差距大。**如东西部教育资源不均衡；东部好大学多，西部好大学少；一线、二线、三线城市教育差距大等问题。如同样是新课改，在发展水平不同的城市，落实程度不一致。

c. **同一城市校校教育差距大。**天价优质学区房，买不了房上不了好学校，优质学校门槛高，同一个城市，学校发展呈现两极化趋势。

综上，我国教育公平还面临严峻的考验，加强教育公平势在必行。

(3) 措施。

①**教育公平的关键是机会公平，基本要求是保障公民依法享有受教育的权利**。义务教育阶段不得设重点校、重点班，鼓励就近入学；高中分流要由自己选择；高考坚持统一考试择优录取。

②**教育公平的重点是促进义务教育均衡发展和扶持困难群体**。要保证"不让一个学生因家庭经济困难而失学"，切实解决进城务工人员子女平等接受义务教育问题，保障残疾人员受教育权利。

③**教育公平的根本措施是合理配置教育资源**。教育资源向农村地区、边远贫困地区和民族地区倾斜，加快缩小教育差距，特别要进一步加大农村、边远贫困地区、民族地区的教育投入。加大西部地区的教育投入，挖掘各个地区的教育资源。

④**教育公平的主要责任在政府，全社会要共同促进教育公平**。各级政府是促进教育公平的主要承担者，民办教育是教育事业发展的重要增长点和促进教育改革的重要力量。公办教育重点保障国家需要和教育公平，民办教育着重满足和适应社会选择性教育的需求。

⑤**要建立保障教育公平的长效机制**。推进教育公平就是要破除阻碍教育公平的制度障碍，着力构建以权利公平、机会均等、制度公平、资源配置公平为主要内容的教育公平保障体系，使教育公平真正体现在人们享有各项教育活动的起点、机会、过程和结果之中。

⑥**进一步推动教育扶贫，努力建设一支稳定的、专业的、高水平的乡村教师队伍**。教师群体素质的高低，直接影响着育人的质量、办学的效益。要提高农村教学质量，没有一支高素质的乡村教师队伍是根本不可能的。因此，提高乡村教师素质是提高农村教育教学质量的关键。

⑦**进一步实行公民同招，电脑随机分派入学，限制超级中学，试行"教师流动制"**。这既是我国教育不断改革的缩影，也意味着义务教育阶段的入学格局将发生重大变化，同时也标志着学校之间进入公平竞争、相互促进的良性发展时代。

B. 教育质量的内涵、原因和措施

(1) **教育质量的内涵**：教育质量表现在教育实施水平高低和效果优劣的程度，还表现在培养人才的综合素养和质量上。如今，我们正在创办"让人民满意的高质量的教育"。高质量的教育表现在全面发展教育与素质教育的落实；教师打造有生命色彩的课堂；学校管理民主化；教学评价的合理性；新课程改革的全面落实。

(2) **打造高质量教育的原因**。

①有其必要性。

第一，于学生发展而言，是破除"五唯"痼疾、促进学生全面发展的需要。构建高质量教育体系，能够克服唯分数、唯升学、唯文凭、唯论文、唯帽子的顽瘴痼疾，建立促进学生身心健康、全面发展的长效机制。

第二，于教育教学而言，是破解教育内卷、推动教育教学体系优化升级的需要。打造高质量教育，能够破解教育"内卷"难题，应对与化解当下教育基本矛盾，重归教育的育人初衷。

第三，于学校办学而言，是应对智能技术挑战，推动办学模式转变的需要。打造高质量教育是应对教育信息化、现代化变革，实现学校办学质量、办学模式与办学体系更新转变的需要。

②有其重要意义。

第一，有利于实现教育均衡发展。提高教育质量是教育优先发展战略的有机组成部分，是促进教育公平的重要基础，有利于促进教育均衡发展。

第二，有利于实现教育高效发展。打造高质量教育有利于打造现代教育、开放教育、整合教育，满足多样化、生态化、优质化的教育服务需要,实现教育的充分发展和特色发展,实现教育的高效率与高效益。

第三,有利于推动教育持续发展。高质量教育即适应时代发展需要、适应社会发展要求的教育,有利于实现教育在时间与空间双重维度的持续健康发展。

(3) 打造高质量教育的措施。

①坚持党对教育工作的全面领导。

建设高质量教育体系是坚持以人民为中心的必然要求,这也是我们党的根本宗旨所决定的。建设高质量教育体系是构建新发展格局的基础环节,也是实现2035年远景目标的关键举措。党的领导统领一切,高质量教育体系必须坚持党的领导。

②健全学校家庭社会协同育人机制。

学校家庭社会的协同育人就是在学校、家庭、社区和社会各方面汇集更大合力,把一代代青少年培养成为实现中华民族伟大复兴中国梦的"梦之队",共同营造健康的成长环境和良好的文明风尚,为建设高质量教育体系提供更多力量。

③在深化改革促进公平上迈开新步。

第一,基础教育。重点是"推动义务教育均衡发展和城乡一体化,完善普惠性学前教育和特殊教育、专门教育保障机制,鼓励高中阶段学校多样化发展"。要努力让每个孩子都能享有公平而有质量的教育。

第二,职业教育。深化职普融通、产教融合、校企合作,探索中国特色学徒制,大力培养技术技能人才,为学习者多种方式就业创业助力,有效提升劳动者技能和收入水平。

第三,高等教育。提高高等教育质量,分类建设一流大学和一流学科,加快培养理工农医类专业紧缺人才,加强创新型、应用型、技能型人才培养。

第四,民办教育。支持和规范民办教育发展,规范校外培训机构,在增加公共教育服务供给的同时,更好发挥各方积极性,创新教育服务业态,推进教育治理方式变革;大力发展非正规教育,丰富教育类型,满足人民群众对于教育的多种要求。

④对标服务全民的终身学习体系。

要发挥在线教育优势,完善终身学习体系,建设学习型社会,充分体现建设学习型社会的顶层设计意图。"十四五"时期建设高质量教育体系,应沿着"实现人人皆学、处处能学、时时可学"的方向。

C. 教育质量和教育公平的关系

(1) 相互区别。 ①研究对象不同。教育公平研究的是教育资源的分配问题,教育质量研究的是对教育目的或目标的实施成效问题。②研究目的不同。教育公平要达成教育均衡发展,教育质量要达成教育优质发展。③本质属性不同。教育公平是主观价值判断范畴,具有主观性。教育质量是客观的教育成效的表现,同时,教育质量的评判需要客观科学的评价方式与标准,因而具有客观性。

(2) 相互联系。 ①教育质量是教育公平的内在规定和本质要求。没有教育质量的公平是失掉内在本质、没有意义的教育公平。②教育的高质量发展必然包括教育公平。③教育公平与教育质量的价值取向具有一致性。教育公平含有质量的意义,教育质量中含有公平的意义。教育公平的推进内在地包含着教育质量的改进,教育质量的提升有利于缩小质量差距,进而有助于推进教育公平。④教育公平与教育质量的内在要求与基本方向一致。无论是教育公平还是教育质量,其都是要实现提高全民教育质量、建构以学习者为中心的教育体系的目标。

综上,只有将教育公平与教育质量联动起来,才可能解决教育公平与教育质量的问题。因此,我们既要追求更高质量的教育,又要追求更加公平的教育。

D. 课堂教学实现教育公平

（1）**在教学组织形式上，探索新形式，实现综合运用。** 课堂教学要综合运用多种教学组织形式。如班级授课与个别辅导、分组教学相结合；课堂教学与课外教学相结合；传统的教学形式与现代教育技术相结合。

（2）**在师生关系上，构建和谐平等的师生关系。** 课堂教学要努力实现师生交互的主体性。构建平等、对话、尊重、理解的师生关系，有效开展教学活动，筑牢教育公平的着力点。

（3）**在教学方法上，推动教学方法的现代化与信息化。** 课堂教学要顺应教育信息化发展的趋势，根据实际需要，充分挖掘和探索科学的策略与手段来促进教育公平发展。

（4）**在教学评价上，促进评价方式与评价标准的多元化。** 对学生的评价上，不完全以学业成绩作为唯一评价标准，建立促进学生全面发展的科学评价体系。对教师的评价上，学校不能把学生的考试成绩作为评价教师的唯一标准，要注重对教师整个教学过程的评价。

（5）**在作业设计上，推动科学化与合作化。** 课堂教学要做好课后辅导，因材施教。留好每一次课后作业，做好隐性和显性作业的管控，科学布置作业，不增加学生负担，增强学生的学习兴趣和自主学习的动机。尝试布置小组作业，通过组内成员共同合作完成作业，提升团队凝聚力，培养学生的合作精神和探究精神。

E. 教育优先发展

（1）**含义：** 教育优先发展是指始终把发展教育、培养人才放在党的事业的重要战略地位。

（2）**价值。**

①**有利于推动教育现代化。** 坚持教育优先发展，才能加快推进教育现代化，把我国从教育大国建设成为教育强国，从而为社会发展提供源源不断的高素质人力资源。

②**是立德树人的本质要求。** 只有优先发展教育，加强各级学校的思想政治建设和能力建设，优化素质教育育人环境，全面提高教师队伍的素质与能力，才能落实立德树人根本任务。

③**有利于加快实施"科教兴国"战略。** 能够实现以科技创新推动社会的创新发展，从而为建成社会主义现代化强国提供可靠保障。

④**有利于真正坚持以人民为中心的立场，满足新时代人民群众对美好生活的更高需求。**

⑤**有利于加快落实以创新为主导的新发展理念，实现社会高质量的发展。**

（3）**措施。**

①**加强党的领导，做好顶层设计和总体布局。** 全面贯彻党的教育方针，坚持立德树人，坚持以人民为中心，补齐民生短板。

②**加快"双一流"建设，实现高等教育内涵式发展。**

③**建立德才兼备、待遇适当的教师队伍体系。** 要重视师资队伍建设，重视教师的育人职能，优化教育文化生态，提高教育质量。

综上，我们必须深化教育改革，加快教育现代化，提高教育质量。

第二部分 历年真题之经典题

1. 论述 如何理解教育公平是社会公平的基础？（19 东北师大）

答 习近平总书记指出："教育公平是社会公平的重要基础，要不断促进教育发展成果更多更公平惠及全体人民，以教育公平促进社会公平正义。"这强调了教育公平之于社会公平的基础作用。我们要形成正确认识，并努力以教育公平来促进社会公平的实现。

（1）**含义。**（见本专题"A. 教育公平的内涵、原因和措施"）

（2）**要求。**（见本专题"A. 教育公平的内涵、原因和措施"）

(3) **价值**:正视与促进教育公平,有利于促进社会公平的实现。(见本专题"A. 教育公平的内涵、原因和措施")

(4) **启示**:要力求实现教育公平,进而推动社会公平的实现。(见本专题"A. 教育公平的内涵、原因和措施")

2. **论述** 推进教育公平是《国家中长期教育改革和发展规划纲要(2010—2020年)》提出的重大任务之一。谈谈你对教育公平的理解和实施策略的构想。(12 江苏师大)

答 (见本专题"A. 教育公平的内涵、原因和措施")

3. **材料** 材料:人大附中教授、某中学教师、某师范大学教授、某教师四人就公平教育展开讨论。人大附中教授认为教育公平就是给孩子施加过多丰富的教育;某中学教师认为给孩子施加过多教育本身就是不公平;某师范大学教授认为公平教育是要每个孩子个性发展;某教师也认为要发展学生的个性。

同样是教育公平的问题,人大附中教授与某师范大学教授争论的原因是什么?你认为什么是教育公平?(18 湖南师大)

答 (1) **原因**。

人大附中教授与某师范大学教授争论的原因是对教育公平的理解不同。人大附中教授强调的教育公平就是提供给学生过多丰富的教育;某师范大学教授认为教育公平是要促进学生个性的发展。

(2) **对教育公平的理解**。

①**教育公平的内涵**。(见本专题"A. 教育公平的内涵、原因和措施")

②**教育公平与个性发展相互联系、不可分割**。

a. 教育公平与个性发展具有一致性。教育公平的根本目的是追求人的公平发展,人的公平发展实质是个性发展。b. 关注个体差异是实现教育公平的基本要求。c. 个性化教育是教育公平的重要途径。

③**教育公平对个性发展具有重要作用,因此应努力实现教育公平与个性化教育的协调统一**。

a. **优化校内资源配置,促进教育机会公平**。随着课程改革的深入实施,优化资源配置,促进教育机会公平,有效提高教育教学质量就成为实现教育和谐发展的有效方法,也是确保高质量课堂顺利实现的重要方面,主要体现在教师配备、校长选配、教育经费分配、教育基础设施建设、教育管理等方面。

b. **坚持以人为本原则,促进教育过程公平**。以人为本是科学发展观的本质和核心,办好让人民满意的教育,不断满足人民群众日益增长的教育需求,切实保障和实现人民群众的教育权益,让更多的人享有优质教育的公平机会,是促进义务教育均衡发展的出发点和落脚点。

c. **倡导差异化教学模式,促进教育结果公平**。差异化教学遵循面向全体学生的教学原则,关注学生的个体差异,使每个学生都在原有基础上得到充分发展,实现教育公平。差异化教学充分考虑了学生的个体差异,理解学生因遗传禀赋和成长环境的不同而形成的不同特征。

4. **论述** 结合教育的社会流动功能谈谈教育的公平。(15 苏州,23 广西师大)

答 (1) **教育的社会流动功能阐述**。(见专题2"B. 教育与社会发展"中"教育具有社会功能,表现为变迁功能和流动功能")

(2) **教育公平问题阐述**。(见本专题"A. 教育公平的内涵、原因和措施")

5. **论述** 根据党的十九大报告,结合实际谈谈你对"公平而有质量的教育"的看法。(19 南京师大)

答 (1) **对教育公平和教育质量的理解**。

①**教育公平**。(见本专题"A. 教育公平的内涵、原因和措施")

②**教育质量**。(见本专题"B. 教育质量的内涵、原因和措施")

③教育公平和教育质量的关系。(见本专题"C. 教育质量和教育公平的关系")

综上,"公平而有质量的教育"切中了当下中国教育时弊与民意,提出了新时代的教育目标,也明确了今后我国教育政策的根本立场和总导向,体现了我国政府对教育的忧心、关怀与责任——让每一位孩子都享受到公平而有质量的教育。也说明了我国政府敢于挑战世界教育事业的两大难点——公平与质量问题。

(2)"公平而有质量的教育"关系到每一家每一户,关系到社会的和谐。归根到底,教育公平问题就是教育质量问题,教育质量问题就是教育公平问题。做好教育公平和教育质量,既需要每个教育工作者的热情,也需要勇敢,更需要智慧和能力,这关系到中华民族伟大复兴的中国梦的实现。

6. **论述** 试述"双减"政策背景下,如何通过课堂教学变革促进教育过程公平。(22 江苏师大)

〖答〗"双减"政策背景下,国家限制了学科类的课外培训,也要求学校及时加强课堂教学质量,向45分钟要效率,从课堂教学的角度看,要促进教育公平,应从以下几方面进行。

(见本专题"D. 课堂教学实现教育公平")

7. **材料** 材料:每个教师都意识到应努力为班内的所有学生提供均等的学习机会,然而,群体教学中的实际情况与这种理想相差甚远。对师生在课堂里相互作用所进行的观察表明:教师(十分无意识地)针对某些学生进行教学与讲解,而忽视了其他学生。教师给予了某些学生更多的积极强化与鼓励,鼓励他们积极参与课堂讨论以及回答问题,对待其他学生并非如此。一般来说,教师对班内三分之一或四分之一的优秀生最为关注并给予最多的鼓励,班内半数较差的学生所得到的关注与帮助最少。师生之间关系的这些差异使得一些学生得到了(其他学生所得不到的)更多的机会与鼓励。

分析材料所揭示的问题及原因,并论述如何通过课堂教学组织形式的改变,促进教学过程当中的教育机会均等。(11 河北师大)

〖答〗(1) 问题。

教学过程中的机会均等是教育机会均等的一个重要方面,大多数教师能够意识到在教学中应该给学生提供均等的学习机会,实践中却难以做到。

(2) 原因。

现行的教学组织形式影响了学生在教学过程中获得均等的教育机会。班级授课制作为我国目前中小学乃至高等院校仍普遍使用的一种教学组织形式,并不是尽善尽美的。它采用"统一、齐步走"的教学形式,极力强调标准化,忽视了学生的个性差异及多样化发展;它将教师视为教学的主体,而把学生看成是知识的被动接收者,使学生的主体地位和独立性受到了限制;它重视理论知识的灌输而忽视学生的动手实践能力和操作能力。班级授课制的这些特征很容易引发课堂教学的不公平问题:如学生获得的知识不均等、课堂参与不公平及享有的教育资源不公平等问题。

(3) 为了克服班级授课制的上述局限,可从以下几个方面改进课堂教学组织形式。

①**对班级授课制进行内部改革。**如缩小班级规模,实行小班教学;增加教师的数量,实施小队教学;缩短教学时间,改变座位摆放方式等。

②**综合运用多种教学组织形式。**如班级授课与个别辅导、分组教学相结合;课堂教学与课外教学相结合;传统的教学形式与现代教育技术相结合。

③**探索教学组织形式的新模式。**当代社会,单一的班级授课制已经不能满足培养新型人才的需要。因此,可以使整个教学过程个别化,用自学辅导以及借助现代教学技术的程序教学或计算机辅助教学等新的教学组织形式来代替班级授课制。

④**利用新型的教学组织形式。**如利用慕课、翻转课堂等方式来弥补班级授课制的缺陷,充分发挥学生

在教学中的主体地位。

【说明：本题是2008年311统考的真题原题】

8. <u>材料</u> 材料：小夏是教育学专业的学生。在专业课的学习中，她非常认同老师要关心、尊重并且平等地对待每一个学生。可是当她成为一名教师后，却发现在教学中会不自觉地关注那些学习成绩优异、与她积极互动的学生，那些成绩中下等、在课堂上缺乏与她互动的学生常常被她无意识地忽略掉了，为此，她感觉很苦恼。（原材料无法复原，凯程新做材料）

论述材料中所蕴含的教育思想、存在的问题及其改进措施。（21 江西师大）

〖答〗（1）**蕴含的教育思想。**

教育平等不仅仅指教育起点的受教育权的平等，还包括教育过程中的平等和教育结果上的平等。这个材料反映的是教育过程中的师生平等问题，教育平等是一个严峻的事情，如何在教育过程中保证教育平等，尤其是教师对待每个学生的态度、交流等都应是一致的，这是个艰难的过程。

（2）**存在的问题。**

教学过程中的机会均等是教育机会均等的一个重要方面，大多数教师能够意识到在教学中应该给学生提供均等的学习机会，实践中却难以做到。

（3）**改进措施。**

①**培养自己的反思能力。** 小夏觉察到自己在教学中"偏心"这个问题，这说明小夏具有反思意识，这是一位合格教师必备的素质。小夏可以将自己的问题写入教育日记中，然后针对性地提出改进措施。

②**将关注每一位学生的意识落实到具体的行动中。** 小夏可以将日记中自己想到的改进措施落实到每日的行动中，增强自己的行动力。例如，小夏可以每天有意识地关注几位学生，在课堂上多与他们互动，课下与他们谈心。认真做好每一位学生的家访工作，将学生的日常变化都记录到自己的反思日记中，并且可以为每一位学生建立成长档案袋。在行动之后需要再次进行反思，形成反思与行动的良好循环。

这样做的目的是通过日常的反思与行动促使教师自身的教育理念升华为教育信念。当一位教师的教育理念升华为教育信念的那一刻，其知与行也就自然统一了。

【说明：这道题的材料来自2009年311统考的真题原材料改编，两个材料变化较小，提问角度略有不同，但问的都是教育平等问题。】

9. <u>材料</u> 材料：《中共中央 国务院关于深化教育教学改革全面提高义务教育质量的意见》提出"民办义务教育学校招生纳入审批，统一管理，与公办学校同步招生，对报名人数超出招生计划的，实行电脑随机录取"。

（1）"摇号入学"可能解决了哪些问题？

（2）"摇号入学"可能带来哪些新问题？

（3）针对这些新问题中的一个问题提出你的解决思路。（21年陕西师大）

〖答〗（1）**解决的问题。**

①"摇号入学"会解决民办教育管理与招生过程中的不规范及由此带来的教育不公平问题。民办学校在政策实施之前存在着提前"锁定学生"的现象，同时一些城市的民办学校的办学质量比公办学校高，导致家长趋之若鹜地选择民办学校。《意见》中提出"对公办、民办学校同等对待，双方互不享有招生特权，对报名人数超过招生计划的，实行电脑随机录取。"这样既满足了招生人数要求，又确保了客观公平，维护了正常招生秩序，促进了公办学校与民办学校协调发展。

②"摇号入学"促使民办学校注重内涵式发展。在义务教育阶段，一些地区的民办学校千方百计地变相"掐尖"招生，依赖优质生源打造所谓的"名校"，这一现象打乱了正常的招生秩序，破坏了教育生态，加剧了

社会中的教育焦虑。"摇号入学"有助于促使民办学校回归到义务教育的本真,促使其注重内涵式的发展。

(2) 新问题。

①"摇号入学"会妨碍家长的教育选择权,不利于满足学生的多样化需求。在"摇号入学"前,家长和学生可根据自身的需要选择适合自身发展的民办学校,但"摇号入学"之后,家长和学生则处于相对被动的地位,难以满足自身的发展需要。同时,各学校之间的发展不均衡引发的入学质量不均等问题又给家长带来了新的焦虑。

②"摇号入学"或许会降低学校间的竞争,导致各个学校平庸化。在促使民办学校和公办学校协调发展的同时,也可能因为缺乏学校之间的竞争,使得民办学校自身的质量和发展得不到保障。也会导致公立学校有了国家过度的保护,导致自身缺乏竞争精神,甚至走向平庸。

(3) 解决思路。

①采用集团化办学的方式。集团化办学是指以行政指令为主,兼顾学校共同意愿,将一所名校和若干所学校组成学校共同体(名校集团)的办学体制。优质的民办学校可以创办自己的分校或者同其他的学校组成学校共同体,复制、传播自身的经验,从而实现师资、管理、设备等优质教育资源的共享,促进教育质量的均衡,增加家长的选择余地。

②政府要对民办学校的发展给予规划和帮扶。生源的均衡只是教育均衡中的一个环节。真正要实现教育均衡,还涉及其他很多方面,包括政府的规划、政策以及经费分配等。除了招生环节,在同一个区域,所有的学校在政策、资金、师资等各个环节上被平等对待,才可能达到教育均衡的整体效果,从而减少家长的焦虑,满足大众对优质教育的需要。

10. **作文** 作文题:不要让孩子输在起跑线上已经成为许多家长重视早期教育,甚至为孩子报各种课外辅导班、想方设法选择名校名师的重要依据,你怎么看待这种现象?

请以"不要让孩子输在起跑线上之我见"为题,写一篇不少于1 000字的文章。(12 青岛)

不要让孩子输在起跑线上之我见

"不要让孩子输在起跑线上"的观念越来越深入人心。家长们为了不让孩子输在起跑线上,从备孕阶段就开始上胎教班,婴儿期上早教班,幼儿园要读双语学校,义务教育阶段要买学区房,上各种特长班,高中要小班教学等。总之,尽自己所能,为孩子提供各种资源,为的就是能读一所好大学,找到一份好工作,拥有"成功"的人生。但是这样做真的正确吗?对此,我持否定的态度,主要原因如下:

(1) 离开"终点线"谈"起跑线"是没有意义的。人生"终点线"不同,"起跑线"自然不同。如果人生是一场短跑,起跑线越靠前,成功的概率越大。但如果人生是一场马拉松,"起跑线"越靠前,到最后越可能会筋疲力尽,反而输掉比赛。

(2) 教育是一辈子的事情,没必要担心输在"起跑线"上。现代社会是终身学习型社会,终身教育不仅是贯穿于一切教育的理念,更是构建未来教育体系的一种制度实践。终身教育要培养孩子的自学能力,以便其在走出校门后也能够学习新的知识和技能,适应不同的工作要求。

如果非要谈"起跑线",父母帮助孩子树立正确的价值观、人生观、世界观,是给予孩子最好的"起跑线"。父母可从以下方面提高孩子的"起跑线":

(1) 帮助孩子树立正确的价值观。一个孩子在从婴儿发展为社会人的过程中,价值观起着十分重要的作用,它影响人生的品质、高度与宽度。家长不能唯分数至上,要注重培养孩子的责任感、独立性、高尚的品格和良好的性格。当前许多家长都不会让孩子做家务,孩子有心帮忙,也会被"不用你管,你只要好好学习就行"这样的理由所拒绝,导致很多孩子五谷不分,不能照顾自己的起居,这样何谈未来?

(2) 帮助孩子树立正确的人生观。 父母要尊重孩子的意愿，了解孩子真正想要的生活，而不是强加给孩子所谓的"成功人生标配"。让孩子去学习自己感兴趣的知识，从事自己喜欢的工作，而不是为了金钱、面子等外在利益学习自己不感兴趣的知识，做自己不喜欢的工作。人的自我成就感比别人所认同的成功更能让人觉得幸福。

(3) 帮助孩子树立正确的世界观。 由于人们的社会角色不同，看待世间万物的角度不同，父母要帮助孩子去客观、辩证地看待世间万物，让孩子从实践中去了解世界、感受世界、热爱生活。"十年树木，百年树人"，教育孩子的过程是一个长期的过程，家长要用心浇灌，给予适合"树苗"生长的温度、土壤，让这棵"树苗"在未来能够成长为参天大树。

11. 论述 结合教育方针，谈谈如何"办好人民满意的教育"。(23 广西师大)

答 做好教育公平与教育质量，即能办好人民满意的教育。

（见本专题"A. 教育公平的内涵、原因和措施"中的"措施""B. 教育质量的内涵、原因和措施"中的"措施"。)

12. 简答 简述如何在教育优先发展的背景下办好让人民满意的教育。(23 天津外国语)

答（1）**教育优先发展阐述。**（见本专题"E. 教育优先发展"）

（2）**办人民满意的教育的措施。** 办好人民满意的教育，就要做好教育公平与教育质量。(见本专题"A. 教育公平的内涵、原因和措施"中的"措施""B. 教育质量的内涵、原因和措施"中的"措施"）

13. 论述 党的二十大报告对教育工作有什么新的变化？如何看待这种新变化？(23 贵州师大)

答 党的二十大报告提出，要建设高质量教育体系。构建高质量教育体系就是构建优质均衡的基本公共教育服务体系、构建支撑技能社会建设的职业技术教育体系、构建开放多元的高等教育体系、完善服务全民终身学习的教育体系。

(1) 坚持党对教育工作的全面领导。

建设高质量教育体系是坚持以人民为中心的必然要求，这也是我们党的根本宗旨所决定的。建设高质量教育体系是构建新发展格局的基础环节，也是实现2035年远景目标的关键举措。党的领导统领一切，高质量教育体系必须坚持党的领导。

(2) 健全学校家庭社会协同育人机制。

学校家庭社会的协同育人就是在学校、家庭、社区和社会各方面汇集更大合力，把一代代青少年培养成为实现中华民族伟大复兴中国梦的"梦之队"，共同营造健康的成长环境和良好的文明风尚，为建设高质量教育体系提供更多力量。

(3) 在深化改革促进公平上迈开新步。

①**基础教育**：重点是"推动义务教育均衡发展和城乡一体化，完善普惠性学前教育和特殊教育、专门教育保障机制，鼓励高中阶段学校多样化发展"。要努力让每个孩子都能享有公平而有质量的教育。

②**职业教育**：深化职普融通、产教融合、校企合作，探索中国特色学徒制，大力培养技术技能人才，为学习者多种方式就业创业助力，有效提升劳动者技能和收入水平。

③**高等教育**：提高高等教育质量，分类建设一流大学和一流学科，加快培养理工农医类专业紧缺人才，加强创新型、应用型、技能型人才培养。

④**民办教育**：支持和规范民办教育发展，规范校外培训机构，在增加公共教育服务供给的同时，更好发挥各方积极性，创新教育服务业态，推进教育治理方式变革；大力发展非正规教育，丰富教育类型，满足人民群众对于教育的多种要求。

(4) 对标服务全民的终身学习体系。

要发挥在线教育优势,完善终身学习体系,建设学习型社会,充分体现建设学习型社会的顶层设计意图。"十四五"时期建设高质量教育体系,应沿着"实现人人皆学、处处能学、时时可学"的方向。

14. [材料] 材料:引用习近平总书记"办人民满意的教育""优先发展教育"那段话。我国居民对教育不满意的地方有哪些?做让人民满意的教育应该从哪些方面努力?(23 聊城)

[答](1) 当前我国教育存在的问题。

①教育观念落后。部分学校与教师对教育信息化建设重视不够,教育观念落后。社会教育观念存在偏差,造成学校培养的人才与社会需要的人才脱轨。

②教育目标的"唯智"倾向。当前,"重智轻德""重智力轻能力"的倾向依然存在,部分学校与家长依然坚持唯智是举的目标观。

③教师素质与能力有待提升。当前部分教师综合素质偏低,教育观念陈旧,知识更新缓慢,教学与科研能力有待提高。

④教育资源分配不均。教育资源分配不均、教育投入不足;同时,受教育权利和机会不均等,教育质量不同造成教育不公平问题。

⑤教育评价的"五唯"倾向。教育评价对育人的本体价值重视不够的问题,形成了不科学的教育评价导向,以及唯分数、唯升学、唯文凭、唯论文、唯帽子的"五唯"顽瘴痼疾。

(2) 办人民满意的教育的措施。

办好人民满意的教育,就要做好教育公平与教育质量。(见本专题"A. 教育公平的内涵、原因和措施"中的"措施","B. 教育质量的内涵、原因和措施"中的"措施"。)

15. [论述] 结合现实/结合党的二十大,谈谈教育发展的优先战略地位。(23 广西师大、三峡)

[答] 二十大提出,要坚持教育优先发展、科技自立自强、人才引领驱动,加快建设教育强国、科技强国、人才强国,坚持为党育人、为国育才,全面提高人才自主培养质量,着力造就拔尖创新人才,聚天下英才而用之。可见,我们需要进一步坚持教育优先发展战略,把各方面优秀人才集聚到党和人民事业中来。(见本专题"E. 教育优先发展")

16. [论述] 结合实际谈谈新时代背景下如何发展高质量的基础教育。(23 山西师大)

[答] 新时代背景下,更加注重教育公平与质量提升,主张教育优先发展,办好人民满意的教育。当前在基础教育领域,尚存在亟需解决的问题。提高基础教育教学质量,应当采取一定措施加以解决。(见本专题"A. 教育公平的内涵、原因和措施"中"措施""B. 教育质量的内涵、原因和措施"中"措施")

17. [论述] 结合实际/结合党的二十大,请说明创新型人才如何培养。(23 北京师大、三峡)

[答] 创新型人才是指在具备一般人才基本素养的基础上,具有发现问题、发挥自身优势的能力,并能在实践中综合利用、不断超越,从而解决问题取得创新成果的人。

党的二十大报告明确提出,加快建设教育强国、科技强国、人才强国,坚持为党育人、为国育才,全面提高人才自主培养质量,着力造就拔尖创新人才,聚天下英才而用之的发展要求。应该从以下几方面着手培养创新型人才:

(1) 树立创新思想与观念。学校必须改革传统的教育思想,树立新的教育观念,确立正确的价值观、人生观和新的教育质量观,坚持教育要"面向现代化、面向世界、面向未来"的方针,把培养学生的创新精神和创新能力作为核心内容和最高目标。

(2) 树立新的人才观和人才质量观。新的人才质量观要求所培养的人在新时代和新形势中能为国家与民族的进步作出显著的贡献。这种品质的基础就是为适应新形势而积极求知的强烈的学习愿望和学习能力,以及对待自我、他人、社会、国家与自然的正确态度、责任感、使命感和与人交流、相处的能力。

(3) 培养教师的创新作风。 要开发学生的创新能力,培养创新人才,首先必须培养大批有创新能力的教师。创新人才培养的一个重要前提是教师,教师创新能力的高低直接影响教育效果。教师要鼓励学生自己积极、主动地去发现问题,进行试验,提出新的假设,寻找解决问题的办法。

(4) 教会学生创造性、探索性地学习。 学生有了积极性和自觉性就能进行主动的学习,而不是被动的、被迫的学习。鼓励学生打破单纯依靠教师、依靠课堂讲授的学习方法,使他们多实践、多学习课外知识、发展业余爱好,在全方位、立体式的学习环境中发展自己的智能。

(5) 培养学生积极的创新意识。 创新意识的培养和开发是培养创新型人才的起点,只有具备了创新意识,才能有创新的动力。应培养学生的逻辑思维,鼓励他们对现状提出质疑,运用发散思维和逆向思维来改变现状,及时抓住一闪而过的新想法、新思路并敢于付诸实践。

(6) 强化教育改革。 应转变灌输式教育模式,积极修订课程体系与教学计划,革新教学方法、教学内容和教学体系,创新教学评价体系,改革教学管理,充分发挥学生个性。

(7) 营造整体优化的环境氛围。 环境和氛围是一种无形的在一个群体中人们相互影响导致同化的力量。一个人置身于该群体,耳濡目染就会被熏陶而形成共同的风尚与气质。因此,有意识培育、营造一个整体优化的环境对于形成创新精神、培养创新型人才具有重要意义。

18. [简答] 知识经济时代如何培养学生的人文精神和创新精神?(15、17、20 宁夏)

[答] 人文精神是一种普遍的自我关怀,表现为对人的尊严、价值、命运的维护、追求和关切,对一种全面发展的理想人格的肯定和塑造。创新精神是指要具有能够综合运用已有的知识、信息、技能和方法,提出新方法、新观点的思维能力和进行发明创造、改革、革新的意志、信心、勇气和智慧。

在知识经济时代,学校教育要实现人文精神与创新精神的统一。具体措施如下:

(1) 营造鼓励创造的环境。 学校应改革考试制度,增加学生自主选择课程的机会;家长应善于发现孩子的创造性;社会应为学生提供创造性的人物榜样。

(2) 培养创造性的教师队伍。 转变教师教育教学观念;教给教师必要的创造技法和思维策略;教师要不断学习关于创造性的心理学知识。

(3) 发展和培养创造性思维。 加大思维的"前进跨度""联想跨度"和"转换跨度";给学生大胆探索与推测的机会。

(4) 塑造学生的创造人格。 保护好奇心;消除学生对错误的恐惧心理;鼓励独创与多样。

(5) 开设创造课程,教授创造方法。 如头脑风暴法、系统探求法、联想类比法、组合创新法等。

(6) 注重培养学生的移情与同理心。 在日常生活中,教师和家长要注重培养学生移情和同理心,引导学生与人合作交流。

(7) 在接触自然中培养人文精神。 带领学生走进大自然,接触自然的一草一木,培养学生的人文精神。

专题 11:"双减"政策

第一部分　常见出题角度和答案

A. "双减"政策的内容

2021年7月,《关于进一步减轻义务教育阶段学生作业负担和校外培训负担的意见》正式印发,针对我国"校内减负,校外增负",导致学生负担依旧很重的问题。"双减"指出:

校内:校内虽减负,但作业管理不完善。

校外:校外培训过热,超前超标培训问题尚未根本解决,严重对冲了教育改革发展成果。且收费过高,加重人们经济负担。

"双减"政策的根本目的是减少教育焦虑,重建教育生态。

B. "双减"的实施原因(意义)

(1) 从教育和社会的发展关系看。

①**从经济方面看,**"双减"政策使教育不受资本影响,良性发展。教育的本质是培养人的社会活动,根本任务是立德树人。教育求远效,培训机构的乱象体现出资本的求近功、逐利性,使其忽视人的需求,偏离教育的本质。

②**从政治方面看,**"双减"政策有利于坚持教育的社会主义方向与实现我国的教育目的。负担减轻了,才能真正做到"五育"并举,使学生德、智、体、美、劳全面发展,成为社会主义建设者和接班人。

③**从文化方面看,**"双减"政策有利于转变教育观念。第一,改变功利化、短视化、浮躁的教育行为,守住学生身心健康和人格健全的底线。第二,改变唯分数、唯竞争的教育行为,走出"剧场效应"的"内卷化"现象。第三,改变学生学业负担重的教育行为,管住培训机构对教育生态的恶化。第四,变革唯分数的人才观、学生观和质量观。

④**从教育的生态功能方面看,**"双减"政策可以重塑教育生态,调整教育格局,规范校外培训,加强校内教育,阻止校外教育体系对学校正常教育秩序的干扰。学校能充分发挥育人作用,把童年还给学生。同时,能够在一定程度上减轻家长的压力。

(2) 从教育与人的发展关系看。

过度教育和提前教育的现象在我国越来越突出,严重的违背人的身心发展规律。

①人的发展的顺序性要求教育要量力而行,切勿拔苗助长,校外培训机构却有拔苗助长的现象。②人的发展的阶段性要求教育要做好针对性,但我国教育处处都是求量、求快、求早的教育现象。③人的发展的差异性要求教育要因材施教,但我国都是唯考试、唯分数的教育热潮现象。④人的发展的不平衡性要求教育要抓关键期,但我国应试教育导致学生负担重,忽视核心素养与关键期。⑤人的发展的整体性要求促进学生全面发展,但我国教育有过分注重智育辅导,轻视其他各育的现象。⑥人的发展具有社会性、历史性与文化性,要求教育慢成长,促进个体社会化与文化认同,但我国当前教育唯成绩的现象非常突出。

可见,一味的求快、求早、求多的教育不一定是好的教育,还有可能适得其反,加重学生的学习负担,使学生厌恶学习的情绪愈演愈烈。所以,"双减"政策是在要求人们按教育规律办事。

C. "双减"政策的争议

(1) 学校教育能否质效双增。"双减"政策落地,学校应一手抓"减负",一手抓"提质",实现教育质量和效率共同增长。

(2) 校外培训能否标本兼治。"双减"政策落地,校外培训机构面临"何去何从"的转型困境,可能由"明面"转入"地下",难以标本兼治。

(3) 课后服务能否保证公平。"双减"政策落地,可以通过课后服务缩小教育差距,但能否真正保证教育公平仍需时间检验。

(4) 课余时间能否科学利用。"双减"政策落地,学生将摆脱繁重的作业负担和繁忙的校外培训,如何科学地利用好课余时间将成为学生和家长面临的新难题。

(5) 教师关切能否有效回应。"双减"政策落地,对教师的专业能力提出了更高的要求,教师负担过重问题更加突出。学生"双减",教师负担加重等问题需要重视。

(6) **家长焦虑能否有效缓解。**"双减"政策落地,可能很难切实减轻家庭负担,有效缓解家长的焦虑。

(7) **学生负担能否快速下降。**"双减"政策落地,中小学生过重的升学压力短时间内难以消弭,学业负担难以快速下降。

(8) **评价导向能否彻底扭转。**"双减"政策落地,为深化教育评价改革提供了重要契机,但短时间内评价导向难以彻底扭转。

D. "双减"实施一年后存在的现状(成就与问题)

(1) **"双减"实施的进步之处。**

①**作业量明显减少。**学生可根据实际能力和特点进行自主选择,充分发挥作业的正向教育功能,调动学生的学习主动性,激励学生爱学、乐学。同时,学生睡眠时间、体质健康等得到提升,促进学生全面发展。

②**校外培训机构逐渐规范化。**学科类培训机构野蛮生长的趋势得到遏制,资本绑架教育的现象被禁止。

③**家长焦虑得到明显缓解。**虽然很多家长依然带有强烈的教育焦虑,但是与之前相比,随着学科类机构的退场,教育"内卷"现象、家长的经济负担和精神压力得到明显缓解。

④**学校课程和教学质量得到明显提升。**"双减"之后,学校在课程和教学方面都开始注重提质增效,改变过去机械训练、死记硬背的情况,课堂教学质量得到明显提升。

(2) **存在的问题。**

①**校外方面。**

a. **学科类培训机构"营改非"后的规范经营问题。**尚存的义务教育阶段的学科类培训机构都要"营改非"。而各地公布的政府指导定价存在标准过低,机构可能很难正常运营的问题。虽然这一定价体现了对学科类培训机构的公益性要求,但若按照这一定价标准,机构将很难支付教师薪酬、房租与管理等费用。

b. **"地下的隐形变异"学科类培训依然存在。**学科类培训机构减少,是供给减少,如果需求继续存在,培训就可能转到地下和家庭。这类培训的分散性、隐蔽性颇强,存在认定难、查处难、监管难等现实难题。

②**校内方面。**

a. **如何形成学校教育提质增效的长效机制,也是当前亟需解决的问题。**遏制校外学科类培训机构野蛮生长后,如何疏导培训需求是家长和社会舆论最关切的问题。有效的疏导措施之一是学校教育提质增效,尽可能满足学生和家长的教育需求。但存在如何构建长效机制的问题以及把校外补课转为校内补课的质疑。

b. **家长与学生的学业焦虑依然普遍存在。**虽然大量学科类培训机构被取缔,但广大家长和学生仍然因升学压力感到焦虑,这种焦虑是由于我国长期以来应试教育的考试制度所造成的,需要一定时间去转变。

c. **教师压力大、负担重的问题普遍存在。**"双减"增加了课后延时服务,给原本工作压力就大的教师进一步增加了工作量,教师的身心健康和工作压力没有得到相应缓解,影响到"双减"政策的执行效果。

E. "双减"有效实施和继续推进的策略

(1) **学校层面:管好作业,提升教师。**学校要端正办学思想,加强作业管理,推行弹性作业,提高作业设计水平,优化作业批改反馈。同时加强教师队伍建设,更新课堂观、质量观,提高教师的专业能力,提高课堂教学效果,改进教学评价方式,完善学校服务职能。

(2) **家长层面:学习育儿,尊重学生。**家长要积极参加有关青少年成长、家庭教育等方面的讲座,正确认识时代对人才素质的要求,正确认识学校教育的全面功能,尊重学生的发展意愿,确立对学生发展的合理期望值,鼓励扬长,适度补短,让学生更主动、更自主地发展。

(3) **学生层面**：树立理想，自主学习。学生要自觉树立远大理想，端正成才动机和成才目标，把个人的理想抱负与国家期待、社会需要结合起来，把发展核心素养与发展兴趣爱好、个性特长结合起来，把提高身心健康水平与增强意志毅力结合起来，增强自主选择、自我管理能力和适应环境与抗挫折能力。

(4) **政府层面**：管好机构，优化学校。强化对教育培训机构的管理，规范培训市场，改善教育供给结构，充分发挥学校教育主阵地作用。树立科学质量观、政绩观，优化学校布局，注重优质均衡，缩小校际差距，不断优化师资、投入、学位配置和升学政策等问题，疏缓择校冲动，持续改进和创新评价方式，创设良好教育生态。

(5) **社会层面**：破除"五唯"，不拘一格。用人单位要改变单一、片面的"唯名校""唯学历"的用人导向。主流媒体要树立科学正确的人才观、质量观，共同营造健康和谐的育人环境和"不拘一格降人才"的选人用人良好局面。

F. "双减"下学生的作业布置问题

(1) **现状**：①作业量大幅减少。"双减"之下，学生的作业量大幅减少，学生大都可以在规定时间内完成布置的作业。②作业布置有针对性，质量提高。"双减"之后，教师改变了全班作业统一的做法，个性化地布置作业，作业布置的质量提高，且更具针对性。

(2) **原因**。

①减负的需要。长期以来，由于应试教育理念深入人心，学校和教师将机械"刷题"视作学生取得高分的"法宝"，作业量多且难度大，造成学生学习负担重，压力大，不利于学生的健康成长。

②增质的需要。

a. **作业的布置整齐划一，缺乏差异学习**。教师总是将统一的作业布置给所有的学生，并没有考虑到学生之间的差异性和不同学生的实际需要。

b. **作业的内容偏重机械灌输，缺乏深度学习**。作业内容过于强调机械式的大量刷题，造成学生学习的表面化，学生只是学会解题技巧，并没有理解知识本质。

c. **作业的形式常以纸笔为主，缺乏有效学习**。作业仍以传统的纸笔测验为主要形式，作业常常脱离实际生活，不利于学生实际问题解决能力的提高。

d. **作业的完成由父母陪同，缺乏自主学习**。由于作业本身难度过大，很难依靠学生的自身力量完成，常常需要家长辅助完成，久而久之，学生的作业成了家长的作业，不利于学生自主学习能力的提高。

(3) **策略**。

①**作业形式多样化**。作业的形式不局限于纸笔测试，增加非纸笔形式作业，大力推广动手操作、作品展示、口头报告等表现性作业，丰富作业形式。

②**作业内容生活化**。作业内容要尽量贴合学生的实际生活，关注现实问题，让学生在完成作业的过程中，切实提升自身解决实际问题的能力。

③**作业布置层次化**。注重作业的层次性和针对性，面向学习程度不同的学生，布置有差异却具有针对性的作业，确保作业发挥查漏补缺的作用。

④**作业设计科学化**。减少机械刷题，题海战术式的作业布置，突出核心素养的导向作用，精心选择作业内容，设计作业形式，推动作业提质增效，真正体现检测教学、发展教学的功能。让学生在好玩的、有趣的作业中获得持续学习的力量。

⑤**作业完成合作化**。尝试布置小组作业，通过组内成员共同合作完成作业，提升团队凝聚力，培养学生的合作精神和探究精神。

第二部分 历年真题之经典题

1. 材料 材料：(材料缺失)（22 广西师大）

   (1) 结合教育与人的发展关系谈谈对"双减"政策的看法。（见本专题"B.'双减'的实施原因"）

   (2) 结合教育和社会的发展关系谈谈对"双减"政策的看法。（见本专题"B.'双减'的实施原因"）

   (3) 谈谈"双减"政策如何落实？（见本专题"E.'双减'有效实施和继续推进的策略"）

2. 材料 材料一：城乡教育差距大，农村孩子进城读书，某区却让进城的农村孩子回乡就读，在义务教育全免费后，该政府投入无差别教育，追求城乡教育的均衡发展，摒弃教育不公的问题。

   材料二：2021 年 7 月份，政府出台"双减"政策，有人认为让学生把握在校学习时间，能提高学习效率，有人认为学习时间变少了，学到的内容就变少了。对于"双减"政策，社会上存在着各种不同的声音……

   从教育与社会发展的关系角度对上述现象进行分析。（22 大理）

   答 (1) 教育与社会的关系分析。（见专题 2 "B. 教育与社会发展"）

   (2) 社会对"双减"的争议。（见本专题"C.'双减'政策的争议"）

3. 作文 作文题：请谈一谈你对"双减"政策的看法，要求自拟题目，字数不少于 1 000 字。（22 青岛）

   答 (见本专题"A.'双减'政策的内容""B.'双减'政策的实施原因""C.'双减'政策的争议""D.'双减'实施一年后的现状""E.'双减'有效实施和继续推进的策略"）

4. 论述 请结合教育教学策略，指出"双减"政策背景下面临的难题并提出相应的解决办法。

   答 参考答案一：布置作业。（见本专题"F.'双减'下学生的作业布置问题"）

   参考答案二：教师压力大。

   ①表现。

   a. **教师工作负担的加重。**"双减"之后要求教师进行课程改革，提升课程质量，教师的备课压力加大，加重了教师的工作负担。

   b. **教师工作时间的延长。** 课后延时服务将放学时间从下午 4 点延长到下午 6 点，工作时间的延长使教师感到疲倦和力不从心。

   c. **教师的心理压力加大。**"双减"之后，随着课外培训机构的退场，家长们将对孩子学习期望的要求转移到了学校教师身上，面对学生家长的期望，教师面临巨大的心理压力。

   ②原因。

   a. **课后延时服务"5+2"模式延长教师工作时间、加重工作任务。** 教师要将额外的时间和精力用于学生的课后辅导，教师的备课、科研甚至休息的时间被大大缩减，这对教师提出了新挑战。

   b. **跨区、跨校交流轮岗制度导致教师工作的不稳定性攀升。** 教师工作面临更多不稳定因素的影响。轮岗教师在新环境中的福利待遇、职称评聘、编制管理、体制转变等问题亟待解决，如果缺乏教育行政部门联动机制的支持，会在一定程度上加剧教师轮岗的不确定性。

   c. **学科类培训机构人员再就业，加剧教师工作的竞争压力。** 遏制校外学科类培训机构野蛮生长后，大批优秀人才将逐步转移至教师队伍中。教师职称评审的竞争将愈发激烈，晋升标准等也有增加难度的可能，教师必须付出更多的努力，迎接这些未知的风险。

   d. **教师工作与生活的边界模糊，工作、家庭和生活间矛盾凸显。** 教师不得不把工作延伸到下班后，导致他们放在家庭和个人生活上的精力相对减少，从而可能引发各种矛盾。

   ③措施。

   a. **核定学校总体工作量。** 学校需要根据现有班级或将来每年可估测的课程，核定开设学生课后服务或实践活动、托管时间安排等方面的工作量,建立教师编制动态统筹机制和用人机制,分担教师工作。

b. 推行教师弹性工作制。 根据当地教育实际和各校教学安排,制定教师弹性工作制度,统筹好上下午、课后服务与托管工作安排,维持、保障正常的教育教学及课后服务、托管工作的秩序和质量。

c. 提升教师工作保障能力。 学校要建立健全学校教育服务体系,根据教师参与课后服务的时间和表现,落实教师课后托管有偿服务政策,向其发放补偿性加班补助,采取激励性办法。

d. 统筹利用社会资源。 建立校外教育机构公共服务购买机制,吸引其参与学校课后服务和托管工作,解决学校教师配备、课程供给紧张问题,减轻校内教师的负担和压力。

e. 做好思想和认识的转变工作。 通过集体学习和专项培训的方式转变教师的教育教学思想和观念,树立正确的人才培养观,让教师面向学生的全面发展和健康成长开展教育教学工作。

f. 提高教师对政策的认识。 教师要思考"双减"政策出台的背景,有针对性地提高对"双减"政策的认识,以高度的责任感和使命感投身教育教学工作中去,落实好"双减"政策。

5. 材料 材料:材料摘自今年的"双减"政策,关于教师留作业和批改作业。(材料缺失)

(1) "双减"政策下,教师应如何布置作业呢?

(2) 结合材料,谈谈教师批改作业的基本要求。(22 淮北师大)

答 (1) "双减"政策下,教师应从以下方面来布置作业。(见本专题"F.'双减'下学生的作业布置问题"中"策略")

(2) 教师批改作业的基本要求。

①**作业评价语言的丰富性。** 大部分学者提出教师应当减少使用甚至避免使用类似"√"与"×"这样的传统符号来批改作业,多使用诸如暗示性等符号与鼓励赞赏型话语,以此来适应学生的心理需求、提高学生的学习兴趣、增进学生的自信心。

②**作业评价要引导学生形成正确态度与良好心理。** 作业评价的目的是激发学生的学习兴趣和积极性,增强学生学习的自信心。对作业中的问题要指出不足并指明方向,促使学生积极向上;逐渐培养学生对自身学习情况分析的意识。

③**在作业批改评价的模式与方法上实行全方位多元评价。** 将作业中体现学生的态度、解题速度、创新程度、规范程度等方面纳入评价标准。同时,作业批改还可以采取结果性评价与过程性评价相结合、总体评价与分层评价相结合等方式,动态、持续且具有针对性的评价有利于激发学生的学习内驱力、形成自我反思的习惯,助力其全面发展。

总之,作业评价方式应具备激励性、针对性与过程性,充分考虑评价目的、评价维度与评价标准等,强调学生的获得感以及对反馈的正确解读与使用。

6. 论述 联系"双减"政策,论述如何理性对待教育目的。(22 济南)

"给教师的100条建议"体现了实现人的全面发展的教育目的观。

答 (1) **转变教育理念,树立以人为本的教育观念。** 树立以人为本的教育观,意味着肯定教育的根本主旨在于促进人的全面发展。人是主体,人的发展与社会发展是互动的。树立以人为本的教育观,还意味着肯定人是自我教育、自我发展的主体。教育必须尊重人在自我教育、自我发展中的主体地位。教育的艺术和教育的实效,在很大程度上取决于启发、培养、引导、激励和发挥人自我教育、自我发展的能动性。

(2) **教育目的是培养全面发展的人,全面发展教育的实现要以素质教育为核心。** 全面发展教育的"五育"并举,每育都有自己特定的内涵、特定的任务、特定的社会价值和教育价值。各育之间不可分割、不可相互替代。而"双减"政策让学生从极端的应试学习中解放出来,给他们创造了全面发展的教育环境。

(3) 防止教育目的的实践性缺失。片面追求升学率导致的学生校内刷题、校外补课的高负荷学习等应试教育问题背离了"五育"并举的教育实践方向,也背离了教育目的的宗旨。所以,"双减"政策就是在为了更好地落实素质教育的发展,符合学生身心发展规律的基础上提出的,从而不断强化全面发展的教育观念,加强教育实践。

7. **材料** 材料:剧院效应的材料和"双减"实施的材料。
   (1) 结合我国社会现实分析义务教育内卷化的表现与原因。
   (2) 试述"双减"政策破解义务教育内卷化的路径与方式。(23 首师大)

[答] (1) 表现与原因。

①表现。

a. 教育目标内卷化。当前,学校教育教学将原本丰富充实的教育目标压缩为以智育为唯一目标、倡导知识崇拜、单调机械的识记训练,将其量化成为分数,学习活动单单围绕有限应试科目展开,导致教育目标的收缩。

b. 教学活动内卷化。在当前的教学实践中,追求模式化、套路化、技术化的思维倾向日益抬头,原始性教学创造空间倍受挤压,教学创新变成教师争取荣誉的表演。在追分提分动机驱使下,教师的常态课日渐套路化、格式化,课堂教学形式化、模式化。

c. 学校功能内卷化。由于教育教学模式简单、机械,教学机构可进行复制再造,形成了大量的校外培训机构、辅导机构与托管机构,导致了学校功能的蔓延与学校教育的"外溢"。

②原因。

a. 优质教育资源的分布不均。现在学生的应试能力提高了,但是优质教育资源并没有成正比增加,整个教育体系走向互相倾轧、自我消耗的竞争模式,这是教育内卷的症结所在。当孩子学习落后时,家长们就会焦虑,认为不内卷就没法从众多竞争者中脱颖而出。

b. 高学历的光环效应和一刀切的评判标准。为了更高的学历和收入,人们认同了为教育投入大量时间和金钱是合理的观念,如果不参与内卷,就无法获得更多的资源和更优越的生活条件。另外,在未得到正向效益的同时,他们质疑自己参与内卷为什么没有得到应得的报酬,而不是质疑内卷本身。

c. 不合理的教育理念。家长的目的依然是"不让孩子输在起跑线",思想上依然遵循"应试教育"的功利性逻辑。表面上看,今天的家长投入到教育"专业性"的怀抱中,但其实他们的行动依然是经验的、直觉的,目的依然是拥抱地位与财富,并没有在根本上改善家庭教育的盲目状态。

(2) 路径与方式。

①**转变教育观念。**要坚持国家教育发展理念,引导家长调适心态,修复功利性主宰的社会教育观念系统,敦促家长真正理解、认同、接受科学的育人观念。

②**以学生的全面发展为目标。**要促进教育优质均衡发展,落实《义务教育质量评价指南》,深化高中招生改革,推进协同育人共同体建设,实施培训广告管控,加快学科类培训机构管转非。

③**提升课堂教学质量。**要确保学生在校内学足学好,确保学生学业质量达标,提高课堂学习质量与学习效率,规定作业数量,改进考试方法。

④**营造健康的育人环境。**用人单位要改变单一、片面的"唯名校""唯学历"用人导向。主流媒体要树立科学正确的人才观、质量观,发展教育生态环境的内核,以及学生全面个性化成长的内生土壤,从而维护教育生态系统的平衡与良性循环。

⑤**促进学校的转型升级。**严格作业过程管理,开设课后服务,规范校外培训行为,推进集团化办学,促

进新优质学校成长。

8. 论述 材料：2021年7月，中共中央办公厅、国务院办公厅印发了《关于进一步减轻义务教育阶段学生作业负担和校外培训负担的意见》（以下简称"双减"政策），意见提出了"坚持学生为本、遵循教育规律""整体提升学校教育教学质量""减轻学生过重作业负担""提升学校课后服务水平，满足学生多样化需求"。

请结合实际，论述对"双减"政策的实施要进一步立足教育的本质，让教育回归生活世界，发挥学校育人主体作用的认识。（23新疆师大）

答 （1）从教育的本质看"双减"政策的内涵。

①"双减"政策简介。（见本专题"A．'双减'政策的内容"）

②"双减"政策实施的必要性。（见本专题"D．'双减'实施一年后存在的现状"）

③教育的质的规定性阐述。（见专题1"A．教育的质的规定性"）

综上，"双减"政策能够解决当前学科类培训机构"营改非"后的规范经营问题、师生压力与负担普遍较大等问题，使得教育回归教师引导性、学生主体性，回归目的性与积极正向的方向性，回归教育的本质。

（2）从学校育人主体作用看"双减"政策的重要价值。

①学校对人的主导性作用。（见专题2"A．教育与人的发展"中"学校教育在人的身心发展中的作用"）

②"双减"政策的落实利于发挥学校育人主体作用。（见本专题"B．'双减'的实施原因"）

综上，"双减"政策的实施，充分遵循了学生的身心发展规律与特点，进而实现学校教育在人的身心发展过程中的主体地位，实现学校的育人主体作用的回归。

（3）从教育回归生活世界看"双减"政策的落实措施。

①教育回归生活有其必然性与可能性。（见专题3"C．教育与生活的关系"）

②"双减"政策的落实，其本质上是以教育回归生活为方向与原则。

a．在教育目标方面，减少知识学习的负担，回归生活与实践。"双减"政策使得学校教育与学生的生活实际相结合，使得对学生的教育过程来源于生活、又走向生活，始终不脱离生活搞机械化、形式化的教育。

b．在教育过程方面，改变教师在教育过程中的专断与控制地位，实现家、校、社协同。学校需要端正办学思想，家长需要学习育儿、尊重学生，政府需要管好机构，优化学校。教育成为家、校、社共同参与与努力的事业。

c．在教育评价方面，破除"五唯"，关注学生的综合发展。

综上，"双减"政策回归了教育的本质，能够实现学校教育的育人主体地位，实现教育回归生活。学校教育要进一步落实"双减"政策，推动教育质量的提升与育人初衷的回归。

专题12：劳动教育

第一部分 常见出题角度与答案

A．含义

劳动教育是德、智、体、美、劳全面发展教育的主要内容之一，是引导学生掌握现代劳动的知识与技能，养成良好的劳动习惯和正确的劳动态度，培育学生正确的劳动价值观的教育。劳动教育是国民教育体系的重要内容，是学生成长的必要途径，具有树德、增智、强体、育美的综合育人价值。

B．价值

（1）**实施劳动教育是实现人的全面发展的必由之路。**劳动教育作为五育之一，发挥着以劳树德、以劳启智、以劳健体、以劳育美的作用，只有包含劳动教育的教育，才是全面发展的教育。

（2）**实施劳动教育是适应当下生活和未来生活的重要保障。**通过劳动教育，既培养学生基本的生活技能和素质,以适应当下生活的需要,也适应未来社会对综合人才的需要。

(3) 劳动教育是德、智、体、美教育实践的基本途径。劳动教育不仅仅可以发挥自身的育人功能,也可以成为桥梁,沟通智育、体育、美育与德育。

(4) 劳动教育将间接经验与直接经验结合起来。学生在课本上学习到的是间接经验,在日常生活中体会过的是直接经验,劳动教育将二者相结合。

(5) 劳动教育将学习知识和锻炼能力结合起来。劳动教育将出汗、出力与动脑结合了起来,让学生将学过的理论应用到实践当中,锻炼了学生的应用能力。

(6) 劳动教育将理论与实践、生活结合起来。劳动教育将课堂上所学到的理论知识与学生日常生活当中的经验结合起来,做到了理论与实践相结合。

C. 现实问题

(1) 学校轻视劳动教育。①劳动教育功能的异化。许多学校将劳动作为惩罚学生的手段,造成了学生对劳动的厌恶。②劳动教育实施的形式化。劳动教育在实施过程中,强调"拍照留痕",学生作业制作得很精彩,但却没有学到实际的内容。③劳动教育课程的同质化。由于缺乏明确的指导和经费,再加上场地的限制,学校在课程内容的设计上常常忽视自身的实际条件和特色。④劳动教育评价的应试化。部分学校在开展劳动教育时,将劳动课程等价于学科课程,仍然采取传统的纸笔测验,量化考核的老办法。⑤劳动教育精神的空心化。劳动教育的育人价值常常被忽视,造成了劳动教育精神的空心化。

(2) 家庭无视劳动教育。家庭普遍认为劳动对孩子的成长不及考试重要。家长会替代学生完成任何家务劳动,只要求学生全力以赴地学习考试内容,有些家长甚至会代劳学生本身生活自理的劳动内容。

(3) 社会贬低劳动教育。我国自古就有"劳心者治人,劳力者治于人"的传统思想,劳动被视为低人一等的表现。再加上当前社会媒体对各种"物质主义""金钱主义"的宣传,严重贬低和异化了劳动教育的价值和意义。

D. 实施途径

(1) 学校落实劳动教育。

①明确劳动教育的育人目标。要从劳动知识、劳动技能、劳动态度、劳动观念等角度对目标进行重构,使其充分服务于学生劳动素养和劳动观念的培养与形成。

②加强大中小学课程一体化系统设计。新时代劳动教育坚持目标导向和问题导向,注意不同阶段劳动教育的渐进性,对大中小学各学段贯通设计,体现出系统性、科学性、时代性的特点。

③独立设课与学科渗透有机结合。打破学科间、课堂内外、校园内外的边界,创新课程形态,完善劳动教育课程体系,充分实现劳动教育课程育人的功能。

④彰显学生在校劳动活动的教育价值。让学生参与学校劳动是对学生实施劳动教育的最直接的教育机会。让学生在劳动与分享的过程中,学会感恩,懂得回馈,珍惜劳动成果,尊重他人的付出。

⑤确保公益性社会服务活动具有实际意义。学校可组织学生每周固定时间参与社会公益服务活动或公益劳动,让学生在活动中参与实践、服务他人、奉献社会。

⑥依据各地实际,因地制宜常态实施。各地、各学校应结合当地自然、经济、文化等方面的条件,充分挖掘自身可利用的资源,宜工则工、宜农则农,因地制宜地大胆探索多元化的劳动实践项目。

(2) 家庭落实劳动教育。

①引导家庭重视生活技能养成,明确家庭教育细则。教育主管部门要制定家庭劳动教育标准和指导,明确家庭劳动教育目标和任务,关注家长的劳动教育合理诉求,以培养学生的生活技能和自理能力为目标。

②引导家长职责归位,培养孩子从小树立劳动意识和观念。家长是孩子的第一任老师,家庭是孩子的第一所学校,劳动教育要实施好,家庭教育不能失位。家长要帮助孩子从小树立劳动意识和观念,在孩子心中早早种下"劳动最光荣"的理念,为今后的成长打好基础。

(3) 社会助力劳动教育。

①深化产教融合,改进劳动教育方式。为学生在现代企业中参与劳动体验、实习实训搭建平台,使学生树立正确的劳动观念,激发其创新意识,为未来的职业生涯做一定的储备,提升劳动教育的时代性和针对性。

②引导社会舆论,弘扬劳动精神。社会应形成良好的劳动舆论,形成尊重、热爱、崇尚劳动的良好社会风气。媒体应结合新时代的人才要求,积极宣传正确的教育观和成才观。

(4) 拓宽实施渠道,促进家庭、学校、社会综合实施。发挥家庭在劳动教育中的基础作用,落实学校在劳动教育中的主导作用,强化社会在劳动教育中的支持作用。各方主体相互补充,积极引导学生参与劳动实践,努力画好劳动教育同心圆,形成齐抓共管、多方协同的劳动教育。

第二部分　历年真题之经典题

1. **作文** 作文题:劳动教育的现实价值和实施途径。(材料缺失)(21 青岛、深圳)

劳动教育的现实价值和实施途径

(1) 含义。(见本专题"A. 含义")

(2) 现实价值。(见本专题"B. 价值")

(3) 实施途径。(见本专题"C. 实施途径")

综上所述,劳动教育是任何时代创造美好生活的永恒的手段和方式,劳动教育在任何时代都不失光彩。时代只改变了劳动曾经的模样,而"劳动创造美好生活"的真理却从未改变。

2. **材料** 材料主要内容:富春七中重视劳动教育。(20 首师大)

(1) 在新时代,我国劳动教育面临着什么样的危机和问题?

(2) 应当采取什么样的措施,使社会、学校和家庭形成合力促进劳动教育的发展?

答 (1) 问题。(见本专题"C. 现实问题")

(2) 实施途径。(见本专题"D. 实施途径")

3. **材料** 材料大意:2020 年 3 月 20 日关于加强劳动教育的文件摘要。(21 安徽师大)

试分析你对劳动教育的认识。

答 (见本专题"A. 含义""B. 价值""C. 现实问题""D. 实施途径")

4. **论述** (1) 劳动教育的意义是什么? 劳动教育如何与德育、智育、体育、美育融合?

(2) 学校如何开展劳动教育活动? (22 合肥师范学院)

答 (1) 意义是什么? 如何融合?

①劳动教育的含义与意义。(见本专题"A. 含义""B. 价值")

②劳动教育如何与德育、智育、体育、美育融合。

a. 劳动教育融入课程思政建设,实现"以劳树德"。劳动教育和课程思政在内在逻辑和育人目标上有天然的契合点。应该将劳动教育有机融入课程思政建设,挖掘劳动教育中的德育元素,实现劳动教育与思政教育同向而行、协同育人,构建"三全育人"大格局,实现"以劳树德"的目的。

b. 劳动教育融入专业课程发展,实现"以劳增智"。学校应该探索构建具有学科专业特色的劳动育人价值体系,发挥"专业＋劳动"特色优势,不断深化对新时代劳动教育内涵的研究,使劳动教育贯穿人才培养的全过程,成为整个教育的基础和归宿,实现"以劳增智"。

c. 劳动教育融入综合实践活动,实现"以劳健体"。 创新劳动教育形式是学校劳动育人的新形态,要充分整合校内外劳动育人资源,依托"第二课堂"打造特色的校内外劳动教育实践基地。

d. 劳动教育融入校园文化建设,实现"以劳育美"。 劳动教育和美育的内在关系是互相促进和渗透的。学校可以营造劳动育人的良好校园氛围,发挥新媒体平台的积极作用,建立"互联网+劳动教育"新阵地,宣传劳动模范、劳动精神和工匠精神,做好学生的价值引领。

(2) 实施途径。(见本专题"D. 实施途径"中"学校落实劳动教育")

5. 【论述】论述劳动教育的意义以及如何开展劳动教育。(22 山西师大,23 湖南科技)

【答】(见本专题"A. 含义""B. 价值""C. 现实问题""D. 实施途径")

6. 【材料】材料一:义务教育劳动课程标准。

材料二:中小学劳动技术教育。

(1) 结合材料,谈谈劳动教育的目标。

(2) 结合课标,如何在中小学实施劳动技术教育? (23 河北师大)

【答】**(1) 劳动教育的目标。**

通过劳动教育,使学生能够理解和形成劳动观,牢固树立劳动最光荣、劳动最崇高、劳动最伟大、劳动最美丽的观念;体会劳动创造美好生活,劳动不分贵贱,热爱劳动,尊重劳动者,培养勤俭、奋斗、创新、奉献的劳动精神;具备满足生存发展需要的基本劳动能力,形成良好的劳动习惯。

(2) 如何实施。

①**课程标准:** 新课程标准规定,义务教育要在坚定理想信念、厚植爱国主义情怀、加强品德修养、增长知识见识、培养奋斗精神、增强综合素质上下功夫,使学生有理想、有本领、有担当,培养德、智、体、美、劳全面发展的社会主义建设者和接班人。

②**落实措施。**(见本专题"D. 实施途径"中"学校落实劳动教育")

7. 【论述】结合实际,谈谈在中小学中如何更好的开展劳动教育。(23 杭州师大、洛阳师范学院)

【答】(见本专题"D. 实施途径"中"学校落实劳动教育")

8. 【论述】论述劳动教育对人全面发展的作用,以及中小学进行劳动教育的策略。(23 江西师大)

【答】(见本专题"D. 实施途径"中"学校落实劳动教育")

9. 【论述】2020年3月,中共中央国务院出台《全面加强新时代大中小学劳动教育的意见》,结合教育理论联系实际,谈谈劳动教育的时代意义和实施途径。(22 佛山科学技术学院)

【答】(见本专题"B. 价值""D. 实施途径")

专题 13:基础教育

第一部分 常见出题角度与答案

A. 含义

基础教育是人们在成长中为了获取更多学问而在前期要接受的掌握基本知识与技能的教育。我国的基础教育包括幼儿教育、小学教育、普通中等教育。

基础教育是面向全体学生的国民素质教育。其根本宗旨是为提高全民族的素质打下扎实的基础,为全体适龄儿童、少年的终身学习和参与社会生活打下良好的基础。基础教育面向的中学生群体在生理上正处于青春发育期。这一时期的中学生最大特点是:生理上的蓬勃成长、急骤变化;智力迅速发展;情绪和情感的内容十分丰富,其形式也比较复杂;重感情、讲友谊,稳定性在逐步提高。

B. 价值

(1) **注重育人功能而非选拔功能。** 基础教育面向全体青少年儿童,促进他们最基本的素质和品格在形成的关键时期得到充分发展。并非仅仅将基础教育的价值依附于更高一级的教育,以能否为高一级教育或学校提供更多、更好的生源作为衡量其价值的标准。

(2) **注重本体功能而非派生功能。** 教育的本体功能在于促进个体发展,基础教育应该更加注重教育是一种培养人的活动。

(3) **注重自由教育而非专业教育。** 基础教育给儿童、少年提供的是广泛的文化修养的教育,使其在品德、智力、体质等方面全面和谐发展。

(4) **注重基础知识而非高难知识。** 基础教育是向每个人提供并为一切人所共有的最低限度的知识、观点、社会准则和经验的教育,为提高全民族的素质,培养有理想、有道德、有文化、有纪律的社会主义建设者奠定基础。

(5) **注重教育公平而非精英教育。** 基础教育面向所有人,目的是使每个学生都能发挥自己的潜力,实现自己的抱负,同时也为社会发展贡献力量。

C. 成就

(1) **形成新的教学观。** 从重视教师向重视学生转变;从重视教法向重视学法转变;从重视传授知识向重视建构知识、培养能力转变;从重视认知向重视发展转变;从重视结果向重视过程与方法转变;从重视继承向重视创新转变;创造具有人文关怀、回归生活、具有生命活力的课堂。

(2) **形成新的评价观。** (见基础篇P200)

(3) **形成新的课程观。** 课程目标注重培养学生的综合素质、思维力、创造力、探索精神等,体现课程目标的整体性;课程内容具有基础性、综合性、生活性、时代性;课程类型具备多样化、均衡化、综合化、选择化的结构;课程实施从忠实取向的课程观转向相互适应取向和创生取向的课程观。

D. 存在的问题

(1) **管理体制不合理。** 我国基础教育采用的是呆板、僵硬的行政管理体制,很多管理人员根本不懂教育管理。

(2) **评价体制有问题。** 教育评价过分强调甄选与选拔的功能,过分关注对结果的评价,评价内容过于关注学业成绩,评价方法过于关注量的呈现,评价主体过于单一,忽视评价主体的多元化等。

(3) **教育资源分布不均匀。** 在我国基础教育中,由于各种原因使得我国有限的教育资源分布不均匀,主要表现在区域分布的不平衡和城乡分布不平衡上。资源的不均衡难免会导致教育的畸形发展。

(4) **背离了教育的初衷。** 我国提倡素质教育已经很多年了,但是应试教育依然根深蒂固。如有的学校还是比较重视升学率。

(5) **教学形式僵硬、固化。** 学校教育中过分注重知识传授,忽视学生的社会性、价值观、创造性。课程内容难、繁、偏、旧。课程体系以学科知识为核心,过于强调学科本位,忽视学科间的整合性和关联性。

E. 措施

(1) **探索新型的课堂教学模式。** 优化教学过程,改革陈旧的教学模式,提高课堂教学的实施水平,促进学生全面发展,培养学生独立思考的能力。

(2) **完善新型的教育评价体系。** 建立促进学生全面发展的科学评价体系。中学生的精力充沛,能力也在发展,但性格尚未最后定型。因此要设置完善的评价体系,促进学生全面发展。

(3) **集体教育与个别教育相结合。** 集体教育与个别教育相结合,通过集体教育个别学生,通过个别学生影响集体,既注重个性又注重个别差异,因材施教,能达到预期的教育效果。

(4) **突出以人为本的教育理念,倡导尊重的教育**。在对学生的教育与管理中,要突出以人为本的理念,尊重学生,加强师生之间的交流与对话,取得学生的理解与支持。

(5) **变革与调整学校管理方式,引导家校合作**。学校要引入社会力量参与基础教育,助力学校与社会、家庭合作关系的建立,鼓励和引导社会组织有序参与基础教育阶段的学校教育与改革,构建基础教育发展的社会合力体系。

(6) **评价体制改革**。完善教育质量评价体系,实现教育评价理念的转向,以科学的评价方式促进学生的全面发展。

(7) **注重课程建设,合理分配教育资源,发展校本课程**。学校要因地制宜地对既有课程进行统整,打造精品课程、边缘课程,以校本课程培养学生的自主性、灵活性。

(8) **回归育人初衷,以实现学生的素质教育为目标**。学校要关注学生的价值观培养、素养的生成,关注学生品格的养成与能力的生成,切实落实以人为本的教育理念。

(9) **优化教学设计,开展教学改革**。学校要顺应信息化时代教学改革趋势,善于使用信息化教学媒介与手段,促进学生多元化发展,培养学生的综合素质。

第二部分 历年真题之经典题

1. 论述 结合中学生的时代特点谈谈你对当前基础教育的理解。(11 南京师大)

答 (1) 简介。(见本专题"A. 含义")
   (2) 意义。(见本专题"B. 价值")
   (3) 措施。(见本专题"E. 措施")

2. 论述 论述基础教育的独立价值和意义。(14 东北师大)

答 (1) 内涵。(见本专题"A. 含义")
   (2) 独立价值与意义:基础教育在整个教育系统内部,具有它自己独立的、不依附于其他类型和层次教育的价值。基础教育的独立价值在于其基础性。(见本专题"B. 价值")

3. 论述 结合你的基础教育经历,谈谈现实基础教育中存在的问题,并针对问题分析论述如何进行改革。(11 东北师大,18 聊城,22 首师大)

答 (1) 存在的问题。(见本专题"D. 存在的问题")
   (2) 改革措施。(见本专题"E. 措施")

4. 论述 请结合实际,针对课堂教学改革中存在的某一个问题谈谈你的建议。(11 浙江师大)

答 (见本专题"D. 存在的问题""E. 措施")

5. 材料 材料:我国四省市学生参加 PISA 测试取得优异成绩,显示我国教育改革发展取得的巨大成就,同时也揭示出我国基础教育存在的诸多问题和挑战。

(1) 分析当前我国基础教育的成就和存在的教育问题。
(2) 分析"双减"政策下如何加强基础教育建设。(22 首师大)

答 (1) 当前我国基础教育的成就和存在的问题。
   ①成就。(见本专题"C. 成效")
   ②存在的问题。(见本专题"D. 存在的问题")

(2) 措施:"双减"政策是指有效减轻义务教育阶段学生过重的作业负担和校外培训负担的政策。减轻中小学生过重的课外负担,不仅要严格管理校外培训机构,而且要提高学校的教育质量,让学生在校内学足学好,缓解社会焦虑,减少家长送孩子参加校外培训的情况。(见本专题"E. 措施")

6. 论述 结合基础教育实际论述加强社会主义核心价值体系教育的意义及其举措。(14安徽师大)

答 社会主义核心价值体系基本内容包括:马克思主义指导思想、中国特色社会主义共同理想、以爱国主义为核心的民族精神和以改革创新为核心的时代精神、社会主义荣辱观。加强社会主义核心价值体系教育于基础教育阶段具有重要价值。应采取相关措施加强社会主义核心价值体系教育。

(1) 意义。

①落实培养目标的教育要求。社会主义核心价值体系教育是提高学生思想政治素质的有效途径,可以教育和引导学生加强思想修养,陶冶理想情操,树立正确的世界观、人生观和价值观。

②学生思想政治教育内容与时俱进的时代要求。社会主义核心价值体系教育有利于思想政治教育有效、创新开展,与时俱进,使学生成为社会主义核心价值体系教育学习和社会主义核心价值观践行的"先行军"和示范者。

③多元化思潮背景下学生思想教育的现实要求。当下用社会主义核心价值体系指导、引领学生思想政治教育工作有着重要的理论价值和重大的现实意义。

④学生成长成才的内在要求。社会主义核心价值体系教育能够帮助学生树立坚定的理想信念,具备高尚的道德情操,形成高尚的人格魅力。

(2) 举措。

①坚持回归生活世界与引领生活世界的统一。社会主义核心价值体系教育要强化社会主义核心价值体系对生活世界的价值引领,对社会生活现象去粗取精、去伪存真。

②坚持一元价值主导与多元思潮互动的统一。社会主义核心价值体系教育要注重多元互动,包容多样性,不断提升社会主义核心价值体系的凝聚力和感召力。

③坚持显性教育与隐性教育载体的统一。社会主义核心价值体系教育在注重课堂教学的同时,营造育人的环境,加强对学生思想行为的示范和引导。

④坚持思想价值引领与现实人本关照的统一。社会主义核心价值体系教育要在解决学生的现实困惑、合理需求和实际困难中实现社会主义核心价值体系的价值引领。

7. 论述 评述我国中小学教育存在的问题,选两个问题分析原因并给出解决的思路和方法。(17北师大)

答 我国中小学教育存在诸多问题,如教育与生活相脱离、德育贯彻不彻底、城乡教育质量差距大、教师地位不高等。下面就教育与生活相脱离和德育贯彻不彻底这两个问题来谈谈看法。

(1) 教育与生活相脱离。

①原因:a. 目标上,过于注重知识传授。b. 结构上,过于注重学科本位,科目过多、缺乏整合。c. 内容上,表现为"繁、难、偏、旧",过于注重书本知识。d. 实施上,强调接受学习、死记硬背和机械训练。e. 评价上,过于强调甄别与选拔的功能。f. 管理上,管理权限过于集中。

②基本策略。

a. 明晰教育主体差异,寻找教育与生活的契合点。作为教育主体的人,相互之间是具有差异性的,是多元的,不同的教育主体具有不同的生活。

b. 创设生活育人环境,营造在生活中学习的氛围。生活无处不在,教育无时不在。教育的环境对学生的学习具有重要的影响作用,学校要注重对育人生活环境的创设,营造在生活中学习的氛围。

c. 精心设计生活课例,选择适宜的教学内容。生活教育主张在教学中采用生活中的例子,既可以促进学生的理解,也可以吸引学生的兴趣,促进学生的发展。

d. 推进教学实践，使学生在学习中创造生活。 生活教育的目的不仅是让学生在学习中感受生活、适应生活，更是让学生在学习中创造生活。

(2) 德育贯彻不彻底。

①原因：a. 德育观念上，不够重视，认为智育的重要程度远大于德育。b. 德育原则上，遵循不到位，只了解传统的原则。c. 德育方法上，以说服教育为主，不灵活。d. 德育途径上，较单一，没有贯彻到教学的方方面面。e. 德育内容上，较枯燥，多为老生常谈，学生没有兴趣。

②解决方法。

a. 德育观念上， 要重视德育，国家要培养的是德、智、体、美、劳等方面全面发展的社会主义建设者和接班人。

b. 德育原则上， 遵循多样化的德育原则，如集体教育与个别教育相结合原则、知行统一原则、严格要求与尊重信任相结合原则等。

c. 德育方法上， 灵活运用多种德育方法，如情感陶冶、榜样示范、自我教育等。

d. 德育途径上， 通过多种间接途径开展德育，如课外活动、学科教学、心理咨询等，使德育渗透到一切教学活动之中。

e. 德育内容上， 精心编制德育内容，可与我国优秀传统文化相结合，并辅之以生动活泼的德育方法。

【说明，本题答案也可以完全采用本专题第3、4题的答案，但凯程为考生梳理了另一个版本的答案。】

专题14：教育惩戒权

第一部分　常见出题角度与答案

A. 含义与特点

教育惩戒是指学校、教师基于教育目的，对违规违纪学生进行管理、训导或者以规定方式予以矫正，促使学生引以为戒，认识和改正错误的教育行为。教育惩戒权的特点是：

(1) 合教育性。 教育惩戒权的使用要有明确边界，不能走到反面、过宽过滥，应当遵循教育的本质。

(2) 合法性。 教师行使教育惩戒权必须合法合规，在法律规制的范围内使用好教育惩戒这把"戒尺"。

(3) 合人性。 教育惩戒是教师的一项基本教育权，是教师施教育人的手段，是落实社会规范的方式，是对人性复归与高扬的展现。

B. 原因（意义）

(1) 教育惩戒具有理论意义。

①**教育惩戒的存在具有心理学依据。** 依据斯金纳的强化、负强化和惩罚的原理，惩戒就是要对学生的不当行为施以不愉快的结果，以抑制其不当行为的一种教育方式。

②**教育惩戒的存在具有教育学依据。** 教育要为学生的社会生活作准备，因此不能一味地否定教育惩戒，否则学生就不能形成良好的规则意识，不能锻炼出承担责任、承受挫折的心理品质。

③**教育惩戒的存在具有法理依据。** 法理学认为职责与权力是相辅相成的，赋予某个主体履行一定的职责时，就必须同时赋予其履行该职责的相应权力。教师对学生具有教育、管理、保护的职责，为了履行这一职责，必须赋予教师一定的强制性管理学生的权力，更何况教育是一种专业性很强的职业。

(2) 教育惩戒具有实施必要性。

①**从教育现状看，教师不了解自己惩戒的边界。** 教师要么惩罚越界，造成体罚和过度惩罚、变相体罚的惨案；要么不敢管理学生，甚至出现教师权利得不到保障，学生打老师的丑闻；教师对自己惩戒学生的范围、内容、方法不清楚，达不到约束教师过度行为的效果，也达不到教师履行教育义务的要求。

②从教育环境看,我国教育制度普遍不允许惩戒学生。近年来,我国主张"爱的教育""取消体罚"的制度,促使教师更加不敢管理学生,当教育缺失了合理的惩罚,同样起不到对学生的约束作用,这也是提出教育惩戒的主要原因。

(3) 教育惩戒的教育意义显著。

①**有利于纠正片面的教育观念**。在"快乐教育"盛行的社会背景下,教师少许的批评常被夸大成体罚或虐待学生,致使教师对学生的错误行为"不敢管、不愿管"。明确教师的惩戒权,既可维护学校教育秩序,又可帮助学生树立规则与规范意识。

②**有利于保障师生的合法权益**。教师惩戒权是赋予教师的一种权力,让"不敢惩戒、不愿惩戒、滥施体罚"现象得到改善。同时明确教师惩戒应接受家长委员会、申诉委员会的监督,避免违纪学生受到不公正的惩处。

③**有利于教育管理的惩戒有度**。所谓适当的惩戒,关键在于度的掌控,教师要善于选择适宜的惩戒方法,要有刚柔并用、宽严相济的教育智慧,做到"惩而有教,罚而有爱"。

④**有利于塑造学生的道德品质**。教育惩戒是对学生的违规违纪、言行失范进行制止、管束,让学生引以为戒。明确惩戒权,使教师敢于对学生不道德行为进行管和教,培养学生良好的规则意识并养成遵守秩序的习惯。

C. 策略

(1) 教育行政部门方面,要引导督促《中小学教育惩戒规则(试行)》(以下简称《规则》)完整实施。

①**加强指导,推进《规则》落地落实**。教育行政部门可进一步界定学校和教师实施教育惩戒的正当方式、不当方式及处置措施,为不当管理行为划出红线,指导学校、教师按教育规律合法合理实施教育惩戒。

②**加强支持,为学校和教师兜底**。教育行政部门要成为学校、教师遵照法律法规履行教育管理职责的坚强后盾,当教师遭受家长威胁、侮辱、伤害等不公对待时,帮助协调处理相关纠纷,依法保障教师的合法权益,保护教师的人身安全。

③**加强监督,保障权力规范行使**。各地教育行政部门应当建立健全校规校纪备案审查制度,审查校规校纪中存在的不合法、不合规的内容,及时告知学校修订完善。各地教育部门可以将学校、教师合法合理实施教育惩戒情况纳入工作考核与评价。

(2) 学校方面,要制定完善的校规校纪。

①**学校制定校规校纪的注意事项**。学校要制定关于《规则》的落实细则,既可以细化《规则》规定的惩戒措施,也可以结合本校情况,补充规定一些合理合法的教育惩戒措施。坚持育人原则、合法原则、适当原则。

②**学校落实校规校纪的关键要素**。一是重视对校规校纪的宣讲;二是重视对校规校纪的合法性自查;三是组建学生争议申诉委员会;四是建立健全监督实施教育惩戒的机制;五是建立学生教育保护辅导工作机制。

(3) 教师方面,要依法依规履行学生管理职责。

①**依法依规实施教育惩戒**。注意听取学生陈述和申辩,并以适当的方式告知家长,不侵犯学生合法权益,不侮辱学生人格尊严,不能违规越界。

②**合理合情实施学生管理和教育惩戒**。惩罚时长需适度,惩罚力度需适中,惩罚次数需适当。基于关爱学生的宗旨,符合育人规律,选择适当的方式,切实促进学生健康成长、全面发展。

③**公正公开实施学生管理和教育惩戒**。区分学生错误行为的性质,采取合理的惩戒力度,公正客观,一视同仁,不得偏袒任何学生。帮助学生树立正确的规则意识、责任意识和法治意识。

第二部分　历年真题之经典题

1. [论述] 论述教育惩戒的意义。(20 贵州师大)

[答] (1) 含义。(见本专题"A. 含义与特点")

(2) 意义。(见本专题"B. 意义")

2. [论述] 论述学校教育的特点并举例说明教师应该如何运用奖惩。(21 闽南师大)

[答] (1) 现代学校教育的特点。

①**坚持因材施教的教学原则**。教育教学要充分考虑学生的个体差异,从而有的放矢,对症下药。

②**教学过程尊重学生的个性化发展**。现代学校教育充分调动学生的积极性,以激励为主,尊重不同个性、不同成绩、不同性别的学生,鼓励其获得对学习本身的兴趣。

③**教学方式更加灵活**。在充分尊重学生的个性的基础之上,采用多样化、创造性的教育方式,结合信息化、智能化的教育教学手段,引导学生成长。

(2) **教师运用奖惩的策略**。奖惩是对学生的思想和行为作出评价,包括表扬、奖励和批评、处分两个方面。教师运用奖惩法应做到以下方面:

①**公平公正、正确适度、合情合理**。例如,奖励对象要全面,可以颁发进步奖、鼓励奖,呵护学生学习的积极性与兴趣。颁发的奖品要有意义,体现教师的心意。

②**发扬民主,获得学生支持**。例如,对于一些行为较散漫、作业经常应付了事的学生,可以经常与其谈心,争取其好感与信任。或安排其他同学与其邻座,相互交流、谈心、学习,感受集体的温暖与友情,培养其集体荣誉感。

③**注重宣传与教育**。奖惩要有一定的形式与声势,在一定的范围内宣布,并通过墙报、广播、橱窗等方式进行宣传,以便收到好的效果。

3. [材料] 材料:某同学受到老师的拳脚教育,父母不但不理解该同学,反而责备他,导致该同学投河自尽。

运用所学教育学原理对材料中的现象给出原因及防范措施。(18 宁夏)

[答] 学生的健康成长与发展离不开家庭、学校与教师的共同引导、共同作用。材料中正是因为家庭和学校对学生成长的关注、关心与保护不够,教师惩戒方式不当,师德败坏,才酿成学生投河自尽的悲剧。

(1) 原因。

①教师违反职业道德,体罚学生。

②家长关心不够,没有采取相应的措施,既没有将学生的情况反映给学校,也没有报警处理,更没有及时开导该学生,最终酿成了悲剧。

③学校监管不力,没有将违反职业道德的教师及时清除出教师队伍。

(2) 防范措施。

(见本专题"C. 策略")

综上,家庭、学校、教师各方都要高度重视利用惩戒权并参与到问题解决中以此来保护学生健康成长。

4. [材料] 材料:小学生马某和同学溺死在河中,据调查因为犯错被班主任经常殴打,回家告诉父母,父母未理睬。

分析这种现象出现的原因及我们应该怎样防范类似问题的发生？（23 宁夏）

答（1）原因。

①**教师方面：过度体罚学生。** 班主任经常殴打马某，对其身心健康产生了危害，长此以往，会造成马某对学校、教师，甚至对学习产生阴影，对自己的生活产生怀疑，进而轻视自己的生命。

②**家庭方面：家庭教育缺失。** 家长对学生在学校的经历与遭遇漠不关心，未尽到父母的责任，没能发挥家庭教育的作用。

③**家校之间未做好沟通与合作。** 班主任的经常性体罚以及家长对学生情况的漠不关心，实则还反映出家长与教师未进行深入有效的沟通与协作，家长不了解教师对自己孩子的教育方式，不了解也不关心孩子的在校表现情况；班主任未及时与家长反馈，体罚学生未收到家长的投诉，也增加了其体罚的频率。

④**学生自身：学生的安全需要未获得满足。** 根据马斯洛需要层次理论，每个人都有生理的需要、安全的需要、归属与爱的需要、尊重的需要与自我实现的需要。马某在校被教师殴打，回家需要家长的关心与帮助，但是家长并未理睬，其安全的需要、归属与爱的需要并未得到满足，也是造成其溺死河中的原因之一。

（2）措施。

材料中的现象启示我们，要重视教师惩戒的合理限度，正当使用惩戒权；要重视家庭教育的育人效用，给予其关怀；要重视家校之间的配合与联系，共同呵护学生的身心健康。

①**教师方面：**a. 教师应该合理使用惩戒权，发挥惩戒的教育性价值。b. 加强教师的师风师德建设。应强化师德意识，在教学中以德施教、以德育德。c. 教师要提升个人品德，并以身作则。

②**家庭方面：**加强父母对孩子的关爱程度。父母对孩子的情感需求与心理需求应积极回应。要积极投入亲子关系的构建、积极倾听，意识到父母的关照对孩子身心健康的重要性，理解孩子的社会和情感需求。

③**家校方面：**应加强家长与教师之间、学校之间的沟通与合作。家长应及时了解学生在校的基本情况。教师应及时与家长反馈，采取与家长协商共育的方式进行育人工作。

5. 材料 材料：根据 2019 年 11 月颁布的《中小学教师实施教育惩戒规定（征求意见稿）》，教师可采取不超过一堂课教学时间的教室内站立或面壁思过的惩罚方式。

(1) 请说说如何界定教育惩戒。

(2) 中小学教师如何进行教育惩戒？（20 贵州师大）

答（1）教育惩戒的内涵。（见本专题"A. 含义与特点"）

（2）教育惩戒的实施策略。（见本专题"C. 策略"）

6. 材料 材料：班主任让同学用不记名投票的方式选出班上三名"坏学生"，班主任对这三名学生进行教育，并让他们写出自己的"罪状"让家长签字。

(1) 请用相关的德育原则对该班主任的做法进行评价。

(2) 你认为针对学生出现的问题，教师应该怎样去做？（14 青岛）

答（1）材料评析。材料中的教师过度使用惩戒权，不利于学生的身心健康。

①**违背了集体教育与个别教育相结合的原则。** 该原则是指在德育过程中，既通过集体教育影响每个成员，又通过个别成员的教育影响集体；既面向集体，又因材施教。材料中，教师让学生匿名选出班上的"坏学生"，这样的做法会离间学生的感情，没有通过个别教育让学生向积极的方向发展。

②**违背了正面影响和纪律约束相结合的原则。** 该原则是指以正面引导说理教育为主，又辅之以纪律约束。循循善诱、以理服人，从提高学生的认识入手，调动学生的主动性，使他们积极向上。材料中，教师让学生选出表现不好的学生，是把学生引导到了负面、极端、抨击的立场，没有向着积极向上的方向改变学生。

③**违背了严格要求与尊重信任相结合的原则**。该原则是指进行德育要把对学生的思想和品行的严格要求与对他们个人的尊重和信赖结合起来。材料中的教师采取的这种公开"批斗"的形式,显然是没有尊重学生的人格,伤害了学生的自尊。

(2) 措施。

①**讲明道理,疏通思想**。对学生进行德育,要注重摆事实、讲道理,做深入细致的思想工作,启发他们自觉认识问题,自觉履行道德规范。

②**长善救失,通过发扬优点来克服缺点**。引导学生自觉地巩固自身的优点来抑制和克服自身的缺点。

③**因势利导,循循善诱**。要了解学生的性情,善于把学生的积极性和志趣引导到正确的方向上来。

④**使用惩戒权规范教师的惩戒方式**。对学生进行德育,以表扬、激励为主,批评、处分为辅,选择适当的时机,以达到教育的目的。在德育过程中,教师要坚持正面教育,对学生表现的积极性和微小的进步都要给予肯定,引导他们步步向前,以培养良好的品德,批评与处分只能作为辅助的方法。

⑤**爱护、尊重和信赖学生**。爱护、尊重和信赖学生是一个优秀教师必备的基本品德,也是教好学生、获得良好德育效果的一个重要条件。教师不能给学生贴标签,更不能随意向家长告状。

7. 材料 材料:结合相关材料,谈谈教师如何利用"惩戒"这把尺子。(22 合肥师范学院)

答 (见本专题"C. 策略")

8. 简答 如何正确看待学校教育中的惩戒问题? (17 杭州师大)

答 (1) 看法。教育惩戒得当具有重要的教育意义。(见本专题"B. 原因(意义)"中"教育意义")

(2) 对策。(见本专题"C. 策略")

9. 作文 作文题:以"教师惩戒权之我见"为题,写一篇作文。(20 青岛)

答 (见本专题"A. 含义与特点""B. 原因(意义)""C. 实施策略")

专题15:教育评价

第一部分 常见出题角度与答案

A. 含义、现状与问题

(1) 含义。

教育评价是一种价值判断活动,是提升教育质量的重要手段,是教育管理和改革的重要指挥棒。从实践层面看,教育评价的关键是解决"谁评价谁"的问题,也就是评价主体采用什么样的评价方法和标准来对客体进行科学、客观、公正的评价的问题。

(2) 现状与问题。

①**教育评价的法律依据薄弱**。我国教育评价的法律依据比较薄弱,缺少明晰的法律规定和足够的法律保障。

②**教育评价的管理体系有待完善**。各级政府部门既是教育主办者又是教育评价主体,容易导致教育评价的专业性、独立性和客观性受到影响。

③**教育评价对教育多样性重视不够**。忽视评价对象的特殊性,存在严重的"标准化"问题,导致各级各类教育存在同质化或趋同化的现象,引发教育系统的"攀比风"。

④**教育评价的频次增多**。在频次增多的同时,评价的类型和方式也日益多样。给学生造成了极大的负担,逐渐扭曲了评价的初衷。

⑤**教育评价中的实质性评价不足**。以重竞争性、选拔性、等级性的结果评价为主,集中表现为追求分数、升学率等,造成各级各类学校工作的教育性或学术性内涵不足。

⑥**教育评价结果的使用功利化突出。**教育评价结果直接与评价对象的利益诉求挂钩,不利于形成教育良性生态系统,不利于教育高质量均衡发展。

⑦**教育评价中存在伦理问题。**评价过程中评价者和被评价者一方或双方在信息保密、数据呈现和收集、评价判断、结果使用等方面,疏离甚至违背诚信、客观、中立等伦理规则。

B. 意义

(1) **合理的教育评价可以促进学生全面发展,提升综合素质。**有利于对学生的综合素质进行客观、公正、科学的评价,进而注重对学生创新意识、科学精神、实践能力、人文素养和健全人格的培养。

(2) **合理的教育评价可以加强教育治理,改善管理水平。**评价直接影响公共教育资源的配置,影响学校的办学行为、教师的教学行为和学生的学习行为。教育评价促使教育治理更富有人性化。

(3) **合理的教育评价可以更新教育观念,提升全民的教育水准。**教育评价被誉为教育的"指挥棒"。"指挥棒"作用发挥好了,教育事业发展就能沿着正确的方向前行,改善人们的教育理念。

(4) **合理的教育评价可以塑造教育生态,净化教育环境。**可以发挥良好的为教育服务的功能,进而全面促进教育的转型与变革。

C. 措施/变革趋势

(1) **在评价功能上,从侧重评价的选拔性功能转向发展性和激励性功能。**强调通过评价促进学生主动、全面、可持续发展。

(2) **在评价内容上,从侧重学生的智育评价转向"五育"并举的评价。**学生评价不应以分数作为唯一标准,不应以学科壁垒禁锢自己的评价观念,应以"五育"融合、促进学生全面发展作为评价目标。

(3) **在评价方法上,从侧重量化评价转向量化与质性评价相结合。**量化评价方法科学、客观,质性评价方法是对量化评价方法的一种反思、批判和革新。从根本上讲,质性评价方法是为了更逼真地反映教育现实。

(4) **在评价时间上,从侧重终结性评价转向终结性与过程性评价相结合。**过程性评价是促进学生发展的有效手段,关心学生的学习过程,侧重鼓励学生,给予学生信心。

(5) **在评价主体上,从侧重一元性评价转向多元化评价。**教学评价不仅要评价学生,还要评价教师教学、课程设置、学生学业成绩、学校管理等,注重评价主体多元化。

(6) **在学生发展上,强调评价的真实性和情境性,关注学生成长与思维发展。**通过评价,切实引导学生坚定理想信念、厚植爱国主义情怀、加强品德修养、增长知识见识、培养奋斗精神、增强综合素质。

第二部分 历年真题之经典题

1. 论述 论述改变学生评价对德、智、体、美、劳全面发展的意义,并说出如何改变学生评价。(21 天津外国语)

答 改变学生评价,树立"以生为本"的评价理念、量质结合的评价方式、终结性与过程性结合的评价手段,有利于落实学生全面发展的理念,督促教育回归育人初衷,落实全面发展在学生、学科与社会层面的育人价值。

(1) 学生评价对全面发展的意义。

①**对德育发展具有重要意义。**学生评价作为目标管理的重要手段,对学校德育的变革与发展具有重要的倒逼作用和反馈功能,也利于改变传统教育中"重智轻德"的观念。

②**对智育发展具有重要意义。**学生评价可以切实改变"重智轻德""重智轻能"等倾向,注重构建与落实学生的认知和情感发展、道德和公民性发展、个性和社会性发展、健康和安全发展、艺术和审美发展的全面发展观。

③**对体育发展具有重要意义。**学生评价可以有效地促进学生参与体育活动,进而有效促进学生的体质发展,对促进学校体育发展具有重要现实作用。

④**对美育发展具有重要意义。**通过评价可以有效识别学生的差异化审美能力,有效利用评价激励,进而激发学生主体的审美创造力,针对美育评价提供更显著的激励模式。

⑤**对劳动教育发展具有重要意义。**学生评价对于促进劳动教育目标的实现、辨析劳动教育实施的问题、为学校建立"评价—反馈—行动"的劳动教育发展机制、激励劳动教育的实践创造等具有重要的意义。

(2) **改变措施。**(见本专题"C.措施")

2. [简答] 根据评价在教学过程中的作用不同,教学评价分为哪三种评价,分别加以解释。(23浙江)

[答] 根据评价在教学过程中的作用不同,可分为诊断性评价、形成性评价和终结性评价。

(1) 诊断性评价。

①**含义**:诊断性评价一般是指在教育教学或学习计划实施前期开展的评价,旨在对学生现有的知识、能力、情感等的发展情况作出合理的评价,为计划的有效实施提供可靠的信息资源,以获得良好的教学效果。

②**主要方法**:摸底考试、问卷调查、小组座谈、个别访谈等。

(2) 形成性评价。

①**含义**:形成性评价是指在教学过程中为了改进和完善教学活动而进行的对学生学习过程的评价,通过及时反馈信息来调控教学过程,激励学生学习。

②**主要方法**:形成性测验、随堂测试与提问、观察、作业批改等,侧重质的评价方式。

(3) 终结性评价。

①**含义**:终结性评价是指在一个大的学习阶段、一个学期或者一门课程结束时对学生学习结果的评价,也叫总结性评价。

②**主要方法**:期中测试、期末测试等量的评价方式。

3. [论述] 论述教学评价的意义以及改革趋势。(23广东技术师大)

[答] (见本专题"B.意义""C.措施/变革趋势")

专题16:家庭教育

第一部分　常见出题角度与答案

A. 家庭教育的含义

家庭教育是指以家庭为单位,父母或主要监护人在家庭里自觉、有意识地对子女进行的教育活动。家庭教育在培养青少年健全人格方面作用重大,是学校教育无法取代的。

B. 家庭教育的问题/现状

(1) **重智力开发,轻品德优化。**在我国现阶段,家长最关心和实际认为最重要的,是孩子的学习、分数等智育问题。多数家长对传播知识、开发智力抓得很紧,将智育视为教育内容的全部,而对孩子的行为习惯、品德教育却很少在意,忽略了对孩子的人格培养。

(2) **重书本知识,轻实践锻炼。**在巨大的升学压力下,有些家长只顾帮助孩子应付各种考试,过分看重考试分数,不惜花费一切精力来抓孩子的学习,甚至限制孩子的外出活动。导致很多孩子整日埋头于参考书和习题集中,虽然掌握了不少书本知识,却不具备独立生活、适应环境、团队协作的能力。

(3) **重物质投资,轻心理素质的培养。**大多数的家长对孩子在物质方面的要求几乎是有求必应,但对于孩子的心理和精神层面,则缺乏必要的呵护和关爱,主要表现在对心理健康的关心和心理素质的培养不够重视。

(4) **重个性教育,轻责任感的培养。** 在我国的家庭中,独生子女日益增多,父母望子成龙、望女成凤,注重对孩子个性的培养,却忽视了对孩子责任感的教育,导致很多独生子女以自我为中心、骄傲、任性、自私、我行我素。

(5) **缺乏家庭教育意识。** 很多家长对家庭教育认识不足,误把家庭教育当做学校教育的补充来看待,忽视了其自身对孩子成长的影响。此外,不少家长忙于工作,没有时间陪伴孩子。由于孩子年龄小,自制力和意志力较弱,又没有父母的正确引导,面对诱惑,不知如何抉择,容易误入歧途。

(6) **家长教育能力不足。** 一是家长忽视了自身教育能力的培养,在正确施教方面存在缺陷。二是很多家长教育观念落后,缺乏现代教育能力。在目前的家庭教育中,不少家长缺乏以身作则的教育意识,不能给孩子树立良好的榜样形象,忽视了对孩子模仿能力的培养。

(7) **互联网信息过载,家庭教育面临甄选困难。** 随着"互联网+"的演进,家长从各大网络自媒体上获得的有关家庭教育的方法、目标、内容、观念和案例等各类信息,纷繁复杂、数量庞大。互联网信息过载对于身处闭塞地区、年龄较长、文化素养不高的家长来说,有些难以适应,往往会迷失方向。部分家长不懂得筛选甄别,极易产生焦虑情绪。

(8) **家庭教育"学校化"倾向严重。** 家庭教育应该主要对孩子进行道德人格教育,但许多家庭教育扬短避长,重点错位,成了"第二课堂""补课班",家长则成为学校老师的"助教"。孩子在家庭中享受不到应有的温暖,对家长反感。

(9) **家庭教育缺乏科学的理论指导。** 许多过时甚至错误的家教理论仍是很多家长的信条。如"三岁关键期""赢在起跑线上""早教越早越好"等。许多正确的家教理论,包括我国传统家教理论的精华以及国内外最新的科学家教理论,否定了社会流行的那些错误观念,但绝大多数家长知之甚少。

C. 家庭教育的原因/意义/特点

家庭教育是一切教育的基础,较于学校教育、社会教育,家庭教育的重要性体现在对孩子影响的独特优势上。

(1) **家庭教育是"原发先发"的教育,扎根性强。** 父母是孩子的第一任教师。孩子从出生起,就和父母在一起,在进入到学校和社会之前,家长已经给予孩子家庭的教育。同时,这些家庭教育的内容会深深扎根于孩子的内心,对孩子一生产生影响。

(2) **家庭教育是"播种打底"的教育,奠基性强。** 孩子最先接触的就是家庭,可以说,家庭教育的质量影响着学校教育的质量,如果在家庭中,儿童的行为习惯、人际关系、品德养成等方面出现了问题,学校与社会是很难进行纠正的。

(3) **家庭教育是"品德涵养"的教育,情感性强。** 家庭是德育最长久的场所,也是德育最优秀的场所。家庭给予的爱让孩子获得精神的成长,精神成长的富足,定会荡涤孩子的心灵,使其终生受益。

(4) **家庭教育是"因材施教"的教育,针对性强。** 与学校教育相比,在家庭教育中,家长更了解孩子,需要处理的问题更清楚,解决问题的方法也就更具有针对性。

(5) **家庭教育是"言传身教"的教育,榜样性强。** 家长是孩子最好的老师,孩子会有意将家长作为自己模仿的对象,可以说,家长是孩子一辈子的榜样。

(6) **家庭教育是"关注终身"的教育,连贯性强。** 学校教育往往具有一定的时间限制,例如,学前教育一般是针对3～6岁的年龄阶段进行教育,但是家庭教育贯穿人的一生,连贯性强。

(7) **家庭教育是"拾遗补阙"的教育,灵活性强。** 家庭教育可以更加关注学校教育中缺乏或落后的部分,同时根据孩子的兴趣进行培养,针对性更强。

D. 家庭教育的措施

(1) 国家方面。

①制定全国统一的家庭教育工作标准。 由国务院制定全国家庭教育指导大纲,省级人民政府编写家庭教育指导读本、制定家庭教育指导服务工作规范和评估规范,为全国家庭教育工作的开展确立统一的目标与规则。

②构建覆盖城乡的家庭教育信息化服务平台。 各级各类政府积极开设公益性网络家长学校和网络课程,提供免费的线上家庭教育指导服务。鼓励组织建立家庭教育指导服务专业队伍,建立家庭教育指导服务站点。

③鼓励各级各类学校开办家长学校。 鼓励中小学校、幼儿园建立家长学校,针对不同年龄阶段未成年人的特点,定期组织公益性家庭教育指导服务和实践活动,邀请有关人员传授家庭教育理念、知识和方法,组织开展家庭教育指导服务和实践活动,促进家庭与学校共同教育。

④建立公平正义的家庭教育政策体系。 优待处境不利的家庭。在家庭教育政策制定过程中应秉持公平原则、差别原则和补偿原则,对于特殊家庭给予必要的指导和帮助,采取适当政策倾斜。对留守未成年人和有困难的未成年人家庭建档立卡,提供生活帮扶、创业就业支持等关爱服务。

(2) 社会方面。

①社区支持。 设立家长学校等家庭教育指导服务站点,提供家庭教育指导服务。

②医疗保健机构支持。 医疗保健机构开展科学养育知识和婴幼儿早期发展的宣传和指导。

③社会文化机构的支持。 图书馆、博物馆、文化馆等公共文化服务机构每年应当定期开展公益性家庭教育宣传、家庭教育指导服务和实践活动。

④新闻媒体的支持。 广播、电视、互联网等新闻媒体应当宣传正确的家庭教育知识。

(3) 学校方面。

①帮助家长树立正确的教育观。 a. 要理智地爱护孩子。帮助家长树立正确的教育观念,掌握科学的育人方法,使孩子获得更好的发展。b. 要重视培养孩子良好的行为习惯。提醒家长无论在行为上还是观念上,都要以身作则,为孩子树立良好的榜样。c. 要树立正确的人才观念。提醒家长培养孩子要先注重道德品质的培养,要先成人再成才。d. 要相信人人有才,才才不同。正确指导家长认识和对待孩子的身心发展规律,因势利导,因材施教,使孩子获得全面的发展。

②加强学校教育与家庭教育的双向协调。 a. 学校要与家长建立信息沟通的渠道,使家长了解学校工作,进而在思想上能够真正与学校取得共识,积极配合学校开展工作。b. 邀请家长走进校园,参与活动。如开展家长跟班服务,让家长协助班主任开展各项工作,考试邀请家长协助监考,运动会邀请家长维护纪律,通过家长体验教师工作达到相互理解的目的。满足教育影响的一致性与连贯性原则。

③重视和加强学校对家庭教育的指导。 a. 推动各地各校建立年级、班级家长委员会,纳入学校日常管理。丰富学校指导服务内容,通过家长培训讲座、家长学校、家长开放日等途径,开展科学育人知识、社会公益、安全知识等教育活动。b. 要注意具体问题具体分析,把群体指导和个别指导结合起来,除做好对所有学生家长的普及性教育服务外,更要特别关注那些特殊家庭的家教服务,着重对"特殊学生"和"特殊家长"进行耐心细致的个性指导。从而使学校教育的主导作用和家庭教育的补充作用充分地发挥出来。

(4) 家庭方面。

①树立责任意识,开展家庭教育。 父母或者其他监护人应当承担家庭教育的主体责任。开展适当的家庭教育,为未成年人健康成长营造良好的家庭环境。

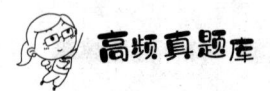

②**学习家庭教育知识,密切配合学校社区安排。** 家长可以进入幼儿园、学校等进行有针对性的学习,掌握科学的家庭教育方法,提高开展家庭教育的能力。

③**科学精准指导,关注儿童全面发展。** 家庭教育应当关注未成年人的生理、心理、智力发展状况,采用科学方法育儿。合理安排未成年人学习、休息、娱乐和体育锻炼的时间。

第二部分　历年真题之经典题

1. 简答 怎样发挥学校对家庭教育的指导与促进作用？（10 安徽师大）

答 （见本专题"A. 家庭教育的含义""D. 家庭教育的措施"中"学校方面"）

2. 简答 简述家庭教育的特点。（21 西南）

答 （1）含义。（见本专题"A. 家庭教育的含义"）

（2）特点。（见本专题"C. 家庭教育的原因 / 意义 / 特点"）

（3）趋势：国家急需对家长进行正确的引导,为了增强家庭教育的效果,我国颁布了《中华人民共和国家庭教育促进法》,这意味着公权力进入家庭私域,促使"家事"也成了"国事"。这是我国目前对家庭教育实施的最重要的相关法案。

3. 简答 《中华人民共和国家庭教育促进法》规定家庭教育应当符合的要求。（22 贵州师大）

答 （1）**尊重未成年人身心发展规律和个体差异。** 家庭教育中,父母或者其他监护人应当关注、了解并尊重未成年人的个体差异,遵循未成年人的身心发展规律,为其健康发展提供良好条件。

（2）**尊重未成年人人格尊严,保护未成年人隐私权和个人信息,保障未成年人合法权益。** 家庭教育中,父母或者其他监护人应当保障未成年人所有合法权益,充分尊重其法定权利,关心、爱护未成年人。

（3）**遵循家庭教育特点,贯彻科学的家庭教育理念和方法。** 家庭教育具有生活性、深刻性、不确定性等特点,父母及其他监护人要立足实际生活,掌握科学的理念与方法对未成年人进行教育。

（4）**家庭教育、学校教育、社会教育紧密结合、协调一致。** 全面贯彻协同育人,家庭教育要同学校教育、社会教育形成合力,助力未成年人的发展。

（5）**结合实际情况采取灵活多样的措施。** 家庭教育要结合实际生活,父母及其他监护人要采取多种方法灵活施教。

专题 17：家校合作

第一部分　常见出题角度和答案

A. 家校合作中的问题

（1）**家校合作意识缺乏。** 无论是家庭方面,还是学校方面,都没有充分认识到家校合作在孩子成长过程中的重要意义,因而缺乏合作意识,导致家庭和学校之间"两张皮",彼此疏离,无法形成合力,甚至还可能出现相互抵触的现象。

（2）**家校合作方式单一、落后。** 家校合作在我国开展已经有很多年了,但其合作方式却没有跟上时代的发展步伐,合作层次普遍较低,目前很多学校依旧停留在"开家长会"这一传统的合作方式上。这种单一的家校合作方式已经无法适应信息时代背景下教育的发展要求。

（3）**家校之间缺乏有效沟通。** 有的家长在孩子出现问题时一味地指责学校,导致关系紧张;有的家长工作较忙,没有及时主动与教师沟通;有的家长想和教师沟通,却不知道如何沟通,因而放弃沟通。这些沟通的不良表现,会引发家校关系疏离或紧张,导致家校合作价值无法实现。

B. 家校合作问题的原因

（1）**对家校共育的认识不足。** 学校和家长都没有从主观上认识到家校合作在学生成长与发展中的重要性,导致双方经常出现互相推脱责任或者相互裹挟的现象。

(2) **缺少长效运行管理机制**。国家相关政策并没有说明家长委员会具体的操作规则,因此在实施过程中容易流于形式。

(3) **家校共育的沟通机制不畅**。学校和教师仍然占据家校沟通的强势地位,家长缺少说话的机会。内容上,交流一般集中在学习、成绩等,对家庭教育、孩子爱好、交往情况等关心不足。

(4) **教师和家长家校共育的胜任力不足**。许多教师缺乏应有的家校共育能力,胜任力明显不足,没有足够的相关知识,没有太多的互动手段,没有真正了解家校共育的价值。部分家长的家庭教育观念有待转变,方法有待改进,能力都有待提高。

C. 解决家校合作问题的措施

(1) **进一步完善家校共育的法律法规,加强制度建设**。我国现存法律法规虽然大力提倡家校共育,但是对于这些工作没能明确规定不同部门的职能,具体操作规则也没有明确说明,导致实施效果不理想。因此还需完善相关法律法规。

(2) **学校要为家庭教育提供专业的指导,为教师赋能,加强家长教育培训**。教师层面:学校要为教师搭建家校共育的学习、实践平台,提升其指导能力。家长方面:学校要打造专门的家庭教育指导队伍,根据家长的需要开展指导。

(3) **支持家校共育的平台和载体建设**。一是家长委员会和家校合作委员会。完善相关机构的建立,规定其权利、责任、义务以及运行机制、管理机制等具体内容,让其真正发挥功效。二是家长学校,学校应针对不同年龄段未成年人的特点,定期组织公益性家庭教育指导服务和实践活动。

第二部分 历年真题之经典题

1. 材料 材料:教师在家长群发布消息,请学生家长代办打印材料或者打扫教室等事情,有些家长争着抢着做,而有些家长觉得这是学校的事。

家庭教育的含义是什么?家庭教育应如何配合学校教育?(18 湖南师大)

答 (1) 含义。(见专题15"A. 家庭教育的含义")

(2) 家庭教育应配合学校教育,实现家校共育。(见本专题"C. 解决家校合作问题的措施")

2. 材料 材料:《人民教育》2017年第7期以"家校共育的3.0版"为题,报道了临沂九中的教育探索经验。

(1) **请对当前我国中小学家校合作中存在的问题及其原因进行分析**。

(2) **如何改进家校共育模式,提升中小学德育的实效性?**(19年首师大)

答 (1) 分析。

①存在的问题。(见本专题"A. 家校合作中的问题")

②产生原因。(见本专题"B. 家校合作问题的原因")

(2) **措施**:家庭、学校在德育上相互配合,形成合力,在教育功能上互补、协调统一,延伸学校教育的有效性,更好地实现德育影响的连续性和一致性,为学生创造和谐统一的德育环境,实现家校共育,推动学生全面发展。

①**直面德育问题,家校坦诚沟通**。学校应该利用多元平台,将学生在校的德育表现以文字、图片、视频等形式及时告知家长;家长要积极作为,与学校达成信息互通,及时发现学生潜在的思想矛盾。

②**家校共同成长,建立家长学校**。学校应根据家长群体特征以及学校德育的阶段性,开办家长讲座,让家长给家长上课、给教师上课;开展家校活动,增加家长的德育知识,为家校搭建德育研究的话题平台。

③**互为主体,家校平等联动**。在家庭层面,家长要提升整体的育德能力和条件;在学校层面,学校要转

变有碍家校协同育德的观念和方法。

3. 材料 材料：2020年，党的第十九届五中全会审议通过的《中共中央关于制定国民经济和社会发展十四个五年规划和二〇三五远景目标的建议》指出，健全学校、家庭、社会协同育人机制，是推进教育高质量发展和实现教育治理现代化的基础性工程。建设优良的传统家风、树立高尚的师德师风、巩固良好的社会风气至关重要。在顶层设计层面形成服务全民终身学习的"三位一体"育人体系新生态的战略部署，则成为培养中国特色社会主义伟大事业建设者和接班人的重要保证。

结合相关教育理论，谈谈如何协同学校、家庭和社会的教育，保障学生的健康成长。（22 洛阳师范学院）

答 **(1) 学校教育、家庭教育和社会教育的关系。**

从影响人的身心发展因素的角度分析，三者关系如下：

①**各自的职责**：a. 学校教育主要承担的是知识传递和集体环境中的公德教化；b. 家庭教育主要承担的是生活习惯、健康保健、生活规范等道德教化中的私德成分；c. 社会教育除具有知识传递、公德教化等职责外，还负有终身教育之责。

②**三者关系**：学校教育在人的身心发展中起主导作用，但需要家庭教育和社会教育的配合。家庭教育是基础，学校教育为主导，社会教育是依托，三者之间既相互独立又相互联系，从而构成一个完整、统一的现代教育体系。只有三者的教育是协同一致的，才能形成教育合力，达到最佳的教育效果。

(2) 措施。

从德育的实施与落实途径来看，保障学生的健康成长、家校社协同育人，应做好以下四方面：

①**建立具体明确的教育制度。**我国现存的规定多为实体规范，缺少程序规范。家庭教育、学校教育和社会教育是三个不同的系统，要进行协同，势必会涉及到人员、资金、设施等多方面的问题。因此，制定明确的、具体的程序规定是家校社协同育人得以平稳运行的重要保障。

②**建立有关家校社协同育人的管理机构。**建立真正能统筹家庭教育、学校教育和社区教育的管理机构。如在地方教育局下设家校社协同育人的管理部门，配备专门人员，统筹现有的家庭教育指导服务中心等机构，使家校社三方能统筹资源，协同行动。

③**进行分类、分层的协同育人。**家校社协同育人的实施机构要把人们迫切需要解决的问题进行归类，将具体问题分年龄、分层次、分情况。制定学校、家庭和社会协同育人责任清单，明确学校教育、家庭教育和社会教育的职责和边界。

④**提高协同育人的专业性。**第一，加大研究力度，着力研究家校社协同育人的内在机理，按照协同教育的规律去规划、设计和组织开展教育活动。第二，提高家校社协同育人相关人员的专业知识和能力，使其能更好地参与协同育人。第三，建立家校社协同育人的评估体系。

4. 论述 （材料缺失）

(1) 家庭、社会、学校对人的发展有什么作用？

(2) 结合家庭、学校、社会协同共育，谈谈学校应该采取什么措施？（22 河北师大）

答 **(1) 家庭教育、社会教育、学校教育的作用。**

①**家庭教育**：是指以家庭为单位，父母或其他监护人在家庭里自觉、有目的、有意识地对子女进行的教育活动。家庭是孩子最早接受教育的场所，父母是孩子接受教育最早的教师。

作用：家庭教育在孩子的成长过程中起着奠基的作用，在培养孩子健全人格方面作用重大，在孩子成长过程中不可缺少，是学校教育无法取代的。

②**社会教育**：是指在广泛的社会生活和生产过程中所进行的教育活动，主要包含社会传统的教育（如国民性）、社会制度的教育（如民主精神）和社会活动或事件的教育（如终身教育思潮的影响）。

作用：社会教育是一个个体社会化的实践平台。社会教育通过营造利于个体健康成长的社会氛围，构建社会实践平台，引领未成年人参加社会实践活动，同时也配合学校教育和家庭教育，并为之提供良好的服务。

③**学校教育**：是指以学校为单位进行的教育活动，即学校有目的、有计划、有组织地由专门人员对受教育者施加影响，以使受教育者产生变化的活动。

作用：学校教育对人的身心发展起到了主导性的作用，学校可以对未成年人施以有目的、有计划、有组织的影响，排除和抵制来自社会或家庭的某些不利因素。从人的成长历程看，个体成长的黄金时期主要是在各类学校中度过的，因此学校对个体发展的影响是不可替代的。

总之，家庭、学校和社会都是学生成长的重要的环境，三者给予的教育都是学生成长中普遍接受和有影响力的教育，三者的教育力量要协同才更有效果。

(2) 学校应采取的措施。

①**家校协同方面**：搭建多种平台鼓励家长参与学校的教育活动。包括家长会、家长开放日、家长接待日、校务公开、校长热线电话、校长信箱和校务公开栏等。同时，学校可以指导家庭教育。学校是专门的教育机构，有专业的教育工作者，因此，学校可以承担起指导家庭教育的责任。在学校建立家长学校，可以传播家庭教育知识，实施家庭教育指导，形成教育合力，全面科学育人。

②**校社协同方面**：学校教育社会化。开放学校教育资源，充分发挥学校教育功能，把学校教育社会化与社区文明建设融合在一起，全面提升社区育人环境。同时，建立教师进社区制度，深入发掘社区教育资源，利用社区资源构建大教育体系，促使社区资源教育化。建立社会服务、艺术活动、公益劳动、社会实践等相对稳定的系列校外教育基地，有计划地组织不同于学校的校外教育活动。

5. [论述] 在现代，和学校教育、家庭教育一样，社会教育也发展了起来，社会教育迅速发展起来的原因有哪些？（15 湖南师大）

[答] 社会教育是指社会为提高其成员的素质而进行的各种教育活动，有广义和狭义之分。狭义的社会教育是指学校教育之外的教育机构。广义的社会教育是指除家庭教育和学校教育之外的一切教育形式。当前社会教育迅速发展，尤有其必要性与价值。

(1) 社会教育发展有其必要性。

①**覆盖率较低**。尽管社会教育的形式多种多样，但是真正实行的主要为学校教育。

②**组织性较差**。社会教育的行政管理机构不够明确，缺乏一定的组织性，未形成完备的组织体系、规章管理制度、运转机制。

③**教育经费不充足**。教育经费的不足将影响社会教育的基础设施和师资力量的完善和建设，影响社会教育现代化和信息化的发展，限制其发展与创新。

(2) 社会教育发展有其重要价值。

①**社会教育直接面向全社会，又以社会政治经济为背景**。它比学校教育、家庭教育具有更广阔的活动和选择余地，影响面更为广泛，更能有效、大范围地对整个社会产生积极作用。

②**社会教育不仅面对学生，面对青少年，更面对社会的成人劳动者**。这不仅可以弥补学校教育的不足，满足成年人继续学习的要求，有效促进经济发展，还可以通过政治、道德教育，促进社会安定与进步。

③**社会教育形式灵活多样，没有制度化教育的严格约束性**。社会教育很少受阶级、地位、年龄和资历限

制,能很好体现教育的民主性。

④**社会教育不局限于学校,可同社会实践相结合**。通过社会教育更有利于完成人的社会化。

专题18:校园欺凌

第一部分 常见出题角度和答案

A. 含义

校园欺凌是指发生在校园内、学生上学或放学途中、学校的教育活动中,由教师、学生或校外人员,蓄意滥用语言、躯体力量、网络、器械等,针对学生的生理、心理、名誉、权利、财产等实施的达到某种程度的侵害行为。这种欺凌不是单一的偶发事件,常重复发生。

B. 原因

(1) **个人因素**:年龄、不良嗜好、学业成绩、性格等。

(2) **家庭因素**:家长和孩子缺乏沟通、家长溺爱孩子、家庭收入、父母受教育程度等。

(3) **学校因素**:学校的管理规范程度、学校的法制教育效果、教师的法治素养、学校的文化建设、学校的硬件建设等。例如,国外有研究证明,如果一所寄宿制学校晚间照明好,那么学校发生欺凌事件的概率就会明显降低。

(4) **社会因素**:网络、暴力影视、动漫、游戏等;学生的社会不公平待遇。

C. 危害

(1) 危害学生的人身安全与身心健康。校园欺凌不仅会对受害者造成直接的身体伤害,也会严重影响他们的身心健康发展,使受害者长期处于紧张、焦虑、暴躁、抑郁的状态之中,不利于其从事正常的学习生活。

(2) 易导致施害者形成暴力习惯或倾向,对其成人后的人际交往模式与问题解决方式产生消极影响,不仅危害他们的健康成长,而且可能使其最终走向犯罪。

(3) 扰乱学校的正常教学秩序,干扰广大师生正常的工作与学习,给校园与家庭的和谐稳定造成了不良影响。

(4) 极易引发治安案件,构成社会的不稳定因素,危害整个社会的安定与和谐。

D. 对策

(1) **加强校园法制、文化建设**。学校要利用好教育阵地,如黑板报、橱窗、广播室等,做好宣传辅导工作。应切实加强德育建设。

(2) **优化教育行为,构建和谐的教育环境**。学校要减轻学习压力,多开展校园活动,重视学生的情感引导与心理健康教育。

(3) **培养学生的社交技能,提高学生的社会适应能力**。学校要培养学生的人际交往技能,创造和谐的校园氛围,融洽和谐的师生关系,给学生营造轻松的课堂气氛,创建多元化的课外活动,改善校园环境和人际关系,培养学生健全的人格。

(4) **整合家庭和社会的力量,使教育保障更有力**。学校要注重与家庭、社会协同治理,注重加强校园周边环境的治理。

(5) **矫正问题学生**。"以教代刑"的教育措施,即用合理的教育代替刑事处罚,绝不能不了了之。学校要设计更加完善、系统且适合未成年人身心特点的教育措施。

第二部分 历年真题之经典题

1. **简答** 试论对校园欺凌的看法。(18 杭州师大,19 青岛,21 宁夏)

答 (见本专题"A. 含义""B. 原因""C. 危害""D. 对策")

2. 材料 材料：小明是一位初二的学生，学习成绩优异，从来没有从班级第一名的位置掉下来过，为此，他十分骄傲，也很享受老师的表扬和同学的艳羡。直到小亮转到该班，小明每次只能排到第二，他也暗暗努力过，但还是没有办法超过第一名。他感觉老师和同学看他的眼神也不再像以前那样了，所以小明开始联合班级的其他同学排挤小亮，背后说了他很多坏话，甚至放学后把他堵在巷子里警告他。

近年来，校园欺凌事件频繁发生。2021年9月1日《未成年人学校保护规定》正式实施，第20条明确规定，学校应当教育引导学生建立平等、友善、互助的同学关系，组织教职工学习预防处理学生欺凌的相关政策措施和方法对学生开展相应的专题教育，并且应当根据情况给予相关学生家长必要的教育指导。

结合案例回答以下问题

(1) 请根据德育原则设计解决小明问题的思路。

(2) 请谈谈学校应该如何防止校园欺凌的发生。(23 陕西师大)

答 **(1) 解决问题的思路。**

①**以疏导原则对小明进行教育。**教师要注重摆事实、讲道理，让小明意识到自身行为会对小亮带来的危害与影响，让小明自觉改正。

②**以长善救失原则对小明进行教育。**教师要看到小明身上的闪光点，培养小明的自信心。表扬小明成绩优异，对待学习态度认真，也要引导小明正视自身不足，承认他人的优点。

③**以教育影响的一致性原则对小明进行教育。**教师可以委婉地与小明的家长进行沟通，家校共同合作引导，整合、优化教育力量。

④**以教育影响的连贯性原则对小明进行教育。**在小明反省到自身行为的问题之后，可以鼓励小明分享自身的成长启示、帮助他人等，建立长期连贯性的教育效果。

⑤**以在集体中进行教育原则对小明进行教育。**教师不仅要通过谈话等个别教育的方式与小明沟通，也要注意在班集体中，通过讲故事、树立榜样等方式，引导学生群体形成良好风气，减少孤立、霸凌事件的发生。

(2) 防治措施。(见本专题"D. 对策")

专题 19：教育信息化

历年真题之经典题

1. 材料 材料：互联网力量巨大，教育需要直面与互联网相处的现实问题。

(1) 在"互联网＋教育"的思维下，近些年国内出现了大量的互联网教育课程，试分析这类课程对未成年人的影响。

(2) 置身于互联网时代，谈谈自己未来作为教师的应对之策。(17 年首师大)

答 **(1) 互联网教育课程对未成年的影响。**

①**积极影响：**a. 拓宽了未成年人的视野，可以使其了解到许多书本之外的知识；b. 提高了未成年人搜集信息与处理信息的能力，锻炼了未成年人从海量信息中提取并处理有用信息的能力；c. 加强了未成年人与世界的联系，使未成年人可以通过社交软件迅速地认识世界各地的人。

②**消极影响：**a. 对未成年人生理造成不良影响，如视力下降、失眠等；b. 对未成年人心理造成不良影响，如网络上的不良信息会误导未成年人，使其形成错误的价值观；c. 使未成年人上网成瘾，从而影响其学习成绩，甚至使其走上违法犯罪的道路。

(2) 在互联网教育时代,面对教育的革新与变化,顺应时代背景的教师角色亟待重塑。

①**利用互联网营造学习情境**。教师应学会利用互联网技术为学生提供一种新型的学习情境,使得虚拟学习场景和现实学习场景有机融合,使学生多方互动交流成为现实。构建一种灵活、开放、终身的新型教育生态体系,促进线下学习和线上学习的融会贯通。

②**利用互联网设计学习方案**。教师可利用互联网、大数据等技术优势,帮助学生设计科学的、合适的个性化学习方案,使教学内容、课后作业、评价方式等更适合学生个人,提高教学效率的同时也提高了学生的学习效果。

③**利用互联网搜集教学资源**。人工智能大数据提供了随处可得的文本和视听教育资源,提供给教师和学生更多技术支持和虚拟互动交流机会,同时教师应将各种教学资源的运用融于数字化课程、学习资源与环境的建设和运用中。

④**利用互联网提高教学效率**。教师应充分发挥互联网的优势,利用互联网处理重复的体力劳动,如批改作业等,将精力放在更有价值的地方。

⑤**利用互联网培养核心素养**。互联网将促进教育由知识信息类接受式学习向必备品格、关键能力培养等核心素养方向转变。教师要学会利用互联网设计交往类、实践类等直接经验学习的课程,培养学生德、智、体、美、劳均衡发展。

2. 材料 材料:2020年1月22日,教育部发出通知要求教育系统做好新型冠状病毒感染的肺炎疫情防控工作。根据教育部要求,各级教育主管部门、学校、教育服务机构和企业为广大学生提供在线学习资源和支持服务,以在线教育方式保障"停课不停学"。

从班级授课制的特点出发,论述在线教学对班级授课制的影响以及"互联网+教育"下教学组织形式的改革趋势。(21 中国海洋)

答 (1) **在线教学对班级授课制的积极影响。**

①在线教学在教学时空上更具开放性和灵活性,突破了传统的教室概念,无论何时何地,只要条件具备,学生都可以上网学习。

②在线教学能够充分照顾学生的个性差异,有利于教师根据不同学生的特点,选择不同的教学方法,安排不同的教学进度,真正做到因材施教。

③在线教学可以提供丰富的信息资料和虚拟实验,能弥补学生实践活动的不足,激发学生的学习热情。

④在线教学提供了广阔的活动自由和发展空间,能够充分发挥学生在教学中的主体地位,有利于培养学生主动探索的精神和开拓创新的能力。

(2) 在线教学对班级授课制影响的局限性。

①**在地位上**,在线教学的技术本质表明其无法取代班级授课制的地位。在线教学带来的便捷与革命,本质上是教育技术的突破与更新,无法作为课堂教学革命的全部体现。尽管在线教学为教师的教学过程提供了诸多便捷之处,但始终无法取代传统班级授课制的地位。

②**在实施上**,在线教学的实施受到教育主体的认知与能力水平的限制。虽然在线教学能够发挥重要的作用,但是会受到教师的教学操作、师生互动、教学设计的限制,以及学生自我管理、任务量、差异性等问题的影响,这些因素均会影响在线教学的质量。可见,在线教学发挥有效的育人价值存在一定的局限性。

③**在效果上**,在线教学只能实现碎片化、浅表化的知识学习。教学过程中,学生需要从教师、同伴身上学到社会性品质、态度、情感和观念,在显性的知识传授的同时,进行着隐性教育。在线教学的实现依赖于

信息化、智能化的设备与媒介,只能进行浅表性、碎片性的知识学习,无法实现师生之间在场的情感传递、情操陶冶与人格形象的塑造。

(3) 教学组织形式的改革趋势。

在线教学能够促进教育教学的改革。应当把在线教学与班级授课制结合起来,结合两种教学组织形式的优势,实现混合教学。

①构建线上线下深度融合的教学机制。 要探索现代信息技术条件下学生的发展规律、教育教学规律,教师要更加熟练的掌握现代信息技术手段及方法,创新人才培养模式,不断提高教学质量。

②构建促成学生自我发展的智慧学习范式。 要满足学生个性化学习发展的多元需求,从而促进学生学习能力、思维品质的提升。

③构建政府、学校与社会协同共治格局。 实现学校课堂质量管理的教学管一体化发展,助力实现课堂教学质量革命。

3. [论述] 慕课对当前学校教育产生的影响。(17 扬州)

[答] **(1) 简介。**

慕课是大规模的网络开放课程,是为了增强知识传播而由具有分享和协作精神的个人或组织发布的、散布于互联网上的开放课程,是"互联网+教育"的产物。慕课的规模较大,是遵从创用共享协议的开放课程,也是课程材料广泛分布于互联网、上课地点不受限的网络课程。

(2) 积极影响。

①在学生学习方面:增强了学习过程的自主性与趣味性。 慕课以服务和方便学生学习为最终导向,使学生根据自己的需要选择课程变成了现实,赋予了学生自主学习选择权利。慕课有显著的技术优势,灵活的"微课程"等学习形式增强了学生学习的积极性与兴趣。

②在教学模式方面:促进了教学模式的深层次变革。 课堂也就跃升为师生之间进行深度知识探究、思辨、互动的实践场所,使以教师为中心、知识灌输为主的教学模式转变为以学生为中心、以能力提升为核心的个性化教学模式。

③在教学内容方面:驱动了优质教学资源的开放共享。 慕课打破了现有教育体制对优质教学资源的独占、垄断与控制,以平台的方式将其汇聚整合,驱动了优质教学资源的开放共享和普及化、民主化。

④在学校管理方面:打破传统的教育空间,促进教育走向国际化与大众化。 校园围墙正在被打破,优质教育资源的共享已经成为时代的必然。慕课的开放性、透明性及优质教育资源的易获得性,为学生提供了一个崭新的学习通道和开阔的学习空间。

⑤在师生关系方面:利于重塑师生关系。 师生之间的平等真正得以实现,有利于建立公平公正的民主课堂和师生之间亦师亦友的关系。

(3) 挑战。

①于教学目标而言:需要注重学生的经验积累。 慕课之下,学生只是在网络上学习,难以直接接受教师的指导、引领和帮助,师生面对面的社会经验交流、积累也难以形成。因此,慕课也对口传心授、师生之间的情感传递以及人与人面对面的交流提出了挑战。

②于教学实施而言:要提升教师的教学能力。 很多教师无相关慕课教学经验,在录制、授课过程中难免出现一些问题与疏漏,影响教学计划的顺利落实。可见,慕课教学对教师的教学与育人也提出了挑战。

③于教学评价而言:需要建立适宜的评价机制。 学校需要结合自身实际和发展愿景,制定出相应的课程评价标准体系,用来检测、衡量学生是否真正完成了课程,进而保证慕课教学的教学质量与学生的学业质量。

4. 论述 移动设备进课堂的利与弊。(19陕西师大)

答 当下,科技迅速发展,移动设备逐渐普及,移动设备与教育的结合大势所趋,移动设备进课堂存在着诸多利与弊。

(1) 利。

①**激发学生的学习兴趣和学习的积极性,让学生能够"游戏化学习"。**将移动设备应用于课堂实践,有助于进一步推进现代化课堂教学改革。

②**丰富课堂交互方式,提高学生对知识的理解和应用能力。**借用移动设备,提高学生信息加工处理、问题解决和表达交流的能力。

③**移动设备有利于取得好的小组协作效果,培养合作学习精神,有利于获得即时反馈和进行质性评价,使课堂讨论过程和结果效度最大化。**

④**无限拓展课堂外的学习空间,实现自主性、个性化的学习方式。**移动设备满足了学生不同的学习习惯和学习喜好,必然会对师生产生一定的辐射作用和积极影响。

(2) 弊。

①**公平问题。**不是每一个学生都拥有或买得起移动设备,如何避免由此产生的教育均衡问题。或许可以依靠学校提供,但需耗费大量财力。

②**需要不断增强网络基础设施。**在人手一台移动设备同时上网的情况下,对网络宽带尤其是无线网提出了更高的要求,还可能会造成一系列的网络安全问题。

③**学校鼓励学生自带移动设备进课堂,需要有丰富的教学资源作基础。**在海量的互联网资源中,教师选择合适的资源和学生找到适合的应用都是不轻松的事情。

④**学生缺乏自制力,无法抗拒上网玩游戏、聊天的诱惑,会分散学习精力。**从教育的角度来说,如何在移动互联网时代培养学生良好的学习习惯,是学校和教师过去从未遇到过的问题。

5. 材料 材料:高考人机大战中,人工智能机器人用9分47秒取得134分的成绩,只比6名状元的平均分少一分。

(1) 在人工智能兴起的背景下,有网友提出这样的质疑:既然人工智能都能做高考数学题,不仅速度快,而且准确率高,那么其实我们就没必要再让中小学生学习语文、英语、数学等其他各门学科了。针对网友这一观点,请作出你的评价和分析。

(2) 还有网友指出:随着人工智能时代的到来,教师的工作将会被取代。针对网友这一观点,请作出你的评价与分析。(18首师大)

答 (1) **我们仍有必要继续学习。**

要想驾驭人工智能、发展人工智能,就需要培养更多优秀的人才,而这类人才的培养必须通过不断地学习才能得以实现。人工智能使得学习者可以在任何时间、任何地点通过多种渠道进行学习,获取知识不再局限于学校教育阶段。此外,人工智能使得认知不仅发生在头脑中,还发生在人与智能工具的交互过程中。人工智能改变了以往学习主体之间、学习主体与环境之间的交互作用,改变了学习生态。无论如何,人工智能都是为了让学生更好地学习,而不是不用学习。

(2) **人工智能不能取代教师,原因如下:**

①**人工智能目前无法应用于文化的传承与陶冶。**教师是文化的载体,是人类文化的传播者,人工智能可以传递给学生知识,却无法传递给学生相对应的文化与人文关怀。

②**人工智能目前无法实现培养人的情感、道德、价值观以及艺术性。**相比于教师而言,人工智能只能算

得上是"没有感情的机器"。教师与学生之间的师生情谊、教师自身作为学生的道德榜样、教师对学生价值观的影响都是人工智能难以达到的。

③**人工智能很难替代人文关怀度很高的工作,如教师。**教师的眼神、动作,都能体现对学生的关爱。这就是无言之教,教师的一个摸头的动作,一个拥抱都能抚慰学生的心灵,这是人工智能难以取代的。

④**人工智能不能取代教师的角色,只是替代教师的部分劳动。**人工智能可以替代教师批改作业等部分劳动,但教师角色的创造性与示范性是难以被取代的。

6. [论述]论述在人工智能背景下教师角色的转换。(21鲁东)

[答] (1) **基于知识需求的角色定位:具有融合技术的学科教学知识的教育者。**教师需要了解人工智能基本知识,更要有融合技术的学科教学知识,形成自身的深刻理解和思维方式转变。

(2) **基于能力需求的角色定位:人机协作中的教育管理者。**教师要更好地创设、组织和实施教育过程。未来可能出现"双教师",即一个是真实教师,另一个是虚拟教师。虚拟教师是"教学助理",辅助教师完成作业批改等重复性工作,让教师把更多时间投入到教学设计上。

(3) **基于教学技巧需求的角色定位:能够有效利用教育大数据的教学决策者。**教师可借助大数据描绘出每位学生个体的认知历程和学习体验,进而实现针对不同学生的个性化决策。教师也可以即时分析教学过程产生的数据,实时改进教学决策,对学生实施过程性评价,完善教学设计。

(4) **基于其他特征需求的角色定位:教学实践的反思者。**人工智能背景下的教学反思,本质上是对人工智能教学环境中教学规律、教学策略的更新,有助于教师克服重复劳动,进行教学创新。教师唯有不断学习新的知识、适应新的技术环境,做教育实践的反思者,才能进行教育创新。

专题20:教育发展与未来教育畅想

历年真题之经典题

1. [论述]未来学校在教育理念、教学组织形式、学习方式、学习空间等方面有哪些特征。(21首师大)

[答] (1) **在教育理念上,以智慧型人才的培养为发展核心。**未来学校促进学习者高阶学习与非智力发展,促进学习者交往、合作、情感、态度、价值观及创新能力养成,培养智慧型人才。

(2) **在教学组织上,以自适性学习服务为主要目标。**未来学校的管理、课程与教学基于学习者的自适性学习而得以以新形态展开。并从约束走向服务,课程与教学将从统一设置转向个体创生。

(3) **在学习方式上,以"人—机—人"共融为主要方式。**学习者要学会与智能体合作,基于线上知识学习的线下问题解决和实践操作,突出群体协同知识和能力的建构,学习群体或班级进行知识和资源共享,开展合作式的学习,实现智慧的碰撞和生成。

(4) **在学习空间上,呈现虚实交融的环境特点。**未来学校场域既包括超越时空限制的虚拟学校时空,也包括处于一定时空背景之下的实体学校组织;基于学习者个体发展的需求,虚拟学校与实体学校得以有机、无缝、螺旋式衔接,从而共同构成虚实交融的未来学校。

(5) **在教学管理上,呈现人机环境融合的特点。**未来学校的建设需要基于学校教育的发展核心,创新使用人工智能技术,为未来学校的建设提供有效的技术支撑,推动未来学校的发展进程。

(6) **在评价方式上,以"思维发展式"为主要评价方式。**构建"即时评价—发现问题—思考对策—行动改进—追踪反馈—再次评价"的学习评价路径,关注学生思维的形成与发展,并生成数据实证的学习评价反馈与改进机制,提升学习者的学习活力。

2. [论述]面对日益变化的社会,当前教育面临哪些挑战?(22陕西师大)

[答] (1) **教育现代化与教育变革。**教育现代化是整个社会现代化进程中一个不可或缺的部分,是一个具有

指向性、能动的教育变革过程,是教育的整体性转型,是教育获得和深化现代性的过程。

(2) **全球化与教育变革**。教育全球化是一种社会存在,是人类社会的教育不断跨越空间障碍和制度、文化等社会障碍,在全球范围内实现充分沟通,达成更多共识,采取更多共同行动,同时不断获得和深化现代性的过程。

(3) **知识经济与教育变革**。知识经济是"以知识为基础的经济"。它直接依赖于知识的创造、传播和应用,是以现代科技为核心的建立在知识和信息的生产、储存、使用和消费之上的经济。

(4) **信息社会与教育变革**。信息化社会给教育带来了机遇,信息技术改变了教育管理的方式,变革了教学组织的形式和手段,拓展了人们学习的时空。

(5) **学习化社会与教育变革**。学习化社会也叫学习型社会,是指具有相应的机制和手段促进和保障全民学习和终身学习的社会。创建学习化社会是全民学习和终身学习的必然要求。

(6) **多元文化与教育变革**。多元文化旨在促进教育机会均等,使不同民族、种族、宗教、阶层、性别和特殊群体的学生都受到同样的教育,消除教育歧视。

(7) **民主化与教育变革**。民主化要求教育具有平等、民主、合作、能调动教育者与受教育者的积极性等特点。它包括教育的民主和民主的教育两个方面。

(8) **本土化、民族化与教育变革**。教育本土化可以理解为外来教育思想与我国教育在实际相互沟通与融合的过程中,外来教育思想会自觉发生一定的变化来适应我国教育现状的过程。

3. 论述 怎样使学习型学校转变为有丰富人性的学校?(17 新疆师大)

答 (1) **以促进学生的全面发展作为目标**。构建具有丰富人性的学校,就应以学生为本,以促进学生全面发展为目标。要促进学生的德、智、体、美、劳等方面综合发展,培养其人文精神、科学精神和创新精神,使学生全面、自由、和谐、健康的成长。

(2) **以文化育人作为学校的核心育人方式**。应以文化育人为核心,以课程育人、活动育人、实践育人和环境育人为根基,构建平等、多元、包容、互动的学校文化,形成有机育人整体,发挥整体育人功能。

(3) **构建师生共同体,形成共享共情的师生关系**。师生之间应拥有共同的价值目标。教师要给予学生正面、积极的榜样示范,同时,师生之间人格独立且平等对话,在交往中获得愉悦、自主、满足的情感。

(4) **营造文化与人性交织的学校管理环境**。这要求让学生从受到管制的生活转向自主的、创造性的生活,充分给予每个学生自主发展的空间。要变革学校生活,注重学校环境的建设。

(5) **健全学生自由和谐发展的制度保障**。要将以人为本的理念贯穿到学校的规章制度和管理实践中去,以促进学生健康成长、全面发展为理念,建设适应学校发展的新体制、新方法。

4. 作文 作文题:以"乡村振兴战略下的农村教育"为题写一篇1 000字以上的作文。(18 青岛)

乡村振兴战略下的农村教育

我国是一个农业大国,农业人口众多,农村教育质量直接关系到我国的整体国民素质。

(1) 我国当前农村教育主要存在以下问题。

①**留守儿童家庭教育缺失**。现在许多农村地区都是父母在外打工,爷爷奶奶负责照顾孩子。很多爷爷奶奶溺爱孩子,基本上孩子想做什么就会让做什么,犯错误的时候,也只是象征性地说几句,没有能力辅导孩子的学习。

②**农村职业教育发展缓慢**。由于资金短缺、师资力量薄弱、农民观念落后以及区域位置偏僻等问题,我国农村地区职业教育发展缓慢。

(2) 乡村振兴战略下的农村教育发展路径。

①**多层面、多角度解决留守儿童问题。**

a. 政府可合理调整学校布局,加大寄宿制中心学校建设,让留守儿童尽量住校,并为留守儿童配备生活教师、心理教师。

b. 调整人口管理制度,实行农民工"市民待遇",让孩子可以到父母工作所在地读书。

c. 发展现代农业技术,提供更多的工作岗位,让农民工在户籍所在地有工作岗位,解决留守儿童问题。

②**促进农村职业教育发展。** 加强对职业教育的宣传,改变大家对职业教育的偏见,提高农民对职业教育的支持力度。也要加大对农村职业学校的支持力度,提高农村职业学校的教学质量,促进农村职业学校的发展。

③**加强师资队伍建设。** 农村教育质量的好坏关键在教师,因此要提高教师素质,加强师资队伍建设。

a. 为农村教师的发展提供各种在职培训的机会,把农村教师送往发达地区进行培训,学习新的教育理念和教育教学方法,提高教师的理论与实践素养。

b. 实行一帮一活动。发达地区要对农村地区进行一对一的帮助,发动优秀教师去贫困地区支教,传播先进的教育方法和理念,也可实行网络互动,采取远程方式进行授课、解惑。

c. 改革农村学校教师聘任机制,提供优厚的待遇,吸引大量的优秀人才到农村地区去工作,优化师资结构,促进农村教育质量的提高。

d. 创建教师定向培养机制。农村地区可根据实际需要定向培养专业技术人员,保证教师储备充实。

④**开发农村特有课程资源。** 农村地区有自己独特的资源,农村学校可利用自身所处的环境,开发出具有自身特色的课程资源,形成独特的办学特色。

基于乡村振兴战略背景下,农村留守儿童的教育和农村职业教育具有十分重要的作用。只有多方面合力解决农村留守儿童的教育问题、促进农村职业教育发展,提高农村师资队伍建设、开发农村课程资源才能更好地促进农村教育的发展。

5. 论述 论述终身教育对未来教育发展战略的影响。(23 宁夏)

答 (1) **在教育目标上**,终身教育以全面提高个人素质、完善个人人格为教育目标。既注重每个人的知识、能力的培养与提升,又注重使每个人成为真正具有生命内涵、积极向上并富有社会使命感的合格公民。

(2) **在课程设置上**,终身教育能够助力未来教育发展更多课程类型。未来教育的发展将围绕更加丰富化、多样化、校本化、定制化、智慧化的特点实施课程变革。构建基础课程、发展课程、综合课程、生命课程、数字课程等多种课程类型,强化师生的未来意识,聚焦核心素养的价值目标,营造未来课程实践氛围。

(3) **在教育环境上**,终身教育将通过全民学习营造优质广阔的教育环境,促进未来教育的教学高效化。通过构建以充分调动人体各个感官参与、促进学生持久学习、提升学习效率的学习环境,构建更丰富、更具有实操性、更接近真实世界、多感官参与的学习,提供强有力的技术支持,为学生创设自主、体验、探究、合作与交流的学习环境。

(4) **在师生关系上**,终身教育推动师生关系向相互学习者的方向转变。在终身教育理念下,人人都应终身学习。教师成为终身学习的楷模,不仅是教育者,更是一名学习者。师生之间不仅是知识授受的关系,还是相互学习、相互激励、共同成长的学习伙伴关系。

(5) **在学校管理上**,终身教育数字化治理,能够切实推进未来教育发展建立数字化管理机制,实现智慧科学决策。数字化转型是终身教育领域的关键任务,通过数字化转型能够持续提升人们的数字素养,为未来教育打下良好基础。

(6) **在评价方式上**,终身教育能够推动未来教育转变评价方式,实现评价的数字化与科学化。应借助技术来测量与学习过程相关的内容,并通过获得的数据持续改善各级教育系统。终身教育提倡将终结性评价与过程性评价相结合,这一特点迎合了未来教育的发展趋势。

6. 论述 请基于终身教育思想说说你对学习化社会的理解。(11 江苏,17 安徽,23 云南师大)

答 (1) **终身教育**:是指"人一生各阶段中所受各种教育的总和"。它既包括纵向的一个人从婴儿期到老年期在各个不同发展阶段所受到的各级各类教育,也包括横向的从学校、家庭、社会各个不同领域受到的教育,其最终目的在于"维持和改善个人社会生活的质量"。终身教育不仅要传授给学生走向社会所需要的知识和技能,而且要培养他们继续学习的自学本领,以便学生在走出校门后能够获得新的知识和技能,适应不同工作的要求。

(2) **学习化社会**:是指具有相应的机制和手段促进和保障全民学习和终身学习的社会。其基本特征是社会成员善于不断学习,形成全民学习、终身学习、积极向上的社会风气。创建学习化社会是全民学习和终身学习的必然要求。

(3) **理解(意义)**。

①**学习化社会是社会的发展与人的发展互动的产物**。人的发展即社会生产力的发展促进了社会的发展,而社会的发展反过来对人的发展又提出了新的要求。如果说社会形态演进的轨迹是农业经济社会—工业经济社会—知识经济社会的话,那么学习化社会就是社会由低级阶段向高级阶段发展过程中作为社会人对其在知识经济社会阶段的一种理解和认识。

②**学习化社会是终身教育体系得以完全构建的保证**。人既是发展的第一主角,又是发展的终极目标。在学习化社会中,终身教育体系得以完全构建,教育得到形式上的充分开发和内容上的充分扩展。人人视学习为生活中不可缺少的一部分并能获得均等的机会,对教育的投资、建设与促进将来自社会的方方面面。

③**学习化社会是人与社会和谐发展的关系问题**。它是指使人的自我意识增强,有较高的自主学习欲望,学习权利能够得到充分尊重和保障,且具有服务到位的教育体制与教育模式的理想社会。学习化社会是终身教育的结果,是主体能够自主学习、终身学习,客体能够全面服务、终身服务的一种理想社会。

专题 21:班级管理与学校管理

历年真题之经典题

1. 材料 材料:小明在班里老被其他同学欺负和嘲笑,班主任见状就在小明生日那天准备了一个蛋糕放教室里,后来同学们和小明都发现了,同学们一起吃蛋糕为小明庆生,同学们问老师这个蛋糕是谁送的,老师说是天使送的,天使会给大家送祝福并关心帮助大家,并告诉同学们以后也要像天使一样彼此帮助和祝福。

(1) 结合材料,用教育学原理评价老师的做法。
(2) 班主任应该如何维护和提升好的班集体氛围。(23 浙江海洋)

答 (1) **评价**。
材料中的老师运用了在集体中进行教育的原则来教育学生。在集体中进行教育的原则是指进行德育有赖于学生的社会交往、共同活动,注意依靠学生集体,通过集体活动进行教育,充分发挥学生集体在教育中的巨大作用。其基本要求有:①引导学生关心、热爱集体,重视培养学生集体。②通过集体教育学生个人,通过学生个人转变影响集体。③把教师的主导作用和集体的教育力量结合起来。材料中,教师给经常被大家欺负的小明买生日蛋糕,并让全班同学一起为他庆生,通过"天使"让同学们互相帮助、关心他人,这是通过集体教育学生个人的表现。

(2) **维护和提升好的班集体氛围的方法**。
①**确定集体的目标**。目标是集体的发展方向和动力。培养集体首先要使集体明确奋斗的目标,集体的

目标应当是班主任同班干部或全班同学共同讨论确定的,拥有了共同的集体目标,才有利于班主任更好的维护班级体秩序。

②**健全组织、培养干部以形成集体核心**。培养集体必须注意健全集体的组织与功能,使它能正常开展工作,发挥应有的作用,其关键是要做好班干部的选拔与培养工作。班主任对班干部不可偏爱和护短,要教育他们谦虚谨慎,认真负责,以身作则,团结全班同学共同进步,充分发挥集体的核心作用。

③**有计划地开展集体活动**。班集体是通过开展集体活动逐步形成的。班主任在确定班级的奋斗目标后,应制订集体活动计划,有计划地开展各种活动,使每个学生都能在活动中得到锻炼与提高,引导集体朝气蓬勃地向前发展。

④**培养正确的舆论和良好的班风**。只有在集体中形成了正确的舆论与良好的班风,集体才能识别是非、善恶、美丑,发扬集体的优点,抵制不良思想作风的侵蚀,集体才能发挥巨大的教育力量,成为教育的主体。

⑤**做好个别教育工作**。集体教育与个别教育是紧密联系的。班主任对个别学生进行教育,也是为了更好地培养集体,个别教育的重心不是面向集体,而是直接面向个人。班主任不仅要对后进生做个别教育,也要对一般生和优秀生做个别教育。

2. 材料 **材料**:为了丰富班级每周的班会活动,李老师选了一篇课文改成剧本。李老师把她的计划跟大家说了,全班同学都很高兴,这时李老师听到小松和同桌小声议论:"老师怎么选这篇课文,又长又不好演。""你管呢,让你演什么你就演什么呗。""我可不想演。"听到这儿,李老师的心里咯噔一下。下课后,李老师把小松请到办公室,请他谈谈对演课本剧的想法。小松说:"老师,我觉得您选的课文不好,而且您每次都是写好了剧本让我们演,您应该让我们自己来试一试。"小松的话让李老师突然意识到学生们并不希望老师什么都"包办代替",他们长大了。于是,李老师把导演的任务交给了小松,他高兴地接受了任务,开始和同学商量演哪一课,然后找李老师做参谋,请李老师帮忙做道具。在班会活动上课本剧表演得非常成功,李老师和孩子们一同品尝了成功的喜悦。

上述材料中的老师在班级管理上体现了什么样的管理观念?有什么启示? (18贵州师大)

答 (1) **班主任在班级管理上体现了民主、以学生为本的管理观念。**

传统的教学视课堂教学为个体活动的复合体,而不是一种群体的共同活动,只注意对学生灌输某些知识技能,引导学生个体的一般发展。材料中,李老师把班会看成师生之间、生生之间交往和对话的平台,更把班会看成一种集体的教学力量,尊重学生,让学生自主地去发展。

(2) 启示。

①**丰富班级管理角色**。班主任可以在班级管理中增加管理岗位,使更多的学生在集体中承担责任、服务于集体,这样不仅能增强班级凝聚力和学生集体的自我管理能力,而且能激发学生个体的积极性,锻炼学生的自我管理能力,从管理者的角色中学会自我管理。

②**构建"开放、多维、有序"的班级活动体系**。班级建设必须构建一个由自主性的课堂教学活动、选择性的课外活动、创造性的社会实践活动有机组合的开放、多维、有序的共同活动体系,为每一个成员提供发现、尝试、锻炼和表现自己天赋和才能的自由时间和空间。班主任应注意唤醒学生的自主意识,主动地参加到班级的日常活动中去。

③**必须努力培养民主平等的优良班风**。一是要做到师生平等。班主任要给予学生足够的理解与尊重。学生可能与班主任在认识、处理问题上产生分歧,班主任要站在学生角度,充分理解、爱护、尊重学生,与学生进行良好沟通。二是要让学生参与管理,将决定权交给学生,班主任从旁协助。让学生敢于发表自己的

意见,做自己事务的"主人翁"。

3. 材料:教育部发布《中小学生守则(2015年修订)》。

(1) 对《守则》内容进行总结与评价并分析其意义。

(2) 对其中一条作深刻分析,谈谈若你是一名中学老师,该如何引导学生做到这一条。(16首师大)

答 (1) 总结、评价及意义。

①总结。

《守则》围绕"爱党爱国爱人民""好学多问肯钻研""勤劳笃行乐奉献""明礼守法讲美德""孝亲尊师善待人""诚实守信有担当""自强自律健身心""珍爱生命保安全""勤俭节约护家园"九个方面,紧扣时代发展的背景与趋势,紧密结合中小学生的身心发展规律,对中小学生的的日常行为规范提出要求。

②评价。

a. 简洁明了。《守则》短短二百来字,但内容全面,突出基本,凝练清楚。避免内容太多太繁琐,存在交叉重合,不便于记忆和践行等问题。

b. 易于理解。体现时代特征,紧跟社会热点,涉及并强调了一些当今比较常见的青少年问题和社会关心的话题。例如:第二条"爱学习"中增加了"积极发表见解,乐于科学探索,养成阅读习惯";第三条"爱劳动"中增加了"热心志愿服务"等。而"讲诚信"内容则从旧版的第九条提前至第六条,且明确要求"保持言行一致,不说谎不作弊,借东西及时还,做到知错就改",体现了建设诚信社会的重要性。

c. 要求具体。《守则》更重视与实际生活的联系,更加科学可行。对中小学生没有"高大全"式的理想化要求,适合中小学生身心发展的特点,有助于学生在日常生活和学习中遵照执行。例如:增加了"红灯停绿灯行,防溺水不玩火,会自护懂求救,坚决远离毒品"的内容。

③意义。

a. 描绘中小学生发展的宏观背景,帮助中小学生确立基本认同。新版《守则》的首条"爱党爱国爱人民",既是从发展的宏观背景谈起,也是从发展的基础做起,这是我们信仰的出发点和落脚点。符合我国培养德、智、体、美、劳全面发展的社会主义建设者和接班人的教育目的。

b. 坚持中小学生的全面发展,为中小学生发展提供具体指引。新版《守则》中"自强自律健身心"是首次将身心并提,更为鲜明地强调了心理发展与心理健康的重要性,提升了全社会对心理健康教育的重视程度。促进中小学生身心协同发展,具体落实德、智、体、美、劳的全面发展。

c. 创新《守则》表达形式,贴近中小学生的心理特点。新版《守则》语言表达更加活泼直观、朗朗上口;文字呈现更加工整对仗、整齐划一。这种形式上的改变极大地提高了《守则》的可读性,一些贴近当前社会生活的新元素也更能缩小这种严肃读物与中小学生的距离。

(2) 以"爱党爱国爱人民"为例。

①将精神贯穿于课堂教学之中。可以将精神潜移默化地渗透在课堂教学中,例如:在日常教学中渗透中华民族优秀的传统文化,让学生体会到博大精深的中华文明,从而产生对祖国的认同感和自豪感。

②举办多种教学活动。例如:举办爱国经典著作的朗诵、歌唱比赛,音乐剧、话剧表演等,组织学生参观身边的历史遗迹,使学生了解背后的故事并交流感受,领会爱国精神的力量。

③及时纠正不良行为。如果学生出现不尊重党、国家或人民的行为,应该及时制止。但是不能严厉批评,而应该对学生进行深入的调查,分析其行为背后真正的原因,有针对性地对其进行教学。

4. 材料:黄冈中学走下高考神坛。

黄冈中学的辉煌是从高考制度恢复的时候开始的。1979年,高考恢复不久,黄冈中学在全地区择优选拔了23名学生组成"尖子班",进行重点培养,结果那一年的高考成绩让所有人惊呆了:23名学生全部考入重点大学,并且那一年湖北省的第一、二、三、五、六名均花落黄冈。这个成绩立刻使得原来名不见经传的黄冈中学成为人们关注的焦点,媒体开始对其进行报道,它的教学理念也得到了很多的认可。随着媒体对黄冈中学的报道,它迎来了自己高速发展的时期,在全国重点中学排行位列第一,很多家长希望孩子可以进入这里,还有很多学校的校长老师来这里学习经验。在很长一段时间黄冈中学就是"高考工厂",超高的升学率吸引了很多的学生,它的名字被很多人熟知。但是所谓盛极必衰,近些年来,黄冈中学似乎是没落了。衡水中学,毛坦厂中学后来居上,已经取代其成为了新的高考标杆。根据统计,从1999年后,黄冈中学再未出现过省状元,2007年后,也再未在国际奥赛上拿过奖。黄冈中学似乎已经美人迟暮,不复往日的辉煌。

(1) 分析黄冈中学走下神坛的原因。
(2) 你如何看待黄冈中学走下神坛的现象?（16 河北师大）

[答] (1) 原因。

①**高考制度改革**。以前高考试卷是全国统一命题,由于黄冈中学的骄人成绩,很多黄冈中学的老师被选为高考命题组的成员,自然更能把握高考动向,但随着地方自主命题的铺开,黄冈中学的优势减弱不少。

②**课程改革不适应时代潮流**。全国各省开始分批试点新课程标准改革,但黄冈中学所在的湖北省并不在首批试点名单中,黄冈中学未成为新课程标准改革试点,对于改革动向把握不准,在高考中失去优势。

(2) 我的看法。

①**超级中学违背教育规律,造成教育不公**。起初,黄冈中学作为超级中学,人数众多,垄断一个城市甚至一个省份最优秀的教师和学生,以追求升学率为直接目标。之后,随着其师资的流失,教学模式的过时,逐渐走下神坛,新的超级中学逐渐取代其地位。但是,超级中学以"成绩"为核心的教育模式,导致了各地区教育的不均衡性,也间接导致了贫困地区以及普通中学的学生难有发展,寒门再难出贵子。其教学模式过分关注学生成绩,致使学生无法获得全面发展,不符合新课程改革的理念。

②**新课程比较注重学生能力的培养,素质的培养,应试虽然很重要,但也是改革的目标**。新课程改革的核心理念是"以人为本""以学生发展为本"。黄冈中学应该根据新课程改革的目标在以下几方面做出改变。

a. **在课程理念方面,"以人为本"和"以学生发展为本"**。具体表现为:为了学生的终身发展,为了每位学生的发展,为了学生的全面发展,为了学生的个性发展。

b. **在课程目标方面,树立三维目标观**。学生在获得基础知识和基本技能的同时,学会学习和形成正确的价值观。

c. **在课程结构方面,树立综合课程观**。体现课程的均衡性、综合性和选择性。

d. **在课程内容方面,树立学生生活观**。加强课程内容与学生生活、现代社会和现代技术发展的联系,关注学生的学习兴趣和经验,精选终身学习必备的基础知识和技能。

e. **在课程实施方面,树立自主学习观**。培养学生收集和处理信息的能力、获取新知识的能力、分析和解决问题的能力及交流与合作的能力。

f. **在课程评价方面,树立发展评价观**。发挥课程评价促进学生发展、教师发展和改进教学实践的功能,将发展性评价与形成性评价相结合。

g. **在课程管理方面,树立校本发展观**。实行国家、地方和学校三级课程管理,增强课程对地方、学校及学生的适应性。

5. [论述] 结合教学实际情况，谈谈我国中小学行政组织与专业人员的冲突与融合。(15 湖南)

[答] (1) 含义：中小学专业人员一般理解为教师，中小学教师与学校行政人员之间的冲突是教师与学校行政人员双方的互动行为产生的一种对立状态。这种互动可能是明显的，也可能是潜隐的。即不一定要双方面对面，也不一定要看得见，即使是抽象意识的互动也会发生冲突。

(2) 表现。

①**敌对性冲突较少，以融合性冲突为主。**发生冲突后，不再是要求对方全盘让步，而是希望通过对冲突的协调，能达到更紧密、更有建设性的互动。

②**规范性冲突与非规范性冲突兼而有之。**规范性冲突能在教育规范之内存在并得到调整，非规范性冲突是随意的，十分具体的，常常是自生自灭的。目前二者并存。

③**尽量避免公开的冲突，以潜隐的冲突表示抗议。**即以心理上的对立或对抗的方式表现出来，使动机和结果都不易觉察。这种冲突的结果大多是消极的。

④**冲突的强度、烈度多是温和的。**仅限于口头或书面的辩论、争议或批评，目的是为了表达自己不同的见解或争取某种自己认为应得的权益。

(3) 融合。

①**厘清教师与行政人员的行为特性，分清角色。**教师与行政人员应该清楚自己的角色，明了自己的权利与义务。行政人员应实施民主管理，支持和服务教师教学工作，采取合理的行政措施。教师应理解行政人员的难处，营造良好的组织气氛及同事情谊。

②**加强互相沟通与协调，建立良好的关系。**教师与行政人员要换位思考，勇于面对沟通。行政人员平时应注意建立和教师的良好关系，运用有效的沟通策略，并给教师充分的机会表达个人意见。教师也要主动积极地与行政人员沟通，让行政人员明白自己的立场。

③**坚持"行政支持教学"的运作理念。**每一个教育人员应该明确，学校的主要任务是教学，行政的运作只是用来支持教学，而不是学校的主要工作。行政人员与教师之间要有"行政支持教学"的共识，如此将避免冲突的产生，使学校行政官僚体制与教师专业自主得到调适。

④**利用道德调节，增进情绪控制能力。**要形成教师与行政人员之间良好的人际关系，必须用正确的社会舆论，把其内化为义务，增进和加强情绪控制能力、与他人相处的能力。这样，教师与行政人员的相处必然更加的融洽，也会减少冲突的发生。

⑤**建立管理冲突的公平办法与原则。** a. 协商策略。组织各方面协商，从而解决冲突。b. 仲裁策略。请上级领导或有一定权威的人出面仲裁解决。c. 裁定策略。协商、仲裁均不能解决的时候，请上级部门按政策裁决。

6. [材料] 材料：某校新来了一位校长，他的做法和前任校长形成极大的反差，前任校长比较专断，大事小事都一人说了算，而新校长到校后就和四位副校长开会。他说："论教学，我不如老赵；论后勤，我不如老钱；论小学部，我不如老李；论初中部，我不如老孙。今后你们要各司其职，大胆工作，干好了是你们的成绩，出了问题，大家研究。"这时，大家心里都在想，那你校长干什么？三个月后，新校长在细致调查研究的基础上，启动学校整体改革，学校发生了很大的变化。新校长受到了教师们的尊敬和好评。

试用所学的教育管理理论，对新校长的管理策略进行分析。(15 湖南)

[答] (1) **明确校长的权力与责任。**

校长是学校的法人代表，应按有关规定行使职权、履行职责，并代表政府承担管理学校的全部责任。校长对学校的各项工作，包括教学、科研、行政管理等，应当全面负责。材料中，新校长作为学校的一把手，把握全局,善于管理,做好领导、控制、监督的权力和责任,合理分工,提高了管理效率。

(2) 协调管理人员,知人善用,各尽其职。

教育管理工作是让专业的人员为教育事业出谋划策,可以扬长避短,能完善教学系统和教学秩序,促进教育事业更好、更快发展。材料中的新校长善于识人、用人,积极发挥自身的领导作用,鼓励副校长们各司其职、大胆工作,从而促进了学校各项事业的发展。

(3) 党组织保证监督实行校长负责制。

学校党组织的职能发生了变化,由过去对学校工作的直接领导,转变为对学校工作的监督保证,监督保证党的路线、方针、政策在学校的贯彻落实,保证办学的社会主义方向以及各项任务的顺利完成。这体现了在我国校长负责制具有良好的适用性,调动了教职工参与学校管理工作的积极性,也提高了办学效益。

7. [论述]**你认为当前中小学校本管理存在哪些问题?如何改进校本管理?**(19西南)

[答] **(1) 含义:** 校本管理即学校管理校本化,是指学校在教育方针与法规的指引下,可以根据自己的实际情况和需要来自主确定发展的目标与任务,进行管理工作。简言之,就是以学校为本位的管理。

(2) 意义: ①有利于发挥教育专业人员的能力,提升学生学业质量。②有利于教师、学校其他教育工作者及社会成员参与决策,调动参与的积极性,提高自身责任感。③有利于教师行使自身的育人职能,对自身工作进行灵活控制。④有利于学校因地制宜、有效地使用经费和教学资源。⑤有利于向学生提供更好的教学服务和课程。⑥有利于培养和激励学校管理人员,提高彼此间的沟通频率与质量。

(3) 问题。

①**学校管理者方面:** 学校与上级教育行政部门之间仍有较强的行政隶属性和依附性。校长的产生仍以上级行政部门任命居多,且校长并没有选留与辞退教师的自主权。

②**学校管理对象方面:** 教职工代表大会参与管理的制度还没有完全建立。在学校教师人事管理方面,还没有完全实行聘用合同制。政府财政公共教育经费投入不到位,学校经费缺口大。

③**学校管理手段方面:** 民主参与、共同决策的管理体制还没有完全形成,制度化、规范化和效能化的培训制度还未建立。学校和教师工作及学生质量的评价还以教育行政部门的外部评价为主。

(4) 策略。

①**切实转变政府管理职能,确保学校自主办学。** 教育行政部门应尽快出台校本发展与校本管理的实施意见,明确政府与学校的关系,规范教育行政部门和学校的各自权力范围、职责要求及管理行为等。

②**加快建立现代学校制度,依法保证校本发展。** 只有建立并有效地施行现代学校制度,才能保证以学校为本位的管理持续健康发展。

③**深化学校内部管理改革,实行民主参与决策。** 要建立健全校务委员会,完善教职工代表大会及其他的专业委员会或项目小组,以保证民主决策、参与管理的真正落实到位。

④**推进校长持续专业发展,突出校长能力建设。** 要把校长的能力建设放到突出的位置,要通过案例研究、生活体验研究和行动研究等校本研究,提高校长的战略思维能力、决策谋划能力、组织协调能力、信息处理能力和学习创新能力等核心能力。

⑤**建设学校"学习型组织",开发校本人力资源。** 应尽快制定并发布相关指导意见,加强对中小学学习型组织建设的宏观管理和政策引导。

⑥**改革创新校本评价体系,促进学校持续发展。** 要为校本发展评价提供政策依据,促进学校办学特色、彰显个性。

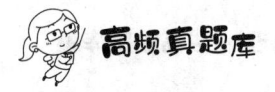

国际教育比较题

1. 论述 从教育的词源分析入手谈中西教育的差异。（19 杭州师大）

答 (1) 我国的分析。

一般认为"教育"一词最早见于《孟子·尽心上》中的"得天下英才而教育之,三乐也"。但由于 20 世纪以前,人们很少把这两个字合起来作为一个词使用,所以这里的"教育"主要是指"教"或"育"。按东汉许慎所著的《说文解字》的解释,即"教,上所施,下所效也""育,养子使作善也"。在我国古代思想家的教育论说中,与"教"相伴出现的字多为"学"。这里古代的"教"主要是指"教学生学有关的知识","学"主要是指"儿童在房子里学习有关的知识","教"与"学"只是从不同的角度描述同一种活动。

(2) 西方的分析。

在现代英语中,教育是"education";在法语中,教育是"éducation";在德语中,教育是"erziehung",三个词都来源于拉丁文"educare"。"educare"是名词,它是由动词"eduěre"转化而来的。"educěre"是由前缀"e"与词根"ducěre"合成的。前缀"e"有"出"的意思,词根"ducěre"有"引导"的意思,合起来即为"引出"。意思是借助一定的办法,把潜藏于儿童内心的东西(知识、智慧等) 引导出来。

(3) 中西教育的差异。

①**中国主张以学为重,重学生自主**。我国的教育主要是教师通过传授的方式教授学生知识与技能,教师是传授者。这种教学模式注重书本知识的传授,能够充分发挥教师的主导作用,体现学科的逻辑系统,能够较好地调动学生学习的积极性,使他们掌握系统的科学文化知识与技能。但是由于以书本知识为主,就容易脱离社会生活实际,使学生感到知识抽象死板,难以理解,容易出现注入式教学,不利于体现学生的主体性和差异性,也不利于培养学生的创造能力和独立思考能力。

②**西方主张以教为重,重教师引导**。西方的教育主要是教师引导学生掌握知识与技能,教师是引导者。这种教学模式强调学生的学习主体地位,注重激发学生的求知欲,调动学生的主动性和积极性。但是对教师要求更高,教师在教学中要善于提问激疑,使学生茅塞顿开,思想活跃起来。

2. 材料 材料:BBC 纪录片《我们的孩子足够坚强吗？中式学校》

2009 年、2012 年的国际学生评估计划(PISA)测试结果显示,代表中国大陆参加的上海市中学生在数学、阅读和科学成绩上均位列第一,远优于英国。这一教育实验在于探索中国教育方法是不是培养人才的最佳模式。

BBC 纪录片《我们的孩子足够坚强吗？中式学校》又名《中国教师大战英国熊孩子》,讲述的是一个在英国学校进行的教育实验,5 名中国教师在英国博亨特学校对 50 名九年级学生进行四周中国式教学。实验中,50 名学生被要求早上 7 点到校,在校 12 小时,还要经历大班教学(50 个人)、穿统一校服、晚自习、升旗、早操、眼保健操等中国学生熟悉的东西。其间,不少英国学生对中国教师的部分教育形式有些负面情绪,但也有一些为英国学生所喜爱。不同的学生也有不一样的看法。而提到英国的孩子,片中的魏照老师认为:"他们散漫,他们(英国的孩子)将来即使不工作也能拿到钱,他们根本不担心生活,但在中国,每个学生都知道,只有努力学习、勤奋工作,将来才能赚钱养家。"魏老师还表示:"如果英国政府削减福利,很快他们就会看到情况大不同。"

(1) 中国和英国的基础教育都应该注意什么？

(2) 这场教学比赛是一般的教学竞赛吗？请评价教学竞赛。

(3) 中英教育应如何互相学习？ （16 湖南师大）

答 (1) **基础教育应该注意:** ①注重学生基础知识与基本技能的掌握。②注重学生情感态度与价值观的培养。③尊重学生的主体性和教师的主导作用。④基础性原则。⑤发展性原则。⑥普及性原则。

(2) **评价:** 这不是一般的教学比赛,而是让五名中国教师在英国南部汉普郡的一所中学实施四周中国式教学实验,体现的是中英不同文化背景、不同教学模式的碰撞。这场教学比赛,在一定程度上反映了中英教学的差异,也是文化的差异,值得中英双方进行反思。

(3) **互相学习。**

①中国教育应学习英国教育的民主化,尊重学生的主体性和个性,善于发挥学生的创造才能。同时,中国应该学习英国教学中宽松的学习氛围、师生间近距离的关系、积极的乐观态度等。英国教育应学习中国教育注重学生基础知识与基本技能的掌握,注重学生情感态度与价值观的培养。

②有人把中国教育看作"圈养"模式,把英式教育看作"放养"模式。在"圈养"的模式下,学生们按部就班,纪律性强,学到的知识多,但也被束缚了手脚,尤其是在未来走向社会"单飞"时,难免缺乏综合搏击的能力。英国学生则在"放养"的模式下,自由散漫,我行我素,各项基本功可能都不理想,但很多天性得以保留和释放,从而为未来的"爆发"赢得了可能的空间。如果让家长和老师选择,许多人会认为中国老师责任心强;而如果让学生选,则会选择环境轻松、身心愉悦的英式教育。

可见,中英教育各有千秋,与自身的发展状况、国别国情和文化传统等因素息息相关,二者并非孰优孰劣的关系。取长补短和相互学习、借鉴,才是正确的态度。

3. **材料** **材料:** 日本的一堂小学美术课上,老师教孩子们怎样画苹果。老师发现有位学生画的是方苹果,于是耐心询问:"苹果都是圆的,你为什么画成方的?"学生回答说:"我在家里看见爸爸把苹果放在桌子上,不小心苹果滚在地上摔坏了,我想如果苹果是方的该多好啊!"老师鼓励说:"你真会动脑筋,祝你早日培育出方苹果!"而在哈尔滨某小学的一次少儿活动中,老师让学生大胆发挥自己的想象画出自己眼中的苹果,结果孩子们把苹果画成五颜六色的,连形状都是五花八门的。老师们正为孩子们丰富的想象力而高兴,家长们却愤怒了,这不是误人子弟吗。于是,把孩子们都领走了。

试分析日本教育中的合理性,中国教育中的合理性和不合理性。(17宁夏)

答 (1) **日本教育中的合理性。**

①日本的教师,以儿童为中心、主体,关注个体,张扬个性,注重真实的学习情景创设。

②课堂氛围民主、开放,凸显的是自由自主的情景化、活动化、个性化的体验学习,学习者的内部言语操作过程非常鲜明,不关注学习结果。

③善于启发学生,培养学生的创新能力。日本教师在面对方苹果时,耐心地询问了学生为什么画方苹果,并在得知原因之后鼓励学生,肯定了学生的创造性。

(2) **中国教育中的合理性。**

①知识本位的课程具有结构性、系统性、简约性等优点,非常有助于学生学习和巩固基础知识,也易于教师教授。

②中国的教师也有意识地去培养学生的创造性,为学生有创造力而感到开心。

(3) **中国教育中的不合理性。**

①中国的教育是知识本位的。当学生画出五颜六色、形状各异的苹果时,家长愤怒了,因为这些"苹果"的样子不符合常识。

②中国的教育注重学科知识,强调知识本位,忽视学生实践能力和创新精神的培养。

③中国的教育以教师为主体,强调"教"的过程,轻视"学"的过程,关注学习结果。教师在让学生画苹

果的过程中并没有去和孩子们探讨为什么要画出这样的苹果,只是布置这一项任务让学生完成。

④中国的教育缺乏创新性的条件。即使教师有意识地去培养孩子的创造性,也需要家长的配合。应该为孩子提供民主的管理与教育、宽松的学习环境。

⑤中国的家庭教育中的教育理念非常落后。大多数家长未接受过专门的培训,教育理念落后,只关注学习成绩,忽略学生的发展规律和实际需要。此外家长将教育的责任全部归结于学校,导致教育影响缺乏连贯性与一致性。

其他题

1. 【论述】结合你报考的专业,自主确定选题,谈谈如何在教学中明确教学过程的性质与特点。(23 浙江师大)

【答】教学过程是教师有目的、有计划地引导学生能动地进行认识活动,掌握科学文化知识和基本技能,发展智能与体力,养成良好品行和美德,促进德、智、体、美、劳等方面全面发展的过程。要明确教学过程的性质,有必要分析和明确教学过程各个方面的特性及其特点。具体内容如下:

(1) 教学过程的性质。

①教学过程是一种特殊的认识过程。 教学过程是指教师有目的地引导学生学习、掌握人类积累起来的科学文化知识的过程。实质上就是学生能动地认识世界、提高自我的过程。教学过程作为特殊的认识过程,特殊之处在于:间接性、引导性、简捷性。

例如:教师在教学古诗《静夜思》时可通过视频导入,让学生在引导下,进入新课,学习新知。

②教学过程是以交往为背景和手段的活动过程(交往说)。 持这一观点的人认为教学是以交往为背景的过程,以师生交往、沟通、交流为重要手段和方法。

例如:教师引导学生自己读一下古诗,然后以小组的形式讨论自己对这首诗的理解,再请学生分享自己的见解和体会,随后初步的讲解一些生字生词等。

③教学过程是一个促进学生身心发展、追寻与实现价值目标的过程(价值目标说)。 教学过程是教师引导学生掌握知识、进行交往、认识世界,以促进学生的身心发展,并追寻与实现价值增值目标的过程。

例如:引导学生有感情的朗读、配乐朗读,深入体会诗人的表达的情感。然后带领学生回顾本节课所学知识并总结,引导学生从表性认识上升到理性认识,深刻地巩固本节课所学内容,提高学生的语文核心素养。

④教学过程是一种促进学生身心全面发展的过程(全面发展说)。 持这一观点的人认为教学过程的根本目的在于培养人,促进学生德、智、体、美、劳等方面的全面发展。

例如:在学习古诗的过程中,学生不仅能通过感性的言语实践活动,涵养自身的性情,还能提高其诗歌鉴赏能力。

⑤教学过程是一种教师教与学生学的双边活动过程,是教学相长的过程(双边活动说)。 尽管教学相长的本意并非是指教与学双方的相互促进,而是仅指教这一方以教为学,但是人们将其引申为教学过程中教与学双方的互相促进、共同提高。

例如:在《静夜思》这节课中,学生们的审美鉴赏与创造能力得到了一定的提升,教师也能从学生不同的表达中收获更多的教学方面的启发。

(2) 教学过程的特点。

①双边性与周期性。 教学过程是教师与学生、教与学组成的双边活动过程,是教师的教与学生的学的矛盾统一。师生的双边活动,师生之间相互作用,不断发生碰撞、交流和融合。

②**认知性与个性化**。教学过程是学生在教师的指导下的特殊的认识过程。与人类其它的认识活动相比,它不是为了直接创造社会价值,而是为了实现学生个人的思维创造。

③**实践性与社会性**。教学过程也是学生在教师指导下进行的学习实践活动。与此同时,教育教学活动是自人类社会产生以来就具有的一种社会活动。

2. 材料 **材料:** 某教育学家在小学挑选了180名学生,并且预测他们之中有一部分将会有出息,有一部分平平无奇,有一部分没有大作为,结果八个月以后检测这些学生的成绩,发现如这位教育家预测的一样。

运用教育学原理的知识分析材料。(23宁夏)

[答] 材料中,某教育学家预测不同学生未来的发展前途。经过一段时间的学习后检测成绩,发现这位教育学家的话应验了。这体现了教育学原理中"教师期望效应"的影响,即学生的智力发展与教师对其的关注程度呈正比关系,即教师如果对学生产生一定的期望,就会使该学生的学习成绩和行为表现发生符合这一期望的变化。它分为自我应验效应和维持性期望效应。

(1) 现象的原因分析。

①**教师方面:教师的期待对学生产生了影响。**

教师期望效应专门研究教师对学生期望的作用,对学生的发展产生的影响。学生的智力发展与教师对其的关注程度呈正比关系,教师的期望给学生成长带来了重要的激励作用。由此让学生感受到教师的期望和教师对学生的关爱,产生源源不断的内在学习动机。材料中,有着不同预言的学生,受到教师的关注度不同,由此产生了不同的学习动机和学习效果。

②**学生方面:学生个体的主观能动性对自身发展产生的影响。**

a. 环境对人身心发展产生的影响体现在:环境是人的发展的外部条件,为个体的发展提供了可能性和限制;对个体身心发展的影响既取决于环境的给定性,又取决于主体的选择性,但它不是决定人发展的根本因素。材料中,被预测平平无奇和没有大作为的学生,被困于给定的环境,没有摆脱教师关注度等外部环境的限制,学习效果较差。

b. 个体主观能动性对人身心发展产生的影响体现在:个体的主观能动性制约着环境影响的内化与主体的自我建构;个体通过能动的活动选择,建构着自我的发展;个体的主观能动性在个体发展中起着最终的决定作用。材料中,被预测平平无奇和没有大作为的学生,没有充分发挥自身的主观能动性,最终没能实现"逆袭"。

(2) 启示。

①**教师方面。**教师对学生的期待要适当,主要体现在:a. 期待不可过高,期待过高会导致拔苗助长,适得其反;也不宜过低,过低可能会打消学生学习的积极性,导致"摆烂"。b. 期望目标必须遵循适度性原则。即期望目标为学生的"最近发展区",是学生相对容易达成的目标。学生自己可以通过一定的努力实现,这样才能取得最佳的教学效果。

②**学生方面。**学生要发挥个体的主观能动性在个体发展中的决定作用。学生要做到:a. 积极克服遗传素质、环境、学校教育等因素的限制,通过自身的努力消除消极影响。b. 端正态度,积极主动发挥主观能动性。每个学生的发展特点和成就主要取决于他的态度和主观能动性的发挥状况。c. 不断发展自我意识和自我控制能力,通过有目的、自觉地影响自己的发展,从而进行自我设计和自我奋斗。

凯程 教育硕士考研系列图书

云图 YUN TU

333教育综合

真题汇编与高频题库

各院校333真题汇编

主编 徐影

编委会（按姓氏首字母排序）

陈阳 陈子茂 李霞 刘硕 吴月

徐金月 张维辉 庄旭旺

北京理工大学出版社

BEIJING INSTITUTE OF TECHNOLOGY PRESS

版权专有　侵权必究

图书在版编目（CIP）数据

333 教育综合真题汇编与高频题库. 各院校 333 真题汇编 / 徐影主编 . —北京：北京理工大学出版社，2023.3

ISBN 978 – 7 – 5763 – 2150 – 0

Ⅰ.①3⋯　Ⅱ.①徐⋯　Ⅲ.①教育学－研究生－入学考试－习题集　Ⅳ.① G40-44

中国国家版本馆 CIP 数据核字（2023）第 030854 号

出版发行 / 北京理工大学出版社有限责任公司
社　　址 / 北京市海淀区中关村南大街 5 号
邮　　编 / 100081
电　　话 /（010）68914775（总编室）
　　　　　（010）82562903（教材售后服务热线）
　　　　　（010）68944723（其他图书服务热线）
网　　址 / http://www.bitpress.com.cn
经　　销 / 全国各地新华书店
印　　刷 / 三河市鑫鑫科达彩色印刷包装有限公司
开　　本 / 889 毫米 × 1194 毫米　1/16
印　　张 / 25.75
字　　数 / 643 千字
版　　次 / 2023 年 3 月第 1 版　2023 年 3 月第 1 次印刷
定　　价 / 158.90 元（全 2 册）

责任编辑 / 高　芳
文案编辑 / 胡　莹
责任校对 / 刘亚男
责任印制 / 李志强

图书出现印装质量问题，请拨打售后服务热线，本社负责调换

目录

北京师范大学

2010 年北京师范大学 333 教育综合真题 ………… 1
2011 年北京师范大学 333 教育综合真题 ………… 1
2012 年北京师范大学 333 教育综合真题 ………… 2
2013 年北京师范大学 333 教育综合真题 ………… 2
2014 年北京师范大学 333 教育综合真题 ………… 3
2015 年北京师范大学 333 教育综合真题 ………… 3
2016 年北京师范大学 333 教育综合真题 ………… 4
2017 年北京师范大学 333 教育综合真题 ………… 4
2018 年北京师范大学 333 教育综合真题 ………… 5
2019 年北京师范大学 333 教育综合真题 ………… 5
2020 年北京师范大学 333 教育综合真题 ………… 6
2021 年北京师范大学 333 教育综合真题 ………… 7
2022 年北京师范大学 333 教育综合真题 ………… 7
2023 年北京师范大学 333 教育综合真题 ………… 8

华东师范大学

2010 年华东师范大学 333 教育综合真题 ………… 8
2011 年华东师范大学 333 教育综合真题 ………… 9
2012 年华东师范大学 333 教育综合真题 ………… 9
2013 年华东师范大学 333 教育综合真题 ………… 10
2014 年华东师范大学 333 教育综合真题 ………… 10
2015 年华东师范大学 333 教育综合真题 ………… 11
2016 年华东师范大学 333 教育综合真题 ………… 11
2017 年华东师范大学 333 教育综合真题 ………… 12
2018 年华东师范大学 333 教育综合真题 ………… 12
2019 年华东师范大学 333 教育综合真题 ………… 13
2020 年华东师范大学 333 教育综合真题 ………… 13
2021 年华东师范大学 333 教育综合真题 ………… 14
2022 年华东师范大学 333 教育综合真题 ………… 14
2023 年华东师范大学 333 教育综合真题 ………… 15

东北师范大学

2010 年东北师范大学 333 教育综合真题 ………… 15
2011 年东北师范大学 333 教育综合真题 ………… 16
2012 年东北师范大学 333 教育综合真题 ………… 17
2013 年东北师范大学 333 教育综合真题 ………… 17
2014 年东北师范大学 333 教育综合真题 ………… 18
2015 年东北师范大学 333 教育综合真题 ………… 19
2016 年东北师范大学 333 教育综合真题 ………… 20
2017 年东北师范大学 333 教育综合真题 ………… 21
2018 年东北师范大学 333 教育综合真题 ………… 21
2019 年东北师范大学 333 教育综合真题 ………… 22
2020 年东北师范大学 333 教育综合真题 ………… 23
2021 年东北师范大学 333 教育综合真题 ………… 24
2022 年东北师范大学 333 教育综合真题 ………… 24
2023 年东北师范大学 333 教育综合真题 ………… 25

华中师范大学

2010 年华中师范大学 333 教育综合真题 ………… 26
2011 年华中师范大学 333 教育综合真题 ………… 26
2012 年华中师范大学 333 教育综合真题 ………… 27
2013 年华中师范大学 333 教育综合真题 ………… 27
2014 年华中师范大学 333 教育综合真题 ………… 29
2015 年华中师范大学 333 教育综合真题 ………… 30
2016 年华中师范大学 333 教育综合真题 ………… 30
2017 年华中师范大学 333 教育综合真题 ………… 31
2018 年华中师范大学 333 教育综合真题 ………… 32
2019 年华中师范大学 333 教育综合真题 ………… 32
2020 年华中师范大学 333 教育综合真题 ………… 33
2021 年华中师范大学 333 教育综合真题 ………… 33
2022 年华中师范大学 333 教育综合真题 ………… 34
2023 年华中师范大学 333 教育综合真题 ………… 34

陕西师范大学

2010 年陕西师范大学 333 教育综合真题 ………… 35
2011 年陕西师范大学 333 教育综合真题 ………… 36
2012 年陕西师范大学 333 教育综合真题 ………… 36
2013 年陕西师范大学 333 教育综合真题 ………… 37
2014 年陕西师范大学 333 教育综合真题 ………… 39

2015 年陕西师范大学 333 教育综合真题 ……… 39
2016 年陕西师范大学 333 教育综合真题 ……… 40
2017 年陕西师范大学 333 教育综合真题 ……… 41
2018 年陕西师范大学 333 教育综合真题 ……… 41
2019 年陕西师范大学 333 教育综合真题 ……… 42
2020 年陕西师范大学 333 教育综合真题 ……… 43
2021 年陕西师范大学 333 教育综合真题 ……… 44
2022 年陕西师范大学 333 教育综合真题 ……… 45
2023 年陕西师范大学 333 教育综合真题 ……… 46

西南大学

2010 年西南大学 333 教育综合真题 ……… 47
2011 年西南大学 333 教育综合真题 ……… 48
2012 年西南大学 333 教育综合真题 ……… 48
2013 年西南大学 333 教育综合真题 ……… 49
2014 年西南大学 333 教育综合真题 ……… 49
2015 年西南大学 333 教育综合真题 ……… 50
2016 年西南大学 333 教育综合真题 ……… 50
2017 年西南大学 333 教育综合真题 ……… 51
2018 年西南大学 333 教育综合真题 ……… 52
2019 年西南大学 333 教育综合真题 ……… 52
2020 年西南大学 333 教育综合真题 ……… 53
2021 年西南大学 333 教育综合真题 ……… 53
2022 年西南大学 333 教育综合真题 ……… 54
2023 年西南大学 333 教育综合真题 ……… 55

南京师范大学

2010 年南京师范大学 333 教育综合真题 ……… 56
2011 年南京师范大学 333 教育综合真题 ……… 56
2012 年南京师范大学 333 教育综合真题 ……… 57
2013 年南京师范大学 333 教育综合真题 ……… 57
2014 年南京师范大学 333 教育综合真题 ……… 58
2015 年南京师范大学 333 教育综合真题 ……… 59
2016 年南京师范大学 333 教育综合真题 ……… 60
2017 年南京师范大学 333 教育综合真题 ……… 61
2018 年南京师范大学 333 教育综合真题 ……… 61
2019 年南京师范大学 333 教育综合真题 ……… 62
2020 年南京师范大学 333 教育综合真题 ……… 63
2021 年南京师范大学 333 教育综合真题 ……… 64
2022 年南京师范大学 333 教育综合真题 ……… 64
2023 年南京师范大学 333 教育综合真题 ……… 66

湖南师范大学

2010 年湖南师范大学 333 教育综合真题 ……… 66
2011 年湖南师范大学 333 教育综合真题 ……… 67
2012 年湖南师范大学 333 教育综合真题 ……… 67
2013 年湖南师范大学 333 教育综合真题 ……… 68
2014 年湖南师范大学 333 教育综合真题 ……… 68
2015 年湖南师范大学 333 教育综合真题 ……… 69
2016 年湖南师范大学 333 教育综合真题 ……… 69
2017 年湖南师范大学 333 教育综合真题 ……… 70
2018 年湖南师范大学 333 教育综合真题 ……… 71
2019 年湖南师范大学 333 教育综合真题 ……… 72
2020 年湖南师范大学 333 教育综合真题 ……… 72
2021 年湖南师范大学 333 教育综合真题 ……… 73
2022 年湖南师范大学 333 教育综合真题 ……… 73
2023 年湖南师范大学 333 教育综合真题 ……… 74

华南师范大学

2011 年华南师范大学 333 教育综合真题 ……… 74
2012 年华南师范大学 333 教育综合真题 ……… 75
2013 年华南师范大学 333 教育综合真题 ……… 75
2014 年华南师范大学 333 教育综合真题 ……… 76
2015 年华南师范大学 333 教育综合真题 ……… 76
2016 年华南师范大学 333 教育综合真题 ……… 77
2017 年华南师范大学 333 教育综合真题 ……… 77
2018 年华南师范大学 333 教育综合真题 ……… 78
2019 年华南师范大学 333 教育综合真题 ……… 78
2020 年华南师范大学 333 教育综合真题 ……… 79
2021 年华南师范大学 333 教育综合真题 ……… 79
2022 年华南师范大学 333 教育综合真题 ……… 80
2023 年华南师范大学 333 教育综合真题 ……… 80

首都师范大学

2010 年首都师范大学 333 教育综合真题 ……… 81
2011 年首都师范大学 333 教育综合真题 ……… 81
2012 年首都师范大学 333 教育综合真题 ……… 82
2013 年首都师范大学 333 教育综合真题 ……… 82
2014 年首都师范大学 333 教育综合真题 ……… 82
2015 年首都师范大学 333 教育综合真题 ……… 83
2016 年首都师范大学 333 教育综合真题 ……… 83

2017年首都师范大学333教育综合真题 ……… 84	2011年杭州师范大学333教育综合真题 ……… 102
2018年首都师范大学333教育综合真题 ……… 85	2012年杭州师范大学333教育综合真题 ……… 102
2019年首都师范大学333教育综合真题 ……… 86	2013年杭州师范大学333教育综合真题 ……… 103
2020年首都师范大学333教育综合真题 ……… 86	2014年杭州师范大学333教育综合真题 ……… 103
2021年首都师范大学333教育综合真题 ……… 87	2015年杭州师范大学333教育综合真题 ……… 104
2022年首都师范大学333教育综合真题 ……… 87	2016年杭州师范大学333教育综合真题 ……… 104
2023年首都师范大学333教育综合真题 ……… 88	2017年杭州师范大学333教育综合真题 ……… 105

上海师范大学

2011年上海师范大学333教育综合真题 ……… 88	2018年杭州师范大学333教育综合真题 ……… 105
2012年上海师范大学333教育综合真题 ……… 89	2019年杭州师范大学333教育综合真题 ……… 106
2013年上海师范大学333教育综合真题 ……… 89	2020年杭州师范大学333教育综合真题 ……… 106
2014年上海师范大学333教育综合真题 ……… 90	2021年杭州师范大学333教育综合真题 ……… 107
2015年上海师范大学333教育综合真题 ……… 90	2022年杭州师范大学333教育综合真题 ……… 107
2016年上海师范大学333教育综合真题 ……… 91	2023年杭州师范大学333教育综合真题 ……… 108

山东师范大学

2017年上海师范大学333教育综合真题 ……… 91	2010年山东师范大学333教育综合真题 ……… 108
2018年上海师范大学333教育综合真题 ……… 92	2011年山东师范大学333教育综合真题 ……… 109
2019年上海师范大学333教育综合真题 ……… 92	2012年山东师范大学333教育综合真题 ……… 109
2020年上海师范大学333教育综合真题 ……… 93	2013年山东师范大学333教育综合真题 ……… 110
2021年上海师范大学333教育综合真题 ……… 93	2014年山东师范大学333教育综合真题 ……… 110
2022年上海师范大学333教育综合真题 ……… 94	2015年山东师范大学333教育综合真题 ……… 111
2023年上海师范大学333教育综合真题 ……… 94	2016年山东师范大学333教育综合真题 ……… 111

浙江师范大学

2010年浙江师范大学333教育综合真题 ……… 95	2017年山东师范大学333教育综合真题 ……… 112
2011年浙江师范大学333教育综合真题 ……… 95	2018年山东师范大学333教育综合真题 ……… 113
2012年浙江师范大学333教育综合真题 ……… 96	2019年山东师范大学333教育综合真题 ……… 113
2013年浙江师范大学333教育综合真题 ……… 96	2020年山东师范大学333教育综合真题 ……… 114
2014年浙江师范大学333教育综合真题 ……… 97	2021年山东师范大学333教育综合真题 ……… 114
2015年浙江师范大学333教育综合真题 ……… 97	2022年山东师范大学333教育综合真题 ……… 115
2016年浙江师范大学333教育综合真题 ……… 98	2023年山东师范大学333教育综合真题 ……… 116

西北师范大学

2017年浙江师范大学333教育综合真题 ……… 98	2010年西北师范大学333教育综合真题 ……… 116
2018年浙江师范大学333教育综合真题 ……… 99	2011年西北师范大学333教育综合真题 ……… 117
2019年浙江师范大学333教育综合真题 ……… 99	2012年西北师范大学333教育综合真题 ……… 117
2020年浙江师范大学333教育综合真题 ……… 100	2013年西北师范大学333教育综合真题 ……… 118
2021年浙江师范大学333教育综合真题 ……… 100	2014年西北师范大学333教育综合真题 ……… 118
2022年浙江师范大学333教育综合真题 ……… 101	2015年西北师范大学333教育综合真题 ……… 119
2023年浙江师范大学333教育综合真题 ……… 101	2016年西北师范大学333教育综合真题 ……… 119

杭州师范大学

	2017年西北师范大学333教育综合真题 ……… 120
2010年杭州师范大学333教育综合真题 ……… 101	2018年西北师范大学333教育综合真题 ……… 120

2019 年西北师范大学 333 教育综合真题 ········121
2020 年西北师范大学 333 教育综合真题 ········121
2021 年西北师范大学 333 教育综合真题 ········122
2022 年西北师范大学 333 教育综合真题 ········122
2023 年西北师范大学 333 教育综合真题 ········123

天津师范大学
2010 年天津师范大学 333 教育综合真题 ········123
2011 年天津师范大学 333 教育综合真题 ········124
2012 年天津师范大学 333 教育综合真题 ········124
2013 年天津师范大学 333 教育综合真题 ········125
2014 年天津师范大学 333 教育综合真题 ········125
2015 年天津师范大学 333 教育综合真题 ········126
2016 年天津师范大学 333 教育综合真题 ········126
2017 年天津师范大学 333 教育综合真题 ········127
2018 年天津师范大学 333 教育综合真题 ········127
2019 年天津师范大学 333 教育综合真题 ········128
2020 年天津师范大学 333 教育综合真题 ········128
2021 年天津师范大学 333 教育综合真题 ········129
2022 年天津师范大学 333 教育综合真题 ········129
2023 年天津师范大学 333 教育综合真题 ········130

曲阜师范大学
2010 年曲阜师范大学 333 教育综合真题 ········130
2011 年曲阜师范大学 333 教育综合真题 ········130
2012 年曲阜师范大学 333 教育综合真题 ········131
2013 年曲阜师范大学 333 教育综合真题 ········131
2014 年曲阜师范大学 333 教育综合真题 ········132
2015 年曲阜师范大学 333 教育综合真题 ········132
2016 年曲阜师范大学 333 教育综合真题 ········133
2017 年曲阜师范大学 333 教育综合真题 ········133
2018 年曲阜师范大学 333 教育综合真题 ········134
2019 年曲阜师范大学 333 教育综合真题 ········134
2020 年曲阜师范大学 333 教育综合真题 ········135
2021 年曲阜师范大学 333 教育综合真题 ········135
2022 年曲阜师范大学 333 教育综合真题 ········135
2023 年曲阜师范大学 333 教育综合真题 ········136

辽宁师范大学
2010 年辽宁师范大学 333 教育综合真题 ········136
2011 年辽宁师范大学 333 教育综合真题 ········137
2012 年辽宁师范大学 333 教育综合真题 ········138
2013 年辽宁师范大学 333 教育综合真题 ········138
2014 年辽宁师范大学 333 教育综合真题 ········139
2015 年辽宁师范大学 333 教育综合真题 ········139
2016 年辽宁师范大学 333 教育综合真题 ········140
2017 年辽宁师范大学 333 教育综合真题 ········140
2018 年辽宁师范大学 333 教育综合真题 ········141
2019 年辽宁师范大学 333 教育综合真题 ········141
2020 年辽宁师范大学 333 教育综合真题 ········142
2021 年辽宁师范大学 333 教育综合真题 ········142
2022 年辽宁师范大学 333 教育综合真题 ········143
2023 年辽宁师范大学 333 教育综合真题 ········143

哈尔滨师范大学
2010 年哈尔滨师范大学 333 教育综合真题 ······144
2011 年哈尔滨师范大学 333 教育综合真题 ······144
2012 年哈尔滨师范大学 333 教育综合真题 ······145
2013 年哈尔滨师范大学 333 教育综合真题 ······145
2014 年哈尔滨师范大学 333 教育综合真题 ······146
2015 年哈尔滨师范大学 333 教育综合真题 ······146
2016 年哈尔滨师范大学 333 教育综合真题 ······147
2017 年哈尔滨师范大学 333 教育综合真题 ······147
2018 年哈尔滨师范大学 333 教育综合真题 ······148
2019 年哈尔滨师范大学 333 教育综合真题 ······148
2020 年哈尔滨师范大学 333 教育综合真题 ······149
2021 年哈尔滨师范大学 333 教育综合真题 ······149
2022 年哈尔滨师范大学 333 教育综合真题 ······150
2023 年哈尔滨师范大学 333 教育综合真题 ······150

江苏师范大学
2010 年江苏师范大学 333 教育综合真题 ········151
2011 年江苏师范大学 333 教育综合真题 ········151
2012 年江苏师范大学 333 教育综合真题 ········152
2013 年江苏师范大学 333 教育综合真题 ········152
2014 年江苏师范大学 333 教育综合真题 ········153
2015 年江苏师范大学 333 教育综合真题 ········153
2016 年江苏师范大学 333 教育综合真题 ········154
2017 年江苏师范大学 333 教育综合真题 ········154
2018 年江苏师范大学 333 教育综合真题 ········155
2019 年江苏师范大学 333 教育综合真题 ········155

2020年江苏师范大学333教育综合真题 ……… 156
2021年江苏师范大学333教育综合真题 ……… 156
2022年江苏师范大学333教育综合真题 ……… 157
2023年江苏师范大学333教育综合真题 ……… 157

江西师范大学
2010年江西师范大学333教育综合真题 ……… 158
2011年江西师范大学333教育综合真题 ……… 158
2012年江西师范大学333教育综合真题 ……… 159
2013年江西师范大学333教育综合真题 ……… 159
2014年江西师范大学333教育综合真题 ……… 160
2015年江西师范大学333教育综合真题 ……… 160
2016年江西师范大学333教育综合真题 ……… 161
2017年江西师范大学333教育综合真题 ……… 161
2018年江西师范大学333教育综合真题 ……… 162
2019年江西师范大学333教育综合真题 ……… 162
2020年江西师范大学333教育综合真题 ……… 163
2021年江西师范大学333教育综合真题 ……… 163
2022年江西师范大学333教育综合真题 ……… 164
2023年江西师范大学333教育综合真题 ……… 164

广西师范大学
2010年广西师范大学333教育综合真题 ……… 165
2011年广西师范大学333教育综合真题 ……… 165
2012年广西师范大学333教育综合真题 ……… 166
2013年广西师范大学333教育综合真题 ……… 166
2014年广西师范大学333教育综合真题 ……… 167
2015年广西师范大学333教育综合真题 ……… 167
2016年广西师范大学333教育综合真题 ……… 167
2017年广西师范大学333教育综合真题 ……… 168
2018年广西师范大学333教育综合真题 ……… 168
2019年广西师范大学333教育综合真题 ……… 168
2020年广西师范大学333教育综合真题 ……… 169
2021年广西师范大学333教育综合真题 ……… 169
2022年广西师范大学333教育综合真题 ……… 170
2023年广西师范大学333教育综合真题 ……… 170

四川师范大学
2010年四川师范大学333教育综合真题 ……… 171
2011年四川师范大学333教育综合真题 ……… 171
2012年四川师范大学333教育综合真题 ……… 172
2013年四川师范大学333教育综合真题 ……… 172
2014年四川师范大学333教育综合真题 ……… 173
2015年四川师范大学333教育综合真题 ……… 173
2016年四川师范大学333教育综合真题 ……… 174
2017年四川师范大学333教育综合真题 ……… 174
2018年四川师范大学333教育综合真题 ……… 175
2019年四川师范大学333教育综合真题 ……… 175
2020年四川师范大学333教育综合真题 ……… 176
2021年四川师范大学333教育综合真题 ……… 176
2022年四川师范大学333教育综合真题 ……… 177
2023年四川师范大学333教育综合真题 ……… 177

安徽师范大学
2010年安徽师范大学333教育综合真题 ……… 178
2011年安徽师范大学333教育综合真题 ……… 178
2012年安徽师范大学333教育综合真题 ……… 179
2013年安徽师范大学333教育综合真题 ……… 179
2014年安徽师范大学333教育综合真题 ……… 180
2015年安徽师范大学333教育综合真题 ……… 180
2016年安徽师范大学333教育综合真题 ……… 181
2017年安徽师范大学333教育综合真题 ……… 181
2018年安徽师范大学333教育综合真题 ……… 182
2019年安徽师范大学333教育综合真题 ……… 182
2020年安徽师范大学333教育综合真题 ……… 183
2021年安徽师范大学333教育综合真题 ……… 184
2022年安徽师范大学333教育综合真题 ……… 184
2023年安徽师范大学333教育综合真题 ……… 185

福建师范大学
2010年福建师范大学333教育综合真题 ……… 185
2011年福建师范大学333教育综合真题 ……… 186
2012年福建师范大学333教育综合真题 ……… 186
2013年福建师范大学333教育综合真题 ……… 187
2014年福建师范大学333教育综合真题 ……… 187
2015年福建师范大学333教育综合真题 ……… 188
2016年福建师范大学333教育综合真题 ……… 188
2017年福建师范大学333教育综合真题 ……… 189
2018年福建师范大学333教育综合真题 ……… 189
2019年福建师范大学333教育综合真题 ……… 190
2020年福建师范大学333教育综合真题 ……… 190

2021 年福建师范大学 333 教育综合真题 ………191
2022 年福建师范大学 333 教育综合真题 ………191
2023 年福建师范大学 333 教育综合真题 ………192

河南师范大学

2010 年河南师范大学 333 教育综合真题 ………192
2011 年河南师范大学 333 教育综合真题 ………193
2012 年河南师范大学 333 教育综合真题 ………193
2013 年河南师范大学 333 教育综合真题 ………194
2014 年河南师范大学 333 教育综合真题 ………194
2015 年河南师范大学 333 教育综合真题 ………195
2016 年河南师范大学 333 教育综合真题 ………195
2017 年河南师范大学 333 教育综合真题 ………196
2018 年河南师范大学 333 教育综合真题 ………196
2019 年河南师范大学 333 教育综合真题 ………197
2020 年河南师范大学 333 教育综合真题 ………197
2021 年河南师范大学 333 教育综合真题 ………198
2022 年河南师范大学 333 教育综合真题 ………198
2023 年河南师范大学 333 教育综合真题 ………199

重庆师范大学

2010 年重庆师范大学 333 教育综合真题 ………199
2011 年重庆师范大学 333 教育综合真题 ………200
2012 年重庆师范大学 333 教育综合真题 ………201
2013 年重庆师范大学 333 教育综合真题 ………202
2014 年重庆师范大学 333 教育综合真题 ………203
2015 年重庆师范大学 333 教育综合真题 ………205
2016 年重庆师范大学 333 教育综合真题 ………205
2017 年重庆师范大学 333 教育综合真题 ………206
2018 年重庆师范大学 333 教育综合真题 ………206
2019 年重庆师范大学 333 教育综合真题 ………207
2020 年重庆师范大学 333 教育综合真题 ………208
2021 年重庆师范大学 333 教育综合真题 ………208
2022 年重庆师范大学 333 教育综合真题 ………209
2023 年重庆师范大学 333 教育综合真题 ………209

云南师范大学

2010 年云南师范大学 333 教育综合真题 ………210
2011 年云南师范大学 333 教育综合真题 ………211
2012 年云南师范大学 333 教育综合真题 ………211
2013 年云南师范大学 333 教育综合真题 ………212
2014 年云南师范大学 333 教育综合真题 ………212
2015 年云南师范大学 333 教育综合真题 ………213
2016 年云南师范大学 333 教育综合真题 ………213
2017 年云南师范大学 333 教育综合真题 ………214
2018 年云南师范大学 333 教育综合真题 ………214
2019 年云南师范大学 333 教育综合真题 ………214
2020 年云南师范大学 333 教育综合真题 ………215
2021 年云南师范大学 333 教育综合真题 ………215
2022 年云南师范大学 333 教育综合真题 ………216
2023 年云南师范大学 333 教育综合真题 ………216

山西师范大学

2010 年山西师范大学 333 教育综合真题 ………217
2011 年山西师范大学 333 教育综合真题 ………217
2012 年山西师范大学 333 教育综合真题 ………218
2013 年山西师范大学 333 教育综合真题 ………218
2014 年山西师范大学 333 教育综合真题 ………219
2015 年山西师范大学 333 教育综合真题 ………219
2016 年山西师范大学 333 教育综合真题 ………220
2017 年山西师范大学 333 教育综合真题 ………220
2018 年山西师范大学 333 教育综合真题 ………221
2019 年山西师范大学 333 教育综合真题 ………221
2020 年山西师范大学 333 教育综合真题 ………222
2021 年山西师范大学 333 教育综合真题 ………222
2022 年山西师范大学 333 教育综合真题 ………223
2023 年山西师范大学 333 教育综合真题 ………223

内蒙古师范大学

2010 年内蒙古师范大学 333 教育综合真题 ……224
2011 年内蒙古师范大学 333 教育综合真题 ……224
2012 年内蒙古师范大学 333 教育综合真题 ……225
2013 年内蒙古师范大学 333 教育综合真题 ……225
2014 年内蒙古师范大学 333 教育综合真题 ……226
2015 年内蒙古师范大学 333 教育综合真题 ……226
2016 年内蒙古师范大学 333 教育综合真题 ……227
2017 年内蒙古师范大学 333 教育综合真题 ……227
2018 年内蒙古师范大学 333 教育综合真题 ……228
2019 年内蒙古师范大学 333 教育综合真题 ……228
2020 年内蒙古师范大学 333 教育综合真题 ……229
2021 年内蒙古师范大学 333 教育综合真题 ……230

2022年内蒙古师范大学333教育综合真题 …… 230
2023年内蒙古师范大学333教育综合真题 …… 231

贵州师范大学

2013年贵州师范大学333教育综合真题 …… 231
2014年贵州师范大学333教育综合真题 …… 232
2015年贵州师范大学333教育综合真题 …… 233
2016年贵州师范大学333教育综合真题 …… 234
2017年贵州师范大学333教育综合真题 …… 234
2018年贵州师范大学333教育综合真题 …… 235
2019年贵州师范大学333教育综合真题 …… 235
2020年贵州师范大学333教育综合真题 …… 236
2021年贵州师范大学333教育综合真题 …… 236
2022年贵州师范大学333教育综合真题 …… 237
2023年贵州师范大学333教育综合真题 …… 237

沈阳师范大学

2010年沈阳师范大学333教育综合真题 …… 238
2011年沈阳师范大学333教育综合真题 …… 238
2012年沈阳师范大学333教育综合真题 …… 239
2013年沈阳师范大学333教育综合真题 …… 239
2014年沈阳师范大学333教育综合真题 …… 240
2015年沈阳师范大学333教育综合真题 …… 240
2016年沈阳师范大学333教育综合真题 …… 241
2017年沈阳师范大学333教育综合真题 …… 241
2018年沈阳师范大学333教育综合真题 …… 242
2019年沈阳师范大学333教育综合真题 …… 242
2020年沈阳师范大学333教育综合真题 …… 243
2021年沈阳师范大学333教育综合真题 …… 243
2022年沈阳师范大学333教育综合真题 …… 244
2023年沈阳师范大学333教育综合真题 …… 244

中央民族大学

2011年中央民族大学333教育综合真题 …… 245
2012年中央民族大学333教育综合真题 …… 245
2013年中央民族大学333教育综合真题 …… 246
2014年中央民族大学333教育综合真题 …… 246
2015年中央民族大学333教育综合真题 …… 247
2016年中央民族大学333教育综合真题 …… 247
2017年中央民族大学333教育综合真题 …… 248
2018年中央民族大学333教育综合真题 …… 248
2019年中央民族大学333教育综合真题 …… 249
2020年中央民族大学333教育综合真题 …… 249
2021年中央民族大学333教育综合真题 …… 250
2022年中央民族大学333教育综合真题 …… 250
2023年中央民族大学333教育综合真题 …… 251

苏州大学

2010年苏州大学333教育综合真题 …… 251
2011年苏州大学333教育综合真题 …… 252
2012年苏州大学333教育综合真题 …… 252
2013年苏州大学333教育综合真题 …… 253
2014年苏州大学333教育综合真题 …… 253
2015年苏州大学333教育综合真题 …… 254
2016年苏州大学333教育综合真题 …… 254
2017年苏州大学333教育综合真题 …… 255
2018年苏州大学333教育综合真题 …… 255
2019年苏州大学333教育综合真题 …… 256
2020年苏州大学333教育综合真题 …… 257
2021年苏州大学333教育综合真题 …… 258
2022年苏州大学333教育综合真题 …… 258
2023年苏州大学333教育综合真题 …… 259

湖南大学

2010年湖南大学333教育综合真题 …… 260
2011年湖南大学333教育综合真题 …… 260
2012年湖南大学333教育综合真题 …… 260
2013年湖南大学333教育综合真题 …… 261
2014年湖南大学333教育综合真题 …… 261
2015年湖南大学333教育综合真题 …… 262
2016年湖南大学333教育综合真题 …… 262
2017年湖南大学333教育综合真题 …… 263
2018年湖南大学333教育综合真题 …… 263
2019年湖南大学333教育综合真题 …… 263
2020年湖南大学333教育综合真题 …… 264
2021年湖南大学333教育综合真题 …… 264
2022年湖南大学333教育综合真题 …… 265
2023年湖南大学333教育综合真题 …… 265

宁夏大学

2010年宁夏大学333教育综合真题 …… 265
2011年宁夏大学333教育综合真题 …… 266

2012年宁夏大学333教育综合真题 …………266
2013年宁夏大学333教育综合真题 …………268
2014年宁夏大学333教育综合真题 …………268
2015年宁夏大学333教育综合真题 …………270
2016年宁夏大学333教育综合真题 …………271
2017年宁夏大学333教育综合真题 …………271
2018年宁夏大学333教育综合真题 …………272
2019年宁夏大学333教育综合真题 …………273
2020年宁夏大学333教育综合真题 …………273
2021年宁夏大学333教育综合真题 …………274
2022年宁夏大学333教育综合真题 …………275
2023年宁夏大学333教育综合真题 …………275

河南大学
2010年河南大学333教育综合真题 …………276
2011年河南大学333教育综合真题 …………277
2012年河南大学333教育综合真题 …………277
2013年河南大学333教育综合真题 …………278
2014年河南大学333教育综合真题 …………279
2015年河南大学333教育综合真题 …………280
2016年河南大学333教育综合真题 …………280
2017年河南大学333教育综合真题 …………281
2018年河南大学333教育综合真题 …………282
2019年河南大学333教育综合真题 …………283
2020年河南大学333教育综合真题 …………283
2021年河南大学333教育综合真题 …………284
2022年河南大学333教育综合真题 …………285
2023年河南大学333教育综合真题 …………285

湖北大学
2010年湖北大学333教育综合真题 …………286
2011年湖北大学333教育综合真题 …………287
2012年湖北大学333教育综合真题 …………287
2013年湖北大学333教育综合真题 …………288
2014年湖北大学333教育综合真题 …………288
2015年湖北大学333教育综合真题 …………289
2016年湖北大学333教育综合真题 …………289
2017年湖北大学333教育综合真题 …………290
2018年湖北大学333教育综合真题 …………290
2019年湖北大学333教育综合真题 …………291

2020年湖北大学333教育综合真题 …………291
2021年湖北大学333教育综合真题 …………292
2022年湖北大学333教育综合真题 …………292
2023年湖北大学333教育综合真题 …………293

扬州大学
2010年扬州大学333教育综合真题 …………293
2011年扬州大学333教育综合真题 …………294
2012年扬州大学333教育综合真题 …………294
2013年扬州大学333教育综合真题 …………295
2014年扬州大学333教育综合真题 …………295
2015年扬州大学333教育综合真题 …………296
2016年扬州大学333教育综合真题 …………296
2017年扬州大学333教育综合真题 …………297
2018年扬州大学333教育综合真题 …………297
2019年扬州大学333教育综合真题 …………298
2020年扬州大学333教育综合真题 …………298
2021年扬州大学333教育综合真题 …………299
2022年扬州大学333教育综合真题 …………299
2023年扬州大学333教育综合真题 …………300

宁波大学
2010年宁波大学333教育综合真题 …………300
2011年宁波大学333教育综合真题 …………301
2012年宁波大学333教育综合真题 …………301
2013年宁波大学333教育综合真题 …………302
2014年宁波大学333教育综合真题 …………302
2015年宁波大学333教育综合真题 …………303
2016年宁波大学333教育综合真题 …………303
2017年宁波大学333教育综合真题 …………304
2018年宁波大学333教育综合真题 …………304
2019年宁波大学333教育综合真题 …………305
2020年宁波大学333教育综合真题 …………305
2021年宁波大学333教育综合真题 …………306
2022年宁波大学333教育综合真题 …………306
2023年宁波大学333教育综合真题 …………307

青岛大学
2010年青岛大学333教育综合真题 …………307
2011年青岛大学333教育综合真题 …………309
2012年青岛大学333教育综合真题 …………310

2013年青岛大学333教育综合真题 ……………312
2014年青岛大学333教育综合真题 ……………313
2015年青岛大学333教育综合真题 ……………315
2016年青岛大学333教育综合真题 ……………317
2017年青岛大学333教育综合真题 ……………319
2018年青岛大学333教育综合真题 ……………319
2019年青岛大学333教育综合真题 ……………320
2020年青岛大学333教育综合真题 ……………320
2021年青岛大学333教育综合真题 ……………321
2023年青岛大学333教育综合真题 ……………321

聊城大学
2010年聊城大学333教育综合真题 ……………322
2011年聊城大学333教育综合真题 ……………324
2012年聊城大学333教育综合真题 ……………324
2013年聊城大学333教育综合真题 ……………325
2014年聊城大学333教育综合真题 ……………325
2015年聊城大学333教育综合真题 ……………326
2016年聊城大学333教育综合真题 ……………326
2017年聊城大学333教育综合真题 ……………327
2018年聊城大学333教育综合真题 ……………327
2019年聊城大学333教育综合真题 ……………328
2020年聊城大学333教育综合真题 ……………328
2021年聊城大学333教育综合真题 ……………329
2022年聊城大学333教育综合真题 ……………329
2023年聊城大学333教育综合真题 ……………330

鲁东大学
2011年鲁东大学333教育综合真题 ……………330
2012年鲁东大学333教育综合真题 ……………331
2013年鲁东大学333教育综合真题 ……………331
2014年鲁东大学333教育综合真题 ……………332
2015年鲁东大学333教育综合真题 ……………332
2016年鲁东大学333教育综合真题 ……………332
2017年鲁东大学333教育综合真题 ……………333
2018年鲁东大学333教育综合真题 ……………333
2019年鲁东大学333教育综合真题 ……………334
2020年鲁东大学333教育综合真题 ……………334
2021年鲁东大学333教育综合真题 ……………335
2022年鲁东大学333教育综合真题 ……………335

2023年鲁东大学333教育综合真题 ……………336

新疆师范大学
2010年新疆师范大学333教育综合真题 ………336
2012年新疆师范大学333教育综合真题 ………337
2013年新疆师范大学333教育综合真题 ………337
2014年新疆师范大学333教育综合真题 ………338
2015年新疆师范大学333教育综合真题 ………338
2016年新疆师范大学333教育综合真题 ………339
2017年新疆师范大学333教育综合真题 ………339
2018年新疆师范大学333教育综合真题 ………340
2019年新疆师范大学333教育综合真题 ………340
2020年新疆师范大学333教育综合真题 ………341
2021年新疆师范大学333教育综合真题 ………341
2022年新疆师范大学333教育综合真题 ………342
2023年新疆师范大学333教育综合真题 ………342

河北师范大学
2010年河北师范大学333教育综合真题 ………343
2011年河北师范大学333教育综合真题 ………344
2012年河北师范大学333教育综合真题 ………344
2013年河北师范大学333教育综合真题 ………345
2014年河北师范大学333教育综合真题 ………346
2015年河北师范大学333教育综合真题 ………346
2016年河北师范大学333教育综合真题 ………347
2017年河北师范大学333教育综合真题 ………348
2018年河北师范大学333教育综合真题 ………348
2019年河北师范大学333教育综合真题 ………348
2020年河北师范大学333教育综合真题 ………349
2021年河北师范大学333教育综合真题 ………349
2022年河北师范大学333教育综合真题 ………350
2023年河北师范大学333教育综合真题 ………351

宝鸡文理学院
2021年宝鸡文理学院333教育综合真题 ………351
2022年宝鸡文理学院333教育综合真题 ………352
2023年宝鸡文理学院333教育综合真题 ………352

渤海大学
2021年渤海大学333教育综合真题 ……………353
2022年渤海大学333教育综合真题 ……………353
2023年渤海大学333教育综合真题 ……………353

大理大学
- 2021年大理大学333教育综合真题 ……………354
- 2022年大理大学333教育综合真题 ……………354
- 2023年大理大学333教育综合真题 ……………355

佛山科学技术学院
- 2021年佛山科学技术学院333教育综合真题 …355
- 2022年佛山科学技术学院333教育综合真题 …356

合肥师范学院
- 2021年合肥师范学院333教育综合真题 ………356
- 2022年合肥师范学院333教育综合真题 ………357
- 2023年合肥师范学院333教育综合真题 ………358

湖南科技大学
- 2021年湖南科技大学333教育综合真题 ………358
- 2022年湖南科技大学333教育综合真题 ………359
- 2023年湖南科技大学333教育综合真题 ………359

湖州师范学院
- 2021年湖州师范学院333教育综合真题 ………360
- 2022年湖州师范学院333教育综合真题 ………360
- 2023年湖州师范学院333教育综合真题 ………360

淮北师范大学
- 2021年淮北师范大学333教育综合真题 ………361
- 2022年淮北师范大学333教育综合真题 ………361
- 2023年淮北师范大学333教育综合真题 ………362

吉林师范大学
- 2021年吉林师范大学333教育综合真题 ………363
- 2022年吉林师范大学333教育综合真题 ………363
- 2023年吉林师范大学333教育综合真题 ………364

集美大学
- 2021年集美大学333教育综合真题 ……………364
- 2022年集美大学333教育综合真题 ……………365
- 2023年集美大学333教育综合真题 ……………365

海南师范大学
- 2021年海南师范大学333教育综合真题 ………366
- 2022年海南师范大学333教育综合真题 ………366
- 2023年海南师范大学333教育综合真题 ………367

石河子大学
- 2021年石河子大学333教育综合真题 …………367
- 2022年石河子大学333教育综合真题 …………368
- 2023年石河子大学333教育综合真题 …………368

中国海洋大学
- 2021年中国海洋大学333教育综合真题 ………368
- 2022年中国海洋大学333教育综合真题 ………369
- 2023年中国海洋大学333教育综合真题 ………370

延安大学
- 2021年延安大学333教育综合真题 ……………370
- 2022年延安大学333教育综合真题 ……………371
- 2023年延安大学333教育综合真题 ……………371

西安外国语大学
- 2021年西安外国语大学333教育综合真题 ……372
- 2022年西安外国语大学333教育综合真题 ……372
- 2023年西安外国语大学333教育综合真题 ……372

青海师范大学
- 2021年青海师范大学333教育综合真题 ………373
- 2022年青海师范大学333教育综合真题 ………374
- 2023年青海师范大学333教育综合真题 ………374

闽南师范大学
- 2021年闽南师范大学333教育综合真题 ………375
- 2022年闽南师范大学333教育综合真题 ………375
- 2023年闽南师范大学333教育综合真题 ………376

温州大学
- 2021年温州大学333教育综合真题 ……………376
- 2022年温州大学333教育综合真题 ……………376
- 2023年温州大学333教育综合真题 ……………377

西华师范大学
- 2021年西华师范大学333教育综合真题 ………378
- 2022年西华师范大学333教育综合真题 ………378
- 2023年西华师范大学333教育综合真题 ………379

深圳大学
- 2021年深圳大学333教育综合真题 ……………379
- 2022年深圳大学333教育综合真题 ……………380
- 2023年深圳大学333教育综合真题 ……………380

天水师范学院
- 2021年天水师范学院333教育综合真题 ………380
- 2023年天水师范学院333教育综合真题 ………381

天津外国语大学
- 2021年天津外国语大学333教育综合真题 ……381

2023年天津外国语大学333教育综合真题 …… 382

苏州科技大学
2021年苏州科技大学333教育综合真题 …… 382
2023年苏州科技大学333教育综合真题 …… 383

三峡大学
2021年三峡大学333教育综合真题 …… 383
2023年三峡大学333教育综合真题 …… 383

山西大学
2021年山西大学333教育综合真题 …… 384
2023年山西大学333教育综合真题 …… 384

阜阳师范大学
2021年阜阳师范大学333教育综合真题 …… 385
2023年阜阳师范大学333教育综合真题 …… 385

南京信息工程大学
2021年南京信息工程大学333教育综合真题 … 386
2023年南京信息工程大学333教育综合真题 … 386

广东技术师范大学
2021年广东技术师范大学333教育综合真题 … 387
2023年广东技术师范大学333教育综合真题 … 387

西南民族大学
2022年西南民族大学333教育综合真题 …… 388

长江大学
2022年长江大学333教育综合真题 …… 388

浙江大学
2022年浙江大学333教育综合真题 …… 389

2023年浙江大学333教育综合真题 …… 389

浙江海洋大学
2022年浙江海洋大学333教育综合真题 …… 390
2023年浙江海洋大学333教育综合真题 …… 390

齐齐哈尔大学
2022年齐齐哈尔大学333教育综合真题 …… 391
2023年齐齐哈尔大学333教育综合真题 …… 391

沈阳大学
2022年沈阳大学333教育综合真题 …… 392
2023年沈阳大学333教育综合真题 …… 392

信阳师范大学
2022年信阳师范大学333教育综合真题 …… 393
2023年信阳师范大学333教育综合真题 …… 393

洛阳师范学院
2022年洛阳师范学院333教育综合真题 …… 394
2023年洛阳师范学院333教育综合真题 …… 394

济南大学
2022年济南大学333教育综合真题 …… 395
2023年济南大学333教育综合真题 …… 395

河南科技学院
2022年河南科技学院333教育综合真题 …… 396
2023年河南科技学院333教育综合真题 …… 396

2010年北京师范大学333教育综合真题

名词解释

1. 有教无类（见基础篇 P4）
2. 壬戌学制（见基础篇 P34）
3. 做中学（见二维码）
4. 教学形式阶段论（见基础篇 P69）
5. 横向迁移（见二维码）
6. 先行组织者（见基础篇 P104）

简答题

1. 简述教育的社会流动功能及其当代意义。（见基础篇 P159）
2. 简述活动课程的内涵及特点。（见基础篇 P177）
3. 如何处理教师主导作用与学生主体性的关系？（见基础篇 P186）
4. 简述德育中教育影响一致性和连贯性原则的内涵及基本要求。（见基础篇 P205）

论述题

1. 试论述科举制度与学校教育的关系。（见基础篇 P19）
2. 试论述个人本位论与社会本位论教育目的的分歧和调和原则。（见基础篇 P164）
3. 试论述维果茨基的社会文化历史发展理论及其对教育教学的启示。（见基础篇 P97）
4. 材料："这种教育，我们或是受之于自然，或是受之于人，或是受之于事物。我们的才能和器官的内在发展，是自然的教育；别人教我们如何利用这种发展，是人为的教育；我们从影响我们的事物获得良好的经验，是事物的教育。"这段话出自卢梭的《爱弥儿》，请你根据卢梭的教育思想，结合自己的理解，谈谈你对教育的认识。（见拔高篇 P267）

2011年北京师范大学333教育综合真题

名词解释

1. 鸿都门学（见基础篇 P14）
2. "中体西用"（见基础篇 P29）
3. 最近发展区（见基础篇 P95）
4. 元认知策略（见基础篇 P125）
5. 苏格拉底法（见基础篇 P47）
6. 道尔顿制（见基础篇 P86）

简答题

1. 试评"环境决定论"。（见基础篇 P151）
2. 学校教育中，怎样培养学生的创造力？（见基础篇 P133）
3. 简述德育的疏导原则。（见基础篇 P204）
4. 教育为什么要"以人为本"？（见二维码）

论述题

1. 论述蔡元培的"思想自由，兼容并包"原则及其对北大的改革。（见基础篇 P35、38）
2. 论述教学原则中的科学性和思想性统一原则。（见基础篇 P196）
3. 论述诊断性评价、形成性评价和终结性评价的内涵。（见二维码）
4. 论述杜威的教育思想。（见基础篇 P83）

2012年北京师范大学333教育综合真题

名词解释

1. 京师同文馆（见基础篇 P29）
2. 生活教育（见基础篇 P41）
3. 贝尔-兰卡斯特制（见基础篇 P57）
4. 知识表征（见二维码）
5. 自我提高内驱力（见二维码）
6. 恩物（见基础篇 P69）

简答题

1. 简述教育的政治功能。（见基础篇 P157）
2. 简述我国教育目的的基本精神。（见基础篇 P166）
3. 简述课程多样化的内涵。（见二维码）
4. 简述启发性教学原则的基本要求。（见基础篇 P195）

论述题

1. 试评述孔子的教育实践与教育思想。（见基础篇 P9）
2. 论述德育过程是提高学生自我教育能力的过程。（见基础篇 P202）
3. 评述韦纳的动机理论。（见基础篇 P115）
4. 材料："我们要提醒自己，教育本身并无目的。只是人，即家长和老师等才有目的；教育这个抽象概念并无目的。所以，他们的目的有无穷的变异，随着不同的儿童而不同，随着儿童的生长和教育者经验的增长而变化，即使能以文字表达的最正确的目的，如果我们没有认识到他们并不是目的，而是给教育者的建议，在他们解放和指导他们所遇到的具体环境的各种力量时，建议他们怎样观察，怎样展望未来和怎样选择，那么这种目的，作为文字，将是有害无益的。……牢记以上这些条件，我们将进而提出一切良好的教育目的所应具备的几个特征：①一个教育目的必须根据受教育者的特定个人的固有活动和需要。……②一个教育目的必须能转化为与受教育者的活动进行合作的方法，必须提出一种解放和组织他们的能力所需要的环境。……③教育者必须警惕所谓一般的和终极的目的。……"

摘录自《民主主义与教育》第八章"教育的目的"第118至122页

(1) 该材料作者及其基本情况。
(2) 该材料所包含的基本观点及其意义。
(3) 该作者其他主要的教育观念。（见拔高篇 P270）

2013年北京师范大学333教育综合真题

名词解释

1. 京师大学堂（见基础篇 P32）
2. 三舍法（见基础篇 P22）
3. 美国《国家处在危险之中：教育改革势在必行》的报告（见二维码）
4. 洛克的"白板说"（见基础篇 P63）
5. 心理健康（见基础篇 P140）
6. 学习动机（见基础篇 P113）

简答题

1. 简述现代教育的主要特点。（见基础篇 P148）
2. 简述学校教育的主要价值。（见基础篇 P152）
3. 简述个人本位论教育目的的观点。（见基础篇 P164）

4. 简述教学的任务。(见基础篇 P184)

论述题

1. 试论述蔡元培的基本思想。(见基础篇 P36)

2. 材料:"生长的目的是获得更多和更好的生长,教育的目的就是获得更多和更好的教育。教育并不在其本身之外附加什么目的,使教育成为这种外在目的的附属物。"

"传统教育里儿童坐在固定的座位上,静聆讲解和记诵课本,全然处于消极被动地位,单凭教师去吸取与生活无干的教条,绝谈不到掌握知识,谈不到积极、自觉和爱好、兴趣,更不能自由探索和启发智慧,其结果是抑制儿童的活力和滞塞儿童的创造才能。"

"教学法的因素和思维的因素是相同的。在理想的教学过程中,教师应鼓舞儿童在活动时开动大脑,运用观察和推测、实验和分析、比较和判断,使他们手、足、耳、目和头脑等身体器官,成为智慧的源泉。"

上述名言皆出自哪位教育家?试根据材料分析他的教育思想。(见拔高篇 P270)

3. 试论述德育原则中理论与实际相结合的原则。(见二维码)

4. 试分析有意义学习的实质与条件。(见基础篇 P107)

2014年北京师范大学333教育综合真题

名词解释

1. 教育(见基础篇 P145)
2. 苏湖教法(见基础篇 P22)
3. 进步主义教育(见基础篇 P85)
4. 赫尔巴特的教育目的论(见二维码)
5. 最近发展区(见基础篇 P95)
6. 奥苏伯尔的有意义接受学习(见基础篇 P104)

简答题

1. 简述德育的基本途径。(见基础篇 P207)
2. 简述活动课程的主要特征。(见基础篇 P177)
3. 简述教师专业素质的主要内容。(见基础篇 P212)
4. 简述社会规范学习的心理过程。(见基础篇 P136)

论述题

1. 试分析陶行知"生活教育"的主要内容。(见基础篇 P44)
2. 试论述夸美纽斯关于班级授课制的基本观点。(见基础篇 P71)
3. 试分析促进知识迁移的措施。(见基础篇 P121)
4. 试论述教育的社会功能。(见基础篇 P160)

2015年北京师范大学333教育综合真题

名词解释

1. 教育目的(见基础篇 P163)
2. 学校管理(见基础篇 P219)
3. 教学评价(见基础篇 P193)
4. 课程标准(见基础篇 P174)
5. 社会性发展(见基础篇 P94)
6. 学习策略(见基础篇 P124)

简答题

1. 简述教育的基本要素及各要素之间的相互关系。（见基础篇 P147）
2. 简述影响人的身心发展的基本要素。（见基础篇 P153）
3. 简述孟子的教育思想。（见基础篇 P10）
4. 简述赫尔巴特的教育思想。（见基础篇 P78）

论述题

1. 论述德育是培养知、情、意、行的过程。（见基础篇 P204）
2. 论述陈鹤琴的"活教育"思想。（见基础篇 P45）
3. 论述终身教育思想。（见基础篇 P173）
4. 举例论述影响知识理解的因素。（见基础篇 P120）

2016年北京师范大学333教育综合真题

名词解释

1. 教育（见基础篇 P145）
2. 班级授课制（见基础篇 P191）
3. 榜样法（见基础篇 P202）
4. 校长负责制（见基础篇 P219）
5. 接受学习（见基础篇 P104）
6. 心智技能（见基础篇 P122）

简答题

1. 简述教育的文化功能。（见基础篇 P157）
2. 简述课程设计的基本任务。（见二维码）
3. 简述蔡元培的教育独立思想。（见基础篇 P35）
4. 简述杜威的教育目的论。（见基础篇 P80）

论述题

1. 论述教育过程中智力活动与非智力活动的关系。（见基础篇 P186）
2. 论述王守仁的教育思想。（见二维码）
3. 论述苏霍姆林斯基的和谐教育思想。（见基础篇 P67）
4. 举例论述社会规范学习的心理过程。（见基础篇 P136）

2017年北京师范大学333教育综合真题

名词解释

1. 操作性条件反射（见二维码）
2. 艾宾浩斯遗忘曲线（见二维码）
3. 班级授课制（见基础篇 P191）
4. 双轨学制（见基础篇 P170）

简答题

1. 简述影响学习迁移的因素。（见二维码）
2. 简述赞科夫的发展性教学原则。（见基础篇 P66）

3. 简述癸卯学制。(见二维码)
4. 简述我国的基本学制。(见二维码)

论述题

1. 材料:小迪本来自信、开朗,成绩优异。母亲去世后,他的学习成绩开始变得很差。汤老师一开始不喜欢他,批改作业时在他的作业本上写了一个很大的"差"字。后来了解情况后,汤老师开始鼓励他、关心他,后来小迪考上博士并邀请汤老师参加他的婚礼。在婚礼上,他向老师表达了谢意。

用自我效能感理论分析材料,回答如下问题:根据材料你想到了什么?小迪的学习变化最主要受什么影响?(见拔高篇 P302)

2. 教育教学是要遵循儿童的身心发展规律还是要尊重儿童的需要和兴趣?怎么协调二者的冲突?(见拔高篇 P314)

3. 评述我国中小学教育存在的问题,选两个问题分析原因并给出解决的思路和方法。(见拔高篇 P394)

2018 年北京师范大学 333 教育综合真题

名词解释

1. 有教无类 (见基础篇 P4)
2. 全纳教育 (见二维码)
3. 隐性课程 (见基础篇 P175)
4. 终身教育思潮 (见二维码)

简答题

1. 简述斯宾塞生活准备说。(见二维码)
2. 简述韩愈对教师问题的见解。(见基础篇 P20)
3. 简述我国中小学教学方法的内涵和基本类型。(见基础篇 P198)
4. 我国中小学教师职业道德包含哪些内容?(见二维码)

论述题

1. 材料:
有个校长说:"如果没有升学压力,我真想好好做德育。"
请从学校教学和德育的关系分析这一看法。(见拔高篇 P312)

2. 材料:一位老师学习了现代教学方法之后,决定运用于课堂中。于是她决定使用"成功教育"的方法,让每一个孩子带着成功坐下。答不对的同学,先站着,等下一个问题答对再坐下,但举手的同学越来越少了。(材料不全)

(1) 试通过强化理论分析这位教师运用的方法问题出在哪里。
(2) 你如何帮她改进?请给出建议。(见拔高篇 P291)

2019 年北京师范大学 333 教育综合真题

名词解释

1. 课程 (见基础篇 P174)
2. 学制 (见基础篇 P170)
3. 《颜氏家训》(见基础篇 P16)
4. 观察学习 (见基础篇 P104)

简答题

1. 简述19世纪末20世纪初实验教育学的主要观点及评价。（见二维码）
2. 简述王安石的教育改革。（见二维码）
3. 简述德育过程的定义并说明其规律。（见基础篇P202）
4. 简述教师的基本素养，并说明它们之间的关系。（见二维码）

论述题

1. 材料：某学生学习态度不认真，教师对其进行教育。他说："我家租房收多少钱我都心里有数，那些钱够我吃三辈子了，我为什么还要上学？我只要会收房租就行了。"
   分析这位学生的想法，并说明教师应如何引导。（见拔高篇P322）

2. 材料：
   小明这次期中考试的语文成绩不理想，在分析原因时他对小英说："我真倒霉，我们都在猜老师会让我们默写哪篇课文，你猜中了，我却没猜中。"可见，学生在成功或失败之后都会寻找借口。
   韦纳提出了成败归因理论，请说明成败归因理论的基本观点及其教育实践启示。（见基础篇P115）

2020年北京师范大学333教育综合真题

名词解释

1. 劳动教育（见二维码）
2. 稷下学宫（见基础篇P4）
3. 美国进步主义教育运动（见基础篇P85）
4. 教育现代化（见二维码）

简答题

1. 简述科学性与思想性相统一的教学原则。（见基础篇P196）
2. 简述《中庸》的基本教育思想。（见基础篇P12）
3. 简述埃里克森社会发展理论的主要观点。（见基础篇P98）
4. 简述奥苏伯尔提出的影响有意义接受学习的三大要素。（见基础篇P108）

论述题

1. 论述班级授课制的时代局限性和变革趋势。（见基础篇P194）
2. 材料概览："……教育目标是什么，其关键是什么……调和看似矛盾的地方，觅得教育的真谛。"
   ——洛克著，熊春文译，《教育片论》，上海人民出版社，2005年，第124至125页

材料细节回忆：

教育的目标就是要克制儿童的欲望，发展儿童的理智，关键在于用理智和原则规范儿童的行为。有时候，我们需要用严厉的方法约束儿童，要求儿童完成他应该完成的事情，制约儿童是一种有效的教育方法，但是，我们也不想看到儿童失去个性，没有自由，因为儿童受到管制就会变得怯懦、不自信。这样的儿童在未来也同样没有成就。当然，那些挥霍青春的儿童，如果能得到规范的管理和要求，一旦走向正途，前途不可限量。谁要是能调和这两种矛盾，他就可以觅得教育的真谛。

(1) 洛克认为教育的目标是什么？关键是什么？
(2) 看似矛盾的地方是什么？为什么洛克说调和了看似矛盾的地方就能觅得教育的真谛？
(3) 谈谈你如何看待这对矛盾。（见拔高篇P265）

2021年北京师范大学333教育综合真题

名词解释
1. 美育（见二维码）
2. 教育评价（见基础篇 P193）
3. 新教育运动（见基础篇 P85）
4. 教育即生长（见二维码）

简答题
1. 简要评析21世纪我国基础教育课程改革的主要内容与成效。（见二维码）
2. 简述欧洲文艺复兴时期全人教育理想及其影响。（见二维码）
3. 简述变式练习及其在技能形成过程中的作用。（见二维码）
4. 简述双重编码理论并举例说明。（见二维码）

论述题
1. 材料：在民主观念放任的情况下，人们已经忘记教育为何物，人们所理解的教育只是将青年人培养成有用之才。当某一科学被运用到经济之中时，这门科学马上身价百倍，人们为了获利，纷纷追求它，并在学校中推广这一学说。因此，科学和培养科学人才的重要性得到前所未有的强调……人们也因此愿意付出最大的物质代价。科学价值的评判与精神价值的评判不可同日而语。培养出来的科技人员只是服务于某些目的的专业工人，他们并没有受到真正的教育。因为技能的培训、专业技能的提高还不能算是人的陶冶，连科学思维方式的训练也谈不上，更何况理性的培养。

结合以上材料，论述你对教育意义和价值的理解。（见拔高篇 P322）

2. 评述蔡元培"思想自由，兼容并包"的思想、教育实践及影响。（见基础篇 P38）

2022年北京师范大学333教育综合真题

名词解释
1.《白鹿洞书院揭示》（见二维码）
2. 义务教育（见基础篇 P170）
3. 自由"七艺"（见基础篇 P48）
4. 皮革马利翁效应（见基础篇 P209）

简答题
1. 简述韩愈的教师思想。（见基础篇 P20）
2. 简述我国教育目的的基本要求和基本精神。（见基础篇 P166）
3. 简述影响课程实施的主要因素。（见二维码）
4. 简述赫尔巴特的教育性教学思想及其意义。（见基础篇 P76）

论述题
1. 结合现实说说德育与教学关系的认识。（见二维码）
2. 某中学给学生做了心理测试，把学生的认知方式分为场独立型和场依存型，A老师建议给班主任也做测试划分类型，同类老师和学生分到一个班级更合拍。请从个别差异和因材施教的角度来评价A老师的建议。（见拔高篇 P287）

2023年北京师范大学333教育综合真题

名词解释

1. 三舍法（见基础篇P22）
2. 结构主义课程论（见基础篇P87）
3. 道尔顿制（见基础篇P86）
4. 最近发展区（见基础篇P95）

简答题

1. 简述先秦儒家名著《大学》的教育思想。（见基础篇P11）
2. 简述教师职业的特点。（见基础篇P210）
3. 如何理解教学的伦理性原则。（见二维码）
4. 简述接受学习和发现学习的区别。（见拔高篇P275）

论述题

1. 材料：唯一真正的教育是通过对儿童能力的刺激而来的，这种刺激是儿童自己感觉所处社会环境的各种要求引起的。这些要求刺激他们，使他们以一个集体的成员的身份来行动，从其原有行动和感情狭隘的范围中显现出来，从自己所属集体的利益来设想自身。通过别人对自己各种活动的反应，他们便知道这些活动用社会语言来说的意义，这些活动的价值又反映在社会语言中。比如儿童牙牙学语，通过别人的反应知道其意义，后转换为音节清晰的语言，他们便被吸引到由语言总结而成的统一丰富的观念和情绪中去。

现代教育许多方面的失败，是由于忽视了把学校作为社会生活的一种形式这一基本原则。现代教育把学校当做一个传授某些知识，学习某些课业或养成某些习惯的场所，这些东西的价值多半取决于遥远的将来，儿童之所以要学习这些事情，是为了将来学习别的东西，这些只是预备而已。因此，它们不成为儿童生活经验的一部分，并不真正具有教育作用。

学校课程的内容应注意从社会生活最初的不自觉的统一体中逐渐分化出来。我们太突然地给儿童提供了过多专门的科目，而违反了他们的天性，甚至使最好的伦理效果也变得困难。因此学校科目相互联系的真正中心不是历史科学地理，而是儿童本身的社会活动。

(1) 以上三段材料体现了哪位教育家的观点？
(2) 根据你的理解，第二段材料中现代教育的问题出在什么地方？
(3) 根据你对这位教育家思想的理解，阐述学校与社会的关系。（见拔高篇P316）
2. 结合实际，谈谈教育如何促进创新型人才的培养。（见拔高篇P380）

2010年华东师范大学333教育综合真题

名词解释

1. 教育目的（见基础篇P163）
2. 双轨制（见基础篇P170）
3. 京师同文馆（见基础篇P29）
4. "活教育"（见基础篇P42）
5. 骑士教育（见基础篇P53）
6. 《莫雷尔法案》（见基础篇P57）

简答题

1. 举例说明螺旋式课程内容组织及其依据和适用性。（见二维码）
2. 何谓发展性教学原则？在教学中遵循发展性教学原则有哪些基本要求？（见二维码）

3. 举例说明学校实施德育的途径。（见基础篇 P207）
4. 简述埃里克森人格发展理论的教育意义。（见基础篇 P98）

论述题

1. 试分析学校转型变革背景下教师的基本素养。（见二维码）
2. 材料：虽有嘉肴，弗食，不知其旨也；虽有至道，弗学，不知其善也。是故学然后知不足，教然后知困。知不足，然后能自反也；知困，然后能自强也。故曰：教学相长也。《兑命》曰："学学半。"其此之谓乎？
阅读以上材料，分析和评论其中的教育思想。（见拔高篇 P264）
3. 试述永恒主义教育理论及其对当代世界教育实践的影响。（见基础篇 P89）
4. 结合学习实例，论述问题解决过程中各阶段的主要策略。（见基础篇 P131）

2011年华东师范大学333教育综合真题

名词解释

1. 教育先行（见二维码）
2. 教育目的的社会本位论（见基础篇 P163）
3. 终身教育（见基础篇 P171）
4. 教师专业性发展（见基础篇 P209）
5. 最近发展区（见基础篇 P95）
6. 先行组织者（见基础篇 P104）

简答题

1. 简述活动课程的特点。（见基础篇 P177）
2. 简述集体教育原则的基本要求。（见二维码）
3. 简述陶行知"生活教育"的基本内容。（见基础篇 P44）
4. 简述人文主义教育的基本特征。（见基础篇 P55）

论述题

1. 针对班级授课制的优缺点探讨教学组织形式的改革方向。（见基础篇 P194）
2. 评述韩愈《师说》中的教师观。（见基础篇 P20）
3. 评述赫尔巴特的课程理论。（见基础篇 P77）
4. 论述精细加工策略及其教学要求。（见基础篇 P126）

2012年华东师范大学333教育综合真题

名词解释

1. 教育制度（见基础篇 P170）
2. 综合课程（见基础篇 P175）
3. 产婆术（见基础篇 P47）
4. 绅士教育（见基础篇 P63）
5. "六艺"教育（见基础篇 P2）
6. 1922年"新学制"（见基础篇 P34）

简答题

1. 简述教学模式的结构。（见二维码）
2. 举例说明道德教育的社会学习模式。（见二维码）

3. 简述教师的专业素养。(见基础篇 P212)
4. 简述奥苏伯尔的先行组织者策略。(见二维码)

论述题

1. 评述课程编制的泰勒原理。(见基础篇 P176)
2. 评述卢梭自然主义教育思想及其影响。(见基础篇 P72)
3. 试论"五四"期间新文化思想对教育改革的影响。(见基础篇 P38)
4. 试论学习动机的培养和激发。(见基础篇 P117)

2013年华东师范大学333教育综合真题

名词解释

1. 分支型学制(见二维码)
2. 教育目的(见基础篇 P163)
3. 课程方案(见基础篇 P174)
4. 教学评价(见基础篇 P193)
5. 人文主义教育(见二维码)
6. 道尔顿制(见基础篇 P86)

简答题

1. 简述教育的社会流动功能。(见基础篇 P159)
2. 简述蔡元培的高等教育实践对我国现代大学发展的意义。(见基础篇 P35)
3. 简述建构主义学习观。(见基础篇 P111)

论述题

1. 评述结构主义教育。(见基础篇 P90)
2. 论述社会变迁对教师角色及教师专业发展的具体影响。(见二维码)
3. 试以白鹿洞书院为例,分析我国书院的宗旨、特点与意义。(见基础篇 P24、25)
4. 论述科尔伯格的道德发展阶段理论。(见基础篇 P99)

2014年华东师范大学333教育综合真题

名词解释

1. 贝尔-兰卡斯特制(见基础篇 P57)
2. 城市学校(见基础篇 P53)
3. 自我效能感(见基础篇 P113)
4. 现代教育制度(见二维码)
5. 德育过程(见基础篇 P201)
6. 有意义学习(见基础篇 P104)

简答题

1. 简述白鹿洞书院的教育宗旨。(见基础篇 P25)
2. 简述文艺复兴时期弗吉里奥的教育贡献。(见二维码)
3. 简述美国的《国防教育法》。(见二维码)
4. 简述班集体的发展阶段及培养方法。(见基础篇 P217)

论述题

1. 试以张之洞的《劝学篇》为例,评述"中体西用"的教育思想。(见基础篇 P30)
2. 试论述元认知策略及其教学应用。(见基础篇 P127)
3. 试分析课程内容的组织对学生学习的影响。(见二维码)
4. 针对教师专业发展的不同阶段,应该怎样帮助教师成长？(见基础篇 P213)

2015 年华东师范大学 333 教育综合真题

名词解释

1. 《师说》(见二维码)
2. 三舍法(见基础篇 P22)
3. 生计教育(见二维码)
4. 设计教学法(见基础篇 P86)
5. 有意义学习(见基础篇 P104)
6. 自我效能感(见基础篇 P113)

简答题

1. 简述陈鹤琴的"活教育"。(见基础篇 P45)
2. 简述班主任的素质要求。(见基础篇 P216)
3. 简述《学记》中"善喻"的教育意义。(见拔高篇 P263)
4. 简述德育过程中教师指导下的学生能动作用。(见基础篇 P204)

论述题

1. 评述布鲁纳的结构主义教育。(见基础篇 P106)
2. 比较博比特的"活动分析法"和泰勒的"目标模式"。(见二维码)
3. 根据创造性的心理结构分析,说明学生创造力的培养措施。(见基础篇 P134)
4. 试分析教师素养及社会变迁中教师角色的发展趋势。(见基础篇 P211)

2016 年华东师范大学 333 教育综合真题

名词解释

1. 苏湖教法(见基础篇 P22)
2. 班级授课制(见基础篇 P191)
3. "中体西用"(见基础篇 P29)
4. 自由"七艺"(见基础篇 P48)
5. 绅士教育(见基础篇 P63)
6. 双轨制(见基础篇 P170)

简答题

1. 简述朱子读书法及其现代价值。(见基础篇 P26)
2. 简述校长负责制的内涵及需要注意的问题。(见二维码)
3. 简述蔡元培的"五育"并举。(见基础篇 P37)
4. 简述社会建构主义理论对学习的作用。(见基础篇 P111)

论述题

1. 评述要素主义。(见基础篇 P88)

2. 评述课程内容设计对学生学习的影响。(见二维码)

3. 评述班集体培养。(见基础篇 P217)

4. 试从元认知视角分析提升学生学习效能的教学策略。(见基础篇 P127)

2017年华东师范大学333教育综合真题

名词解释

1. 致良知(见二维码)　　　　　　　2. 以吏为师(见二维码)

3. 实科中学(见基础篇 P57)　　　　4. 学科课程(见基础篇 P174)

5. 发现学习(见基础篇 P104)　　　 6. 要素主义(见基础篇 P86)

简答题

1. 简述朱子读书法及其当代价值。(见基础篇 P26)

2. 简述形成性评价在教育中的作用。(见二维码)

3. 简述颜元的实学教育内容及"六斋"。(见基础篇 P28)

4. 简述安德森的心理技能形成的三阶段。(见二维码)

论述题

1. 论述《郎之万-瓦隆教育改革方案》的内容及其对教育民主化的影响。(见二维码)

2. 论述班主任工作对班集体发展和学生品德发展的影响。(见二维码)

3. 论述课程内容组织中"纵向组织"和"横向组织"的关系。(见二维码)

4. 论述奥苏伯尔的有意义学习的实质与条件。(见基础篇 P107)

2018年华东师范大学333教育综合真题

名词解释

1. 学校教育制度(见基础篇 P170)　　2. 课程标准(见基础篇 P174)

3. 道尔顿制(见基础篇 P86)　　　　4. 苏格拉底法(见基础篇 P47)

5. 学习策略(见基础篇 P124)　　　 6. 程序性知识(见基础篇 P119)

简答题

1. 简述中世纪西欧世俗教育的主要形式。(见二维码)

2. 简述颜元的学校改革主张。(见基础篇 P28)

3. 简述德育中的严格要求与尊重学生相结合的原则。(见基础篇 P205)

4. 简述裴斯泰洛齐的要素教育。(见基础篇 P74)

论述题

1. 结合实际,谈谈如何在教学中有效地应用讨论法。(见二维码)

2. 评析陈鹤琴的"活教育"探索。(见基础篇 P45)

3. 有人强调依法治校,有人主张以德治校,你怎么看？(见拔高篇 P315)

4. 如何培养和激发学习动机？(见基础篇 P117)

2019年华东师范大学333教育综合真题

名词解释
1. 欧洲新教育运动(见基础篇 P85)
2. 教育目的(见基础篇 P163)
3. 学科课程(见基础篇 P174)
4. 观察学习(见基础篇 P104)
5. 学习风格(见基础篇 P95)
6. 学校即社会(见二维码)

简答题
1. 简述欧洲乡村寄宿学校的主要特征。(见二维码)
2. 简述教育的经济功能。(见基础篇 P157)
3. 简述孟子的教育思想。(见基础篇 P10)
4. 简述欧洲中世纪大学享有的特权。(见二维码)

论述题
1. 论述加德纳多元智力理论对教育工作的启示。(见基础篇 P131)
2. 论述陶行知生活教育的实践探索和理论创新。(见基础篇 P44)
3. 结合实际谈谈因材施教。(见基础篇 P197)
4. 结合班主任的工作论述如何培养班集体。(见基础篇 P216、217)

2020年华东师范大学333教育综合真题

名词解释
1. 课程标准(见基础篇 P174)
2. 走班制(见二维码)
3. 教育即生活(见二维码)
4. "中体西用"(见基础篇 P29)
5. 平民教育运动(见二维码)
6. 形式训练说(见二维码)

简答题
1. 简述教育的生态功能。(见基础篇 P158)
2. 简述夸美纽斯的班级授课制。(见基础篇 P71)
3. 简述陈鹤琴的"活教育"思想。(见基础篇 P45)
4. 简述教学工作的基本环节。(见基础篇 P187)

论述题
1. 结合实际,谈谈中小学德育过程的基本特点。(见基础篇 P202)
2. 结合现实,试述中小学生的创造性及其培养。(见基础篇 P133)
3. 试述教师素养的构成及其对教师成长的启示。(见基础篇 P212)
4. 试述学校管理的趋势及实践启示。(见基础篇 P219)

2021年华东师范大学333教育综合真题

名词解释

1. 教学方法（见基础篇 P191）
2. 亲社会行为（见基础篇 P95）
3. 因材施教（见基础篇 P192）
4. 白板说（见基础篇 P63）
5. 教育内容（见基础篇 P146）
6. 最近发展区（见基础篇 P95）

简答题

1. 简述人的发展规律性。（见基础篇 P149）
2. 简述教育的政治功能。（见基础篇 P157）
3. 简述教育的心理学化。（见基础篇 P74）
4. 简述杜威的无目的论。（见基础篇 P80）

论述题

1. 结合教学实际，谈谈如何处理好教师主导作用与学生主动性之间的关系。（见基础篇 P186）
2. 结合实际，谈谈学校管理发展的主要趋势。（见基础篇 P219）
3. 试述学习动机的需要层次理论，及该理论对激发学生学习动机的启示。（见基础篇 P114）
4. 结合现实，谈谈中小学生常见的心理健康问题及其教育措施。（见基础篇 P140）

2022年华东师范大学333教育综合真题

名词解释

1. 课程（见基础篇 P174）
2. 教育制度（见基础篇 P170）
3. 设计教学法（见基础篇 P86）
4. 骑士教育（见基础篇 P53）
5. 最近发展区（见基础篇 P95）
6. 贝尔－兰卡斯特制（见基础篇 P57）

简答题

1. 简述教育的政治功能。（见基础篇 P157）
2. 简述教师的师德素质。（见二维码）
3. 简述中国共产党领导下的革命根据地的教育经验。（见基础篇 P40）
4. 简述皮亚杰的认知阶段论。（见基础篇 P95）

论述题

1. 举例说明，在教育过程中运用"直观性原则"的基本要求。（见二维码）
2. 结合实际，分析论述班主任素质的基本要求。（见基础篇 P216）
3. 结合实际，谈谈如何培养和提高学生的问题解决能力。（见基础篇 P132）
4. 结合实际，谈谈如何落实学校管理的"民主化"思想。（见二维码）

2023年华东师范大学333教育综合真题

名词解释
1. 教育目的（见基础篇P163）
2. 终身教育（见基础篇P171）
3. 稷下学宫（见基础篇P4）
4. 有教无类（见基础篇P4）
5. 道尔顿制（见基础篇P86）
6. 自我效能感（见基础篇P113）

简答题
1. 简述教育的文化功能。（见基础篇P157）
2. 简述赫尔巴特的教学论。（见基础篇P77）
3. 简述知识理解的影响因素。（见基础篇P120）
4. 简述蔡元培"五育"并举方针。（见基础篇P37）

论述题
1. 结合实际，论述班集体的形成阶段和培养措施。（见基础篇P217）
2. 结合实际，论述加德纳的多元智能理论及其对教学工作的启示。（见基础篇P131）
3. 结合实际，论述卢梭的自然主义教育及其影响。（见基础篇P72）
4. 结合实际，论述社会变迁对教师的角色变化和专业化发展的影响。（见基础篇P211、212）

2010年东北师范大学333教育综合真题

教育学原理

名词解释
1. 美育（见二维码）
2. 因材施教（见基础篇P192）
3. 终身教育（见基础篇P171）

简答题
1. 简述全面发展教育的组成部分及其各自的地位、作用。（见基础篇P167）
2. 简述影响人身心发展的因素及其各自的地位、作用。（见基础篇P153）
3. 简述教育的本体功能。（见基础篇P153）

论述题
结合我国近年来对应试教育和素质教育的讨论，谈谈你对素质教育的认识和理解。（见基础篇P168）

中外教育史

名词解释
1. 《论语》（见二维码）
2. 蔡元培（见二维码）
3. 《理想国》（见基础篇P47）

论述题

1. 评述20世纪60年代美国的课程改革。（见二维码）
2. 试论述陶行知的生活教育思想及其当代价值。（见基础篇P44）

教育心理学

简答题

简要介绍几种主要的动机理论。（见基础篇P116）

论述题

什么是创造性？如何对学生的创造性进行培养？（见基础篇P133）

2011年东北师范大学333教育综合真题

教育学原理

简答题

1. 简要回答教学过程中应处理好的几种关系。（见基础篇P187）
2. 简要回答我国教育目的的基本精神。（见基础篇P166）
3. 简述影响人身心发展的因素及其各自的作用。（见基础篇P153）
4. 列出两例我国基础教育中存在的主要问题，并就其中一例作深入分析。（见基础篇P166）

中外教育史

名词解释

1. 有教无类（见基础篇P4）
2. "五育"并举的教育方针（见基础篇P34）
3. 苏格拉底法（见基础篇P47）
4. 《初等教育法》（见二维码）

论述题

1. 试论《学记》在教育管理和教学论上的贡献。（见基础篇P12）
2. 试论20世纪60年代美国中小学的课程改革。（见二维码）

教育心理学

名词解释

1. 概括化理论（见二维码）
2. 努力管理策略（见二维码）

简答题

1. 简述奥苏伯尔的有意义接受说。（见基础篇P107）
2. 简述成败归因理论。（见基础篇P115）

2012年东北师范大学333教育综合真题

教育学原理

名词解释
1. 课程标准（见基础篇 P174）
2. 义务教育（见基础篇 P170）

简答题
简述中小学研究性学习的目标。（见基础篇 P181）

论述题
1. 在全面发展教育中如何认识和处理各育的关系？（见基础篇 P167）
2. 论述教学中掌握知识与发展智力的关系。（见基础篇 P186）

中外教育史

名词解释
1. 学而优则仕（见二维码）
2. 苏格拉底法（见基础篇 P47）
3. 生活教育（见基础篇 P41）
4. 《学制令》（见二维码）

论述题
1. 评述终身教育思潮。（见基础篇 P90）
2. 论述孔子的德育论及其当代价值。（见基础篇 P7）

教育心理学

名词解释
1. 流体智力（见基础篇 P129）
2. 先行组织者（见基础篇 P104）

简答题
1. 简述皮亚杰认知发展阶段论的主要内容。（见基础篇 P95）
2. 简述归因理论的基本观点。（见基础篇 P115）

2013年东北师范大学333教育综合真题

教育学原理

名词解释
1. 义务教育（见基础篇 P170）
2. 活动课程（见基础篇 P175）
3. 班级授课制（见基础篇 P191）
4. 直观性教学原则（见二维码）

简答题

1. 简述我国教育目的在《教育法》中的体现及其体现的精神实质。(见基础篇 P166)
2. 简述教学与智育的关系。(见二维码)

论述题

有人说:"一两遗传胜过一吨黄金。"这种说法对吗?说明你的道理。(见基础篇 P150)

中外教育史

名词解释

1. 《学记》(见基础篇 P5)
2. 中华职业教育社(见二维码)

简答题

简述苏格拉底法的基本内容。(见基础篇 P48)

论述题

1. 试论述杜威的课程与教材论的相关内容及其现实意义。(见基础篇 P81)
2. 论述孔子的教学方法及其现实意义。(见基础篇 P7)

教育心理学

简答题

简述科尔伯格的道德发展理论。(见基础篇 P99)

论述题

某地某学校根据学生入学前的智商高低来分快慢班,谈谈你的想法,并用心理学的相关知识进行评价。(见二维码)

2014年东北师范大学333教育综合真题

教育学原理

名词解释

1. 美育(见二维码)
2. 因材施教(见基础篇 P192)

简答题

简述我国当前教育方针的最新表述及其精神实质,就我国当前教育实践在教育方针贯彻执行中所存在的问题谈谈你的看法。(见二维码)

论述题

1. 论述基础教育的独立价值和意义。(见拔高篇 P393)
2. 论述研究性学习。(见基础篇 P181)

中外教育史

简答题

1. 简述《学记》在教育教学方面的启示。（见基础篇 P12）
2. 简述英国《1988 年教育改革法》的内容。（见基础篇 P59）

论述题

1. 论述 1922 年"壬戌学制"。（见基础篇 P34）
2. 论述杜威的教学论。（见基础篇 P83）

教育心理学

名词解释

1. 最近发展区（见基础篇 P95）
2. 学习策略（见基础篇 P124）

论述题

如何培养学生的学习动机？（见基础篇 P117）

2015 年东北师范大学 333 教育综合真题

教育学原理

名词解释

1. 狭义的教育（见基础篇 P145）
2. 隐性课程（见基础篇 P175）
3. 榜样示范法（见基础篇 P202）
4. 教学评价（见基础篇 P193）

简答题

1. 简述教学工作的基本环节及各自的意义。（见基础篇 P187）
2. 简述教师劳动的特点。（见基础篇 P210）

论述题

试从政治、经济、文化三个方面联系实际论述教育的社会功能。（见基础篇 P160）

中外教育史

名词解释

1. 骑士教育（见基础篇 P53）
2. 《教育诗篇》（见二维码）
3. 朱子读书法（见基础篇 P22）
4. 京师同文馆（见基础篇 P29）

论述题

1. 试分析比较赫尔巴特与杜威的课程理论的异同。（见拔高篇 P235）
2. 论述孔子的道德教育思想及其对当代德育的启示。（见基础篇 P7）

教育心理学

名词解释

1. 发现学习（见基础篇 P104）
2. 自我效能感（见基础篇 P113）

论述题

结合实际谈谈面对一个对考试失败无能为力、自暴自弃的学生，教师应该怎么做。（见拔高篇 P289）

2016年东北师范大学333教育综合真题

教育学原理

名词解释

1. 学制（见基础篇 P170）
2. 培养目标（见基础篇 P163）
3. 道德教育（见基础篇 P201）
4. 教师（见基础篇 P209）

简答题

1. 简述教学与教育、智育的关系。（见基础篇 P183）
2. 简述班级授课制的优缺点。（见基础篇 P194）

论述题

试述学校教育对人的身心发展的重要作用。（见基础篇 P152）

中外教育史

简答题

1. 简述蒙学教材及其特点。（见基础篇 P25）
2. 简述《国防教育法》的基本内容。（见二维码）

论述题

1. 试论蔡元培的"五育"并举教育方针。（见基础篇 P37）
2. 试论卢梭的自然教育思想及其现实意义。（见基础篇 P72）

教育心理学

名词解释

1. 精细加工策略（见基础篇 P124）
2. 同化（见基础篇 P94）

论述题

论述观察学习的过程及其在教育中的作用。（见基础篇 P106）

2017年东北师范大学333教育综合真题

教育学原理

名词解释
1. 教育目的（见基础篇P163）
2. 外铄论（环境决定论）（见基础篇P149）
3. 说服法（见二维码）
4. 学校管理（见基础篇P219）

简答题
1. 简述教师的专业素养。（见基础篇P212）
2. 简述我国新一轮课程改革的目的。（见基础篇P181）

论述题
教学中应处理好的几对关系是什么？（见基础篇P187）

中外教育史

名词解释
1.《学记》（见基础篇P5）
2. 书院（见基础篇P22）
3.《莫雷尔法案》（见基础篇P57）
4. 英国公学（见基础篇P57）

简答题
1. 简述陈鹤琴的"活教育"思想及其现代价值。（见基础篇P45）
2. 简述韩愈《师说》中的教师观及其现实价值。（见基础篇P20）
3. 简述赫尔巴特的四步教学法。（见基础篇P77）
4. 简述裴斯泰洛齐的要素教育。（见基础篇P74）

教育心理学

论述题
1. 一位数学老师没有直接告诉学生答案，而是通过一步一步地设计问题，引导学生通过自己的探究最后得到答案。请问这位老师的做法是否符合维果茨基和布鲁纳的教学理论？要达到教学目的应注意哪些问题？（见二维码）
2. 论述学生的自我效能感受哪些因素的影响。（见基础篇P116）

2018年东北师范大学333教育综合真题

教育学原理

简答题
1. 简述教育的基本形态及每种形态的基本特征。（见二维码）

2. 简述教师的主要角色地位。（见基础篇 P211）

论述题

论述教学过程中的教学原则有哪些，并说明每个原则的要求。（见基础篇 P197）

中外教育史

名词解释

1. 癸卯学制（见基础篇 P32）　　　　2. 智者学派（见基础篇 P47）

论述题

1. 论述《学记》的教育思想。（见基础篇 P12）
2. 论述杜威的教育本质观。（见基础篇 P80）
3. 论述教育与生产劳动相结合的现实意义。（见二维码）

教育心理学

论述题

1. 论述韦纳的成败归因理论并举例说明。（见基础篇 P115）
2. 论述学习策略的各种类型及意义。（见基础篇 P126）

2019年东北师范大学333教育综合真题

教育学原理

简答题

简述教学中掌握知识与发展智力的关系。（见基础篇 P186）

论述题

1. 如何理解教育公平是社会公平的基础？（见拔高篇 P374）
2. 一个合格教师的专业素养由哪几个方面构成？如何培养教师的专业素养？（见基础篇 P212）

中外教育史

简答题

简述美国1958年《国防教育法》颁布的背景和主要内容。（见二维码）

论述题

1. 比较雅典和斯巴达的教育体制。（见拔高篇 P232）
2. 论述陶行知生活教育理论的主要内容及其现实启示。（见基础篇 P44）

教育心理学

简答题

简述学习者的个体差异。（见二维码）

论述题

1. 论述三种学习迁移理论。（见二维码）
2. 论述奥苏伯尔的有意义学习理论及其在教学中的运用。（见基础篇 P107）

2020年东北师范大学333教育综合真题

教育学原理

简答题

简述教学评价的 CIPP 模式。（见二维码）

论述题

1. 简述中小学主要的教学组织形式。（见基础篇 P194）
2. 教育是什么？选一种观点论述。（见拔高篇 P321）
3. 结合布卢姆的教育目标分类学，就中小学任何一门课程谈谈怎样出高质量的测试题。（见二维码）

中外教育史

简答题

简述稷下学宫。（见基础篇 P6）

论述题

1. 试论蔡元培的教育思想及其对北大的改革。（见基础篇 P35、36）
2. 试论裴斯泰洛齐的教育思想。（见基础篇 P75）

教育心理学

简答题

简述建构主义的学习理论。（见基础篇 P111）

论述题

教师如何帮助学生进行学习迁移？（见基础篇 P121）

2021年东北师范大学333教育综合真题

教育学原理

简答题
简述我国中小学常用的德育原则。（见基础篇 P206）

论述题
1. 结合案例，论述教育的政治功能和经济功能。（见基础篇 P157）
2. 联系实际论述马克思的人的全面发展学说的主要内容及其现实意义。（见基础篇 P165）
3. 结合实际，谈谈生产力对教育的制约。（见基础篇 P155）

中外教育史

简答题
1. 简述科举制度对学校教育的影响。（见基础篇 P19）
2. 简述中世纪大学的主要成就及其影响。（见基础篇 P53）

论述题
1. 试述"中体西用"思想的主要内容和历史作用。（见基础篇 P30）
2. 试述赞科夫教学理论的主要内容及其影响。（见基础篇 P66）

教育心理学

简答题
简要阐述社会规范学习的心理过程。（见基础篇 P136）

论述题
试述教育心理学在研究内容上呈现的新趋势。（见二维码）

2022年东北师范大学333教育综合真题

教育学原理

简答题
1. 简述教育的基本要素。（见基础篇 P147）
2. 简述分科课程和活动课程的优缺点。（见基础篇 P177）

论述题
1. 论述影响人身心发展的基本因素。（见基础篇 P153）

2. 论述德育过程中如何培养学生的知、情、意、行。（见基础篇 P204）

中外教育史

简答题

1. 简述《学记》的理论及其对我国教育的启示。（见基础篇 P12）
2. 简述美国公立学校运动内容的影响。（见二维码）

论述题

1. 对1922年"新学制"进行评述。（见基础篇 P34）
2. 论述夸美纽斯的教学理论和贡献。（见基础篇 P71）

教育心理学

简答题

简述罗杰斯有意义学习的基本内涵。（见基础篇 P110）

论述题

试论述如何培养和激发学习动机。（见基础篇 P117）

2023年东北师范大学333教育综合真题

教育学原理

简答题

1. 简述教师劳动的特点。（见基础篇 P210）
2. 简述文化对教育发展的制约。（见基础篇 P156）

论述题

1. 试述人的身心发展的一般规律。（见基础篇 P149）
2. 试述德育的社会学习模式。（见二维码）

中外教育史

简答题

1. 简述中国春秋时期私学的主要特点。（见二维码）
2. 简述文艺复兴时期人文主义教育的基本特征。（见基础篇 P55）

论述题

1. 试述革命根据地教育的主要内容和特点。（见二维码）
2. 论述对杜威教育本质的理解。（见基础篇 P80）

教育心理学

简答题

简述发现学习的主要特点。(见二维码)

论述题

论述奥苏伯尔有意义接受学习对教学的启示。(见二维码)

2010 年华中师范大学 333 教育综合真题

名词解释

1. 学校教育(见基础篇 P145)
2. 教育目的(见基础篇 P163)
3. 讲授法(见基础篇 P192)
4. 《学记》(见基础篇 P5)
5. 道尔顿制(见基础篇 P86)
6. 元认知(见基础篇 P125)

简答题

1. 简述教育的相对独立性。(见基础篇 P159)
2. 简述上好一堂课的要求。(见基础篇 P188)
3. 简述教师劳动的特点。(见基础篇 P210)
4. 简述影响学习动机的因素。(见基础篇 P117)

论述题

1. 论述人的发展的规律性及其教育学意义。(见基础篇 P149)
2. 论述朱子读书法及其当代意义。(见基础篇 P26)
3. 评述苏霍姆林斯基的个性全面和谐发展教育思想。(见基础篇 P67)
4. 联系实际论述问题解决能力的培养。(见基础篇 P132)

2011 年华中师范大学 333 教育综合真题

名词解释

1. 学校教育制度(见基础篇 P170)
2. 课程标准(见基础篇 P174)
3. 智育(见二维码)
4. 分组教学(见基础篇 P191)
5. 陶冶(见基础篇 P202)
6. 技能(见基础篇 P122)

简答题

1. 简述我国教育目的的基本精神。(见基础篇 P166)
2. 简述上好一堂课的要求。(见基础篇 P188)
3. 简述教师的素养。(见基础篇 P212)
4. 简述培养班集体的方法。(见基础篇 P217)

论述题

1. 论述人的发展的规律性及其教育学意义。(见基础篇 P149)
2. 论述陶行知的"生活教育"理论。(见基础篇 P44)
3. 论述赞科夫的发展性教学理论。(见基础篇 P66)
4. 联系实际,谈谈创造性的培养措施。(见基础篇 P133)

2012年华中师范大学333教育综合真题

名词解释

1. 学校教育(见基础篇 P145)
2. 教育目的(见基础篇 P163)
3. 分组教学(见基础篇 P191)
4. 讲授法(见基础篇 P192)
5. 陶冶(见基础篇 P202)
6. 技能(见基础篇 P122)

简答题

1. 简述上好一堂课的要求。(见基础篇 P188)
2. 简述培养班集体的方法。(见基础篇 P217)
3. 简述教师劳动的特点。(见基础篇 P210)
4. 简述影响学习动机的因素。(见基础篇 P117)

论述题

1. 论述人的发展的特点及其教育学意义。(见基础篇 P149)
2. 论述陶行知的"生活教育"理论。(见基础篇 P44)
3. 论述赞科夫的发展性教学理论。(见基础篇 P66)
4. 联系实际论述问题解决能力的培养。(见基础篇 P132)

2013年华中师范大学333教育综合真题

选择题

1. 教育学的研究任务是(C)
   A. 研究教育现象　　B. 解决教育问题　　C. 揭示教育规律　　D. 总结教育经验
2. "实验教育学"的代表人物是(D)
   A. 涂尔干　　B. 克伯屈　　C. 杜威　　D. 梅伊曼
3. "孟母三迁"的故事说明了影响人发展的重要因素是(C)
   A. 遗传　　B. 教育　　C. 环境　　D. 人的主观能动性
4. 学生运用知识的主要目的在于(D)
   A. 引起求知欲　　B. 理解知识　　C. 巩固知识　　D. 形成技能技巧
5. "一把钥匙开一把锁"运用在教育中是强调(A)
   A. 因材施教
   B. 教育影响的一致性和连贯性
   C. 理论联系实际
   D. 在集体中教育

6. 唐代"六学二馆"是指(C)
   A. 地方官学　　　B. 图书馆　　　C. 中央官学　　　D. 私学
7. 中国儒家经典"四书"是指(D)
   A.《大学》《中庸》《孝经》《论语》　　　B.《论语》《孟子》《诗经》《尚书》
   C.《大学》《中庸》《论语》《春秋》　　　D.《大学》《中庸》《孟子》《论语》
8. 由维新派创立的学校是(B)
   A. 京师同文馆　　　B. 万木草堂　　　C. 爱国学社　　　D. 南洋公学
9. 提出教育的最终目标是培养哲学王的教育家是(C)
   A. 苏格拉底　　　B. 亚里士多德　　　C. 柏拉图　　　D. 夸美纽斯
10. 近代欧洲自然主义教育思想的代表人物是(A)
    A. 卢梭　　　B. 洛克　　　C. 赫尔巴特　　　D. 斯宾塞
11. 个体利用已有的认知结构将新的刺激整合进自己的认知结构的过程是(A)
    A. 同化　　　B. 顺应　　　C. 平衡　　　D. 整合
12. 根据弗洛伊德的个性发展理论,男孩出现恋母情结的阶段是(B)
    A. 肛门期　　　B. 器官期　　　C. 潜伏期　　　D. 生殖期
13. 最早提出中间变量的概念,将S—R变成S—O—R的心理学家是(D)
    A. 华生　　　B. 斯金纳　　　C. 苛勒　　　D. 托尔曼
14. 观察者因看到榜样受到强化而间接受到的强化称为(D)
    A. 一级强化　　　B. 自我强化　　　C. 部分强化　　　D. 替代强化
15. "教育应该走在儿童现有发展水平的前面,从而带动儿童的发展"这一观点的理论基础是(A)
    A. 维果茨基的"最近发展区"理论　　　B. 列昂节夫的学习活动理论
    C. 皮亚杰的认知发展阶段理论　　　D. 埃里克森的个性发展阶段理论

名词解释

1. 体育(见二维码)
2. 程序性知识(见基础篇P119)
3. 形成性评价(见基础篇P193)
4. 白板说(见基础篇P63)

简答题

1. 简述朱子读书法。(见基础篇P26)
2. 简述教育的文化功能。(见基础篇P157)
3. 简述人格发展的一般规律。(见基础篇P101)
4. 简述教师的基本素质。(见基础篇P212)

论述题

1. 论述陈鹤琴的"活教育"思想体系。(见基础篇P45)
2. 举例说明启发性原则在教学中的要求。(见基础篇P195)
3. 论述加德纳的多元智力理论及其教学意义。(见基础篇P131)

2014年华中师范大学333教育综合真题

选择题

1. 教育学的研究对象是（C）
   A. 教育经验　　B. 教育事实　　C. 教育问题　　D. 教育规律
2. 制约教育事业发展规模和速度的是（B）
   A. 政治制度　　B. 生产力　　C. 科学技术　　D. 文化
3. 现代意义上活动课程的首倡者是（C）
   A. 卢梭　　B. 赫尔巴特　　C. 杜威　　D. 布鲁纳
4. 学校的工作中心是（D）
   A. 德育　　B. 智育　　C. 管理　　D. 教学
5. 教师提高教学质量的关键是（B）
   A. 备好课　　B. 上好课　　C. 做好课后的教导工作　　D. 搞好教学评价
6. 被称为中国"平民教育家"的是（C）
   A. 胡适　　B. 蔡元培　　C. 晏阳初　　D. 梁启超
7. 美国心理学家布卢姆将教育目标分为认知、情感和（A）三大领域
   A. 动作技能　　B. 社会性　　C. 品德　　D. 行为习惯
8. 1958年美国政府颁布的《国防教育法》的主要内容是（C）
   A. 减少对普通教育的投入，增加对军事院校的拨款
   B. 实行全民军事教育
   C. 加强普通学校的自然科学、数学和现代外语的教学
   D. 把私立教育作为发展的重点
9. "自我效能感"概念的提出者是（D）
   A. 赞科夫　　B. 维果茨基　　C. 布卢姆　　D. 班杜拉
10. "以社会契约为准则"的阶段属于科尔伯格品德发展理论所述的（C）
    A. 前习俗水平　　B. 习俗水平　　C. 后习俗水平　　D. 以上都不是

名词解释

1. 学校教育（见基础篇P145）
2. 教育制度（见基础篇P170）
3. 苏格拉底方法（见基础篇P47）
4. 元认知（见基础篇P125）

简答题

1. 简述教育的生态功能。（见基础篇P158）
2. 简述德育的途径。（见基础篇P207）
3. 简述蔡元培的教育思想。（见基础篇P36）
4. 简述心理健康的标准。（见基础篇P140）

论述题

1. 论述直接经验和间接经验的关系。（见基础篇P185）
2. 论述卢梭的自然主义教育思想。（见基础篇P72）
3. 试述发现学习与接受学习的异同。（见拔高篇P275）

2015年华中师范大学333教育综合真题

名词解释

1. 教育（见基础篇 P145）
2. 修养（见基础篇 P202）
3. 学园（见基础篇 P47）
4. 活动课程（见基础篇 P175）
5. 心理发展（见基础篇 P94）

简答题

1. 简述教育的相对独立性及其表现。（见基础篇 P159）
2. 简述直观性教学原则的含义及特点。（见二维码）
3. 简述教师劳动的特点（见基础篇 P210）
4. 简述梁启超的教育思想。（见二维码）
5. 简述青少年心理健康培养的途径。（见基础篇 P140）

论述题

1. 论述掌握知识和发展智力的关系。（见基础篇 P186）
2. 论述德育过程是在教师引导下的能动的活动过程。（见基础篇 P204）
3. 论述创造性的培养措施。（见基础篇 P133）
4. 评述实验教育学。（见二维码）

2016年华中师范大学333教育综合真题

填空题

1. 被称作"现代教育学之父"的教育家是(赫尔巴特)。
2. 20世纪70年代兴起，在当代西方教育理论界占主导地位的教育思潮是(批判教育学)。
3. "师者，所以传道授业解惑也。"这句话出自(《师说》)。
4. 我国现阶段的主要教学组织形式是(班级授课制)。
5. 在《劝学篇》中，首先使用"中体西用"的教育家是(张之洞)。
6. 清政府正式颁布并实施的中国近代第一个学制是(癸卯学制)。
7. 18世纪德国"泛爱学校"的创始人是(巴西多)。
8. 教育名著《爱弥儿》的作者是(卢梭)。
9. 美国心理学家布卢姆将教育目标分为三大领域，即认知、情感和(动作技能)。
10. 对信息加工过程进行监督和调节的学习策略，被称为(元认知策略)。

名词解释

1. 教育目的（见基础篇 P163）
2. 讲授法（见基础篇 P192）
3. 道尔顿制（见基础篇 P86）
4. 先行组织者（见基础篇 P104）

简答题

1. 简述教育学的任务。（见基础篇 P142）
2. 简述培养班集体的方法。（见基础篇 P217）

3. 简述恽代英的教育思想。(见二维码)
4. 简述学习动机的强化理论。(见基础篇 P117)

论述题

1. 谈谈你对德育过程是培养学生知、情、意、行的过程的认识。(见基础篇 P204)
2. 论述陶行知的生活教育理论及其当代价值。(见基础篇 P44)
3. 论述心智技能的培养方法。(见基础篇 P123)

2017年华中师范大学333教育综合真题

填空题

1. 最早把"教"与"育"联系起来的人是(孟子)。
2. 对人的发展起决定作用的是(个体的主观能动性)。
3. "不愤不启,不悱不发"中的"愤"是指(心里想求通而又未通)。
4. 在我国被称为"人民教育家"的是(陶行知)。
5. 教学的中心环节是(上课)。
6. 形式教育论认为学校教育的作用是(发展学生的各种官能或能力)。
7. 做好班主任工作,首先应该(了解和研究学生)。
8. 教育心理学化的提出者是(裴斯泰洛齐)。
9. 道德认知理论的提出者是(皮亚杰)。
10. 成就动机理论的提出者是(麦克里兰)。

名词解释

1. 美育(见二维码)
2. 谈话法(见基础篇 P192)
3. 学在官府(见基础篇 P2)
4. 发现学习(见基础篇 P104)

简答题

1. 简述现代教育对经济发展的影响。(见基础篇 P157)
2. 简述启发性原则及其要求。(见基础篇 P195)
3. 简述蒙台梭利的教育思想。(见基础篇 P79)
4. 简述品德不良的含义和类型。(见基础篇 P138)

论述题

1. 联系实际谈谈主观能动性对人的身心发展的作用。(见基础篇 P151)
2. 论述我国书院的发展过程及特点。(见基础篇 P23、24)
3. 论述人本主义理论及其现实意义。(见基础篇 P110)

2018年华中师范大学333教育综合真题

名词解释

1. 学制(见基础篇 P170)
2. 修养(见基础篇 P202)
3. 产婆术(见基础篇 P47)
4. 稷下学宫(见基础篇 P4)
5. "五育"并举(见基础篇 P34)
6. 学习策略(见基础篇 P124)

简答题

1. 简述教育的政治功能。(见基础篇 P157)
2. 简述孔子认为教师应该具备的基本特点。(见基础篇 P8)
3. 简述文艺复兴时期人文主义教育的主要特征。(见基础篇 P55)
4. 简述赫尔巴特教学形式阶段论的内容。(见基础篇 P77)

论述题

1. 论述文化知识的育人价值。(见基础篇 P152)
2. 论述黄炎培的职业教育思想。(见基础篇 P42)
3. 举例论证教学过程中的直观性原则及要求。(见二维码)
4. 论述创造性的内涵及培养途径。(见基础篇 P133)

2019年华中师范大学333教育综合真题

选择题

1. 标志着教育学的发展进入独立形态阶段的是(B)
   A.《教育学》　　B.《普通教育学》　　C.《实验教育学》　　D.《大教学论》
2. 提出"教育自得"的是(B)
   A. 孔子　　B. 孟子　　C. 荀子　　D. 墨子
3. 提出"教育即回忆"的是(A)
   A. 柏拉图　　B. 亚里士多德　　C. 夸美纽斯　　D. 昆体良
4. 提出"收回教育权"的是(B)
   A. 蔡元培　　B. 余家菊　　C. 陶行知　　D. 胡适
5. 确定英国国民教育制度的教育法是(C)
   A. 1870年《福斯特法案》　　B.《费舍教育法》
   C. 1944年《巴勒特教育法》　　D.《1988年教育改革法》
6. 提出美国教育"新三艺"的是(《国防教育法》) (选项缺失)

(第7~10题题目缺失)

名词解释

1. 个体发展(狭义) (见基础篇 P149)
2. 发展性原则(见二维码)
3. 教育适应自然(见基础篇 P85)
4. 终身教育(见基础篇 P171)
5. 负强化(见基础篇 P103)
6.《大学》(见基础篇 P4)

简答题

1. 简述新文化运动反对传统教育及对改变教育观念的主要表现。（见基础篇 P38）
2. 简述文艺复兴中人文主义的特征及影响与贡献。（见基础篇 P55）
3. 简述元认知策略的类型。（见基础篇 P127）
4. 简述教育价值观中个人本位论的观点及评价。（见基础篇 P164）

论述题

1. 论述科举制的演变、影响及其对高考改革的启示。（见基础篇 P17、18）
2. 论述社会建构主义学习理论及其教学启示。（见基础篇 P111）
3. 论述教师素养的品德要求。（见二维码）
4. 论述教育对人的作用及实现条件。（见基础篇 P152）

2020年华中师范大学333教育综合真题

名词解释

1. 教育目的（见基础篇 P163）
2. 学校课程（见基础篇 P174）
3. 有教无类（见基础篇 P4）
4. 社学（见二维码）
5. 产婆术（见基础篇 P47）
6. 现代人文主义教育思潮（见二维码）

简答题

1. 简述教育相对独立性的内涵及其主要表现。（见基础篇 P159）
2. 简述革命根据地和解放区教育的基本经验。（见基础篇 P40）
3. 简述赫尔巴特的课程论。（见基础篇 P77）
4. 不同的归因对学生有什么影响？如何指导学生正确归因？（见基础篇 P115）

论述题

1. 结合教育实际，论述德育过程是培养学生知、情、意、行发展的过程。（见基础篇 P204）
2. 结合教育实际，论述启发性原则的内涵及要求。（见基础篇 P195）
3. 论述新文化教育思潮。（任意写五个）（见基础篇 P39）
4. 论述信息加工学习理论及其对教学的启示。（见基础篇 P108）

2021年华中师范大学333教育综合真题

名词解释

1. 苏湖教学法（见基础篇 P22）
2. 教育的社会变迁功能（见基础篇 P155）
3. 赠地学院（见基础篇 P57）
4. 形成性评价（见基础篇 P193）
5. 京师同文馆（见基础篇 P29）
6. 智者学派（见基础篇 P47）

简答题

1. 教育过程中知识迁移有哪些策略？（见基础篇 P121）

2. 中国古代书院教育的特点有哪些？（见基础篇 P24）

3. 简述教育的质的本质特征。（见基础篇 P146）

4. 简述要素主义。（见基础篇 P88）

论述题

1. 结合教育实践，论述教师专门的教育素养。（见二维码）

2. 论述观察学习理论。（见基础篇 P106）

3. 对比洪堡的高等教育改革与蔡元培的北京大学改革，指出异同。（见拔高篇 P241）

4. 结合教育实践，论述教育过程是以交往为背景和手段的活动过程。（见二维码）

2022 年华中师范大学 333 教育综合真题

名词解释

1. 课程标准（见基础篇 P174）　　　2. 相对性评价（见基础篇 P193）

3. 习行教学法（见二维码）　　　　　4. 监生历事（见基础篇 P27）

5. 骑士教育（见基础篇 P53）　　　　6. 德可乐利教学法（见二维码）

简答题

1. 简述提升在职教师素养的主要途径。（见二维码）

2. 简述英国在 1870 年颁布的《初等教育法》的主要内容。（见二维码）

3. 简述杜威的教育本质观。（见基础篇 P80）

4. 简述影响学生自我效能形成的因素。（见基础篇 P116）

论述题

1. 结合教育教学实际，论述个体活动在人的发展中的作用。（见基础篇 P151）

2. 结合教育教学实际，论述德育过程是学生自我教育能力提升的过程。（见基础篇 P204）

3. 论述陶行知的生活教育理论的主要内容及当代价值。（见基础篇 P44）

4. 结合教育教学实际，论述影响学生问题解决的主观因素。（见基础篇 P132）

2023 年华中师范大学 333 教育综合真题

名词解释

1. 发展性原则（见二维码）　　　　　2. 实践锻炼法（见二维码）

3. 稷下学宫（见基础篇 P4）　　　　 4. 朱子读书法（见基础篇 P22）

5. 泛智教育论（见基础篇 P68）　　　6. 英国公学（见基础篇 P57）

简答题

1. 简述教育的生态功能。（见基础篇 P158）

2. 简述卢梭自然主义教育理论的主要内容。（见基础篇 P72）

3. 简述欧洲新教育运动中实验教育学的主要观点。（见二维码）

4. 简述布鲁纳发现学习的主要观点。（见基础篇 P106）

论述题

1. 论述我国教育目的的基本精神。(见基础篇 P166)
2. 联系教学实际论述教学过程中应当处理好的几种关系。(见基础篇 P187)
3. 论述晏阳初乡村教育思想的主要内容及对我国当代乡村教育发展的启示。(见拔高篇 P274)
4. 论述维果茨基关于教学与认知发展关系的观点,并举例阐明其对于教学的启示。(见基础篇 P97)

2010年陕西师范大学333教育综合真题

名词解释

1. 教学评价(见基础篇 P193)
2. 创新教育(见二维码)
3. 校本课程(见基础篇 P175)
4. 成就动机(见基础篇 P113)
5. 稷下学宫(见基础篇 P4)
6. 定势(见基础篇 P130)
7. 实科中学(见基础篇 P57)
8. 泛智论(见基础篇 P68)

填空题

1. 提出教育性教学原则的教育家是(赫尔巴特),他是(传统)教育学派的代表。
2. 我国的教育方针是"教育必须为(社会主义现代化建设服务、为人民)服务,必须与(生产劳动和社会实践)相结合,培养德、智、体、美等方面全面发展的社会主义建设者和接班人"。
3. 学田制度首创于我国(宋)代。
4. 宋朝历史上曾前后出现了三次著名的兴学运动,第一次兴学运动是由(范仲淹)主持发起的,史称(庆历兴学)。
5. (导生制)是18世纪末时,英国教育家贝尔和兰卡斯特提出的一种旨在解决师资问题的教学制度。
6. 学习动机是由(主观)和(客观)两个基本因素构成的。

简答题

1. 建立学制的依据有哪些?(见基础篇 P171)
2. 简述马卡连柯集体教育理论的主要内容。(见基础篇 P65)
3. 简述中世纪大学兴起的原因及对当时文化教育和社会发展的作用。(见基础篇 P53)
4. 简述德育过程的基本特点。(见基础篇 P202)
5. 比较陈述性知识和程序性知识学习的异同。(见拔高篇 P277)
6. 简述董仲舒的三大文教政策。(见基础篇 P14)

论述题

1. 评述教育与生产力的关系。(见基础篇 P158)
2. 评述陶行知"生活教育"理论的基本内容及其现实启示。(见基础篇 P44)
3. 试从教育发展的历史角度论述美国近现代教育发展的原因。(见拔高篇 P259)
4. 论述加德纳多元智能理论并分析其对教学实践的启发。(见基础篇 P131)
5. 试分析论证教学、教育及德育的关系。(见二维码)

2011年陕西师范大学333教育综合真题

名词解释

1. 教育学（见基础篇 P142）
2. 课程（见基础篇 P174）
3. 贝尔-兰卡斯特制（见基础篇 P57）
4. 苏湖教学法（见基础篇 P22）
5. 有意义学习（见基础篇 P104）
6. 学习策略（见基础篇 P124）

填空题

1. 教育的基本环节包括：备课、上课、(课后的教导工作) 和 (教学评价)。
2. 孔子的教学内容，包括《诗》《书》《礼》《乐》《易》《春秋》。
3. 宋朝胡瑗在主持湖州州学时创立的一种新的教学制度是 (分斋教学)。
4. 欧洲封建社会中的骑士教育的主要内容是：吟诗、(音乐)、下棋、骑马、游泳、枪剑、角力。
5. (贺拉斯·曼) 被评为"美国公立学校之父"。
6. 赫尔巴特明确提出三种教学方法：(单纯的提示教学)、(分析教学) 和 (综合教学)。
7. 皮亚杰把人的认知发展划分为四个阶段：(感知运动阶段)、(前运算阶段)、(具体运算阶段)、(形式运算阶段)。
8. 陈述性知识的表征形式是 (符号、概念、命题和命题网络、表象和图式)。
9. (魏源) 编成了《海国图志》一书，并在此书中提出了"师夷长技以制夷"的观点。

简答题

1. 学生的智力活动形成包括哪几个阶段？（见基础篇 P123）
2. 教师应该如何进行概念教学？（见二维码）
3. 朱熹的道德教育方法有哪些？（见二维码）
4. 1958年美国颁布实施的《国防教育法》的主要措施有哪些？（见二维码）
5. 遗传在人的发展中具有什么作用？（见基础篇 P150）
6. 教学评价的原则有哪些？（见基础篇 P199）

论述题

1. 谈谈你对教育的相对独立性的认识。（见基础篇 P159）
2. 联系教学实践，谈谈如何激发学生的学习动机。（见基础篇 P117）

2012年陕西师范大学333教育综合真题

名词解释

1. 最近发展区（见基础篇 P95）
2. 自我提高内驱力（见二维码）
3. 学制（见基础篇 P170）
4. 研究性学习（见二维码）
5. 教育适应生活说（见二维码）
6. 建构主义教学理论（见二维码）

填空题

1. 皮亚杰针对儿童认知发展提出的四个概念是：(图式)、同化、(顺应)、平衡。
2. 我国学校教育制度的结构包括：学前教育、(初等教育)、(中等教育) 和 (高等教育)。
3. 赫尔巴特明确提出了三种教学方法：(单纯的提示教学)、(分析教学) 和综合教学。

4. 我国近代最成熟的学制是(1922年"新学制")。
5. 课程标准的三维目标是：(知识与技能)、(过程与方法)、(情感态度与价值观)。

简答题

1. 简述班主任的素质要求。（见基础篇 P216）
2. 简述课程设计的依据。（见二维码）
3. 简述我国的教育方针。（见二维码）

论述题

1. 论述启发性原则及其在教学中的运用。（见基础篇 P195）
2. 你认为教师最重要的素质是什么？（见二维码）

2013年陕西师范大学333教育综合真题

选择题

1. 建构主义学习观认为：学习具有主动建构性、社会互动性和(D)
   A. 能动性　　B. 主体性　　C. 可迁移性　　D. 情境性
2. 奥苏伯尔将学习分为机械学习和(A)
   A. 有意义学习　　B. 策略学习　　C. 概念学习　　D. 技能学习
3. 在西方古代教育史上，提出教育目的在于实现个人的"灵魂转向"，主张"寓学习于游戏""学习即回忆"的教育家是(B)
   A. 苏格拉底　　B. 柏拉图　　C. 亚里士多德　　D. 奥古斯丁
4. 我国最早规定义务教育阶段的学制是(A)
   A. 壬寅学制　　B. 癸卯学制　　C. 壬子癸丑学制　　D. 壬戌学制
5. 颜元主持的漳南书院性质上属于(B)
   A. 理学书院　　B. 实学书院　　C. 制艺学院　　D. 考据学院
6. 在西方近代教育中，依据教育心理学化的理念提出初等教育应该从最简单的要素开始，循序渐进地促进人的和谐发展的教育家是(D)
   A. 洛克　　B. 卢梭　　C. 夸美纽斯　　D. 裴斯泰洛齐
7. "不愤不启，不悱不发"主要阐述的教育原则是(A)
   A. 启发性原则　　B. 科学性原则　　C. 理论联系实际原则　　D. 巩固性原则
8. 综合实践活动的基本特征是：综合性、实践性、开放性、自主性和(C)
   A. 服务性　　B. 目的性　　C. 生成性　　D. 社会性
9. 我国最早的教学理论著作是(D)
   A.《大学》　　B.《论演说家的培养》　　C.《论语》　　D.《学记》
10. 我国中小学最常用的基本教学方法是(A)
    A. 讲授法　　B. 演示法　　C. 参观法　　D. 练习法

名词解释

1. 学习（见基础篇 P103）
2. 苏湖教学法（见基础篇 P22）

3. 自然主义教育（卢梭）（见基础篇 P68）

4. 教学（见基础篇 P183）

5. 教育目的（见基础篇 P163）

判断题

1. 前科学概念就是错误概念。（×）
2. 人的创造力与知识水平成正比。（×）
3. 蔡元培改革北京大学的主导思想是"尚自然，展个性"。（×）
4. 我国最早的蒙学教材是《三字经》。（×）
5. 多媒体教学是直观教学的一种形式。（√）
6. "教学准备生活说""科学知识最有价值"等著名论断是赫尔巴特提出来的。（×）
7. 教学是学校的首要工作。（√）
8. 《我的教育信条》最集中、最系统地表达了杜威的教育理论。（×）
9. 教育主要通过培养出来的人间接影响社会的发展。（√）
10. 德育的功能就是育德。（×）

简答题

1. 知识整合与升华的方法与策略有哪些？（见基础篇 P120）
2. 简述陈鹤琴的"活教育"思想。（见基础篇 P45）
3. 简述赫尔巴特的教育心理学化思想。（见基础篇 P75）
4. 如何理解教学过程？（见基础篇 P184）
5. 简述品德发展的一般规律。（见二维码）

论述题

1. 结合杜威对教育本质的"三大主张"谈谈教育与生活的关系。（见二维码）
2. 什么是启发性教学原则？结合自己任教的学科谈谈如何在课堂教学中贯彻启发性原则。（见基础篇 P195）
3. 结合班级管理实际谈谈班集体的发展阶段及其培养方法。（见基础篇 P217）

材料题

材料一：人才效能进一步提高。人力资本投资占国内生产总值比例达到 12.0%，比 2008 年增长 1.3 个百分点，人才对经济增长的贡献率达到 26.6%（据 2008 年不完全统计，1978—2008 年的平均值为 18.9%），人才对我国经济增长的促进作用进一步提升。

——《人民日报》（2012 年 5 月 15 日第 4 版）

材料二："百年大计，教育为本。"教育是民族振兴、社会进步的基石，是提高国民素质、促进人的全面发展的根本途径，寄托着亿万家庭对美好生活的期盼。强国必先强教。优先发展教育、提高教育现代化水平，对实现全面建设小康社会奋斗目标，建设富强、民主、文明、和谐的社会主义现代化国家具有决定性意义。

——《国家中长期教育改革和发展规划纲要（2010—2020 年）》序言

结合上述材料谈谈现代化教育具有哪些经济功能，并据此分析我国当前教育如何更好地发展这些经济功能。（见二维码）

2014年陕西师范大学333教育综合真题

名词解释
1. 教育的劳动起源论（见二维码）
2. 学制（见基础篇 P170）
3. 校本课程（见基础篇 P175）
4. 班级授课制（见基础篇 P191）
5. 教育先行（见二维码）
6. 发现学习（见基础篇 P104）

填空题
1. 1806年出版的《普通教育学》的作者是（赫尔巴特）。
2. 皮亚杰的认知发展阶段分为：感知运动阶段、（前运算阶段）、具体运算阶段、形式运算阶段。
3. "博学之，审问之，慎思之，明辨之，笃行之"出自（《中庸》）。
4. 1903年，我国颁布并实施的第一个近代学制是（癸卯学制）。
5. 影响人发展的因素有：遗传、教育、环境、（人的主观能动性）。
6. 学生的品德由认知、情感、意志和（行为）组成。
7. 研究性学习的程序的第一步是（确定研究课题）。
8. 在西方教育史上，最早提出要按年龄划分教育阶段的思想教育家是（亚里士多德）。
9. 学习管理策略包括：（确定学习目标）、制订学习计划、进行自我评价、监控学习过程。
10. 夸美纽斯的教学原则之一是（直观性原则/激发学生求知欲原则/巩固性原则/系统性和循序渐进原则/量力性原则/启发诱导原则）。

简答题
1. 简述教师职业的特点。（见基础篇 P210）
2. 在教学中如何激发学生的学习动机？（见基础篇 P117）
3. 中小学教学中最常用的、具有我国特色的、影响较大的教学模式有哪些？（见二维码）
4. 如何才能有效地运用讲授法？（见二维码）
5. 简述百日维新的教育改革措施。（见基础篇 P32）

论述题
1. 评述《基础教育改革纲要》中的教育改革目标。（见基础篇 P181）
2. 《国家中长期教育改革与发展规划纲要（2010—2020年）》提出"科教兴国，人才强国"。中国未来发展，中华民族伟大复兴，关键靠人才，基础在教育。试论述教育如何实现其社会发展功能。（见二维码）

2015年陕西师范大学333教育综合真题

名词解释
1. 卢梭的自然主义教育（见基础篇 P73）
2. 成就动机（见基础篇 P113）
3. 稷下学宫（见基础篇 P4）
4. 教学（见基础篇 P183）
5. 学习（见基础篇 P103）

选择题
1. 提出"灵魂转向""学习即回忆"的哲学家是（B）

A. 苏格拉底　　　　　B. 柏拉图　　　　　C. 亚里士多德　　　　D. 奥苏伯尔
2. 和机械学习相对应的学习是(B)
   A. 智慧学习　　　　　B. 有意义学习　　　　C. 上位学习　　　　　D. 下位学习
3. 奥苏伯尔所提出的学习有上位学习、下位学习和(D)
   A. 意义学习　　　　　B. 智慧学习　　　　　C. 机械学习　　　　　D. 并列结合学习
4. 我国第一部论述教育的著作是(B)
   A.《论语》　　　　　B.《学记》　　　　　C.《大学》　　　　　D.《中庸》
5. 提出教育心理学化思想,将教育与生产劳动相结合的观念付诸实践,并据此提出要素教育,推动了初等学校各科教学法的程序化改革的教育家是(D)
   A. 赫尔巴特　　　　　B. 杜威　　　　　　　C. 福禄培尔　　　　　D. 裴斯泰洛齐
6. 国子学产生于下列哪个朝代(A)
   A. 西晋　　　　　　　B. 东晋　　　　　　　C. 南朝　　　　　　　D. 北朝
7. 我国首次提出义务教育的学制是(A)
   A. 壬寅学制　　　　　B. 癸卯学制　　　　　C. 壬子癸丑学制　　　D. 壬戌学制
8. 提出最近发展区的教育家是(B)
   A. 杜威　　　　　　　B. 维果茨基　　　　　C. 卢梭　　　　　　　D. 赫尔巴特

简答题

1. 简述孔子给我国教育带来的影响。(见基础篇 P9)
2. 简述董仲舒的三大文教政策。(见基础篇 P14)
3. 简述学制确立的依据。(见基础篇 P171)
4. 简述赫尔巴特的教育心理学的思想。(见基础篇 P75)
5. 简述陈述性知识学习和程序性知识学习的区别。(见拔高篇 P277)

论述题

1. 试论述活动课程和学科课程的分歧。(见基础篇 P177)
2. 根据1922年"新学制"的观点和标准谈谈我国现行学制的改革。(见基础篇 P34)

2016年陕西师范大学333教育综合真题

名词解释

1. 学制(见基础篇 P170)　　　　　　　　　2. 教育(见基础篇 P145)
3. 最近发展区(见基础篇 P95)　　　　　　4. 三舍法(见基础篇 P22)
5. 学习动机(见基础篇 P113)

简答题

1. 简述班级授课制的局限性。(见基础篇 P194)
2. 简述德育的途径。(见基础篇 P207)
3. 如何促进知识的迁移？(见基础篇 P121)
4. 简述《国防教育法》。(见二维码)

5. 简述创造性的培养。（见基础篇 P133）
6. 简述"三纲领八条目"的内容。（见基础篇 P11）

论述题

1. 论述张之洞"中体西用"的历史意义和局限性。（见基础篇 P30）
2. 比较赫尔巴特和杜威的教学过程理论。（见拔高篇 P236）
3. 论述新一轮基础课程改革的六大目标。（见基础篇 P181）
4. 论述启发性教学原则。（见基础篇 P195）

2017年陕西师范大学333教育综合真题

名词解释

1. 教育（见基础篇 P145）
2. 讲授法（见基础篇 P192）
3. 朱子读书法（见基础篇 P22）
4. 接受学习（见基础篇 P104）
5. 学习兴趣（见二维码）
6. 课程标准（见基础篇 P174）
7. 最近发展区（见基础篇 P95）
8. 要素教育（裴斯泰洛齐）（见二维码）

简答题

1. 教学过程的性质是什么？（见基础篇 P184）
2. 简述培养班集体的方法。（见基础篇 P217）
3. 简述建构主义的学习观。（见基础篇 P111）
4. 简述影响问题解决的因素。（见基础篇 P132）
5. 简述人文主义教育的特点。（见基础篇 P55）
6. 简述革命根据地教育的基本经验。（见基础篇 P40）

论述题

1. 结合实际论述核心素养对教育改革的影响。（见拔高篇 P337）
2. 根据陶行知的生活教育思想，谈谈学校教育与学生生活的理想关系。（见拔高篇 P273）
3. 您认为赫尔巴特的教学理论和课程理论对今天的教育还有没有作用？（见二维码）

材料分析题

主题是"无师课堂"。结合材料中河南汝阳县声讨学校无师课堂案例，用教师的主导作用与学生的主体地位的理论分析此教学现象。（材料缺失）（见二维码）

2018年陕西师范大学333教育综合真题

判断题

1. 我国最早的蒙学教材是《三字经》。（×）
2. 生活准备说是赫尔巴特的思想。（×）
3. 教科书是课程的唯一体现。（×）

4. 一两遗传胜过一吨黄金。（×）

5. 授人以鱼不如授人以渔。（×）

6. 动机越强，学习效率越高。（×）

7. 教师只有积极作用，没有负面影响。（×）

名词解释

1. 产婆术（见基础篇 P47）
2. 启发性教学（见基础篇 P192）
3. 最近发展区（见基础篇 P95）
4. 苏湖教学法（见基础篇 P22）
5. 学校教育（见基础篇 P145）

简答题

1. 简述教育的基本要素及其相互间的关系。（见基础篇 P147）
2. 简述教师主导作用与学生主体作用相统一的关系。（见基础篇 P186）
3. 简述《中庸》中的学习过程。（见基础篇 P12）
4. 简述赫尔巴特的教育心理学化思想。（见基础篇 P75）
5. 简述活动课程的基本特点。（见基础篇 P177）

论述题

1. 论述《学记》的贡献和地位。（见基础篇 P12）
2. 比较杜威与赫尔巴特的教学理论，并论述二者对我国不同阶段的教育实践和教育思想的影响。（见拔高篇 P236）

材料分析题

材料："西班牙狼孩儿的故事"

狼孩儿从小与狼为伍，所以其保持着狼的生活习性。狼孩儿被牧羊人收养后，学会了基本的觅食技能。但牧羊人去世之后，狼孩儿重新回到狼群中与狼群过着和狼相同的生活。当他后来又一次被人发现，带入人类社会生活时，人们却发现狼孩儿无法很好地适应人类生活。

(1) 根据影响人身心发展的因素及关键期分析狼孩儿的故事。

(2) 请提出一些措施帮助他。（见拔高篇 P327）

2019年陕西师范大学333教育综合真题

名词解释

1. 教育制度（见基础篇 P170）
2. 探究性学习（见基础篇 P105）
3. 成就动机（见基础篇 P113）
4. 道尔顿制（见基础篇 P86）
5. 综合课程（见基础篇 P175）

填空题

1. 西周国学和乡学的"六艺"是（礼）、（乐）、（射）、（御）、（书）和（数）。

2. 马斯洛的需要层次理论包括（生理的需要）、（安全的需要）、（归属与爱的需要）、（尊重的需要）、（求知与理解的需要）、（审美的需要）和（自我实现的需要）。

3. 我国把（幼儿教育）列入学制系统，是教育向终身教育制度发展的重要标志。

4. 《中华人民共和国教育法》是最近(2015)年修订的。
5. 依据人在知觉时是否受环境信息的影响所做的分类是(场依存型和场独立型)。
6. 在北京师范大学确立公布的三个核心素养是(文化基础)、(自主发展)和(社会参与)。
7. 1902年,中国颁布的第一个全国性学制是(壬寅学制)。
8. 三级课程管理是(国家课程)、(地方课程)和(校本课程)。
9. 终身教育的含义是(人们在一生中所受到的各种教育的总和)。

判断题

1. 稷下学宫是一所由官家主持、私家操办的特殊形式的学校。(×)
2. 旧知识对新知识的影响叫倒摄反应。(×)
3. 有效教育活动是科学性和艺术性的结合。(√)
4. 学习迁移只发生在知识和技能领域。(×)
5. 八股文产生于清初。(×)
6. 批判理学,提出真学、实学的人是颜元。(√)
7. 德国梅伊曼是实验教育学的代表。(√)
8. "教育即生活、教育即生长、教育即经验的改造"是赫尔巴特提出的。(×)
9. 终结性评价是对教学过程中学生表现的评价。(×)

简答题

1. 简述泰勒原理。(见基础篇 P176)
2. 简述科尔伯格的道德认知理论——"三水平六阶段"。(见基础篇 P99)
3. 简述创造性思维。(见基础篇 P133)
4. 简述要素教育。(见基础篇 P74)
5. 简述建立良好师生关系的策略。(见基础篇 P215)

论述题

1. 朱子读书法的内容和要点是什么?当代社会快餐文化与朱子读书法二者之间有何关系?(见拔高篇 P271)
2. 学校利用移动设备上课,请谈谈其利弊。(见拔高篇 P412)

综合题

按照教育目的的层级结构进行分类,并简述各自的含义、区别、联系。(见二维码)

2020年陕西师范大学333教育综合真题

选择题

(10个)(缺失)

名词解释

1. 学制(见基础篇 P170)
2. 进步教育运动(见基础篇 P85)
3. 学习动机(见基础篇 P113)
4. 《学记》(见基础篇 P5)
5. 教育目的(见基础篇 P163)

简答题

1. 简述教学原则。（见基础篇 P197）
2. 简述德育方法。（见二维码）
3. 简述赞科夫的发展性教学理论的五个原则。（见基础篇 P66）
4. 简述赫尔巴特的教学阶段论。（见基础篇 P77）
5. 教育的个体功能表现为哪两个方面？（见基础篇 P153）

论述题

1. 教师的专业素养有哪些？如何培养教师的专业素养？（见基础篇 P212）
2. 论述陶行知的生活教育理论及其历史影响。（见基础篇 P44）
3. 创造性发展的影响因素是什么？如何培养学生的创造性？（见基础篇 P133）

2021 年陕西师范大学 333 教育综合真题

名词解释

1. 书院官学化（见二维码）
2. 中世纪大学（见基础篇 P53）
3. 师生关系（见基础篇 P209）
4. 有意义学习（见基础篇 P104）
5. 道德两难法（见二维码）

填空题

1. （生物起源说）是第一个被提出的教育起源理论，标志着教育起源说由神话传说走向科学化。
2. 学习评价根据作用和时间，分为（诊断性评价、形成性评价）和终结性评价。
3. （批判教育学）关注自然背后社会的利益，启发人们的意识。
4. 《中国教育现代化 2035》提出中国步入（教育强国）行列的目标。
5. 产婆术：讥讽、助产术、（归纳）、定义。
6. （斯宾塞）提出什么知识最有价值？（科学知识）最有价值。
7. 桑代克提出的学习三原则：（准备律、练习律、效果律）。
8. 朱子读书法包括循序渐进、熟读精思、（虚心涵泳）、切己体察、着紧用力、居敬持志。

辨析题

1. 教学永远具有教育性。（见二维码）
2. 公学是英国的一种贵族学校。（见二维码）
3. 隐性课程也具有德育功能。（见二维码）
4. 核心课程是最重要的课程。（见二维码）
5. 孔子编订了《诗》《书》《礼》《易》《乐》《春秋》，这就是"六艺"教育。（见二维码）

简答题

1. 简述京师同文馆的办学特点。（见二维码）
2. 简述学校教育起主导作用的条件。（见基础篇 P152）
3. 简述榜样法的定义及实施要求。（见二维码）
4. 简述布卢姆的情感领域的目标体系。（见二维码）

5. 简述程序性知识学习的一般过程。(见二维码)

论述题

1. 材料：《关于深化教育教学改革全面提高义务教育质量的意见》提出"民办义务教育学校招生纳入审批地统一管理，与公办学校同步招生；对报名人数超出招生计划的，实行电脑随机录取"。

(1) "摇号入学"可能解决了哪些问题？

(2) "摇号入学"可能带来哪些新问题？

(3) 针对这些新问题中的一个问题提出你的解决思路。(见拔高篇 P377)

2. 材料：

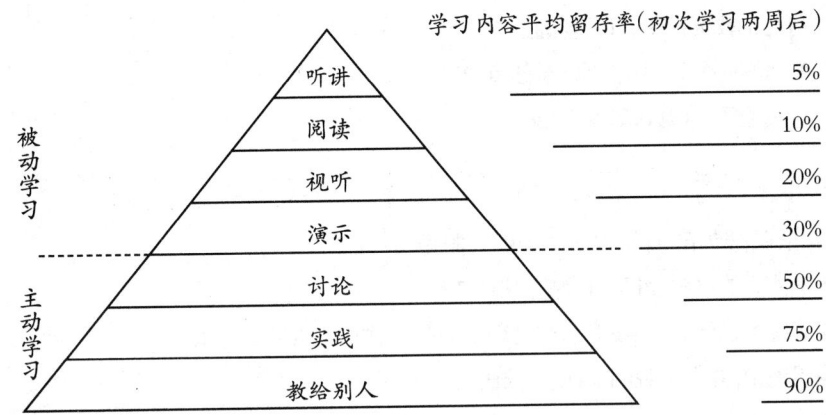

（注：数据可能不准确，主要是想说明被动学习方式，学生学习到的内容留存度低，而主动学习的方式使学生学习到的内容留存度高）

(1) 我国中小学教学方法存在哪些问题？

(2) 以一节中小学课堂为例，提出你对教学方法的选择与使用策略。(见二维码)

3. 材料一：杜威关于学校和社会关系的一句话，生活教育理论把它"翻了半个跟斗"。（材料大意）

材料二：杜威过度强调儿童的直接经验。布鲁纳说，这样过度的话，"好事就成了坏事"。（材料大意）

材料一：(1) 材料体现了杜威的什么教育理论？

(2) 试述生活教育理论把它"翻了半个跟斗"的原因。

(3) 谈一下生活教育理论中体现学校与社会关系的观点。

材料二：(1) 材料中"好事就成了坏事"指的是什么？

(2) 布鲁纳提出的结构主义理论是如何解决这一问题的？

(3) 杜威和布鲁纳的教育改革对我国教育改革有何启示？请说明理由。(见拔高篇 P268)

2022年陕西师范大学333教育综合真题

名词解释

1. "四书五经"(见基础篇 P23)　　2. "八年研究"(见二维码)

3. 培养目标(见基础篇 P163)　　4. 社会本位论(见基础篇 P163)

5. 学习策略(见基础篇 P124)

辨析题

1. 综合实践活动课程是义务教育和高中阶段的必修课程。（见二维码）
2. 社会生产力发展水平决定教育目的的性质。（见二维码）
3. 蔡元培的"五育"并举就是德、智、体、美、劳全面发展的教育。（见二维码）
4. 科尔伯格的道德发展阶段理论是按照不同发展阶段中的任务和矛盾划分的。（见二维码）
5. 教学工作包括课外辅导。（见二维码）

简答题

1. 简述抗日根据地的教育政策/抗日战争时期中国共产党的教育方针政策。（见二维码）
2. 简述王守仁的儿童教育思想。（见基础篇P27）
3. 简述终身教育思潮的主要观点。（见基础篇P90）
4. 简述德育的一般途径。（见基础篇P206）

论述题

1. 结合实际，讨论课程改革的影响因素。（见二维码）
2. 论述问题解决能力的培养途径。（见基础篇P132）
3. 简要说明变式练习是什么，在技能形成过程中有什么作用？（见二维码）
4. 阐述双重编码理论，并举例说明。（见二维码）

材料分析题

1. 如何培养学生的关键能力以及促进学生身心发展的有效机制？（材料缺失）（见二维码）
2. 面对日益变化的社会，当前教育面临哪些挑战？（材料缺失）（见拔高篇P413）

2023年陕西师范大学333教育综合真题

名词解释

1. 苏湖教学法（见基础篇P22）
2. 形成性评价（见基础篇P193）
3. 非指导性教学模式（见二维码）
4. 昆西教学法（见基础篇P85）
5. 精细加工策略（见基础篇P124）

辨析题

1. 遗传素质具有可塑性。（见二维码）
2. 德育的起点是提高道德认识。（见二维码）
3. 程序教学是合作学习的一种重要形式。（见二维码）
4. 教学具有教育性。（见二维码）
5. 负强化和惩罚在本质上是相同的。（见二维码）

简答题

1. 简述现代教育改革的趋势。（见基础篇P148）
2. 简述教学的基本原则。（见基础篇P197）
3. 简述蔡元培"五育"并举的教育方针。（见基础篇P37）

4. 简述永恒主义教育思想。(见基础篇 P89)

5. 简述维果茨基的文化历史发展理论。(见基础篇 P97)

论述题

1. 联系实际论述荀况的教育思想。(见二维码)

2. 联系实际谈谈教学过程中应处理好哪几种关系。(见二维码)

材料分析题

材料：小明是一位初二的学生学习成绩优异，从来没有从班级第一名的位置掉下来过，为此，他十分骄傲，也很享受老师的表扬何同学的艳美知道小亮转到该班小明，每次只能去绿地二，他也暗暗努力过，但还是没有办法超过第一名。他感觉老师和同学看他的眼神也不再像以前那样了，所以小明开始联合班级的其他.同学排挤小亮，背后说了他很多坏话，甚至放学后把他堵在巷子里警告他。

近年来，校园欺凌事件频繁发生。2021年9月1日未成年人学校保护规定正式实施第20条明确规定，学校应当教育引导学生建立平等，友善，互助的同学关系，组织教职工学习预防处理学生欺凌的相关政策措施和方法对学生开展相应的专题教育，并且应当根据情况给予相关学生家长必要的教育指导。

结合案例回答以下问题：

(1) 请根据德育原则设计解决小明问题的思路？

(2) 请谈谈学校应该如何防止校园欺凌的发生？(见拔高篇 P409)

2010年西南大学333教育综合真题

名词解释

1. 教育学(见基础篇 P142) 2. "中体西用"(见基础篇 P29)

3. 苏格拉底法(见基础篇 P47) 4. 发现学习(见基础篇 P104)

简答题

1. 简述我国当前教育目的的基本精神。(见基础篇 P166)

2. 简述中国古代书院教育的重要特点。(见基础篇 P24)

3. 近代人文主义教育的基本精神主张有哪些？(见基础篇 P55)

论述题

1. 指出教学过程中存在的基本关系，并以其中一种关系为例进行简要论述。(见基础篇 P187)

2. 影响问题解决的主要因素有哪些？试举例加以说明。(见基础篇 P132)

综合题

1. 材料：

有人说："没有教不好的学生，只有教不好的先生。"

试从学生观、教师观、师生关系观等角度加以阐述。(见拔高篇 P318)

2. 终身教育思潮的基本观点是什么？联系我国实际举例加以阐述。(见基础篇 P90)

2011年西南大学333教育综合真题

名词解释

1. 教育目的（见基础篇 P163）
2. 学制（见基础篇 P170）
3. 榜样法（见基础篇 P202）
4. 课程（见基础篇 P174）
5. 朱子读书法（见基础篇 P22）
6. 道尔顿制（见基础篇 P86）

简答题

1. 当前学校管理呈现哪些发展趋势？（见基础篇 P219）
2. 建构主义学习理论的基本观点有哪些？（见基础篇 P111）
3. 书院产生的条件有哪些？它有什么特点？（见基础篇 P23、24）
4. 人文主义教育的特征有哪些？（见基础篇 P55）

论述题

1. 试论述教育与人的发展关系。（见基础篇 P149）
2. 试论述教学过程的本质。（见基础篇 P184）
3. 举例说明影响问题解决的主要因素。（见基础篇 P132）
4. 分析卢梭的自然主义教育理论。（见基础篇 P72）

2012年西南大学333教育综合真题

名词解释

1. 狭义的教育（见基础篇 P145）
2. 学校管理（见基础篇 P219）
3. 朱子读书法（见基础篇 P22）
4. 苏格拉底法（见基础篇 P47）
5. 学习策略（见基础篇 P124）
6. 心理发展（见基础篇 P94）

简答题

1. 简述教学过程中应该处理好的几种关系。（见基础篇 P187）
2. 简述班主任工作的基本内容。（见基础篇 P216）
3. 简述陶行知的生活教育理论。（见基础篇 P44）
4. 学校进行心理健康教育的主要途径。（见二维码）

论述题

1. 试论述教育的社会功能。（见基础篇 P160）
2. 试论述如何提高教师素养。（见基础篇 P212）
3. 评述夸美纽斯的教育适应自然原则。（见基础篇 P70）
4. 评述建构主义学习理论。（见基础篇 P111）

2013年西南大学333教育综合真题

名词解释
1. 课程（见基础篇 P174）
2. 教学（见基础篇 P183）
3. 苏格拉底教学法（见基础篇 P47）
4. 中世纪大学（见基础篇 P53）
5. 道尔顿制（见基础篇 P86）
6. 恩物（见基础篇 P69）

简答题
1. 简述教师劳动的特点。（见基础篇 P210）
2. 简述洋务学堂的特点。（见基础篇 P29）
3. 简述赫尔巴特的教育心理学。（见基础篇 P75）
4. 简述需要层次理论。（见基础篇 P114）

论述题
1. 试论教学评价的CIPP模式。（见二维码）
2. 试论教育与人的发展关系。（见基础篇 P149）
3. 论述陶行知的生活教育思想及其对我国当前教育的启示。（见基础篇 P44）
4. 论述创造性的培养措施。（见基础篇 P133）

2014年西南大学333教育综合真题

名词解释
1. 学校教育（见基础篇 P145）
2. 《学记》（见基础篇 P5）
3. 课程标准（见基础篇 P174）
4. 班级授课制（见基础篇 P191）
5. 教育目的（见基础篇 P163）
6. 教育评价（见基础篇 P193）

简答题
1. 原始社会的教育有哪些特点？（见二维码）
2. 教师的劳动有哪些特点？（见基础篇 P210）
3. 我国全面发展教育的组成部分及其关系。（见基础篇 P167）
4. 教育有哪些社会功能？（见基础篇 P160）
5. 教育科学研究的基本步骤是什么？（见二维码）
6. 简述学校管理的发展趋势。（见基础篇 P219）

论述题
1. 试论述教育对人的发展的重大作用。（见基础篇 P152）
2. 论述如何处理教师的主导作用和学生主体性二者之间的关系。（见基础篇 P186）
3. 联系实际论述如何处理教书与育人的关系。（见二维码）

2015年西南大学333教育综合真题

填空题

1. 教育学发展的科学化阶段的重要特点有科学研究渗透到自然和社会中的广泛领域、不同学科的相互渗透和教育学研究的细化。
2. 杜威关于教育本质的思想可以概括为教育即生活、教育即生长和教育即经验的不断改造。
3. 古代教育有与其特定历史条件相应的特点,如培养目标比较狭窄,用孔子的学生子夏的话来说就是"学而优则仕",又如教育内容的视野也比较狭窄,主要偏重于社会人事和文事。
4. 纵观中国教育目的理论的发展,如教育的根本出发点是坚持教育的社会主义方向,人才培养目标的根本定位是培养劳动者。
5. 师生关系是教师与学生在教育工作中所发生的交往和联系。师生关系的根本内容是教师和学生在教育教学过程中结成的相互关系;其本质是人与人之间的关系在师生之间的反映。
6. 赞科夫的发展性教学思想包括一系列原则,其中最为重要的是以高难度进行教学的原则、以高速度进行教学的原则、使学生理解学习过程的原则、使班上全体学生(包括最差的学生)都得到一般发展的原则和理论知识起主导作用的原则等。
7. 教育测验的类型划分比较多。其中,如果按照测验的评价标准来划分,则可以划分为常模参照测验和标准参照测验。
8. 校本管理是以学校为主体的管理,即学校管理目标和任务是根据学校自身特点和需求来确定的,而不是上级或外部强加的。

名词解释

1. 终身教育(见基础篇P171)
2. 社会本位论(见基础篇P163)
3. 教育实验法(见二维码)
4. 活动课程(见基础篇P175)

简答题

1. 简述学生身心发展的普遍特征及其教育要求。(见基础篇P149)
2. 简述教师职业发展专业化的内涵及要求。(见基础篇P213)
3. 写一篇学术论文的基本结构。(见二维码)

论述题

1. 论述基础教育课程改革的基本动向。(见基础篇P181)
2. 分析"传授—接受"教学和"引导—发现"教学的区别。(见拔高篇P275)
3. 分析"素质教育倡而不兴,应试教育批而不立"的原因。(见基础篇P168)

2016年西南大学333教育综合真题

名词解释

1. 教育功能(见二维码)
2. 美育(见二维码)
3. 活动课程(见基础篇P175)
4. 教学评价(见基础篇P193)
5. 科举制度(见基础篇P16)

简答题

1. 简述我国教育目的的基本精神。（见基础篇P166）
2. 有哪些帮助后进生的方法？（见二维码）
3. 简述夸美纽斯的教育思想。（见基础篇P71）
4. 简述皮亚杰的认知理论。（见基础篇P95）
5. 简述教师在教学活动中的职业角色。（见基础篇P211）
6. 简述学校管理的发展趋势。（见基础篇P219）

判断说理题

1. 教育对人的影响不是主要影响。（见二维码）
2. 恩物是福禄培尔为儿童设计的玩具,其体现了自然教育原则。（见二维码）
3. 学生的学习动机完全依赖于外界的物质奖励。（见二维码）
4. 教学过程就是教师教授知识的过程。（见二维码）

论述题

1. 为什么说班级授课制是主要的教学形式？（见基础篇P194）
2. 论述孔子的教育对象、教育内容、教育方法。（见基础篇P9）
3. 论述掌握知识和发展智力的关系。（见基础篇P186）

2017年西南大学333教育综合真题

名词解释

1. 《论语》（见二维码）
2. 师生关系（见基础篇P209）
3. 教育评价（见基础篇P193）
4. 教育研究（见二维码）

简答题

1. 现代教育的基本特征是什么？（见基础篇P148）
2. 我国教育目的的精神实质是什么？（见基础篇P166）
3. 学校管理的概念及内容是什么？（见二维码）

论述题

1. 论述学校教育影响人发展的机理。（见基础篇P152）
2. 论述教师专业发展的内涵及其要求。（见基础篇P213）
3. 论述综合课程的含义、优势与不足。（见基础篇P177）
4. 举例说明如何组织和培养学生班集体。（见基础篇P217）
5. 如何实施中小学校园文化建设？（见二维码）

材料分析题

材料："虎妈"对自己的两个女儿采取高压管理措施。大女儿被耶鲁大学录取。二女儿从2岁开始拉琴。米爸把二女儿拉琴的照片传到了网上,引起了大家讨论。网友A:孩子有这方面的天赋特长,可以从小培养。网友B:孩子心智不成熟,会给孩子带来生理上的压力。网友C:有痛苦的童年才有成功的成年,加油！

用教育学原理分析"虎妈米爸"的教育方式及网友关于教育的观点。（见拔高篇P325）

2018年西南大学333教育综合真题

理论阐述

描述未来教育的基本特征,分析未来教育的产生背景及其启发。(见二维码)

分析应用

概括全面发展教育内容之间的关系并联系实际探讨该关系理论的实践指导意义。(见基础篇P167)

课程教学

阐述综合课程的内涵及特点并联系中小学教学的实际分析综合课程的优缺点。(见基础篇P177)

名著研讨

概括、评价杜威的著作《民主主义与教育》的基本思想。(见基础篇P83)

实践探讨

评析当前我国中小学教师专业发展的现状,概括影响教师专业发展的因素,提出改善教师专业发展的建议。(见二维码)

管理研究

假如你是一位中小学的校长,为了本校的发展,请阐述你将如何开展"校本教研"的活动。(见二维码)

2019年西南大学333教育综合真题

理论阐述

教育当中学生身心发展主要的共性特征是什么?这些共性特征对学校的教育教学工作提出的要求是什么?(见基础篇P149)

分析综合

何谓立德树人?学校当前在立德树人方面有哪些偏差?你认为应该如何进一步提高学校立德树人工作的成效?(见拔高篇P342)

评价应用

何谓教育现代化?如何判断一所学校的现代化水平?如何推进一所学校的现代化建设工作?(见二维码)

课程教学

何谓创新型教学?比较创新型教学与传统型教学的异同。开展创新型教学时需要注意哪些事项?(见拔高篇P310)

学校管理

何谓校本管理?你认为当前中小学校本管理存在哪些问题?如何改进校本管理?(见拔高篇P421)

教育研究

何谓教育研究？阐述教育研究所包括的各个基本步骤的工作要领。（见二维码）

2020年西南大学333教育综合真题

名词解释

1. 教育原则（见二维码）
2. 教育作品法（见二维码）
3. 劳动技术教育（见二维码）
4. 课程标准（见基础篇 P174）

辨析题

1. 学校教育中学生是主、客体的合一。（见二维码）
2. 学校体育的任务就是增强学生体质。（见二维码）
3. 根据课程设计和课程目标的来源，一般可把课程资源分为校内课程资源、校外课程资源和信息化课程资源。（见二维码）
4. 网络教育因其信息借助于网络传播突破了时间与空间的限制，展现出开放性、全球性和交互性等特点。（见二维码）

简答题

1. 简述教育价值的基本类型。（见二维码）
2. 简述教育的社会性表现。（见二维码）
3. 简述义务教育的基本特点。（见二维码）
4. 简述现代教师的角色转换。（见基础篇 P211）

论述题

1. 试述教育评价的环节以及存在的问题。（见二维码）
2. 试述现代学生观的内涵。（见二维码）

材料分析题

材料：某教师对某年级六个班的成绩进行前测，发现六个班的成绩水平大致相当，无显著差异。现在使用简单随机抽样的方法把这六个班分为两组：三个班为实验组，三个班为对照组。现在需要去研究数字化教材（此前这六个班均未使用过数字化教材）对学生成绩的影响。回答以下问题：

(1) 说出该实验中的自变量和因变量。
(2) 尝试说出该实验的具体名称和设计方案。
(3) 列举该实验设计的优点。
(4) 什么是简单随机抽样？简述其操作步骤。（见二维码）

2021年西南大学333教育综合真题

名词解释

1. 课堂教学（见二维码）
2. 融合课程（见二维码）

3. 时间取样法（见二维码）
4. 量化研究（见二维码）

辨析题

1. 人的发展具有主观能动性。（见二维码）
2. 素质教育就是要取消考试。（见二维码）
3. 义务教育的强迫性剥夺了人的教育选择权。（见二维码）
4. 书院是古代最高级的教育形式，其办学主体是国家。（见二维码）

简答题

1. 简述教育政策的基本特点。（见二维码）
2. 简述家庭教育的特点。（见拔高篇 P404）
3. 简述师生关系的类型。（见基础篇 P215）
4. 简述教育的科技功能。（见二维码）

论述题

1. 论述课堂教学的基本原则。（见基础篇 P197）
2. 论述课程资源的类型和开发的策略。（见二维码）

材料分析题

材料大意：某学校计划进行以"语文课堂师生互动"为主题的研究。
(1) 为这一研究拟一个合适的标题。
(2) 如果该研究使用观察法，说说观察的步骤和注意事项。
(3) 制定事件取样观察表，确定至少五个观察项目。（见二维码）

2022年西南大学333教育综合真题

名词解释

1. 教育的本质（见二维码）
2. 教育功能（见二维码）
3. 校园文化（见二维码）
4. 义务教育（见基础篇 P170）

辨析题

1. 全面发展即平均发展。（见二维码）
2. 国家课程、地方课程、校本课程是按照组织内容的方式进行划分的。（见二维码）
3. 校本管理只管校内事，不管校外事。（见二维码）
4. 教学就是上课。（见二维码）

简答题

1. 简述教师工作的特点。（见基础篇 P210）
2. 简述教育的构成要素。（见基础篇 P147）
3. 简述现代学生的义务。（见二维码）
4. 简述教育的独立性表现。（见基础篇 P159）

论述题

1. 论述课外活动的作用和要求。（见二维码）
2. 试析如何构建现代师生关系。（见基础篇 P215）

材料分析题

材料大意：某课题组在 Y 市开展民办小学教师专业发展调查，从 300 个民办小学教师中抽取 60 个民办小学教师，然后对他们的专业发展进行问卷调查。

(1) 写封书面信。
(2) 确定调查维度。
(3) 设计三个开放式问题和封闭式问题。
(4) 写出一种抽样方法，并谈谈它的优缺点。（见二维码）

2023 年西南大学 333 教育综合真题

名词解释

1. 学校教育制度（见基础篇 P170）
2. 项目式学习（见二维码）
3. 班主任（见二维码）
4. 发展性评价（见二维码）

辨析题

1. 义务教育就是中小学教育。（见二维码）
2. 古希腊时期雅典教育与斯巴达教育是同一种教育。（见二维码）
3. 班级授课制是忽视个性发展、低效的教学组织形式。（见二维码）
4. 校本课程就是学校设置的所有课程。（见二维码）

简答题

1. 当前世界基础教育改革的趋势。（见二维码）
2. 中小学教师职业特点。（见基础篇 P210）
3. 教育对人口的影响。（见二维码）
4. 如何激发学习动机？（见基础篇 P117）

论述题

1. 论述影响人身心发展的主要因素有哪些，如何辩证看待这些因素？（见基础篇 P153）
2. 论述核心素养的主要内涵，在实践中如何培养学生的核心素养？（见拔高篇 P338）

材料分析题

材料：家长对家庭作业的参与是家长参与孩子教育实践的重要组成部分。现实中，来自家长层面的现实问题逐渐显现，成为家长参与孩子家庭作业的现实困境，为有效开展家校合作，李老师以"家长应该如何参与小学生家庭作业研究"为题申报市级教育课题规划，并计划以本校四年级一班为研究对象，对该班家长开展问卷调查和访谈调查。

(1) 该研究课题的名称在表述方式上存在什么问题？如何改正？

(2) 该研究在样本设计上存在什么问题？如何改正？

(3) 为保证问卷调查的全面性，在具体设计问卷之前，李老师需要以若干维度分析研究问题，试为李老师设计 4 个维度。

(4) 根据上述维度分别设计 3 个封闭式问题或开放式问题，结合本研究比较问卷调查法和访谈调查法的优势，说明在研究中如何综合使用这两种方法。（见二维码）

2010 年南京师范大学 333 教育综合真题

名词解释

1. 课程（见基础篇 P174）
2. 最近发展区（见基础篇 P95）
3. 自我提高内驱力（见二维码）
4. 终身教育（见基础篇 P171）
5. 自我效能（见基础篇 P113）
6. 苏格拉底法（见基础篇 P47）
7. 赫尔巴特的四段教学法（见基础篇 P69）

简答题

1. 简述《学记》在教学思想上的贡献。（见基础篇 P12）
2. 道德教育如何与生活相联系？（见拔高篇 P342）
3. 简述班级授课制及其改革。（见基础篇 P194）
4. 简述校本课程开发的特征、优势、不足及思考。（见基础篇 P179）

论述题

1. 结合自己的教育教学实践，谈谈教育与人身心发展的关系。（见基础篇 P149）
2. 论述皮亚杰的认知发展阶段理论及其对学校教育的启示。（见基础篇 P95）
3. 试论述唐代科举制度的作用及其影响。（见基础篇 P17）
4. 评述杜威的实用主义教育理论。（见基础篇 P83）

2011 年南京师范大学 333 教育综合真题

名词解释

1. "中体西用"（见基础篇 P29）
2. 教育（见基础篇 P145）
3. 班级授课制（见基础篇 P191）
4. 道尔顿制（见基础篇 P86）
5. 问题解决（见基础篇 P130）
6. 学习动机（见基础篇 P113）

简答题

1. 简述当代学制改革的趋势。（见基础篇 P171）
2. 简述"六艺"教育及其对当代教育改革的意义。（见基础篇 P2）
3. 简述卢梭的自然主义教育及其意义。（见基础篇 P72）

论述题

1. 评述 19 世纪末 20 世纪初欧美新教育和进步主义教育思潮的共同特征、意义及其局限。（见二维码）

2. 评述陶行知的生活教育理论。(见基础篇 P44)
3. 论述师生关系的历史转变,并结合自己的经验谈谈你对这一问题的认识。(见二维码)
4. 结合中学生的时代特点谈谈你对当前基础教育的理解。(见拔高篇 P393)

2012 年南京师范大学 333 教育综合真题

名词解释

1. 教学目标(见二维码)
2. 学校教育(见基础篇 P145)
3. "六艺"教育(见基础篇 P2)
4. 苏格拉底法(见基础篇 P47)
5. 道德情感(见基础篇 P136)

简答题

1. 简述德育的途径。(见基础篇 P207)
2. 简述蔡元培的"五育"并举。(见基础篇 P37)
3. 简述人文主义教育的特征。(见基础篇 P55)
4. 简述布鲁纳发现学习的步骤。(见基础篇 P106)

论述题

1. 论述教育的社会功能。(见基础篇 P160)
2. 试论述陈鹤琴的"活教育"。(见基础篇 P45)
3. 论述杜威的教育思想。(见基础篇 P83)
4. 结合实际,论述激发学生学习动机的方法。(见基础篇 P117)

2013 年南京师范大学 333 教育综合真题

名词解释

1. 活动课程(见基础篇 P175)
2. 教学(见基础篇 P183)
3. "化性起伪"(见二维码)
4. 道尔顿制(见基础篇 P86)
5. 最近发展区(见基础篇 P95)
6. 信度与效度(见二维码)

辨析题

1. "教育先行"是 20 世纪现代社会的新现象,它意味着教育发展必须先于社会的物质发展。(见二维码)
2. 在学习方式上,课程改革反对接受学习,主张以自主、合作、探究的方式取代接受学习。(见二维码)
3. 卢梭认为事物的教育和自然的教育都要服从于人为的教育。(见二维码)

简答题

1. 简述个人本位论。(见基础篇 P164)
2. 简述价值澄清模式。(见二维码)
3. 简述我国新课程改革的基本理念。(见基础篇 P181)
4. 简述要素主义教育思想的基本观点。(见基础篇 P88)

论述题

1. 品德及其构成要素是什么？如何根据品德的要素进行道德教育？（见基础篇 P138）

2. 材料：有人说，过去要求教育"嫁"给政治是错误的，现在要求教育"嫁"给经济也是片面的。教育首先要"嫁"给人，人是教育的原点，教育是人的教育，不是社会的教育。有人则认为，人不是抽象的，教育是一种社会现象。这种提法否定了教育的社会性，教育也不可能发展成抽象的人。有人说，教育要以育人为中心。但也有人说，我国社会主义现代化建设的中心只有一个，那就是经济建设，不允许搞多中心。对此，你有何评论？

请自拟题目，写一篇800字左右的短评，阐述自己的观点，并对上述观点进行评论。（见拔高篇 P328）

2014 年南京师范大学 333 教育综合真题

名词解释

1. 赫尔巴特的《普通教育学》（见基础篇 P69）
2. 社会本位论（见基础篇 P163）
3. 最近发展区（见基础篇 P95）
4. 有效教学（见二维码）
5. 行动研究（见二维码）

填空题

1. 马克思认为，教育起源于传递生产和生活经验的社会需要。
2. 决定教育权和受教育权的主要因素是政治经济制度。
3. 我国教育目的的理论基础是马克思主义关于人的全面发展学说。
4. 以解决社会生活问题为核心而组织的课程是核心课程。
5. 课改文件的名称是《教育部关于全面深化课程改革，落实立德树人根本任务的意见》。
6. 收集学生学习过程中的一些信息，反映学生成长变化的评价方法是形成性评价。
7. 学生品德构成的基本因素是道德认知、道德情感、道德行为。
8. 学制发展的方向是分支型学制和单轨制。
9. 学校教学的基本组织形式是班级授课制。
10. 罗杰斯的非指导性教育属于人本主义学习理论。

辨析题

1. 义务教育的特点是强制性、免费性和普及性。（见二维码）
2. 教育影响都是积极正向的。（见二维码）
3. 师生关系就是知识的传授关系。（见二维码）
4. 教学是用教材教，而不是教教材。（见二维码）
5. 班级是一个"准自治组织"。（见二维码）

简答题

1. 简述人的身心发展特点及其对教育的要求。（见基础篇 P149）
2. 我国教育目的的基本精神是什么？（见基础篇 P166）
3. 简述课程编制（开发）的基本程序或步骤。（见基础篇 P176）
4. 简述杜威的教育思想及其现实意义。（见基础篇 P83）

材料分析题

一位教师在给学生讲人教版第七册"钓鳟鱼"的课文时,老师提问:"仔细阅读课文,看看父亲是一位怎样的人?"

生1:"为什么还没有到时间父亲就允许我钓鱼,而钓到鱼又让我放走?"老师脸带怒色地说:"你没有听清楚老师的问题,坐下。"生1很害羞地坐了下去,这一堂课就再也没有举手了。

生2:"我觉得这位父亲对自己的孩子很严格。"老师:"仅仅是严格吗?"生2也坐了下去,再也没有发言。老师说:"在没有人的情况下,父亲严格要求自己遵守规则,是一个品德高尚的人。"

下课后老师向同事抱怨:"我给了他们机会,可是他们不珍惜,只好我自己报了答案,我也没有办法。"

(1)这位教师的行为是否合适?为什么?
(2)如果换作是你,你会怎么做?(见拔高篇P350)

2015年南京师范大学333教育综合真题

选择题

1. 下列属于我国古代"四书"的是(C)
   A.《诗经》《春秋》《礼记》《尚书》　　　B.《学记》《大学》《论语》《中庸》
   C.《大学》《中庸》《论语》《孟子》　　　D.《大学》《春秋》《孟子》《周易》

2. 在西方教育中,现代教育思潮的代表人物是(C)
   A. 卢梭　　　　B. 赫尔巴特　　　　C. 杜威　　　　D. 裴斯泰洛齐

3. 新课改的三维教学目标是(D)
   A. 识记、理解、应用　　　　　　　　B. 认知技能、操作技能、情感目标
   C. 生成目标、获得目标、转化目标　　D. 知识与技能、过程与方法、情感态度与价值观

4. 教育为政治服务的最基本的途径是(D)
   A. 建设社会政治制度　B. 开展思想宣传活动　C. 开设思想政治课程　D. 培养现代政治公民

5. 由学生自己选择最好的或最喜欢的作品来展示学生的学习成果,这种评价方式是(C)
   A. 形成性评价　　　B. 总结性评价　　　C. 档案袋评价　　　D. 表现性评价

6. 教师按一定的教学要求向学生提出问题让学生回答,通过问答的形式来引导学生思考、探究,从而获取、巩固知识,促进智能发展的教学方法是(B)
   A. 讲授法　　　　B. 谈话法　　　　C. 实验法　　　　D. 演示法

7. 近代采用美国式的"六三三"分段法的,适合儿童的身心发展规律的新学制是(D)
   A. 壬寅学制　　　B. 癸卯学制　　　C. 壬子癸丑学制　　　D. 壬戌学制

8. 下列哪种思想不是中国近代五四运动时期资产阶级改革中所提倡的教育思想(A)
   A. 复古主义思想　B. 工读主义教育思想　C. 平民教育思想　D. 实用主义教育思想

9. 在古代欧洲教育中,重视发展学生的全面教育的是(B)
   A. 斯巴达教育　　B. 雅典教育　　C. 教会教育　　D. 骑士教育

10. 重视观察学习和榜样模仿的学习观点,属于(C)
    A. 操作性反射理论　B. 人本主义学习理论　C. 社会认知理论　D. 认知派学习理论

名词解释

1. 学制(见基础篇P170)　　　　2. 课程标准(见基础篇P174)
3. 书院(见基础篇P22)　　　　4. 美国进步教育运动(见基础篇P85)

辨析题

1. 教育为社会所制约,具有社会制约性。因而,教育是社会的附属品,没有独立性。(见二维码)
2. 教学就是教师传授知识的活动。(见二维码)
3. 品德教育就是要晓之以理、动之以情、持之以恒、导之以行。(见二维码)

简答题

1. 简述当代学制改革的趋势。(见基础篇 P171)
2. 试比较学科课程与活动课程的优缺点。(见基础篇 P177)
3. 简述陶行知的生活教育思想。(见基础篇 P44)
4. 简述建构主义的知识观、学习观、学生观和教学观。(见基础篇 P111)

论述题

1. 试述教学过程的性质。(见基础篇 P184)
2. 阅读下列材料,回答问题:

材料大概讲一名初中女生喜欢上了化妆,于是班主任把她叫到办公室,告诉她不化妆比较自然、更好看等诸如此类。于是女孩听了觉得很有道理,就再也没有在学校化过妆。

(1) 该班主任运用了什么样的德育方法?
(2) 试述运用该德育方法的基本要求。(见二维码)

2016年南京师范大学333教育综合真题

填空题

(选项遗失,改为填空题)

1. 中国古代学校教育内容中的"六艺"指的是礼、乐、射、御、书、数。
2. 西方教育史上,被认为是传统教育代表人物的教育家是赫尔巴特。
3. 教育活动与其他社会活动的根本区别在于教育是一种有意识地培养人的活动。
4. 把造就"完全人格"即发展个性和群性作为其民主教育思想的核心的教育家是蔡元培。
5. "什么知识最有价值?"这是第一个进入人的视野的真正的课程问题。它的提出者是斯宾塞。
6. 有一种活动,它能够有效促进学生社会化与个性化、成人与成才,是进行全面发展教育的基本途径。这种活动是学校教育活动。
7. 主张把"全面发展""和谐发展""个性发展"三者融合成一个统一的整体而培养全面和谐发展的人的教育家是苏霍姆林斯基。
8. 《学记》中的"藏息相辅"教学原则指的是有计划的正课学习与课外活动、自习相结合,有张有弛,让学生感受到学习的乐趣,使学习成为学生的一种内在需要。
9. 提出"大丈夫"的理想人格,并把这种理想人格描绘为"富贵不能淫,贫贱不能移,威武不能屈"的中国古代思想家是孟子。
10. 社会学习理论强调观察式学习,强调符号强化和自我强化对人的行为的影响。这一理论的代表人物是班杜拉。

名词解释

1. 终身教育(见基础篇 P171)
2. 道德情感(见基础篇 P136)
3. "中体西用"(见基础篇 P29)
4. 最近发展区(见基础篇 P95)

辨析题

1. 人既是社会历史的"剧中人"，又是社会历史的"剧作者"。（见二维码）
2. 在我国新课程改革中，小学的"品德与生活（社会）""艺术""科学"，初中的"社会""科学"等课程都属于综合课程。（见二维码）
3. 在政府倡导"全民阅读"的背景下，读书指导法具有重要的时代意义。读书指导法是指学生在教师的指导下通过独立的探索，创造性地解决问题，获取知识和发展能力的方法。（见二维码）

简答题

1. 请简述人的发展的特点和规律性。（见基础篇 P149）
2. 请简述布鲁纳的教育思想。（见基础篇 P106）
3. 请简述循序渐进教学原则的含义和要求。（见基础篇 P196）
4. 请简述有意义接受学习的内涵和条件。（见二维码）

论述题

1. 试析学生在不同教学模式下掌握知识的基本阶段。（注：这里的"不同教学模式"是指以师生授受知识为特征的教学模式和以学生主动探索知识为特征的教学模式。）（见拔高篇 P275）
2. 试论德育过程及其规律。（见基础篇 P202）

2017年南京师范大学333教育综合真题

名词解释

1. 班级文化（见二维码）
2. 泰勒原理（见二维码）
3. 白板说（见基础篇 P63）
4. 测验效度（见二维码）

辨析题

1. 班级主体是老师，有引导监督作用。（见二维码）
2. 非指导性教学的核心是学生自主学习。（见二维码）
3. 对不良行为者的不良行为进行抑制，强化静止越长效果越好。（见二维码）

简答题

1. 简述德育理念。（见二维码）
2. 简述交往谈话的新型师生关系的特征。（见二维码）
3. 简述校本课程开发的优劣。（见基础篇 P179）

2018年南京师范大学333教育综合真题

名词解释

1. 教师专业发展（见基础篇 P209）
2. 京师同文馆（见基础篇 P29）
3. 要素教育（见二维码）
4. 认知结构（见二维码）

辨析题

1. 教育传承文化,但是教育不能创造文化,不能产生新文化。(见二维码)
2. 17—18世纪,德国中等教育的主要类型是实科中学。(见二维码)
3. 德国教育家康德提出教育性教学原则,他认为教育目的就是要让学生尽可能地获得知识和技能。(见二维码)

简答题

1. 简述教育与教学的关系。(见二维码)
2. 简述中华民国临时政府教育部的教育改革内容。(见二维码)
3. 什么是程序性知识?如何进行程序性知识的教学?(见二维码)
4. 简述西欧中世纪大学的特征与意义。(见基础篇 P53)

论述题

1. 论述教育与经济、政治的关系。(见基础篇 P158)
2. 论述师生关系的模式和理想的师生关系。(见基础篇 P214)
3. 论述奥苏伯尔提出的机械学习和有意义学习。(见基础篇 P107)

2019年南京师范大学333教育综合真题

选择题

1. "建国君民,教学为先"这句话出自(B)
   A.《论语》　　　B.《学记》　　　C.《孟子》　　　D.《大教学论》
2. 教育史上两大对立学派——传统学派与现代学派的主要代表人物分别是(C)
   A. 凯洛夫和布鲁纳　　B. 洛克和卢梭　　C. 赫尔巴特和杜威　　D. 柏拉图和夸美纽斯
3. 对教育起决定作用的是(C)
   A. 政治制度　　　B. 经济制度　　　C. 生产力　　　D. 领导权
4. 西周教育的特征和标志是(D)
   A. 奴隶主贵族教育　　B. 官师合一　　C. 军事教育　　D. "六艺"
5. 在中国历史上首次提出"性相近,习相远",指出人的天赋素质相近的是(A)
   A. 孔子　　　B. 孟子　　　C. 荀子　　　D. 墨子
6. 朱熹一生编撰了多种书籍,其中成为广大士人和各类学校必读的教科书,影响中国封建社会后期的文化教育长达百年之久的是(C)
   A.《近思录》　　B.《白鹿洞书院揭示》　　C.《四书章句集注》　　D.《朱子语类》
7. 提出谨慎选择教材的问题,强调教育内容应具有教育性,开创了西方后世"教育性教学"先河的是(D)
   A. 柏拉图　　　B. 亚里士多德　　　C. 昆体良　　　D. 苏格拉底
8. 在教育的文化适应性原则中,第一次明确提出了教育必然受到诸多客观的社会条件制约的是(C)
   A. 洪堡　　　B. 费希特　　　C. 第斯多惠　　　D. 康德
9. 耶克斯-多德森定律表明,动机强度与学习效率之间的关系是(C)
   A. 动机越低,学习效率越高　　　　B. 动机越高,学习效率越高
   C. 任务强度不同,其最佳动机强度不同　　D. 任务强度不同,其最佳动机强度相同
10. 方雨认为社会法制应符合社会大众的权益,当它不符合时就应该修改。根据科尔伯格的理论,他处于道德发展的(B)阶段

A. 服从与惩罚　　　　B. 社会契约　　　　C. 维护权威或秩序　　　　D. 普遍伦理

名词解释

1. 班级授课制（见基础篇 P191）
2. 稷下学宫（见基础篇 P4）
3. 福建船政学堂（见二维码）
4. 遗忘原因的同化说（见二维码）

辨析题

1. "教师专业化"就是通过专业化提高教师的社会地位。（见二维码）
2. 恩物是福禄培尔创制的一套供儿童使用的教学用品。（见二维码）
3. 昆体良认为教学是一种双边活动。（见二维码）

简答题

1. 在中小学教学过程中，选择和运用教学方法的依据有哪些？（见基础篇 P198）
2. 请简述当代世界学校教育制度改革与发展的主要趋势。（见基础篇 P171）
3. 简述北宋"三次兴学"的主要内容。（见基础篇 P23）
4. 简述杜威关于教育制度的基本主张。（见基础篇 P83）

论述题

1. 根据党的十九大报告，结合实际谈谈你对"公平而有质量的教育"的看法。（见拔高篇 P375）
2. 结合当前实际，谈谈如何激发学生的学习动机。（见基础篇 P117）

2020年南京师范大学333教育综合真题

选择题

1. (《普通教育学》)是科学化教育学的标志。
2. 个人本位论的代表人物是(卢梭、裴斯泰洛齐、洛克、福禄培尔、康德、萨特等)。
3. 认为教育源于本能的起源论是(生物起源说)。
4. (教学大纲)是指在一定课程理论的指导下，依据培养目标和课程方案，每门学科以纲要的形式编制的有关课程性质与价值、目标与内容、教学实施建议、课程资源开发等方面的纲领性文件。
5. 强调学科结构的人是(布鲁纳)。
6. (先行组织者)是指先于学习任务本身呈现的一种引导性材料，它的抽象、概括和综合水平高于学习任务，并且与认知结构中原有的观念和新的学习任务相关联。
7. 古埃及通常教授书写、计算和有关律令方面的知识的学校是(职官学校)。

名词解释

1. 终身教育（见基础篇 P171）
2. 生活即教育（见二维码）
3. 《儿童的世纪》（见二维码）
4. 人本主义学习理论（见二维码）

辨析题

1. 学生在教学过程中既是认识的客体，又是认识的主体。（见二维码）
2. 骑士教育是一种特殊形式的家庭教育。（见二维码）
3. 公学是英国的一种公立学校。（见二维码）

简答题

1. 简述培养良好师生关系的基本策略。（见基础篇 P215）
2. 简述影响课程改革的主要因素。（见二维码）
3. 简述 1922 年"新学制"中对中等教育的改革举措。（见二维码）
4. 简述文艺复兴时期人文主义教育实践的基本特征。（见基础篇 P55）

论述题

1. 论述在教学过程中应当处理好的几对关系。（见基础篇 P187）
2. 试述建构主义学习理论的基本观点并作出评价。（见基础篇 P111）

2021 年南京师范大学 333 教育综合真题

选择题

（10 个）（缺失）

名词解释

1. 教师专业发展（见基础篇 P209）
2. 学校教育制度（见基础篇 P170）
3. 鸿都门学（见基础篇 P14）
4. 导生制（见基础篇 P57）

辨析题

1. 全面发展和个性发展是对立的。（见二维码）
2. 思维定势会阻碍问题的解决。（见二维码）
3. 卢梭的认知过程包括判断和接纳两个阶段。（见二维码）

简答题

1. 简述生产力发展水平对教育的影响。（见基础篇 P155）
2. 简述当代学制的发展趋势。（见基础篇 P171）
3. 简述杜威教学法的主要内容。（见基础篇 P82）
4. 简述黄炎培职业教育的办学方针。（见基础篇 P42）

论述题

1. 作为研究者，教师开展教育研究有什么意义？（见二维码）
2. 结合实际，论述专业教师和新手教师在课堂教学过程中的差异。（见拔高篇 P281）

2022 年南京师范大学 333 教育综合真题

选择题

1. 我国历史上最早专门论述教育问题的著作是（A）
A.《学记》　　　　B.《礼记》　　　　C.《史记》　　　　D.《左传》

2. 美国心理学家华生曾说:"给我一打健康的婴儿,一个由我支配的特殊的环境,不管他们祖先的状况如何,我可以任意把他们培养成从领袖到小偷等各种类型的人。"这句话反映了(B)的观点

A. 遗传决定论　　　　B. 环境决定论　　　　C. 教师决定论　　　　D. 儿童决定论

3. 我国古代教育内容中的"六艺",欧洲古代教育内容中的"七艺",都属于(A)课程

A. 学科　　　　B. 活动　　　　C. 综合　　　　D. 融合

4. 布鲁纳认为,学习的目的是以(C)的方式,把学科的基本结构转化为认知结构

A. 接受学习　　　　B. 意义学习　　　　C. 发现学习　　　　D. 观察学习

5. 先前学习对后继学习的影响是(C)

A. 正迁移　　　　B. 负迁移　　　　C. 顺向迁移　　　　D. 逆向迁移

6. 人们对自己是否能够成功地从事某一成就行为的主观判断,叫作(A)

A. 自我效能感　　　　B. 自信　　　　C. 自我同一感　　　　D. 自我概念

7. 西周时期,设在王都的小学、大学,总称为(C)

A. 辟雍　　　　B. 泮宫　　　　C. 国学　　　　D. 乡学

8. 唐代地方府州一级的官学类型主要有经学、医学和(B)

A. 律学　　　　B. 崇玄学　　　　C. 书学　　　　D. 算学

9. 梁启超提出中国应从编写儿童教学用书入手,对儿童教育进行改革,其中,教儿童连词成句、连句成篇方法的书是(D)

A. 识字书　　　　B. 门径书　　　　C. 歌诀书　　　　D. 文法书

10. 苏格拉底除教授政治和人生所需要的各种实际知识外,还第一次将(A)列为必须学习的科目

A. 几何　　　　B. 伦理　　　　C. 雄辩术　　　　D. 唱歌

名词解释

1. 学制（见基础篇P170）
2. 虚心涵泳（见二维码）
3. 掌握学习策略（见二维码）
4. 葛雷制（见二维码）

辨析题

1. 文化本身就是一种教育力量。（见二维码）
2. 教师应指导学生将学业的成功和失败归因于个人能力。（见二维码）
3. 贺拉斯·曼将师范教育视为提高公立学校教育质量的重要手段。（见二维码）

简答题

1. 简述如何理解教育的相对独立性。（见基础篇P159）
2. 简述《巴特勒教育法》的主要内容。（见基础篇P58）
3. 简述近代洋务学堂的特点。（见基础篇P29）
4. 简述课程的内涵。（见二维码）

论述题

1. 论述新课程理念指导下有效教学设计如何体现新思维。（见二维码）
2. 如何提高学生的问题解决能力？（见基础篇P132）

2023年南京师范大学333教育综合真题

选择题
（缺失）

名词解释
1. 活动课程（见基础篇 P175）
2. 义务教育（见基础篇 P170）
3. 五经课试法（见二维码）
4. 要素教育论（见二维码）

辨析题
1. 教育对社会发展的促进作用是有限的。（见二维码）
2. 美国初级学院是初等教育向中等教育的过渡。（见二维码）

简答题
1. 如何构建良好的师生关系？（见基础篇 P215）
2. 教育的文化功能。（见基础篇 P157）
3. 促进学习迁移的方法。（见基础篇 P121）
4. 荀子的学习过程。（见二维码）

论述题
1. 教师的角色矛盾和解决方法。（见基础篇 P212）
2. 阐述科尔伯格的道德水平认知发展理论。（见基础篇 P99）

2010年湖南师范大学333教育综合真题

名词解释
1. 学习定势（见基础篇 P130）
2. 替代强化（见二维码）
3. 文纳特卡计划（见二维码）
4. 《国防教育法》（见基础篇 P58）
5. 有教无类（见基础篇 P4）
6. 苏湖教法（见基础篇 P22）

简答题
1. 简述影响人发展的基本要素。（见基础篇 P153）
2. 简述现代教师的基本素养。（见基础篇 P212）
3. 简述教育目的的层次结构和内容结构。（见二维码）
4. 中小学德育工作中存在哪五个方面的问题？（见基础篇 P207）

分析论述题
1. 联系实际，谈谈"动机与学习的关系"对教育的启示。（见基础篇 P114）
2. 论述卢梭的自然主义教育理论及其影响。（见基础篇 P72）
3. 简要论述我国学校教育发展的历史过程与值得借鉴的经验教训。（见二维码）
4. 总之，把丰富复杂、变动不居的课堂教学过程简括为特殊的认识活动，把它从整体的生命活动中抽象、隔离出来，是传统课堂教学观的最根本缺陷。它既忽视了作为独立个体，处于不同状态的教师与学生，在课堂教学过程中的多种需要与潜在能力,又忽视了作为共同活动体的师生群体,在课堂教学活动中多边多重、多种形式的交互作用和创造能力。这是忽视课堂教学过程中人的因素之突出表现。它使课堂教学变得机械、沉闷和程式化,缺乏生气与乐趣,缺乏对智慧的挑战和对好奇心的刺激,使师生的生命力在课堂中得不到充分发挥,进而使教学本身也成为导致学生厌学、教师厌教的因素,连传统课堂教学视为最主要的认识性任务也不可能得到完全和有效地实现。(摘自叶澜的《让课堂焕发出生命活力》一文)

阅读上面的材料,根据你所看到的中小学的教学实际情况,结合所学的教学理论,概括出教学实践活动中存在的一个主要问题,分析其中两个方面的主要原因,并提出解决这一问题的思路和对策。(见二维码)

2011年湖南师范大学333教育综合真题

名词解释

1. 学习迁移(见基础篇 P119)
2. 元认知(见基础篇 P125)
3. 道尔顿制(见基础篇 P86)
4. 四段教学法(见基础篇 P69)
5. 监生历事制(见基础篇 P27)
6. "六艺"(见基础篇 P2)

简答题

1. 简述现代教师的基本素养。(见基础篇 P212)
2. 教学过程中应当处理好哪些基本关系?(见基础篇 P187)

分析论述题

1. 试析奥苏伯尔的有意义学习及其对课堂教学的启示。(见基础篇 P107)
2. 论述夸美纽斯在教育史上的地位。(见基础篇 P71)
3. 简要比较儒墨两家教育思想的异同。(见拔高篇 P225)
4. 材料:有人说,现在的青年是垮掉的一代;有人则说,不!现在的青年是生气勃勃、大有希望的一代。

请说说你的看法,并论述当前德育应该坚持什么样的原则。(见二维码)

5. 材料:2007年,比尔·盖茨毕业了。他在母校毕业典礼上的讲话中这样说道:"人类最伟大的进步并不来自这些发现,而是来自那些有助于减少人类不平等的发现。不管通过何种手段,民主制度、健全的公共教育体系、高质量的医疗保健,还是广泛的经济机会,减少不平等始终是人类最大的成就。"

请针对以上内容,结合当今的社会特点,论述教育所应培养的人才的基本要求。(见拔高篇 P334)

2012年湖南师范大学333教育综合真题

名词解释

1. 科举(见基础篇 P16)
2. 苏湖教法(见基础篇 P22)
3. 导生制(贝尔-兰卡斯特制)(见基础篇 P57)
4. 算法式策略(见二维码)
5. 成就动机(见基础篇 P113)

简答题

1. 简述学校教育在人的发展中的重要作用。(见基础篇 P152)
2. 简述教学过程的基本性质。(见基础篇 P184)

分析论述题

1. 简要评述陈鹤琴"活教育"的目的论。(见基础篇P45)
2. 论述夸美纽斯的自然适应性原则。(见基础篇P70)
3. 试析品德学习的过程及其条件。(见二维码)
4. 试论为什么要树立以人为本的教育观。(见二维码)
5. 有人主张教育回归生活,也有人认为实际生活中鱼龙混杂,教育不应回归生活。结合这些看法,谈谈你对教育与生活问题的看法。(见拔高篇P333)

2013年湖南师范大学333教育综合真题

名词解释

1. 《论语》(见二维码)
2. 中华职业教育社(见二维码)
3. 替代强化(见二维码)
4. 终身教育思潮(见二维码)
5. 道尔顿制(见基础篇P86)

简答题

1. 简述学生掌握知识的基本阶段。(见二维码)
2. 试述现代教育的基本特点。(见基础篇P148)

分析论述题

1. 教学过程的性质决定教学特点,请论述教学的特点。(见二维码)
2. 运用教育心理学的相关理论知识,谈谈在现实教育中应该如何对待奖励。(见二维码)
3. 材料大意:讲一位出色的科学家放弃现有的工作,成为一名教师,他的导师对此感到可惜。请从教师专业的角度谈谈对这一案例的看法。(见拔高篇P355)
4. 试述19世纪末20世纪初期欧美教育运动的异同点。(见拔高篇P238)
5. 谈谈洋务运动中的教育革新。(见二维码)

2014年湖南师范大学333教育综合真题

名词解释

1. 中学为体,西学为用(见基础篇P29)
2. 附属内驱力(见二维码)
3. 顺向迁移(见二维码)
4. 《理想国》(见基础篇P47)
5. 三舍法(见基础篇P22)
6. 终身教育(见基础篇P171)

简答题

1. 简述学校教育产生的条件。(见二维码)
2. 普通教育学的任务分为理论建设和实践应用两部分。试说明理论建设的任务(原则和要求)。(见二维码)

分析论述题

1. 论述职业教育的"三大要旨"及其对当今职业教育的借鉴意义。(见基础篇P42)

2. 论述要素主义流派的主要观点。(见基础篇 P88)
3. 论述教学过程的特点及学生掌握知识的基本阶段。(见二维码)

案例分析题

1. 材料大意:某学生模仿动画片《喜羊羊与灰太狼》中的片段,做"绑架烤羊"游戏,结果烤羊烧伤玩伴。这属于班杜拉的观察学习。

请问从班杜拉的学习理论出发,怎样消除以上案例中的不良影响? (见拔高篇 P292)

2. 材料大意:某研究生为了摆脱父母的控制,去超市偷东西并留下了地址,在无人来找后自己主动去警察局自首,被罚款两千和拘留十五天。

试用有关学生成长的教育理论对此案例进行分析。(见二维码)

2015 年湖南师范大学 333 教育综合真题

名词解释

1. 分斋教学(见基础篇 P22)
2. 生活教育(见基础篇 P41)
3. 品德(见基础篇 P136)
4. 美德即知识(见二维码)
5. 教学(见基础篇 P183)
6. 功能固着(见基础篇 P130)

简答题

1. 在现代,和学校教育、家庭教育一样,社会教育也发展了起来,社会教育迅速发展起来的原因有哪些? (见拔高篇 P407)
2. 简述文化对教育的作用。(见基础篇 P158)

分析论述题

1. 论述儒家和墨家教育思想的异同。(见拔高篇 P225)
2. 论述卢梭的自然主义教育理论。(见基础篇 P72)
3. 制定德育目标的主要依据是什么?我国中小学德育目标的要求主要体现在哪些方面? (见二维码)

材料题

1. 材料:有人认为,高智商会有高创造力,有高创造力的一定是智商高的人。

试从创造力和智商的关系来分析此观点。(见二维码)

2. 材料大意:国家文件中规定,在县区内学校间实行校长和教师的轮岗制度。

结合材料,谈谈教师轮岗制度对教师成长和教育质量提高的影响。(见二维码)

2016 年湖南师范大学 333 教育综合真题

名词解释

1. 自我效能感(见基础篇 P113)
2. 上位学习(见二维码)
3. "从做中学"(见二维码)
4. 《教育漫话》(见基础篇 P63)
5. "活教育"(见基础篇 P42)
6. 《大学》(见基础篇 P4)

简答题

1. 简述黄炎培职业教育的主要思想及其对现代教育的启示。（见基础篇 P42）
2. 简述墨家教育思想及其借鉴意义。（见基础篇 P11）
3. 谈谈你对苏格拉底"美德即知识"的理解。（见二维码）
4. 简述裴斯泰洛齐"教育心理学化"理论的主要内容及影响。（见基础篇 P74）

分析论述题

1. 试分析错误的观念及其对教学的启示。（见二维码）
2. 教育学理论建设的任务不是逻辑推理和思辨的科学，应该是怎么样的？如何根据教育学研究原则构建教育学逻辑体系？（见二维码）
3. 论述学校教育在人的身心发展中的特殊作用。根据教育改革，如何发挥学校教育的特殊作用？（见基础篇 P152）
4. 材料大意：BBC 纪录片《我们的孩子足够坚强吗》。

2009 年、2012 年的国际学生评估计划（PISA）测试结果显示，代表中国大陆参加的上海市中学生在数学、阅读和科学成绩上均位列第一，远优于英国。这一教育实验在于探索中国教育方法是不是培养人才的最佳模式。

BBC 纪录片《我们的孩子足够坚强吗？中式学校》又名《中国教师大战英国熊孩子》，讲述的是一个在英国学校进行的教育实验，5 名中国教师在英国博亨特学校对 50 名九年级学生进行四周中国式教学。实验中，50 名学生被要求早上 7 点到校，在校 12 小时，还要经历大班教学（50 个人）、穿统一校服、晚自习、升旗、早操、眼保健操等中国学生熟悉的东西。其间，不少英国学生对中国教师的部分教育形式有些负面情绪，但也有一些为英国学生所喜爱。不同的学生也有不一样的看法。而提到英国的孩子，片中的魏照老师认为，他们散漫，"他们（英国的孩子）将来即使不工作也能拿到钱，他们根本不担心生活，但在中国，每个学生都知道，只有努力学习、勤奋工作，将来才能赚钱养家。"魏老师还表示："如果英国政府削减福利，很快他们就会看到情况大不同。"

（1）中国和英国的基础教育都应该注意什么？
（2）这场教学比赛是一般的教学竞赛吗？请评价教学竞赛。
（3）中英教育应如何互相学习？（见拔高篇 P422）

2017 年湖南师范大学 333 教育综合真题

名词解释

1. 庶、富、教（见二维码）
2. 《理想国》（见基础篇 P47）
3. 元认知（见基础篇 P125）
4. 顺向迁移（见二维码）
5. "五育"并举（见基础篇 P34）
6. 道尔顿制（见基础篇 P86）

简答题

1. 简述朱子读书法。（见基础篇 P26）
2. 简述人文主义教育的特征。（见基础篇 P55）
3. 按教育机构划分，教育分为哪几种？（见二维码）
4. 根据教育研究对象和任务，谈谈为什么必须对教育问题进行研究。（见二维码）

分析论述题

1. 结合实际论述教师职业的本质和特点。（见基础篇 P210）

2. 简述晏阳初的"四大教育"和"三大方式"。(见基础篇 P43)
3. 试述夸美纽斯对历史的贡献。(见基础篇 P71)
4. 试述学习动机对学习效果的影响。(见基础篇 P114)

材料题

材料:班集体中做游戏,有红花和绿叶两个角色,一个孩子演绿叶,爸爸无所谓,姥姥却想让孩子演红花,孩子也不愿演红花。(材料大意,回忆版)

(1) 根据材料,你怎么看待红花和绿叶?
(2) 教师应该如何解决红花和绿叶这个问题?
(3) 如何与家长沟通? (见拔高篇 P369)

2018 年湖南师范大学 333 教育综合真题

名词解释

1. 恩物(见基础篇 P69)
2. 实科中学(见基础篇 P57)
3. 教学做合一(见基础篇 P41)
4. 学在官府(见基础篇 P2)
5. 功能固着(见基础篇 P130)
6. 概念同化(见基础篇 P94)

简答题

1. 简述《中庸》的学习过程和学习内容。(见基础篇 P12)
2. 简述裴斯泰洛齐的要素教育思想。(见基础篇 P74)
3. 简述梁漱溟的乡农学校教学原则和教学内容。(见基础篇 P44)
4. 简述1870年英国《初等教育法》的基本内容。(见二维码)

分析论述题

维果茨基的"最近发展区"在教学中应该如何发挥作用? (见基础篇 P97)

案例分析题

1. 材料:教师在家长群发布消息,请学生家长代办打印材料或者打扫教室,有些家长争着抢着做,而有些家长觉得这是学校的事。

家庭教育的含义是什么?家庭教育应如何配合学校教育? (见拔高篇 P405)

2. 班主任权威是什么?班主任应该如何对待告密的学生? (材料缺失)(见二维码)

3. 材料:人大附中教授、某中学教师、某师范大学教授、某教师四人就公平教育展开讨论。人大附中教授认为教育公平就是给孩子施加过多丰富的教育;某中学教师认为给孩子施加过多教育本身就是不公平;某师范大学教授认为公平教育是要每个孩子个性发展;某教师也认为要发展学生的个性。

同样是教育公平的问题,人大附中教授与师范大学教授争论的原因是什么?你认为什么是教育公平? (见拔高篇 P375)

4. 北京市政府发布不允许在幼儿园里教儿童拼音和汉字,也不允许教儿童20以上的加减乘除。请你评价其做法。(见拔高篇 P324)

2019年湖南师范大学333教育综合真题

名词解释

1. 监生历事制度（见基础篇 P27）
2. 中世纪大学（见基础篇 P53）
3. 化农民和农民化（见二维码）
4. 绅士教育（见基础篇 P63）
5. 上位学习（见二维码）
6. 成就动机（见基础篇 P113）

简答题

1. 简述《学记》的教学原则。（见基础篇 P12）
2. 简述杜威的教育目的观。（见基础篇 P80）
3. 简述斯宾塞的生活准备说。（见二维码）
4. 简述蔡元培改革北大的内容。（见基础篇 P35）

分析论述题

1. 班集体是什么？如何培养班集体？（见基础篇 P217）
2. 试述人的发展的规律，并就此论述如何进行教育。（见基础篇 P149）
3. 材料：一个学生打架，原因是见义勇为。老师弄清楚是其他人欺负弱小的原因后，肯定了他的关爱之心。同时告诫他通过打架解决问题是不对的，希望这个学生可以将正义和爱心以合理的方式呈现，并与自己的学习联系起来。
   (1) 该材料中的老师贯彻了什么德育原则？
   (2) 试述该德育原则的实施要求。（见二维码）
4. 学习策略教学过程中，应遵循的要求与原则有哪些？（见二维码）

2020年湖南师范大学333教育综合真题

名词解释

1. 《劝学篇》（见基础篇 P29）
2. "六艺"（见基础篇 P2）
3. 苏格拉底法（见基础篇 P47）
4. 《国家处在危险之中：教育改革势在必行》（见二维码）
5. 资源管理策略（见基础篇 P125）
6. 错误概念（见二维码）

简答题

1. 简述孔子的教学原则。（见基础篇 P7）
2. 简述我国20世纪二三十年代的教育思潮。（见基础篇 P39）
3. 简述夸美纽斯的泛智理论。（见基础篇 P70）
4. 简述《1944年教育法》。（见基础篇 P58）

分析论述题

1. 试论述人的发展的特点及其对教育的启示。（见基础篇 P149）
2. 试论述直接经验和间接经验的关系。（见基础篇 P185）
3. 试论述教师和人工智能的关系。（见拔高篇 P312）
4. 材料：实验结果为一组有奖励，不继续学习；一组无奖励，继续学习。（材料大意，回忆版）
   (1) 试分析其原因。
   (2) 谈谈在教学中如何运用奖励。（见拔高篇 P297）

2021 年湖南师范大学 333 教育综合真题

名词解释

1. 期会(见二维码)
2. 积分法(见二维码)
3. 《理想国》(见基础篇 P47)
4. 新教育运动(见基础篇 P85)
5. 期望—价值理论(见基础篇 P113)
6. 有意义学习(见基础篇 P104)

简答题

1. 简述荀子的学习过程。(见二维码)
2. 简述陶行知的"六大解放"内容。(见二维码)
3. 简述福禄培尔的地位。(见基础篇 P78)
4. 简述英国的《1988 年教育改革法》。(见基础篇 P59)

论述题

1. 论述传递—接受学习的基本阶段。(见二维码)
2. 论述情境陶冶法的基本内涵和运用要求。(见二维码)
3. 材料:化学老师自制唇膏送给学生。(材料大意,回忆版)
   谈谈新时代下教师需要具备的素质。(见二维码)
4. 论述建构主义学习观。(见基础篇 P111)

2022 年湖南师范大学 333 教育综合真题

名词解释

1. 锁院制(见二维码)
2. 《费舍教育法》(见二维码)
3. 京师大学堂(见基础篇 P32)
4. 泛爱主义教育(见二维码)
5. 先行组织者(见基础篇 P104)
6. 酝酿效应(见二维码)

简答题

1. 简述彼得一世的教育改革。(见二维码)
2. 简述黄宗羲的"公其非是于学校"。(见二维码)

论述题

1. 论述马克思主义"教育与生产劳动相结合""生产劳动与教育相结合"各自的目的和内涵。(见二维码)
2. 材料:五千年的华夏文明,孕育了优秀的传统文化,传统节日是文化传播和传承的重要载体,承载了厚重的文化内涵,借助这些传统节日开展主题教育系列活动,是滋养学生内心很好的平台。其学校清明节期间,号召学生向先烈学习;端午节期间,该校通过主题班会,让学生们了解节日的来历和风格,另外还分年级开展活动,给社区老人带去温情;中秋节期间,该校组织各班开展了"月到中秋"活动;刚刚过去的重阳节,该校倡导学生爱老敬老,学校统一召开了主题班会,分年级开展家庭实践活动。学生们吟唱着歌谣,给亲人捶背、洗脚。(原始材料缺失,凯程新编类似的材料)
   (1) 该学校主要遵循了哪一种德育规律?
   (2) 结合材料论述遵循该德育规律的基本要求。(见二维码)
3. 论述孔子的"不愤不启,不悱不发"方法及其在教学中的应用。(见拔高篇 P262)

4. 论述教学评价的改革。(见基础篇 P200)
5. 如何处理关注目标与关注价值的关系？(见拔高篇 P313)

2023年湖南师范大学333教育综合真题

名词解释

1. 稷下学宫(见基础篇 P4)
2. 1922年"新学制"(见基础篇 P34)
3. 昆体良(见二维码)
4. 新行为主义教育(见二维码)
5. 学习迁移(见基础篇 P119)
6. 晶体智力(见基础篇 P129)

简答题

1. 宋代文教政策。(见二维码)
2. 晏阳初的教育思想。(见基础篇 P43)
3. 阿拉伯帝国的教育特点及影响。(见二维码)
4. 简述凯洛夫的教育思想。(见二维码)

论述题

1. 现代社会教育的特征。(见二维码)
2. 教育对社会主义现代化建设的作用。(见二维码)
3. 分析新课程方案和新课程标准强调核心素养导向的时代背景并阐明教学目标指向从"双基"走向"三维目标""核心素养"的意义。(见拔高篇 P340)
4. 根据学生动作技能的心理规律，论述动作技能的培养过程和方法。(见二维码)

2011年华南师范大学333教育综合真题

名词解释

1. 广义的教育(见基础篇 P145)
2. 教学(见基础篇 P183)
3. 经典性条件反射(见二维码)
4. 多元智力理论(见基础篇 P129)
5. 教育制度(见基础篇 P170)
6. 校长负责制(见基础篇 P219)

简答题

1. 简述我国教育目的的基本精神。(见基础篇 P166)
2. 简述孔子"有教无类"思想的价值。(见基础篇 P6)
3. 教学过程中有哪些原则？(见基础篇 P197)
4. 简述斯巴达教育的特点。(见基础篇 P48)

论述题

1. 论述教育的社会流动功能及其意义。(见基础篇 P159)
2. 论述"中体西用"的历史意义和局限性。(见基础篇 P30)
3. 论述杜威教育思想的影响。(见基础篇 P83)
4. 如何培养和激发学习动机？(见基础篇 P117)

2012年华南师范大学333教育综合真题

名词解释
1. 学校管理（见基础篇 P219）
2. 学校教育（见基础篇 P145）
3. 心理发展（见基础篇 P94）
4. 人的发展（见基础篇 P149）
5. 课程（见基础篇 P174）
6. 学习动机（见基础篇 P113）

简答题
1. 简述教师劳动的特点。（见基础篇 P210）
2. 简述教育的社会制约性。（见基础篇 P157）
3. 简述人文主义教育的特征。（见基础篇 P55）
4. 简述科举制度的影响。（见基础篇 P17）

论述题
1. 论述中国古代书院的特点。（见基础篇 P24）
2. 论述赫尔巴特的道德教育理论。（见基础篇 P76）
3. 分析学生品德不良的成因。（见基础篇 P138）
4. 如何推进"依法治校"的工作？（见二维码）

2013年华南师范大学333教育综合真题

名词解释
1. 受教育者（见基础篇 P146）
2. 教学方法（见基础篇 P191）
3. 道德教育（见基础篇 P201）
4. 学习策略（见基础篇 P124）
5. 心理健康（见基础篇 P140）
6. 教育目的（见基础篇 P163）

简答题
1. 简述现代教育的特点。（见基础篇 P148）
2. 简述长善救失原则及其要求。（见基础篇 P204）
3. 简述蔡元培的教育独立思想。（见基础篇 P35）
4. 简述基督教教育的特点。（见二维码）

论述题
1. 论述我国基础教育课程改革的目标。（见基础篇 P181）
2. 论述陶行知的"生活教育"理论体系。（见基础篇 P44）
3. 论述《国家处在危险之中：教育改革势在必行》的改革建议。（见基础篇 P61）
4. 论述人格和行为的性别差异。（见二维码）

2014年华南师范大学333教育综合真题

名词解释

1. 设计教学法(见基础篇 P86)
2. 人的全面发展(见基础篇 P164)
3. 教育制度(见基础篇 P170)
4. 贝尔-兰卡斯特制(见基础篇 P57)
5. 心理健康(见基础篇 P140)
6. 社会规范学习(见基础篇 P136)

简答题

1. 简述德育的教育影响一致性和连贯性原则及要求。(见基础篇 P205)
2. 简述"朱子读书法"的主要内容。(见基础篇 P26)
3. 简述奥苏伯尔关于有意义学习的实质和条件的主要观点。(见基础篇 P107)
4. 简述创造性的心理结构。(见基础篇 P134)

论述题

1. 试述教育的相对独立性原理的基本内容,并在此基础上对"教育的发展应先于经济的发展"("教育先行")的观点进行分析。(见基础篇 P159、160)
2. 试述学校教育的特征及其在人的身心发展中的作用。(见基础篇 P152)
3. 试比较杜威与赫尔巴特的教学过程理论。(见拔高篇 P236)
4. 试述科举制的影响。(见基础篇 P17)

2015年华南师范大学333教育综合真题

名词解释

1. 广义的教育(见基础篇 P145)
2. 德育(见基础篇 P201)
3. 教育目的(见基础篇 P163)
4. 学校管理(见基础篇 P219)
5. 心理发展(见基础篇 P94)
6. 品德不良(见基础篇 P136)

简答题

1. 简述教育在我国社会主义建设中的地位和作用。(见二维码)
2. 简述教学工作的基本环节。(见基础篇 P187)
3. 简述孔子教育思想的历史影响。(见基础篇 P9)
4. 简述卢梭的自然教育理论。(见基础篇 P72)

论述题

1. 论述培养和提高教师素养的主要途径。(见基础篇 P212)
2. 论述张之洞"中体西用"思想的历史作用和局限性。(见基础篇 P30)
3. 论述基督教教育的特点。(见二维码)
4. 论述影响学习动机的因素。(见基础篇 P117)

2016年华南师范大学333教育综合真题

名词解释

1. 广义的教育（见基础篇 P145）
2. 学习动机（见基础篇 P113）
3. 德育（见基础篇 P201）
4. 教学（见基础篇 P183）
5. 教育目的（见基础篇 P163）
6. 知识（见基础篇 P119）

简答题

1. 简述现代教育的特点。（见基础篇 P148）
2. 简述科举制的影响。（见基础篇 P17）
3. 简述班主任的素质要求。（见基础篇 P216）
4. 简述洛克的白板说。（见二维码）

论述题

1. 论述教学过程中要处理的几种关系。（见基础篇 P187）
2. 论述杜威思想的影响。（见基础篇 P83）
3. 论述陶行知的生活教育体系。（见基础篇 P44）
4. 论述心理健康教育的目标与内容。（见二维码）

2017年华南师范大学333教育综合真题

名词解释

1. 狭义的教育（见基础篇 P145）
2. 知识（见基础篇 P119）
3. 教科书（见基础篇 P174）
4. 学习动机（见基础篇 P113）
5. 教育目的（见基础篇 P163）
6. 德育（见基础篇 P201）

简答题

1. 简述影响人的发展的基本因素。（见基础篇 P153）
2. 简述孔子的教学方法。（见基础篇 P7）
3. 简述卢梭的自然教育理论。（见基础篇 P72）
4. 简述教师劳动的特点。（见基础篇 P210）

论述题

1. 论述马克思和恩格斯的教育思想。（见二维码）
2. 论述品德不良的成因及其纠正方法。（见基础篇 P138）
3. 论述教学工作的基本环节。（见基础篇 P187）
4. 论述蔡元培的教育实践和教育思想。（见基础篇 P36）

2018年华南师范大学333教育综合真题

名词解释

1. 广义的教育（见基础篇 P145）
2. 教学（见基础篇 P183）
3. 德育（见基础篇 P201）
4. 学校管理（见基础篇 P219）
5. 心理发展（见基础篇 P94）
6. 品德不良（见基础篇 P136）

简答题

1. 简述生产力对教育的制约。（见基础篇 P155）
2. 简述教师的义务。（见基础篇 P210）
3. 简述科举制度的影响。（见基础篇 P17）
4. 简述苏格拉底的教育思想。（见二维码）

论述题

1. 论述班主任工作的主要内容。（见基础篇 P216）
2. 论述"中体西用"思想的历史作用和局限性。（见基础篇 P30）
3. 论述杜威的教育思想。（见基础篇 P83）
4. 论述影响学习动机的因素。（见基础篇 P117）

2019年华南师范大学333教育综合真题

名词解释

1. 学校教育制度（见基础篇 P170）
2. 课程（见基础篇 P174）
3. 教学评价（见基础篇 P193）
4. 校长负责制（见基础篇 P219）
5. 创造性（见基础篇 P130）
6. 自我效能感（见基础篇 P113）

简答题

1. 简述我国教育目的的精神。（见基础篇 P166）
2. 简述教师的素养。（见基础篇 P212）
3. 简述法家的教育思想。（见二维码）
4. 简述明治维新教育改革。（见基础篇 P62）

论述题

1. 论述教育的社会流动功能及其重要意义。（见基础篇 P159）
2. 论述梁漱溟的乡村教育建设理论。（见基础篇 P44）
3. 论述现代人文主义教育思潮。（见基础篇 P91）
4. 论述社会规范学习的心理过程。（见基础篇 P136）

2020年华南师范大学333教育综合真题

名词解释
1. 教育者（见基础篇 P146）
2. 科教兴国（见二维码）
3. 活动课程（见基础篇 P175）
4. 班级授课制（见基础篇 P191）
5. 有意义学习（见基础篇 P104）
6. 记忆（见二维码）

简答题
1. 简述"五育"之间的相互关系。（见基础篇 P167）
2. 简述教师主导作用和学生主体作用的关系。（见基础篇 P186）
3. 简述梁启超的教育思想。（见二维码）
4. 简述《国防教育法》。（见二维码）

论述题
1. 论述培养和提高教师素养的主要途径。（见基础篇 P212）
2. 论述朱子读书法的内容和意义。（见基础篇 P26）
3. 论述苏格拉底法的内容和意义。（见基础篇 P48）
4. 论述科尔伯格的道德发展阶段理论。（见基础篇 P99）

2021年华南师范大学333教育综合真题

名词解释
1. 教育学（见基础篇 P142）
2. 研究法（见二维码）
3. 活动课程（见基础篇 P175）
4. 长善救失（见基础篇 P202）
5. 心智技能（见基础篇 P122）
6. 最近发展区（见基础篇 P95）

简答题
1. 简述教育目的的层次结构和内容结构。（见二维码）
2. 简述教学评价的原则和方法。（见基础篇 P199）
3. 简述稷下学宫的办学特点。（见基础篇 P6）
4. 简述加尔文教育思想的特点。（见二维码）

论述题
1. 论述我国现行学校教育制度的演变。（见二维码）
2. 论述杨贤江的"全人生指导"教育理论。（见基础篇 P42）
3. 论述赞科夫的发展性教学理论。（见基础篇 P66）
4. 论述加涅的学习阶段及教学设计理论。（见基础篇 P108）

2022年华南师范大学333教育综合真题

名词解释

1. 教育规律（见基础篇 P142）
2. 教育制度（见基础篇 P170）
3. 教学（见基础篇 P183）
4. 陶冶（见基础篇 P202）
5. 人格（见二维码）
6. 迁移（见基础篇 P119）

简答题

1. 简述教育的社会流动功能及其对当代的重要性。（见基础篇 P159）
2. 简述非正式群体的特点。（见二维码）
3. 简述科举制和学校教育的关系。（见基础篇 P19）
4. 简述有机教育学校的思想。（见二维码）

论述题

1. 论述学校管理的发展趋势。（见基础篇 P219）
2. 论述陶行知的生活教育思想体系。（见基础篇 P44）
3. 论述结构主义教育思潮。（见基础篇 P90）
4. 论述有效解决问题者的特征。（见二维码）

2023年华南师范大学333教育综合真题

名词解释

1. 元认知策略（见基础篇 P125）
2. 形成性评价（见基础篇 P193）
3. 受教育者（见基础篇 P146）
4. 课程标准（见基础篇 P174）
5. 学制（见基础篇 P170）
6. 先行组织者（见基础篇 P104）

简答题

1. 简述中世纪城市学校。（见二维码）
2. 2021年最新教育方针表述。（见二维码）
3. "六艺"教育内容。（见基础篇 P2）
4. 直观性教学原则。（见二维码）

论述题

1. 书院教育的特点。（见基础篇 P24）
2. 道德行为的形成及其培养途径。（见二维码）
3. 教师的权利与义务。（见基础篇 P210）
4. 洛克的绅士教育。（见基础篇 P64）

2010年首都师范大学333教育综合真题

名词解释
1. 教育（见基础篇P145）
2. 苏格拉底方法（见基础篇P47）
3. 心理发展（见基础篇P94）
4. 1922年"新学制"（见基础篇P34）
5. 《1944年教育法》（见二维码）

简答题
1. 简述创造性的心理结构及培养途径。（见基础篇P134）
2. 简述教学的任务和过程。（见基础篇P184）
3. 简述新课程改革的基本内容与特点。（见基础篇P181）
4. 简述德育的内容与过程。（见二维码）

论述题
1. 试论述教师素养的构成、教师专业发展的过程及途径。（见基础篇P212）
2. 试评述孔子的教育实践与思想。（见基础篇P9）
3. 试评述建构主义学习理论。（见基础篇P111）
4. 试评述杜威的教育实践与思想。（见基础篇P83）

2011年首都师范大学333教育综合真题

名词解释
1. 义务教育（见基础篇P170）
2. 国家课程（见二维码）
3. 最近发展区（见基础篇P95）
4. 学习策略（见基础篇P124）
5. 真实验设计（见二维码）
6. 测验（见二维码）

简答题
1. 简述赫尔巴特在世界教育学史上的学术贡献。（见基础篇P78）
2. 简述教育研究范式的发展历程。（见二维码）
3. 如何理解教育行动研究？（见二维码）
4. 简述教师个体专业发展的基本内涵。（见二维码）

论述题
1. 试论学生评价的类型及其教育作用。（见二维码）
2. 试论我国现代学制的演变。（见二维码）
3. 试论科尔伯格的道德发展阶段理论及其教育应用。（见基础篇P99）
4. 试论确立教育目的的价值取向时需要考虑的主要问题。（见基础篇P164）

2012年首都师范大学333教育综合真题

名词解释
1. 教师期待效应（见基础篇 P209）
2. 社会规范学习（见基础篇 P136）

简答题
1. 简述教学设计的基本内容与方法。（见基础篇 P188）
2. 简述奥苏伯尔关于学习性质与特点分类的基本观点。（见基础篇 P107）
3. 简述教育研究的基本过程。（见二维码）
4. 简述当代教师素养的构成。（见基础篇 P212）

论述题
1. 论述学习动机的培养与激发。（见基础篇 P117）
2. 论述教育行动研究的特点与意义。（见二维码）
3. 论述学生评价理论与实践的当代走向。（见二维码）
4. 论述教育的个体功能与社会功能的关系。（见基础篇 P160）

2013年首都师范大学333教育综合真题

名词解释
1. 实验教育学（见基础篇 P142）
2. 课程标准（见基础篇 P174）
3. 诊断性评价（见基础篇 P192）
4. 有意义学习（见基础篇 P104）
5. 标准参照测验（见二维码）
6. 终身教育（见基础篇 P171）

简答题
1. 简述教学设计的基本特征。（见基础篇 P188）
2. 简述班级组织的特点。（见二维码）
3. 简述实验研究的特点。（见二维码）
4. 简述当代建构主义的学习观。（见基础篇 P111）

论述题
1. 论述质性研究对教育的实践意义与影响。（见二维码）
2. 论述中学生的学校生活对其成长的作用。（见二维码）
3. 论述皮亚杰的道德认知发展理论对学前教育与课程的启示。（见二维码）
4. 试论教师的专业及教师专业发展的现实。（见基础篇 P213）

2014年首都师范大学333教育综合真题

名词解释
1. 学校教育制度（见基础篇 P170）
2. 隐性教育功能（见二维码）

3. 国家课程 (见二维码)
5. 学习动机 (见基础篇 P113)
4. 教学 (见基础篇 P183)
6. 常模参照测验 (见二维码)

简答题

1. 简述杜威实用主义教育学的基本观点。(见基础篇 P83)
2. 简述教师个体专业性发展的基本内容。(见二维码)
3. 简述元认知与学习策略的关系。(见拔高篇 P279)
4. 简述教育行动研究的基本特征。(见二维码)

论述题

1. 试论学校教育对学生人文精神的培养。(见二维码)
2. 试论移情的内涵及作用。(见二维码)
3. 试论访谈法的适用情形。(见二维码)
4. 试论教师的职业形象及其实现。(见基础篇 P211、212)

2015 年首都师范大学 333 教育综合真题

名词解释

1. 教育 (见基础篇 P145)
3. 智育 (见二维码)
5. 隐性知识 (见二维码)
2. 价值性教育目的 (见二维码)
4. 班级组织 (见二维码)
6. 操作定义 (见二维码)

简答题

1. 简述实验教育学的基本观点。(见二维码)
2. 简述学生评价的功能。(见二维码)
3. 简述创造性思维的特点。(见基础篇 P133)
4. 简述质性研究中的情境分析。(见二维码)

论述题

1. 试论校本课程的开发。(见基础篇 P179)
2. 试论奥苏伯尔接受学习的特点和性质。(见二维码)
3. 试论问卷形成中测验题目的设计原则。(见二维码)
4. 试论教育的个体谋生和享用功能。(见二维码)

2016 年首都师范大学 333 教育综合真题

名词解释

1. 制度化教育 (见二维码)
3. 学习动机 (见基础篇 P113)
5. 师生关系 (见基础篇 P209)
2. 测验 (见二维码)
4. 教学设计 (见基础篇 P183)
6. 显性教育功能 (见二维码)

简答题

1. 简述教师职业的基本特征。(见基础篇 P210)
2. 简述访谈法的基本特征。(见二维码)
3. 简述皮亚杰的道德认知发展理论。(见二维码)

论述题

1. 论述解释型教育实验研究。(见二维码)
2. 论述教育学的价值。(见基础篇 P143)
3. 论述书本知识的学习对学生生活经验的意义。(见二维码)

材料分析题

材料:教育部《中小学生守则(2015年修订)》

一、爱党爱国爱人民。了解党史国情,珍视国家荣誉,热爱祖国,热爱人民,热爱中国共产党。
二、好学多问肯钻研。上课专心听讲,积极发表见解,乐于科学探索,养成阅读习惯。
三、勤劳笃行乐奉献。自己事自己做,主动分担家务,参与劳动实践,热心志愿服务。
四、明礼守法讲美德。遵守国法校纪,自觉礼让排队,保持公共卫生,爱护公共财物。
五、孝亲尊师善待人。孝父母敬师长,爱集体助同学,虚心接受批评,学会合作共处。
六、诚实守信有担当。保持言行一致,不说谎不作弊,借东西及时还,做到知错就改。
七、自强自律健身心。坚持锻炼身体,乐观开朗向上,不吸烟不喝酒,文明绿色上网。
八、珍爱生命保安全。红灯停绿灯行,防溺水不玩火,会自护懂求救,坚决远离毒品。
九、勤俭节约护家园。不比吃喝穿戴,爱惜花草树木,节粮节水节电,低碳环保生活。

(1) 对《守则》内容进行总结与评价并分析其意义。
(2) 对其中一条作深刻分析,谈谈若你是一名中学老师,该如何引导学生做到这一条。(见拔高篇 P418)

2017年首都师范大学333教育综合真题

名词解释

1. 教育目的(见基础篇 P163)
2. 义务教育(见基础篇 P170)
3. 教学策略(见基础篇 P192)
4. 教师的专业素质(见二维码)
5. 测量(见二维码)
6. 品德(见基础篇 P136)

简答题

1. 简述教学设计的依据。(见基础篇 P188)
2. 简述在文献索引中研读文献的基本思路。(见二维码)
3. 简述创造性思维的特点。(见基础篇 P133)

论述题

1. 结合实际谈谈日常教育经验的局限,并举例说明如何超越其局限。(见二维码)
2. 请结合一个具体案例说明主题班会的教育价值。(见二维码)

材料分析题

材料：据光明日报教育周刊报道，2015年中国从事在线教育的企业有2400～2500家，拥有数十万门在线教育课程，用户达近亿人次，在人们感受到互联网的巨大力量的同时，每一个教育当事人都意识到，如何与互联网相处正成为教育不得不直面的现实问题，已有的学校、教育机构和管理部门如何应对互联网也成为决定其自身未来状态的关键。

请仔细阅读上述材料，并回答以下问题。

(1) 在"互联网+教育"的思维下，国内近些年出现了大量的互联网教育课程，试分析这类课程对未成年人的影响。

(2) 置身于互联网时代，谈谈自己未来作为教师的应对之策。（见拔高篇P409）

2018年首都师范大学333教育综合真题

名词解释

1. 学习（见基础篇P103）
2. 教育要素（见基础篇P146）
3. 无关变量（见二维码）

简答题

1. 简述皮亚杰的认知阶段论。（见基础篇P95）
2. 简述观察法的特征。（见二维码）

论述题

1. 结合一个具体案例，论述良好的师生关系有助于提升学生学习兴趣与学习成绩。（见拔高篇P362）
2. 论述同辈群体生活对学生成长的影响。（见二维码）
3. 根据当代中学生发展的特征，论述如果你是一名教师，你将如何教育现在的中学生。（见二维码）

材料分析题

材料：人工智能的研究近年来一直迅猛发展，不久前柯洁与谷歌AlphaGo的世纪围棋大战余温未散，现在就有机器人开始做高考题啦。据媒体报道，2017年6月7日，高考数学散场后，北京的人工智能机器人Aidam就对2017年北京高考数学试卷发起了挑战。并且Aidam不是独自战斗，它有对手，它的对手是往年的6名理科高考状元。Aidam最终用9分47秒取得了134分的成绩，只比6状元的平均分少一分。

对于高考人机大战的结果，该人工智能的研究者表示，Aidam输赢的结果其实并不重要。"我只是希望通过这样的PK，让教育界了解到人工智能在教育领域的应用已经发展到了什么程度。人工智能已经可以像人一样思考知识点，一步一步输出过程和答案。"

请结合上述材料，回答以下两个问题：

(1) 在人工智能兴起的背景下，有网友提出这样的质疑：既然人工智能都能做高考数学题，不仅速度快，而且准确率高，那么其实我们就没必要再让中小学生学习语文、英语、数学等其他各门学科了。针对网友这一观点，请作出你的评价和分析。

(2) 还有网友指出：随着人工智能时代的到来，教师的工作将会被取代。针对网友这一观点，请作出你的评价与分析。（见拔高篇P412）

2019年首都师范大学333教育综合真题

名词解释

1. 教材（见基础篇 P174）
2. 程序性知识（见基础篇 P119）
3. 发现学习（见基础篇 P104）
4. 实验研究（见二维码）
5. 访谈（见二维码）
6. 校本课程（见基础篇 P175）

简答题

1. 请结合实际，阐述学习动机的内涵及其与学习效果的关系。（见基础篇 P114）
2. 简述信息技术及其教育特征。（见二维码）
3. 阐述教育行动研究的程序。（见二维码）

论述题

1. 论述现代教学观的转变。（见二维码）
2. 请结合马克思主义关于人的全面发展学说，谈谈我国教育目的中各育的关系。（见基础篇 P167）
3. 如何培养我国学生的良好品德？（见基础篇 P137）

材料分析题

材料：《人民教育》2017年第7期以"家校共育的3.0版"为题，报道了临沂九中的教育探索经验，指出：

1.0版家长会：家长集合，校长讲话，班主任训话，家长回家想吵架……

2.0版家长会：家长集合，优秀家长谈一谈，专家上台传授经验，学校发表格征求家长意见……

这是很多学校目前的家庭教育指导模式。然而，1.0版家长会模式下的家长学校，更多是单向度的，家校似乎"有联系，无关系"。2.0版与传统的家长会相比，增加了专家讲座和表格反馈。但各说各话，没有对等的话语体系，家校之间"有关系，少温度"。

临沂九中着眼于家校共育的源头问题，探索出了家校共育的3.0版本。在3.0版家长课程中，孩子一入校，家长即入学，家长、教师互为资源。孩子军训，家长便开始必修"第一课"，孩子通过自主活动完成"入学手册"的注册。家长知晓孩子班级的基本情况。入学3周教师完成对学生和家长的"十个知晓"，家长成长则从"三个维度"实现：修习学校家长课程，提升自己；参与育人主题活动，深切亲子体验；卓越家长进课堂，反哺课堂。

结合上述材料，回答以下问题：

（1）请对当前我国中小学家校合作中存在的问题及其原因进行分析。
（2）如何改进家校共育模式，提升中小学德育的实效性？（见拔高篇 P405）

2020年首都师范大学333教育综合真题

名词解释

1. 活动课程（见基础篇 P175）
2. 混合研究（见二维码）
3. 建构主义（见二维码）

简答题

1. 为什么说教师是专业性职业？（见基础篇 P212）
2. 访谈法的提问环节应当使用什么样的技巧和策略？（见二维码）
3. 熟练的技能和习惯有什么样的相同点和不同点？（见拔高篇 P278）

论述题

1. 试论述标准化测验的优点和缺点。（见二维码）
2. 请举例说明教育的正向社会功能表现在哪些方面。（见二维码）
3. 结合你的研究经历，说明教育研究有哪些步骤。（见二维码）

材料分析题

材料：富春七中重视劳动教育。（材料大意，回忆版）

结合材料回答问题：

(1) 在新时代，我国劳动教育面临着什么样的危机和问题？
(2) 应当采取什么样的措施，使社会、学校和家庭形成合力促进劳动教育的发展？（见拔高篇P390）

2021年首都师范大学333教育综合真题

名词解释

1. 教学设计（见基础篇P183）
2. 教学效能感（见二维码）
3. 参与型观察（见二维码）

简答题

1. 简述教师管理班级组织的主要策略。（见基础篇P217）
2. 简述创造性思维的特征。（见基础篇P133）
3. 简述教学理论和课程理论的关系。（见二维码）

论述题

1. 谈谈你对教育信息化的看法。（见二维码）
2. 结合具体案例，说说在教学中如何促进正迁移的发生。（见基础篇P121）
3. 初学教育研究的同学喜欢凭个人兴趣选择课题。请你简要评述这样的现象，并阐述课题选择和确定的要点。（见二维码）
4. 未来学校在教育理念、教学组织形式、学习方式、学习空间等方面有哪些特征？（见拔高篇P413）
5. 在未来学校的背景下，教师的角色会有怎样的新样态？（见二维码）

2022年首都师范大学333教育综合真题

名词解释

1. 课程实施（见二维码）
2. 教师期望效应（见基础篇P209）
3. 开放型访谈（见二维码）

简答题

1. 简述社会本位论和个人本位论的观点。（见基础篇P164）
2. 简述夸美纽斯班级授课制的理论及其意义。（见基础篇P71）
3. 简述文献检索和查找文献时应注意的问题。（见二维码）

论述题

1. 结合实际,说明良好师生关系的特征和建构策略。(见基础篇P214)
2. 举例论述激发学生的学习动机的方法策略。(见基础篇P117)
3. 论述教育研究范式的演变过程。(见二维码)

材料分析题

材料:我国四省市学生参加PISA测试取得优异成绩,显示我国教育改革发展取得的巨大成就,同时也揭示出我国基础教育存在的诸多问题和挑战。

(1) 分析当前我国基础教育的成就和存在的教育问题。(见拔高篇P393)
(2) 分析"双减"政策下如何加强基础教育建设。(见拔高篇P393)

2023年首都师范大学333教育综合真题

名词解释

1. 学校教育制度(见基础篇P170)
2. 图式(见基础篇P94)
3. 实验研究(见二维码)

简答题

1. 马克思主义教育学的基本观点。(见二维码)
2. 教学中教师如何培养学生的问题解决能力?(见基础篇P132)
3. 简述杜威的五步教学法。(见基础篇P82)

论述题

1. 教育对个体发展功能的表现。(见基础篇P153)
2. 情境式教学的主要特征及其对教学的启示。(见二维码)
3. 结合自己做过的研究课题,试述问卷设计过程包含哪些具体环节。(见二维码)

材料题

材料:剧院效应的材料和双减实施的材料。(材料缺失)

(1) 结合我国社会现实,分析义务教育内卷化的表现与原因。
(2) 试述"双减"政策破解义务教育内卷化的路径与方式。(见拔高篇P386)

2011年上海师范大学333教育综合真题

名词解释

1. 稷下学宫(见基础篇P4)
2. 最近发展区(见基础篇P95)
3. 苏格拉底法(见基础篇P47)
4. 教育目的(见基础篇P163)
5. 多元智力理论(见基础篇P129)

简答题

1. 简述人文主义教育的特征和历史影响。（见基础篇 P55）
2. 影响个体发展的因素有哪些？（见基础篇 P153）
3. 简述教学过程中直接经验和间接经验的关系。（见基础篇 P185）
4. 简述教师专业发展的内涵。（见基础篇 P213）
5. 简述斯巴达教育的特点。（见基础篇 P48）

论述题

1. 论述成败归因理论。（见基础篇 P115）
2. 论述杜威的教育思想。（见基础篇 P83）

2012年上海师范大学333教育综合真题

名词解释

1. 教育目的（见基础篇 P163）
2. 教学（见基础篇 P183）
3. 京师大学堂（见基础篇 P32）
4. 苏格拉底方法（见基础篇 P47）
5. "五育"方针（见基础篇 P34）
6. 德育过程（见基础篇 P201）

简答题

1. 简述教学评价的原则。（见基础篇 P199）
2. 简述董仲舒的三大文教政策。（见基础篇 P14）
3. 简述洛克的绅士教育思想。（见基础篇 P64）
4. 简述问题的性质及问题的分类。（见二维码）

论述题

1. 结合课程改革探讨教师专业素养的问题。（见拔高篇 P354）
2. 评述陶行知的生活教育思想体系。（见基础篇 P44）
3. 论述赫尔巴特的教育思想，分析其优点和局限性。（见基础篇 P78）
4. 结合韦纳的三个维度，对考试成功和考试失败进行归因分析。（见基础篇 P115）

2013年上海师范大学333教育综合真题

名词解释

1. 元认知（见基础篇 P125）
2. 苏格拉底法（见基础篇 P47）
3. 教育制度（见基础篇 P170）
4. 教育性教学（见基础篇 P69）
5. 德育过程（见基础篇 P201）

简答题

1. 简述教师劳动的特点。（见基础篇 P210）
2. 简述自然主义。（见基础篇 P87）

3. 简述《学记》的主要内容。(见基础篇 P12)
4. 简述问题的种类并举例。(见二维码)

论述题

1. 论述赫尔巴特的教育思想。(见基础篇 P78)
2. 试论述蔡元培的"五育"并举的教育方针。(见基础篇 P37)
3. 比较分析陈述性知识和程序性知识的异同。(见拔高篇 P277)

2014年上海师范大学333教育综合真题

名词解释

1. 课程标准(见基础篇 P174)
2. 教育目的(见基础篇 P163)
3. 学校管理(见基础篇 P219)
4. 多元智力理论(见基础篇 P129)
5. 骑士教育(见基础篇 P53)
6. 京师同文馆(见基础篇 P29)

简答题

1. 简述科尔伯格的道德发展理论。(见基础篇 P99)
2. 教育怎样体现社会流动功能？(见基础篇 P159)
3. 简述教师的专业素养。(见基础篇 P212)
4. 简述百日维新的教育改革。(见基础篇 P32)

论述题

1. 论述卢梭的自然教育理论。(见基础篇 P72)
2. 论述科举制及其影响。(见基础篇 P17)
3. 论述陈述性知识和程序性知识的比较。(见拔高篇 P277)
4. 举例说明"理论联系实际"的教育原则。(见基础篇 P195)

2015年上海师范大学333教育综合真题

名词解释

1. 学校管理目标(见二维码)
2. 教育评价(见基础篇 P193)
3. 课程方案(见基础篇 P174)
4. 德育(见基础篇 P201)
5. 稷下学宫(见基础篇 P4)
6. "三艺"(见二维码)

简答题

1. 简述掌握知识与发展智力的关系。(见基础篇 P186)
2. 教育如何体现其文化功能？(见基础篇 P157)
3. 简述卢梭的自然教育思想理论。(见基础篇 P72)
4. 简述维果茨基"最近发展区"的概念。(见基础篇 P97)

论述题

1. 结合实际分析教师角色冲突及其解决办法。(见基础篇 P212)
2. 论述张之洞"中体西用"教育思想的历史作用与局限性。(见基础篇 P30)
3. 论述赫尔巴特教学思想的教育贡献及其局限性。(见基础篇 P78)
4. 分析比较流体智力与晶体智力及其对教育的启示。(见拔高篇 P280)

2016年上海师范大学333教育综合真题

名词解释

1. 负强化 (见基础篇 P103)
2. 学校教育制度 (见基础篇 P170)
3. 稷下学宫 (见基础篇 P4)
4. 课程设计 (见基础篇 P175)
5. 苏格拉底法 (见基础篇 P47)
6. 德育过程 (见基础篇 P201)

简答题

1. 简述卢梭的主要教育思想。(见基础篇 P73)
2. 教师的劳动有哪些价值?(见基础篇 P210)
3. 简述教育的生态功能。(见基础篇 P158)
4. 简述"最近发展区"的教育意义。(见基础篇 P97)

论述题

1. 评述杜威实用主义教育的主要思想。(见基础篇 P83)
2. 评述蔡元培的"五育"并举教育思想。(见基础篇 P37)
3. 结合实例论述传递—接受学习的主要过程。(见二维码)
4. 评述建构主义。(见基础篇 P111)

2017年上海师范大学333教育综合真题

名词解释

1. 课程标准 (见基础篇 P174)
2. 教学方法 (见基础篇 P191)
3. 苏格拉底法 (见基础篇 P47)
4. 学校管理目标 (见二维码)
5. 稷下学宫 (见基础篇 P4)
6. 教育制度 (见基础篇 P170)

简答题

1. 举例说明教师主导性与学生主体性的关系。(见基础篇 P186)
2. 简述教师的专业素养。(见基础篇 P212)
3. 列举中国古代最著名的五大书院。(见二维码)
4. 简述教育影响的一致性与连贯性原则。(见基础篇 P205)

论述题

1. 论述先行组织者及其在学习中的运用。(见二维码)

2. 论述赫尔巴特的教育思想及其历史作用与局限性。（见基础篇 P78）

3. 论述建构主义中的教学观、学生观及知识观。（见基础篇 P111）

4. 论述张之洞"中体西用"的教育思想及其历史局限。（见基础篇 P30）

2018年上海师范大学333教育综合真题

名词解释

1. 教学过程（见基础篇 P183）
2. 德育过程（见基础篇 P201）
3. 教育制度（见基础篇 P170）
4. 苏格拉底教学法（见基础篇 P47）
5. 京师同文馆（见基础篇 P29）
6. 卢梭自然主义（见基础篇 P68）

简答题

1. 简述学校心理健康教育的途径。（见二维码）
2. 简述班级授课制的优缺点。（见基础篇 P194）
3. 简述遗传素质在人的发展中的作用。（见基础篇 P150）
4. 简述卢梭的自然教育理论。（见基础篇 P72）

论述题

1. 评述蔡元培"五育"并举的教育思想。（见基础篇 P37）
2. 结合实例说明和评价班主任工作的内容和方法。（见基础篇 P216）
3. 结合实例说明学习动机的实质及其在学生学习中的重要作用。（见基础篇 P113）
4. 评述赫尔巴特的教学理论。（见基础篇 P78）

2019年上海师范大学333教育综合真题

名词解释

1. 教育制度（见基础篇 P170）
2. 学校管理（见基础篇 P219）
3. 教学资源（见二维码）
4. 京师同文馆（见基础篇 P29）
5. 骑士教育（见基础篇 P53）
6. 《爱弥儿》（见基础篇 P68）

简答题

1. 简述环境在教学中的作用。（见基础篇 P151）
2. 简述社会心理化的过程。（见二维码）
3. 简述蔡元培"五育"并举的思想。（见基础篇 P37）
4. 简述卢梭的自然教育。（见基础篇 P72）

论述题

1. 论述教师主导与学生主体的关系。（见基础篇 P186）
2. 如何培养一个班集体？（见基础篇 P217）
3. 举例并解释上位学习、下位学习和并列学习。（见二维码）
4. 论述赫尔巴特的教学思想、意义及局限性。（见基础篇 P78）

2020 年上海师范大学 333 教育综合真题

名词解释

1. 课程标准（见基础篇 P174）
2. 教育的社会流动功能（见基础篇 P155）
3. 元认知（见基础篇 P125）
4. 苏格拉底法（见基础篇 P47）
5. 绅士教育（见基础篇 P63）

简答题

1. 请简述教师劳动的特点。（见基础篇 P210）
2. 简述学生学习的特点。（见基础篇 P105）
3. 简述陈鹤琴"活教育"的思想。（见基础篇 P45）
4. 简述裴斯泰洛齐要素教育的基本主张。（见基础篇 P74）

论述题

1. 结合现实举例阐述榜样教育的含义、选择及运用要求。（见二维码）
2. 结合实例说明直观性教学原则的含义与实施要求。（见二维码）
3. 举例说明如何在教学中为迁移而教，促进知识的正迁移。（见基础篇 P121）
4. 论述蔡元培"五育"并举的内容及历史影响。（见基础篇 P37）

2021 年上海师范大学 333 教育综合真题

名词解释

1. "六艺"（见基础篇 P2）
2. "七艺"（见基础篇 P48）
3. 课程设计（见基础篇 P175）
4. 学习动机（见基础篇 P113）
5. 学校教育制度（见基础篇 P170）
6. 苏格拉底法（见基础篇 P47）

简答题

1. 简要评述个人本位论的教育目的观。（见基础篇 P164）
2. 简述朱子读书法的主要内容。（见基础篇 P26）
3. 简述夸美纽斯教育适应自然原则的主张及其意义。（见基础篇 P70）
4. 简述当代教师在教学中的主要角色。（见基础篇 P211）

论述题

1. 结合现实举例说明德育中奖惩的含义、具体方法与运用要求。（见二维码）
2. 请举例说明教学巩固性原则的含义与运用要求。（见二维码）
3. 阐述张之洞《劝学篇》中"中体西用"教育思想的历史作用和局限性。（见基础篇 P30）
4. 在论述教学与发展的关系时，维果茨基提出了"最近发展区"的概念。
   (1) 举例说明什么是最近发展区。
   (2) 举例说明教学与最近发展区的关系是什么。（见基础篇 P97）

2022年上海师范大学333教育综合真题

名词解释

1. 教科书（见基础篇 P174）
2. 广义的教育（见基础篇 P145）
3. 道尔顿制（见基础篇 P86）
4. 高原现象（见基础篇 P122）
5. 朱子读书法（见基础篇 P22）
6. 稷下学宫（见基础篇 P4）

简答题

1. 简述社会本位论的教育目的观。（见基础篇 P164）
2. 简述杨贤江的"全人生指导"思想。（见基础篇 P42）
3. 简述永恒主义教育。（见基础篇 P89）
4. 简述问题解决的几个阶段。（见基础篇 P131）

论述题

1. 举例论述长善救失的德育原则。（见基础篇 P204）
2. 举例论述谈话法的含义、具体方法、基本要求。（见二维码）
3. 论述洛克的绅士教育思想。（见基础篇 P64）
4. 论述发现学习、有意义的接受学习以及它们的优点和缺点。（见拔高篇 P275）

2023年上海师范大学333教育综合真题

名词解释

1. 教育目的（见基础篇 P163）
2. 教育制度（见基础篇 P170）
3. 平民教育运动（见二维码）
4. 新教育运动（见基础篇 P85）
5. 学习风格（见基础篇 P95）
6. 教学组织形式（见基础篇 P191）

简答题

1. 简述班杜拉的自我效能感的影响因素。（见基础篇 P116）
2. 简述教学评价的原则。（见基础篇 P199）
3. 简述教师劳动的价值。（见基础篇 P210）
4. 简述改造主义教育。（见二维码）

论述题

1. 阐述梁漱溟的乡村教育思想。（见基础篇 P44）
2. 阐述斯宾塞的知识价值观和课程思想。（见基础篇 P64）
3. 结合实例，说明德育中奖惩法的意义和应用要求。（见二维码）
4. 阐述学生品德的影响因素有哪些，并举例说明如何促进学生品德发展。（见基础篇 P138）

2010年浙江师范大学333教育综合真题

名词解释

1. 个人本位论(见基础篇 P163)
2. 教学策略(见基础篇 P192)
3. 监生历事制度(见基础篇 P27)
4. "中体西用"(见基础篇 P29)
5. 苏格拉底法(见基础篇 P47)
6. 骑士教育(见基础篇 P53)

简答题

1. 简述教育的要素及其相互关系。(见基础篇 P147)
2. 在人的发展中,哪四个方面的因素是最重要的?每个方面的基本内容是什么?(见基础篇 P153)
3. 什么是学校教育制度?有哪些类型?(见二维码)
4. 简述自我效能理论。(见基础篇 P116)

论述题

1. 根据学科课程的课程性质和课程特点,谈谈中小学设置学科课程的合理性。(见二维码)
2. 论述孔子的教育实践与教育思想。(见基础篇 P9)
3. 评述杜威的教育思想。(见基础篇 P83)
4. 论述建构主义关于学习的基本观点。(见基础篇 P111)

2011年浙江师范大学333教育综合真题

名词解释

1. 城市学校(见基础篇 P53)
2. 知识(见基础篇 P119)
3. 苏格拉底教学法(见基础篇 P47)
4. 监生历事制度(见基础篇 P27)
5. 有教无类(见基础篇 P4)
6. 学习动机(见基础篇 P113)

简答题

1. 简述"独尊儒术"。(见基础篇 P14)
2. 简述我国的教育目的。(见基础篇 P166)
3. 简述陶行知的生活教育理论对现行教育体系的意义。(见基础篇 P44)
4. 简述你对学校管理的认识。(见基础篇 P219)

论述题

1. 请结合实际,谈谈你对教师师德的认识。(见二维码)
2. 请结合实际,针对课堂教学改革中存在的某一个问题谈谈你的建议。(见拔高篇 P393)
3. 请谈谈你对培养学生创造性的认识。(见基础篇 P133)
4. 请论述对我国教育改革具有启示意义的相关外国教育思想。(列举三个以上相关思想内容,可以结合卢梭、杜威、苏霍姆林斯基等人的思想进行论述)(见拔高篇 P261)

2012年浙江师范大学333教育综合真题

名词解释

1. 社会性发展(见基础篇P94)
2. 学习的实质(见基础篇P103)
3. 学习策略(见基础篇P124)
4. 社会规范学习(见基础篇P136)
5. 科举制度(见基础篇P16)
6. 公学(见基础篇P57)

简答题

1. 教育的基本要素有哪些？它们在教育活动中发挥怎样的作用？（见基础篇P147）
2. 简述教育的文化功能。(见基础篇P157)
3. 简述夸美纽斯教育思想的主要观点。(见基础篇P71)
4. 列举五种现代欧美教育思潮。(见拔高篇P257)

论述题

1. 结合实际，谈谈在教育过程中如何处理好直接经验和间接经验的关系。(见二维码)
2. 请你针对当前我国学校道德教育中存在的某个问题，谈谈你的看法。(见基础篇P207)
3. 论述加德纳的多元智力理论及其教育含义。(见基础篇P131)
4. 论述洋务教育改革。(见二维码)

2013年浙江师范大学333教育综合真题

名词解释

1. 学在官府(见基础篇P2)
2. 监生历事制度(见基础篇P27)
3. 观察学习(见基础篇P104)
4. 苏格拉底方法(见基础篇P47)
5. 知识(见基础篇P119)
6. 城市学校(见基础篇P53)

简答题

1. 简述汉初三大文教政策。(见基础篇P14)
2. 简述新文化运动时期的教育思潮和运动。(见基础篇P39)
3. 简述现代教育发展的基本趋势。(见基础篇P148)
4. 简述我国教育目的的基本精神。(见基础篇P166)

论述题

1. 论述杜威的思想。(见基础篇P83)
2. 联系实际，谈谈创造性的培养。(见基础篇P133)
3. 结合实际，谈谈在教学过程中如何处理好直接经验和间接经验的关系。(见基础篇P185)
4. 谈谈人的发展规律及教育如何适应人的发展规律。(见基础篇P149)

2014年浙江师范大学333教育综合真题

名词解释
1. 先行组织者（见基础篇 P104）
2. 自我效能感（见基础篇 P113）
3. "六艺"教育（见基础篇 P2）
4. 《颜氏家训》（见基础篇 P16）
5. 智者学派（见基础篇 P47）
6. 公立学校运动（见基础篇 P58）

简答题
1. 简述朱子读书法的含义。（见基础篇 P26）
2. 简述蔡元培"五育"并举的思想。（见基础篇 P37）
3. 简述现代教育的发展趋势。（见基础篇 P148）
4. 简述教师劳动的特点。（见基础篇 P210）

论述题
1. 论述裴斯泰洛齐的教育思想。（见基础篇 P75）
2. 结合教学实际，论述如何培养学生解决问题的能力。（见基础篇 P132）
3. 论述教育在人的发展中的作用。（见基础篇 P152）
4. 论述教学过程的性质。（见基础篇 P184）

2015年浙江师范大学333教育综合真题

名词解释
1. 元认知策略（见基础篇 P125）
2. "中体西用"（见基础篇 P29）
3. 学在官府（见基础篇 P2）
4. 创造力（见基础篇 P130）
5. 苏格拉底教学法（见基础篇 P47）
6. 泛爱学校（见二维码）

简答题
1. 简述"独尊儒术"的文教政策。（见基础篇 P14）
2. 简述蔡元培教育实践的具体内容及教育思想。（见基础篇 P36）
3. 简述学校管理的主要方面。（见二维码）
4. 简述教学的不同组织形式及内涵。（见基础篇 P194）

论述题
1. 论述杜威的思想及其对我国学校教育改革的启示。（见基础篇 P83）
2. 论述学习动机的培养和激发策略。（见基础篇 P117）
3. 论述教育的社会功能。（见基础篇 P160）
4. 论述教师劳动的特点和价值。（见基础篇 P210）

2016年浙江师范大学333教育综合真题

名词解释

1. 学习动机（见基础篇P113）
2. 流体智力（见基础篇P129）
3. 经学教育（见二维码）
4. 苏湖教法（见基础篇P22）
5. 实科中学（见基础篇P57）
6. 初级学院运动（见二维码）

简答题

1. 简述《学记》的教学思想。（见基础篇P12）
2. 简述"五育"并举的方针。（见基础篇P37）
3. 简述教师劳动的特点。（见基础篇P210）
4. 简述我国教育目的的精神。（见基础篇P166）

论述题

1. 论述夸美纽斯的教学思想及其对后世理论的影响。（见基础篇P71）
2. 论述皮亚杰的认知发展阶段理论及影响认知发展的因素。（见基础篇P95）
3. 论述教师的素养。（见基础篇P212）
4. 论述教学过程的性质。（见基础篇P184）

2017年浙江师范大学333教育综合真题

名词解释

1. 自我效能感（见基础篇P113）
2. 陈述性知识（见基础篇P119）
3. 苏格拉底法（见基础篇P47）
4. 学在官府（见基础篇P2）
5. 监生历事制度（见基础篇P27）
6. 进步主义教育运动（见基础篇P85）

简答题

1. 简述《学记》的教学思想。（见基础篇P12）
2. 简述世界各国课程改革的趋势。（见基础篇P180）
3. 简述教学的任务。（见基础篇P184）
4. 简述"中体西用"的历史作用和缺陷。（见基础篇P30）

论述题

1. 论述杜威的教育思想，并且思考其能否作为我国课程改革的理论基础。（见二维码）
2. 论述学生品德不良的纠正机制。（见基础篇P138）
3. 联系实际，论述教师的素养。（见基础篇P212）
4. 联系实际，论述人的发展的规律性以及如何实现人的发展。（见基础篇P149）

2018年浙江师范大学333教育综合真题

名词解释

1. "三纲领八条目"（见基础篇P4）
2. 全人生指导（见基础篇P41）
3. 昆西教学法（见基础篇P85）
4. 泛爱学校（见二维码）
5. 问题解决（见基础篇P131）
6. 学校心理素质教育（见二维码）

简答题

1. 简述班级授课制的优点。（见基础篇P194）
2. 简述世界各国的课程改革趋势。（见基础篇P180）
3. 简述孟轲的"性善论"对教育的作用。（见二维码）
4. 简述严复的"体用一致"的文化教育观。（见二维码）

论述题

1. 联系实际，试述教师的素养。（见基础篇P212）
2. 试述教育在人的发展过程中的重要作用。（见基础篇P152）
3. 试述苏霍姆林斯基的个性全面和谐发展教育观。（见基础篇P67）
4. 结合态度形成与改变的条件，试述形成与改变态度的方法。（见二维码）

2019年浙江师范大学333教育综合真题

名词解释

1. "尊德性"与"道问学"（见二维码）
2. 小先生制（见基础篇P41）
3. 快乐之家（见二维码）
4. 贝尔-兰卡斯特制（见基础篇P57）
5. 内隐学习（见基础篇P103）
6. 成就动机（见基础篇P113）

简答题

1. 简述宋朝书院的教育特点。（见基础篇P24）
2. 简述革命根据地教育的基本经验。（见基础篇P40）
3. 简述我国教育目的的理论基础。（见二维码）
4. 简述教师劳动的价值。（见基础篇P210）

论述题

1. 论述卢梭的自然教育理论及其影响。（见基础篇P72）
2. 结合实际，谈谈教育的社会功能。（见基础篇P160）
3. 结合实际，谈谈对德育过程的认识。（见基础篇P202）
4. 结合儿童友谊发展的五阶段理论，论述同伴关系的发展及其培养策略。（见二维码）

2020年浙江师范大学333教育综合真题

简答题

1. 简述人的发展的规律。（见基础篇P149）
2. 简述隋唐时期学校教育制度的特点。（见基础篇P16）
3. 简述美国《国防教育法》的内容。（见二维码）
4. 简述亲社会行为习得的途径。（见二维码）

论述题

1. 论述赫尔巴特的课程与教学论。（见基础篇P77）
2. 论述蔡元培的教育实践与教育思想。（见基础篇P36）
3. 论述学习策略的教学训练因素及途径。（见基础篇P126）
4. 论述教学过程的环节。（见基础篇P187）

材料分析题

（材料缺失）

结合班主任的工作方法和原理，谈谈你的看法。（见基础篇P216）

2021年浙江师范大学333教育综合真题

论述题

1. 请论述陶行知的生活教育思想和实践。（见基础篇P44）
2. 试论述福禄培尔的幼儿教育理论。（见基础篇P78）

材料分析题

材料： 有学者认为，传统的课堂教学模式忽视了学生的自主性，应该摒弃。发现式教学提倡自主、合作、探究的学习方式，以学生为本，把课堂还给学生。因此中小学应该大力提倡发现式教学方式，构建自主课堂，培养学生搜集和处理信息的能力，获取新知识、分析和解决问题的能力，让学生在生动活泼的状态中学习。

(1) 结合布鲁纳和奥苏伯尔的学习理论，评析学者的观点，并说明理由。
(2) 请结合建构主义学习理论，分析如何在当前新课程改革中实现传统课堂教学与发现式教学的有机结合。（见拔高篇P283）

综合应用题

材料： 教学原则是进行有效教学必须遵循的教学要求，理论与实际相联系原则是中小学教学的重要原则之一。

(1) 谈谈你对理论联系实际原则的理解，以及如何在教学中贯彻这一教学原则。
(2) 依据理论联系实际原则，就如何对以下教学内容进行教学谈谈你的设想。

"生活中的大数"是北师大版小学数学二年级下册的教学内容，它的教学要求是在学生掌握了"100以内的数"的基础上，让学生进一步认识新的计数单位"千"和"万"，感知"生活中的大数"，认识计数单位之间的关系。（见二维码）

2022年浙江师范大学333教育综合真题

论述题

1. 中国封建社会读经做官的教育模式是如何形成的？（见拔高篇P245）
2. 比较卢梭和夸美纽斯的自然教育思想。（见拔高篇P233）

材料分析题

材料：现在学校的心理健康教育出现了以下几个问题。

第一，将心理健康教育与学习捆绑起来，认为心理健康教育是为学习成绩服务的。

第二，将心理健康教育的所有任务都推给心理老师，心理教师一个人唱独角戏，没有建立师生共同解决的情境。

第三，将心理问题看作心理疾病。

根据心理健康教育的基本任务和基本特点，结合材料，分析材料中的问题并提出对策。（见拔高篇P306）

综合应用题

当前教学模式中主要存在着以下两种模式，一种是以知识传递为特征、教师教学生学的模式，属于传授接受式学习；另一种是探究问题的模式，属于问题探究式学习。请你自主选择一个教育主题，阐述在第一种教学模式（传授接受式）下学生掌握知识的基本阶段。（见二维码）

2023年浙江师范大学333教育综合真题

论述题

1. 论述杨贤江的马克思主义教育理论。（见二维码）
2. 论述裴斯泰洛齐的教育心理学化思想。（见基础篇P74）

材料分析题

材料：一只青蛙和一条鱼，青蛙出去看了牛，给鱼描述牛的特征，但鱼听完把自己的特征和牛的特征结合到一起了。

(1) 结合案例分析建构主义的学习理论。
(2) 结合案例阐述建构主义的教学观。（见拔高篇P296）

综合应用题

结合你报考的专业，自主确定选题，谈谈如何在教学中明确教学过程的性质与特点。（见拔高篇P424）

2010年杭州师范大学333教育综合真题

名词解释

1. 班级授课制（见基础篇P191）
2. 学制（见基础篇P170）
3. 教育目的（见基础篇P163）
4. 学科课程（见基础篇P174）
5. 德育（见基础篇P201）
6. 高原现象（见基础篇P122）

简答题

1. 简述我国科举制度的主要特点及其对教育的影响。（见基础篇P17）
2. 简述文艺复兴时期人文主义教育的主要特征及其对教育的贡献。（见基础篇P55）
3. 简述启发性教学原则的含义及贯彻这一原则的基本要求。（见基础篇P195）
4. 简述马斯洛的需要层次理论。（见基础篇P114）

论述题

1. 试述陶行知的生活教育理论。（见基础篇P44）
2. 评述杜威的儿童中心论的主要观点。（见二维码）
3. 结合实际，谈谈如何利用注意的规律组织课堂教学。（见二维码）
4. 请联系实际，谈谈在教师专业化要求的背景下，教师应具备怎样的职业素质。（见基础篇P212）

2011年杭州师范大学333教育综合真题

名词解释

1. 学校教育（见基础篇P145）
2. 社会本位论（见基础篇P163）
3. 苏格拉底法（见基础篇P47）
4. 贝尔-兰卡斯特制（见基础篇P57）
5. 教学做合一（见基础篇P41）
6. 《学记》（见基础篇P5）

简答题

1. 简述教育的相对独立性。（见基础篇P159）
2. 影响问题解决的主要因素有哪些？（见基础篇P132）
3. 简述书院教育的特点。（见基础篇P24）
4. 简要评述孔子的道德教育思想。（见基础篇P7）

论述题

1. 如何正确理解掌握知识与发展智力的关系？（见基础篇P186）
2. 自古以来，关于教师的角色有许多隐喻，如"教师是蜡烛，燃烧自己、照亮别人""教师是人类灵魂的工程师，塑造着学生的精神世界"等。请从"蜡烛论"和"工程师论"中任选一种教师角色的隐喻分析其蕴含的意义。（见拔高篇P361）
3. 试述建构主义学习理论的基本观点。（见基础篇P111）
4. 论述赫尔巴特的教育性教学理论。（见基础篇P76）

2012年杭州师范大学333教育综合真题

名词解释

1. 教学（见基础篇P183）
2. 学校管理（见基础篇P219）
3. 有教无类（见基础篇P4）
4. "五育"并举（见基础篇P34）
5. 《大教学论》（见基础篇P68）
6. 终身教育（见基础篇P171）

简答题

1. 简述教师劳动的特点。（见基础篇 P210）
2. 简述加德纳的多元智力理论。（见基础篇 P131）
3. 简述陶行知生活教育理论中的"社会即学校"思想。（见二维码）
4. 简述新文化运动影响下的教育思潮。（见基础篇 P39）

论述题

1. 试论述教育与社会生产力、社会经济发展的相互关系。（见基础篇 P158）
2. 如何理解德育过程是培养学生知、情、意、行的过程？（见基础篇 P204）
3. 人本主义心理学的理论和实践具有什么贡献与局限性？（见基础篇 P110）
4. 试论述卢梭的自然主义教育观。（见基础篇 P72）

2013年杭州师范大学333教育综合真题

名词解释

1. 《学记》（见基础篇 P5）
2. 学校教育制度（见基础篇 P170）
3. 复式教学（见二维码）
4. 情感陶冶法（见基础篇 P202）
5. 教学评价（见基础篇 P193）
6. 教师专业发展（见基础篇 P209）

简答题

1. 简要评述教育的社会流动功能。（见基础篇 P159）
2. 简述教师期望效应（皮格马利翁效应）及其对教育的启示。（见二维码）
3. 简述孔子的人性观及其教育意义。（见二维码）
4. 简述20世纪60—70年代的现代人文主义教育思想。（见基础篇 P91）

论述题

1. 学科课程、活动课程、综合课程各有哪些特点？谈谈当前我国教育实践中学科课程、活动课程、综合课程方面的现状。（见基础篇 P177、178）
2. 评述布鲁纳的认知—发现学习理论。（见基础篇 P106）
3. 试论述斯宾塞的教育科学化思想。（见基础篇 P64）
4. 试分析我国1922年"新学制"的标准、特点、意义以及对当前教育改革的启示。（见基础篇 P34）

2014年杭州师范大学333教育综合真题

名词解释

1. 产婆术（见基础篇 P47）
2. 教育目的（见基础篇 P163）
3. 课程标准（见基础篇 P174）
4. 学校教育制度（见基础篇 P170）
5. 教学模式（见基础篇 P183）
6. 教育机智（见二维码）

简答题

1. 简述知、情、意、行的相互关系。（见二维码）
2. 当前中小学开展心理健康教育的基本途径有哪些？（见二维码）
3. 简述美国1958年的《国防教育法》并给予简要评价。（见二维码）
4. 简要评述我国革命根据地教育的基本经验。（见基础篇P40）

论述题

1. 有人说："讲授法就是注入式教学，发现法就是启发式教学。"请运用教学的有关原理评析这一观点。（见拔高篇P275）
2. 试述建构主义学习理论的基本观点以及对教学的启示。（见基础篇P111）
3. 试述杜威和赫尔巴特的教学思想，并比较二者的异同。（见拔高篇P234）
4. 试述中国古代教育家的道德修养方法，并谈谈对今天德育改革的启示。（见拔高篇P248）

2015年杭州师范大学333教育综合真题

名词解释

1. 学校教育（见基础篇P145）
2. 教育目的的个人本位论（见基础篇P163）
3. 德育（见基础篇P201）
4. 校本课程（见基础篇P175）
5. 最近发展区（见基础篇P95）
6. 教学评价（见基础篇P193）

简答题

1. 如何理解教育的相对独立性？认识教育的相对独立性有何意义？（见基础篇P159）
2. 简述班杜拉的观察学习理论及其教育应用。（见基础篇P106）
3. 简析颜元的"习行"教学法。（见基础篇P28）
4. 简析帕克赫斯特的道尔顿制。（见二维码）

论述题

1. 如何理解教师职业是一种需要人文精神的专业性职业？其专业性表现在哪里？其人文精神又表现在哪里？（见二维码）
2. 接受学习和发现学习各有何特点？应当怎样处理二者的关系？（见拔高篇P275）
3. 试述蔡元培关于"养成共和国民健全之人格"的思想，分析它对民国初年教育方针的制定及学制改革的影响。（见二维码）
4. 试论述夸美纽斯在西方教育史上的贡献。（见基础篇P71）

2016年杭州师范大学333教育综合真题

名词解释

1. 《民主主义与教育》（见基础篇P70）
2. 班级授课制（见基础篇P191）
3. 美育（见二维码）
4. 隐性课程（见基础篇P175）
5. 教师专业发展（见基础篇P209）
6. 思维定势（见基础篇P130）

简答题

1. 简述宋元时期蒙学教材的种类、特点与影响。（见基础篇 P25）
2. 简述德育过程中的"平行教育影响原则"思想。（见二维码）
3. 简述英国的《1944 年教育法》。（见基础篇 P58）
4. 简述斯腾伯格的成功智力理论。（见二维码）

论述题

1. 在欧美教育思想"六三三"制的影响下，分析我国教育制度改革的经验与不足，说说其对我国现代教育改革的启示。（见拔高篇 P261）
2. 论述马克思关于人的全面发展学说以及劳动与教育相结合的意义。（见基础篇 P165）
3. 在新课程改革的背景下，教师应该树立什么样的课程观？（见基础篇 P182）
4. 元认知是什么？举例说明元认知策略的运用对学习的促进作用。（见基础篇 P127）

2017 年杭州师范大学 333 教育综合真题

名词解释

1. 班级授课制（见基础篇 P191）
2. 《爱弥儿》（见基础篇 P68）
3. 综合课程（见基础篇 P175）
4. 教育目的（见基础篇 P163）
5. 学习定势（见基础篇 P130）
6. 形式教育论与实质教育论（见二维码）

简答题

1. 如何正确看待学校教育中的惩罚问题？（见拔高篇 P399）
2. 简述启发性教学原则。（见基础篇 P195）
3. 简述古希腊时期雅典教育的特点。（见二维码）
4. 简要分析《白鹿洞书院揭示》以及书院教育宗旨。（见基础篇 P25）

论述题

1. 教师劳动的特殊性表现在哪些方面？教师劳动的特殊性会对教师提出什么样的要求？（见基础篇 P210）
2. 创造性与智力并非简单的线性关系，请阐述二者的种种关系，并结合实际谈谈如何培养学生的创造性。（见基础篇 P133）
3. 试论述赫尔巴特教育学思想的心理学基础。（见基础篇 P75）
4. 试论述陈鹤琴的儿童教育思想。（见基础篇 P45）

2018 年杭州师范大学 333 教育综合真题

名词解释

1. 《论语》（见二维码）
2. 义务教育（见基础篇 P170）
3. 教学方法（见基础篇 P191）
4. 特朗普制（见二维码）
5. 学制（见基础篇 P170）
6. 教育行动研究（见二维码）

简答题

1. 简述你对校园欺凌的看法。(见拔高篇 P408)
2. 简述美国的"返回基础"教育运动。(见基础篇 P61)
3. 简述陶行知的儿童创造教育思想。(见二维码)
4. 简述维果茨基的"最近发展区"带给我们的教育启示。(见基础篇 P97)

论述题

1. 论述中国古代教育家的教师观及其"尊师重道"的思想。(见拔高篇 P248)
2. 论述卢梭的儿童教育观。(见二维码)
3. 论述科尔伯格的道德发展阶段理论。(见基础篇 P99)
4. 论述课程和教师的关系,以及开发校本课程需要教师具有怎样的教师素养。(见二维码)

2019年杭州师范大学333教育综合真题

名词解释

1. 终身教育(见基础篇 P171)
2. 认知风格(见基础篇 P95)
3. 全面发展教育(见基础篇 P164)
4. 儿童中心论(见二维码)
5. 课程资源(见二维码)
6. 教育现代化(见二维码)

简答题

1. 简述信息技术对教育的影响。(见二维码)
2. 简述尝试错误学习理论对教学的启示。(见二维码)
3. 简述孔子的"学而优则仕"思想及其历史影响。(见二维码)
4. 简述要素主义教育思想的主要观点。(见基础篇 P88)

论述题

1. 从教育的词源分析入手谈中西教育的差异。(见拔高篇 P422)
2. 联系实际,谈谈促进迁移的有效教学策略。(见基础篇 P121)
3. 论述蔡元培对近代中国教育发展的贡献。(见基础篇 P36)
4. 评述洛克的绅士教育思想。(见基础篇 P64)

2020年杭州师范大学333教育综合真题

名词解释

1. 产婆术(见基础篇 P47)
2. 虚拟教学(见二维码)
3. 教师专业发展(见基础篇 P209)
4. 教育方针(见二维码)
5. 练习的高原时期(见基础篇 P122)
6. 学校教育制度(见基础篇 P170)

简答题

1. 简述《费里法案》。(见二维码)

2. 简述晏阳初的乡村教育思想。(见基础篇 P43)

3. 简述态度与品德的关系。(见二维码)

4. 简述基础性课程与拓展性课程的关系。(见二维码)

论述题

1. 论述新课程中"自主、合作、探究"的学习方式。(见基础篇 P180)

2. 分析论述"讲授法会造成机械性学习"的观点。(见拔高篇 P282)

3. 论述赫尔巴特的道德教育理论。(见基础篇 P76)

4. 论述 1922 年"新学制"。(见基础篇 P34)

2021 年杭州师范大学 333 教育综合真题

名词解释

1. 布鲁纳的《教育过程》(见二维码)
2. 教育均衡发展 (见二维码)
3. 壬戌学制 (见基础篇 P34)
4. 教学设计 (见基础篇 P183)
5. 平行教育影响原则 (见基础篇 P63)
6. 正规教育与非正规教育 (见二维码)

简答题

1. 试举一例你所熟悉的校本课程,从校本课程内涵的角度加以简要评述。(见二维码)

2. 当今中小学进行心理健康教育的基本途径有哪些? (见二维码)

3. 简述夸美纽斯的教育适应自然的原则。(见基础篇 P70)

4. 简述"朱子读书法"。(见基础篇 P26)

论述题

1. 结合中小学教育实际,谈谈如何更好地发挥德育隐性课程的作用。(见拔高篇 P342)

2. 影响问题解决的因素有哪些? 据此谈谈如何在教学实践中提高学生的问题解决能力。(见基础篇 P132)

3. 试论述陶行知的"生活教育"思想。(见基础篇 P44)

4. 试论述永恒主义教育思潮的主要观点。(见基础篇 P89)

2022 年杭州师范大学 333 教育综合真题

名词解释

1. 新教育运动 (见基础篇 P85)
2. 全人生指导 (见基础篇 P41)
3. 教学评价 (见基础篇 P193)
4. 道尔顿制 (见基础篇 P86)
5. 课程方案 (见基础篇 P174)
6. 学习动机 (见基础篇 P113)

简答题

1. 简述洋务运动的学堂类型。(见基础篇 P29)

2. 简述西欧中世纪世俗学校的类型。(见二维码)

3. 简述问题的含义以及如何培养问题解决能力。(见基础篇 P132)

4. 简述人的发展规律性及其内涵。(见基础篇 P149)

论述题

1. 论述罗杰斯自由学习的原则。（见基础篇 P110）
2. 论述改造主义理论。（见二维码）
3. 论述我国的教育目的及其基本精神。（见基础篇 P166）
4. 论述《学记》中的基本原则。（见基础篇 P12）

2023 年杭州师范大学 333 教育综合真题

名词解释

1. 国家课程（见二维码）
2. 教学过程（见基础篇 P183）
3. 走班制（见二维码）
4. 熙宁兴学（见二维码）
5. 设计教学法（见基础篇 P86）
6. 知识迁移（见基础篇 P119）

简答题

1. 简述班级授课制的内涵并作简要评价。（见基础篇 P194）
2. 简述学校管理的内容和发展趋势。（见基础篇 P219）
3. 简述陈鹤琴"活教育"理论。（见基础篇 P45）
4. 简述人文主义教育的基本特征。（见基础篇 P55）

论述题

1. 结合实际，谈谈在中小学中如何更好地开展劳动教育。（见拔高篇 P391）
2. 结合实际，论述奥苏伯尔"有意义学习"的条件和途径。（见基础篇 P107）
3. 论述我国科举制的演变历程并作评价。（见基础篇 P17）
4. 结合实际，从历史和现实两方面谈谈您对"五育"融合的认识。（见拔高篇 P335）

2010 年山东师范大学 333 教育综合真题

名词解释

1. 教育目的（见基础篇 P163）
2. 教学（见基础篇 P183）
3. 教育制度（见基础篇 P170）
4. 学校管理（见基础篇 P219）
5. 最近发展区（见基础篇 P95）
6. 精细加工策略（见基础篇 P124）

简答题

1. 简要回答《大学》中"三纲领""八条目"的内容及含义。（见基础篇 P11）
2. 简述人文主义教育的主要特征。（见基础篇 P55）
3. 简述问题解决的过程。（见基础篇 P131）
4. 简要分析罗杰斯的学习理论。（见基础篇 P110）

论述题

1. 有人认为"近墨者黑"，有人认为"近墨者未必黑"。请联系相关理论和自身的教育实践谈谈你对这一问题的看

法。(见基础篇 P151)

2. 当前中国的教育不公平主要表现在哪几个方面？请你选择某一方面分析其产生的原因,并尝试提出解决的对策。(见基础篇 P162)

3. 试论述陶行知"生活教育"理论的主要内容。(见基础篇 P44)

4. 试论述杜威的教育本质论。(见基础篇 P80)

2011 年山东师范大学 333 教育综合真题

名词解释

1. 教育目的(见基础篇 P163)
2. 教育的社会变迁功能(见基础篇 P155)
3. 学校管理(见基础篇 P219)
4. 教学(见基础篇 P183)
5. 《理想国》(见基础篇 P47)

简答题

1. 简述先秦时期私学的兴起及意义。(见基础篇 P5)
2. 简述杜威关于教育本质的认识。(见基础篇 P80)
3. 简述夸美纽斯在教育史上的贡献。(见基础篇 P71)
4. 简述清末的四次留学。(见拔高篇 P249)
5. 简述教育的经济功能。(见基础篇 P157)
6. 简述晏阳初关于"四大教育"的思想。(见基础篇 P43)

论述题

1. 依据你所掌握的教育理论和自身的教育实践,谈谈我们新一轮基础教育改革对教师提出了哪些新的要求。(见基础篇 P182)

2. 论述影响问题解决的因素,以及实际教学中问题解决能力的培养。(见基础篇 P132)

2012 年山东师范大学 333 教育综合真题

名词解释

1. 课程(见基础篇 P174)
2. "三纲领八条目"(见基础篇 P4)
3. 苏格拉底方法(见基础篇 P47)
4. 修道院学校(见二维码)
5. 德育(见基础篇 P201)

简答题

1. 简要叙述稷下学宫的性质与特点。(见基础篇 P6)
2. 简述教育的政治功能。(见基础篇 P157)
3. 简述裴斯泰洛齐的"教育心理学化"理论。(见基础篇 P74)
4. 简要分析影响自我效能感形成的因素。(见基础篇 P116)
5. 简述陶行知"生活教育"的主要内容。(见基础篇 P44)
6. 简述皮亚杰的认知发展阶段理论。(见基础篇 P95)

论述题

1. 当前中国的教育不公平主要表现在哪几个方面？请你选择某一方面分析其产生的原因,并尝试提出解决的对策。（见基础篇 P162）
2. 什么是教育的社会制约性和相对独立性？怎样协调二者的关系？（见二维码）

2013年山东师范大学333教育综合真题

名词解释

1. "中体西用"（见基础篇 P29）
2. 朱子读书法（见基础篇 P22）
3. 京师同文馆（见基础篇 P29）
4. 导生制（见基础篇 P57）
5. 学习风格（见基础篇 P95）

简答题

1. 简述北宋的三次兴学及其结果。（见基础篇 P23）
2. 简述学生的学习特点。（见基础篇 P105）
3. 简述人文主义教育的主要特征。（见基础篇 P55）
4. 简述要素主义教育学派的理论。（见基础篇 P88）
5. 简述教学过程的性质。（见基础篇 P184）
6. 简述问题解决的含义及心理过程。（见基础篇 P131）

论述题

1. 结合实际,谈谈教师应具备哪些素质。应该怎样培养？（见基础篇 P212）
2. 评价教育目的价值取向中的个人本位论和社会本位论。（见基础篇 P164）

2014年山东师范大学333教育综合真题

名词解释

1. 综合实践活动（见基础篇 P176）
2. 学园（见基础篇 P47）
3. 骑士教育（见基础篇 P53）
4. 潜伏学习（见二维码）

辨析题

1. 人的身心发展的不平衡性要求教育要循序渐进。（见二维码）
2. 学习可以引起个体的行为发生变化,因此,一个人行为发生了变化可以判定其发生了学习。（见二维码）
3. 促进学生的全面发展与培养学生的个性发展是相对立的。（见二维码）
4. 卡特尔认为,流体智力是在实践中获得的,因此人的一生流体智力都是在生长的。（见二维码）

简答题

1. 简述政治经济制度对教育的影响。（见基础篇 P156）
2. 简述教师劳动的特点。（见基础篇 P210）
3. 简述清朝末期的教育改革。（见基础篇 P33）

4. 简述《国防教育法》的主要内容及意义。（见二维码）
5. 简述改造主义流派的主要观点。（见二维码）
6. 在维果茨基的理论中，低级心理机能向高级心理机能的转化主要表现在哪几个方面？（见二维码）

论述题

1. 在教学过程中，如何正确处理直接经验和间接经验的关系？（见基础篇 P185）
2. 论述孟子和荀子的教育思想的异同。（见拔高篇 P224）

2015年山东师范大学333教育综合真题

名词解释

1. 个人本位论（见基础篇 P163）
2. 三舍法（见基础篇 P22）
3. 学在官府（见基础篇 P2）
4. 智者（见基础篇 P47）

辨析题

1. "近朱者赤，近墨者黑"，说明环境在人的身心发展中起决定作用。（见二维码）
2. 教师劳动具有专业性。（见二维码）
3. 法家的绝对"性恶论"否定了教育的价值。（见二维码）
4. 经典性条件反射和操作性条件反射没有实质性的区别。（见二维码）

简答题

1. 简述现代教育的特征。（见基础篇 P148）
2. 简述学科课程的特点。（见基础篇 P177）
3. 简述汉代"独尊儒术"的文教政策。（见基础篇 P14）
4. 简述《巴特勒教育法》。（见基础篇 P58）
5. 简述奥苏伯尔的认知同化理论。（见基础篇 P108）
6. 简述社会规范学习的心理过程。（见基础篇 P136）

论述题

1. 如何理解教学中掌握知识与发展智力的关系？（见基础篇 P186）
2. 对卢梭的自然主义教育进行述评。（见基础篇 P72）

2016年山东师范大学333教育综合真题

名词解释

1. 活动课程（见基础篇 P175）
2. "致良知"（见二维码）
3. 大学区制（见二维码）
4. 自我效能感（见基础篇 P113）

辨析题

1. 教育目的是人制定的，所以是主观的。（见二维码）
2. 教师在教学过程中担任多种角色。（见二维码）

3. 新教育运动是 19 世纪末 20 世纪初兴起于美国的教育革新运动。(见二维码)

4. 场独立型的人适合学习人文知识,场依存型的人适合学习数理知识。(见二维码)

简答题

1. 简述教育的政治功能。(见基础篇 P157)
2. 简述教学的任务。(见基础篇 P184)
3. 简述"九品中正制"。(见二维码)
4. 简述基督教教育的特点。(见二维码)
5. 简述严复的"三育论"。(见基础篇 P33)
6. 简述明治维新的教育改革。(见基础篇 P62)

论述题

1. 论述教师主导与学生主体的关系。(见基础篇 P186)
2. 联系实际,说明促进学习迁移的措施。(见基础篇 P121)

2017 年山东师范大学 333 教育综合真题

名词解释

1. 教学评价(见基础篇 P193)
2. 上位学习(见二维码)
3. 成就动机(见基础篇 P113)
4. 教育准备说(见二维码)
5. 苏湖教法(见基础篇 P22)
6. 平民教育思潮(见二维码)

辨析题

1. 课程内容即教材内容。(见二维码)
2. 智力水平高的人创造力也高。(见二维码)
3. 蔡元培在改革北大时提出的指导思想"思想自由,兼容并包"是指所有的思想无所不包。(见二维码)

简答题

1. 简述教师角色冲突的主要表现。(见基础篇 P212)
2. 简述文化对教育的制约与影响。(见基础篇 P156)
3. 课程目标有哪几种基本表述方式? (见二维码)
4. 简述有意义学习的条件。(见基础篇 P107)
5. 简述夸美纽斯的教育内容。(见基础篇 P71)

论述题

1. 材料:北大哲学系博士肖清在他的博士论文《放牛娃和博士》中,写了关于他从一个放牛娃到博士的历程。(材料大意)

根据上面的材料,说明教育对人的发展的作用。(见二维码)

2. 述评苏格拉底法。(见基础篇 P48)

2018年山东师范大学333教育综合真题

名词解释
1. 教育中介系统（见二维码）
2. 正迁移（见二维码）
3. 庚款兴学（见基础篇 P32）
4. 课程内容（见二维码）
5. 认知风格（见基础篇 P95）
6. 社会本位论（见基础篇 P163）

辨析题
1. 人的发展不总是按照相同的速度直线发展，这表明人的发展具有阶段性。（见二维码）
2. 法国教育体系是中央集权。（见二维码）
3. 负强化就是惩罚。（见二维码）

简答题
1. 简述直接经验与间接经验的关系。（见基础篇 P185）
2. 简述中世纪大学的意义。（见基础篇 P53）
3. 简述影响问题解决的因素。（见基础篇 P132）
4. 简述永恒主义教育的原则。（见基础篇 P89）
5. 简述察举制与九品中正制的异同。（见拔高篇 P228）
6. 简述理论联系实际的原则。（见基础篇 P195）

论述题
1. 论述教师的素质。（见基础篇 P212）
2. 论述王守仁的儿童教育思想。（见基础篇 P27）

2019年山东师范大学333教育综合真题

名词解释
1. 教育规律（见基础篇 P142）
2. 教学策略（见基础篇 P192）
3. "六艺"（见基础篇 P2）
4. 鸿都门学（见基础篇 P14）
5. 品德不良（见基础篇 P136）
6. 智者学派（见基础篇 P47）

辨析题
1. 所有接受学习都是机械的。（见二维码）
2. 教师专业性最突出的特征是教师资格证。（见二维码）
3. 朱熹关于小学教育的目的是培养"圣贤坯璞"。（见二维码）

简答题
1. 简述孔子的德育内容及方法。（见基础篇 P7）
2. 简述《费里教育法》。（见二维码）
3. 简述学习知识与发展智力的关系。（见基础篇 P186）
4. 简述加里培林关于智力技能的发展阶段。（见基础篇 P123）

5. 简述启发式教学原则的要求。（见基础篇 P195）
6. 简述环境对人的发展的作用。（见基础篇 P151）

论述题

1. 试论述个别教学、班级授课制、分组教学的优缺点。（见二维码）
2. 论述洪堡的教育改革。（见二维码）

2020年山东师范大学333教育综合真题

名词解释

1. 双轨制（见基础篇 P170）
2. 先行组织者（见基础篇 P104）
3. 《大学》（见基础篇 P4）
4. 《爱弥儿》（见基础篇 P68）
5. 进步主义教育（见基础篇 P85）
6. 逆向迁移（见二维码）

辨析题

1. 学校管理没有育人功能。（见二维码）
2. 组织策略和计划策略同属于认知策略。（见二维码）
3. 公学就是公立学校。（见二维码）

简答题

1. 简述教育目的的社会本位论。（见基础篇 P164）
2. 简述直观性教学原则。（见二维码）
3. 简述孔子的教学方法。（见基础篇 P7）
4. 简述要素主义理论。（见基础篇 P88）
5. 简述归因理论及其对学习动力培养的作用。（见基础篇 P116）
6. 简述教师角色。（见基础篇 P211）

论述题

1. 试述德育原则中的理论与实际相结合的原则。（见二维码）
2. 试述蔡元培改革北京大学的实践。（见基础篇 P35）

2021年山东师范大学333教育综合真题

名词解释

1. 形成性评价（见基础篇 P193）
2. 结构不良领域知识（见二维码）
3. 精细加工策略（见基础篇 P124）
4. "七艺"（见基础篇 P48）
5. 《学记》（见基础篇 P5）
6. 《莫雷尔法案》（见基础篇 P57）

辨析题

1. 教育内容即课程、教科书、参考资料中的内容。（见二维码）
2. 负迁移就是逆向迁移。（见二维码）

3. 赫尔巴特提出了"五段教学法"。(见二维码)

简答题

1. 简述现代教育的主要特征。(见基础篇 P148)
2. 简述活动课程的特点。(见基础篇 P177)
3. 简述当代学校管理的发展趋势。(见基础篇 P219)
4. 简述学习动机与学习效果的关系。(见基础篇 P114)
5. 简述革命根据地教育的基本经验。(见基础篇 P40)
6. 简述斯宾塞教育科学化思想的主要内容。(见基础篇 P64)

论述题

1. 如何理解和贯彻德育的教育影响一致性与连贯性原则？(见基础篇 P205)
2. 试论述陶行知的生活教育理论及其现实意义。(见基础篇 P44)

2022年山东师范大学333教育综合真题

名词解释

1. 书院(见基础篇 P22)
2. 产婆术(见基础篇 P47)
3. 骑士教育(见基础篇 P53)
4. 品德(见基础篇 P136)
5. 附属内驱力(见二维码)
6. 诊断性评价(见基础篇 P192)

辨析题

1. 学生认识的主要任务是学习直接经验。(见二维码)
2. 晏阳初的平民教育主张以文艺教育攻愚，培养知识力。(见二维码)
3. 奥苏伯尔的有意义学习和罗杰斯的有意义学习的本质相同。(见二维码)

简答题

1. 简述贯彻德育影响的一致性和连贯性原则的基本要求。(见基础篇 P205)
2. 简述活动课程和学科课程的区别与联系。(见基础篇 P177)
3. 简述教育的社会制约性。(见基础篇 P157)
4. 简述柏林大学的办学理念。(见基础篇 P60)
5. 简述赫尔巴特的教育性教学原则。(见基础篇 P76)
6. 结合动机理论,简述学习动机的培养及激发策略。(见基础篇 P117)

论述题

1. 论述班级授课制的局限性及改进策略。(见基础篇 P194)
2. 论述魏晋玄学教育思潮的主要特点。(见二维码)

2023年山东师范大学333教育综合真题

名词解释
1. 稷下学宫（见基础篇 P4）
2. "六艺"（见基础篇 P2）
3. 恩物（见基础篇 P69）
4. 塑造（见二维码）
5. 远迁移（见二维码）
6. 目标参照性评价（见二维码）

辨析题
1. 全面发展就是平均发展。（见二维码）
2. 壬子癸丑学制全面反映了劳动阶级对教育的要求。（见二维码）
3. 复杂任务下，学习动机越高学习效果越好。（见二维码）

简答题
1. 简述我国教育目的的基本精神。（见基础篇 P166）
2. 简述使用榜样示范法进行德育工作时的注意事项。（见二维码）
3. 培养班集体的方法。（见基础篇 P217）
4. 如何利用认知差异进行教学。（见基础篇 P100）
5. 简述汉武帝时期的文教政策。（见基础篇 P14）
6. 简述美国《国防教育法》的主要内容。（见二维码）

论述题
1. 论述教学过程中教师的主导作用与学生主体性之间的关系。（见二维码）
2. 论述进步主义教育的主要特征。（见二维码）

2010年西北师范大学333教育综合真题

名词解释
1. 班级（见二维码）
2. 研究法（见二维码）
3. 勤工俭学运动（见二维码）
4. 学习策略（见基础篇 P124）
5. 监生历事制度（见基础篇 P27）
6. 《国防教育法》（见基础篇 P58）

简答题
1. 教育对生产力发展的作用表现在哪些方面？（见基础篇 P157）
2. 环境在人身心发展中的作用是什么？（见基础篇 P151）
3. "百日维新"中教育改革的主要措施是什么？（见基础篇 P32）

论述题
1. 为什么教育在人的身心发展中起着重要作用？（见基础篇 P152）
2. 论述黄炎培的职业教育理论。（见基础篇 P42）
3. 试论述杜威的"从做中学"。（见基础篇 P81）
4. 试论述马斯洛的需要层次理论。（见基础篇 P114）

2011年西北师范大学333教育综合真题

名词解释

1. 教育学（见基础篇 P142）
2. 课程标准（见基础篇 P174）
3. 研究教学法（见二维码）
4. 德育（见基础篇 P201）
5. "六艺"教育（见基础篇 P2）
6. "七艺"教育（见基础篇 P48）

简答题

1. 简述我国教育目的的基本要求（精神）。（见基础篇 P166）
2. 简述教学过程中直接经验与间接经验的关系。（见基础篇 P185）
3. 简述"百日维新"中的教育改革措施。（见基础篇 P32）
4. 简述行为主义的教育理论。（见二维码）

论述题

1. 论述教师应具备的素养。（见基础篇 P212）
2. 论述《学记》中的主要教学原则。（见基础篇 P12）
3. 论述结构主义教育的代表人物及主要思想。（见基础篇 P90）
4. 试论述自我效能感理论及其对学习活动的意义。（见基础篇 P116）

2012年西北师范大学333教育综合真题

名词解释

1. 教育目的（见基础篇 P163）
2. 发现法（见基础篇 P104）
3. 课程（见基础篇 P174）
4. 骑士教育（见基础篇 P53）
5. 教师专业发展（见基础篇 P209）
6. 朱子读书法（见基础篇 P22）

简答题

1. 简述马斯洛的需要层次理论。（见基础篇 P114）
2. 简述教育的文化功能。（见基础篇 P157）
3. 简述学校教育制度确立的依据。（见基础篇 P171）
4. 简述"百日维新"中的教育改革措施。（见基础篇 P32）

论述题

1. 有研究根据教师的领导方式将教师分为强制专断型、仁慈专断型、放任自流型和民主型。假如你是一名教师，你会选择哪种领导方式对待学生？为什么？（见基础篇 P215）
2. 论述贺拉斯·曼的教育思想。（见二维码）
3. 《学记》中的主要教学原则有哪些？试对其进行简述。（见基础篇 P12）
4. 说明建构主义的基本观点及其对教育改革的意义。（见基础篇 P111）

2013年西北师范大学333教育综合真题

名词解释

1. 学校教育制度（见基础篇 P170）
2. 谈话教学法（见基础篇 P192）
3. 课程标准（见基础篇 P174）
4. 教师专业发展（见基础篇 P209）
5. 《白鹿洞书院揭示》（见二维码）
6. "六艺"教育（见基础篇 P2）
7. 骑士教育（见基础篇 P53）

简答题

1. 简述教师劳动的特点。（见基础篇 P210）
2. 简述全面发展教育各组成部分的关系。（见基础篇 P167）
3. 简述观察学习理论并对其进行评论。（见基础篇 P106）
4. 隋唐时产生的科举制度的积极意义是什么？（见基础篇 P17）
5. 举例说明洋务学堂的类型。（见基础篇 P29）

论述题

1. 有人认为教学的目标是传授知识，有人认为教学的目标是发展学生的智力。关于这一问题谈谈你的看法。（见二维码）
2. 影响道德品质的因素有哪些？学校应该采取哪些方式培养学生的道德品质？（见基础篇 P138）
3. 论述贺拉斯·曼的教育思想。（见二维码）

2014年西北师范大学333教育综合真题

名词解释

1. 学校教育制度（见基础篇 P170）
2. 课程标准（见基础篇 P174）
3. 有效教学（见二维码）
4. 隐性教学（见二维码）
5. 学习策略（见基础篇 P124）
6. 泛智教育（见基础篇 P68）
7. 要素教育（见二维码）
8. 创造性（见基础篇 P130）

简答题

1. 列举教育学独立时期的十位代表人物及其著作。（见二维码）
2. 学校教育在个体发展中有什么特殊的价值？实现这些价值需要什么条件？（见基础篇 P152）
3. 简述"百日维新"中教育改革的主要措施。（见基础篇 P32）
4. 简述美国《国防教育法》的主要内容。（见二维码）
5. 简述《中小学心理健康教育指导纲要（2012年修订）》规定的心理健康教育的总目标。（见二维码）
6. 简述教学与认知发展的关系。（见基础篇 P96）

论述题

1. 党的十八大政策提到"单独生二胎"，请谈谈人口和教育的关系是什么。（见二维码）
2. 论述蔡元培北大改革的措施并对其进行评价。（见基础篇 P35）
3. 论述日本明治维新时期的教育改革措施。（见基础篇 P62）

2015年西北师范大学333教育综合真题

名词解释

1. 课程标准（见基础篇 P174）
2. 德育（见基础篇 P201）
3. 分斋教学法（见基础篇 P22）
4. 生活教育理论（见基础篇 P41）
5. 导生制（贝尔-兰卡斯特制）（见基础篇 P57）
6. 恩物（见基础篇 P69）
7. 元认知（见基础篇 P125）
8. 品德（见基础篇 P136）

简答题

1. 中小学常用的教学方法有哪些？（见基础篇 P198）
2. 学校管理的发展趋势是什么？（见基础篇 P219）
3. 简述《学记》中的教育教学原则及其含义。（见基础篇 P12）
4. 简要陈述颜元学校改革的思想。（见基础篇 P28）
5. 简述文艺复兴时期人文主义教育的基本特点。（见基础篇 P55）
6. 简述夸美纽斯在教育史上的贡献和地位。（见基础篇 P71）
7. 联系实际，谈谈教师如何激发学生的学习动机。（见基础篇 P117）
8. 简述《中小学心理健康教育指导纲要（2012年修订）》提出的学校开展心理健康教育的途径。（见二维码）

论述题

1. 材料：2014年9月10日，依兰县高级中学高二年级17班的学生没有给科任老师赠送礼物，班主任对此极为不满，上课时公然向学生索要教师节礼物，并对学生进行辱骂。随后班长组织同学集资花费296元，购买了六箱牛奶，分别送给冯群超等6名科任老师。

   依据以上材料，说说一名合格的教师应该具备什么样的专业素养。（见二维码）

2. 请论述教育对人的发展起什么作用，为什么。（见基础篇 P152）

2016年西北师范大学333教育综合真题

名词解释

1. 素丝说（见基础篇 P4）
2. 班级授课制（见基础篇 P191）
3. 最近发展区（见基础篇 P95）
4. 自我效能感（见基础篇 P113）
5. 快乐之家（见二维码）
6. 六等黜陟法（见二维码）
7. 义务教育（见基础篇 P170）
8. 公学（见基础篇 P57）

简答题

1. 简述洛克的体育教育思想。（见二维码）
2. 简述斯宾塞的科学教育思想。（见基础篇 P64）
3. 简述1922年"新学制"的特点。（见基础篇 P34）
4. 简述资源管理策略。（见二维码）
5. 简述现代教育的发展趋势。（见基础篇 P148）
6. 简述"熙宁兴学"。（见基础篇 P23）
7. 简述影响知识理解的因素。（见基础篇 P120）

论述题

1. 论述中小学班主任工作的主要内容及班集体建设。(见基础篇 P216、217)
2. 为什么要坚持教师的主导作用和学生的积极性相结合？(见二维码)

2017年西北师范大学333教育综合真题

名词解释

1. 教育目的(见基础篇 P163)
2. 公学(见基础篇 P57)
3. 分支型学制(见二维码)
4. 要素教育(见二维码)
5. 罗森塔尔效应(见基础篇 P209)

简答题

1. 简述教师劳动的特点。(见基础篇 P210)
2. 简述德育的途径。(见基础篇 P207)
3. 简述晏阳初的农村教育实验。(见基础篇 P43)
4. 简述国民政府时期的教育方针。(见二维码)
5. 简述教育对人的主导作用。(见基础篇 P152)
6. 简述促进知识迁移的措施。(见基础篇 P121)
7. 简述学习动机和学习效率的关系。(见基础篇 P114)

论述题

1. 材料：印度虽然有许多劳动力，但没有解决吃饭问题，然而印度有很多高等学校，并且极为重视教育。(材料大意，回忆版)
   (1) 论述教育对经济的影响。
   (2) 论述经济对教育的影响。(见二维码)
2. 比较斯巴达教育和雅典教育的特点。(见拔高篇 P232)

2018年西北师范大学333教育综合真题

名词解释

1. 综合实践活动(见基础篇 P176)
2. 学校教育制度(见基础篇 P170)
3. 学校德育(见基础篇 P201)
4. 五段教学法(见二维码)
5. 普雷马克原理(见二维码)
6. 稷下学宫(见基础篇 P4)

简答题

1. 简述影响知识理解的因素。(见基础篇 P120)
2. 简述学科课程与活动课程的关系。(见基础篇 P177)
3. 简述王阳明的"致良知"及其意义。(见二维码)
4. 简述支架式教学与最近发展区的关系。(见二维码)
5. 简述乌申斯基的民族性教育及对中国的意义。(见二维码)

论述题

材料：王老师是一名班主任，平时对学生十分严格，不许学生乱扔垃圾。但自己时不时就在课堂上说脏话，烟头也随手扔到讲桌底下。他经常教育学生要改掉那些坏习惯，可是学生一点也没有改变，王老师很无奈。

(1) 结合材料分析王老师所教的班级为什么会出现这种现象，试分析其原因。

(2) 作为班主任，如何才能达到好的教育效果？（见拔高篇 P365）

2019 年西北师范大学 333 教育综合真题

名词解释

1. 终身教育（见基础篇 P171）
2. 教学策略（见基础篇 P192）
3. 三舍法（见基础篇 P22）
4. 八股文（见二维码）
5. 乌托邦（见二维码）
6. 客体永恒性（见二维码）
7. 学习迁移（见基础篇 P119）

简答题

1. 教育的独立性主要体现在哪些方面？（见基础篇 P159）
2. 简述教育的启发性原则及其要求。（见基础篇 P195）
3. 简述教学过程中常见的教学评价种类。（见基础篇 P199）
4. 简述裴斯泰洛齐的要素教育思想。（见基础篇 P74）
5. 简述卢梭的自然主义教育思想。（见基础篇 P72）
6. 动机归因的方式有哪些？教师如何教育学生进行正确归因？（见基础篇 P115）
7. 简述奥苏伯尔的有意义学习及其条件。（见基础篇 P107）
8. 简述稷下学宫的性质与影响。（见基础篇 P6）

论述题

1. 试述教学过程中掌握知识与发展智力的关系。（见基础篇 P186）
2. 试述王守仁的儿童教育思想的内容及其意义。（见基础篇 P27）

2020 年西北师范大学 333 教育综合真题

名词解释

1. 终身教育（见基础篇 P171）
2. 《巴特勒教育法》（见二维码）
3. "三纲领八条目"（见基础篇 P4）
4. 程序性知识（见基础篇 P119）
5. 校本培训（见二维码）
6. 发现学习（见基础篇 P104）
7. 长善救失原则（见基础篇 P202）
8. 深造自得（见二维码）

简答题

1. 简述《国防教育法》。（见二维码）
2. 简述前运算阶段儿童思维发展的特点。（见二维码）
3. 简述韩愈《师说》中的教育思想。（见基础篇 P20）

4. 杜威的"教育即生长"与斯宾塞的"教育是为未来生活做准备"存在不同,你认为哪个正确?你认为教育与生活的关系是怎样的?（见拔高篇 P333）

5. 简述教学过程的性质。（见基础篇 P184）

6. 简述自我效能感及其影响因素。（见基础篇 P116）

7. 简述《学记》中的教育教学原则。（见基础篇 P12）

材料分析题

材料:有个学生叫包梦辰,有段时间她家里出事了,所以上课也不认真,老是睡觉,整天迷迷糊糊的。老师就当着全班学生的面嘲笑她,说:"上课天天睡觉,怪不得你叫梦辰呢!"（材料大意,回忆版）

（1）材料中老师的做法对吗？你认为应该怎么做？

（2）在教育教学过程中,教师应该怎样和学生交往？（见拔高篇 P363）

论述题

述评赫尔巴特的教育思想。（见基础篇 P78）

2021年西北师范大学333教育综合真题

名词解释

1. 分支型学制（见二维码）
2. 德育过程（见基础篇 P201）
3. 《国防教育法》（见基础篇 P58）
4. 图式（见基础篇 P94）
5. 贝尔-兰卡斯特制（见基础篇 P57）
6. 心智技能（见基础篇 P122）

简答题

1. 简述赫尔巴特的教学阶段论。（见基础篇 P77）
2. 简述朱熹的读书法并对其进行评价。（见基础篇 P26）
3. 简述裴斯泰洛齐的要素主义。（见基础篇 P74）
4. 简述教学的基本原则。（见基础篇 P197）

论述题

1. 中小学常见的教学方法有哪些？谈谈网络对教学方法改革的影响。（见二维码）
2. 论述班主任工作的内容,以及如何进行创新管理。（见基础篇 P216）
3. 论述1922年"新学制"的特点并对其进行评价。（见基础篇 P34）
4. 论述建构主义的基本观点及其对教育实践的意义。（见基础篇 P111）

2022年西北师范大学333教育综合真题

名词解释

1. 教育中介系统（见二维码）
2. 教育的质的规定性（见二维码）
3. 学园（见基础篇 P47）
4. 《莫雷尔法案》（见基础篇 P57）
5. 认知内驱力（见二维码）
6. 学习策略（见基础篇 P124）

简答题

1. 简述教学过程中应当处理好的关系。(见基础篇 P187)
2. 简述中世纪大学在教育史上的地位及影响。(见基础篇 P53)
3. 简述凯兴斯泰纳的劳作学校理论及影响。(见二维码)
4. 简述隋唐时期学校教育制度的特点。(见基础篇 P16)

论述题

1. 论述班杜拉的观察学习理论及影响。(见基础篇 P106)
2. 论述王守仁的儿童教育思想。(见基础篇 P27)
3. 论述教师应当具备的素养及如何培养。(见基础篇 P212)
4. 有人认为当代年轻一代是垮掉的一代,有人认为当代年轻一代有担当,请结合教育学知识评述。(见二维码)

2023年西北师范大学 333 教育综合真题

名词解释

1. 教育目的 (见基础篇 P163)
2. 体谅模式 (见二维码)
3. "大丈夫"理想人格 (见二维码)
4. 监生历事 (见基础篇 P27)
5. 亲社会行为 (见基础篇 P95)
6. 习得性无助 (见二维码)

简答题

1. 简述夸美纽斯的泛智学校。(见基础篇 P70)
2. 简述教育的社会流动功能。(见基础篇 P155)
3. 简述非正规教育。(见二维码)
4. 简述间接经验和直接经验。(见二维码)

论述题

1. 结合《师说》材料分析教师的角色变化。(见拔高篇 P360)
2. 马卡连柯的集体教育思想。(见基础篇 P65)
3. 记忆的特点,如何运用记忆规律合理复习。(见基础篇 P120)
4. 宋代书院产生的原因和特点。(见基础篇 P23、24)

2010年天津师范大学 333 教育综合真题

名词解释

1. 教育目的 (见基础篇 P163)
2. 课程 (见基础篇 P174)
3. 守恒 (见二维码)
4. 成就动机 (见基础篇 P113)
5. 苏格拉底方法 (见基础篇 P47)
6. 《1988年教育改革法》(见二维码)

简答题

1. 简述人的身心发展的一般规律。(见基础篇 P149)

2. 简述人文主义教育的特征。(见基础篇 P55)

3. 简述美国公立学校运动的主要内容。(见二维码)

4. 简述宋朝历史上三次著名的兴学运动。(见基础篇 P23)

论述题

1. 试论述掌握知识与发展智力的关系。(见基础篇 P186)

2. 联系实际,分析学校管理的发展趋势。(见基础篇 P219)

3. 分析论述蔡元培的大学教育思想和对北大的改革。(见基础篇 P35)

4. 举例说明加里培林的智慧技能按阶段形成的理论。(见基础篇 P123)

2011 年天津师范大学 333 教育综合真题

名词解释

1. 教育制度(见基础篇 P170)   2. 教学策略(见基础篇 P192)

3. 校本课程(见基础篇 P175)   4. "六艺"(见基础篇 P2)

5. "中体西用"(见基础篇 P29)   6. 自我效能感(见基础篇 P113)

简答题

1. 简述教学过程中应处理好的教学关系。(见基础篇 P187)

2. 简述我国教育目的的基本教育精神。(见基础篇 P166)

3. 简述我国 20 世纪 20 年代新文化运动时期的教育思潮。(见基础篇 P39)

4. 简述欧洲文艺复兴时期人文主义教育的基本特征。(见基础篇 P55)

论述题

1. 论述教师劳动的特点。(见基础篇 P210)

2. 论述孔子的道德修养思想及其现实意义。(见基础篇 P7)

3. 论述终身教育思潮以及影响。(见基础篇 P90)

4. 如何培养学生的学习动机?(见基础篇 P117)

2012 年天津师范大学 333 教育综合真题

名词解释

1. 范例教学模式(见二维码)   2. 因材施教原则(见基础篇 P192)

3. 自我效能感(见基础篇 P113)   4. 学习策略(见基础篇 P124)

5. 科举制度(见基础篇 P16)   6. 苏格拉底法(见基础篇 P47)

简答题

1. 浅析课程实施的概念及其运行结构。(见二维码)

2. 简述陶行知的"生活教育"思想。(见基础篇 P44)

3. 简述赫尔巴特的教学阶段论。(见基础篇 P77)

4. 简述杜威教学方法的五个阶段。(见基础篇 P82)

论述题

1. 如何看待普通中小学的性质与任务？（见二维码）
2. 如何理解教师专业发展的内涵及发展途径？（见基础篇 P212）
3. 说明班杜拉的观察学习过程及其对教学工作的启示。（见基础篇 P106）
4. 论述蔡元培"五育"并举的教育方针。（见基础篇 P37）

2013年天津师范大学333教育综合真题

名词解释

1. 教学模式（见基础篇 P183）
2. 课程标准（见基础篇 P174）
3. 元认知策略（见基础篇 P125）
4. 技能（见基础篇 P122）
5. 《学记》（见基础篇 P5）
6. 教育性教学原则（见基础篇 P69）

简答题

1. 简述教育与文化的关系。（见基础篇 P158）
2. 简述建立良好师生关系的途径与方法。（见基础篇 P215）
3. 简述书院教育的特点。（见基础篇 P24）
4. 简述美国"八年研究"主要涉及的问题。（见二维码）

论述题

1. 如何看待班级授课制？（见基础篇 P194）
2. 论述陈鹤琴的"活教育"思想体系。（见基础篇 P45）
3. 评述结构主义教育及其影响。（见基础篇 P90）
4. 如何提高学生解决问题的能力？（见基础篇 P132）

2014年天津师范大学333教育综合真题

名词解释

1. 京师同文馆（见基础篇 P29）
2. 朱子读书法（见基础篇 P22）
3. 道尔顿制（见基础篇 P86）
4. 教育心理学化（见二维码）
5. 最近发展区（见基础篇 P95）
6. 成功智力理论（见基础篇 P129）

简答题

1. 简述教育与政治制度的关系。（见基础篇 P158）
2. 简述课程内容的设计。（见二维码）
3. 简述掌握知识和发展智力的关系。（见基础篇 P186）
4. 简述德育的途径与方法。（见基础篇 P207）

论述题

1. 论述教师应具备的基本素养。（见基础篇 P212）

2. 论述陶行知"生活教育"的理论体系。（见基础篇P44）

3. 评述赫尔巴特的课程理论。（见基础篇P77）

4. 论述学习动机的培养与激发。（见基础篇P117）

2015年天津师范大学333教育综合真题

名词解释

1. 《颜氏家训》（见基础篇P16）
2. 绅士教育（见基础篇P63）
3. 学习策略（见基础篇P124）
4. 有意义学习（见基础篇P104）
5. 学校教育制度（见基础篇P170）
6. 德育过程（见基础篇P201）

简答题

1. 简述孔子的教学思想。（见基础篇P7）
2. 简述泰勒的课程原理。（见基础篇P176）
3. 简述教学过程的实质。（见基础篇P184）
4. 简述教师的权利和义务。（见基础篇P210）

论述题

1. 论述蔡元培的教育思想与实践。（见基础篇P36）
2. 论述环境、教育、遗传素质在人的身心发展中的作用。（见基础篇P150、151、152）
3. 论述创造性及其培养措施。（见基础篇P133）
4. 论述杜威关于教育本质的教育理论。（见基础篇P80）

2016年天津师范大学333教育综合真题

名词解释

1. "互联网+教育"（见二维码）
2. 恩物（见基础篇P69）
3. 昆西教学法（见基础篇P85）
4. 孔子的"六经"（见二维码）
5. 课程设计（见基础篇P175）
6. 苏湖教学法（见基础篇P22）

简答题

1. 简述认知发展与教学的辩证关系。（见基础篇P106）
2. 简述德育过程的特点。（见基础篇P202）
3. 简述卢梭的自然教育理论。（见基础篇P72）
4. 简述教学的基本环节。（见基础篇P187）
5. 简述教师劳动的特点。（见基础篇P210）

论述题

1. 论述教育的社会变迁功能。（见二维码）
2. 论述促进知识应用与迁移的措施。（见基础篇P122）
3. 比较杜威和陶行知的教育思想。（见拔高篇P242）

2017年天津师范大学333教育综合真题

名词解释

1. 学校教育（见基础篇 P145）
2. 产婆术（见基础篇 P47）
3. 活动课程（见基础篇 P175）
4. 程序教学（见二维码）
5. 稷下学宫（见基础篇 P4）
6. 观察学习（见基础篇 P104）

简答题

1. 简述"三纲领八条目"。（见基础篇 P11）
2. 简述德育的基本原则。（见基础篇 P206）
3. 简述杜威的五步教学法。（见基础篇 P82）
4. 简述文艺复兴时期人文主义教育的特征。（见基础篇 P55）

论述题

1. 论述赞科夫的发展性教学原则。（见基础篇 P66）
2. 如何提高学生的问题解决能力？（见基础篇 P132）
3. 论述教师的角色冲突及解决方法。（见基础篇 P212）
4. 教育应如何适应个体的身心发展规律？（见基础篇 P149）

2018年天津师范大学333教育综合真题

名词解释

1. 课程标准（见基础篇 P174）
2. 德育原则（见基础篇 P201）
3. 结构主义教育（见基础篇 P87）
4. 学习策略（见基础篇 P124）
5. 多元智能理论（见基础篇 P129）
6. 创造性（见基础篇 P130）

简答题

1. 简述教育的生态功能。（见基础篇 P158）
2. 简述我国教育目的的基本精神。（见基础篇 P166）
3. 简述王守仁的儿童教育思想。（见基础篇 P27）
4. 简述新时代教师的基本素养。（见基础篇 P212）

论述题

1. 论述选择教学方法的依据。（见基础篇 P198）
2. 论述孔子的教育内容和教学方法。（见基础篇 P9）
3. 论述赫尔巴特的教育思想。（见基础篇 P78）
4. 论述皮亚杰的认知发展阶段理论及其对教育的启示。（见基础篇 P95）

2019年天津师范大学333教育综合真题

名词解释

1. 课程（见基础篇 P174）
2. 教育目的（见基础篇 P163）
3. 产婆术（见基础篇 P47）
4. 心智技能（见基础篇 P122）
5. 循序渐进原则（见二维码）
6. 学习动机（见基础篇 P113）

简答题

1. 简述教学方法选择的依据。（见基础篇 P198）
2. 简述科尔伯格的道德理论。（见基础篇 P99）
3. 简述中小学德育的培养途径。（见基础篇 P207）
4. 简述《学记》中的教育教学原则。（见基础篇 P12）

论述题

1. 论述教师的职业道德素养。（见二维码）
2. 论述建构主义学习理论。（见基础篇 P111）
3. 论述杜威的教育本质论与教育目的论。（见基础篇 P80）
4. 论述个体能动性在人身心发展中的作用。（见基础篇 P151）

2020年天津师范大学333教育综合真题

名词解释

（当年未考名词解释）

简答题

1. 简述教育的质的规定性。（见基础篇 P146）
2. 简述班主任的基本素养。（见基础篇 P216）
3. 简述裴斯泰洛齐的教育心理学化。（见基础篇 P74）
4. 简述蒙学教材的分类及特点。（见基础篇 P25）
5. 简述创造性的含义及培养。（见基础篇 P133）

论述题

1. 分析论述学生学习知识的两种方式。（见拔高篇 P275）
2. 论述德育的过程。（见基础篇 P202）
3. 论述苏霍姆林斯基的教育理论。（见基础篇 P67）
4. 论述陶行知的生活教育理论。（见基础篇 P44）
5. 论述应如何激发和培养学生的学习动机。（见基础篇 P117）

2021年天津师范大学333教育综合真题

名词解释
1. 教学评价（见基础篇 P193）
2. 苏格拉底方法（见基础篇 P47）
3. 教育目的（见基础篇 P163）
4. 最近发展区（见基础篇 P95）
5. 元认知（见基础篇 P125）
6. 朱子读书法（见基础篇 P22）

简答题
1. 简述教学过程中应当处理好的几种关系。（见基础篇 P187）
2. 简述德育的途径和方法。（见二维码）
3. 简述教育的经济功能和政治功能。（见基础篇 P157）
4. 简述蔡元培的教育实践和教育思想。（见基础篇 P36）

论述题
1. 论述教师的素养。（见基础篇 P212）
2. 论述布鲁纳的认知—发现说。（见基础篇 P106）
3. 论述赫尔巴特的道德教育理论。（见基础篇 P76）
4. 论述书院的产生与发展及其特点。（见基础篇 P23、24）

2022年天津师范大学333教育综合真题

名词解释
1. 骑士教育（见基础篇 P53）
2. 形成性评价（见基础篇 P193）
3. 社会性发展（见基础篇 P94）
4. 教育的相对独立性（见基础篇 P155）
5. 设计教学法（见基础篇 P86）
6. 先行组织者（见基础篇 P104）

简答题
1. 简述培养班集体的方法。（见基础篇 P217）
2. 简述梁启超的教育思想。（见二维码）
3. 简述操作技能的训练要求。（见二维码）
4. 简述人格发展的一般规律。（见基础篇 P101）

论述题
1. 论述孔子的道德教育思想。（见基础篇 P7）
2. 论述结构主义教育思想。（见基础篇 P90）
3. 教师在教学过程中应如何认识和处理掌握知识与发展智力的关系？（见基础篇 P186）
4. 结合实例，论述德育原则中的说服法。（见二维码）

2023年天津师范大学333教育综合真题

名词解释

1. 课程目标（见基础篇 P176）
2. 学校管理（见基础篇 P219）
3. 绅士教育（见基础篇 P63）
4. 道尔顿制（见基础篇 P86）
5. 有意义学习（见基础篇 P104）
6. 效果律（见二维码）

简答题

1. 简述教育的文化功能。（见基础篇 P157）
2. 简述韩愈的师道观。（见基础篇 P20）
3. 简述影响自我效能感的因素。（见基础篇 P116）
4. 简述创造性思维的主要特征。（见基础篇 P133）

论述题

1. 结合实际，论述在教学中如何贯彻科学性与思想性相统一的原则。（见基础篇 P196）
2. 结合实际，论述德育方法中的"奖惩法"。（见二维码）
3. 论述陶行知的"生活教育"思想体系。（见基础篇 P44）
4. 论述苏霍姆林斯基的教育理论。（见基础篇 P67）

2010年曲阜师范大学333教育综合真题

简答题

1. 为什么说学校教育在人的身心发展中起主导作用？（见基础篇 P152）
2. 简述文化对教育的影响和制约作用。（见基础篇 P156）
3. 简述教师专业化的内涵。（见基础篇 P213）
4. 1958年美国《国防教育法》的基本内容和意义是什么？（见二维码）
5. 简述裴斯泰洛齐的要素教育论。（见基础篇 P74）

论述题

1. 试论述教育的优先发展战略。（见基础篇 P160）
2. 评述陶行知的"生活教育"理论。（见基础篇 P44）
3. 有人说："现在是建构主义学习时代了，结构主义学习理论落后了。"试评析此观点。（见二维码）

2011年曲阜师范大学333教育综合真题

名词解释

1. 教育（见基础篇 P145）
2. 教育目的（见基础篇 P163）
3. 学校教育制度（见基础篇 P170）
4. 监生历事制度（见基础篇 P27）
5. 设计教学法（见基础篇 P86）
6. 学习策略（见基础篇 P124）

简答题

1. 影响人发展的基本因素是什么？（见基础篇 P153）
2. 简述教师劳动的特点。（见基础篇 P210）
3. 简述苏格拉底方法。（见基础篇 P48）
4. 简述建构主义的理论取向。（见基础篇 P111）

论述题

1. 论述世界各国课程改革发展的趋势。（见基础篇 P180）
2. 论述科举制的历史影响。（见基础篇 P17）
3. 论述结构主义教育思想的主要内容。（见基础篇 P90）
4. 结合实际，谈谈学生创造性的培养措施有哪些。（见基础篇 P133）

2012年曲阜师范大学333教育综合真题

论述题

1. 试述教育与文化的关系。（见基础篇 P158）
2. 试述教育研究中定量研究与定性研究的特点。（见二维码）
3. 试述全纳教育的观念与主要议题。（见二维码）
4. 论述要素主义的核心内容及其在当代的意义。（见基础篇 P88）

2013年曲阜师范大学333教育综合真题

名词解释

1. 教育制度（见基础篇 P170）
2. 说服教育（见二维码）
3. 元认知（见基础篇 P125）
4. 学习策略（见基础篇 P124）
5. 学科课程（见基础篇 P174）

简答题

1. 简述马克思主义全面发展教育的主要内容。（见基础篇 P165）
2. 简述创造性的基本结构。（见基础篇 P134）
3. 简述赫尔巴特的教学阶段理论。（见基础篇 P77）
4. 简述人本主义的教学意义。（见基础篇 P110）

论述题

1. 论述孔子的教学方法及其现代意义。（见基础篇 P7）
2. 论述班级授课制。（见基础篇 P194）
3. 论述杜威实用主义教育思想的主要内容。（见基础篇 P83）

2014年曲阜师范大学333教育综合真题

名词解释
1. 教育（见基础篇 P145）
2. 课程（见基础篇 P174）
3. "四书五经"（见基础篇 P23）
4. 1922年"新学制"（见基础篇 P34）
5. 学习动机（见基础篇 P113）
6. 学习策略（见基础篇 P124）

简答题
1. 教师的素养有哪些？（见基础篇 P212）
2. 简述学校心理健康教育的基本途径。（见二维码）
3. 简述福禄培尔的教育思想的主要内容。（见基础篇 P78）
4. 简述建构主义学习理论的主要内容。（见基础篇 P111）

论述题
1. 论述教育对人的发展的重要作用。（见基础篇 P152）
2. 论述教学过程的性质。（见基础篇 P184）
3. 论述孟子的教育思想。（见基础篇 P10）
4. 论述夸美纽斯的教育思想。（见基础篇 P71）

2015年曲阜师范大学333教育综合真题

名词解释
1. 教育目的（见基础篇 P163）
2. 教学方法（见基础篇 P191）
3. 学习动机（见基础篇 P113）
4. 学习策略（见基础篇 P124）
5. 知识（见基础篇 P119）
6. 技能（见基础篇 P122）

简答题
1. 简述教育学的研究对象和研究任务。（见基础篇 P142）
2. 简述福禄培尔的教育思想的主要内容。（见基础篇 P78）
3. 影响问题解决的因素有哪些？（见基础篇 P132）
4. 简述蔡元培教育思想的主要内容。（见基础篇 P36）

论述题
1. 论述教育对人的发展的重大作用。（见基础篇 P152）
2. 论述教师劳动的特点。（见基础篇 P210）
3. 论述孔子的教育思想。（见基础篇 P9）
4. 论述夸美纽斯的教育思想。（见基础篇 P71）

2016年曲阜师范大学333教育综合真题

名词解释

1. 教育目的（见基础篇 P163）
2. 教育制度（见基础篇 P170）
3. 自我效能感（见基础篇 P113）
4. 短时记忆（见二维码）
5. 书院（见基础篇 P22）
6. 自然后果法（见二维码）

简答题

1. 简述教育的相对独立性。（见基础篇 P159）
2. 简述奥苏伯尔有意义学习的实质和条件。（见基础篇 P107）
3. 简述皮亚杰认知发展的实质及阶段。（见基础篇 P95）
4. 简述孔子"性相近，习相远"的教育思想。（见二维码）

论述题

1. 论述人的未完成性与教育的关系。（见二维码）
2. 论述教师的基本素养。（见基础篇 P212）
3. 论述1922年"新学制"的特点并进行评价。（见基础篇 P34）
4. 评述赫尔巴特的教育性教学原则。（见基础篇 P76）

2017年曲阜师范大学333教育综合真题

名词解释

1. 个体发展（见二维码）
2. 学校教育制度（见基础篇 P170）
3. 元认知（见基础篇 P125）
4. 道尔顿制（见基础篇 P86）
5. 学习（见基础篇 P103）
6. 赫尔巴特的教育性教学原则（见基础篇 P69）

简答题

1. 简述孔子"有教无类"的主张。（见基础篇 P6）
2. 简述杜威的教育本质思想。（见基础篇 P80）
3. 简述心理健康的标准。（见基础篇 P140）
4. 简述教学中应该处理的几对关系。（见基础篇 P187）

论述题

1. 现代教师应具备怎样的专业素养？（见基础篇 P212）
2. 影响我国课程改革的主要因素有哪些？（见二维码）
3. 评述陶行知的生活教育理论。（见基础篇 P44）
4. 论述教学中应如何培养学生的问题解决能力。（见基础篇 P132）

2018 年曲阜师范大学 333 教育综合真题

名词解释

1. 教育（见基础篇 P145）
2. 品德（见基础篇 P136）
3. 教学（见基础篇 P183）
4. 学习动机（见基础篇 P113）
5. 学习策略（见基础篇 P124）
6. 学习（见基础篇 P103）

简答题

1. 简述夸美纽斯的教育思想。（见基础篇 P71）
2. 简述影响问题解决的因素。（见基础篇 P132）
3. 简述蔡元培的教育思想和教育实践。（见基础篇 P36）
4. 简述教师劳动的特点。（见基础篇 P210）

论述题

1. 试述德育过程的规律。（见基础篇 P202）
2. 试述教育对人的作用。（见基础篇 P152）
3. 试述孔子的教育思想。（见基础篇 P9）
4. 试述杜威的教育思想。（见基础篇 P83）

2019 年曲阜师范大学 333 教育综合真题

名词解释

1. 地方课程（见二维码）
2. 苏格拉底法（见基础篇 P47）
3. 先行组织者（见基础篇 P104）
4. 精细加工策略（见基础篇 P124）
5. 设计教学法（见基础篇 P86）
6. 教学评价（见基础篇 P193）

简答题

1. 简述癸卯学制的内容及意义。（见二维码）
2. 简述环境对人的发展的作用。（见基础篇 P151）
3. 简述个人本位的教育目的论。（见基础篇 P164）
4. 简述中小学德育的途径。（见基础篇 P207）

论述题

1. 论述教师的权利与义务。（见基础篇 P210）
2. 评析卢梭的教育思想。（见基础篇 P73）
3. 评析《学记》中的教育管理原则。（见基础篇 P12）
4. 论述皮亚杰的认知发展阶段理论。（见基础篇 P95）

2020 年曲阜师范大学 333 教育综合真题

名词解释

1. 陶冶法(见基础篇 P202)
2. 活教育(见基础篇 P42)
3. 白板说(见基础篇 P63)

简答题

1. 简述马克思关于人的全面发展学说。(见基础篇 P165)
2. 简述影响学习动机的因素。(见基础篇 P117)
3. 简述教师的基本素养。(见基础篇 P212)
4. 简述我国现代教育制度的发展趋势。(见基础篇 P172)

论述题

1. 论述赫尔巴特的教学阶段论。(见基础篇 P77)
2. 论述朱子读书法的内容和对现代的意义。(见基础篇 P26)
3. 论述攻击行为产生的原因和解决办法。(见二维码)

2021 年曲阜师范大学 333 教育综合真题

名词解释

1. 学制(见基础篇 P170)
2. 骑士教育(见基础篇 P53)
3. 课程方案(见基础篇 P174)
4. 白板说(见基础篇 P63)
5. 最近发展区(见基础篇 P95)
6. 操作技能(见基础篇 P122)

简答题

1. 简述实验教育学的观点。(见二维码)
2. 简述个体活动在人的发展中的作用。(见基础篇 P151)
3. 简述陈鹤琴的"活教育"思想。(见基础篇 P45)
4. 简述马克思主义关于人的全面发展学说。(见基础篇 P165)

论述题

1. 述评结构主义教育思想。(见基础篇 P90)
2. 试述王守仁的教育思想。(见二维码)
3. 论述学习动机的影响因素及培养措施。(见基础篇 P117)
4. 论述教师的素质。(见基础篇 P212)

2022 年曲阜师范大学 333 教育综合真题

名词解释

1. 走班制(见二维码)
2. 布卢姆的教育目标分类学(见二维码)

3. 生活教育(见基础篇 P41)
4. 绅士教育(见基础篇 P63)
5. 功能固着(见基础篇 P130)
6. 概念同化(见基础篇 P94)

简答题

1. 简述人的发展规律。(见基础篇 P149)
2. 简述班主任工作的主要内容。(见基础篇 P216)
3. 简述孔子的教育思想。(见基础篇 P9)
4. 简述永恒主义教育。(见基础篇 P89)

论述题

1. 试述学校教育传承的科学文化知识对人的影响。(见基础篇 P152)
2. 试比较荀子和孟子的教育思想。(见拔高篇 P224)
3. 试述文艺复兴时期人文主义教育的特征。(见基础篇 P55)
4. 试述班杜拉自我效能感的主要内容。(见基础篇 P116)

2023 年曲阜师范大学 333 教育综合真题

名词解释

1. 学习策略(见基础篇 P124)
2. 创造性(见基础篇 P130)
3. 《莫雷尔法案》(见基础篇 P57)
4. 智者(见基础篇 P47)
5. 学校教育制度(见基础篇 P170)
6. 教育内容(见基础篇 P146)

简答题

1. 简述皮亚杰认知发展理论。(见基础篇 P95)
2. 简述陶行知的"教学做合一"思想。(见二维码)
3. 简述成就动机的培育过程。(见二维码)
4. 简述社会政治经济制度对教育的制约。(见基础篇 P156)

论述题

1. 论述《学记》中的教育性教学原则和教学方法。(见基础篇 P12)
2. 论述我国教育目的的基本精神以及中小学教育目的的问题与解决措施。(见二维码)
3. 述评卢梭的自然主义教育思想。(见基础篇 P72)
4. 论述五种在历史上有影响的教育组织形式和线上教学的优缺点。(见二维码)

2010 年辽宁师范大学 333 教育综合真题

名词解释

1. 课程标准(见基础篇 P174)
2. 班级授课制(见基础篇 P191)
3. 苏格拉底法(见基础篇 P47)
4. 导生制(见基础篇 P57)
5. 创造性(见基础篇 P130)
6. 图式(见基础篇 P94)

简答题

1. 什么是教育目的？我国教育目的的基本精神是什么？（见基础篇 P166）
2. 简述《学记》中关于教育教学原则的思想。（见基础篇 P12）
3. 简述培养和激发学习动机的措施。（见基础篇 P117）
4. 如何矫正学生的不良品德？（见基础篇 P138）

论述题

1. 举例说明学生的身心发展规律有哪些。教育应该怎样适应？（见基础篇 P149）
2. 评论蔡元培的大学教育思想和对北京大学的改革。（见基础篇 P35）
3. 材料：

苏霍姆林斯基在《给教师的建议》中说："我深信只有能够激发学生进行自我教育的教育才是真正的教育。"

这段话体现了德育过程的哪一规律？并进行分析。（见拔高篇 P343）

4. 材料："我认为我们由于给儿童太突然地提供了许多与这种社会生活无关的专门科目，如读、写和地理等，而违背了儿童的天性，并且使最好的伦理效果变得难以实现了，因此学校科目相互联系的真正中心，不是科学，不是文学，不是历史，不是地理，而是儿童本身的社会活动。"

这是《学校与社会·明日之学校》中的话，试以这段话为例评述杜威的课程与教学思想。（见拔高篇 P270）

2011 年辽宁师范大学 333 教育综合真题

名词解释

1. 价值澄清法（见二维码）
2. 多元文化教育（见二维码）
3. 有教无类（见基础篇 P4）
4. 癸卯学制（见基础篇 P32）
5. 《国防教育法》（见基础篇 P58）
6. 教育性教学（见基础篇 P69）

简答题

1. 什么是个性？教育促进人的个性发展主要表现在哪些方面？（见基础篇 P153）
2. 简述朱子读书法。（见基础篇 P26）
3. 简述陶行知生活教育理论的基本内涵，并分析其历史价值和现实意义。（见基础篇 P44）
4. 影响问题解决的因素有哪些？如何培养学生解决问题的能力？（见基础篇 P132）

论述题

1. 现代教育有哪些基本特征？在这些特征中，你能看出当前中国教育有哪些亟待改革和发展的方面？试提出解决的对策。（见基础篇 P148）
2. 什么是教学评价？教学评价有哪些类型？分析我国目前教学评价中存在的问题。（见基础篇 P199）
3. 材料：

法国教育家卢梭曾写道："问题不在于教他各种学问，而在于培养他有爱好学问的兴趣，而且在这种兴趣充分成长起来的时候，教他以研究学问的方法，毫无疑问，这是一切良好的教育的一个基本原则。"

请结合这段话评述卢梭的自然教育理论，并谈谈对目前教育改革的启示。（见拔高篇 P267）

4. 人们通常不会把学生在写字时能熟练控制自己的手部运动，称为动作技能的学习。

(1) 请你对何时才会出现动作技能的学习作出确认。

(2) 就动作技能获得的阶段及其影响因素逐一做描述。（见拔高篇 P289）

2012年辽宁师范大学333教育综合真题

名词解释

1. 学校教育制度（见基础篇 P170）
2. 启发性原则（见基础篇 P192）
3. 壬戌学制（见基础篇 P34）
4. 苏湖教法（见基础篇 P22）
5. 发现学习（见基础篇 P104）
6. 学习策略（见基础篇 P124）

简答题

1. 简述教育的社会功能。（见基础篇 P160）
2. 简述教学模式的基本特点。（见二维码）
3. 简述我国基础教育课程改革的六大具体目标。（见基础篇 P181）
4. 简述斯宾塞的课程论思想。（见基础篇 P64）

论述题

1. 论述德育过程的基本规律。（见基础篇 P202）
2. 论述孔子的道德教育思想观点，并列出反映其思想的四条至理名言。（见基础篇 P7）
3. 阐述夸美纽斯教育思想体系的构成，并分析其历史贡献。（见基础篇 P71）
4. 论述建构主义的知识观、教学观、学生观，并谈谈对教育的影响。（见基础篇 P111）

2013年辽宁师范大学333教育综合真题

名词解释

1. 教育制度（见基础篇 P170）
2. 教学评价（见基础篇 P193）
3. 贝尔－兰卡斯特制（见基础篇 P57）
4. 白板说（见基础篇 P63）
5. 学习动机（见基础篇 P113）
6. 元认知策略（见基础篇 P125）

简答题

1. 现代教育有哪些基本特征？（见基础篇 P148）
2. 简述隋唐时期科举制对社会和教育发展的影响。（见基础篇 P17）
3. 何谓创造力？其培养模式有哪些？（见基础篇 P133）
4. 简述自我效能感理论。（见基础篇 P116）

论述题

1. 论述德育过程的知、情、意、行统一规律。（见基础篇 P204）
2. 评述陶行知生活教育理论的基本内容及现实启示。（见基础篇 P44）
3. 论述杜威的教育思想及现实意义。（见基础篇 P83）
4. 就以下案例谈谈你对教师教学观与学生观的看法。（见拔高篇 P368）

材料一的大意是一位老师下课后很沮丧地对办公室的老师抱怨学生太笨了。

材料二的大意是一位小学生放学回家跟妈妈聊老师鼓励她上课积极发言的事情。

2014年辽宁师范大学333教育综合真题

名词解释

1. 课程标准（见基础篇P174）
2. 学校管理人性化（见二维码）
3. 稷下学宫（见基础篇P4）
4. 《学记》（见基础篇P5）
5. 《莫雷尔法案》（见基础篇P57）

简答题

1. 简述孔子的"有教无类"及其现实意义。（见基础篇P6）
2. 简述北宋的三次兴学。（见基础篇P23）
3. 简述建构主义学习理论。（见基础篇P111）
4. 简述严格要求与尊重学生相结合的原则。（见基础篇P205）

论述题

1. 有的教师没有学过教育学，却培养了一代又一代的学生。孔子没有学过教育学，却为万世师表。用教育学原理分析此观点。（见拔高篇P356）
2. 论述重视发展智力的重要性以及掌握知识与发展智力的关系。（见二维码）
3. 论述卢梭自然教育理论及其现实意义。（见基础篇P72）
4. 有的学生学习很努力，却往往事倍功半，用教育心理学分析此现象。（见二维码）

2015年辽宁师范大学333教育综合真题

名词解释

1. 教育的社会流动功能（见基础篇P155）
2. 教育制度（见基础篇P170）
3. 课程设计（见基础篇P175）
4. 学校德育（见基础篇P201）
5. 自我效能感（见基础篇P113）
6. 最近发展区（见基础篇P95）

简答题

1. 简述教学评价的原则和方法。（见基础篇P199）
2. 简述教师职业常见的角色冲突及其解决方法。（见基础篇P212）
3. 简述夸美纽斯关于班级授课制的设想。（见基础篇P71）
4. 简述晏阳初的"四大教育"和"三大方式"。（见基础篇P43）

论述题

1. 论述现代学校管理的发展趋势。（见基础篇P219）
2. 论述朱子读书法及其现实意义。（见基础篇P26）
3. 论述创造性人格的特质及创造性的培养措施。（见基础篇P133）

2016年辽宁师范大学333教育综合真题

名词解释

1. 教育制度（见基础篇 P170）
2. 学校管理（见基础篇 P219）
3. 最近发展区（见基础篇 P95）
4. 发现学习（见基础篇 P104）
5. 朱子读书法（见基础篇 P22）
6. 癸卯学制（见基础篇 P32）

简答题

1. 简述科学性与思想性相统一的原则。（见基础篇 P196）
2. 简述学习动机的强化理论。（见基础篇 P117）
3. 简述赫尔巴特的教育性教学原则。（见基础篇 P76）
4. 简述问题解决能力的培养。（见基础篇 P132）

论述题

1. 论述孔子的教育思想。（见基础篇 P9）
2. 结合实例谈谈教师劳动的价值。（见基础篇 P210）
3. 材料："出自造物主之手的东西，都是好的，而一到了人的手里，就全变坏了。"
评述卢梭的自然教育理论，谈谈对现代教育改革趋势的影响。（见拔高篇 P268）
4. 论述德育过程是提高自我教育能力的过程。（见基础篇 P204）

2017年辽宁师范大学333教育综合真题

名词解释

1. 课程设计（见基础篇 P175）
2. 最近发展区（见基础篇 P95）
3. 学校管理（见基础篇 P219）
4. 教学评价（见基础篇 P193）
5. 教育制度（见基础篇 P170）
6. 社会规范内化（见基础篇 P136）

简答题

1. 简述中世纪大学的特点。（见基础篇 P53）
2. 简述清末新政时期的教育措施。（见基础篇 P33）
3. 简述活动课程的特点。（见基础篇 P177）
4. 简述学校德育的基本原则。（见基础篇 P206）

论述题

1. 论述书院的特点及现实意义。（见基础篇 P24）
2. 论述卢梭的自然教育思想及影响。（见基础篇 P72）
3. 论述影响问题解决的因素和学生问题解决能力的培养。（见基础篇 P132）
4. 论述教育的社会流动功能及对人的影响。（见基础篇 P159）

2018年辽宁师范大学333教育综合真题

名词解释

1. 学校管理体制（见二维码）
2. 相对性评价（见基础篇 P193）
3. 昆西教学法（见基础篇 P85）
4. 《莫雷尔法案》（见基础篇 P57）
5. 创造性思维（见基础篇 P130）
6. 资源管理策略（见基础篇 P125）

简答题

1. 简述教育的社会流动功能和现实意义。（见基础篇 P159）
2. 简述教育目的的结构层次。（见二维码）
3. 简述自我教育能力的内容和作用。（见二维码）
4. 简述唐代的学校管理制度。（见二维码）

论述题

1. 论述教育对人的重大作用。（见基础篇 P152）
2. 述评杨贤江的马克思主义教育理论。（见二维码）
3. 论述昆体良的教育思想。（见基础篇 P52）
4. 根据中外学者的研究阐述人的品德发展的实质。（见二维码）

2019年辽宁师范大学333教育综合真题

名词解释

1. 教育目的（见基础篇 P163）
2. 课程标准（见基础篇 P174）
3. 学校管理（见基础篇 P219）
4. 教学评价（见基础篇 P193）
5. 发现学习（见基础篇 P104）
6. 创造性思维（见基础篇 P130）

简答题

1. 简述教育的政治功能。（见基础篇 P157）
2. 简述直接经验和间接经验的关系。（见基础篇 P185）
3. 简述朱子读书法。（见基础篇 P26）
4. 简述卢梭的自然教育思想。（见基础篇 P72）

论述题

1. 论述德育为什么能够培养学生的知、情、意、行。（见基础篇 P204）
2. 论述陶行知的生活教育理论的基本内涵，并分析其历史价值和现实意义。（见基础篇 P44）
3. 论述夸美纽斯的教育思想体系，并分析其历史贡献。（见基础篇 P71）
4. 谈一谈建构主义的知识观、学习观、学生观，并分析其对教育的影响。（见基础篇 P111）

2020年辽宁师范大学333教育综合真题

名词解释

1. 课程设计（见基础篇 P175）
2. 学校管理体制（见二维码）
3. 相对性评价（见基础篇 P193）
4. 启发性原则（见基础篇 P192）
5. 角色扮演法（见二维码）
6. 学习策略（见基础篇 P124）

简答题

1. 简述学生品德不良行为的矫正。（见基础篇 P138）
2. 如何培养学生的问题解决能力？（见基础篇 P132）
3. 简述杜威的教育思维和教学理论。（见基础篇 P82）
4. 简述孔子的教学原则及影响。（见基础篇 P7）

论述题

1. 结合实际，论述学校德育如何促进学生知、情、意、行的发展。（见基础篇 P204）
2. 试论述1922年"新学制"的产生背景、内容及对现代教育的影响。（见基础篇 P34）
3. 什么是人的发展？有什么规律？教育对人的发展有什么作用？（见基础篇 P149、152）
4. 论述赫尔巴特的教学理论及对当代教育的影响。（见基础篇 P78）

2021年辽宁师范大学333教育综合真题

名词解释

1. 课程方案（见基础篇 P174）
2. 稷下学宫（见基础篇 P4）
3. 《巴尔福法案》（见二维码）
4. 中世纪大学（见基础篇 P53）
5. 教师劳动的创造性（见二维码）
6. 科学教育思潮（见二维码）

简答题

1. 简述韩愈的教师观。（见基础篇 P20）
2. 简述人格发展的一般规律。（见基础篇 P101）
3. 简述教育的经济功能。（见基础篇 P157）
4. 简述蔡元培"五育"并举的教育思想。（见基础篇 P37）

论述题

1. 结合实际说说德育原则。（见基础篇 P206）
2. 论述学生学习的特点，并说说考取研究生之后应怎样学习。（见基础篇 P105）
3. 阅读下面一段材料，说明其反映的思想和启示。（原始材料缺失，凯程新编类似的材料）（见拔高篇 P271）

材料："把教育看作为将来作预备，错误不在于强调为未来的需要作预备，而在于把预备将来作为现在努力的主要动力。为不断发展的生活作预备的需要是巨大的，因此，应该把全副精力一心用于使现在的经验尽量丰富，尽量有意义，这是绝对重要的。于是，随着现在于不知不觉中进入未来，未来也就被照顾到了。"

——杜威《民主主义与教育》

4. 课程内容设计应符合哪三对逻辑？（见基础篇 P179）

2022年辽宁师范大学333教育综合真题

名词解释

1. 教学评价（见基础篇 P193）
2. 课程方案（见基础篇 P174）
3. 美育（见二维码）
4. 班级授课制（见基础篇 P191）
5. 最近发展区（见基础篇 P95）
6. 自我效能感（见基础篇 P113）

简答题

1. 简述教育的社会流动功能。（见基础篇 P159）
2. 简述教育目的的社会制约性。（见基础篇 P157）
3. 简述宋代书院教育的发展及其特点。（见基础篇 P23、24）
4. 简述文艺复兴时期人文主义教育的特征。（见基础篇 P55）

论述题

1. 基于对教师职业特点的理解，论述如何更好地促进教师的专业发展。（见基础篇 P210、212）
2. 试述科尔伯格的道德发展阶段理论和启示。（见基础篇 P99）
3. 试述陶行知生活教育思想体系的主要内容及其启示。（见基础篇 P44）
4. 试述结构主义教育的主要特点及影响。（见基础篇 P90）

2023年辽宁师范大学333教育综合真题

名词解释

1. 教育目的（见基础篇 P163）
2. 教学策略（见基础篇 P192）
3. 问题解决（见基础篇 P130）
4. 心理发展（见基础篇 P94）
5. 白板说（见基础篇 P63）
6. 《国防教育法》（见基础篇 P58）

简答题

1. 社会经济政治制度对教育的制约。（见基础篇 P156）
2. 教师劳动的特点。（见基础篇 P210）
3. 梁启超的教育目的与作用。（见二维码）
4. 奥苏伯尔有意义学习的实质和条件。（见基础篇 P107）

论述题

1. 遗传在人的身心发展中的作用。（见基础篇 P150）
2. 给了一段卢梭《爱弥儿》发现问题的材料。
（1）"不要教他这样那样的问题，而要由他自己去发现那些问题"体现了哪一个教学原则，并谈谈贯彻这一教学原则的要求。
（2）结合材料，论述布鲁纳发现学习的特点。（见拔高篇 P293）
3. 孔子的教育内容和教学方法的主张。（见基础篇 P9）
4. 论述要素主义教育思潮。（见基础篇 P88）

2010年哈尔滨师范大学333教育综合真题

名词解释

1. 教育目的（见基础篇P163）
2. 义务教育（见基础篇P170）
3. 教育制度（见基础篇P170）
4. 学校管理（见基础篇P219）
5. 课程目标（见基础篇P176）
6. 新教育运动（见基础篇P85）

简答题

1. 简述教育的功能。（见二维码）
2. 简述问题解决的过程。（见基础篇P131）
3. 简要分析罗杰斯的学习理论。（见基础篇P110）
4. 简述教师专业化的内涵。（见基础篇P213）

论述题

1. 有人认为"近墨者黑"，有人认为"近墨者未必黑"。请联系相关理论和个体实践谈谈你对这个问题的看法。（见基础篇P151）
2. 中国当前的教育不公平主要表现在哪几个方面？请你选择某一方面并分析其产生的原因，尝试提出解决的对策。（见基础篇P162）
3. 试述陶行知"生活教育"理论的主要内容。（见基础篇P44）
4. 试述评杜威的教育本质论。（见基础篇P80）

2011年哈尔滨师范大学333教育综合真题

名词解释

1. 学校教育（见基础篇P145）
2. 美育（见二维码）
3. 遗传素质（见二维码）
4. 因材施教（见基础篇P192）
5. 课的结构（见二维码）
6. 实习作业法（见二维码）

简答题

1. 简述建构主义理论的基本观点。（见基础篇P111）
2. 教师如何上好一堂课？（见基础篇P188）
3. 简述"百日维新"中教育改革的内容。（见基础篇P32）
4. 简述智者派的教育实践与教育主张。（见二维码）

论述题

1. 论述促进知识迁移的措施。（见基础篇P121）
2. 结合实际，谈谈在德育工作中如何实施严格要求与尊重学生相结合的原则。（见基础篇P205）
3. 论述《学记》中"豫、时、孙、摩"的教学原则。（见二维码）
4. 论述近代科学革命兴起的根源。（见二维码）

2012年哈尔滨师范大学333教育综合真题

名词解释

1. 教育学（见基础篇 P142）
2. 教学（见基础篇 P183）
3. 课程（见基础篇 P174）
4. 德育（见基础篇 P201）
5. 教育目的（见基础篇 P163）
6. 学校教育制度（见基础篇 P170）

简答题

1. 简述教学过程中应当处理好的几种关系。（见基础篇 P187）
2. 简述孔子的道德教育思想。（见基础篇 P7）
3. 简述古希腊教育的传播对古罗马教育的影响。（见二维码）
4. 简述学习策略教学的条件。（见基础篇 P126）

论述题

1. 联系实际，论述教育应如何适应年轻一代身心发展的客观规律。（见基础篇 P149）
2. 试论卢梭的自然主义教育观。（见基础篇 P72）
3. 试述蔡元培的完全人格教育思想。（见二维码）
4. 试述皮亚杰的认知发展阶段理论及其对教学的启示。（见基础篇 P95）

2013年哈尔滨师范大学333教育综合真题

名词解释

1. 教育（见基础篇 P145）
2. 教学方法（见基础篇 P191）
3. 陶冶（见基础篇 P202）
4. 课程标准（见基础篇 P174）
5. 体育（见二维码）
6. 教学原则（见基础篇 P191）

简答题

1. 简述教师劳动的特点。（见基础篇 P210）
2. 简述《颜氏家训》的家庭教育思想。（见基础篇 P19）
3. 简述斯巴达的教育特点。（见基础篇 P48）
4. 简述创造性的影响因素和培养措施。（见基础篇 P133）

论述题

1. 举例论述榜样法。（见二维码）
2. 论述黄炎培的职业教育思想。（见基础篇 P42）
3. 论述班杜拉的社会学习理论。（见基础篇 P106）
4. 论述斯宾塞的教育科学化。（见基础篇 P64）

2014年哈尔滨师范大学333教育综合真题

名词解释

1. 狭义的教育（见基础篇 P145）
2. 课程（见基础篇 P174）
3. 德育（见基础篇 P201）
4. 教科书（见基础篇 P174）
5. 教学手段（见二维码）
6. 讨论法（见二维码）

简答题

1. 简述学校教育对人的身心发展的作用。（见基础篇 P152）
2. 简述布鲁纳的发现学习理论。（见基础篇 P106）
3. 简述卢梭的自然主义教育。（见基础篇 P72）
4. 抗战时期国民政府"战时须作平时看"的政策说明了什么？（见二维码）

论述题

1. 论述教师应具备的基本素养。（见基础篇 P212）
2. 论述皮亚杰的儿童认知发展理论。（见基础篇 P95）
3. 论述第斯多惠的教育观。（见二维码）
4. 论述张之洞"中学为体，西学为用"的教育思想及其对制定"癸卯学制"的影响。（见二维码）

2015年哈尔滨师范大学333教育综合真题

名词解释

1. 广义的教育（见基础篇 P145）
2. 课程（见基础篇 P174）
3. 智育（见二维码）
4. 班级授课制（见基础篇 P191）
5. 教学模式（见基础篇 P183）
6. 谈话法（见基础篇 P192）

简答题

1. 简述人的身心发展的重要特点及对教育的制约作用。（见基础篇 P149）
2. 简述学生学习的特点。（见基础篇 P105）
3. 简述学校产生的条件及东方文明古国的学校类型及教学方法。（见二维码）
4. 简述稷下学宫在中国教育史上的影响。（见基础篇 P6）

论述题

1. 论述教育和各种社会现象的关系。（见二维码）
2. 如何培养学生的创造性？（见基础篇 P133）
3. 论述苏格拉底的教学方法及对当代教育的启示。（见基础篇 P48）
4. 论述清末书院的改革。（见二维码）

2016年哈尔滨师范大学333教育综合真题

名词解释
1. 广义的教育（见基础篇P145）
2. 教育目的（见基础篇P163）
3. 教师（见基础篇P209）
4. 课程标准（见基础篇P174）
5. 学生（见二维码）
6. 演示法（见二维码）

简答题
1. 简述班级授课制的主要特征。（见基础篇P194）
2. 简述学习的复述策略。（见二维码）
3. 简述文艺复兴时期人文主义教育的特征。（见基础篇P55）
4. 简述书院讲学、研究及组织结构特点。（见基础篇P24）

论述题
1. 论述影响人的发展诸因素及其作用。（见基础篇P153）
2. （材料缺失）。
阅读材料并结合实际论述如何进一步激发学生的学习动机。（见基础篇P117）
3. 论述夸美纽斯的教育思想及对当今教育实践的作用。（见基础篇P71）
4. 论述蔡元培"思想自由，兼容并包"的大学办学思想及其实践。（见基础篇P38）

2017年哈尔滨师范大学333教育综合真题

名词解释
1. 教育学（见基础篇P142）
2. 教育（见基础篇P145）
3. 教学手段（见二维码）
4. 学校管理（见基础篇P219）
5. 教学组织形式（见基础篇P191）
6. 说服法（见二维码）

简答题
1. 简述柏拉图的教育思想。（见基础篇P49）
2. 简述教学工作的基本环节。（见基础篇P187）
3. 简述维果茨基的心理发展标志。（见二维码）
4. 简述《国防教育法》。（见二维码）

论述题
1. 论述问题解决的措施。（见基础篇P131）
2. 论述孔子的教师观。（见基础篇P8）
3. 论述荀子关于教师作用与地位的思想。（见二维码）
4. 用德育过程的规律分析我国德育的现状。（见二维码）

2018年哈尔滨师范大学333教育综合真题

名词解释
1. 教育学（见基础篇P142）
2. 教育目的（见基础篇P163）
3. 学制（见基础篇P170）
4. 德育（见基础篇P201）
5. 教师（见基础篇P209）
6. 锻炼法（见二维码）

简答题
1. 简述德育的途径。（见基础篇P207）
2. 简述儿童友谊发展的阶段。（见二维码）
3. 简述进步主义教育运动的特征。（见二维码）
4. 简述宋代书院的特点。（见基础篇P24）

论述题
1. 论述教育的社会制约性。（见基础篇P157）
2. 材料：关于异分母分数的加减法运算，一个老师总结了一个填空题，让学生通过填空来掌握运算方法，并且认为学会做这个填空题就能学会如何做这类运算。（材料大意，回忆版）
结合程序性知识的获得和迁移理论进行分析。（见拔高篇P303）
3. 论述古罗马百科全书派教学活动的特点。（见二维码）
4. 论述唐代教育制度的特点。（见基础篇P16）

2019年哈尔滨师范大学333教育综合真题

名词解释
1. 教育学（见基础篇P142）
2. 课程（见基础篇P174）
3. 教育内容（见基础篇P146）
4. 班级授课制（见基础篇P191）
5. 榜样法（见基础篇P202）
6. 教学方法（见基础篇P191）

简答题
1. 简述古代教育的特点。（见二维码）
2. 简述皮亚杰的认知发展影响因素。（见基础篇P95）
3. 简述德国的实科中学。（见二维码）
4. 简述稷下学宫的办学特点。（见基础篇P6）

论述题
1. 论述教育的社会变迁功能及启示。（见二维码）
2. 论述建构主义。（见基础篇P111）
3. 论述马丁·路德的义务教育思潮。（见二维码）
4. 论述孔子教育内容的特点。（见基础篇P9）

2020年哈尔滨师范大学333教育综合真题

名词解释

1. 教育学（见基础篇P142）
2. 课程（见基础篇P174）
3. 德育（见基础篇P201）
4. 班级授课制（见基础篇P191）
5. 教学手段（见二维码）
6. 陶冶法（见基础篇P202）

简答题

1. 简述教师的素养。（见基础篇P212）
2. 简述科尔伯格的道德发展阶段理论。（见基础篇P99）
3. 简述昆体良的教育思想。（见基础篇P52）
4. 简述陈鹤琴的教育目的论。（见基础篇P45）

论述题

1. 结合中小学实际，论述启发性教学原则。（见基础篇P195）
2. 论述蔡元培的教育方针的内涵及影响。（见基础篇P37）
3. 论述教育心理学化运动。（见二维码）
4. 论述加德纳的多元智力理论。（见基础篇P131）

2021年哈尔滨师范大学333教育综合真题

名词解释

1. 因材施教的德育原则（见二维码）
2. 教学方法（见基础篇P191）
3. 活动课程（见基础篇P175）
4. 受教育者（见基础篇P146）
5. 京师同文馆（见基础篇P29）
6. 先行组织者（见基础篇P104）

简答题

1. 简述世界各国基础教育课程改革的趋势。（见基础篇P180）
2. 简述《学记》中的教学原则。（见二维码）
3. 简述要素主义教育的主要观点。（见基础篇P88）
4. 简述加涅的学习结果分类。（见基础篇P105）

论述题

1. 试述马克思关于人的全面发展学说的现实意义。（见基础篇P165）
2. 试述康有为《大同书》中的教育思想。（见二维码）
3. 试述东方文明古国的教育特点。（见二维码）
4. 试述审美化的教学设计。（见二维码）

2022年哈尔滨师范大学333教育综合真题

名词解释

1. 学校教育（见基础篇 P145）
2. 谈话法（见基础篇 P192）
3. 教学质量管理（见二维码）
4. 课程设计（见基础篇 P175）
5. 教学原则（见基础篇 P191）
6. 教育制度（见基础篇 P170）

简答题

1. 简述影响个体身心发展规律的因素。（见基础篇 P153）
2. 简述宋代书院的教学特点。（见基础篇 P24）
3. 简述裴斯泰洛齐的教育心理学化的基本主张。（见基础篇 P74）
4. 简述布鲁纳的结构教学理论。（见基础篇 P106）

论述题

1. 论述教育的社会功能。（见基础篇 P160）
2. 论述孔子的道德教育思想。（见基础篇 P7）
3. 论述《巴特勒教育法》的基本内容。（见基础篇 P58）
4. 论述学生创造性的影响因素和培养措施。（见基础篇 P133）

2023年哈尔滨师范大学333教育综合真题

名词解释

1. 德育（见基础篇 P201）
2. 班级授课制（见基础篇 P191）
3. 劳动与技术教育（见二维码）
4. 课程设计（见基础篇 P175）
5. 循序渐进教学原则（见二维码）
6. 受教育者（见基础篇 P146）

简答题

1. 简述教学评价应遵循的基本原则。（见基础篇 P199）
2. 简述蔡元培有关德、智、体、美和谐发展的教育方针。（见基础篇 P37）
3. 简述美国1958年《国防教育法》的主要内容。（见二维码）
4. 简述自我效能的内涵及其功能。（见基础篇 P116）

论述题

1. 请举例说明如何在教学中贯彻因材施教原则。（见基础篇 P197）
2. 试述1922年"新学制"的特点与意义。（见基础篇 P34）
3. 试述新教育运动的历史意义。（见二维码）
4. 试述品德培育的基本目标和方法。（见二维码）

2010 年江苏师范大学 333 教育综合真题

名词解释
1. 教育学（见基础篇 P142）
2. 教学评价（见基础篇 P193）
3. 有教无类（见基础篇 P4）
4. 学在官府（见基础篇 P2）
5. 骑士教育（见基础篇 P53）
6. 加德纳的多元智能理论（见基础篇 P129）

简答题
1. 简析班级授课制的优势与局限。（见基础篇 P194）
2. 简析《学记》中的"道而弗牵，强而弗抑，开而弗达"的思想。（见拔高篇 P263）
3. 简述孔子学思结合的教育思想。（见二维码）
4. 简述建构主义学习理论的基本观点。（见基础篇 P111）

论述题
1. 怎样认识义务教育的先导性、全局性、基础性地位？（见基础篇 P160）
2. 分析间接经验与直接经验的关系。（见基础篇 P185）
3. 试论杜威的教育本质观。（见基础篇 P80）
4. 论述学生品德不良的成因及其矫正策略。（见基础篇 P138）

2011 年江苏师范大学 333 教育综合真题

名词解释
1. 教育制度（见基础篇 P170）
2. 教育策略（见二维码）
3. 《学记》（见基础篇 P5）
4. "中学为体，西学为用"（见基础篇 P29）
5. 苏格拉底教学法（见基础篇 P47）
6. 洛克的绅士教育（见基础篇 P63）

简答题
1. 简析教育是一种社会现象。（见二维码）
2. 简析荀况的教师观。（见二维码）
3. 简述科举考试制度对学校教育的影响。（见基础篇 P19）
4. 简述人本主义学习理论的基本观点。（见基础篇 P110）

论述题
1. 试论教学过程的性质。（见基础篇 P184）
2. 联系实际，分析教育影响的一致性和连贯性原则的意义及实施要求。（见二维码）
3. 论述终身教育思想及其对当今学习型社会建设的意义。（见拔高篇 P416）
4. 论述影响创造力发展的主要因素与开发培养策略设计。（见基础篇 P133）

2012年江苏师范大学333教育综合真题

名词解释

1. 教育目的（见基础篇 P163）
2. 教学原则（见基础篇 P191）
3. 稷下学宫（见基础篇 P4）
4. 学而优则仕（见二维码）
5. 夸美纽斯（见基础篇 P68）
6. 美国的《国防教育法》（见基础篇 P58）

简答题

1. 简析教师劳动的特点。（见基础篇 P210）
2. 简析荀况的"闻见、知、行"的学习观。（见二维码）
3. 简述陶行知的生活教育思想。（见基础篇 P44）
4. 简述加涅的信息加工学习理论。（见基础篇 P108）

论述题

1. 试论教育与人的发展的关系。（见基础篇 P149）
2. 推进教育公平是《国家中长期教育改革与发展规划纲要（2010—2020年）》提出的重大任务之一。谈谈你对教育公平的理解和实施策略的构想。（见拔高篇 P375）
3. 试论卢梭的自然主义教育思想。（见基础篇 P72）
4. 试论影响问题解决的因素与问题解决能力的培养。（见基础篇 P132）

2013年江苏师范大学333教育综合真题

名词解释

1. 德育原则（见基础篇 P201）
2. 学校管理（见基础篇 P219）
3. "性相近，习相远"（见二维码）
4. 陶行知的"教学做合一"（见基础篇 P41）
5. 认知策略（见基础篇 P124）
6. 社会建构主义（见二维码）

简答题

1. 简析综合实践活动课程的基本特征。（见二维码）
2. 简析王守仁的道德教育观。（见二维码）
3. 简析蔡元培的教育独立思想。（见基础篇 P35）
4. 简析斯宾塞的教育科学化思想。（见基础篇 P64）

论述题

1. 试论知识的价值。（见基础篇 P152）
2. 试述怎样才能有效发挥学校教育在个体发展中的作用。（见基础篇 P152）
3. 试述1957年"人造卫星事件"与西方教育改革的关系。（见拔高篇 P258）
4. 分析导致中小学生品德不良的原因及其矫正策略。（见基础篇 P138）

2014年江苏师范大学333教育综合真题

名词解释

1. 疏导原则（见基础篇 P204）
2. 相对性评价（见基础篇 P193）
3. 有教无类（见基础篇 P4）
4. 陶行知的"教学做合一"（见基础篇 P41）
5. 最近发展区（见基础篇 P95）
6. 流体智力（见基础篇 P129）

简答题

1. 简述苏格拉底的教育作用观。（见二维码）
2. 简述文艺复兴时期人文主义的"全人"理想。（见二维码）
3. 简述杜威的五步探究教学法。（见基础篇 P82）
4. 简析直接经验和间接经验的关系。（见基础篇 P185）

论述题

1. 论述个人本位论。（见基础篇 P164）
2. 《国家中长期教育改革和发展规划纲要（2010—2020年）》提出"教育家办学"。请运用教育学原理，阐述你对该政策的理解。（见二维码）
3. 试述问题解决的基本过程。（见基础篇 P131）
4. 论述科举考试制度对学校教育的影响。（见基础篇 P19）

2015年江苏师范大学333教育综合真题

名词解释

1. 启发性原则（见基础篇 P192）
2. 人的发展的整体性（见二维码）
3. 素丝说（见基础篇 P4）
4. 实验教育学（见基础篇 P142）
5. 夸美纽斯（见基础篇 P68）
6. 同化（见基础篇 P94）

简答题

1. 简述洋务学堂。（见基础篇 P29）
2. 简述朱子读书法及其意义。（见基础篇 P26）
3. 简述泰勒原理。（见基础篇 P176）
4. 简述皮亚杰的认知发展阶段论及其对教育的启示。（见基础篇 P95）

论述题

1. 分析论述我国中小学生课业负担过重的表现和原因。（见二维码）
2. 分析论述教师劳动的特点及其对教师素质的要求。（见基础篇 P210、212）
3. 论述杜威的教育本质论和教育目的论以及对我国教育的启示。（见基础篇 P80）
4. 论述韦纳的成败归因理论以及教师如何对获得成功的学生进行归因。（见基础篇 P115）

2016年江苏师范大学333教育综合真题

名词解释

1. 课程计划(见基础篇P174)
2. 学校教育(见基础篇P145)
3. 最近发展区(见基础篇P95)
4. 元认知(见基础篇P125)
5. 学校制度(见二维码)
6. 学习动机(见基础篇P113)

简答题

1. 简述布鲁纳的发现学习的步骤。(见基础篇P106)
2. 简述遗传素质的含义及其在个体身心发展中的作用。(见基础篇P150)
3. 简述人文主义教育的特征。(见基础篇P55)
4. 简述科举制度的影响。(见基础篇P17)

论述题

1. 试述私学产生的原因及其对教育发展的贡献。(见基础篇P5)
2. 论述杜威对教育本质的认识,并解析其儿童观。(见二维码)
3. 论述启发性教学原则及其在教学中运用的基本要求。(见基础篇P195)
4. 论述教学过程的特点。(见基础篇P184)

2017年江苏师范大学333教育综合真题

名词解释

1. 教师劳动的复杂性(见二维码)
2. 教育目的的层次结构(见二维码)
3. 美德即知识(见二维码)
4. 自然后果律(见二维码)
5. 心理过程(见二维码)
6. 观察学习(见基础篇P104)

简答题

1. 简述教育的政治功能。(见基础篇P157)
2. 简述与儒家相比较,墨家教育方法的特点有哪些。(见拔高篇P226)
3. 简述终身教育思想。(见基础篇P173)
4. 简述需要层次理论。(见基础篇P114)

论述题

1. 结合事例,论述严格要求与尊重学生相结合的原则。(见基础篇P205)
2. 论述多元智力理论及其现实启示。(见基础篇P131)
3. 论述孔子对教师素质的要求及其当代意义。(见基础篇P8)
4. 论述我国基础教育课程改革对教学过程的要求。(见二维码)

2018年江苏师范大学333教育综合真题

名词解释

1. 探究教学(见基础篇P105)
2. 陶冶(见基础篇P202)
3. 有意义学习(见基础篇P104)
4. 学习动机(见基础篇P113)
5. 六等黜陟法(见二维码)
6. 绅士教育(见基础篇P63)

简答题

1. 如何上好一堂课？(见基础篇P188)
2. 简述孔子"有教无类"的思想。(见基础篇P6)
3. 简述杜威的教育无目的论。(见基础篇P80)
4. 简述朱子读书法。(见基础篇P26)

论述题

1. 自古以来，对教师的角色有许多隐喻，如"教师是蜡烛，燃烧自己、照亮别人""教师是人类灵魂的工程师，塑造着学生的精神世界"等。请从"蜡烛论"和"工程师论"中任选一种教师角色的隐喻分析其蕴含的意义。(见拔高篇P366)
2. 我国新基础教育课程改革中的"六大目标"是什么？如何在课堂中落实？(见二维码)
3. 论述赫尔巴特的"教育性教学"在实际教育中的应用。(见基础篇P76)
4. 怎样提高学生解决问题的能力？(见基础篇P132)

2019年江苏师范大学333教育综合真题

名词解释

1. 鸿都门学(见基础篇P14)
2. 壬戌学制(见基础篇P34)
3. 自然主义教育思想(见基础篇P68)
4. 顿悟说(见二维码)
5. 文纳特卡制(见二维码)
6. 课程方案(见基础篇P174)

简答题

1. 简述德育过程的疏导原则及其要求。(见基础篇P204)
2. 简述陶行知的生活教育思想。(见基础篇P44)
3. 简述自然主义教育思想。(见基础篇P87)
4. 简述科尔伯格的道德认知理论。(见基础篇P99)

论述题

1. 论述新时期教育的生态功能。(见基础篇P158)
2. 我国古代著名教育家墨子认为"染于苍则苍，染于黄则黄，所入者变，其色亦变"。请指出这种思想所代表的教育观念，并进行评述。(见拔高篇P263)
3. 论述杜威的教育无目的论。(见基础篇P80)
4. 论述课程和教学的辩证关系。(见二维码)

2020年江苏师范大学333教育综合真题

名词解释

1. 教育的社会流动功能（见基础篇P155）
2. 读书指导法（见二维码）
3. 小先生制（见基础篇P41）
4. 致良知（见二维码）
5. 自我效能感（见基础篇P113）
6. 社会规范学习（见基础篇P136）

简答题

1. 简述个体能动性对个体发展的作用。（见基础篇P151）
2. 简述书院教育的特点。（见基础篇P24）
3. 简述陈鹤琴的"活教育"目的论。（见基础篇P45）
4. 简述杜威的教育本质论。（见基础篇P80）

论述题

1. 论述分科课程和综合课程的关系以及基础教育课程改革的趋势。（见基础篇P179）
2. 有人说："教学有法，教无定法。"谈谈你的理解。（见二维码）
3. 论述清朝洋务运动和日本明治维新的实践指导思想和具体实施的差别。（见拔高篇P241）
4. 材料：学生张海学习不好，老师了解到他自幼父母离异，一直跟着奶奶生活。基础知识薄弱，学习习惯不好，而且好高骛远，不做基础题，专挑附加题做，这样就有"不会做题"的借口而不做作业。（材料大意，回忆版）
（1）用学习动机的理论分析材料。
（2）如何培养学习动机？（见拔高篇P299）

2021年江苏师范大学333教育综合真题

名词解释

1. 积分法（见二维码）
2. 元认知（见基础篇P125）
3. 品德不良（见基础篇P136）
4. 教学做合一（见基础篇P41）
5. 螺旋式课程（见二维码）
6. 生计教育（见二维码）

简答题

1. 简述教育的社会流动性。（见基础篇P159）
2. 简述布鲁纳的结构教学观。（见基础篇P106）
3. 简述杜威的思维与教学方法。（见基础篇P82）
4. 简述创造性心理。（见基础篇P134）

论述题

1. 试述基础教育课程改革对教师提出的要求,结合你的感受谈一谈。（见基础篇P182）
2. 试述中小学教育中自我教育在德育中的地位和作用。（见二维码）
3. 试比较梁漱溟与晏阳初的教育思想。（见拔高篇P230）
4. 论述期望—价值理论。（见二维码）

2022年江苏师范大学333教育综合真题

名词解释

1. 长善救失原则（见基础篇P202）
2. 教育的相对独立性（见基础篇P155）
3. 山海工学团（见二维码）
4. 学、问、思、辨、行（见二维码）
5. 发现学习（见基础篇P104）
6. 亲社会行为（见基础篇P95）

简答题

1. 简述德育、智育、体育、美育、劳动教育的关系。（见基础篇P167）
2. 简述颜元的"义利合一"。（见二维码）
3. 简述晏阳初的"四大教育"和"三大方式"。（见基础篇P43）
4. 简述赫尔巴特的教育性教学思想。（见基础篇P76）

论述题

1. 材料：家庭教育研究专家赵忠心在接受《中国教育报》采访时曾说："有一些家长，孩子上了大学，上了清华、北大、哈佛、牛津，就把功劳都记录在自己的功劳簿上。这不是实事求是的态度。单靠哪一个家长就能把孩子送入大学？别听他们说得头头是道的，哪个孩子考上大学，主要还不是靠各级学校、各位老师的辛苦和智慧！这种贪天功为己有的做法，真不知让人说什么好。我就不信哪个孩子不靠学校，只靠家长能考上大学！"

请用相关教育理论分析材料反映了什么问题。（见二维码）

2. 材料大意：班上来了个插班生，连"7+1"都不会算，在老师一遍又一遍地帮助下似乎学会了，但当遇到"8+1""9+1"的时候还是不会，老师越想越生气，不明白为什么。

试根据加涅的学习层次理论，就如何改善这位学生的数学学习情况给该老师提出建议，并思考此教学案例带来的启示。（见拔高篇P295）

3. 试述"双减"政策背景下，如何通过课堂教学变革促进教育过程公平。（见拔高篇P376）
4. 结合我国基础教育改革背景，论述杜威的教育观及其现实意义。（见基础篇P83）

2023年江苏师范大学333教育综合真题

名词解释

1. 小先生制（见基础篇P41）
2. 走班制（见二维码）
3. 乡学（见二维码）
4. 庶富教（见二维码）
5. 实科中学（见基础篇P57）
6. 绅士教育（见基础篇P63）

简答题

1. 简述教师角色的冲突及其解决办法。（见基础篇P212）
2. 简述德育过程是培养学生知、情、意、行的过程。（见基础篇P204）
3. 简述工读主义教育运动及其教育主张。（见二维码）
4. 简述问题解决能力的培养措施。（见基础篇P132）

论述题

1. 谈谈课程方案、课程标准、教科书三者与课程是什么关系。它们在课程中各起怎样的作用？与当前课程改革有何关系？（见二维码）

2.材料:人才是乡村振兴第一生产力。在全面推进乡村振兴的时代,必须破解人才瓶颈制约。要把人力资本开发放在首要位置,畅通智力技术,管理下乡通道,造就更多乡土人才,聚天下人才而用之。

请联系当前实际论述晏阳初的乡村教育实验理论及其当代价值。(见拔高篇P274)

3.论述杜威对传统教育思想的批判与超越。(见基础篇P83)

4.材料:小张是一个十分聪明的学生,但就是贪玩,学习不用功。每次考试他都有侥幸心理,希望能够靠运气过关,这次期末考试考得不理想,他认为是自己运气太差了。

请用归因理论分析:

(1)他的这种归因是否正确?这种归因对他以后的学习会产生怎样的影响?

(2)如果不正确,正确的归因是怎样的?

(3)对教师来讲,正确掌握归因理论有何意义? (见拔高篇P301)

2010年江西师范大学333教育综合真题

名词解释

1.教育目的(见基础篇P163)　　2.学校教育制度(见基础篇P170)

3.课程标准(见基础篇P174)　　4.教学评价(见基础篇P193)

5.心理健康(见基础篇P140)　　6.创造力(见基础篇P130)

简答题

1.教师应当具备怎样的素养? (见基础篇P212)

2.如何认识教学过程中教师的主导作用与学生的主动性的关系? (见基础篇P186)

3.简述中国古代科举制度的影响。(见基础篇P17)

4.文艺复兴时期人文主义教育有哪些特征? (见基础篇P55)

论述题

1.结合实际论述班主任培养班集体的方法。(见基础篇P217)

2.阐述陶行知的"生活教育"。(见基础篇P44)

3.论述自然主义教育理论及其影响。(见基础篇P87)

4.论述问题解决能力的培养措施。(见基础篇P132)

2011年江西师范大学333教育综合真题

名词解释

1.教育(狭义) (见基础篇P145)　　2.教育目的(见基础篇P163)

3.班级授课制(见基础篇P191)　　4.教学(见基础篇P183)

5.京师同文馆(见基础篇P29)　　6.昆体良(见二维码)

简答题

1.教育学的产生与发展分为哪几个阶段? (见二维码)

2.教师劳动有哪些特点? (见基础篇P210)

3. 简述加德纳的多元智力理论。（见基础篇 P131）

4. 简述《学记》中的教育思想。（见基础篇 P12）

论述题

1. 论述影响人的发展的基本因素。（见基础篇 P153）

2. 论述陶行知的生活教育思想体系。（见基础篇 P44）

3. 评述赫尔巴特的教育理论。（见基础篇 P78）

2012 年江西师范大学 333 教育综合真题

名词解释

1. 学校教育（见基础篇 P145）　　2. 教育目的（见基础篇 P163）

3. 课程（见基础篇 P174）　　4. 人的发展（见基础篇 P149）

5. 学习动机（见基础篇 P113）　　6. 学习策略（见基础篇 P124）

简答题

1. 简述我国教育目的的精神。（见基础篇 P166）

2. 试比较社会本位论和个人本位论两种不同的教育价值取向。（见基础篇 P164）

3. 简述陶行知"生活教育"的主要观点。（见基础篇 P44）

4. 简述斯宾塞的主要教育思想。（见基础篇 P64）

论述题

1. 运用"人的发展的基本影响因素"原理分析现实生活中的"坏学生"是如何被制造的。（见二维码）

2. 结合教学实际，评述奥苏伯尔的"有意义接受说"。（见二维码）

3. 评价杜威的教育观。（见基础篇 P83）

4. 论述孟轲和荀况的人性论和教育观，分别说明其对现实教育的影响。（见拔高篇 P225）

2013 年江西师范大学 333 教育综合真题

名词解释

1. 德育（广义）（见基础篇 P201）　　2. 教学（见基础篇 P183）

3. 学科中心课程论（见二维码）　　4. 元认知（见基础篇 P125）

5. 学制（见基础篇 P170）　　6. 多元智能理论（见基础篇 P129）

简答题

1. 请说明教学过程中应处理好的几种关系。（见基础篇 P187）

2. 结合当前课程改革实际，谈谈课程实施的主要影响因素。（见二维码）

3. 简述蔡元培的教育思想与实践。（见基础篇 P36）

4. 试析柏拉图的教育思想。（见基础篇 P49）

论述题

1. 教育寓言分析：一只乌鸦口渴了，到处找水喝。乌鸦看见一个瓶子里有水，可是瓶子很高，瓶口又小，里面的水不多，它喝不到，怎么办呢？

   假设你是乌鸦的老师，请你设想运用哪些教学方法可以让乌鸦喝到水。（见二维码）
2. 结合当前中国的教育现实评析卢梭的自然教育观。（见基础篇 P72）
3. 评述建构主义学习理论的基本观点。（见基础篇 P111）
4. 简要评述孔子的教育实践与教育思想。（见基础篇 P9）

2014年江西师范大学333教育综合真题

名词解释

1. 教学（见基础篇 P183）
2. 社会本位论（见基础篇 P163）
3. 潜在课程（见二维码）
4. 班级管理（见二维码）
5. 《学记》（见基础篇 P5）
6. 稷下学宫（见基础篇 P4）

简答题

1. 简述影响知识理解的因素。（见基础篇 P120）
2. 简述素质教育的含义。（见基础篇 P168）
3. 当代教师应具备什么样的职业道德素养？（见基础篇 P212）
4. 简述进步教育运动的发展过程。（见二维码）

论述题

1. 结合实际，阐明启发性教学原则的含义和贯彻要求。（见基础篇 P195）
2. 评析陶行知的生活教育理论。（见基础篇 P44）
3. 试述建构主义学习理论。（见基础篇 P111）
4. 论述蒙台梭利的幼儿教育思想及其对当前学前教育的指导意义。（见二维码）

2015年江西师范大学333教育综合真题

名词解释

1. 道尔顿制（见基础篇 P86）
2. 班级授课制（见基础篇 P191）
3. 活动课程（见基础篇 P175）
4. 学校教育制度（见基础篇 P170）
5. 朱子读书法（见基础篇 P22）
6. 教育目的（见基础篇 P163）

简答题

1. 简述陶行知的生活教育理论。（见基础篇 P44）
2. 简述教育行动研究的一般过程。（见二维码）
3. 如何培养学生的问题解决能力？（见基础篇 P132）
4. 简述德育过程的规律。（见基础篇 P202）
5. 联系实际谈谈你对教师专业技能和素养的认识。（见基础篇 P212）

论述题

1. 论述影响人发展的因素及对人的具体作用。（见基础篇 P153）
2. 论述学习动机的培养和激发。（见基础篇 P117）
3. 论述杜威的教育思想。（见基础篇 P83）

2016年江西师范大学333教育综合真题

名词解释

1. 教育目的（见基础篇 P163）
2. 教育行动研究（见二维码）
3. 认知发展阶段（见二维码）
4. 班级授课制（见基础篇 P191）

简答题

1. 简述建构主义的观点。（见基础篇 P111）
2. 简述"活教育"的观点。（见基础篇 P45）
3. 简述教育心理学化。（见基础篇 P74）
4. 列举五种提高教育实验效度的方法。（见二维码）

论述题

阅读材料，按要求作答。

材料：小学三年级语文老师卢红梅执教的两个班，90%的学生是外来务工人员子女。在日常教学中，卢老师发现，这些孩子大多握笔姿势不正确、不善于与人交流、知识面窄。为了进一步了解外来务工人员子女在学习上面临的困难及其原因，卢老师对部分学生进行了家访，并就相关问题询问了本年级其他科任教师。结果显示：与本市居民子女相比，外来务工人员子女在学习上存在一定差距，其中英语学习差距最大，语文学习次之，数学学习差别不大。为了探索提高这些外来务工人员子女语文学习成绩的有效策略，卢老师打算在这两个班进行以"扩展课外阅读"为自变量的实验研究。但是，学校科研顾问认为采取行动研究方式更为适当。卢老师陷入困惑，不能确定采用何种方式展开研究。

(1) 案例中卢老师在发现和确定研究问题的过程中使用了哪些研究方法？

(2) 针对卢老师的困惑，请为她选择一种研究方式，并从研究目的、研究过程、研究主体三个方面阐述作出这种选择的理由。（见二维码）

2017年江西师范大学333教育综合真题

名词解释

1. 学校教育（见基础篇 P145）
2. 稷下学宫（见基础篇 P4）
3. 活动课程（见基础篇 P175）
4. 骑士教育（见基础篇 P53）
5. 学习迁移（见基础篇 P119）
6. 学习动机（见基础篇 P113）

简答题

1. 简述教育的相对独立性。（见基础篇 P159）
2. 简述学校管理的基本环节及其联系。（见基础篇 P219）
3. 简述王守仁的儿童教育思想及其意义。（见基础篇 P27）

4. 简述夸美纽斯的泛智思想及其现实意义。(见基础篇 P70)

论述题

1. 论述德育过程是教师引导下学生能动的活动过程。(见基础篇 P204)
2. 分析杜威关于教育本质的思想及其现实意义。(见基础篇 P80)
3. 运用记忆的规律分析教学实际中出现的"错一罚十"现象。(见拔高篇 P288)
4. 材料：卡耐基小时候被认为是坏孩子，他的父亲说他是附近最坏的孩子。但继母相信他很聪明，有潜力，在继母的引导下，他获得了巨大成功。(材料大意，回忆版)

你如何理解"好孩子"和"坏孩子"？这个材料对你有什么启示？(见拔高篇 P368)

2018年江西师范大学333教育综合真题

名词解释

1. 师生关系(见基础篇 P209)   2. 教师专业化(见基础篇 P209)
3. 有意义学习(见基础篇 P104)   4. 发现学习(见基础篇 P104)
5. 班级授课制(见基础篇 P191)   6. 支架式教学(见二维码)

简答题

1. 简述教育现代化的基本内涵。(见二维码)
2. 简述昆西教学法。(见二维码)
3. 简述教学中应处理好的几种关系。(见基础篇 P187)
4. 简述朱子读书法。(见基础篇 P26)

论述题

1. 论述马克思关于人的全面发展说。(见基础篇 P165)
2. 结合教学实例谈谈如何激发学生的内部动机。(见基础篇 P117)
3. 试评述中国教育史上两位教育家的教育思想。(见拔高篇 P253)
4. 试述马卡连柯的教育思想。(见二维码)

2019年江西师范大学333教育综合真题

名词解释

1. 课程(见基础篇 P174)   2. 学制(见基础篇 P170)
3. 苏格拉底法(见基础篇 P47)   4. 学习策略(见基础篇 P124)
5. "六艺"教育(见基础篇 P2)   6. 上位学习(见二维码)

简答题

1. 简述班集体的培养措施。(见基础篇 P217)
2. 简述综合实践活动的性质。(见二维码)
3. 简述孟子的教育思想及影响。(见基础篇 P10)
4. 简述影响人身心发展的基本因素。(见基础篇 P153)

论述题

1. 论述卢梭的自然主义教育思想及影响。（见基础篇 P72）
2. 论述陶行知的生活教育思想及当代价值。（见基础篇 P44）
3. 论述创造性的培养措施，并结合教学实践举例。（见基础篇 P133）
4. 新课改主张启发式教学。有的老师认为讲授法是注入式教学，应尽量减少讲授法在课堂中的使用。请评述这种观点。（见拔高篇 P282）

2020年江西师范大学333教育综合真题

名词解释

1. 学在官府（见基础篇 P2）
2. 德育过程（见基础篇 P201）
3. 教学（见基础篇 P183）
4. 宫廷学校（见二维码）
5. 元认知（见基础篇 P125）
6. 最近发展区（见基础篇 P95）

简答题

1. 简述蔡元培的教育独立思想。（见基础篇 P35）
2. 简述班级授课制的优点。（见基础篇 P194）
3. 简述学校管理的发展趋势。（见基础篇 P219）
4. 简述教师劳动的特点。（见基础篇 P210）

论述题

1. 论述赫尔巴特的教育思想及影响。（见基础篇 P78）
2. 论述问题解决措施并结合实例进行分析。（见基础篇 P131）
3. 论述陈鹤琴的"活教育"思想。（见基础篇 P45）
4. 论述班主任所具备的素质。（见基础篇 P216）

2021年江西师范大学333教育综合真题

名词解释

1. 班级授课制（见基础篇 P191）
2. 设计教学法（见基础篇 P86）
3. 素丝说（见基础篇 P4）
4. 《莫雷尔法案》《赠地法案》（见基础篇 P57）
5. 教育制度（见基础篇 P170）
6. 学科课程（见基础篇 P174）

简答题

1. 简述"为迁移而教"的策略。（见基础篇 P121）
2. 简述选择与运用教学方法的依据。（见基础篇 P198）
3. 简述启发式教学原则的含义及要求。（见基础篇 P195）
4. 简述要素主义教育思想。（见基础篇 P88）

论述题

1. 论述凯洛夫《教育学》的理论体系、价值、主要问题以及对我国教育的启发。(见二维码)

2. 材料：小夏是教育学专业的学生。在专业课的学习当中，她非常认同老师要关心、尊重并且平等地对待每个学生。可是当她成为一名教师时，她却发现，在教学中她不自觉地就会关注那些学习成绩优异、与她积极互动的学生，那些成绩中下等、在课堂上缺乏与她互动的学生常常被她无意识地忽略掉了，为此，她感觉很苦恼。(原始材料缺失，凯程新编类似的材料)

论述材料中所蕴含的教育思想、存在的问题及其改进措施。(见二维码)

3. 论述生活教育理论。(见基础篇 P44)

4. 论述为培养学生的创造力需采取的措施。(见基础篇 P133)

2022 年江西师范大学 333 教育综合真题

名词解释

1. 分组教学(见基础篇 P191)　　2. 学校教育(见基础篇 P145)
3. 学习动机(见基础篇 P113)　　4. 白板说(见基础篇 P63)
5. 小先生制(见基础篇 P41)　　6. 泛化(见二维码)

简答题

1. 简述德育过程的基本规律。(见基础篇 P202)
2. 简述教育的人口功能。(见二维码)
3. 简述韩愈的"性三品"说和教育作用。(见二维码)
4. 简述教师劳动复杂性的具体表现。(见二维码)

论述题

1. 论述夸美纽斯的普及教育思想及其影响。(见基础篇 P70)
2. 论述黄炎培的职业教育思想及其影响。(见基础篇 P42)
3. 请举例论述不良品德行为的矫正。(见基础篇 P138)
4. 备课是教学的基本环节，有人说，备课是只备教材、备教案，是提高教学质量的保障。请运用教育学原理对此观点进行评析。(见二维码)

2023 年江西师范大学 333 教育综合真题

名词解释

1. 终身教育(见基础篇 P171)　　2. 同伴关系(见二维码)
3. 形成性评价(见基础篇 P193)　　4. 自我效能(见基础篇 P113)
5. 壬戌学制(见基础篇 P34)　　6. 城市学校(见基础篇 P53)

简答题

1. 简述颜之推的家庭教育。(见基础篇 P19)
2. 简述教育的经济功能。(见基础篇 P157)

3. 简述德育因材施教的原则及其基本要求。（见二维码）
4. 简述我国教育目的的精神实质。（见基础篇 P166）

论述题

1. 论述陈鹤琴"活教育"的目的论及对当代的启示。（见基础篇 P45）
2. 论述斯宾塞的科学教育理论及价值意义。（见基础篇 P64）
3. 结合教育实际，论述创造性的影响因素和培养策略。（见基础篇 P133）
4. 论述劳动教育对人全面发展的作用，以及中小学进行劳动教育的策略。（见拔高篇 P391）

2010 年广西师范大学 333 教育综合真题

名词解释

1. 教育活动的基本要素（见基础篇 P146）
2. 教育目的的价值取向（见二维码）
3. 特朗普制（见二维码）
4. 动机（见二维码）
5. 气质（见二维码）

简答题

1. 怎样理解教学过程是一种特殊的认识过程？（见基础篇 P184）
2. 简述学科课程论的基本观点。（见基础篇 P177）
3. 说明学生掌握知识的基本阶段。（见二维码）
4. 教师如何激发学生的内在学习动机？（见基础篇 P117）

论述题

1. 简述人本主义学习观及其对教学改革的意义。（见基础篇 P110）
2. 联系实际，谈谈如何培养学生的问题解决能力。（见基础篇 P132）

2011 年广西师范大学 333 教育综合真题

名词解释

1. 教学过程（见基础篇 P183）
2. 课程标准（见基础篇 P174）
3. 苏格拉底法（见基础篇 P47）
4. 发现学习（见基础篇 P104）
5. 心智技能（见基础篇 P122）
6. 《学记》（见基础篇 P5）

简答题

1. 简述教师的基本素养。（见基础篇 P212）
2. 简述陶行知的生活教育思想。（见基础篇 P44）
3. 简述卢梭的自然教育理论。（见基础篇 P72）
4. 简述马斯洛的需要层次理论。（见基础篇 P114）

论述题

1. 试述教育的社会流动功能及其意义。（见基础篇 P159）

2. 试述文艺复兴时期人文主义教育的特征。(见基础篇 P55)
3. 试述加德纳的多元智力理论及其启示。(见基础篇 P131)
4. 试述掌握知识与发展智力的关系。(见基础篇 P186)

2012年广西师范大学333教育综合真题

名词解释

1. 教育的负向功能(见二维码)
2. 培养目标(见基础篇 P163)
3. 教学设计(见基础篇 P183)
4. 课程内容(见二维码)
5. 有意义学习(见基础篇 P104)
6. 陈述性知识(见基础篇 P119)

简答题

1. 在信息时代,如何认识学校教育的主导作用？(见二维码)
2. 如何理解发展智力与掌握知识的关系？(见基础篇 P186)
3. 简述加德纳的多元智力发展理论。(见基础篇 P131)
4. 简述建构主义理论的核心观点。(见基础篇 P111)

论述题

1. 论述分科课程与综合课程的关系及其对我国基础教育课程改革的启示。(见基础篇 P179)
2. 论述创造性思维的培养方法。(见基础篇 P133)

2013年广西师范大学333教育综合真题

名词解释

1. 教学目标(见二维码)
2. 教学模式(见基础篇 P183)
3. 课程标准(见基础篇 P174)
4. 发展思维(见二维码)
5. 高原现象(见基础篇 P122)

简答题

1. 简述教学过程的基本环节。(见基础篇 P187)
2. 简述教育的文化功能。(见基础篇 P157)
3. 说明智力因素和非智力因素的关系。(见基础篇 P186)
4. 简述反馈的作用。(见二维码)

论述题

1. 论述我国基础教育课程改革的目标。(见基础篇 P181)
2. 分析影响能力形成的原因和条件。(见二维码)

2014年广西师范大学333教育综合真题

简答题

1. 简述人本主义教学理论。（见基础篇P110）
2. 简述皮亚杰的认知发展阶段理论。（见基础篇P95）
3. 简述多元智力理论的教育意义。（见基础篇P131）
4. 简述生活教育理论的基本内容。（见基础篇P44）

论述题

1. 分析基础教育课程改革面临的瓶颈及其对策。（见二维码）
2. 评述杜威的教育本质观。（见基础篇P80）

2015年广西师范大学333教育综合真题

简答题

1. 简述教育的生态功能。（见基础篇P158）
2. 简述教育目的的"个人本位论"。（见基础篇P164）
3. 简述陶行知的生活教育理论。（见基础篇P44）
4. 简述苏格拉底的"产婆术"。（见基础篇P48）
5. 简述奥苏伯尔的有意义学习理论。（见基础篇P107）

论述题

1. 联系实际教学，阐述学生学习动机的培养。（见基础篇P117）
2. 联系实际教学，论述问题解决能力的培养。（见基础篇P132）

2016年广西师范大学333教育综合真题

名词解释

1. 教育的社会流动功能（见基础篇P155）
2. "六艺"（见基础篇P2）
3. 遗传（见二维码）

简答题

1. 简述智力因素与非智力因素的关系。（见基础篇P186）
2. 简述夸美纽斯的教育思想。（见基础篇P71）
3. 简述布鲁纳的认知—发现说。（见基础篇P106）
4. 简述建构主义。（见基础篇P111）

论述题

1. 论述个人本位论。（见基础篇P164）
2. 论述人格差异与教育。（见基础篇P100）
3. 论述陈鹤琴的"活教育"。（见基础篇P45）

2017年广西师范大学333教育综合真题

简答题

1. 简述夸美纽斯的教育思想。(见基础篇 P71)
2. 简述黄炎培的职业教育。(见基础篇 P42)
3. 简述文化对教育的影响。(见基础篇 P156)
4. 简述教育的生态功能。(见基础篇 P158)
5. 简述影响知识理解的因素。(见基础篇 P120)

论述题

1. 论述教育的本质特点。(见基础篇 P146)
2. 论述认知方式的差异及其教育含义。(见基础篇 P100)

2018年广西师范大学333教育综合真题

名词解释

1. 微课(见二维码)
2. 教学效能感(见二维码)
3. 讲授法(见基础篇 P192)

简答题

1. 简述影响学生发展的因素。(见基础篇 P153)
2. 简述朱子读书法。(见基础篇 P26)
3. 简述斯宾塞的科学教育思想。(见基础篇 P64)
4. 简述教师权威的构成和来源。(见二维码)

论述题

1. 根据记忆遗忘规律,论述促进记忆和保持知识的方法。(见基础篇 P120)
2. 根据法律法规和教育理论,分析未成年人保护应遵循的原则。(见二维码)

2019年广西师范大学333教育综合真题

名词解释

1. 德育(见基础篇 P201)
2. 教师期待效应(见基础篇 P209)
3. "三纲领八条目"(见基础篇 P4)

简答题

1. 简述我国中小学的教学原则。(见基础篇 P197)
2. 简述孔子的教学思想。(见基础篇 P7)
3. 简述皮亚杰的认知发展理论。(见基础篇 P95)

4. 简述赫尔巴特的教学思想。（见基础篇 P78）

5. 简述陶行知的教学思想和杜威的教学思想的比较。（见拔高篇 P242）

论述题

1. 论述教育学的产生和发展。（见二维码）

2. 论述蔡元培的教育思想和实践对中国近代教育的贡献和影响。（见基础篇 P36）

2020 年广西师范大学 333 教育综合真题

名词解释

1. 有教无类（见基础篇 P4） 2. 教学环境（见二维码）

3. 同化（见基础篇 P94） 4. 图式（见基础篇 P94）

简答题

1. 简述宋代书院在教学和管理方面的特点。（见基础篇 P24）

2. 简述自然主义教育理论。（见基础篇 P87）

3. 简述教育起源的几种理论。（见二维码）

4. 简述美国《国防教育法》的主要内容。（见二维码）

5. 简述心智技能与运动技能的关系。（见拔高篇 P279）

论述题

1. 结合实际论述教育的社会功能。（见基础篇 P160）

2. 论述教育心理学化运动的形成、发展与影响。（见二维码）

2021 年广西师范大学 333 教育综合真题

名词解释

1. 活动课程（见基础篇 P175） 2.《新教育大纲》（见二维码）

3. 学习动机（见基础篇 P113）

简答题

1. 简述启发性教学原则。（见基础篇 P195）

2. 简述裴斯泰洛齐的教育思想。（见基础篇 P75）

3. 简述"中体西用"的教育思想。（见基础篇 P30）

4. 简述同化性迁移、顺应性迁移、重组性迁移。（见二维码）

5. 简述班杜拉观察学习的四个过程。（见基础篇 P106）

论述题

1. 结合教育的三大要素谈谈智能时代的教育发展。（见基础篇 P147）

2. 论述陈鹤琴的"活教育"思想及对当代教育的价值和启示。（见基础篇 P45）

2022年广西师范大学333教育综合真题

名词解释
1. 教育（见基础篇 P145）
2. 稷下学宫（见基础篇 P4）
3. 道尔顿制（见基础篇 P86）
4. 知识（见基础篇 P119）

简答题
1. 简述奥苏伯尔的有意义学习的实质和条件。（见基础篇 P107）
2. 简述夸美纽斯的教育思想。（见基础篇 P71）
3. 简述教师劳动的特点。（见基础篇 P210）
4. 简述自我效能感的影响因素。（见基础篇 P116）
5. 简述晏阳初的"四大教育"。（见基础篇 P43）
6. 简述教育目的的个人本位论和社会本位论。（见基础篇 P164）

论述题
比较赫尔巴特和杜威的教育思想。（见拔高篇 P234）

材料题
（材料缺失）
（1）结合教育与人的发展的关系谈谈对"双减"政策的看法。（见拔高篇 P381）
（2）结合教育和社会的发展关系谈谈对"双减"政策的看法。（见拔高篇 P381）
（3）谈谈"双减"政策如何落实。（见拔高篇 P383）

2023年广西师范大学333教育综合真题

名词解释
1. 教育目的（见基础篇 P163）
2. 教育性教学（见基础篇 P69）
3. 生活教育（见基础篇 P41）
4. 学习共同体（见二维码）

简答题
1. 简述教育的四个基本要素。（见基础篇 P147）
2. 简述教育对人发展的作用。（见基础篇 P152）
3. 简述孔子的教育思想。（见基础篇 P9）
4. 简述教师职业倦怠的原因。（见二维码）
5. 简述卢梭的教育思想。（见基础篇 P73）
6. 简述学习动机理论。（见基础篇 P116）

论述题
教学过程中要处理的几对关系。（见基础篇 P187）

材料题

材料：党的二十大报告中说，"百年大计，教育为本"，"办人民满意教育"……

(1) 结合现实谈谈教育发展的优先战略地位。（见拔高篇 P380）
(2) 结合教育的社会流动功能谈谈教育的公平。（见拔高篇 P375）
(3) 结合教育方针，谈谈如何"办好人民满意的教育"。（见拔高篇 P379）

2010 年四川师范大学 333 教育综合真题

名词解释

1. 人的发展（见基础篇 P149）
2. 学校教育制度（见基础篇 P170）
3. 课程（见基础篇 P174）
4. 骑士教育（见基础篇 P53）
5. 三舍法（见基础篇 P22）
6. 耶克斯-多德森定律（见二维码）

简答题

1. 简述斯宾塞的知识价值论。（见基础篇 P64）
2. 简述晏阳初的"四大教育"与"三大方式"。（见基础篇 P43）
3. 简述罗杰斯的自由学习原则。（见基础篇 P109）
4. 简述韦纳的归因理论及其在教学中的应用。（见基础篇 P115）

论述题

1. 论述教育的社会制约性。（见基础篇 P157）
2. 在教学过程中应当处理好哪些关系？并联系实际加以论述。（见二维码）
3. 试述道家、墨家、法家教育作用观的异同。（见拔高篇 P227）
4. 述评杜威的实用主义教育思想。（见基础篇 P83）

2011 年四川师范大学 333 教育综合真题

名词解释

1. 儿童中心论（见二维码）
2. 形成性评价（见基础篇 P193）
3. 学习动机（见基础篇 P113）
4. 知识（见基础篇 P119）
5. 监生历事制度（见基础篇 P27）
6. 分斋教学法（见基础篇 P22）

简答题

1. 简述柏拉图的教育思想。（见基础篇 P49）
2. 简述中世纪早期世俗教育的主要形式。（见二维码）
3. 评析美国公立学校运动的产生及其历史意义。（见二维码）
4. 简述现代学校教育制度的发展趋势。（见基础篇 P171）

论述题

1. 试论教育的文化功能。（见基础篇 P157）

2. 试述教育对人类地位提升的促进作用。（见二维码）

3. 试论述品德培养的主要策略。（见基础篇P137）

4. 材料："虽有嘉肴，弗食，不知其旨也；虽有至道，弗学，不知其善也。是故学然后知不足，教然后知困。知不足，然后能自反也；知困，然后能自强也。故曰：教学相长也。"

请问此段话出自哪位教育家？并分析其教育主张。（见拔高篇P264）

2012年四川师范大学333教育综合真题

名词解释

1. 三舍法（见基础篇P22）
2. 苏格拉底法（见基础篇P47）
3. 白板说（见基础篇P63）
4. 心理发展（见基础篇P94）
5. 原型启发（见二维码）
6. 自我效能感（见基础篇P113）

简答题

1. 简述墨家的教育实践与教育思想。（见基础篇P11）
2. 简述梁漱溟的乡村建设理论。（见基础篇P44）
3. 简述维果茨基的文化历史发展理论。（见基础篇P97）
4. 简述影响知识理解的因素。（见基础篇P120）

论述题

1. 试论文化对教育的影响和制约。（见基础篇P156）
2. 试论杜威的教育思想。（见基础篇P83）
3. 结合实际论述现代德育过程的特点。（见基础篇P202）
4. 结合实际论述教学过程中应当处理好的几种关系。（见二维码）

2013年四川师范大学333教育综合真题

名词解释

1. 教育（见基础篇P145）
2. 合作学习（见二维码）
3. 教学相长（见二维码）
4. 苏格拉底法（见基础篇P47）
5. 多元智力（见基础篇P129）
6. 学习动机（见基础篇P113）

简答题

1. 简述孔丘的教学思想。（见基础篇P9）
2. 简述历史上关于教育起源的代表性观点。（见二维码）
3. 简述影响创造性的主要因素。（见基础篇P133）
4. 简述建构主义学习理论的基本观点。（见基础篇P111）

论述题

1. 试述教育的社会制约性。（见基础篇P157）

2. 试述当前我国基础教育课程改革的具体目标。(见基础篇 P181)
3. 在教学过程中应当处理好哪些关系？并联系实际加以论述。(见二维码)
4. 试述陶行知生活教育理论的基本内容及其与杜威的理论的关系。(见拔高篇 P242)

2014年四川师范大学333教育综合真题

名词解释

1. 课程 (见基础篇 P174)
2. 班级授课制 (见基础篇 P191)
3. 苏格拉底法 (见基础篇 P47)
4. 有教无类 (见基础篇 P4)
5. 最近发展区 (见基础篇 P95)
6. 知识 (见基础篇 P119)

简答题

1. 简述陶行知的"生活教育"理论。(见基础篇 P44)
2. 简述皮亚杰的认知发展阶段理论。(见基础篇 P95)
3. 简述桑代克的学习定律。(见二维码)
4. 简述卢梭的自然教育理论及其影响。(见基础篇 P72)

论述题

1. 为什么教育对人的发展有重大作用？(见基础篇 P152)
2. 试述现代教育制度改革的趋势。(见二维码)
3. 结合实际试述基本教学组织形式以及辅助组织形式。(见基础篇 P194)
4. 试述西方教学理论在中国的传播。(见拔高篇 P262)

2015年四川师范大学333教育综合真题

名词解释

1. 知识 (见基础篇 P119)
2. 苏格拉底法 (见基础篇 P47)
3. 学习策略 (见基础篇 P124)
4. 教学相长 (见二维码)
5. 班级授课制 (见基础篇 P191)
6. "中体西用" (见基础篇 P29)

简答题

1. 简述终身教育思潮。(见基础篇 P90)
2. 简述维果茨基的最近发展区理论。(见基础篇 P97)
3. 简述建构主义的观点。(见基础篇 P111)
4. 简述教育对人发展的重要作用。(见基础篇 P152)

论述题

1. 论述孔子的教学方法。(见基础篇 P7)
2. 论述政治经济制度对教育的制约。(见基础篇 P156)
3. 论述教学的基本组织形式和辅助组织形式。(见基础篇 P194)
4. 论述陶行知和杜威在教育观和学校观上的比较。(见拔高篇 P242)

2016年四川师范大学333教育综合真题

名词解释
1. 教育（见基础篇 P145）
2. 教学（见基础篇 P183）
3. "六艺"（见基础篇 P2）
4. 白板说（见基础篇 P63）
5. 学习动机（见基础篇 P113）
6. 问题解决（见基础篇 P130）

简答题
1. 简述孔子的教学思想。（见基础篇 P7）
2. 简述陶行知的教育体系。（见基础篇 P44）
3. 简述建构主义教学理论的基本观点。（见基础篇 P111）
4. 简述科尔伯格的道德发展阶段理论。（见基础篇 P99）

论述题
1. 论述教育的社会制约性。（见基础篇 P157）
2. 论述杜威的教育思想。（见基础篇 P83）
3. 论述培养和提高教师素养的主要途径。（见基础篇 P212）
4. 教学过程应该处理好哪几种关系？（见基础篇 P187）

2017年四川师范大学333教育综合真题

名词解释
1. 教育目的的价值取向（见二维码）
2. 现代学校教育制度（见基础篇 P170）
3. 《大教学论》（见基础篇 P68）
4. "三纲领八条目"（见基础篇 P4）
5. 元认知（见基础篇 P125）
6. 发现学习（见基础篇 P104）

简答题
1. 简述教育的相对独立性的表现。（见基础篇 P159）
2. 简述埃里克森的心理社会发展理论。（见基础篇 P98）
3. 简述德育过程的特点以及在现实中如何提高学生的德育素质。（见基础篇 P202、207）
4. 简述学习动机和学习效果的关系。（见基础篇 P114）

论述题
1. 论述蔡元培的"循思想自由原则，取兼容并包主义"的办学方针。（见基础篇 P38）
2. 论述教师素养的要求。（见基础篇 P212）
3. 比较孔子和苏格拉底的启发式教学。（见拔高篇 P239）
4. 论述杜威的教育本质观，并对其进行评价。（见基础篇 P80）

2018年四川师范大学333教育综合真题

名词解释

1. 《学记》（见基础篇 P5）
2. 苏湖教学法（见基础篇 P22）
3. 教育目的（见基础篇 P163）
4. 心理发展（见基础篇 P94）
5. 教学评价（见基础篇 P193）
6. 骑士教育（见基础篇 P53）

简答题

1. 简述教育的社会流动性功能及意义。（见基础篇 P159）
2. 简述影响问题解决的因素。（见基础篇 P132）
3. 简述学校管理的趋势。（见基础篇 P219）
4. 简述人文教育的基本特征。（见基础篇 P55）

论述题

1. 论述教学原则并选择其中一个举例。（见基础篇 P197）
2. 论述"中体西用"的局限和作用。（见基础篇 P30）
3. 论述赫尔巴特和杜威的教学阶段。（见拔高篇 P236）
4. 论述学习动机的激发与培养。（见基础篇 P117）

2019年四川师范大学333教育综合真题

名词解释

1. 教育制度（见基础篇 P170）
2. 课程标准（见基础篇 P174）
3. 苏格拉底法（见基础篇 P47）
4. 三舍法（见基础篇 P22）
5. 《国防教育法》（见基础篇 P58）
6. 有教无类（见基础篇 P4）

简答题

1. 简述我国教育目的的基本精神。（见基础篇 P166）
2. 简述影响品德形成的因素。（见基础篇 P138）
3. 简述陈鹤琴的"活教育"。（见基础篇 P45）
4. 简述科举制的影响。（见基础篇 P17）

论述题

1. 论述文化对教育的制约和影响。（见基础篇 P156）
2. 论述卢梭的自然教育理论及影响。（见基础篇 P72）
3. 论述建构主义的学习理论的观点及启示。（见基础篇 P111）

2020 年四川师范大学 333 教育综合真题

名词解释

1. 义务教育（见基础篇 P170）
2. 活动课程（见基础篇 P175）
3. 九品中正制（见二维码）
4. 要素教育论（见二维码）
5. 设计教学法（见基础篇 P86）
6. 京师同文馆（见基础篇 P29）

简答题

1. 简述教育的政治功能。（见基础篇 P157）
2. 简述问题解决能力的培养措施。（见基础篇 P132）
3. 简述陶行知"生活教育"的主要内容。（见基础篇 P44）
4. 简述书院教育的特点。（见基础篇 P24）

论述题

1. 试论述需要层次理论以及对中小学教师工作的启示。（见基础篇 P114）
2. 试论述教学过程的性质特点。（见基础篇 P184）
3. 试论述西方教育史上教育与生产劳动相结合的主张。（见拔高篇 P255）
4. 试论述教师劳动的特点和价值。（见基础篇 P210）

2021 年四川师范大学 333 教育综合真题

名词解释

1. 终身教育（见基础篇 P171）
2. 班级授课制（见基础篇 P191）
3. 鸿都门学（见基础篇 P14）
4. "活教育"（见基础篇 P42）
5. 要素主义教育（见基础篇 P86）
6. 《莫雷尔法案》（见基础篇 P57）

简答题

1. 简述人的发展规律性及其在教学中的作用。（见基础篇 P149）
2. 简述教育的政治功能。（见基础篇 P157）
3. 简述赫尔巴特的教学阶段论。（见基础篇 P77）
4. 简述维果茨基的教学与认知发展的关系。（见基础篇 P97）

论述题

1. 试述中国古代教育史的人性论及教育的作用。（见拔高篇 P247）
2. 试述西方教育史上的自然主义教育的产生和发展。（见拔高篇 P254）
3. 结合实际教学谈谈"为迁移而教"。（见基础篇 P121）
4. 论述德育原则及其要求。（见基础篇 P206）

2022年四川师范大学333教育综合真题

名词解释

1. 教育目的（见基础篇 P163）
2. 分组教学制（见基础篇 P191）
3. 壬戌学制（见基础篇 P34）
4. 《1944年教育法》（见二维码）
5. 学习动机（见基础篇 P113）
6. 心智技能（见基础篇 P122）

简答题

1. 简述德育过程的特点。（见基础篇 P202）
2. 简述美国进步主义教育的发展历程。（见二维码）
3. 简述影响自我效能感形成的因素。（见基础篇 P116）
4. 简述家庭教育对儿童品德发展的影响。（见二维码）

论述题

1. 论述全面发展教育的主要内容，并谈谈对"五育"融合的看法。（见基础篇 P167）
2. 举例谈谈如何贯彻教学中的科学性和思想性相统一的原则。（见基础篇 P196）
3. 论述黄炎培的职业教育思想及其对我国现在职业教育的启示。（见基础篇 P42）
4. 比较赫尔巴特和杜威的课程思想。（见拔高篇 P235）

2023年四川师范大学333教育综合真题

名词解释

1. 批判教育学（见二维码）
2. 六等黜陟法（见二维码）
3. 道尔顿制（见基础篇 P86）
4. 学习策略（见基础篇 P124）
5. 程序性知识（见基础篇 P119）
6. 综合课程（见基础篇 P175）

简答题

1. 简述社会规范学习。（见基础篇 P136）
2. 简述斯宾塞科学知识。（见基础篇 P64）
3. 简述奥苏伯尔有意义接受学习。（见二维码）
4. 简述教师角色发展。（见基础篇 P211）

论述题

1. 教育与文化关系以及对文化自信的看法。（见二维码）
2. 梁漱溟乡村教育及对乡村教育的启示。（见基础篇 P44）
3. 西方教育史上关于和谐教育的发展。（见拔高篇 P255）
4. 班集体的培养方法。（见基础篇 P217）

2010年安徽师范大学333教育综合真题

名词解释

1. 实验教育学（见基础篇 P142）　　2. 学校教育（见基础篇 P145）
3. 媒介素养（见二维码）　　4. 教育目的（见基础篇 P163）
5. 学生非正式群体（见基础篇 P216）

简答题

1. 现代型学校的特质主要表现在哪些方面？（见二维码）
2. 当代学生观的更新体现在哪些方面？（见二维码）
3. 简述教学与信息技术的关系。（见二维码）
4. 如何创建富有生命气息的班级文化？（见二维码）
5. 怎样发挥学校对家庭教育的指导与促进作用？（见拔高篇 P404）
6. 新型教师的基础性素养主要包括哪些方面？（见基础篇 P212）

论述题

1. 结合自身实际，谈谈学习教育对教师专业成长的价值。（见二维码）
2. 试述当代中国学校教育价值取向更新的基本走向。（见二维码）
3. 结合教学实际，论述你对教学评价改革的看法。（见基础篇 P200）

案例分析题

（案例缺失）
试用相关教育理论评析案例中"无人监考"活动的教育思想、教学方法及育人效果。（见二维码）

2011年安徽师范大学333教育综合真题

名词解释

1.《大教学论》（见基础篇 P68）　　2. 内发论（见二维码）
3. 高等教育大众化（见二维码）　　4. 癸卯学制（见基础篇 P32）
5. 个人本位论（见基础篇 P163）　　6. 义务教育（见基础篇 P170）

简答题

1. 简述学校教育在人的身心发展中的作用。（见基础篇 P152）
2. 简述"六艺"教育的内容和特征。（见基础篇 P2）
3. 试比较欧洲的新教育运动和美国的进步教育运动。（见拔高篇 P238）
4. 简述学生品德不良产生的原因及其矫正措施。（见基础篇 P138）

论述题

1. 论述教师专业发展的内涵及途径。（见基础篇 P213）
2. 评述赫尔巴特的教学阶段理论。（见基础篇 P77）
3. 评述陶行知的生活教育理论。（见基础篇 P44）
4. 结合我国基础教育课程改革，谈谈建构主义学习理论的知识观、学生观、学习观对教学实践的作用。（见基础篇 P111）

2012年安徽师范大学333教育综合真题

名词解释

1. 教育（见基础篇 P145）
2. 教育目的（见基础篇 P163）
3. 学校教育制度（见基础篇 P170）
4. 教学组织形式（见基础篇 P191）
5. 道尔顿制（见基础篇 P86）
6. 学习策略（见基础篇 P124）

简答题

1. 简述掌握知识与发展智力的关系。（见基础篇 P186）
2. 在对学生进行思想品德教育时，如何贯彻"严格要求与尊重学生相结合"的原则？（见基础篇 P205）
3. 当代学校管理的发展趋势是什么？（见基础篇 P219）
4. 杜威关于教育的本质与目的的基本观点是什么？（见基础篇 P80）
5. 我国古代书院教育的特点是什么？（见基础篇 P24）
6. 简述终身教育思潮的基本观点。（见基础篇 P90）

论述题

1. 联系社会实际论述教育社会流动功能的含义及在当代的教育意义。（见基础篇 P159）
2. 论述陶行知的"生活教育"思想体系。（见基础篇 P44）
3. 联系教学实际论述学习动机的培养与激发。（见基础篇 P117）

2013年安徽师范大学333教育综合真题

名词解释

1. 美育（见二维码）
2. 学校管理目标（见二维码）
3. 要素主义（见基础篇 P86）
4. 课程标准（见基础篇 P174）
5. 教学模式（见基础篇 P183）
6. 最近发展区（见基础篇 P95）

简答题

1. 简述杜威关于教育本质与目的的理论。（见基础篇 P80）
2. 共产党领导下的革命根据地教育的基本经验包括哪些方面？（见基础篇 P40）
3. 简述卢梭的自然教育理论及其影响。（见基础篇 P72）
4. 为什么说德育过程是培养学生知、情、意、行的过程？（见基础篇 P204）
5. 世界各国课程改革的趋势是什么？（见基础篇 P180）
6. 简述社会规范学习的心理过程。（见基础篇 P136）

论述题

1. 论述黄炎培的职业教育思想及其当代教育价值。（见基础篇 P42）
2. 论述在基础教育改革中如何体现"以人为本"这一理念。（见二维码）
3. 论述班杜拉的观察学习理论及其教育应用。（见基础篇 P106）

2014年安徽师范大学333教育综合真题

名词解释

1. 课程目标（见基础篇 P176）
2. 陶冶教育（见基础篇 P202）
3. 永恒主义（见基础篇 P86）
4. 工读主义教育思潮（见二维码）
5. 骑士教育（见基础篇 P53）
6. 道尔顿制（见基础篇 P86）

简答题

1. 简要说明解决问题分哪几个阶段。（见基础篇 P131）
2. 简述教育的生态功能。（见基础篇 P158）
3. 我国教师必须承担的责任和义务是什么？（见基础篇 P210）
4. 孔子关于道德教育理论的基本观点是什么？（见基础篇 P7）
5. 简述新民主主义教育方针的形成过程及其内涵。（见二维码）
6. 如何贯彻启发性教学原则？（见基础篇 P195）

论述题

1. 论述杜威教育思想的主要观点及其影响。（见基础篇 P83）
2. 联系教学实际论述认知建构主义学习理论与应用。（见基础篇 P111）
3. 材料：党的十八届三中全会通过的《中共中央关于全面深化改革若干重大问题的决定》提出：全面贯彻党的教育方针，坚持立德树人，加强社会主义核心价值体系教育，完善中华优秀传统文化教育，形成爱学习、爱劳动、爱祖国活动的有效形式和长效机制，增强学生社会责任感、创新精神、实践能力。
结合基础教育实际论述加强社会主义核心价值体系教育的意义及其举措。（见拔高篇 P394）

2015年安徽师范大学333教育综合真题

名词解释

1. 教育目的（狭义）（见二维码）
2. 长善救失原则（见基础篇 P202）
3. 活动课程（见基础篇 P175）
4. 生活教育（见基础篇 P41）
5. 癸卯学制（见基础篇 P32）
6. 教学模式（见基础篇 P183）

简答题

1. 简述蔡元培关于教育方针的基本理论。（见基础篇 P37）
2. 问题解决能力的培养措施有哪些？（见基础篇 P132）
3. 为什么要把教育摆在优先发展的战略地位？（见基础篇 P160）
4. 简述朱熹的"朱子读书法"。（见基础篇 P26）
5. 洛克的道德教育方法主要包括哪些内容？（见二维码）
6. 简述教师角色的冲突及其解决措施。（见基础篇 P212）

论述题

1. 试述夸美纽斯的学校改革思想及其对近代教育的影响。（见二维码）
2. 联系教育实际论述人格发展理论及其教育含义。（见基础篇 P101）
3. 结合我国目前教育发展与改革实际，论述依法治教的意义及其途径。（见二维码）

2016年安徽师范大学333教育综合真题

名词解释

1. 实验教育学（见基础篇 P142）
2. 潜在课程（见二维码）
3. 有意义学习（见基础篇 P104）
4. 元认知策略（见基础篇 P125）
5. 苏格拉底法（见基础篇 P47）
6. 生活准备说（见二维码）

简答题

1. 教学活动中如何处理智力活动和非智力活动的关系？（见基础篇 P186）
2. 简述德育与其他各育的关系。（见二维码）
3. 学校管理过程包括哪些基本环节？（见基础篇 P219）
4. 卢梭自然教育理论的基本观点是什么？有何积极意义？（见基础篇 P72）
5. 简述我国隋唐时期教育制度的特点。（见基础篇 P16）
6. 简述张之洞的"中体西用"教育思想。（见基础篇 P30）

论述题

1. 美国教育家杜威提出"做中学"的教育信条，我国教育家陶行知倡导"教学做合一"的主张。请你在分析两种观点的基础上，结合实际论述它们对我国基础教育改革的理论价值和实际意义。（见拔高篇 P243）
2. 运用多元智力理论论述学习方式的多样性。（见基础篇 P131）
3. 运用教育社会功能理论论述教育在我国全面建成小康社会进程中的作用。（见二维码）

2017年安徽师范大学333教育综合真题

名词解释

1. 教育制度（见基础篇 P170）
2. 校本管理（见二维码）
3. 程序性知识（见基础篇 P119）
4. 观察学习（见基础篇 P104）
5. 自然教育（见基础篇 P68）
6. 公学（见基础篇 P57）

简答题

1. 教育应如何适应学生的身心发展规律？（见基础篇 P149）
2. 在教学评价中，如何处理好教师评价与学生自评的关系？（见二维码）
3. 简述学校美育过程中应遵循的基本原则。（见二维码）
4. 韩愈的《师说》提出了哪些主要的教育观点？（见基础篇 P20）

论述题

1. 试述终身教育思想的提出对学习型社会的意义。（见拔高篇 P416）
2. 结合实际论述自我效能感及其培养途径。（见基础篇 P116）
3. 试论革命根据地教育经验的现代价值。（见基础篇 P40）

案例分析题

材料：在苏联著名教育家苏霍姆林斯基当校长时，曾发生过这样一个感人的故事：校园里开出了几朵很大的玫瑰花,每天都会吸引很多学生来看。一天早晨,苏霍姆林斯基看见一个小女孩摘下了一朵玫瑰花,他便问小女孩是什么原因让她摘花,小女孩羞愧地告诉他,奶奶病得很重,她不相信校园里有这么大的玫瑰花,摘下来是想让奶奶看看自己说的没错。听了小女孩的回答,苏霍姆林斯基立即摘下了两朵玫瑰花对小女孩说:"这一朵是奖给你的,因为你是一个懂得爱的孩子;这一朵是送给你奶奶的,感谢她养育了你这样好的孩子。"

在案例中苏霍姆林斯基面对这位摘花的小女孩不但没有粗暴地批评,而且另摘了两朵花送给她,为什么?如果是你,你会怎么做?请运用有关教育理论进行分析。(见拔高篇 P349)

2018年安徽师范大学333教育综合真题

名词解释

1. 课程标准(见基础篇 P174)
2. 发现法(见基础篇 P104)
3. 最近发展区(见基础篇 P95)
4. 先行组织者(见基础篇 P104)
5. "七艺"(见基础篇 P48)
6. 要素主义教育(见基础篇 P86)

简答题

1. 简述教学是德育的基本途径。(见二维码)
2. 简述陈述性知识和程序性知识的区别和联系。(见拔高篇 P277)
3. 王守仁的儿童教育思想的主张有哪些?(见基础篇 P27)
4. 简述斯宾塞的智育论。(见二维码)

论述题

1. 论述我国教育目的的基本精神。(见基础篇 P166)
2. 论述社会规范学习心理过程的三个阶段。(见基础篇 P136)
3. 论述五四新文化运动对国人教育观念转变的影响。(见基础篇 P38)

案例分析题

材料:1972年,联合国教科文组织教育发展委员会主席埃德加·富尔发表了《学会生存——教育世界的今天和明天》的报告。他在报告中指出:"多少世纪以来,特别在发动产业革命的欧洲国家,教育的发展一般是在经济增长之后发生的。现在,教育在全世界的发展正倾向先于经济的发展,这在人类历史上大概还是第一次。"有人因此而提出疑问,在现代社会里,社会物质生产与教育的关系是不是已经颠倒过来?即由教育决定社会物质生产,而不是由社会物质生产决定教育?

请回答你对这个问题的看法,并用教育学的理论进行分析。(见拔高篇 P327)

2019年安徽师范大学333教育综合真题

名词解释

1. 双轨制(见基础篇 P170)
2. 锻炼法(见二维码)
3. 下位学习(见二维码)
4. 藏息相辅的教学原则(见二维码)
5. 精细加工策略(见基础篇 P124)
6. 教育无目的(见二维码)

简答题

1. 简述教学过程的几种关系。（见基础篇 P187）
2. 简述颜之推的儿童教育思想。（见基础篇 P19）
3. 影响知识理解的因素。（见基础篇 P120）
4. 简述永恒主义教育思潮。（见基础篇 P89）

论述题

1. 马克思主义关于人的全面发展学说的主要内容及现实意义。（见基础篇 P165）
2. 加涅的学习过程阶段以及信息加工理论对课堂教学的启示。（见基础篇 P108）
3. 论述陈鹤琴教育思想的启示及其现实价值。（见基础篇 P45）

案例分析题

材料：随着全球化、信息化时代与知识社会的来临，各国综合国力竞争开始加剧，以经济发展为核心，致力于公民素养的提升，已成为世界各国发展的共同主题。那么，现代公民应该具备哪些最基本、最重要的知识、能力与情感态度，才能更好地促进个人自我实现与成功地生活，继而更好地推动社会的良好运转与健康发展等问题已转化为当下世界各国基础教育课程改革中无法规避的核心问题。21世纪培养的学生应该具备哪些最基本、最重要的知识、能力与情感态度？怎样才能更有效地培养学生使其具备这些知识、能力和情感态度？针对这些问题，21世纪以来，世界各国包括一些重要的国际组织都纷纷启动了对学生"核心素养"的研究，并在此基础上开启了新一轮基础教育课程改革。

结合材料与现实，谈谈你对当前世界基础教育课程改革发展新趋势的认识。（见二维码）

2020年安徽师范大学333教育综合真题

名词解释

1. 特殊迁移（见二维码）
2. 认知内驱力（见二维码）
3. 形成性评价（见基础篇 P193）
4. 掌握学习（见二维码）
5. 长善救失原则（见基础篇 P202）
6. 教育的相对独立性（见基础篇 P155）

简答题

1. 简述情境陶冶法的内涵及要求。（见二维码）
2. 简述存在主义教育思想的主要观点。（见二维码）
3. 简述蔡元培的"五育"并举。（见基础篇 P37）
4. 简述促进迁移的教学原则。（见二维码）

论述题

1. 论述教育的社会功能及其有效发挥的条件。（见二维码）
2. 试论述马卡连柯的劳动教育思想及其当代意义。（见基础篇 P37）
3. 试论述颜元的"实学""真学"和"习行"的内容及启示。（见基础篇 P28）

案例分析题

材料：关于"研学旅游"的文件颁布等信息。（材料大意，回忆版）

谈谈你对研学旅行的认识和理解。（见二维码）

2021年安徽师范大学333教育综合真题

名词解释

1. 尊德性（见二维码）
2. 素丝说（见基础篇 P4）
3. 组织策略（见基础篇 P125）
4. 酝酿效应（见二维码）
5. 表现目标（见二维码）
6. 明理教育法（见二维码）

简答题

1. 简述稷下学宫的性质和特点。（见基础篇 P6）
2. 简述1922年"新学制"的特点。（见基础篇 P34）
3. 简述循序渐进原则的基本要求。（见基础篇 P196）
4. 简述改造主义教育的基本观点。（见二维码）

论述题

1. 论述教学过程的性质。（见基础篇 P184）
2. 论述1958年美国《国防教育法》的主要内容及时代要求。（见二维码）
3. 论述实际教学中学生问题解决能力的培养。（见基础篇 P132）

材料分析题

材料：2020年3月20日关于加强劳动教育的文件摘要。（材料大意，回忆版）
试分析你对劳动教育的认识。（见拔高篇 P390）

2022年安徽师范大学333教育综合真题

名词解释

1. 教育制度（见基础篇 P170）
2. 教育目的（见基础篇 P163）
3. 图式（见基础篇 P94）
4. 课程（见基础篇 P174）
5. 德育过程（见基础篇 P201）
6. 有意义学习（见基础篇 P104）

简答题

1. 简述学习的实质。（见二维码）
2. 简述教学过程中的几对关系。（见基础篇 P187）
3. 简述创造性认知品质的概念和内容。（见二维码）
4. 简述新文化运动对教育观念的影响。（见基础篇 P38）

论述题

1. 论述陶行知的"生活教育"理论及其现代意义。（见基础篇 P44）
2. 论述20世纪60年代以来终身教育的演变和启示。（见二维码）
3. 论述人本主义教育的特征和启示。（见基础篇 P110）
4. 请从马克思主义关于人的全面发展理论角度论述教育评价改革。（见二维码）

2023年安徽师范大学333教育综合真题

名词解释

1. 明明德（见二维码）
2. 产婆术（见基础篇P47）
3. 《颜氏家训》（见基础篇P16）
4. 自我效能感（见基础篇P113）
5. 课程标准（见基础篇P174）
6. 班级授课制（见基础篇P191）

简答题

1. 简述布鲁姆教育目标分类学中的情感领域目标。（见二维码）
2. 简述教育相对独立性的基本内涵。（见基础篇P159）
3. 简述维果茨基的最近发展区的理解和意义。（见基础篇P97）
4. 简述巩固性教学原则的内涵和基本要求。（见二维码）

论述题

1. 论述马卡连柯的平行教育的原则及对当下的意义。（见二维码）
2. 论述19世纪英国新大学运动的历史意义。（见二维码）
3. 联系实际，谈谈新中国教育目的的基本精神。（见基础篇P166）

材料分析题

材料：捧着一颗心来，不带半根草去——陶行知

有一个男生用泥块砸自己班上的男生，被校长陶行知发现制止后，命令他放学时到校长室去。放学后，陶行知来到校长室，男生早已等着挨训了。可是陶行知却笑着掏出一颗糖送给他，说："这是奖给你的，因为你按时来到这里，而我却迟到了。"男生接过糖果。随后陶行知高兴地又掏出第二颗糖果放到他的手里，说："这也是奖励你的，因为我不让你打人时，你立即住手了，这说明你很尊重我，我应该奖励你。"男生惊讶地看着陶行知。这时陶行知又掏出第三颗糖果塞到男生手里，说："我调查过了，你用泥块砸那些男生，是因为他们欺负女生；你砸他们说明你很正直善良，且有跟坏人作斗争的勇气，应该奖励你啊！"男生感动极了，他流着眼泪后悔地喊道："陶校长，我错了，我砸的不是坏人，而是同学……"陶行知满意地笑了，他随即掏出第四颗糖果递过来，说："为你正确地认识自己的错误，我再奖给你一块糖果，我没有多的糖果了，我们的谈话也可以结束了。"

联系材料和实际生活，谈谈你对陶行知运用奖惩法的认识和理解。（见拔高篇P344）

2010年福建师范大学333教育综合真题

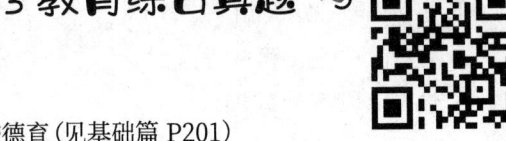

名词解释

1. 教育制度（见基础篇P170）
2. 学校德育（见基础篇P201）
3. "五育"并举（见基础篇P34）
4. 教学做合一（见基础篇P41）
5. 角色扮演法（见二维码）
6. 形式训练说（见二维码）

简答题

1. 简述教育的社会流动功能的含义及其在当代的意义。（见基础篇P159）
2. 实施教学评价应该遵循哪些基本原则？（见基础篇P199）
3. 简述产婆术。（见基础篇P48）

4. 在现代社会变迁中，教师角色体现出哪些发展趋势？（见基础篇 P211）

论述题

1. 试述新一轮基础教育课程改革的具体要求，并说明课程改革的发展趋势。（见基础篇 P180、181）
2. 评述北宋的三次兴学。（见基础篇 P23）
3. 评述赫尔巴特的课程理论。（见基础篇 P77）
4. 试述马斯洛需要层次理论的主要内容，并分析其教育的启示意义。（见基础篇 P114）

2011年福建师范大学333教育综合真题

名词解释

1. 教育的社会流动功能（见基础篇 P155）
2. 课程标准（见基础篇 P174）
3. 贝尔-兰卡斯特制（见基础篇 P57）
4. 昆西教学法（见基础篇 P85）
5. 《颜氏家训》（见基础篇 P16）
6. "中体西用"（见基础篇 P29）

简答题

1. 简析现代教育的发展趋势和特点。（见基础篇 P148）
2. 简析自我教育能力的构成要素及在德育过程中的作用。（见二维码）
3. 什么是课程内容？课程内容的组织应处理好哪些逻辑组织形式的关系？（见基础篇 P179）
4. 简述奥苏伯尔有意义学习的实质与条件。（见基础篇 P107）

论述题

1. 请结合你的教育经历，试从一个教师的劳动特点，谈谈做一名班主任的素质要求。（见二维码）
2. 试析裴斯泰洛齐的"教育心理学化"思想。（见基础篇 P74）
3. 评述1922年"新学制"（壬戌学制）。（见基础篇 P34）
4. 评述在教育实践中如何培养学生的创造性。（见基础篇 P133）

2012年福建师范大学333教育综合真题

名词解释

1. 学习策略（见基础篇 P124）
2. 角色扮演法（见二维码）
3. 智者派（见基础篇 P47）
4. 壬戌学制（见基础篇 P34）
5. 性善论（见基础篇 P4）
6. 要素教育论（见二维码）

简答题

1. 简述人的身心发展的规律及意义。（见基础篇 P149）
2. 简述课程内容的逻辑规定及课程内容组织编排时要处理好的逻辑组织形式关系。（见二维码）
3. 简述现代学校教育的发展特点。（见二维码）
4. 简述教学中的讨论法及其应用要求。（见二维码）

论述题

1. 联系我国的中小学教育现状，论述现代中小学教育制度改革的要求。（见基础篇P172）
2. 阐述教学中培养学生问题解决能力的方法。（见基础篇P132）
3. 论述中世纪大学的特征及意义。（见基础篇P53）
4. 论述福建船政学堂及其意义。（见二维码）

2013年福建师范大学333教育综合真题

名词解释

1. 朱子读书法（见基础篇P22）
2. 全人生指导（见基础篇P41）
3. 先行组织者（见基础篇P104）
4. 形式训练说（见二维码）
5. 助产术（产婆术）（见基础篇P47）
6. 导生制（见基础篇P57）

简答题

1. 人的身心发展的规律。（见基础篇P149）
2. 学生管理的内容和要求。（见二维码）
3. 简述学校教育制度的概念及我国现行学校教育制度改革的方向。（见基础篇P172）
4. 教学评价的种类。（见基础篇P199）

论述题

1. 论述学校德育的特征，举例说明教师如何运用"奖惩"这一德育方法。（见二维码）
2. 中世纪大学的特点和意义。（见基础篇P53）
3. 论述清末新政时期的"庚款兴学"。（见二维码）
4. 论述需要层次理论及对教育的意义。（见基础篇P114）

2014年福建师范大学333教育综合真题

名词解释

1. "三纲领八条目"（见基础篇P4）
2. 苏湖教法（见基础篇P22）
3. 骑士教育（见基础篇P53）
4. 《巴尔福法案》（见二维码）
5. 自我效能感（见基础篇P113）
6. 移情（见二维码）

简答题

1. 简述班级授课制的优缺点。（见基础篇P194）
2. 简述学生在教学中接受学习的基本阶段。（见二维码）
3. 简述知识对人的发展的价值。（见基础篇P152）
4. 简述长善救失德育原则的内涵和要求。（见基础篇P204）

论述题

1. 论述现代教师角色发展的趋势。（见基础篇P211）

2. 论述五四运动中的平民教育思潮和科学教育思潮。（见二维码）
3. 论述杜威的"做中学"理论。（见基础篇 P81）
4. 分析影响问题解决的主要因素。（见基础篇 P132）

2015 年福建师范大学 333 教育综合真题

名词解释

1. 遗传素质（见二维码）
2. 教育的社会流动功能（见基础篇 P155）
3. 课程方案（见基础篇 P174）
4. 发展性原则（见二维码）
5. 学校德育（见基础篇 P201）
6. 校本管理（见二维码）

简答题

1. 简述教学评价的原则。（见基础篇 P199）
2. 简述严复教育救国的"三育论"。（见基础篇 P33）
3. 简述自我效能感的定义及其影响因素。（见基础篇 P116）
4. 简述卢梭的自然教育论及其影响。（见基础篇 P72）

论述题

1. 论述教学的意义和任务。（见基础篇 P184、187）
2. 论述唐代官学的教育管理制度。（见基础篇 P16）
3. 结合教学实践谈谈如何培养学生的创造性。（见基础篇 P133）
4. 论述进步主义教育运动的产生、发展及影响。（见二维码）

2016 年福建师范大学 333 教育综合真题

名词解释

1. 狭义的教育（见基础篇 P145）
2. 教育的社会流动功能（见基础篇 P155）
3. 综合实践活动（见基础篇 P176）
4. 学校教育制度（见基础篇 P170）
5. 课程标准（见基础篇 P174）
6. 形成性评价（见基础篇 P193）

简答题

1. 简述启发性教学原则的内容及要求。（见基础篇 P195）
2. 简述东林书院的讲会制度。（见二维码）
3. 简述人文主义情感取向的道德理论。（见二维码）
4. 简述美国 1958 年《国防教育法》的主要内容。（见二维码）

论述题

1. 试述我国中小学班主任的素质要求。（见基础篇 P216）
2. 评述民国初年的教育方针及其历史意义。（见基础篇 P37）
3. 试述马斯洛需要层次理论的主要内容及教育启示。（见基础篇 P114）
4. 试述欧洲文艺复兴人文主义教育的特征和影响。（见基础篇 P55）

2017年福建师范大学333教育综合真题

名词解释

1. "六艺"教育（见基础篇P2）
2. 大学院（见二维码）
3. 新教育运动（见基础篇P85）
4. 自我效能感（见基础篇P113）
5. 角色扮演法（见二维码）
6. 《国防教育法》（见基础篇P58）

简答题

1. 简述环境对人的发展的作用。（见基础篇P151）
2. 简述教育的政治作用。（见基础篇P157）
3. 简述教育制度的特点。（见二维码）
4. 简述教师劳动的示范性。（见二维码）

论述题

1. 论述循序渐进教学原则的含义及基本要求。（见基础篇P196）
2. 论述夸美纽斯的教育适应自然原则及对我国基础教育的启示。（见基础篇P70）
3. 论述影响问题解决的因素。（见基础篇P132）
4. 论述幼童留美的历史影响。（见二维码）

2018年福建师范大学333教育综合真题

名词解释

1. 素丝说（见基础篇P4）
2. 熙宁兴学（见二维码）
3. 《国防教育法》（见基础篇P58）
4. 昆西教学法（见基础篇P85）
5. 自我效能感（见基础篇P113）
6. 最近发展区（见基础篇P95）

简答题

1. 评述现代教育的特点。（见基础篇P148）
2. 简述我国教育目的的基本精神。（见基础篇P166）
3. 简述长善救失原则及基本要求。（见基础篇P204）
4. 简述教学目标设计的基本方式。（见二维码）

论述题

1. 结合实际评述我国教师劳动的价值。（见基础篇P210）
2. 评述裴斯泰洛齐的要素教育论。（见基础篇P74）
3. 论述新文化运动影响下的科学教育发展。（见二维码）
4. 结合实际分析影响问题解决的主要因素。（见基础篇P132）

2019 年福建师范大学 333 教育综合真题

名词解释

1. 个体发展（见基础篇 P149）
2. 绝对性评价（见二维码）
3. 以吏为师（见二维码）
4. "五育"并举（见基础篇 P34）
5. 《理想国》（见基础篇 P47）
6. 五步探究教学法（见二维码）

简答题

1. 简述元认知策略的种类。（见基础篇 P127）
2. 简述知识对人的发展的价值。（见基础篇 P152）
3. 简述教学评价的意义。（见基础篇 P199）
4. 简述疏导原则及其要求。（见基础篇 P204）

论述题

1. 论述隋唐私学的演变。（见二维码）
2. 论述班级授课制的优缺点。（见基础篇 P194）
3. 论述加德纳多元智力理论及教育启示。（见基础篇 P131）
4. 评述现代人文主义教育思想。（见基础篇 P91）

2020 年福建师范大学 333 教育综合真题

名词解释

1. 课程方案（见基础篇 P174）
2. 诊断性评价（见基础篇 P192）
3. 性恶论（见二维码）
4. 稷下学宫（见基础篇 P4）
5. 导生制（见基础篇 P57）
6. 《莫雷尔法案》（见基础篇 P57）

简答题

1. 简述奥苏伯尔有意义学习的实质和条件。（见基础篇 P107）
2. 简述个人本位论及其主要观点。（见基础篇 P164）
3. 简述智者学派的观点。（见二维码）
4. 简述斯宾塞的课程论。（见基础篇 P64）

论述题

1. 论述教育的社会流动功能和当代意义。（见基础篇 P159）
2. 论述德育过程是提高自我教育能力的过程。（见基础篇 P204）
3. 论述五四新文化运动时期西方教学理论在中国的传播。（见拔高篇 P262）
4. 论述学生不良行为产生的原因及其矫正方法。（见基础篇 P138）

2021年福建师范大学333教育综合真题

名词解释

1. 教育（见基础篇 P145）
2. 教学过程（见基础篇 P183）
3. 古雅典教育（见二维码）
4. 英国功利主义教育思想（见二维码）
5. 顺应（见基础篇 P95）
6. 内隐学习（见基础篇 P103）

简答题

1. 简述中小学德育的基本途径。（见基础篇 P207）
2. 简述福建船政学堂的课程设置。（见二维码）
3. 简述教学中促进学生陈述性知识迁移的措施。（见基础篇 P121）
4. 简述影响自我效能感的因素。（见基础篇 P116）

论述题

1. 评析教育与人的发展。（见基础篇 P149）
2. 评析班主任工作的内容和方法。（见基础篇 P216）
3. 评析王守仁的教育作用和儿童教育。（见基础篇 P27）
4. 评析杜威的教育思想。（见基础篇 P83）

2022年福建师范大学333教育综合真题

名词解释

1. 有意义学习（见基础篇 P104）
2. 亲社会行为（见基础篇 P95）
3. 教育制度（见基础篇 P170）
4. 受教育者（见基础篇 P146）
5. 快乐之家（见二维码）
6. 恩物（见基础篇 P69）

简答题

1. 简述遗传对人的发展的作用。（见基础篇 P150）
2. 简述孔子的"有教无类"办学方针。（见基础篇 P6）
3. 简述美国的公立学校运动。（见二维码）
4. 简述英国的《巴特勒教育法》。（见基础篇 P58）

论述题

1. 论述如何培养学生的创造性。（见基础篇 P133）
2. 论述教育的相对独立性。（见基础篇 P159）
3. 论述我国现行的教育制度改革。（见基础篇 P172）
4. 论述京师同文馆的创办及其在中国近代变迁中的意义。（见二维码）

2023年福建师范大学333教育综合真题

名词解释

1. 教育(见基础篇 P145)
2. 课程(见基础篇 P174)
3. "五育"并举(见基础篇 P34)
4. 先行组织者策略(见基础篇 P104)
5. 心智技能(见基础篇 P122)
6. 分斋教学法(见基础篇 P22)

简答题

1. 简述墨家关于教育内容的设计。(见二维码)
2. 简述赫尔巴特教育性教学原则。(见基础篇 P76)
3. 简述新民主主义教育方针。(见二维码)
4. 简述教育的社会变迁功能。(见二维码)

论述题

1. 联系实际论述我国教育目的的基本精神。(见基础篇 P166)
2. 联系实际论述教学过程的基本性质。(见基础篇 P184)
3. 简述美国《国家处在危险之中:教育改革势在必行》。(见基础篇 P61)
4. 阐述韦纳成败归因理论并联系实际阐述教师帮助学生成败归因基本策略。(见基础篇 P115)

2010年河南师范大学333教育综合真题

名词解释

1. 学校教育(见基础篇 P145)
2. 活动课程(见基础篇 P175)
3. 学在官府(见基础篇 P2)
4. 小先生制(见基础篇 P41)
5. 苏格拉底方法(见基础篇 P47)
6. 新教育运动(见基础篇 P85)

简答题

1. 教育的经济功能有哪些?(见基础篇 P157)
2. 简述孔子对教育所作的主要贡献。(见基础篇 P9)
3. 简述蔡元培"思想自由,兼容并包"的办学方针。(见基础篇 P38)
4. 学生学习的特点有哪些?(见基础篇 P105)

论述题

1. 结合实际,阐述教师劳动的特点。(见基础篇 P210)
2. 试述教学过程的性质。(见基础篇 P184)
3. 试论裴斯泰洛齐的"教育心理学化"思想及其现实意义。(见基础篇 P74)
4. 试述创造性的培养措施。(见基础篇 P133)

2011年河南师范大学333教育综合真题

名词解释

1. 受教育者（见基础篇 P146）
2. 学校教育制度（见基础篇 P170）
3. 有教无类（见基础篇 P4）
4. 苏湖教法（见基础篇 P22）
5. 五步探究教学法（见二维码）

简答题

1. 教育的功能有哪些？（见二维码）
2. 赫尔巴特的教育心理学化思想有哪些？（见基础篇 P75）
3. 综合中学运动的特征有哪些？（见拔高篇 P256）
4. 加里培林的心智技能形成阶段有哪些？（见基础篇 P123）

论述题

1. 结合实际，阐述教师主导作用与学生主动性的关系。（见基础篇 P186）
2. 试论述班集体的教育功能。（见二维码）
3. 试论陶行知的"生活教育"理论及其现实意义。（见基础篇 P44）
4. 试述影响问题解决的因素。（见基础篇 P132）

2012年河南师范大学333教育综合真题

名词解释

1. 德育（见基础篇 P201）
2. 学校教育制度（见基础篇 P170）
3. 鸿都门学（见基础篇 P14）
4. 癸卯学制（见基础篇 P32）
5. 文雅教育（见基础篇 P48）
6. 新教育运动（见基础篇 P85）

简答题

1. 我国教育目的的基本精神是什么？（见基础篇 P166）
2. 简述夸美纽斯在教育史上的主要贡献。（见基础篇 P71）
3. 杜威的"五步探究教学法"。（见基础篇 P82）
4. 影响自我效能感的因素有哪些？（见基础篇 P116）

论述题

1. 试述现代教育的特点。（见基础篇 P148）
2. 试述教育的生态功能。（见基础篇 P158）
3. 论述蔡元培的大学教育思想及现实意义。（见基础篇 P35）
4. 试述品德不良纠正和教育的措施。（见基础篇 P138）

2013年河南师范大学333教育综合真题

名词解释

1. 教育的社会流动功能（见基础篇 P155）
2. 长善救失原则（见基础篇 P202）
3. 稷下学宫（见基础篇 P4）
4. "新学制"的标准（见基础篇 P34）
5. 智者（见基础篇 P47）
6. 《国防教育法》（见基础篇 P58）

简答题

1. 社会本位论的主要观点有哪些？（见基础篇 P164）
2. 简述孔子关于教师的主张。（见基础篇 P8）
3. 简述陈鹤琴的"活教育"体系。（见基础篇 P45）
4. 认知发展的一般规律有哪些？（见二维码）

论述题

1. 结合实际论述生产力对教育的制约作用。（见基础篇 P155）
2. 班级授课制的优点有哪些？（见基础篇 P194）
3. 试论斯宾塞的主要教育思想及其影响。（见基础篇 P64）
4. 试述学业求助策略教学的措施。（见二维码）

2014年河南师范大学333教育综合真题

名词解释

1. 课程（见基础篇 P174）
2. 德育过程（见基础篇 P201）
3. 《大学》（见基础篇 P4）
4. 科举制（见基础篇 P16）
5. 学习化社会（见二维码）
6. 设计教学法（见基础篇 P86）

简答题

1. 个体发展的规律性表现在哪些方面？（见基础篇 P149）
2. 简述斯宾塞的"教育预备说"。（见二维码）
3. 简述杜威的教育本质观。（见基础篇 P80）
4. 人格发展的一般规律有哪些？（见基础篇 P101）

论述题

1. 结合实际说明教学的意义。（见二维码）
2. 结合实际说明班主任应该具备哪些素质。（见基础篇 P216）
3. 论述蔡元培的主要教育主张。（见基础篇 P36）
4. 试述心智技能的培养方法。（见基础篇 P123）

2015年河南师范大学333教育综合真题

名词解释

1. 终身教育（见基础篇 P171）
2. 教学组织形式（见基础篇 P191）
3. "三纲领八条目"（见基础篇 P4）
4. 东林书院（见二维码）
5. 《费里教育法》（见基础篇 P57）
6. 结构主义教育（见基础篇 P87）

简答题

1. 简述古代教育的特点。（见二维码）
2. 简述孔子的教学思想。（见基础篇 P7）
3. 简述黄炎培的职业教育思想。（见基础篇 P42）
4. 自我效能感的功能有哪些？（见基础篇 P116）

论述题

1. 结合实际说明社会变迁中教师角色发展的趋势。（见基础篇 P211）
2. 结合实际说明教育对人的发展的作用。（见基础篇 P152）
3. 试论卢梭的年龄分期及其教育。（见二维码）
4. 试述有效问题解决者的特征。（见二维码）

2016年河南师范大学333教育综合真题

名词解释

1. 教育学（见基础篇 P142）
2. 教育目的（见基础篇 P163）
3. 1912年的教育方针（见基础篇 P34）
4. 《学记》（见基础篇 P5）
5. 自然后果律（见二维码）
6. 教育基本法（见二维码）

简答题

1. 简述教育的经济功能。（见基础篇 P157）
2. 简述晏阳初的"四大教育"和"三大方式"。（见基础篇 P43）
3. 简述古代书院教育的特点。（见基础篇 P24）
4. 简述有意义学习的条件。（见基础篇 P107）

论述题

1. 论述问题解决能力的培养措施。（见基础篇 P132）
2. 结合实际，谈谈德育过程就是教师指导下学生能动的学习过程。（见基础篇 P204）
3. 论述杜威的课程论及意义。（见基础篇 P81）
4. 列举从古代到现代对教育的三种不同解释及其对教育本质的论述。（见拔高篇 P322）

2017年河南师范大学333教育综合真题

名词解释

1. 教育制度（见基础篇 P170）
2. 班级授课制（见基础篇 P191）
3. 有教无类（见基础篇 P4）
4. 《劝学篇》（见基础篇 P29）
5. 骑士教育（见基础篇 P53）
6. 昆西教学法（见基础篇 P85）

简答题

1. 教育学的产生和发展经历了哪几个阶段？并列举出每个阶段的一本代表性著作。（见二维码）
2. 简述裴斯泰洛齐的教育心理学化理论的具体内容。（见基础篇 P74）
3. 简述要素主义的主要教育观点。（见基础篇 P88）
4. 影响问题解决的因素有哪些？（见基础篇 P132）

论述题

1. 结合实际说明德育过程是提高学生自我教育能力的过程。（见基础篇 P204）
2. 结合实际论述班集体有什么教育功能。（见二维码）
3. 试析壬戌学制的特点及意义。（见基础篇 P34）
4. 如何针对认知方式的差异进行教育？（见基础篇 P100）

2018年河南师范大学333教育综合真题

名词解释

1. 学制（见基础篇 P170）
2. 教学评价（见基础篇 P193）
3. "四书五经"（见基础篇 P23）
4. 癸卯学制（见基础篇 P32）
5. "七艺"（见基础篇 P48）
6. 恩物（见基础篇 P69）

简答题

1. 简述教育的生态功能。（见基础篇 P158）
2. 简述孔子的教育思想。（见基础篇 P9）
3. 简述蔡元培的大学教育主张。（见基础篇 P35）
4. 简述青少年心理健康教育的途径。（见二维码）

论述题

1. 结合实际论述我国教育目的的基本精神。（见基础篇 P166）
2. 结合党的十九大精神谈谈如何建设师德师风。（见二维码）
3. 论述赫尔巴特的教学形式阶段理论，并对其作简要评价。（见基础篇 P77）
4. 论述学习动力的需要层次理论及对教育的启示和意义。（见基础篇 P114）

2019年河南师范大学333教育综合真题

名词解释

1. 教育目的（见基础篇 P163）
2. 教学（见基础篇 P183）
3. 京师同文馆（见基础篇 P29）
4. 苏湖教法（见基础篇 P22）
5. 《爱弥儿》（见基础篇 P68）
6. 《国防教育法》（见基础篇 P58）

简答题

1. 简述教育的文化功能。（见基础篇 P157）
2. 简述杜威的五步教学法。（见基础篇 P82）
3. 简述进步教育运动及其实验。（见基础篇 P88）
4. 简述加里培林的心智技能形成阶段。（见基础篇 P123）

论述题

1. 列举古今中外三种对教育的不同解释及其对教育本质的论述。（见拔高篇 P322）
2. 结合国务院关于加强教师队伍建设的意见，谈谈如何加强师德师风建设。（见二维码）
3. 论述陈鹤琴的"活教育"思想。（见基础篇 P45）
4. 论述个体认知发展规律及如何运用这些规律进行教学。（见二维码）

2020年河南师范大学333教育综合真题

名词解释

1. 终身教育（见基础篇 P171）
2. 《福斯特法案》（见二维码）
3. 四段教学法（见基础篇 P69）
4. 中国人民抗日军事政治大学（见二维码）
5. 活动课程（见基础篇 P175）
6. 稷下学宫（见基础篇 P4）

简答题

1. 简述孔子关于教师的思想。（见基础篇 P8）
2. 简述陶行知的生活教育体系。（见基础篇 P44）
3. 简述学习动机的内部影响因素。（见基础篇 P117）
4. 简述如何培养班集体。（见基础篇 P217）

论述题

1. 试论述教育的政治功能。（见基础篇 P157）
2. 试论述品德不良的内部因素。（见基础篇 P138）
3. 试论述如何上好一节好课。（见基础篇 P188）
4. 论述夸美纽斯的教育原则并结合实际谈谈其在中小学课堂教学中的影响。（见二维码）

2021年河南师范大学333教育综合真题

名词解释
1. 教育的社会变迁功能(见基础篇 P155)
2. 教学的形成性评价(见基础篇 P193)
3. 《学记》(见基础篇 P5)
4. 庚款兴学(见基础篇 P32)
5. 《大教学论》(见基础篇 P68)
6. 人文主义教育(见二维码)

简答题
1. 如何理解教育的质的规定性？(见基础篇 P146)
2. 简述孟子的教育思想。(见基础篇 P10)
3. 简述陈鹤琴的教育思想。(见基础篇 P45)
4. 简述青少年心理健康教育的主要方法(任意五个)。(见二维码)

论述题
1. 如何贯彻教育影响的一致性和连贯性原则？(见基础篇 P205)
2. 论述教育对人的发展的重大作用。(见基础篇 P152)
3. 论述卢梭的自然主义教育思想。(见基础篇 P72)
4. 如何对学生进行学业求助策略的教学？(见二维码)

2022年河南师范大学333教育综合真题

名词解释
1. 教育制度(见基础篇 P170)
2. 教学(见基础篇 P183)
3. "三纲领八条目"(见基础篇 P4)
4. 三舍法(见基础篇 P22)
5. 公学(见基础篇 P57)
6. 导生制(见基础篇 P57)

简答题
1. 简述现代教育的特点。(见基础篇 P148)
2. 简述《学记》中的教育教学原则。(见基础篇 P12)
3. 简述新文化运动背景下的教育思潮。(见基础篇 P39)
4. 简述元认知策略的教学。(见基础篇 P127)

论述题
1. 论述裴斯泰洛齐的教育思想。(见基础篇 P75)
2. 结合实际谈谈德育过程是学生在教师引导下的个体品德的自主建构过程。(见基础篇 P204)
3. 论述班主任应该具有的素质。(见基础篇 P216)
4. 选择一个课程内容,运用奥苏伯尔的先行组织者策略设计一节课。(见拔高篇 P307)

2023年河南师范大学333教育综合真题

名词解释
1. 教育中介系统（见二维码）
2. 相对性评价（见基础篇P193）
3. "六艺"（见基础篇P2）
4. 全人生指导（见基础篇P41）
5. 进步教育运动（见基础篇P85）
6. 发展性教学原则（见二维码）

简答题
1. 简述在教学中如何贯彻循序渐进原则。（见基础篇P196）
2. 简述韩愈论"师道"的主要内容。（见基础篇P20）
3. 简述蔡元培改革北京大学的主要内容。（见基础篇P35）
4. 简述个体人格发展的一般规律。（见基础篇P101）

论述题
1. 结合实际论述教学过程中如何处理直接经验和间接经验的关系。（见基础篇P185）
2. 结合实际论述教育的经济功能。（见基础篇P157）
3. 论述杜威的教育思想。（见基础篇P83）
4. 谈谈在教学中该如何培养学生的问题解决能力。（见基础篇P132）

2010年重庆师范大学333教育综合真题

名词解释
1. 教育目的（见基础篇P163）
2. 教学策略（见基础篇P192）
3. 班级组织（见二维码）
4. 学习动机（见基础篇P113）

判断正误
1. 教育的基本要素包括教育者、学习者和教育影响。（√）
2. 教育起源于人的心理模仿。（×）
3. 《学记》是我国古代最早也是世界最早的成体系的古代教育学作品。（√）
4. 夸美纽斯的《大教学论》是第一本现代教育学著作。（×）
5. 马克思主义关于人的全面发展学说是我国教育目的的理论基础。（√）
6. 教学工作是学校教育的中心工作。（√）
7. 学校生活是教育者依据一定的教育方针，有目的、有计划、有组织地对受教育者进行培养的一种专门化的社会生活。（√）
8. 班主任是班级的组织者、教育者和指导者。（√）
9. 根据评价标准的不同，可将学生评价分为诊断性评价、形成性评价和总结性评价。（×）
10. 教师即研究者。（√）
11. 国外学者研究表明，教学的效果与教师的智力明显相关。（×）
12. 教师的成长就是由教学新手成为教学专家的过程。（√）
13. 根据学习者是否理解学习材料，可将学习分为有意义学习和机械学习。（√）

14. 反馈是影响动作技能学习的唯一因素。（×）
15. 20世纪50年代以前，学习心理学的研究对象主要是动物的学习。（√）
16. 教学目标在教学和教学设计中的作用主要有导教、导学和导测评三种功能。（√）
17. 任务分析作为教学设计的一个环节，其最初的理论基础是行为主义心理学。（√）
18. 根据广义的知识分类，课的类型可分为以陈述性知识为主要目标的课、以程序性知识为主要目标的课和以策略性知识为主要目标的课三种类型。（×）
19. 效度指的是所测量的属性和特征前后一致性的程度。（√）
20. 一般认为我国的课堂教学始于1862年清政府在北京设立的京师同文馆。（√）

简答题

1. 简述教育的社会功能。（见基础篇P160）
2. 简述我国现行学制的改革趋势。（见基础篇P172）
3. 简述特殊儿童的主要类型及特征。（见二维码）
4. 简述言语信息学习的过程和条件。（见二维码）
5. 简述培养学生良好态度与品德的方法。（见基础篇P137）

论述题

1. 试述理想师生关系的基本特征及其构建策略。（见基础篇P215）
2. 试述社会改造主义课程论流派的观点，并做简要述评。（见二维码）
3. 试述加涅的学生素质观及其教育意义。（见二维码）

2011年重庆师范大学333教育综合真题

名词解释

1. 教学（见基础篇P183）
2. 结构主义教育（见基础篇P87）
3. 《学记》（见基础篇P5）
4. 要素教育（见二维码）
5. 学习策略（见基础篇P124）
6. 问题解决（见基础篇P130）

简答题

1. 简述世界各国课程改革发展的趋势。（见基础篇P180）
2. 简述杜威的教育本质观和教育目的论思想。（见基础篇P80）
3. 简述晏阳初的平民教育思想及乡村教育实验。（见基础篇P43）
4. 简述人文主义教育的特征和贡献。（见基础篇P55）

论述题

1. 试析黄炎培的职业教育思想及启示。（见基础篇P42）
2. 试析罗杰斯的人本主义学习理论及对教学的启示。（见基础篇P110）
3. 依据德育过程包含的基本规律，分析我国中小学德育中存在的主要问题及相应的工作要求。（见基础篇P207）
4. 联系实际分析教育活动中一个优秀教师应具备的职业素质和扮演的多元角色。（见基础篇P211、212）

2012年重庆师范大学333教育综合真题

单项选择题

1. 西方最早的教育著作是(B)
   A.《理想国》　　　B.《论演说家的教育》　　　C.《爱弥儿》　　　D.《大教学论》

2. 现代教育派的代表人物是(B)
   A. 卢梭　　　B. 杜威　　　C. 赫尔巴特　　　D. 夸美纽斯

3. 狭义的教育主要指(C)
   A. 家庭教育　　　B. 社会教育　　　C. 学校教育　　　D. 职业教育

4.《学记》中"古之王者,建国君民,教学为先"说明了教育具有(B)
   A. 经济功能　　　B. 政治功能　　　C. 文化功能　　　D. 科技功能

5. 教育现代化主要包括物质层面的现代化、观念层面的现代化和(C)
   A. 管理层面的现代化　　　B. 人员层面的现代化
   C. 制度层面的现代化　　　D. 教育组织形式层面的现代化

6. 学校教育对人的影响具有(D)
   A. 自发性　　　B. 随意性　　　C. 偶然性　　　D. 全面性

7. 影响课程实施最关键的因素是(B)
   A. 学校　　　B. 教师　　　C. 教材　　　D. 学生

8. 蔡元培提出的"五育"并举中,处于现象世界与实体世界之间的是(D)
   A. 公民道德教育　　　B. 实利主义教育　　　C. 军国民教育　　　D. 美感教育

9. 智者派创立的"三艺"是修辞学、辩证法和(C)
   A. 音乐　　　B. 天文　　　C. 文法　　　D. 几何

10. 主张"把一切事物教给一切人"的教育家是(A)
    A. 夸美纽斯　　　B. 卢梭　　　C. 洛克　　　D. 维多里诺

11. 人文主义教育与中世纪教育的根本区别是(D)
    A. 古典主义　　　B. 人本主义　　　C. 贵族性　　　D. 世俗性

12. 科学教育心理学的创始人是(B)
    A. 裴斯泰洛齐　　　B. 桑代克　　　C. 詹姆斯　　　D. 赫尔巴特

13. 科尔伯格研究道德发展的主要方法是(C)
    A. 自然观察法　　　B. 实验室实验法　　　C. 两难故事法　　　D. 对偶故事法

14. 皮亚杰提出个体的认知发展的结果是形成(B)
    A. 认知结构　　　B. 图式　　　C. 认知地图　　　D. 格式塔

15. "最近发展区"意味着(A)
    A. 教学促进发展　　　B. 教学适应发展　　　C. 教学跟随发展　　　D. 教学与发展相互作用

16. 加涅把利用符号与环境相互作用的能力称为(C)
    A. 言语信息　　　B. 认知策略　　　C. 智慧技能　　　D. 运动技能

17. 布鲁纳提出的发现学习不具有的优点是(D)
    A. 激发内部学习动机　　　B. 培养创造性思维　　　C. 促进迁移学习　　　D. 节省教学时间

18. 马卡连柯教育思想体系的核心是(A)
    A. 集体主义教育　　　B. 社会主义教育　　　C. 爱国主义教育　　　D. 自然主义教育

19. 分析教育哲学的主要代表人物是（D）
   A. 罗杰斯　　　　　B. 朗格朗　　　　　C. 布卢姆　　　　　D. 索尔蒂斯
20. 中国近代的师范教育始于（B）
   A. 京师同文馆　　　B. 南洋公学　　　　C. 京师大学堂　　　D. 南通师范学堂

名词解释

1. 后现代主义课程论（见二维码）
2. 图式（见基础篇P94）
3. 顺向迁移（见二维码）
4. 新托马斯主义教育（见二维码）
5. 昆体良（见二维码）

简答题

1. 简述学生的权利。（见二维码）
2. 简述课程评价的功能。（见二维码）
3. 简述合作学习的基本观点。（见二维码）
4. 简述人文主义教育的一般特征。（见基础篇P55）
5. 简述陶行知的生活教育理论。（见基础篇P44）

材料分析题

1. 材料：1996年中国青少年研究中心的"中国城市独生子女人格发展现状与教育"大型调查发现，在10～14岁之间，相当多的独生子女不做家务或者很少做家务。在调查所列的5项劳动技能中，只有15.5%的孩子经常购物；11.6%的孩子经常打扫卫生、整理房间等；8%的孩子经常洗碗、洗菜等；6.6%的孩子经常洗衣服；3.9%的孩子经常做饭。另外，有69.7%的孩子明确表示从没有做过或很少做饭；63.2%的孩子表示从没有洗过或很少洗衣服；48.1%的孩子表示从没有做过或很少做过洗碗、洗菜等简单家务劳动；38.6%的孩子从没有买过或很少买东西；31%的孩子从没有做过或很少打扫卫生、整理房间。

试用有关教育理论分析以上现象。（见二维码）

2. 材料："教育的过程，在它自身以外没有目的，它就是它自己的目的。"

"我们探讨教育目的时，并不是要到教育过程以外去寻找一个目的，使教育服从这个目的。我们整个的教育观点不允许这样做。"

"因为生长是生活的特征，所以教育就是不断生长；在它自身以外，没有别的目的。"

阅读上述材料，指出做此表述的教育家是谁？阐明的核心观点是什么？并对案例中反映的观点进行评析。（见基础篇P80）

论述题

1. 试述维果茨基的认知发展理论及其对教育教学工作的启示。（见基础篇P97）
2. 试析孔子的教师思想及启示。（见基础篇P9）

2013年重庆师范大学333教育综合真题

名词解释

1. 课程标准（见基础篇P174）
2. 班级授课制（见基础篇P191）
3. "四书五经"（见基础篇P23）
4. 要素主义教育（见基础篇P86）

5. 自我效能感（见基础篇 P113）
6. 内驱力（见二维码）

简答题

1. 简述我国教育目的的基本精神。（见基础篇 P166）
2. 简述教师的权利和义务。（见基础篇 P210）
3. 简述《大学》中的"三纲领八条目"。（见基础篇 P11）
4. 简述学习动机的培养。（见基础篇 P117）

材料分析题

1. 请分析西方古希腊教育思想与中国孔子教育思想的主要分歧，以及对各自社会和教育发展的历史影响。（见拔高篇 P240）

2. 材料："出自造物主之手的东西，都是好的，而一到了人的手里，就全变坏了。"

"大自然希望儿童在成人以前就像儿童的样子。"

"要按照你的学生的年龄去对待他。"

阅读以上材料，指出做此表述的思想家是谁？阐明的核心观点是什么？并论述此教育家对西方教育发展的历史影响。（见基础篇 P72、73）

论述题

1. 试述建构主义学习理论及其对现实教育发展的影响。（见基础篇 P111）
2. 试论述我国第八次新课改的具体目标和基本理念。（见基础篇 P181）

2014年重庆师范大学333教育综合真题

单项选择题

1. 我国《教师法》规定，教师是履行教育教学职责的（B）
   A. 半专业人员　　B. 专业人员　　C. 准专业人员　　D. 非专业人员

2. "其身正，不令而行；其身不正，虽令而不从。"孔子的这句名言体现的德育方法是（B）
   A. 实践锻炼教育法　　B. 榜样示范教育法　　C. 陶冶教育法　　D. 品德评价教育法

3. 我国古代教育家孔子指出"温故而知新""学而时习之"，这体现的教学原则是（C）
   A. 直观性原则　　B. 启发性原则　　C. 巩固性原则　　D. 因材施教原则

4. 被公认为世界上最早的一部教育专著是（A）
   A.《学记》　　B.《论语》　　C.《大学》　　D.《中庸》

5. 俗话说："十年树木，百年树人。"这说明现代教育具有（B）
   A. 民族性　　B. 长期性　　C. 世界性　　D. 永恒性

6. 学习者中心课程理论主张（B）
   A. 使学生有系统、有计划地学习各门学科
   B. 以学习者的兴趣和生活经验为中心组织课程
   C. 以广泛的社会问题作为课程内容
   D. 培养学生的批判精神和改造社会现实的功能

7. 现代教育制度的核心是（D）
   A. 社会教育制度　　B. 家庭教育制度　　C. 学业证书制度　　D. 学校教育制度

8. 倡导社会本位教育目的论的教育家是（A）
   A. 凯兴斯泰纳　　B. 卢梭　　C. 杜威　　D. 蒙台梭利

9. 根据《基础教育课程改革与发展纲要》，教材编写、教学、评估和考试命题的依据是(C)
   A. 课程大纲   B. 教学大纲   C. 课程标准   D. 教学参考书
10. 双轨制最早产生并大量实行于(A)
   A. 西欧   B. 苏联   C. 美国   D. 中国
11. 提出"兼爱、非攻"主张的是(B)
   A. 孔子   B. 墨子   C. 孟子   D. 老子
12. 我国最早的官办新式学校是(A)
   A. 京师同文馆   B. 京师大学堂   C. 广州同文馆   D. 福建船政学堂
13. 20世纪的"活教育"实验，是由哪位教育家主持的(B)
   A. 黄炎培   B. 陈鹤琴   C. 晏阳初   D. 梁漱溟
14. 被称为"美国公立学校之父"的是(D)
   A. 杜威   B. 杰斐逊   C. 富兰克林   D. 贺拉斯·曼
15. 在古代斯巴达，城邦为18岁的公民子弟接受正规军事教育训练而设立的教育机构是(B)
   A. 角力学校   B. 埃弗比   C. 体操学校   D. 体育馆
16. 19世纪德国教育家洪堡推动新大学运动，创建了柏林大学办学模式，为大学增添了(B)
   A. 人才培养功能   B. 科学研究功能   C. 社会服务功能   D. 文化传承功能
17. 根据科尔伯格的理论，儿童道德发展的"好孩子定向"阶段属于(C)
   A. 前习俗水平   B. 中习俗水平   C. 习俗水平   D. 后习俗水平
18. 在教育实践中倡导"有意义的自由学习"的教育心理学家是(C)
   A. 布鲁纳   B. 奥苏伯尔   C. 罗杰斯   D. 桑代克
19. 马斯洛需要层次理论中，属于最高层次的需要是(A)
   A. 自我实现的需要   B. 安全的需要   C. 归属的需要   D. 生理需要
20. 学习单词basket（篮子）有助于学习basketball（篮球）。这里所产生的迁移是(D)
   A. 顺应性迁移   B. 低路迁移   C. 水平迁移   D. 特殊迁移

辨析题

1. 教师的基本权利只有教育教学权。（见二维码）
2. 蔡元培倡导的"教育独立"思想，指的是教育经费的独立。（见二维码）
3. 操作性条件反射和经典性条件反射的建立过程基本不同。（见二维码）
4. 稷下学宫与之前的官学和同时代的私学相比都显得独具特色。（见二维码）

简答题

1. 简述人的身心发展特点及其对教育的制约作用。（见基础篇P149）
2. 班级授课制的特点有哪些？（见基础篇P194）
3. 简述张之洞"中学为体，西学为用"的教育思想。（见基础篇P30）
4. 简述赫尔巴特的教学形式阶段论所包含的四个阶段及基本含义。（见基础篇P77）

论述题

1. 结合近年教育部颁布的《教师专业标准》和实际，论述作为教师应该具备的基本素质。（见二维码）
2. 试阐释四种学习动机理论，并结合实际分析如何在该理论的指导下激发学生的学习动机。（见基础篇P117）

2015年重庆师范大学333教育综合真题

名词解释

1. 学校教育制度(见基础篇P170)
2. 综合课程(见基础篇P175)
3. 生活教育理论(见基础篇P41)
4. 赞科夫的发展性教学理论(见二维码)
5. 规范学习(见基础篇P136)
6. 问题解决(见基础篇P130)

辨析题

1. 发现学习是有意义的学习,接受学习是机械学习。(见二维码)
2. 在基础教育中,思维与能力的训练优于基础知识和基本技能的学习。(见二维码)

简答题

1. 简述人的全面发展与"五育"并举。(见基础篇P167)
2. 简述科举制度与中国学校教育的关系。(见基础篇P19)
3. 简述进步主义教育与新教育运动的不同。(见拔高篇P238)

论述题

1. 从教师专业发展的角度,结合自身教育经历,分析教师职业道德的重要性及其养成途径。(见基础篇P213)
2. 结合中小学(或幼儿)相关学习(或学科)领域,分析学生创造性的培养。(见基础篇P133)
3. 结合我国社会发展需要,试论述基础教育对终身教育发展趋势的应对与变革。(见基础篇P172)

2016年重庆师范大学333教育综合真题

填空题

(本为选择题,因选项缺失,改为填空题)

1. 我国教育目的的理论基础是(马克思主义关于人的全面发展学说)。
2. "把一切事物教给一切人"的提出者是(夸美纽斯)。
3. "美国公立学校之父"是(贺拉斯·曼)。
4. 古埃及没有设立的学校类型是(骑士学校)。
5. 世界上最早的教育教学著作是(《学记》)。
6. "活教育"是谁提出的? (陈鹤琴)。
7. 教育学正式产生的标志是(赫尔巴特出版了《普通教育学》)。
8. "以法为教,以吏为师"是谁的思想? (韩非)。
9. 近代中国第一个实行的学制是(癸卯学制)。

辨析题

1. 动物界也存在教育。(见二维码)
2. 美国的《国防教育法》遵循了儿童的身心发展特点。(见二维码)
3. 建构主义的核心教学模式是程序教学。(见二维码)
4. 稷下学宫具有同时代的私学与官学不具有的特点。(见二维码)

简答题

1. 简述良好师生关系的构建策略。（见基础篇 P215）
2. 简述奥苏伯尔有意义学习的条件和实质。（见基础篇 P107）
3. 简述陶行知的"生活教育"思想。（见基础篇 P44）
4. 简述校本课程、隐性课程、综合课程和活动课程的含义。（见二维码）

论述题

1. 论述教师专业发展的内涵以及如何发展。（见基础篇 P213）
2. 如何激发学生的学习动机？（见基础篇 P117）

2017年重庆师范大学333教育综合真题

名词解释

1. "五育"并举的教育方针（见基础篇 P34）
2. 自我效能感（见基础篇 P113）
3. 教学目的（见二维码）
4. 教学设计（见基础篇 P183）
5. 新教育运动（见基础篇 P85）
6. 课程标准（见基础篇 P174）

简答题

1. 简述人文主义教育。（见基础篇 P55）
2. 简述进步主义教育。（见二维码）
3. 简述1922年"新学制"。（见基础篇 P34）
4. 简述当代教学观念发展的趋势。（见二维码）
5. 简述学习策略的教学条件。（见基础篇 P126）
6. 简述影响教师威信形成的主观条件。（见二维码）

论述题

1. 论述构建良好师生关系的基本策略。（见基础篇 P215）
2. 论述影响创造力培养的因素。（见基础篇 P133）
3. 论述黄炎培职业教育理论的观点及启示。（见基础篇 P42）

2018年重庆师范大学333教育综合真题

简答题

1. 简述理想师生关系的基本特征。（见基础篇 P214）
2. 简述科举考试制度对学校教育的影响。（见基础篇 P19）
3. 简述陶行知的"生活教育"理论。（见基础篇 P44）
4. 简述进步主义教育理论的基本特征。（见二维码）
5. 简述保罗·朗格朗的终身教育思想。（见基础篇 P173）
6. 简述影响创造力发展的主要因素。（见基础篇 P133）

辨析题

(题目不全,故仅解释考查的相关知识点)

1. 教育目的选择的个人本位价值和社会本位价值。(见二维码)
2. 个性培养和全面发展。(见二维码)
3. 认知策略和智慧技能。(见二维码)
4. 心理发展中的遗传和环境。(见二维码)

论述题

论述培养学生的核心素养的必要性和可行性。(见二维码)

2019年重庆师范大学333教育综合真题

名词解释

1. 生物起源论(见二维码)
2. 教育目的的个人本位论(见基础篇P163)
3. 自我效能感(见基础篇P113)
4. 卢梭的自然主义教育(见基础篇P68)
5. 最近发展区(见基础篇P95)

辨析题

1. 蔡元培的教育独立就是教育独立于政治经济。(见二维码)
2. 要素主义注重阅读经典著作。(见二维码)
3. 隐性课程就是校本课程,校本课程就是隐性课程。(见二维码)

简答题

1. 简述陶行知的"生活教育"理论。(见基础篇P44)
2. 简述稷下学宫的性质和特点。(见基础篇P6)
3. 简述教师的专业发展途径。(见基础篇P212)
4. 简述美国的《国防教育法》。(见二维码)

材料分析题

1. 材料:一次作文考试结束后,大家拿着自己的试卷在相互讨论。小林说:"我这次考得不好,我不会写作文,特别是老师要求的那种作文。"小杨说:"我考得不好,要是早知道考不好,我该早点努力的。"小张说:"我运气太好了,我不会写作文,老师还给了我A,估计是他没认真看吧。"下课后,小张马上出去打篮球,而小杨则在座位上认真分析自己的试卷。

用归因理论分析材料中同学们的行为表现,并且对如何提升小张的动力水平提出建议。(见拔高篇P300)

2. 材料:关于《雷雨》的教学安排,第一堂课,教师让学生自读,并且就最深刻的一点写100字左右的短评。第二堂课,学生分组,然后讨论自己要表演的具体角色,教师指导。第三、四堂课,小组表演,结束后大家一起讨论,教师适当点评,评出最佳演员等奖项,最后教师让学生写一个体会。

用建构主义的知识观、学习观、教学观来分析材料中教师的教学安排。(见拔高篇P296)

2020年重庆师范大学333教育综合真题

名词解释
1. 教育目的（见基础篇 P163）
2. 行动研究（见二维码）
3. 自我效能感（见基础篇 P113）
4. 稷下学宫（见基础篇 P4）

辨析题
1. 动物也有教育。（见二维码）
2. 陶行知开展"活教育"实验，提出"生活教育"理论。（见二维码）
3. 课程是指学校开设的学科的总称。（见二维码）

简答题
1. 简述美国进步主义教育。（见二维码）
2. 简述教育目的的精神实质。（见基础篇 P166）
3. 简述孔子行之有效的教学方法。（见基础篇 P7）
4. 简述品德培育的方法及其建构。（见基础篇 P137）

论述题
1. 论述良好师生关系的特点和建构策略。（见基础篇 P215）
2. 论述知识的价值。（见基础篇 P152）
3. 论述人们对知识的认识。（见二维码）
4. 根据建构主义谈谈随着时代的发展人们应该如何对待知识以及在教学时应怎样做。（见基础篇 P111）

2021年重庆师范大学333教育综合真题

名词解释
1. 校本课程（见基础篇 P175）
2. 道尔顿制（见基础篇 P86）
3. 移情（见二维码）
4. 精细加工策略（见基础篇 P124）
5. 有教无类（见基础篇 P4）

辨析题
1. 黄炎培的职业教育目的是"使无业者有业，使有业者乐业"。（见二维码）
2. 19世纪柏林大学不重视纯学术研究而重视职业技术教育和功利主义教育。（见二维码）
3. 师生关系对学校精神文化建设具有重要作用。（见二维码）

简答题
1. 简述教育目标表述的要求。（见二维码）
2. 简述学生综合素质评价的内容和方法。（见二维码）
3. 简述纪律形成的内在矛盾。（见二维码）
4. 简述中国共产党在革命根据地中教育与劳动相结合的做法。（见二维码）

论述题

1. 结合实际,谈谈你对"让课堂焕发出生命活力"的理解。(见拔高篇 P317)
2. 结合实际,谈谈美育与审美教育对个体认知发展的影响。(见二维码)

2022年重庆师范大学333教育综合真题

名词解释

1. 教育功能(见二维码)
2. 科举制(见基础篇 P16)
3. 学习策略(见基础篇 P124)
4. 隐性课程(见基础篇 P175)

辨析题

智育就是教学,教育就是发展人的知识和能力。(见二维码)

简答题

1. 简述陶行知的"生活教育"理论。(见基础篇 P44)
2. 简述影响人身心发展的因素。(见基础篇 P153)
3. 简述赫尔巴特的教育心理学化。(见基础篇 P75)
4. 简述教育目的的功能。(见二维码)
5. 简述怎样激发并维持学生的内部学习动机。(见基础篇 P117)

论述题

结合实际,论述教育促进人的发展和社会发展的功能。(见基础篇 P160)

材料分析题

材料:一位纳粹集中营的幸存者,当上了美国一所中学的校长。每当一位新老师来到学校,他就会交给那位老师一封信。信中写道:"亲爱的老师,我亲眼看到人类不应当见到的情景:毒气室由学有专长的工程师建造;儿童被学识渊博的医生毒死;幼儿被训练有素的护士杀害。看到这一切,我怀疑教育究竟是为了什么?我请求你帮助学生成长为具有人性的人。只有在使我们的孩子具有人性的情况下,读、写、算的能力才有价值。"

结合材料,反思教育应该培养什么素质的人。(见拔高篇 P333)

2023年重庆师范大学333教育综合真题

名词解释

1. 教育制度(见基础篇 P170)
2. 课程(见基础篇 P174)
3. 进步教育(见基础篇 P85)
4. 学习动机(见基础篇 P113)

辨析题

学校毕业就是教育的终结。(见二维码)

简答题

1. 简述教育行动研究的过程。（见二维码）
2. 简述赞科夫的发展性教育论的原则。（见基础篇P66）
3. 简述问题解决的一般心理过程。（见基础篇P131）
4. 简述影响课程改革的重要因素。（见二维码）
5. 简述蔡元培"五育"并举的教育思想。（见基础篇P37）

论述题

1. 结合实际论述教学设计的依据。（见基础篇P188）
2. 结合实际论述中小学教师的职业道德规范。（见二维码）

2010年云南师范大学333教育综合真题

教育学原理

名词解释

1. 个人本位论（见基础篇P163）
2. 非正式群体（见基础篇P216）

简答题

1. 简要分析教师专业发展。（见基础篇P213）
2. 简述我国基础教育中教育公平的主要问题。（见二维码）

论述题

试论信息化时代的学校教育改革。（见二维码）

中外教育史

名词解释

1. 《理想国》（见基础篇P47）
2. 泛智教育（见基础篇P68）
3. 癸卯学制（见基础篇P32）
4. 晏阳初（见二维码）

简答题

1. 简述人文主义教育的主要特征。（见基础篇P55）
2. 简述张之洞"中体西用"教育思想的影响。（见基础篇P30）

论述题

论述杜威实用主义的教育思想及其影响。（见基础篇P83）

教育心理学

简答题

简述迈克尔等人提出的学习策略分类。（见基础篇 P126）

论述题

结合实际分析影响问题解决的主要因素,并谈谈如何培养学生问题解决的能力。（见基础篇 P132）

2011年云南师范大学 333 教育综合真题

名词解释

1. 察举制（见二维码）
2. 朱子读书法（见基础篇 P22）
3. 昆体良（见二维码）
4. 《爱弥儿》（见基础篇 P68）
5. 形成性评价（见基础篇 P193）
6. 价值澄清模式（见二维码）

简答题

1. 简要分析知识对人的发展的多方面价值。（见基础篇 P152）
2. 简要评述活动课程。（见基础篇 P177）
3. 简述唐代学校教育制度的特点。（见基础篇 P16）
4. 简述陶行知生活教育的思想。（见基础篇 P44）
5. 举例说明什么是下位学习（类属学习）。（见二维码）
6. 举例说明常用的精细加工策略。（见基础篇 P126）

论述题

1. 论述多元文化与当代教育变革的关系。（见二维码）
2. 论述终身教育思想及其意义。（见基础篇 P173）

2012年云南师范大学 333 教育综合真题

名词解释

1. 社会本位（见基础篇 P163）
2. 双轨制（见基础篇 P170）
3. 学园（见基础篇 P47）
4. 《爱弥儿》（见基础篇 P68）
5. 有教无类（见基础篇 P4）
6. 京师同文馆（见基础篇 P29）

简答题

1. 简要分析人的发展及其基本特征。（见基础篇 P149）
2. 简要评述布鲁纳的教学过程思想。（见基础篇 P106）
3. 简述文艺复兴时期人文主义教育思想的主要特征及其对后世的影响。（见基础篇 P55）
4. 简述福勒和布朗提出的教师成长阶段的主要内容。（见二维码）

论述题

1. 结合课堂教学案例，说明掌握知识与发展智力的关系。(见二维码)
2. 试论布鲁纳结构课程观及其对我国基础教育课程改革的启示。(见基础篇 P106)
3. 试述科尔伯格的道德发展阶段理论。(见基础篇 P99)
4. 试评述陈鹤琴教育思想的特点及贡献。(见基础篇 P45)

2013年云南师范大学333教育综合真题

名词解释

1. 教育的内在价值(见二维码)
2. 直线式课程(见二维码)
3. 《教育漫话》(见基础篇 P63)
4. 习明纳(seminar)(见二维码)
5. "六艺"(见基础篇 P2)
6. 科学教育思潮(见二维码)

简答题

1. 简要分析信息时代对中小学生素质的要求。(见二维码)
2. 简述教育的相对独立性。(见基础篇 P159)
3. 简述夸美纽斯的教学原则及其意义。(见二维码)
4. 简述杨贤江"全人生指导"的教育思想。(见基础篇 P42)
5. 举例说明什么是概念学习。(见二维码)

论述题

1. 结合实际论述在课堂教学中如何运用理论联系实际的原则。(见基础篇 P195)
2. 环境教育的内涵是什么？试论在我国中小学生开展环境教育的意义。(见二维码)
3. 结合实际分析华莱士提出的创建过程的"四阶段论"。(见二维码)

2014年云南师范大学333教育综合真题

名词解释

1. 环境的给定性(见二维码)
2. 《四书集注》(见二维码)
3. 双轨制(见基础篇 P170)
4. 人力资本(见二维码)

简答题

1. 简析教学的三种水平。(见二维码)
2. 简要述评泰勒的课程观。(见基础篇 P176)
3. 简述洋务学堂的特点。(见基础篇 P29)
4. 简述斯宾塞科学教育思想的主要观点及其影响。(见基础篇 P64)
5. 举例说明什么是表征学习(符号学习)。(见二维码)

论述题

1. 结合案例论述如何有效地运用榜样的方法培养学生品德。(见二维码)

2. 论述蔡元培的大学教育思想及在中国近现代教育史上的地位。(见基础篇 P36)

3. 论述儿童研究运动的实质及其对我国基础教育改革的启示。(见二维码)

4. 举例说明问题解决策略中的启发式策略。(见二维码)

2015 年云南师范大学 333 教育综合真题

名词解释

1. 螺旋式课程(见二维码)
2. 学校教育制度(见基础篇 P170)
3. 癸卯学制(见基础篇 P32)
4. 全人生指导(见基础篇 P41)

简答题

1. 简要述评杜威的教学过程思想。(见基础篇 P82)
2. 简述个体能动性在人的发展中的作用。(见基础篇 P151)
3. 简述梁漱溟的乡村建设与乡村教育理论。(见基础篇 P44)
4. 简述蔡元培"五育"并举的教育方针。(见基础篇 P37)
5. 举例说明什么是诱因。(见二维码)

论述题

1. 论述卢梭的教育思想及其影响。(见基础篇 P73)
2. 结合案例,论述在课堂教学中如何合理地运用发展性原则。(见二维码)
3. 试论加涅提出的九大教学事件。(见二维码)

2016 年云南师范大学 333 教育综合真题

名词解释

1. 学校德育(见基础篇 P201)
2. 学校管理(见基础篇 P219)
3. 马礼逊学校(见二维码)
4. 经世致用(见二维码)
5. 欧洲新教育运动(见基础篇 P85)
6. 《爱弥儿》(见基础篇 P68)

简答题

1. 简要述评夸美纽斯的教学过程思想。(见基础篇 P71)
2. 简要分析教育的政治功能。(见基础篇 P157)
3. 简析教育目的的层次结构及其相互关系。(见二维码)
4. 简述中国古代选士和取士制度的沿革。(见拔高篇 P244)
5. 简要分析新文化运动影响下国家主义教育思潮的主要内涵。(见二维码)
6. 举例说明什么是定势。(见二维码)

论述题

1. 结合案例,论述如何在美育教育实践中有效运用活动性原则。(见二维码)
2. 论述杜威实用主义教育思想的主要观点。(见基础篇 P83)
3. 结合实际分析学习策略中的精细加工策略。(见基础篇 P126)

2017年云南师范大学333教育综合真题

名词解释

1. 晓庄师范(见二维码)
2. 学习动机(见基础篇P113)
3. 课程内容(见二维码)
4. 教育制度(见基础篇P170)
5. 不愤不发(见二维码)
6. 性恶论(见二维码)

简答题

1. 简述品德发展的一般规律。(见二维码)
2. 简述陈鹤琴"活教育"的主要观点。(见基础篇P45)
3. 简述荀子性恶论的观点。(见二维码)
4. 简述教育性教学。(见基础篇P76)
5. 简述下位学习。(见二维码)

论述题

1. 结合实例说明如何理解"教学有法,教无定法"？(见二维码)
2. 论述马卡连柯的集体主义教育思想的主要观点和现实意义。(见基础篇P65)
3. 结合实例论述组织策略。(见二维码)

2018年云南师范大学333教育综合真题

名词解释

1. 稷下学宫(见基础篇P4)
2. 课程设计(见基础篇P175)
3. 泛智教育(见基础篇P68)
4. 迁移(见基础篇P119)
5. 情境陶冶法(见基础篇P202)
6. 正强化(见二维码)

简答题

1. 举例说明在教学中如何更好地应用启发式教学原则。(见基础篇P195)
2. 简述陶行知的"生活教育"思想。(见基础篇P44)
3. 简述近代人文主义思想的观点。(见基础篇P55)

论述题

1. 论述保罗·朗格朗终身教育的思想和观点以及引发的教育改革。(见二维码)
2. 论述皮亚杰的认知四阶段理论。(见基础篇P95)
3. 教师如何扮演好多种职业角色？(见基础篇P211)

2019年云南师范大学333教育综合真题

名词解释

1. 教学原则(见基础篇P191)
2. 西周"六艺"(见基础篇P2)

3. 学园(见基础篇 P47)

4. 小先生制(见基础篇 P41)

5. 监控策略(见二维码)

简答题

1. 简述新人文主义教育的特征。(见基础篇 P55)
2. 简述朱子读书法的基本内容。(见基础篇 P26)
3. 简述校本管理的内涵及工作要点。(见二维码)
4. 简述活动课程的基本特征。(见基础篇 P177)
5. 举例说明什么是变化比率强化程序。(见二维码)

论述题

1. 论述博比特《课程》中的核心观点以及对西方课程理论的影响。(见二维码)
2. 论述要素主义教育思潮的主要观点及其贡献和价值。(见基础篇 P88)
3. 论述罗杰斯的自由学习的原则。(见基础篇 P109)

2020年云南师范大学333教育综合真题

名词解释

1. 校本培训(见二维码)
2. 学科课程(见基础篇 P174)
3. 博雅教育(见基础篇 P48)
4. 最近发展区(见基础篇 P95)
5. 化性起伪(见二维码)

简答题

1. 简述班主任的工作任务。(见基础篇 P216)
2. 简述蔡元培"五育"并举的思想。(见基础篇 P37)
3. 简述教学质量管理的内容及要求。(见二维码)
4. 简述加涅信息加工的八阶段。(见基础篇 P108)
5. 简述进步主义教育运动的特征。(见二维码)

论述题

1. 论述探究性教学的基本过程需要注意的问题,并举出例子。(见二维码)
2. 论述苏格拉底"助产术"的内涵及在实践中的应用。(见基础篇 P48)
3. 联系实际分析什么是学习动机以及激发学习动机的方法。(见基础篇 P117)
4. 论述德育过程的一般规律。(见基础篇 P202)
5. 比较学生掌握知识的两种基本模式。(见拔高篇 P275)

2021年云南师范大学333教育综合真题

名词解释

1. 学校教育制度(见基础篇 P170)
2. 形成性评价(见基础篇 P193)

3. 智者(见基础篇 P47)
4. 定县实验(见二维码)
5. 短时记忆(见二维码)

简答题

1. 简述德育的原则与方法。(见基础篇 P206、207)
2. 简述掌握知识与发展智力的关系。(见基础篇 P186)
3. 简述王安石崇实尚用的思想。(见二维码)
4. 简述卢梭的自然主义教育。(见基础篇 P72)
5. 简述参与性学习和替代性学习的关系。(见拔高篇 P277)

论述题

1. 教师是一个具有人文精神的专业性职业,请结合实际论述教师的人文精神和专业性。(见二维码)
2. 论述教育科学化的内容及影响。(见二维码)
3. 结合实际谈谈如何培养学生的问题解决能力。(见基础篇 P132)

2022年云南师范大学 333 教育综合真题

简答题

1. 简述教育的质的规定性。(见基础篇 P146)
2. 简述教育的社会功能。(见基础篇 P160)
3. 简述负强化和惩罚的区别。(见拔高篇 P275)
4. 简述学习动机与学习效果的关系。(见基础篇 P114)
5. 简述黄炎培的职业教育方针中社会化的内涵。(见二维码)
6. 简述中世纪大学产生的社会背景。(见基础篇 P53)

论述题

1. 结合实际,谈谈你对教师劳动特点的认识。(见基础篇 P210)
2. 举例说明教师对课堂不良行为采取的有效措施。(见二维码)
3. 谈谈 20 世纪初欧美综合中学运动的发展及其特征。(见拔高篇 P256)

2023年云南师范大学 333 教育综合真题

名词解释

1. 绝对性评价(见二维码)
2. 泥板书舍(见二维码)
3. 由博返约(见二维码)
4. 课程内容(见二维码)
5. 学习风格(见基础篇 P95)

简答题

1. 简述综合实践活动的育人价值。(见二维码)
2. 简述学校体育过程的特殊性。(见二维码)

3. 简述迁移的理论。(见二维码)
4. 简述韩愈《师说》中的教育思想发展在历史中的理论意义。(见基础篇 P20)
5. 简述美国《国防教育法》的主要内容。(见二维码)

论述题

1. 联系实际论述马克思关于人的全面发展思想与审美教育的关系。(见拔高篇 P315)
2. 如果学生在课堂上出现课堂不良行为,请结合实例说明应该如何有效干预此类行为。(见拔高篇 P286)
3. 请基于终身教育思想说说你对学习化社会的理解。(见拔高篇 P416)

2010年山西师范大学333教育综合真题

名词解释

1. 学制 (见基础篇 P170)
2. 课程标准 (见基础篇 P174)
3. 课程设计 (见基础篇 P175)
4. 教学组织形式 (见基础篇 P191)
5. 教学策略 (见基础篇 P192)
6. 教学评价 (见基础篇 P193)

简答题

1. 简述新一轮基础教育课程改革的具体目标。(见基础篇 P181)
2. 简述我国各级学校课程设置的特点。(见二维码)
3. 简述陶行知的"生活教育"思想。(见基础篇 P44)
4. 简述夸美纽斯的"泛智教育"思想。(见基础篇 P70)
5. 简述建构主义学习理论的基本观点。(见基础篇 P111)

论述题

1. 管仲说:"仓廪实而知礼节,衣食足而知荣辱。"试用马斯洛的需要层次理论加以分析。(见基础篇 P114)
2. 谈谈你对教学过程中几种基本关系的理解。(见基础篇 P187)
3. 评析赫尔巴特的教学形式阶段理论。(见基础篇 P77)

2011年山西师范大学333教育综合真题

名词解释

1. 教学监控能力 (见二维码)
2. 学习策略 (见基础篇 P124)
3. 行动研究方法 (见二维码)
4. 白板说 (见基础篇 P63)
5. 设计教学法 (见基础篇 P86)
6. 教育目的 (见基础篇 P163)

简答题

1. 简述陶行知的"生活教育"思想。(见基础篇 P44)
2. 简述韩愈在其《师说》中所论述的师道观。(见基础篇 P20)
3. 促进学习迁移的教学原则有哪些?(见二维码)
4. 简述荀子关于教学的思想。(见二维码)

5. 简述矫正学生不良品德的措施及其心理学依据。(见基础篇P138)

论述题

1. 利用班杜拉的观察学习理论，阐述在课堂中应如何应用观察学习。(见基础篇P106)
2. 请评述裴斯泰洛齐的教育心理学化思想。(见基础篇P74)
3. 材料：一切教育都是通过个人参与人类的社会意识而进行的。这个过程几乎是在出生时就在无意识中开始了。它不断地发展个人的能力，熏染他的意识，形成他的习惯，锻炼他的思想，并激发他的感情和情绪。由于这种不知不觉的教育，个人便渐渐分享人类曾经积累起来的智慧和道德的财富，他就成了一个有固有文化的继承者。世界上最形式的、最专门的教育确实不能离开这个普遍的过程。教育只能按照某种特定的方向，把这个过程组织起来或者区分出来。
以上是美国教育家杜威关于"教育"的论述，请你做出分析。(见拔高篇P269)
4. 联系实际论述德育过程是提高学生自我教育能力的过程。(见基础篇P204)

2012年山西师范大学333教育综合真题

名词解释

1. 教育制度(见基础篇P170)
2. 教育内容(见基础篇P146)
3. 教育目的(见基础篇P163)
4. 教学监控能力(见二维码)
5. 亲社会行为(见基础篇P95)
6. 学习动机(见基础篇P113)
7. 德育原则(见基础篇P201)
8. 班主任工作的基本任务(见基础篇P216)

简答题

1. 简述教学物理环境心理学的主要内容。(见二维码)
2. 简述学习策略的结构。(见基础篇P126)
3. 简述赞科夫的教育思想。(见基础篇P66)
4. 简述陈鹤琴的"活教育"思想。(见基础篇P45)

论述题

1. 试论述教育与人的发展的关系。(见基础篇P149)
2. 结合实际论述教师应如何完善自我。(见基础篇P213)

2013年山西师范大学333教育综合真题

名词解释

1. 教育理论(见二维码)
2. 学制(见基础篇P170)
3. 教育目的(见基础篇P163)
4. 学习策略(见基础篇P124)
5. 道尔顿制(见基础篇P86)
6. 课程方案(见基础篇P174)

简答题

1. 简述教育的社会功能。(见基础篇P160)
2. 简述教育的独立性。(见二维码)

3. 简述多元智力理论。(见基础篇 P131)

4. 简述"活教育"思想。(见基础篇 P45)

论述题

1. 论述赫尔巴特的阶段教学论。(见基础篇 P77)

2. 分析教师的职业特点、角色以及职业素养。(见基础篇 P210、211、212)

3. 论述马斯洛的需要层次理论。(见基础篇 P114)

2014年山西师范大学333教育综合真题

名词解释

1. 美育 (见二维码)
2. 形成性评价 (见基础篇 P193)
3. 教育结构 (见二维码)
4. 教学监控能力 (见二维码)
5. 反思 (见二维码)
6. 自我效能感 (见基础篇 P113)

简答题

1. 简述我国课程编制的原则。(见二维码)

2. 简述教师劳动创造性的含义及表现。(见二维码)

3. 简述荀子关于教学的思想。(见二维码)

4. 简述促进学习迁移的教学原则。(见二维码)

5. 简述维果茨基的教育思想对当前学科教学的影响。(见基础篇 P97)

6. 简述当代教育心理学的研究趋势。(见二维码)

论述题

1. 分析论述保罗·朗格朗的终身教育思想。(见基础篇 P90)

2. 请运用知识和发展智力的关系原理,谈谈在实际课堂教学过程中应如何进行知识教学。(见二维码)

3. 你认为在现实社会、家庭环境和学校教育中,要培养学生的创造性应创造哪些必要条件? (见基础篇 P133)

2015年山西师范大学333教育综合真题

名词解释

1. 修养 (见基础篇 P202)
2. 精细加工策略 (见基础篇 P124)

简答题

1. 简述教学过程中的教学原则。(见基础篇 P197)

2. 简述教学评价的基本要求。(见基础篇 P199)

论述题

1. 论述孟子的教学思想及对现代教育改革的影响。(见基础篇 P10)

2. 论述人本主义与认知派有意义学习的思想。(见二维码)

3. 论述建构主义学习理论的核心思想及其在教学中的应用。（见基础篇 P111）
4. 论述如何在教学中培养学生问题解决的能力。（见基础篇 P132）

2016年山西师范大学333教育综合真题

名词解释
1. 问题发现学习法（见基础篇 P104）
2. 德育（见基础篇 P201）
3. 新教育运动（见基础篇 P85）
4. 酝酿效应（见二维码）
5. 心理发展的年龄特征（见二维码）
6. 行动研究主义（见二维码）

简答题
1. 简述教师语言表达能力的特征。（见二维码）
2. 简述课程设计的原则。（见二维码）
3. 简述新文化运动前后的实用主义。（见二维码）
4. 简述影响知识理解的因素。（见基础篇 P120）

论述题
1. 分析论述教师指导与学生主动性的关系。（见基础篇 P186）
2. 结合实例说明教师应如何培养学生独立思考与逻辑思维的能力。（见拔高篇 P357）
3. 分析论述皮亚杰的认知理论。（见基础篇 P95）
4. 论述教师成长与发展的途径。（见基础篇 P212）

2017年山西师范大学333教育综合真题

名词解释
1. 精细加工策略（见基础篇 P124）
2. 认知结构（见二维码）
3. 教育目的的价值取向（见二维码）
4. 教学设计（见基础篇 P183）
5. 教师专业发展（见基础篇 P209）

简答题
1. 简述《学记》。（见基础篇 P12）
2. 简述教师发展和培养的途径。（见基础篇 P213）
3. 班主任为什么要进行个别教育？（见二维码）
4. 要素主义教育思想的基本观点。（见基础篇 P88）

论述题
1. 试述维果茨基的认知发展理论及其对教学的影响。（见基础篇 P97）
2. 试述人文主义教育的主要特征。（见基础篇 P55）
3. 试述如何激发学生的学习动机。（见基础篇 P117）
4. 对比分析桑代克和巴甫洛夫的观点。（见二维码）

分析题

1. 试析文艺复兴与大学变革的关系。(见拔高篇 P253)
2. 试析终身教育思潮对教育改革的影响。(见基础篇 P90)

2018年山西师范大学333教育综合真题

名词解释

1. 教育(见基础篇 P145)
2. 课程(见基础篇 P174)
3. 苏格拉底法(见基础篇 P47)
4. "中体西用"(见基础篇 P29)
5. 学习策略(见基础篇 P124)
6. 自我效能感(见基础篇 P113)

简答题

1. 简述教师的基本素养。(见基础篇 P212)
2. 简述教育的社会功能。(见基础篇 P160)
3. 简述班杜拉的观察学习法。(见基础篇 P106)
4. 简述蔡元培的教育思想及教育实践。(见基础篇 P36)
5. 简述陶行知的"生活教育"理论。(见基础篇 P44)
6. 简述卢梭的自然主义教育。(见基础篇 P72)

论述题

1. 党的十九大强调要优先发展教育,论述为什么要把教育放在优先发展的地位。(见基础篇 P160)
2. 论述奥苏伯尔的有意义学习。(见基础篇 P107)
3. 论述皮亚杰的认知理论及其对教育的启示。(见基础篇 P95)

2019年山西师范大学333教育综合真题

名词解释

1. 讲授法(见基础篇 P192)
2. 教育制度(见基础篇 P170)
3. 理论联系实际(见二维码)
4. 《学记》(见基础篇 P5)
5. 要素主义(见基础篇 P86)
6. 苏霍姆林斯基(见二维码)
7. 认知内驱力(见二维码)

简答题

1. 简述教师的主导性与学生的主体性的关系。(见基础篇 P186)
2. 简述维果茨基的心理理论。(见基础篇 P97)
3. 简述杜威的教育目的论。(见基础篇 P80)
4. 简述如何培养学生的问题解决能力。(见基础篇 P132)

论述题

1. 根据当前的教育现象,分析教育该如何回归生活。(见拔高篇 P333)

2. 论述陈鹤琴的教育理论及其影响。（见基础篇 P45）

3. 论述人本主义理论及其贡献。（见基础篇 P110）

2020 年山西师范大学 333 教育综合真题

名词解释

1. 癸卯学制（见基础篇 P32）
2. 赫尔巴特（见基础篇 P69）
3. 教学设计（见基础篇 P183）
4. 人的全面发展（见基础篇 P164）
5. 辐合思维（见二维码）
6. 共同要素说（见二维码）
7. 功能固着（见基础篇 P130）
8. 教师职业形象（见二维码）

简答题

1. 简述宋元时期蒙学教育的基本经验。（见基础篇 P25）
2. 简述黄炎培的职业教育思想。（见基础篇 P42）
3. 简述卢梭的自然主义教育理论。（见基础篇 P72）
4. 简述激进建构主义教育思潮的基本观点。（见二维码）
5. 简述注意的品质。（见二维码）
6. 简述布鲁纳的认知发现学说。（见基础篇 P106）
7. 简述韦纳的成败归因理论，并结合实际分析。（见基础篇 P115）

论述题

1. 运用教育和生活的关系，论述目前学校教育实践中存在的缺陷。（见拔高篇 P333）
2. 结合实际分析学生品德的一般发展过程。（见二维码）
3. 论述皮亚杰的认知发展阶段理论及认知发展机制。（见基础篇 P95）

2021 年山西师范大学 333 教育综合真题

名词解释

1. 朱子读书法（见基础篇 P22）
2. 教育目的（见基础篇 P163）
3. 课程标准（见基础篇 P174）
4. "六艺"（见基础篇 P2）
5. 最近发展区（见基础篇 P95）
6. 元认知策略（见基础篇 P125）

简答题

1. 简述建构主义学习理论。（见基础篇 P111）
2. 简述皮亚杰的道德认知发展理论。（见基础篇 P95）
3. 简述教育的政治功能。（见基础篇 P157）
4. 简述颜之推的家庭教育思想。（见基础篇 P19）

论述题

1. 结合疫情防控期间的教育实际，谈谈你对教师素养的看法。（见二维码）

2. 论述教学过程中需要处理好的几对关系。(见基础篇 P187)

3. 从教育和生活的角度,比较杜威和陶行知的思想。(见拔高篇 P242)

4. 比较夸美纽斯和卢梭的自然主义思想。(见拔高篇 P233)

2022 年山西师范大学 333 教育综合真题

名词解释

1. 学制 (见基础篇 P170)
2. 教学方法 (见基础篇 P191)
3. 书院教育 (见基础篇 P22)
4. 京师大学堂 (见基础篇 P32)
5. 贝尔–兰卡斯特制 (见基础篇 P57)
6. 思维定势 (见基础篇 P130)

简答题

1. 简述教师应具备的素养。(见基础篇 P212)
2. 简述朱熹的教育思想。(见二维码)
3. 简述夸美纽斯的泛智教育思想。(见基础篇 P70)
4. 简述蔡元培的教育思想。(见基础篇 P36)
5. 简述赫尔巴特的教育思想。(见基础篇 P78)
6. 简述影响中学生品德发展的主要因素。(见基础篇 P138)

论述题

1. 论述劳动教育的意义以及如何开展劳动教育。(见拔高篇 P391)
2. 论述如何处理掌握知识和发展智力的关系。(见基础篇 P186)
3. 论述自我效能感理论及其教育启示。(见基础篇 P116)

2023 年山西师范大学 333 教育综合真题

名词解释

1. 家庭教育 (见二维码)
2. 稷下学宫 (见基础篇 P4)
3. 国子学 (见二维码)
4. 新柏林大学 (见二维码)
5. 双轨制 (见基础篇 P170)
6. 认知结构 (见二维码)

简答题

1. 简述教育的文化功能。(见基础篇 P157)
2. 简述颜元的教育思想。(见基础篇 P28)
3. 简述洪堡的教育思想。(见基础篇 P60)
4. 简述宋代的三次兴学。(见基础篇 P23)

论述题

1. 结合实际谈谈新时代背景下如何发展高质量的基础教育。(见拔高篇 P380)
2. 结合习近平总书记提出的相关要求,阐述如何做一名新时代的优秀教师。(见拔高篇 P358)
3. 从已有的学习动力理论,试述教师应如何有效激发学生的内部动机。(见基础篇 P117)

2010年内蒙古师范大学333教育综合真题

名词解释

1. 教育目的（见基础篇 P163）
2. 学校教育制度（见基础篇 P170）
3. 教学（见基础篇 P183）
4. 榜样示范法（见基础篇 P202）
5. 苏格拉底法（见基础篇 P47）
6.《大教学论》（见基础篇 P68）

简答题

1. 简述我国基础教育课程改革的三维目标。（见二维码）
2. 简述教师劳动的特点。（见基础篇 P210）
3. 简要分析学生学习的特点。（见基础篇 P105）
4. 简要回答陶行知的"生活教育"理论。（见基础篇 P44）

论述题

1. 试述创造性的培养措施。（见基础篇 P133）
2. 联系实际论述德育过程是培养学生知、情、意、行的过程。（见基础篇 P204）
3. 试论述孔子和韩愈的教师观。（见拔高篇 P248）
4. 试论述杜威教育本质论的主要内容及影响。（见基础篇 P80）

2011年内蒙古师范大学333教育综合真题

名词解释

1. 教育学（见基础篇 P142）
2. 课程标准（见基础篇 P174）
3. 教学评价（见基础篇 P193）
4. 德育过程（见基础篇 P201）
5.《大教学论》（见基础篇 P68）
6. 绅士教育（见基础篇 P63）

简答题

1. 简述全面发展教育的组成部分。（见基础篇 P167）
2. 简述教学过程应处理好的几种关系。（见基础篇 P187）
3. 简述迈克尔等人关于学习策略和内容的基本主张。（见基础篇 P126）
4. 简述蔡元培"五育"并举的教育方针。（见基础篇 P37）

论述题

1. 试分析影响问题解决的主要因素。（见基础篇 P132）
2. 试述新一轮基础教育课程改革的具体目标。（见基础篇 P181）
3. 论述《学记》中教育教学的原则和方法。（见基础篇 P12）
4. 试述《国防教育法》的内容及影响。（见二维码）

2012年内蒙古师范大学333教育综合真题

名词解释

1. 课程标准（见基础篇 P174）
2. 教学（见基础篇 P183）
3. 教育目的（见基础篇 P163）
4. 性善论（见基础篇 P4）
5. 道德教育（见基础篇 P201）
6. 知识表征（见二维码）
7. 道尔顿制（见基础篇 P86）
8. 自我效能感（见基础篇 P113）
9. 精细加工策略（见基础篇 P124）

简答题

1. 简述制定教育目的的依据。（见二维码）
2. 简述教育、教学、智育之间的关系。（见基础篇 P183）
3. 简述社会本位论与个体本位论。（见基础篇 P164）
4. 简述埃里克森的心理社会发展理论及其对教育的启示。（见基础篇 P98）
5. 简述认知结构迁移理论的基本观点。（见二维码）
6. 简述影响学习动机的因素。（见基础篇 P117）

论述题

1. 论述德育过程是培养学生知、情、意、行的过程。（见基础篇 P204）
2. 如何培养创造性思维？（见基础篇 P133）

2013年内蒙古师范大学333教育综合真题

名词解释

1. 教育制度（见基础篇 P170）
2. 教学目的（见二维码）
3. 教学原则（见基础篇 P191）
4. "六艺"（见基础篇 P2）
5. 陶行知（见二维码）
6. 产婆术（见基础篇 P47）
7. 导生制（见基础篇 P57）
8. 《国防教育法》（见基础篇 P58）

简答题

1. 简述文化对教育的影响与制约。（见基础篇 P156）
2. 简述教育的政治功能。（见基础篇 P157）
3. 简述贯彻因材施教德育原则的基本要求。（见二维码）
4. 简述有意义学习及其条件。（见基础篇 P107）
5. 简述教学与发展的关系及理论基础。（见基础篇 P97）
6. 简述培养学生创造性的原则。（见基础篇 P133）

论述题

1. 论述美育对教育的价值。（见二维码）
2. 举例说明结构不良问题的解决过程。（见二维码）

2014年内蒙古师范大学333教育综合真题

名词解释

1. 课程（见基础篇 P174）
2. 学制（见基础篇 P170）
3. 课外活动（见二维码）
4. 电化教学（见二维码）
5. 教育目的（见基础篇 P163）
6. 《教育漫话》（见基础篇 P63）
7. 《三字经》（见二维码）
8. 有教无类（见基础篇 P4）
9. 《民主主义与教育》（见基础篇 P70）
10. 程序性知识（见基础篇 P119）
11. 创造力（见基础篇 P130）
12. 迁移（见基础篇 P119）
13. 上位学习（见二维码）

简答题

1. 简述教育的基本要素。（见基础篇 P147）
2. 简述德育的实现途径。（见基础篇 P207）
3. 简述问题发现教学。（见二维码）
4. 简述孔子的教学思想。（见基础篇 P9）
5. 简述卢梭的自然主义教育思想。（见基础篇 P72）
6. 简述自我调节理论。（见二维码）
7. 简述如何加强学习策略的应用。（见二维码）
8. 简述科尔伯格的道德发展观。（见基础篇 P99）

论述题

1. 论述影响人的发展的诸要素及其作用。（见基础篇 P153）
2. 论述唐朝科举制度对学校教育制度的影响。（见基础篇 P19）
3. 试述科学心理观。（见二维码）
4. 联系实际论述科学发展观。（见二维码）

2015年内蒙古师范大学333教育综合真题

名词解释

1. 教育制度（见基础篇 P170）
2. 教学策略（见基础篇 P192）
3. 课程设计（见基础篇 P175）
4. 《学记》（见基础篇 P5）
5. 《大教学论》（见基础篇 P68）
6. 《爱弥儿》（见基础篇 P68）

简答题

1. 简述教学的任务。（见基础篇 P184）
2. 简述教师劳动的特点。（见基础篇 P210）
3. 简述孔子关于德育的原则与方法。（见基础篇 P7）
4. 简述杜威的教育本质观。（见基础篇 P80）

论述题

1. 如何正确认识教育的相对独立性？（见基础篇 P159）
2. 分析书院产生的原因及宋朝书院的特点。（见基础篇 P23、24）
3. 论述建构主义学习理论的基本观点及其主要内容。（见基础篇 P111）
4. 阐述自我效能感理论的主要内容。（见基础篇 P116）
5. 阐述问题解决的基本过程。（见基础篇 P131）
6. 什么是创造性思维？其主要特征有哪些？（见基础篇 P133）
7. 请阐述科尔伯格道德发展阶段理论的主要内容。（见基础篇 P99）

2016 年内蒙古师范大学 333 教育综合真题

名词解释

1. 教育目的（见基础篇 P163）
2. 学制（见基础篇 P170）
3. 教育原则（见二维码）
4. 美育（见二维码）
5. 道尔顿制（见基础篇 P86）
6. 《新教育大纲》（见二维码）

简答题

1. 简述教育的基本要素。（见基础篇 P147）
2. 简述人的主观能动性对教育的作用。（见基础篇 P151）
3. 简述孟子的德育原则。（见基础篇 P10）
4. 简述陶行知的生活教育理论。（见基础篇 P44）
5. 简述心理发展的一般规律。（见二维码）
6. 简述加德纳的多元智力理论。（见基础篇 P131）
7. 简述有意义学习的内容及条件。（见基础篇 P107）
8. 简述学习动机的作用。（见基础篇 P113）

论述题

1. 如何把握好教师的主导作用和学生的主动性的关系？（见基础篇 P186）
2. 评述卢梭的自然主义教育。（见基础篇 P72）
3. 论述皮亚杰的认知发展阶段理论的内容和特点。（见基础篇 P95）

2017 年内蒙古师范大学 333 教育综合真题

名词解释

1. 外铄论（见基础篇 P149）
2. 教育（见基础篇 P145）
3. 价值澄清模式（见二维码）
4. 文化教育学（见二维码）
5. 元认知策略（见基础篇 P125）
6. CIPP 模式（见二维码）

简答题

1. 简述建构主义教育理论。（见基础篇 P111）

2. 简述品德不良的纠正与教育策略。（见基础篇 P138）
3. 简述颜之推的家庭教育思想。（见基础篇 P19）
4. 简述教学设计的方法。（见基础篇 P188）
5. 简述赫尔巴特的道德教育理论。（见基础篇 P76）
6. 简述实验教育学。（见二维码）
7. 简述人格差异的教育策略。（见基础篇 P100）
8. 简述德可乐利学校及教学思想。（见二维码）
9. 简述赞科夫的发展性教学。（见基础篇 P66）

论述题

1. 论述当前国外课程改革的趋势。（见基础篇 P180）
2. 论述陶行知的生活教育理论。（见基础篇 P44）

2018年内蒙古师范大学333教育综合真题

名词解释

1. 课程方案（见基础篇 P174）
2. 骑士教育（见基础篇 P53）
3. 形成性评价（见基础篇 P193）
4. 设计教学法（见基础篇 P86）
5. 观察学习理论（见基础篇 P106）
6. 最近发展区（见基础篇 P95）

简答题

1. 简述教育的社会流动功能和意义。（见基础篇 P159）
2. 简述环境在人的发展中的作用。（见基础篇 P151）
3. 简述癸卯学制的内容及意义。（见二维码）
4. 如何贯彻教育影响一致性和连续性原则？（见基础篇 P205）

论述题

1. 论述教师的权利和义务。（见基础篇 P210）
2. 论述杜威的实用主义理论。（见基础篇 P83）
3. 论述皮亚杰的认知发展阶段理论。（见基础篇 P95）
4. 论述《学记》中的教育制度和教育管理。（见基础篇 P12）

2019年内蒙古师范大学333教育综合真题

名词解释

1. 教育制度（见基础篇 P170）
2. 教育原则（见二维码）
3. 《学记》（见基础篇 P5）
4. 道德情感（见基础篇 P136）
5. 学习动机（见基础篇 P113）
6. 自我效能感（见基础篇 P113）
7. 陈述性知识学习（见基础篇 P119）
8. 认知策略（见基础篇 P124）
9. 专家型教师（见二维码）

简答题

1. 我国基础教育教学的主要任务是什么？（见二维码）
2. 简述学校德育的主要途径。（见基础篇 P207）
3. 简述董仲舒的三大文教政策。（见基础篇 P14）
4. 简述文艺复兴时期人文主义教育的主要特征。（见基础篇 P55）
5. 简述夸美纽斯制定的学年制和班级授课制的内容。（见二维码）
6. 分析实验法在教育心理学中的有效性。（见二维码）
7. 简述心理发展观中主动发展观的内容。（见二维码）
8. 简述认知策略的促进条件。（见二维码）

论述题

1. 在教学过程中如何处理教师的主导作用和学生的主动性的关系？（见基础篇 P186）
2. 试述孔子教育论思想的主要内容。（见基础篇 P7）

2020年内蒙古师范大学333教育综合真题

教育学原理与中外教育史

名词解释

1. 课程实施（见二维码）
2. 美育（见二维码）
3. 教育目的（见基础篇 P163）

简答题

1. 简述教育的文化功能。（见基础篇 P157）
2. 简述智育的基本任务。（见二维码）
3. 简述隋唐时期的文教政策与汉代的三大文教政策。（见拔高篇 P228）
4. 简述卢梭的教育适应自然的内涵。（见基础篇 P72）
5. 简述夸美纽斯的班级授课制的主要内容。（见基础篇 P71）

论述题

1. 论述现代教师应具备的专业素养。（见基础篇 P212）
2. 论述陶行知"生活即教育"的内涵。（见基础篇 P45）

教育心理学

简答题

1. 简述有意义学习及其条件。（见基础篇 P107）
2. 简述建构主义关于学习的基本观点。（见基础篇 P111）
3. 如何激发学生的学习动机？（见基础篇 P117）

论述题

论述加涅的学习理论。（见基础篇 P108）

2021 年内蒙古师范大学 333 教育综合真题

名词解释

1. 教育的基本要素（见基础篇 P146）
2. 文化知识的价值（见二维码）
3. 《学记》中的教学原则（见二维码）
4. 朱熹的德育教育（见二维码）
5. 终身教育（见基础篇 P171）
6. 赫尔巴特的儿童管理方法和策略（见二维码）
7. 赞科夫的一般发展中的教学原则（见二维码）

简答题

1. 简述问题的类型及问题解决的策略。（见基础篇 P132）
2. 简述资源管理策略。（见二维码）
3. 简述知识学习的特点以及分类。（见二维码）
4. 简述德育的途径。（见基础篇 P207）

论述题

1. 论述教师应如何处理好教授知识和培养道德的关系。（见二维码）
2. 什么是问题？创造性问题解决的过程及其影响因素是什么？（见基础篇 P131、132）

2022 年内蒙古师范大学 333 教育综合真题

简答题

1. 简述教育的政治功能。（见基础篇 P157）
2. 个人本位论是教育目的价值选择上的一种典型的主张，简述其主要观点。（见基础篇 P164）
3. 简述教学的意义。（见二维码）
4. 简述班级授课制的主要优点。（见基础篇 P194）
5. 简述蒙台梭利提出的感官教育的实施原则。（见二维码）
6. 简述苏霍姆林斯基和谐发展教育实施的基本途径。（见基础篇 P67）
7. 从教育思想发展史来看，韩愈的《师说》在当时是具有新意的，具体表现在哪些方面？（见基础篇 P20）

论述题

1. 结合实际，谈谈掌握知识和发展智力的关系。（见基础篇 P186）
2. 论述朱子读书法的主要内容。（见基础篇 P26）
3. 维果茨基的发展性教学主张是什么？对教学有何意义？（见基础篇 P97）
4. 如何理解学习动机？怎样培养和激发学生的学习动机？（见基础篇 P117）
5. 试述促进学习迁移的基本条件，联系实际说明如何促进学习迁移。（见基础篇 P121）
6. 结合实例说明家庭和学校对学生品德发展的影响。（见基础篇 P138）
7. 心理健康的意义和标准是什么？请举例说明学校开展心理健康教育的途径。（见二维码）

2023年内蒙古师范大学333教育综合真题

名词解释
(题目缺失)

简答题
1. 简述宋朝著名的六大书院。(见二维码)
2. 生产力对教育的制约作用表现在哪些方面？(见基础篇P155)
3. 马卡连柯对家庭教育的贡献很大,他的主要观点有哪些？(见二维码)
4. 简述教育制度的含义及其特点。(见二维码)
5. 简述美国的《国防教育法》的主要内容。(见二维码)
6. 简述孔子论述的关于教师所必备的条件。(见基础篇P8)
7. 简述蔡元培的"五育"并举的内容。(见基础篇P37)
8. (题目缺失)。

论述题
1. 结合实际,谈一谈应该如何贯彻科学性与思想性相统一的教育原则。(见基础篇P196)
2. 学校中美育的主要任务是什么？(见二维码)

心理学论述题
1. 如何理解心理学？心理学的主要研究对象是什么？(见二维码)
2. 如何理解问题解决？结合实际教学谈谈问题解决的过程。(见基础篇P131)
3. 如何理解自我效能感？影响自我效能感的因素有哪些？(见基础篇P116)
4. 皮亚杰的认知发展理论是什么？联系实际谈谈在教学中的应用。(见基础篇P95)
5. 如何理解心理健康教育？影响心理健康的因素有哪些？(见二维码)

2013年贵州师范大学333教育综合真题

名词解释
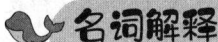
1. 学制 (见基础篇P170)
2. 学校管理 (见基础篇P219)
3. 导生制 (见基础篇P57)
4. 《学记》(见基础篇P5)
5. 技能 (见基础篇P122)
6. 教育心理学 (见基础篇P93)

简答题
1. 简述中国古代书院的特点。(见基础篇P24)
2. 简述王守仁有关儿童教育的思想。(见基础篇P27)
3. 简述古风时代斯巴达教育与雅典教育的不同之处。(见拔高篇P232)
4. 列举杜威的教育思想。(见基础篇P83)

论述题

1. 材料：

（1）有人说教师是人类灵魂的工程师，教师是路标，教师是梯子……

（2）有人说教师是辛勤的园丁，教师是孺子牛，教师是蜡烛……

（3）有人说给学生一碗水，教师要有一桶水，教师是水，不断更新，长流不断。

请结合教育知识，分别分析上面三个片段的肯定之处与不足之处，以及其体现的教育原理。并结合教师的作用分析教师应如何教学，与学生保持什么样的关系。（见拔高篇P366）

2. 结合相关知识，谈谈你对教学及教学过程的认识。（见二维码）

3. 结合成败归因理论和自我效能感来分析学生形成品德不良行为的原因，以及如何纠正学生的不良行为。（见拔高篇P284）

4. 请论述建构主义学习理论的相关观点。（见基础篇P111）

2014年贵州师范大学333教育综合真题

名词解释

1. 教学（见基础篇P183）
2. 学校管理（见基础篇P219）
3. 学习动机（见基础篇P113）
4. 稷下学宫（见基础篇P4）
5. 白板说（见基础篇P63）
6. 苏格拉底法（见基础篇P47）

简答题

1. 简述影响人的发展的基本因素。（见基础篇P153）
2. 简述陈鹤琴和王守仁的儿童教育思想。（见拔高篇P231）
3. 简述北宋的三次兴学。（见基础篇P23）
4. 简述科尔伯格的道德发展阶段理论。（见基础篇P99）

论述题

1. 材料一：

教师以民主而不是专制的方式管理学生，鼓励学生表达不同的意见，允许学生在自行探索中发现知识，那么这种教育方式有利于学生创造性的培养。

材料二：

汉语拼音的学习产生的影响属于负迁移现象。

结合教育知识，分析判断上面这两段话正确与否，并给出理由。（见拔高篇P285）

2. 教师怎样才能上好一堂课？如何对教师授课的质量进行评价？（见二维码）

3. 论述赫尔巴特的教育思想。（见基础篇P78）

4. 材料：新入职的张老师对学生的要求十分严格。有一次，小明迟到一分钟，张老师不问原因，也不准小明回座位，就让他站在教室后面听课一上午。平时学生向张老师礼貌问好，张老师也对学生不理不睬的，慢慢地，越来越多的学生对张老师敬而远之。有一天，学校组织"学生与老师说心里话"的活动。小明对张老师说出了自己与同学们的感受，张老师进行了深刻的反思，也调整了自己的做法，渐渐地张老师发现学生们发生了许多变化，笑容多了，上课也认真了，连最不爱说话的学生也对张老师有话说了，张老师对自己说"我也进步了"。

请结合师生关系的作用以及新型师生关系的特点对材料加以分析。（见二维码）

2015年贵州师范大学333教育综合真题

名词解释

1. 学校教育制度(见基础篇 P170)
2. 教学(见基础篇 P183)
3. 德育原则(见基础篇 P201)
4. 《大学》中的"三纲领"(见基础篇 P4)
5. 苏格拉底教学法(见基础篇 P47)
6. 反思(见二维码)

简答题

1. 《学记》中的教育原则有哪些？(见基础篇 P12)
2. 请简述陶行知"生活即教育"的教育理念。(见基础篇 P45)
3. 请简述《国防教育法》的相关立法执行情况。(见二维码)
4. 请简述杜威"做中学"的教育理念。(见基础篇 P81)

论述题

1. 材料：

一名学生在日记里写道："我今天特别高兴，因为老师终于给了我回答问题的机会，这可是我进入这个班级以来获得的第一次机会啊！虽然这是老师不经意的一次提问，但我心里有说不出的喜悦。就在这一次，老师终于注意到我的存在，我有了发表意见的机会。"

请结合材料谈谈课堂提问应该如何把握正确方向。(见拔高篇 P350)

2. 材料：

最近一项调查结果显示：98.6%的学生见到老师能主动问好或打招呼，而只有不到9%的老师主动跟学生问好或打招呼。

请结合材料谈一谈如何构建和谐的师生关系。(见基础篇 P215)

3. 材料：

李南是一位刚走上教师岗位的年轻教师。上岗之前，他踌躇满志，想象着教师的那些工作——备课、上课、批改作业等是那样的简单。而且作为物理教师，自己教学生掌握应该学到的物理知识，不用操心思想工作之类的事，可省去许多麻烦。总之对于自己这个大学毕业的高材生来说，驾驭教师工作是轻而易举的事。然而，上岗两个月后，李南没有了往日的潇洒，他沮丧到了极点。走进教室，他发现学生比想象中的差多了，有的简直不像学生，对老师没有礼貌，时不时抓住机会向他挑衅。且不说教学内容他们不想听，即使讲轶闻趣事，有些学生也在搞另一套。课堂上还经常出现互骂打架的事情，真叫李南烦不胜烦。李南并不认为是他自己无能，而认为是学生太差。他觉得，与其把时间花在这难见成效的工作上，还不如早点改行。他想辞职去做生意，但是仔细想想，就此离开教育工作，他多少又心有不甘。但如果继续干下去，出路何在？

(1) 李南这名新教师出现这样的问题，原因是什么？并加以分析。
(2) 请向李南提出在教学和课堂管理方面的建议和方法。(见拔高篇 P363)

4. 请论述中小学教学的原则。(见基础篇 P197)

2016年贵州师范大学333教育综合真题

名词解释

1. 学在官府（见基础篇 P2）
2. 最近发展区（见基础篇 P95）
3. 学习动机（见基础篇 P113）
4. 宫廷教育（见二维码）
5. 班级授课制（见基础篇 P191）
6. 教育目的（见基础篇 P163）

简答题

1. 简述教育与文化的关系。（见基础篇 P156、157）
2. 简述科举制度对古代封建制度的影响。（见基础篇 P17）
3. 简述蔡元培的"五育"教育。（见基础篇 P37）
4. 简述赫尔巴特的四段教学法。（见基础篇 P77）

论述题

1. 方仲永五岁能作诗，但十二三岁时不如以前，二十岁时和众人一样，用相关教育理论进行评论。（见二维码）
2. 一位教师用一条活鱼来引导《鱼》这一课，播放关于解剖鱼的相关视频使学生了解鱼的知识。该教师用了什么教学原则？该如何运用此原则？（见二维码）
3. 如何看待教师"错一罚十、漏一补十"的做法？运用相关记忆规律分析此做法。（见拔高篇 P288）
4. 材料：一群学生在围观蚂蚁，一位教师怒问："你们在干什么？"学生答："我们在听蚂蚁唱歌。"教师大声斥责："胡说，蚂蚁怎么会唱歌？"

用现代学生观分析该教师的行为。（见拔高篇 P367）

2017年贵州师范大学333教育综合真题

名词解释

1. 学校教育（见基础篇 P145）
2. 教育目的（见基础篇 P163）
3. "六艺"教育（见基础篇 P2）
4. 骑士教育（见基础篇 P53）
5. 学习策略（见基础篇 P124）
6. 最近发展区（见基础篇 P95）

简答题

1. 简述教育的相对独立性。（见基础篇 P159）
2. 简述孔子教育思想的贡献。（见基础篇 P9）
3. 简述现代教育对教师素养的要求。（见基础篇 P212）
4. 简述夸美纽斯的泛智教育思想。（见基础篇 P70）

论述题

1. 论述杜威的教育本质论及其现实意义。（见基础篇 P80）
2. 论述新一轮课程改革对教师的要求。（见二维码）
3. 老师提问砖头的作用，小方回答"造房子、造博物馆、铺路"，小明回答"造房子、铺路、打狗、敲钉"。分析二者的回答，你更喜欢谁的回答？用思维的原理进行分析。（见二维码）

4. 材料：新班主任周老师刚进班的第一天，就看见教室的黑板上写着"你也下课吧"五个大字，原来这个班在周老师来之前已经换过两个班主任了，该班的学生在学习成绩、班级卫生、学校纪律方面表现极差，导致该班班主任的评分被扣而取消当班主任的资格。

如果你是周老师，你会怎么做？（见基础篇P217）

2018年贵州师范大学333教育综合真题

名词解释

1. 教育（见基础篇P145）
2. 课程（见基础篇P174）
3. 有教无类（见基础篇P4）
4. 认知策略（见基础篇P124）
5. 产婆术（见基础篇P47）
6. 问题解决（见基础篇P130）

简答题

1. 简述杜威的教育思想。（见基础篇P83）
2. 简述启发性教学原则的基本要求。（见基础篇P195）
3. 简述马克思主义关于人的全面发展的学说。（见基础篇P165）
4. 简述马斯洛的需要层次理论。（见基础篇P114）

论述题

1. 材料：
一位中学教师在谈教育体会时说："现在的中学生太不懂事了，有时候甚至不打他，他就不听话。"这位教师的学生说："我们知道老师是对我们好才严格要求我们，不过他总是把我们当犯人一样看待，从来不相信我们，弄得我们平时只好躲着他。有时明知他是对的，也故意与他作对。"

上述材料体现了什么德育原则？应怎样处理？（见二维码）

2. 材料：
为了丰富班级每周的班会活动，李老师选了一篇课文改成剧本。李老师把她的计划和大家说了，全班同学都很高兴，这时李老师听到小松和同桌小声议论："老师怎么选这篇课文，又长又不好演。""你管呢，让你演什么你就演什么呗。""我可不想演。"听到这儿，李老师的心里咯噔一下。下课后，李老师把小松请到办公室，请他谈谈对演课本剧的想法。小松说："老师，我觉得您选的课文不好，而且您每次是写好了剧本让我们演，您应该让我们自己来试一试。"小松的话让李老师突然意识到学生们并不希望老师什么都"包办代替"，他们长大了。于是，李老师把导演的任务交给了小松，他高兴地接受了任务，开始和同学商量演哪一课，然后找李老师做参谋，请李老师帮忙做道具。在班会活动上，课本剧表演得非常成功，李老师和孩子们一同品尝了成功的喜悦。

上述材料中的老师在班级管理上体现了什么样的管理观念？有什么启示？（见拔高篇P417）

3. 论述陶行知的教育思想及其对当前学校教育的启示。（见基础篇P44）
4. 论述班杜拉的观察学习理论及其现实意义。（见基础篇P106）

2019年贵州师范大学333教育综合真题

名词解释

1. 教育目的（见基础篇P163）
2. 课程（见基础篇P174）

3. 壬寅学制（见二维码） 　　4. 绅士教育（见基础篇 P63）
5. 元认知策略（见基础篇 P125） 　　6. 因材施教（见基础篇 P192）

简答题

1. 简述"五育"并举。（见基础篇 P37）
2. 简述颜之推的教育思想。（见基础篇 P19）
3. 简述夸美纽斯的教育思想。（见基础篇 P71）
4. 简述学校教育在人的发展中的作用。（见基础篇 P152）

论述题

1. 论述建设师德师风的重要性。（见二维码）
2. 论述卢梭的自然主义教育。（见基础篇 P72）
3. 如何培养学生的学习动机？（见基础篇 P117）
4. 论述启发式教学及其要求。（见基础篇 P195）

2020 年贵州师范大学 333 教育综合真题

名词解释

1. 稷下学宫（见基础篇 P4） 　　2. 学习动力（见基础篇 P113）
3. 产婆术（见基础篇 P47） 　　4. 班级授课制（见基础篇 P191）

简答题

1. 简述教育对政治的影响。（见基础篇 P157）
2. 简述影响遗忘的因素。（见二维码）
3. 简述夸美纽斯的教育思想。（见基础篇 P71）

论述题

1. 论述科举制的利弊及对高考的启示。（见基础篇 P17、18）
2. 论述教育惩戒的意义。（见拔高篇 P395）
3. 材料：根据 2019 年 11 月颁布的《中小学教师实施教育惩戒规定（征求意见稿）》，教师可采取不超过一堂课教学时间的教室内站立或面壁思过的惩罚方式。
（1）请说说如何界定教育惩戒。
（2）中小学教师如何进行教育惩戒？（见拔高篇 P398）

2021 年贵州师范大学 333 教育综合真题

单选题

（30 道）（题目缺失）

多选题

（10 道）（题目缺失）

简答题

1. 简述蔡元培"五育"并举的思想。(见基础篇 P37)
2. 简述促进学习迁移的方法。(见基础篇 P121)
3. 简述国务院关于教育评价的措施。(见二维码)
4. 简述教育摆在优先发展的战略位置的理论基础和实践。(见基础篇 P160)

论述题

针对"停课不停学"的线上教学,谈一谈你的看法。(见二维码)

2022年贵州师范大学333教育综合真题

单选题

(题目缺失)

多选题

(10道)(题目缺失)

名词解释

1. 教师(见基础篇 P209)
2. 书院(见基础篇 P22)
3. 骑士教育(见基础篇 P53)
4. 学习策略(见基础篇 P124)

简答题

1. 简述《中华人民共和国家庭教育促进法》规定的家庭教育应当符合的要求。(见拔高篇 P404)
2. 简述如何纠正学生的不良行为。(见基础篇 P138)

论述题

材料:新时代中国的教育方针。

2021年4月29日,第十三届全国人民代表大会常务委员会第二十八次会议修正的《中华人民共和国教育法》,将教育方针规定为:"教育必须为社会主义现代化建设服务、为人民服务,必须与生产劳动和社会实践相结合,培养德智体美劳全面发展的社会主义建设者和接班人。"将党的教育方针落实为国家法律规范。(原始材料缺失,凯程新编类似的材料)

(1)新修订的教育方针的完整表述是什么?
(2)教育方针体现了我国教育目的的什么特点?
(3)新发展阶段,如何落实和促进新教育方针? (见二维码)

2023年贵州师范大学333教育综合真题

单选题

(题目缺失)

多选题
（题目缺失）

名词解释
1. 教育目的（见基础篇 P163）
2. 鸿都门学（见基础篇 P14）
3. 泛智论（见基础篇 P68）
4. 精细加工策略（见基础篇 P124）

简答题
1. 影响个体发展的因素及其作用。（见基础篇 P149）
2. 如何培养学生良好的思维品质？（见二维码）

论述题
党的二十大报告对教育工作有什么新的论述？如何看待这种新变化？（见拔高篇 P379）

2010年沈阳师范大学333教育综合真题

名词解释
1. 教育目的（见基础篇 P163）
2. 学校教育制度（见基础篇 P170）
3. 教学（见基础篇 P183）
4. 榜样示范法（见基础篇 P202）
5. 苏格拉底法（见基础篇 P47）
6. 《大教学论》（见基础篇 P68）

简答题
1. 简述我国新一轮基础教育课程改革的三维目标。（见二维码）
2. 简述教师劳动的特点。（见基础篇 P210）
3. 阐述陶行知的"生活教育"理论。（见基础篇 P44）

论述题
1. 试论创造性的培养措施。（见基础篇 P133）
2. 联系实际论述德育过程是培养学生知、情、意、行的过程。（见基础篇 P204）
3. 试论述孔子和韩愈的教师观。（见拔高篇 P248）
4. 试论述杜威教育本质论的主要内容及影响。（见基础篇 P80）

2011年沈阳师范大学333教育综合真题

名词解释
1. 教育学（见基础篇 P142）
2. 课程标准（见基础篇 P174）
3. 教学评价（见基础篇 P193）
4. 德育过程（见基础篇 P201）
5. 《大教学论》（见基础篇 P68）
6. 绅士教育（见基础篇 P63）

简答题
1. 简述全面发展教育的组成部分。（见基础篇 P167）

2. 简述教学过程中应处理好哪几种关系。（见基础篇 P187）
3. 简述迈克尔等人关于学习策略的结构和内容的基本主张。（见基础篇 P126）
4. 简述蔡元培"五育"并举的教育方针。（见基础篇 P37）

论述题

1. 试分析影响问题解决的主要因素。（见基础篇 P132）
2. 试述新一轮基础教育课程改革的具体目标。（见基础篇 P181）
3. 论述《学记》中教育教学的原则和方法。（见基础篇 P12）
4. 论述《国防教育法》的内容及影响。（见二维码）

2012年沈阳师范大学333教育综合真题

名词解释

1. 德育原则（见基础篇 P201）
2. 生活准备说（见二维码）
3. 学习（见基础篇 P103）
4. 建构主义学习观（见二维码）
5. 全面发展教育（见二维码）
6. 学校管理（见基础篇 P219）

简答题

1. 简述"朱子读书法"。（见基础篇 P26）
2. 简述人的身心发展规律对教育的要求。（见基础篇 P149）
3. 简述课程目标设计的基本方式。（见二维码）
4. 简述中小学德育的基本途径。（见基础篇 P207）

论述题

1. 试论陈鹤琴"活教育"的思想体系。（见基础篇 P45）
2. 述评科尔伯格的道德发展阶段理论。（见基础篇 P99）
3. 论述夸美纽斯建立统一学制系统的内容及影响。（见二维码）
4. 试论班主任应具备的素质要求。（见基础篇 P216）

2013年沈阳师范大学333教育综合真题

名词解释

1. 学校教育制度（见基础篇 P170）
2. 课程设计（见基础篇 P175）
3. 教学原则（见基础篇 P191）
4. 学校管理（见基础篇 P219）
5. 《理想国》（见基础篇 P47）
6. 绅士教育（见基础篇 P63）

简答题

1. 简述教学工作的基本环节。（见基础篇 P187）
2. 简述德育的主要方法。（见二维码）
3. 当代教育心理学研究的基本趋势是什么？（见二维码）

4. 简述孔子的教学方法论。(见基础篇 P7)

论述题

1. 论述教育的社会变迁功能。(见二维码)
2. 评述加里培林的心智技能形成阶段理论。(见基础篇 P123)
3. 论述赫尔巴特的教学形式阶段理论。(见基础篇 P77)
4. 试论陶行知的"生活教育"理论体系。(见基础篇 P44)

2014年沈阳师范大学333教育综合真题

名词解释

1. 个体发展(见基础篇 P149)
2. "中学为体,西学为用"(见基础篇 P29)
3. 教育中介系统(见二维码)
4. 有教无类(见基础篇 P4)
5. 教育目的的价值取向(见二维码)
6. 课程标准(见基础篇 P174)

简答题

1. 简述人格发展的一般规律。(见基础篇 P101)
2. 简述人文主义教育的主要特征。(见基础篇 P55)
3. 简述学校管理的发展趋势。(见基础篇 P219)
4. 简述启发性教学原则。(见基础篇 P195)

论述题

1. 论述马斯洛学习动机的需要层次理论。(见基础篇 P114)
2. 论述杜威关于教育本质的主要观点。(见基础篇 P80)
3. 论述蔡元培"五育"并举的教育方针。(见基础篇 P37)
4. 联系实际论述德育过程是培养学生知、情、意、行的过程。(见基础篇 P204)

2015年沈阳师范大学333教育综合真题

名词解释

1. 教育学(见基础篇 P142)
2. 教育目的的个人本位论(见基础篇 P163)
3. 教学评价(见基础篇 P193)
4. 德育过程(见基础篇 P201)
5. "六艺"教育(见基础篇 P2)
6. "教学做合一"(见基础篇 P41)

简答题

1. 简述社会经济政治制度对教育的制约。(见基础篇 P156)
2. 简述循序渐进的原则。(见基础篇 P196)
3. 简述《理想国》的教育思想。(见基础篇 P49)
4. 简述观察学习的含义。(见基础篇 P106)

论述题

1. 联系实际论述教学过程中掌握知识和发展智力的关系。(见二维码)
2. 试论《学记》中的教育教学原则与方法。(见基础篇 P12)
3. 试论赫尔巴特的教学阶段理论和意义。(见基础篇 P77)
4. 举例说明迁移及其分类。(见二维码)

2016 年沈阳师范大学 333 教育综合真题

名词解释

1. 教育者(见基础篇 P146)　　2. 分科课程(见基础篇 P174)
3. 《国防教育法》(见基础篇 P58)　　4. 苏格拉底法(见基础篇 P47)
5. 教学方案(见二维码)　　6. 教育的社会变迁功能(见基础篇 P155)

简答题

1. 简述人的发展规律。(见基础篇 P149)
2. 简述陶行知的生活教育思想。(见基础篇 P44)
3. 简述学习动机需要层次理论。(见基础篇 P114)
4. 简述集体教育原则。(见二维码)

论述题

1. 结合实际论述教师指导学生的德育过程。(见二维码)
2. 论述杜威的教育思维和教学方法。(见基础篇 P82)
3. 试论孔子的道德教育论。(见基础篇 P8)
4. 试论影响问题解决的因素。(见基础篇 P132)

2017 年沈阳师范大学 333 教育综合真题

名词解释

1. 启发性教学原则(见基础篇 P192)　　2. 科举制(见基础篇 P16)
3. 学校教育(见基础篇 P145)　　4. 白板说(见基础篇 P63)
5. 自我效能感(见基础篇 P113)　　6. 校本教育(见二维码)

简答题

1. 简述教育的基本要素和相互关系。(见基础篇 P147)
2. 简述《师说》的内容。(见基础篇 P20)
3. 简述昆体良的教育思想。(见基础篇 P52)
4. 简述促进知识迁移的措施。(见基础篇 P121)

论述题

1. 论述人的身心发展的规律性,结合实际说说在教学中的运用。(见基础篇 P149)

2. 试述杜威的教育本质并联系实际说明对今天的影响。（见基础篇 P80）
3. 论述孔子的教学思想并进行评价。（见基础篇 P9）
4. 试述培养创造性的措施。（见基础篇 P133）

2018 年沈阳师范大学 333 教育综合真题

名词解释

1. 教育（见基础篇 P145）
2. 课程（见基础篇 P174）
3. 长善救失（见基础篇 P202）
4. 因材施教（见基础篇 P192）
5. 卢梭的自然教育原则（见基础篇 P68）
6. 有意义学习（见基础篇 P104）

简答题

1. 简述教育的要素及其相互关系。（见基础篇 P147）
2. 简述荀子的性恶论。（见二维码）
3. 简述班级授课制及其优缺点。（见基础篇 P194）
4. 简述学习动机如何影响学习效果。（见基础篇 P114）

论述题

1. 人的发展规律性表现在哪些方面？结合实际，谈谈学校教育工作应如何按规律进行。（见基础篇 P149）
2. 试述孔子"性相近，习相远"的教育思想。（见二维码）
3. 苏霍姆林斯基关于个性的全面和谐发展教育观的主要内容是什么？有何现实意义？（见基础篇 P67）
4. 分析人本主义教学观的基本观点，根据这些教学观提出的教学模式是什么？阐述这种教学模式的特征。（见基础篇 P110）

2019 年沈阳师范大学 333 教育综合真题

名词解释

1. 学校教育制度（见基础篇 P170）
2. 课程标准（见基础篇 P174）
3. 学校管理的过程（见基础篇 P219）
4. 孟轲的性善论（见基础篇 P4）
5. 《莫雷尔法案》（见基础篇 P57）
6. 创造性（见基础篇 P130）

简答题

1. 如何处理教学过程中的几对关系？（见基础篇 P187）
2. 简述建构主义的学生观。（见基础篇 P111）
3. 简述杜威的从做中学的思想和课程论。（见基础篇 P81）
4. 简述孔子的学思行教学原则。（见二维码）

论述题

1. 在社会变迁的过程中教师角色转变的趋势有哪些？这意味着什么？联系实际生活，教师要如何面对这种趋势？（见二维码）

2. 谈谈马克思、恩格斯关于人的全面发展与实际相结合的教育思想。(见基础篇 P165)

3. 论述陶行知的生活教育理念。(见基础篇 P44)

4. 结合实际谈谈科温顿的自我价值理论对我们的教育活动的启示。(见二维码)

2020 年沈阳师范大学 333 教育综合真题

名词解释

1. 教育规律 (见基础篇 P142)
2. 学科课程 (见二维码)
3. 班级授课制 (见基础篇 P191)
4. 孔子的"有教无类" (见基础篇 P4)
5. 亚里士多德的自由教育 (见基础篇 P48)
6. 问题解决 (见基础篇 P130)

简答题

1. 人的发展有何特点? (见基础篇 P149)
2. 简述书院的教育特点。(见基础篇 P24)
3. 简述美国的"返回基础"教育运动的内容。(见基础篇 P61)
4. 简述影响学生学习动机的外部条件。(见基础篇 P117)

论述题

1. 论述社会变迁中教师角色发展的趋势。(见基础篇 P211)
2. 论述蔡元培"五育"并举的教育方针。(见基础篇 P37)
3. 结合实际论述裴斯泰洛齐的"教育与生产劳动相结合"的内容及现实意义。(见二维码)
4. 什么是生成性学习模式?根据这种观点,谈谈教师如何促进学生的学习。(见二维码)

2021 年沈阳师范大学 333 教育综合真题

名词解释

1. 教学要素(教育活动的要素) (见基础篇 P146)
2. 教学评价 (见基础篇 P193)
3. 学校管理过程 (见基础篇 P219)
4. 杨贤江的全人生指导 (见基础篇 P41)
5. 英国公学 (见基础篇 P57)
6. 社会规范的内化 (见基础篇 P136)

简答题

1. 简述班集体的组建过程。(见基础篇 P217)
2. 简述夸美纽斯普及教育的内容和措施。(见基础篇 P70)
3. 简述颜之推儿童教育的原则。(见基础篇 P19)
4. 简述心智技能和操作技能的关系。(见拔高篇 P279)

论述题

1. 怎样上好一堂课? (见基础篇 P188)
2. 论述孔子对教师的要求及其现实意义。(见基础篇 P8)
3. 论述终身教育理论的内容和现实意义。(见基础篇 P173)
4. 论述建构主义的思想渊源和理论取向及如何促进学生的学习。(见基础篇 P111)

2022 年沈阳师范大学 333 教育综合真题

名词解释

1. 广义的教育（见基础篇 P145）
2. 课程设计（见基础篇 P175）
3. 德育原则中的长善救失原则（见基础篇 P202）
4. 韩愈的"性三品"（见二维码）
5. 苏格拉底法（见基础篇 P47）
6. 有意义学习（见基础篇 P104）

简答题

1. 简述如何理解教学过程。（见基础篇 P184）
2. 简述西周时期的"六艺"教育。（见基础篇 P2）
3. 简述昆体良的教学理论。（见基础篇 P52）
4. 简述程序性知识理解的一般过程。（见二维码）

论述题

1. 举例说明人的发展顺序性规律，并说明在教学中如何应用。（见基础篇 P149）
2. 论述孔子的历史影响。（见基础篇 P9）
3. 论述赫尔巴特的教育性教学原则及其现代价值。（见基础篇 P76）
4. 什么是学业求助策略？教师应如何开展学业求助策略的教学。（见二维码）

2023 年沈阳师范大学 333 教育综合真题

名词解释

1. 教育者（见基础篇 P146）
2. 备课（见二维码）
3. 因材施教的德育原则（见二维码）
4. 孔子的"学而优则仕"（见二维码）
5. 英国贝尔－兰卡斯特制（见基础篇 P57）
6. 学习动机（见基础篇 P113）

简答题

1. 简述问题教学法的内涵及基本要求。（见二维码）
2. 简述董仲舒的道德教育思想。（见二维码）
3. 简述人文主义教育的特征。（见基础篇 P55）
4. 简述影响知识理解的因素。（见基础篇 P120）

论述题

1. 结合实际说明教师应该具备哪些素养。（见基础篇 P212）
2. 论述"中体西用"教育思想的历史作用和现实意义。（见基础篇 P30）
3. 论述赞科夫的发展性教学理论及其现实意义。（见基础篇 P66）
4. 根据皮亚杰的认知发展理论，论述发展个体的认知能力需要遵循哪些教学原则。（见基础篇 P95）

2011年中央民族大学333教育综合真题

名词解释
1. 课程标准（见基础篇P174）
2. 最近发展区（见基础篇P95）
3. "六艺"（见基础篇P2）
4. 恩物（见基础篇P69）
5. 因材施教原则（见基础篇P192）

简答题
1. 简述学校教育在人的发展中的作用。（见基础篇P152）
2. 简述教师专业化的内涵。（见基础篇P213）
3. 简述问题解决的基本过程。（见基础篇P131）

论述题
1. 论述教育的社会功能。（见基础篇P160）
2. 论述《师说》的教师观。（见基础篇P20）
3. 论述杜威的教育思想。（见基础篇P83）
4. 结合中国的教育改革，谈谈对当今很多教育不公平的事件的理解，举例说明它们出现的原因和解决措施。（见基础篇P162）

2012年中央民族大学333教育综合真题

名词解释
1. "五育"并举（见基础篇P34）
2. 学校教育（见基础篇P145）
3. "六艺"教育（见基础篇P2）
4. 产婆术（见基础篇P47）
5. 学习动机（见基础篇P113）

简答题
1. 简述德育途径。（见基础篇P207）
2. 简述蔡元培的"五育"并举。（见基础篇P37）
3. 简述裴斯泰洛齐的教育思想。（见基础篇P75）

论述题
1. 论述教育的社会功能。（见基础篇P160）
2. 论述《学记》的贡献。（见基础篇P12）
3. 论述加里培林的阶段形成理论。（见基础篇P123）
4. 结合实际论述激发学习动机的方法。（见基础篇P117）
5. 论述教育的社会制约性和独立性以及二者的关系。（见二维码）

2013年中央民族大学333教育综合真题

名词解释
1. 学校教育（见基础篇 P145）
2. 教育目的（见基础篇 P163）
3. 分组教学（见基础篇 P191）
4. 讲授法（见基础篇 P192）
5. 最近发展区（见基础篇 P95）

简答题
1. 简述奥苏伯尔关于学习的性质和分类。（见基础篇 P107）
2. 简述教育研究的一般过程。（见二维码）
3. 列举五种欧美现代教育思潮。（见拔高篇 P257）

论述题
1. 论述人的发展特点及其教育学意义。（见基础篇 P149）
2. 论述陶行知的生活教育理论。（见基础篇 P44）
3. 论述赞科夫的发展性教学理论。（见基础篇 P66）
4. 联系实际论述问题解决能力的培养。（见基础篇 P132）
5. 论述杜威的教育思想。（见基础篇 P83）

2014年中央民族大学333教育综合真题

名词解释
1. 学校教育（见基础篇 P145）
2. 心理发展（见基础篇 P94）
3. 人的发展（见基础篇 P149）
4. 教师资格证制度（见二维码）
5. 产婆术（见基础篇 P47）
6. 学习的高原现象（见基础篇 P122）

简答题
1. 简述教育的社会制约性。（见基础篇 P157）
2. 简述蔡元培的教育思想。（见基础篇 P36）
3. 简述科举制度的影响。（见基础篇 P17）

论述题
1. 论述孔子的教育思想。（见基础篇 P9）
2. 论述赫尔巴特的道德教育理论。（见基础篇 P76）
3. 论述学生品德不良的成因。（见基础篇 P138）
4. 论述陈鹤琴的"活教育"思想。（见基础篇 P45）
5. 如何推进依法治校？（见二维码）

2015年中央民族大学333教育综合真题

名词解释
1. 德育(见基础篇 P201)
2. 活动课程(见基础篇 P175)
3. 元认知(见基础篇 P125)
4. "六艺"(见基础篇 P2)
5. 《国防教育法》(见基础篇 P58)
6. 先行组织者(见基础篇 P104)

简答题
1. 简述建构主义教学观。(见基础篇 P111)
2. 简述1922年"新学制"。(见基础篇 P34)
3. 简述苏霍姆林斯基的教育理论。(见基础篇 P67)
4. 简述掌握知识与发展智力的关系。(见基础篇 P186)

论述题
1. 教学过程中的教育方法有哪些？(见基础篇 P198)
2. 论述科举制的历史发展和影响。(见基础篇 P17)
3. 论述创造性的培养。(见基础篇 P133)
4. 论述张之洞"中体西用"思想的历史性及局限性。(见基础篇 P30)

2016年中央民族大学333教育综合真题

名词解释
1. 学习的迁移(见基础篇 P119)
2. 有教无类(见基础篇 P4)
3. 公学(见基础篇 P57)
4. "五育"并举(见基础篇 P34)
5. 京师同文馆(见基础篇 P29)
6. 义务教育(见基础篇 P170)

简答题
1. 简述疏导原则。(见基础篇 P204)
2. 简述书院的特点。(见基础篇 P24)
3. 简述奥苏伯尔的认知同化理论。(见基础篇 P108)
4. 列举五种欧美现代教育思潮。(见拔高篇 P257)

论述题
1. 论述1922年"新学制"。(见基础篇 P34)
2. 论述赞科夫的发展性教学。(见基础篇 P66)
3. 如何提高学生学习的积极能动性？(见基础篇 P117)
4. 论述教师的素养及角色发展趋势。(见基础篇 P211、212)

2017年中央民族大学 333 教育综合真题

名词解释

1. 常模参照测验（见二维码）
2. "六艺"（见基础篇 P2）
3. 《学记》（见基础篇 P5）
4. 智者（见基础篇 P47）
5. 多元智力理论（见基础篇 P129）
6. 同化（见基础篇 P94）

简答题

1. 简述班主任工作的内容。（见基础篇 P216）
2. 简述中小学常用的教学方法。（见基础篇 P198）
3. 评述夸美纽斯的班级授课制。（见基础篇 P71）
4. 简述布鲁纳的认知发现说。（见基础篇 P106）

论述题

1. 有人说"近墨者黑"，也有人说"近墨者未必黑"。请运用相关理论并结合个体经历谈谈你的看法。（见基础篇 P151）
2. 论述梁漱溟乡村教育的实施。（见基础篇 P44）
3. 论述苏霍姆林斯基的教育思想。（见基础篇 P67）
4. 论述激发学习动机的途径与方法。（见基础篇 P117）

2018年中央民族大学 333 教育综合真题

名词解释

1. 榜样法（见基础篇 P202）
2. 分组教学（见基础篇 P191）
3. 修辞学校（见二维码）
4. 生计教育（见二维码）
5. 自我效能感（见基础篇 P113）
6. 程序性知识（见基础篇 P119）

简答题

1. 简述教育的相对独立性及其主要表现。（见基础篇 P159）
2. 简述学制制定的依据。（见基础篇 P171）
3. 简述教师专业发展的主要内容。（见基础篇 P213）
4. 简述洋务学堂的特点。（见基础篇 P29）

论述题

1. 论述加德纳的多元智能理论及其意义。（见基础篇 P131）
2. 试述永恒主义教育理论及其对当代世界教育实践的影响。（见基础篇 P89）
3. 论述颜之推的家庭教育思想。（见基础篇 P19）
4. 分析分科课程、活动课程、综合课程的特点，以及我国基础教育课程设置的现状。（见基础篇 P177、178）

2019年中央民族大学333教育综合真题

名词解释

1. 诊断性评价（见基础篇 P192）
2. 教师专业化（见基础篇 P209）
3. 《学记》（见基础篇 P5）
4. 三舍法（见基础篇 P22）
5. 鸿都门学（见基础篇 P14）
6. 要素教育（见二维码）

简答题

1. 简述教育的社会功能。（见基础篇 P160）
2. 简述活动课程的特点。（见基础篇 P177）
3. 简述师生关系的特征。（见基础篇 P214）
4. 简述罗杰斯的学生观和教学观。（见基础篇 P110）

论述题

1. 论述教育评价的CIPP模式。（见二维码）
2. 试述终身主义教育思潮。（见基础篇 P90）
3. 论述归因理论及其教育价值。（见基础篇 P115）
4. 论述洋务运动的教育改革。（见二维码）

2020年中央民族大学333教育综合真题

名词解释

1. 有教无类（见基础篇 P4）
2. 活动课程（见基础篇 P175）
3. 《颜氏家训》（见基础篇 P16）
4. 洛克的"白板说"（见基础篇 P63）
5. 思维定势（见基础篇 P130）
6. 贝尔-兰卡斯特制（见基础篇 P57）

简答题

1. 简述奥苏伯尔有意义学习的实质和条件。（见基础篇 P107）
2. 简述昆体良的教育思想。（见基础篇 P52）
3. 简述西周教育的特点。（见二维码）
4. 简述教师素养。（见基础篇 P212）

论述题

1. 比较杜威和赫尔巴特的教学过程。（见拔高篇 P236）
2. 论述学习动机的影响因素。（见基础篇 P117）
3. 论述唐代科举制的作用和影响。（见基础篇 P17）
4. 论述德育过程中知、情、意、行的关系。（见基础篇 P204）

2021 年中央民族大学 333 教育综合真题

名词解释

1. 课程标准（见基础篇 P174）
2. 学制（见基础篇 P170）
3. 顺应（见基础篇 P95）
4. 终身学习（见基础篇 P171）
5. 教学评价（见基础篇 P193）
6. 《学记》（见基础篇 P5）

简答题

1. 简述最近发展区。（见基础篇 P97）
2. 简述日本明治维新时期的教育改革。（见基础篇 P62）
3. 简述现代教育的特征。（见基础篇 P148）
4. 简述美国进步主义教育家帕克的昆西教学法。（见二维码）

论述题

1. 论述蔡元培的教育思想和意义。（见基础篇 P36）
2. 如果一个学生自暴自弃，放弃学习，教师应该怎么做？（见拔高篇 P289）
3. 比较斯巴达和雅典的教育。（见拔高篇 P232）
4. 论述学习动机的培养与激发。（见基础篇 P117）

2022 年中央民族大学 333 教育综合真题

名词解释

1. 教育适应生活说（见二维码）
2. 个人本位论（见基础篇 P163）
3. 外铄论（见基础篇 P149）
4. 筛选假设理论（见二维码）
5. 实验教育学（见基础篇 P142）
6. 教学模式（见基础篇 P183）

简答题

1. 简述学制建立的依据。（见基础篇 P171）
2. 简述《学记》中的教育原则和方法。（见基础篇 P12）
3. 简述人文主义教育的基本特征。（见基础篇 P55）
4. 简述激发学生学习动机的措施。（见基础篇 P117）

论述题

1. 评析教育是生产力的观点。（见二维码）
2. 阐述心理发展与教育的关系。（见二维码）
3. 阐述夸美纽斯的教育思想和贡献。（见基础篇 P71）
4. 阐释科举考试方法的价值。（见基础篇 P18）

2023年中央民族大学333教育综合真题

名词解释
1. 学制（见基础篇 P170）
2. 遗传决定论（见二维码）
3. 终结性评价（见二维码）
4. 产婆术（见基础篇 P47）
5. 有教无类（见基础篇 P4）
6. 最近发展区（见基础篇 P95）

简答题
1. 简述教育和文化的关系。（见二维码）
2. 简述讨论式方法。（见二维码）
3. 简述壬子癸丑学制。（见拔高篇 P250）
4. 简述裴斯泰洛齐的要素教育论。（见基础篇 P74）

论述题
1. 论述现代教育的特征。（见二维码）
2. 论述晏阳初的农村教育改革及启示。（见基础篇 P43）
3. 论述杜威的教学论及对学校教育的启示。（见基础篇 P83）
4. 论述问题解决的实质，影响因素及培养问题解决能力的办法。（见基础篇 P132）

2010年苏州大学333教育综合真题

名词解释
1. 人的发展（见二维码）
2. 教育的社会流动功能（见基础篇 P155）
3. 终身教育（见基础篇 P171）
4. 元认知（见基础篇 P125）
5. 骑士教育（见基础篇 P53）
6. 有教无类（见基础篇 P4）

简答题
1. 教师角色的冲突有哪些？如何解决？（见基础篇 P212）
2. 比较孟子与荀子的人性观及他们对教育作用的认识。（见拔高篇 P225）
3. 学生的认知差异有哪些表现？为此，教学应注意哪些方面？（见基础篇 P100）
4. 简述卢梭的自然教育思想。（见基础篇 P72）

论述题
1. 教育的相对独立性表现在哪些方面？并就此谈谈你对教育与社会发展的关系的认识。（见基础篇 P158、159）
2. 试论隋唐科举制与学校教育的关系，并分析其在历史上的影响。（见基础篇 P19）
3. 论述皮亚杰的道德认知发展理论，并联系实际加以评价。（见基础篇 P95）
4. 论述文艺复兴时期人文主义教育的主要特征、影响及其贡献。（见基础篇 P55）

2011年苏州大学333教育综合真题

名词解释

1. 狭义的课程(见二维码)
2. 终身教育(见基础篇P171)
3. 鸿都门学(见基础篇P14)
4. 元认知(见基础篇P125)
5. 白板说(见基础篇P63)
6. 教育的社会流动功能(见基础篇P155)

简答题

1. 教师个体专业性发展的内涵包括哪些方面?(见基础篇P213)
2. 简述梁启超"新民"的教育目的观。(见二维码)
3. 简述杜威的道德教育思想。(见二维码)
4. 简述建构主义的学习观。(见基础篇P111)

论述题

1. 结合现实分析全面发展教育各组成部分的相互关系。(见基础篇P167)
2. 论述陶行知"生活即教育"的思想内涵,并联系实际分析其现实意义。(见基础篇P45)
3. 在外国近现代教育史上,你喜欢哪一位教育家?并就此阐释喜欢的原因。(见拔高篇P261)
4. 联系当前实际,阐述学生品德不良的成因及其教育策略。(见基础篇P138)

2012年苏州大学333教育综合真题

名词解释

1. 教育(见基础篇P145)
2. 教学(见基础篇P183)
3. 学制(见基础篇P170)
4. 太学(见基础篇P14)
5. 恩物(见基础篇P69)
6. 学习策略(见基础篇P124)

简答题

1. 简述教育目的与教育方针的主要区别。(见二维码)
2. 简述学校管理校本化的基本含义和意义。(见二维码)
3. 简述《学记》中"道而弗牵,强而弗抑,开而弗达"的基本含义。(见二维码)

论述题

1. 评述孔子"有教无类"的思想。(见基础篇P6)
2. 试述永恒主义教育思想的基本内容及其对现代教育的启示。(见基础篇P89)
3. 试述教师专业发展的内涵、意义及主要途径。(见基础篇P213)
4. 举例说明你是如何激发学生学习动机的。(见基础篇P117)

2013年苏州大学333教育综合真题

名词解释

1. 教育家(见二维码)
2. 双轨制(见基础篇P170)
3. 稷下学宫(见基础篇P4)
4. 《爱弥儿》(见基础篇P68)
5. 恩物(见基础篇P69)
6. 倒摄抑制(见二维码)
7. 心智技能(见基础篇P122)
8. 皮格马利翁效应(见基础篇P209)

简答题

1. 简述欧洲文艺复兴时期人文主义教育的基本特征。(见基础篇P55)
2. 简述德育过程的基本特征。(见二维码)
3. 简述夸美纽斯教育思想的基本主张。(见基础篇P71)
4. 简述建构主义学习理论的基本观点。(见基础篇P111)
5. 简述创造性的心理结构及其培养措施。(见基础篇P134)

论述题

1. 论述教学过程的性质,并结合实际,分析进行教学应处理的一些关系。(见基础篇P184、187)
2. 根据教育对社会的发展作用,论述孔子的"庶、富、教"思想。(见二维码)

2014年苏州大学333教育综合真题

名词解释

1. 《颜氏家训》(见基础篇P16)
2. "七艺"(见基础篇P48)
3. 《莫雷尔法案》(见基础篇P57)
4. 教育目的(见基础篇P163)
5. 学习策略(见基础篇P124)
6. 校长负责制(见基础篇P219)

简答题

1. 简述朱熹的道德教育方法。(见二维码)
2. 简述永恒主义教育思想。(见基础篇P89)
3. 简述建构主义学习观的基本观点。(见基础篇P111)
4. 简述德育过程的性质。(见基础篇P202)

论述题

1. 试述蔡元培在北京大学的改革措施及其影响。(见基础篇P35)
2. 论述马克思关于人的全面发展的教育思想。(见基础篇P165)
3. 评述我国新课程改革的基本理念。(见基础篇P181)
4. 结合实际,谈谈应如何维护教师的心理健康。(见二维码)

2015年苏州大学333教育综合真题

名词解释

1. 班级授课制（见基础篇 P191）
2. 学制（见基础篇 P170）
3. 课程（见基础篇 P174）
4. 中世纪大学（见基础篇 P53）
5. 教学模式（见基础篇 P183）
6. 癸卯学制（见基础篇 P32）

简答题

1. 简述教育对人的发展的作用。（见基础篇 P152）
2. 简述罗杰斯的人本主义教学观。（见基础篇 P110）
3. 简述英国《1944年教育法》。（见基础篇 P58）
4. 简述教学过程的性质。（见基础篇 P184）

论述题

1. 论述洋务学堂的特点、兴起的背景及在近代教育中的作用。（见基础篇 P29）
2. 论述卢梭自然主义教育思想的内容及影响。（见基础篇 P72）
3. 结合教育的社会流动功能，试分析现阶段我国教育的公平问题。（见拔高篇 P375）
4. 结合自身实际，谈谈如何培养和发展学生的创造性思维能力。（见基础篇 P133）

2016年苏州大学333教育综合真题

名词解释

1. 义务教育（见基础篇 P170）
2. 庚款兴学（见基础篇 P32）
3. 最近发展区（见基础篇 P95）
4. 终结性评价（见二维码）
5. 发现学习（见基础篇 P104）
6. 要素主义教育（见基础篇 P86）

简答题

1. 简述教师劳动的特点。（见基础篇 P210）
2. 简述欧洲人文主义教育的特征和贡献。（见基础篇 P55）
3. 简述黄炎培的职业教育思想。（见基础篇 P42）
4. 简述精细加工策略的主要内容。（见基础篇 P126）

论述题

1. 论述柏拉图的教育思想。（见基础篇 P49）
2. 论述董仲舒的教育思想。（见二维码）
3. 论述学科结构课程的主要观点。（见二维码）
4. 论述学校管理的发展趋势。（见基础篇 P219）

2017年苏州大学333教育综合真题

名词解释

1. 稷下学宫（见基础篇 P4）
2. 学习动机（见基础篇 P113）
3. 学制（见基础篇 P170）
4. 绅士教育（见基础篇 P63）
5. 进步主义教育（见基础篇 P85）
6. 《国防教育法》（见基础篇 P58）

简答题

1. 简述19世纪末20世纪初的教育思潮和教育实验。（见拔高篇 P261）
2. 简述埃里克森的心理社会发展理论。（见基础篇 P98）
3. 简述《大学》的"三纲领八条目"。（见基础篇 P11）
4. 简述科尔伯格的道德发展阶段理论。（见基础篇 P99）

论述题

1. 请结合实际论述教育对社会的功能。（见基础篇 P160）
2. 为什么教育对人的发展起主导作用？试分析教育起主导作用的条件。（见基础篇 P152）
3. 试述《学记》中的教育思想。（见基础篇 P12）
4. 试述并评价主要的学习理论。（见二维码）

2018年苏州大学333教育综合真题

名词解释

1. 学习动机（见基础篇 P113）
2. 教学模式（见基础篇 P183）
3. 朱子读书法（见基础篇 P22）
4. 发现学习（见基础篇 P104）
5. 义务教育（见基础篇 P170）
6. 进步主义教育（见基础篇 P85）

简答题

1. 简述教育起源的主要观点。（见二维码）
2. 简述经验主义课程论的代表人物和主要观点。（见基础篇 P81）
3. 简述社会本位论的主要观点。（见二维码）
4. 简述影响人的身心发展的主要因素。（见基础篇 P153）
5. 简述布鲁纳认知结构教学论的基本原则。（见基础篇 P106）

论述题

1. 教学中应该遵循哪些原则？选择一个你喜欢的举例论证。（见基础篇 P197）
2. 结合人的全面发展思想，论述中国学生核心素质的构成要素。（见二维码）

材料分析题

1. 材料：教师不管后进生，轻视后进生，而后某后进生十分努力，最后排名班级第一。英语老师却怀疑他，在全班同学面前质疑他成绩的真实性。（材料大意，回忆版）

自选角度结合教育原理进行分析。（见拔高篇 P362）

2. 材料一：

教师问儿童："雪融化了变成什么呢？"孩子说："春天。"教师说："正确答案是水。"

材料二：

教师问儿童："树梢有5只鸟，开一枪还有几只？"儿童说："3只。"儿童的理由是鸟爸爸死了，鸟妈妈难受地飞走了，就剩3只鸟宝宝了。

根据材料谈谈你对教学回归儿童生活世界的理解。(见二维码)

2019年苏州大学333教育综合真题

填空题

1. 被誉为"教育心理学之父"的是(桑代克)。
2. 皮亚杰针对儿童的认知发展提出了四个概念：图示、(同化)、(顺应)、平衡。
3. "六艺"的教育内容有礼、乐、射、御、(书)、(数)。
4. 俄国教育心理学家(巴甫洛夫)提出了经典性条件反射说。
5. 我国近代首次颁布的学制是(1902)年的(壬寅)学制。
6. 我国古代第一本专门论述教育问题的著作是(《学记》)。
7. (西周)时期学校教育的基本内容是"六艺"教育。
8. 新课改的三个目标是知识与技能、(过程与方法)、(情感态度与价值观)。
9. 生物起源论的代表人物有(桑代克)、(沛西·能)。
10. 教育无目的论的代表人物是(杜威)。

名词解释

1. 道尔顿制(见基础篇 P86)
2. 三舍法(见基础篇 P22)
3. 先行组织者(见基础篇 P104)
4. "五育"并举(见基础篇 P34)

简答题

1. 简述夸美纽斯的教学原则。(见二维码)
2. 简述孔子的教师观。(见基础篇 P8)
3. 简述科尔伯格的道德发展阶段论。(见基础篇 P99)
4. 简述人的身心发展的特点。(见基础篇 P149)
5. 简述教育生物起源说的观点。(见二维码)

论述题

1. 论述赫尔巴特的教学形式四阶段理论。(见基础篇 P77)
2. 论述教育的个体功能和社会功能的关系。(见基础篇 P160)

材料分析题

材料：在对教师的教学结果评价中，十几个学习成绩不好的学生给一位平时对学生严格要求的年轻教师打了低分，而给那些对学生管束松散、上完课就走的老师打了高分。这位年轻老师负气，带着情绪上课，就这样闹了两个星期，全班学生的成绩都受到了影响。

用教育理论评述材料，并对良好师生关系的建立提出建议。(见基础篇 P215)

2020年苏州大学333教育综合真题

填空题

1. 梅伊曼和拉伊是(实验)教育学的代表人物。
2. (杨贤江)撰写了《教育史ABC》。
3. 多元智能理论是由美国心理学家(加德纳)提出的。
4. 柏拉图认为教育的最高目标是培养(哲学王)。
5. 孟子的教育目的是(明人伦)。
6. 古希腊"七艺"的"前三艺"是(文法)、修辞学和辩证法。
7. 在皮亚杰的认知发展理论中，7~11岁是(具体运算)阶段。
8. 桑代克的学习律分为准备律、练习律和(效果律)。
9. 安德森根据信息加工程度将知识分为陈述性知识和(程序性知识)。
10. 布卢姆将教育目标分为认知目标、情感目标和(动作技能目标)。

名词解释

1. 教师的期望效应（见基础篇P209）
2. "中体西用"（见基础篇P29）
3. 活动课程（见基础篇P175）
4. 教育功能（见二维码）
5. 元认知（见基础篇P125）
6. 同化（见基础篇P94）

简答题

1. 简述现阶段教育体制的发展趋势。（见基础篇P171）
2. 简述1958年美国《国防教育法》的主要内容。（见二维码）
3. 列举《学记》中的教学原则。（见基础篇P12）
4. 列举几个有代表性的德育模式。（至少4个）（见二维码）
5. 简述"泰勒原理"的四个基本内容。（见基础篇P176）

论述题

1. 试论述陶行知的生活教育理论。（见基础篇P44）
2. 试论述卢梭的自然教育阶段及任务。（见二维码）

材料分析题

1. 材料：小明中考失利，高中不想辜负父母，于是努力学习，可成绩一直保持在中上水平。后来小明期末考试没考好，寒假期间也发奋学习，可成绩仍然不理想，他因此觉得自己很笨。父母多次批评，教师多次谈话，但都没有效果。

   利用教育学和心理学知识给予建议。（见二维码）

2. 材料一：宋朝有个神童，名叫方仲永。据说五岁的时候，就能"指物为诗"。同乡的人对此感到惊奇，渐渐有的人请他父亲去做客，有的人还花钱求仲永题诗。他父亲认为这样有利可图，每天拉着仲永四处拜访同乡的人，不让他读书。方仲永到十二三岁时，让他写诗，他写出来的诗已经不能与从前的名声相称。又过了七年，方仲永已经和普通人没有什么两样了。王安石深感惋惜，为此写了一篇文章，叫《伤仲永》。

材料二：达尔文从小喜欢调皮捣蛋，除了打猎、玩狗、抓老鼠，别的什么都不管，父亲和老师都很头疼。后来达尔文遇到了一位教授，教授带着他探索自然……达尔文最终写出了《物种起源》。

结合事例，说明影响人的身心发展的因素。（见二维码）

2021 年苏州大学 333 教育综合真题

名词解释

1. 图式（见基础篇 P94）
2. 发现学习（见基础篇 P104）
3. 流体智力（见基础篇 P129）
4. 分科课程（见基础篇 P174）
5. 生计教育（见二维码）
6. 诊断性评价（见基础篇 P192）

简答题

1. 简述崇宁兴学的改革政策。（见基础篇 P23）
2. 简述文艺复兴中的人文主义。（见基础篇 P55）
3. 简述教育目的和培养目标的区别。（见二维码）
4. 简述加涅对学习结果的分类。（见基础篇 P105）
5. 简述赞科夫的教学原则。（见基础篇 P66）

论述题

1. 论述晏阳初的"四大教育"和"三大方式"。（见基础篇 P43）
2. 论述建立学制依据的原则。（见二维码）

材料分析题

材料：某小学三年级学生刘勇因上课迟到被老师罚打扫卫生，遭到同学讥笑，他非常委屈，也很困惑。从小到大，老师和父母都说劳动是件光荣的事，于是他写了日记，第二天交给老师。方老师在课堂上批评他，说："你们还小，很多事不懂。"并且气愤地撕了他的日记。看着老师把他的日记撕得粉碎，刘勇哭了……

材料中教师的做法是否正确？请用常见的德育原则给出建议。（见二维码）

2022 年苏州大学 333 教育综合真题

填空题

1. 夸美纽斯《大教学论》的理论论证采用的主要方法是（自然类比法）。
2. 西方最早以教师为职业的人是（智者）。
3. 巴西多建立（泛爱学校）。
4. 提出"公其非是于学校"的教育家是（黄宗羲）。
5. 斯腾伯格提出的三元智力包括（分析）能力、创造能力和实践能力。
6. （外显学习）是有意识的、明确的、付出一些心理努力并按照规则作出反应的学习。
7. 阮元创办了（诂经精舍）和学海堂。
8. 《人是教育的对象》是（乌申斯基）所著。
9. 菲茨与波斯纳的动作技能三阶段是认知阶段、联系阶段和（自动化阶段）。
10. 中国古代封建社会对儿童进行教育的场所是（私塾）。

名词解释

1. 形成性评价（见基础篇 P193）
2. 接受学习（见基础篇 P104）
3. 隐性课程（见基础篇 P175）
4. 内发论（见二维码）
5. 学习动机（见基础篇 P113）
6. 晶体智力（见基础篇 P129）

简答题

1. 简述董仲舒的三大文教政策。（见基础篇 P14）
2. 简述罗杰斯的师生关系。（见基础篇 P110）
3. 简述建构主义学生观。（见基础篇 P111）
4. 简述马卡连柯的集体教育。（见基础篇 P65）
5. 简述英国《1944年教育法》的主要内容。（见基础篇 P58）

论述题

1. 论述杜威的反省思维五步教学法及其在教学当中的应用。（见二维码）
2. 比较两种不同课程取向在实施中的异同。（见二维码）

材料题

请阅读以下材料，回答后面的问题。

材料：我国著名教育家张伯苓，1919年之后相继创办南开大学、南开女中、南开小学。他十分注意对学生进行文明礼貌教育，并且身体力行。一次，他发现有个学生手指被烟熏黄了，便严肃地劝告那个学生说："烟对身体有害，要戒掉它。"没想到那个学生有点不服气，俏皮地说："那您吸烟就对身体没有害处吗？"对于学生的责难，张伯苓歉意地笑了笑，立即唤工友将自己所有的吕宋烟全部取来，当众销毁，还折断了自己用了多年的心爱的烟袋杆，诚恳地说："从此以后，我与诸同学共同戒烟。"果然，打那以后，他再也不吸烟了。

结合案例，说明材料中的德育方法，并说明具体的要求。（见二维码）

2023年苏州大学333教育综合真题

名词解释

1. 课程标准（见基础篇 P174）
2. 支架式教学（见二维码）
3. 经典性条件作用（见二维码）
4. 上位学习（见二维码）
5. 教学模式（见基础篇 P183）
6. 教育万能论（见二维码）

简答题

1. 简述韩愈《师说》中的教师观。（见基础篇 P20）
2. 简述裴斯泰洛齐"要素教育"的基本内涵。（见基础篇 P74）
3. 列举几种主要的教学组织形式。（不少于5种）（见基础篇 P194）
4. 按照班杜拉的观点，写出自我效能感的形成因素。（见基础篇 P116）

论述题

1. 试述蔡元培"五育"并举的教育方针。（见基础篇 P37）

2. 试述教育的社会功能。（见二维码）

3. 布鲁纳从哪几个方面论述知识结构学习的重要性？（见基础篇 P106）

材料分析题

阅读下列材料，分析其中问题，结合德育原则或方法，就中小学开展劳动教育给出自己的建议。

材料：明明是小学二年级的学生，在刚刚的班干部选举中当选"劳动委员"。虽然不是班长、学习委员的职位，但是明明还是很高兴，毕竟进入了班委会。班主任在家长会上大加表扬明明认真负责，以身作则。无论是值日还是大扫除，都争着做脏活、累活……妈妈虽然听着很高兴，但感到疑惑，明明在家从来不干活，叫他擦桌子，都一脸不情愿，怎么在学校像是变了一个人一样？（见拔高篇 P346）

2010 年湖南大学 333 教育综合真题

简答题

1. 简述教育与生产力水平的关系。（见基础篇 P158）
2. 简述教师职业专业化的条件。（见基础篇 P213）
3. 简述选择教学方法的依据。（见基础篇 P198）
4. 简述皮亚杰的心理发展理论。（见基础篇 P95）
5. 简述马斯洛的需要层次理论。（见基础篇 P114）

论述题

1. 试述全面发展教育的基本内容。（见基础篇 P167）
2. 试述教师与学生的关系。（见二维码）
3. 试述我国中小学的教学原则。（见基础篇 P197）
4. 试述思维的品质及其培养。（见二维码）
5. 试述能力发展的个别差异及其教育。（见二维码）

2011 年湖南大学 333 教育综合真题

论述题

1. 试论人的身心发展的主要影响因素及其作用。（见基础篇 P153）
2. 试论新型师生关系的建设。（见基础篇 P215）
3. 试论书院教育的特点。（见基础篇 P24）
4. 试述赫尔巴特的教育思想。（见基础篇 P78）
5. 试述建构主义学习理论的基本观点及其教育启示。（见基础篇 P111）

2012 年湖南大学 333 教育综合真题

名词解释

1. 中国古代教育的"六艺"（见基础篇 P2）
2. 西方古代教育的"三艺"（见二维码）

3. 科举制度(见基础篇 P16)
4. 苏湖教法(见基础篇 P22)
5. 蔡元培的"五育"并举中的"五育"(见基础篇 P34)
6. 乌申斯基(见二维码)

简答题

1. 简述学生心理发展的个别差异及其教育。(见基础篇 P149)
2. 简述建构主义学习理论的主要观点及其对教学的启示。(见基础篇 P111)

论述题

1. 试论教学过程中掌握知识和培养思想品德、掌握知识和培养能力、注重智力因素和非智力因素的关系。(见基础篇 P187)
2. 试论教师专业化及其实现途径。(见基础篇 P212)

2013年湖南大学333教育综合真题

名词解释

1. "中学为体,西学为用"(见基础篇 P29)
2. 蔡元培的"五育"(见基础篇 P34)
3. 陶行知生活教育论的两大主张(见基础篇 P41)
4. 赫尔巴特的教学四阶段论(见基础篇 P69)
5. 杜威的教育观(见基础篇 P70)
6. 赞科夫的教学五原则(见二维码)

简答题

1. 简述多元智力理论。(见基础篇 P131)
2. 简述成就动机理论。(见二维码)

论述题

1. 试述学校教育在人的身心发展中起主导作用。(见基础篇 P152)
2. 试述创造性及其培养措施。(见基础篇 P133)

2014年湖南大学333教育综合真题

名词解释

1. 《学记》(见基础篇 P5)
2. 三舍法(见基础篇 P22)
3. 晏阳初(见二维码)
4. 欧洲文艺复兴时期人文主义教育的基本特征(见二维码)
5. 夸美纽斯的教学原则观(见二维码)
6. 爱尔维修(见二维码)

简答题

1. 简述教育的显性功能和隐性功能。(见二维码)
2. 简述活动课程及其特点。(见基础篇 P177)
3. 简述最近发展区的含义。(见基础篇 P97)

4. 品德的心理结构包括哪些？（见基础篇 P137）

论述题

1. 在实际教学中，我们该如何处理教师主导与学生主体的关系？（见二维码）
2. 联系实际，论述心理发展的差异与教育。（见二维码）

2015 年湖南大学 333 教育综合真题

简答题

1. 简述教育管理的意义表现在哪些方面。（见二维码）
2. 比较教育管理体制中中央集权制和地方分权制的异同。（见二维码）
3. 在教职工参与决策的程度上应把握好哪三条原则？（见二维码）
4. 学校管理者应该如何抓好教学质量？（见二维码）

论述题

1. 我国中小学教育中普遍存在片面追求升学率的现象，试论述该现象的危害性，并分析其形成的原因。（见拔高篇 P333）
2. 结合教学实际情况，谈谈我国中小学行政组织与专业人员的冲突与融合。（见拔高篇 P420）

案例分析题

材料：某校新来了一位校长，他的做法和前任校长形成极大的反差，前任校长比较专断，大事小事都一人说了算，而新校长到校后就和四位副校长开会。他说："论教学，我不如老赵；论后勤，我不如老钱；论小学部，我不如老李；论初中部，我不如老孙。今后你们要各司其职，大胆工作，干好了是你们的成绩，出了问题，大家研究。"这时，大家心里都在想，那你校长干什么？三个月后，新校长在细致调查研究的基础上，启动学校整体改革，学校发生了很大的变化。新校长受到了教师们的尊敬和好评。

试用所学的教育管理理论，对新校长的管理策略进行分析。（见拔高篇 P420）

2016 年湖南大学 333 教育综合真题

名词解释

1. 最近发展区（见基础篇 P95）
2. 苏湖教学法（见基础篇 P22）
3. 进步主义教育（见基础篇 P85）
4. 赫尔巴特的教育目的（见二维码）
5. 自我效能感（见基础篇 P113）
6. 奥苏伯尔的有意义接受学习（见基础篇 P104）

简答题

1. 简述教师主导地位与学生主体地位的关系。（见基础篇 P186）
2. 简述认知同化学习理论。（见基础篇 P108）

论述题

1. 论述因材施教的教学原则及其基本要求。（见基础篇 P197）
2. 论述罗杰斯学习理论的观点及教育价值。（见基础篇 P110）

2017年湖南大学333教育综合真题

名词解释
1. 狭义的生理发展（见二维码）
2. 技能（见基础篇P122）
3. 顺应（见基础篇P95）
4. 内部学习动机（见二维码）
5. 成就动机（见基础篇P113）
6. 遗忘（见二维码）

简答题
1. 简述"六艺"的教育内容。（见基础篇P2）
2. 简述亚里士多德的教育思想。（见基础篇P50）

论述题
1. 论述影响人身心发展的主要因素及其作用。（见基础篇P153）
2. 结合实际，论述讲授法的有效性。（见二维码）

2018年湖南大学333教育综合真题

名词解释
1. "六艺"（见基础篇P2）
2. "四书"（见基础篇P23）
3. "五育"并举（见基础篇P34）
4. "七艺"（见基础篇P48）
5. 人文主义教育（见二维码）
6. 赫尔巴特教学阶段理论（见基础篇P69）

简答题
1. 简述教学过程的基本环节。（见基础篇P187）
2. 简述问题解决能力的培养。（见基础篇P132）

论述题
1. 论述认知学派的学习理论及其对教育的启示。（见二维码）
2. 论述教师专业化及其实现途径。（见基础篇P212）

2019年湖南大学333教育综合真题

名词解释
1. "八条目"（见基础篇P4）
2. "六经"（见二维码）
3. 唐代科举考试的主要方法（见二维码）
4. 三舍法（见基础篇P22）
5. 蒙学的主要识字教材（见二维码）
6. 颜元（见二维码）

简答题
1. 简述教师主导地位与学生主体地位的关系。（见基础篇P186）
2. 简述认知同化学习理论。（见基础篇P108）

论述题

1. 论述因材施教的教学原则及其基本要求。（见基础篇 P197）
2. 论述罗杰斯学习理论的观点及教育价值。（见基础篇 P110）

2020年湖南大学 333 教育综合真题

名词解释

1. 《大学》（见基础篇 P4）
2. 太学（见基础篇 P14）
3. "先生"大学（见二维码）
4. 雅典教育中的"三艺"（见二维码）
5. 《颜氏家训》（见基础篇 P16）
6. 苏格拉底法（见基础篇 P47）

简答题

1. 简述教学中掌握知识与发展智力的关系。（见基础篇 P186）
2. 简述维果茨基的最近发展区。（见基础篇 P97）

论述题

1. 结合实际，谈谈因材施教。（见基础篇 P197）
2. 结合自己报考的学科教育或教育管理专业，依据心理学的内在动机理论，谈谈如何激发学生的学习动机或老师的教学动机。（见基础篇 P117）

2021年湖南大学 333 教育综合真题

名词解释

1. 形式教育派（见二维码）
2. "七艺"（见基础篇 P48）
3. 稷下学宫（见基础篇 P4）
4. 罗森塔尔效应（见基础篇 P209）
5. 班级授课制（见基础篇 P191）
6. 因材施教（见基础篇 P192）

简答题

1. 简述学科课程、活动课程的特点及其关系。（见基础篇 P177）
2. 简述苏格拉底的产婆术。（见基础篇 P48）
3. 简述学习动机的类型。（见二维码）

论述题

1. 论述布鲁纳的认知结构教学理论及其对现代教育的影响。（见基础篇 P106）
2. 根据2020年颁布的《2020年教育评价深化改革》教育实践中的教育评价问题，并结合自己所报考的教育管理和学科教育专业，分析应该怎样在实践中运用科学的教育评价方法。（见二维码）

2022年湖南大学333教育综合真题

名词解释
1. 实质教育派(见二维码)
2. 进步主义教育(见基础篇 P85)
3. 最近发展区(见基础篇 P95)
4. 因材施教(见基础篇 P192)
5. 元认知(见基础篇 P125)

辨析题
人的发展的不平衡性决定教师的教育活动必须抓住学生身心发展的关键期。(见二维码)

简答题
1. 简述学习策略的类型。(见基础篇 P126)
2. 简述夸美纽斯的学年制与班级授课制。(见二维码)

论述题
1. 试述学习动机与学习效果的关系。(见基础篇 P114)
2. 请结合教育教学策略,指出"双减"政策背景下面临的难题并提出相应的解决办法。(见二维码)

2023年湖南大学333教育综合真题

名词解释
1. 学校管理制度(见二维码)
2. 书院(见基础篇 P22)
3. "六艺"(见基础篇 P2)
4. 复式教学(见二维码)
5. 人格(见二维码)
6. 测验效度(见二维码)

辨析题
(题目缺失)

简答题
1. 简述杜威的教育思想。(见基础篇 P83)
2. 简述自觉纪律的形成过程。(见二维码)
3. 怎么看待"教学有法,教无定法"。(见二维码)

论述题
1. 试析"百年大计,教育为本"。(见基础篇 P160)
2. 结合我国教育实际,谈谈怎样提升学生的核心素养。(见拔高篇 P341)

2010年宁夏大学333教育综合真题

名词解释
1. 学校教育的特殊性(见二维码)
2. 《普通教育学》(见基础篇 P69)

3. 课程计划(见基础篇 P174)
5. 社会学习论(见二维码)
4. 特朗普制(见二维码)
6. 人力资本论(见二维码)

简答题

1. 简述教师专业化的基本条件。(见基础篇 P212)
2. 简述终身教育的含义及其基本性质。(见基础篇 P173)
3. 简述奥苏伯尔的认知同化论的主要观点。(见基础篇 P108)
4. 简述《学记》中关于教育教学的原则。(见基础篇 P12)

论述题

1. 论述我国传统价值取向中的消极因素对今天教育的影响。(见拔高篇 P246)
2. 试分析比较晏阳初与梁漱溟乡村教育思想的异同及对新农村教育的启示。(见拔高篇 P230、252)
3. 试述激发和培养学生学习动机的主要措施。(见基础篇 P117)
4. 试评裴斯泰洛齐教育心理学化的提出背景、基本主张和历史意义。(见基础篇 P74)

2011年宁夏大学333教育综合真题

名词解释

1. 教育双轨制(见基础篇 P170)
2. 道德体谅模式(见二维码)
3. 课程标准(见基础篇 P174)
4. 先行组织者(见基础篇 P104)
5. 平行教育原则(见基础篇 P63)
6. 课外活动(见二维码)

简答题

1. 简述孔子的教育思想的主要表现。(见基础篇 P9)
2. 简述教育对文化的作用。(见基础篇 P157)
3. 简述斯金纳提出的程序学习的编程原理。(见二维码)
4. 简要介绍终身教育的主张。(见基础篇 P173)

论述题

1. 结合实际,谈谈如何实现我国的教育目的。(见基础篇 P166)
2. 论述科尔伯格的道德发展阶段论及其在学校道德教育上的主张。(见基础篇 P99)
3. 试述教师与学生的关系。(见二维码)
4. 分析陶行知的生活教育理论及其现实意义。(见基础篇 P44)

2012年宁夏大学333教育综合真题

填空题

1. 中华人民共和国成立后颁布的第一个学制是(《关于改革学制的决定》)。
2. 《普通教育学》被看作第一本科学化的教育学著作,它的作者是(赫尔巴特)。
3. 现代学制中最早出现的一种学制类型是(双轨学制)。

4. 教育起源于原始社会中儿童对成人行为的"无意识的模仿",主张这一观点的是(孟禄)。
5. 世界上第一本教育专著是(《学记》)。
6. 我国第一个仿效美国学制制定的学制是(壬戌学制)。
7. 衡量一堂好课最重要的标准是(是否调动学生积极性)。
8. 捷克著名教育家夸美纽斯的代表作是(《大教学论》)。
9. 提出"发生认识论"、创建"建构主义"理论的著名心理学家是(皮亚杰)。
10. 在教育和发展关系上提出最近发展区的心理学家是(维果茨基)。
11. 美国著名心理学家加德纳倡导的智力理论是(多元智能理论)。
12. 最早用动物实验研究学习规律的心理学家是(桑代克)。
13. 提出经典性条件反射的著名心理学家是(巴甫洛夫)。
14. 皮亚杰认为儿童道德认知要经历前道德阶段、他律阶段和(自律阶段)。
15. 赫尔巴特传统教育学派的主要观点可以归纳为课堂中心、教师中心和(教材中心),即传统教学的"三个中心"。
16. 英国著名教育家洛克的代表作是(《教育漫话》)。
17. 《爱弥儿》是法国著名教育家(卢梭)的代表作。

名词解释

1. 教育(见基础篇 P145)
2. 学习(见基础篇 P103)
3. 发现学习(见基础篇 P104)
4. 学习动机(见基础篇 P113)
5. 自我效能感(见基础篇 P113)
6. 技能(见基础篇 P122)
7. 品德(见基础篇 P136)
8. 校本课程(见基础篇 P175)
9. 教学(见基础篇 P183)

简答题

1. 学生学习的基本特点有哪些?(见基础篇 P105)
2. 如何激发学生的学习动机?(见基础篇 P117)
3. 培养心智技能的方式有哪些?(见基础篇 P123)
4. 简述科尔伯格道德发展的阶段和水平。(见基础篇 P99)
5. 如何矫正学生的不良行为?(见基础篇 P138)
6. 如何建立良好的师生关系?(见基础篇 P215)

案例分析题

1. 材料:大学生李某常常光顾学校附近的小书店,渐渐地喜欢上了营业员王某。热恋三个月后,王某以李某无经济能力为由与李某分手,李某觉得这是奇耻大辱,一气之下跳楼自杀。

请结合案例,谈谈我们应该如何应对挫折。(见二维码)

2. 材料:一位年轻的特级教师在异地授课,授课教室的台阶上坐满了慕名而来的老师和学生。上课铃响了,从观众席上站起一个相貌平平、腋下夹着讲义的小个子老师,他快步走上讲台,平和友善地环顾了一下四周的人群,宣布"上课"。当他要放下讲义时,发现桌子上有一层淡淡的粉笔灰。他迅速走下讲台,转身背对着学生用嘴轻轻地向前方吹走灰尘,之后开始上课。这一细节马上在教室里引起了雷鸣般的掌声。

试用所学教育学知识,揭示案例中所反映的教育学原理。(见二维码)

论述题

教育在个体发展过程中具有哪些功能影响?试分别对其进行详细分析。(见二维码)

2013年宁夏大学333教育综合真题

填空题

1. 美国教育家杜威主张的课程论是(经验主义课程论)。
2. 我国"六三三"学制是仿效(美国)学制制定的第一个现代学制。
3. 教学工作的中心环节是(上课)。
4. 传统教育学的代表人物、德国著名教育家赫尔巴特的代表著作是(《普通教育学》)。
5. 在教育和发展关系上提出最近发展区的心理学家是(维果茨基)。
6. 多元智能理论是美国著名心理学家(加德纳)倡导的理论。
7. 迄今在世界上应用最广泛、最普遍的教学方法是(讲授法)。
8. 教师在设计教学过程之前需要先钻研教材和(了解学生)。
9. 中小学最基本的教学组织形式是(班级授课制)。
10. 《学记》上说:"不陵节而施",体现了教学的(循序渐进)原则。

名词解释

1. 《学记》(见基础篇 P5)
2. 智者派(见基础篇 P47)
3. 学习动机(见基础篇 P113)
4. 教科书(见基础篇 P174)

简答题

1. 简述蔡元培的主要教育思想。(见基础篇 P36)
2. 简述永恒主义教育流派的基本主张。(见基础篇 P89)
3. 简述信息社会教育的基本特征。(见二维码)
4. 试述衡量一堂好课的基本标准。(见基础篇 P188)
5. 简述当代教学观念变化的趋势。(见二维码)
6. 教育要适应人的身心发展的哪些规律和特点?(见基础篇 P149)

论述题

1. 试论科举制及其在中国教育史上的作用和影响。(见基础篇 P17)
2. 试分析影响智力发展的各种因素及其关系。(见二维码)
3. 试论述如何激发学生的学习动机。(见基础篇 P117)

2014年宁夏大学333教育综合真题

选择题

1. 《普通教育学》被看作第一本科学化的教育学著作,它的作者是(C)
   A. 杜威　　　B. 卢梭　　　C. 赫尔巴特　　　D. 洛克
2. 世界上第一本教育专著是(A)
   A. 《学记》　　　B. 《大教学论》　　　C. 《论语》　　　D. 《教育漫话》
3. 提出"发生认识论"和创建"建构主义"理论的著名心理学家是(A)
   A. 皮亚杰　　　B. 布鲁纳　　　C. 奥苏伯尔　　　D. 布卢姆

4. 在教育和发展关系上提出最近发展区的心理学家是(D)

A. 皮亚杰　　　　　B. 布鲁纳　　　　　C. 奥苏伯尔　　　　　D. 维果茨基

5. 美国著名心理学家加德纳倡导的智力理论是(D)

A. 一元智能理论　　B. 二元智能理论　　C. 三元智能理论　　　D. 多元智能理论

6. 最早用动物实验研究学习规律的心理学家是(A)

A. 桑代克　　　　　B. 巴甫洛夫　　　　C. 华生　　　　　　　D. 托尔曼

7. 法国著名教育家卢梭倡导的是(B)

A. 现实主义教育　　B. 自然主义教育　　C. 要素主义教育　　　D. 浪漫主义教育

名词解释

1. 先行组织者(见基础篇 P104)　　　　2. 学习(见基础篇 P103)
3. 成就动机(见基础篇 P113)　　　　　4. 学习动机(见基础篇 P113)
5. 自我效能感(见基础篇 P113)　　　　6. 技能(见基础篇 P122)
7. 品德(见基础篇 P136)　　　　　　　8. 程序教学(见二维码)

简答题

1. 简要介绍教育起源的几种学说。(见二维码)
2. 简述激发学生学习动机的基本举措。(见基础篇 P117)
3. 简述实用主义教育学的基本观点。(见基础篇 P143)
4. 简述科尔伯格道德发展的阶段和水平。(见基础篇 P99)
5. 简述矫正学生不良行为的基本方式。(见基础篇 P138)
6. 简述当代教学观念发展的新趋势。(见二维码)

案例分析题

1. 材料：一次，一个低年级学生照着老师的范画画好一个小孩子后，在旁边又加了一团黑色。老师问："这是什么乱七八糟的东西？"学生回答："这是孩子的影子。""谁叫你乱画的，你没有看见老师只画了一个孩子吗？"学生看了看范画，再看看老师严肃的脸，呆呆地点了点头并顺从地把孩子的影子擦掉了。

你是如何看待这一问题的？试用所学的教育学理论分析这一现象。(见二维码)

2. 材料：一位年轻的特级教师在异地授课，授课教室的台阶上坐满了慕名而来的老师和学生。上课铃响了，从观众席上站起一个相貌平平、腋下夹着讲义的小个子老师，他快步走上讲台，平和友善地环顾了一下四周的人群，宣布"上课"。当他要放下讲义时，发现桌子上有一层淡淡的粉笔灰。他迅速走下讲台，转身背对着学生用嘴轻轻地向前方吹走灰尘，之后开始上课。这一细节马上在教室里引起了雷鸣般的掌声。

试用所学教育学知识，揭示案例中所反映的教育学原理。(见二维码)

论述题

1. 联系实际，试分析和论证如何组织和建立一个良好的班集体。(见基础篇 P217)
2. 试分析教育在个体发展过程中各种具体功能的影响作用。(见二维码)

2015年宁夏大学333教育综合真题

选择题

1. 提出泛智教育思想,主张"把一切事物教给一切人"的是著名教育家(A)
   A. 夸美纽斯　　　B. 卢梭　　　C. 赫尔巴特　　　D. 洛克
2. 提出"发生认识论"和创建"建构主义"理论的著名心理学家是(A)
   A. 皮亚杰　　　B. 布鲁纳　　　C. 奥苏伯尔　　　D. 布卢姆
3. 美国著名心理学家加德纳倡导的多元智力理论认为人的智能有(A)
   A. 八种　　　B. 三种　　　C. 五种　　　D. 六种
4. 认为教育是一门很难的艺术,教育一定要成为一门学业的著名教育家是(C)
   A. 培根　　　B. 裴斯泰洛齐　　　C. 康德　　　D. 黑格尔
5. 加涅最重要的贡献是提出了(C)
   A. 发现学习理论　　　B. 符号学习理论　　　C. 信息加工学习理论　　　D. 认知学习理论

名词解释

1. 内隐学习(见基础篇 P103)
2. 知识(见基础篇 P119)
3. 教育制度(见基础篇 P170)
4. 校本课程(见基础篇 P175)
5. 教学设计(见基础篇 P183)

简答题

1. 简述教育在个体发展过程中的基本功能。(见二维码)
2. 简述知识经济时代如何培养学生的人文精神和创新精神。(见拔高篇 P381)
3. 简述皮亚杰发展理论对教育的影响。(见基础篇 P95)
4. 简述工业社会时期教育的基本特征。(见二维码)

案例分析题

1. 阅读下列材料,并按要求回答问题:

材料:1968年,心理学家罗森塔尔从美国一所小学的一至六年级中各选三个班,对这十八个班的学生做了一番预测,并将预测的将来最有出息的学生、一般性的学生和无所作为的学生名单交给了校长。8个月后复试时奇迹发生了:名单上最有出息的学生进步很快,一般性的学生表现平常,无所作为的学生在倒退。

试用教育学、教育心理学理论分析其中的原因。(见二维码)

2. 阅读下列材料,并按要求回答问题:

材料:夫教育目的不能仅在个人。当日多在造成个人为圣为贤,而今教育之最要目的,在谋社会的进步。若不骂人、不偷、不怒、不谎、不得罪于人等事,先时多谓此为道德很高,然而此为消极的,于今不能谓此为道德。盖彼者,不过无疵而已,于社会虽有若无。今因于社会进步上着想,吾等当另定道德标准,谓"凡人能于社会公共事业,尽力愈大者,其道德愈高。否则,无道德可言。易言之,即凡于社会上有效劳之能力者,则有道德。否则无道德"。若斯数语,包含无限道理。愿诸生用为量人量己之尺,相染成风,使社会上渐渐均用此尺,度已亦用此尺。

选自张伯苓《以社会之进步为教育之目的》

(1) 从教育的社会功能角度,分析材料观点的合理性。
(2) 根据相关理论分析材料中教育目的的价值取向。(见拔高篇 P332)

论述题

联系实际,试说明教师职业倦怠的成因及对策。(见二维码)

2016年宁夏大学333教育综合真题

名词解释

1. 教育(见基础篇 P145)　　2. 美育(见二维码)
3. 学习动机(见基础篇 P113)　　4. 学习策略(见基础篇 P124)
5. 课程(见基础篇 P174)

简答题

1. 简述农业社会教育的基本特征。(见二维码)
2. 简述教育学的价值。(见基础篇 P143)
3. 一堂好课的基本标准有哪些？(见基础篇 P188)
4. 简述如何矫正学生的不良行为。(见基础篇 P138)

案例分析题

材料：电影《海盗的女儿》讲述了这样一个故事：一个老渔民因为交不起渔霸的租税,渔霸竟残忍地将老渔民家刚出生不久的小女儿抢去做人质,逼迫老渔民交租。老渔民不甘受辱,一怒之下,带领一班穷渔民放火烧了渔霸家,抢回了"自己的女儿",谁知事有凑巧,渔霸家也有一个刚出生不久的女儿。老渔民慌乱中抢错了人,抢回了渔霸家的女儿,却把自己的女儿留在了渔霸家。老渔民带着"自己的女儿"逃到海上,父女俩从此开始了风雨漂泊的艰难生活。18年后,渔霸的女儿成了一个武艺高强的渔民起义领袖,老渔民的女儿却成了一个弱不禁风的娇小姐。

试用所学教育学原理分析其中的道理。(见拔高篇 P326)

论述题

1. 结合实际,论述良好师生关系建立的基本策略。(见基础篇 P215)
2. 结合实际,试分析如何培养学生的学习兴趣。(见二维码)

2017年宁夏大学333教育综合真题

名词解释

1. 内隐学习(见基础篇 P103)　　2. 校本课程(见基础篇 P175)
3. 最近发展区(见基础篇 P95)　　4. 学习(见基础篇 P103)
5. 教学(见基础篇 P183)

简答题

1. 简述教育在个体发展过程中的基本功能。(见基础篇 P153)
2. 简述知识经济时代如何培养学生的人文和创新精神。(见拔高篇 P381)
3. 简述如何矫正学生的不良行为。(见基础篇 P138)
4. 阐述基于问题教学模式的基本学习环节。(见二维码)

5. 简述班杜拉自我效能感的基本功能。（见基础篇 P116）

案例分析题

1. 材料：日本的一堂小学美术课上，老师教孩子们怎样画苹果，老师发现有位学生画的是方苹果，于是耐心询问："苹果都是圆的，你为什么画成方的？"学生回答说："我在家里看见爸爸把苹果放在桌子上，不小心苹果滚在地上摔坏了，我想如果苹果是方的该多好啊！"老师鼓励说："你真会动脑筋，祝你早日培育出方苹果！"而在哈尔滨某小学的一次少儿活动中，老师让学生大胆发挥自己的想象画出自己眼中的苹果，结果孩子们把苹果画成五颜六色的，连形状都是五花八门的。老师们正为孩子们丰富的想象力而高兴时，家长们却愤怒了，这不是误人子弟吗。于是，把孩子们都领走了。

试分析日本教育中的合理性，中国教育中的合理性和不合理性。（见拔高篇 P423）

2. 材料：最近，某日报社记者收到一位家长的来信："编辑同志，我是一名小学生的家长，每天早晨我去送孩子上学，都看到值周学生站在校门口，看到老师进入，便会举手敬礼，齐声问好，可老师们却视而不见，从未见回敬还礼的，可如果有学生见到老师有不问好的，则会被批评扣分。"此后，记者走访了几所小学，发现了同样的问题，一位家长感慨地说："说到底，学校的老师没有把自己和学生放到平等的位置，高高在上，才会不理会学生的敬礼。"

请根据教师职业道德素养理论，结合案例谈谈教师应如何把对学生的热爱落到实处。（见拔高篇 P362）

论述题

1. 试分析教育的日常概念与科学概念的区别及其内涵特征。（见二维码）
2. 试评析当代教育学发展的状态。（见二维码）

2018年宁夏大学333教育综合真题

名词解释

1. 学习迁移（见基础篇 P119）
2. 教育制度（见基础篇 P170）
3. 教学设计（见基础篇 P183）
4. 校本课程（见基础篇 P175）
5. 教育（见基础篇 P145）

简答题

1. 简述皮亚杰教育理论对教学的启示。（见基础篇 P95）
2. 简述工业社会教育的特征。（见二维码）
3. 简述一堂好课的基本标准。（见基础篇 P188）
4. 简述基于问题教学模式的基本学习环节。（见二维码）

案例分析题

1. 阅读下列材料，并按要求回答问题。

材料：夫教育目的不能仅在于个人。当日多在造成个人为圣为贤，而今教育之最要目的，在谋社会之进步，若不骂人、不偷、不怒、不谎、不得罪于人等事，先时多谓此为道德很高，然而今不能谓此为道德。盖彼者，不过无疵而已，于社会虽有若无。今因于社会进步上着想，吾等当另定道德标准，谓"凡人能于社会公共事业，尽力愈大者，其道德愈高。否则无道德可言。易言之，即凡于社会上有效劳之能力者，则有道德。否则，无道德"。

若斯数语，包含无限道理。愿诸生用为量人量己之尺，相染成风，使社会上渐渐均用此尺，度己亦用此尺。

选自张伯苓《以社会进步为教育之目的》

(1) 从教育的社会功能角度，分析材料观点的合理性。

(2) 根据相关理论分析材料中教育目的的价值取向。(见拔高篇 P332)

2. 材料大意:某学生受到老师的拳脚教育,父母不但不理解该学生,反而责备他,导致该学生投河自尽。运用所学教育学原理,对材料中的现象给出原因及防范措施。(见拔高篇 P397)

论述题

1. 阐述教育的个体谋生与享受功能的内涵及实现条件。(见二维码)
2. 论述杜威生活教育理论与陶行知生活教育思想的联系及区别。(见拔高篇 P242)

2019 年宁夏大学 333 教育综合真题

名词解释

1. 刻板效应(见二维码)
2. 教学(见基础篇 P183)
3. 归因理论(见二维码)
4. 知识(见基础篇 P119)

简答题

1. 简述班级授课制的定义、特点和优缺点。(见基础篇 P194)
2. 现代教育的主要特点有哪些? (见基础篇 P148)
3. 在实施新课程时教师应该有哪些理念? (见基础篇 P181)
4. 简述当代教学观念变化的趋势。(见二维码)

案例分析题

1. 材料大意:名单上的学生进步快。(问题缺失)
2. 材料大意:教师针对学生作业字迹潦草的问题,实行"小红花"奖励措施。(问题缺失)

论述题

1. 评析当代教育学的发展状况。(见二维码)
2. 班主任的作用是什么? 如何组织和建立良好的班级群体? (见基础篇 P217)

2020 年宁夏大学 333 教育综合真题

名词解释

1. 教育目的(见基础篇 P163)
2. 教育制度(见基础篇 P170)
3. 知识(见基础篇 P119)
4. 德育(见基础篇 P201)
5. 学习压力(见二维码)

简答题

1. 简述皮亚杰认知发展阶段理论的教育启示。(见基础篇 P95)
2. 简述班杜拉的自我效能感理论。(见基础篇 P116)
3. 简述知识经济时代如何培养学生的人文精神和创新精神。(见拔高篇 P381)
4. 简述教育的日常概念和科学概念的联系和区别。(见二维码)
5. 简述信息化教育的基本特征。(见二维码)

6. 举例并简述20世纪前期国内外的教育思潮。（见拔高篇P261）

案例分析题

材料：张校长鼓励院校教师有压力才有动力，学校教师积极响应号召。王老师占用学生课余时间为学生上课，导致教师内部关系不协调，教师内部产生竞争恶性循环的问题。

(1) 运用教师职业道德的相关理论对材料进行分析。
(2) 运用教育学原理，简述教师的竞争压力。（见拔高篇P355）

论述题

材料一：在某校园里，站岗标兵总是向教师有礼貌地主动问好，但是教师却总是对学生的礼貌问好视而不见，教师这样的行为引起了社会的普遍热议。

材料二：某学校为了提高办学效率，将学习成绩差的学生通过某医院"检查"列入智障者名单，其他院校纷纷效仿，而家长得知自己的孩子被列入智障者名单时心里在滴血，学生得知自己被列入智障者名单后，也被大大打击了学习积极性，变得消极。

请回答下列问题：
(1) 如何将学生热情落到实处？
(2) 教师应如何调动学生的学习积极性？（见二维码）

2021年宁夏大学333教育综合真题

名词解释

1. 教育（见基础篇P145）
2. 学制（见基础篇P170）
3. 先行组织者（见基础篇P104）
4. 有教无类（见基础篇P4）

简答题

1. 简述《学记》的内容。（见基础篇P12）
2. 简述教师专业化发展。（见基础篇P213）
3. 简述教育各要素之间的关系。（见基础篇P147）
4. 简述行为主义的学习理论。（见二维码）

案例分析题

1. 互联网+教育。（材料缺失）（见二维码）
2. 试论对校园欺凌的看法。（材料缺失）（见拔高篇P408）

论述题

1. 论述蒙台梭利的思想。（见基础篇P79）
2. 如何理解教育的过程就是学生生活的过程？（见拔高篇P333）

2022年宁夏大学333教育综合真题

名词解释

1. 内隐学习（见基础篇 P103）
2. 产婆术（见基础篇 P47）
3. 书院（见基础篇 P22）
4. 壬子癸丑学制（见二维码）
5. 多元智能理论（见基础篇 P129）

简答题

1. 简述教育的价值。（见二维码）
2. 简述朱子读书法。（见基础篇 P26）
3. 简述永恒主义教育。（见基础篇 P89）
4. 简述学习动机的作用。（见基础篇 P113）
5. 简述教育的文化创造功能。（见二维码）

论述题

1. 论述影响课程改革的因素以及社会经济市场对课程改革的影响。（见二维码）
2. 比较赫尔巴特思想和杜威思想的异同。（见拔高篇 P234）

案例分析题

1. 论述支持培训机构的原因，或不支持的原因，并提出解决方案。（材料缺失）（见二维码）
2. 没有教不好的学生，只有不会教的老师，分析其原理。（材料缺失）（见拔高篇 P318）

2023年宁夏大学333教育综合真题

名词解释

1. 亲社会行为（见基础篇 P95）
2. 顿悟说（见二维码）
3. 最近发展区（见基础篇 P95）
4. 课程标准（见基础篇 P174）
5. 《大教学论》（见基础篇 P68）

简答题

1. 简述科尔伯格的道德发展理论。（见基础篇 P99）
2. 简述罗杰斯的学习理论。（见基础篇 P110）
3. 简述宋朝书院的特点。（见基础篇 P24）
4. 简述教师专业发展的内涵。（见基础篇 P213）
5. 简述建构主义学习理论。（见基础篇 P111）

论述题

1. 论述终身教育对未来教育发展战略的影响。（见拔高篇 P415）
2. 分析谋生功能和享用功能的内涵及这些功能该如何实现。（见二维码）
3. 论述民国时期乡村教育的发展及对当代教育的启示。（见拔高篇 P252）

案例分析题

1. 材料：某教育学家在小学挑选了180名学生，并且预测他们之中有一部分将会有出息，有一部分平平无奇，有一部分没有大作为，结果八个月以后检测这些学生的成绩，发现如这位教育家预测的一样。

运用教育学原理的知识分析材料。（见拔高篇P425）

2. 材料：小学生马某和同学溺死在河中，据调查因为犯错被班主任经常殴打，回家告诉父母，父母也不理睬。

分析这种现象出现的原因及我们应该怎么样防范类似问题的发生？（见拔高篇P397）

2010年河南大学333教育综合真题

教育学部分

名词解释

1. 学校教育制度（见基础篇P170）
2. 教师个体专业发展（见基础篇P209）

简答题

1. 简述当代教育学的发展状况。（见二维码）
2. 简述学生发展的含义及其一般规律。（见二维码）
3. 班级组织的功能包括哪些内容？（见二维码）

论述题

1. 试述当代教育观的转变。（见二维码）
2. 教师教育行为研究的过程包括哪些环节？并举例说明。（见二维码）

心理学部分

名词解释

1. 性格（见二维码）
2. 挫折（见二维码）
3. 前摄抑制（见二维码）
4. 能力（见二维码）

简答题

心理健康的标准有哪些？（见基础篇P140）

论述题

1. 结合实际，谈谈教育工作者应该如何根据学生的气质特征采取有效的教育方法。（见基础篇P100）

2. 材料：历史记载，1920年在印度发现的8岁狼孩卡玛拉（女性），其身体外形与人不同，特点是：四肢长得比一般人长，手长过膝，双脚的拇指也稍大，两腕肌肉发达，骨盆细而扁平，背颈发达而柔软，但腰和膝关节萎缩而毫无柔韧性。她有明显的动物习性：吞食生肉，四肢爬行，喜暗怕光，白天总是蜷缩在阴暗的角落里，夜间则在院内外四处游荡，凌晨1时到3时像狼似的嚎叫，给她衣服穿，她却粗野地把衣服撕掉。她目光炯炯，嗅觉敏锐，但不会说话，没有人的理性。

请用心理学的知识解释上述现象。（见拔高篇P290）

2011年河南大学333教育综合真题

教育学部分

名词解释

1. 教育制度（见基础篇 P170）
2. 国家课程（见二维码）

简答题

1. 简述信息社会教育的主要特征。（见二维码）
2. 简述我国教育目的的精神实质。（见基础篇 P166）
3. 简述教师的职业角色。（见基础篇 P211）

论述题

1. 试述程序性知识及其教学设计。（见二维码）
2. 为什么说教师的研究属于行为研究？（见二维码）

心理学部分

名词解释

1. 感觉（见二维码）
2. 性格（见二维码）
3. 能力（见二维码）
4. 再造想象（见二维码）

简答题

1. 影响随意注意的因素主要有哪些？（见二维码）
2. 简述情绪和情感的功能。（见二维码）
3. 简述影响问题解决的心理因素有哪些。（见基础篇 P132）

论述题

根据创造性思维的定义及其特点分析两位学生回答的优劣。（见拔高篇 P304）

2012年河南大学333教育综合真题

教育学部分

名词解释

1. 教学模式（见基础篇 P183）
2. 教学功能（见二维码）

简答题

1. 简述德育的一般规律。（见基础篇 P206）
2. 简述班主任应如何管理班级。（见基础篇 P217）

3. 简述教师专业化发展的途径。（见基础篇 P213）

论述题

论述新课改的趋势。（见二维码）

心理学部分

名词解释

1. 行为矫正治疗（见二维码）
2. 内隐记忆（见二维码）

简答题

1. 知觉有哪些特性？（见二维码）
2. 为什么说大脑是心理的主观能动性的器官？（见二维码）
3. 教师为什么要学心理学？（见二维码）

论述题

论述教师应具备什么样的心理素质。（见二维码）

2013年河南大学333教育综合真题

教育学部分

名词解释

1. 教育价值（见二维码）
2. 学校管理（见基础篇 P219）

简答题

1. 教育的个体功能表现在哪些方面？（见基础篇 P160）
2. 简述教育目的的定向功能。（见二维码）
3. 影响课程实施的因素有哪些？（见二维码）
4. 什么是"有指导的自主学习"教学模式？（见二维码）

论述题

教师应树立怎样的学生观？（见二维码）

心理学部分

名词解释

1. 社会知觉（见二维码）
2. 性格（见二维码）

简答题

1. 简述运用测验法和调查法的注意事项。（见二维码）

2. 注意分配依赖的条件有哪些？（见二维码）

3. 想象的功能有哪些？（见二维码）

4. 教师在教学工作中应担当哪些角色？（见基础篇 P211）

论述题

论述智力发展的特点、影响因素以及如何发展智力。（见二维码）

2014年河南大学333教育综合真题

教育学部分

名词解释

1. 教育目标（见二维码）　　2. 教育智慧（见二维码）

简答题

1. 简述教育价值观的构成。（见二维码）

2. 简述教师劳动的特点。（见基础篇 P210）

3. 简述课程研制的过程。（见二维码）

4. 简述备课的内容。（见二维码）

论述题

论述我国教育改革的发展方向。（见基础篇 P172）

心理学部分

名词解释

1. 首因效应（见二维码）　　2. 学校心理辅导（见二维码）

简答题

1. 简述实验室实验法。（见二维码）

2. 影响问题解决能力的因素有哪些？（见基础篇 P132）

3. 分析情绪、情感在学生学习中的作用。（见二维码）

4. 简述智力和知识的关系。（见基础篇 P186）

论述题

论述教学过程中应如何激发学生的学习动机。（见基础篇 P117）

2015年河南大学333教育综合真题

教育学部分

名词解释

1. 教育价值观（见二维码）
2. 课程计划（见基础篇P174）

简答题

1. 简述我国教育目的的精神实质。（见基础篇P166）
2. 简述德育过程的特点。（见基础篇P202）
3. 简述专家型教师的特点。（见二维码）
4. 学生的角色定位有哪些？（见二维码）

论述题

关于"给学生一杯水，教师要有一桶水"这个说法，论述教学是否就是知识的传授过程，为什么？（见拔高篇P318）

心理学部分

名词解释

1. 晕轮效应（见二维码）
2. 过度学习（见二维码）

简答题

1. 在使用测验法和调查法时应该注意哪些情况？（见二维码）
2. 简述发展智力和知识的关系。（见基础篇P186）
3. 教师应该如何处理课堂行为问题？（见二维码）
4. 简述学习动机的概念及功能。（见基础篇P113）

论述题

根据生活实际，举例说明怎样进行有效的情绪调节，保持身心健康。（见二维码）

2016年河南大学333教育综合真题

教育学部分

名词解释

1. 学科课程（见基础篇P174）
2. 教师专业化（见基础篇P209）

简答题

1. 简述教育学对教育实践的价值。（见二维码）
2. 《中华人民共和国教师法》规定教师的权利有哪些？（见基础篇P210）

3. 现代班级管理的"人本主义"理念的内涵是什么？（见二维码）

4. 简述教学过程的特点。（见基础篇 P184）

论述题

什么是教育的个体功能？什么是教育的社会功能？（见基础篇 P160）

心理学部分

名词解释

1. 实验室实验法（见二维码）
2. 职业心理枯竭（见二维码）

简答题

1. 简述影响识记的因素。（见二维码）
2. 简述流体智力与晶体智力的关系。（见拔高篇 P280）
3. 如何营造良好的课堂心理气氛？（见二维码）
4. 简述引起和保持有意注意的条件。（见二维码）

论述题

教师的情绪、情感如何促进和加强学生的心理健康？（见二维码）

2017 年河南大学 333 教育综合真题

教育学部分

名词解释

1. 教育的筛选功能（见二维码）
2. 师德（见二维码）

简答题

1. 教育价值观是怎样形成的？（见二维码）
2. 简述教育目的的确立依据。（见二维码）
3. 简述教师职业生涯规划的步骤。（见基础篇 P212）
4. 简述班主任应如何培养班集体。（见基础篇 P217）

论述题

论述教学过程是掌握知识和促进智力发展的统一。（见基础篇 P186）

心理学部分

名词解释

1. 内隐记忆（见二维码）
2. 行为矫正技术（见二维码）

简答题

1. 简述教师情感在教学过程中的功能。（见二维码）
2. 调查法和测试法在使用的过程中应该注意哪些问题？（见二维码）
3. 学校心理辅导课程的内容和形式是什么？（见二维码）
4. 什么是知觉的整体性？它的影响因素有哪些？（见二维码）

论述题

针对学生的学习动力不足问题，试论教师应如何培养学生的学习动机？（见基础篇 P117）

2018年河南大学333教育综合真题

教育学部分

名词解释

1. 教育方针（见二维码）
2. 教师专业发展（见基础篇 P209）

简答题

1. 简述上层建筑说关于教育本质观的核心观点。（见二维码）
2. 简述确定课程目标的步骤。（见二维码）
3. 简述教师职业生涯规划的步骤。（见基础篇 P212）
4. 教师如何在共同体中发展？（见二维码）

论述题

如果你是一名教师，你将如何与学生建立健康的师生关系？（见基础篇 P215）

心理学部分

名词解释

1. 观察法（见基础篇 P104）
2. 首因效应（见二维码）
3. 课堂心理气氛（见二维码）

简答题

1. 简述在使用测验法和调查法过程中需要注意的事项。（见二维码）
2. 思维的品质是什么？（见二维码）
3. 如何营造良好的课堂心理氛围？（见二维码）

论述题

结合自己的学习经验，谈谈如何根据记忆规律提高记忆效率，减少遗忘。（见基础篇 P120）

2019 年河南大学 333 教育综合真题

教育学部分

名词解释
1. 培养目标（见基础篇 P163）
2. 班集体（见二维码）

简答题
1. 简述教师劳动的特点。（见基础篇 P210）
2. 简述教学过程的特点。（见二维码）
3. 简述德育的理念。（见二维码）
4. 简述教师职业生涯规划的步骤。（见基础篇 P212）

论述题
论述教育对个人的促进功能。（见基础篇 P153）

心理学部分

名词解释
1. 课堂心理气氛（见二维码）
2. 自变量（见二维码）
3. 晶体智力（见基础篇 P129）

简答题
1. 简述学生的心理发展特征。（见二维码）
2. 简述记忆的品质。（见二维码）
3. 简述影响识记效果的因素。（见二维码）

论述题
学习无动力,如何激发学习动机？（见基础篇 P117）

2020 年河南大学 333 教育综合真题

教育学部分

名词解释
1. 课程标准（见基础篇 P174）
2. 教学艺术（见二维码）

简答题
1. 简述课程作为经验载体的三个基本范畴。（见二维码）
2. 简述当前我国教育改革的发展走向。（见基础篇 P172）

3. 简述教师的角色定位。（见基础篇 P211）
4. 简述德育实施过程中应注意的事项。（见基础篇 P206）

论述题

结合实际分析如何用情感陶冶法对学生进行德育。（见二维码）

心理学部分

名词解释

1. 知觉的恒常性（见二维码）
2. 角色心理期待（见二维码）
3. 气质（见二维码）

简答题

1. 简述引起和保持有意注意的条件。（见二维码）
2. 简述智力与非智力因素的关系。（见基础篇 P186）
3. 简述性格的定义及特性。（见二维码）

论述题

论述情绪智力在学生整体心理素质中的作用。（见二维码）

2021年河南大学333教育综合真题

教育学部分

名词解释

1. 课程计划（见基础篇 P174）
2. 师德（见二维码）

简答题

1. 简述如何处理教学过程中直接经验与间接经验的关系。（见基础篇 P185）
2. 简述教育目的的精神实质。（见基础篇 P166）
3. 简述教师应如何在共同体中发展。（见二维码）
4. 简述教育管理的特点。（见二维码）

论述题

论述教师的发展阶段。（见基础篇 P213）

心理学部分

名词解释

1. 性格（见二维码）
2. 注意的转移（见二维码）
3. 实验室实验法（见二维码）

简答题

1. 简述影响知觉选择的因素。(见二维码)
2. 简述教师情感在教学过程中的功能。(见二维码)
3. 简述学校心理咨询与辅导的形式和内容。(见二维码)

论述题

举例说明课堂问题行为产生的原因,并说明应如何处理和应对课堂行为问题。(见二维码)

2022年河南大学333教育综合真题

名词解释

1. 师生关系(见基础篇 P209)
2. 教学(见基础篇 P183)
3. 控制变量(见二维码)
4. 意志(见二维码)
5. 近因效应(见二维码)

简答题

1. 我国中小学德育的基本内容有哪些方面？(见二维码)
2. 教育学创立的主客观条件分别是什么？(见二维码)
3. 专家型教师的特征有哪些？(见二维码)
4. 简述当前中国教育价值取向确立的主要内容。(见基础篇 P164)
5. 简述影响遗忘的因素。(见二维码)
6. 简述需要的概念、特征和规律。(见二维码)
7. 简述流体智力和晶体智力的关系。(见拔高篇 P280)
8. 简述教师职业的劳动特点。(见基础篇 P210)

论述题

1. 结合实例,说明班主任应如何组织和培养班集体。(见基础篇 P217)
2. 举例说明学生心理发展受哪些因素影响,并说明教学过程中该如何根据学生的心理发展规律进行教学。(见二维码)

2023年河南大学333教育综合真题

教育学部分

名词解释

1. 德育的实际锻炼法(见二维码)
2. 教育的本体价值(见二维码)

简答题

1. 简述教育学对教师工作的作用。(见基础篇 P143)

2. 简述德育的间接途径。（见基础篇 P207）
3. 简述教育价值观的特点。（见二维码）
4. 简述教学艺术的功能。（见二维码）

论述题

论述教学内容设计。（见二维码）

心理学部分

名词解释

1. 社会知觉（见二维码） 2. 学校心理辅导（见二维码）

简答题

1. 什么是注意分配？它依赖哪些条件？（见二维码）
2. 简述情绪情感在学生学习中的作用。（见二维码）
3. 简述性格的结构特征表现在哪些方面。（见二维码）
4. 简述如何营造课堂心理气氛。（见二维码）

论述题

结合当前的教育现状，谈谈心理学知识对教育工作有何特殊意义。（见二维码）

2010年湖北大学333教育综合真题

名词解释

1. 教育目的（见基础篇 P163） 2. 学校教育制度（见基础篇 P170）
3. 德育（见基础篇 P201） 4. 学科课程（见基础篇 P174）
5. 耶克斯-多德森定律（见二维码） 6. 程序性知识（见基础篇 P119）

简答题

1. 简述孔子的教育实践与教育思想。（见基础篇 P9）
2. 简述日本教育的发展。（见二维码）
3. 简述加里培林智慧技能形成阶段理论的主要观点。（见基础篇 P123）
4. 举例说明影响问题解决的因素有哪些。（见基础篇 P132）

论述题

1. 联系我国实际，论述教育与社会发展的关系。（见基础篇 P158）
2. 联系教学实际，分析教学过程中应当处理好的几种关系。（见基础篇 P187）
3. 我国近代教育体制的变革表现在哪些方面？（见拔高篇 P251）
4. 阐述夸美纽斯的教育思想。（见基础篇 P71）

2011年湖北大学333教育综合真题

名词解释

1. 狭义的教育（见基础篇 P145）
2. 教育的相对独立性（见基础篇 P155）
3. "六艺"教育（见基础篇 P2）
4. 有意义学习（见基础篇 P104）
5. 京师大学堂（见基础篇 P32）
6. 学习动机（见基础篇 P113）

简答题

1. 简述皮亚杰的认知发展阶段理论。（见基础篇 P95）
2. 简述学习策略的意义。（见基础篇 P126）
3. 简述我国教育目的的基本精神。（见基础篇 P166）
4. 简述人文主义教育的基本特征。（见基础篇 P55）

论述题

1. 论述教学过程的本质特征。（见基础篇 P184）
2. 论述德育过程的基本规律。（见基础篇 P202）
3. 论述陶行知的生活教育理论。（见基础篇 P44）
4. 论述终身教育的理论。（见基础篇 P173）

2012年湖北大学333教育综合真题

名词解释

1. 最近发展区（见基础篇 P95）
2. 学校教育制度（见基础篇 P170）
3. 狭义的教育（见基础篇 P145）
4. 活动课程（见基础篇 P175）
5. 内部学习动机与外部学习动机（见二维码）
6. 美育（见二维码）

简答题

1. 简述赫尔巴特的教育思想。（见基础篇 P78）
2. 简述孔子的教育思想。（见基础篇 P9）
3. 简述试误说的含义及启示。（见二维码）
4. 简述促进知识迁移的主要条件。（见二维码）

论述题

1. 联系实际，分析教育的本质特征。（见二维码）
2. 联系实际，谈谈教师的素养与培养。（见基础篇 P212）
3. 联系实际，阐述蔡元培的教育思想与教育实践。（见基础篇 P36）
4. 阐述斯宾塞的教育思想。（见基础篇 P64）

2013年湖北大学333教育综合真题

名词解释

1. 自我中心思维(见二维码)
2. 正迁移与负迁移(见二维码)
3. 壬子癸丑学制(见二维码)
4. "六艺"(见基础篇 P2)
5. 教育目的(见基础篇 P163)
6. 学校教育(见基础篇 P145)

简答题

1. 简述布鲁纳学习理论的主要观点。(见基础篇 P106)
2. 什么是内部学习动机和外部学习动机？二者对学习的影响分别是什么？二者的关系如何？(见拔高篇 P277)
3. 简述教育与社会发展的关系。(见基础篇 P158)
4. 简述日本教育的发展。(见二维码)

论述题

1. 阐述孔子的教育实践与教育思想。(见基础篇 P9)
2. 结合教学实际,分析教学过程中应当处理好的基本关系。(见基础篇 P187)
3. 联系当前学校教育实际阐述德育的基本途径。(见基础篇 P207)
4. 阐述裴斯泰洛齐的教育思想。(见基础篇 P75)

2014年湖北大学333教育综合真题

名词解释

1. 教育内容(见基础篇 P146)
2. 学制(见基础篇 P170)
3. 形成性评价(见基础篇 P193)
4. 先行组织者(见基础篇 P104)
5. 《雷佩尔提教育方案》(见二维码)
6. 科举考试制度(见基础篇 P16)

简答题

1. 简述在教学过程中应如何处理好直接经验和间接经验的关系。(见基础篇 P185)
2. 简述教育相对独立性的表现。(见基础篇 P159)
3. 比较孟子和荀子教育思想的异同。(见拔高篇 P225)
4. 简述皮亚杰认知发展理论的教学含义。(见基础篇 P96)

论述题

1. 结合实际工作,谈谈新时代教师应具备怎样的素养,应如何培养这些素养？(见基础篇 P212)
2. 试述黄炎培的职业教育思想及其对当前中国教育改革的启示。(见基础篇 P42)
3. 试述终身教育思想及其引发的教育变革。(见基础篇 P172)
4. 结合实际,谈谈如何激发学生的外部学习动机和内部学习动机。(见基础篇 P117)

2015年湖北大学333教育综合真题

名词解释

1. 科举制度（见基础篇P16）
2. 壬子癸丑学制（见二维码）
3. 课程（见基础篇P174）
4. 中世纪大学（见基础篇P53）
5. 自然实验法（见二维码）
6. 最近发展区（见基础篇P95）
7. 客观性测验（见二维码）
8. 新教育运动（见基础篇P85）

简答题

1. 简述孔子在教育史上的贡献。（见基础篇P9）
2. 简述人文主义教育的主要特征。（见基础篇P55）
3. 简述启蒙运动的主要观点及其对教育的影响。（见拔高篇P254）
4. 简述中国近代教会学校的发展和教会教育的性质与作用。（见二维码）
5. 简述教育的基本要素及其相互作用。（见基础篇P147）

论述题

1. 试述"个人本位论"与"社会本位论"之争对于人的培养与成长有何重大意义。（见二维码）
2. 有的家长在孩子取得高分时便给予金钱或物质的奖励，在孩子考得差的时候就责骂处罚，甚至棍棒加身。请分析这种做法的利弊，并提出合理化的建议。（见拔高篇P288）

案例题

材料：某初中有位班主任，动不动就对学生一顿骂，甚至打上几巴掌，有一次把一个学生都打得流鼻血了。还有一次，有个学习成绩一般的学生因一些知识点不懂提出疑问，班主任就说了一些很刺激人的话，然后课也不上了，坐到讲台上就冲学生大发脾气，说450分以上的同学留下来听课，其他同学不愿意上课、听不懂就滚到操场上玩去！不让学生上课，这位班主任有这个权力吗？这位班主任曾经找一个女生谈话，说："×××，你看你脸皮蛮厚的，我从初一讲到初三，你一点愧疚感都没有，说难听点就是死不要脸。"

（1）试分析上述案例中班主任的做法违背了哪些德育原则。
（2）试谈教师应该具有怎样的学生观。（见二维码）

2016年湖北大学333教育综合真题

名词解释

1. 狭义的教育（见基础篇P145）
2. 教育的相对独立性（见基础篇P155）
3. "六艺"教育（见基础篇P2）
4. 京师大学堂（见基础篇P32）
5. 有意义学习（见基础篇P104）
6. 学习动机（见基础篇P113）

简答题

1. 简述我国教育目的的基本精神。（见基础篇P166）
2. 简述文艺复兴时期人文主义教育的特征。（见基础篇P55）
3. 简述掌握学习策略的意义。（见基础篇P126）

4. 简述皮亚杰的认知发展的四阶段。(见基础篇 P95)

论述题

1. 联系实际,论述教学过程的性质。(见基础篇 P184)
2. 联系实际,论述德育过程的基本规律。(见基础篇 P202)
3. 述评陶行知的生活教育理论。(见基础篇 P44)
4. 论述终身教育思想的主要观点。(见基础篇 P173)

2017年湖北大学333教育综合真题

名词解释

1. 教育(见基础篇 P145)
2. 教育目的(见基础篇 P163)
3. 陶行知(见二维码)
4. 洋务学堂(见二维码)
5. 同伴关系(见二维码)
6. 皮亚杰(见二维码)

简答题

1. 简述教育心理学。(见二维码)
2. 简述苏格拉底法。(见基础篇 P48)
3. 简述教育学。(见二维码)
4. 简述攻击行为。(见二维码)

论述题

1. 论述常见的教育学研究方法。(见二维码)
2. 论述教育活动的三要素。(见基础篇 P147)
3. 述评蔡元培的北大改革。(见基础篇 P35)
4. 论述杜威"学校即社会"的含义及意义。(见二维码)

2018年湖北大学333教育综合真题

名词解释

1. 教育制度(见基础篇 P170)
2. 教育目的(见基础篇 P163)
3. 孔子(见二维码)
4. 有效教学(见二维码)
5. 蔡元培(见二维码)
6. 学习动机(见基础篇 P113)

简答题

1. 简述教育学的研究对象和任务。(见基础篇 P142)
2. 简述教育心理学。(见二维码)
3. 简述人本主义心理学。(见基础篇 P110)
4. 简述欧洲新教育运动。(见二维码)

论述题

1. 影响人发展的基本因素有哪些？（见基础篇 P153）
2. 什么是教育？试述教育的质的规定性。（见基础篇 P146）
3. 试述杜威"学校即社会"的含义及意义。（见二维码）
4. 评述陶行知的生活教育理论。（见基础篇 P44）

2019年湖北大学333教育综合真题

名词解释

1. 教育（见基础篇 P145）
2. 教育制度（见基础篇 P170）
3. 全面发展（见基础篇 P164）
4. 道尔顿制（见基础篇 P86）
5. 卢梭（见基础篇 P68）
6. 科举制（见基础篇 P16）

简答题

1. 简述影响人身心发展的因素。（见基础篇 P153）
2. 简述陶行知的生活教育论。（见基础篇 P44）
3. 简述教育的基本要素。（见基础篇 P147）
4. 简述裴斯泰洛齐的教育心理学化。（见基础篇 P74）

论述题

1. 论述人的发展的规律性及评价。（见基础篇 P149）
2. 评价张之洞的"中学为体，西学为用"。（见基础篇 P30）
3. 论述教育目的的价值取向。（见基础篇 P164）
4. 论述杜威的教育本质论。（见基础篇 P80）

2020年湖北大学333教育综合真题

名词解释

1. 课程（见基础篇 P174）
2. 学制（见基础篇 P170）
3. 人本主义教育（见二维码）
4. 教育（见基础篇 P145）
5. 苏格拉底法（见基础篇 P47）
6. 《学记》（见基础篇 P5）

简答题

1. 简述科举制。（见基础篇 P17）
2. 简述终身教育思潮的主要观点。（见基础篇 P90）
3. 简述教育学。（见二维码）
4. 简述教师劳动的特点。（见基础篇 P210）

论述题

1. 论述影响人发展的因素。（见基础篇 P153）

2. 论述杜威的教育本质论,结合我国的教育问题,谈谈我国未来教育的发展趋势。(见二维码)

3. 列举4种教学方法及其应用。(见二维码)

4. 论述蔡元培的"五育"并举思想,并谈谈你对它的理解。(见基础篇P37)

2021年湖北大学333教育综合真题

名词解释

1. 教育 (见基础篇P145)
2. 教育制度 (见基础篇P170)
3. 教育目的 (见基础篇P163)
4. 苏格拉底法 (见基础篇P47)
5. 教学 (见基础篇P183)
6. 科举制 (见基础篇P16)

简答题

1. 简述蔡元培为北京大学确立的"思想自由,兼容并包"的办学指导思想。(见基础篇P38)
2. 简述卢梭的自然主义教育思想。(见基础篇P72)
3. 简述教育学的研究对象和研究任务。(见基础篇P142)
4. 至少列举三个教育学的研究方法。(见二维码)

论述题

1. 中国近代教育家梁启超深受西方男女平等思想的影响,提出"欲强国必由女学",试评述其女子教育思想。(见二维码)
2. 英国教育思想家洛克认为,教师对儿童进行体罚,进行奴隶式的管制,只能养成儿童的奴性,请结合其绅士教育的思想,评析这一观点。(见拔高篇P265)
3. 试分析影响人发展的基本因素。(见基础篇P153)
4. 试分析构成教育活动的基本要素。(见基础篇P147)

2022年湖北大学333教育综合真题

名词解释

1. 狭义的教育目的 (见二维码)
2. 教育规律 (见基础篇P142)
3. 狭义的教育 (见基础篇P145)
4. 学校教育制度 (见基础篇P170)
5. 学习策略 (见基础篇P124)
6. 学习迁移 (见基础篇P119)

简答题

1. 简述孟子的"性善论"及其对当今教育的意义。(见拔高篇P272)
2. 简述苏格拉底的产婆术及其优缺点。(见基础篇P48)
3. 简述什么是教育心理学。(见二维码)
4. 简述学习动机的作用。(见基础篇P113)

论述题

1. 论述影响人发展的基本因素。(见基础篇P153)

2. 结合常见的教学方法,谈谈你对"教学有法,教无定法"的看法。(见二维码)

3. 论述陶行知的教育精神以及对当代教师的借鉴意义。(见二维码)

4. 谈谈杜威的"从做中学"及其对当今课改的启示。(见基础篇 P81)

2023年湖北大学333教育综合真题

名词解释

1. 发现学习(见基础篇 P104)　　2. 稷下学宫(见基础篇 P4)
3. 进步主义教育(见基础篇 P85)　　4. 小先生制(见基础篇 P41)
5. "活教育"(见基础篇 P42)　　6. 最近发展区(见基础篇 P95)

简答题

1. 简述苏格拉底的"知识即美德"。(见二维码)
2. 简述教育的经济功能。(见基础篇 P157)
3. 简述教育过程中应处理好的几对关系。(见基础篇 P187)
4. 简述蔡元培"五育"并举的教育思想。(见基础篇 P37)

论述题

1. 论述多元智能理论给学校教育带来的启示。(见基础篇 P131)
2. 有人认为"一两遗传胜过万吨黄金",请问这种说法正确吗?给出你的理由。(见基础篇 P150)
3. 请写出中世纪大学兴起的原因、特点和意义。(见基础篇 P53)
4. 材料:张女士的儿子小明是小学三年级的学生,近期发现小明在家与在学校大为不同,班主任说小明在学校积极主动,乐于助人,受到同学和老师的赞美。张女士说小明在家从来不主动做家务,他们父母对小明的要求也只是专注学习。

从德育原则的角度分析上述教育过程中产生的问题。(见拔高篇 P343)

2010年扬州大学333教育综合真题

名词解释

1. 广义的教育(见基础篇 P145)　　2. 教学评价(见基础篇 P193)
3. 学校管理(见基础篇 P219)　　4. 道尔顿制(见基础篇 P86)
5. 创造性(见基础篇 P130)　　6. 自我效能感(见基础篇 P113)

简答题

1. 简述教育的社会流动功能。(见基础篇 P159)
2. 简述严格要求与尊重学生相结合的德育原则。(见基础篇 P205)
3. 简述孟轲的教育思想。(见基础篇 P10)
4. 简述如何培养和提高学生的问题解决能力。(见基础篇 P132)

论述题

1. 联系实际,论述教学过程中教师主导作用与学生主体性的关系。(见二维码)
2. 陶行知生活教育理论体系的主要内容是什么?对今天的教育改革有何借鉴意义?(见基础篇 P44)

3. 终身教育理论的主要观点有哪些？当今社会为什么要实行终身教育？（见基础篇 P173）
4. 影响学生学习动机的因素有哪些？联系实际谈谈如何激发学生的学习动机。（见基础篇 P117）

2011年扬州大学333教育综合真题

名词解释
1. 教育学（见基础篇 P142）
2. 教学（见基础篇 P183）
3. 教育目的（见基础篇 P163）
4. 设计教学法（见基础篇 P86）
5. 学习（见基础篇 P103）
6. 心理发展（见基础篇 P94）

简答题
1. 简述生产力对教育的制约。（见基础篇 P155）
2. 简述教师职业道德的内容。（见二维码）
3. 简述董仲舒的道德教育思想。（见二维码）
4. 简述苏霍姆林斯基的教育思想。（见基础篇 P67）

论述题
1. 联系教学实际，论述教学中为什么要强调启发性以及教学中如何贯彻启发性原则。（见基础篇 P195）
2. 述评"朱子读书法"，并谈谈对自己读书的启示。（见基础篇 P26）
3. 论述杜威关于教育的本质与目的的主要思想，谈谈其对我国教育改革的借鉴作用。（见基础篇 P80）
4. 影响学生问题解决的因素有哪些？结合实际谈谈如何培养学生的问题解决能力。（见基础篇 P132）

2012年扬州大学333教育综合真题

名词解释
1. 教育制度（见基础篇 P170）
2. 教学（见基础篇 P183）
3. 德育方法（见二维码）
4. 白板说（见基础篇 P63）
5. 学习（见基础篇 P103）
6. 元认知（见基础篇 P125）

简答题
1. 简述人的发展的含义。（见二维码）
2. 简述因材施教的教学原则。（见基础篇 P197）
3. 简述"朱子读书法"的主要内容。（见基础篇 P26）
4. 简述影响品德形成的内部因素。（见基础篇 P138）

论述题
1. 联系教学实际，论述教学过程的性质。（见基础篇 P184）
2. 论述孔丘的主要教育思想及其意义。（见基础篇 P9）
3. 论述苏霍姆林斯基的个性全面和谐发展及其对我国教育改革的启示。（见基础篇 P67）
4. 论述创造性的心理结构和培养学生创造性的主要措施。（见基础篇 P134）

2013年扬州大学333教育综合真题

名词解释
1. 教育制度（见基础篇 P170）
2. 骑士教育（见基础篇 P53）
3. 最近发展区（见基础篇 P95）
4. 自我效能感（见基础篇 P113）
5. 活动课程（见基础篇 P175）
6. 美德即知识（见二维码）

简答题
1. 简述奥苏伯尔的有意义接受学习理论。（见二维码）
2. 简述教学过程中直接经验和间接经验的关系。（见基础篇 P185）
3. 简述黄炎培职业教育思想的主要观点。（见基础篇 P42）
4. 简述教学中促进知识迁移的策略。（见基础篇 P121）

论述题
1. 结合教师素养的主要内容，谈谈提高教师专业素养的主要途径。（见基础篇 P212）
2. 结合人的发展的基本规律，谈谈相应的教育策略。（见基础篇 P149）
3. 论述夸美纽斯的主要教育思想及其意义。（见基础篇 P71）
4. 论述陈鹤琴的"活教育"思想及其对我国当前教育改革的启示。（见基础篇 P45）

2014年扬州大学333教育综合真题

名词解释
1. 课程标准（见基础篇 P174）
2. 循序渐进原则（见二维码）
3. 生计教育（见二维码）
4. 实验教育学（见基础篇 P142）
5. 人格发展（见二维码）
6. 品德不良（见基础篇 P136）

简答题
1. 简述教学评价的种类。（见基础篇 P199）
2. 简述学生学习的特点。（见基础篇 P105）
3. 简述结构主义教育的主要观点。（见基础篇 P90）
4. 简述个人本位论的主要观点。（见基础篇 P164）

论述题
1. 根据我国教育目的的基本精神，谈谈目前中小学教育实践存在的主要问题以及应如何改革。（见基础篇 P166）
2. 联系实际，论述德育过程是教师引导下学生能动的道德活动过程。（见基础篇 P202）
3. 论述卢梭的自然教育理论及其启示。（见基础篇 P72）
4. 联系实际，论述重视青少年心理健康的原因及实施措施。（见二维码）

2015年扬州大学333教育综合真题

名词解释

1. 教学组织形式（见基础篇 P191）
2. 课程方案（见基础篇 P174）
3. 骑士教育（见基础篇 P53）
4. 自我效能感（见基础篇 P113）
5. 有意义学习（见基础篇 P104）
6. 学习动机（见基础篇 P113）

简答题

1. 简述文化知识对人的发展的价值。（见二维码）
2. 简述教师劳动的主要特点。（见基础篇 P210）
3. 简述青少年心理健康教育的目标。（见二维码）
4. 简述韩愈论述教师问题的主要观点。（见基础篇 P20）

论述题

1. 教学过程中直接经验和间接经验的关系是什么？在具体学科教学中应怎样联系学生的生活实际？（见基础篇 P185）
2. 终身教育理论的观点应包含哪些内容？按照终身教育理论，学校教育应该进行哪些方面的改革？（见基础篇 P172）
3. 论述书院教育的特点及其对当代教育的借鉴。（见基础篇 P24）
4. 创造性的认知品质包含哪些？培养学生创造性的措施有哪些？（见基础篇 P134）

2016年扬州大学333教育综合真题

名词解释

1. 社会本位论（见基础篇 P163）
2. 产婆术（见基础篇 P47）
3. 最近发展区（见基础篇 P95）
4. 元认知（见基础篇 P125）
5. 班级授课制（见基础篇 P191）
6. 结构主义教育（见基础篇 P87）

简答题

1. 简述奥苏伯尔的有意义接受学习理论。（见二维码）
2. 简述现代教育的特点。（见基础篇 P148）
3. 简述黄炎培职业教育思想的主要特点。（见基础篇 P42）
4. 简述影响问题解决的主要因素。（见基础篇 P132）

论述题

1. 教师专业素养包含哪些内容？结合教师素养的主要内容，谈谈提高教师专业素养的主要途径。（见基础篇 P212）
2. 联系实际，论述教学过程中应该处理好的几种关系。（见基础篇 P187）
3. 论述夸美纽斯的主要教育思想及其意义。（见基础篇 P71）
4. 论述陶行知的"生活教育"思想及其对我国当前课程改革的启示。（见基础篇 P44）

2017年扬州大学333教育综合真题

名词解释

1. 启发式教学原则（见基础篇 P192）
2. 学校教育制度（见基础篇 P170）
3. 学校管理（见基础篇 P219）
4. 书院（见基础篇 P22）
5. 混合式学习（见二维码）
6. 自我强化（见二维码）
7. 狭义的教育（见基础篇 P145）

简答题

1. 简述人的发展规律。（见基础篇 P149）
2. 简述科举制度的历史影响。（见基础篇 P17）
3. 简述建构主义学习理论的要义及其教学指导原则。（见基础篇 P111）
4. 简述有意义学习的实质和条件。（见基础篇 P107）
5. 简述教师的基本权利。（见基础篇 P210）

论述题

1. 分析班主任素质的基本要求。（见基础篇 P216）
2. 论述教育对人的发展的作用。（见基础篇 P152）
3. 论述蔡元培"五育"并举的教育方针及其对现代教育的启示。（见基础篇 P37）
4. 论述夸美纽斯的普及教育思想及其历史贡献。（见基础篇 P70、71）
5. 论述慕课对当前学校教育产生的影响。（见拔高篇 P411）

2018年扬州大学333教育综合真题

名词解释

1. 班级授课制（见基础篇 P191）
2. "六艺"（见基础篇 P2）
3. 心理过程（见二维码）
4. 教育目的（见基础篇 P163）
5. 学校管理体制（见二维码）
6. 迁移（见基础篇 P121）

简答题

1. 简述苏格拉底法。（见基础篇 P48）
2. 简述学生学习的特点。（见基础篇 P105）
3. 简述加德纳的多元智能理论。（见基础篇 P131）
4. 简述人的发展的基本规律。（见基础篇 P149）

论述题

1. 论述陶行知的生活教育理论及其对当代教育的启示。（见基础篇 P44）
2. 论述心智技能的培养方法。（见基础篇 P123）
3. 分析现实生活中的教师角色冲突及其解决办法。（见基础篇 P212）
4. 论述韩愈《师说》中所蕴含的教育思想及其对当代教育的启示。（见基础篇 P20）

2019年扬州大学333教育综合真题

名词解释

1. 教育的社会流动功能（见基础篇 P155）
2. 课程标准（见基础篇 P174）
3. 德育过程（见基础篇 P201）
4. 结构主义教学观（见基础篇 P87）
5. 有教无类（见基础篇 P4）
6. 发现学习（见基础篇 P104）

简答题

1. 简述教育的政治功能。（见基础篇 P157）
2. 简述读书指导法的基本要求。（见二维码）
3. 简述罗杰斯的学生中心教学观。（见基础篇 P110）
4. 简述文艺复兴时期人文主义教育的特征。（见基础篇 P55）

论述题

1. 如何理解教育是一种有目的地培养人的社会活动？（见二维码）
2. 分析教学过程中直接经验与间接经验的关系。（见基础篇 P185）
3. 分析影响问题解决的主要因素及其对教育的启示。（见基础篇 P132）
4. 论述杜威的教育本质思想及其历史影响。（见基础篇 P80）

2020年扬州大学333教育综合真题

名词解释

1. 教育内容（见基础篇 P146）
2. 书院（见基础篇 P22）
3. 课程（见基础篇 P174）
4. 循序渐进原则（见二维码）
5. 教育管理体制校本化（见二维码）
6. 认知学习观（见二维码）

简答题

1. 简述促进认知策略迁移的措施。（见基础篇 P121）
2. 简述教师师德的主要内容。（见二维码）
3. 简述人的身心发展的规律及其教育启示。（见基础篇 P149）
4. 简述人文主义教育思潮。（见二维码）

论述题

1. 关于杜威和赫尔巴特的师生观，结合现代教育学，谈谈对教学过程中学生的地位和作用的认识。（材料大意，回忆版）（见拔高篇 P236）
2. 论述教师劳动的创造性及其培养措施。（见二维码）
3. 论述奥苏伯尔的有意义接受学习及其对当代的启示。（见二维码）
4. 根据《爱弥儿》中的一段材料，述评卢梭的教育思想及其对我国教育的启示。（材料大意，回忆版）（见拔高篇 P267）

2021年扬州大学333教育综合真题

名词解释

1. 课程标准（见基础篇 P174）
2. 教学（见基础篇 P183）
3. 进步主义教育（见基础篇 P85）
4. 生成性目标（见二维码）
5. "五育"并举（见基础篇 P34）
6. 学校德育（见基础篇 P201）

简答题

1. 简述心理健康的标准。（见基础篇 P140）
2. 简述班集体的培养方法。（见基础篇 P217）
3. 简述苏霍姆林斯基的个体全面和谐发展说。（见基础篇 P67）
4. 简述人的发展的规律。（见二维码）

论述题

1. 论述陶行知的生活教育理论以及教育启示。（见基础篇 P44）
2. 如何理解学生必须要以直接经验为基础学习间接经验？并谈谈其对教学的启示。（见基础篇 P185）
3. 论述班杜拉的观察学习理论及其教育启示。（见基础篇 P106）
4. 为什么教育要放在优先发展战略地位？（见基础篇 P160）

2022年扬州大学333教育综合真题

名词解释

1. 课程标准（见基础篇 P174）
2. 教育目的（见基础篇 P163）
3. 学校管理（见基础篇 P219）
4. 平民教育运动（见二维码）
5. 苏格拉底法（见基础篇 P47）
6. 编码与组织策略（见基础篇 P125）

简答题

1. 简述现代教育的特征。（见基础篇 P148）
2. 简述我国学校德育的主要原则。（见基础篇 P206）
3. 简述百日维新中的教育改革内容。（见基础篇 P32）
4. 简述学习动机的内部影响因素。（见基础篇 P117）

论述题

1. 论述高尚师德的内容及其养成方法。（见二维码）
2. 论述杜威的"教育无目的"思想，并谈谈其对当代教育的启示。（见基础篇 P80）
3. 评述科尔伯格的道德认知发展理论。（见基础篇 P99）
4. 论述课程的主要类型及其含义。（见二维码）

2023年扬州大学333教育综合真题

名词解释

1. 学校德育（见基础篇 P201）
2. 教学评价（见基础篇 P193）
3. 教育内容（见基础篇 P146）
4. 学在官府（见基础篇 P2）
5. 教育即生活（见二维码）
6. 精细加工策略（见基础篇 P124）

简答题

1. 简述活动课程的主要特点。（见二维码）
2. 简述终身教育理论的主要观点。（见基础篇 P173）
3. 简述影响学习动机的内部条件。（见基础篇 P117）
4. 简述理论与实践相结合的教学原则的基本要求。（见基础篇 P195）

论述题

1. 对比传统教育，试分析现代教育教学理念发生了哪些转变？（见二维码）
2. 论述知识迁移和应用的措施。（见基础篇 P121）
3. 结合"双减"政策论述义务教育中的教师角色冲突和应对。（见拔高篇 P358）
4. 论述卢梭自然教育主义的教育内容及其历史影响。（见基础篇 P72）

2010年宁波大学333教育综合真题

名词解释

1. 学校教育（见基础篇 P145）
2. 教师个体的专业发展（见基础篇 P209）
3. 教育目的（见基础篇 P163）
4. 义务教育（见基础篇 P170）
5. 课程目标（见基础篇 P176）
6. 新教育运动（见基础篇 P85）

简答题

1. 简述教育的功能。（见二维码）
2. 简述孔子的教育思想及其历史影响。（见基础篇 P9）
3. 简述人文主义教育的特征和历史影响。（见基础篇 P55）
4. 简述科尔伯格的道德发展阶段理论。（见基础篇 P99）

论述题

1. 论述学习教育学的价值和意义。（见基础篇 P143）
2. 论述新文化运动影响下的教育思潮。（见基础篇 P39）
3. 解读赫尔巴特和杜威的教育思想及影响，并在此基础上，结合现实，对传统教育与现代教育进行对比分析。（见拔高篇 P234）
4. 举例说明影响学习迁移的条件，以及在教学中如何促进学生的学习迁移。（见基础篇 P121）

2011年宁波大学333教育综合真题

名词解释
1. 苏格拉底法（见基础篇P47）
2. 骑士教育（见基础篇P53）
3. 要素教育论（见二维码）
4. 新教育运动（见基础篇P85）
5. 教师个体的专业发展（见基础篇P209）
6. 学校教育（见基础篇P145）

简答题
1. 简述1922年"新学制"的标准和特点。（见基础篇P34）
2. 简述英国《1988年教育改革法》的主要内容。（见基础篇P59）
3. 简述教育目的的功能。（见二维码）
4. 简述学习与个体心理发展的关系。（见二维码）

论述题
1. 结合自己的体会，论述学习教育学的价值和意义。（见基础篇P143）
2. 从社会和个体两个方面，阐述教育的功能。（见基础篇P160）
3. 论述科举制度的全部发展过程及其对当代教育改革的启示。（见基础篇P17、18）

2012年宁波大学333教育综合真题

名词解释
1. 教育制度（见基础篇P170）
2. 教材（见基础篇P174）
3. 有教无类（见基础篇P4）
4. 设计教学法（见基础篇P86）
5. 最近发展区（见基础篇P95）
6. 教学设计（见基础篇P183）

简答题
1. 试析教育的社会功能。（见基础篇P160）
2. 概述课程目标的基本特征。（见二维码）
3. 简述科举制对中国封建社会后期的影响。（见基础篇P17）
4. 评析裴斯泰洛齐的教育心理学化思想。（见基础篇P74）

论述题
1. 请结合实际谈谈教师进行教育研究的优势和素养。（见二维码）
2. 试论蔡元培在北京大学的教育改革实践及其影响。（见基础篇P35）
3. 述评杜威的教育思想。（见基础篇P83）
4. 请举例说明教师威信对教育成效的影响。（见二维码）
5. 结合目前的教育教学实践和社会状况，谈谈如何激发学生的学习动机。（见基础篇P117）

2013年宁波大学333教育综合真题

名词解释

1. 课程标准(见基础篇 P174)
2. 学校教育制度(见基础篇 P170)
3. 智者(见基础篇 P47)
4. 实验教育学(见基础篇 P142)
5. 学习动机(见基础篇 P113)
6. 品德(见基础篇 P136)

简答题

1. 简述教育促进文化延续与发展的功能。(见二维码)
2. 试析书院的教学特点。(见基础篇 P24)
3. 简述学习策略与学习方法的联系与区别。(见二维码)
4. 简述影响学习迁移的因素。(见二维码)

论述题

1. 作为一名教师,请谈谈构建良好师生关系的基本策略。(见基础篇 P215)
2. 试论教师从事教育研究的意义。(见二维码)
3. 试论陶行知的生活教育理论。(见基础篇 P44)
4. 试论赫尔巴特的教学形式阶段理论。(见基础篇 P77)

2014年宁波大学333教育综合真题

名词解释

1. 教育和义务教育(见二维码)
2. 学校教育制度(见基础篇 P170)
3. 稷下学宫(见基础篇 P4)
4. 废科举(见二维码)
5. 品德(见基础篇 P136)
6. 图式(见基础篇 P94)

简答题

1. 简述教师专业发展的内涵及内容。(见基础篇 P213)
2. 简述福泽谕吉的教育思想。(见二维码)
3. 什么是意义学习?简述实现意义学习的条件。(见基础篇 P107)
4. 简述培养学生动机的有效策略。(见基础篇 P117)

论述题

1. 结合当前我国社会政治改革和发展的特点,谈谈政治对教育的影响以及教育应该担负的政治功能。(见基础篇 P157)
2. 回答教学的含义,并结合实际,谈谈如何理解加重教师和学生、知识传授和能力培养、教和学、结果和过程之间的关系。(见二维码)
3. 论述陶行知的生活教育理论及其当代意义。(见基础篇 P44)
4. 如何理解赫尔巴特的教育性教学?(见基础篇 P76)

2015年宁波大学333教育综合真题

名词解释
1. 夸美纽斯（见基础篇 P68）
2. 教育叙事（见二维码）
3. 学生生活（见二维码）
4. 《教育漫话》（见基础篇 P63）
5. 陶行知（见二维码）
6. 昆体良（见二维码）

简答题
1. 简述文化教育学的基本观点。（见二维码）
2. 简述新教育运动。（见二维码）
3. 列举两至三所近代教会大学，并分析其办学特点。（见二维码）
4. 简述行为问题学生的类型及其产生原因。（见二维码）

论述题
1. 结合今天我国基础教育的实际，论述你对素质教育的看法。（见基础篇 P168）
2. 从现实角度论述科举制度的积极意义及局限性。（见基础篇 P17）
3. 试论道尔顿制的特点及局限性。（见二维码）
4. 联系实际，阐述男生与女生的心理差异及教学建议。（见二维码）

2016年宁波大学333教育综合真题

名词解释
1. 教育目的和制定教育目的的依据（见二维码）
2. 教育制度和义务教育制度（见基础篇 P170）
3. 有教无类（见基础篇 P4）
4. 罢黜百家，独尊儒术（见二维码）
5. 自我效能感（见基础篇 P113）
6. 强化（见基础篇 P103）

简答题
1. 简述教育的文化功能及其表现。（见基础篇 P157）
2. 简述卢梭自然教育的基本含义。（见基础篇 P72）
3. 简述教师的社会角色。（见基础篇 P211）
4. 简述认知心理学学习理论的主要观点。（见基础篇 P106）

论述题
1. 作为一名教师，你如何理解学习教育学的价值和意义？（见基础篇 P143）
2. 学生发展的含义及一般规律是什么？请根据学生发展的一般规律，谈谈其中的教育意义。（见基础篇 P149）
3. 论述蔡元培主持北京大学改革的措施及其启示。（见基础篇 P35）
4. 论述杜威关于思维与教学方法的主张及其当代价值。（见二维码）

2017年宁波大学333教育综合真题

名词解释

1. 白板说（见基础篇 P63）
2. 《爱弥儿》（见基础篇 P68）
3. 教育（见基础篇 P145）
4. 教育目的（见基础篇 P163）
5. 程序性知识（见基础篇 P119）
6. 最近发展区（见基础篇 P95）

简答题

1. 简述韩愈的尊师重道思想。（见基础篇 P20）
2. 简述古代书院的萌芽及其原因。（见基础篇 P23）
3. 简述蔡元培提出的"五育"之间的关系。（见基础篇 P37）
4. 简述教育促进个体社会化和个性化功能的表现。（见基础篇 P153）
5. 简述学生的道德认知和道德行为的关系。（见二维码）
6. 简述学生对学业成败的归因如何影响其学习行为。（见基础篇 P115）

论述题

1. 论述赫尔巴特的教学阶段论。（见基础篇 P77）
2. 论述政治、经济、文化因素对课程变革的影响。（见二维码）
3. 教师专业发展的内容有哪些？结合自己的经验或体会，谈谈当前教师专业发展中存在的一个或者几个问题。（见基础篇 P213）

2018年宁波大学333教育综合真题

名词解释

1. 非正式群体（见基础篇 P216）
2. 教师威信（见二维码）
3. 京师同文馆（见基础篇 P29）
4. 昆西教学法（见基础篇 P85）
5. 福禄培尔（见二维码）
6. 教育的生物起源说和心理起源说（见二维码）

简答题

1. 简述学生心理差异的主要表现。（见二维码）
2. 简述青少年身体发展、认知发展和人格发展的关系。（见拔高篇 P282）
3. 简述朱熹有关读书方法的观点。（见基础篇 P26）
4. 简述科举制与学校教育的关系。（见基础篇 P19）
5. 教师职业的社会地位主要包含哪些方面？谈谈你对当前教师社会地位的看法。（见二维码）
6. 简述教育的个体发展功能，为什么说学校教育在人的发展中起主导作用？（见基础篇 P153）
7. 简述政治制度和经济发展水平对教育的制约作用。（见二维码）

论述题

1. 试论述杜威对于教育本质的主张及其启示。（见基础篇 P80）
2. 师生关系有哪些基本类型？分别有哪些特点？你认为良好的师生关系应该具备什么特征？说出你的依据和理由。（见基础篇 P214）

2019年宁波大学333教育综合真题

名词解释

1. 班集体（见二维码）
2. 单轨学制（见二维码）
3. 最近发展区（见基础篇 P95）
4. 《学记》（见基础篇 P5）
5. 结构主义教育（见基础篇 P87）
6. 《普通教育学》（见基础篇 P69）

简答题

1. 简述教师职业的基本特征。（见基础篇 P210）
2. 简述程序性知识的教学策略。（见二维码）
3. 简述夸美纽斯教育适应自然的原则。（见基础篇 P70）
4. 简述文艺复兴时期人文主义教育的基本特征。（见基础篇 P55）
5. 简述埃里克森的心理社会发展理论。（见基础篇 P98）
6. 简述发现学习的特点。（见基础篇 P104）
7. 简述加涅对学习的分类。（见基础篇 P105）

论述题

1. 论述陈鹤琴的"活教育"思想体系及其启示。（见基础篇 P45）
2. 试论学生评价理论与实践的变革及其对我国基础教育改革的影响。（见二维码）

2020年宁波大学333教育综合真题

名词解释

1. 主题班会（见二维码）
2. 档案袋评价法（见二维码）
3. 创造力（见基础篇 P130）
4. 学习策略（见基础篇 P124）
5. 设计教学法（见基础篇 P86）
6. 察举制（见二维码）

简答题

1. 简述班级授课制。（见基础篇 P194）
2. 简述苏霍姆林斯基的劳动教育。（见二维码）
3. 简述宋元时期蒙学教材的类型及其特点。（见基础篇 P25）
4. 简述裴斯泰洛齐教育心理学化的含义及其影响。（见基础篇 P74）
5. 简述现代认知学习观。（见基础篇 P106）
6. 简述形式训练说。（见二维码）
7. 简述心智技能的培养。（见基础篇 P123）

论述题

1. 分析比较文艺复兴时期的人文主义教育、新教教育和天主教教育之间的联系、区别和影响。（见拔高篇 P233）
2. 论述我国教育目的的价值取向及其对我国基础教育改革的启示。（见二维码）

2021年宁波大学333教育综合真题

名词解释

1. 非制度化教育(见二维码)
2. 教育目的的价值取向(见二维码)
3. 校本课程(见基础篇 P175)
4. 素丝说(见基础篇 P4)
5. 惩罚(见二维码)
6. 攻击性行为(见二维码)

简答题

1. 简述裴斯泰洛齐的要素教育论。(见基础篇 P74)
2. 简述成败归因理论。(见基础篇 P115)
3. 简述永恒主义教育。(见基础篇 P89)
4. 简述终身教育理论。(见基础篇 P173)
5. 简述程序性知识的产生机制。(见二维码)
6. 简述学生身心发展的特点。(见基础篇 P149)
7. 简述日本明治维新时期的教育改革措施。(见基础篇 P62)

论述题

1. 论述黄炎培的职业教育目的、方针、原则。(见基础篇 P42)
2. 基于对教师是一种专业化的职业这一认识,论述应如何提高教师的专业能力。(见基础篇 P212)

2022年宁波大学333教育综合真题

名词解释

1. 制度化教育(见二维码)
2. 教育的个体发展功能(见二维码)
3. 形成性评价(见基础篇 P193)
4. 全人生指导(见基础篇 P41)
5. 自我概念(见二维码)
6. 学习动机(见基础篇 P113)

简答题

1. 简述学生发展的一般规律。(见基础篇 P149)
2. 简述《理想国》的积极因素和局限性。(见基础篇 P49)
3. 简述马卡连柯的集体教育思想。(见基础篇 P65)
4. 简述教学设计过程。(见基础篇 P188)
5. 简述问题解决过程。(见基础篇 P131)
6. 简述皮亚杰的认知发展理论。(见基础篇 P95)
7. 简述柏林大学与现代大学制度。(见基础篇 P60)

论述题

1. 论述王守仁"致良知"的教育思想和教育作用。(见二维码)
2. 论述教育专门化和教师专业化。(见二维码)

2023年宁波大学333教育综合真题

名词解释
1. 活动课程（见基础篇P175）
2. 生物起源说（见二维码）
3. 个别学习（见二维码）
4. 《中庸》（见二维码）
5. 精细加工策略（见基础篇P124）
6. 下位学习（见二维码）

简答题
1. 简述教育的社会制约性。（见二维码）
2. 简述贝尔兰–卡斯特制的产生及实施方法。（见二维码）
3. 简述建构主义学习理论的学习观。（见基础篇P111）
4. 简述教师劳动的特点。（见基础篇P210）
5. 简述赫尔巴特的统觉理论的内涵。（见二维码）
6. 简述凯兴斯泰纳的劳作学校的任务。（见二维码）
7. 简述创造性的心理结构。（见基础篇P134）

论述题
1. 论述晏阳初的"四大教育"的主张。（见基础篇P43）
2. 根据影响人的身心发展因素理论分析"染于苍则苍，染于黄则黄"和"出淤泥而不染"现象。（见二维码）

2010年青岛大学333教育综合真题

填空题
1. 现代学制的类型主要有双轨学制、(单轨学制)、分支型学制）。
2. 布卢姆把教学目标分为(认知目标)、(情感目标)、(动作技能目标)三领域。
3. 编制课程的三大取向是学科中心、(学生中心)、(社会需求)。
4. 教师备课的一般环节是钻研教材、(了解和掌握学情)、(精选教学方法)、拟定教学计划四个环节。
5. 从课程管理的角度看，当前课程体系主要有国家课程、(地方课程)、(校本课程)。
6. 班级管理主要包括(学习的管理)、(思想品德的管理)和班级生活指导等方面。
7. 21世纪国际教育委员会提交给联合国教科文组织的报告《教育——财富蕴藏其中》提出，21世纪教育的四个支柱是学会认知、(学会做事)、(学会共同生活)、(学会生存)。
8. 人类教育在漫长的演进过程中大致经历了(古代)、(近代)、(现代)和当代四个形态的教育阶段。

选择题
1. 在西方教育史上最早倡导使用问答法教学的思想家是(A)
   A. 苏格拉底　　B. 柏拉图　　C. 亚里士多德　　D. 昆体良
2. 从作用的对象看，教育功能可分为(A)
   A. 个体功能和社会功能
   B. 正向功能和负向功能
   C. 显性功能和隐性功能
   D. 本体功能和派生功能
3. 对人的身心发展来说，学校教育是一种(D)环境
   A. 宏观的　　B. 间接的　　C. 一般的　　D. 特殊的

4. 讲授教学法的负面作用最可能是(D)

A. 课堂失控　　　　　　　　　　　　　B. 教学效率低

C. 不利于思想品德教育　　　　　　　　D. 不利于学生发挥主动性

5. 下列不是现代形态教育的特征的是(C)

A. 教育的世俗化　　　　　　　　　　　B. 教育的国家化

C. 学校教育与生产劳动相脱离　　　　　D. 教育的法制化

6. 我国近代历史上最早颁布并实施的学制颁布于(B)年

A.1898　　　　　B.1904　　　　　C.1919　　　　　D.1922

7. 我国当前主要的教学组织形式是(B)

A. 个别教学　　　B. 班级授课制　　　C. 现场教学　　　D. 启发式教学

8. 由学校教师编制、实施和评价的课程是(C)

A. 广域课程　　　B. 国家课程　　　　C. 校本课程　　　D. 学科课程

9. "外铄论"学生观的代表人物是(C)

A. 卢梭　　　　　B. 杜威　　　　　　C. 赫尔巴特　　　D. 布鲁纳

10. 在教育目的的问题上,法国教育家卢梭的主张体现了教育目的(D)

A. 社会效益论思想　B. 教育无目的论思想　C. 社会本位论思想　D. 个人本位论思想

11. 只考虑被评价对象应该达到的水平,而不受被评价对象在其特定整体中位置的影响,这种评价属于(C)

A. 相对评价　　　B. 个体内差异评价　　C. 绝对评价　　　D. 总结性评价

12. 泛智教育思想的提出者是(A)

A. 夸美纽斯　　　B. 赫尔巴特　　　　C. 布鲁纳　　　　D. 洛克

13. "拔苗助长"违背了教学的(C)

A. 启发性原则　　B. 因材施教原则　　C. 循序渐进原则　D. 直观性原则

14. 布鲁纳认为无论我们选择何种学科都务必使学生理解该学科的基本结构,其课程理论被称为(D)

A. 百科全书式课程理论　B. 综合课程理论　C. 实用主义课程理论　D. 结构主义课程理论

15. 首次把教育学作为一门独立的科学提出来的学者是(B)

A. 夸美纽斯　　　B. 赫尔巴特　　　　C. 卢梭　　　　　D. 培根

16. 行为目标描述的是(D)

A. 学校的行为　　B. 教师的行为　　　C. 教师和学生的行为　D. 学生的行为

17. 被誉为世界上最早的教育专著是(C)

A.《大学》　　　　B.《论语》　　　　C.《学记》　　　　D.《礼记》

18. 诊断性评价往往在教育活动的(B)

A. 过程中进行　　B. 开始前进行　　　C. 结束后进行　　D. 各阶段中进行

19. 新课程提倡的三维教学目标是指(D)

A. 知识、技能和方法　　　　　　　　　B. 情感、态度和价值观

C. 知识、技能和情感　　　　　　　　　D. 知识与技能、过程与方法、情感态度与价值观

20. 进步主义教育理论的代表人物是(C)

A. 洛克　　　　　B. 多尔　　　　　　C. 杜威　　　　　D. 巴格莱

名词解释

1. 学生观(见二维码)　　　　　　　　　2. 教育民主化(见二维码)

3. 综合课程(见基础篇 P175)　　　　　4. 讨论法(见二维码)

5. 学校教育(见基础篇 P145)

简答题

1. 简述当代形态教育的主要特征。(见基础篇 P148)
2. 简述影响个体发展的因素。(见基础篇 P153)
3. 简述教育的文化功能。(见基础篇 P157)
4. 简述教学过程中直接经验与间接经验的关系。(见基础篇 P185)
5. 简述教师职业的特点。(见基础篇 P210)
6. 简述现行德育课程内容的主要特点。(见二维码)

论述题

1. 教学中应该注意哪些教学原则？试举例论述你感受最深的一个教学原则。(见基础篇 P197)
2. 试述班级授课制的特点、优点、局限及其变革方向。(见基础篇 P194)
3. 结合实际,谈谈你对素质教育的理解与认识。(见基础篇 P168)

2011 年青岛大学 333 教育综合真题

判断改错题

(请先判断每个说法是否正确,若正确,请写"√";若错误,请写"×"并改正。)

1. 我国最早的一部教育著作是《论语》。(×)
   我国最早的一部教育著作是《学记》。
2. 20 世纪初,美国教育家杜威认为学校教育应以传授书本知识为主。(×)
   20 世纪初,美国教育家杜威认为学校教育应以传授儿童经验为主。
3. 最早的正式学校是在原始社会出现的。(×)
   最早的正式学校是在奴隶社会出现的。
4. 广义的教育是指凡是有目的地增进人的知识技能,影响人的品德,增强人的体质的活动,不论是有组织的或是无组织的,系统的或是零碎的,都是教育。(√)
5. 能动性是人的发展的重要特点。(√)
6. 教育目的的制定应完全立足于社会需要。(×)
   教育目的的制定要考虑时代与社会需要、个体身心发展的特点与需要。
7. 讲授法是一种注重知识灌输的教学方法。(×)
   讲授法是教师通过语言系统连贯地向学生传授知识,促进学生智能和品德发展的方法。其要求之一是注重启发性。
8. 诊断性评价是在教学进程中对学生的知识掌握和能力发展的比较进行经常而及时的测评与反馈。(×)
   诊断性评价是在一个学期开始或一个单元教学开始时,为了解学生的学习准备状况及影响学习的因素而进行的评价。
9. 发现学习是学生学习的主要形式。(×)
   有意义接受学习是学生学习的主要形式。
10. 维果茨基认为,最近发展区是指儿童自身所能达到的心理发展水平。(×)
    维果茨基认为,最近发展区是指儿童在有指导的情况下,借助成人或更有能力的同伴的帮助所能达到的解决问题的水平与独自解决问题所达到的水平之间的差异,实际上是两个邻近发展阶段间的过渡状态。
11. 布鲁纳重视学科的知识结构,倡导发现法教学。(√)

12. 新提倡的三维教学目标是知识、技能和情感。（×）

新提倡的三维教学目标是知识与技能、过程与方法、情感态度与价值观。

13. 学校教育与生产劳动相脱离是现代形态教育的特征。（×）

学校教育与生产劳动相脱离是古代形态教育的特征。

14. 教育有促进社会流动的功能。（√）

15. 德育过程主要是一种道德认知过程。（×）

德育过程是道德认知、道德情感、道德意志、道德行为相互作用的过程。

简答题

1. 简述皮亚杰的认知发展阶段理论。（见基础篇 P95）
2. 简述教育的文化功能。（见基础篇 P157）
3. 简述教师的权利。（见基础篇 P210）
4. 简述传授知识与发展智能的关系。（见基础篇 P186）
5. 简述新一轮基础教育课程改革的主要目标。（见基础篇 P181）

案例分析题

1. 材料：某学校按照上级教育管理部门要求，号召教师开发校本课程，但他们认为课程开发是教育专家的工作，普通教师只要上好课就行了。

请针对上述现象，从课程改革、教师角色等方面进行分析。（见拔高篇 P338）

2. 材料：某中学的王老师第一次当班主任，一位资深班主任对他说，初中孩子最难管，三天不打，上房揭瓦，所以你一定要压制住他们，绝不能给他们好脸色。

请判断这样的说法是否正确，并分析原因，假如你是这位班主任，你应该怎么做？（见拔高篇 P364）

作文题

（不少于 800 字）

题目："学生差异之我见"。（提示：可以从教育学、教育心理学等相关理论出发，结合实际，谈谈如何理解学生差异以及如何对待学生差异。）（见拔高篇 P369）

2012年青岛大学333教育综合真题

选择题

1. 活动课程论的代表人物是（B）

A. 卢梭　　　　　B. 杜威　　　　　C. 赫尔巴特　　　　D. 布鲁纳

2. 普通教育学的研究对象主要是（B）

A. 幼儿教育　　　B. 中小学教育　　C. 高等教育　　　　D. 职业技术教育

3. 乌申斯基指出："一般说来，儿童是依靠形式、颜色、声音和感觉来进行思维的。"这就要求我们在教学中要重视运用的原则是（C）

A. 循序渐进　　　B. 因材施教　　　C. 直观性　　　　　D. 巩固性

4. "矮子里找高个""水涨船高"是一种（A）

A. 相对评价　　　B. 绝对评价　　　C. 定性评价　　　　D. 定量评价

5. "最近发展区"理论的提出者是（D）

A. 皮亚杰　　　　B. 罗杰斯　　　　C. 布鲁纳　　　　　D. 维果茨基

6. 《理想国》的作者是（C）
A. 亚里士多德　　　B. 苏格拉底　　　C. 柏拉图　　　D. 昆体良

7. 《大教学论》的作者是（D）
A. 皮亚杰　　　B. 卢梭　　　C. 杜威　　　D. 夸美纽斯

8. 教学过程的中心环节是（B）
A. 感知教材　　　B. 理解教材　　　C. 巩固知识　　　D. 运用知识

9. 我国最早提出并实施的现代学制是（A）
A. 癸卯学制　　　B. 壬寅学制　　　C. 壬戌学制　　　D. "六三三"学制

10. 教学是进行全面发展教育、实现培养目标的（D）
A. 基本方法　　　B. 基本内容　　　C. 基本制度　　　D. 基本途径

11. 《民主主义与教育》的作者是（C）
A. 皮亚杰　　　B. 赫尔巴特　　　C. 杜威　　　D. 夸美纽斯

12. "得天下之英才而教育之"的提出者是（C）
A. 陶行知　　　B. 孔子　　　C. 孟子　　　D. 朱熹

13. 我国教育目的制定的主要理论基础是（A）
A. 马克思主义关于人的全面发展学说　　　B. 实用主义
C. 建构主义　　　D. 教育心理学

14. 因材施教原则的精神实质是在教学中要（A）
A. 针对学生的实际情况　　　B. 采用不同的教学方法
C. 根据不同的教材　　　D. 设置不同的专业、学科

15. 重视学科基本结构，提倡发现学习的是（A）
A. 布鲁纳　　　B. 布卢姆　　　C. 赞科夫　　　D. 杜威

名词解释

1. 元认知（见基础篇P125）
2. 班级授课制（见基础篇P191）
3. 课程标准（见基础篇P174）
4. 学制（见基础篇P170）
5. 形成性评价（见基础篇P193）

简答题

1. 简述教育的政治功能。（见基础篇P157）
2. 简述新一轮基础教育课程改革的具体目标。（见基础篇P181）
3. 简述"教为主导、学为主体"的教学规律。（见基础篇P186）
4. 简述建构主义学习理论的基本观点。（见基础篇P111）
5. 简述教学过程作为一种特殊的认识过程的特殊性。（见基础篇P184）
6. 简述我国现行学制的改革趋势。（见基础篇P172）

论述题

1. 结合实际，谈谈在教学中怎样处理间接经验与直接经验的关系。（见基础篇P185）
2. 概述教师的职业素养，结合当前教育现状，谈谈你的认识。（见基础篇P212）

作文题

不要让孩子输在起跑线上已经成为许多家长重视早期教育，甚至为孩子报各种课外辅导班、想方设法选择名校名

师的重要依据,你对这种现象怎么看?

请以"不要让孩子输在起跑线上之我见"为题,写一篇不少于1 000字的文章。(见拔高篇P378)

2013年青岛大学333教育综合真题

选择题

1. "孟母三迁"的故事反映了(B)对人的重要影响
   A. 教育　　　　　　B. 环境　　　　　　C. 遗传　　　　　　D. 家庭教育
2. 编写教科书的直接依据和国家衡量各科教学的主要标准是(B)
   A. 课程　　　　　　B. 课程标准　　　　C. 课程计划　　　　D. 课程目标
3. "活到老,学到老"是现代教育(C)特点的要求
   A. 大众性　　　　　B. 公平性　　　　　C. 终身性　　　　　D. 未来性
4. 我国教育目的的理论基础是(D)
   A. 人的身心发展规律　　　　　　　　　B. 人的自然发展学说
   C. 马克思主义的本质观　　　　　　　　D. 马克思主义关于人的全面发展学说
5. 新课程提出的三维目标是(C)
   A. 身体成长、心理健康、知识与能力　　B. 认知、情感、技能
   C. 知识与技能、过程与方法、情感态度与价值观　　D. 智力、体力、思想品德
6. 布鲁纳认为,无论我们选择何种学科,都务必使学生理解该学科的基本结构,依此而建立的课程理论是(D)
   A. 百科全书式课程理论　　　　　　　　B. 综合课程理论
   C. 实用主义课程理论　　　　　　　　　D. 结构主义课程理论
7. 1999年6月,中共中央、国务院颁发了《关于深化教育改革,全面推进素质教育的决定》,提出素质教育的重点是培养学生的创造精神和(C)
   A. 道德品质　　　　B. 健壮体魄　　　　C. 实践能力　　　　D. 创造能力
8. 教师通过展示实物、直观教具、进行示范实验,指导学生获取知识的方法是(B)
   A. 练习法　　　　　B. 演示法　　　　　C. 实验法　　　　　D. 发现法
9. 小明写了保证书,决心今后要遵守《中学生守则》,做到上课不再迟到。可是冬天天一冷,小明迟迟不肯钻出被窝,以致又迟到了。因此,对小明的教育应从提高其(A)水平入手
   A. 道德意志　　　　B. 道德认识　　　　C. 道德情感　　　　D. 道德行为
10. 提出德育的社会学习模式的学者是(C)
    A. 科尔伯格　　　　B. 彼得·麦克费尔　　C. 班杜拉　　　　　D. 皮亚杰
11. 在教育心理学史上,1903年出版了《教育心理学》一书的心理学家是(D)
    A. 冯特　　　　　　B. 詹姆斯　　　　　C. 杜威　　　　　　D. 桑代克
12. 奥苏伯尔提出了三个主要影响迁移与保持的认知结构的变量指标,下列指标中不属于其中的是(D)
    A. 可利用性　　　　B. 可辨别性　　　　C. 稳定性和清晰性　D. 目的性和合理性
13. 遗忘曲线表明遗忘的进程是(A)
    A. 先快后慢　　　　B. 先慢后快　　　　C. 前后一样快　　　D. 没有规律
14. 贾德所做的著名的水下击靶实验证明的是(A)
    A. 智力技能中规则的迁移　　　　　　　B. 陈述性知识的迁移
    C. 动作技能的迁移　　　　　　　　　　D. 认知策略的迁移

15. 动作技能教学一般通过示范与指导相结合进行,而不宜采用发现教学法,较恰当的理由是(D)

A. 学生一般不能发现新的动作技能　　B. 学生自己尝试的动作方法往往不够准确

C. 通过发现而出现的错误动作难以纠正　　D. 以上三项都是可能的解释

判断题

(请在题目前的括号内填"√"或"×")

(×)1. 当前的课程标准和过去的教学大纲内容是完全相同的。

(√)2. 教育不仅可以提高人口质量,而且有利于控制人口增长。

(√)3. 教育目的是教育方针的核心内容。

(×)4. 伴随着时代发展,教育与生产劳动之间的关系是逐渐走向分离。

(×)5. 活动课程论是赫尔巴特提出并倡导的。

(×)6. 对儿童的良好行为要给予尽可能多的奖赏,因为奖赏有助于巩固个体的内在动机。

(×)7. 一般把智商在80以下的儿童确定为智力低常儿童。

(×)8. 通常来说,创造力高的人,智力也高于一般水平。

(√)9. 心理发展是指个体在从出生到死亡的过程中所发生的有次序的心理变化过程。

(√)10. 谐音联想法属于学习策略中的精细加工策略。

简答题

1. 简述奥苏伯尔有意义学习的实质和条件。(见基础篇P107)

2. 简述现代心理健康的标准。(见基础篇P140)

3. 简述选择教学方法的标准和依据。(见二维码)

4. 简述教学过程中直接经验与间接经验的关系。(见基础篇P185)

5. 简述当代教育的特征。(见二维码)

论述题

1. 论述教师应该具备怎样的素养。(见基础篇P212)

2. 述评皮亚杰的认知发展阶段理论及其与教学的关系。(见基础篇P96)

作文题

以"对于基础教育课程改革的认识与思考"为题写一篇作文,字数不少于800字。(见拔高篇P338)

2014年青岛大学333教育综合真题

选择题

1. 马克思说:"搬运工和哲学家之间的原始差别要比家犬和猎犬之间的差别小得多,他们之间的鸿沟是分工造成的。"这一论断说明(B)

A. 遗传素质最终决定人的发展　　B. 遗传素质只是为人的发展提供可能性

C. 遗传素质具有差异性　　D. 遗传素质对人的发展不起作用

2. 对人的身心发展来说,学校教育是一种(D)环境

A. 宏观的　　B. 间接的　　C. 一般的　　D. 特殊的

3. 因材施教原则的精神实质是教师在教学中要（A）
   A. 针对学生的实际情况　　　　　　　　　B. 采用不同的教学方法
   C. 根据不同的教材　　　　　　　　　　　D. 设置不同的专业、学科
4. 活动课程论的代表人物是（B）
   A. 孔子　　　　　B. 杜威　　　　　C. 赫尔巴特　　　　　D. 布鲁纳
5. 校本课程是（D）的课程
   A. 国家规定　　　B. 学校规定　　　C. 学校安排　　　　　D. 学校教师开发
6. 道德认识、道德情感、道德意志三者高度发展为（D）
   A. 道德信念　　　B. 道德理想　　　C. 道德情操　　　　　D. 道德行为
7. 教学过程的中心环节是（B）
   A. 感知教材　　　B. 理解教材　　　C. 巩固知识　　　　　D. 运用知识
8. 诊断性评价的目的是（B）
   A. 改进教学　　　B. 了解学生　　　C. 评定成绩　　　　　D. 分班分组
9. 整个教育制度的核心组成部分是（C）
   A. 国民教育制度　B. 义务教育制度　C. 学校教育制度　　　D. 成人文化教育机构
10. 属于《中华人民共和国教师法》明确规定的教师专业权利的是（A）
    A. 指导学生学习与发展的权利　　　　　　B. 对学校进行管理与领导的权利
    C. 选择教材教法开展教学工作的权利　　　D. 检查与评价学生品行、学业、身体的权利
11. 某个厌恶刺激的退出会提高个体的行为反应，这种现象是（B）
    A. 正强化　　　　B. 负强化　　　　C. 塑造　　　　　　　D. 惩罚
12. "孟母三迁"终使孟子成才，能够有效解释该现象的心理学理论是（B）
    A. 认知学习理论　B. 社会学习理论　C. 人本主义理论　　　D. 建构主义理论
13. 下面不属于创造性思维的主要特征的是（C）
    A. 流畅性　　　　B. 变通性　　　　C. 适应性　　　　　　D. 独特性
14. 迁移的概括化原理理论认为实现迁移的原因是两种学习之间有共同的概括化的原理，这一理论的代表人物是（D）
    A. 桑代克　　　　B. 苛勒　　　　　C. 奥苏倍尔　　　　　D. 贾德
15. 学习者有目的、有意识地通过对相关认知策略的含义、作用的感知、理解，并在特定的问题解决情境中进行具体的联系，进而掌握该策略并能迁移到其他情境之中，这种学习是（C）
    A. 发现学习　　　B. 迁移学习　　　C. 自上而下的学习　　D. 自下而上的学习

简答题

1. 简述个体的能动性在人的发展中的作用。（见基础篇 P151）
2. 简述古代教育的基本特征。（见二维码）
3. 简述讲授法的含义及运用讲授法的基本要求。（见二维码）
4. 简述自我效能感及其来源。（见基础篇 P116）
5. 简述学习动机的需要层次理论。（见基础篇 P114）

论述题

1. 联系实际，论述在教学过程中为什么要处理好智力活动与非智力活动的关系。（见基础篇 P186）
2. 论述维果茨基文化历史发展理论的主要观点，并阐述教学与认知发展的关系。（见基础篇 P97）

案例分析题

1. 材料：某位班主任老师在班会上，用不记名的方式评选出了3名"坏学生"，其中两位学生是因为最近违反了学校纪律，剩下的一位学生虽然只有9岁，居然被同学们选出了18条"罪状"。当天下午二年级组组长召集评选出来的"坏学生"开会，对这三个孩子进行批评和警告，要求他们写份检查，将自己干的坏事都写出来，让家长签字，星期一交到年级组长手中。当学生家长质疑教师的教育方法会挫伤孩子的自尊心时，班主任是这样回答的：你的孩子是班上最坏的，这是同学们用不记名投票的方式选出来的。自尊心是自己树立的，不是别人给的。自从这个9岁的孩子被评选为"坏学生"后，情绪一直非常低落，总是想方设法找借口逃学。

(1) 请用相关的德育原则对该班主任的做法进行评价。
(2) 你认为针对学生出现的问题，教师应该怎样去做？（见拔高篇P398）

2. 材料：张某是个十分聪明的学生，但就是太贪玩，学习不用功。每次考试他都有侥幸心理，希望能够靠运气过关。这次期末考试他考得不理想，他认为是运气太差了。

请用归因理论分析：
(1) 张某的这种归因是否正确？这种归因对他以后的学习会产生怎样的影响？
(2) 如张某的归因不正确，那正确的归因是怎样的？
(3) 对教师来讲，正确掌握归因理论有何意义？（见拔高篇P301）

2015年青岛大学333教育综合真题

选择题

1. 1806年，被誉为教育学独立的标志是德国赫尔巴特出版的（D）
A.《教育学》 B.《新教育大纲》
C.《论演说家的教育》 D.《普通教育学》

2. 从学校教育的产生看，学校这种专门的教育组织和活动形式首先出现在（B）
A. 原始社会 B. 奴隶社会 C. 封建社会 D. 资本主义社会

3. 涂尔干说："教育是成年一代对社会生活尚未成熟的年轻一代所实施的影响。其目的在于，使儿童的身体、智力和道德状况都得到激励与发展，以适应整个社会在总体上对儿童的要求，并适应儿童将来所处的特定环境的要求。"这种论断正确地指出了（A）
A. 教育具有社会性 B. 教育是社会复制的工具
C. 教育要促进人的个性化 D. 儿童对成人施加的影响不是教育

4. 某班教师为了激发和保持学生的学习动机，开展了一系列学习竞赛活动。结果如教师所料，学生的学习热情高涨，成绩明显提高。但没有想到的是，学生之间相互猜忌、隐瞒学习资料等现象日趋严重。上述事实表明，教育（D）
A. 既有正向显性功能，又有正向隐性功能 B. 既有负向显性功能，又有负向隐性功能
C. 既有正向隐性功能，又有负向隐性功能 D. 既有正向显性功能，又有负向隐性功能

5. 制度化教育的核心标志是（D）
A. 文字的产生 B. 脑力和体力劳动分工
C. 阶级社会产生 D. 学校的出现

6. 学生是人，是教育的对象，因而他们（B）
A. 消极被动地接受教育 B. 对外界的教育影响有选择性
C. 毫无顾忌地接受教育 D. 被动地接受教育

7. 从主导价值来看,体现国家意志的课程是(A)
   A. 国家课程　　　　B. 地方课程　　　　C. 校本课程　　　　D. 综合课程
8. 教育过程中最重要的人际关系是(B)
   A. 同学关系　　　　B. 师生关系　　　　C. 学校与家庭　　　D. 同事关系
9. 教育上的"拔苗助长"违背了人的身心发展的(C)规律
   A. 互补性　　　　　B. 阶段性　　　　　C. 顺序性　　　　　D. 个别差异性
10. 教师的劳动对象——学生,经常处于变化之中,同时教师在教育教学过程中要面对并及时妥善处理许多突发事件,这说明教师劳动具有(A)特点
    A. 创造性　　　　　B. 示范性　　　　　C. 复杂性　　　　　D. 专业性
11. 程序性知识特有的表征方式是(C)
    A. 命题　　　　　　B. 命题网络　　　　C. 产生式　　　　　D. 表象
12. 思维具有可逆性是(C)阶段的成就
    A. 感知运动　　　　B. 前运算　　　　　C. 具体运算　　　　D. 形式运算
13. 最具有动机价值的归因模式是(B)
    A. 归因于能力　　　B. 归因于努力　　　C. 归因于任务性质　D. 归因于运气
14. 个人面对某种问题情境时,在规定的时间内产生的观念的数量,表示的是创造性的(A)
    A. 流畅性　　　　　B. 变通性　　　　　C. 独特性　　　　　D. 综合性
15. 时间管理策略属于学习策略中的(D)
    A. 认知策略　　　　B. 元认知策略　　　C. 努力管理策略　　D. 资源管理策略

简答题

1. 简述教育的基本要素及其相互关系。(见基础篇 P147)
2. 简述教育目的的主要价值取向。(见基础篇 P164)
3. 简述教学的启发性原则及其要求。(见基础篇 P195)
4. 简述埃里克森提出的个体心理社会发展要经历哪几个阶段及每个阶段要解决的问题。(见基础篇 P98)
5. 简述加德纳多元智能理论的观点。(见基础篇 P131)

论述题

1. 论述教育与文化之间的关系。(见基础篇 P158)
2. 论述建构主义学习理论的基本观点及其在学习和教学中的应用。(见基础篇 P111)

案例分析题

1. 材料:

几个学生趴在池塘边的草地上,正观察着什么,并叽叽喳喳说个不停,一个教师看到他们满身是灰的样子,生气地走过去问:"你们在干什么?"

"看小蝌蚪在玩游戏呢。"学生头也不抬,随口而答。

"胡说,蝌蚪会玩什么游戏!"老师的声音提高了八度。严厉的斥责让学生顿时停止了观察,慌忙站了起来,一个个小脑袋耷拉下来,怯怯地看着老师,等候老师发落。只有一个倔强的小家伙不服气,小声嘟囔说:"您又没来看,怎么知道蝌蚪不会玩游戏?"

(1) 请你运用现代教育理论对该教师的行为进行评析。
(2) 如果你是教师,遇到这样的情况会怎样做?(见二维码)

2. 材料：在学校教育中,有的教师认为,如果学生得到了好的学习成绩,受到了老师和家长的赞扬,获得了奖励,学生就会有较强的学习动机;如果没有得到好分数或者赞扬,就会缺乏学习动机。对于那些不好好学习的学生,需要对他们进行批评教育。

(1) 此种看法反映了哪种动机理论？简述其理论观点。(见二维码)
(2) 请分析此动机理论应用于教学实践中的效果。(见二维码)
(3) 结合理论和实际,谈谈如何有效激发和培养学生的学习动机。(见基础篇 P117)

2016年青岛大学333教育综合真题

选择题

1. 最早系统阐述科学教育思想,并明确构建教育学体系的是(B)
   A. 夸美纽斯　　　B. 赫尔巴特　　　C. 康德　　　D. 杜威

2. 裴斯泰洛齐说："为人在世,可贵者在于发展,在于发展个人天赋的内在力量,使其经过锻炼,使人能尽其才,能在社会上达到他应有的地位。这就是教育的最终目的。"这句话反映了(C)
   A. 社会本位的教育目的论　　　B. 教育目的论
   C. 个体本位的教育目的论　　　D. 效能主义的教育目的论

3. 道德包括三种成分,道德认知、道德情感和道德行为,那么你认为责任感和义务感属于(B)
   A. 道德认知　　　B. 道德情感　　　C. 道德行为　　　D. 道德观念

4. 课程是人的各种自主性活动的总和,学习者通过与活动对象的相互作用而实现自身各方面的发展。这种观点认为(C)
   A. 课程即学科　　　B. 课程即经验
   C. 课程即活动　　　D. 课程即文化的再生产

5. 发现式教学方法的最大缺点是(D)
   A. 会导致学生注意力分散　　　B. 会导致学生机械学习
   C. 不利于发展学生的智力　　　D. 太耗费时间

6. 学与教的过程从宏观上说包括五个要素,下面选项中不属于其中的是(B)
   A. 学生与教师　　　B. 教育行政部门
   C. 教学内容　　　D. 教学媒体和教学环境

7. 教师将自己的教学实践活动定期进行梳理,总结出自己的教学经验,同时不断听取学生、同事、专家的反馈,这种反思方法属于(A)
   A. 行动研究　　　B. 撰写日记　　　C. 观摩讨论　　　D. 案例分析

8. 当一个不爱学习的学生表现出良好的学习行为时,老师撤除对他的批评,老师的做法属于(B)
   A. 正强化　　　B. 负强化　　　C. 消退　　　D. 惩罚

9. "榜样的力量是无穷的",这一观点与下面哪位心理学家的看法是异曲同工的?(B)
   A. 布鲁纳　　　B. 班杜拉　　　C. 布卢姆　　　D. 斯金纳

10. 有的人判断客观事物时,容易受到外来因素的影响和干扰,这种认知方式属于(A)
    A. 场依存型　　　B. 场独立型　　　C. 冲动型　　　D. 外向型

11. "一千个人看小说,就有一千个哈姆雷特",这实质上体现了下面哪个理论的观点?(C)
    A. 认知主义学习观理论　　　B. 行为主义学习观理论
    C. 建构主义学习观理论　　　D. 人本主义学习观理论

12. 程序性知识特有的表征方式是(C)
 A. 命题　　　　　　B. 图式　　　　　　C. 产生式　　　　　　D. 故事脚本
13. 贾德所作的著名的水下击靶实验证明的是(A)
 A. 智力技能中规则的迁移　　　　　　B. 陈述性知识的迁移
 C. 动作技能的迁移　　　　　　　　　D. 认知策略的迁移
14. 学生在解题过程中对题目浏览、测查、完成情况的监控及对速度的把握主要采用了(B)
 A. 认知策略　　　　B. 元认知策略　　　C. 管理策略　　　　D. 复述策略
15. 皮亚杰对道德认知的研究方法是(D)
 A. 道德两难故事　　B. 守恒实验　　　　C. 沙盘游戏　　　　D. 对偶故事法

简答题

1. 简述教育演进过程中的几种形态及其特点。(见二维码)
2. 简述个体身心发展的一般规律。(见基础篇 P149)
3. 简述现代学制的主要类型及其特点。(见二维码)
4. 请列举加涅对学习的分类，并分别举例说明。(见基础篇 P105)
5. 简述新手型教师与专家型教师的差异。(见拔高篇 P281)

论述题

1. 教师是一种职业、专业还是事业？为什么？（见二维码）
2. 在日常学习过程中，有的学生考试失败了，可能会将原因归于自己比较笨，以至于破罐子破摔。那么，不同的归因对学生的学习有什么不同的影响？老师应如何指导学生进行积极归因？（见基础篇 P115）

案例分析题

材料：

有一次，苏格拉底问一个学生："人人都说要做一个有道德的人，但道德究竟是什么？"

学生说："忠诚老实，不欺骗别人，才是有道德的人。"

苏格拉底问："但为什么和敌人作战时，我军将领却千方百计地去欺骗敌人呢？"

"欺骗敌人是符合道德的，但欺骗自己人就不道德了。"学生说。

苏格拉底反驳道，"当我军被敌军包围时，为了鼓舞士气，将领就欺骗士兵说援军已经到了，大家奋力突围出去。结果突围果然成功了。这种欺骗也不道德吗？"

学生说："那是战争中出于无奈才这样做的，日常生活中这样做是不道德的。"

苏格拉底又追问起来："假如你的儿子生病了，又不肯吃药，作为父亲，你欺骗他说，这不是药，而是一种很好吃的东西，这也不道德吗？"

学生只好承认："这种欺骗也是符合道德的。"

苏格拉底并不满足，又问道："不骗人是道德的，骗人也可以说是道德的。那就是说，道德不能用骗不骗人来说明。究竟用什么来说明它呢？"

学生想了想，说："不知道道德就不能做到有道德，懂得道德才能做到有道德。"苏格拉底这才满足地笑起来。

请依据材料回答：

（1）在教学过程中，教师常用的教学原则有哪些？

（2）上述案例中，苏格拉底采用的是什么教学原则？贯彻这一教学原则的基本要求有哪些？（见拔高篇 P348）

2017年青岛大学333教育综合真题

简答题

1. 简述教学过程中的几个必然联系。（见基础篇P187）
2. 新一轮基础教育课程改革的具体目标有哪些？（见基础篇P181）
3. 简述有关教育目的两个典型的价值取向。（见基础篇P164）
4. 根据皮亚杰的观点，教学中如何发展儿童的认知能力？（见基础篇P95）
5. 简述陈述性知识获得的机制。（见二维码）
6. 简述加德纳的多元智能理论。（见基础篇P131）

论述题

1. 个体身心发展有哪些规律？针对这些规律你认为应该采取怎样的教育措施？（见基础篇P149）
2. 联系实际，谈谈学校教育中如何培养学生的创造性。（见基础篇P133）

案例分析题

材料：当人们谈到天才，马上就会想到爱因斯坦。1955年诺贝尔奖获得者爱因斯坦在普林斯顿逝世，享年76岁。他的儿子授权病理学家托马斯·哈维保存了一些爱因斯坦的大脑切片用于科学研究。随后他将大脑切片分发给了至少18位来自全球各地的研究者。后来陆续有几位研究者发表相关研究，试图说明爱因斯坦大脑中某些部分的与众不同是如何转化为爱因斯坦惊人的思维能力的。

你认为天才来自何处？从爱因斯坦的大脑中能找到天才的因子吗？由此分析一个人的发展受哪些因素影响，以及这些影响因素在人的发展中各起怎样的作用。对上述的天才研究你做何评价？（见拔高篇P326）

2018年青岛大学333教育综合真题

简答题

1. 简述政治经济制度和教育的关系。（见二维码）
2. 简述素质教育。（见基础篇P168）
3. 简述直接经验和间接经验。（见基础篇P185）
4. 简述问题解决的过程和影响因素。（见基础篇P131、132）
5. 简述维果茨基的最近发展区理论。（见基础篇P97）
6. 简述自我效能感。（见基础篇P116）
7. 简述班级授课制的优缺点。（见基础篇P194）

案例分析题

材料：老师第一次称粉笔是100克，第二次称是10克，然后老师说这是误差。（材料大意，回忆版）
你怎么看？你怎么做？结合材料分析教师应该有哪些素质？（见二维码）

论述题

论述学习动机的培养与激发。（见基础篇P117）

作文题

以"乡村振兴战略下的农村教育"为题写 1 000 字以上作文。(见拔高篇 P414)

2019 年青岛大学 333 教育综合真题

名词解释

1. 学制(见基础篇 P170)
2. 课程标准(见基础篇 P174)
3. 形成性评价(见基础篇 P193)
4. 学习策略(见基础篇 P124)
5. 观察学习(见基础篇 P104)

简答题

1. 简述增强学习动机的方法。(见基础篇 P117)
2. 简述教师的权利。(见基础篇 P210)
3. 简述演示法应注意什么。(见二维码)
4. 简述掌握知识与发展智力的关系。(见基础篇 P186)
5. 简述科尔伯格的道德发展阶段。(见基础篇 P99)

论述题

1. 怎样在教学中利用作业评价?(见二维码)
2. 论述德育原则。(见基础篇 P206)

案例分析题

1. 分析校园欺凌的原因。(材料缺失)(见拔高篇 P408)
2. 论述道德培养的措施。(材料缺失)(见二维码)

作文题

以"寒门难出贵子之我见"为题写 1 000 字以上的作文。(见二维码)

2020 年青岛大学 333 教育综合真题

名词解释

1. 道德情感(见基础篇 P136)
2. 诊断性评价(见基础篇 P192)
3. 图式(见基础篇 P94)
4. 探究性学习(见基础篇 P105)

简答题

1. 简述阿特金森成就动机理论。(见二维码)
2. 简述三元智力理论。(见二维码)
3. 简述因材施教的内涵和原则。(见基础篇 P197)
4. 简述教学过程是一种特殊的认识过程的含义。(见二维码)
5. 简述班主任应如何培养班集体。(见基础篇 P217)

6. 简述接受学习和发现学习的区别。(见拔高篇 P275)

材料分析题

1. 材料:一个小孩乱举手,又答不出问题,老师让他会的举左手,不会的举右手,最后小孩学习进步了。(材料大意,回忆版)

根据所给材料,评价老师的行为和对成为好老师的启示。(见拔高篇 P348)

2. 结合新手教师和专家型教师的相关内容,评价赵老师的不足,如果你是领导,谈谈你如何帮助赵老师。(材料大意,回忆版)(见拔高篇 P281)

作文题

以"教师惩戒权之我见"为题,写一篇作文。(见拔高篇 P399)

2021 年青岛大学 333 教育综合真题

名词解释

1. 活动课程(见基础篇 P175)　　2. 教材(见基础篇 P174)
3. 相对性评价(见基础篇 P193)　　4. 最近发展区(见基础篇 P95)
5. 自我概念(见二维码)

简答题

1. 简述个人本位论和社会本位论。(见基础篇 P164)
2. 简述我国基础教育三级课程的内涵。(见二维码)
3. 简述品德的构成要素,以及通过这些要素,进行德育工作的方法是什么。(见基础篇 P137)
4. 简述如何用班杜拉的社会学习理论帮助学生树立有效榜样。(见基础篇 P106)
5. 简述技能的练习过程对教育教学的启示。(见二维码)

分析论述题

1. 材料:考、考、考,教师的法宝;分、分、分,学生的命根。一个差生努力学习后取得好成绩,老师怀疑他是抄的!(材料大意,回忆版)

论述传统学生评价存在的问题。(见二维码)

2. 材料:重点班分班。(材料大意,回忆版)

(1)分析心理发展的特点和分班的影响。
(2)根据分班,谈一谈你对因材施教的理解。(见二维码)

作文题

劳动教育的现实价值和实施途径。(材料缺失)(见拔高篇 P390)

2023 年青岛大学 333 教育综合真题

选择题

(题目缺失)

简答题

1. 简述青少年自我同一性发展的几种状态。（见二维码）
2. 简述影响学习兴趣的主、客观因素，如何培养学生的学习兴趣？（见二维码）
3. 简述教育与生产力的关系。（见基础篇 P158）
4. 简述学校教育、社会教育、家庭教育之间的关系。（见二维码）
5. 如何备好一节课？（见二维码）
6. 行为教学目标包括哪四个因素？内涵是什么？（见二维码）

作文题

谈谈对体育纳入中考的看法，不少于 1 000 字。（见拔高篇 P336）

2010年聊城大学333教育综合真题

填空题

1. 学校的中心工作是(教学)。
2. 1632 年,捷克著名的教育家夸美纽斯出版了(《大教学论》)，这是近代最早的一部系统论述教育问题的专著。
3. 除了个体的主观努力外,影响人的发展的因素主要有(遗传)、(环境) 和(学校教育)。
4. 根据评价在教育活动中发挥作用的不同,可以把教学评价分为(诊断性评价)、(形成性评价) 和(终结性评价)。
5. 有关教育目的的理论,按其价值取向可分为(个人本位论) 和(社会本位论)。
6. 教育事业发展的规模和速度主要由(生产力) 所决定,而教育的性质则主要由(社会政治经济制度) 所决定。
7. 教育学是研究(教育现象和教育问题) 的一门科学。
8. 在近代教育史上,对于掌握知识和发展智力的问题,曾有过(形式教育论者) 和(实质教育论者) 的长期争论。
9. 按所依据的指导思想的不同,教学方法可分为(启发式) 和(注入式) 两种对立的体系。
10. 教材的编排方式有(纵向组织) 和(横向组织) 两种。

选择题

1. 按照马克思主义的观点,培养全面发展的人的唯一方法是(D)
   A. 校内教育与校外教育相结合 B. 城市与农村相结合
   C. 知识分子与工人农民相结合 D. 教育与生产劳动相结合
2. 世界上不同民族的教育往往表现出不同的传统和特点,这主要是因为(B)
   A. 教育具有阶级性 B. 教育具有自身的继承关系
   C. 教育不能脱离政治经济的制约 D. 教育具有永恒性
3. "活到老,学到老"体现了现代教育的(C)特点
   A. 大众性 B. 公平性 C. 终身性 D. 未来性
4. 以教师的语言为主要媒介,系统、连贯地向学生传授知识、表达情感和价值观念的教学方法是(B)
   A. 演示法 B. 讲授法 C. 谈话法 D. 陶冶法
5. 《中华人民共和国义务教育法》规定,国家实行(A) 年义务教育制度
   A. 九 B. 十 C. 十一 D. 十二
6. 儿童身心发展有两个高速发展期：新生儿与青春期,这是身心发展(B) 规律的反映
   A. 顺序性 B. 不平衡性 C. 阶段性 D. 个别差异性

7. "近朱者赤,近墨者黑",这句话反映了(C)因素对人的发展的影响
A. 教育　　　　　　　B. 遗传　　　　　　　C. 环境　　　　　　　D. 社会活动

8. 经常被人称为"危机期"的年龄阶段是(C)
A. 幼儿阶段　　　　　B. 小学阶段　　　　　C. 初中阶段　　　　　D. 高中阶段

9. 教师自觉利用环境和自身的教育因素对学生进行熏陶和感染的德育方法是(D)
A. 指导自我教育法　　B. 榜样示范法　　　　C. 实际锻炼法　　　　D. 陶冶法

10. 结构主义课程理论的首倡者是(C)
A. 赞科夫　　　　　　B. 皮亚杰　　　　　　C. 布鲁纳　　　　　　D. 瓦·根舍因

11. 在教育过程中,教师对突发性事件做出迅速、恰当的处理被称为"教育机智"。这反映了教师劳动的(C)特点
A. 复杂性　　　　　　B. 师范性　　　　　　C. 创造性　　　　　　D. 主体性

12. 教学工作的中心环节是(B)
A. 备课　　　　　　　B. 上课　　　　　　　C. 课外辅导　　　　　D. 检查评定成绩

13. 作为培养学生知、情、意、行的过程,德育过程的进行顺序是(D)
A. 以知为开端,知、情、意、行依次进行　　　B. 以情为开端,情、知、意、行依次进行
C. 以意为开端,意、知、情、行依次进行　　　D. 视具体情况,可有多种开端

14. 教师备课应做好三个方面的工作,分别是钻研教材、了解学生和(B)
A. 编写教案　　　　　B. 设计教法　　　　　C. 设计板书　　　　　D. 做好备课计划

15. 提倡以儿童为中心,将"做中学"作为主要教学方法的教育家是(B)
A. 赫尔巴特　　　　　B. 杜威　　　　　　　C. 斯宾塞　　　　　　D. 卢梭

16. 按照信息加工心理学的解释,技能也可以被看作一种知识。那么,技能应属于下列知识类型中的(C)
A. 陈述性知识　　　　B. 事实性知识　　　　C. 程序性知识　　　　D. 实践性知识

17. 作为一种教学方法,布鲁纳所倡导的"发现学习"是(C)
A. 以直观感知为主的教学方法　　　　　　　　B. 以实际训练为主的教学方法
C. 以探究活动为主的教学方法　　　　　　　　D. 以情感陶冶为主的教学方法

18. 为了改变课程管理过于集中的状况,本次基础教育课程改革对课程实行(C)
A. 国家、自治区、学校三级课程管理　　　　　B. 省、县、乡三级课程管理
C. 国家、地方、学校三级课程管理　　　　　　D. 省、市、县三级课程管理

19. 儿童的记忆是从机械记忆发展到意义记忆,思维是从形象思维发展到抽象思维,这体现了发展的(B)
A. 阶段性　　　　　　B. 顺序性　　　　　　C. 稳定性　　　　　　D. 差异性

20. 慎独作为一种德育方法,属于(B)
A. 情感陶冶法　　　　B. 道德修养法　　　　C. 实际锻炼法　　　　D. 榜样示范法

名词解释

1. 教育(见基础篇 P145)　　　　　　　　　　2. 课程计划(见基础篇 P174)
3. 环境决定论(见基础篇 P149)　　　　　　　4. 班级授课制(见基础篇 P191)
5. 教学组织形式(见基础篇 P191)

简答题

1. 简述经济发展水平对教育的制约作用。(见基础篇 P155)
2. 简述学校教育在个体发展中起主导作用的原因。(见基础篇 P152)
3. 简述中小学的主要教学任务。(见二维码)

4. 简述我国中小学德育的主要内容。(见二维码)
5. 简述运用讲授法的基本要求。(见二维码)

分析论述题

1. 材料：某高中将数学、物理、化学、外语四科分别分为 A、B、C 三个水平层次，由学生按自己的兴趣、教师的建议和学习成绩等，对上述四科分别选择不同水平的教学班进行学习。这就是近几年在教学实践上普遍探究的分层次教学。试分析这种做法所体现的教学意义及对教学管理可能带来的挑战。(见拔高篇 P348)

2. 试述掌握知识与发展智力之间的关系。(见基础篇 P186)

2011年聊城大学333教育综合真题

名词解释

1. 学校教育(见基础篇 P145)
2. 教学过程(见基础篇 P183)
3. 稷下学宫(见基础篇 P4)
4. 苏格拉底法(见基础篇 P47)
5. 有意义学习(见基础篇 P104)
6. 先行组织者(见基础篇 P104)

简答题

1. 简述现代教育的特点。(见基础篇 P148)
2. 简述蔡元培的"五育"并举教学思想。(见基础篇 P37)
3. 简述人文主义教育的基本特征。(见基础篇 P55)
4. 简述建构主义学习理论的基本观点。(见基础篇 P111)

分析论述题

1. 试析教育与社会发展的关系。(见基础篇 P158)
2. 试析掌握知识与发展智力的关系。(见基础篇 P186)
3. 试析陶行知的"生活教育"理论。(见基础篇 P44)
4. 试析杜威的教育本质理论。(见基础篇 P80)

2012年聊城大学333教育综合真题

名词解释

1. 德育目的(见二维码)
2. 德育过程(见基础篇 P201)
3. "五育"并举(见基础篇 P34)
4. 新学校运动(见基础篇 P85)
5. 学习策略(见基础篇 P124)
6. 程序性知识(见基础篇 P119)

简答题

1. 简述世界各国课程改革发展的趋势。(见基础篇 P180)
2. 简述严复的"三育论"。(见基础篇 P33)
3. 简述裴斯泰洛齐的"教育心理学化"思想。(见基础篇 P74)
4. 简述革命根据地的教育经验。(见基础篇 P40)

分析论述题

1. 试析影响人的发展的基本因素。（见基础篇 P153）
2. 试析班级授课制及其优缺点。（见基础篇 P194）
3. 试析赫尔巴特的教学形式阶段理论。（见基础篇 P77）

2013年聊城大学333教育综合真题

名词解释

1. 学校教育制度（见基础篇 P170）
2. 教学评价（见基础篇 P193）
3. "六艺"（见基础篇 P2）
4. 道尔顿制（见基础篇 P86）
5. 自我评价（见二维码）
6. 学习动机（见基础篇 P113）

简答题

1. 简述德育的功能。（见二维码）
2. 简述孟子的"性善论"及其教育作用。（见二维码）
3. 简述陶行知"生活教育"论的基本思想。（见基础篇 P44）
4. 简述赫尔巴特的教学形式阶段理论。（见基础篇 P77）

分析论述题

1. 试述教师的主导作用与学生主动性的关系。（见基础篇 P186）
2. 试述教育怎样适应年轻一代身心发展的规律。（见基础篇 P149）
3. 试述卢梭的自然主义教育理论及其意义。（见基础篇 P72）
4. 试述布鲁纳的发现学习法及其对当代教学改革的启示。（见基础篇 P106）

2014年聊城大学333教育综合真题

名词解释

1. 教育目的（狭义）（见二维码）
2. 教育制度（见基础篇 P170）
3. 稷下学宫（见基础篇 P4）
4. 癸卯学制（见基础篇 P32）
5. 教育心理学（见基础篇 P93）
6. 最近发展区（见基础篇 P95）

简答题

1. 简述在课程发展问题上争论的几个主要问题。（见二维码）
2. 简述1922年"新学制"的特点。（见基础篇 P34）
3. 简述隋唐时期学校教育制度的特点。（见基础篇 P16）
4. 简述要素主义教育思想的基本观点。（见基础篇 P88）

分析论述题

1. 试述我国新时期发生的有关教学过程性质的争论有哪些不同的观点。这场争鸣有何意义？你认为应当怎样认识教学过程的性质才是科学的？（见二维码）

2. 试论"个人本位论"与"社会本位论"之争对于人的培养与成长有何重大意义。（见二维码）
3. 试从教育的作用、教育任务、教育内容和"苏格拉底法"几方面论述苏格拉底的教育思想。（见二维码）
4. 试述皮亚杰的认知发展理论的主要观点及其对当代教学改革的启示。（见基础篇 P95）

2015 年聊城大学 333 教育综合真题

名词解释

1. 教育制度（见基础篇 P170）
2. 教学（见基础篇 P183）
3. 最近发展区（见基础篇 P95）
4. 学习动机（见基础篇 P113）
5. 元认知（见基础篇 P125）
6. 发现学习（见基础篇 P104）

简答题

1. 简述永恒主义教育思潮的原则。（见基础篇 P89）
2. 简述严复的"三育论"。（见基础篇 P33）
3. 简述在课程发展问题上争论的几个主要问题。（见二维码）
4. 简述维果茨基的教育与认知发展的关系。（见基础篇 P97）

分析论述题

1. 为什么说教师职业是一种需要人文精神的专业性职业？其专业性表现在哪里？其人文精神又表现在哪里？（见二维码）
2. 试述卢梭的自然主义教育理论及其意义。（见基础篇 P72）
3. 试述学校管理过程的基本环节及其相互关系。（见基础篇 P219）
4. 试述陶行知的生活教育理论的基本内容及其现实启示。（见基础篇 P44）

2016 年聊城大学 333 教育综合真题

名词解释

1. 教育（狭义）（见基础篇 P145）
2. 学校管理（见基础篇 P219）
3. "六艺"（见基础篇 P2）
4. 癸卯学制（见基础篇 P32）
5. 元认知（见基础篇 P125）
6. 学习动机（见基础篇 P113）

简答题

1. 简答德育的途径。（见基础篇 P207）
2. 隋唐时期学校教育制度的特点。（见基础篇 P16）
3. 简答蔡元培"五育"并举教育方针的主要内容。（见基础篇 P37）
4. 简述夸美纽斯论述教育适应自然的原则。（见基础篇 P70）

分析论述题

1. 联系实际谈谈环境在人的发展中的作用。（见基础篇 P151）
2. 怎样评价教育的社会流动功能？有人认为教育是社会和谐发展的协调器，有人认为教育是社会再生产的加工机，你对这个问题怎么看？它同以人为本的教育观念有何联系？（见二维码）

3. 杜威关于教育本质的基本观点及其对当代中国教育的启示。（见基础篇 P80）
4. 人本主义学习理论对我国教育改革有何启示与影响？（见基础篇 P110）

2017 年聊城大学 333 教育综合真题

名词解释
1. 教学模式（见基础篇 P183）
2. 德育过程（见基础篇 P201）
3. 《学记》（见基础篇 P5）
4. 苏格拉底方法（见基础篇 P47）
5. 心智技能（见基础篇 P122）
6. 学习迁移（见基础篇 P119）

简答题
1. 请简述我国教育目的的理论基础及基本精神。（见基础篇 P166）
2. 请简述孟子的主要教育思想。（见基础篇 P10）
3. 请简述杜威对教育本质的认识。（见基础篇 P80）
4. 请简述如何培养学生的问题解决能力。（见基础篇 P132）

分析论述题
1. 试述影响课程发展的基本因素。（见二维码）
2. 如何选择和运用教学模式？（见二维码）

综合提高题
1. 有人说"一两遗传胜过万吨黄金"，你同意这种说法吗？请分析论述你的观点。（见基础篇 P150）
2. 请结合案例分析论述在教学中如何处理掌握知识与发展智力的关系。（见二维码）
3. 请论述陶行知"生活教育"理论的主要内容及其对当前我国基础教育改革的启示。（见基础篇 P44）
4. 请论述如何通过教学提高学生的元认知水平。（见基础篇 P127）

2018 年聊城大学 333 教育综合真题

名词解释
1. 课程标准（见基础篇 P174）
2. 德育（狭义）（见基础篇 P201）
3. 启发性教学原则（见基础篇 P192）
4. 性善论（见基础篇 P4）
5. "五育"并举的教育方针（见基础篇 P34）
6. 自我效能感（见基础篇 P113）

简答题
1. 简述教育的构成要素及其相互关系。（见基础篇 P147）
2. 简述孔子的主要教学思想。（见基础篇 P9）
3. 简述赫尔巴特的教学阶段理论。（见基础篇 P77）
4. 简述建构主义学习理论的主要观点。（见基础篇 P111）

分析论述题
1. 结合你的基础教育经历，谈谈现实基础教育中存在的问题，并分析论述针对问题如何进行改革。（见二维码）

2. 结合实际,分析论述在教育过程中如何处理直接经验与间接经验之间的关系。(见基础篇 P185)

3. 结合实际,分析论述如何在课堂教学中有效激发学生的内部动机。(见基础篇 P117)

4. 论述杜威教育思想的主要内容及其对当前我国基础教育改革的启示。(见基础篇 P83)

2019年聊城大学333教育综合真题

名词解释

1. 教育目的(见基础篇 P163)
2. 教学原则(见基础篇 P191)
3. 义务教育(见基础篇 P170)
4. 分科课程(见基础篇 P174)
5. "四书五经"(见基础篇 P23)
6. 最近发展区(见基础篇 P95)

简答题

1. 简述原始教育的特点。(见二维码)
2. 简述德育目的的考察因素。(见二维码)
3. 简述学制改革的趋势。(见基础篇 P171)
4. 简述皮亚杰的认知发展。(见基础篇 P95)

分析论述题

1. 论述环境对人的影响。(见基础篇 P151)
2. 论述斯巴达教育与雅典教育的不同。(见拔高篇 P232)
3. 论述孟子与荀子教育思想的异同。(见拔高篇 P224)
4. 论述班杜拉的社会学习理论及教学启示。(见基础篇 P106)

2020年聊城大学333教育综合真题

名词解释

1. 隐性课程(见基础篇 P175)
2. 班级授课制(见基础篇 P191)
3. 骑士教育(见基础篇 P53)
4. 小先生制(见基础篇 P41)
5. 皮格马利翁效应(见基础篇 P209)

简答题

1. 简述人的身心发展的一般规律。(见基础篇 P149)
2. 简述人文主义的特征。(见基础篇 P55)
3. 简述孔子关于教学的方法及启示。(见基础篇 P7)
4. 简述行为不良的矫正。(见二维码)

分析论述题

1. 材料是一个文言文对话。
   论述孔子"庶、富、教"的启示。(见二维码)
2. 论述陈鹤琴的"活教育"思想及启示。(见基础篇 P45)

3. 论述杜威关于"什么是教育"的观点及启示。（见基础篇 P80）

4. 论述科尔伯格的道德理论和启示。（见基础篇 P99）

2021 年聊城大学 333 教育综合真题

名词解释

1. 教育制度（见基础篇 P170）
2. 分科课程（见基础篇 P174）
3. 苏格拉底法（见基础篇 P47）
4. 实验教育学（见基础篇 P142）
5. 《学记》（见基础篇 P5）
6. 观察学习（见基础篇 P104）

简答题

1. 简述生产力对教育的影响和制约。（见基础篇 P155）
2. 简述朱子读书法的主要内容。（见基础篇 P26）
3. 简述要素主义教育思想。（见基础篇 P88）
4. 简述加涅根据学习结果不同对学习进行的分类。（见基础篇 P105）

分析论述题

1. 举例论述中小学常见的德育原则。（见基础篇 P206）
2. 论述陶行知的乡村教育理论及当代启示。（见二维码）
3. 论述裴斯泰洛齐的教育心理学化及当代启示。（见基础篇 P74）
4. 试述如何培养学生的学习动机。（见基础篇 P117）

2022 年聊城大学 333 教育综合真题

名词解释

1. 美育（见二维码）
2. 研究性学习（见二维码）
3. 相对性评价（见基础篇 P193）
4. 恩物（见基础篇 P69）
5. 精细加工策略（见基础篇 P124）
6. 永恒主义（见基础篇 P86）

简答题

1. 简述世界各国课程改革的趋势。（见基础篇 P180）
2. 简述晏阳初开展乡村教育的经验。（见基础篇 P43）
3. 简述新时代教师应具备的素养。（见基础篇 P212）

分析论述题

1. 论述传授/接受教学与问题/探究教学的优点与局限。（见二维码）
2. 论述苏霍姆林斯基全面和谐发展的思想及其影响。（见基础篇 P67）
3. 结合自身经历和认识谈谈性别差异,如何针对学生的性别差异进行教育？（见二维码）
4. 论述陈鹤琴的"活教育"思想及当代价值启示。（见基础篇 P45）

2023年聊城大学333教育综合真题

名词解释

1. 教学评价（见基础篇 P193）
2. 泛智学校（见基础篇 P68）
3. 社会性发展（见基础篇 P94）
4. 学校管理（见基础篇 P219）
5. 鸿都门学（见基础篇 P14）
6. "中体西用"（见基础篇 P29）

简答题

1. 简述教学过程中应该注意的关系。（见基础篇 P187）
2. 简述永恒主义的观点和评价。（见基础篇 P89）
3. 简述建构主义的学习观。（见基础篇 P111）
4. 简述针对认知水平有差异的学生，老师应该如何进行教学。（见基础篇 P100）

分析论述题

1. 材料是引用习近平"办人民满意的教育""优先发展教育"那段话。
我国居民对教育不满意的地方有哪些？做让人民满意的教育应该从哪些方面努力？（见拔高篇 P380）
2. 比较墨家与儒家在教育方法上的异同。（见拔高篇 P226）

2011年鲁东大学333教育综合真题

名词解释

1. 课程设计（见基础篇 P175）
2. 学校教育制度（见基础篇 P170）
3. 班级授课制（见基础篇 P191）
4. "大丈夫"（见二维码）
5. 《国防教育法》（见基础篇 P58）
6. 学习迁移（见基础篇 P119）

简答题

1. 简要分析教学过程的性质。（见基础篇 P184）
2. 简述教育的政治功能。（见基础篇 P157）
3. 简述"五育"并举的教育方针。（见二维码）
4. 简述实验教育学的主要观点。（见二维码）

论述题

1. 论述对新课程改革目标的理解。（见基础篇 P181）
2. 论述科举制的影响。（见基础篇 P17）
3. 论述杜威教育思想的影响。（见基础篇 P83）
4. 论述建构主义学习理论及其对教学的启示。（见基础篇 P111）

2012年鲁东大学333教育综合真题

名词解释

1. 教育目的(见基础篇 P163)
2. 课程标准(见基础篇 P174)
3. 教学(见基础篇 P183)
4. 德育(见基础篇 P201)
5. 学习策略(见基础篇 P124)
6. 自我效能感(见基础篇 P113)

简答题

1. 简述陶行知的"教学做合一"。(见二维码)
2. 简述文艺复兴时期的人文主义教育特点。(见基础篇 P55)
3. 简述在学校如何激发和维持学生的内在动机。(见基础篇 P117)
4. 简述如何运用记忆规律促进知识的保持。(见基础篇 P120)

论述题

1. 新一轮课程改革的具体目标有哪些?结合实际,谈谈现在与目标之间的距离。(见二维码)
2. 结合当前教育管理现状,谈谈学校管理趋势。(见基础篇 P219)
3. 论述孔子的教学方法及其启示。(见基础篇 P7)
4. 论述杜威对教育本质的认识及启示。(见基础篇 P80)

2013年鲁东大学333教育综合真题

名词解释

1. 教育制度(见基础篇 P170)
2. 教学的发展性原则(见二维码)
3. 课程(见基础篇 P174)
4. 德育方法(见二维码)
5. 苏湖教法(见基础篇 P22)
6. 生活教育(见基础篇 P41)

简答题

1. 简述布鲁纳的认知发现理论。(见基础篇 P106)
2. 简述卢梭的自然教育思想。(见基础篇 P72)
3. 简述班主任工作的内容和方法。(见基础篇 P216)
4. 简述教育和文化的关系。(见二维码)

论述题

1. 结合当前实际,谈谈对提高教师素养的认识。(见基础篇 P212)
2. 论述墨家教育思想的当代启示。(见基础篇 P11)
3. 论述马卡连柯的教育思想。(见二维码)
4. 论述心理健康教育的途径。(见二维码)

2014年鲁东大学333教育综合真题

名词解释
1. 教学（见基础篇 P183）
2. 德育原则（见基础篇 P201）
3. 学在官府（见基础篇 P2）
4. 学习策略（见基础篇 P124）

简答题
1. 简述世界各国课程改革的发展趋势。（见基础篇 P180）
2. 简述德育过程的规律。（见基础篇 P202）
3. 简述王守仁的儿童教育思想。（见基础篇 P27）
4. 简述杜威的教育本质观。（见基础篇 P80）

论述题
1. 论述建构主义理论对当今课程改革的启示。（见基础篇 P111）
2. 论述赫尔巴特的教育思想。（见基础篇 P78）

2015年鲁东大学333教育综合真题

名词解释
1. 道尔顿制（见基础篇 P86）
2. 恩物（见基础篇 P69）
3. 学制（见基础篇 P170）
4. 苏格拉底法（见基础篇 P47）
5. 学习动机（见基础篇 P113）
6. 观察学习（见基础篇 P104）

简答题
1. 简述教育的经济功能。（见基础篇 P157）
2. 简述马卡连柯集体教育的主要理论。（见基础篇 P65）
3. 简述1958年《国防教育法》的主要内容。（见二维码）
4. 简述启发性教学原则的含义及基本要求。（见基础篇 P195）

论述题
1. 论述人的发展规律及教育的意义。（见基础篇 P149）
2. 论述洋务运动中的教育革新。（见二维码）
3. 如何激发和维持学习动机？（见基础篇 P117）
4. 论述基础教育课程改革的目标。（见基础篇 P181）

2016年鲁东大学333教育综合真题

名词解释
1. 分组教学制（见基础篇 P191）
2. 因材施教（见基础篇 P192）
3. 要素主义（见基础篇 P86）
4. 自我效能感（见基础篇 P113）

5. 苏格拉底法(见基础篇 P47)　　　　　6. 元认知(见基础篇 P125)

简答题

1. 简述夸美纽斯对教育作用的理解。(见二维码)
2. 简述罗杰斯的学生中心教学观。(见基础篇 P110)
3. 简述昆体良的教学理论思想。(见基础篇 P52)
4. 简述循序渐进原则的含义及要求。(见基础篇 P196)

论述题

1. 论述教学评价应该遵循的原则以及中小学教学评价的发展方向。(见基础篇 P199、200)
2. 论述科举制的影响。(见基础篇 P17)
3. 结合问题解决相关理论,谈谈如何培养学生的创新思维。(见二维码)
4. 结合人的发展规律,谈谈当前教育的不足之处。(见二维码)

2017 年鲁东大学 333 教育综合真题

名词解释

1. 教学计划(见二维码)　　　　　　　2. 泛智论(见基础篇 P68)
3. 形成性评价(见基础篇 P193)　　　　4. 卢梭的自然教育(见基础篇 P68)
5. 学习策略(见基础篇 P124)　　　　　6. 需要层次理论(见二维码)

简答题

1. 简述教师劳动的特点。(见基础篇 P210)
2. 简述洛克的绅士教育。(见基础篇 P64)
3. 简述孟子的"大丈夫"。(见二维码)
4. 简述苏格拉底法。(见基础篇 P48)

论述题

1. 论述个人本位论和社会本位论。(见基础篇 P164)
2. 论述学习迁移的方法及培养。(见基础篇 P121)
3. 论述书院的特点及影响。(见基础篇 P24)
4. 论述学生主体和教师主导的关系。(见基础篇 P186)

2018 年鲁东大学 333 教育综合真题

名词解释

1.《大学》(见基础篇 P4)　　　　　　2."四大教育"(见二维码)
3. 学制(见基础篇 P170)　　　　　　　4. 桑代克的联结说(见二维码)
5.《理想国》(见基础篇 P47)　　　　　6. 泰勒原理(见二维码)

简答题

1. 简述德育过程的基本规律。（见基础篇 P202）
2. 简述多元智能理论。（见基础篇 P131）
3. 简述我国教育目的的基本精神。（见基础篇 P166）
4. 简述遗传在人的发展中的作用。（见基础篇 P150）

论述题

1. 论述孔子的教师观及现代价值。（见基础篇 P8）
2. 论述元认知策略及其教学。（见基础篇 P127）
3. 论述永恒主义的观点及其现代价值。（见基础篇 P89）
4. 结合当前深化教育改革，论述掌握知识和发展智力之间的关系。（见二维码）

2019年鲁东大学333教育综合真题

名词解释

1. 教育（见基础篇 P145）
2. 先行组织者（见基础篇 P104）
3. 形成性评价（见基础篇 P193）
4. 产婆术（见基础篇 P47）
5. 教育公平（见二维码）

简答题

1. 简述教师享有的专业权利。（见基础篇 P210）
2. 简述教育的文化功能。（见二维码）
3. 简述杜威的教育本质论。（见基础篇 P80）
4. 简述孔子的教学方法。（见基础篇 P7）
5. 简述建构主义学习理论的基本观点。（见基础篇 P111）

论述题

1. 结合实际，阐述如何培养学生问题解决的能力。（见基础篇 P132）
2. 论述蔡元培的教育实践与思想。（见基础篇 P36）
3. 论述赫尔巴特的道德教育理论。（见基础篇 P76）
4. 我国学生发展核心素养包括哪些内容？并结合当时的教育现状论述培养学生核心素养的思路和举措。（见拔高篇 P338）

2020年鲁东大学333教育综合真题

名词解释

1. 教育（见基础篇 P145）
2. 课程标准（见基础篇 P174）
3. 《理想国》（见基础篇 P47）
4. 教学策略（见基础篇 P192）
5. 书院（见基础篇 P22）

简答题

1. 简述人文主义教育的特点。（见基础篇P55）
2. 简述《师说》中的教师观。（见基础篇P20）
3. 简述皮亚杰的认知发展阶段理论。（见基础篇P95）
4. 简述教学过程的性质。（见基础篇P184）
5. 简述影响人发展的因素。（见基础篇P153）

论述题

1. 论述建构主义学习理论及其对教育改革的启示。（见基础篇P111）
2. 论述德育过程是知、情、意、行的过程。（见基础篇P204）
3. 论述培养班集体的方法。（见基础篇P217）
4. 论述杜威"教育即生活"和陶行知"生活即教育"的异同以及启示。（见拔高篇P242）

2021年鲁东大学333教育综合真题

名词解释

1. 小先生制（见基础篇P41）
2. 《中庸》（见二维码）
3. 课程目标（见基础篇P176）
4. 设计教学法（见基础篇P86）
5. 美育（见二维码）
6. 元认知策略（见基础篇P125）

简答题

1. 简述教育与文化的关系。（见基础篇P158）
2. 简述教学评价的原则。（见基础篇P199）
3. 简述明治维新时期的教育思想。（见基础篇P62）
4. 简述孔子的教育思想及其历史影响。（见基础篇P9）

论述题

1. 论述布鲁纳认知发现说的内容。（见基础篇P106）
2. 论述赫尔巴特课程论的内容及启示。（见基础篇P77）
3. 结合白鹿洞书院，论述我国书院的特点及意义。（见基础篇P24）
4. 论述在人工智能背景下教师角色的转换。（见拔高篇P413）

2022年鲁东大学333教育综合真题

名词解释

1. 综合课程（见基础篇P175）
2. 教育性教学（见基础篇P69）
3. 稷下学宫（见基础篇P4）
4. 终结性评价（见二维码）
5. 技能（见基础篇P122）
6. 教学（见基础篇P183）

简答题

1. 简述教师活动复杂性的原因。(见二维码)
2. 简述颜之推的家庭教育观。(见基础篇 P19)
3. 简述孔子的教师观。(见基础篇 P8)
4. 简述教师与学生良好关系的特征。(见基础篇 P214)

论述题

1. 论述要素主义的观点以及现实意义。(见基础篇 P88)
2. 如何理解"学高为师"和"身正为范",结合实际并举例说明。(见二维码)
3. 结合实际说明影响问题解决的因素。(见基础篇 P132)
4. 结合实际并举例说明教育与文化的关系。(见基础篇 P158)

2023年鲁东大学 333 教育综合真题

名词解释

1. 绅士教育 (见基础篇 P63)
2. 《师说》(见二维码)
3. 酝酿效应 (见二维码)
4. 问题教学法 (见二维码)
5. 学校管理 (见基础篇 P219)

简答题

1. 简述活动课程的特点。(见二维码)
2. 简述青少年心理健康的目标。(见二维码)
3. 简述赫尔巴特的教学进程论。(见二维码)
4. 简述促进知识整合的措施。(见基础篇 P120)
5. 简述教学的任务。(见基础篇 P184)
6. 简述影响社会规范认同的影响因素。(见二维码)

论述题

1. 结合实例论述学生创造性思维的培养措施。(见基础篇 P133)
2. 结合实例论述良好班集体的教育功能。(见二维码)

材料题

材料:北京师范大学2014年的讲话,关于教师如何做学生的引路人。

(1) 如何理解"四有"和"四引"的关系?
(2) 从教师专业化角度谈谈,如何成为一名优秀的教师? (见拔高篇 P359)

2010年新疆师范大学 333 教育综合真题

名词解释

1. 《理想国》(见基础篇 P47)
2. 终身教育 (见基础篇 P171)

3. 《论语》(见二维码)
5. 美育(见二维码)
4. 蔡元培(见二维码)
6. 因材施教(见基础篇 P192)

简答题

1. 简要介绍几种主要的动机理论。(见基础篇 P116)
2. 简要回答全面发展教育的组成部分及其各自的地位和作用。(见基础篇 P167)
3. 简要回答影响人身心发展的因素及其各自的地位和作用。(见基础篇 P153)

论述题

1. 什么是创造性？如何对学生的创造性进行培养？(见基础篇 P130、133)
2. 试分析陶行知的生活教育思想及其当代价值。(见基础篇 P44)
3. 述评 20 世纪 60 年代美国的课程改革。(见二维码)

2012 年新疆师范大学 333 教育综合真题

名词解释

1. 课程标准(见基础篇 P174)
3. 学而优则仕(见二维码)
5. 生活教育(见基础篇 P41)
7. 流体智力(见基础篇 P129)
2. 义务教育(见基础篇 P170)
4. 苏格拉底法(见基础篇 P47)
6. 《学制令》(见二维码)
8. 先行组织者(见基础篇 P104)

简答题

1. 简述归因理论。(见基础篇 P115)
2. 简述中小学研究性学习的目标。(见基础篇 P181)

论述题

1. 论述孔子的德育论及其当代价值。(见基础篇 P7)
2. 评述终身教育思潮。(见基础篇 P90)
3. 论述皮亚杰的认知发展理论。(见基础篇 P95)
4. 论述全面发展教育各部分之间的关系。(见基础篇 P167)

2013 年新疆师范大学 333 教育综合真题

名词解释

1. 教育目的(见基础篇 P163)
3. 教育制度(见基础篇 P170)
5. 最近发展区(见基础篇 P95)
2. 教学(见基础篇 P183)
4. 学校管理(见基础篇 P219)
6. 精细加工策略(见基础篇 P124)

简答题

1. 简要回答《大学》中"三纲领八条目"的内容及其含义。(见基础篇 P11)
2. 简述人文主义教育的主要特征。(见基础篇 P55)

3. 简述问题解决的进程。(见基础篇 P131)
4. 简要分析罗杰斯的学习理论。(见基础篇 P110)

论述题

1. 有人认为"近墨者黑",有人认为"近墨者未必黑",请联系相关理论和实践,谈谈你对这个问题的看法。(见基础篇 P151)
2. 中国当前的教育不公平主要表现在哪几个方面?请你选择其中一个方面分析其产生的原因,并尝试提出解决的对策。(见基础篇 P162)
3. 试述陶行知"生活教育"理论的主要内容。(见基础篇 P44)
4. 试述杜威的教育本质论。(见基础篇 P80)

2014年新疆师范大学333教育综合真题

名词解释

1. 儿童中心论(见二维码)
2. 学制(见基础篇 P170)
3. 赠地法案(见基础篇 P57)
4. 教育适应自然原则(见基础篇 P85)
5. 最近发展区(见基础篇 P95)
6. 普雷马克原理(见二维码)

简答题

1. 简述教育目的与培养目标的关系。(见二维码)
2. 简述社会主义新型师生关系。(见基础篇 P215)
3. 简述《学记》中的教学原则。(见二维码)
4. 简述教学的基本任务。(见基础篇 P184)

论述题

1. 论述教育公平与教育效率。(见拔高篇 P313)
2. 论述蔡元培的教育方针。(见基础篇 P37)
3. 论述战后美国教育改革的历程。(见拔高篇 P260)
4. 论述影响问题解决的因素以及如何培养学生的问题解决能力。(见基础篇 P132)

2015年新疆师范大学333教育综合真题

名词解释

1. 教育学(见基础篇 P142)
2. 发现学习(见基础篇 P104)
3. 自然主义教育(见基础篇 P68)
4. 策略性知识(见基础篇 P119)
5. 课程标准(见基础篇 P174)
6. 苏格拉底法(见基础篇 P47)

简答题

1. 简述朱子读书法。(见基础篇 P26)
2. 简述奥苏伯尔有意义学习的实质和条件。(见基础篇 P107)

3. 简述影响学习迁移的因素。（见二维码）

4. 简述教育的质的规定性。（见基础篇 P146）

论述题

1. 论述 20 世纪以后现代社会教育的总特征。（见二维码）

2. 结合新一轮课改的背景和内容,谈谈自己的观点。（见基础篇 P181）

3. 述评杜威的教育目的,并谈谈自己的观点。（见基础篇 P80）

4. 从人性论出发,对比孟子和荀子的教育主张。（见拔高篇 P225）

2016 年新疆师范大学 333 教育综合真题

名词解释

1. 教育的本体功能（见二维码）　　2. 苏格拉底法（见基础篇 P47）

3. 学习迁移（见基础篇 P119）　　4. 有教无类（见基础篇 P4）

5. 学习风格（见基础篇 P95）　　6. 教师专业自我（见基础篇 P209）

简答题

1. 如何认识"全面发展"与"个性发展"的关系？（见基础篇 P169）

2. 简述奥苏伯尔的有意义学习的实质与条件。（见基础篇 P107）

3. 简述德育过程的基本规律。（见基础篇 P202）

4. 简述当代建构主义的学习观。（见基础篇 P111）

论述题

1. 评析案例中的教育内容、教育方法和师生关系。（见拔高篇 P364）

2. 从掌握知识与发展智力的关系的角度,试述在教学中如何处理二者的关系。（见基础篇 P186）

3. 试述《学记》中关于教育教学原则的主张。（见基础篇 P12）

4. 阐述美国进步主义教育运动的主要观点。（见二维码）

2017 年新疆师范大学 333 教育综合真题

名词解释

1. "三纲领八条目"（见基础篇 P4）　　2. 学生的失范行为（见二维码）

3. 心智技能（见基础篇 P122）　　4. 个人本位论（见基础篇 P163）

5. 有意义学习（见基础篇 P104）　　6. 学习动机（见基础篇 P113）

简答题

1. 简述教师的职业形象。（见基础篇 P211）

2. 简述进步主义对教育的影响。（见二维码）

3. 简述维果茨基的理论对建构主义的影响。（见二维码）

4. 为促进错误观念的转变,教师应该注意哪些方面？（见二维码）

论述题

1. 怎样使学习型学校转变为有丰富人性的学校？（见拔高篇 P414）
2. 材料：小学数学老师的班里，教学与学生成绩不对等，学生反映作业太多，教师进行课程研究。（材料大意，回忆版）运用学习策略进行阐述。（见二维码）
3. 论述学生在学习活动中的地位。（见二维码）
4. 论述陶行知的教育理论。（见基础篇 P44）

2018 年新疆师范大学 333 教育综合真题

名词解释

1. 课程（见基础篇 P174）
2. 教育制度（见基础篇 P170）
3. 苏格拉底法（见基础篇 P47）
4. 升斋等第法（见二维码）
5. 自我效能（见基础篇 P113）
6. 错误概念（见二维码）

简答题

1. 简述程序性知识的教学策略。（见二维码）
2. 简述陶行知的"生活即教育"理论。（见基础篇 P45）
3. 简述教育的个体功能有效发挥的条件。（见二维码）
4. 简述杜威的"五步教学法"。（见基础篇 P82）

论述题

1. 论述教育回归生活。（见拔高篇 P333）
2. 案例中教育的突出问题是什么，根据教育的定义，教师应怎么做？（材料缺失）（见二维码）
3. 论述教师专业发展的价值取向和教师专业发展的途径。（见二维码）
4. 论述教育行动研究的过程。（见二维码）

2019 年新疆师范大学 333 教育综合真题

名词解释

1. 全面发展教育（见基础篇 P164）
2. 教师专业自我发展（见基础篇 P209）
3. 教学相长（见二维码）
4. 智者（见基础篇 P47）
5. 陈述性知识（见基础篇 P119）
6. 角色同一性（见二维码）

简答题

1. 简述教育的相对独立性。（见基础篇 P159）
2. 简述学生在教育过程中的地位。（见二维码）
3. 简述支架式教学的基本思路，并举例说明如何为学习活动搭建支架。（见二维码）
4. 简述社会学习理论关于道德行为研究的三个经典实验。（见二维码）

材料分析题

材料："现代化教育试图用规训的技术、规训的道德、规训的知识为人们装备上最具生产力的功能，教给人们获得各种利益的手段，但这些手段是无法燃起生命和精神之火的，只能像石头一样，砌成身体之间的墙。这墙无法为身体和精神开出一条可能性之路，仅仅是禁锢命、阻隔爱。规训的教育虽然教给人们获取各种利益的手段，但却把生命捆绑在铁笼里，把灵魂囚禁在洞穴里，它剪断了生命和精神自由飞翔的翅膀，无法为生活指引可能性的超越之路……"

结合卢梭的自然教育思想，分析上面一段话所揭示的教育问题。（见拔高篇P266）

论述题

1. 试总结文艺复兴时期人文主义教育的基本特点及其产生的原因。（见基础篇P55）
2. 怎样理解掌握知识与发展智力相统一规律，教学过程中如何实现二者的统一？（见基础篇P186）
3. 试从信息加工的角度谈学习策略与元认知之间的关系。（见二维码）

2020年新疆师范大学333教育综合真题

名词解释

1. 教育功能（见二维码）
2. 教学（见基础篇P183）
3. 教师（见基础篇P209）
4. 教育评价（见基础篇P193）
5. 迁移（见基础篇P119）
6. "六艺"教育（见基础篇P2）

简答题

1. 简述归因理论。（见基础篇P115）
2. 简述影响观察学习的因素。（见二维码）
3. 简述新文化运动后的教育观念。（见基础篇P38）
4. 简述杜威的教学本质理论。（见基础篇P80）

论述题

1. 论述教学设计的基本程序及基本要素。（见基础篇P188）
2. 论述学生的本质特征以及在教学中的作用。（见二维码）
3. 论述良好师生关系的特征及怎样建立良好的师生关系。（见基础篇P215）
4. 论述孔子的教育思想及其对现实的启示。（见基础篇P9）

2021年新疆师范大学333教育综合真题

名词解释

1. 京师同文馆（见基础篇P29）
2. 学制（见基础篇P170）
3. 负迁移（见二维码）
4. 自我意识（见二维码）
5. 监生历事制度（见基础篇P27）
6. 核心课程（见二维码）

简答题

1. 简述影响学生学习动机的因素。（见基础篇P117）

2. 简述皮亚杰的认知发展阶段论。（见基础篇 P95）
3. 简述教师的个体专业发展的主要内容。（见基础篇 P212）

论述题

1. 论述新型师生关系及其策略。（见基础篇 P215）
2. 举例说明 21 世纪教育发展的趋势。（见二维码）
3. 论述唐朝科举制度的作用和影响。（见基础篇 P17）
4. 论述卢梭自然教育的观点以及评价。（见基础篇 P72）

2022 年新疆师范大学 333 教育综合真题

名词解释

1. 教师专业发展（见基础篇 P209）　　2. 义务教育（见基础篇 P170）
3. 有教无类（见基础篇 P4）　　　　　4. 苏格拉底法（见基础篇 P47）
5. 先行组织者（见基础篇 P104）　　　6. 学习动力（见基础篇 P113）

简答题

1. 简述《学记》中的教学原则。（见二维码）
2. 简述陶行知的生活教育理论。（见基础篇 P44）
3. 简述经典性条件作用与操作性条件作用的区别。（见拔高篇 P276）
4. 简述加涅的信息加工模型中的学习阶段。（见基础篇 P108）

论述题

1. 论述 21 世纪现代教育的发展趋势。（见二维码）
2. 结合实际，论述教学设计的基本内容。（见二维码）
3. 论述卢梭的自然教育理论并简要评价。（见基础篇 P72）
4. 培养德、智、体、美、劳全面发展的社会主义建设者和接班人已被写入教育法，劳动教育被纳入教育方针，结合实际，论述全面发展教育。（见基础篇 P167）

2023 年新疆师范大学 333 教育综合真题

名词解释

1. 学校教育（见基础篇 P145）　　　2. 教育目的（见基础篇 P163）
3. "六艺"（见基础篇 P2）　　　　　4. 最近发展区（见基础篇 P95）
5. 班级授课制（见基础篇 P191）　　6. 学习风格（见基础篇 P95）

简答题

1. 简述中国古代学校发展到唐朝日趋完备的主要表现。（见基础篇 P16）
2. 简述蔡元培对北大进行改革的举措。（见基础篇 P35）
3. 简述陈述性知识和程序性知识的联系与区别。（见拔高篇 P277）

4. 简述斯腾伯格的三元智力理论。（见二维码）

论述题

1. 论述理想师生关系的基本特征以及基本建构策略。（见基础篇 P214、215）
2. 论述建构主义教学理论的主要内容。（见基础篇 P111）
3. 论述夸美纽斯的教育与教学原则。（见二维码）
4. 材料：2021年7月，中共中央办公厅、国务院办公厅印发了《关于进一步减轻义务教育阶段学生作业负担和校外培训负担的意见》（以下简称"双减"政策），该意见提出了"坚持学生为本、遵循教育规律""整体提升学校教育教学质量""减轻学生过重作业负担""提升学校课后服务水平，满足学生多样化需求"。

请结合实际，论述对"双减"政策的实施要进一步立足教育的本质，让教育回归生活世界，发挥学校育人主体作用的认识。（见拔高篇 P388）

2010年河北师范大学333教育综合真题

辨析题

1. 培养目标是根据教育目的制定的。（见二维码）
2. 教师个体专业化的过程就是获得教师资格证的过程。（见二维码）
3. 人是教育的产物。（见二维码）
4. 从几种气质类型的特点来看，多血质和黏液质是比较好的气质类型。（见二维码）
5. 定势是使人按照某种固定方式解决问题，对解决问题具有阻碍作用。（见二维码）

简答题

1. 简述课程结构优化的基本要求。（见二维码）
2. 简述全人发展的课程价值观的特点。（见二维码）
3. 简述一般心理问题、严重心理问题和神经症性心理问题的区别。（见二维码）
4. 举例说明动机冲突的几种形式。（见二维码）
5. 简述什么是系列位置效应及其形成原因。（见二维码）

论述题

1. 试述教育在个体发展中负向功能的表现、成因和解决对策。（见二维码）
2. 试述教师应具备的教育理念。（见二维码）
3. 什么是自我意识？如何培养学生的自我意识？（见二维码）
4. 材料：甲、乙两位老师在教学中分别采取了不同的教学组织策略。甲老师经常要求学生课前预习，让学生事先了解要讲的内容，上课时首先向学生明确学习的目的、任务和意义，并要求学生付出一定的意志、努力，集中注意力。乙老师注重教学内容的精心组织，采用灵活多样的教学方式，充分利用学生的兴趣，使教学过程变得轻松、有吸引力。

试分析两位老师在组织教学时使用的有关的注意规律，说明两种教学组织策略的优劣，你认为应如何根据注意的种类及特点，有效地组织教学？（见拔高篇 P304）

2011年河北师范大学333教育综合真题

名词解释

1. 实用主义教育学(见二维码)
2. 过度教育(见二维码)
3. 显性课程(见二维码)
4. 道德感(见二维码)
5. 社会助长(见二维码)
6. 动机(见二维码)

简答题

1. 简述课程结构优化的基本要求。(见二维码)
2. 简述基础教育课程改革要求教师应树立的教学设计理念。(见二维码)
3. 简述如何利用注意规律组织教学。(见二维码)
4. 简述如何培养学生的想象力。(见二维码)
5. 简述对全体学生实施心理健康教育的途径。(见二维码)
6. 简述自卑心理的成因及克服方法。(见二维码)

论述题

1. 试述如何促进教师专业发展。(见基础篇P213)
2. 结合实际,谈谈家庭教育和学校教育对学生性格形成的影响。(见二维码)
3. 材料:每个教师都意识到,应该努力为班内的所有学生提供均等的学习机会,然而群体教学中的实际情况与这种理想相差甚远。对"师生在课堂里相互作用"所进行的观察表明,教师(无意识地)针对某些学生,而忽略了其他学生。教师给予了某些学生更多的积极强化与鼓励,鼓励他们积极参与课堂讨论以及回答问题。一般来说,教师对班内1/3或1/4的优秀生最为关注,并给予他们最多的鼓励,而班内半数较差的学生所得到的关注与帮助较少。师生关系之间的这些差异,使得一些学生得到了(其他学生所得不到的)更多的机会与鼓励。

分析上述材料所揭示的问题及原因,并论述如何通过课堂教学组织形式的改变,促进教学过程中的教育机会均等。(见二维码)

2012年河北师范大学333教育综合真题

名词解释

1. 学习化社会(见二维码)
2. 个人本位论(见基础篇P163)
3. 显性课程(见二维码)
4. 头脑风暴法(见二维码)
5. 社会认知(见二维码)
6. 去个性化(见二维码)

简答题

1. 简述实用主义教育学的主要观点。(见基础篇P143)
2. 简述学生的基本权利。(见二维码)
3. 简述创造性学生的共同心理特征。(见基础篇P134)
4. 简述情绪、情感的含义及其功能。(见二维码)
5. 简述如何培养学生的学习动机。(见基础篇P117)
6. 简述认知矫正程序在考试焦虑中应用的步骤。(见二维码)

论述和材料分析题

1. 如何正确认识教育者的主导作用？（见二维码）
2. 分析材料并回答问题。

材料一：舒尔茨的研究。

舒尔茨计算出美国1929年积累的教育资本总额为800亿美元，1957年则增至5 350亿美元；1929年劳动力平均教育资本是3 659美元，1957年增至7 869美元，这表明了劳动力教育水平凝结在每个劳动者身上的教育资本增加了。通过计算1957年比1929年增加的教育投资总额，舒尔茨推算出教育水平提高对国民经济增长的贡献是33%。

材料二：丹尼森的研究。

丹尼森的研究发现，1929年至1957年，美国国民收入的年增长率为293%，其中因教育的作用而增加的收入的年增长率为0.67%，在全部国民收入的增长率中占23%。同时，因知识进展而增加的国民收入的年增长率为0.59%，在全部国民收入的增长率中占20%，其中知识进展的五分之三，也是教育的作用，故教育对国民收入的增长率的贡献为35%。

(1) 两个材料说明的主要观点是什么？
(2) 结合有关知识分析说明上述观点。（见二维码）

3. 结合记忆规律，谈谈教师如何帮助学生改善和提高记忆力？（见基础篇P120）

2013年河北师范大学333教育综合真题

简答题

1. 简述自我效能感的含义及其影响因素。（见基础篇P116）
2. 简述情绪、情感的功能。（见二维码）
3. 简要说明一般心理问题的特点。（见二维码）
4. 简述现代教育的特点。（见基础篇P148）
5. 简述教育的文化功能。（见基础篇P157）
6. 简述教学设计理念的更新。（见二维码）

论述题

1. 结合实例分析人际沟通的构成要素及有效进行人际沟通的条件。（见二维码）
2. 培养良好的班集体在班主任工作中有何作用？如何培养良好的班集体？（见基础篇P217）

案例分析题

1. 材料：小艳，女，14岁，初三学生，在学校是篮球队主力，喜欢打扮，学习较差。同桌莉萍，品学兼优。莉萍每次考第一时，小艳就在背后议论莉萍知道题，要不就是碰巧考得好。小艳经常将莉萍的笔记本藏起来，不让莉萍好好上课。莉萍为班级做好事，小艳心里觉得不舒服，就在背后议论莉萍爱出风头。班上有的同学穿得比小艳漂亮，她就会不高兴，在背后说人坏话。久而久之，她的朋友越来越少，同学们都不愿和她在一起。小艳也因为别人比自己强而恼得失眠，异常痛苦。

(1) 针对小艳的情况进行分析。
(2) 运用相关知识，提出帮助小艳的对策。（见二维码）

2. 材料：北京十一学校校长李希贵出版过两本书《学生第二》和《学生第一》。他认为，管理工作中的"学生第二""教师第一"是为了更好地实现校园里的"学生第一"。

(1) 怎样理解校园里的"学生第一"？

(2) 怎样理解管理工作中的"学生第二""教师第一"?
(3) 你对"教师第一"和"学生第二"的关系是怎样理解的?对李希贵校长的观点如何评价?（见拔高篇 P370）

2014年河北师范大学333教育综合真题

简答题

1. 简述学校教育的含义及其特点。（见基础篇 P145）
2. 说明基础教育课程改革的具体目标。（见基础篇 P181）
3. 简述组织班级开展活动的原则。（见二维码）
4. 根据情绪和情感的强度、持续时间,将情绪、情感进行分类,并阐述分析。（见二维码）
5. 分析嫉妒的心理特点并说明如何矫正。（见二维码）
6. 比较分析算法式和启发式。（见拔高篇 P280）

论述题

1. 论述教师素质。（见基础篇 P212）
2. 论述家庭教育和学校教育对学生性格形成的影响及如何优化性格。（见二维码）

材料分析题

1. 材料:七年级数学第二章正负数的序言。（材料大意,回忆版）
根据材料,设计教学目标。（见二维码）
2. 材料:一次期末考试,甲同学说我这次努力了,考好了。乙同学说我这次复习的都考了,我考好了。丙同学说我太笨了,学不会。丁同学说这次题太难了,我实在学不会。（材料大意,回忆版）
根据韦纳归因理论分析上述同学的归因,并分析这几个同学未来发展的趋势。（见拔高篇 P302）

2015年河北师范大学333教育综合真题

简答题

1. 简述教育的本质。（见二维码）
2. 简述基础教育课程改革的基本理念。（见基础篇 P181）
3. 简述什么是头脑风暴法及头脑风暴法的实施原则。（见二维码）
4. 简要说明教学如何促进迁移。（见基础篇 P121）

论述题

1. 试述班级管理工作的内容。（见基础篇 P216）
2. 请结合几种动机理论,谈谈在教育教学中如何培养和激发学生的学习动机。（见基础篇 P117）

材料分析题

1. 材料:弃北大读技师,自定别样人生。2008年高考,周浩考了660多分,是青海省理科前五名。周浩从小就喜欢拆分机械,想报考北京航空航天大学,因为该校有很多实用性的课程,比较符合自己的口味。但父母就觉得这样高的分数不报考清华北大简直是浪费,班主任老师也希望他能报考更好的学校。他最终还是听师长的意见,报考了北大生命科学专业。大一的时候,生命科学专业的课程理论性很强,毕业生大多考研,这不符合自己的理想。他去旁听工科院系的课程,也只能听理论课,实践课只有本院的学生才能上。转院的要求也比较高,需要两院公共课达到一定学分。看来转院也不可能。大二休学一年后,周浩还是不能适应北大的课程,开始考虑转校。通过网络,他了解到德国技术工人大多是高学历的知识技能复合型人才,因此他希望读一个高学历的技术院校。说服在深圳工作的父母之后,2011年,周浩来到北京工业技师学院,受到学校的欢迎,并直接进入技师班,小班授课,并给他配了最好的班主任。这种小班式面对面地和老师交流,让他找到了很强的归属感。凭借北大的理论基础和北京工业技师学院的技术学习。周浩慢慢地往自己喜欢的知识技能复合型人才的道路发展,成为学校优秀的学生之一。

(《中国青年报》2014年11月17日)

阅读上面的材料并回答问题。

(1)周浩转校的原因是什么?转校对他来说是一种最佳选择吗?

(2)周浩转校事件对学校教育有何启示?(见拔高篇P351)

2.材料一:初中二年级学生王某,在读小学时,由于调皮摔断了腿,自那时起便破罐子破摔。上课经常睡觉,从不交作业,还经常将头发搞得奇形怪状,吸烟、酗酒、打架、偷盗。老师曾多次教育,但效果不太好。

材料二:高二学生杨某,为人讲义气,爱打架。他有一个退学的铁哥们跟他人有过节,让他帮忙去教训下,他二话没说就答应了,并且杨某又叫上了几个人。结果双方都打得鼻青脸肿。

请根据所学的心理学知识,分析王某和杨某的行为并提出相应的教育对策。(见二维码)

2016年河北师范大学333教育综合真题

简答题

1. 简述现代教育的特点。(见基础篇P148)
2. 简述教师的知识结构。(见二维码)
3. 简述影响学习迁移的因素。(见二维码)
4. 简述影响问题解决的因素。(见基础篇P132)

论述题

1. 论述教学在学校教育中的地位和作用。(见二维码)
2. 分析态度与品德形成和改变的一般条件。(见二维码)

材料分析题

1.材料:黄冈中学走下高考神坛。(材料大意,回忆版)

(1)分析黄冈中学走下神坛的原因。

(2)你如何看待黄冈中学走下神坛的现象?(见拔高篇P418)

2.材料:甲同学表现为兴奋,易激动,以奔放不羁为特征;乙同学表现为抑制、胆小、脆弱、消极、防御等。(材料大意,回忆版)

分析甲、乙两人的气质类型,并提出相应的教育对策。(见拔高篇P291)

2017年河北师范大学333教育综合真题

简答题

1. 简述中华人民共和国教育目的的精神。(见基础篇 P166)
2. 简述校本课程的概念及其意义。(见二维码)
3. 简述班杜拉观察学习方法的应用价值。(见基础篇 P106)
4. 简述如何培养想象力。(见二维码)

论述题

1. 试述提高记忆与复习效率的方法。(见基础篇 P120)
2. 试述综合课程。(见基础篇 P177)

材料分析题

1. 材料：关于我国近年农村留守儿童的现象。(材料大意,回忆版)
(1) 从教育与个人、教育与社会的关系出发,分析留守儿童接受教育的重要性。
(2) 联系家庭教育、社会教育、学校教育,论述留守儿童教育问题的成因。
(3) 从特殊儿童保护的角度论述如何保护留守儿童。(见二维码)
2. 材料：张某学习不好,认为文科的东西死记硬背就行了,认为物理学不会,是自己能力的问题。(材料大意,回忆版)
(1) 分析张某的心理成因。
(2) 如何激发张某的学习兴趣和动机？(见二维码)

2018年河北师范大学333教育综合真题

简答题

1. 简述师生关系。(见基础篇 P214)
2. 简述隐性课程的特点。(见二维码)
3. 简述如何培养学生的观察力。(见二维码)
4. 简述培养态度与品德的主要方法。(见二维码)
5. 从个人、学校、社会角度说明学生观的内涵。(见二维码)
6. 简述学生良好性格的培养。(见二维码)

论述题

1. 材料：贵州某地利用科技进行教育扶贫。(材料大意,回忆版)
从教育与社会关系的角度,说明教育扶贫。(见二维码)
2. 材料：张某成绩很好,后来却一落千丈。(材料缺失)
请分析她的心理问题、形成原因、解决方法。(见二维码)

2019年河北师范大学333教育综合真题

简答题

1. 简述教师的素质。(见基础篇 P212)

2. 简述教育目的。（见基础篇 P163）

3. 简述习得性无助及其心理特征、矫正方法。（见二维码）

4. 简述中学生创造力的发展特点及培养方法。（见基础篇 P134）

论述题

1. 论述教育与社会的关系。（见基础篇 P158）

2. 论述中学生自我意识的特点及应注意的问题。（见二维码）

材料分析题

1. 机器人课程是否应该进学校？如果应该说明一下应注意的问题，如果不应该说明一下原因。（见二维码）

2. 材料：儿童发展阶段经历了服从、公正到平等。（材料大意，回忆版）

(1) 上述两个阶段经历了皮亚杰认知发展阶段论中的哪些阶段，请分别说明特点。

(2) 从上述发展阶段来看皮亚杰发展理论经历了什么趋势？（见拔高篇 P305）

2020 年河北师范大学 333 教育综合真题

简答题

1. 简述课程结构优化的基本要求。（见二维码）

2. 简述教学设计理念。（见二维码）

3. 简述培养学生思维能力的策略。（见二维码）

4. 简述认知学派主张的学习过程及其影响因素。（见二维码）

论述题

1. 论述实用主义教育学的基本观点。（见基础篇 P143）

2. 论述认知技能的形成阶段及其影响因素。（见二维码）

材料分析题

1. 材料：日本的经济发展经历了三大历史变革，以及日本经济的发展和教育间的联系。（材料大意，回忆版）

(1) 简述材料的观点。

(2) 论述教育的经济功能。（见二维码）

2. 材料：国家表彰大会关于张富清的英雄事迹和《榜样》节目的播出引发的公众反应。（材料大意，回忆版）

(1) 论述班杜拉社会学习理论的应用价值。

(2) 中小学教育如何使榜样教育更有效？（见拔高篇 P293）

2021 年河北师范大学 333 教育综合真题

简答题

1. 简述现代教育发展趋势。（见基础篇 P148）

2. 简述课程的作用。（见二维码）

3. 简述如何培养学生的想象力。(见二维码)

4. 简述促进迁移的教学策略。(见基础篇 P121)

论述题

1. 论述马克思主义教育学的基本观点。(见二维码)

2. 联系实际,论述学生良好意志品质的培养。(见二维码)

材料分析题

1. 材料：以下是某教师设计的小学数学三年级上册《秒的认识》一课的教学导入。

老师问：关于时间,我们学到了哪些知识？怎样看时间？时间对人类非常重要,人们发明了各种各样的计时工具,（出示红绿灯电子计时牌）这是什么？你们知道上面的数字变化一次是多长时间吗？今天这节课我们就来学习"秒的认识"。

(1) 课堂教学过程中导入的意义是什么？

(2) 论述新课程改革提倡的教学过程的设计理念,并依据设计理念述评该导入设计。(见二维码)

2. 材料：张某是某中学初二学生。最近他对学习不感兴趣,逃避学习,一提学习就烦躁不安,上课不认真听讲,下课也不完成作业,对老师和家长有抵触情绪,还出现了逃学现象。

(1) 张某的表现属于哪种心理问题？

(2) 导致这种心理问题的原因是什么？

(3) 联系实际说明教师和家长应如何帮助学生避免这种心理问题的产生。(见拔高篇 P298)

2022年河北师范大学333教育综合真题

名词解释

1. 教学评价 (见基础篇 P193)
2. 学校教育管理体制 (见二维码)
3. 《大学》(见基础篇 P4)
4. 小先生制 (见基础篇 P41)
5. 观察学习 (见基础篇 P104)
6. 自我效能感 (见基础篇 P113)

简答题

1. 简述教育对政治的影响。(见基础篇 P157)
2. 简述活动课程的优势和不足。(见基础篇 P177)
3. 简述德育的原则。(见基础篇 P206)
4. 简述进步主义的局限性。(见二维码)

论述题

1. 论述王守仁的儿童教育思想。(见基础篇 P27)
2. 论述赫尔巴特的教育心理学化思想。(见基础篇 P75)
3. （材料缺失）。

(1) 材料所体现的评价标准。

(2) 结合建构主义、学习的实质和影响因素,说一下教学模式。(见二维码)

4. （材料缺失）。

(1) 家庭、社会、学校对人的发展有什么作用？

(2) 结合家庭、学校、社会协同共育,学校应该采取什么措施？(见拔高篇 P406)

2023年河北师范大学333教育综合真题

名词解释
1. 图式(见基础篇 P94)
2. 隐性课程(见基础篇 P175)
3. 教育目的(见基础篇 P163)
4. 三舍法(见基础篇 P22)
5. 鸿都门学(见基础篇 P14)
6. 掌握目标(见二维码)

简答题
1. 简述实验教育学的主要观点。(见二维码)
2. 教育促进个体个性化功能的表现。(见二维码)
3. 教师发挥主导作用的条件。(见二维码)
4. 素质教育的内涵。(见基础篇 P168)

论述题
1. 评析朱熹的道德教育思想。(见二维码)
2. 评析文艺复兴时期人文主义的"全人"的特征及其进步意义。(见二维码)
3. 教师威信的形成过程及如何树立教师威信。(见二维码)
4. 材料一：义务教育劳动课程标准。
材料二：中小学劳动技术教育。
(1) 结合材料，谈谈劳动教育的目标。
(2) 结合课标，谈谈如何在中小学实施劳动技术教育。(见拔高篇 P391)

2021年宝鸡文理学院333教育综合真题

名词解释
1. 学制(见基础篇 P170)
2. 课程标准(见基础篇 P174)
3. 《大学》(见基础篇 P4)
4. 唐朝四门学(见二维码)
5. 城市学校(见基础篇 P53)
6. 新教育运动(见基础篇 P85)

简答题
1. 简述教学与教育、智育的关系。(见基础篇 P183)
2. 简述学科课程的特点。(见基础篇 P177)
3. 简述绝对性评价和相对性评价。(见二维码)
4. 简述一个完整的教育心理学研究范式。(见二维码)

论述题
1. 论述教师的主导作用和学生主体性的关系。(见基础篇 P186)
2. 论述孔子树立教师典范的教育思想。(见基础篇 P8)
3. 论述卢梭的自然主义教育思想。(见基础篇 P72)
4. 论述维果茨基的认知发展和教育的关系。(见基础篇 P97)

2022 年宝鸡文理学院 333 教育综合真题

名词解释

1. 狭义的教育目的(见二维码)
2. 课的结构(见二维码)
3. 导生制(见基础篇 P57)
4. 永恒主义教育思潮(见基础篇 P86)
5. 学习(见基础篇 P103)
6. 品德发展(见基础篇 P136)

简答题

1. 简述启发性原则的基本要求。(见基础篇 P195)
2. 简述唐朝科举制对学校教育的影响。(见基础篇 P19)
3. 简述斯巴达教育与雅典教育的不同。(见拔高篇 P232)
4. 简述进步主义教育运动的主要特征。(见二维码)

论述题

1. 什么是教育的相对独立性与社会制约性？如何协调二者之间的关系？(见二维码)
2. 论述习近平总书记关于教育论述中"四有"好老师的标准。(见二维码)
3. 论述陶行知的"教学做合一"教育思想。(见二维码)
4. 根据皮亚杰的认知理论，谈谈如何促进学生的认识发展。(见基础篇 P96)

2023 年宝鸡文理学院 333 教育综合真题

名词解释

1. 狭义的教育(见二维码)
2. 教学评价(见基础篇 P193)
3. 创新性学习(见二维码)
4. 最近发展区(见基础篇 P95)
5. "六艺"(见基础篇 P2)
6. 有教无类(见基础篇 P4)

简答题

1. 教师劳动的专业性。(见二维码)
2. 影响奥苏伯尔学习迁移的三个认知结构量。(见二维码)
3. 美国初级学院运动的特点。(见二维码)
4. 班杜拉观察学习的五个效应。(见二维码)

论述题

1. 论述马克思全面发展学说及对当代教育的影响。(见二维码)
2. 论述《大学》中的"三纲领八条目"。(见基础篇 P11)
3. 论述第斯多惠教学论。(见二维码)
4. 论述中小学德育原则。(见基础篇 P206)

2021年渤海大学333教育综合真题

名词解释

1. 教育的劳动起源说（见二维码）
2. 小先生制（见基础篇 P41）
3. 白板说（见基础篇 P63）
4. 支架式教学（见二维码）
5. 课堂氛围（见二维码）

简答题

1. 简述体育的目标。（见二维码）
2. 简述师生关系的特点。（见基础篇 P214）
3. 简述晏阳初的"四大教育"。（见基础篇 P43）
4. 简述赞科夫的教育思想。（见基础篇 P66）

论述题

1. 论述问题解决能力的培养。（见基础篇 P132）
2. 论述蔡元培的"五育"并举。（见基础篇 P37）

2022年渤海大学333教育综合真题

名词解释

1. 班级授课制（见基础篇 P191）
2. 教育叙事研究（见二维码）
3. 苏湖教法（见基础篇 P22）
4. 《费里教育法》（《费里法案》）（见基础篇 P57）
5. 认知风格（见基础篇 P95）
6. 学习（见基础篇 P103）

简答题

1. 简述教育目的的社会基础。（见二维码）
2. 简述学科课程与经验课程的优缺点。（见基础篇 P177）
3. 简述中国共产党领导的革命根据地教育的基本经验。（见基础篇 P40）
4. 简述如何培养和激发学生的成就动机。（见二维码）

论述题

1. 结合实际，谈谈教育研究设计有哪些方面的内容。（见二维码）
2. 论述赫尔巴特的道德教育理论。（见基础篇 P76）
3. 论述陶行知的生活教育理论，并分析其历史价值和现实意义。（见基础篇 P44）

2023年渤海大学333教育综合真题

名词解释

1. 综合课程（见基础篇 P175）
2. 情境教学法（见二维码）
3. 有意义学习（见基础篇 P104）
4. 抛锚式教学（见二维码）

5. 颜元(见二维码) 6. (题目缺失)

简答题

(题目缺失)

论述题

1. 梁漱溟和晏阳初乡村教育的比较。(见拔高篇 P230)

2. 论述皮亚杰认知发展阶段理论。(见基础篇 P95)

2021 年大理大学 333 教育综合真题

名词解释

1. 课程标准(见基础篇 P174) 2. 教科书(见基础篇 P174)

3. 有教无类(见基础篇 P4) 4. 产婆术(见基础篇 P47)

5. 生成性学习(见二维码) 6. 刻板印象(见二维码)

简答题

1. 简述我国的德育方法。(见二维码)

2. 简述教学的基本环节。(见基础篇 P187)

3. 简述班级授课制的特点。(见基础篇 P194)

4. 简述学习与脑的塑造。(见二维码)

论述题

1. 论述教师教学的改进建议。(见二维码)

2. 论述教师的主导作用与学生主体性的关系。(见基础篇 P186)

3. 论述教育与政治经济制度的关系。(见基础篇 P158)

4. 论述杜威的教育即经验及生长。(见二维码)

2022 年大理大学 333 教育综合真题

名词解释

1. 内隐学习(见基础篇 P103) 2. 终身教育(见基础篇 P171)

3. 普雷马克原理(见二维码) 4. "六艺"(见基础篇 P2)

5. 教育性教学(见基础篇 P69) 6. 自我卷入的学习者(见二维码)

简答题

1. 简述夸美纽斯泛智教育思想的基本观点。(见基础篇 P70)

2. 简述陶行知的"生活即教育"的基本观点。(见基础篇 P45)

3. 简述卢梭提出的三种不同教育类型的基本观点及其评价。(见二维码)

4. 简述存在主义教育的主要观点。(见二维码)

论述题

1. 论述培养人的教育活动之"实践"品性。（见二维码）
2. 论述教学过程是一种特殊的认识过程。（见基础篇P184）
3. 论述德育过程是培养学生知、情、意、行整体和谐发展的过程。（见基础篇P204）

材料题

材料一：城乡教育差距大，农村孩子进城读书，某区却让进城的农村孩子回乡就读，在义务教育全免费后，该政府投入无差别教育，追求城乡教育的均衡发展，摒弃教育不公之痼疾。

材料二：2021年7月，政府出台"双减"政策，有人认为"双减"可以让学生把握在校学习时间，提高学习效率；有人则认为学习时间变少了，学生学到的内容就变少了。对于"双减"，社会上存在着各种声音……

从教育与社会发展的关系的角度，对上述现象进行分析。（见拔高篇P385）

2023年大理大学333教育综合真题

名词解释

1. 形成性评价（见基础篇P193）
2. 综合课程（见基础篇P175）
3. 乡村建设和乡村教育（见二维码）
4. "八条目"（见基础篇P4）
5. 社会性发展（见基础篇P94）
6. 皮亚杰的"泛灵论"（见二维码）

简答题

1. 简述王守仁的儿童教育思想。（见基础篇P27）
2. 简述裴斯泰洛齐论教育目的。（见二维码）
3. 简述影响学生学习动机的内部因素。（见基础篇P117）
4. 简述问题解决能力的培养策略。（见基础篇P132）

论述题

1. 论述现代人本主义教育思潮。（见基础篇P91）
2. 论述教学过程中应该处理好的关系。（见基础篇P187）
3. 论述教师如何扮演好职业角色。（见二维码）

材料题

材料一：党的二十大指出，习近平总书记提出的关于教育的观点（以立德树人为根本任务）。

材料二：2021年的关于教育的法律第五条指出我国的教育方针。

根据上述材料，结合党的教育方针，在阐述我国教育目的的基本要求的基础上，进一步对全面发展教育以及构成要素的关系进行分析。（见拔高篇P334）

2021年佛山科学技术学院333教育综合真题

名词解释

1. 学校管理（见基础篇P219）
2. 教学评价（见基础篇P193）

3. 德育（见基础篇 P201）
5. 《学记》（见基础篇 P5）
4. 教学（见基础篇 P183）
6. 《巴尔福法案》（见二维码）

简答题

1. 简述教学原则。（见基础篇 P197）
2. 简述维果茨基的教学与认知发展。（见基础篇 P97）
3. 简述科举制度的影响。（见基础篇 P17）
4. 简述美国 20 世纪 30 年代的要素主义教育。（见基础篇 P88）

论述题

1. 用教育功能论述关爱留守儿童的重要性。（见二维码）
2. 论述卢梭的教育理论。（见基础篇 P73）
3. 论述梁漱溟的教育理论。（见基础篇 P44）

2022 年佛山科学技术学院 333 教育综合真题

名词解释

1. 教育内容（见基础篇 P146）
3. 课程标准（见基础篇 P174）
5. 骑士教育（见基础篇 P53）
2. 德育中的长善救失原则（见基础篇 P202）
4. 《四书章句集注》（见二维码）
6. 苏霍姆林斯基（见二维码）

简答题

1. 简述教育在我国社会主义建设中的地位和作用。（见二维码）
2. 简述我国新一轮基础教育改革的具体目标。（见基础篇 P181）
3. 简述认知结构理论中关于迁移的主要观点。（见二维码）
4. 简述蔡元培的教育思想。（见基础篇 P36）

论述题

1. 结合道德形成的过程和影响因素，论述培养道德的方法。（见二维码）
2. 2020 年 3 月，中共中央国务院出台《全面加强新时代大中小学劳动教育的意见》，结合教育理论并联系实际，谈谈劳动教育的时代意义和实施途径。（见拔高篇 P391）
3. 试述黄炎培的职业道德教育思想。（见基础篇 P42）
4. 结合实际，谈谈道尔顿制的利弊。（见二维码）

2021 年合肥师范学院 333 教育综合真题

名词解释

1. 教学（见基础篇 P183）
3. 人的发展（见基础篇 P149）
5. 《颜氏家训》（见基础篇 P16）
2. 学校教育制度（见基础篇 P170）
4. 学校（见二维码）
6. 朱子读书法（见基础篇 P22）

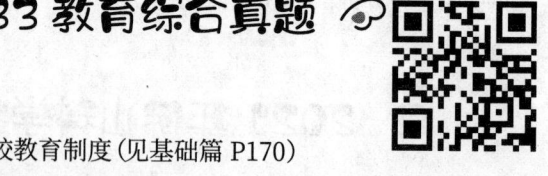

简答题

1. 简述教学过程的性质。（见基础篇 P184）
2. 简述创造力与智力的关系。（见拔高篇 P280）
3. 简述教师劳动的特点。（见基础篇 P210）
4. 简述裴斯泰洛齐的教育思想。（见基础篇 P75）

论述题

1. 论述教育的经济功能。（见基础篇 P157）
2. 论述蔡元培的教育实践及影响（改革北京大学）。（见基础篇 P35）
3. 论述杜威的教育思想及其历史影响。（见基础篇 P83）
4. 论述皮亚杰的认知发展理论的主要观点及启示。（见基础篇 P95）

2022年合肥师范学院 333 教育综合真题

名词解释

1. "六艺"（见基础篇 P2）
2. 骑士教育（见基础篇 P53）
3. 苏区教育（见二维码）
4. 心理发展（见基础篇 P94）
5. 社会学习理论（见二维码）
6. 陶行知（见二维码）

简答题

1. 简述教育的社会制约性。（见基础篇 P157）
2. 简述夸美纽斯的主要思想。（见基础篇 P71）
3. 简述马克思关于人的全面发展的思想内涵。（见基础篇 P165）
4. 简述韦纳的成败归因理论。（见基础篇 P115）
5. 简述如何培养学生问题解决的能力。（见基础篇 P132）

论述题

1. 论述维果茨基的教学与发展观及其教育启示。（见基础篇 P97）
2. 论述蔡元培的教育思想对中国教育发展的主要贡献。（见基础篇 P36）

材料分析题

1. （材料缺失）。
(1) 劳动教育的意义是什么？劳动教育如何与德育、智育、体育、美育融合？
(2) 学校如何开展劳动教育活动？（见拔高篇 P390）

2. （材料缺失）。
结合相关材料，谈谈教师如何利用"惩戒"这把尺子。（见拔高篇 P399）

2023年合肥师范学院333教育综合真题

名词解释

1. 活动课程（见基础篇 P175）
2. 直观性原则（见二维码）
3. 壬戌学制（见基础篇 P34）
4. 班级授课制（见基础篇 P191）
5. 京师同文馆（见基础篇 P29）
6. 白鹿洞书院（见二维码）

简答题

1. 夸美纽斯的泛智教育思想包括哪些内容？（见基础篇 P70）
2. 陶行知小先生制思想的主要内容有哪些？（见二维码）
3. 影响问题解决的主观因素有哪些？（见基础篇 P132）
4. 20世纪20—30年代中国教育家进行的主要教育改革实验有哪些？（见拔高篇 P252）

论述题

1. 根据德育原理说说如何理解"晓之以理,动之以情,持之以恒,导之以行"。（见基础篇 P202）
2. 如何建立良好的师生关系？（见基础篇 P215）
3. 动机强度与学习效率的关系。（见二维码）
4. 结合目前中小学的教育政策,试谈赫尔巴特"教育性教学"思想的当代价值。（见基础篇 P76）

2021年湖南科技大学333教育综合真题

名词解释

1. 朱子读书法（见基础篇 P22）
2. 课程标准（见基础篇 P174）
3. 内隐学习（见基础篇 P103）
4. 最近发展区（见基础篇 P95）
5. 校长负责制（见基础篇 P219）
6. 小先生制（见基础篇 P41）

简答题

1. 简述教师教育素养的构成。（见二维码）
2. 简述夸美纽斯的教育适应自然原则。（见基础篇 P70）
3. 简述学生不良品德的成因。（见基础篇 P138）
4. 简述接受学习与发现学习的异同。（见拔高篇 P275）

论述题

1. 论述教书与育人的关系,并结合实际,谈谈教学中如何处理这个关系。（见二维码）
2. 论述中世纪大学产生的原因、办学特色、历史地位。（见基础篇 P53）
3. 论述美国进步教育运动的观点及现实意义。（见二维码）
4. 论述教育的相对独立性,并在此基础上分析教育先行的观点。（见二维码）

2022年湖南科技大学333教育综合真题

名词解释

1. 流体智力（见基础篇 P129）
2. 教育目的（见基础篇 P163）
3. 活动课程（见基础篇 P175）
4. 张之洞的"中体西用"（见基础篇 P29）
5. "六经"（见二维码）
6. 学习策略（见基础篇 P124）

简答题

1. 简述教学过程中应该处理好的几种关系。（见基础篇 P187）
2. 简述影响人发展的基本因素。（见基础篇 P153）
3. 简述夸美纽斯的班级授课制及其意义。（见基础篇 P71）
4. 简述泰勒课程原理的四个基本问题。（见基础篇 P176）

论述题

1. 结合实际，论述《学记》中的教育教学原则及现实意义。（见基础篇 P12）
2. 在实践中如何处理好教育价值取向和遵循教育规律的关系？（见拔高篇 P311）
3. 论述因材施教的教育心理学依据。（见拔高篇 P286）
4. 论述"返回基础"教育的优缺点及对现代教育改革的启示。（见基础篇 P61）

2023年湖南科技大学333教育综合真题

名词解释

1. 教学的教育性（见基础篇 P69）
2. 学在官府（见基础篇 P2）
3. 学校管理法治化（见二维码）
4. 元认知（见基础篇 P125）
5. "中体西用"（见基础篇 P29）
6. 先行组织者（见基础篇 P104）

简答题

1. 简述研究学生的途径和意义。（见二维码）
2. 简述对德育的途径的理解。（见基础篇 P207）
3. 简述教育的生态功能。（见基础篇 P158）
4. 简述杜威的"做中学"教育理论。（见基础篇 P81）
5. 简述现代教师的素质结构。（见基础篇 P212）

论述题

1. 教学中的德育渗透应该怎么做？（见基础篇 P207）
2. 韩愈人才观对教育的启示。（见二维码）
3. 创造性思维的概念、特征及培养措施。（见基础篇 P134）
4. 劳动教育的必要性和途径。（见拔高篇 P390）

2021年湖州师范学院333教育综合真题

名词解释
1. 活动课程（见基础篇 P175）
2. "八条目"（见基础篇 P4）
3. 恩物（见基础篇 P69）
4. 美育（见二维码）
5. 社会性发展（见基础篇 P94）
6. 加德纳的多元智力理论（见基础篇 P129）

简答题
1. 简述教育与政治制度的关系。（见基础篇 P158）
2. 简述成功智力理论。（见二维码）
3. 简述教育的相对独立性。（见基础篇 P159）
4. 简述熙宁兴学。（见基础篇 P23）

论述题
1. 学习动机理论有哪些？如何激发学习动机？（见基础篇 P117）
2. 论述进步主义教育运动。（见二维码）
3. 论述德育过程的特点。（见基础篇 P202）
4. 论述晏阳初的乡村教育实验。（见基础篇 P43）

2022年湖州师范学院333教育综合真题

名词解释
1. 学校管理（见基础篇 P219）
2. 德育（见基础篇 P201）
3. 骑士教育（见基础篇 P53）
4. 程序性知识（见基础篇 P119）

简答题
1. 简述汉武帝时期的三大文教政策。（见基础篇 P14）
2. 简述班主任的素养。（见基础篇 P216）

论述题
1. 论述苏格拉底的教育思想。（见二维码）
2. 论述教育的社会流动功能。（见基础篇 P159）
3. 论述教育心理学的发展过程、未来研究趋势。（见二维码）
4. 论述陈鹤琴的"活教育"。（见基础篇 P45）

2023年湖州师范学院333教育综合真题

名词解释
1. 教育的社会流动功能（见基础篇 P155）
2. 双轨学制（见基础篇 P170）
3. 《费里法案》（见基础篇 P57）
4. "泛智"教学论（见基础篇 P68）

5. 流体智力(见基础篇 P129)　　　　　　6. 学习策略(见基础篇 P124)

简答题

1. 简述学校教育重视学生学习和掌握知识的根本原因。(见二维码)
2. 简述运用奖励和处分的基本要求。(见二维码)
3. 简述美育的实施途径。(见二维码)
4. 简述隋唐时期学校教育制度的特点。(见基础篇 P16)

论述题

1. 依据教师角色,分析角色冲突及其解决方法。(见基础篇 P212)
2. 根据黄炎培的职业教育思想,论述对当今职业教育的启示。(见基础篇 P42)
3. 结合人文主义教育家的观点,论述人文主义教育的特征。(见基础篇 P55)
4. 创造力是什么?在学校教育中,如何培养学生的创造性?(见基础篇 P133)

2021 年淮北师范大学 333 教育综合真题

名词解释

1. 终身教育(见基础篇 P171)　　　　　　2. 诊断性评价(见基础篇 P192)
3. 最近发展区(见基础篇 P95)　　　　　　4. "六三三"学制(见基础篇 P34)
5. 学习策略(见基础篇 P124)

简答题

1. 简述科尔伯格的三水平六阶段。(见基础篇 P99)
2. 简述素质教育的内涵。(见基础篇 P168)
3. 简述建构主义学习观。(见基础篇 P111)
4. 简述韩愈的《师说》中体现的教育思想。(见基础篇 P20)

论述题

1. 论述教学原则及其要求。(见基础篇 P197)
2. 论述要素主义教育。(见基础篇 P88)
3. 论述皮亚杰的认知发展理论及其对教育教学的启示。(见基础篇 P95)
4. 论述如何做个"四有"好老师。(见二维码)

2022 年淮北师范大学 333 教育综合真题

名词解释

1. 课程(见基础篇 P174)　　　　　　　　2. 学校教育制度(见基础篇 P170)
3. 产婆术(见基础篇 P47)　　　　　　　　4. 有教无类(见基础篇 P4)
5. 心理素质(见二维码)

简答题

1. 简述赫尔巴特的传统教育阶段。(见基础篇 P77)
2. 简述学科课程和活动课程各自的优点和缺点。(见基础篇 P177)
3. 简述洋务教育的特点。(见基础篇 P29)
4. 简述生产力对教育的制约。(见基础篇 P155)
5. 简述人本主义教育的观点。(见基础篇 P91)

论述题

1. 论述学生认知差异的表现及教育对策。(见基础篇 P100)
2. 论述儒家教育思想的特点及对当今教育的影响。(见拔高篇 P245)
3. 论述实施道德教育的方法和途径。(见二维码)
4. （题目缺失）。
5. （题目缺失）。

材料分析题

材料摘自今年的"双减"政策,关于教师留作业和批改作业。(材料大意,回忆版)
(1) "双减"政策下,教师应如何布置作业?
(2) 结合材料,谈谈教师批改作业的基本要求。(见拔高篇 P386)

2023年淮北师范大学333教育综合真题

名词解释

1. 教育目的(见基础篇 P163)
2. "六艺"(见基础篇 P2)
3. 新教育运动(见基础篇 P85)
4. 学习(见基础篇 P103)

简答题

1. 简述卢梭的自然主义教育思潮。(见基础篇 P72)
2. 简述"中体西用"。(见基础篇 P30)
3. 简述我国现行学制应该如何改革。(见二维码)
4. 简述教学的任务。(见基础篇 P184)
5. 根据斯金纳的强化理论,说明正强化、负强化、惩罚的区别。(见拔高篇 P275)

论述题

1. 论述教育的变迁功能。(见二维码)
2. 论述我国新课程改革的基本理念。(见基础篇 P181)
3. 论述孔子创办私学的意义。(见二维码)
4. 论述学习动机的培养与激发。(见基础篇 P117)

材料分析题

(1) 谈谈你对"没有爱心就没有教育"的理解。
(2) 如何处理好"严格教育和充满关爱"的关系？(见拔高篇 P319)

2021年吉林师范大学333教育综合真题

名词解释

1. 社会流动功能(见基础篇 P155)
2. 课程标准(见基础篇 P174)
3. 负强化(见基础篇 P103)
4. 顺应(见基础篇 P95)
5. 学在官府(见基础篇 P2)
6. 有教无类(见基础篇 P4)
7. 昆西教学法(见基础篇 P85)
8. 平行教育原则(见基础篇 P63)

简答题

1. 简述现代教育发展中人的地位和价值发生的变化。(见二维码)
2. 简述综合实践活动的本质和内容。(见二维码)
3. 简述奥苏伯尔的学习理论。(见基础篇 P107、108)
4. 简述我国新一轮基础教育课程改革对教师提出的新要求。(见基础篇 P181)

论述题

1. 材料：小强上课时能认真听讲，并完成作业。课后爱看小说、摄影、踢足球，对功课关注不多，期末考试前几天才抓紧时间复习，所以考试成绩并不高，他十分苦恼。

   请用艾宾浩斯的遗忘规律分析小强考试成绩不理想的原因，并用遗忘规律给出学习过程中的有效复习对策。(见拔高篇 P303)
2. 为什么终身教育会成为现代教育制度的发展方向，怎样才能朝着终身教育的方向发展？(见基础篇 P173)
3. 述评世界上第一本教育学专著中的主要教育思想。(见基础篇 P71)
4. 述评杜威的教育本质观。(见基础篇 P80)

2022年吉林师范大学333教育综合真题

名词解释

1. 活动课程(见基础篇 P175)
2. 形成性评价(见基础篇 P193)
3. 泛智教育(见基础篇 P68)
4. 《颜氏家训》(见基础篇 P16)
5. 二级强化(见二维码)
6. 支架式教学(见二维码)

简答题

1. 简述课程中理解的观察学习。(见二维码)
2. 简述归因对学生学习动力的影响。(见基础篇 P117)

论述题

1. 论述我国普通中小学教育的性质和任务。(见二维码)
2. 论述教育的一致性和连贯性。(见基础篇 P205)
3. 论述陶行知的生活教育思想和陈鹤琴的教育思想的内容及差别。(见拔高篇 P231)
4. 论述裴斯泰洛齐的"教育心理学化"思想。(见基础篇 P74)

2023年吉林师范大学333教育综合真题

名词解释

1. 道尔顿制（见基础篇 P86）
2. 稷下学宫（见基础篇 P4）
3. 科举制（见基础篇 P16）
4. 《费里法案》（见基础篇 P57）
5. 校本课程（见基础篇 P175）
6. 教育目的（见基础篇 P163）
7. 元认知（见基础篇 P125）
8. 移情（见二维码）

简答题

1. 简述教育有哪些文化功能？（见基础篇 P157）
2. 简述目标分类学对泰勒课程编制原理的发展。（见二维码）
3. 简述德育、智育、体育的相互关系。（见二维码）
4. 简述迁移理论对教学的启示。（见二维码）
5. 简述认知结构是如何帮助学习者超越给定材料信息的。（见二维码）

论述题

1. 论述赫尔巴特的兴趣观以及在赫尔巴特思想中的作用。（见二维码）
2. 论述梁启超关于教育作用与教育宗旨的思想。（见二维码）
3. 论述教师劳动的特点及教师素养的提高。（见基础篇 P210、212）

2021年集美大学333教育综合真题

名词解释

1. 教育内容（见基础篇 P146）
2. 教育的社会变迁功能（见基础篇 P155）
3. 鸿都门学（见基础篇 P14）
4. 私塾（见二维码）
5. 《理想国》（见基础篇 P47）
6. 蒙田（见二维码）

简答题

1. 简述罗杰斯的学习观。（见基础篇 P109）
2. 简述文化知识蕴含的有利于人的发展的价值。（见基础篇 P152）
3. 简述杜威的五步教学法。（见基础篇 P82）
4. 简述结构主义教育的基本观点。（见基础篇 P90）

论述题

1. 联系实际谈谈如何矫正学生的不良品德行为。（见基础篇 P138）
2. 结合实际论述班主任工作的内容和方法。（见基础篇 P216）
3. 结合实际论述教师职业的角色、角色冲突及解决，以及在社会变迁中教师角色发展的趋势。（见基础篇 P211、212）
4. 针对语录"不愤不启，不悱不发，举一隅不以三隅反"，结合实际，论述其教育教学思想。（见拔高篇 P262）

2022年集美大学333教育综合真题

名词解释

1. 教学（见基础篇 P183）
2. 学校教育体制（见二维码）
3. 宋代三次兴学（见二维码）
4. 全人生指导（见基础篇 P41）
5. 他律道德阶段（见二维码）
6. 组合学习（见二维码）

简答题

1. 简述现代教育的特点。（见基础篇 P148）
2. 简述显性知识和隐性知识的关系。（见拔高篇 P278）
3. 简述加德纳的多元智力理论。（见基础篇 P131）
4. 简述斯宾塞的科学教育思想。（见基础篇 P64）

分析题

1. 论述现在国兴教育面临的问题以及怎样办好让人民满意的教育。（见基础篇 P161）
2. 论述"中体西用"思想。（见基础篇 P30）
3. 论述柏林大学的主要内容及其对欧美高等教育的影响。（见基础篇 P60）
4. 论述学校管理人性化的原因及怎么做。（见二维码）

2023年集美大学333教育综合真题

名词解释

1. 德育过程（见基础篇 P201）
2. 相对性评价（见基础篇 P193）
3. 《费里法案》（见基础篇 P57）
4. 国子监（见二维码）
5. 顺应（见基础篇 P95）
6. 精细加工策略（见基础篇 P124）

简答题

1. 简述《巴特勒教育法》。（见基础篇 P58）
2. 简述心智技能和动作技能的关系。（见拔高篇 P279）
3. 简述班杜拉的观察学习理论。（见基础篇 P106）
4. 简述王守仁的儿童教育思想。（见基础篇 P27）

分析题

1. 结合实际论述科学性与思想性统一原则。（见基础篇 P196）
2. 论述我国社会主义建设的要求及学制需要改革的方面。（见二维码）
3. 论述荀子的论教师的教育思想。（见二维码）
4. 论述卢梭的自然主义教育理论。（见基础篇 P72）

2021年海南师范大学333教育综合真题

名词解释

1. 非智力因素（见二维码）
2. 发散思维（见二维码）
3. 百家争鸣（见二维码）
4. 最近发展区（见基础篇P95）
5. 道尔顿制（见基础篇P86）
6. 隐性课程（见基础篇P175）

简答题

1. 简述结构主义。（见基础篇P90）
2. 简述隋唐的科举制度的影响和作用。（见基础篇P17）
3. 简述卢梭的自然主义。（见基础篇P72）
4. 简述中世纪大学的特征。（见基础篇P53）

论述题

1. 论述孔子的教育思想。（见基础篇P9）
2. 论述杜威的教育思想。（见基础篇P83）
3. 论述师生关系。（见基础篇P214、215）
4. 论述影响人身心发展的因素。（见基础篇P153）

2022年海南师范大学333教育综合真题

名词解释

1. 学制（见基础篇P170）
2. 个人本位论（见基础篇P163）
3. "三纲领八条目"（见基础篇P4）
4. 朱子读书法（见基础篇P22）
5. 泛智论（见基础篇P68）
6. 《国防教育法》（见基础篇P58）

简答题

1. 简述《学记》中的教学原则。（见基础篇P12）
2. 简述蔡元培"五育"并举的教育思想。（见基础篇P37）
3. 简述罗杰斯自由学习的促进方法。（见二维码）
4. 简述综合实践活动的本质特征。（见二维码）

论述题

1. 论述教学过程中应处理好的几种关系。（见基础篇P187）
2. 举例论述德育过程的基本规律。（见基础篇P202）
3. 论述科尔伯格的道德发展阶段理论及教育启示。（见基础篇P99）
4. 论述存在主义教育理论的主要观点及影响。（见二维码）

2023年海南师范大学333教育综合真题

名词解释
1. 双轨制（见基础篇P170）
2. 社会本位论（见基础篇P163）
3. 昆体良（见二维码）
4. 癸卯学制（见基础篇P32）
5.《学记》（见基础篇P5）
6. 实验教育学（见基础篇P142）

简答题
1. 简述教师职业劳动的特点。（见基础篇P210）
2. 简述品德发展的一般规律。（见二维码）
3. 简述建构主义学习理论的基本观点。（见基础篇P111）
4. 简述启发性教学原则及其教育要求。（见基础篇P195）

论述题
1. 论述人的身心发展规律及其教育要求。（见二维码）
2. 论述卢梭的自然主义教育思想。（见基础篇P72）
3. 论述北宋三次兴学运动。（见基础篇P23）
4. 论述皮亚杰的认知发展理论及其教育启示。（见基础篇P95）

2021年石河子大学333教育综合真题

名词解释
1. 教育（见基础篇P145）
2. 学制（见基础篇P170）
3. 生活教育理论（见基础篇P41）
4. 元认知（见基础篇P125）
5. "三纲领八条目"（见基础篇P4）

简答题
1. 简述如何上好一堂课。（见基础篇P188）
2. 简述德育的途径。（见基础篇P207）
3. 简述洛克的绅士教育理论。（见基础篇P64）
4. 简述我国教育目的的精神实质。（见基础篇P166）

论述题
1. 论述教师的专业素养。（见基础篇P212）
2. 分析隋唐时期科举制的产生及其对学校教育的影响。（见基础篇P17、19）
3. 论述雅典教育和斯巴达教育的异同以及对当代教育的启示。（见二维码）
4. 根据学习迁移的原理和规律说说应如何促进学习。（见基础篇P121）

2022年石河子大学333教育综合真题

名词解释

1. 教育心理学（见基础篇 P93）
2. "七艺"（见基础篇 P48）
3. 教学原则（见基础篇 P191）
4. 狭义的教育（见基础篇 P145）
5. 设科射策（见二维码）
6. 创造性思维（见基础篇 P130）

简答题

1. 简述稷下学宫。（见基础篇 P6）
2. 简述学校的职能。（见二维码）
3. 简述教育对人的发展的作用。（见基础篇 P152）
4. 简述教育目的的基本要求。（见基础篇 P166）

论述题

1. 论述最近发展区。（见基础篇 P97）
2. 论述教学方法。（见基础篇 P198）
3. 论述欧美教育思潮。（见拔高篇 P257）
4. 论述王守仁的教育思想。（见二维码）

2023年石河子大学333教育综合真题

名词解释

1. 教育（见基础篇 P145）
2. 德育（见基础篇 P201）
3. 教育目标（见二维码）
4. 泛智教育（见基础篇 P68）
5. 鸿都门学（见基础篇 P14）

简答题

1. 简述教师的职业特点。（见基础篇 P210）
2. 简述1922年"新学制"的特点。（见基础篇 P34）

论述题

1. 论述有哪几种教育原则，并结合实际谈谈如何应用其中一种教育原则。（见基础篇 P206）
2. 论述陶行知的教育思想以及对你的启示。（见基础篇 P44）
3. 论述教育评价的发展趋势。（见基础篇 P200）
4. 论述终身教育的发展意义。（见二维码）

2021年中国海洋大学333教育综合真题

名词解释

1. 教学评价（见基础篇 P193）
2. 教师专业发展阶段（见二维码）

3. 稷下学宫(见基础篇 P4)
4. 《颜氏家训》(见基础篇 P16)
5. 社会规范学习(见基础篇 P136)
6. 精细加工策略(见基础篇 P124)

简答题

1. 简述教育的三要素。(见基础篇 P147)
2. 简述设计教学法。(见二维码)
3. 简述朱子读书法。(见基础篇 P26)
4. 简述学习动机的条件。(见二维码)

分析论述题

1. 材料:2020年10月,中共中央、国务院印发的《深化新时代教育评价改革总体方案》中的重点任务之一是改革学生评价,促进德、智、体、美、劳全面发展。

从德、智、体、美、劳的相互关系出发,论述如何实现教育全面发展。(见二维码)

2. 材料:2020年1月22日,教育部发出通知要求教育系统做好新型冠状病毒感染的肺炎疫情防控工作。根据教育部要求,各级教育主管部门、学校、教育服务机构和企业为广大学生提供在线学习资源和支持服务,以在线教育方式保障"停课不停学"。

从班级授课制的特点出发,论述在线教学对班级授课制的影响以及"互联网+教育"背景下教学组织形式的改革趋势。(见拔高篇 P410)

3. 论述苏格拉底法与孔子关于启发式教学思想的异同。(见拔高篇 P239)
4. 论述课程目标设计过程中需要完成哪些工作。(见二维码)

2022年中国海洋大学333教育综合真题

名词解释

1. 活动课程(见基础篇 P175)
2. 元认知(见基础篇 P125)
3. 要素主义教育(见基础篇 P86)
4. 学生发展中的非智力因素(见二维码)
5. 严复的"三育论"(见二维码)
6. 蔡元培的教育独立观(见二维码)

简答题

1. 简述陈述性知识迁移的措施。(见基础篇 P121)
2. 简述泰勒原理的主要内容。(见基础篇 P176)
3. 简述《颜氏家训》中关于儿童发展的教育原则。(见基础篇 P19)
4. 简述家庭环境影响学生品德发展的主客观因素。(见二维码)

论述题

1. 结合当前学生心理问题,论述改善青少年心理健康的措施。(见二维码)
2. 我国教学评价改革趋向多元化,以基础教育的某一单元或一节课为例,对教学评价进行设计,至少包含三种评价类型。(见二维码)
3. 结合21世纪基础教育改革,分析评价杜威和赫尔巴特的教育阶段观点。(见拔高篇 P236)

2023年中国海洋大学333教育综合真题

名词解释
1. 平民教育运动（见二维码）
2. 书院（见基础篇 P22）
3. 昆西教学法（见基础篇 P85）
4. 亚里士多德的自由教育（见基础篇 P48）
5. 新教育运动（见基础篇 P85）
6. 自然后果律（见二维码）

简答题
1. 简述晏阳初的乡村教育运动及实验。（见基础篇 P43）
2. 简述韩愈关于人才培养与选拔的教育思想。（见二维码）
3. 简述苏霍姆林斯基的著作及其教育思想。（见基础篇 P67）
4. 简述2022年《新课程方案》中义务教育课程应该遵循的原则。（见二维码）

论述题
1. 论述新课程标准改革的五个变化。（见二维码）
2. 新课标提倡问题教学法，请结合某一学科说一说学生问题解决的心理过程。（见基础篇 P131）
3. 探究教学是什么？有哪几个阶段？每个阶段教师和学生的行为是怎样的？（见二维码）
4. 根据学习动机理论，论述线上教学如何激发学习动机。（见拔高篇 P284）

2021年延安大学333教育综合真题

名词解释
1. 课程目标（见基础篇 P176）
2. 教育评价（见基础篇 P193）
3. 教育平等（见二维码）
4. 品德（见基础篇 P136）
5. 学习策略（见基础篇 P124）

简答题
1. 简述教师专业发展的内涵。（见基础篇 P212）
2. 简述学生综合素质评价的基本原则。（见二维码）
3. 简述孔子的德育原则。（见基础篇 P7）
4. 简述教学反思的多种方式。（见二维码）
5. 简述创造性思维的特征。（见基础篇 P133）

论述题
1. 论述中国共产党在革命根据地实施教育的基本经验。（见基础篇 P40）
2. 论述苏霍姆林斯基的"五育"。（见基础篇 P67）
3. 论述教育行动研究的过程及策略。（见二维码）

2022年延安大学333教育综合真题

名词解释

1. 教育(见基础篇 P145)
2. 学习(见基础篇 P103)
3. 教育评价(见基础篇 P193)
4. 行动研究(见二维码)
5. 自我调节学习(见二维码)
6. 教师专业发展(见基础篇 P209)

简答题

1. 简述当代教育的发展趋势。(见基础篇 P148)
2. 简述学生的一般发展规律。(见基础篇 P149)
3. 简述建构主义理论。(见基础篇 P111)
4. 简述多元智力理论。(见基础篇 P131)

论述题

1. 论述教育是如何提高人的地位的。(见二维码)
2. 论述苏格拉底教育思想的启发。(见基础篇 P48)
3. 论述孔子教育思想的启发。(见基础篇 P9)
4. 什么是迁移学习？教师怎样引导学生正向迁移学习？(见基础篇 P121)

2023年延安大学333教育综合真题

名词解释

1. 《学记》(见基础篇 P5)
2. 终身教育(见基础篇 P171)
3. "中体西用"(见基础篇 P29)
4. 最近发展区(见基础篇 P95)
5. 实科中学(见基础篇 P57)
6. 发现学习(见基础篇 P104)

简答题

1. 简述教育的生态功能。(见基础篇 P158)
2. 简述教育的基本形态及每种形态的特点。(见二维码)
3. 简述蔡元培的"五育"并举。(见基础篇 P37)
4. 简述中世纪大学的产生原因、特征和意义。(见基础篇 P53)
5. 简述皮亚杰认知发展阶段理论。(见基础篇 P95)

论述题

1. 论述课程内容组织中纵向组织与横向组织的关系。(见二维码)
2. 论述科举制度的发展历程、历史影响及对当今高考改革的启示。(见基础篇 P17、18)

2021 年西安外国语大学 333 教育综合真题

名词解释

1. 基本研究学习（见二维码）
2. 定向研究学习（见二维码）
3. 非指导性教学（见二维码）
4. 课程（见基础篇 P174）
5. 自然教育（见基础篇 P68）
6. 反求诸己（见二维码）

简答题

1. 简述社会变迁中教师角色的转变。（见基础篇 P211）
2. 简述进步主义教育。（见二维码）
3. 简述赫尔巴特的课程教学论。（见基础篇 P77）
4. 简述影响品德形成的因素。（见基础篇 P138）

分析题

材料：关于孔子启发式教学法和苏格拉底法。（材料大意，回忆版）（见拔高篇 P240）
谈谈其思考和启发。

2022 年西安外国语大学 333 教育综合真题

名词解释

1. 教学评价（见基础篇 P193）
2. 《大教学论》（见基础篇 P68）
3. 持志养气（见二维码）
4. 陈述性知识（见基础篇 P119）
5. 先行组织者（见基础篇 P104）

简答题

1. 简述王安石的教育思想。（见二维码）
2. 简述支架式教学理论。（见二维码）
3. 简述建构主义学习观。（见基础篇 P111）
4. 简述综合实践活动的内容。（见二维码）

论述题

1. 谈谈对美育的任务和内容的理解。（见二维码）
2. 对比分析理性主义教育思想、自然主义教育思想、国家主义教育思想。（见拔高篇 P237）
3. 结合实际，谈谈对"为迁移而教"的理解。（见基础篇 P121）
4. 论述文化对教育的影响和制约。（见基础篇 P156）
5. 论述德育和教育，谈谈对教育的认识和思考。（见二维码）

2023 年西安外国语大学 333 教育综合真题

名词解释

1. 诊断性评价（见基础篇 P192）
2. 班级授课制（见基础篇 P191）

3. 文纳特卡制(见二维码)
4. 长善救失(见基础篇 P202)
5. 自我提高自驱力(见二维码)

简答题

1. 简述"性善论"及其作用。(见二维码)
2. 简述杨贤江的教育思想及其贡献。(见基础篇 P42)
3. 简述洛克的教育思想。(见基础篇 P64)
4. 简述范例教学模式。(见二维码)
5. 简述课程编制的泰勒原理。(见基础篇 P176)
6. 简述观察学习理论。(见基础篇 P106)

论述题

1. 述评实用主义教育学的基本观点。(见基础篇 P143)
2. 论述教师角色丛及其发展趋势。(见基础篇 P211)
3. 论述元认知策略及教学。(见基础篇 P127)

2021 年青海师范大学 333 教育综合真题

名词解释

1. 比较研究法(见二维码)
2. 单因素方差分析(见二维码)
3. 《理想国》(见基础篇 P47)
4. 导生制(见基础篇 P57)
5. 刻板印象(见二维码)
6. 稷下学宫(见基础篇 P4)

简答题

1. 简述人文主义的特征。(见基础篇 P55)
2. 简述定性与定量的区别。(见二维码)
3. 简述颜之推的家庭教育。(见基础篇 P19)
4. 简述韦纳的归因理论。(见基础篇 P115)
5. 简述当代教育的发展趋势。(见基础篇 P148)

案例分析题

1. 分析案例中老师的做法体现了哪些德育原则？(案例缺失)(见基础篇 P206)
2. "有的人没有学过教育学,有几十年的教学经验,也可以教学。""孔子没有学过教育学,也能教学。"你认同这些说法吗？体现了哪些教育学原理？(见拔高篇 P356)

论述题

1. 论述学习策略。(见基础篇 P126)
2. 论述王夫之的道德观及修养方法。(见二维码)

2022年青海师范大学333教育综合真题

名词解释

1. 隐性课程（见基础篇 P175）
2. 终身教育（见基础篇 P171）
3. 多元智力理论（见基础篇 P129）
4. 信度（见二维码）
5. 实证研究（见二维码）

简答题

1. 简述学校常用的德育原则。（见基础篇 P206）
2. 简述卢梭的教育思想。（见基础篇 P73）
3. 简述访谈调查的注意事项。（见二维码）
4. 简述问题解决能力的培养方法。（见基础篇 P132）
5. 简述陶行知的生活教育理论。（见基础篇 P44）

材料分析题

材料：莫老师喜欢鼓励学生发言，不指责学生，课堂气氛越来越活跃。（材料大意，回忆版）
试分析影响课堂氛围的因素。（见二维码）

论述题

1. 论述罗杰斯的"以学生为中心"。（见基础篇 P110）
2. 论述梁漱溟的乡村教育思想。（见基础篇 P44）
3. 试论教育目的。（见基础篇 P166）

2023年青海师范大学333教育综合真题

名词解释

1. 学校教育（见基础篇 P145）
2. 学习动机（见基础篇 P113）
3. 校本课程（见基础篇 P175）
4. 班级授课制（见基础篇 P191）
5. 莫雷尔法案（见基础篇 P57）

简答题

1. 简述影响人身心发展的因素。（见基础篇 P153）
2. 简述如何落实启发式教学原则。（见基础篇 P195）
3. 简述壬子癸丑学制和癸卯学制相比有哪些进步。（见拔高篇 P229）

材料分析题

（材料缺失）
针对材料谈谈对当下教育目的的反思。（见拔高篇 P336）

论述题

1. 论述柏拉图的教育思想。（见基础篇 P49）

2. 论述黄炎培的教育思想。（见基础篇 P42）

3. 论述赫尔巴特的四阶段教学论。（见基础篇 P77）

2021 年闽南师范大学 333 教育综合真题

名词解释

1. 人的发展（见基础篇 P149）
2. 心理发展（见基础篇 P94）
3. 元认知（见基础篇 P125）
4. 学在官府（见基础篇 P2）
5. 双轨制（见基础篇 P170）

简答题

1. 简述我国教育目的的基本精神。（见基础篇 P166）
2. 简述提高教师素养的主要途径。（见基础篇 P212）
3. 简述共同要素论。（见二维码）

论述题

1. 论述福禄培尔的思想。（见基础篇 P78）
2. 结合实例论述促进知识迁移的措施。（见基础篇 P121）
3. 论述科举制产生的原因和影响。（见基础篇 P17）
4. 论述学校教育的特点并举例说明教师应该如何运用奖惩。（见拔高篇 P397）

2022 年闽南师范大学 333 教育综合真题

名词解释

1. 学在官府（见基础篇 P2）
2. 癸卯学制（见基础篇 P32）
3. 学校教育制度（见基础篇 P170）
4. 德育（见基础篇 P201）
5. 复述策略（见基础篇 P124）
6. 创造性（见基础篇 P130）

简答题

1. 简述教学过程中直接经验与间接经验的关系。（见基础篇 P185）
2. 简述教育目的的结构层次。（见二维码）
3. 简述终身教育思潮。（见基础篇 P90）
4. 简述活动课程的含义与优缺点。（见基础篇 P177）

论述题

1. 论述教学中的理论联系实际原则的内涵，并结合实例分析如何贯彻此原则。（见基础篇 P195）
2. 论述蒙台梭利的教育思想。（见基础篇 P79）
3. 论述晏阳初的乡村教育思想。（见基础篇 P43）
4. 论述动作技能的内涵及其形成过程。（见二维码）

2023年闽南师范大学333教育综合真题

名词解释
1. 启发性原则（见基础篇 P192）
2. 课程标准（见基础篇 P174）
3. 监生历事（见基础篇 P27）
4. 庚款兴学（见基础篇 P32）
5. 学习动机（见基础篇 P113）
6. 亲社会行为（见基础篇 P95）

简答题
1. 简述现代教育的特点。（见二维码）
2. 简述教育目的的理论基础。（见二维码）
3. 简述我国中小学常用的教学方法。（见基础篇 P198）
4. 简述夸美纽斯的感觉实在论教育思想。（见二维码）

论述题
1. 论述德育中的疏导性原则，并结合实例分析贯彻该原则的要求。（见基础篇 P204）
2. 论述陶行知的生活教育思想。（见基础篇 P44）
3. 论述美国进步主义教育运动的发展历程及其特征。（见二维码）
4. 结合实例谈谈创造性心理结构及其培养措施。（见基础篇 P134）

2021年温州大学333教育综合真题

名词解释
1. 内化（见二维码）
2. 活动课程（见基础篇 P175）
3. 启发性教学（见基础篇 P192）
4. 无条件反射（见二维码）

简答题
1. 简述教育与政治制度的关系。（见基础篇 P158）
2. 简述第一信号系统与第二信号系统。（见二维码）
3. 简述陶行知的生活教育。（见基础篇 P44）

论述题
1. 论述卢梭的自然主义教育。（见基础篇 P72）
2. 论述人的身心发展规律。（见基础篇 P149）
3. 结合学生学习的内部和外部动机，谈谈你对特长班的看法。（见二维码）
4. 有人说"只有不会教的老师，没有学不好的学生"，请谈谈你的看法。（见拔高篇 P318）

2022年温州大学333教育综合真题

名词解释
1. 实验教育学（见基础篇 P142）
2. 课程标准（见基础篇 P174）

3. 发现学习(见基础篇 P104)
4. 形成性评价(见基础篇 P193)
5. 定量分析(见二维码)
6. 先行组织者(见基础篇 P104)

简答题

1. 简述蔡元培的"五育"并举。(见基础篇 P37)
2. 简述好的研究课题的要求。(见二维码)
3. 简述教育比较研究方法的种类。(见二维码)
4. 简述我国现阶段的教育目的。(见基础篇 P166)

论述题

1. 论述陶行知的生活教育思想和陈鹤琴的"活教育"思想及二者的共同特点。(见拔高篇 P231)
2. 结合实际,谈谈德育过程中如何培养学生的自我教育能力。(见二维码)
3. 结合人的身心发展规律理论,谈谈"双减"政策的科学性。(见二维码)
4. (材料缺失)。
(1) 论述韦纳归因理论的内容。
(2) 论述甲、乙、丙三位同学的归因特点,带来的情绪体验和对学习动机的影响。
(3) 作为老师应如何引导学生正确归因? (见拔高篇 P299)

2023 年温州大学 333 教育综合真题

名词解释

1. 教育目的(见基础篇 P163)
2. 教学(见基础篇 P183)
3. 班集体(见二维码)
4. 美育(见二维码)
5. 普雷马克原理(见二维码)
6. 学习动机(见基础篇 P113)

简答题

1. 简述陈鹤琴的"活教育"思想对"现代中国人"的要求。(见基础篇 P45)
2. 简述卢梭自然主义教育的"自然人"的特征。(见二维码)
3. 简述教育活动的基本要素及其相互关系。(见基础篇 P147)
4. 如何增强课堂教学吸引力? (见二维码)

论述题

1. 论述颜之推的儿童家庭教育思想。(见基础篇 P19)
2. 结合 20 世纪 80 年代国际课程改革的主要趋势,论述我国基础课程改革的基本理念。(见二维码)
3. 结合材料,论述知情意行的统一和谐发展过程。

材料:小时候,胡老师让我管理班费,但是我禁不住诱惑用班费买了零食。等到需要班费的时候,我只能拿出一点。胡老师问了我两次便不再问了,后面再也没有提过这件事。但是我捡了废品把钱赚回来还给老师,老师什么也没说,后来开心地笑了。一直到我长大,我处理钱都很谨慎,这种错误不再犯。(材料大意,回忆版)(见拔高篇 P344)

4. 结合材料,分析胡老师为什么有这样的困惑。

材料:胡老师是一个小学老师,但是随着互联网发展,现在的小学生获取信息的渠道很多,导致他们的提问五花八门,千奇百怪。胡老师有些问题能勉强答上来,有些问题根本就无法回答,他认为自己很累,甚至怀疑自己没有做老师的能力。(材料大意,回忆版)(见拔高篇P351)

2021年西华师范大学333教育综合真题

名词解释

1. 班级授课制(见基础篇P191)
2. 美育(见二维码)
3. 产婆术(见基础篇P47)
4. 疏导原则(见基础篇P204)
5. 有教无类(见基础篇P4)

辨析题

1. 遗传在人的发展中起决定作用。(见二维码)
2. 课程编制应以分科课程为主,活动课程为辅。(见二维码)

简答题

1. 简述教育与社会、政治、经济的关系。(见基础篇P158)
2. 简述怎样培养良好的班集体。(见基础篇P217)

论述题

1. 教育应怎样适应学生的个体发展规律和特点?(见基础篇P149)
2. 孔子提出了哪些教师应具有的精神?结合习近平提出的"四有"好老师的标准谈谈你的看法。(见拔高篇P271)

2022年西华师范大学333教育综合真题

名词解释

1. 人的发展(见基础篇P149)
2. 学制(见基础篇P170)
3. 终身教育(见基础篇P171)
4. 自我效能感(见基础篇P113)
5. 苏格拉底教学法(见基础篇P47)
6. 最近发展区(见基础篇P95)

简答题

1. 简述王守仁的儿童教育观。(见基础篇P27)
2. 简述赫尔巴特的教育性教学原则。(见基础篇P76)
3. 简述创造性思维的特点。(见基础篇P133)
4. 简述教育的文化功能。(见基础篇P157)

论述题

1. 在实际教学中如何培养问题解决能力?(见基础篇P132)
2. 论述陶行知的生活教育理论对现在教育改革的启示。(见基础篇P44)
3. 结合当今教育的实际情况,论述新一轮基础性课程改革的目标。(见基础篇P181)
4. 论述学校教育的特殊性以及对个体的作用。(见基础篇P152)

2023年西华师范大学333教育综合真题

名词解释

1. 劳动教育(见二维码)
2. 课程(见基础篇P174)
3. 产婆术(见基础篇P47)
4. 环境教育(见二维码)
5. 科举制(见基础篇P16)
6. 朱子读书法(见基础篇P22)

简答题

1. 简述影响人的发展的基本因素。(见基础篇P153)
2. 简述教育和文化的关系。(见二维码)
3. 简述德育的途径和方法。(见基础篇P207)
4. 简述建构主义学习理论。(见基础篇P111)

论述题

1. 结合党的二十大,论述教育对全面建设社会主义现代化国家的地位与作用。(见拔高篇P323)
2. 分析杜威的道德教育。(见二维码)
3. 论述孔子的教学方法与启示。(见基础篇P7)
4. 论述四种自我调节学习理论。(见二维码)

2021年深圳大学333教育综合真题

名词解释

1. 《学记》(见基础篇P5)
2. 苏格拉底问答法(见基础篇P47)
3. 学校教育制度(见基础篇P170)
4. 活动课程(见基础篇P175)
5. 新教育运动(见基础篇P85)
6. 实科中学(见基础篇P57)

简答题

1. 简述教师工作的特点。(见基础篇P210)
2. 简述班级授课制的优缺点。(见基础篇P194)
3. 简述孔子的教育方法。(见基础篇P7)
4. 简述创造性的心理结构。(见基础篇P134)

分析题

1. 论述我国中小学德育的不足以及建议。(见基础篇P207)
2. 论述劳动教育。(见拔高篇P390)
3. 论述多元智力理论及其启示。(见基础篇P131)
4. 论述卢梭的自然主义教育。(见基础篇P72)

2022年深圳大学333教育综合真题

论述题

1. 2020年10月，中共中央办公厅、国务院办公厅印发《关于全面加强和改进新时代学校体育工作的意见》，结合学校实际谈谈体育的时代价值和实现路径。（见二维码）
2. 论述人的发展规律及教育要求。（见基础篇P149）
3. 试述陶行知的生活教育思想，结合实际谈谈其价值和意义。（见基础篇P44）
4. 列举两种或两种以上中小学生常见的心理健康问题，并论述作为教师应如何开展心理健康教育。（见基础篇P140）
5. 依据教师的多重身份，说说为从事教师这一职业，在研究生期间需要做哪些准备。（见拔高篇P354）

2023年深圳大学333教育综合真题

分析题

1. 简述人的发展规律，结合实际谈谈对学校教育的要求。（见基础篇P149）
2. 简述美育的基本任务，结合实际谈谈学校教育中美育的措施和方式。（见二维码）
3. 联系德育知识，论述教师在教学中如何进行道德教育。（见二维码）
4. 简述凯洛夫的教育思想，结合实际谈谈现实意义。（见二维码）
5. 结合教师专业发展的知识，谈谈加强师德师风建设的措施和途径。（见拔高篇P359）

2021年天水师范学院333教育综合真题

名词解释

1. 教育（见基础篇P145）
2. 教育制度（见基础篇P170）
3. 《学记》（见基础篇P5）
4. 三舍法（见基础篇P22）
5. 学习动机（见基础篇P113）
6. 发现学习（见基础篇P104）

简答题

1. 简述社会本位论和个人本位论。（见基础篇P164）
2. 简述学校德育的内容。（见二维码）
3. 简述班主任的工作内容与方法。（见基础篇P216）
4. 简述《郎之万–瓦隆教育改革方案》。（见二维码）

论述题

1. 论述教师劳动的特点和教师素养。（见基础篇P210、212）
2. 论述孔子的教师观。（见基础篇P8）
3. 论述洛克的教育思想。（见基础篇P64）
4. 论述道德行为的形成与培养途径。（见二维码）

2023年天水师范学院333教育综合真题

名词解释

1. 课程标准（见基础篇 P174）
2. 美育（见二维码）
3. 要素主义教育（见基础篇 P86）
4. 内隐学习（见基础篇 P103）

简答题

1. 简述教师主导作用和学生主体作用的关系。（见基础篇 P186）
2. 简述人发展的规律性。（见二维码）
3. 简述结构主义教育。（见基础篇 P90）
4. 简述晏阳初的四大教育。（见基础篇 P43）

论述题

1. 试论中小学教学方法。（见基础篇 P198）
2. 试论韩愈的教育思想。（见二维码）
3. 试论夸美纽斯的教学思想。（见基础篇 P71）
4. 论述归因理论的观点并举例说明如何引导学生进行正确的归因。（见基础篇 P115）

2021年天津外国语大学333教育综合真题

名词解释

1. 永恒主义（见基础篇 P86）
2. 课程设计（见基础篇 P175）
3. 朱子读书法（见基础篇 P22）
4. "活教育"（见基础篇 P42）
5. 多元智能理论（见基础篇 P129）
6. 白板说（见基础篇 P63）

简答题

1. 简述教学过程中应处理好的几种关系。（见基础篇 P187）
2. 简述裴斯泰洛齐的主要教育思想。（见基础篇 P75）
3. 简述维果茨基的教学理论及其对现代教学的启示。（见基础篇 P97）
4. 简述如何运用认知理论在中小学进行教学。（见二维码）

论述题

1. 结合实际说明教师专业发展的实现途径。（见基础篇 P213）
2. 论述陶行知的生活教育思想。（见基础篇 P44）
3. 结合实际，举例说明认知策略在教学中的应用。（见二维码）
4. 论述改变学生评价对德、智、体、美、劳全面发展的意义，并说出如何改变学生评价。（见拔高篇 P400）

2023年天津外国语大学333教育综合真题

名词解释

1. 教育目的（见基础篇 P163）
2. 非智力因素（见二维码）
3. 德育（见基础篇 P201）
4. 科教兴国（见二维码）
5. 有教无类（见基础篇 P4）

简答题

1. 简述如何在教育优先发展的背景下办好让人民满意的教育。（见拔高篇 P379）
2. 简述知识迁移的理论以及如何促进知识迁移。（见基础篇 P121）
3. 简述苏霍姆林斯基的教育思想及意义。（见基础篇 P67）
4. 简述教学过程的基本环节以及如何处理好这些环节。（见基础篇 P187）
5. 根据评价在教学过程中的作用不同，教学评价分为哪三种评价？分别加以解释。（见二维码）

论述题

1. 谈一谈我国新颁布的《义务教育课程改革方案和课程标准（2022年版）》的改革内容以及原则，结合你报考的科目论述这次改革的意义。（见拔高篇 P339）
2. 论述文艺复兴时期人文主义教育的特征、影响及贡献。（见基础篇 P55）
3. 论述晏阳初的乡村教育实验的内容以及意义。（见基础篇 P43）
4. 论述奥苏伯尔的有意义接受学习理论的内容和意义。（见二维码）

2021年苏州科技大学333教育综合真题

名词解释

1. 狭义的教育（见基础篇 P145）
2. 教育目的（见基础篇 P163）
3. 课程标准（见基础篇 P174）
4. 教学模式（见基础篇 P183）
5. 学制（见基础篇 P170）

简答题

1. 用知识论观点解释知识与技能的关系。（见拔高篇 P278）
2. 简述教育的个体功能。（见基础篇 P153）
3. 简述永恒主义教育。（见基础篇 P89）
4. 简述20世纪初我国的科学教育运动。（见二维码）

论述题

1. 论述陈鹤琴的"活教育"的课程论。（见基础篇 P45）
2. 论述赫尔巴特的教育性教学原则。（见基础篇 P76）
3. 论述教育影响中的一致性与连贯性原则。（见基础篇 P205）

综合运用题

论述品德不良的影响因素。（见基础篇 P138）

2023年苏州科技大学333教育综合真题

名词解释

1. 广义的教育（见基础篇P145）
2. 课程（见基础篇P174）
3. 学校教育制度（见基础篇P170）
4. 教学评价（见基础篇P193）
5. 教育目的（见基础篇P163）

简答题

1. 简述教学过程中直接经验和间接经验的关系。（见基础篇P185）
2. （真题缺失）。
3. 简述夸美纽斯的自然适应性原则。（见基础篇P70）
4. 简述蔡元培的"五育"并举。（见基础篇P37）
5. 简述有意义学习的实质。（见基础篇P107）

论述题

1. 论述杜威的"五步探究教学法"。（见基础篇P82）
2. 论述王守仁的儿童教育思想。（见基础篇P27）
3. 结合实例，谈谈教师应该具备的素养。（见基础篇P212）

综合运用题

假如你是一名中小学教师，你会如何结合教育实际培养学生的创造性？（见基础篇P133）

2021年三峡大学333教育综合真题

简答题

1. 简述杜威的教育思想。（见基础篇P83）
2. 简述教育对人的发展的作用。（见基础篇P152）
3. 简述孔子的教育思想。（见基础篇P9）
4. 简述皮亚杰的认知发展阶段论。（见基础篇P95）

论述题

1. 线上教学如何激发学生的学习积极性和主动性？（见二维码）
2. 人身心发展的规律有哪些？作为教师该如何对照规律进行教育工作？（见基础篇P149）
3. 有人认为学校应该坚持"一切为了学生"，有人认为学校应该坚持"教师为本"，说说你对这两种观点的看法。（见拔高篇P319）

2023年三峡大学333教育综合真题

简答题

1. 简述教学评价的功能。（见二维码）

2. 简述建构主义的学习观。（见基础篇 P111）

3. 简述新文化运动对中国教育观念产生的变化。（见基础篇 P38）

4. 简述卢梭自然主义教育思想。（见基础篇 P72）

论述题

1. "仓廪实则知礼节,衣食足则知荣辱。"请根据马斯洛需求层次理论解析这段话,并述评马斯洛需求层次理论。（见基础篇 P114）

2. 结合党的二十大,请说明为什么教育要优先发展。（见拔高篇 P380）

3. 结合党的二十大,请说明创新型人才如何培养。（见拔高篇 P380）

2021年山西大学 333 教育综合真题

名词解释

1. 教育要素（见基础篇 P146）　　2. 课程（见基础篇 P174）

3. 学生的失范行为（见二维码）　　4. 京师同文馆（见基础篇 P29）

5. 亚里士多德（见二维码）　　6. 白板说（见基础篇 P63）

7. 负强化（见基础篇 P103）

简答题

1. 简述态度的特点。（见二维码）

2. 简述赫尔巴特的教学形式阶段论。（见基础篇 P77）

3. 简述马克思主义教育学。（见二维码）

4. 简述中国共产党领导下的革命根据地教育的基本经验。（见基础篇 P40）

论述题

1. 论述创造性的培养。（见基础篇 P133）

2. 论述教师教育研究的优势和意义。（见二维码）

3. 列举 21 世纪教育的发展趋势。（见基础篇 P148）

4. 论述孔子的教师观。（见基础篇 P8）

5. 论述英国的《1988 年教育改革法》及启示。（见基础篇 P59）

2023年山西大学 333 教育综合真题

名词解释

1. 教育保守功能（见二维码）　　2. 价值性教育目的（见二维码）

3. 课堂教学设计（见二维码）　　4.《国防教育法》（见基础篇 P58）

5. 黄炎培的"大职业教育主义"（见二维码）　　6. 有意义学习（见基础篇 P104）

简答题

1. 简述制约教育制度的因素。（见二维码）

2. 简述 1922 年"新学制"的特点。(见基础篇 P34)

3. 简述人文主义教育的特征。(见基础篇 P55)

4. 简述如何控制学生伤害他人的行为。(见二维码)

论述题

1. 结合线上教学的实际,谈谈如何激发学生的学习动机。(见拔高篇 P284)

2. 谈谈稷下学宫的性质特点和历史地位。(见基础篇 P6)

3. 论述裴斯泰洛齐的教育心理学化。(见基础篇 P74)

4. 结合例子说明教师如何选择教学策略以及教学策略的影响因素。(见二维码)

5. 论述现代教师的多重角色以及如何促进教师的专业化发展。(见基础篇 P211、213)

2021 年阜阳师范大学 333 教育综合真题

名词解释

1. 学校教育制度(见基础篇 P170)　　2. "明人伦"(见二维码)

3. 庚款兴学(见基础篇 P32)　　4. 校本课程(见基础篇 P175)

5. 学习(见基础篇 P103)　　6. 诊断性评价(见基础篇 P192)

简答题

1. 简述亚里士多德的三种教育和三种灵魂。(见二维码)

2. 简述中小学常用的教学方法并说明选择的依据。(见基础篇 P198)

3. 简述学生发展的一般规律及其对教育工作的启示。(见二维码)

4. 简述知识和创造性思维的关系。(见拔高篇 P281)

论述题

1. 论述杜威的教育本质。(见基础篇 P80)

2. 论述陶行知的生活教育理论及其理论价值。(见基础篇 P44)

3. 论述造成品行不良的原因及其矫正措施。(见二维码)

4. 论述确立学校教育制度的依据。(见基础篇 P171)

2023 年阜阳师范大学 333 教育综合真题

名词解释

1. 分组教学(见基础篇 P191)　　2. 教育目的(见基础篇 P163)

3. 义务教育(见基础篇 P170)　　4. 综合课程(见基础篇 P175)

5. 鸿都门学(见基础篇 P14)　　6. 要素教育论(见二维码)

简答题

1. 简述课程目标的特征。(见二维码)

2. 简述学习策略的结构和内容。(见基础篇 P126)

3. 简述教学的基本任务。（见基础篇 P184）
4. 简述孔子的有教无类。（见基础篇 P6）

论述题

1. 论述马卡连柯的纪律教育。（见二维码）
2. 论述课外活动的组织领导和基本要求。（见二维码）
3. 论述维果茨基的心理发展理论。（见基础篇 P97）
4. 论述蒙台梭利的儿童观。（见基础篇 P79）

2021 年南京信息工程大学 333 教育综合真题

名词解释

1. 终身学习（见基础篇 P171）　　2. 京师大学堂（见基础篇 P32）
3. 《莫雷尔法案》（见基础篇 P57）　4. 教师专业发展（见基础篇 P209）
5. 最近发展区（见基础篇 P95）

简答题

1. 简述陶行知的生活教育。（见基础篇 P44）
2. 简述皮亚杰的认知发展阶段。（见基础篇 P95）
3. 简述人文主义教育的特点。（见基础篇 P55）
4. 简述教育组织形式的类型。（见基础篇 P194）

论述题

1. 论述探究学习并举例说明。（见二维码）
2. 论述马克思关于人的全面发展学说及对我国劳动教育的启示。（见二维码）
3. 评析学科课程和活动课程的联系和区别，并谈谈你对中小学课程改革的理解。（见拔高篇 P310）
4. 论述科尔伯格道德发展阶段理论和对儿童教育的启示。（见基础篇 P99）

2023 年南京信息工程大学 333 教育综合真题

名词解释

1. 个人本位论（见基础篇 P163）　　2. 课程标准（见基础篇 P174）
3. 乡村教育（见二维码）　　　　　　4. 发现学习（见基础篇 P104）
5. 认知策略（见基础篇 P124）

简答题

1. 简述班集体的培养方法。（见基础篇 P217）
2. 实在主义的代表人物和观点。（见二维码）
3. 简述问题解决的影响因素。（见基础篇 P132）
4. 黄炎培职业教育社会化的内容。（见二维码）

论述题

1. 论述课程理论的发展及你对课程理论的看法。(见二维码)
2. 论述孔子的教育思想并谈谈其现实意义。(见基础篇 P9)
3. 谈谈数据信息与知识的关系。(见二维码)
4. 论述加德纳的多元智力理论及其启示。(见基础篇 P131)

2021 年广东技术师范大学 333 教育综合真题

名词解释

1. 教育学(见基础篇 P142)
2. 社会本位论(见基础篇 P163)
3. 正强化(见二维码)
4. 发现学习(见基础篇 P104)
5. 活动课程(见基础篇 P175)
6. 教育制度(见基础篇 P170)

简答题

1. 简述教育现代化的内容和特征。(见二维码)
2. 简述影响人身心发展的因素有哪些。(见基础篇 P153)
3. 简述学习动机的作用。(见基础篇 P113)
4. 简述建构主义的教育观。(见基础篇 P111)

论述题

1. 论述教育的个体功能和社会功能。(见基础篇 P160)
2. 论述班主任的工作内容。(见基础篇 P216)

2023 年广东技术师范大学 333 教育综合真题

名词解释

1. 学习动机(见基础篇 P113)
2. 教育制度(见基础篇 P170)
3. 教学(见基础篇 P183)
4. 知识(见基础篇 P119)
5. 课程方案(见基础篇 P174)
6. 德育过程(见基础篇 P201)

简答题

1. 影响品德形成的因素有哪些?(见基础篇 P138)
2. 简述洛克的白板说。(见二维码)
3. 简述陶行知的生活教育。(见基础篇 P44)
4. 简述教育的经济功能。(见基础篇 P157)

论述题

1. 论述科举制度的利与弊。(见基础篇 P17)
2. 论述教学评价的意义以及改革趋势。(见拔高篇 P401)

2022年西南民族大学 333 教育综合真题

名词解释

1. 教育者（见基础篇 P146）
2. 教学组织形式（见基础篇 P191）
3. 教育独立性（见二维码）
4. 表征学习（见二维码）
5. 程序性知识（见基础篇 P119）
6. 教学评价（见基础篇 P193）

简答题

1. 简述人的发展特点。（见基础篇 P149）
2. 简述教育的经济功能。（见基础篇 P157）
3. 简述杜威的反省思维活动的五个阶段。（见基础篇 P82）
4. 简述影响问题解决的主观因素。（见基础篇 P132）
5. 简述蔡元培的教育思想。（见基础篇 P36）

论述题

1. 论述学科课程论和活动课程论的特点及缺点。（见基础篇 P177）
2. 论述遗忘的影响因素。（见二维码）

2022年长江大学 333 教育综合真题

名词解释

1. 《学记》（见基础篇 P5）
2. 进步教育运动（见基础篇 P85）
3. 正强化与负强化（见二维码）
4. 试误说与顿悟说（见二维码）
5. 癸卯学制（见基础篇 P32）
6. 同化与顺应（见基础篇 P94、95）

简答题

1. 简述自我效能感及影响因素。（见基础篇 P116）
2. 简述成败归因理论及其教育指导。（见基础篇 P115）
3. 简述教育的经济功能。（见基础篇 P157）
4. 简述启发式教学原则对教学改革的影响。（见二维码）

论述题

1. 论述陶行知的生活教育体系。（见基础篇 P44）
2. 论述夸美纽斯的泛智教育思想。（见基础篇 P70）
3. 论述德育过程是自我能力提高的过程。（见基础篇 P202）
4. 论述全面发展与个性培养的关系。（见基础篇 P169）

2022年浙江大学333教育综合真题

名词解释

1. 学而优则仕（见二维码）
2. "中体西用"（见基础篇 P29）
3. 观察法（见二维码）
4. 个案研究（见二维码）
5. 活动课程（见基础篇 P175）
6. 实验教育学（见基础篇 P142）

简答题

1. 简述赫尔巴特的教育性教学原则。（见基础篇 P76）
2. 简述马克思、恩格斯的教育观点。（见二维码）
3. 简述终身教育思潮的主要观点。（见基础篇 P90）
4. 简述我国教育目的的基本精神。（见基础篇 P166）
5. 简述教育对个体发展的独特价值。（见基础篇 P153）
6. 简述教师劳动的主要特点。（见基础篇 P210）

论述题

1. 论述1922年"新学制"的特点和评价。（见基础篇 P34）
2. 制定义务教育阶段学生作业负担的研究计划，包括研究问题、研究对象、抽样、研究思路、研究方法、研究可行性论证。（见二维码）
3. 论述永恒主义的观点及对当代教育改革的启示。（见基础篇 P89）

2023年浙江大学333教育综合真题

名词解释

1. 正规教育（见二维码）
2. 教科书（见基础篇 P174）
3. 因材施教（见基础篇 P192）
4. 致良知（见二维码）
5. 访谈法（见二维码）
6. 应用研究（见二维码）

简答题

1. 简述政治对教育的影响主要体现在哪些方面。（见二维码）
2. 简述夸美纽斯关于教育适应自然原则的主要观点。（见基础篇 P70）
3. 简述裴斯泰洛齐关于教育心理学化的主要观点。（见基础篇 P74）
4. 简述20世纪结构主义教育思潮的主要观点。（见基础篇 P90）
5. 简述教育研究过程中的五个基本步骤。（见二维码）
6. 根据评价在教学过程中的作用不同，教学评价分为哪三种评价，分别加以解释。（见拔高篇 P401）

论述题

（每题对应一段材料，目前材料缺失。）

1. 结合当代教育改革实践，谈谈你对素质教育内涵的理解。（见拔高篇 P335）
2. 结合自身教育经历或受教育经历，谈谈学校教育在个体发展中的独特价值。（见拔高篇 P328）
3. 论述陈鹤琴活教育理论体系中的目的论、课程论、教学论。（见基础篇 P45）

2022年浙江海洋大学333教育综合真题

名词解释

1. 个人本位论（见基础篇 P163）
2. 综合实践活动（见基础篇 P176）
3. 监生历事（见基础篇 P27）
4. 《费里法案》（见基础篇 P57）
5. 贝尔－兰卡斯特制（见基础篇 P57）
6. 昆西教学法（见基础篇 P85）

简答题

1. 简述新课程倡导的三种学习方式。（见基础篇 P180）
2. 简述斯宾塞的课程设置观。（见二维码）
3. 简述宋代书院的教学管理特点。（见基础篇 P24）
4. 简述问题解决能力的培养措施。（见基础篇 P132）

论述题

1. 材料大意为改写课本。
谈谈材料中的班级管理启示和学生观。（见二维码）
2. 论述学生不良行为的产生原因和矫正方法。（见二维码）
3. 论述陈鹤琴的"活教育"思想及其现代价值意义。（见基础篇 P45）
4. 结合实际，论述教学过程中应处理好的几对关系。（见基础篇 P187）

2023年浙江海洋大学333教育综合真题

名词解释

1. 学在官府（见基础篇 P2）
2. 课程标准（见基础篇 P174）
3. 美育（见二维码）
4. 小先生制（见基础篇 P41）
5. 设计教学法（见基础篇 P86）
6. 古儒学校（见二维码）

简答题

1. 简述掌握知识和思想教育的关系。（见二维码）
2. 简述蔡元培的"五育"并举。（见基础篇 P37）
3. 简述宋代地方官学的特点。（见二维码）
4. 简述学习动机促进知识迁移的措施。（见二维码）

论述题

材料：小明在班里老被其他同学欺负和嘲笑，班主任见状就在小明生日那天准备了一个蛋糕放教室里，后来同学们和小明都发现了，同学们一起吃蛋糕为小明庆生，同学们问老师这个蛋糕是谁送的，老师说是天使送的，天使会给大家送祝福并关心帮助大家，并告诉同学们以后也要像天使一样彼此帮助和祝福。

(1) 结合材料，用教育学原理评价老师的做法。
(2) 班主任应该如何维护和提升好的班集体氛围？（见拔高篇 P416）

2022年齐齐哈尔大学333教育综合真题

名词解释

1. 学制(见基础篇 P170)
2. 教科书(见基础篇 P174)
3. "六艺"(见基础篇 P2)
4. 南洋公学(见二维码)
5. 导生制(见基础篇 P57)
6. 四段教学法(见基础篇 P69)

简答题

1. 简述启发性教学原则和基本要求。(见基础篇 P195)
2. 简述蔡元培的教育思想。(见基础篇 P36)
3. 简述卢梭的自然教育。(见基础篇 P72)
4. 简述问题解决能力的培养。(见基础篇 P132)

论述题

1. 论述掌握知识与发展智力的关系。(见基础篇 P186)
2. 论述影响个体发展的因素和作用。(见基础篇 P153)
3. 论述杜威的教育思想。(见基础篇 P83)
4. 论述影响人格发展的因素。(见二维码)

2023年齐齐哈尔大学333教育综合真题

名词解释

1. 教育学(见基础篇 P142)
2. 教育原则(见二维码)
3. 小先生制(见基础篇 P41)
4. 科举制(见基础篇 P16)
5. 快乐之家(见二维码)
6. 博雅教育(见基础篇 P48)

简答题

1. 德育原则有哪些？(见基础篇 P206)
2. 简述癸卯学制的特点。(见二维码)
3. 简述自我效能感的功能。(见基础篇 P116)
4. 简述《国防教育法》的改革措施。(见二维码)

论述题

1. 结合实际论述讨论法的要求。(见二维码)
2. 论述世界各国课程改革的趋势。(见基础篇 P180)
3. 论述创造性的培养措施。(见基础篇 P133)
4. 论述裴斯泰洛齐教育心理学化思想及其影响。(见基础篇 P74)

2022年沈阳大学333教育综合真题

名词解释

1. 课程标准（见基础篇 P174）
2. 教学（见基础篇 P183）
3. 教学评价（见基础篇 P193）
4. 德育（见基础篇 P201）
5. 榜样认同（见基础篇 P202）
6. 接受学习（见基础篇 P104）

简答题

1. 简述教育的政治功能。（见基础篇 P157）
2. 简述韩愈的《师说》。（见基础篇 P20）
3. 简述现代学制的改革趋势。（见基础篇 P171）
4. 简述结构主义的教育思潮。（见基础篇 P90）

论述题

1. 论述个体活动在人的发展中的作用。（见基础篇 P151）
2. 论述陶行知的生活教育理论体系。（见基础篇 P44）
3. 论述裴斯泰洛齐有关教育与生产劳动的教育思想。（见二维码）
4. 论述学生学习的特点。（见基础篇 P105）

2023年沈阳大学333教育综合真题

名词解释

1. 陶冶教育法（见基础篇 P202）
2. 教育目的（见基础篇 P163）
3. 活动课程（见基础篇 P175）
4. 教学方法（见基础篇 P191）
5. 多元智能理论（见基础篇 P129）
6. 最近发展区（见基础篇 P95）

简答题

1. 如何贯彻直观性教学原则？（见二维码）
2. 简述梁启超的教育思想。（见二维码）
3. 简述要素主义的教育观点。（见基础篇 P88）
4. 简述教育的相对独立性的体现。（见基础篇 P159）

论述题

1. 根据班级授课制的局限性，谈谈如何更好地选择教学组织形式。（见二维码）
2. 论述"中体西用"的历史作用及局限。（见基础篇 P30）
3. 联系实际，论述赫尔巴特的教育心理学化思想。（见基础篇 P75）
4. 联系实际，论述班杜拉的观察学习理论及其教育应用。（见基础篇 P106）

2022年信阳师范大学333教育综合真题

名词解释

1. 学制（见基础篇 P170）
2. 班级授课制（见基础篇 P191）
3. 九品中正制（见二维码）
4. 有教无类（见基础篇 P4）
5. 精细加工策略（见基础篇 P124）
6. 苏格拉底法（见基础篇 P47）

简答题

1. 简述德育的基本原则。（见基础篇 P206）
2. 简述教学过程的基本阶段。（见基础篇 P187）
3. 简述昆体良有关教师的观点。（见基础篇 P52）
4. 简述孟子的教育思想。（见基础篇 P10）

论述题

1. 论述夸美纽斯关于教育原则的主要内容及其现实意义。（见二维码）
2. 论述黄炎培的"大职业教育"思想及其现实意义。（见基础篇 P42）
3. 论述科尔伯格道德判断发展的"三水平六阶段"理论，评价当前的品德教育以及品德的培养。（见基础篇 P99）
4. 论述马克思关于人的全面发展学说的主要内容及其在教育学上的意义。（见基础篇 P165）

2023年信阳师范大学333教育综合真题

名词解释

1. 教学模式（见基础篇 P183）
2. 小先生制（见基础篇 P41）
3. 道德后习俗水平（见二维码）
4. 骑士教育（见基础篇 P53）
5. 《学记》（见基础篇 P5）
6. 劳动教育（见二维码）

简答题

1. 简述中小学常用的教学原则。（见基础篇 P197）
2. 简述一堂好课的标准。（见基础篇 P188）
3. 简述朱子读书法。（见基础篇 P26）
4. 简述美国1958年《国防教育法》的内容。（见二维码）

论述题

1. 论述我国古代书院产生的原因及两宋书院的特点。（见基础篇 P23、24）
2. 论述卢梭的自然教育内容及其影响。（见基础篇 P72）
3. 结合教育理论说明，如何对后进生进行个别教育？（见二维码）
4. 如何激励促进学生学习的内部动机和外部动机？（见基础篇 P117）

2022 年洛阳师范学院 333 教育综合真题

名词解释
1. 量化研究（见二维码）
2. 社会的变迁功能（见基础篇 P155）
3. 教学（见基础篇 P183）
4. 广义的个体发展（见二维码）

简答题
1. 简述教育的劳动起源说。（见二维码）
2. 简述孔子的德育原则。（见基础篇 P7）
3. 简述杜威的五步探究教学法。（见基础篇 P82）
4. 简述皮亚杰认知发展的四阶段。（见基础篇 P95）
5. 简述唐代科举制对学校教育的影响。（见基础篇 P19）

论述题
1. 论述教育学的产生与发展。（见二维码）
2. 论述世界各国的课程改革趋势。（见基础篇 P180）

材料题
1.（材料缺失）。
结合相关教育理论，谈谈如何协同学校、家庭和社会的教育，保障学生的健康成长。（见拔高篇 P406）
2.（材料缺失）。
应用教育学的理论，从义务教育、中等职业教育、高等教育的角度分析，怎样办好使人民满意的教育？（见二维码）

2023 年洛阳师范学院 333 教育综合真题

名词解释
1.《学记》（见基础篇 P5）
2. 设计教学法（见基础篇 P86）
3. 文士学校（见二维码）
4. 陈述性知识（见基础篇 P119）

简答题
1. 简述赫尔巴特的教育心理学化。（见基础篇 P75）
2. 简述教育的相对独立性。（见基础篇 P159）
3. 简述埃里克森的儿童心理社会发展理论。（见基础篇 P98）
4. 简述陶行知的生活教育理论。（见基础篇 P44）
5. 简述社会本位论。（见二维码）

论述题
1. 论述教师如何提升专业素养。（见基础篇 P212）
2. 论述品德发展的一般规律。（见二维码）
3. 论述传授—接受教学中学生的学习过程。（见二维码）

材料题

材料是党的二十大中关于劳动教育的叙述。（材料大意，回忆版）

对于怎么在中小学实施劳动教育，谈谈你的看法。（见拔高篇P391）

2022年济南大学333教育综合真题

名词解释

1. 义务教育（见基础篇P170）
2. 班级组织（见二维码）
3. 观察学习（见基础篇P104）
4. 学校教育（见基础篇P145）
5. 三舍法（见二维码）
6. 《国防教育法》（见基础篇P58）

简答题

1. 简述教育的基本要素。（见基础篇P147）
2. 简述活动课程和学科课程的区别与联系。（见基础篇P177）
3. 简述孔子的教育方法和原则。（见基础篇P7）
4. 简述建构主义学习观及其教育意义。（见基础篇P111）

论述题

1. "给教师的100条建议"表达的教育的目的观是什么？联系"双减"政策，谈谈如何理性对待教育目的。（材料大意，回忆版）（见拔高篇P386）
2. 论述实用主义理论。（见基础篇P143）
3. 论述蔡元培的"五育"并举。（见基础篇P37）
4. 论述韦纳归因理论如何培养和激发学习动机。（见基础篇P115）

2023年济南大学333教育综合真题

名词解释

1. 教育信息化（见二维码）
2. 学校教育制度（见基础篇P170）
3. 教学（见基础篇P183）
4. 产婆术（见基础篇P47）
5. "六艺"（见基础篇P2）
6. 学习策略（见基础篇P124）

简答题

1. 教育起源论的三种主要观点。（见二维码）
2. 简述个人本位和社会本位的教育目的。（见基础篇P164）
3. 陶行知的生活教育理论。（见基础篇P44）
4. 班杜拉的自我效能感的影响因素。（见基础篇P116）

论述题

1. 论述教育与经济的关系。（见基础篇P158）
2. 教师个体专业发展的内容和途径。（见基础篇P213）

3. 赫尔巴特的教育教学观点和教学阶段论。(见基础篇 P77、78)

4. 布鲁纳认知结构学习理论及启示。(见基础篇 P106)

2022 年河南科技学院 333 教育综合真题

名词解释

1. 课程标准(见基础篇 P174)   2. 学校教育制度(见基础篇 P170)
3. 道德发展阶段论(见二维码)   4. 人本主义教育(见二维码)
5. 苏格拉底法(见基础篇 P47)   6. 公学(见基础篇 P57)

简答题

1. 简述培养教师的途径。(见基础篇 P213)
2. 简述隋唐时期的教育特点。(见基础篇 P16)
3. 简述赫尔巴特的教学形式阶段论及其教育启示。(见基础篇 P77)
4. 简述学习动机的影响因素。(见基础篇 P117)

论述题

1. 教学的本质是什么？结合具体的学科谈谈在教学过程中应该遵循哪些教学原则。(见二维码)
2. 班主任应该具备哪些素养？谈谈如何构建班集体。(见基础篇 P216、217)
3. 论述蔡元培教育改革的思想和实践，并说明对中国近现代教育改革有哪些启示。(见基础篇 P36)
4. 论述布鲁纳的认知教学理论，并谈谈对教育的启示。(见基础篇 P106)

2023 年河南科技学院 333 教育综合真题

名词解释

1. 教育目的(见基础篇 P163)   2. 稷下学宫(见基础篇 P4)
3. 设计教学法(见基础篇 P86)   4. 认知发展(见二维码)

简答题

赞科夫发展性教学。(见基础篇 P66)

论述题

(真题缺失)